메모리 시스템

MEMORY SYSTEMS

: Cache, DRAM and Cross-Cutting Issue

ISBN : 9780123797513
Translated Edition ISBN : 9788998338848
Publication Date in Korea : 10 December 2015

Translated by CHAOS Book.
Printed in Korea

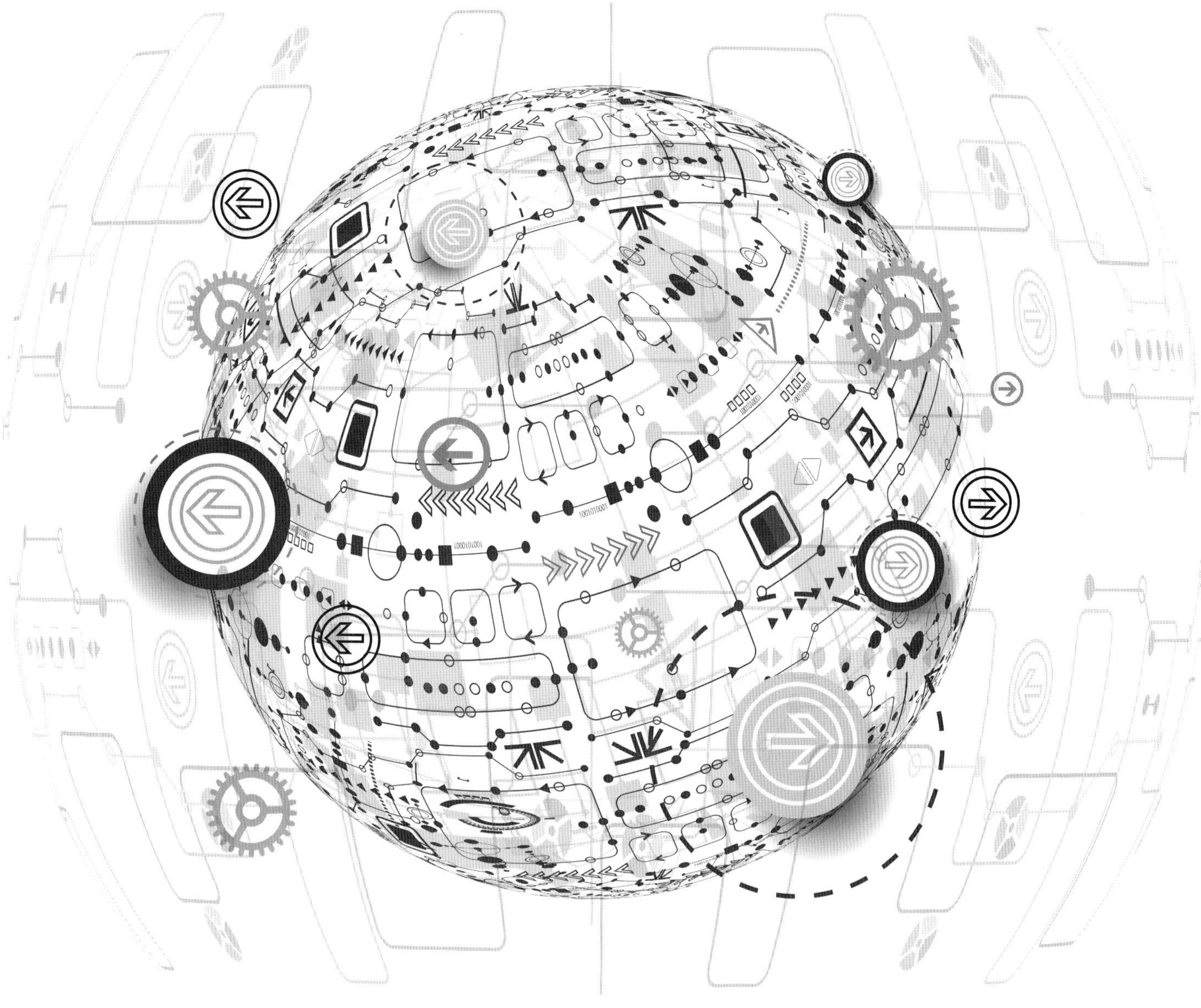

메모리 시스템

MEMORY SYSTEMS

: Cache, DRAM and Cross-Cutting Issue

Bruce Jacob, Spencer W.Ng, David T. Wang 지음 | **김수환, 정의영** 옮김

ELSEVIER

카오스북
CHAOS BOOK

옮긴이
김수한(서울대학교 전기정보공학부 교수)
정의영(연세대학교 전기전자공학부 교수)

메모리 시스템

MEMORY SYSTEMS: Cache, DRAM and Cros-cutting Issues

발행일 2015년 12월 10일
글쓴이 Bruce Jacob, Spencer W. Ng, David T. Wang
옮긴이 김수환, 정의영
발행인 오성준
발행처 카오스북

ISBN 978-89-98338-84-8 93560
정가 35,000원

발간에 즈음하여

기업이 원하는 엔지니어는 어떤 인재일까? 어떤 문제에 봉착했을 때 스스로 해결 방법을 찾아 Performance로 만들어내는 사람이라고 생각한다. 그런 사람들의 가진 공통점은 일에 대한 본질과 원리를 이해하고 있다는 것이다. 본질과 원리를 이해하면 문제 해결 방법을 찾기 위해 스스로 학습할 뿐 아니라 유관 분야까지 지식을 넓혀 나갈 수 있다. 반면, 본질과 원리를 이해하지 못하면 문제 해결 방식은 항상 같은 패턴이 반복되며 학습을 통한 발전은 기대하기 힘든 상태가 된다.

이는 비단 현장의 엔지니어에 국한되는 것이 아니다. 경영지원부문에 있어서도 마찬가지다. 엔지니어처럼 한 분야에 대한 깊이 있는 전문 지식이 요구되지 않는다 할지라도 기술에 대한 전반적인 이해는 필요하다. 기술에 대한 전반적인 Mechanism을 알아야 현장에 대한 선행적인 지원도 가능하고, 엔지니어들과 함께 목표하는 Performance를 만들어낼 수 있는 것이다.

회사 전체의 Performance는 어느 한 명 또는 특정 부문의 노력만으로는 만들어낼 수 없다. 현장과 지원 조직이 원활하게 Collaboration할 때 가능하다. 특히, 반도체 제조 기업에 있어 현업과 경영지원부문의 Collaboration은 아무리 강조해도 지나침이 없기에, 엔지니어 뿐 아니라 지원 조직 구성원들도 반도체 기술에 대한 본질과 원리를 이해하고 있어야 한다.

반도체에 대한 본질과 원리의 이해를 돕기 위해 매릴랜드대학(University of Maryland) 브루스 야곱(BRUCE JACOB) 교수 외 2명(SPENCE W. NG, DAVID WANG)이 저술한 〈MEMORY SYSTEMS〉를 우리말로 옮기게 되었다. 브루스 야곱 교수는 전기/컴퓨터 공학 분야의 대가로 컴퓨팅 시스템에서 반도체 공학까지 아우르는 폭넓고 깊은 지식과 다양한 경험을 가졌다. 반도체 산업에 종사하는 우리 구성원들이 그의 폭넓으면서도 깊이 있는 지식으로부터 Insight를 얻기를 바라는 마음에서 6개월에 걸쳐 이 책을 번역하게 되었다.

반도체 산업은 진화를 거듭하여 오늘날 모든 산업의 중심에 서서 세상을 움직인다고 해도 과언이 아니다. 이 책이 SK하이닉스 구성원들에게 반도체의 본질과 원리 이해에 도움이 되고, 반도체 기술의 진화를 선도할 수 있는 최고의 역량을 쌓는데 도움이 되기를 바라 마지 않는다.

2015년 12월 1일

SK하이닉스 경영지원부문장 사장 김준호

추천사

회사라는 큰 시스템 속에서 가끔 우리는 무슨 일을 하고 있는지 어디로 가고 있는지 망각하곤 합니다. '성공은 속도가 아닌 방향이다'라는 격언에서 알 수 있듯이 각자의 역할이 무엇인지 우리가 하는 일이 회사 전체에 어떤 영향을 미치는지 명확하게 인식하는 것은 매우 중요합니다. 같은 맥락으로 우리가 개발하고 생산 · 판매하는 DRAM 및 NAND Flash도 시스템 관점에서는 하나의 부품에 해당하므로, 전체 시스템의 구조와 원리를 이해하고 메모리가 시스템에서 어떻게 동작하고 어떤 역할을 담당하는지에 대해서도 반드시 알아야 합니다. 이러한 이해를 바탕으로 메모리가 어떤 방향으로 진화해나갈지 예측하고 우리가 어떠한 특성을 가진 제품을 개발해야 하는지 알 수 있습니다. 이 책이 끊임없는 혁신과 도전을 계속하고 있는 SK hynix 모든 구성원에게 큰 도움이 되기를 기대합니다.

미래기술연구원장 **홍성주 부사장**

미국 Bell Lab에 근무하시던 故 강대원 박사님과 M.M. Atalla에 의해서 1959년에 MOSFET이 발명되면서 현재 우리가 이용하는 대부분의 전자 기기에 사용되는 반도체 소자가 시작되었으며 IBM T.J. Watson연구소에 근무하던 Robert H. Dennard에 의해서 one transistor-one capacitor DRAM에 관한 특허가 1968년에 등록되면서 오늘날 computing에 사용되는 DRAM이 시작되었습니다. 그 후에 DRAM은 수 많은 발전을 거듭하며 고속, 고집적도를 가지면서 현재 우리가 접하고 있는 비약적인 정보–통신기술 발전의 큰 축을 담당하고 있으며 대한민국의 주력 산업으로 자리잡았습니다. Computer System이 지속적으로 발전하면서 Memory System 또한 계속 발전하여, System이 요구하는 DRAM을 잘 설계하고 만들기 위해서는 Memory System에 대한 이해가 필수적이게 되었습니다. 이 요구에 부응하고자 SK hynix 구성원들이 Memory System에 대한 전반적인 이해를 넓히는데 도움이 될 책을 번역하여 출간하게 된 것을 기쁘게 생각합니다

DRAM 개발 부문장 **이석희 부사장**

Processor의 Cache/DRAM Usage Model 및 계층구조에 관한 Bible과 같은 책이며, 학계와 Industry에서 활동 중인 대가들의 경험과 Insight가 녹아 들어 있는 교과서와 같은 책입니다. Cache와 메모리 계층구조를 시스템과 Processor Architecture 관점에서 접근하여 Memory System Hierarchy의 과거/현재/미래를 이해할 수 있으며, Cache/DRAM의 Architecture가 어떻게 변화되어 가야 하는지에 대한 방향성을 보여 주고 있습니다. 이런 좋은 내용이 우리말로 번역되어 보다 쉽게 참고할 수 있게 되어서 더욱 기쁩니다. SK hynix 모든 구성원이 항상 옆에 두고 이용하실 수 있기를 바랍니다.

NAND 개발 부문장 **진교원 전무**

머리말

"이것이 메모리다"

음악의 소리를 감상할 수 있는 귀를 훈련하는 것은 자아가 생기는 것과 같다. 음악이 아닌 다른 소리를 거부하기 시작하고 그리하여 다른 수많은 경험으로부터 스스로를 단절시키게 된다.

—John Cage

1996년 컴퓨터 아키텍처의 아버지들 중 한 사람이자 DEC Alpha의 선구적인 설계자였던 Richard Sites는 컴퓨터 아키텍처 연구의 미래에 관해 다음과 같이 이야기 하였다.

> 산업 전반에 걸쳐 오늘날의 칩은 우리가 칩에 데이터를 제공하는 것보다 더 빨리 연산을 실행 할 수 있다. 부동소수점 승산이나 하나의 정수 유닛을 가지는 것은 더 이상 성능의 요소가 되지 못한다. 실제 설계 작업은 캐시, 버스 대역폭 및 레이턴시와 같은 메모리 서브 시스템이다.
>
> 하나의 일화로 최근 TPC-C를 사용하는 데이터베이스 벤치마크에 관한 연구는 200-MHz Pentium Pro와 400MHz 21164 Alpha 시스템에서 하나의 인스트럭션을 끝까지 실행하기 위해 4.2~4.5 CPU 사이클이 걸리는 것으로 측정되었다. 즉, 네 번의 CPU 사이클 중 세 번은 제로 인스트럭션이며 메모리는 대부분의 시간을 대기하며 보낸다. 프로세서의 속도가 메모리 속도를 심각하게 뛰어 넘었다.
>
> 명령 발생의 폭을 증가시키고, 동시 명령의 스트림 수를 증가시키는 것은 메모리 성능 제한을 가중시킨다. 오늘날의 CPU 칩이 2Gbyte/s(매 8ns마다 16byte)를 핀 사이에 이동시키는 경우 칩이 쉬지 않고 계속 작동해야 한다고 하자. 또한 가까운 미래에는 클럭의 속도가 2배가 되고, 2배의 작동 속도로, 2배의 인스트럭션 스트림을 수행할 수 있을 것이다. 이러한 모든 요소들이 한데 어우러져 칩이 계속 작동하기 위해서는 16GBytes/s의 속도로 데이터를 전송해야 할 것이다. 하지만 매 2ns 마다 32byte를 유지할 수 있을까?
>
> 나는 향후 10년간 메모리 서브 시스템 설계가 유일한 마이크로프로세서를 위한 유일한 중요 설계 문제가 될 것으로 예상한다. [Sites 1996]

1996년에 쓰여진 Sites의 글의 제목은 "It's the Memory, Stupid!" 였고, 10년이 지난 지금에서야 완전히 이해하여 내면화하기 시작하였다. 흠... 여러분 여기서 논의하는 이것은 메모리 시스템입니다. 다른 문제들은 일단 제외하여 디자인의 다른 측면에서 시간과 자원을 낭비하지 맙시다. Digital Equipment Corp.사에서 대부분의 차세대 Alpha 아키텍처를 설계한 그의 동료들은 그의 조언을 무시하고, 더 빠른 시스템을 설계하는 것에 초점을 맞추는 대신 더 빠른 마이크로 프로세서를 만드는 것에 집중하였다. 아마도 Digital Equipment Corp.사가 더 이상 존재하지 않는 것에 주목할 가치가 있다.

프로세서와 메모리의 속도 차이의 증가는 메모리 서브 시스템의 구성과 구조, 설계를 점점 더 컴퓨터 시스템 설계의 중요한 부분으로 만들고 있다. 오늘날, 프로세서는 너무나도 대량 자료의 고속처리에 적합하여 그 자신을 문제에서부터 배제시켰다. 그 점에서 너무 빨라서 이득이다. Sites의 예측은 실현되었다. 메모리 서브 시스템 설계는 최근 몇 년간 마이크로 프로세서 및 시스템에 대한 유일한 설계상의 문제가 되고 있다. 메모리 계층 구조의 파라미터는 시스템 성능에 프로세스 파라미터가 영향을 주는 것보다 더 중대한 영향을 끼친다(예를 들어, 그들은 실행 시간에 대해 2~10%와는 달리 2~10가지 변화에 대한 책임이 있다). 그것의 동작과 성능 특성의 범위는 컴퓨터 시스템을 설계하는 모든 디자이너에게 절대적으로 영향을 미친다. 이것은 사실이며 미래에도 여전히 그럴 것이다.

따라서 이 책에서는, 넓은 범위에 걸쳐 충분한 지식을 전달하는 것을 목표로 하고 있다.

이 책에서 다루는 주제

우리는 논리적 설계와 동작, 실제 설계와 동작, 성능 특성(예를 들어 설계 트레이드 오프)과 제한적인 확장, 현대의 메모리 구조의 에너지 소비를 다룰 것이다.

캐시 부분에서는 실무에서 숙련된 사람들에게도 새로운(적어도 흥미있는) 주제들과 관점에 대해 다룰 것이다. 이것은 캐시 부분이 프로세서 캐시의 구성이나 성능에 미치는 개괄적인 내용이 아님을 나타낸다. 대신 우리는 기본 원칙들과 컴퓨터공학 문헌들에서 불완전하게 논의되는 주제들로부터 캐시의 개념을 만들 것이다. 그 부분은 캐시 관리 기법에 대한 개발, 현대 SRAM의 실제적인 설계에 있어서 캐시 일관성 내에서 운영체제의 역할, 완전히 볼 수 있고 완전히 투명한(어플리케이션이나 운영체제에게는) 캐시 구조의 연속성에 대해 심도 있게 다룰 것이다.

일반적으로 캐시와는 달리 마이크로프로세서 다이에 집적되지 않기 때문에 DRAM은 흥미로운 기술이다. 따라서 이러한 주제들에 대한 논의는 반드시 통신과 관련한 문제, 예를 들어 채널, 시그널링, 프로토콜, 스케줄링 요청과 같은 것 들을 다룬다.

DRAM은 둘 이상의 칩 간 통신과 관련이 있고, 시그널링과 신호 무결성은 회로 설계의 기술만큼이나 중요한 요소이다. DRAM 부분에서 우리는 정확히 DRAM 내부에서 어떤 일이 일어나는지에 대해 직관적으로 이해할 수 있도록 일반적인 인터페이스의 파라미터들(예를 들어 t_{RC}, t_{RCD}, t_{CAS} 등)에 대해서 논의한다. 우리는 수년에 걸쳐 나타난 다양한 DRAM 구조와 차세대 메모리 시스템에 대해서 심도 있는 논의를 진행할 것이다. 우리는 메모리 컨트롤러와 관련된 문제들과 현대의 시스템들과 관련한 성능 문제들에 대해서도 논의하고 조사한다.

이 책의 마지막 부분에서는, 교차적으로 발생하는 문제들, 예를 들어 도구의 분석과 방법을 올바르게 사용하여 메모리 계층의 모든 레벨에 적용하는 방법, CMOS 디바이스와 회로에서 서브 트레시홀드 누설 전력, SRAM의 전력소모를 줄이기 위한 방법, 에러의 검출과 수정을 위한 코드들, 가상 메모리 시스템의 동작과 설계, 가상 메모리를 지원하기 위해 마이크로프로세서에 필요한 하드웨어 메커니즘에 대해서 다룬다.

이 책의 목표와 대상 독자들

이 책의 주된 목적은 독자들이 캐시에서 DRAM에 이르기까지 전체 계층 구조에 대한 실제 설계와 자세한 소프트웨어 에뮬레이션이 가능하도록 이해를 돕는 것이다. 우리가 제일 첫 장에서 논의하였듯이 이해의 수준은 지금 중요하고, 점점 더 필요하게 될 것이다. 이책의 또 다른 목표는 차세대 설계 엔지니어들이 세부적인 부작용들을 고려하여 자명하지 않은 다차원의 최적화 문제를 다루는 준비가 되도록 분석의 기술을 논의하는 것이다.

즉, 우리가 목표하는 독자들은 메모리 시스템을 설계하거나 최적화하는 사람들이다. 예를 들어 컴퓨터 엔지니어링과 컴퓨터 사이언스 교수와 대학원생(또는 학부 상급생)과 컴퓨터 설계자와 세부 회로 설계자, 그리고 임베디드 시스템 산업 종사자들이다.

교과서로서, 이 책은 컴퓨터 구조와 아키텍처에 대한 기본적인 지식이 있는 학부생과 대학원생을 대상으로 한다. 이 책은 학부 컴퓨터 시스템 설계를 전공하는 상급생이나 대학원생을 위한 과정을 지원할 수 있다. 물론 여기에는 단일 교과목으로 개설하기에는 너무 많은 내용이 있다. 충분히 심도 있게 다루기 위해서는 2~3개의 교과목으로 나뉘어야 할 것이다. 예를 들어, University of Maryland에서는 DRAM 부분은 High-Speed Memory Systems이란 이름으로 대학원 과정에 개설되어 있고, 캐시 부분과 교차적으로 발생하는 문제들 부분은 보충 교재로서 architecture 수업과 advanced architecture 수업에서 사용된다.

참고 자료로서 이 책은 학계와 전문가 모두를 대상으로 한다. 이 책은 현대의 메모리 시스템에서 나타나는 행동들에 대한 폭넓은 이해를 제공하고, 대부분의 주제들이 독자들이 충분히 캐시, DRAM, 그 컨트롤러들과 하부 시스템들과 그들의 상호 작용들을 이해하고, 설계(또는 적어도 세부적으로 모델링)할 수 있도록 한다.

이것이 의미하는 것은 이 책이 설계자들에게 유용할 뿐만 아니라 장기적으로 미래의 제품을 계획하고, 개발하는 사람들에게도 유용하다는 것이다.

감사의 말

이 책의 헌사에 언급된 사람들 이외에도 우리는 많은 분들께 감사드린다. 아래의 사람들은 이 책을 만드는 데 엄청난 도움을 주었다.

- ECE Maryland의 Rajeev Barua 교수는 스크래치 패드 메모리와 그들의 동반 분할 문제를 설명하는 텍스트를 제공하였다.
- 현재 Intel DAP에 속한 Bruce Jacob 연구 그룹의 전 대학원 학생인 Brinda Ganesh 박사는 DRAM 성능 장의 레이턴시 부분을 썼다.
- Bruce Jacob 연구 그룹 대학원생인 Joseph Gross는 David Wang의 박사학위 논문을 업데이트하여 책의 개요 부분에서 현대의 DRAM의 특성을 비교하는 표를 만들었다.
- Bruce Jacob 연구 그룹의 대학원생이었으며 현재 Intel VSSAD에 근무하는 Aamer Jaleel 박사는 캐시 일관성에 대해 맡아 주었다.
- Bruce Jacob 연구 그룹의 대학원생인 Michael Martin은 0.5의 마지막 표에 대한 시뮬레이션을 진행하였으며, 개요 부분의 4개의 큰 시간 순서에 따른 그래프를 작성하였다.
- ECE Maryland의 Marty Peckerar 교수는 서브트레시홀드의 누설 문제에 대한 명쾌한 설명과 그림을 제공했다.
- ECE NCSU의 Yan Solihin 교수와 ECE Maryland의 Donald Yeung 교수는 하드웨어와 소프트웨어 프리패치에 관한 대부분의 내용을 제공했다. 이것은 Kaeli와 Yew에 의해 쓰여진 Speculative Execution in High Performance Computer Architectures(CRC Press, 2005) 책의 한 부분에서 왔다.
- Bruce Jacob 연구 그룹의 대학원생인 Sadagopan Srinivasan은 1장의 끝 부분에 대한 연구를 수행하고, 스트리밍 어플리케이션과 멀티 코어 시스템의 메모리의 동작에 관한 많은 이해를 제공하였다.
- 이전의 HP와 Intel의 신호 무결성 전문가이자 현재 Meta-Ram에 근무하는 Yong Wang은 DRAM 시스템의 시그널링과 타이밍에 대해 광범위하게 기여하였다.

또한 도구 지원에 관여한 몇몇 학생들은 특별히 인정 받을 자격이 있다.

- Brinda Ganesh는 David Wang으로 부터 DRAMsim 유지를 통제하였으며, 무엇보다도 그녀는 그 툴의 FB-DIMM 지원에 크게 기여하였다.
- Joseph Gross는 DRAMsim을 지원하고, 객체지향적이고 크게 간소화된 그 소프트웨어의 두 번째 버전 개발을 선도하였다.
- Nuengwong Tuaycharoen은 개요 마지막 부분에서 우리에게 타임 시퀀스 그래프를 제공한 전체 시스템 시뮬레이션 도구인 SYSsim의 개발을 위해 여러 개로 나누어진 소프트웨어를 통합하였다.

초안을 읽고 건전한 비판과 접근 방법과 방향 원본 데이터들을 검토해 준 많은 사람들이 있다. 아래의 사람들은 직접적으로 이러한 방법으로 공헌하였다. University of Waterloo의 Ashraf Aboulnaga, University of Utah의 Al Davis, San Luis Obispo에 있는 California Polytechnic University의 Diana Franklin, University of Cincinnati의 Yiming Hu, Northeastern University의 David Kaeli, Toronto에 위치한 Ryerson University

의 Nagi Mekhiel, OCZ Technology사의 Technology Development 부서 VP인 Michael Schuette 박사, University of Wisconsin-Madison의 Jim Smith, North Carolina State University의 Yan Solin, 그리고 여러 익명의 검토자들(이름을 밝히지 말아달라고 부탁한).

편집과 생산, 교정을 원활히 도와준 Morgan Kaufmann/Elsevier사의 Denise Penrose, Jim Smith, Nate McFadden, Paul Gottehrer 에게 감사한다.

원래의 메모리 시스템 책(Computer Storage Systems and Technology, John Wiley & Sons, 1976)의 저자이자 IBM T. J. Watson의 embedded DRAM 선도 연구원인 Richard Matick 박사가 이 책의 방향과 초점, 접근에 대해서 도움을 주었다.

Dave, Spencer, Sam, 그리고 나는 이 책을 만드는 데 도움을 준 모든 작가와 일러스트레이터, 코더, 편집가, 검토자들에게 감사드린다. 모든 참여자들께 감사드린다. 당신들은 최고입니다.

2007년 여름 메릴랜드 컬리지 파크에서.
Bruce Jacob

차례

PART 01_ 캐시

CHAPTER 12 DRAM 장치 구조의 혁신적인 발전 519

PART 03_ 크로스 커팅 문제

메모리시스템

MEMORY | SYSTEMS | **OVERVIEW**

개요

메모리 시스템과 그 설계에 관하여

메모리는 컴퓨터 시스템의 동작에서 필수적이며, 메모리 계층의 개념은 현대 메모리 시스템에서 가장 중요한 부분이다. 단일 기술로 이루어진 플랫 메모리 시스템이 그 시스템의 간소함이라는 장점을 가지지만, 잘 구현된 계층은 메모리 시스템으로 하여금 구성 요소의 성능, 비트당 가격, 그리고 에너지 소모에 동시에 접근할 수 있도록 해준다.

수년간 메모리 계층의 사용은 메모리 시스템 설계의 과정을 간소화시켰다는 점에서 매우 편리해졌다. 계층의 사용은 설계자로 하여금 시스템 설계를 모듈화된 과정으로 처리할 수 있게 하였는데, 이는 메모리 시스템을 추상적 개념으로 다루고 개별 하위 시스템들(캐시, DRAM(dynamic RAM))을 별개로 최적화하는 것을 의미한다.

그러나 우리는 계층을 이러한 방식(오직 잘 정의된 기술적 인터페이스들을 통해서만 상호작용하고 독립적으로 최적화될 수 있는 다른 하위 시스템들의 묶음)으로 처리하는 것이 더 이상 현대 메모리 시스템의 설계에 충분하지 않다는 것을 확인하고 있다. 분명해지는 경향은 많은 기본적인 구현 문제들이 점차 중요해지고 있다는 점이다. 이러한 문제들에는 디바이스와 연결의 스케일링에서의 물리적인 점들과 시그널링 프로토콜과 신호 무결성을 위한 구현 방식의 선택, 동시 접근 및 지원의 단위와 같은 설계 변수, 그리고 스케줄링 알고리즘과 대기와 같은 통신 관련 문제들이 있다. 지금까지 설계 세대에서는 인식되지 않았었던 이러한 낮은 레벨의 상세한 점들이 더 높은 레벨의 설계 과정에 매우 극적으로 영향을 미치기 시작했다. 캐시 아키텍처는 deep sub-micron 과정들에서 상호 연결의 물리적인 점들에 의해서 부과된 이러한 제한적인 역할을 나타내고 있다. 현대 DRAM 설계는 시스템 레벨의 문제들을 만들어내는 회로 레벨의 제한 요소에 의해서 조절되고 지배된다. 이러한 것들은 최적화 설계의 시도에서 사소하게 볼 수 없는 부분들이다.

이러한 경향은 시간이 지남에 따라 의심할 여지없이 점차 중요해질 것이며, 오늘날에도 설계 결과물들에 거대한 영향을 끼치고 있다. 계층과 그들의 구성 요소들은 점차 복잡해지며 메모리 시스템 부분들의 복잡한 상호 작용으로부터 야기되는 **시스템적인** 행동들이 지배하기 시작했다. 성능의 손실은 CPU, 캐시, DRAM 디바이스, SSD 어셈블리들 자체에서는 보여지지 않고, 하위 시스템들 간의 미묘한 상호작용과 하위 시스템들이 연결된 방식에서 보여진다. 결론적으로 독립적으로 각 부분들을 설계/최적화함으로써 시스템 레벨 최적화를 시도하는 것이 점점 무모해지고 있다. 더 이상 설계자가 '범위 바깥에서' 문제들에 대하여 의식하지 못하거나 하위 시스템을 설계하는 데에만 주의를 기울일 수 없다. 이제 적절하게 동작하는 메모리 계층의 설계를 원하는 메모리 시스템 설계자는 캐시부터 DRAM, SSD에 이르는 구현의 모든 레벨과 관련된 문제들에 대하여 속속들이 잘 알고 있어야 하는 상황이 되었다.

0.1 메모리 시스템

메모리 계층은 겉으로는 상호 배타적으로 보이는 여러 기능들을 제공하기 위해서 설계된다. 우리는 RAM(random-access memory)으로부터 출발하는데, 모든 마이크로프로세서(일반적인 컴퓨터 시스템을 포함)는 그것들이 동작할 RAM을 기대한다. 이것은 코드와 데이터가 필수적으로 동일하고 메모리와 같은 동일한 공간에 머무르는 폰 노이만(von Neumann) 모델을 기초로 하는 현대 소프트웨어 구조에서는 기본적인 것이다. 명령어나 데이터에 대한 모든 요청들은 이 RAM으로 가게 된다. 어떤 주어진 순간에 요구될 수 있는 메모리의 특정 데이터가 데이터를 조작하는 코드 옆에 존재할 필요는 없으며, 연결되어 수행되는 두 개의 명령어라 할지라도 메모리상에 인접해야 할 필요가 없다. 그러므로 메모리 시스템은 특별한 요청을 선호하지 않고 불규칙하게 어드레스 된 요청[1]을 처리할 수 있어야만 한다.

상호배타적인 부분들은 어디로 들어오는가? 앞서 언급했듯이, 모든 마이크로프로세서들은 그것들이 동작할 RAM을 기대한다. 더불어, 이 메모리는 기기의 처리 속도에 맞추어 빨라야만 한다. 그렇지 않다면, 기기는 메모리의 처리 결과를 기다리는 데 대부분의 시간을 사용하게 될 것이다. 게다가, 현대의 소프트웨어는 수 기가바이트에 달하는 데이터의 저장 용량을 기대하고 동작하며 소비자는 해당 저장 장치가 낮은 가격을 갖기를 기대한다. 얼마나 많은 메모리 기술들이 거대한 속도와 거대한 저장 용량을 낮은 가격에 제공할까? 현대의 프로세서들은 무작위이면서 추론적으로 명령어를 처리한다 – 쉽게 말하자면, 어떤 경우에는 프로세서가 실행을 의미하지 않는 명령어들을 처리한다는 것이다 – 그리고 시스템 소프트웨어는 일반적으로 메모리의 특정 변화들이 영구적으로 생각하도록 설계된다. 얼마나 많은 메모리 기술들이 비휘발성과 취소 동작을 제공할까?

단일 기술에 대한 모든 경쟁 요구들을 제공하는 것이 우아할 수도 있고(예를 들어, 거대한 배터리 백업 SRAM[static RAM]), 비록 해결 불가능한 공학적 문제들이 없을지라도(만약 이것에 대해 의문점이 있다면 엔지니어들로 가득 찬 방에 간단히 물어봐라) 실상은 전체 메모리 시스템을 설계하는 것은 오늘날 엄청나게 많은 비용이 요구될 것이다.[2] 좋은 소식은 이것이 필수적이지 않다는 것이다. 전문화와 분업은 이러한 모든 경쟁 목표를 동시에 가능하도록 만든다. 현대 메모리 시스템들은 종종 데스크 탑에 테라 바이트의 저장 장치를 가지며 명령어 패치와 128GB/s 이상의 데이터 접근 대역폭을 제공한다. 시스템의 거의 모든 저

1 비록 "불규칙한" 어드레싱이 흔히 사용되는 용어지만, 대부분의 메모리 시스템에서 불규칙한 어드레스 시퀀스는 가장 효율적으로 다뤄지는 사건들이기 때문에 저자는 사실상 수학적으로 어드레스 된 요구라는 의미로 사용하였다.

2 SRAM을 그들의 메인 메모리로 사용하는 것으로 유명한 크레이 기계에서도 오늘날 그들의 메모리를 DRAM으로 사용한다.

장 장치들은 비휘발성이며, 마이크로프로세서의 요소들에 대해 추론적 수행이 지원된다. 이 모든 것들은 메모리 시스템 내에 있는데, 이를 환산하면 평균적으로 저장장치의 한 비트당 대략 1/100,000,000 페니에 해당하는 가격이 된다.

이 모든 것들이 가능한 이유는 locality of reference[Belady 1966, Denning 1970]이라고 불리는 현상 때문이다. 이것은 컴퓨터의 어플리케이션들이 나타내고자 하는 경향을 관찰한 행태로, 즉 적절히 이용할 때, 작은 메모리로 하여금 더 큰 메모리를 대체할 수 있도록 한다.

0.1.1 메모리 계층 구조를 만들어 내는 locality of reference

우리는 선형적으로 생각하고, 단계적으로 일을 처리함으로써 컴퓨터가 문제를 해결하도록 프로그래밍한다. 이것은 실제적으로 컴퓨터에서의 메모리 시스템의 활용이 무작위적이지 않으며 매우 예상 가능하다는 것을 의미한다. 메모리 참조들이 temporal, spatial으로 지역화되는 경향이 있기 때문에 locality of reference 이라는 개념이 생겨났다.

- 만약 당신이 어떤 것을 한 번 사용했다면, 당신은 그것을 한 번 더 사용할 가능성이 있다.
- 만약 당신이 어떤 것을 한 번 사용했다면, 당신은 그것의 이웃을 사용할 가능성이 있다.

이 원칙들의 첫 번째 항목을 temporal locality이라고 하며, 두 번째 항목을 spatial locality이라고 한다. 이것들(그리고 다른 종류의 locality)에 대해서 이 책의 **1부 캐시**에서 더 자세히 논의하겠지만, 지금으로서는 누군가가 locality의 원리를 이용할 수 있고 그것을 우리가 불필요하게 비싸다고만 말했던 단일 레벨의 메모리 시스템에 렌더링할 수 있다고 말하는 것으로도 충분하다. 만약 주어진 적은 시간 간격에서 메모리 시스템의 컴퓨터 사용이 예측 가능하고 어느 공간 범위로 제한된다면, 프로그램이 모든 데이터에 즉시 접근할 필요가 없다는 것을 의미한다. 두 레벨의 저장소가 있다고 예를 들어 보자. 이 저장소의 첫 번째 레벨은 프로그램 데이터의 하위 부분 집합에 대하여 즉각적인 접근을 제공하고, 두 번째 레벨은 나머지 데이터를 유지하여 느리지만 값이 저렴하다. 그리고 어떤 적절한 경험적 지식이 두 레벨 간의 데이터 흐름을 관리하는데 사용된다면, 이는 첫 번째 저장소에 항상 가장 필요한 데이터의 존재를 보장할 수 있다. 만약 이러한 저장소를 프로그램이 가지고 있다면 프로그램은 원활한 동작을 수행할 수 있을 것이다. 이는 **메모리 계층**에 일반화되는 것으로, 각 저장소가 부과된 임무에 최적화되어 있는 여러 레벨의 저장소를 뜻한다. 이 레벨들을 잘 선택함으로써, 설계자는 가장 우수한 시스템을 설계할 수 있다. 여기에는 가장 빠른 요소에 의한 성능 측면의 접근, 가장 저렴한 요소에 의한 비트당 가격 측면의 접근, 그리고 가장 적은 전력을 사용하는 구성 요소에 따른 액세스당 에너지 소모에 대한 측면이 해당된다.

현대의 계층은 개별적으로 특정한 기능을 수행하거나 시스템 내에서 기능적인 틈새를 채우는 다음과 같은 요소들로 구성된다.

- **캐시(SRAM):** 캐시는 매우 낮은 지연시간(예를 들어, 액세스당 1/4나노초)과 매우 높은 대역폭(예를 들어, 한 주기당 16바이트 명령어 블록과 16바이트 데이터 블록 → 1/4나노초당 32바이트 또는

표 0.1_ 다양한 메모리 기술들에 대한 비용-성능

Technology	Bytes per Access (typ.)	Latency per Access	Cost per Megabyte[a]	Energy per Access
On-chip Cache	10	100 of picoseconds	$1–100	1 nJ
Off-chip Cache	100	Nanoseconds	$1–10	10–100 nJ
DRAM	1000 (internally fetched)	10–100 nanoseconds	$0.1	1–100 nJ (per device)
Disk	1000	Milliseconds	$0.001	100–1000 mJ

[a]반도체 메모리 비용은 매우 변화 가능하며, 제조 문제들에 비해 경제적 요소들과 판매량에 더 많이 의존한다. 특히, 칩 내의 캐시들(마이크로프로세서 코어와 통합되는 부분)은 다이 면적의 반을 차지할 수 있다. 이는 그것들의 비용이 마이크로프로세서의 판매 가격의 절반에 해당하는 경우에 해당한다. 하이 엔드 대비 임베디드와 같은 시장과 판매량에 따라, 마이크로프로세서 비용은 제곱 밀리미터당 큰 가격 범위를 가진다.

나노초당 128바이트 또는 128GB/s)을 가지는 프로그램 명령어와 데이터의 접근을 제공한다. 또한, 캐시가 액세스 당 기준으로 다른 기술에 비해서 상대적으로 낮은 에너지 요구를 가지도록 유의하는 것이 중요하다.

- **DRAM:** DRAM은 상대적으로 크고 빠르며 값이 저렴한 불규칙한 액세스 저장소를 제공한다. 이는 캐시에 비해서 크고 저렴하며, 디스크에 비해서 빠르다. 이것의 주요 강점은 동작 저장 공간으로 동작하기에 충분히 빠르고 저렴하다는 것이다
- **디스크:** 디스크는 비트당 초저비용의 영구적인 저장소를 제공한다. 언급한 것처럼 거의 모든 컴퓨터 시스템들은 어떤 데이터들이 변경이 가능하지만 영구적이기를 원한다. 그러므로 메모리 시스템은 특정 레벨에서 영구적인 저장소를 가져야만 한다. 디스크의 장점은 그것의 합리적인 가격인데(현재 기가바이트당 50센트 이하), 이는 사용자로 하여금 수천 개의 노래들과 비디오, 사진, 사용자들(저자를 비롯하여)이 습관적으로 자신의 계정에 축적해 놓는 메모리 용량이 큰 프로그램들을 저장하기 위해 충분한 용량을 살 수 있을 만큼 가격이 저렴하다.

표 0.1은 액세스 시간과 액세스당 에너지 소모에 대한 대략적인 자릿수 비교를 적은 것이다.

기술에서 플랫 메모리 시스템을 구축하는 것이 가능하지 않을까? 캐시는 영구적인 저장소로 사용되기에는 너무 비싸며, 따라서 오디오의 싱글 앨범 가치를 저장하는 데에 드는 비용은 실제 음악 CD를 저장하는 비용에 비해 수십 배를 넘어서게 될 것이다. 디스크는 동작 저장소로 사용되기에는 너무 느려서 불규칙한 액세스에 대한 평균적인 탐색 시간은 밀리초에 달하게 될 것이다. 세 개중 하나인 DRAM은 플랫 메모리 시스템을 제공하기에 가장 가깝다. DRAM은 캐시 앞 단의 지원 없이도 충분히 빠르고, 많은 임베디드 시스템에서 동작 저장소로 사용이 가능하며, 배터리의 지원이 있으면 영구적인 저장소로 기능하게 만들 수 있다. 그러나 DRAM 혼자서는 종종 거의 테라바이트에 이르는 영구적인 저장소를 원하는 사용자의 요구를 지원하기에는 충분히 저렴하지 않다. 그리고 수십 나노초 정도의 불규칙한 액세스 시간을 가지더라도 DRAM은 오늘날 일반적인 목적의 마이크로프로세서에 대한 단 한 가지의 메모리로서 동작하기에는 충분히 빠르지 않다.

지금까지 모든 바람직한 특성(낮은 가격, 비휘발성, 높은 대역폭, 낮은 지연시간 등)을 가지는 어떠한 기술

도 나타나지 않았다. 그 대신에 우리는 하나 또는 그 이상의 특성을 제공하도록 각 요소들이 설계되어 있는 시스템을 설계하고, 시스템의 동작을 관리하여 다양한 기술들의 열등한 특성을 숨긴다. 예를 들어, 마이크로프로세서에 의해 만들어지는 대부분의 메모리 참조들은 캐시나 DRAM 하위 시스템에 의해 처리된다. 그리고 디스크는 드물게 사용될 것이며, 따라서 이것의 극도로 긴 지연시간은 평균 액세스 시간에 거의 영향을 주지 않는다. 만약 대부분의 데이터가 디스크 하위 시스템에 있고 매우 적은 수의 데이터만이 시간 내의 주어진 순간에 필요하다면, 캐시와 DRAM 하위 시스템들은 많은 저장 공간을 필요로 하지 않을 것이다. 따라서 이들의 비트당 높은 비용은 시스템의 평균 비용에 거의 영향을 주지 않을 것이다. 만약 잘 된다면, 메모리 시스템은 가장 낮은 층의 비용과 비슷한 평균 비용을 가지면서 가장 높은 층과 비슷한 액세스 시간과 대역폭을 가지게 된다.

메모리 계층은 항상 그림 0.1에 그려진 것과 같은 피라미드로 묘사된다. 계층 내의 더 높은 레벨은 계층 내의 낮은 레벨에 비해서 더 높은 성능 특성을 가진다. 더 높은 레벨은 낮은 레벨에 비해서 더 높은 비트당 비용을 가진다. 그리고 시스템은 낮은 레벨에 비해 높은 레벨에서 적은 저장 공간을 사용한다.

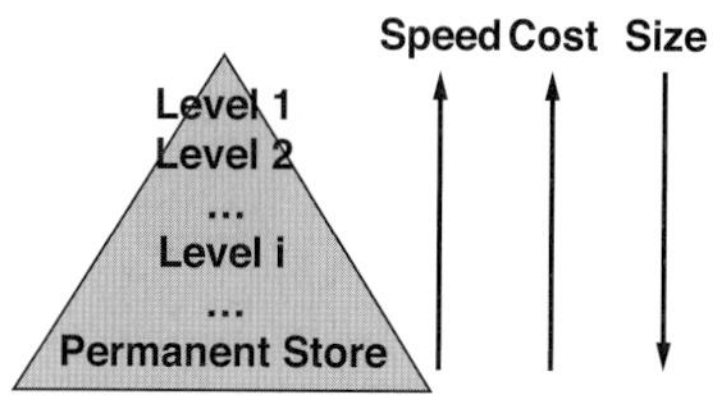

그림 0.1_ 메모리 계층

비록 현대 메모리 시스템들이 SRAM, DRAM, 그리고 디스크들로 구성되어 있지만, 이들은 단순히 시스템의 특정한 요구(영구적인 공간, 동작 공간, 빠른 공간)를 충족시키기 위해 선택된 기술들이다. 어떤 기술 집합도 만약 그것이 (a) 영구적인 동작 공간이고, (b) 주어진 컴퓨터 시스템의 성능, 비용, 전력소모 사항들을 만족시킬 수 있다면 충분할 것이다.

영구적 저장 공간

시스템의 영구적 저장 공간은 모든 것이 사는 공간이다. 이는 (잠재적으로)변경될 수 있는 데이터들의 집이라는 의미이다. 여기서 말하는 데이터의 변경이란 반드시 시스템의 호출에 의해 기억되어야 한다(power-ups과 power-downs). 일반적인 목적의 시스템에서 이러한 데이터는 일반적으로 부팅 프로그램, OS(운영체제) 실행, 라이브러리, 유틸리티, 어플리케이션 등의 운영체제 파일과 그래픽, 워드프로세스 문서, 스프레드시트, 디지털 포토그래프, 디지털 오디오와 비디오, 이메일 등의 사용자 파일들을 포함한다. 임베디드 시스템에서 이 파일들은 일반적으로 시스템 실행 이미지와 시스템이 요구하는 설치 관련 구성 정보를 포함한다. 어떤 임베디드 시스템은 또한 처리가 완료되기 전에 시스템이 종료되는 것과 같은 최악의 경우를 견딜 수 있도록 영구 저장소에 부분적으로 완료된 처리 상태를 유지한다(예, 금융 거래).

이들 모두는 기기가 종료되었을 때 사라져서는 안 되는 데이터(예를 들어, 사용자의 저장된 e메일 메시지, 운영체제의 코드와 구성 정보, 어플리케이션과 그들의 저장된 문서들)을 나타낸다. 그러므로 저장소는 반드시 **비휘발성**이어야 하며, 여기서 비휘발성이란 정전에 영향을 받지 않는다는 것을 의미한다. 영구적 저장소로 선택된 저장 기술은 자기 디스크, 플래쉬 메모리, 그리고 EEPROM(전기적으로 삭제가 가능하도록 프로그램된 읽기 전용 메모리)이다. 플래쉬 메모리는 EEPROM의 한 가지 특별한 종류이다. 프로그램 ROM(읽기 전용 메모리)의 다른 형태들(ROM, PROM(programmable ROM), EPROM(erasable programmable ROM))은 임베디드 시스템의 실행 이미지나 범용 시스템의 부트 코드와 BIOS[3]와 같은 쓰기가 불가능한 영구적인 정보에 적합하다. MRAM(자기 RAM), FeRAM(강유전체 RAM), PCRAM(phase-charge RAM)을 포함하여 많은 다른 종류의 비휘발성 기술들이 개발 단계에 있다.

대부분의 시스템에서 이 기술의 비트당 비용은 매우 중요한 고려사항이다. 범용 시스템에서 엄청난 양의 영구적 저장소를 가지는 이러한 시스템들이 있기 때문에 그러하다. 데스크탑은 500GB 이상의 영구적 저장소를 쉽게 가질 수 있고 부서 서버는 그 양보다 백 배 이상을 가질 수 있다. 이런 시스템에서 거대한 양의 비트 수는 적당한 비트당 비용 조차도 상당한 양의 액수로 변환한다. 상당한 수의 출하량 때문에 임베디드 시스템에서 비트당 비용은 중요하다. 임베디드 시스템들은 종종 막대한 양으로 제작되고 팔리는 소비자 기기에 사용된다(휴대폰, 디지털 카메라, MP3 플레이어, 프로그램 가능한 온도 조절 장치, 디스크 드라이브). 개별 임베디드 시스템은 소수의 메가바이트 단위의 저장소 이상을 필요로 하지 않을지 모르지만, 메모리에서 메가바이트당 비용에서 매우 적은 1센트의 증가는 백만 단위의 제조 측면 비용에서는 10만 불의 증가로 연결된다.

운영(랜덤 액세스) 저장 공간

앞서 언급했던 것처럼, 일반적인 마이크로프로세서는 모든 클락 주기에 대해서 새로운 명령어나 명령어들의 집합을 기대하며 모든 클락 주기마다 데이터의 읽기 쓰기를 수행할 수 있다. 이러한 명령어들과 데이터들의 어드레스들은 연속적일 필요가 없으며(사실 어떤 검출 방법과 관련이 되어 있다), 메모리 시스템은 반드시 불규칙한 액세스를 처리할 수 있어야만 한다 – 메모리 시스템은 메모리 시스템의 어떠한 데이터에 대해서도 즉각적인 액세스를 공급할 수 있어야 한다.

기기의 운영 저장 공간은 마이크로프로세서의 데이터 단위에 불규칙한 액세스를 제공하는 메모리의 레벨이다. 이것은 마이크로프로세서가 동작할 수 있는 영역 이상의 저장 레벨이다. 즉, 이는 그것의 저장소의 어떤 데이터 정보에 한 번에 불규칙한 액세스를 제공할 수 있는 저장 레벨이라는 의미이다. 이 저장 레벨은 일반적으로 메인 메모리라고 불린다. 디스크는 메인 메모리나 운영 저장 공간과 같은 역할을 하지 못하고, 두 가지 이유로 인하여 불규칙한 액세스를 제공하지 못한다. 이 두 가지 이유 중 하나는 즉각적인 액세스가 어떤 주어진 순간에 디스크의 헤드 아래에 있는 데이터에 한해서만 제공되기 때문이다. 두 번째 이유는 액세스의 단위가 일반적인 프로세서가 요구하는 것이 아니기 때문이다. 디스크는 오직 큰 덩어리로 데이터를 읽고 쓰는 블록 지향 디바이스이다. 일반적으로 그 단위는 512B이다. 반대로 프로세서의 경우에는 4B 또는 8B 데이터 워드 단위로 동작한다.

---

3 BIOS = Basic input/output system(기본 입출력 시스템), 소프트웨어 저레벨 접근을 하드웨어에 제공하는 코드

플래시 메모리와 EEPROM(이전에 언급했던 새로운 형태의 비휘발성 기술들을 포함)은 잠재적으로 작은 영구적 저장 공간을 필요로 하는 시스템의 운영 저장 공간으로 사용할 수 있으며, 이러한 기술들의 비휘발성 기술들은 뚜렷한 장점들을 제공한다. 그러나 이 모든 것들이 이상적인 운영 저장 공간으로서 설정되지는 않는다. 예를 들어, 플래시 메모리는 워드 크기의 읽기를 지원하지만 오직 블록 크기의 쓰기만을 지원한다. 만약 이런 종류의 문제들이 프로세서에서 처리하는 것과 같은 방식(예를 들어 이 경우에는 추가적인 데이터 버퍼링과 같은 방식)으로 다루어진다면, 메모리 기술은 여전히 합리적인 하이브리드 운영 저장 공간으로서 역할을 할 수 있다.

비록 비휘발성 기술들이 디바이스와 시스템의 모든 방법들에서 운영 저장 공간으로서 동작하는 것처럼 완벽하게 위치한 것으로 보이지만, DRAM은 여전히 가장 흔하게 사용되는 디바이스이다. 메모리 시스템의 운영 저장 공간의 오직 한 가지 필요사항으로 이것이 작은 액세스 단위의 불규칙한 액세스를 제공한다는 것에 주목해야 한다. 비휘발성은 이것이 계층의 다른 레벨에 의해서 제공된다면 필수 사항이 아니다. DRAM은 여러 가지 이유에서 운영 저장 공간으로 인기 있는 선택으로, DRAM은 다른 여러 종류의 비휘발성 기술들에 비해 빠르며(어떤 경우에는 훨씬 빠르다), DRAM은 무한한 수의 읽기를 지원하지만 어떤 비휘발성 기술들은 여러 번 지우고 다시 쓰기 동작을 수행한 이후에 오동작하기 시작한다(어떤 기술들에서는 1~10,000 지우기/쓰기 주기 이후에 오동작을 한다. 그리고 DRAM 공정들은 로직 디바이스들을 설계하기 위해 사용되는 공정들과 매우 유사하다. DRAM은 비슷한 물질들과 상대적으로 비슷한 실리콘 기반의 공정 기술(대부분의 마이크로프로세서와 같이)을 사용하여 제작될 수 있다. 반면 많은 수의 다양한 비휘발성 기술들은 새로운 물질들과 상대적으로 다른 공정 기술들을 요구한다.

빠르고 상대적으로 저전력으로 동작하는 저장 공간

만약 이러한 저장소 기술들이 이러한 합리적인 운영 저장소를 제공할 수 있다면, 왜 오늘날의 시스템들이 캐시를 사용할까? 캐시는 메인 메모리의 액세스 동작이 시스템의 요청이나 목표에 충분하지 않을 때마다 프로세서와 메인 메모리 시스템 사이에 위치한다. 일반적인 장점은 성능과 전력소모다. 메인 메모리에서 동작 성능이 부족한 경우에는 프로세서와 메인 메모리 사이에 캐시가 삽입되어 데이터에 대한 평균 액세스 시간을 단축시킨다. 비슷한 형태로 만약 메인 메모리에서 동작하는 데 필요한 에너지 소모가 너무 크게 되면, 캐시가 삽입되어 시스템의 에너지 소모를 줄인다.

표 0.1의 데이터는 설계상의 선택에 대해서 몇 가지 직관을 주어야 한다. 만약 캐시가 계층에서 다음 아래 계층으로 생성된 액세스들의 수를 줄일 수 있다면, 이것은 잠재적으로 어플리케이션의 실행 시간과 에너지 소모를 모두 줄일 수 있다. 이러한 수들은 특정 기술 변수들에 대해서만 유효하기 때문에 얻을 수 있는 이득은 단지 잠재적이다. 예를 들어, 많은 설계들이 몇몇 DRAM 칩들이 합쳐진 것보다 더 많은 에너지를 사용하는 커다란 SRAM 캐시들을 사용하지만 캐시들이 실행 시간을 줄일 수 있기 때문에, 성능이 매우 중요한 시스템에서는 에너지 소비를 희생하더라도 이러한 캐시들이 사용된다.

이 지점에서 비록 '캐시'라는 용어가 항상 SRAM을 의미하는 것으로 사용되더라도 캐시는 단지 한 개념이

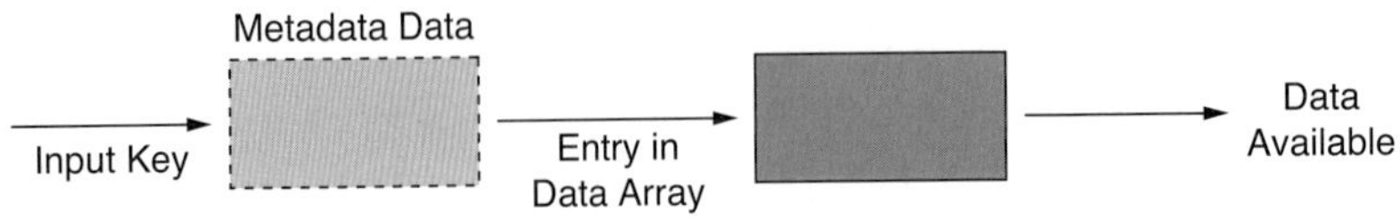

그림 0.2_ 이상적인 캐시 조회. 캐시는 논리적으로 데이터 어레이와 데이터 어레이 상에 무엇이 있는지를 나타나내는 관리 정보(메타데이터)의 두 요소로 구성된다. 주요 정보들은 가상일 수도 있다. 즉, 데이터 어드레스들은 명시적으로 키 조회가 있지 않은 경우에 캐시를 사용하는 소프트웨어 내에 내장될 수 있으며,오직 데이터 어레이만이 필요해진다.

며 이것의 구현에 있어서 어떠한 기대도 부과되지 않는다는 것에 주목하는 것은 중요하다. 그림 0.2에 보이는 것과 같이, 캐시들은 밀접한 데이터베이스의 가장 좋은 생각이다. 캐시들은 데이터와 선택적으로 어레이상의 각 데이터 블록에 대한 유일한 ID(어드레스)와 같은 메타 데이터를 포함한다. 캐시들은 SRAM, DRAM, 디스크, 또는 가상 저장소 기술들로부터 설계될 수 있다. 이것들은 하드웨어상에 완벽하게 조절될 수 있고 따라서 실행 중인 어플리케이션이나 메모리 시스템 그 자체에도 일맥상통하다. 예를 들어, 그림 서.2는 하드웨어로 구현하는 경우 캐시의 태그로 불려지는 메타 데이터의 선택적 블록을 보여주고 있다. 그런 경우에 key는 태그 어레이로 통과해 간다. 이 태그 어레이는 데이터 어레이상의 해당 항목의 위치(캐시 히트)나 항목이 데이터 어레이에 있지 않다는 표시(캐시 미스)를 만든다. 소프트웨어는 key 조회가 불필요한 경우에 직접적인 캐시 어레이 어드레스들을 사용하여 명시적으로 어레이를 색인하는 데 쓰여질 수 있다. 캐시에 대하여 선택된 구성은 캐시 조직이라고 불린다. 캐시 조직은 이 두 극단 사이의 연속체를 따라서 모든 지점에 존재한다. 분명히 조직의 선택은 캐시의 성능과 에너지 소모에 상당하게 영향을 미칠 것이다.

액세스 시간의 예측은 또 다른 장점이다. 그것은 고도로 조직화된 데이터 이동을 하는 시스템이나 실시간 시스템을 구축할 때 매우 중요한 성능의 특별한 형태이다. DRAM은 때때로 그것의 저장된 데이터의 무결성을 보장할 수 있도록 외부의 요청을 무시할 필요가 있는 상태(이를 'refresh'라고 하며 한다)에 있을 수 있다. 데이터의 이동에서 이러한 상황은 특정 어플리케이션에서는 재앙일 수 있다. 이러한 이유로 디지털 신호 프로세서(DSP)나 임베디드 조절 어플리케이션에서 사용되는 프로세서(마이크로컨트롤러)와 같은 많은 마이크로프로세서들은 종종 작은 메인 메모리와 같은 특별한 캐시를 가진다. 이것들은 'scratch-pad RAM'이며, 실행 중인 어플리케이션이 캐시를 관리하는 스펙트럼의 끝에 배치한 구조이다. DSP는 일반적으로 이러한 scratch-pad RAM 중에 두 개를 가진다. 따라서 DSP는 매 주기마다 새로운 MAC(multiply-accumulate-late) 동작을 내보낼 수 있다. MAC는 중요한 DSP 명령어인데 데이터 어레이의 한 쌍에 대하여 이 명령어의 반복적인 동작은 내적을 만들어 낸다. 새로운 MAC 동작을 매 주기마다 수행하는 것은 메모리 시스템이 동일한 주기 동안 동시에 두 다른 어레이로부터 새로운 성분들을 불러오는 것을 필요로 한다. 이는 각각이 자신의 독자적 데이터 메모리를 가지며 다른 어레이 성분을 보유하는 두 개의 다른 데이터 버스들을 가짐으로써 쉽게 얻어질 수 있다.

아마 소프트웨어 관리 메모리의 가장 친숙한 예는 프로세서의 레지스터 파일일 것이다. 레지스터 파일은 명령어 내에서 비트들에 의해 직접적으로 색인된 저장소 위치의 배열이며 이 것의 내용은 완전히 소프트웨어에 의해 관리된다. 값들은 소프트 명령어들에 의해 명시적으로 레지스터 파일로 들어가게 되고 이전의 값들은 소프트웨어에 의해 그렇게 명시적으로 하는 경우에 덮어쓰게 된다. 더불어 레지스터 파일은 대부분의 칩 내 캐시들에 비해 상당히 작으며 일반적으로 훨씬 더 적은 에너지를 소모한다. 따라서 소프트웨어의 가장 좋은 것은 종종 소프트웨어의 레지스터 파일 사용을 최적화하는 것이다[Postiff & Mudge 1999].

0.1.2 중요한 성능 지수

다음과 같은 문제들이 이전의 논의에서 다루어졌다면 이 시점에서는 메모리 시스템의 설계자에게 중요한 다양한 성능지수를 공식적으로 제시하는 것이 도움이 될 것이다. 메모리 시스템이 사용될 환경(슈퍼 컴퓨터, 부서 서버, 데스크탑, 노트북, 신호처리 시스템, 임베디드 제어 시스템)에 따라, 각 지표는 어느 정도의 가중치를 가진다. 비록 대부분의 학술적인 연구들이 한 번에 한 축(예, 성능)에만 초점을 맞추는 경향이 있지만, 메모리 시스템의 설계는 모든 분석과 관련된 복잡성을 가지는 다차원의 최적화 문제이다. 예를 들어, 설계 공간에서 어떤 것을 분석하거나 한 메모리 시스템 위의 다른 한 메모리 시스템을 고려하기 위해서 설계자는 파레토 최적성(Pareto optimality, 이 장의 뒷부분에 기술되어 있음)과 같은 개념에 익숙해야 한다. 각종 성능지수는 성능, 에너지 소비, 전력 소비, 동작 예측, 제조 비용 및 시스템 신뢰도이다. 이 절에서는 이것들을 간단하게 집합적으로 기술한다. 이후의 절에서는 이것들을 더 자세히 다루도록 할 것이다.

성능

성능이라는 용어는 대다수의 사람들에게 많은 것을 의미한다. 시스템의 성능은 일반적으로 시스템이 작업을 수행하는 데 걸리는 시간(예, 작업 지연시간)으로 측정되지만, 이는 또한 어떤 단위 시간 동안에 처리할 수 있는 작업의 수(작업 대역폭)로도 측정될 수 있다. 성능에 대하여 가장 잘 알려진 성능지수는 다음과 같다.[4]

- 명령어당 주기(CPI) = 전체 수행 주기/할당된 전체 사용자 레벨의 명령어
- 메모리 시스템 CPI 간접비 = 실제 CPI – 완벽한 메모리를 가정하는 CPI
- 명령어당 메모리 주기(MCPI) = 메모리 시스템에서 소모된 전체 주기/할당된 전체 사용자 레벨의 명령어
- 캐시 미트 속도 = 전체 캐시 미스/전체 캐시 액세스
- 캐시 히트 속도 = 1 – 캐시 미스 속도
- 평균 액세스 시간 = (히트 속도 * 서비스 히트 평균) + (미스 속도 * 서비스 미스 평균)
- 초당 백만 명령어(MIPS) = 수행된 명령어/10^6 * 수행에 필요한 평균

4 MIPS 지표는 쉽게 오용된다. 예를 들어, 서로 다른 명령어 집합 아키텍처를 비교하기에 부적합하고, 마케팅 문헌들은 종종 실행 명령어를 어플리케이션의 전체 실행에 반대되는 의미로 주어진 특정 시간을 뜻하는 데 사용한다. 이런 경우에 지표는 기계가 달성할 수 있는 명령어의 가장 높은 발행 속도를 의미한다.

주의 사항: 프로세싱 문맥과는 독립적인 메모리 시스템 성능 지표를 사용하는 것은 매우 기만적이다. 예를 들어, MCPI 지표는 얼마나 많은 메모리 시스템 동작이 프로세서 동작과 겹치는 지를 고려하지 않는다. 그 결과 메모리 시스템 B보다 더 나쁜 MCPI를 가지는 메모리 시스템 A는 사실상 더 좋은 전체 성능을 가지는 컴퓨터 시스템을 만들 수 있을지도 모른다. 다음 절에 나오는 그림 0.5가 보여주는 것처럼, 메모리 시스템과 CPU 수행 간에는 상당히 다른 양의 겹치는 동작이 있을 수 있다.

어떻게 성능 지표들의 집합을 평균을 낼 것인지가 여전히 잘 이해되지 않는 주제이고, 이것은 고려된 다양한 벤치마크에 대해 선택된 무게에 매우 민감하다[John 2004]. 성능 비교는 쌓여 있는 설계들을 사용하여 저장된 시간의 양을 의미하기 때문에 가장 모호한 부분이다. 우리가 "이 기계가 저 기계에 비해 얼마나 빠른가?"라는 질문을 할 때, 함축적인 부분은 우리가 '저 기계'를 얼마 동안 사용해왔고 이 기기를 대신 사용함으로써 얼마나 많은 시간을 절약할 수 있는지 알기를 원한다. 성능의 진정한 측정은 한 기계의 전체 수행 시간을 다른 기계의 시간에 비교하는 것이다. 이때 각 기계는 기계를 동작시키는 사용자의 기대 정도에 해당하는 사용자의 일반적 업무를 나타내는 벤치마크 프로그램을 동작한다. 예를 들어, 사용자가 큰 소프트웨어 어플리케이션을 하루에 10번씩 컴파일하고 일련의 회귀 테스트를 하루에 한 번씩 동작한다고 하면, 전체 실행 시간은 회귀 테스트보다 10배 이상의 컴파일 수행을 세어야만 한다.

에너지 소비와 전력 소비

에너지 소비는 완료된 작업과 관련이 있다(예, 얼마나 많은 컴퓨팅이 주어진 배터리에서 이루어질 수 있는지). 반면 전력 소비는 소비 속도이다. 마이크로프로세서와 같은 CMOS 디바이스의 순간 전력 소비는 watt(W)로 측정되고 두 성분의 합을 나타낸다. 여기서 말하는 두 가지 성분은 스위칭 동작에 의해 나타나는 **유효전력**과 문턱전압 이하(subthreshold)의 누출이 주 이유인 **정적전류**이다. 첫 번째 근사에서, 평균 전력 소비는 다음과 같다(우리는 이후에 더 자세한 모델로 나타낼 것이다).

$$P_{avg}=(P_{dynamic}+P_{static})\equiv C_{tot}V^2_{dd}f+I_{leak}V_{dd} \qquad \text{(식 0.1)}$$

C_{tot}는 스위치되는 전체 캐패시턴스, Vdd는 공급 전압, f는 스위칭 주파수, 그리고 I_{leak}는 문턱전압 이하와 게이트를 통한 누출이 주 원인인 누출 전류이다. 공정 기술의 각 세대에서 유효전력은 디바이스 레벨에 따라 감소하고 칩 레벨에서 대략 일정한 값을 유지한다. 스위칭 전력에 비해서 상대적으로 의미 없게 사용되는 누출 전력은 디바이스가 점점 작아짐에 따라 감소하고 최근에는 스위칭 전력을 따라잡았다[Grove 2002]. 미래에는 누출이 가장 중요한 고려 대상일 것이다.

에너지는 시간 동안의 전력과 관계된다. T초를 필요로 하는 컴퓨팅에 의해 소비되는 에너지는 joules(J)로 측정되고, 이는 얼마 동안의 순간 전력을 모두 합친 것과 같다. 만약 전력 소비가 T시간 동안에 일정하게 유지되면, 결과적인 에너지 소비도 간단하게 전력과 시간의 곱으로 나타난다.

$$E=(P_{avg}\cdot T)\equiv C_{tot}V^2_{dd}N+I_{leak}V_{dd}T \qquad \text{(식 0.2)}$$

여기서 N은 컴퓨팅하는 동안에 발생하는 스위칭 횟수를 의미한다.

일반적으로, 만약 누군가가 배터리 수명 연장에 관심이 있거나 기업 컴퓨팅 센서의 전기 비용을 줄이는 데에 관심이 있다면, **에너지**는 비교 분석 접근에 있어서 사용하기에 적합한 지표이다. 만약 누군가가 시스템의 열 제거나 기능 블록이 만들어 낼 수 있는 열 영향을 고려한다면, **전력**이 적합한 지표이다. 비공식적 논의(예, 피할 수 없는 측정 단위를 사용하는 방정식보다는 공통 용어를 사용하는 산문)에서, 전력과 에너지 두 용어는 비록 기술적으로는 잘못된 것이지만 빈번하게 상호 교환되어 사용된다. 이것은 종종 의도치 않게 모호함과 오인으로 연결될 수 있기 때문에 조심해야 되지만, 항상 그런 것은 아니다. 예를 들어, 마이크로프로세서 제조업자들은 때때로 저전력 마이크로프로세서를 가지기를 요구한다. 이것은 마이크로프로세서를 클락 속도의 절반으로 동작시킴으로써 전력 소비를 줄여서 쉽게 얻어지지만, 에너지가 소비하는 속도가 전력이다. 그러나 첫 번째 순서로 이렇게 하면, 해당 프로세서가 전력을 소비하는 시간은 그 두 배가 된다. 따라서 더 낮은 전력을 가진다고 선전하는 것이 기술적으로 거짓말은 아니지만, 결과적으로 프로세서가 그 전과 마찬가지로 같은 양의 에너지를 소비하는 것이다.

- 에너지/전력과 성능을 통합하는 대표적인 성능지수는 다음과 같다.
- 에너지-지연 곱 = 작업을 수행하는 데 필요한 에너지 * 시간
- 전력-지연 곱 = (작업을 수행하는 데 필요한 전력)^m * (시간)^n
- Watt당 MIPS = MIPS상의 벤치마크 성능/벤치마크에 의해 소비되는 평균 전력

두 번째 방정식은 첫 번째 것의 일반적인 형태이다(m=1, n=2인 경우에 두 식은 동일하다). 그러므로 설계자는 그들의 설계 목표에 가장 중요한 지표(시간 또는 에너지/전력)에 더 많은 무게를 둘 수 있다[Gonzalez & Horowitz 1996, Brooks et al. 2000a].

예측 가능한(실시간) 동작

동작의 예측 가능성은 실시간 시스템을 분석할 때 매우 중요하다. 이는 동작의 정확성이 종종 이러한 시스템들의 주 설계 목적이기 때문이다(예를 들어 의학 장비, 네비게이션 시스템, 전자 제어식 제동 장치, 항공 제어 시스템 등과 같이 동작의 실패가 선택적이지 않은 시스템의 경우).

동작의 예측 가능성을 표현하는 대표적인 성능지수는 다음과 같다.

- 최악의 실행 시간(WCET)은 기능을 실행하기 위해 취해야 하는 가장 긴 시간을 의미한다.
- 응답 시간은 시스템에 대한 자극과 시스템의 응답 사이에 걸리는 시간을 의미한다(예. 외부의 방해에 의한 응답 시간).
- 지터(jitter)는 평균 시간 값에서의 분포량을 의미한다.

이러한 지표들은 일반적으로 단일 수(평균 또는 최악의 경우)로 주어지지만 우리는 예측 가능 밀집 함수(PDF)가 시스템 분석에 가치 있는 도움이 된다는 것을 알 수 있다[Baynes et al. 2001, 2003].

설계(제조 및 테스트) 비용

비용은 분명하지만 언급되지 않는 설계 목표이다. 많은 디바이스 소비자들은 그들의 주요 고려사항으로 비용을 둔다. 만약 설계와 제조 비용이 충분히 저렴하지 않다면, 그것을 만들어서 파는 것은 의미가 없다. 비용은 많은 다른 방식으로 표현될 수 있지만(에너지 소비는 비용의 측정치이다), 이 책의 목적을 위해서 '비용'이라는 단어를 우리는 제품을 생산하는 비용으로 사용하도록 한다. 비용의 대표적인 성능지수는 다음을 포함한다.

- 달러 비용(가장 좋지만 종종 근사하기조차 힘들다)
- 설계 사이즈는 다이 면적(VLSI 설계의 제조 비용은 그 면적의 세제곱 이상에 비례한다.)
- 패키징 비용은 핀 개수
- 설계 복잡도(트랜지스터의 수, 코드 줄 수, 컴파일 또는 합성하는 데 걸리는 시간, 증명하거나 DRC(design rule check) 시간, 클럭 주기에 미치는 설계 영향을 포함하는 많은 것들로 표현된다 [Palacharla et al. 1996])

비용은 종종 상대적인 의미로 나타낼 수 있다. 이는 비교를 위해 상이한 기술이나 방법을 배치하게끔 한다.

- 저장소의 비트/바이트/KB/MB당 비용(서로 다른 저장소 기술 간의 비용 비교를 가능하게 한다)
- 저장소의 비트당 다이 면적(동일한 공정 기술 내에서 사이즈 측면의 효율성 비교를 가능하게 한다)

비슷한 맥락에서 비용은 성능 지표들과 함께 묶여 정보를 제공한다. 다음과 같은 내용들이 이에 해당한다.

- 패키지 핀당 대역폭(지속 가능한 전체 대역폭을 패키지의 전체 핀 수로 나눈 값)
- 실행 시간 달러(전체 실행 시간에 전체 비용을 곱한 값으로 비용은 핀이나 다이 면적과 같은 다른 단위들로 표현될 수도 있다)

주목할 사항: 비용은 그 비용의 모든 자원들을 통합해야 한다. 비용의 단 한 가지 자원에만 초점을 두는 것은 두 방식의 분석을 인식하지 못하게 한다. 첫 번째, 시스템의 실제 비용이 고려되지 않으며, 두 번째, 해결 방안이 분석으로부터 배제될 수 있다. 만약 비용이 핀 수로 표현되면, 모든 핀들이 분석에 고려되어야만 한다. 예를 들어 분석을 오로지 데이터 핀에만 초점을 두어서는 안 된다. 같은 논리로 비용이 다이 면적으로 제시된다면, 다이 면적의 모든 자원들이 분석에 고려되어야 한다. 예를 들어 분석이 bank 수에만 초점을 두어서는 안되며 여러 bank들 사이에서 선택하기 위한 제어 로직(디코더, MUX, 버스 라인 등)을 설계하는 데에 드는 비용도 고려해야 한다.

신뢰도

'성능'이라는 용어와 마찬가지로 '신뢰도'라는 용어도 여러 사람들에게 많은 의미를 부여한다. 이 책에서 우리는 메모리 시스템에 저장된 데이터의 신뢰도를 나타내는 데에 사용한다. 어떻게 쉽게 저장된 데이터들이 손상되거나 손실되며 어떻게 이 데이터를 손상이나 손실로부터 보호할 수 있을까? 데이터 보전은 물리적 디바이스에 의존하게 되는데 물리적 디바이스는 고장 날 수 있다.

저장된 데이터의 보전을 보증하기 위한 방법은 일반적으로 메모리 시스템에 여분의 데이터 정보를 저장함으로써 디바이스가 고장 나는 경우에 전체 데이터가 아닌 일부의 데이터만이 손실되거나 손상되도록 하는 것이다. 만약 충분한 여분의 정보가 저장된다면 잃어버린 데이터는 재구성이 가능하다. 신뢰도를 측정하기 위한 대표적인 성능지수는 디바이스의 취약성과 제안하는 해결책의 견고성에 특성을 부여한다. 성능지수는 다음과 같다.

- 시간(수 초, 수 시간 등)이나 사용 횟수로 주어지는 결함 간의 평균 시간(MTBF)[5]
- 비트 에러 허용 오차(예를 들어 데이터 워드나 패킷 내의 얼마나 많은 비트 에러를 메커니즘이 교정할 수 있는지, 얼마나 많은 것을 메커니즘이 찾아낼 수 있는지(반드시 올바를 필요는 없다))
- 에러 속도 허용 오차(수 초마다 데이터 스트림 내의 얼마나 많은 에러들을 메커니즘이 교정할 수 있는지)
- 어플리케이션 별 지표(오류가 발생하기 전에 설계가 얼마나 많은 방사를 견딜 수 있는 지)

MTBF에 종종 천문학적으로 높이 주어지는 값들에 대하여 주목해보자. 이는 이러한 값들이 개인 디바이스에 적용하려는 것이 아니라 대용량 설비와 같은 넓은 시스템의 디바이스 사용에 적용하려고 하기 때문이다. 예를 들어, 디바이스의 기대 서비스 수명치가 수년이라면 디바이스는 수년 안에 오류가 발생할 것이다. 만약 관리자가 디바이스를 몇 년마다 교환한다면(서비스 수명이 끝나기 전에), 관리자는 MTBF와 일치하는 결함 발생 횟수를 기대할 수 있을 것이다.

0.1.3 메모리 계층 구조의 목적

앞에서 언급한 것처럼, 잘 고안된 계층 구조는 메모리 시스템이 동시에 가장 빠른 컴포넌트의 성능, 가장 값싼 컴포넌트의 비트당 가격, 그리고 에너지 효율적인 컴포넌트의 에너지 소비에 도달할 수 있게 한다. 최근의 메모리 시스템은 일반적으로 시스템에서 가장 빠른 컴포넌트인 칩 내부의 캐시(cache)와 유사한 성능을 가진다. 마이크로프로세서가 명령을 수행하고 불러오는 속도는 나노 단위의 초 혹은 그 보다 더 작은 단위로 측정된다. 최근의 가장 값 싼 데스크탑은 수백 기가바이트의 저장 공간을 가지며 500달러 이하의 가격으로 팔리며, 이 가격 중 절반은 칩 내부의 캐시, 칩 외부의 캐시, DRAM, 그리고 디스크가 차지한다. 이는 기가바이트당 평균 수 달러라는 것을 나타내며 이 가격은 가장 값싼 컴포넌트인 디스크의 가격과 비슷하다. 최근의 데스크탑 시스템은 일반적으로 지시가 수행될 때마다 수십 나노줄의 에너지 효율을 가지며, 이는 시스템에서 가장 에너지를 적게 소모하는 칩 내부의 SRAM 캐시의 (액세스 당)에너지 효율과 비슷하다.

5 일반적인 변화는 "Mean Time Between Failures(MTBF)"이다.

메모리-시스템 설계자의 목표는 프로세서의 관점에서 평균적으로 큰 캐시처럼 동작하도록 시스템을 만드는 것이다. 성공적인 메모리 계층 구조는 그것들의 부분의 합 이상이다. 더욱이, 성공적인 메모리-시스템 설계는 사소한 문제가 아니다.

어떻게 시스템이 만들어지고, 어떻게 사용되며(어떤 부분이 다른 것들보다 더 무겁게 사용되는지), 그리고 엔지니어가 설계 시 어떠한 이슈에 포커스를 맞추어야 하는지 등 이러한 것들은 메모리 시스템의 타깃 어플리케이션에 따라 다르다. 타깃 어플리케이션의 2가지 공통적인 카테고리는 (a) 어떠한 형태의 계산에도 일반적으로 적용되는 특징을 가지는 일반적인 목적의 시스템, 그리고 (b) 여러 가지 측면(비용, 설계의 정확성, 에너지 소비, 신뢰성) 사이의 타이트한 설계 제한과 각각 그것의 전체 수명에 걸쳐 하나의 소프트웨어 어플리케이션을 실행하는 특징을 가지는 임베디드 시스템이며, 이는 일반적인 목적의 시스템에 적합하지 않은 것들에 대해서도 최적화할 수 있는 가능성을 연다.

일반적인 목적의 컴퓨터 시스템

일반적인 목적의 시스템들은 사람들이 일반적으로 '컴퓨터'라고 생각하는 것들이다. 이들은 당신의 책상 위에 있는 머신이고, 회사의 냉방된 서버실에 있는 머신이며, 부엌의 테이블 위에 있는 랩탑이다. 그것들은 주어진 어떠한 상황에서도 모든 일들을 수행하도록 설계되었으며, 매일 실행하는 소프트웨어는 머신마다 다르다.

일반적인 목적의 시스템은 일반적으로 과하게 만들어진다. 소비자들이 그러한 시스템들이 모든 가능한 소프트웨어를 적절한 속도로 실행할 거라고 기대하기 때문에, 그것들은 일반적인 상황들에 잘 대처할 수 있으며, 좋지 않은 상황에 대해서도 대처할 수 있게 만들어진다. 만약 그러한 것들이 어떠한 특정 상황에만 최적화되어 있다면, 유사하지 않은 모든 일들에 대해서는 최적화되어 있지 않을 것이다. 그러므로 일반적인 목적의 시스템은 모든 것에 최적화 되어 있으며, 이 말은 특정한 것에 최적화되어 있지 않다는 말로 바꾸어 말할 수 있다. 그렇다 하더라도 이러한 시스템들은 낮은 성능과 대량 고속처리로 이러한 것들을 보완한다. 일반적으로 노트북은 워드프로세서나 이메일 클라이언트, 보통의 노트북에서 일상적으로 미뤄뒀다 처리하는 일들보다 초당 더 많은 동작을 수행할 수 있다. 그러나 일반적인 목적의 시스템은 언제 무엇이든 처리할 수 있기를 기대하므로 상당한 양의 대량 고속처리 능력을 여분으로 가져야 한다.

컴퓨터의 메모리 시스템은 스위스 군대의 칼과 같이 설계되어야만 한다. 그림 0.3은 일반적인 개인 컴퓨터의 조직을 보여주며, 메모리 시스템의 컴포넌트들은 회색 박스로 표시하였다. 캐시 레벨은 칩 내부(마이크로프로세서 코어와 같이 집적된 다이)와 칩 외부(분리된 다이) 모두에서 찾을 수 있다. DRAM 시스템은 메모리 컨트롤러와 DIMM(dual in-line memory modules, 소수의 DRAM들로 구성된 PCB 기판)으로 조직된 수많은 DRAM 칩들로 구성되어 있다. 메모리 컨트롤러는 칩 내부나 칩 외부에 위치하지만, DRAM들은 언제나 메모리 업그레이드가 가능하도록 CPU로부터 분리되어 있다. 시스템 내의 디스크들은 주변의 디바이스로 인식되며, 그래서 그들의 접근은 컨트롤러의 하나 혹은 여러 단계를 통해 만들어지고, 각각은 잠재적인 칩 간의 교차로 나타내어진다(예를 들어, 디스크의 요청이 시스템 컨트롤러를 통해 PCI(peripheral

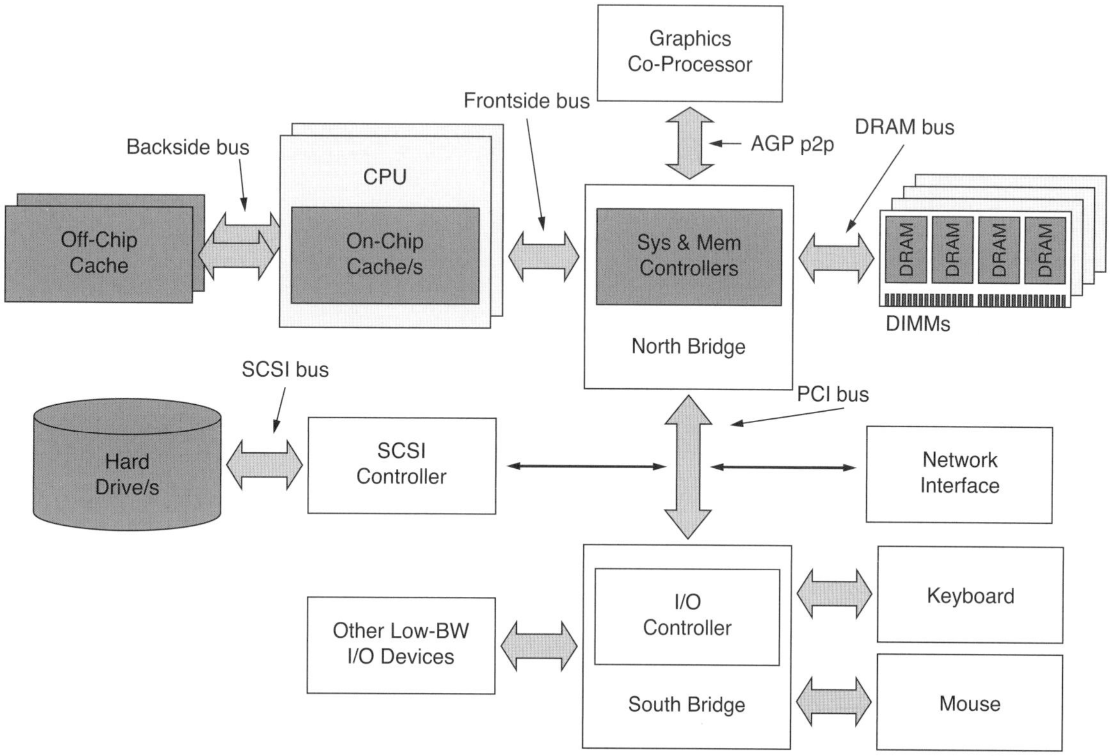

그림 0.3_ 일반적인 PC 조직. 메모리 서브 시스템은 상대적으로 복잡한 전체의 한 부분이다. 이 그림은 2가지의 멀티프로세서를 나타내는데, 각각의 프로세서는 자신의 칩 바깥의 캐시를 가진다. 이번 텍스트에 가장 관련있는 부분은 회색으로 나타내었는데, CPU와 그것의 캐시 시스템, 시스템과 메모리 컨트롤러, DIMM과 그들은 DRAM 컴포넌트, 그리고 하드 드라이브가 그것이다.

component interconnect) 버스 컨트롤러와 SCSI(small computer system interface) 컨트롤러로 전달되고, 마침내 디스크 자신에게 도달한다).

일반적인 목적의 시스템이 수행하는 소프트웨어는 일반적인 운영체제에서 실행되며, 가상 메모리를 제공한다. 가상 메모리는 운영체제가 모든 유저 레벨의 소프트웨어(예를 들어, 이메일 클라이언트, 웹 브라우저, 스프레드시트, 워드프로세스 패키지, 그래픽 혹은 비디오 편집 소프트웨어 등)를 실행할 때 제공하는 환영과도 같은 것이며, 여기에서 유저 레벨의 소프트웨어는 컴퓨터 자원의 사용이 운영체제에 의해 관리될 때 컴퓨터의 직접적인 통제를 받는다. 이는 운영체제가 많은 소프트웨어를 동시에 적은 제한된 자원(물리적인 메모리, 하드 디스크, 네트워크 등)에 접근을 허용하는 매우 효과적인 방법이다.

가상 메모리 시스템은 그것이 컴퓨터의 소프트웨어 실행 시 사용되는 메모리 시스템 컴포넌트 방법의 주요한 결정 요인이라는 점에서 메모리 시스템의 주요한 구성 성분이다. 영구적인 데이터는 디스크나 SSD에 저장되고, 실행 저장소인 DRAM은 이러한 영구적인 데이터의 캐시로서 사용된다. 이러한 DRAM 기반의 캐시는 운영체제가 관리한다. 운영체제는 무슨 데이터를 가지고 있고, 무엇을 버리며, 무엇을 디스크로 돌려보내고, DRAM 시스템의 어디에 배치할 것인지를 결정한다. 주요한 캐시와 부수적인 캐시는 보통 소프트웨어에 투명하며, 이는 그 것들이 소프트웨어가 아니라(이후의 절에서 자세히 다룰 것이다) 하드웨어에 의해 관리된다는 뜻이다. 일반적으로 주요한 캐시와 부수적인 캐시는 실행 중인 소프트웨어에서 요구하는 데이터와 같은 demand-fetched 데이터를 가지고 있는데, 하드웨어는 그것을 메모리로부터 가지고 오며, 캐시는 그것들을 가능한 한 많이 보유한다. DRAM 시스템은 운영체제가 가지고 있는 것이 좋다고 생각하는 데이터를 가지고 있으며, 디스크에서 데이터를 가지고 오고 쓰는 것이 시간을 소비하는 과정이므로 운영체제는 무슨 데이터를 보유할지 결정하는 정교한 실행을 위해 지체 시간을 사용할 수 있다(정지해 있는 동안은 아무 것도 하지 않는다).

임베디드 컴퓨터 시스템(Embedded Computer Systems)

임베디드 시스템은 두 가지 면에서 일반적인 목적의 시스템과 다르다. 첫째, 두 가지 시스템은 매우 다른 목적을 위해 설계된다는 것이다. 일반적인 목적의 시스템이 소프트웨어와 무관한 많은 것들을 실행하고, 이러한 소프트웨어들이 잠재적으로 각각 다른 성능 필요조건과 나머지와 비교하였을 때 동적인 행동을 가지지만, 임베디드 시스템은 전체 수명 동안에 하나의 기능을 수행하고 폐기되거나 소프트웨어 업데이트가 수행될 때까지 같은 코드를 입출력한다. 둘째, 성능이 일반적인 목적의 시스템을 판단하는 지표가 되었다면, 최적화된 임베디드 시스템 설계는 보통 제작 비용(다이 면적), 에너지 소비, 그리고 성능 등의 몇몇 목적 사이의 트레이드 오프를 나타낸다.

그 결과 우리는 두 개의 다른 설계 전략을 볼 수 있다. 앞서 언급했듯이 일반적인 목적의 시스템은 보통 과하게 만들어지고, 이는 특정한 것에 최적화된 것이 아니라 낮은 성능으로도 이러한 것들을 보충할 수 있어야 한다. 하지만 임베디드 시스템은 설계 시간 동안 하나의 일만을 수행하도록 기대된다. 그러므로 하나의 적절한 작업에 대한 임베디드 시스템의 최적화가 가능하며 매우 이득이 된다. 만약 일반적인 목적의 시스템이 과하게 만들어지는 것이라면, 임베디드 시스템의 목표는 적절히 만들어지는 것이다. 게다가 설계 시간 동안 쏟아 부은 노력이 제품의 수명 내내 사용되기 때문에, 그리고 많은 임베디드 시스템은 긴 수명 기간을(수십 년) 가지고 있기 때문에 많은 임베디드 설계 회사는 일반적인 목적을 가지는 시스템에 사용하지 않는 기술을 사용하면서(예를 들어 실행되는 데 수일에서 수 주가 걸리는 컴파일러 최적화와 같은 것들) 상당한 자원을 설계의 최적화에 쏟아 붓는다.

전형적인 임베디드 시스템의 메모리 시스템은 일반적인 목적의 시스템보다 복잡하지 않다.[6] 그림 0.4는 칩 내부의 듀얼 tagless SRAM과 실행 가능한 이미지를 유지하는 칩 외부의 프로그램화 된 ROM(예를 들어 PROM, EPROM, flash ROM 등), 그리고 다양한 데이터를 가지고 처리하는 칩 외부의 DRAM을 가지는 평균적인 디지털 신호처리 시스템을 나타낸다. 외부의 메모리와 디바이스 컨트롤러가 사용될 수 있지만, 많은 임베디드 마이크로프로세서들은 이미 그러한 컨트롤러를 CPU 안에 집적하여 가지고 있다. 이는 시스템 다이의 숫자와 비용을 줄여준다. 전체 계층 구조가 CPU와 다이에 놓이는 것이 가능하며, 이를 하나의 칩에 구성하는 것을 system-on-chip이라고 한다. 이는 제한된 메모리 조건을 가지는 시스템에 상대적으

6 덜 복잡하다는 것이 작다는 것을 의미하는 것은 아니다. 즉, 전형적인 iPod(혹은 유사한 MP3 플레이어)을 생각해보라. 그것의 주요한 기능은 유저의 기가바이트 단위의 음악 혹은 이미지 파일을 저장하는 것이다.

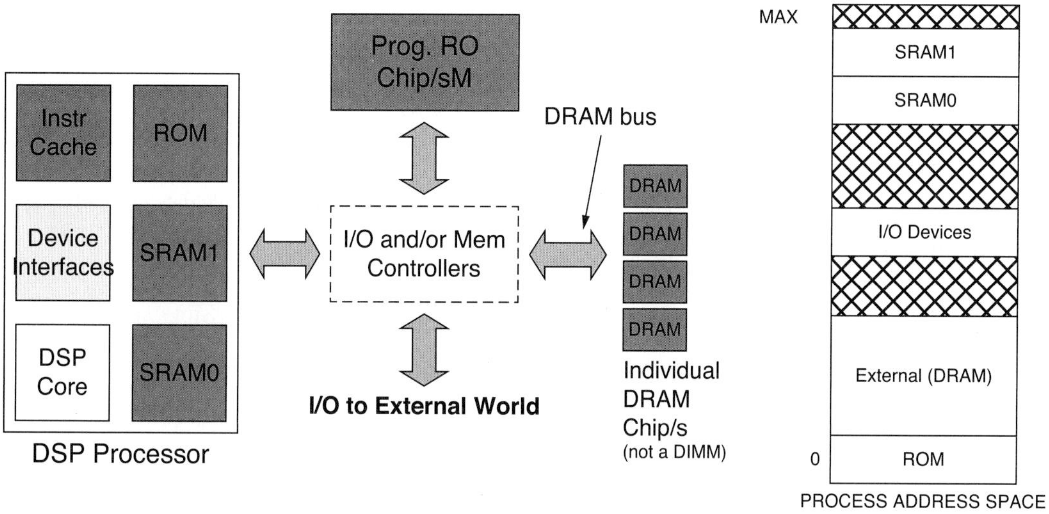

그림 0.4_ DSP 스타일 메모리 시스템. Texas Instrument사의 TMS320C2x DSP의 예.

로 많이 쓰인다. 많은 DSP와 마이크로컨트롤러는 내부에 프로그램화된 ROM을 가진다. 메가바이트 단위의 저장 공간을 필요로 하는 커다란 시스템(예를 들어, 지시 코드 하나가 12MB 이상인 시스코 라우터)은 시스템 내에 메모리 숫자가 증가할 것이다.

메모리 시스템의 소프트웨어 관점은 그림 0.4의 오른쪽에 나타나 있다. 일반적인 목적을 가지는 시스템과 달리 주요한 구분은 SRAM 캐시가 분리된 자체 어드레스를 가진 메모리들로 보인다는 것이고, 반면에 그들은 일반적인 목적의 시스템 내의 소프트웨어에 투명하다.

SRAM 혹은 DRAM과 같은 메모리는 특히 메모리가 CPU 위에 위치하는 경우 CPU는 한 번 제작되고 나면 메모리 사이즈를 늘릴 수 없기 때문에 임베디드 시스템 내의 가장 비싼 컴포넌트 중 하나이다. 거의 모든 system-on-chip 설계와 많은 마이크로컨트롤러에서 메모리는 사용 가능한 다이 면적 중 가장 큰 면적을 차지한다. 또한 메모리는 CPU 내, 외부와 시스템 중에서 에너지를 소비하는 주요한 요소 중 하나이다. 예를 들어, 많은 디지털 신호처리 어플리케이션 중에서 메모리 시스템은 프로세서 데이터 패스보다 더 많은 에너지와 면적을 차지한다. 명백히, 메모리는 최적화를 진행하는 과정에서 많은 양의 시간과 에너지를 소비하는 자원이다.

0.2 모듈러(Modular) 설계의 4가지 에피소드

일반적으로 컴퓨터 시스템 설계, 특히 메모리 계층 구조 설계에서 서브 시스템을 별개로 설계하고 최적화하는 것으로는 충분하지 않다는 결론에 이른다. 메모리 시스템과 그들의 서브 시스템이 복잡하기 때문에 우리가 독립적이라고 생각하는 서브 시스템들이 실제로 예상 못하는 방법으로 서로 상호작용하고 있는 것이 현실이다. 그 결과, 근본적인 가정이 더 이상 통하지 않기 때문에 전통적인 설계 방법은 더 이상 효과적이지 않다. 가장 널리 쓰이는 설계 방법 중 하나인 모듈러 설계는 서로 다른 설계자들에 의해 평행으로 혹은 독립적으로 서브 시스템의 설계와 최적화가 진행되기 위해 기능적으로 인터페이스가 깔끔하게 분리되어 있는 서브 시스템(모듈)에서 자주 사용된 설계 방법이다. 복잡한 제품을 만들기 위해 모듈러 설계의 원리를 적용하는 것은 시스템 레벨의 설계, 통합, 그리고 테스트에서 발생하는 비용과 시간을 줄일 수 있다. 모듈러 단계의 최적화는 시스템 레벨 구조와 그 결과로 만들어진 모듈 간의 인터페이스가 최적화되어 있다면 시스템 레벨의 최적화를 보장한다.

마지막 파트는 아직 해결하지 어려운 문제이다. 모듈러 설계의 원리는 모듈 레벨의 구현과 시스템 레벨의 구조 선택 사이의 상호작용을 가정하지 않지만, 이것은 명백히 우리가 최근 고성능을 가지는 메모리 시스템의 설계에서 볼 수 있는 상호 작용의 종류이다. 그 결과 모듈러 설계와 캐시 설계자는 캐시에만, DRAM 설계자는 DRAM에만, 디스크 설계자는 디스크에만 집중하게 하는 수십 년 동안의 메모리 시스템 설계에서의 주요 산물이었지만, 앞으로 모듈러 설계는 더 이상 적절한 설계 방법론이 아닐 것이다. 앞서 우리는 메모리 시스템의 설계에서 많은 구현상의 이슈가 상당히 높은 레벨의 설계 과정에 영향을 주기 시작했다고 말했다. 캐시 설계는 서로 연관된 물리학에 의해 수행되고, DRAM 설계는 시스템 레벨에 상당히 영향을 끼치는 회로 레벨의 제한에 의해 수행된다. 계층 구조와 컴포넌트들이 점점 복잡해지면서, 성능의 대부분이 CPU나 캐시, 혹은 DRAM 디바이스나 디스크들의 모임이 아니라, 이러한 서브 시스템들의 미묘한 상호작용이나 연결 방법에 의해 결정된다는 사실을 우리는 알 수 있다. 잃어버린 성능은 버스 넓이, 액세스의 granularity, 스케줄 정책, 큐 조직 등의 시스템 레벨의 변수들의 좋지 않은 특성 때문이다.

이것은 매우 중요하므로 반복하여 언급한다. 잃어버린 성능의 대부분은 CPU 파이프라인 스테이지의 숫자나 기능적인 단위, 혹은 브랜치 예상 알고리즘과 선택이나 심지어 CPU 클럭 속도 때문이 아니다. 잃어버린 성능의 대부분은 버스 넓이, 액세스의 granularity, 스케줄 정책, 큐 조직 등의 시스템 레벨의 변수들의 좋지 않은 특성 때문이다. 오늘날의 컴퓨터 시스템 성능은 데이터가 서브 시스템 사이에서 돌아 다니는 방법에 의해 주로 결정된다. 예를 들어 처리 스케줄, 그리고 이러한 스케줄이 겉보기에는 중요해 보이지 않는 세부사항들에 예민하므로 그러한 문제를 일으킬 수 있다는 것은 놀라운 사실이 아니다.

그 결과, 사람들은 더 이상 일부를 분리해서 최적화하거나 설계하는 방식(불행히도 최근의 컴퓨터 설계에서 종종 고려되는 접근 방식이다)으로 시스템 레벨의 최적화를 수행하지 않는다. 서브 시스템 설계에서 범주의 외부에 있는 것들은 고려하지 않고 무시한다. 메모리 시스템 설계는 구조 설계자의 영역이 되어야 하며, 서브 시스템 설계자는 낮은 단계의 설계 결정과 수정이 야기하는 시스템 레벨의 영향을 고려해야 한다. 게다가 설계자는 시스템 레벨 설계 결정과 낮은 단계에 미치는 영향을 이해해야 한다.

– 설계자는 회로와 디바이스 레벨 그리고 시스템 레벨에서 정해진 사항들이 상호 영향을 끼치는 것까지 모두 고려해야 한다.

우리가 의미하는 것을 나타내고 포인트를 동기화하기 위해 몇몇 에피소드를 소개한다. 그것들은 DRAM 시스템에 초점이 맞추어져 있지만, 전달하는 메시지는 어디에나 적용되고 DRAM 시스템 자체에만 국한되어 있지 않다.

0.2.1 에피소드 1: 시스템 동작은 존재한다

1999~2001년에 우리는 명백히 시스템 레벨의 영향에 초점을 맞추어 DRAM 시스템을 연구하였다. 이것은 CPU 구조, DRAM 구조, 혹은 심지어 DRAM 인터페이스 프로토콜과는 무관하였다. 이 연구에서 우리는 CPU와 DRAM 구조는 일정하게 하고, 서로 어떻게 잘 통신하는지에 영향을 주는 소수의 변수만 고려하였다. 그림 0.5는 그 결과의 일부를 보여준다[Cuppu & Jacob 1999,2001, Jacob 2003]. 그림 0.5의 다양한 변수들은 겉보기에는 모두 위험하지 않은 변수들이고, 만약 하나의 변수가 약간 증가하거나 감소한다면 시스템 성능에서 최대 20%의 차이를 차지하는 타입은 아니다. 또한 위의 2개의 그래프를 보면, 모든 선택은 직관적으로 좋다는 것을 보여준다. 표현된 값들의 어떠한 것들도 자신의 데스크탑에 탑재되기를 피하고 싶은 하잘것없는 허수아비로 묘사되지 않는다. 그럼에도 불구하고 성능의 변동 가능성은 중요하다. 분석이 버스트(burst) 길이와 넓은 범위의 버스 속도를 고려할 때, 문제가 있는 동작이 증가한다. 아래 쪽의 그래프에서 보여지듯이, 가장 좋은 실행 시간과 가장 나쁜 실행 시간의 비율은 3이고, 일부 최적화는 더 자

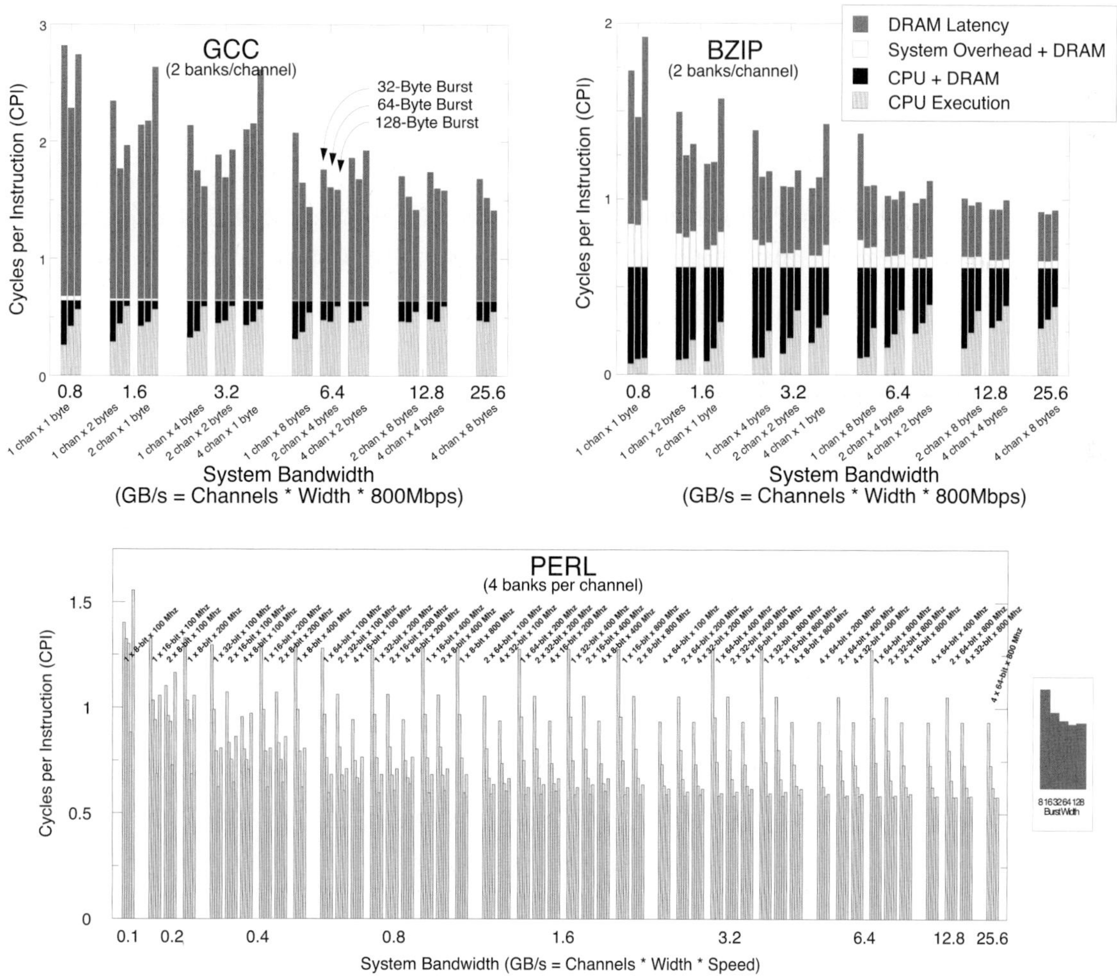

그림 0.5_ 대역폭, 채널 조직, 그리고 액세스 granularity에 따른 실행 시간. 위의 2개의 그래프는 Cuppu&Jacob[2001] (© 2001 IEEE), 아래의 그래프는 Jacob [2003] (© 2003 IEEE)에서 가져왔다.

주 일어나고 더 과장된다. 상대적으로 낮은 대역폭(100, 200, 400Mb/s)과 느린 버스 속도(100, 200MHz)를 가지는 시스템은 좋지 않은 환경 설정을 가진 더 빠른 하드웨어를 가진 시스템 성능을 초과하거나 잘 맞출 수 있다.

직관적으로 사람들은 설계 공간이 상대적으로 부드러울 것이라고 기대한다. 시스템 대역폭이 증가할수록 시스템 성능도 증가한다. 그러나 설계 공간은 부드러운 것과는 거리가 멀다. 20% 이상의 성능 변화가 서로 인접한 설계 관점에서 발견된다. 가장 좋은 성능과 가장 나쁜 성능을 가지는 설계의 변화 비율은 연구된 모든 공간에서, 그리고 많은 일부의 최저점과 최대점에서 3 이상이다.

더욱이 행동들은 상호 관련되어 있다. 더 높이 기대되는 성능을 향해 하나의 변수의 요소를 2로 올리는 것(예를 들어 채널 넓이를 넓이는 것)은 시스템이 일부분의 최적화를 넘어서게 하지만, 버스트 길이를 늘린다거나 새로운 채널 넓이에 맞게 캐시 블록 크기를 늘리는 것과 같이, 다른 관련된 변수를 적절하게 바꿔서 최적화를 보상할 수 있다. 연구 중인 시스템의 복잡성 때문에 이전에는 독립적이라고 생각됐던 변수들 간의 복잡한 상호작용이 일어나는데, 우리는 이를 '시스템적' 동작이라고 한다.[7] 이러한 연구는 시스템적인 동작이 존재하고 그것들이 중요하다는 것을 나타낸다. 이러한 행동은 DRAM 시스템에만 국한되지 않는다. 우리는 하나의 종류에서 다른 종류로의 성능 변화가 더 명확히 드러나는 디스크 시스템에서도 이러한 것을 볼 수 있다. 이러한 행동은 겉보기에는 중요하지 않은 것처럼 보이는 변수에서 오는데, 적어도 그것들은 캐시 구조나 프로세서 코어의 기능적인 단위의 숫자보다 덜 중요한 것처럼 보인다. 우리가 관찰한 것처럼 밑바탕은 시스템적인 행동이 상당한 상세한 설계 공간 탐구를 필요로 하는 성능의 손실을 일으켜 기술과 한계의 세트가 주어진 최적화된 설계에 밀접한 어떠한 것에 도달하게 한다.

0.2.2 에피소드 2: DDR SDRAM 내의 DLL

첫 세대가 시작되면서, DDR(double data rate) SDRAM 디바이스는 DDR SDRAM 표준을 만드는 산업 컨소시엄인 JEDEC(Joint Electron Device Engineering Council) 내에서 상당한 논란을 일으킨 회로 레벨의 기술을 포함하였다. 그 메커니즘은 DLL(delay-locked loop)이며 이는 DDR의 출력과 시스템 버스의 클럭을 일치하게 한다. 이 기술의 장점과 비용 사이에서 논란이 발생한다.

시스템의 글로벌 클럭 신호는 칩으로 들어올 때, 칩을 통한 분포와 확대 이후에 칩 내부의 클럭 신호가 정확히 원래의 시스템 클럭 신호와 위상이 일치하도록 하기 위해 DLL에 의해 지연된다. 이는 시스템 클럭과 DRAM의 출력이 더 일치하도록 한다. 동적인 컨트롤 메커니즘인 DLL이 계속해서 동작하기 때문에 데이터 패스의 여분의 대기 시간과 더 높은 파워와 열 방출 간의 트레이드 오프가 존재한다. DIMM 내의 각각의 DRAM을 시스템 클럭에 일치시켜 각각의 DRAM이 효과적으로 다른 부분들에 맞추어 지연되고, DLL

7 이러한 타입의 행동과 "새로운 시스템" 행동 혹은 특징이라고 일컫는 복잡한 시스템 이론 사이에 구분이 있다. 새로운 시스템 행동은 복잡한 시스템 내의 개별적인 행동이 그룹 내에서 홀로 수행되도록 하지 않도록 한다. 우리의 환경에서 행동은 전체적으로 시스템에서 얻어진 설계 공간을 만든다.

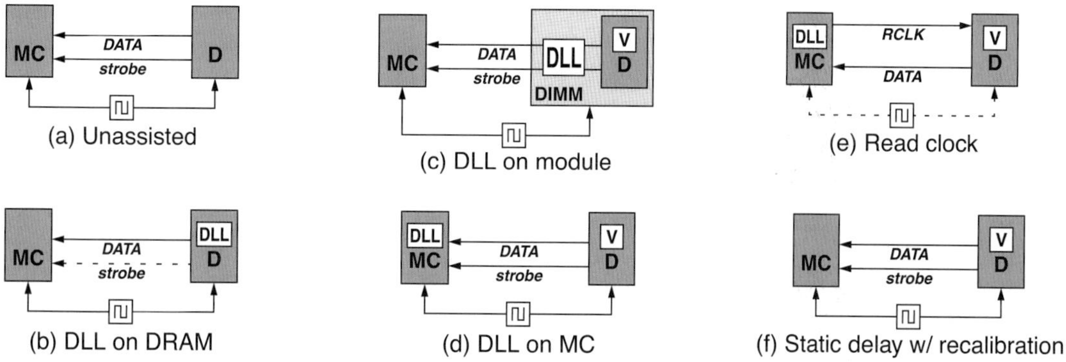

그림 Ov.6_ DRAM 당 DLL의 몇몇 대체 방법. 그림은 6개의 다른 타이밍 관습을 나타낸다(점선은 신호가 데이터를 캡처하기 위해 쓰이지 않는 것을 나타낸다: (a) 하나의 데이터 속도를 가지는 SDRAM 방법; (b) DDR SDRAM을 위해 선택된 방법; (c) DLL을 모듈에 이동시키고, DRAM 당 정적인 지연 요소(Vernier)를 넣는 방법; (d) DRAM 당 정적인 지연을 가지고 메모리 컨트롤러 위에 DLL을 이동시키는 방법; (e) DRAM 당 혹은 DIMM 당 분리된 읽기 클럭을 사용하는 방법; 그리고 (f) 정적인 지연 요소만을 사용하고, 주기적으로 어드레스의 동적인 변화를 보정하는 방법.

은 공정 변화와 열 변화 때문에 생기는 타이밍 차이를 없앨 수 있다.

그림 0.6은 JEDEC에서 고려된 몇 개의 대체 방법을 나타내고 있는데, 그중에 그림 0.6(b)가 표준으로 채택되었다. 흥미로운 사실은 메모리 컨트롤러에서 데이터의 캡처를 위해 데이터 스트로브가 사용되지 않고, 그것의 목적이 DLL이 메모리 컨트롤러로의 데이터 전송을 돕는 데 사용되는지에 대한 질문으로 던진다. 선택된 방법의 가치에 대해 상당한 의견 충돌이 있었는데, 익명의 JEDEC 멤버는 DLL이 DDR 칩에서 무슨 일을 하는지에 대해 문제 제기하며 파워를 태우는 것이라고 비아냥거렸다. 낮은 대기 시간과 낮은 파워 소모가 필요한 어플리케이션에서 설계자는 DLL을 끄고 데이터 캡처에 시스템 클럭을 무시하고 데이터 스트로브만 사용한다(그림 0.6(b)처럼)[Kellogg 2002, Lee 2002, Rhoden 2002].

DLL을 찬성하는 측은 그것이 DIMM 위의 DRAM 디바이스를 지연시키고 가장 간단한 시스템 설계 방법 중 하나인 글로벌 클럭킹 방법을 사용할 수 있게 시스템 설계 방법을 제공한다고 주장하였다. DLL을 반대하는 측은 설계자가 데이터 스트로브를 사용한다면 그것이 불필요하다고 – 이것은 더 정밀한 시스템 설계가 필요하지만 낮은 가격으로 더 좋은 성능을 낼 수 있다고 주장한다. DLL이 논쟁을 일으키기는 하지만 시스템 레벨의 지연에 관한 문제의 회로적인 해결책인 것은 명백하다.

0.2.3 에피소드 3: 대역폭 탐색에서 Cache-22

모든 DRAM 세대에서 타이밍 변수가 추가되었다. 몇몇은 파워 소모와 동기화 이슈를 설명하기 위해 DDR 스펙에 추가되었다.

- t_{FAW}(Four-bank Activation Window)와 t_{RRD}(Row-to-Row activation Delay)는 하나의 DRAM의 최대로 전류 제한을 준다. 이것들은 메모리 컨트롤러가 회로와 관련된 제한을 넘지 못하게 하는 프로토콜 레벨의 제한이다.

- t_{DQS}는 DDR 시스템 버스의 턴어라운드 시간의 이름으로, 오직 시스템 레벨에서만 구현되는 DIMM-to-DIMM 스위칭 시간이다(예를 들어, 만약 하나의 DIMM이 아닌 시스템에서 읽기 요청을 고려한다면 아무 의미나 효과도 없다). t_{DQS}를 따르면 데이터 출력에서 하나의 DIMM에서 다른 DIMM으로 스위칭이 일어날 때 두 번째 DIMM이 첫 번째와 같은 시간에 데이터 버스를 드라이브하지 않는다는 것을 보장할 수 있다.

이것들은 각각의 디바이스의 동작(전류 끌어당김, 타이밍 불확실성)을 개선시키기 위해 선택되는 디바이스당 타이밍 변수이다. 그러나 시스템 레벨 성능에서 상당한 손실을 비용으로 지불해야 한다. DRAM 시스템에서 많은 양의 데이터를 읽을 때 혹은 활성화될 때, 어플리케이션은 많은 DRAM 로우(row)를 읽어야 한다. 이러한 관점에서 t_{FAW}와 t_{RRD} 타이밍 변수는 사용 가능한 읽기 대역폭을 제한한다. t_{RRD} 같은 DRAM 디바이스(DIMM 위의 모든 DRAM은 같이 종속되어 있기 때문에 이는 같은 DIMM을 의미한다[8])에서 2개의 연속적인 로우 활성화 명령어 간의 최소 시간을 나타낸다. t_{FAW} 변수는 같은 디바이스에서 최대 4개의 로우 활성화 명령어가 나타나는 동안의 변화하는 윈도우를 나타낸다.

변수들은 버스 사이클이 아닌 나노초 단위로 나타내고, 이것은 더 높은 버스 주파수에서 점점 문제가 된다. 그것들의 영향은 DRAM의 I/O 회로가 메모리 컨트롤러로부터 돌아온 데이터를 얼마나 빨리 가져 오는지에 무관하게 얼마나 빨리 DRAM의 저장 어레이로부터 데이터를 얻는지를 제한하여 DIMM으로부터 사용 가능한 대역폭을 제한한다. 약 1GBps의 속도에서 지속 가능한 대역폭은 메모리 컨트롤러가 얼마나 빨리 새로운 로우를 활성화하고 그것에서 데이터를 읽는 것을 제한하기 때문에 얼마나 빨리 버스가 동작하는 것에 무관하게 한계에 다다른다.

이에 대한 분명한 해결책은 버스의 다른 DIMM에 데이터를 끼우는 것이다. 만약 하나의 DIMM이 얼마나 빨리 어레이로부터 데이터를 읽는지에 제한된다면, 많은 DIMM에 버스를 두어야 하고 round-robin 방법으로 데이터를 이동해야 한다. 이것은 시스템의 대역폭을 최대까지 끌어올려야만 한다. 그러나 t_{DQS}의 기능은 정확히 제한하는데, t_{DQS}는 버스의 지연을 설명하기 위해 추가된 버스 턴어라운드 시간이고 다른 버스 마스터들이 동시에 버스를 드라이브하지 못하도록 한다. 그러한 충돌을 피하기 위해 두 번째 DIMM은 버스를 드라이브하기 전에 첫 번째 DIMM이 끝난 후 최소한 t_{DQS}만큼을 기다려야 한다. 그래서 우리는 다음을 달성한다.

- 변수의 하나의 세트는 디바이스 레벨의 대역폭을 제한하고 설계자가 디바이스 레벨의 성능을 다시 찾도록 한다.
- 다른 변수는 시스템 레벨의 대역폭을 제한하고, 설계자가 디바이스 레벨의 성능을 다시 찾도록 한다.

이 문제는 해결 가능하다는 것이지만(*DRAM Command Scheduling Algotithms*를 참조), 이것은 시스템 레벨에서 문제를 발생시키는 낮은 단계 설계 결정의 매우 좋은 예이다.

---

8 이것은 지나친 단순화이다. 우리는 DRAM 시스템 조직의 랭크에 관한 것과 같은 상세한 사항을 설명해야 하는 것을 피하고자 한다.

0.2.4 에피소드 4: 셀 누설 전류에서 다양성을 사용하는 것의 제안

마지막 에피소드는 회로 레벨과 디바이스 레벨의 구현을 무시하는 시스템 레벨 설계 결정의 예이다. DRAM이 발명된 이후, 서로 다른 DRAM 셀들은 수백 밀리초에서 수십 초까지의 각각 다른 데이터 보존 시간 특성을 가진다. DRAM 제조업자들은 리프레시 요건을 보수적으로 설정하고 데이터의 손실을 피하기 위해 적어도 32ms 혹은 64ms 마다 한 번씩 DRAM 디바이스의 모든 셀이 리프레시 되도록 하였다. 리프레시가 충분히 고려되지 않았어도 모바일 디바이스 연구자들은 리프레시가 시스템에서 파워의 3분의 1을 차지한다는 것을 확인하였고, 이것이 이슈가 되었다. 최근의 몇몇 논문들은 리프레시 기능을 메모리 컨트롤러로 이동하거나 필요할 때만 각각의 로우를 리프레시하는 것을 제안한다. 초기화 단계 동안 컨트롤러는 메모리 시스템의 각각의 셀을 특징짓고, 로우별(row-by-row)로 DRAM 데이터 보존 시간을 측정하며, 손실이 있는 로우를 버리고, 손실이 없는 로우에서만 DRAM의 사용을 제한하고, 수십 밀리초마다 리프레시하는 대신 수초에 한 번 리프레시한다.

문제는 이러한 제안은 또 다른 DRAM 셀 긴 보존 시간(초 단위)이 갑자기 짧은 보존 시간처럼 보이는 현상을 무시한다[Yaney et al. 1987, Restle et al. 1992, Ueno et al. 1998, Kim 2004]. 이러한 영향은 파워 효율적인 제안을 기능적으로 에러가 있게 만든다. 이러한 현상은 VRT(variable retention time)라고 하는데, 이러한 현상은 드물게 발생한다. 발생 확률은 이렇게 줄어든 리프레시 제안 중 한 가지를 사용하는 시스템이 에러를 고치는 코드(ECC, 19장. *Memory Errors and Error Correction*에 나와 있다)를 사용하여 스스로를 VRT에 보호할 만큼 충분히 낮지만, 이러한 제안들 중 어떠한 것도 VRT 혹은 ECC에 대해 논의하고 있지 않다.

0.2.5 관점

다음과 같이 요약할 수 있다.

에피소드 1: 시스템적인 행동은 존재하고 충분하다(그들은 실행 시간의 두 가지 혹은 세 가지 요소를 책임질 수 있다).

에피소드 2: DDR SDRAM 내의 DLL은 시스템 레벨의 지연을 해결하기 위해 선택된 회로 레벨의 해결책이다.

에피소드 3: t_{DQS}는 DDR SDRAM의 시스템 레벨의 지연을 해결하기 위해 선택된 회로 레벨의 해결책을 나타낸다. t_{FAW}와 t_{RRD}는 충분히 시스템 레벨의 성능을 제한할 수 있는 회로 레벨의 제한이다.

에피소드 4: 몇몇 연구 단체는 최근에 DRAM 리프레시 문제에 대한 시스템 레벨의 해결책을 제안하였지만, 결과적인 시스템의 정확함을 타협할 수 있는 회로 레벨의 상세 사항을 설명하는 데에는 실패하였다.

에프소드 2와 3은 산업에서 일반적인 실행이 회로나 디바이스 레벨에 초점을 맞추며 몇몇 경우에 시스템 레벨의 영향을 무시한다는 것을 보여준다. 에프소드 4는 연구에서 일반적인 실행이 관련된 회로나 디바이스의 상세 사항을 무시하면서 시스템을 디바이스 레벨이나 회로 레벨의 영향을 미치도록 설계한다는 것을 보여준다. 에프소드 1은 두 가지 모두 미래의 메모리 시스템 설계에 실패를 가져올 수 있다는 것을 나타낸다.

미래에 우리는 모듈러 설계에서 다른 곳으로 나아가야 함이 명백하다. 더 이상 이전에 범위 밖이라고 생각했던 상세 사항을 무시할 수 없다. 믿을 만한 분석을 내놓기 위해 설계자들은 설계의 많은 다른 서브 시스템을 고려해야 하고, 많은 다른 추상적인 레벨을 고려해야 한다－숲을 설계할 때 나무를 고려하고, 나무를 설계할 때 숲을 고려해야 한다.

0.3 Cross-Cutting Issues

구현 세부 사항을 좁은 범위에서만 적용 적용할 수 있지만, 대부분의 설계에 관련한 결정은 자신의 시스템 레벨에 미치는 효과와 부작용들에 대한 측면에서 고려하여야 한다. 예를 들어 전력소모는 대부분의 전력소모 최적화가 특정 부분에 부분적으로 적용된다 하더라도 단적인 시스템 레벨의 현상이다. 신뢰성도 비록 각 계층에서 그것을 향상시키더라도 시스템 레벨의 문제이다. 그리고 우리가 보여준 바와 같이 버스를 확대하거나 동시성에 대한 지원 증가 등의 성능 최적화도 전체적인 시스템 최적화이다. 게다가 한 가지 축(예를 들어 전력소모)의 설계에 관한 결정을 하면 시스템 레벨에서 다른 모든 축들에 대한 고려를 하여야 한다. 전체 시스템의 전력소모를 줄이기 위해 각 부분에서 최적화를 수행하더라도, 전체 시스템 레벨에서 여러 조건들(예를들어 전력소모/성능)을 같이 고려하여 최적화를 하는 것이 더 쉬울 것이다.

일련의 제약하에서 주어진 최고의 시스템을 설계하는 것은 동시에 여러 축을 고려하고 모든 설계 선택의 시스템 레벨의 효과를 측정하는 방법이 필요하다. 이러한 전체적인 접근 방식은 비용과 성능 모델, 전력, 안정성 및 소프트웨어 구조를 포함하여 많은 문제에 대한 이해를 필요로 한다. 다음 절에서는 이러한 크로스 커팅 문제의 개요를 제공하고, 책의 3부에서 이러한 내용을 더 자세히 다룬다.

0.3.1 비용/성능 분석

제대로 비용/성능 분석을 수행하기 위해, 설계자는 문제를 정확히 정의해야 하고, 분석을 위한 적절한 도구를 사용하고, 설계된 방식으로 이러한 도구를 적용해야 한다. 이 절에서는 이러한 문제에 대한 간단하고 직관적인 관점을 제공한다. 여기서, 우리는 문제 정의에 대한 예로써 비용을 사용할 것이다. 파레토 최적화가 적절한 도구로 사용될 것이고, 그 샘플 평균을 적절한 도구의 사용 예로 선정할 것이다. 비용과 성능에 관한 분석은 17장에서 더 자세히 논의 할 것이다.

문제 정의: 비용

설계자는 모든 것을 포함하는 방식으로 비용에 대해 생각해야 한다. 예를 들어, DRAM 시스템을 가격 대비 성능으로 분석할 때 성능은 대역폭이고, 가격은 핀의 숫자이다.

정확하게 비용에 대해서 나타내기 위해서는 컨트롤과 파워, 그라운드, 어드레스와 데이터 모든 핀을 고려해야 한다. 그렇지 않은 경우 분석 결과가 설계 공간이나 실행 가능한 해결책이 제외 될 수도 있다. 예를 들어, 설계자가 어드레스와 명령어 핀의 수를 늘려 레이턴시를 줄이고자 하는 경우, 비용 분석에 있어서 데이터 핀만 포함한다면, 이러한 최적화는 비용이 들지 않는 것으로 보일 것이다. DRAM은 어드레싱을 할 때 한 번에 절반의 어드레스를 수행한다. 32bit 어드레스는 서로 다른 두 번의 명령어에 걸쳐 16bit씩 전송되지만 레이턴시를 줄이기 위해 SRAM처럼 한 번에 32bit의 어드레스를 보낼 수도 있다. 이렇게 하면 실제의 설계에 있어서 많은 비용이 필요하지만, 데이터 핀만을 비용에 고려한 분석은 그렇지 않게 될 것이다.

비슷한 이유에서 파워와 그라운드 핀도 반드시 비용 분석에 포함되어야 한다. 고속 칩-투-칩 인터페이스는 느린 속도의 인터페이스보다 더 많은 파워와 그라운드 핀이 필요하다. 추가적인 파워와 그라운드 핀은 I/O 드라이버를 분리시키고, 다른 신호 선들을 멀어지게 함으로써 크로스톡과 그라운드 바운싱과 같은 문제들을 감소시켜 신호 무결성을 향상시킨다. 고속으로 스위칭하는 I/O 시스템은 낮은 속도로 작동하는 시스템(게다가 더 적은 그라운드와 파워 핀을 가진)과 같은 관점에서 파워와 그라운드 핀을 제외하고 비용 대비 성능 분석을 수행하는 것은 부당하다. 이러한 핀들의 포함은 비용과 대역폭 사이의 효과적이고 정량적인 트레이드 오프를 제공한다.

어드레스, 컨트롤, 파워와 그라운드 핀을 포함한 분석에 실패하면, 설계의 개념적 단계에서 설계자의 시야를 가려 모든 것을 포함하는 고려에 실패하게 된다. 예를 들어, 시스템 대역폭을 포기하면 비용 효율이 낮은 성능을 갖게끔 개념 단계에서 구조적으로 연관이 있는 해결책이 포기될 수 있다. 그러나 분석에서 모든 비용에 관한 항목이 포함되어 있다면 설계자가 핀을 추가하여 손실된 대역폭을 복구할 수 있다.

SDRAM과 Rambus 시스템 아키텍처의 비교는 핀 수와 비용을 고려하는 연속적인 설계의 좋은 사례이다. Rambus 메모리 시스템은 내로우(narrow) 채널 아키텍처이고, SDRAM은 와이드 채널 아키텍처이다. 그림 0.7에서 Rambus는 SDRAM에 비하여 더 적은 어드레스와 명령어 핀을 사용하여 추가적인 레이턴시를 가진다. Rambus는 또한 더 적은 데이터 핀을 사용하고, 데이터를 전송할 때에도 추가적인 레이턴시가 발생한다. SDRAM과 비교하여 트레이드 오프는 더 높은 버스 주파수에서의 버스의 동작, 또는 핀당 대역폭이다. DRDRAM(direct Rambus DRAM) 메모리 시스템의 긴 채널은 읽기 명령 레이턴시와 버스 턴어라운드 타임에 직접적으로 영향을 받는다. 그러나, 더 긴 채널은 더 많은 메모리 장치가 시스템에 연결되도록 허용하고 연속적인 명령이 동일한 디바이스에 액세스할 가능성을 감소시킨다. 메모리 채널의 폭과 깊이는 대역폭, 지연, 핀 수 및 각각의 메모리 시스템의 다양한 성분에 영향을 준다. DDR SDRAM과 Direct Rambus DRAM이 로우 활성화와 컬럼 읽기 명령을 수행할 때의 DRAM 액세스 프로토콜의 이러한 차이는 그림 0.8에 묘사되어 있다.

현대의 SDRAM과 DDR SDRAM 메모리 칩들은 200MHz의 동작 주파수에서 3클럭 사이클에 로우를 활성화시킬 수 있다. 한 번 로우가 활성화되면 SDRAM과 DDR SDRAM 메모리 시스템의 메모리 컨트롤러는 2 또는 3클럭 사이클의 레이턴시를 가지고 간단한 컬럼 어드레스 스트로브 명령어로 데이터에 접근할 수 있다. 그림 0.8(a)는 1단계로 로우 활성화 명령어가 추가되고, 2단계로 컬럼 어드레스 스트로브 신호가 전송되는 것을 보여준다. 3단계로 2사이클의 CASL(CAS latency)을 가지는 고성능 DDR SDRAM 메모리 모듈의 상

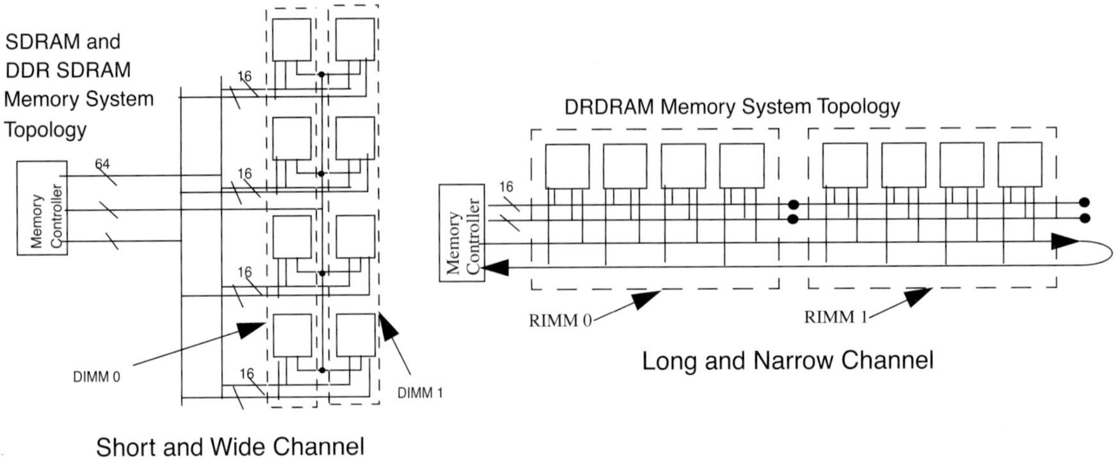

그림 0.7_ SDRAM과 Rambus 메모리 시스템의 토폴로지 차이

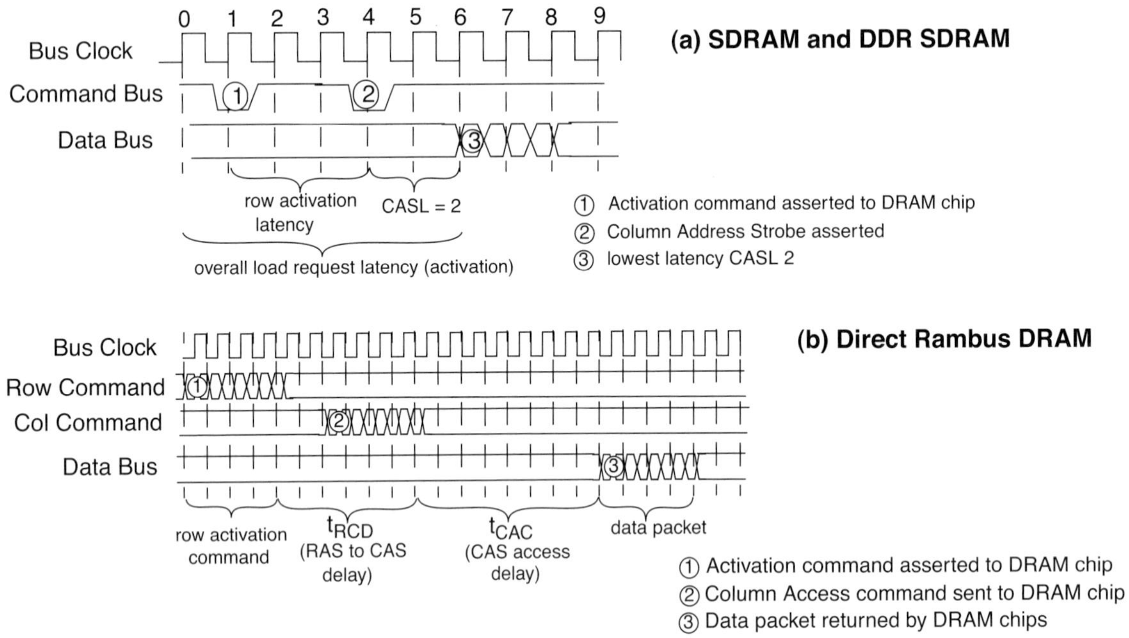

그림 0. 8_ SDRAM과DDR SDRAM 메모리 시스템(위)과 DRDRAM(아래)의 메모리 액세스 레이턴시

대적인 타이밍을 보여준다. DRDRAM 메모리 시스템과의 공정한 비교를 위해서 우리는 메모리 컨트롤러가 load 커맨드를 메모리 칩에 보내기 위한 버스 사이클을 포함하였다. 이 추가적인 사이클이 포함되면, DDR SDRAM 메모리 시스템은 6클럭 사이클의 읽기 레이턴시(중요 데이터에 대해)를 가진다. 200MHz로 동작하는 SDRAM 또는 DDR SDRAM 메모리 시스템에서 6클럭 사이클은 로우 레이턴시를 포함하여 30ns의 레이턴시로 변환될 수 있다. 이러한 레이턴시는 고성능 SDRAM과 DDR SDRAM 메모리 시스템에서 동일하다.

DRDRAM 메모리 시스템은 SDRAM 및 DDR SDRAM 메모리 시스템과는 매우 다르게 동작한다. 그림

0.8(b)는 1단계로 로우 활성화 명령어를 보여주고, 2단계로 컬럼 액세스 명령어를 보여준다. 3단계로 요청 받은 데이터가 메모리 칩에 의해 메모리 컨트롤러로 돌아간다. 1단계의 로우 활성화 명령어는 메모리 컨트롤러에 의해 패킷 형태로 4클럭 사이클 동안 메모리로 전송된다. 로우 활성화 명령어와 컬럼 액세스 사이에는 최소한 7클럭 사이클의 차이가 필요하고, 이후 추가적으로 최소한 8클럭 사이클의 CAS(column address strobe) 레이턴시 이후 DRDRAM 칩은 메모리 컨트롤러로 데이터를 전송한다. DRDRAM 메모리 시스템에 대한 액세스 대기 시간의 계산에서 주의할 점은 DRDRAM 메모리 시스템의 CAS/ 지연 시간은 DRDRAM 메모리 채널상의 디바이스들의 수의 함수라는 것이다. 데이터 버스로 32개의 전체 로드를 가지는 DRDRAM 메모리 시스템에서 CAS/ 레이턴시 지연은 12클럭 사이클이다. 마지막으로 DRDRAM 메모리 시스템이 데이터 패킷을 전송하는 데 4클럭 사이클이 걸린다. 우리는 DRDRAM 메모리 시스템이 데이터 패킷 전송 시간의 절반을 추가하여야 한다는 사실에 주의하여야 한다. DRDRAM 메모리 시스템은 critical word forwarding을 지원하지 않으며 critical request 데이터는 데이터 패킷의 후반부에 존재할 것이다. 평균적으로 그것은 중간 어딘가에 있다. 이것은 전체 레이턴시로 21사이클이 소요되는데, DRDRAM 메모리 시스템이 600MHz에 동작할 때 35ns로 전송된다.

Rambus 메모리 시스템은 더 적은 핀과 더 높은 핀당 대역폭에 대해 트레이드 오프로 더 긴 레이턴시를 가진다(이 예시에서는 3배 더 높은 대역폭). 시스템 성능의 비교는 어떻게 해야 할까?

어떤 인터페이스의 최대 대역폭은 채널 수와 채널당 동작 주파수에 의해 결정된다. 표 0.2에 각 메모리별 동작 속도와 최대 대역폭 핀의 수 등을 요약하였다.

표 0.2_ SDRAM, DDR SDRAM, 그리고 DRDRAM 메모리 시스템의 최대 대역폭

	Operating Frequency (Data)	Data Channel Pin Count	Data Channel Bandwidth	Control Channel Pin Count	Command Channel Bandwidth	Address Channel Pin Count	Address Channel Bandwidth
SDRAM controller	133	64	1064 MB/s	28	465 MB/s	30	500 MB/s
DDR SDRAM controller	2 * 200	64	3200 MB/s	42	1050 MB/s	30	750 MB/s
DRDRAM controller	2 * 600	16	2400 MB/s	9	1350 MB/s	8	1200 MB/s
x16 SDRAM chip	133	16	256 MB/s	9	150 MB/s	15	250 MB/s
x16 DDR SDRAM chip	2 *200	16	800 MB/s	11	275 MB/s	15	375 MB/s

표 0.3_ SDRAM, DDR SDRAM과 DRDRAM 메모리 시스템의 비교

DRAM Technology	Operating Frequency (Data Bus)	Pin Count per Channel	Peak Bandwidth	Sustained BW on StreamAdd	Bits per Pin per Cycle (Peak)	Bits per Pin per Cycle (Sustained)
SDRAM	133	152	1064 MB/s	540 MB/s	0.4211	0.2139
DDR SDRAM	2 * 200	171	3200 MB/s	1496 MB/s	0.3743	0.1750
DRDRAm	2 * 600	117	2400 MB/s	1499 MB/s	0.1368	0.0854

표 0.3는 133 MHz의 SDRAM, 200-MHz DDR SDRAM의 시스템 및 DRDRAM 600 MHz의 시스템을 비교하여 보여주고 있다. PC-133 규격을 준수하는 SDRAM 메모리 시스템으로 대표되는 AMD Athlon 기반의 컴퓨터 시스템에서 133MHz SDRAM 시스템은 최대 대역폭으로 1,064MB/s를 가진다. 하나의 채널에 대한 SDRAM의 최대 지속 대역폭은 STREAM 벤치마크에 의해 540MB/s로 측정되었다. DDR SDRAM과 DRDRAM의 최대 지속 대역폭은 STREAM에서 각각 1,496과 1,499MB/s로 측정되었다. 각 시스템의 핀 비용은 대역폭당 핀을 사이클당 그리고 초당으로 모두 반영된다.

적절한 도구 : 파레토 최적성

이것은 설계 해법, 특정 시스템 구성의 '탁월함'을 단일한 숫자로 나타내기 편하기 때문에, 다른 설계 해법과 쉽게 비교할 수 있게 함으로써 신속하게 '최고'의 시스템 구성을 찾을 수 있다. 그러나, 메모리 시스템의 설계에서 우리는 본질적으로 여러 측면(예를 들어, 성능 에너지 소비, 비용 등)에서 설계를 고려해야 하므로 단일한 숫자로 해결책의 가치를 나타내는 것은 적절하지 않다(이는 위험한데 나중에 보다 상세히 논의

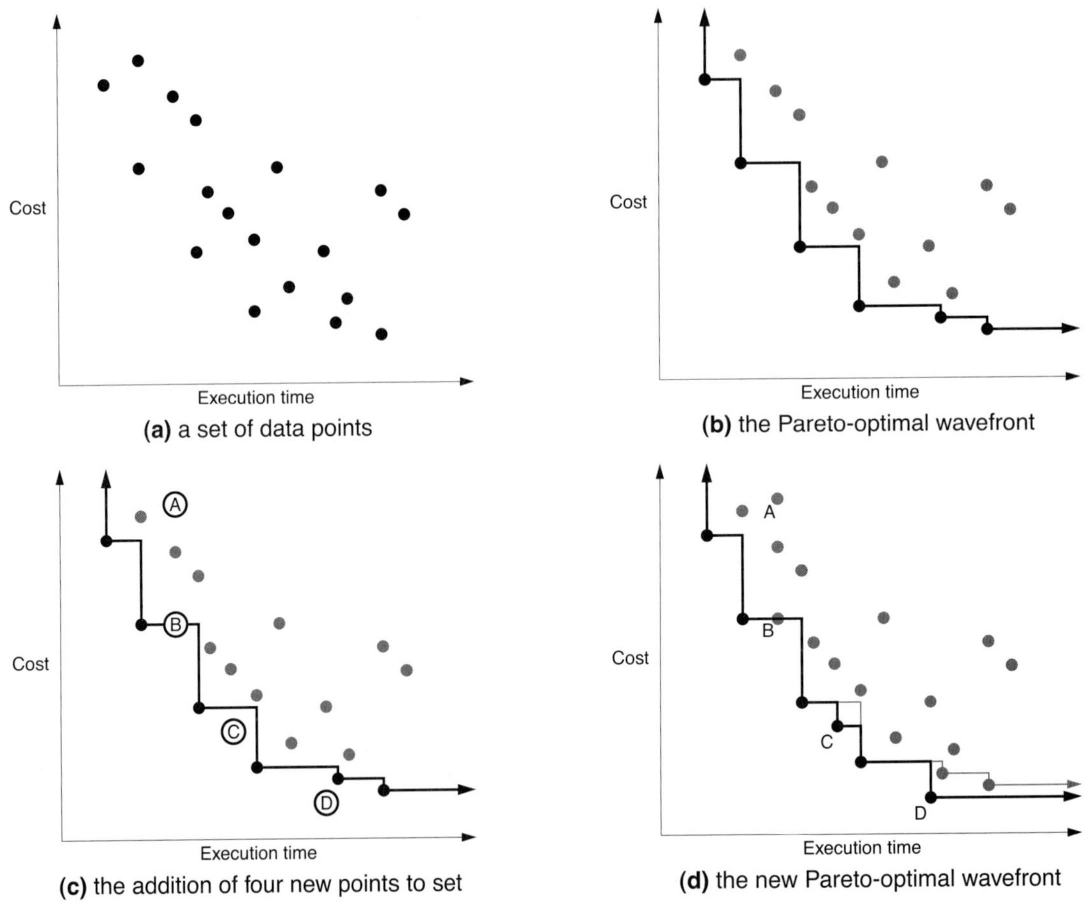

그림 0.9_ 파레토 최적성. 파레토 최적성의 후보들은 검은색으로 아닌 것은 회색으로 표시됨.

될 것이다). 우리는 여러 측면에 다양한 가중치를 할당할 수 있으며(예를 들어, 어떤 희생을 치르더라도 성능이 중요하다거나) 배제할 수도 있다.

우리가 어떤 성능지수에 대한 정확한 가중치를 갖고 있지 않다는 전제하에 시스템의 하나 이상의 측면에 대해 고려할 때, 1900년대 초반 이탈리아 경제학자 Vilfredo Pareto에 의해 고안된 파레토 최적성은 시스템을 분석하는 매우 효과적인 방법이다.

파레토 최적성은 하나의 해법이 다른 해법보다 우세하다면 그것이 더 나은 것이라고 보는 것이다(예를 들어 첫 번째가 모든 성능 지수에서 두 번째를 앞설 때). 만약 하나의 해법이 다른 해법보다 하나의 측면에서는 앞서지만 다른 측면에서 열세하다면 파레토 최적성에서는 두 해법은 동일하다. 실제로 가장 좋은 해법은 어떤 해법에도 지배당하지 않는 모든 후보 해법들의 집합이다.

그림 0.9(a)는 이차원 공간에서의 비용/성능 지표 후보 솔루션들을 보여준다. x축은 시스템 성능(더 작은 숫자가 더 좋다)을 나타내고, y축은 시스템 비용(더 작은 숫자가 더 좋다)을 달러로 나타낸다. 그림 0.9(b)는 파레토 최적성 세트를 검은 선으로 보여준다. 최적이 아닌 데이터 포인트는 회색으로 표시하였다. 파레토 최적성 세트는 양 축에 동시에 다가갈수록 파면을 형성한다. 그림 0.9(c)와 (d)에서 4개의 새로운 해법 후보를 공간에 추가했을 때의 영향을 나타내고 있다. 하나는 파면 안쪽에, 또 하나는 파면 위에, 나머지 2개는 파면 밖에 위치한다. 첫 2개인 A와 B는 파레토 최적성에서 적어도 한 가지가 우세하지 않으므로 파레토 최적 솔루션으로 고려되지 않는다. 비록 B는 선상에 있지만 파레토 최적성의 솔루션은 아니다. B의 왼쪽에 있는 점이 B와 같은 비용에서 더 좋은 성능을 나타낸다. 따라서 그 점이 B보다 우세하다.

점 C와 D는 다른 파레토 최적성 세트의 점들보다 우세한 측면이 있다. 따라서 해결책 후보 C와 D는 최적 세트에 포함되며 파면에 약간 변화를 준다. 특히, D는 비용 측면에서 가장 좋으며 파면의 변화를 크게 한다.

도구 사용: 샘플 평균을 바르게 찾기

컴퓨터공학 분야를 포함한 여러 분야에서, 샘플 평균을 구하는 것은 매우 일반적이다. 전체 평균을 구하기보다 샘플 세트의 평균을 구하는 것이다. 이것은 전체 세트를 사용할 수 없거나 구하기 어렵거나 비용이 많이 들 때 매우 유용하다. 실제 하나의 마이크로프로세서의 실행 성능 평균을 유지하기 위해 이 기술을 사용할 수 있다. 또한 테라바이트 크기의 추적 파일을 여러 윈도우로 나누어 샘플링할 때 사용할 수 있다. 샘플링된 서브 세트가 전체 집합을 대표하고 있으며, 샘플을 수집하기 위해 사용된 기술이 올바르다면 샘플은 저비용으로 고효율을 달성할 수 있다.

자동차의 연비 성능을 측정하는 샘플을 예로 들면, 그림 0.10에 보이는 것과 같이 자동차가 목적지를 왕복한다. 자동차의 경로는 분석하기 쉽도록 간단한 경로를 따른다.

1. 자동차가 60마일을 60mph의 속도로 움직였고, 이때의 연비는 30mpg이다.
2. 자동차가 20마일 언덕을 60mph의 속도로 올라갔고 이때의 연비는 10mpg이다

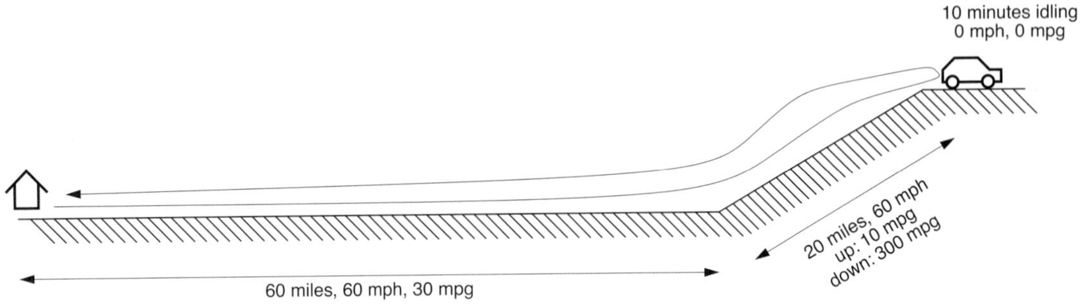

그림 0.10_ 예시에서 보여준 자동차의 주행 경로

3. 자동차가 20마일 언덕을 60mph의 속도로 내려갔고 이때의 연비는 300mpg이다.
4. 자동차가 60마일을 60mph의 속도로 움직여 돌아왔고, 이때의 연비는 30mpg이다.
5. 더불어, 운전자는 집에 돌아오기 전에 언덕의 꼭대기에서 시동을 켠 채로 10분간 정차하여 주변 경치를 구경하였다. 이때의 연료 소비량은 5시간에 1갤런이다. 이것은 분당 1/300 갤런 또는 10분당 1/30 갤런과 같다. 경치를 구경하는 동안 차는 움직이지 않았다.

우리는 차량의 알고리즘 샘플을 시간에 균등하게 하여 시간의 양에 따라서 분석할 수 있다.

- 목적지 가는 길: 60분
- 오르막: 20분
- 공회전: 10분
- 내리막: 20분
- 돌아오는 길: 60 minutes

그림 0.11에 각 세그먼트의 비율별로 도시하였다. 간단한 계산을 위해 샘플링 알고리즘은 자동차의 연비를 매분마다 측정하고, 매번 주행평균을 기록한다(그냥 쉽게 매초 또는 매 밀리초). 알고리즘이 첫 세그먼트에서 30mpg을 60번, 10mpg를 20번 측정하고, 이후 0mpg를 10번 측정하는 식으로 끝까지 측정하였다. 전체 주행 시간은 170분이다. 따라서 아래와 같이 샘플링 알고리즘에 의해 계산할 수 있다.

$$\frac{60}{170}30 + \frac{20}{170}10 + \frac{10}{170}0 + \frac{20}{170}300 + \frac{60}{170}30 = 57.5 \text{ mpg} \quad \text{(식 0.3)}$$

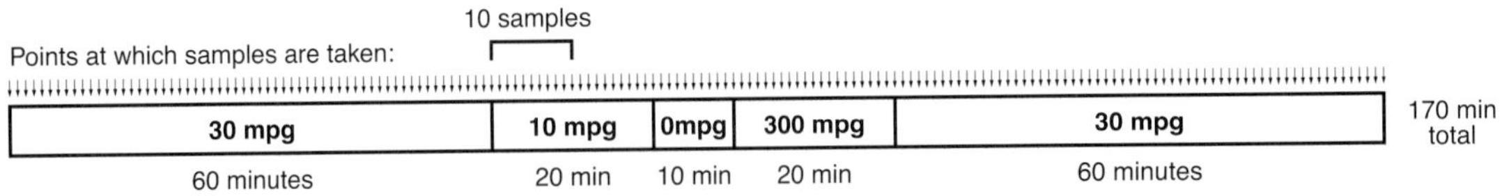

그림 0.11_ 시간대별 연비(mpg) 샘플링. 그림은 자동차가 여정에 따른 세그먼트별로 시간이 표시 된 평균 mpg의 각 세그먼트 시간에 따른 여정을 보여준다. 따라서, 샘플링 알고리즘이 타임 윈도우에 따라 mpg를 샘플하면 주행 평균을 값을 추가한다.

식의 결과에 따라 57.5mpg를 달성한 것을 알 수 있다. 그러나 현실적으로 이 계산이 정확하지 않다는 것을 안다. 우리는 분석의 잘못된 가정을 만들었다. 정답은 무엇인가? 올바른 접근 방법은 무엇인가? 이 문제를 다시 논의할 것이다. 그전에 자신의 답을 생각해 보길 권한다.

0.3.2 전력과 에너지

전력소모는 최근 컴퓨터 구조 및 설계 커뮤니티에서 '가장 중요한' 설계 목표가 되었다. 이전에는 저전력 회로, 칩 그리고 시스템 설계가 전문적인 범주로 고려되었지만 이제는 모든 시스템, 심지어 고성능 칩 제조사에서도 전력소모에 대해서 고려하게 되었다.

컴퓨터 시스템에서의 전력소모

CMOS 회로에서 전력소모는 크게 두 가지 다른 메커니즘에 의해 발생한다. **정적 전력(static power)**은 주로 누설 전류와 완전히 꺼지지 않은 트랜지스터에 의해 발생하고, **동적 전력(dynamic power)**은 capacitive 로드의 스위칭에 의해 한 전압이 다른 전압으로 바뀔 때 발생한다. 동적 전력은 회로의 동작 주파수와 관련이 있다. 만약에 노드의 값이 변경되지 않는다면 전력소모는 없을 것이다. 반면에 정적 전력은 동작 주파수와는 무관하며 칩에 전원이 들어가고 있다면 항상 발생한다. 처음으로 CMOS 회로가 사용될 때에는 트랜지스터의 게이트는 누설 전류는 무시할 수 있었다. 실질적으로 모든 CMOS 게이트에 의해 소비되는 전력은 게이트를 스위칭할 때 쓰이는 동적 전력이었다. 그러나 트랜지스터가 점점 더 작아지면서 CMOS의 누설 전류가 커지고 심지어 그림 0.12와 같이 동적 전력보다 커질 것으로 예상된다.

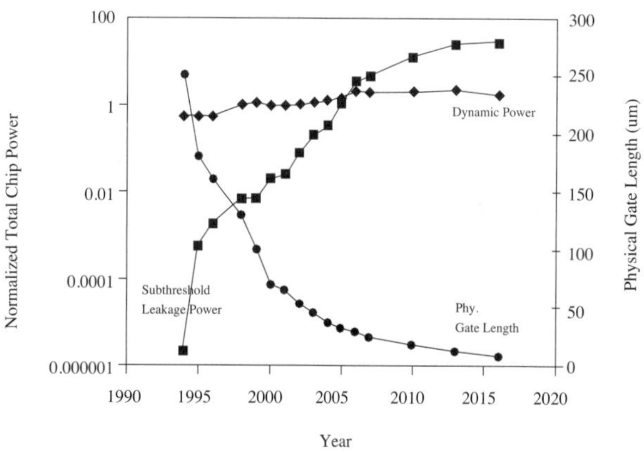

그림 0.12_ 게이트 길이와 누설 전류, 동적 전력에 대한 예상도 (Kim et al. [2004a])

로드 커패시터 C를 원래의 전압에서부터 ΔV 만큼 충전하거나 방전시킬 때 게이트는 $C \cdot \Delta V$ 만큼의 전류를 V_{dd} 전원으로부터 충전하거나 그라운드로 방전시킨다. 충/방전 사이클의 끝에서 게이트/커패시터 결합은 $C \cdot \Delta V$ 만큼 V_{dd}로부터 그라운드로 전하를 이동시키고, 전체 사이클 시간 동안 사용된 에너지는 $C \cdot \Delta V \cdot V_{dd}$와 같다. 이 노드의 평균 동적 전력은 그것의 평균적인 에너지 소비 속도와 같고 아래의 식으로 주어진다[Chandrakasan & Brodersen 1995]:

$$P_{dynamic} = C \cdot \Delta V \cdot V_{dd} \cdot \alpha \cdot f \qquad \text{(식 0.4)}$$

충/방전 기간으로 분할하여(클럭 주파수를 곱하여) 그 기간 동안의 에너지 소비 속도를 생성한다. 예상되는 활동률 α(동적 전력을 사용할 시간과 그냥 가만히 있을 시간의 비율)를 곱하여, 해당 노드가 스위칭할 확률을 구하면, 해당 활동률이 유지되는 긴 시간 동안의 전력소모를 구할 수 있다. 전체 칩에 대한 동적 전력은 회로의 모든 노드들의 에너지 사용량의 합이다.

식 0.4로부터 시스템이 사용하는 동적 전력을 줄이기 위한 방법은 분명하다. 우리는 스위칭되는 커패시터를 줄이거나, 전압 스윙을 감소시키거나, 공급 전압을 감소시키거나, 활동률 또는 동작 주파수를 줄이면 된다. 이러한 옵션의 대부분은 구조 수준에서 설계자가 활용할 수 있다.

특정한 칩에 대해서 전압 스윙 ΔV는 공급 전압 V_{dd}에 비례하기 때문에 식 0.4는 다음과 같이 표현할 수 있다.

$$P_{dynamic} = C \cdot V^2_{dd} \cdot \alpha \cdot f \qquad \text{(식 0.5)}$$

게다가 활동률 α는 대략적으로 1/2로 근사가 가능하기 때문에 다음과 같이 표현할 수 있다:

$$P_{dynamic} = \frac{1}{2} \cdot C \cdot V^2_{dd} \cdot \alpha \cdot f \qquad \text{(식 0.6)}$$

정적인 누설 전류는 우리가 완전히 트랜지스터를 끌 수 없기 때문에 문턱전압 이하의 동작 영역에서 발생한다[Taur & Ning 1998]. 액티브 채널에 커플되는 게이트는 주로 게이트 산화층에 의한 정전용량이지만, 다른 게이트에 커플되는 전류 흐름과 상관없는 '고정 전하'(움직이지 않는 전하)가 bulk에 존재한다[Peckerar et al. 1979, 1982]. 만약 이러한 추가적인 커패시턴스가 크다면, 게이트 바이어스의 변경은 단지 고정된 전하의 밀도만 변경할 뿐, 채널을 끌 수는 없다(공정 프로세스가 발전하며 물리적인 크기가 줄어듦에 따라 증가한다.) 이 상황에서 트랜지스터는 누설되는 꼭지로, 우리가 무슨 일을 하든지 완전히 끌 수는 없다.

누설 전력은 V_{dd}에 비례한다. 이것은 선형적이지 않은 이차의 관계에 있다. 특정 프로세스에서 디바이스당 누설 전력은 아래와 같다[Butts & Sohi 2000]:

$$P_{static} = I_{leakage} \cdot V^2_{dd} \qquad \text{(식 0.7)}$$

누설 에너지는 누설 전력과 동작 시간의 곱이다.

식 0.7로부터 시스템에서 소모되는 누설 전력을 줄이기 위한 방법은 명백하다. 누설 전류를 줄이거나 공급 전압을 줄이는 것이다. 두 옵션 모두 설계자가 아키텍처 수준에서 사용할 수 있다.

VLSI 회로에서 열은 전력소모와 연관이 있으며 중요한 문제로 되고 있다. 게이트 길이와 게이트 산화층 두께와 같은 물리적인 크기가 줄어드는 속도가 다른 파라미터 특히 공급 전압이 줄어드는 속도에 비해 빨라서 칩 표면에서 더 높은 전력 밀도를 야기한다. 누설 전력을 줄이고 디바이스의 동작을 유지하기 위해 전압 레벨은 실리콘 밴드갭이나 내부 소자들에 의해 만들어지는 전압들에 의해 설정된다. 따라서 전력 밀도는 다음 세대의 칩에서 기하 급수적으로 증가하고 있다. 예를 들어 Intel Pentium 칩의 전력 밀도는 Pentium Pro의 도입으로 엄청나게 증가하였다[Gelsinger 2001]. 전력소모와 열 발산에 관한 문제는 이제 적은 전력소모와 저비용으로 대표되는 DRAM 시스템으로도 확장되었다. 오늘날의 고급 DRAM들은 같은 디바이스에 고속 액세스가 반복되거나 동작 온도가 임계 온도를 넘어가면 동적으로 온도를 조절한다. DRAM 커뮤니티에 포함되는 Fully Buffered DIMM 구조의 다음 세대의 메모리 시스템은 많은 구현에서 모듈별 컨트롤러에 의해 히트씽크를 필요로 한다. 이것은 이전에는 DRAM 시스템 설계에서 생각할 수 없는 비용이다.

디스크는 플래터를 구동하는 스핀들 모터, 디스크 헤드를 위치시키는 액추에이터, 버스 인터페이스 회로, 그리고 마이크로 컨트롤러와 메모리 칩같이 많은 전력을 소모하는 부품을 가진다. 스핀들 모터를 포함하는 디스크 전체 부품은 일반적으로 많은 수십 와트의 전력을 발산하며 대부분의 전력을 소비한다.

전력과 에너지 소비를 줄일 수 있는 방법

전력소모 및 에너지 소비를 줄일 수 있는 많은 문헌들이 소개되어 왔다. 이 책에서는 다음의 세 가지 방법을 논의한다: 다이나믹 전압 조절, 사용하지 않는 블록의 파워다운, 그리고 누설 전류를 줄일 수 있는 회로적 접근.

다이나믹 전압 조절 전술한 바와 같이, 총에너지는 스위칭 에너지와 누설 에너지의 합으로 대략적으로 다음과 같다.

$$E_{tot}=[(C_{tot}\cdot V^2{}_{dd}\cdot \alpha\cdot f)+(N_{tot}\cdot I_{leakage}\cdot V_{dd})]\cdot T \quad \text{(식 0.8)}$$

T는 계산에 필요한 시간이며, N_{tot}는 누설 전류 디바이스들의 총 수이다. 프로세서의 사용률 변화는 스위칭 활동(활동률 α)에 영향을 미친다. 그러나 가벼운 부하는 클럭 신호가 계속해서 전달되며 계속 같은 동작 전압을 유지하기 때문에 클럭 사이클과 에너지를 낭비하는 유휴(idle) 프로세서를 생성한다. 유휴 사이클 동한 클럭을 게이팅하는 것은 유휴 사이클 동안 C_{tot} 정전용량이 스위칭하는 것을 줄인다. 가벼운 부하 동안에 주파수 f를 줄여 대부분의 유휴 사이클을 줄일 수 있다.

그러나 어떠한 접근 방식도 실제 계산을 위해 $C_{tot}V^2{}_{dd}$에 영향을 미치지 않고, 실질적으로 누설 전류로 손실되는 에너지를 줄일 수 있다. 대신에 주파수 f와 함께 공급 전압인 V_{dd}를 줄이는 것은 스위칭 에너지를 줄이고 누설 전류를 줄일 수 있다. 고속 디지털 CMOS회로에서 공급 전압의 감소는 아래의 식과 같이 회로의 지연을 증가시킨다[Baker et al. 1998, Baker 2005].

- T_d는 지연 시간 또는 주파수 f의 역수
- V_{dd}는 공급 전압
- C_L은 전체 노드의 정전용량
- C_{ox}는 산화층에 의한 정전용량
- V_t는 문턱전압
- W/L은 회로 내부 트랜지스터의 폭과 길이의 비율

$$T_d = \frac{C_L V_{dd}}{\mu C_{ox}(W/L)(V_{dd}-V_t)^2} \qquad \text{(식 0.9)}$$

이는 최대 작동 주파수를 공급전압과 문턱전압의 형태로 다음과 같이 단순화 될 수 있다.

$$f_{MAX} \sim \frac{(V_{dd}-V_t)^2}{V_{dd}} \qquad \text{(식 0.10)}$$

앞서 언급한 것과 같이, 문턱전압은 누설 전력과 관계가 있기 때문에 임의로 낮아질 수 없다. 따라서 주어진 식에서 오른쪽은 주어진 공정 기술에 대한 동작 전압의 일정한 비율이 된다. 마이크로프로세서는 일반적으로 자신의 동작 전압 레벨이 허용하는 최고 속도에서 동작한다. 그래서 독단적으로 V_{dd}를 줄일 수 있는 여유는 크지 않다. 하지만 V_{dd}는 동작 클럭 주파수가 같은 비율로 줄어든다면 줄어들 수 있다. 이러한 방법을 **동적 전압 조절**(DVS, dynamic voltage scaling)라 하는데[Pering & Broderson 1998], 대부분의 현대의 마이크로프로세서에서 나타난다. 마이크로프로세서의 동작 주파수는 주어진 연산을 수행하는 데 가장 적합한 레벨로 설정된다. 따라서 서둘러 빨리 계산하고 쉬는 많은 에너지를 소모하는 시나리오를 피하기 위한 계산이 필요하다(그림 0.13 참조). Weiser가 지적하였듯이 유휴 시간은 CPU가 멈춰 있더라도 에너지 낭비를 의미한다[Weiser et al. 1994].

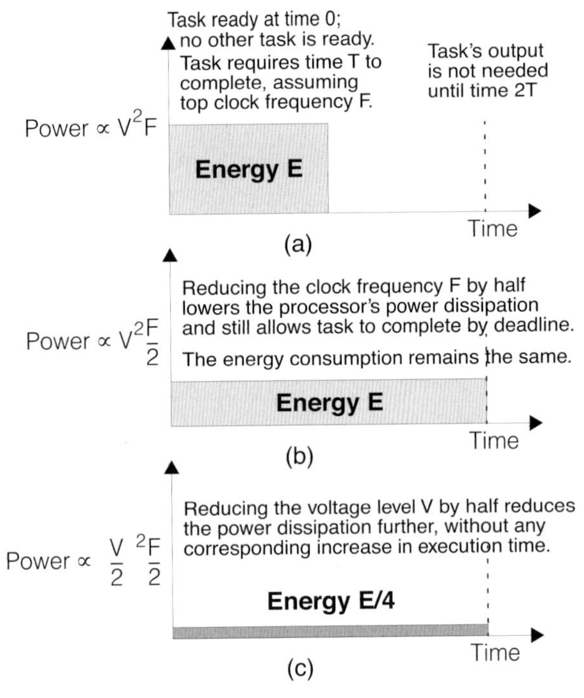

그림 0.13_ 동적 전압 조절. 어떤 작업은 CPU의 전체 계산 능력을 필요로 하지 않는다. 예를 들어, 비디오나 오디오 스트림을 처리하는 많은 경우에 (a)와 같이 단지 처리 시한을 맞추기만 하면 된다. 이러한 경우 낮은 성능 수준에서 CPU를 실행하고, 에너지를 적게 소모하면서 같은 효과를 발휘할 수 있다. (b)에 도시된 바와 같이, 프로세서의 클럭 주파수를 감소시키는 것은 전력 소비를 감소시키고, 시간을 늘려서 전체적인 에너지 소비는 같아진다. (c)에 도시된 바와 같이, 클럭 주파수가 에너지 소비 감소 및 적절한 성능 레벨을 유지해 원하는 목표의 달성만 된다면 전압 레벨을 감소시켜 에너지를 줄일 수 있다(Varma et al. [2003]).

이것은 단지 전압 스케일링을 지원하는 칩으로 충분하지 않다. 전압을 조절하고, 또 얼마나 조절할지를 결정하는 경우, 그것이 하드웨어든 소프트웨어든 구현할 때에 휴리스틱이 있어야 한다. 이 결정은 본질적으로 시스템의 가까운 미래의 연산 요구에 대한 예측이고 일반적으로 현재 컴퓨팅 요구와 관련된 현재 수행되고 있는 모든 작업에 기초하여 이루어진다. 좋은 휴리스틱의 개발은 어려운 문제이다(Weiser et al. [1994]에 의해 지적됨). 휴리스틱은 에너지를 절약하기 위해 성능 요구사항을 추적하지만, 성능을 향상시키기 위해서는 많은 에너지를 사용해야 한다.

동적 전력은 V_{dd}와 이차적인 비례 관계에 있기 때문에 DVS를 동적 전력 소모를 줄이는 데 큰 효과를 갖는다. V_{dd}를 줄이면 많은 동적 전력을 줄인다. 그리고, V_{dd}를 낮추는 것은 동적 전력만큼이나 많은 누설 전력을 줄일 수 있다. 이것은 선형적임에도 불구하고 줄어든다.

DVS가 대부분 마이크로프로세서에 적용되고 있지만, 메모리 시스템에도 완벽하게 적용이 가능하다. DVS의 적용으로 프로세서의 속도가 감소하면, 그와 관련된 SRAM 캐쉬의 속도의 감소가 가능하므로, 메모리의 전압을 낮출 수 있다. 이것은 메모리 회로의 동적 전력과 정적 전력 모두를 줄일 수 있다.

사용되지 않는 블록의 Powering-Down 전력을 줄이기 위한 다른 방법은 사용되지 않은 블록들의 전원을 끄는 것이다. 이것은 회로 레벨과 칩이나 I/O 레벨에서 수행 가능하다.

회로 레벨에서의 방법을 클럭 게이팅이라 한다. 기능 블록(예를 들어 adder, multiplier, 또는 predictor)에 들어가는 클럭을 게이트를 통과시키고 제어 회로가 몇 사이클 동안 클럭이 사용될 필요가 없다고 판단될 때마다 클럭을 게이팅하고, 오실레이션하지 않는 전압을 기능 블록에 전달하는 것이다. 기능 블록의 래치는 자신의 정보를 유지한다. 출력값은 바뀌지 않는다. 데이터 회로의 콤비네이션 로직에서 일정한 값이 유지된다. 그러므로 에너지를 소비하지 않는다.

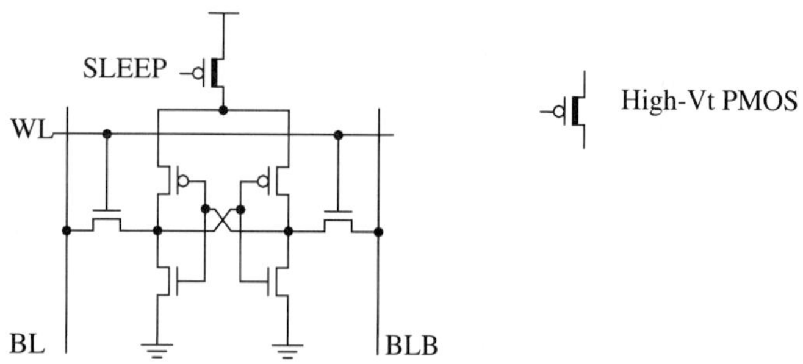

high-Vt 트랜지스터를 게이트 Vdd에 사용한 Gated-Vdd 기술

단순히 클럭 게이팅만 구현하면 회로에는 여전히 전원이 들어가고 있고 그래서 회로는 여전히 정적 전류를 소비한다. 클럭 게이팅 기술은 단지 동적 전력만을 줄인다. 다른 게이팅 기술은 누설 전류도 줄일 수 있다. 예를 들어 캐시가 사용되지 않을때 gated-V_{dd}[Powell et al. 2000]나 gated-ground[Powell et al. 2000]를 사용하여 전원을 차단하는 기술이다. Gated-V_{dd}는 SRAM의 전원 공급을 그림 0.14와 같이 트랜지스터로 직렬 연결하는 방법이다. 이 트랜지스터의 도입에 따른 스태킹 효과에 의해 누설 전류는 급격히 감소된다. 낮은 누설 전류와 하나의 문턱 전압만 있으면 되는 단순한 제조 공정 요건이 이 기술의 장점이다(그림 0.14에 보이는 것과 같이 높은 문턱 전압을 가지면 누설 전류를 감소시키는 데 더 효과적이다).

디바이스 레벨에서 예를 들어 DRAM 칩이나 디스크 어셈블리는 낮은 활동, 저전압 또는 낮은 주파수 모드 같은 슬립이나 수면 또는 스핀다운 모드를 가진다. 예를 들어 마이크로프로세서가 밀리와트 정도를 사용하는 휴면 모드가 없을 경우 항상 100W 정도의 전력을 소비한다. 예를 들어 프로세서는 일반적으로 정상 동작으로 돌아갈 클럭 인터럽트나 와치독 타이머 또는 외부 디바이스 인터럽트와 같은 인터럽트를 예상한다. DRAM 칩은 일반적으로 1W 정도의 전력을 소비하는데, 저 전력 모드에서 1/10 이상으로 전력을 줄일 수 있다.

SRAM에서의 누설 전력 Low-power SRAM 기술은 누설 전력을 낮추는 좋은 예이다. 낮은 전력소모를 목표

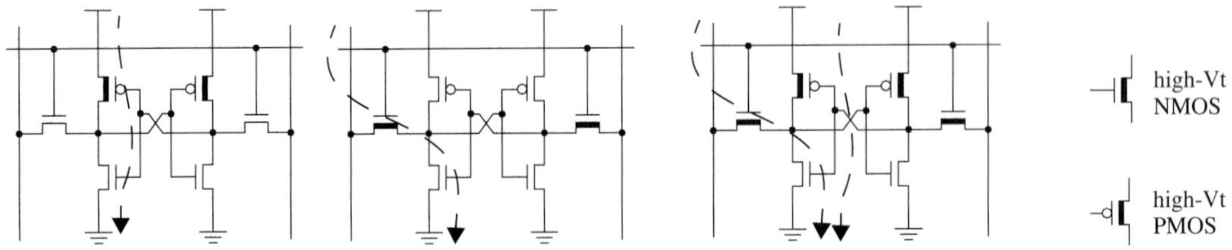

그림 0.15_ 다른 multi-V_t 배치에 따른 각 6T 메모리 셀의 누설 전류가 줄어드는 부분

로 한 SRAM 설계는 누설 전류가 소비전력에서 점점 더 많은 부분을 차지하면서 시작되었다.

개념적으로 간단한 해결책 하나는 multi-threshold CMOS 회로를 사용하는 것이다. 이것은 공정 레벨에서 누설 전류를 감소시키기 위해 트랜지스터의 문턱전압을 증가시키는 것과 관련이 있다. 문턱전압을 증가시키는 것은 게이트 오버드라이브를 줄이고, 게이트의 드라이브 강도를 감소시키고, 딜레이를 증가시킨다. 이러한 이유로 이 기술은 주로 로직 경로에서 중요하지 않은 부분에 사용되고, 중요한 부분에는 낮은 V_t 트랜지스터가 사용된다. 이러한 방식으로 누설 전류를 감소시키면서 높은 V_t를 가지는 트랜지스터 사용과 관련된 지연 문제는 중요하지 않은 경로에 숨겨질 수 있다. 예를 들어 다중 V_t를 가지는 트랜지스터를 선택적으로 메모리 셀에 사용하여 작은 액세스 시간을 가지게 하면서도 누설 전력도 줄이는 이점을 가질 수 있다. 다른 다중 V_t 구성이 그림 0.15에 나타나 있다. 각각의 구성에서 누설 전류 경로를 도시하고 이를 최소화하도록 한다.

SRAM에서 누설 전류를 줄이는 또 다른 기술이 Drowsy 기술이다[Kim et al. 2004a]. 이것은 gated-V_{dd}나 gated-ground와 비슷한데, 조건부로 SRAM에 들어가는 공급 전압을 다르게 하는 것이다. 차이점은 이 기술은 자주 SRAM의 사용되지 않는 부분을 상태를 보전하여 저전력 모드로 둔다는 것이다. 정규 전압보다 낮은 전압의 두 번째 공급 전압은 메모리 셀이 'drowsy'모드에 있도록 한다. 누설 전력은 공급 전압에 관련 있기 때문에 효과적으로 줄어든다. 그림 0.16에 drowsy 캐시를 쓰는 SRAM 셀이 나타나 있다.

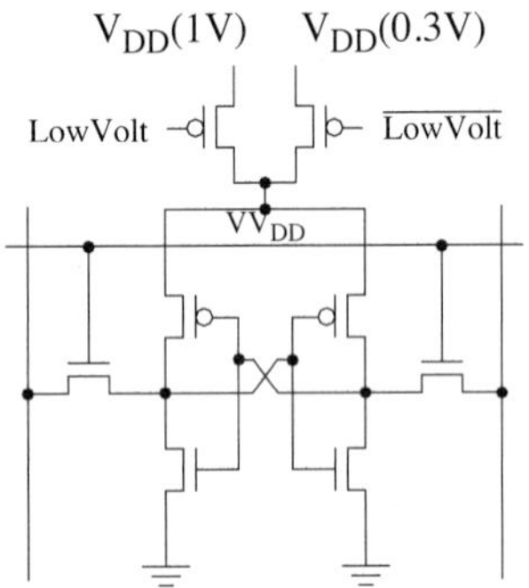

그림 0.16_ 두 가지 공급 전압에 연결 된 drowsy SRAM 셀

0.3.3 신뢰성

성능과 마찬가지로 신뢰성도 많은 사람들에게 많은 것을 의미한다. 예를 들어 임베디드 시스템은 컴퓨터 시스템이고, 일반적으로 작고, 전용 소프트웨어를 실행하며, 큰 시스템 내에 포함되어 있다. 이들은 낮은 가격으로 칩 레벨의 컴퓨터 시스템을 구현하여 거의 모든 기능을 수행하도록 프로그램되기 때문에 전통적인 전자기계 시스템을 대체하며 많이 나타나고 있다. 임베디드 시스템은 스테이트 머신(작은 소프트웨어)으로 복잡한 스테이트 머신(실시간 운영체제)안에서 수행되며 이 스테이트 머신은 더 복잡한 스테이트 머

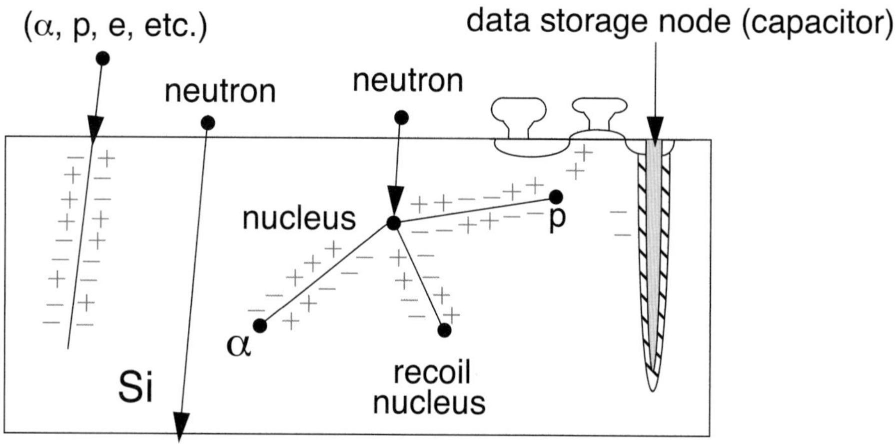

그림 0.17_ 알파 입자와 고에너지 중성자에 의해 실리콘 내에서 electron-hole pair가 발생

신(마이크로프로세서나 메모리 시스템)의 안에 있기 때문에 안정성 문제는 중요하다. 우리는 간단한 전자 기계 시스템을 정확성이 보장되지 않은 매우 복잡한 시스템으로 바꾸고 있다. 이러한 현상은 시스템이 복잡해질수록 잘못된 기능에 의해 안전이 중요해지기 때문에 미래에 큰 문제를 야기할 수 있다.

이것은 심각한 문제로 쉽게 해결될 것 같아 보이지는 않는다. 우리는 현재 작은 문제들을 해결하며-현재 엔지니어들이 하고 있는 일-메모리 시스템에서의 데이터의 안정성을 향상시키고 있다. 자료가 메모리 시스템 안이나 캐시, DRAM이나 디스크에 저장되어 있다면, 그것이 이후에 다시 읽었을 때 쓰여진 정보가 그대로 읽히기를 기대한다.

자료는 어떻게 변경될 수 있는가? 솔리드 스테이트의 메모리 디바이스들(예를 들어 SRAM과 DRAM)은 다른 반도체 장치가 그러하듯이 하드 오류 및 소프트 오류 모두에 민감하다. 하드 오류는 electromigration, corrosion, thermal cycling, 그리고 electro-static shock에 의해 발생한다. 하드 오류와 다르게 소프트 오류는 물리적 디바이스가 동작하지만 임의의 노이즈가 발생하여 메모리 시스템에 저장되어 있는 정보가 손상되는 것이다. 일시적인 노이즈는 회로 노이즈(예를 들면 crosstalk, ground bounce 등), 주변의 방사선(예를 들어 컴퓨터 섀시 내부의), 클럭 지터, 고에너지 입자와 substrate의 상호작용 등 여러 곳에서 발생할 수 있다. 이런 것들이 일반적으로 운영 환경에 영향을 주는 것들이다.

그림 0.17은 고에너지 입자와 substrate의 상호작용을 보여준다. 그림은 고에너지 알파 입자와 중성자가 실리콘 lattice에서 상호작용하는 것을 보여준다. 그림은 고에너지 알파 입자가 실리콘을 지나갈 때 알파 입자는 이온화된 흔적을 남기고, 이온화된 흔적의 길이는 알파 입자의 에너지에 의존한다. 또한 그림은 고에너지 중성자가 실리콘을 통과할 때, 어떤 중성자들은 반도체 디바이스의 동작에 영향을 주지 않고 통과하지만, 어떤 중성자들은 실리콘 격자 내의 핵과 충돌한다. 원자 충돌은 이차 생성 입자로서 실리콘 격자 안에 여러 개의 이온화된 흔적의 생성을 초래할 수 있다. 전기장의 존재하에서 electron-hole pair들의 이온화된 흔적은 일시적으로 저장된 셀의 데이터를 바꿀 수 있을 만큼 강한 전류를 흘린다. 게다가 electron-hole pair들의 이온화된 흔적의 전하들은 비트 라인의 전압 레벨에 영향을 주고, sense amplifier에 의해 저장된

표 0.4_ SRAM, DRAM과 disk의 실패율 비교

Technology	Failure Rate[a] (SRAM & DRAM: at 0.13 μm)	Frequency of Multi-bit Errors (Relative to Single-bit Errors)	Expected Service Life
SRAM	100 per million device-hours	10–20%	Several years
DRAM	1 per million device-hours		Several years
Disk	1 per million device-hours		Several years

[a]실패율, 즉 실패들 사이의 평균 시간은 단일 장치의 예상 성능에 대해서는 아무것도 말해주지 않는다. 그러나 장치의 예상 수명을 예측하여, 설계자와 관리자들에게 기대 성능에 대한 아이디어를 제공해 줄 수 있다. 만약 디바이스의 예상 성능이 5년이면, 부분은 약 5년 정도 지속된다. 매우 많은 장치들을 설치(예를 들어 디스크나 DRAM의 경우 수백 개 이상)할 경우 통칭 실패율을 볼 수 있다. 즉 하나의 디스크가 죽기 전에 수백 개의 디스크가 수백만 시간의 작업시간 동안 작동한다.

데이터의 값이 유지된다. 그 결과 메모리 저장 장치의 SER(soft error rate)은 저장 셀을 설계한 공정 기술, bit line과 sense amplifier의 설계, 디바이스의 전압 레벨, DRAM 디바이스에서 데이터의 이동을 컨트롤하는 로직 회로의 설계, 입사된 입자의 종류, 수 및 에너지 분포를 포함한 인자들의 조합과 관련이 있다.

표 0.4는 SRAM, DRAM 및 디스크의 실패율을 비교한다. DRAM과 SRAM 디바이스의 에러율은 역사적으로 추적되어 왔다. 감소된 공급 전압과 줄어든 셀 전하는 SRAM의 SER이 180nm와 130nm 공정에서 급격하게 상승하게 하였다. Monolithic System Technology, Inc.(MoSys)에서 발행한 문서에서 250nm 공정의 SRAM SER은 100 failures per million device-hours per megabit인 반면 130nm 공정의 SRAM SER은 100,000 failures per megabit로 보고되었다. 일반적인 경향은 낮은 전력소모에 대한 수요가 공급 전압을 감소시키고, 셀당 전하의 수를 줄여 계속적으로 증가할 것으로 보인다.

솔리드 스테이트 메모리 디바이스(SRAM과 DRAM)들은 일반적으로 error detection codes 또는 ECC에 의해 보호된다. 이것은 단일 bit나 멀티 bit 에러를 감지하고 복원하는 데이터 중복 감지 메커니즘이다. 예를 들어, 패리티는 간단한 방법으로 보호 워드에 bit를 더해, 워드에 짝수 bit나 홀수 bit가 있는지를 나타낸다. 워드의 판독 값이 패리티 값과 일치하지 않으면, 프로세서는 판독 값이 초기에 저장된 값과 달리 잘못된 것임을 알 수 있다. 오류의 수정은 잘못된 워드를(in the Hamming-distance sense) 원래의 인코딩으로부터 bit 오류를 워드로부터 떨어지게 만듦으로써 달성된다. 인코딩 공간이 새로운 잘못된 워드로부터 가장 가까운 공간의 원래의 유효한 워드로 선택된다. 따라서 원래의 워드는 항상 비트 에러의 최대 수를 가정하면, 잘못된 코드 워드로부터 유도될 수 있다.

SRAM의 soft error에 대해 극단적으로 민감한 특성으로 인해 현대의 프로세서는 SRAM 캐시에 대한 패리티 및 단일 오류 비트 정정을 함께 제공한다. 일반적으로 태크 어레이는 패리티에 의해 보호받는 반면, 데이터 어레이는 단일 비트 오류 정정에 의해 보호받는다. 좀 더 복잡한 멀티 비트 ECC 알고리즘은 복잡한 회로가 추가되면 회로 면적이 증가할 수 있고, 온 칩 캐시에 요구되는 것보다 많은 딜레이가 추가되기 때문에 온 칩 SRAM 캐시에는 배치되지 않는다. 또한, 캐시 저장소는 자주 데이터에 접근하고, 수정할 수 없는 에러가 발생하면 프로세서는 다시 메모리에서 데이터를 가져온다. 이러한 의미에서 멀티 비트 에러를

검출하고, 수정하는 것이 아니라 검출하기만 하면 충분할 수 있다. 그러나 현대의 SRAM의 실제 설계에서는 종종 SER을 개선하기 위해 SRAM 셀 위에 의도적으로 커패시터를 배치시키기도 한다.

0.3.4 가상 메모리

가상 메모리는 운영체제가 메모리 시스템에 소프트웨어의 액세스를 실행하여 제공하는 메커니즘이다. 이 점에 있어서, 메모리 시스템의 첫 번째 수요자이다. 그 절차와 데이터 구조들과 프로토콜이 어떻게 메모리 시스템의 요소들이 컴퓨터에서 구동하는 모든 소프트웨어에 의해 사용되는지를 설명한다. 그러므로 여러분들은 그것이 어떻게 해서 그렇게 작동하는지 안다면 좋을 것이다. 이 절은 가상 메모리의 메커니즘에 대해서 간략히 설명한다.

일반적으로 오늘날의 프로그램은 불특정 하드웨어 구성에서 실행되도록 쓰여진다. 그들은 근본적인 메모리 시스템에 대한 지식이 없다. 프로세스는 운영체제에 의해 메모리 시스템(DRAM 시스템 및 디스크 시스템을 포함)상에 매핑되는 가상의 어드레스 공간에서 실행한다. 프로세스는 그들의 명령과 데이터를 임의의 또는 '가상'의 이름을 사용하여 인스트럭션 페치와 로드 및 저장을 생성한다. 프로세스의 어드레스 공간에 대한 최종 목표는 비휘발성의 **영구적인 저장장치**이다. 이것은 프로세스의 명령과 데이터들이 온 곳이고

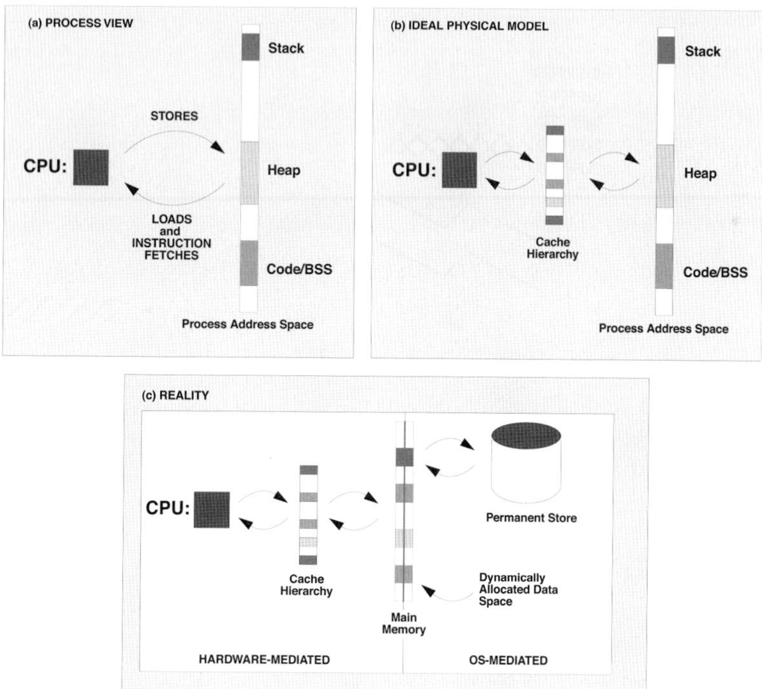

그림 0.18_ 프로세스의 어드레스 공간을 캐시. 첫 번째 그림에서 프로세스는 어드레스 공간에서의 위치를 참조하여 도시된다. 모든 로드, 저장 및 인출이 개체에 대한 가상 이름을 사용한다. 두 번째 그림은 프로세스가 캐시의 계층을 통해 간접적으로 어드레스 공간에서 위치를 참조한다. 세 번째 그림은 어드레스 공간은 어떤 디바이스에 선형적인 개체가 저장되는 것이 아니고, 대신 하드 드라이브에 퍼져서 필요한 때에 동적으로 할당된다.

영구적인 변화들이 가야 할 곳이다. 모든 하드웨어 메모리 구조는 CPU와 영구적인 저장장치 사이의 프로세스의 어드레스 공간의 명령과 데이터 캐시이다. 이것은 메인 메모리를 포함하고, 메인 메모리는 실제로는 프로세스의 가상 어드레스 공간에 대한 캐시에 불과하다. 캐시는 작고, 빠른 저장장치가 크고 느린 저장장치에서 찾을 수 있는 가장 중요한 데이터를 보유하는 것이 느린 디바이스를 빨라 보이게 만든다는 원칙에 따라 동작한다. 이 경우 큰 저장 공간은 킬로바이트에서 기가바이트 이상의 크기를 가지는 프로세스 어드레스 공간이다. 어드레스 공간에 있는 모든 것은 디스크에 저장되어 있는 프로그램 파일에서 오거나 요청에 따라 생성되어 0으로 정의되어 온다. 이것이 그림 0.18에 도시되어 있다.

어드레스 변환

가상 공간에서 물리적 공간으로 어드레스를 변환하는 것이 그림 0.19에 도시되어 있다. 어드레스는 페이지 단위로 매핑된다. 가상 메모리는 필수적으로 VPN(virtual page number)들을 PFN(page frame number)들로 매핑한다. 매핑은 함수이며, 모든 가상 페이지는 하나의 위치만을 가질 수 있다. 그러나 역변환 지도는 반드시 함수가 아니다. 때때로 여러 가상 페이지를 같은 페이지 프레임에 매핑하는 것이 유리한데, 이것은 가능하다(예를 들어 프로세스 또는 스레드 사이의 메모리를 공유하거나 다른 관점의 데이터를 다르게 보호한다). 두 개의 가상 페이지(0x00002와 0xFFFFC)를 PFN 12로 매핑하는 것이 그림 0.19에 도시되어 있다.

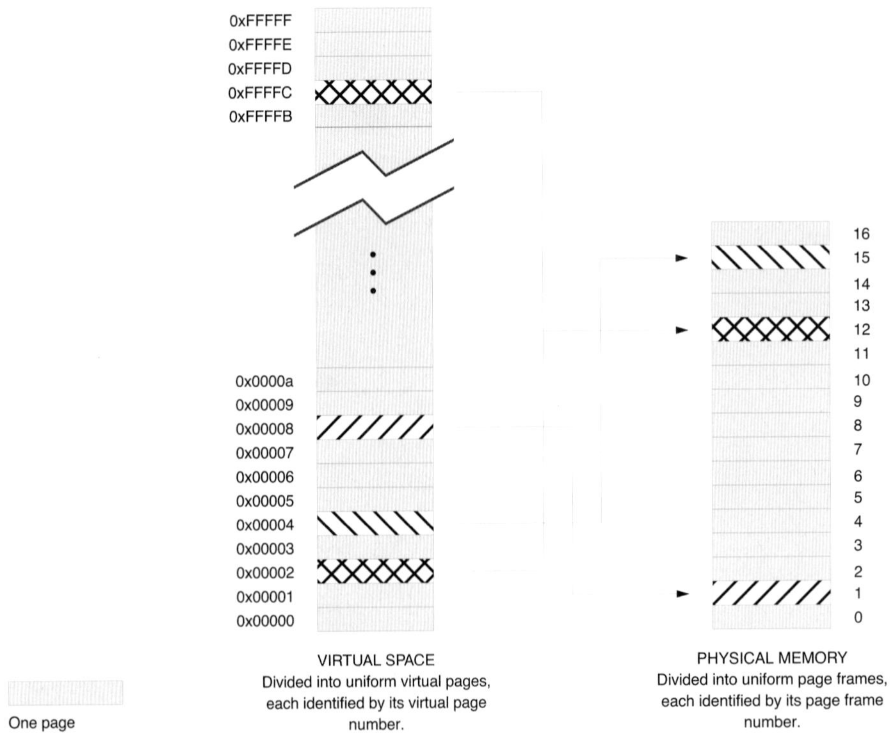

그림 0.19_ 물리적인 페이지 프레임에 가상 페이지를 매핑

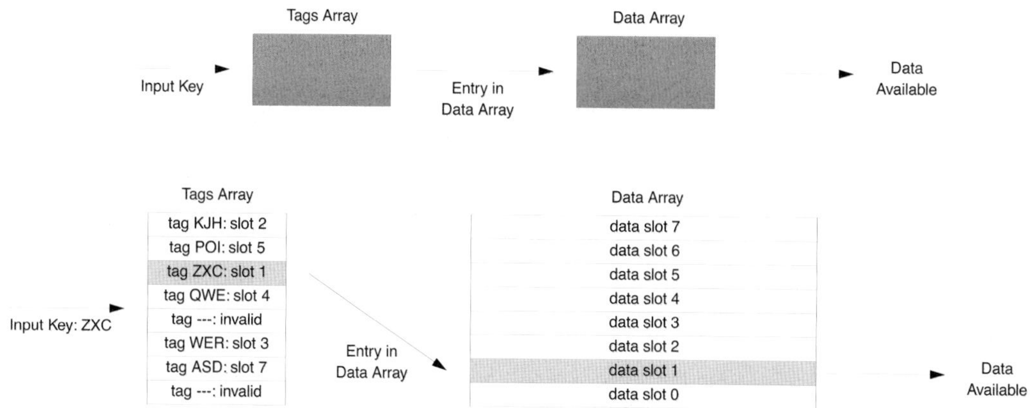

그림 0.20_ 이상적인 캐시 룩업. 캐시는 태그 어레이와 데이터 어레이 두 부분으로 이루어진다. 예시 구성에서 태그는 데이터베이스처럼 행동한다. 이들은 입력을 키(어드레스)로, 출력을 데이터 어레이 내의 아이템의 위치나 아이템이 데이터 어레이 내에 없음을 판별하는 것을 받아들인다.

DRAM이 캐시인 경우 그 구성은 무엇인가? 예를 들어 이상적인 **완전 연관** 캐시(하나의 모든 자료는 캐시의 데이터 어레이 내의 임의의 위치에 있을 수 있다)가 그림 0.20에 보여지고 있다. 데이터 태그는 캐시로 공급된다. 첫 번째 단계는 입력 태그를 캐시 내 데이터의 모든 조각들의 태그와 비교한다. 매칭 태그는 캐시 내의 데이터 위치를 가리킨다. 그러나 DRAM은 물리적으로 캐시처럼 설계되지 않았다. 예를 들어 그것은 태그 어레이 고유의 개념이 없다. 하나는 단지 메모리에게 읽거나 쓰기를 원하는 어떤 데이터의 위치를 알려주고, 그 위치의 자료는 읽혀지거나 덮어 써진다. 데이터 위치의 내용을 확인하기 위해 태그를 어드레스에 일치시키는 어떠한 시도도 없다. 그러나 만약 메인 메모리가 가상 어드레스 공간을 위해 효과적으로 캐시하기 위해서는 태그 메커니즘이 어딘가에 반드시 적용되어야 한다. 그것에는 무수히 많은 가능성이 있고, 특수한 DRAM 설계로부터 여러 메모리가 하나의 자료를 참조할 수 있도록 하드웨어 태크 기능과 소프트웨어 알고리즘이 포함된다. 기존의 가상 메모리는 소프트웨어에 구현된 태그 어레이를 가지고 있고, 이 소프트웨어 구조는 때때로 데이터 어레이에 있는 것보다 많은 항목을 보유하고 있다(예를 들어 메인 메모리의 페이지). 소프트웨어 구조는 **페이지 테이블**이라 불리는데, 매핑 정보의 데이터베이스이다.

페이지 테이블은 그림 0.20에 나타난 태그 어레이의 기능을 수행한다. 주어진 모든 메인 메모리는 메인 메모리(그림에서 '데이터 어레이'에 해당) 내의 어디에서 페이지를 찾을 수 있는지 나타낸다. 대부분의 적절한 태크 엔트리를 찾기 위해 몇몇 메모리를 참조하는 페이지 테이블을 위한 여러 가능한 다른 구성이 있다. 그러나 페이지 테이블 검색을 위해 하나 이상의 메모리 참조를 요청하는 것은 매우 많은 비용이 들고, 그래서 그것의 **목록을** TLB(translation lookaside buffer)[Lee 1960]라고 불리는 특별한 캐시에 캐시하여 페이지 테이블에의 접근이 빨라지고, 일반적으로 하드웨어 구조가 메인 메모리에 있는 페이지보다 더 적은 목록을 가진다. TLB는 일반적으로 CAM(content addressable memory), 또는 완전 연관 캐시로 구현되는 하드웨어 캐시이다.

TLB는 입력으로 어드레스 공간 식별자에 의해 확률적으로 확장된 VPN을 받고, PFN과 보호 정보를 반환

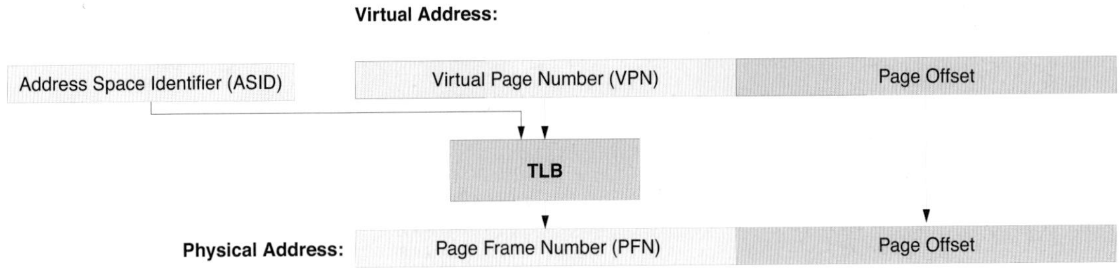

그림 0.21_ TLB을 이용한 가상에서 실제 어드레스로의 변환

한다. 이것이 그림 0.21에 도시되어 있다. 어드레스 공간 식별자가 사용되는 경우 가상 어드레스를 다른 프로세스로부터 생성된 비슷한 가상 어드레스들을 구별 짓고 확장한다. 로드 또는 저장을 성공적으로 완료하기 위해서는 TLB가 반드시 가상 위치에 대한 매핑 정보를 포함하고 있어야 한다. 만약 그렇지 않다면 TLB 미스가 발생하고, 시스템은 반드시 적절한 목록과 그것을 TLB에 넣기 위한 페이지 테이블을 찾아야 한다. 만약 시스템[9]이 페이지 내의 매핑 정보를 찾는 데 실패하거나 매핑을 찾았으나 그것이 원하는 페이지가 디스크상에 없으면 **페이지 오류**가 발생한다. 페이지 오류는 디스크에서 페이지를 복원하고 그것을 메모리에 넣기 위해서 OS를 중단시키고, 만약 페이지가 존재하지 않거나(프로세스가 새로운 곳에 새로운 스택 프레임을 할당하는 경우와 같이) 잘못된 공간에 접근하여 프로세스 오류 신호를 보내면 새로운 페이지를 생성한다.

메모리 공유

메모리 공유는 가상 메모리에 의해 지원되는 많은 문제와 캐시 관리 문제를 일으키는 기능이다. 그것은 서로로부터 보호되는 두 개의 어드레스 공간이 교차하는 지역을 가리키고, 비 교차 영역에 대한 보호를 유지하는 메커니즘이다. 몇몇 프로세스가 자신의 어드레스 공간의 일정 부분을 공유하는 것이 그림 0.22에 표현되어 있다. 메모리 공유 메커니즘은 오직 프로세스의 어드레스 공간 중에서 미리 정의된 부분만을 연다. 나머지 어드레스 공간은 여전히 보호되고, 메모리를 공유하는 프로세스의 공유되는 부분만이 보호되지 않는다. 예를 들어 그림 0.22에서 프로세스 B와 공유되는 A 부분의 어드레스 공간은 보호되지 않고 B에 의해 어떠한 작업도 가능하지만, 다른 부분은 임의의 다른 프로세스의 작업으로부터 안전하다. 이것은 프로세스 간 통신을 위한 간단하고 유용한 방법이다. 또한 메모리 공유는 물리적으로 필요한 메모리를 줄이는 효과가 있는데, 하나의 프로그램의 여러 인스턴스가 동작하거나 다른 프로그램의 공통 라이브러리의 여러 인스턴스들이 동작할 때 프로세스의 텍스트 부분이 공유된다.

9 논의에서, 우리는 행동 에이전트가 구현에 의존하고, 하드웨어 스테이트 머신이나 운영체제가 참조 가능 할 때 일반적인 용어 "시스템"을 사용할 것이다. 예를 들어, 일부 구현에서 TLB 미스가 운영체제(MIPS, Alpha)에 의해 수행되면 즉시 페이지 테이블을 찾는다. 다른 일부 구형에서는 하드웨어에 의해 수행된다(PowerPC, x86).

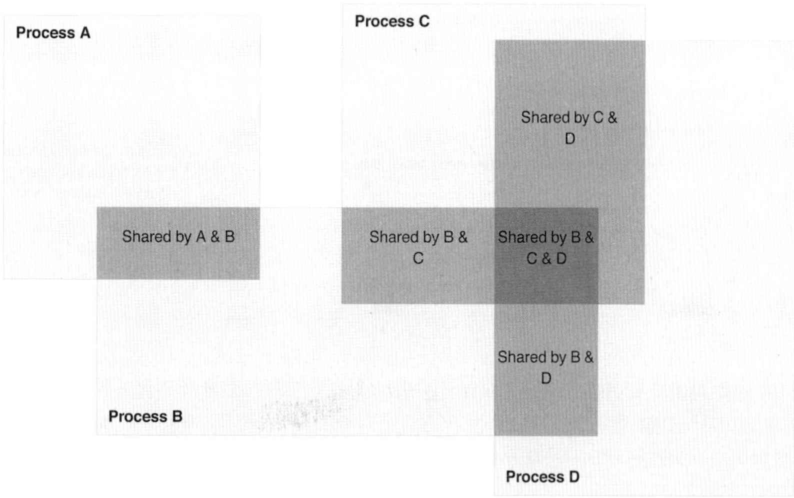

그림 0.22_ 공유 메모리. 공유 메모리는 자신의 어드레스 공간에서 중첩되는 부분을 공유하고, 중첩되지 않는 나머지 부분은 보호한다. 이것은 프로세스 간 통신에서 간단하고 효과적인 방법이다. 그림에서 네 개의 어드레스 공간이 공유되고 있다. 어둡게 칠해진 부분은 하나 이상의 프로세스에서 공유되고 있는 부분이고 밝은 부분은 다른 프로세스로부터 보호되는 부분이다.

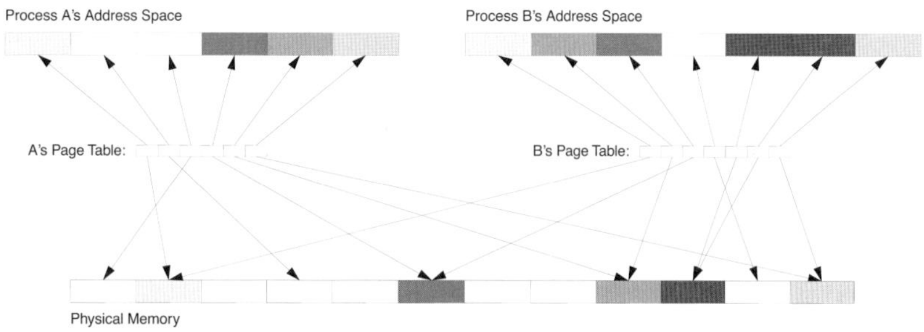

그림 0.23_ 메모리 공유의 예시 두 개의 프로세스 어드레스 공간–여섯 개의 가상 페이지와 또 다른 일곱 개의 가상 페이지가 하나로 구성된–이 공유되는 페이지를 보여준다. 페이지 테이블은 물리적 메모리에 위치한 가상 페이지에 대한 정보를 유지한다. 어두운 페이지는 여러 위치에 매핑된다. 같은 어드레스 공간의 두 곳에 어두운 페이지가 매핑된다.

메커니즘은 공유 페이지가 같은 물리적 페이지에 매핑되도록 하여 작동한다. 이것은 단순히 두 개의 프로세스가 공유되는 페이지의 페이지 테이블 안의 같은 PFN을 배치함으로써 수행될 수 있다. 그림 0.23은 예시를 보여주고 있다. 여기서 두 개의 매우 작은 어드레스 공간은 여러 곳에서 같이 중첩되고, 하나의 어드레스 공간은 자신과 중첩된다. 두 개의 그것의 가상 페이지는 같은 물리적 페이지에 매핑된다. 이것은 인위적인 예시가 아니다. 많은 운영체제에서 이것을 허용하고, 이는 사용자 레벨 스레드 구현에 유용하다.

일부 제품 예시

업계에서 수행 된 내용의 몇 가지 예는 관련된 몇 가지 문제를 설명하는 데 도움이 될 수 있다.

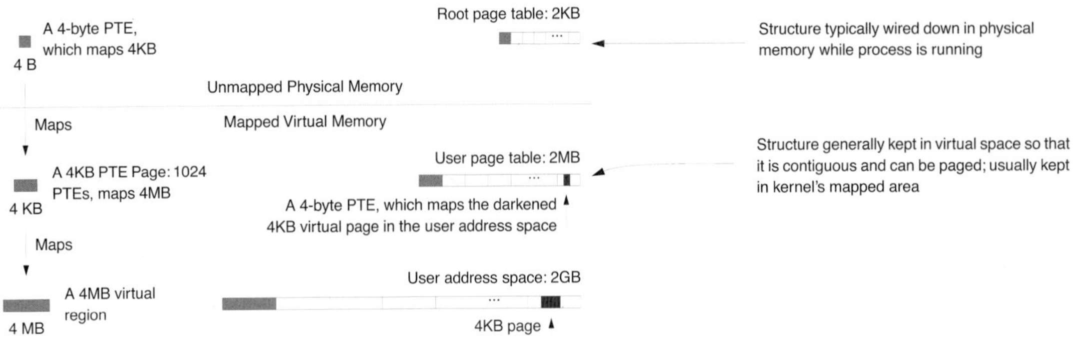

그림 0.24_ MIPS 32비트 계층 페이지 테이블. MIPS 하드웨어는 폴트 가상 어드레스로 부터 만들어 지는 가상 어드레스로 부터 사용자 페이지 테이블의 PTE 매핑(페이지 테이블 항목)을 인덱스하는 2GB 사용자 어드레스 공간을 매핑하는 2MB 선형 가상 페이지 테이블을 위한 지원을 제공한다. 2MB 페이지 테이블은 2KB 사용자 루트 페이지 테이블에 의해 쉽게 매핑된다.

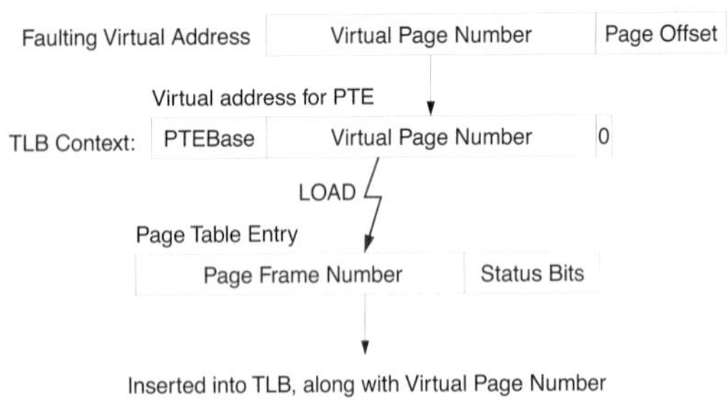

그림 0.25_ MIPS TLB 컨텍스트 레지스터의 사용. 폴트 가상 어드레스의 VPN은 매핑 PTE의 가상 어드레스를 생성하는 컨텍스트 레지스터에 위치된다. PTE는 TLB에 바로 간다.

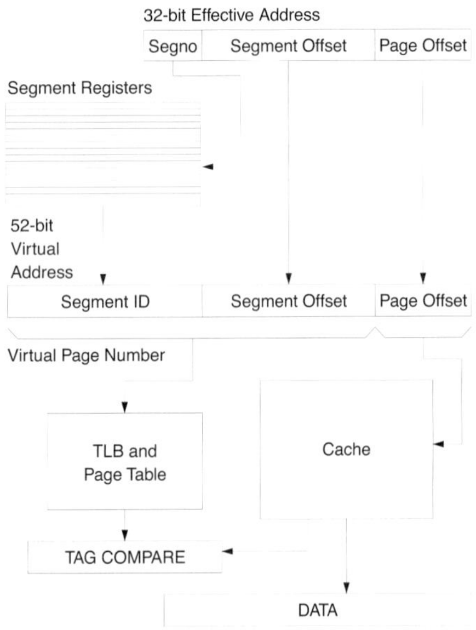

그림 0.26_ PowerPC는 어드레스 변환을 분할한다. 프로세스는 16개의 세그먼트 레지스터를 통해 52비트 어드레스 공간에 매핑되는 32비트의 효과적인 어드레스를 효과적인 어드레스를 인텍스로하여 최상위 4비트를 사용하여 생성한다 그것은 TLB와 페이지 테이블에 의해 매핑되는 확장된 가상 어드레스이다. 세그먼트는 어드레스 공간 보호를 제공하고, 공유 메모리에서 사용될 수 있다.

MIPS 페이지 테이블 설계 MIPS[Heinrich 1995, Kane와 Heinrich 1992]는 기존의 메모리 메니지먼트 유닛에서 찾을 수 있는 페이지 테이블-워킹 하드웨어를 제거하여 소프트웨어가 합리적인 효율로 테이블-워크를 수행할 수 있다. 또한 그림 0.24에서 간단한 페이지 테이블 계층구조가 도시되어 있다. TLB 미스일 때, TLB를 놓친 어드레스의 VPN이 가상 메모리에 의해 접근되는 사용자 페이지 테이블의 인덱스로 사용된다. 아키텍처는 하드웨어를 이러한 활동을 위해 하드웨어 레지스터와 VPN과 같이 베이스 어드레스의 연결을 형성하는 사용자 레벨 페이지 테이블의 베이스의 가상 어드레스를 저장하고 제공한다. 이것은 그림 0.25에 도시되어 있다. TLB 미스일 때, 하드웨어는 하드웨어의 룩업을 사용하기 위한 2MB의 가상 경계에 정렬된 유저 테이블 내의 PTE 매핑을 위한 가상 어드레스를 생성한다. PTEBase로 불리는 베이스 포인터는 하드웨어 레지스터에 저장되고, 일반적으로 콘텍스트 스위치를 변경한다.

PowerPC 세그먼트화 변환 IBM 801은 POWER와 PowerPC 구조를 통해 지속되는 세그먼트화 설계를 도입했는데[Chang Weiss와 Smith 1994], 그림 0.26에 도시되어 있다. 어플리케이션은 세분화된 256MB의 가상 공간에 더 큰 '가상' 어드레스 공간을 매핑하는 32비트의 '효과적인' 어드레스를 생성한다. 16세그먼트는 어플리케이션의 어드레스 공간으로 구성된다. 효과적인 어드레스의 최상위 4비트는 16레지스터 세트로부터 세그먼트 식별자를 선택한다. 이 세그먼트 ID는 확장된 공간의 효과적인 어드레스의 아래 28비트와 연결된다. 확장된 어드레스는 TLB와 페이지 테이블에서 사용된다. 운영체제는 세그먼트가 아닌 페이지 단위에서 데이터 이동과 재할당을 수행한다.

아키텍처는 명시적인 어드레스 공간 식별자를 사용하지 않는다. 세그먼트 레지스터는 어드레스 공간 보호를 보장한다. 만약 주 프로세스가 세그먼트 레지스터의 식별자를 복사하는 경우, 그들은 정의에 의해 가상 세그먼트를 공유한다.

비슷하게, 식별자가 중복되지 않는 경우 보호는 보장된다. 만약 메모리가 글로벌 어드레스를 통해 공유되는 경우, 시스템이 단일 어드레스 공간 운영체제와 같이 동작하기 때문에 TLB와 캐시는 컨텍스트 전환[10]을 씻어낼 필요가 없다.

0.4 앞으로의 예상하는 바

오늘날 기술적으로 가장 중요한 아키텍처 수준의 이슈는 무엇인가? 설계자가 집중해야 할 문제점은 무엇인가?

캐시와 SRAM에 있어서, 파워 소모와 신뢰성은 아주 중요한 이슈이다. SRAM은 어림잡아서 마이크로프로세서의 삼분의 일 수준의 파워를 소모하고, 세 가지 기술 중에서 가장 나쁜 신뢰성을 가진다.

DRAM에 있어서, 파워 소모는 미래 시스템의 고속 I/O에 의해서 점점 이슈화되고 있다. FB-DIMM은, DRAM 시스템이 직면한 용량-확장 문제에만 집중하여 만들어진 해결 방법으로, 기존의 구성 방법보다 대략 100배 가량의 파워를 소모한다(대략 열 배의 DIMM당 파워 소모와 시스템에 대략 10배까지 더 많은 DIMM들을 배치할 수 있다고 가정한다).

10 플러싱은 시스템이 식별자를 다 써버릴 때까지 방지되어야 하고, 반드시 재사용되어야 한다. 예를 들어, MIPS R3000과 Alpha 21064의 어드레스 공간 식별자는 최대 64개의 활성 프로세스들과 함께 하는 6비트이다[Digital 1994, Kane과 Heinrich 1992]. 만약 더 많은 프로세스들이 요구되면, TLB와 가상 캐시 플러시를 요청하면서 식별자는 반드시 지속적으로 재할당되어야 한다.

이것들에 플래시 메모리를 이용하여 write 캐싱을 수행한다. 초기에 하이브리드 드라이브들은 모바일 어플리케이션에서만 가능할 것으로 보였다. 이는 하이브리드 드라이브가 스핀-다운 모드를 더 오래 가져갈 수 있다고(write를 수행하기 위해서 스핀 업이 필요하지 않기 때문) 생각했기 때문이다. 이러한 점은 더 많은 파워를 절약할 수 있을 것이고 배터리가 더 오래가는 효과를 가져올 것이다.

메모리 시스템 전체를 대상으로 한다면, 가장 중요한 이슈는 서브시스템 간의 예상할 수 없는 설계 파라미터 사이의 상호작용들을 고려한 최적화라고 할 수 있다.

이 책에서는, 현재의 메모리 시스템 동작을 최적화하고 복잡한 사항들을 이해하기 위해서 반드시 필요한 각각의 개별 동작의 세부 사항들과 분석 도구들에 대해서 배운다. 미래의 메모리 시스템의 설계 공간은 단순히 분석하기가 매우 어려울 것이며, 어떠한 성능지표(에너지 소모, 비용, 신뢰성)가 가장 중요할지 예측해야만 한다. 미래의 메모리 시스템 설계자들은 설계 공간에 대한 탐구를 통해서 메모리 계층구조에 존재하는 모든 서브시스템의 설계 파라미터들의 효과에 대해서 알아보고, 다방면의 설계 표준(성능, 에너지 소모, 비용, 신뢰성, 실시간 동작)을 고려해야 한다.

요약하면, 전체론적인 접근 방법을 통해서 모든 계층구조가 적절하게 고려된 설계를 해야 하는데, 이는 매우 어려운 일이 될 것이다. 여러 가지 중에서, 이것은 전반적인 수준에 걸친 심도 깊은 이해가 필요하다. 이러한 접근 방법이 가능하도록 만드는 것이 바로 이 책에서 우리가 목표로 하는 바이다.

PART

01 캐시

So, we can never reach a Final Understanding of anything because it will change as we develop understanding. If we did reach a Final Understanding, simultaneously the "subject" would have changed, rendering our understanding as past tense … .

— Robert Fripp

MEMORY | SYSTEMS | **CACHE**

캐시의 개요 01

CHAPTER

'look-aside'[Bloom 외 1962] 또는 '종속(slave) 메모리'[Wilkes 1965]라고도 불리는 캐시(cache)는 모든 형태의 저장장치(테이프 드라이브, 디스크 드라이브, 주 기억장치, 네트워크 서버, 심지어 다른 캐시 등)의 접근 속도를 높이기 위해 사용된다. 이는 캐시가 locality of reference(어플리케이션이 한 번 참조된 데이터 혹은 그 인접 데이터를 조만간 다시 참조하는 경향)의 원리를 활용하기 때문이다[Belady 1966, Dening 1970]. 저장장치의 접근 속도를 높이기 위해서 캐시는 해당 저장장치보다 상위 계층에 위치되며, 더 고속의 저장 기술로 구현된다. 고속 저장 기술일수록 더 많은 비트당 비용(bit cost)을 요구하는 경향 때문에 캐시 기술은 하위 저장소보다 더 높은 비트당 비용을 지불하여야 한다. 또한, 캐시가 효과적으로 활용되기 위해서는 어플리케이션의 **작업 집합**(working set, 어플리케이션이 현재 사용하고 있는 명령어 및 데이터의 집합)을 포함할 만큼 충분히 커야 한다[Dening 1967]. 캐시를 사용할 경우, locality of reference로 인해 어플리케이션의 대용량 저장장치로의 접근은 대부분 캐시에서 처리된다. 즉, 대용량 저장장치를 직접 접근하는 비율은 매우 낮아져서, 전체적인 저장장치 접근 시간은 캐시의 접근 시간에 수렴하게 된다. 또한, 캐시는 대용량 저장장치에 비해 높은 에너지 효율을 보이는 것이 또 다른 장점이다.

구현 기술 측면에서 캐시는 상태(state)를 기억하게 할 수 있는 어떤 기술로도 구현이 가능하다. 하드웨어 캐시는 컴퓨터 시스템에서 폭넓게 사용되고(SRAM은 DRAM의 캐시로 사용될 수 있고, 고속 DRAM은 저속 DRAM의 캐시로 사용될 수 있다. DRAM은 디스크의 캐시로 사용될 수 있으며, 디스크는 테이프의 캐시로 사용될 수 있다), 소프트웨어 캐시 역시 다양하게 사용된다(운영체제는 디스크 블록들과 네트워크 어드레스를 캐싱한다. 웹 프록시는 일반적인 웹 기반 문서들을 캐싱한다. 심지어 디스크 드라이브와 같은 하드웨어 장치는 장치 내에 제어 프로세서를 두고 여기서 실행되는 소프트웨어 데이터의 캐시 알고리즘을 이용하여 데이터를 캐싱한다). 또한, 논리적으로 단일 캐시라도 실제로는 여러 개의 분리된 저장장치로 구성될 수 있다. 예를 들어, 대칭적인 다중프로세서 구조에서 최종 단계 캐시(last-level cache)는 물리적으로 여러 프로세서에 분산되어 존재하지만 논리적으로 단일 캐시로 고려하여 관리될 수 있다. 반대로, 단일 캐시로 표현된 일부 캐시 구조는 실제로는 다단계 계층 구조이다[Kim 외 2002]. 즉, 복수의 저장장치들이 단일 캐시로 분류 및 분석될 수 있고, 단일 캐시라도 복수의 독립체들로 분류 및 분석될 수 있다. 따라서 캐시는 필요에 의해(예를 들어, 단일 캐시를 논리적으로 독립적인 파티션(partition)의 집합으로 다루는 Weeler

와 Bershad의 연구[1992]에서는 제안하는 알고리즘의 수행을 가능케 하기 위하여 그렇게 다룸) 또는 편의에 의해(예를 들어, Kim의 NUCA(Non-Uniform Cache Architecture)에서처럼 설명을 간단히 하기 위하여) 선택적으로 구성될 수 있다. 요점은 캐시라는 용어가 다양한 분야에서 사용되고 있고 따라서 많은 의미를 담고 있다는 것이다. 이 책에서는 이 용어에 대한 일부 용법의 옳고 그름을 따지는 것보다 캐시라는 용어가 담고 있는 많은 의미를 포괄할 수 있는 뼈대를 만드는 것이 더욱 의미 있다고 생각한다. 따라서 이 책의 1부에서는 이러한 뼈대를 제시하는 데에 초점을 맞춘다.

캐시는 **투명성**(transparent)을 가질 수 있다. 이는 캐시에게 요청(request)을 보내는 클라이언트(예, 컴퓨터에서 실행되는 어플리케이션)와는 독립적으로 동작하는 것을 의미하고, 따라서 투명성을 가진 캐시는 어떤 데이터를 유지할지를 자체적인 휴리스틱 기법(heuristics, 경험에 기반을 둔 기술)으로 결정한다. 캐시는 또한 클라이언트에 의해 명시적으로(explicitly) 관리되거나(이러한 캐시를 스크래치패드(scratchpad)라고 한다), 투명성을 가진 캐시와 스크래치패드의 조합된 형태가 될 수도 있다. 투명성을 가진 캐시의 예로서 범용 시스템의 프로세서 캐시, 대부분의 분산 파일 시스템의 파일 캐시, 그리고 웹브라우저의 사용자를 '클라이언트'로 두는 거의 대부분의 웹캐시를 들 수 있다. 스크래치패드의 예로는 대부분의 마이크로컨트롤러와 디지털 신호 프로세서(DSP, digital signal processor)에서 흔히 볼 수 있는 레지스터 파일과 '태그(tag)가 없는 SRAM'이 있다. 투명성을 가진 캐시는 클라이언트와 독립적으로 동작한다. 즉, 원본 데이터가 하위 저장소에 보존되어 있는 한, 캐싱된 데이터는 지워지거나 유실되거나 무효화될 수 있다. 스크래치패드는 캐시로의 데이터 이동을 클라이언트가 직접 제어해야 한다. 스크래치패드는 자율적으로 동작하지 않는다. 따라서 데이터의 변경 사항을 하위 저장소에 스스로 갱신하지 않기 때문에 캐싱된 데이터가 유일한 원본 데이터이다.

투명성을 가진 캐시와 스크래치패드의 혼합 캐시(hybrid cache)는 자율적 관리와 클라이언트에 의한 관리를 모두 필요로 한다. 혼합 캐시의 예로 Cheriton의 VMP 다중프로세서 시스템의 소프트웨어에 의해 제어되는 캐시[Cheriton 외 1986, 1988, 1989]와 상업용 다중프로세서에서 많이 사용되는 'snarfing' 캐시가 있다. 혼합 캐시의 또 다른 예로 운영체제의 버퍼 캐시를 들 수 있다. 주 메모리(main memory)의 일부 영역은 버퍼 캐시로 정의될 수 있다. 버퍼 캐시의 관리는 운영체제가 담당하며, 디스크 블록을 저장하는 용도로 사용된다. 버퍼 캐시를 관리하는 소프트웨어는 어플리케이션 소프트웨어와 독립적으로(어플리케이션 소프트웨어에 투명하게) 동작하지만, 운영체제 자체도 버퍼 캐시의 서비스를 받을 수 있다. 즉, 운영체제도 어플리케이션 소프트웨어처럼 버퍼 캐시의 클라이언트가 될 수 있다는 것이다. 이 경우 소프트웨어에 의해 관리되는 캐시 또는 스크래치패드 메모리처럼 캐시의 관리자와 캐시의 클라이언트는 차이가 없게 된다.

캐시 내용을 관리하는 주체가 무엇인지가 중요한 이유는 다음과 같다. 만약 실행 중인 어플리케이션으로부터 작은 양의 데이터가 캐시로 유입된다면, 캐시는 그 입력을 통해 어플리케이션의 의도를 추측해야 한다. 다시 말해, 캐시는 클라이언트(예를 들어, 현재 실행 중인 어플리케이션)의 이후 동작을 예측하여, 어떤 데이터를 보존할 것인지, 해당 데이터를 언제까지 보존할 것인지, 이를 어디에 저장할 것인지, 그리고 이를 언제 제거할 것인지를 결정해야 한다. 따라서 이러한 기능을 구현하는 캐시의 휴리스틱 기법은 매우 중요하다 할 수 있다. 투명성을 가진 캐시에 구조적으로 내장된 휴리스틱 기법은 페치(fetch), 축출(eviction), 대체 전략(replacement strategies)등의 기능을 수행하며, 근본적으로 캐시의 효율성을 결정한다. 반대로, 완전히 클라이언트에 의해 관리되는 캐시는 캐시 기반의 휴리스틱 기법을 전혀 포함하지 않는다. 예를 들어, 하드웨어 기반의 휴리스틱 기법들을 전혀 포함하지 않고 어플리케이션에 의해 관리되는 캐시의 효율성은 전적으로 어플리케이션의 관리 기법에 의해 결정된다.

이로부터 캐시의 세 가지 주요 구성 요소를 도출할 수 있다. 모든 캐시는 구현 방법(하드웨어 또는 소프트웨어), 투명성(자체 관리 또는 클라이언트에 의한 관리), 분산성(분산 구조 또는 일체 구조)과 상관없이 다음의 세 가지 항목으로 특징지어질 수 있다.

- 캐시의 **구성**(organization)은 컨텍스트(context) 기반하에 저장된 데이터의 논리적 배열이라 할 수 있다. 예를 들어, 운영체제의 버퍼 캐시는 저장된 항목들의 마지막으로 참조된 시간을 기반으로 하는 큐(queue)의 배열로 구성될 수 있다(1번 큐는 방금 캐시에 도착한 항목들을 저장하고 2번 큐는 최근에 참조된 항목들을 저장하며, 3번 큐는 한동안 참조되지 않은 항목들을 저장한다). 즉, 캐시는 참조된 시간 순서로 관리되는 캐시 블록군(set of cache blocks)의 배열로 구성될 수 있다.
- **컨텐츠 관리 휴리스틱 기법**(content-management heuristic)은 실행 중 특정 시간에 특정 항목의 캐싱 여부에 대한 결정을 내린다. 이러한 기법은 프로그래머나 컴파일러에 의해 미리 설계 단계에서 구현될 수 있고, 혹은 어플리케이션 소프트웨어의 실행 도중 캐시나 어플리케이션에 의해 결정되는 형태로 구현될 수도 있다. 실행 도중 캐시 내용이 많이 바뀌지 않는다면 정적(static) 휴리스틱 기법이라 할 수 있고, 캐시 내용이 시간에 따라 급격하게 바뀔 경우에는 동적(dynamic) 휴리스틱 기법이라 할 수 있다.
- **일관성 관리 휴리스틱 기법**(consistency-management heuristic)은 어플리케이션 소프트웨어가 받아야 하는 명령어 및 데이터가 실제로 받아온 명령어 및 데이터와 일치하도록 보장하는 기법이다. 캐시 컨텐츠 관리와 마찬가지로, 일관성은 운영체제, 어플리케이션, 또는 캐시 등과 같이 다양한 객체에 의해 관리될 수 있다.

모든 캐시에는 이 세 가지 요소가 어떠한 방식으로든 구현되어 있다. 예를 들어, 간단한 캐시는 단순히 블록들의 배열로 구성 될 수 있다. 아무 데이터도 페치하지 않는 것도 일종의 간단한 컨텐츠 관리 휴리스틱에 해당된다. 이와 유사하게, 일관성 관리 휴리스틱을 갖지 않도록 설계하는 것도 하나의 선택사항이 될 수 있다. 언뜻 보기에 이 메커니즘들은 모두 독립적이다. 즉, 한 요소에 의한 선택이 다른 요소에 대한 선택을 심각하게 제한하지 않는다는 점에서 이 요소들은 상당히 독립적이다. 예를 들어, 설계자는 캐시 크기와 연관성(associativity)을 프리페치(prefetch) 및 나중 쓰기(write-back) 정책과 독립적으로 변경할 수 있다. 또한, 캐시 일관성(coherence) 프로토콜 역시 다른 메커니즘들과 동시에 독립적으로 선택할 수 있다. 그러나 더 깊이 들여다보면 많은 쟁점들이 실제로 깊게 연관되어 있음을 알 수 있다. 한 요소에 대한 결정이 다른 요소들이 해결해야 하는 문제들을 더 쉽게 또는 더 어렵게 만들 수 있다는 것이다. 예를 들어, 가상(virtual) 캐시 구성의 사용은 물리(physical) 캐시에는 존재하지 않는 상당한 문제들을 초래한다(자세한 내용은 4장, 4.2.1절, "가상 캐시 관리"를 참조).

투명성을 가진 프로세서 캐시에 대한 좀 더 깊이 있는 추가 자료를 원하는 독자들은 Hennessy, Patterson [2003]의 저서에 기술된 상세한 설명과 Alan J. Smith의 잘 정리된 조사[1982]를 참조하기를 추천한다. Alan J. Smith의 연구는 오래전에 발표되었지만 오늘날에도 여전히 유효한 결과를 보여준다. 또한, 내장형 메모리 시스템(구체적으로 스크래치패드 메모리)의 하드웨어 및 소프트웨어 기법에 대해 추가 자료를 원하는 독자는 ACM Transactions on Embedded Computing Systems[Jacob & Bhattacharyya, 2002]를 참조하라.

1.1 캐시, '캐시' 그리고 "캐시"

데이터를 다루는 모든 분야는 캐시의 개념을 적용하고 있으며 해당 개념을 기술하기 위해 동일한 용어(캐시)를 사용한다. 예를 들어, 디지털 신호 프로세서(DSP) 커뮤니티에서는 두 개의 피연산자를 동시에 접근하기 위한 이중 SRAM 스크래치패드를 표현하기 위해 캐시라는 용어를 사용한다[Lapsley et al. 1997]. 고성능 컴퓨팅 커뮤니티에서는 소프트웨어에 완전한 투명성을 가지며 소규모 하드웨어 데이터베이스를 닮은 자율적이고 복잡한 프로세서 캐시들을 표현하기 위해 캐시라는 용어를 사용한다. 위의 두 가지 예제는 시스템에 내장된 하드웨어 캐시이다. 또한, 소프트웨어 캐시도 보편적으로 사용되고 있다. 예를 들어, world-wide web은 웹 프록시에서 파일 캐싱을 널리 사용한다[Loutoene & Altis 1994]. 네트워크 라우터는 도메인

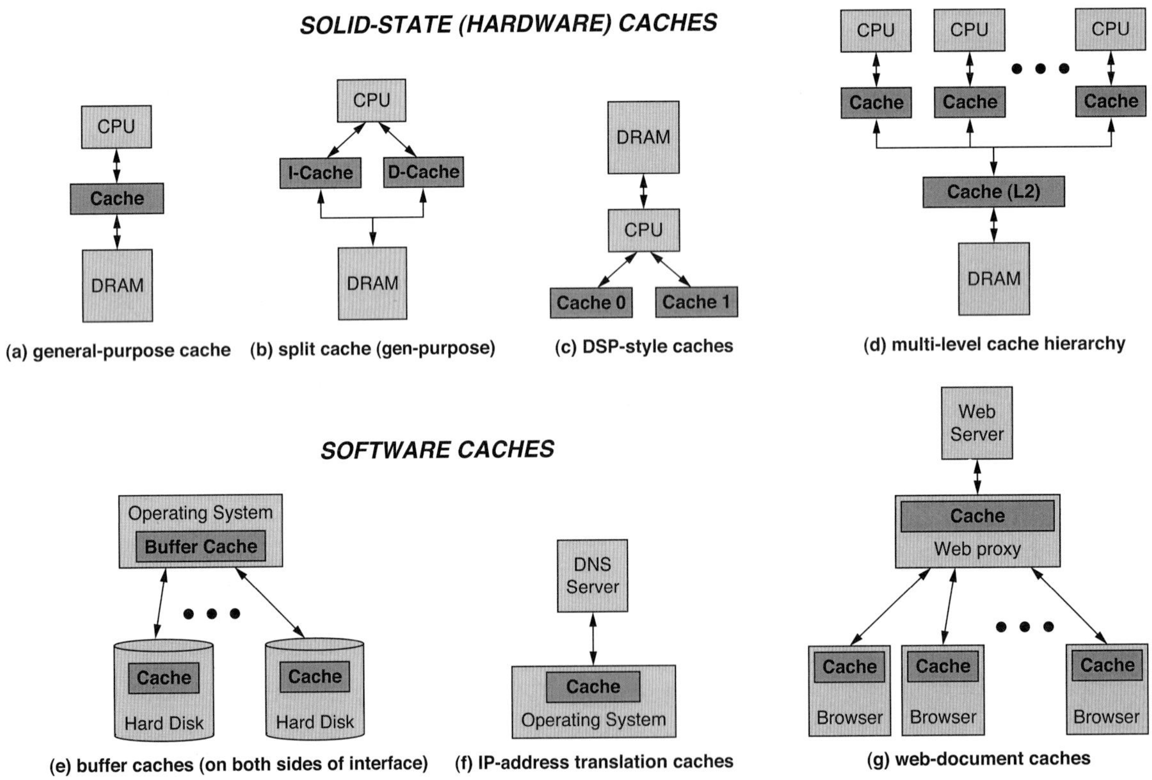

그림 1.1_ 캐시의 예. 캐시는 두 개의 그룹으로 구분된다. 하드웨어 캐시(위)와 소프트웨어 캐시(아래). 소프트웨어 캐시는 일반적으로 주 메모리(DRAM) 또는 디스크에 캐싱된 데이터를 저장한다.

명의 IP 어드레스 변환을 빠르게 하기 위해 도메인 명칭 시스템(DNS, domain, name system) 항목들을 캐싱한다. 운영체제는 디스크 시스템 접근 시간을 줄이기 위해 디스크 데이터를 디스크의 버퍼 캐시(디스크 버퍼의 인메모리(in-memory) 캐시)에 저장한다. 디스크는 또 자체적으로 캐시를 가지고 있다.

그림 1.1에 다양한 캐시들을 나타내었다. 그림 1.1에서 위쪽 그림은 하드웨어 캐시의 여러 구성을 보여주며, 아래쪽 그림은 소프트웨어 캐시의 예제들을 보여준다.

- 그림 1.1(a)는 캐시를 장착한 범용 코어를 나타낸다. 코어에서 실행되는 소프트웨어는 직접적으로 주 메모리(DRAM)에 접근한다고 인식하지만 실제로는 해당 접근 요청이 캐시를 거쳐서 처리된다는 점에서 이 캐시는 투명성을 갖는다. 이를 위해 요청된 데이터가 캐시에 저장되어 있는지를 판단할 수 있도록 캐시가 저장하고 있는 데이터들에 대한 정보가 필요하다.
- 그림 1.1(b)는 논리적 또는 물리적으로 분리된 2개의 파티션으로 나뉘어져 있는 범용 캐시 구성을 나타낸다. 한 파티션은 명령어들만 캐싱하며 다른 파티션은 데이터만을 캐싱한다. 캐시를 나누는 것은 캐시의 성능을 향상시키는 한 방법이다. 예를 들어, 각 파티션에 분리된 버스를 제공하여 캐시로의 버스 대역폭을 2배로 만들 수 있다. 한 파티션을 고정 길이 명령어(fixed-length instructions)에 할당하면 가변 크기 읽기를 지원하지 않아도 되므로 해당 캐시 파티션의 읽기 회로를 단순화할 수 있다.
- 그림 1.1(c)는 대부분의 DSP 구조에서 사용되는 분할 구성 캐시이다. 나중에 더 자세히 다루겠지만 이 캐시는 메모리 공간을 확장하는 구조이다. 또한, 이전의 두 구성(그림 1.1(a)와 (b))과는 달리 소프트웨어에 대해 투명성을 갖지 않는다. 중요한 점은 이 캐시 구성에서 두 파티션 모두 데이터를 캐싱한다는 것이다. 많은 DSP 알고리즘들(예를 들어, 유한 임펄스 응답(FIR, finite impulse response) 필터와 같은 스칼라곱 계산)은 매 클록 사이클마다 2개의 서로 다른 피연산자 데이터들을 페치하는 특성을 가지고 있으며, 그림 1.1(c)의 구성은 이와 같이 높은 데이터 대역폭을 요구하는 DSP 알고리즘들에 적합한 구성이다.
- 그림 1.1(d)는 다중코어를 위한 일반적인 캐시 계층 구조를 보여준다. 각 프로세서 코어는 개별 캐시(private cache)를 가지며 DRAM 이전 단계에 위치하는 최종 단계 캐시(last-level cache)는 모든 코어에 의해 공유된다.
- 그림 1.1(e)는 두 가지 다른 유형의 캐시를 보여준다. 운영체제는 디스크에서 블록들을 페치하여 주 메모리의 일부에 해당하는 버퍼 캐시에 저장한다. 따라서 어플리케이션이 디스크의 파일을 읽고 쓸 때, 이 파일에 대한 입출력 요청들은 디스크 대신 버퍼 캐시에 의해 처리된다. 또한, 최신 디스크는 자체 캐시를 내장하고 있다. 이 캐시는 운영체제에 의해 관리되지 않고 자율적으로 동작한다.
- 그림1.1(f)는 운영체제에 의해 관리되는 또 다른 캐시를 나타낸다. 도메인명을 IP 어드레스로 변경할 때 운영체제는 이미 해당 어드레스 변환이 캐싱되어 있다면, 오랜 시간이 걸리는 DNS 서버에 대한 네트워크 요청을 생략하고 캐싱된 어드레스 변환을 이용할 수 있다. 이와 유사하게, 호스트와 서브넷을 위한 라우팅 정보도 일반적으로 캐싱된다.
- 그림 1.1(g)는 두 가지 다른 유형의 캐시를 나타낸다. 각 웹 브라우저는 일반적으로 다운로드된

웹 문서들을 위한 로컬 캐시를 가지고 있다. 이 문서들은 대개 로컬 디스크에 저장되고 운영체제의 주 메모리의 일부인 버퍼 캐시(그림 1.1(e))에 버퍼링된다. 또한, 특정 웹서버에 전송된 요청은 실제로 해당 웹서버에 도달하지 않을 수도 있다. 대신에 그림 1.1(a), (b), (d)의 투명성을 가진 캐시들처럼 동작하는 웹 프록시가 해당 서버를 대신해서 요청에 응답할 수 있다[Luotonen & Altis 1994].

어드레싱(addressing)은 캐시의 유형을 구분하는 중요한 기준이다. 어떤 캐시들은 데이터의 사본을 저장하는 것이 아니라 데이터 원본 자체를 저장한다. 이들을 **스크래치패드 메모리**라고 하며 주 메모리와 분리된 별도의 메모리 명칭(어드레스) 공간(namespace 혹은 address space)을 갖는다. 프로그램이 스크래치패드를 명시적으로 어드레싱한다는 점에서 스크래치패드는 **투명성을 가지지 않는다**. 데이터는 원본을 훼손하지 않도록 명시적인 이동에 의해 스크래치패드로 옮겨진다. 이 경우, 두 가지의 동일한 버전의 데이터가 존재하며, 스크래치패드 메커니즘은 두 버전의 데이터가 동일한 데이터의 사본이 아니라 상관없는 개별 데이터라고 여기기 때문에 하드웨어는 두 버전의 일관성을 유지할 필요가 없다. 만약 두 버전의 일관성을 유지하려 한다면, 이는 소프트웨어의 몫이다. 반대로, 일반적인 범용 캐시는 주 메모리 시스템과 동일한 메모리 명칭공간을 사용한다. 프로그램이 캐시에 접근하기 위해서는 주 메모리를 어드레싱한다는 점에서 이 캐시는 투명성을 갖는다. 투명성을 갖는 캐시를 사용하는 시스템에서 프로그램은 명시적으로 캐시에 접근하지 않으며 심지어 캐시의 존재 여부를 알 필요도 없다.

그림 1.2는 일반적인 메모리(프로세서 캐시와 태그가 없는 SRAM)를 예로 들어 투명성을 가진 캐시와 스크래치패드 메모리가 각각 마이크로프로세서의 메모리 모델에 어떻게 적용되는지 보여준다. 범용 메모리 모델은 모든 메모리들이 공유하는 단일 명칭공간[1]을 가진다. 이 모델에서는 명칭공간 내 어떤 위치의 어떤 데이터라도 캐시에서 발견될 수 있다. 반면에, 스크래치패드는 직접적으로 캐시를 어드레싱하는 명칭공간을 사용한다. 예를 들어, 그림 1.2의 오른쪽에 있는 DSP 메모리 모델에서는 여러 종류의 시스템 메모리들의 명칭 공간이 주어진 명칭공간 내에서 분리되어 있다. 특정 명칭공간은 특정 메모리에만 대응되며, 투명하게 어드레싱되는 캐시와 달리 스크래치패드의 명칭공간의 임의의 어드레스는 캐싱된 데이터와 메모리에 저장된 데이터 중 하나만 가리킬 수 있다.

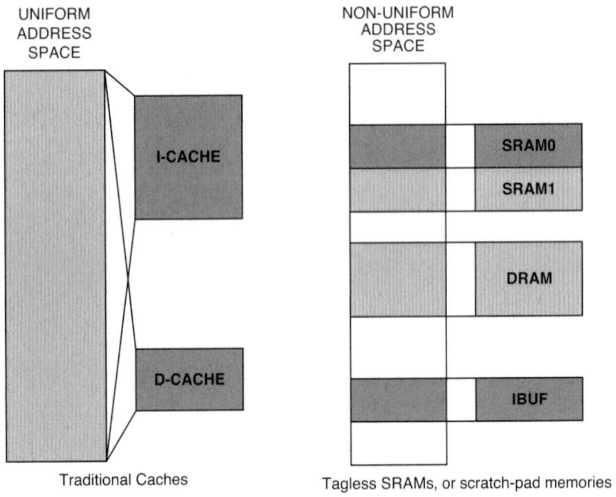

그림 1.2_ 균일 공간 안의 투명성을 가진 캐시 대 비균일 공간의 스크래치패드 SRAM: 메모리 공간 내의 어떠한 데이터라도 캐시에 존재할 수 있다(그래서 '투명성을 갖는'이라고 한다). 반면 스크래치패드 메모리에는 메모리 공간의 특정 항목만 존재할 수 있다.

1 물리적으로 색인된 캐시라고 가정한다.

앞서 언급한 것처럼, 단일 캐시로 표현하거나 복수의 독립적인 캐시의 집합으로 표현하는 것은 전적으로 편의나 필요에 의한 것이다. 예를 들어, 그림 1.1(b)의 캐시들은 단일 캐시로 분류되고 분석될 수 있다. 메모리 계층 구조에서 같은 '계층'에 속하는 복수 개의 캐시(그림 1.1(d)의 L1 캐시들, 그림 1.1(e)의 디스크 캐시들, 또는 그림 1.1(g)의 브라우저 캐시들과 같은)들은 독립적으로 동작하더라도 항상 단일 캐시처럼 분석될 수 있다. 이와 유사하게, 그림 1.1(d), (e)와 (g)에서와 같이 전체 메모리 계층에 걸쳐 있는 캐시들을 단일 그룹으로 묶을 수도 있다. 편의성에 따라 전체 메모리 계층의 캐시들을 메모리와 분리된 단일 개체(entity)로 생각하고 (캐시 간의 계층구조는 고려하면서)분석하는 것이 편할 수도 있다. 반대로, 독립적으로 동작하는 캐시들을 하나로 묶어 단일 캐시처럼 생각하고 분석하는 것이 용이할 경우도 있다. 예를 들어, 그림 1.1(a)와 (f)의 캐시들은 각각 독립적으로 분석된 캐시들의 집합을 나타낸 것으로도 볼 수 있다.

마지막으로, 이와 같이 서로 상이한 메커니즘들을 캐시라는 하나의 용어로 표현하는 것은 타분야에서 개발된 해결책들을 쉽게 이식(cross-pollinate)할 수 있도록 하기 위함이다. 다음 장들에서 자세히 다루어지겠지만, 캐시 정의 형식화의 목표와 요점은 이러한 분석(이식의 가능성에 대한)을 용이하게 해주는 것이다. 우선, 이 장의 남은 부분에서는 여러 유형의 캐시에 공통적으로 적용되는 기본 원리들에 대해 살펴볼 것이다.

1.2 Locality 원리

컴퓨터가 사용되고 연구된 지난 수십 년 동안 컴퓨터 엔지니어들은 프로그램의 수행 패턴(program behavior)을 측정하면서 다음과 같은 현상을 관찰하였다.

- 프로그램들의 메모리 접근 패턴은 무작위(random)가 아니다.
- 메모리 접근 패턴은 시간에 따라 반복되거나 메모리 어드레스 공간상 참조된 데이터와 인접한 데이터를 참조하려는 경향이 있다.

중요한 점은 이러한 경향이 확정된 것이 아니라 단지 관찰된 현상일 뿐이라는 것이다. 즉, 이러한 관찰은 프로그램의 고유한 수행 패턴이라고 주장할 수 없는 단순한 추론이다. 프로그램이 또 다른 수행 패턴을 절대 보이지 않을 것이라고 증명할 수 없는 한, 프로그램의 수행 패턴을 꾸준히 측정하고 관찰해야 하며, 때때로 새로운 수행 패턴을 찾아낼 수도 있다.

이번 장의 개요에서 언급한 것처럼, 예측 가능하고 무작위가 아닌 메모리 접근 패턴을 보이는 현상을 locality of reference이라 한다. 이러한 메모리 접근 패턴이 locality of reference이라 명명[2]되는 이유는 우리가 시간과 공간 측면에서 localized 특성을 보이는 프로그램의 메모리 참조 패턴들을 관찰했기 때문이다.

- 프로그램이 데이터를 한 번 참조하면, 가까운 미래에 그 데이터를 다시 참조하는 경향이 있다.

2 'locality이라는 용어는 Belady[1966]가 제안하고, Denning[1970]이 작업 집합 모델 관점에서 공식화하였다.

- 프로그램이 데이터를 한 번 참조하면, 가까운 미래에 그 데이터에 인접한 데이터들을 참조하는 경향이 있다.

이러한 현상의 첫 번째 경향을 temporal locality이라 하고, 두 번째 경향을 spatial locality이라 한다.

이러한 특징은 다음과 같은 질문을 야기한다. 두 가지 성질 외에 locality를 특징할 또 다른 성질은 없을까? 이에 대한 대답은 'temporal' 그리고 'spatial'이라는 두 성질은 완벽함을 의미할 정도로 적절한 선택이라는 것이다. 이러한 대답이 잘못된 것이라고 생각하는 독자들에게는 놀랍겠지만, 또 다른 locality에 대한 인자를 찾아내기 쉽지 않을 정도로 시간과 공간이라는 성질은 대부분의 가능성을 아우른다.

프로그램들이 보여주는 이 locality의 현상들은 단지 관찰된 것일 뿐임을 기억할 필요가 있다. 이 현상은 프로그램들에 내재된 것이 아니며, 특정 프로그램에 요구되는 성질도 아니다. 또한 이 현상이 이 세상 모든 프로그램의 특성을 정확히 표현한 것도 아니다. 이는 단지 관찰된 대부분의 프로그램에서 나타나는 행동 패턴의 경향을 의미하는 것일 뿐이다. 최근에도 컴퓨터 공학자들은 새로운 유형의 현상의 관찰을 위해 노력하고 있다.

지난 십년간, 컴퓨터 그래픽 알고리즘들 및 컴퓨터 시뮬레이션, 회로 에뮬레이션, HDL 코드 해석[3] 등과 같은 다른 응용 분야의 알고리즘들이 광범위하게 사용됨에 따라 또 다른 범주의 프로그램 행동 패턴이 발견되고 있다. 이러한 프로그램들은 일반적으로 동적 데이터 구조를 활용하고 동일한 데이터를 동일한 순서로 반복 접근한다. 따라서 이 프로그램들의 행동 패턴은 본질적으로 예측 가능하다. 그러나 동일한 데이터를 참조하는 두 번의 접근간의 시간 간격은 크며(따라서, 해당 프로그램에서 temporal locality는 크게 중요해 보이지 않는다), 데이터 객체들은 일반적으로 메모리 공간에서 서로 인접해 있지 않다(따라서, 해당 프로그램에서 spatial locality는 크게 중요해 보이지 않는다). locality의 정의에 따르면, 이 프로그램들은 locality를 별로 보이지 않지만[4] 그럼에도 불구하고 규칙적이고 예측 가능하며 활용 가능한 행동 패턴을 보인다. 우리가 시간과 공간으로 모든 것을 다루려하기 때문에 이러한 유형의 행동 패턴을 활용하는 것은 쉽지 않다. 따라서 이러한 행동 패턴이 존재한다는 사실을 간과하기 쉽다. 그러나 이러한 프로그램의 행동 패턴은 명백하게 존재하며, 이 책에서는 이러한 행동 패턴을 algorithmic locality이라 부르기로 한다. 다음 절에서 이러한 현상들을 더 자세히 다루기로 한다.

1.2.1 Temporal Locality

Temporal locality는 프로그램의 실행 과정 중에 데이터 항목들을 반복적으로 사용하는 프로그램 의 행동 경향이다. 이는 캐시의 근본적인 원리로 적절한 데이터 관리 휴리스틱 기법에 대한 명확한 방향성을 제시한다. 어떤 프로그램이 특정 명령어 또는 특정 데이터 변수를 사용할 경우, 그 프로그램이 이러한 명령어

---

3 HDL(hardware description language)은 컴퓨터 회로와 시스템의 사양 및 설계에 주로 사용되는 Verilog나 VHDL 등과 같은 하드웨어 기술 언어이다.

4 이것을 바라보는 또 다른 시각에서는, 프로그램이 너무 큰 스케일에서 temporal/spatial locality를 보이는 것은 아무런 의미가 없다고 한다.

또는 데이터를 가까운 미래에 다시 원할 경우를 대비하여 사용된 명령어 또는 데이터를 가까이 두는 것이 좋은 생각일 것이다.

Temporal locality를 활용하는 데이터 관리 정책 또는 휴리스틱 기법들 중 하나는 **요구페치**(demand-fetch)이다. 이 정책은 프로그램이 명령어 또는 데이터 항목을 요구(참조)할 때, 캐시 하드웨어 또는 소프트웨어가 주 메모리로부터 그 항목을 페치하고 캐시에서 유지하도록 한다. 이 정책은 하드웨어로 쉽게 구현될 수 있다. 주 메모리에서 프로세서 코어로 어떤 데이터(명령어 또는 프로그램 변수와 상수들)를 가져오면 그 데이터의 사본은 캐시에 저장된다. 따라서 프로세서는 특정 데이터 항목을 주 메모리에서 찾기 전에 캐시에 사본이 존재하는지를 먼저 검사해야 한다.

Temporal locality를 활용할 때 고려해야 하는 유일한 제약은 캐시의 크기이다. 캐시가 충분히 크다면, 어떤 데이터 항목도 **저장소**(backing store)로부터 한 번 이상 페치될 필요가 없다. 저장소는 캐시보다 하위에 존재하는 저장 계층을 의미하는 용어로서 주 메모리, 디스크 시스템, 또는 다른 캐시 계층일 수도 있다는 것을 유념하자. 이 용어는 전체적으로 캐시 계층의 하위에 존재하는 메모리 계층 구조의 나머지 부분을 의미할 수도 있다.

1.2.2 Spatial Locality

Spatial locality는 연관된 객체들을 메모리 공간에 함께 모아놓는 프로그래머와 컴파일러의 경향에서 비롯된다. 프로그램들은 사람과 유사한 방식으로 연관된 데이터 항목들을 잇따라 참조하는 경향이 있기 때문에, 짧은 시간 구간 안에서의 메모리 참조들은 메모리 공간 안에 무리지어 있는 경향이 있다. 이 행동의 고전적인 예제는 배열의 요소들이 순차적으로 처리되는 배열 처리이다(요소 *i*와 *i*+1은 메모리 공간에서 인접하고, 요소 *i*+1은 요소 *i*가 처리된 직후에 바로 처리된다).

Temporal locality처럼 spatial locality 역시 명백한 데이터 관리 정책으로 이어지며, spatial locality에 대한 이 정책은 일반적으로 **미리보기**(lookahead)라고 불린다. 이 정책에서는 명령어 *i*(또는 데이터 항목 *i*)가 프로그램에 의해 요청될 때, 해당 데이터가 프로세서 코어로 옮겨지며 명령어 *i*+1(또는 데이터 항목 *i*+1) 또한 같이 옮겨진다. 이 정책의 가장 간단한 형태는 단일 데이터 항목보다 더 큰 크기의 캐시 블록이라 불리는 원자적 단위(atomic unit)들로 캐시를 구성하는 것이다. 캐시 블록의 크기는 데이터 접근 단위를 의미하므로 신중하게 결정해야 한다. 예를 들어, 기본 데이터 단위가 4바이트 워드인 프로세서는 4개의 데이터 워드를 포함하는 16바이트 캐시 블록 또는 8개의 데이터 워드를 포함하는 32바이트 캐시 블록을 사용할 수 있다. 캐시 블록은 원자적(캐시와 메모리 간의 데이터 교환 단위임을 의미하며, 따라서 모든 읽기 또는 쓰기 시 일정한 양의 데이터가 이동된다[5]이기 때문에, 프로그램이 단일 데이터 항목을 요청하면 메모리로부터 해당 데이터 항목의 인접 데이터 항목들도 함께 페치된다.

---

5 그러나, 언제나 예외는 있다(3.1절의 "투명성을 가진 (프로세서)캐시(transparent (processor) cache)를 위한 다른 정책과 전략들"을 참조).

단일 데이터 워드보다 큰 크기의 캐시 블록을 사용하는 것은 매우 효과적이고 구현이 간단한 반면, spatial locality를 소극적 형태로 활용한다고 생각할 수 있다. spatial locality를 활용하는 또 다른 효과적인 방법은 프리페칭(prefetching)이며, 캐시 블록 크기 조정에 비해 적극적으로 spatial locality를 활용한다. 프리페칭은 프로그램에 의해 명령어 또는 데이터 항목이 요청될 때 요청된 캐시 블록보다 더 많은 데이터를 메모리에서 페치하는 메커니즘으로, 하드웨어, 소프트웨어 또는 하드웨어 및 소프트웨어의 조합으로 구현될 수 있다. 어떤 프리페치 알고리즘은 어떤 캐시 블록(들)이 다음에 사용될 것인지를 예측하기 위해 요청된 메모리 어드레스들의 최근 이력(history)을 이용한다. 한 블록 미리보기(one-block lookahead) 프리페칭은 명백하게 하드웨어 프리페치 알고리즘이며 캐시 블록 크기 조정을 간단하게 확장한 기술이다. 다음 배열 요소를 페치하는 것은 명백하게 소프트웨어 알고리즘이다. 이는 각 데이터 요소의 크기 정보를 필요로 하기 때문에 하드웨어에서 수행될 수 없기 때문이다. 이외에도 훨씬 더 정교한 프리페칭 알고리즘들이 연구되고 있다.

프로그램 행동 패턴과 알고리즘의 예측 정확성은 spatial locality 활용에 있어 한계로 작용한다. 프로그램이 명령어와 데이터를 순차적으로 접근하는 경향이 있다면 간단한 알고리즘으로 캐시의 성능을 상당 수준 향상시킬 수 있다. 만약 프로그램의 행동 패턴이 복잡하다면(예를 들어, 프로그램이 캐시 블록을 비순차적으로 접근하고 이러한 행동이 예측가능하다면), 정적 알고리즘은 프로그램 행동 패턴에 적응하지 못하여 성능 향상을 기대할 수 없을 것이다. 이러한 경우, 보다 정교한 프리페칭 알고리즘이 프로그램 행동 패턴을 추적하여 다음에 페치될 블록을 정확하게 예측할 수도 있을 것이다.

1.2.3 Algorithmic Locality

마지막으로 논의할 내용은 algorithmic locality이다. algorithmic locality는 프로그램이 메모리 공간에 광범위하게 분포된 코드 블록들을 반복적으로 실행할 때(또는 데이터 항목들을 반복적으로 접근할 때) 발생한다. 이러한 프로그램에 의해 참조되는 데이터 항목들이 인접하지 않기 때문에 행동 패턴은 예측 가능하지만, 접근 단위 조정 또는 간단한 미리보기 프리페칭 메커니즘들로는 유용하게 활용할 수 없다. 또한, 사용되는 데이터와 코드의 크기도 일반적으로 매우 크기 때문에 캐시 크기를 단순하게 2배 또는 3배로 증가시키는 것만으로 이 성질을 유용하게 활용하기는 쉽지 않다.

Algorithmic locality를 보이는 많은 어플리케이션은 동적 데이터 구조에 저장된 매우 큰 데이터 집합에 대해 반복된 연산을 수행하며, 이 동적 데이터 구조는 짧은 시간 동안에는 형태가 급격하게 바뀌지 않는다. 이러한 어플리케이션에는 그래픽 처리, 컴퓨터 시뮬레이션, 회로 에뮬레이션, 그리고 다양한 형태의 HDL 처리(해석, 합성, 검증, 규칙 검사 등) 등이 있다.

3D 컴퓨터 그래픽 처리에 있어 렌더링되는 물체의 형태를 표현하는 대규모 동적 데이터 구조를 반복적으로 탐색하는 다수의 프로그램 스텝들로 수행된다. 한 가지 예로 Z-버퍼 알고리즘을 들 수 있다. 이 알고리즘에서는 3D 장면(scene)에서의 각 객체의 깊이(depth)를 해당 장면의 2차원 이미지를 그리기 위해 사용된다.

```
for each polygon P in scene {
  for each pixel p in P {
    if (depth of p at i,j < image[i,j].depth) {
      image[i,j].color = p.color
      image[i,j].depth = depth of p at i,j
    }
  }
}
```

이 알고리즘은 폴리곤들의 리스트(list)를 탐색하며 각 폴리곤에 대해 계산을 수행한다. 장면을 묘사함에 있어 더 많은 수의 폴리곤들의 메시로 그려질수록, 렌더링된 장면은 더욱 실감나게 보인다. 따라서 실제로 폴리곤의 개수는 많고, 폴리곤당 픽셀(pixel)의 개수는 작은 경향이 나타나고 있다.

또한, 이 알고리즘은 비디오의 각 프레임마다 폴리곤 리스트를 탐색해야 한다. 이 폴리곤 리스트는 일반적으로 정적 배열이 아니라 연결 리스트(linked list)와 같은 동적 데이터 구조이다. 따라서 폴리곤 리스트의 각 폴리곤이 메모리상의 특정 위치에 연속적으로 배치되는 것을 보장할 수 없기 때문에 이 알고리즘이 spatial locality를 보여줄 것으로 기대하기는 어렵다. 또한, 폴리곤 리스트가 크기 때문에 임의의 폴리곤이 다시 참조되기까지 긴 시간이 소요되므로, 이 알고리즘은 temporal locality 역시 보여주지 않을 것이다. 대신에 이 알고리즘은 메모리 접근 패턴 관점에서는 잘 예측될 수 있다. 그래픽 코프로세서가 컴퓨팅 산업에 커다란 영향을 미칠 수 있는 이유도 이러한 예측 가능성 때문이다.

이 예측 가능성은 활용 가능하다는 점에서 확실히 locality의 한 유형을 나타내며 알고리즘의 행동으로부터 발생한 것이다(따라서, algorithmic locality이라 불린다). algorithmic locality를 활용하기 위해서는 알고리즘의 행동을 이해해야 한다. 그리고 이 행동은 프로그램 실행 중에 프로그램의 행동을 관찰하고 이에 적응하는 실행 시점 메커니즘(run-time mechanism)으로 최적화가 가능하다. 또는 설계 단계에서 컴파일러나 프로그래머에 의해 삽입된 상대적으로 간단한 프리페칭 코드로도 최적화될 수 있다. 예를 들어, 알고리즘은 폴리곤을 실제로 처리하기 전에 프로세서 코어로 프리페치하도록 다음과 같이 수정될 수 있다(주요 수정 사항은 굵은 글씨로 되어 있으며 폴리곤들은 연결 리스트 형태로 구성된다).

```
for each polygon P in scene {
  prefetch P.next
  for each pixel p in P {
    if (depth of p at i,j < image[i,j].depth) {
      image[i,j].color = p.color
      image[i,j].depth = depth of p at i,j
    }
  }
}
```

이 예제는 매우 간단하지만 또한 매우 명확하다(프리페치에 대한 더 자세한 논의는 3장, 3.1.2절의 "온라인 프리페치 휴리스틱 기법"과 3.2.2절의 "오프라인 프리페치 휴리스틱 기법"을 참조). algorithmic locality를 활용하는 것은 알고리즘 개발자 또는 하드웨어 설계자에 달려 있다. 예를 들어, 더 정교한 소프트웨어 알고리즘들은 두 개 이상의 폴리곤을 미리 프리페치할 수 있으며, 더 큰 프리페치 버퍼는 페치된 데이터를 더 많이 수용할 수 있다. 두 가지 방법 모두 알고리즘이 매우 긴 메모리 지연 시간을 극복할 수 있도록 하는 기술들이다.

1.2.4 지리적 locality? 인구 통계학적 locality?

나중에 더 자세히 논의하겠지만, 설계자들은 캐시의 성능(뿐만 아니라 전력 소모, 예측 가능성 등)을 지속적으로 개선하기 위해 노력하고 있으며, 종종 분할 정복(divide-and-conquer) 방식의 분류를 통해서 이루어진다.

1. 어플리케이션 및 알고리즘들을 행동 패턴에 따라 분류한다. 또한 인지 가능한 참조 패턴을 나타내는 데이터 유형들을 분류한다.
2. 분류에 활용된(예측 가능한) 행동 패턴들을 활용하여 캐시의 성능을 높인다.

이러한 분류 방식은 locality의 원칙에 매우 잘 적용된다. 예를 들어, 요구 페치 캐시는 temporal locality를 활용한다. 큰 블록 크기 또는 간단한 프리페치 기법은 spatial locality를 활용한다. 그리고 소프트웨어에 의한 프리페치 기법과 동적 패턴 인지를 사용하는 하드웨어 프리페치 기법은 algorithmic locality를 활용한다. 캐싱으로부터 이익을 얻을 수 있는 새로운 어플리케이션들이 등장하면, 새로운 형태의 행동들이 관찰되고 그 행동을 활용하는 새로운 메커니즘들이 사용된다. 웹 캐싱(그리고 일반적인 의미의 내용 전달)은 완전히 다른 새로운 형태의 행동을 보여주는 한 예제이다. 어떤 지역들 또는 그 지역들 내의 인구통계학적으로 유의미한 다수의 사람들이 인지 가능하고 활용 가능한 행동 패턴을 보여줄 수도 있다. 예를 들어, 슈퍼볼 선데이(Superbowl Sunday)에 북미의 네트워크 트래픽과 브라우저 지연시간을 향상시켜야 하는 프록시 캐시의 프리페치 휴리스틱 기법을 생각해보자. 행동의 원인을 고려하지 않고 이러한 문제를 생각한다면(내용 전달(content-delivery) 시스템을 최적화할 때 temporal locality와 spatial locality의 관점에서만 데이터 트래픽을 처리하고 트래픽을 유발하는 사람들의 정보를 무시한다면) 결코 최선의 결과를 도출할 수 없다.

1.3 무엇을 캐시하고, 어디에 두고, 어떻게 유지시키는가

그림 1.3에서 나타낸 바와 같이, 5가지의 독립적인 요소가 캐시 설계를 구성한다. 이 5가지 요소는 (1) 무엇을 캐시에 위치시킬 것인가에 대한 결정, (2) 프로그래머, 컴파일러, 실행 중인 어플리케이션, 운영체제, 또는 캐시 자체에 의해 동적 또는 정적으로 수행되는 컨텐츠 관리 휴리스틱 기법, (3) 캐싱된 데이터를 캐시의 물리적 공간과 또는 논리적 배치(캐시의 논리적 구성) 내의 어디에 그리고 어떻게 저장할 것인지에 대한 결정, (4) 그리고 캐시(임의의 실행 중인 소프트웨어와 함께)가 캐시에 저장된 데이터의 일관성을 보

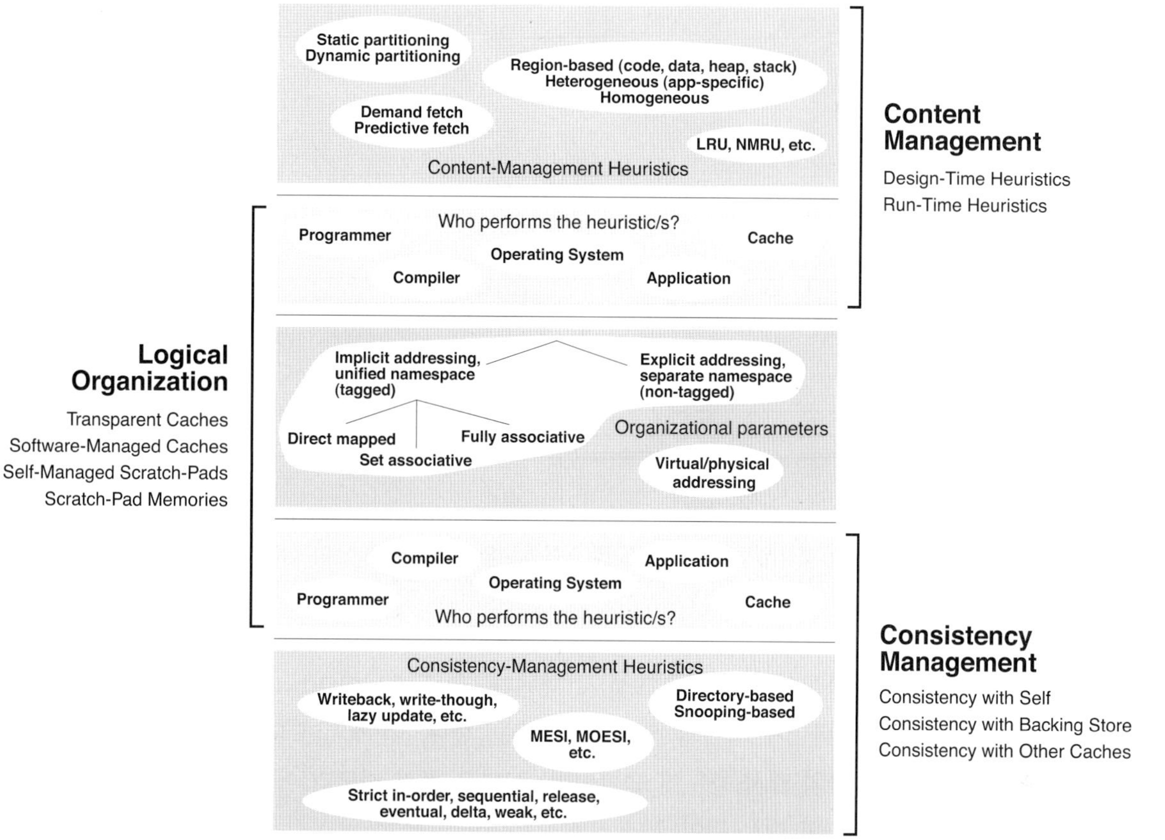

그림 1.3_ 캐시 설계를 위해 선택할 수 있는 독립 설계 요소들. 캐시가 소프트웨어 기반이든 하드웨어 기반이든지 간에, 단일 논리 저장소의 구성과 하나 이상의 컨텐츠 관리 휴리스틱 기법, 하나 이상의 일관성 관리 휴리스틱 기법을 갖는다.

장하기 위한 메커니즘, (5) 어플리케이션 코드, 운영체제 또는 캐시를 포함하는 여러 개체들이 수행할 수 있는 휴리스틱 기법이다. 즉, 캐시는 기본적으로 임의의 논리적 구조와 임의의 관리 휴리스틱 기법들을 조합하여 구성하는 것이다.

이 절에서는 이 책의 2장, 3장, 4장의 기반이 되는 내용을 다룬다. 그리고 그림 1.3에서 나타나는 3가지 주요 쟁점(논리적 구조, 컨텐츠 관리, 일관성 관리)을 개요 수준에서 논의하며, 각 쟁점에 대해 자세한 논의는 다음 3개의 장에서 다루어질 것이다.

1.3.1 논리적 구조의 기초: 블록, 태그, 집합

캐시는 저장소로부터 오는 데이터 덩어리(캐시 블록 또는 캐시 라인으로 불린다)들을 저장한다. 이러한 블록 기반 배치는 저장소를 캐시 블록 크기와 동일한 크기의 덩어리들로 논리적 분할을 의미한다. 이로 인해 블록 ID라는 특정 블록을 식별하는 간단하고 효과적인 수단을 사용한다. 그림 1.4는 32비트의 바이트 수준의 참조가 가능한(byte-addressable) 주 메모리 어드레스를 나타내며, 이 비트 벡터(bit vector)는 2개의 요소

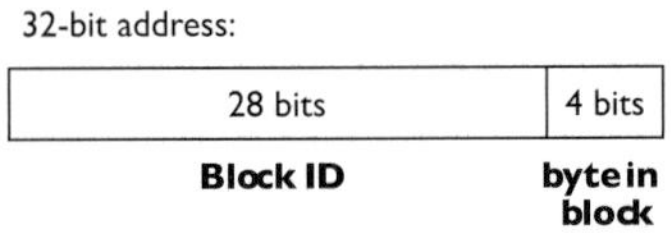

그림 1.4_ 32비트 어드레스

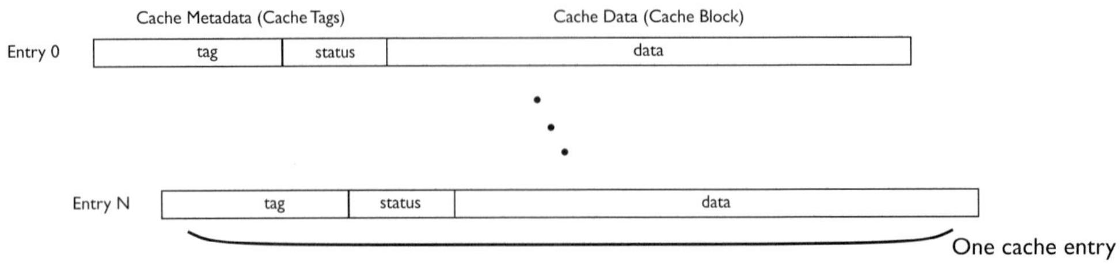

그림 1.5_ 캐시의 기본 구조. 하나의 캐시는 캐시의 메타데이터(즉 태그)와 캐시의 데이터로 크게 두 부분으로 나뉜다. 각 데이터 엔트리를 캐시 라인 또는 캐시 블록이라 하며, 태그 엔트리 하나는 데이터 항목 하나의 컨텐츠를 나타낸다. 상태 정보는 유효 비트를 포함한다.

(캐시 블록 ID와 해당 캐시 블록의 바이트 오프셋)로 나뉜다. '블록 내 바이트(byte in block)'는 4비트임을 유념하자. 따라서 이 예제는 16바이트 크기의 캐시 블록에 해당한다. 이 캐시가 디스크의 캐시로 사용된다면 복수의 디스크 블록들이 하나의 캐시 블록에 포함되며, 32비트 물리 메모리 어드레스가 디스크 블록 번호로 바뀌어야 하는 점만 제외하고 다를 것이 없다.

캐시는 일반적으로 저장소보다 훨씬 작기 때문에 일부 특정 요청 데이터가 캐시에 존재하지 않을 확률이 있다. 따라서 특정 데이터가 캐시에 존재하는지를 나타내주는 메커니즘이 필요하고, **캐시 태그**(cache tag)들이 이에 해당된다. 블록 ID의 집합인 태그들은 캐시 내 유효 엔트리들의 목록을 구성하며, 데이터 항목당 하나의 태그가 부여된다. 그림 1.5는 데이터 엔트리와 캐시 태그로 구성된 캐시 엔트리(cache entry)의 구조를 보여주며, 캐시 엔트리들의 집합이 캐시이다[Smith 1982]. 이 구조는 임의의 형태를 취할 수 있다. 즉, 하드웨어 기반의 배열(SRAM 구현)로 구현될 수도 있고 또는 캐시가 소프트웨어에 구현된다면 이진 탐색 트리 또는 짧은 연결 리스트가 될 수 있다.

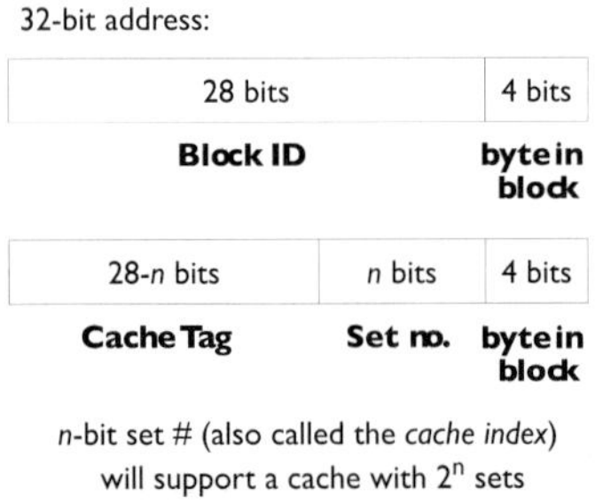

그림 1.6_ 어드레스에 대한 다른 해석

캐시가 단일 블록으로 구성된다면 그 캐시의 구조는 상대적으로 간단할 것이다. 즉, 데이터가 들어오면 이전에 단일 블록에 있던 데이터를 대체하기만 하면 된다. 그러나 캐시가 복수의 블록으로 구성된다면 그 캐시의 구조는 "두 번째 블록은 어디에 위치되어야 하는가?"에 대한 쟁점을 야기한다. 이는 특정 블록 ID에 해당하는 데이터는 특정 시점에 하나의 캐시 엔트리에서 발견될 수 있지만, 해당 데이터를 어떤 캐시 엔트리에 저장할지에 대해서는 선택의 여지가 있기 때문이다. 이 절에서는 설명을 보다 용이하게 하기 위해, 앞으로 사용될 그림에서는 가로축과 세로축의 개념을 이용하도록 한다. 앞으로의 그림에서 행(rows)은 캐시 셋(cache set)이라 불리는 등가클래스(equivalence classes)들의 그룹을 의미한다. 그림 1.6

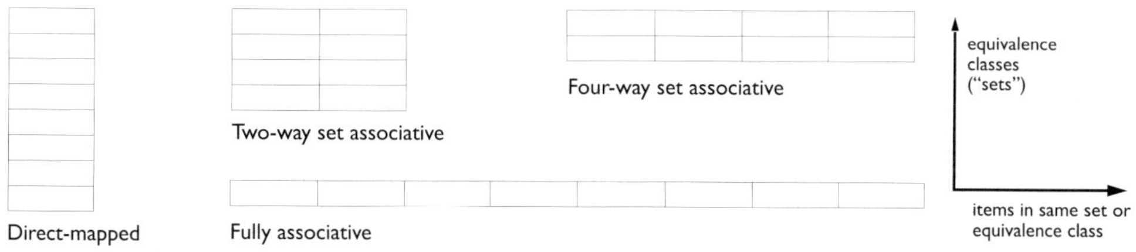

그림 1.7_ 8개의 블록을 갖는 네 가지 캐시 구조. 각 블록은 직접 사상 구조, 완전 연관 구조, 또는 서로 다른 집합 연관 구조 두 개로 구성된다.

에서 나타낸 바와 같이 특정 데이터 덩어리가 저장될 유일한 캐시 셋은 일반적으로 해당 블록 ID의 하위 비트에 의해 결정하는 방법이 일반적으로 사용된다. 저장할 캐시 셋이 결정되면, 데이터 덩어리는 해당 캐시 셋 내의 임의의 블록에 배치될 수 있다.

이로부터 직접 사상(direct mapped), 완전 연관(fully associative), 집합 연관(set associative)의 3가지 다른 캐시 구조가 파생된다. 직접 사상 캐시는 각 캐시 셋 내에 단일 블록만을 저장하는 구조를 갖는다. 즉, 각 블록이 하나의 등가클래스를 구성한다. 완전 연관 캐시(컨텐츠 어드레스화(content-addressable) 메모리라고도 하는)는 모든 블록들을 포함하는 하나의 캐시 셋만을 갖는다. 따라서 캐시의 모든 블록들은 같은 등가 클래스에 속한다. 집합 연관 캐시는 직접 사상과 완전 연관을 절충한 구조이다. 집합 연관 캐시는 두 개 이상의 캐시 셋을 가지고(만약 캐시 셋이 하나라면, 그 캐시는 완전 연관 구조이다), 각각의 캐시 셋은 두 개 이상의 블록을 등가클래스로 가진다(만약 단일 블록이라면, 그 캐시는 직접 사상 구조이다). 그림 1.7에서 8개의 블록을 가지는 캐시를 이용하여 이 세 가지 캐시 구조를 보여준다.

1.3.2 컨텐츠 관리: 캐싱할 것인가 말 것인가

어플리케이션이 실행되는 동안, 어플리케이션은 메모리(혹은 좀 더 일반적으로 저장소)를 연속적으로 참조하며, 각각의 참조된 데이터는 캐싱될 수 있다. 컨텐츠 관리 솔루션의 목적은 어떤 메모리 참조 데이터가 캐싱되는 것이 가장 좋은지를 결정하고 어플리케이션이 다시 참조를 요청할 경우, 해당 참조 데이터가 캐시에 존재하도록 노력하는 것이다. 동시에, 컨텐츠 관리 솔루션은 현재 캐싱되어 있는 항목들 중에 아직 캐싱되지 않은 더 중요한 데이터의 공간 확보를 위해 어떤 항목이 버려져야 하는지(eviction)를 결정한다. 최적의 캐시 컨텐츠 관리 알고리즘은 미래를 예측하여, 무엇이 필요할지를 결정하고, 캐시의 용량과 구성을 최적으로 이용하여 모든 중요한 데이터가 필요한 순간에 캐시에 있도록 하는 것이다. 이는 디스크 블록 대체(block replacement)를 위한 Belady의 MIN 알고리즘[Belady 1966]과 유사하다. 두 기법 모두 최적의 성능을 보장하기 위해 미래의 정보를 알고 있다는 이상적인 경우를 전제로 한다.

이상적인 가정을 배제하면, 불완전한 정보를 활용하여 최적의 접근 방식에 근접할 수 있는 휴리스틱 기법들이 차선책으로 고려된다. 이러한 휴리스틱 기법들은 데이터 항목에 관련된 정보들을 활용하여 목적을 달성하려 한다. 예를 들어, 누가 해당 데이터를 사용하는지, 해당 데이터가 어떻게 사용되는지, 그 데이터가 얼마나 중요한지, 그리고 그 데이터 항목이 어플리케이션 실행 중 어느 시점에서 고려되는지 등에 대한 정보가 활용될 수 있다. 이러한 정보들을 바탕으로, 휴리스틱 기법은 각 항목의 캐싱 여부를 결정한다. 이 결정은 다양한 시점에서 다양한 개체에 의해 내려질 수 있다는 것을 유념하자. 결정 시점은 상대적으로 이른 시점일 수도 있고(예를 들어, 프로그래머가 어플리케이션 코드를 작성하고 컴파일할 때), 또는 상대적으로 늦은 시점일 수도 있다(예를 들어, 어플리케이션 코드가 실행되는 동안). 이 결정은 프로그래머, 컴파일러, 운영체제, 어플리케이션 코드, 또는 캐시에 의해 내려질 수 있다. 또한, 어떤 결정은 본질적으로 **예측적**이고(예를 들어, 컴파일러에 내장된 설계 단계 휴리스틱 기법은 특정 참조가 캐시에서 반드시 발견될 수 있도록 하기 위해, 프리페치가 미리 수행되도록 한다), 다른 어떤 방법들은 본질적으로 **반응적**이다(예를 들어, 캐시의 실행 시점 휴리스틱 기법은 요청된 항목이 중요하다고 판단할 경우, 해당 항목이 저장소로부터 일단 페치되면 캐시에 계속 보존되도록 한다).

컨텐츠 관리 솔루션의 역할을 고려할 때 중요한 점은 컨텐츠 관리 휴리스틱 기법이 캐싱하기로 결정한 항목을 실제로 캐싱되도록 최종 결정하는 것은 캐시의 논리적 구조라는 것이다. 논리적 구조는 어떻게 그리고 어디에 캐싱된 데이터가 저장될지를 정의한다. 만약 휴리스틱 기법이 논리적 구조상 동시에 저장할 수 없는 두 항목을 캐싱하도록 결정한다면, 둘 중 하나는 캐싱될 수 없다. 예를 들어, 어떤 휴리스틱 기법에 의해 중요하다고 판단된 두 항목들이 연속적으로 참조되는 상황을 고려해보자. 그리고 이 두 항목들은 캐시의 동일한 셋에 할당되도록 저장소의 명칭공간에 위치한다고 가정해보자(캐시의 크기가 1MB 이하이고 두 항목이 어드레스 공간에서 정확히 1MB 떨어져 있다면 이러한 상황이 발생할 수 있다). 이때, 캐시가 집합 연관이 아니라면(각 캐시 셋은 하나의 데이터 항목만을 가질 수 있다), 이 캐시는 이 항목들 중 한 항목만을 저장할 수 있고 따라서 휴리스틱 기법의 결정과는 상관없이 두 번째 참조는 첫 번째 참조된 데이터 항목을 내쫓을 것이다.

1.3.3 일관성 관리: 그 책임

일관성 관리는 다음 세 가지 주요 의무를 갖는다.

1. 캐시가 자체적으로 일관성을 유지할 것
2. 캐시와 저장소가 서로간의 일관성을 유지할 것
3. 캐시와 다른 캐시들이 서로 간의 일관성을 유지할 것

많은 경우에 이 목표들은 간단히 달성될 수 있지만, 대부분의 경우 논리적 구조의 선택에 따라 이 목표 달성이 매우 복잡해질 수 있다.

캐시 스스로 일관성을 갖도록 하라

단일 항목의 두 사본이 항상 동일한 값을 갖도록 보장할 수 없다면, 두 사본이 캐시의 다른 위치에 절대 존재하면 안 된다. 일반적으로, 캐시가 물리적으로 색인되고 태깅된다면 이런 문제는 발생하지 않는다.

많은 운영체제들은 전혀 관련이 없는 두개의 가상 어드레스들을 동일한 물리 어드레스에 매핑하는데, 이는 시노님(synonym) 문제를 야기한다. 시노님 문제는 중요하므로 4장에서 더 자세히 논의할 것이다. 시노님은 하나의 물리적 데이터를 가상으로 색인되는(virtually indexed) 두 개의 다른 캐시 셋들에 동시에 저장하게 함으로써 문제가 발생하는데, 이 사본들 중 하나가 갱신되면 곧바로 비일관성이 발생한다. 캐시 셋들이 물리 어드레스(데이터를 고유하게 식별하는 저장소에 대응되는 어드레스)를 사용하여 참조되는 경우에는 아무런 문제가 없다.

저장소에 상응하는 태그를 사용하는 것은 또 다른 문제를 해결할 수 있다. 어떤 메커니즘이 두 시노님이 캐시의 동일한 셋에 매핑되도록 보장할지라도, 캐시가 집합 연관이고 두 캐시 블록이 저장소에서 가져온 ID로 태깅되지 않는다면 캐시가 두 개의 다른 사본을 가지고 있을 수 있다. 예를 들어, 캐시가 가상 태그를 사용한다면 또는 캐시 셋에 포함된 블록들이 고유 태그를 갖고 있지 않다면, 비일관성이 발생할 수 있다.

캐시가 저장소와 일관성을 갖도록 하라

저장소의 데이터 값은 캐시에 저장된 사본의 가장 최근에 갱신된 값과 항상 같을 필요는 없다. 그러나 저장소에 저장된 데이터에 대한 읽기 요청이 이루어진 시점에서는 반드시 캐시에 저장된 가장 최근에 갱신된 값으로 응답해야 해야 한다.

이 조건을 만족시키기 위해 범용 캐시에서 사용되는 두 가지 대표적인 메커니즘은 **나중 쓰기**(write-back)와 **즉시 쓰기**(write-through) 정책이다. 캐시에 쓰기가 발생할 때 저장소의 데이터는 일관성 유지를 위해 갱신되어야 한다. 그런데 언제 갱신될까? 이 질문에 대한 명백한 두 가지 선택은 **즉시 갱신**과 **나중 갱신**이다. 전자는 즉시 쓰기이고 후자는 나중 쓰기이다. 즉시 쓰기의 장점은 저장소가 데이터의 오래된(더 이상 유효하지 않아 갱신되어야 하는) 사본을 유지하는 시간이 짧다는 것이다. 반면, 블록이 한 번 갱신되면 그 블록은 가까운 미래에 다시 갱신될 가능성이 있고, 블록이 갱신될 때마다 새로운 값들을 저장소로 전송하는 것은 효율적이지 않다. 이러한 단점을 보완하기 위해 나중 쓰기 방식이 도입되었으며, locality를 이용한다. 나중 쓰기 캐시는 갱신된 ('더티(dirty)'로 불리는)블록들을 추적하고 더티인 블록이 대체될 때(replaced) 해당 블록의 내용을 저장소에 갱신한다. 이러한 방식은 저장소로의 대역폭 사용을 상당히 감소시킬 수 있다.

즉시 쓰기의 단점은 비싸다는 것이다. 캐시에 쓰기가 발생할 때마다 해당 내용을 저장소로 옮기는 것은 많은 비용을 초래한다. 이는 저장소가 일반적으로 캐시 수준의 대역폭을 제공할 수 없기 때문이다. 이에 대한 해결책은 물리적으로는 캐시의 일부이고 논리적으로는 저장소의 일부인 빠른 메모리를 추가적으로 사용하는 것이다. 이 빠른 메모리에 대한 일반적인 선택은 FIFO(first-in first-out) 쓰기 버퍼(write buffer), 통합(coalescing) 쓰기 버퍼 또는 검색 가능한(searchable) 쓰기 버퍼이다. 이 하드웨어의 핵심은 마이크로프로세서의 쓰기 동작의 버스티(bursty)한 성질에 저장소가 영향을 받지 않게 하는 것이다. 즉, 마이크로프로세서는 쓰기 버퍼에 고속으로 데이터를 쓰고, 쓰기 버퍼로부터 저장소로의 데이터 이동은 저장소 속도에 맞추어 이루어진다. 간단한 쓰기 버퍼는 버퍼가 다 차거나 캐시 실패(cache miss)가 발생하면 비워져야 하며, 고사양 쓰기 버퍼는 훨씬 더 복잡한 동작을 할 수 있다.

나중 쓰기 캐시의 주요 단점은 다른 프로세서들과의 상호작용 혹은 다른 프로세스들과의 상호작용에서 나타난다. 첫 번째 경우, 다중프로세서 구조에서 저장소가 특정 데이터의 잘못된 값(가장 최근에 갱신된 값과 다른 값)을 가지고 있는 시간이 길어지면 그 데이터를 공유하는 다른 프로세서가 그 잘못된 데이터 값을 읽을 가능성이 높아진다. 이는 4장에서 자세히 논의될 것이다. 두 번째 경우에는, 가상 메모리 시스템의 시노님 문제가 나중 쓰기 캐시 문제를 더욱 복잡하게 만든다. 예를 들어, 어떤 프로세스가 자신의 데이터 공간에 쓰기를 수행하고 종료되었다. 이후에 다른 프로세스가 생성되거나 혹은 이미 존재하고 있던 또 다른 프로세스가 힙(heap)/스택(stack) 세그먼트에 동적으로 메모리를 할당하기 위해, 이전 프로세스가 사용하던 데이터 공간 중 일부가 재사용되는 경우를 고려해보자. 가상으로 색인되는 나중 쓰기 캐시에서는 이전 프로세스에 의해 쓰인 캐시 블록들이 대체될 때 새로운 프로세스의 어드레스 공간을 덮어쓰게 될 수도 있다. 프로세스가 끝날 때 사용하던 데이터 페이지를 깨끗하게 지우더라도 운영체제가 다른 가상 어드레스 또는 다른 어드레스 공간 식별자를 사용한다면, 첫 번째 프로세스에 의해 오래전에 쓰인 데이터가 캐시에서 여전히 발견될 수 있다.

캐시가 다른 캐시들과 일관성을 가지게 하라

데이터의 여러 사본들을 최신 상태로 유지한다는 점에서 시스템 내 다른 캐시들과의 일관성은 저장소와의 일관성 유지와 유사하게 다루어져야 한다.

여기서 일관성이라는 용어를 Merriam-Webster 사전에 정의된 일반적인 의미로 사용하고 있음에 유념하자. 즉, 우리는 (다중프로세서)시스템의 전체적인 관점에서 읽기와 쓰기의 순서를 명시하는 메커니즘인 메모리 일관성(consistency)에 대해 논의하는 것이 아니다.

1.3.4 포함(inclusion)과 배제(exclusion)

다음 주제로 넘어가기 전에, 캐시 구조와 동작을 **포함**(inclusion)이라는 또 다른 측면에 대해 논의하려 한다. 포함이라는 개념은 앞서 기술한 캐시의 세 가지 측면을 모두 결합한 것이다. 포함은 캐시의 논리적 구조로 정의될 수 있으며, 캐시의 컨텐츠 관리 정책과 일관성 관리 정책에 의해 시행된다.

그림 1.8은 표준적인 캐시 계층 구조를 보여준다. 이 계층 구조는 **수직적으로 파티셔닝**(partitioning) 되어 분리된 저장 계층들을 이루고, 각 계층은 다시 **수평적으로 파티셔닝**될 수 있다[Lee & Tyson 2000]. 이 수평적 파티셔닝은 **다각적**(multi-lateral) **캐시**라고도 한다[Rivers 외 1997]. 파티셔닝은 강력한 메커니즘이다. 예를 들어, Lee와 Tyson[2000]은 캐시 계층의 에너지 감소에 대한 많은 연구가 이 파티셔닝 메커니즘을 활용해 왔다고 언급하고 있다. 또한, 수직적 파티셔닝을 통해 더 빈번하게 접근되는 데이터를 마이크로프로세서에 더 인접한 저장 유닛(마이크로프로세서에서 멀리 위치하는 저장 유닛들에 비해 훨씬 더 작은 크기의 유닛(라인 버퍼[Wilson 외 1996]))으로 옮김으로써, 데이터 참조당 에너지 소모를 감소시킬 수 있다[Kin 외 1997, 2000]. 유사하게, 수평적 파티셔닝을 통해 단일 캐시를 논리적으로 더 작은 세그먼트들로 분할할 수

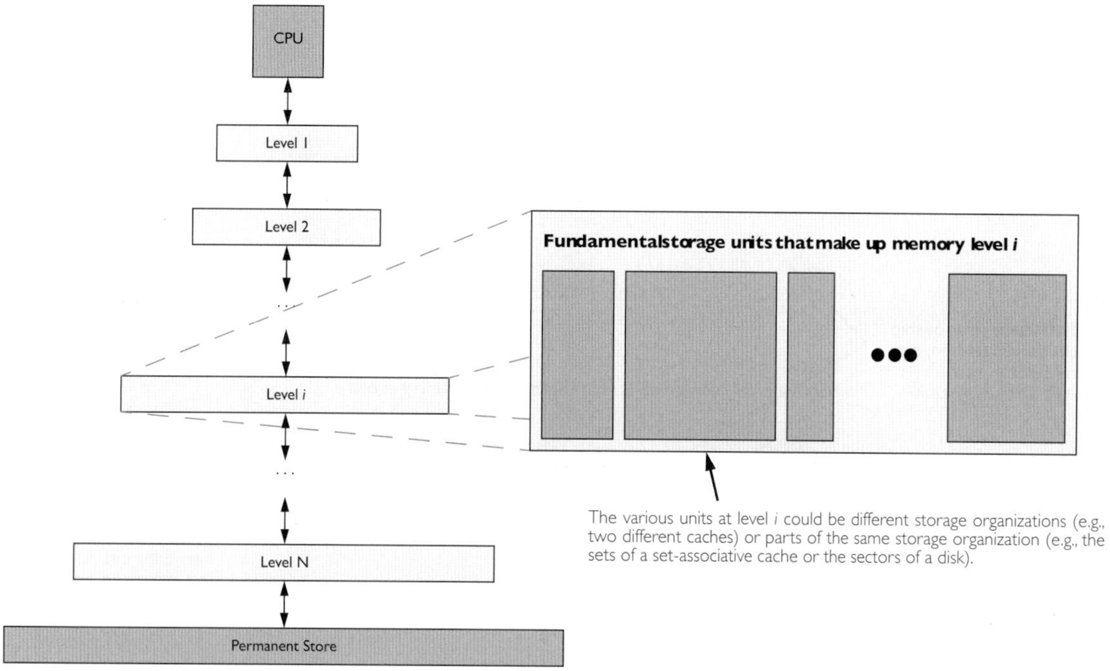

그림 1.8_ 표준 메모리 계층 구조. 중앙 프로세서로부터 영구 저장장치까지 멀어질수록 계층의 크기는 커지지만 속도는 느려진다. 각 계층 저장소는 단일 구조이거나, 일반적으로 '유닛(unit)'이라 부르는 여러 개의 세그먼트로 나뉜다. 계층 구조 상에서 모든 기본 유닛은 다른 모든 유닛과 배제적 또는 포함적 관계를 갖는다.

있으며(하위 뱅크[Ghose & Kamble 1999]), 분할된 각 세그먼트는 자신이 참조될 때만 구동되므로, 단일 캐시 대비 작은 에너지를 소모한다.

포함과 배제(exclusive)의 원리는 캐시 시스템에서 임의의 두 파티션 간에 존재하는 관계들을 정의하는 것이다. 두 파티션 또는 유닛들이 계층 구조의 같은 계층에 위치하든지 혹은 다른 계층에 위치하든지 간에, 이 두 유닛 간의 상호 관계를 정의하는 것이 필요하다. 이 관계는 배제적(exclusive)이거나 포함적(inclusive)이다(또는 복합적(hybrid)이다). 그림 1.9는 이러한 관계들이 표현된 특정 메모리 계층 구조를 보여준다.

두 기본적인 유닛 간의 포함적 관계는 한 유닛에 캐싱된 모든 항목들의 사본이 다른 장치에도 존재하는 것을 의미한다. 예를 들어, 이 관계는 많은 범용 프로세서 캐시 계층 구조에서 발견되는 관계이다. 모든 캐시 계층은 해당 계층의 바로 아래에 있는 캐시 계층과 포함적 관계를 유지하며, 가장 아래 계층에 위치하는 캐시는 주 메모리와 포함적 관계를 유지한다. 데이터가 주 메모리에서 캐시 계층 구조로 이동될 때, 그 데이터의 사본이 주 메모리에 남게 되고 이 사본은 캐시 내 사본과 **일관성**을 유지한다. 즉, 캐싱된 사본이 수정될 때, 수정 사항은 어떤 시점에 주 메모리로 전달된다. 이와 유사하게, 캐시 계층 구조의 하위 계층에 저장된 데이터의 사본들은 상위 캐시 계층의 사본들과 일관성을 유지한다. 이 모든 과정은 캐시 시스템의 클라이언트의 명시적인 지시 없이 투명하게 수행된다.

메모리 시스템에 분산되어 있는 이러한 모든 사본들을 유지하는 것은 낭비적인 것처럼 보일 수 있다. 이렇

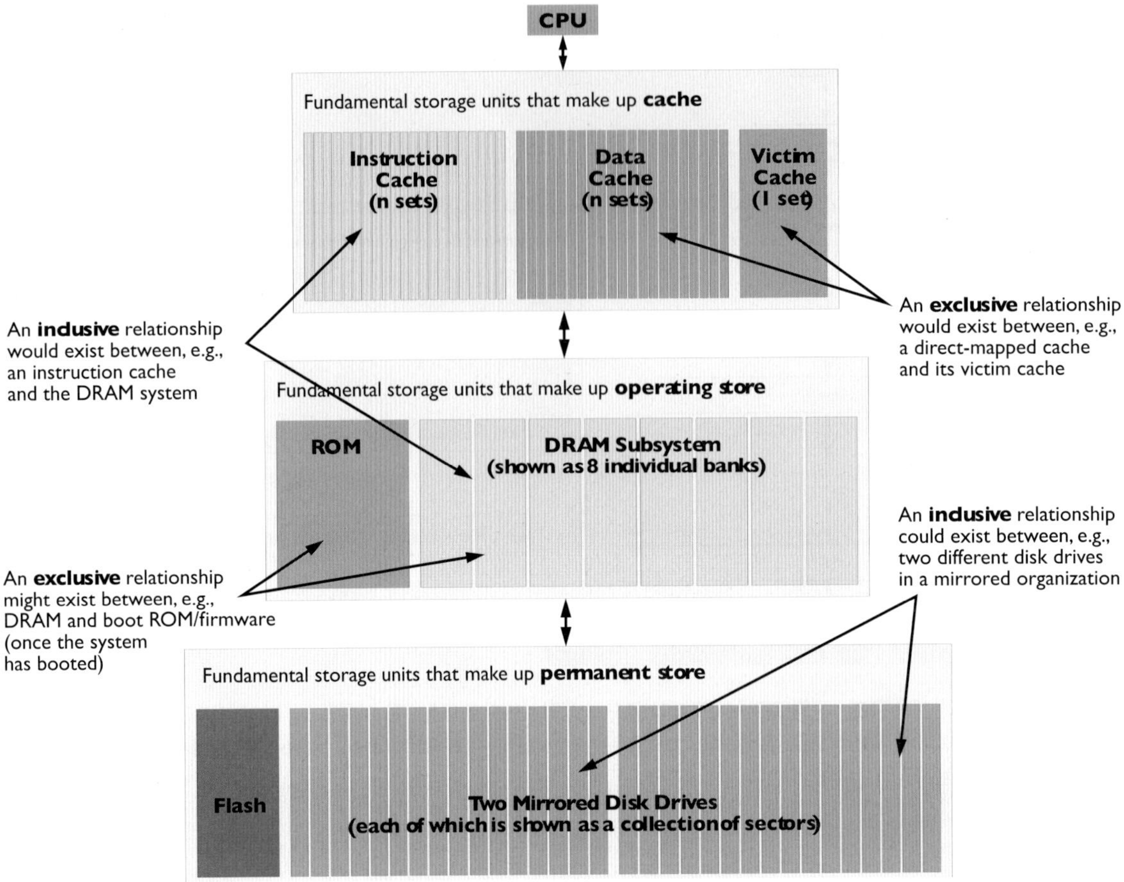

그림 1.9_ 특정 메모리 계층 구조. 특정한 메모리 시스템의 예를 통해 존재할 수 있는 다양한 수직/수평 파티션과, 많은 기본 저장 유닛의 포함적/배제적 관계를 보여준다.

게 하는 이유는 무엇일까? 이는 설계의 간단함과 정확성을 위한 것이다. 파티션 A와 B 사이에 포함적 관계가 존재한다면(A의 모든 데이터가 B에도 저장되고, B는 A의 사본들과 일관성을 유지한다), A는 단순히 최적화된 찾아보기(lookup) 기능으로 생각될 수 있다. 즉, A의 내용들은 완전히 유실될 수 있고, 유실된 데이터가 B에서 A로 다시 채워질 때까지 일시적인 시스템 성능 저하와 약간의 에너지 소모만 유발될 뿐이다. 이는 종종 발생하는 상황이다. 특히, 저전력 캐시 전략 중에 캐시 이용이 저조할 때 캐시의 일부분을 일시적으로 끄는(power-down) 기법이 있다. 또한, 포함적 관계는 축출(eviction)을 단순화시킨다. 다시 말해, 임의의 캐시 계층에서 어떤 블록을 축출할 때 그 하위 계층의 캐시에 그 블록과 일관성을 유지하는 사본이 존재하는 것을 알고 있다면 해당 블록은 캐시에서 언제든지 버려질 수 있다.

두 유닛 사이의 배제적 관계는 이 유닛들 사이의 관계가 공집합이라는 것을 의미한다. 즉, A와 B 사이의 배제적 관계는 특정 항목이 A 또는 B 둘 중 하나에만 존재하며 절대로 A와 B 모두에 존재할 수 없다는 것을 의미한다. 어플리케이션 소프트웨어, 운영체제, 캐시, 또는 다른 어떤 개체에 의해 구현된 컨텐츠 관리와 일관성 관리 프로토콜은 두 파티션 간의 배제를 유지해야 할 책임이 있다. 특히, 대부분의 설계에 있어서, 어떤 항목이 A에서 B로 이동할 때 그 항목은 B의 다른 항목과 교환되어야 한다. 이는 대체된 항목을 간단하고 안전하게 버릴 수 있는 포함적 관계와는 달리 배제적 관계에서서는 데이터의 '사본들'이 존재하지 않기 때문이다. 모든 데이터는 원본이며, 유실된 데이터 항목은 복구 불가능하고 이는 오류 상황을 유발한다.

데이터 항목들이 캐시 유닛들 간에 절대 이동하지 않는, 즉 데이터의 교환이 발생하지 않는 캐시 유닛들의 예제도 많이 있음을 유념하자. 예를 들어, 직접 사상 또는 집합 연관 캐시들로 구성된 캐시 집합에서, 각 캐시들은 서로에게 배제적 관계를 가지고 있다. 이러한 캐시 집합은 메모리 계층 구조의 하나의 계층에 대응되고, 집합을 구성하는 캐시들은 그 계층을 구성하는 파티션들이다. 임의의 데이터가 해당 캐시 계층으로 들어올 때, 그 데이터는 임의의 파티션에 할당되며 다른 집합으로는 절대 이동되지 않는다.[6]

1.4 통찰과 최적화

1.4.1 관점

이 책에서는 의도적으로 일반적인 용어를 사용하여 전통적인 개념들(locality, 포함/배제, 상관성/일관성, 캐시 구조, 프로토콜, 정책, 휴리스틱 기법 등)을 서술하였고, 이는 모든 캐시 구현 방식에 전통적인 개념들을 제약 없이 적용할 수 있음을 주장하기 위해서이다. 이러한 방식을 통하여, 독자들은 서로 연관성이 없어 보이는 독립적인 메커니즘들 간의 잠재적 관계를 알아차릴 수 있어야 한다. 또한, 이 방법은 독자들에게 흥미로운 연구 방향을 제시할 수 있다. 예를 들어,

- 그림 1.3은 여러 개체들로 하여금 특정 목적의 휴리스틱 기법을 수행하게 하는 것은 상호보완적 행동임을 명확하게 보여준다. 예를 들어, 복합 분기 예측기(hybrid branch predictor)의 예측과 잘 맞아떨어지도록, 하드웨어와 소프트웨어가 컨텐츠 관리를 동시에 수행할 수 있다. 소프트웨어 프리페치도 좋은 예이다(캐시와 소프트웨어가 협업하여 캐시에 저장할 아이템들을 결정).
- 투명성을 가진 캐시에서 캐시 셋들이 서로 배제적 관계를 갖도록 한다면, '왜?'라는 질문을 할 수도 있다. 왜 직접 사상 또는 집합 연관 캐시에서 어떤 항목이 복수의 캐시 셋들에 동시에 존재하도록 허용하지 않는가? 컴파일러 또는 가상 메모리 시스템(가상으로 색인되는 캐시)을 통한 명명(naming) 기법을 이용하면 원하는 바를 간단히 허용해 줄 수도 있다. 그러나 이러한 허용은 일관성 관리를 복잡하게 만들 수 있음을 유념하자.
- 유사하게, (집합 연관) 캐시를 등가클래스들의 집합으로 본다면, 각 캐시 셋이 동일한 개수의 캐시 블록을 갖도록(동일한 정도의 집합 연관성을 갖도록) 할 필요는 없다. 캐시 파티션이 크고 작을 수 있듯이, 일부 캐시 셋들은 클 수도 있고 다른 일부 캐시 셋들은 작을 수도 있다. 각각의 캐시 셋 혹은 등가클래스들에 아이템들을 할당하는 명명 기법을 다르게 가져가도록 하는 완전히 다

6 이것은 대부분의 경우에서 사실이다. 가상 캐시에서 나타나는 문제에 대한 논의(4장, 4.2.1절 "가상 캐시 관리")와 트레이스 캐시에 대한 부분(2장, 2.6.3절 "또 다른 동적 캐시 블록: 트레이스 캐시")참조.

른 구조의 캐시를 구현할 수도 있다. 이러한 기법은 이미 파일 캐싱에 적용되고 있다(2장 2.6.2절 "소프트웨어 구현: BSD의 버퍼 캐시"를 참조). 또한, Farrens, Rivers, Tyson 그리고 기타 개발자들이 연구한 또 다른 컨텐츠 관리 전략(3장, 3.1.1절 "온라인 파티셔닝 휴리스틱 기법"에서 더 자세히 다룰 것이다)의 기본 사상과도 유사한 개념이다[Tyson 외 1995, Rivers & Davidson 1996, Johnson & Hwu 1997].

- 컨텐츠 관리가 캐시 구조와 독립적이므로(그림 1.3에서 명시), 전통적인 다양한 휴리스틱 기법들과 구조들을 결합해 볼 수 있다. 예를 들어, 캐시 셋 할당 문제를 해결하기 위해 스크래치패드 메모리에 배치하는 기법을 이용해 볼 수도 있다.

기초부터 다루는 것, 그리고 일반적인 용어들을 사용하는 것은 캐시 설계에서 수행된 방대한 일들의 새로운 응용을 찾아내어 새로운 분야를 개척하는 것이 가능하도록 한다.

대역폭과 블록 크기의 재고려: DSP 캐시들

기존 기술들을 결합할 때 얻어지는 새로운 기회의 한 예는 수년 전에 수행된 연구에서 찾아볼 수 있다[Srinivasan 외 2001]. DSP 커뮤니티는 코딩 시간을 줄이기 위해 기존의 어셈블리 코딩 방식에서 컴파일러를 이용할 수 있는 C 코딩 방식으로의 전환을 꾀하였다. 따라서 이에 적합한 DSP 구조가 필요하게 되었고, DSP 캐시와 범용 캐시를 결합하는 시도를 하게 된 것이다. 다음에 이 연구 내용을 간략하게 발췌하였다.[7]

앞서 언급한 것처럼, DSP는 일반적으로 메모리 시스템의 주요 구성 요소들(DRAM과 태그가 없는 이중 SRAM)이 분리된 어드레스 공간을 통해 참조되는 비균일 어드레싱 모델(nonuniform addressing model)을 사용한다(그림 1.2 참조). 최근 어셈블리 코드 대신에 상위 수준 언어를 사용하는 DSP 프로그래밍 방식이 비균일 메모리 모델을 채용하는 DSP 시스템에 적용될 경우, 컴파일러의 효율이 저하되는 문제를 가지고 있다. 따라서 대다수의 최신 고성능 DSP에서는 이 비균일 모델 대신 균일 모델을 활용하는 추세이다. 이 균일 모델은 대부분의 범용 시스템에서처럼 모든 메모리 요소가 DRAM 시스템처럼 동일한 어드레스 공간을 공유하는 투명성을 갖는 구조이다.

이는 DSP 프로세서의 많은 어플리케이션들에서 나타나는 규칙적인 행동(벡터 프로세서의 벡터 어플리케이션들과 유사한)과 메모리 자원(포트)의 사용 방식(배제적 파티션과 유사하고 매우 규칙적인 행동 패턴을 보임)을 이용하여, DSP에 특화된 투명성을 가진 캐시를 만들고자 하는 흥미로운 연구 영역의 시발점이 되었다. 예를 들어, DSP 응용에서는 커다란 크기의 캐시 블록(특히, 범용 어플리케이션에서 심각한 캐시 오염(cache pollution)을 유발할 정도의 커다란 블록 크기)이 오히려 좋은 성능을 보일 수도 있다. 이 방법의 단점은 큰 캐시 블록을 채우는 데 오랜 시간이 걸린다는 것이지만, 메모리 대역폭을 늘림으로써 이를 상쇄

---

7 이 연구는 다음 연구에 기반을 두고 있다. "Transparent data-memory organizations for digital signal processors," by S. Srinivasan, V. Cuppu, and B. Jacob, in Proc. International Conference on Compilers, Architecture, and Synthesis for Embedded Systems (CASES 2001), November 2001. © ACM, 2001. http://doi.acm.org/10.1145/502217.502224

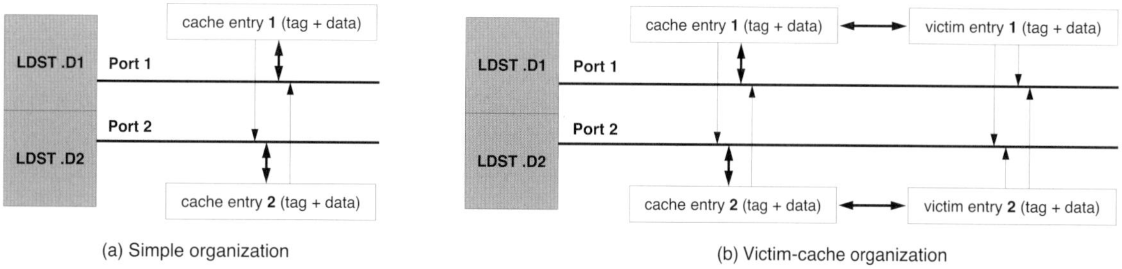

그림 1.10_ 두 가지 캐시 구조. 각 로드/스토어 유닛은 어느 블록이라도 읽을 수 있지만, 그 유닛에 할당된 주 블록에만 기록할 수 있다. 비슷하게, 로드 실패(miss)시에는 로드/스토어 유닛에 할당된 캐시 블록을 채운다. 빅팀 캐시 구조는 할당된 주 블록의 대체(replacement) 블록만을 저장하는 두 개의 블록이 추가된 것이다.

시킬 수 있다.

그림 1.10에 표현된 두 가지 다른 구조들을 보자. 첫 번째 구조는 두 개의 블록으로 구성되어 있으며, 각 블록은 각각 전용 로드/스토어 유닛에 연결된 매우 간단한 구조이다. 두 번째는 첫 번째 구조의 각 블록에 동일한 크기의 빅팀(victim) 캐시[Jouppi 1990]를 하나씩 추가한 구조이다. 각 빅팀 캐시 블록은 연결된 캐시 블록에서 쫓겨난 블록(victim)만 저장하는 역할을 한다. 그림 1.10의 두 가지 구조에서 공통적으로 고려할 사항은 캐시 읽기 동작을 수행하는 로드/스토어 유닛은 두 블록 중 아무 블록이나 읽을 수 있다는 것이다(쓰기 동작은 전용 로드/스토어 유닛에 연결된 블록에만 가능). 임의의 블록을 전용 로드/스토어 유닛에 묶어주는 기법은 대체 정책(replacement policy)으로 활용할 수 있는 아주 간단한 기법이다. 그렇다고 해서 이것이 캐시 찾아보기(lookup) 메커니즘에는 아무런 영향을 끼치지 않는다. 임의의 로드/스토어 유닛이 캐시 내 모든 블록의 값을 읽을 수 있으며,이는 캐시를 완전 연관 캐시로 활용함을 의미한다.

이 구조는 전통적인 캐시 구조가 아니며, C6000 DSP 어플리케이션들에서 관찰된 것이다. 특히, C 컴파일러는 일반적으로 로드 명령어와 스토어 명령어를 특정 포트에 할당하는 경향이 있다. 즉, DSP가 특정 포트에서 특정 데이터를 읽는다면 DSP는 가까운 미래에 다른 포트에서 그 데이터를 읽을 확률이 50% 미만이며, 가까운 미래에 다른 포트에 해당 데이터를 쓸 확률은 50%보다 훨씬 못 미치는 것으로 관찰되었다. 이와 같은 관찰을 바탕으로 특정 블록이 자신이 읽혀진 포트를 통하여 쓰이고, 대체될 수 있도록 제한하여, 캐시 설계를 더욱 간단히 하였다 . 이 관찰은 어셈블리 코드로 직접 작성된 DSP 어플리케이션이 아닌 컴파일된 어플리케이션에만 해당하는 내용이지만 통합된 메모리 공간과 상위 수준 언어와 해당 컴파일러를 사용하는 어떤 DSP에서도 나타날 수 있는 현상이다.

그림 1.11에서 400MB/s의 대역폭을 가지는 64KB 스크래치패드 SRAM의 성능과 그림 1.10의 두 구조의 성능을 비교하였다. 각 그래프에서 두 가지 성능지표를 나타내고 있음에 유의하자. 각 그래프의 왼쪽은 실행 시간(CPI, clock cycles per instruction) 지표에 해당하는 값들이 표현되어 막대그래프에 대응되고, 그래프의 오른쪽은 메모리 명령당 평균 레이턴시(average latency in clock cycles)에 해당하는 값들이 표현되어 선 그래프에 대응된다. 각 그래프에서의 변수로는 메모리 대역폭과 캐시 블록 크기가 사용되었다(전체 캐시 용량은 고정이 아니며, 블록 크기가 증가함에 따라 전체 캐시 용량도 같이 증가한다).

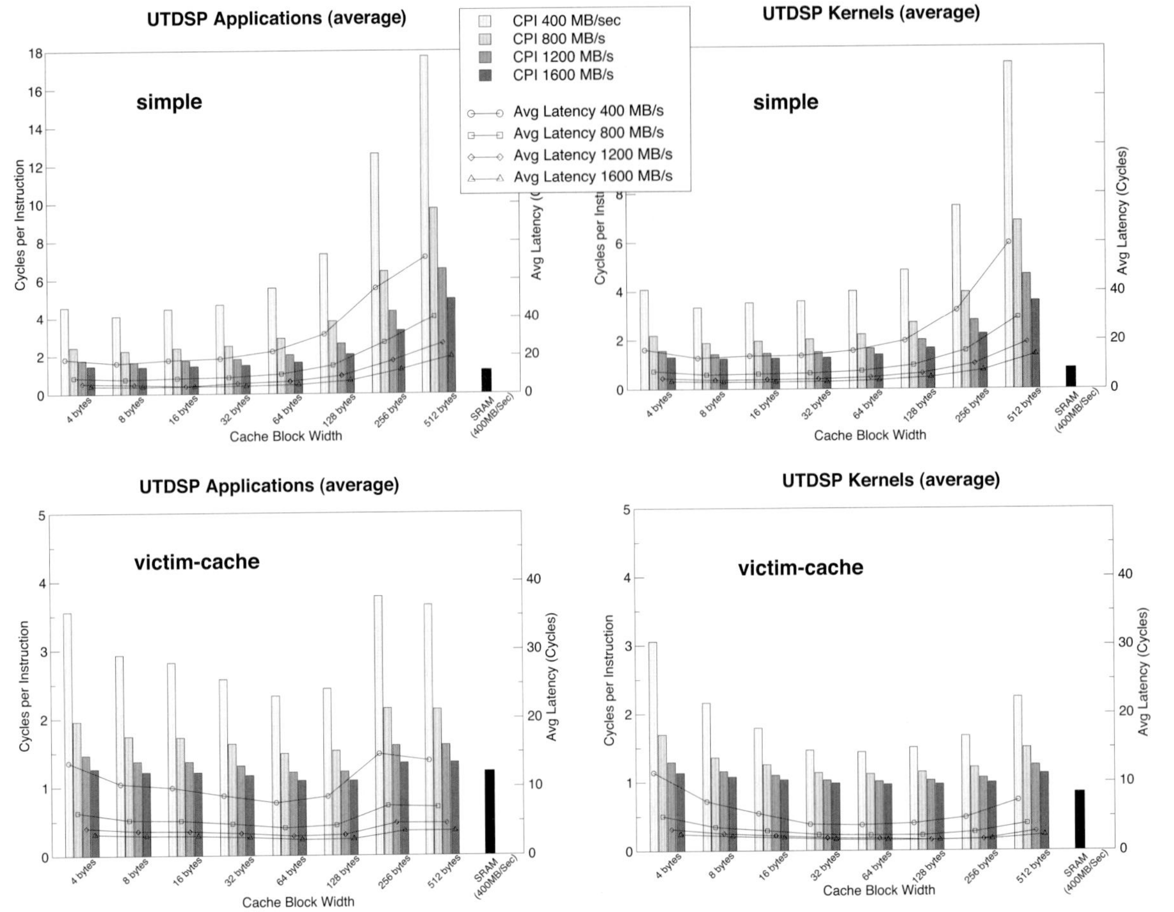

그림 1.11_ 성능 그래프. 위의 두 그래프는 "간단한" 구조, 아래 두 그래프는 "빅팀 캐시" 구조에 대한 성능 그래프이다.

일반적으로, 대역폭을 늘릴 수 있다면 훨씬 작은 온칩 저장소로도 동일한 수준의 성능을 얻을 수 있다. 이는 온칩 저장소의 칩 비용과 메모리 대역폭의 시스템 비용 간의 적절한 트레이드오프를 의미한다. 그림 1.10의 간단한 구조로 기존의 DSP 메모리 구조와 유사한 성능을 얻을 수 있는 것은 일반적인 DSP 어플리케이션들의 데이터 스트리밍 특성에서 비롯된다. 즉, DSP 어플리케이션은 커다란 캐시보다는 스트림 버퍼가 보다 효율적임을 의미한다.

영구 기억 장치의 재고려: Plan 9의 파일 시스템

설계자들이 '영구 기억 장치'의 개념을 재정의한 Plan 9의 파일 시스템[8][Quinlan 1991]은 흥미로운 캐시 설계의 또 다른 예이다. 이 운영체제는 자기 디스크(magnetic disk) 시스템 전체를 단순히 백업 시스템(WORM(write once, read many) 쥬크박스용 캐시로 사용하였다. 여기서 백업시스템 쥬크박스는 WORM

8 Plan 9은 유닉스 운영체제의 버전 9에 붙여진 재치 있는 이름이다.

형태의 광학디스크(optical disk)이다.[9] 이 백업 시스템은 실제 파일 시스템의 저장소이고, 따라서 궁극적으로는 영구 저장장치 역할을 수행한다.

이 연구는 같은 지향점을 추구하는 이전 연구에 기반을 두었다. 예를 들어, Garfinkel[1986]은 파일이 쓰일 때마다 그 사본을 백업 시스템으로 이동시키는 파일 시스템 API(application programming interface)를 기술하였다. File Motel[Hume 1988]은 WORM 드라이브를 일반적으로 자기 디스크 시스템에 상주하는 파일 시스템을 위한 투명성을 가진 백업(transparent backup)으로 사용하였다. 별도의 자기 디스크에 상주하는 데이터베이스는 파일들을 WORM 드라이브에 맵핑하고, 자기 디스크가 고장 날 경우, WORM상의 영구적인 데이터로부터 맵핑 데이터베이스를 재구축하도록 설계되어 있다. 이 설계의 단점은 백업(WORM 시스템)으로 복제하는 데 막대한 시간이 걸려서, 원자적(atomic)이지 않은 스냅샷이 만들어질 수 있다는 것이다(WORM 드라이브로 파일 시스템이 복사되는 동안에도 파일 시스템을 수정할 수 있는데, 이때 파일 시스템의 데이터 불일치가 발생할 수 있다).

Tektronix의 광학 파일 캐비닛(Optical File Cabinet)[Gait 1988, Laskodi 외 1988]은 파일 시스템을 WORM 드라이브에 내장하여(따라서 항상 시스템의 원자적인 스냅샷이 저장된다) 이 문제를 해결했다. 이 파일 시스템은 WORM의 물리적 명칭공간과는 다른 논리적 명칭공간을 사용하는데, 이는 이 파일 시스템이 자체적으로 파일을 WORM 공간으로 맵핑하여 WORM에 상주하는 새로운 블록을 만들고, 어플리케이션 또는 운영체제에 의해 어떤 블록이 갱신될 때마다 논리적 블록을 다시 맵핑하기 때문이다. 블록 쓰기를 실행할 때마다 WORM 드라이브 내의 새로운 블록을 한 개씩 할당해야 하기 때문에, 파일 시스템의 논리적 명칭공간의 크기는 물리적으로 이용할 수 있는 WORM의 명칭공간 크기보다 훨씬 더 작아야 한다. 하나의 논리적 블록을 여러 차례 갱신할 수 있고, WORM 드라이브에는 그 블록에 대한 백업들이 여러 개 생성된다.

Quinlan의 설계[1991]에서는 백업장치와 자기 디스크의 전체 명칭공간을 통합하여 두 장치 모두를 효율적으로 사용할 수 있게 하였다. 이 설계에서 운영체제의 파일 시스템은 백업 장치에 상주하는데, 이는 파일 시스템이 백업 장치가 제공하는 명칭공간을 이용하여 파일 시스템의 블록들을 구별하기 때문이다. 그리고 운영체제는 보다 빠른 자기 디스크의 공간을 투명성을 갖는 캐시로 사용한다. Plan 9 파일 시스템은 매 쓰기마다 새로운 WORM 블록을 생성하지 않고, 백업될 때마다(예를 들어 하루에 한 번씩) 생성하며, 새로 기록된 데이터는 백업되기 전까지는 자기 디스크에만 보관되어 있다. 이 기법은 나중 쓰기 캐시와 매우 유사한 반면, 광학 파일 캐비닛(Optical File Cabinet)은 즉시 쓰기 캐시와 유사하다.

1.4.2 중요한 쟁점들과 미래의 방향

캐시 설계에 대한 연구는 여전히 진행 중이며 앞으로도 다양한 흥미로운 연구들이 진행될 것이다. 특히 SRAM 기반 캐시에서 전력 소모와 신뢰성은 주요한 쟁점들이다. 일반적으로 SRAM은 마이크로프로세서

9 이 연구는 WORM 디스크가 사용 가능할 때 이루어졌는데, 자기 테이프와 비슷한 비용이었지만 테이프보다 훨씬 빨랐으며, 더욱 긴 수명을 가졌다. 또한 다시 쓰기 가능한 광학 미디어보다 수십 배 이상의 큰 밀도를 제공하였다[Hume 1988].

가 소모하는 전력의 최소 1/3 이상을 차지하며, SRAM의 신뢰성 관련 기술은 이 책에서 조사된 바에 의하면, 연구가 상대적으로 많이 부족한 편이다.

전력 소모의 측면에서, 누설 전력(leakage power) 대비 동적 전력(dynamic power)의 중요성 감소는 일부 전통적인 규칙들에 변화를 초래하였다. 예를 들어, 완전 연관 캐시는 최소한의 저장 용량으로 높은 적중률(hit rate)을 요구하는 어플리케이션들에 사용되어 왔지만, 완전 연관 캐시의 높은 동적 전력 소모 때문에 사용되지 못하는 경우도 종종 있었다. 그러나 누설 전력이 전체 전력 소모에서 차지하는 비중이 증가함에 따라 동등한 성능의 직접 사상 또는 집합 연관 캐시보다 훨씬 더 작은 용량(따라서 더 작은 수의 트랜지스터)을 필요로 하는 완전 연관 캐시가 더욱 보편화되고 있다. 이는 더 작은 수의 트랜지스터가 더 작은 누설 전력을 소모하기 때문이다.

내장형 DRAM(eDRAM)과 같은 대체 기술들로 온칩 캐시를 구성하는 것은 또 하나의 유망한 접근 방법이다. 범용 환경에서 eDRAM이 가지는 성능 한계 때문에 과거의 연구들에서는 eDRAM을 고려하지 않았지만 시간이 지남에 따라 초기의 결과들을 반박할 여러 요인들이 생겼다.

1. 많은 고사양 어플리케이션에서 작업 집합의 크기가 엄청난 속도로 커지면서, 고밀도(high-density)의 DRAM 기반 솔루션이 주목받고 있다.
2. eDRAM 기술의 성능이 오프칩 SRAM 캐시의 성능에 견줄 수 있을 정도로 향상되고 있다.
3. 많은 로직 공정에서 eDRAM을 지원하고 있으며, 심지어는 SRAM보다 더 높은 신뢰성을 보장한다.
4. eDRAM은 SRAM 캐시에 비해 동적 전력과 정적 전력 모두 훨씬 작게 소모하게 될 것으로 기대된다.

향후 연구의 또 다른 쟁점은 다중 코어와 최종 단계 캐시(last-level cache) 제어기(controller)가 동일 다이에 집적됨에 따라 컨텐츠 관리와 일관성 관리에 있어 훨씬 더 정교한 알고리즘의 선택 또는 개발이 필요하다는 것이다. 최종 단계 캐시 제어기가 오프칩에 존재할 경우, 제어기는 마이크로프로세서보다 훨씬 느린 속도로 동작하였다. 그러나 이 제어기를 동일 다이로 옮기면서 제어기가 처리할 수 있는 일의 양이 10배로 증가되었다. 또한, 제어기를 온칩으로 옮김으로써 정보 공유에 대한 가능성을 열어주었고 이로 인해 제어기가 이전보다 시스템 상태 정보를 더 많이 활용할 수 있게 되었다.

마지막으로, 기존에 캐시를 사용하지 않던 분야에 캐시의 원리들을 적용해 보는 것은 항상 유망한 연구이며, 다양한 휴리스틱 기법들을 더욱 발전시켜야 하는 흥미로운 상황을 맞이하게 된다. 예를 들어, LRU(least-recently-used)와 같은 복잡한 블록 대체 알고리즘은 원래 운영체제의 버퍼 캐시를 위해 개발되었다. 이는 버퍼 캐시를 관리하는 복잡한 휴리스틱 기법의 수행 시간이 상대적으로 훨씬 긴 시간을 사용하는 디스크 블록 페치 동작에 가려져 전체 성능에 영향을 끼치지 않기 때문이다. 이 정도의 복잡도는 온칩 프로세서 캐시와 같은 다른 분야에 적용될 휴리스틱 기법에서는 상상도 못할 일이었다. 그러나 다른 용도의 캐시를 개발하는 기술들의 개발이 필요해지면서, 운영체제의 버퍼 캐시에 적용되었던 휴리스틱 기법들이 이러한 캐시들의 설계에 채택되고 있는 것이다. 현재, 컴퓨터 구조 분야에서는 데이터의 프리페칭과 작업의 동적 분류 등을 위한 수많은 복잡한 휴리스틱 기법들이 연구되고 있다. 이 메커니즘들이 다른 연구 분야에 등장하게 되는 것은 이제 시간문제이다.

MEMORY ˡ SYSTEMS ˡ **CACHE**

논리적 구성 02 CHAPTER

캐시의 논리적 구성(logical organization)은 다음 두 가지의 주요 개념을 담고 있다.

1. 캐시가 어떻게 어드레싱(addressing) 되고, 어떻게 검색되며, 무엇을 저장할 수 있는지를 결정하는 물리적 파라미터.
2. 캐시가 클라이언트(client)를 대신하여 다양한 관리 휴리스틱 기법(heuristic)을 수행해야 하는지, 아니면 클라이언트(예: 캐시를 사용하는 어플리케이션)가 직접 수행해야 하는지의 여부.

캐시의 논리적 구성은 데이터를 캐시에 저장하는 방법과 검색하는 방법에 영향을 미친다. 캐시에 무엇을 저장할지 결정하는 것은 또 다른 주제이며, 이는 데이터의 일관성 유지와 관련된 주제와 함께 이후의 장에서 다룰 것이다. 비록 무엇을 캐시할 것인지가 설계 또는 실행 시점에 수행되는 휴리스틱 기법들을 이용해 결정되지만, 중요한 점은 캐시의 논리적 구성이 **무엇을 저장할 것인지** 결정하는 데 간접적인 영향을 미친다는 점이다. 컨텐츠 관리(content-management) 휴리스틱 기법은 무엇을 캐시할지 **명시적으로**(explicitly) 선택하는 반면, 논리적 구성은 **묵시적으로**(implicitly) 선택한다. 정확히 말하면, **무엇을 저장할지**는 캐시의 논리적 구성에 의해 결정된다. 그 이유는 캐시의 논리적 구성이 어떠한 데이터를 캐시의 어느 위치에, 어떻게 저장할지를 결정하기 때문이다. 만약 논리적 구성으로 인해 어떠한 두 개의 데이터 항목을 동시에 저장할 수 없는 경우, 두 데이터 항목 중 하나는 다른 하나가 캐시에 존재하는 동안에는 캐시될 수 없다. 이는 각 데이터의 중요성과는 전혀 무관하다.

따라서 캐시의 논리적 구성은 매우 중요하며, 특정 기술과 특정 벤치마크(benchmark) 집합에서의 최상의 캐시 구성을 찾기 위해 오랜 기간 많은 연구가 이루어지고 있다. 일반적으로, 최상의 캐시 구성은 완전 연관 캐시(fully associative cache)와 같이 데이터의 기록 위치에 대한 제약이 없는 구성이다. 하지만 이러한 설계는 경우에 따라 많은 비용이 발생할 수 있다.

2.1 논리적 구성: 분류

앞 장에서는 투명성을 갖는(transparent) 캐시와 스크래치패드(scratch-pad) 메모리에 대해 소개하였다. 투명성을 갖는 캐시와 스크래치패드 메모리는 다른 용도로 사용되기 때문에 다르게 구현되고, 시스템에 다른 영향을 미친다. 이 두 구조는 완전히 반대의 설계 구조를 갖기 때문에, 두 구조의 어드레싱이나 컨텐츠 관리 기법 등의 중간적 특성을 가지는 복합 캐시(hybrid cache) 구조를 또 하나의 구조로 분류(taxonomy)할 수 있다.

- **어드레싱 기법:** 투명성을 갖는 캐시는 저장소(backing store)의 명명(naming) 기법을 이용한다. 즉, 프로그램은 캐시를 묵시적으로 참조하고, 심지어 캐시의 존재 여부를 알고 있을 필요도 없다. 이와 대조적으로 스크래치패드는 저장소에서 분할된 명칭공간(namespace)을 사용한다. 즉, 프로그램은 스크래치패드를 명시적으로만 이용해야 한다. 참고로 투명성을 갖는 캐시는 잠재적으로 어떠한 데이터라도 가질 수 있으므로, 어느 데이터가 현재 캐시에 있는지를 나타내기 위한 키(key) 또는 태그(tag)가 필요하다. 반면 스크래치패드 메모리는 태그가 필요하지 않다.
- **관리 기법:** 전통적 캐시 컨텐츠는 어플리케이션에 대해 투명하게 관리되어 왔다. 만약 어플리케이션 소프트웨어가 특정 데이터 항목에 접근하면, 해당 데이터는 캐시로 옮겨지고 캐시된 데이터의 일관성은 캐시가 직접 관리한다. 반면 스크래치패드 임의 접근 메모리(RAMs, Scratch-pad random-access memory)는 명시적 관리가 필요하다. 스크래치패드로의 데이터 이동은 어플리케이션에 의해 명시적으로 발생하며(즉, 로드(load)와 스토어(store)를 이용한다), 하드웨어는 캐시된 컨텐츠와 주 메모리(main memory) 컨텐츠 사이의 일관성 관리를 하지 않는다.

표 2.1과 같이 이 두 가지 특징이 네 가지의[1] 기본 캐시 유형의 분류를 정의한다.

- **투명성을 갖는 캐시:** 어플리케이션은 투명성을 갖는 캐시의 존재를 인지할 수 없으며, 모든 범용 프로세서 캐시가 이에 해당한다.
- **스크래치패드 메모리:** 스크래치패드 메모리를 사용할 때에는 어플리케이션이 모든 제어를 해야 한다. 어플리케이션이 캐시에 컨텐츠를 전혀 저장하지 않으면 캐시에는 어떠한 컨텐츠도 존재하

표 2.1_ 캐시 유형 분류

Cache Type	Addressing Scheme	Management Scheme
Transparent cache	Transparent	Implicit (by cache)
Software-managed cache	Transparent	Explicit (by application)
Self-managed scratch-pad	Non-transparent	Implicit (by cache)
Scratch-pad memory	Non-transparent	Explicit (by application)

1 태그의 사용 여부와 어드레싱의 투명성 유무를 구분할 수도 있는데, 그럴 경우 네 가지가 아닌 여덟 가지의 유형이 된다. 예를 들어, 이론적으로는 어플리케이션에 의해 명시적으로 컨텐츠가 관리되면서 투명하게 어드레싱되는 스크래치패드가 존재할 수 있다. 이러한 캐시는 태그 저장소를 가지고 있지 않지만, 어드레싱 기법은 투명하다. 이렇게 하기 위해서는 TLB를 SRAM을 색인(index)하기 전에 넣는 등을 통해 어드레스 변환 단계를 캐시 색인 단계 전에 수행되도록 하면 된다. 하지만 이 기법의 TLB는 사실상 소프트웨어에 의해 관리되는 태그 배열이며 소프트웨어에 의해 관리되는 캐시와 다를 바가 없다.

지 않는다. 또한, 이 캐시는 저장소와는 별도의 분리된 명칭공간을 사용한다. DSP(digital signal processor)와 마이크로컨트롤러에 사용되는 태그가 없는 SRAM이 이 캐시에 해당한다.

- <u>소프트웨어가 관리하는 캐시</u>: 소프트웨어가 관리하는 캐시는 어플리케이션 소프트웨어가 캐시 컨텐츠를 제어한다. 하지만 캐시 어드레싱 기법은 투명성을 갖는다. 즉 저장소와 캐시는 같은 명칭공간을 사용하며, 캐시는 자동으로 저장소와 컨텐츠의 일관성을 유지할 수 있다. 소프트웨어가 관리하는 캐시의 예로 VMP 다중 프로세서[Cheriton 외 1986]가 있는데, 이 캐시는 캐시 실패(miss) 또는 캐시 일관성 관련 동작이 필요할 때 소프트웨어 핸들러(handler)가 호출된다.

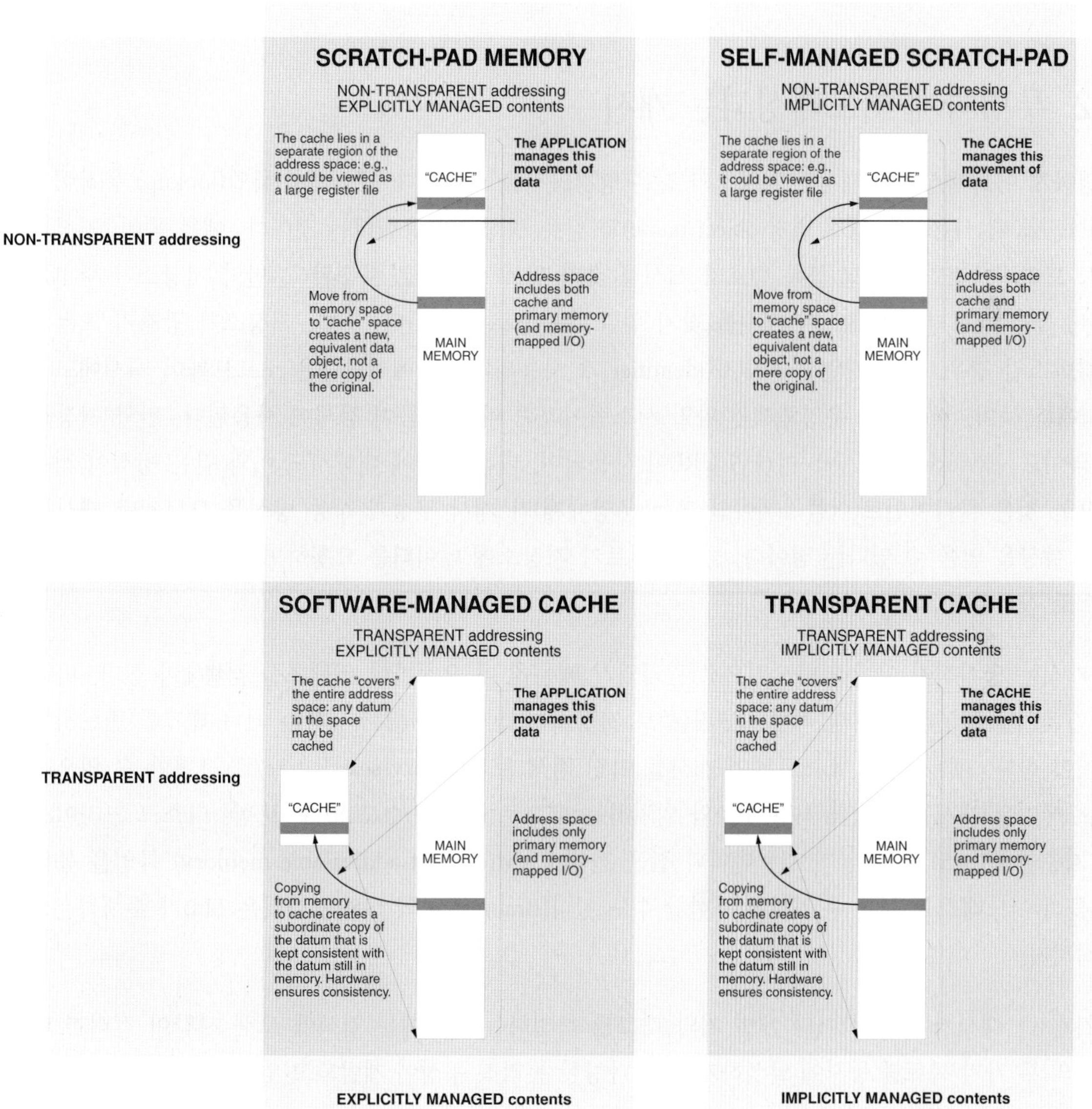

그림 2.1_ 서로 다른 캐시 구조 예제. 비록 이 예제가 솔리드 스테이트 메모리(solid–state memory, 예: SRAM 캐시나 DRAM 주 메모리) 관점에서의 캐시를 보여주지만, 이 개념은 SRAM, DRAM, 디스크, 심지어 광학 디스크나 자기 테이프 등의 3차 백업 저장장치에 이르기까지의 모든 저장 기술 방식에 적용할 수 있다.

- 자체 관리 스크래치패드: 자체 관리 스크래치패드는 컨텐츠를 자체적으로 관리한다(요구 페치(demand-fetch) 방식 또는 다른 어떤 휴리스틱 기법 등). 캐시의 저장 공간은 하위 저장소와는 분리된 명칭공간을 사용하며, 어플리케이션이 명시적으로 어드레싱할 수 있다. 그 예로 분산 메모리 시스템 구현을 들 수 있는데, 그중에서도 특히 객체를 마이그레이션(migration)할 때 그렇다(Emerald [Jul 외 1988] 등).

그림 2.1은 네 유형의 캐시 구성을 보여준다. 유형에 따라 다른 구현 방법과 설계 문제가 존재하며, 실행되는 소프트웨어에 따라 서로 다른 동작을 수행한다. 이 장에서는 주로 투명성 여부에 따른 어드레싱 메커니즘에 대해 논의할 것이다(캐시의 컨텐츠는 클라이언트 또는 캐시 스스로에 의해 명시적으로 관리될 수 있다).

2.2 투명하게 어드레싱되는 캐시

투명하게 어드레싱되는 캐시는 저장소와 같은 명칭공간을 사용한다. 즉, 캐시 룩업(lookup) 동작이 저장소에 접근할 때 사용되는 객체 명칭(object name)과 같은 명칭을 사용한다는 것이다. 예를 들어, 저장소가 디스크 드라이브라면 디스크 블록 번호가 캐시를 찾기 위한 수단으로 사용된다. 만약 저장소가 주 메모리일 경우, 물리 메모리 어드레스가 캐시를 찾기 위한 수단으로 사용된다. 또한, 저장소가 광자기 또는 테이프 주크박스일 경우, 그와 관련된 식별자(identifier)가 사용된다. 이 메커니즘은 소프트웨어 캐시에도 적용된다. 예를 들어, 저장소가 운영체제의 파일 시스템이라면 파일 이름이 검색에 사용된다. 만약 저장소가 월드 와이드 웹(world-wide web)이라면 URL이 사용되며, 다른 형식에 대해서도 이와 같은 방식이 적용된다. 중요한 것은 클라이언트(어플리케이션 또는 운영체제)가 캐시 구성과 작동 방식을 모르지만 캐시를 통한 성능 향상을 얻을 수 있다는 점이다. 클라이언트가 저장소에 데이터를 요청하면, 캐시는 요청에 따라 묵시적으로 검색된다.

이 캐시는 명시적이 아니라 묵시적으로 관리되기 때문에 매 요청마다 컨텐츠를 검색해야 한다. 따라서 캐시 컨텐츠를 확인하기 위해 객체 식별자(주로 저장소의 명칭공간)를 저장하는 키나 태그를 반드시 가지고 있어야 한다. 예를 들어, 소프트웨어 캐시를 이진 검색 트리(binary search tree)로 구현할 수 있으며 솔리드 스테이트 캐시를 데이터 저장 구조와 일치하는 태그로 구현할 수도 있다. 또한, 디스크 드라이브의 상위 계층인 DRAM 기반의 캐시는 데이터 접근 전에 CAM(content-addressable memory) 룩업을 통해 정확한 물리 어드레스를 찾을 수 있도록 구현할 수도 있다[Braunstein 외 1989]. 이것은 TLB가 수행하는 일임을 명심하자.

크기가 큰 캐시가 매 검색마다 개별 키와 태그를 룩업하는 경우에는 검색에 오랜 시간이 걸리기 때문에, 다음의 두 가지 목표를 동시에 달성하기 위한 다양한 논리적 구성이 개발되고 있다.

1. 태그 검사의 횟수를 줄일 것.
2. 캐시 적중(hit) 가능성을 높일 것.

참고로 이 두 가지 목표가 지향하는 설계는 반대의 경향이 있다. 예를 들어, 목표 1을 쉽게 달성하는 방법은 특정 데이터 객체를 캐시의 단일 공간에 할당하는 것이다. 회사 건물 외부에 주차 공간을 할당하는 것과 비슷하다. 문제는 캐시가 매우 크지 않은 이상, 저장 공간 부족으로 인해 유용한 데이터를 지워야 할 수도 있다는 점이다(비유하자면, CEO의 주차 공간을 신입직원에게 다시 배정하는 것이다).

묵시적으로 어드레싱되는 캐시의 기본적인 구성은 1장에서 다루었다. 요점은 투명성을 갖는 캐시는 일반적으로 저장 공간을 등가클래스(equivalence class)나 집합으로 나누고, 블록 ID에 따라 블록을 할당한다는 점이다. 그림 2.2와 같이 특정 데이터 청크(chunk)가 할당되는 집합은 주로 블록 ID 비트의 일부에 의해 결정된다. 집합이 결정되면 데이터 블록은 해당 집합 내의 어디에나 저장될 수 있다. 특정 메모리 위치에 해당하는 블록 ID는 변하지 않기 때문에(가상으로 색인되는 캐시는 제외), 일반적으로 캐시 집합 간 블록이 옮겨지지는 않는다. 따라서 이러한 집합은 서로 배제적(exclusive) 관계를 가진다고 할 수 있다. 또한, 배제적 관계를 갖는 저장장치 간의 데이터를 파티셔닝하는 어떠한 휴리스틱 기법이라도 그림 2.2와 같이 간단한 비트 벡터 방식이 적합할 것이다.

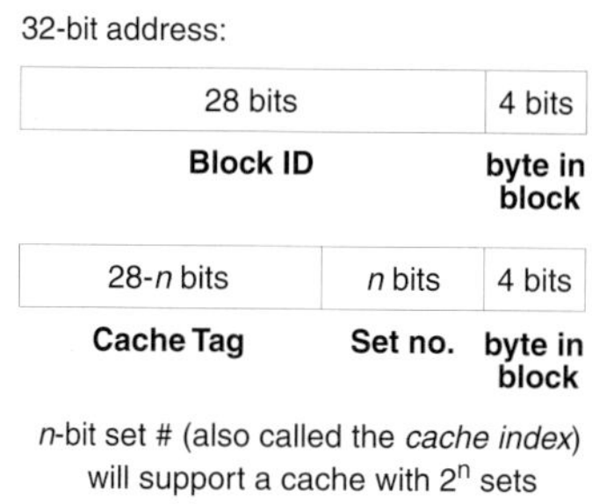

그림 2.2_ 다른 관점의 어드레스

캐시는 하나 이상의 셋(set)으로 구성되며, 각 셋은 하나 이상의 저장 슬롯으로 구성된다. 다음은 이러한 요소가 반영된 솔리드 스테이트 설계 구조들이다.

- **직접 사상 구성**(direct-mapped organization): 그림 2.3은 **직접 사상** 캐시 구조의 읽기 동작을 설명한다. 이 구성에서는 주어진 데이터가 캐시의 한 엔트리에만 존재할 수 있으며, 항목은 일반적으로 데이터의 일부 어드레스 비트에 의해 결정된다. 태그 영역의 하위 비트를 색인(index)으로 가장 많이 사용하지만, 다른 비트 집합을 사용하거나, 혹은 어드레스 해시 값으로 색인을 계산하여 원래 어드레스와는 관련이 없는 것처럼 보이는 색인을 사용하는 기법도 있다. 연관 기법은 *n*개(캐시 라인 수)의 태그 일치를 확인하지만, 이 기법은 단지 하나의 태그 일치만을 확인하는데, 이는 요청 데이터가 오직 한 군데에서만 존재할 수 있기 때문이다. 즉 캐시의 특정 위치에 데이터가 존재하지 않으

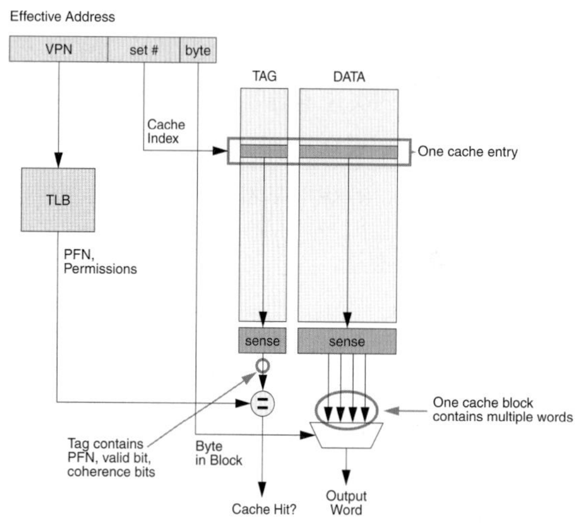

그림 2.3_ 직접 사상 캐시의 블록 다이어그램. 데이터 출력은 블록 유효 비트(메타 데이터나 태그 엔트리의 일부), 페이지 권한(TLB 엔트리의 일부) 등의 TLB 출력과 태그를 비교하여 제어된다. 유효 비트가 설정되지 않았거나 권한이 없는 블록 접근(예를 들어 읽기 전용 블록에 기록하는 것)일 경우에는, 캐시에서 데이터가 읽히지 않는다. 캐시 크기는 가상 메모리 페이지 크기와 같음에 유의해야 한다(캐시 색인은 VPN의 비트를 사용하지 않는다).

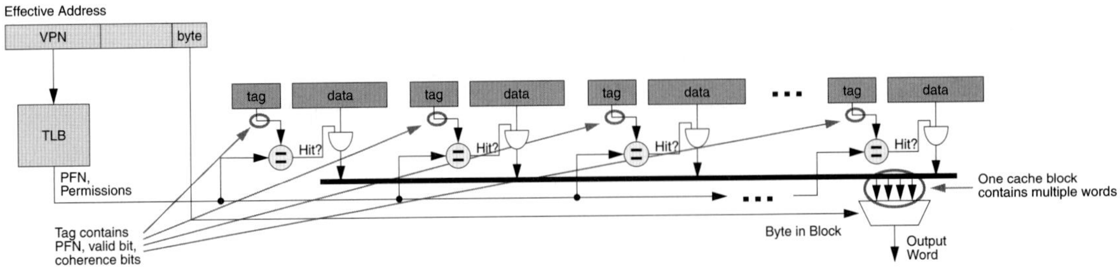

그림 2.4_ 완전 연관 룩업 메커니즘. 이 구성은 CAM(content-addressable memory)이라고도 불린다. 이 방법은 룩업 어드레스 비교를 통해 같은 태그를 갖는 모든 엔트리를 찾기 때문에 데이터베이스와 유사하다. 이 구조는 캐시 경합을 줄이지만, 모든 엔트리의 태그가 룩업 어드레스와 일치하는지 확인하기 때문에 오래 걸릴 수 있다.

면 캐시에 존재하지 않는다.

- **완전 연관 구성**(fully associative organization): 그림 2.4는 완전 연관 룩업을 보여준다. 완전 연관 구성에서 캐시는 정말 작은 하드웨어 데이터베이스이다. 데이터는 캐시의 어느 곳에나 위치할 수 있고, 태그 영역을 통해 데이터 컨텐츠를 식별한다. 검색 시에는 캐시 내에 저장된 데이터의 태그를 모두 확인한다. 만약 요청된 어드레스의 태그와 일치하는 태그가 존재하면, **캐시 적중**이며, 이는 캐시에 요청된 데이터가 있음을 의미한다.

직접 사상 캐시는 특정 데이터가 한 위치에만 존재할 수 있으므로 검색이 빠르고 작은 동적 전력을 필요로 한다는 장점이 있다. 하지만 서로 다른 데이터들이 캐시 내의 같은 장소에 저장되어야만 하기 때문에 결국 데이터 항목 **경합**(contention)이 발생한다. 이러한 현상으로 인해 캐시 내의 엔트리가 자주 대체되어 낮은 성능을 초래하는데, 이것을 **충돌에 의한 실패**(conflict miss)라 한다. 이 문제는 완전 연관 캐시를 사용함으로써 해결 가능한데, 일반적으로 이 방법은 높은 동적 전력 소모(캐시 룩업 시에 모든 태그를 비교함) 때문에 많이 사용하지 않는다. 하지만 동적 전력이 누설 전력보다 감소하면서, 앞으로 이 설계는 더욱 매력적인 선택이 될 것이다.

그림 2.5_ N웨이 집합 연관 캐시의 블록 다이어그램. 집합 연관 캐시는 몇 개의 집적 사상 캐시를 병렬로 동작시켜 구현할 수 있다. 데이터가 읽히고 출력되는 과정에는 블록 유효 비트(메타데이터나 태그 엔트리의 일부) 또는 페이지 권한(TLB 엔트리의 일부) 등의 TLB의 출력과 태그의 비교가 수행된다. 그리고 캐시 열의 크기는 가상 메모리의 페이지 크기와 같다(캐시 색인은 VPN의 비트를 사용하지 않는다).

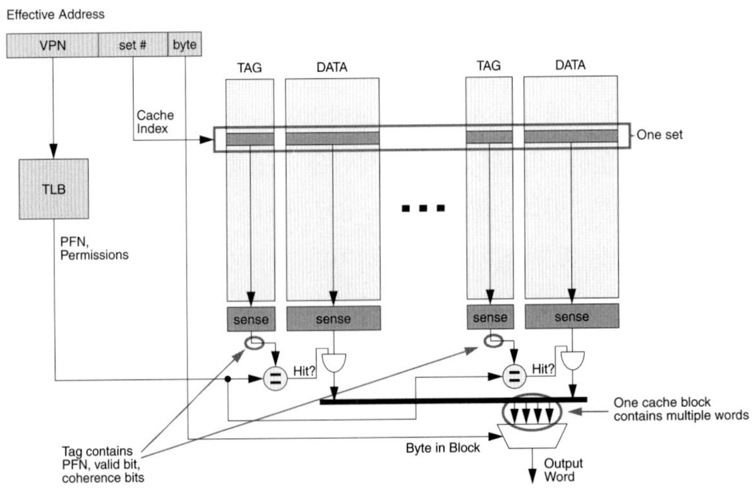

- 집합 연관 구성(set-associative organization): 집합 연관 캐시는 개념적으로 완전히 대조적인 직접 사상 캐시와 완전 연관 캐시의 사이에 존재하며, 그 둘의 장점(빠른 룩업과 낮은 경합)을 가진다. 그림 2.5와 2.6은 두 가지 집합 연관 구성을 보여준다. 그림 2.5는 주로 낮은 수준의 집합 연관에서 사용되는 직접 사상으로 이루어진 일부 캐시 구현을 보여주며, 그림 2.6은 주로 높은 수준의 집합 연관에 사용되는 '컨텐츠를 어드레싱 할 수 있는(content-addressable)' 메모리 구현을 보여준다.

이 구성들은 투명하게 어드레싱되는 캐시 구성을 사용할 때의 기본적인 것들이다. 다이어그램을 통해 알 수 있듯, 이 구성들은 솔리드 스테이트 구현 및 소프트웨어 구현에 적합하다. 예를 들어, 운영체제의 버퍼 캐시나 분산 메모리 시스템의 객체 캐시는 블록 ID나 목적 ID의 해시(그림 2.3의 직접 사상 구조와 일치한다)로 색인된 큰 배열 블록들을 이용해 구현할 수 있다. 이것은 이진 탐색 트리로 구현 가능하며, 이 경우에는 그림 2.4와 같이 병렬적으로 모든 태그를 탐색하기 때문에 완전 연관 구조와 일치한다. 또는 그림 2.6의 집합 연관 구조와 같이 이진 탐색 트리를 포함하고 있는 등가클래스들로 구현될 수도 있다(그림의 각 행은 분리된 등가클래스이다). 마지막 소프트웨어 캐시 구성은 등가클래스로의 객체 분포가 고를 경우에 객체 검색 시간을 크게 감소시킬 수 있다.

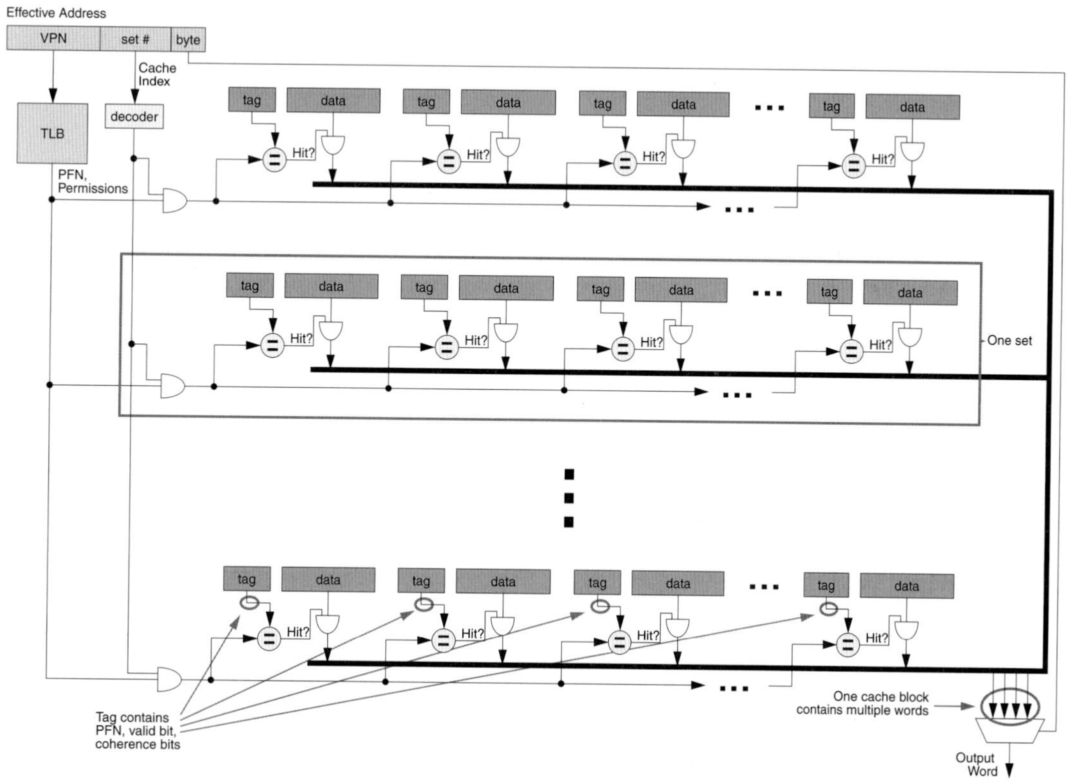

그림 2.6_ CAM으로 설계된 집합 연관 캐시. 이전의 그림에서는 몇 개의 직접 사상 캐시를 이용하여 만든 집합 연관 캐시를 보여주었는데, 이것은 연관도가 낮을 때 유용하다. 하지만 연관도가 높을 때는 CAM(완전 연관 캐시)으로 설계된 캐시가 좀 더 적절하다. 각 CAM은 하나의 데이터 집합이나 등가클래스를 뜻한다. 예로 Strong ARM은 32웨이 집합 연관 캐시로 설계되었다.

중요한 점은 투명하게 어드레싱되는 캐시가 저장소와 같은 명칭공간을 사용하므로 일반적으로 저장소에 저장된 데이터의 사본만을 보존하는 것이 가능하다는 점이다(사실상 이런 경우가 일반적이다). 즉, 어떠한 객체를 캐싱하는 것이 원본을 대체하거나 무효화시키지는 못한다. 원본은 그 자리에 있으며, 원본과 캐시 사본의 일관성을 보장하는 것은 일관성 관리 솔루션의 몫이다.

이것이 과연 논리적 구성과 어떠한 관계가 있을까? 투명하게 어드레싱되는 캐시는 객체 식별자(예를 들어, 저장소가 주 메모리일 경우 물리 어드레스)의 사본을 가지고 있어서, 캐시는 사본과 저장소와의 일관성을 투명하게 유지할 수 있다. 이러한 정보가 없으면 반드시 어플리케이션 소프트웨어가 캐시와 저장소 사이의 일관성을 유지해야 한다. 이는 프로세서 캐시에서 심각한 문제이다. 만약 캐시된 항목에 대한 물리 태그를 보존하지 않으면 캐시 하드웨어는 주 메모리에 있는 사본과의 일관성을 보장할 수 없다.

투명하게 관리되는 캐시는 컨텐츠가 묵시적으로(캐시 자체적으로) 관리되는지, 명시적으로(어플리케이션에 의해) 관리되는지에 따라 추가로 분류된다.

2.2.1 묵시적 관리: 투명성을 갖는 캐시

투명성을 갖는 캐시는 범용 프로세서 캐시에 가장 많이 사용된다. 이러한 캐시는 시스템이 최적화되지 않고 소프트웨어가 캐시의 존재를 모르는 상황에서도 시스템의 성능을 향상시키기 위한 동작을 수행한다는 장점이 있다. 하지만 이러한 캐시 구성에서는 소프트웨어가 캐시의 동작에 직접 관여하지 않기 때문에, 캐시는 반드시 어플리케이션의 동작을 파악하여 저장소로의 접근을 효과적으로 줄여야 한다. 이러한 상황에서 투명성을 갖는 캐시는 괄목할 만한 성과를 낸다.

캐시 설계 및 최적화는 파라미터화된 캐시 시뮬레이터를 이용하여 예제 벤치마크들을 다양한 파라미터 값들에 대해 수행함으로써 설계 공간(design-space) 탐색을 수행하는 과정이다. 이것은 1980년대 말과 1990년대 초에 Hennessy와 Patterson이 주장한 '정량적 접근(quantitative approach)'이다. 그들이 출간한 책의 최신판은 캐시 구성과 관련된 다양한 파라미터가 캐시 성능에 어떠한 영향을 미치는지에 대한 상세한 논의를 다루고 있다. 이 절에서는 그 책의 일부 항목만을 다룬다(우리는 아직 캐시의 다양한 정책과 전략 등의 동적인 측면은 전혀 다루지 않고 있다는 것에 유념하자).

- 캐시 실패는 캐시가 커짐에 따라 감소하며, 이 경향은 어플리케이션이 사용하는 공간이 캐시의 크기보다 작아질 때까지 계속된다. 큰 어플리케이션에 대해서, 캐시 실패에 대한 그래프를 그릴 때는 로그 스케일(log scale)로 나타내는 것이 좋다. 왜냐하면, 선형 스케일(linear scale)은 캐시의 실제 효과를 축소해 보여주는 경향이 있기 때문이다. 만약 캐시 실패 비용이 적다면 잘못된 변곡점을 쓰더라도 큰 문제가 없지만, 비용이 클 경우(예를 들어, 프로세서 파이프라인의 플러시(flush)를 필요로 하는 TLB 적중 실패나 일관성 적중 실패에 대해 연구하는 경우)에는 잘못된 변곡점은 매우 큰 차이를 발생시킨다. 예를 들어 캐시의 크기 증가에 따라 캐시 실패율이 1%, 0.1%, 그리고 0.01%로 점점 줄어들 때, 일반적인 선형 스케일에서는 직선처럼 보일 수 있고, 따라서 특별한 차

이가 없어 보일 수 있다. 하지만 로그 스케일을 사용하면 실제 캐시 실패가 사라지는 지점을 찾을 수 있다.

- 크기가 큰 캐시가 매 검색마다 개별 키와 태그를 룩업하는 경우에는 검색에 오랜 시간이 걸리기 때문에, 다음의 두 가지 목표를 동시에 달성하기 위한 다양한 논리적 구성이 개발되고 있다. 예를 들어, 프로세서 캐시는 마이크로프로세서의 사이클 시간에 지대한 영향을 미친다. 낮은 실패율을 갖는 큰 캐시는 작고 빠른 캐시에 비해 더 긴 사이클 시간이 필요할 것이고, 따라서 더 긴 실행 시간을 가진다. 사이클 시간에 대한 실패율을 플롯한 파레토 최적(pareto-optimality) 그래프는 전력 소모나 다이 면적에 따른 전체 실행 시간을 플롯한 그래프처럼 잘 들어맞는다.
- 이전 장의 마지막 부분에 언급한 것처럼, 캐시 블록 크기는 캐시 성능을 높이기 위해 사용될 수 있는 매우 유용한 파라미터이다. 블록 크기가 커지면 태그 배열과 디코더 회로의 비용(면적)이 줄어든다. 캐시 실패율에 대한 블록 크기 그래프에서 보이는 안장(saddle) 모양은 캐시 오염(cache pollution)이 언제 발생하는지 알려주지만, 이것은 캐시 크기에 따른 스케일링(scaling) 현상이다. 큰 캐시에서는 큰 크기의 블록을 사용할 수 있으며, 또한 반드시 사용하는 것이 좋다. 이것은 현대 DRAM 구조의 매우 큰 대역폭과 잘 맞아 떨어진다.

2.2.2 명시적 관리: 소프트웨어에 의해 관리되는 캐시

이제 다시 투명성을 갖는 캐시와 스크래치패드 메모리의 차이에 대한 설명으로 돌아간다. 프로그램은 묵시적으로 투명성을 갖는 캐시를 가리키고, 캐시는 참조된 데이터의 사본만을 가진다. 프로그램은 명시적으로 스크래치패드를 참조하고, 항목에 새로운 이름을 부여함으로써 데이터가 스크래치패드에 기록된다. 본질적으로, 저장소로부터 데이터를 읽어 스크래치패드 메모리로 기록하면서 새로운 데이터가 생성되지만, 원본이 파괴되지는 않는다. 따라서 같은 버전의 두 데이터가 존재하게 된다. 하지만 이 메커니즘에서는 두 버전의 데이터가 같은 데이터의 사본이 아니라 서로 다른 두 개의 데이터라고 가정하기 때문에, 하드웨어는 그 사본들의 일관성(항상 같은 값을 갖도록 함)을 고려하지 않는다. 일관성을 유지하도록 하기 위해서는 어플리케이션 소프트웨어가 필요에 따라 갱신(update)을 수행해야 한다. 앞서 언급되었듯, 이러한 점으로 인해 투명성을 가진 캐시 대비 스크래치패드 메모리는 컴파일러에 부담을 준다. 종합해보면 이 첫 번째 비교에서는 투명성을 갖는 메모리의 승리이다.

캐시는 저장소 어느 위치의 데이터라도 저장할 수 있기 때문에, 투명성을 갖는 캐시는 어떠한 데이터가 현재 캐싱되었는지 알려주는 태그가 필요하지만, 스크래치패드 메모리는 태그가 필요 없다. 솔리드 스테이트 구현 시 태그는 상당량의 다이 면적과 전력 소모를 발생시킨다. 스크래치패드 SRAM은 같은 용량의 투명성을 갖는 캐시 대비 34% 작은 면적을 차지하고 40% 작은 전력을 소비한다[Banakar 외 2002]. 이 두 번째 비교에서는 스크래치 패드의 승리이다.

범용 프로세서 캐시는 어플리케이션에 대해 투명성을 갖는 캐시 하드웨어를 주로 사용한다. 그래서 일반적으로 어플리케이션이 다루는 모든 데이터는 캐시에 저장된다. 이와 대조적으로, 스크래치패드 메모리에는 어플리케이션이 명시적으로 로드(load)와 스토어(store)를 사용하여 관리하지 않는 이상 어떠한 데이터도 저장되지 않는다. 이러한 대조적인 면은 흥미롭다. 전통적인 캐시에서는 잠재적으로 중요한 정보가 될 수도 있는 어떠한 참조(reference)된 데이터도 삭제될 수 있지만, 스크래치패드에서는 의도적으로 데이터를 지우지 않는 이상 데이터가 절대 삭제되지 않는다. 이것은 왜 스크래치패드가 투명성을 갖는 캐시보다 예측 가능한 동작을 보이는지, 그리고 왜 성능보다 예측 가능성에 가치를 두는 실시간 시스템에서는 투명성을 갖는 캐시가 잘 사용되지 않는지를 말해준다. 세 번째 비교에서는, 최소한 내장형 어플리케이션에 대해서는 또 한번 스크래치패드의 승리이다.

캐시와 스크래치패드의 장점을 함께 끌어낼 수 있는 복합 솔루션은 명시적으로 관리되는 투명성을 가진 캐시 또는 **소프트웨어에 의해 관리되는** 캐시이다[Jacob 1998]. 이러한 캐시 구성은 명시적 어드레싱보다는 컴파일러에게 더 용이한 투명성을 갖는 어드레싱을 사용한다. 하지만 컨텐츠 관리 구성은 소프트웨어에 의존한다(설계 시점에서 소프트웨어가 실행될 때의 캐시 컨텐츠를 정리한다). 또한, 캐시는 저장소와 같은 명칭공간을 사용하기 때문에 저장소와의 일관성을 자연스럽게 유지한다. 다음 장에서 다루겠지만, 캐시는 스크래치패드 메모리와 유사하게 무엇을 언제 캐시할지에 대해 프로그래머와 컴파일러에 의존한다. 주목해야 할 것은 이 구성이 모든 상황에서 최선이 아니라는 것이다. 왜냐하면, 이 구성은 태그 저장장치 또는 그와 유사한 기능이 여전히 필요하며, 솔리드 스테이트 구현에는 스크래치패드 SRAM보다도 더 많은 비용이 필요하기 때문이다.

다음은 소프트웨어에 의해 관리되는 프로세서 캐시의 예이다.

VMP: 소프트웨어에 의해 제어되는 가상 캐시

VMP 다중 프로세서[Cheriton 외 1986, 1988, 1989]는 소프트웨어로 가상 캐시의 컨텐츠와 일관성을 관리하여 일관성 프로토콜을 개발하는 설계자에게 굉장히 유연하고 강력한 도구를 제공한다. 이 설계는 큰 캐시 블록과 높은 연관 수준을 이용해 캐시 실패 횟수를 줄이고, 따라서 잠재적으로는 높은 비용을 수반하는 소프트웨어 기반의 캐시 채우기(cache-fill) 빈도도 줄여준다.

각 VMP 프로세서 노드는 중앙처리장치, 소프트웨어에 의해 제어되는 가상 캐시, 캐시 제어기, 특수한 메모리와 같은 몇 가지 하드웨어 구조를 포함한다(그림 2.7). 루트 페이지 테이블이나 폴트 핸들링(fault handling) 코드 등 폴트가 발생해서는 안 되는 객체는 분리된 **지역 메모리**(가상 메모리의 상위 비트로 구분된다)에 보존된다. 지역 메모리는 본질적으로 스크래치패드 메모리이다. SPUR(symbolic processing using RISCs)[Ritchie 1985, Hill 외 1986]처럼, VMP는 TLB가 없다. 하드웨어 테이블 워커(table-walker)를 사용하지 않는 대신, 지역 메모리에 상주하는 소프트웨어 핸들러를 이용한다. 캐시 실패가 발생하면 폴트 핸들러를 호출해 요청된 데이터를 가져온다. 이때 버스에 연결된 다른 캐시에 사본이 있으면 그 사본을 무효화(invalidation)한 후 캐시에 로드한다. 캐시 실패 핸들러가 별도의 캐시 명칭공간에 존재하지만, 이것이 시스템 내의 다른 소프트웨어 모듈들과 상호작용이 가능하다는 점에 주목하라.

흥미롭게도 VMP에서는 캐시 일관성 구현을 위해 디렉토리(directory) 구조를 사용한다. 게다가, 디렉토리

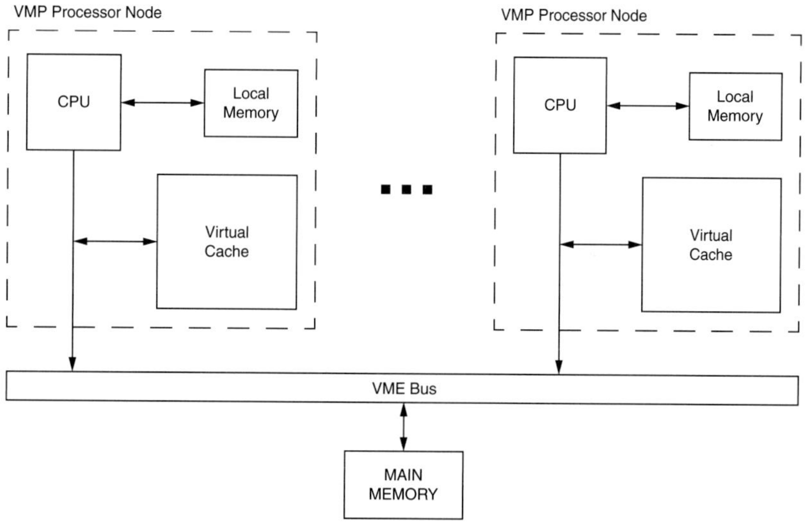

그림 2.7_ VMP 다중프로세서. 각각의 VMP 프로세서 노드는 마이크로프로세서(68020), 주 메모리의 명칭공간 외부에 존재하는 지역 캐시, 소프트웨어에 의해 제어되는 가상 캐시를 갖는다. 소프트웨어에 의해 제어되는 캐시는 필요에 따라 프로토콜을 수정할 수 있으므로 다중 프로세서 캐시 일관성 유지를 위한 설계 공간 탐색을 용이하게 한다.

가 객체에 대한 가상/물리 태그를 관리하기 때문에(따라서 주 메모리가 투명하게 일관성을 가질 수 있다), 디렉토리 구조는 페이지 테이블 캐시로도 효과적으로 사용된다. VMP 소프트웨어 구조는 변환을 빠르게 하도록 페이지 테이블을 거의 사용하지 않는 디렉토리 구조를 사용한다. 또한, 그렇게 함으로써 메모리 트래픽을 많이 감소시킬 수 있다. 이것은 소프트웨어 핸들러로 하여금 TLB의 도움 없이 캐시 채우기 동작의 일부인 어드레스 변환을 수행할 수 있게 하면서도 여전히 고성능에 대한 요구에 충족할 수 있을 만큼 빠르다. 이것의 개선된 구조[Cheriton 외 1988]는 캐시로 하여금 하드웨어 기반의 캐시 다시 채우기 동작을 자동으로 수행할 수 있게 하였다. 즉, 가상과 물리 어드레스 변환이 디렉토리 구조에서 발견되는 경우 소프트웨어 핸들러를 수행하지 않는다.

SoftVM: 캐시 채우기 명령어

미시간(Michigan) 대학의 PUMA 프로젝트를 위해 또 다른 소프트웨어로 관리되는 캐시가 설계되었다[Jacob와 Mudge 1996, 1997, 2001]. 이것은 Cheriton의 소프트웨어에 의해 제어되는 가상 캐시와 매우 비슷하지만, 캐시 채우기 동작 구조의 메커니즘에서 재미있는 차이점이 존재한다. 하드웨어는 VMP의 소프트웨어 캐시 채우기 핸들러를 호출하여 캐시 슬롯을 선택하고, 하드웨어는 소프트웨어를 대신해 로드된 데이터를 그 슬롯으로 옮겨준다. PUMA의 SoftVM 메커니즘은 시스템에서 하드웨어를 얼마나 제거할 수 있는지를 보기 위한 실험이었다. 예를 들어, 분산 메모리가 아닌 일반 메모리에 핸들러를 가지고 있었고, SPUR과 VMP와 마찬가지로 TLB를 제거하였다. 이 메커니즘은 소프트웨어에 꼭 필요한 것들을 단일 명령

어 형태로 제공한다.[2]

최하위 단계 캐시에서 가상 어드레스의 캐시 실패가 발생하면, **캐시 실패 예외**(exception)가 발생한다. 최하위 단계 캐시에서도 적중하지 못하는 어드레스를 **실패 어드레스**라 하며, 이 어드레스가 참조하는 데이터는 **실패 데이터**이다. 캐시 실패 예외(cache-miss exception)에서 하드웨어는 캐시 실패를 발생시키는 명령어의 프로그램 카운터를 저장하고 실패 핸들러를 호출한다. 실패 핸들러는 사용자 쓰레드 대신 실패 어드레스의 데이터를 로드한다. 따라서 운영체제는 반드시 어떠한 어드레스의 데이터를 로드할 수 있어야 하며, 그 데이터를 다른 어드레스로 태그하여 캐시에 저장할 수 있어야 한다. 또한, 캐시 여부에 관계없이 가상 또는 물리적으로 메모리를 참조할 수 있어야 한다. 예를 들어, 캐시 실패 예외를 피하려면 캐시 실패 핸들러는 물리 어드레스를 사용해야 한다. 캐시 실패를 발생시킨 캐싱 가능한 물리 어드레스는 예외를 발생시키지 않고, 가상공간 중 일부는 물리 어드레스에 직접 연결될 수 있으므로 이 물리 어드레스들은 캐싱이 가능하다.

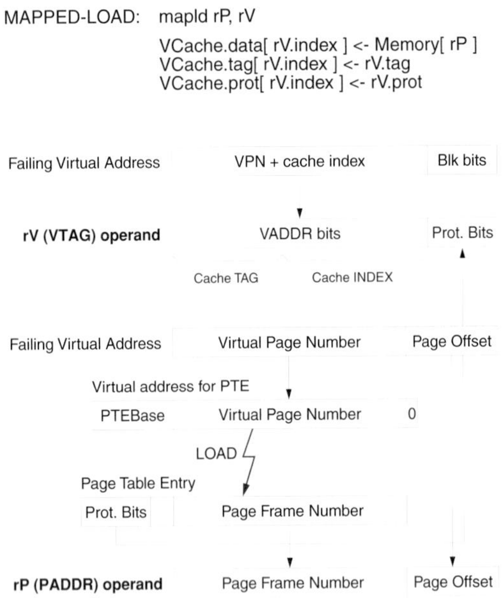

그림 2.8_ 매핑된 로드 명령어. 가장 윗부분은 문법과 명령어들이다. 아랫부분은 rV(VTAG+보호 비트)와 rP(물리 어드레스) 피연산자의 소스를 보여준다. 이 예는 MIPS와 유사한 페이지 테이블 구조를 가정한다.

가상 어드레스에 대한 캐시 실패가 발생한 후 데이터가 로드되면, 실패 어드레스에서 전달된 색인 위치에 데이터를 저장하고 실패한 어드레스의 가상 태그로 태그되어야 하며, 그렇지 않으면 원본 쓰레드는 데이터를 참조하지 못한다. 그리고 운영체제가 가상 태그와 보호 비트(protection bit)를 설정하여 들어오는 데이터 및 데이터를 읽어올 물리 어드레스를 명시하는 새로운 로드 명령어가 정의되었다. 읽어온 데이터는 명시된 태그 및 명령어 정보를 포함하여 캐시에 삽입된다. 이 기법은 ISA(instruction-set architecture)에 특수 권한 명령어(privileged instruction)(그림 2.8에 묘사한 **매핑된 로드**)를 추가해야 한다.

매핑된 로드(mapped-load) 명령어는 단순히 가상 캐시가 어떤 비트들을 태그와 보호 정보에 사용할지 명시적으로 알려주기 위한 '캐시로의 로드(load-to-cache)' 명령어이다. 즉, 이 명령어는 레지스터 파일로 로드하지 **않는다**. 이것은 아래 문법과 같이 두 개의 피연산자를 가진다.

```
mapld rP, rV    # 레지스터 P는 물리 어드레스를 가진다.
                # 레지스터 V는 가상 어드레스와 보호 비트를 가진다.
```

2 "Uniprocessor virtual memory without TLBs," by B. Jacob and T. Mudge. IEEE Transactions on Computers, 50(5), 482 – 499, May 2001. Copyright © 2001 IEEE.의 허가를 받고 일부를 재인용함.

rV 안의 보호 비트는 매핑 PTE를 통해 얻는다. **rV**의 VADDR 부분은 가상 어드레스 실패 시 발생하는데, 가상 어드레스에서 보호 정보(캐시 블록에서 한 바이트를 식별하는 데 필요한 비트 수보다 크면 안 된다)의 크기를 뺀 값의 최상위 비트 값을 의미한다. 캐시 색인과 캐시 태그 모두 VADDR(가상 어드레스)로부터 복원된다. 이 영역은 가상 페이지 수보다 크다는 것에 유의해야 한다. 하드웨어는 캐시 라인 오프셋을 넘어 가상 어드레스와 물리 어드레스가 겹치는 것을 가정해서는 안 된다. 소프트웨어(운영체제)에 의해 정의된 페이지 크기를 사용하기 위해서는 이러한 제약이 반드시 필요하다.

rP 피연산자는 요청된 데이터를 가져오기 위해 사용되는데, 이것은 가상 어드레스나 물리 어드레스를 포함할 수 있다. **rP** 피연산자에 의해 식별된 데이터는 메모리(또는 캐시)에서 얻을 수 있고, VADDR 비트와 명시된 가상 태그에 의해 결정된 캐시 블록으로 기록된다. 이를 통해 운영체제는 메모리(또는 다른 위치의 캐시)로부터 데이터를 로드하고, 임의의 캐시 블록에 어떠한 값을 태그하여 기록함으로써 캐시 실패인 데이터를 캐시로 옮길 수 있다. 이후에 원본 쓰레드가 재시작되면, 캐시 실패였던 데이터는 올바른 라인과 태그를 가지고 캐시에 존재하게 된다. 그리고 쓰레드를 재시작하면 실패했던 로드 또는 스토어 명령어가 재시도된다.

각 매핑된 로드 명령어는 원자적(atomic) 명령어이다. 로드가 바인딩(binding)을 하지 않는다는 점(어떠한 데이터도 레지스터 파일로 가져오지 않는다)은 이 명령어가 실제로 프로세서 상태를 변화시키지 않는다는 것을 의미한다. 실패한 로드나 스토어 명령어가 재시도되기 전까지는 보호 비트를 확인하지 않고, 재시도 시점에서야 보호 위반이 발생했는지 알 수 있다. 이러한 점이 하드웨어 요구조건을 단순하게 만든다. 데이터는 로드 실패가 재시도되기 전에는 레지스터 파일로 전송되지 않기 때문에, 워드 로드(load word)나 하프 워드 로드(half-word load), 바이트 로드(byte load) 등을 위한 다른 형태의 매핑된 로드 명령어가 필요하지 않다. 명령어는 특수 권한(privileged)을 가지며 사용자 수준 명령어로는 이용되지 않으므로, 매핑된 로드를 명령어 집합에 추가하는 것은 컴파일러에 영향을 미치지 않는다. 이러한 명령어는 일반적으로 어셈블리 코드로 작성된 캐시 실패 핸들러에만 존재할 것이다.

2.3 불투명하게 어드레싱되는 캐시

불투명하게 어드레싱되는 캐시는 어플리케이션 소프트웨어가 캐시의 사용법을 반드시 알아야 한다. 캐시 데이터는 저장소에서 분리된 명칭공간에 있으며, 어플리케이션이 캐시를 사용한다면 반드시 이 명칭공간을 인지해야 한다. 이 방식의 장점은 캐시 접근 시 검색(search)이나, 룩업(lookup)이 필요 없다는 점이다. 캐시로 요청된 항목은 저장소의 객체가 아니므로, 요청된 항목이 캐시에 존재하는지를 의심할 여지도 없다. 예를 들어, 어플리케이션 소프트웨어가 명시적으로 n번째 캐시 블록에 대한 컨텐츠를 캐시에 요청하면, 캐시는 태그 비교나 키 룩업 없이 컨텐츠를 돌려줄 것이다. 이러한 특징은 캐시를 구현함에 있어 큰 영향을 주었다. 예를 들어, SRAM 등의 솔리드 스테이트 기술에서 이런 유형의 캐시는 태그 비트나 더티(dirty) 비트, 그리고 투명하게 어드레싱되는 캐시에 존재하는 비교 로직이 필요 없다.

불투명하게 어드레싱되는 캐시의 보편적인 예는 어드레스 공간의 일부에 메모리 매핑된 SRAM이다(예컨

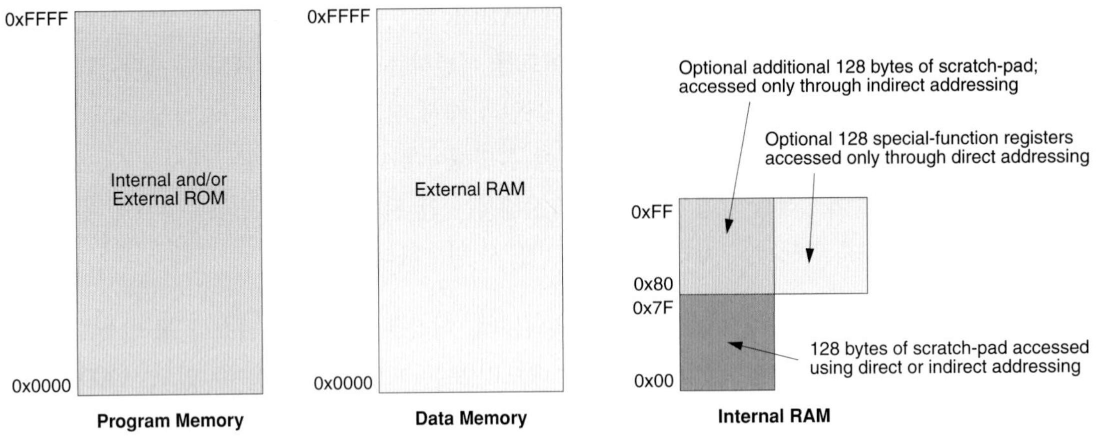

그림 2.9_ 8051 마이크로컨트롤러의 메모리 맵. 외부 또는 내부 ROM에 존재하는 프로그램 메모리는 명령어 페치를 통해 접근되며, 외부 RAM에 위치한 데이터 메모리는 MOVX 명령어를 통해 접근된다. 그리고 내부 RAM은 간접 또는 직접 어드레싱 방식으로 접근된다 [Synopsys 2002].

대, 개요장의 그림 0.4에 나온 SRAM0, SRAM1이 있다). 또 다른 예로는 컨텍스트(context)에 기반한 접근을 사용하는 저장소(storage)가 있다(예를 들어, 그림 2.9의 8051 마이크로컨트롤러 내/외부의 데이터 세그먼트가 있다). 이러한 방식은 저장소(backing store)와의 배제적 관계를 갖는다. 즉, 하나의 항목은 스크래치패드 또는 저장소에 존재할 수 있지만 양쪽에 동시에 존재할 수는 없다. 서로 다른 접근 메커니즘을 가지고, 서로의 명칭공간이 상반되기 때문이다.

이러한 종류의 캐시는 잠재적으로 많은 비용이 소모될 수도 있는 검색이 필요하지 않기 때문에, 투명하게 어드레싱되는 캐시와 같은 다양한 구성 선택이 필요 없다. 그리고 실질적으로 많은 불투명한 캐시는 간단히 말하면 큰 저장소 블록 배열이다. 하지만 캐시의 크기가 커질수록 캐시 읽기 접근 시의 접근 시간과 전력 소모가 중요해지기 때문에, 일반적인 캐시는 여러 개의 종속 뱅크들로 나누어 관리하고, 여러 뱅크 중 한 번에 하나의 뱅크만 읽기나 쓰기 동작을 수행한다. 이 파티셔닝은 투명할 수도 있고, 어플리케이션 소프트웨어에 노출될 수도 있다. 투명한 파티셔닝은 2^n개의 뱅크로 나뉜 SRAM을 예로 들 수 있다. 이러한 SRAM에서는 캐시 어드레스로부터 가져온 n비트의 벡터에 의해 하나의 뱅크가 선택된다. 반면에, 만약 파티션의 크기와 접근 비용이 상이할 경우, 각 파티션의 차이점을 소프트웨어에 알려주고 싶을 수도 있다. 이 경우 컴파일러 기반의 휴리스틱 기법(파티션과 관련된 비용에 따른 가중치를 반영한다)이 캐시될 데이터를 다양한 파티션에 할당한다.

중요한 점은 캐시가 저장소와 구분되는 명칭공간을 사용하기 때문에 저장소와 배제적 관계를 가진다는 점이다. 이러한 캐시는 저장소 내에 데이터 **사본**을 보존하지 않고 별도의 데이터를 통째로 보존한다. 명시적으로 어드레싱되는 캐시로 데이터를 이동시키면 완전히 새로운 데이터 항목이 생성되는데, 저장소 내의 원본을 가리키는 포인터가 캐시에 전달되지 않으면 캐시는 캐시된 버전과 저장소 버전 간의 일관성을 자동으로 유지하지 못한다.

여기서, 명시적으로 어드레싱되는 캐시는 컨텐츠가 명시적으로(어플리케이션 소프트웨어에 의해) 관리되는지, 묵시적으로(캐시 스스로에 의해) 관리되는지에 따라 더 상세히 분류된다.

2.3.1 명시적 관리: 스크래치패드 메모리

스크래치패드 메모리(SPM)는 어플리케이션이 모든 것을 제어한다. 스크래치패드는 명시적으로 어드레싱되고, 그 컨텐츠는 어플리케이션 소프트웨어에 의해 명시적으로 관리된다. 즉 스크래치패드 메모리의 데이터 할당은 컴파일러 등의 소프트웨어에 의해 이루어진다. 또한, 소프트웨어에 의해 관리되는 캐시처럼 동작 시간 예측이 수월하여, 묵시적으로 관리되는 캐시보다 실시간 시스템에 더 적합하다.

SPM을 사용할 때에는 어플리케이션 프로그램에서 자주 사용되는 데이터나 명령어를 SPM에 명시적으로 할당해야 하는 어려움이 있다. 전통적 접근 방식의 경우 할당을 프로그래머에게 맡긴다. 프로그래머는 소스 코드에 주석을 작성하여 변수의 메모리 영역을 직접 할당한다. 하지만 주석을 기록하는 방법은 많은 단점이 있다.

- 주석을 작성하는 것은 고된 일이며, 수작업으로 프로그래밍하는 다른 모든 작업과 마찬가지로 버그가 발생할 수 있다.
- 이로 인해 필연적으로 소프트웨어 개발 시간과 비용이 증가한다.
- 메모리 크기가 변할 때 간단하게 적용할 수 없다(다른 메모리 크기에 대해서는 다시 메모리 어드레스를 할당해야 한다).
- 시시각각으로 변하는 프로그램의 동작에 적응하기 쉽지 않다.

이런 이유로 프로그래머의 주석 방식은 점점 컴파일러가 자동으로 메모리를 할당하는 방식으로 대체되고 있다. 다음 장에서 이런 방식들에 대해 다룰 것이다.

동향: 내장형 대(vs.) 범용 시스템

앞서 언급했듯, 투명성을 갖는 캐시를 사용하면 프로그램 코드가 특정 캐시 구성에 적합하게 설계되거나 최적화되지 않은 경우에도 성능을 향상시킬 수 있다. 따라서 투명성을 갖는 캐시는 차세대 프로세서와 이전 세대 프로세서의 코드 간 하위 호환성(backward compatibility)이 매우 중요한 범용 시스템에서 큰 성공을 이루었다(현대의 프로세서에서도 예전 하드웨어에서 작성된 코드를 실행시킬 수 있을 것으로 예상된다). 반면에 SPM은 이진 코드 이식성(binary-code portability) 때문에 범용 시스템에서는 사용할 수 없다. 스크래치패드 형으로 컴파일된 코드는 보통 특정 SRAM 크기만 사용하도록 고정된다. 이진 코드 이식성은 독립적인 이진 코드들이 어떤 캐시 크기에서도 잘 동작해야 하는 데스크톱 컴퓨터에서 매우 중요하다. 하지만 많은 내장형 시스템에서 소프트웨어는 시스템 통합설계(co-design)의 일부로 간주 된다. 즉 설계가 완료된 임베디드 시스템에서 소프트웨어는 ROM에 위치하며 이후에 변경되지 않는다. 따라서 내장형 시스템에서 이진 코드를 특정 메모리 크기에 맞추는 것은 큰 문제가 아니다. 비록 실행 파일(executable)이 특정

SRAM 크기에 최적화되어 있더라도, 그 실행 파일의 소스 코드는 여전히 이식 가능하다는 점을 유념해야 한다. 다시 말하면, 다른 메모리 크기에 맞게 재컴파일은 언제든지 할 수 있다는 것이다.

투명성을 갖는 캐시는 대부분의 범용 시스템에 사용되지만, 이것을 내장형 시스템에 사용하기에는 문제가 있다. 투명성을 갖는 캐시는 면적, 비용, 전력, 적중 지연시간, 실시간 보장(real-time guarantee)에 있어서 상당한 불이익이 있다. 언급한 요소 중 적중 지연시간을 제외한 모든 요소는 범용 시스템에서보다 내장형 시스템에서 더욱 중요하다. 최근 어떠한 연구에서, 투명성을 갖는 캐시와 SPM을 자세히 비교하였다. 이 연구는 스크래치패드가 같은 용량의 캐시보다 34% 작은 면적과 40% 작은 전력 소모를 갖는 것을 보였다 [Banakar 외 2002]. 온칩 캐시가 일반적으로 프로세서 면적과 전력 소모의 25~50%를 차지하고 세대가 지남에 따라 그 비중이 점점 커지기 때문에, 스크래치패드와 캐시에서의 이러한 차이는 중요한 의미가 있다. 심지어, Banakar는 투명성을 갖는 캐시와 간단한 정적 배낭 기반 할당 알고리즘(knapsack-based allocation algorithm)을 사용하는 정적 스크래치패드 간의 성능을 비교하였는데, 놀랍게도 스크래치패드가 실행 시간 사이클 수에서 18% 더 빨랐다. 일반적 통념과 달리, 그들은 성능이 중요한 고성능 내장형 시스템에서조차 투명성을 갖는 캐시의 이점을 전혀 발견하지 못하였다.

전력, 비용, 성능 그리고 실시간 이점을 고려했을 때, 스크래치패드는 오늘날 내장형 CPU에 사용되는 SRAM의 가장 보편적인 형태이다. 스크래치패드를 사용하는 내장형 프로세서 중 저사양 칩에는 Motorola MPC500, Analog Devices ADSP-21XX, Motorola Coldfire 5206E, 중급 사양에는 ARMv6, Analog Devices ADSP-21160m, Atmel AT91-C140, ARM 968E-S, Hitachi M32R-32192, Infineon XC166, 고사양 칩에는 Analog Devices ADSP-TS201S, Hitachi SuperH-SH7050, IBM's PowerPC 405/440, Motorola Dragonball 등이 있다. 또한, IBM의 새로운 Cell Architecture, 인텔의 IXP 네트워크 프로세서 등의 게임이나 멀티미디어 어플리케이션을 위한 고성능 칩들은 모두 SPM을 가지고 있다.

최근 내장형 시스템 설계의 동향을 살펴보면 일반 프로세서뿐만 아니라 네트워크 프로세서에서도 스크래치패드의 우세가 앞으로도 계속될 것으로 보인다[LCTES Panel 2003, Banakar et al. 2002].

2.3.2 묵시적 관리: 자체 관리 스크래치패드

묵시적으로 관리되는 투명성을 갖지 않는 메모리나 **자체 관리 스크래치패드**는 특이한 캐시이다. 이 캐시들은 투명하지 않은 어드레싱 기법을 사용하므로, 캐시 데이터를 위한 고유의 명칭공간을 사용한다. 따라서 캐시는 저장소와 배제적 관계를 가진다. 이 캐시는 데이터의 사본이 아닌 실제 데이터를 갖는다. 이러한 점은 안정된 시스템 동작이나 저장 공간의 크기가 매우 중요한 환경에서 유용하다. 캐시 컨텐츠는 어플리케이션 소프트웨어가 아닌 캐시의 휴리스틱 기법에 의해 결정된다. 이것은 '캐시를 위해 명시적으로 작성되지 않은 소프트웨어'를 위한 상호 호환성(cross-compatibility)을 제공하며, 명시적으로 관리되는 캐시보다 컴파일러에게 더 용이하다.

객체가 여러 사본을 갖는 것을 허용하지 않는 분산 공유 메모리 시스템(예를 들어 Emerald의 모바일 객체

[Jul 외 1988]), 지역 저장소와 전역 저장소가 다른 명칭공간을 사용하는 형태(예를 들어 swizzling[Hosking & Moss 1990]을 수행하는 영구적인 객체 저장소), 그리고 어플리케이션을 대신하여 캐시 채우기 동작을 자동으로 수행하는 캐시 구조 등에서 위와 같은 캐시 모델을 사용하는 것이 적합하다.

2.4 가상 어드레싱과 보호

가상 어드레싱은 가상 메모리를 지원하는 시스템에서 솔리드 스테이트 캐시 구성에 적용될 수 있다. 일반적으로 이 개념은 솔리드 스테이트 구현이 아닌 경우에도 적용 가능한데, 이것은 단순히 저장소나 지역 캐시 저장소와는 독립적인 새로운 명칭공간을 만들고, 그들 사이의 매핑이 가능함을 의미한다. 하지만, 우리는 가상 메모리를 사용하기 위해 해결해야만 하는 많은 문제들이 있기 때문에 솔리드 스테이트 버전에 초점을 맞춘다.

'보호(protection)'는 운영체제에서 텍스트 페이지를 덮어쓰거나 다른 프로세스의 데이터에 접근하는 등의 데이터에 잘못 접근하는 것을 막는 것이다. 하지만 운영체제가 메모리에 접근할 때마다 이러한 동작을 수행할 수는 없다. 그에 대한 효과적인 대안으로 캐시 시스템에 관련 기능을 추가할 수 있다.

이러한 메커니즘은 특정한 명시적/묵시적 어드레싱이나 관리 기법에 국한되지 않는다는 것을 알아두어야 한다. 가상 캐시, 어드레스 공간 식별자(ASID), 그리고 보호 비트는 이 장에서 다루는 모든 캐시 구성에서 사용 가능하다.

2.4.1 가상 캐시

앞서 언급한 바와 같이, 투명성을 갖는 캐시는 캐시에 저장된 객체와 저장소의 객체가 같은 식별자를 갖는다. 가상 캐시는 이 구성에서 조금 변형된 형태이다. 프로세서 캐시의 하위 저장소는 주로 물리적으로 어드레싱되는 주 메모리이다. 따라서 모든 프로세서 캐시가 캐싱된 항목을 식별하는 데 물리 어드레스를 사용할 것이라 생각할 수 있다. 그렇지만, 가상 메모리는 완전히 다른 어드레스를 사용하는데, 이 방식은 심지어 물리 어드레스를 사용하는 것보다 더 편리할 수도 있다. 매 캐시 접근마다 캐시를 **색인**하고 **태그**를 비교한다는 점을 상기해보자. 각 동작은 데이터 블록의 가상 어드레스나 물리 어드레스를 사용할 것이다. 그러므로 캐시 구성에 있어 네 가지 가능한 경우를 생각해 볼 수 있다.

물리적으로 색인되고 태그되는 구성: 캐시는 물리 어드레스를 이용해 색인 및 태그된다. 그러므로 캐시에 접근하기 전에 반드시 가상어드레스를 물리 어드레스로 변환해야 한다. 이 구성은 캐시가 사용하는 명칭공간과 물리(주) 메모리가 사용하는 명칭공간이 같기 때문에, 운영체제의 관여 없이 온전히 하드웨어로 캐시를 관리할 수 있다는 장점이 있다. 반면에 어드레스 변환 관련 로직이 임계 경로(critical path)에 포함된다는 단점도 있다. 이 단점이 더욱 문제가 되는 것은 클록 속도의 증가, 요구되는 메모리 크기의 증가를 야기하는 어플리케이션 데이터 집합 증가, 그리고 더 큰 데이터 집합을 매핑하기 위해 더 큰 TLB가 필요하기 때문이다(크기가 큰 TLB를 빠르게 만드는 것은 매우 어렵고

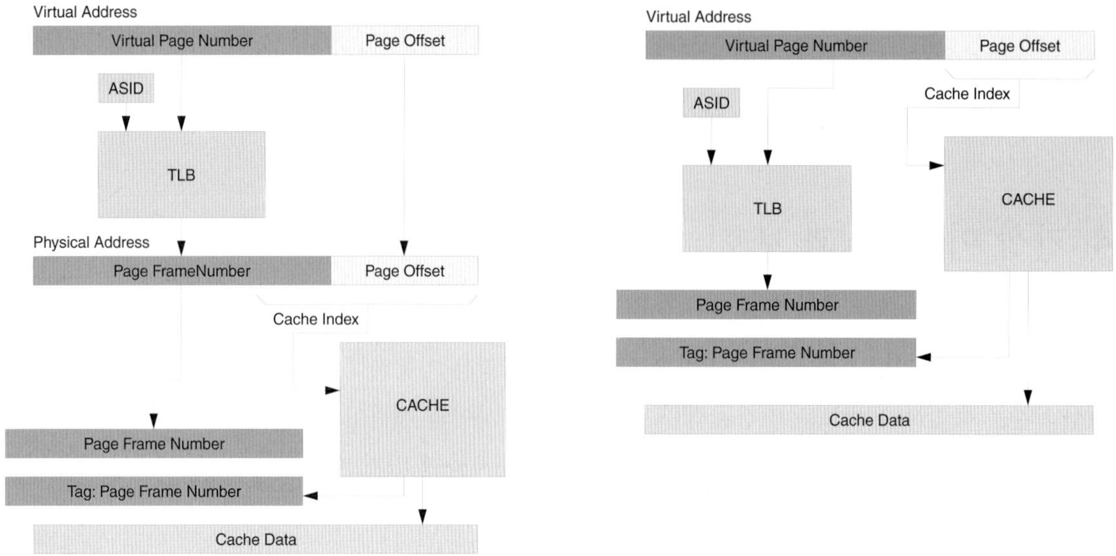

그림 2.10_ 물리적으로 색인되고 태그되는 두 캐시 구성. 오른쪽 캐시 구성은 캐시 색인을 위해 오직 페이지 오프셋 비트만 사용하며, 이것은 엄밀히 따지면 가상으로 색인되는 캐시와 같다. 이 캐시는 TLB 룩업이 왼쪽 그림처럼 캐시 색인 작업의 임계 경로(critical path)에 있지 않다는 장점이 있다. 반면에 이 캐시는 색인의 수를 증가시킬 수 없기 때문에 캐시 용량을 증가시키려면 캐시 블록의 크기나 집합 연관도를 증가시켜야 한다는 단점이 있다.

많은 비용이 든다). 물리적으로 색인 및 태그되는 두 가지 구성을 그림 2.10에 나타내었다. 이 둘의 차이점은 두 번째 구성이 페이지 오프셋 비트만을 이용하여 캐시를 색인한다는 점이다. 따라서 TLB 룩업은 색인을 위한 임계 경로에 포함되지 않는다(첫 번째 구성에서는 임계 경로에 포함된다).

물리적으로 색인되고 가상으로 태그되는 구성: 이 캐시는 물리 어드레스로 색인되지만 태그 시 가상 어드레스를 사용한다. 이 조합은 캐시 색인을 통해 태그를 읽을 수 있는 형태여서 이상한 구성으로 알려져 있다. 만약 어드레스 변환 이후에도 물리 어드레스를 사용할 수 있다면, 왜 태그에 물리 어드레스를 사용하지 않을까? 만약 두 개의 가상 어드레스가 하나의 물리 페이지를 공유한다면, 동시에 두 어드레스가 캐시 내에 존재할 수 없기 때문에 캐시 라인에서 경합이 생길 것이다. 하지만 캐시의 크기가 가상 페이지 크기와 같거나, 혹은 **캐시 통**(cache bin, 캐시 크기를 연관도로 나눈 값)이 가상 페이지 크기보다 크지 않은 경우에는, 가상 어드레스와 물리 어드레스의 페이지 오프셋이 같기 때문에 캐시를 효율적으로 색인할 수 있다. 이 구성을 그림 2.11의 왼쪽에 나타내었다. 물리적으로 색인되고 가상으로 태그되는 캐시 구성은 물리적으로 색인되고 물리적으로 태그되는 구성과 마찬가지로 운영체제가 명시적으로 캐시를 관리할 필요가 없다는 장점이 있다. 오른쪽 그림은 이 구성뿐만 아니라 앞서 설명한 구성에도 적용할 수 있는 최적화 방법이다. 캐시를 물리 어드레스로 색인할 때는 가상 페이지 비트 중 색인에 사용되는 비트들만 변환하면 된다. MIPS R6000은 TLB Slice라는 것을 사용하여 캐시 접근에 필요한 몇 비트만을 변환한다[Taylor 외 1990]. 그 변환 결과는 힌트에 불과하여 그 값이 정확성을 보장하지는 않는다. 그렇기 때문에, 이 구성은 VPN의 일부만을 사용하며 ASID는 필요로 하지 않는다.

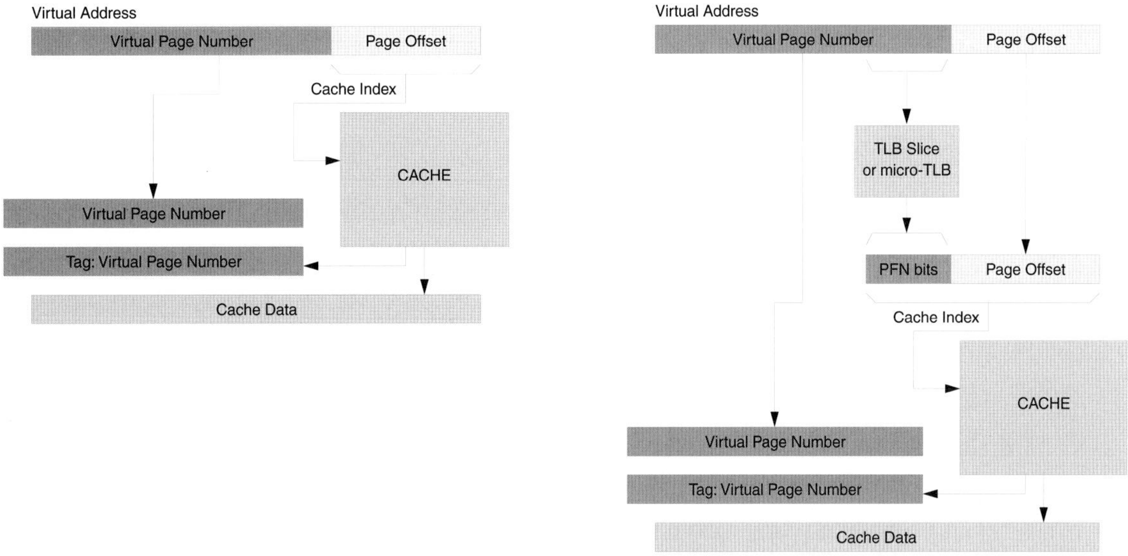

그림 2.11_ 물리적으로 색인되고, 가상으로 태그되는 두 캐시 구성. 왼쪽의 구성은 캐시 색인에 페이지 오프셋 비트만 사용한다. 이것은 엄밀히 따지면 가상으로 색인된 캐시와 같다. 이 방식은 오른쪽 그림과 같이 하나의 물리 색인을 얻기 위해 전체 TLB에 접근할 필요 없이 색인을 위한 최소한의 비트만 변환하면 된다.

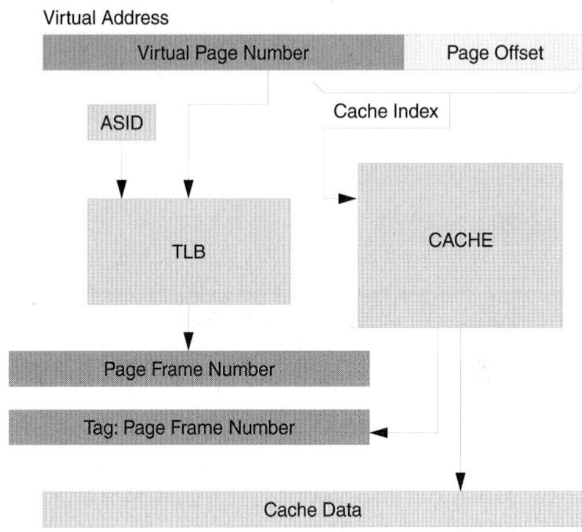

그림 2.12_ 가상으로 색인되고, 물리적으로 태그되는 캐시 구조

가상으로 색인되고 물리적으로 태그되는 구성: 이 캐시는 가상 어드레스로 색인되기 때문에 어드레스 변환 없이 바로 접근할 수 있지만, 물리 어드레스로 태그되기 때문에 어드레스 변환을 필요로 한다. 태그 비교는 캐시 색인 이후에 이루어지기 때문에 캐시 색인 작업을 하면서 동시에 어드레스를 변환을 실행할 수 있다. 즉 어드레스 변환이 반드시 필요하지만, 이 과정은 임계 경로에 영향을 주지 않는다. 이 기법은 물리적으로 색인되는 캐시보다 빠르고, 가상으로 색인되고 가상으로 태그되는 캐시보다 관리가 용이하다는 장점이 있다(즉 동일한 물리 블록을 지칭하는 다수의 별명(alias)이 한 캐시 셋 내의 여러 엔트리에 존재하는 상황이 발생하지 않도록 하드웨어적인 기법을 통해 보장한다). 그렇지만 물리적으로 색인된 캐시와는 다르게 캐시를 가상으로 색인하기 때문에 여전히 관리가 필요하다. 이 캐시 구성을 그림 2.12에 나타내었다.

가상으로 색인되고 가상으로 태그되는 구성: 이 캐시는 색인과 태그에 가상 어드레스를 이용한다. 이 설계는 어드레스 변환이 전혀 필요 없다는 장점이 있다(TLB가 필요 없다). 만약에 TLB가 사용되더라도 요구된 데이터가 캐시 내에 없을 때(캐시 실패 시)에만 사용된다. 이 경우 운영체제가 가상 어드레스를 변환한 후 물리 메모리에서 데이터를 로드해야 한다. 이때 TLB가 사용되면 이전의 어드레스 변환 기록이 TLB에 남아 있을 경우에는 변환 속도를 높일 수 있다. TLB가 임계 경로에 있지 않으므로 이 효과는 매우 클 것이다. 큰 TLB를 사용할 경우에는 더 많은 매핑 정보를 담을 수 있어 메모리 접근 빈도를 줄일 것이다. 큰 TLB의 접근 시간이 느리지만, 증가된 접근 시간은 감소된 메모리 접근 빈도로 상쇄될 것이다. 이 캐시 구성은 그림 2.13에 묘사되어 있다.

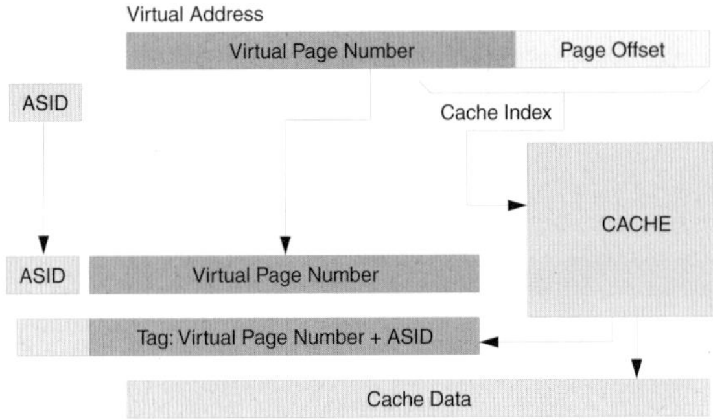

그림 2.13_ 가상으로 색인되고, 가상으로 태그되는 캐시 구조

다양한 캐시 구성 중 특정 구조가 다른 구조들보다 유용한 이유는 무엇일까? 캐시 룩업에 TLB를 사용할 수 있는 경우라면 TLB는 반드시 사용되어야 한다는 점은 분명하다. 크기가 큰 물리적으로 색인되는 캐시에서는, TLB 룩업이 캐시 접근의 임계 경로에 있는데(즉, TLB가 어드레스 변환을 끝내기 전에는 캐시에 접근할 수 없다), TLB 검색과 캐시 검색은 순차적으로 이루어지기 때문에 매우 빨리 처리해야 한다. 즉, 이 두 동작이 한 사이클 이내에 이루어지든가 혹은 두 사이클에 걸쳐 파이프라인 형태로 이루어져야 한다. 파이프라인 형태의 경우, 첫 번째 사이클에서 어드레스 변환이 이루어지고, 두 번째 사이클에서 캐시 접근이 이루어진다. 그리고 가상 색인을 이용하면(또는 그림 2.10의 오른쪽처럼 캐시의 크기를 조절하여 가상/물리 어드레스의 캐시 색인이 같은 비트 벡터를 갖도록 하면) TLB 룩업이 임계 경로로부터 벗어나 캐시 접근을 가속할 수 있다.

또 다른 예로, 캐시 적중이 TLB 적중(태그 및 페이지 수준 접근 권한에 대한 적중)에 의존한다는 점에 대해 생각해보자. 요청된 데이터가 캐시에 존재하지만, 그와 연관된 매핑 정보가 TLB에 존재하지 않는 경우가 있다. 이 경우 TLB가 다시 채워지기 전에는 캐시 접근이 되지 않기 때문에 사실상 캐시 실패나 다름없다[Jacob & Mudge 1997, 2001]. 가상으로 태그되는 캐시(그림 2.11과 그림 2.13)는 캐시 실패가 발생하지 않는 이상 TLB 검색이 필요 없고, 캐시가 클 때는 캐시 실패가 드물다. 따라서 이러한 캐시 구조는 TLB를 잘 사용하지 않기 때문에 느리고 전력 효율이 낮은 TLB를 사용할 수도 있다. 이것은 매 캐시 접근마다 TLB를 검색하는 물리 태그를 갖는 캐시 구성과는 완전히 반대의 경우다.

하지만 TLB를 분리하는 작업도 매우 까다롭다. 예를 들어 가상 태그를 갖는 캐시를 이용할 때는 직접 사상 방식을 사용하거나 운영체제 등의 클라이언트에 의해 관리되어야 한다. 가상 태그를 사용할 경우, 동일한 데이터를 여러 개의 다른 가상 어드레스로 명시하여 생성되는 여러 개의 사본들을 동일 데이터로 인식할 수 없다. 가상 태그만을 갖는 집합 연관 캐시 구성에서는 임의의 물리 영역이 여러 가상 어드레스를 통해 접근될 때, 캐시 내 복수 공간에 데이터가 존재하게 된다(심지어 한 캐시 셋 내에서도 다수의 블록에 걸쳐 존재할 수도 있다).

가상 어드레싱은 명시적/묵시적 관리와 모두 호환되지만, 가상 캐시가 하위 저장소와의 데이터 일관성을 유지해야 한다면 캐시의 각 블록에 저장소에서의 식별자(예를 들어, 솔리드 스테이트 구현에서의 물리 태그)를 반드시 포함해야 한다. 만약 캐시가 역포인터(back-pointer)를 가지고 있지 않다면 투명하게 저장소를 갱신할 수 없고, 소프트웨어가 일관성을 관리해야 한다.

2.4.2 ASID와 보호 비트

캐시의 입장에서 ASID와 보호 비트는 운영체제가 데이터 블록을 보호하도록 하는 수단이다. 멀티태스킹을 지원하는 운영체제는 각 작업(task)마다 고유의 ID를 할당하여 각 작업의 데이터 구조(예, 프로세스 제어 블록)를 따로 관리한다. 운영체제는 공유 메모리 세그먼트를 사용해 안전하게 프로세스 간에 단방향 통신 파이프를 구현한다. 이를 위해 텍스트 페이지의 읽기 전용 상태를 검사하거나 데이터 페이지의 권한을 변경(읽기 전용, 읽기/쓰기 공용, 쓰기 전용 등)하여 페이지 수준 보호를 감시한다.

일단 데이터가 캐시되면, 한 프로세스의 데이터와 다른 프로세스의 데이터를 구분하는 것에서부터 문제가 발생한다. 이것을 해결하기 위한 간단한 해결책이 많이 있지만, 간단한 해결책은 비효율적인 경우가 많다. 예를 들어, 캐시 시스템에서 ASID를 사용하지 않는 대신, 컨텍스트 스위치(context switch)나 운영체제 트랩(trap)이 발생할 때마다 캐시를 플러시(flush)할 수 있다. 어떤 캐시 시스템에서는 보호 비트를 사용하지 않고, 쓰기 동작이 가능한 데이터를 캐시에 보존하지 않는 대신, 쓰기 데이터를 곧바로 하위 저장소로 플러시할 수 있다. 물론, 캐시 시스템이 이러한 기능을 수행하는 것은 전혀 이상한 것이 아니다. 그리고 만약 캐시 시스템이 보호를 수행하도록 하려면 캐시 내부에 ASID와 보호 비트를 보존하도록 해야 한다.

물리적으로 태그되는 캐시를 사용한다면 캐시 내부 어드레스 공간 식별은 묵시적으로 이루어질 것이다. 물리적 태그를 사용함으로써 프로세스를 구분하는 부담을 가상 메모리 시스템에 넘길 수 있다(예를 들어 ASID를 입력으로 사용하는 TLB, 혹은 같은 역할을 수행하는 페이지 테이블을 사용하는 가상 메모리 시스템). 하지만, 가상으로 태그되는 캐시에서는 모든 태그가 ASID를 갖도록 해야 하는 등의 ASID 관리가 필요하다.

TLB가 보호 기능을 제공하지 않는다면 가상 캐시와 물리 캐시 모두 보호 비트를 가지고 있어야 한다. 이 경우 페이지 단위로 읽고 쓰는 동작의 보호가 이루어진다. 앞서 언급하였던 다중프로세서 시스템에서 거짓 공유(false sharing)를 감소시키기 위해 사용하는 블록이나 하위 블록 수준의 보호 메커니즘은 사용할 수 없다.

2.4.3 내재적 문제들

가상 캐시는 가상 어드레스 애일리어싱(aliasing)과 보호 비트의 수정을 복잡하게 만든다. 애일리어싱은 메모리가 다른 가상 어드레스에 공유되어 있을 때 시노님(synonym) 문제를 발생시키는데[Goodman 1987], 이것이 매우 큰 오버헤드를 발생시킨다는 사실이 밝혀졌다[Wheeler & Bershad 1992]. 쓰기 시 복사(copy-on-write) 같은 기능이 동작할 때 보호 비트가 수정되는데[Anderson 외 1991, Rashid 외 1988], 이것 또한 자주 사용되면 큰 오버헤드를 유발할 수 있다.

시노님 문제는 이중 태그 집합(dual tag sets)[Goodman 1987]이나 역포인터(back-pointers)[Wang 외 1989] 같은 기법을 사용하여 하드웨어 수준에서 해결되었다. 운영체제의 정책을 변경하여 시노님 문제를 피할 수도 있다. SunOS는 공유 페이지(shared page)가 매우 넓은 가상 어드레스 공간(가장 큰 캐시보다 커야 한다)에 정렬되도록 한다. 그렇게 함으로써 에일리어스들이 동일한 캐시 라인[3]에 매핑될 수 있게 한다. Opal[Chase 외 1992a, d, b]과 Psyche[Scott 외 1988] 등의 단일 어드레스 공간을 사용하는 운영체제는 가상 공간에서 에일리어싱이 필요 없도록 구성하여 이 문제를 해결하였다. 단일 어드레스 공간에서는 모든 공유 데이터가 전역 어드레스를 이용해 참조된다. OS/2에 적용된 것처럼 단일 어드레스 공간에서는 포인터가 프로세스 경계를 넘어 자유롭게 공유될 수 있다.

가상 캐시에서 보호 비트를 수정하는 것 또한 문제가 될 수 있다. 가상 캐시를 사용하면 캐시 실패가 발생할 때에만 TLB 접근을 하도록 할 수 있다. TLB 접근이 발생하면 보호 비트는 각각의 캐시 라인이나 매 사이클 접근되는 연관된 페이지 보호 구조체에 저장되어야 하고, 그렇지 않으면 보호는 무시된다. 어떠한 페이지의 보호 비트를 여러 캐시 라인에 복제하면, 페이지의 보호를 수정할 때 비용이 많이 든다. 이것을 해결하기 위해 전체 캐시를 플러시하거나 전체 캐시를 확인하여 영향을 받은 라인을 수정할 수 있지만 많은 비용이 소모된다.

ASID 관련 문제도 존재한다. 운영체제는 동시에 수천 개의 활성 프로세스를 관리할 수 있다. 일반적으로 프로세스를 식별하기 위해 32비트나 64비트의 숫자를 사용하기 때문에 각 프로세스는 고유한 식별자를 할당받을 것이다. 이에 반해 많은 하드웨어는 기껏해야 수십 개에서 수백 개의 프로세스를 구분할 수 있다 [Jacob & Mudge 1998b]. 예를 들어 MIPS R2000/3000은 6비트 ASID를, MIPS R10000은 8비트 ASID를, Alpha 21164는 7비트 ASID를 사용한다. 이 경우, 운영체제는 ASID를 프로세스 ID에 맞게 지속적으로 재매핑해야 하며, 재매핑을 수행할 때마다 TLB와 캐시를 플러시 해야 한다(구조에 따라 모든 TLB와 캐시가 플러시되지 않고 ASID와 관련된 캐시만 플러시하기도 한다). IBM801 방식의 세그먼트 분할을 이용하거나 [Chang & Mergen 1988] 더 큰 ASID를 갖는 구조는 이 문제로부터 상대적으로 자유롭다.

2.5 분산된, 그리고 파티션된 캐시들

많은 캐시는 분산되거나 파티션된 구성을 가지고 있다. 앞서 언급했듯이, 캐시 구성에 있어 주로 고려해야 할 사항은 캐시 분석의 용이성이다. 예를 들어, L1 캐시는 명령어 전용 캐시와 데이터 전용 캐시로 구성될 수 있다. 어떤 경우에는 1단계(level−1) 캐시라 통칭하는 것(예를 들어, "이 칩은 1MB L1 캐시를 갖고 있다")이 편리할 수도 있지만, 부분적으로 말하면 더 많은 정보를 전달할 수 있다("L1 명령어 캐시는 10% 적

3 SunOS 기법은 오직 직접 사상 가상 캐시나 물리 태그를 갖는 집합 연관 가상 캐시의 문제만 해결할 수 있다. 가상으로 색인 및 태그되는 연관 캐시에서 공유 데이터는 여전히 서로 다른 두 개의 블록에 동시에 존재할 수 있다.

중률을 가지며 L1 데이터 캐시는 90% 적중률을 가진다"와 같은 식으로 자원의 재분배의 필요성을 보여주는 경우). 주의할 점은 편의를 위해 이 구성을 통합하여 생각하더라도, 이들이 같은 메모리 계층에 존재할 필요는 없다는 점이다(1장, 그림 1.8, 1.9 참조). 계층적 웹 캐시는 서버들의 전체 하위네트워크에서 넓은 공간과 큰 용량을 웹 캐시로 활용하기 때문에 일종의 '캐시'로 생각할 수 있다.

일반적으로, 캐시라 불릴 수 있는 최소 단위는 스토리지 유닛(캐시 클라이언트에 직접 노출될 수도 있고 아닐 수도 있다)에서 어드레싱할 수 있는 가장 작은 단위의 저장소이다. 예를 들어 여러 개의 뱅크로 이루어진 솔리드 스테이트 캐시에서는 뱅크가 가장 작은 어드레싱될 수 있는 저장소이지만, 대부분의 캐시 클라이언트는 뱅크를 직접 어드레싱하지 못한다(참고로 캐시 동작을 평가하기 위한 보편적인 지표는 '뱅크 충돌'의 발생 정도이다). 다른 예로, 웹 프록시는 클라이언트 소프트웨어에 투명할 수 있다. 이 경우 클라이언트가 요청을 주 서버로 보내고 그 요청이 완전히 다른 서버로 전달되어 처리될 수 있다. 여기서 핵심은 캐시 클라이언트가 캐시의 구성 요소나 캐시 시스템을 어드레싱할 수 있을 수도, 그렇지 않을 수도 있다는 것이다. 바꿔 말하면, 캐시 내의 많은 종류의 파티션은 주로 구현을 어떻게 했는지에 관련된 사항이며, 일반적으로 클라이언트 소프트웨어에는 노출되지 않는다. 하지만, 캐시 내부 파티션을 클라이언트 소프트웨어에 직접 노출시키고 싶을 수도 있다. 예를 들어 각 파티션이 서로 다른 크기와 접근 속도를 갖게 하여 소프트웨어가 활용하도록 할 수 있다. 웹 캐시가 다양한 특색을 가질 수 있다는 점을 유념하자. 위에 언급했듯이, 프록시 서버는 감춰질 수도 있지만 클라이언트 소프트웨어나 웹 브라우저 사용자에게도 쉽게 노출될 수 있다. 다운로드를 위해 미러링 사이트를 이용하는 사용자는 가장 가까이에 있는 소스를 선택해 원하는 데이터를 다운로드한다. 이 과정은 자동화될 수도 있다. 예를 들어, 솔리드 스테이트 캐시에서 접근 속도와 용량 등이 다른 파티션이 소프트웨어에 노출된다면, 컴파일러 기반 휴리스틱 기법으로 각 파티션의 특성에 맞게 캐시 데이터를 배치할 수 있다. 이것을 정확히 하기 위해 소프트웨어 및 하드웨어 측면에서 매우 다양한 범위의 휴리스틱 기법이 연구되고 있다(3장의 '캐시 컨텐츠 관리'를 참조).

다음 절에서는 분산 또는 파티션된 캐시 구성에 대해 간략히 설명한다.

2.5.1 UMA와 NUMA

UMA와 NUMA는 **균일 메모리 접근**(uniform memory access)과 **불균일 메모리 접근**(non-uniform memory access)의 약어이다. 이 단어들은 캐시 시스템뿐만 아니라 상위 계층 메모리 시스템에서도 많이 사용된다. UMA/NUMA란 단어는 물리적으로 분리된 메모리에 대한 논의에서 많이 사용되기 때문에, 캐시의 분산이나 파티션에 관한 설명에 사용하기에 좋다. UMA 구조는 모든 메모리 접근이 같은 지연시간을 가진다. 반면 NUMA 구조는 서로 다른 어드레스에 위치한 데이터 저장소의 특성에 따라 서로 다른 지연시간을 가진다. 매우 간단해 보이는 '데이터가 저장된 장소'란 개념의 숨은 의미는 어떠한 항목의 정체가 그 항목이 저장된 위치에 의해 결정된다는 것이다. 예를 들어, 솔리드 스테이트 환경에서 한 항목의 물리 어드레스는 그 항목이 존재하는 메모리 파티션을 결정한다. 예를 들어, 16개의 메모리 노드가 존재하는 시스템에서 물리 메모리 공간은 16개로 나뉘고, 어드레스 값의 상위 4개 비트로 데이터가 속할 노드를 결정할 수 있다.

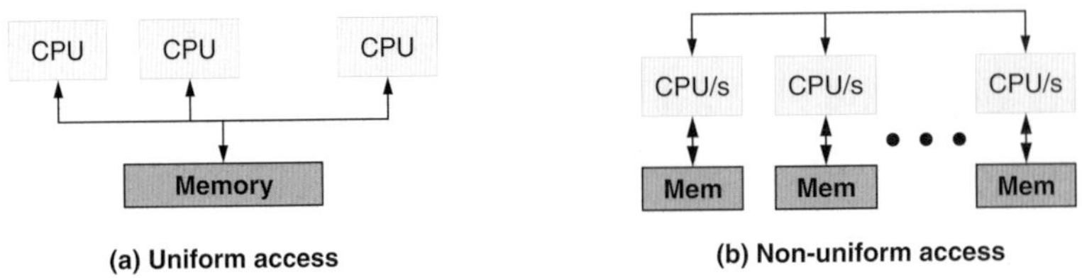

그림 2.14_ UMA와 NUMA 구조

그림 2.14(a)는 CPU의 요청이 모두 같은 메모리 시스템으로 전달되는 구조를 보여준다(이 메모리 시스템은 캐시일 수도, DRAM 시스템일 수도, 디스크일 수도 있지만 그리 중요한 부분은 아니다). 따라서 모든 메모리 요청은 말 그대로 동일한 지연시간을 갖는다. 지연시간의 차이가 생긴다면 이는 메모리 구조 때문이 아니라 메모리 기술 특성 때문일 것이다. 이것은 공유 캐시 구성(칩 수준 다중 프로세서의 최종 단계 캐시 등)이나 대칭형 다중프로세서에 일반적인 구성이다.

그림 2.14(b)는 어떠한 CPU의 메모리 요청이 수많은 하부 메모리 중 하나에서만 처리될 수 있는 구조를 보여준다. 특히, 비지역 메모리(지역 메모리가 아닌 메모리, 접근을 요청하는 CPU와 직접 연결되지 않은 메모리)로의 접근은 지역 메모리로의 접근보다 높은 지연시간을 보이는 경향이 있다. 이 구조는 AMD Opteron 또는 Alpha 21364(EV7) 등 상업용으로 많이 사용된다. ccNUMA 기반의 구조(캐시 일관성을 갖는 NUMA)에서는 각 프로세서 또는 프로세서 클러스터(cluster)가 캐시나 캐시 시스템을 관리한다. 이러한 캐시는 비지역 데이터 요청을 캐싱하여 중간 노드 트래픽과 평균 지연 시간을 줄인다.

UMA와 NUMA의 개념은 일반적인 메모리 시스템이나 캐시 시스템까지 확장할 수 있다. 왜냐하면 UMA와 NUMA가 갖는 문제가 데이터의 분할 및 배치, 비용편익(cost-benefit) 분석 등 일반적인 시스템이 갖는 문제와 동일하기 때문이다. 완전 버퍼 DIMM(fully-buffered DIMM)은 균일 구조처럼 동작하도록 설정할 수 있는 불균일 메모리 구조의 대표적인 예이다. 이 메모리는 시스템의 모든 DIMM을 지연시켜 가장 느린 DIMM의 지연시간을 갖도록 하여 균일 구조처럼 동작시킨다. 더 자세한 내용은 14장의 "완전 버퍼 DIMM 메모리 시스템"을 참조.

2.5.2 COMA

COMA(cache-only memory architecture, 캐시만 존재하는 메모리 구조)는 UMA, NUMA, ccNUMA 기반 머신의 문제를 해결하기 위해 설계된 구조다[Hagersten et al. 1992]. UMA 구조는 각 메모리가 많은 수의 노드를 갖도록 설계하기 힘들다. 그 이유는 노드가 많아지면 급격히 늘어난 공유 버스 트래픽이 시스템 성능을 제한하기 때문이다. NUMA 구조에서 정적으로 각 파티션에 데이터를 할당하면, 그 데이터를 이용하는 소프트웨어가 비지역 프로세서에서 실행될 수 있다. 이런 일은 자주 일어날 수 있으며, 불필요한 네트워크 트래픽을 유발한다. 각 연산 노드에 캐시가 있는 NUMA(ccNUMA) 구조를 사용한다고 해서 이 문제가 꼭 해결되는 것은 아니다. 많은 고성능 어플리케이션에서 사용하는 커다란 데이터 집합은 캐시 공간을 초과한다.

이 문제를 해결하기 위해 캐시와 저장소의 경계를 흐리게 만드는 COMA 구조가 제안되었다. 이 구조는 지역 캐시가 마치 지역 저장소(DRAM 시스템)와 같은 크기를 갖고 있는 것처럼 동작한다. COMA 구조는 DRAM 공간을 커다란 캐시로 인식하는 연산 노드들의 분산 시스템으로, 소프트웨어를 위해 동적 데이터 파티셔닝을 수행한다. 소프트웨어 쓰레드가 여러 연산 노드에서 실행되면, 이 구조는 필요한 모든 코드와 데이터를 각 노드의 지역 메모리로 가지고 온다. 특히 작은 양의 쓰기 공유 상황에서는 초기에 왕성한 네트워크 활동을 보인 이후, 네트워크 메모리 트래픽은 거의 없다.

COMA 구조는 큰 장점과 단점을 하나씩 가지고 있다. 장점은 지역 캐시 공간이 큰 폭으로 늘어나 지연 시간을 크게 줄일 수 있다는 점이다. 단점은 '캐시만 존재하는' 구조이기 때문에 저장소가 없다는 점이다. 이 때문에 시스템은 잔존하는 캐시 사본들을 계속 추적하여 시스템에서 사라지지 않도록 해야 한다. 이것은 캐시 일관성 메커니즘을 복잡하게 만든다. 또한, DRAM이 캐시처럼 다루어진다는 사실은 이것을 위한 태그 기능이 반드시 필요하다는 것을 의미한다. 태그 기능은 가상 메모리 시스템(이미 언급했듯, 가상 메모리 시스템은 주 메모리를 디스크 공간의 연관 캐시처럼 대한다)을 이용하여 구현되지만, 그 범위는 TLB의 범위로 제한된다. 즉 TLB 엔트리가 4KB를 매핑하고 256개의 항목을 가지면 매핑 가능한 공간은 1MB로 제한된다. 이 범위를 벗어나면 페이지 테이블 순회(traversal)와 TLB 다시 채우기(refill)가 필요할 것이다. 이 방법 대신에 특수한 하드웨어(비표준 DRAM 버스를 사용해 모든 메모리 블록에 태그 정보를 전송하는 구조 등)를 사용해 태그 비교 기능을 수행할 수도 있지만 이것은 시스템의 비용을 증가시킨다.

2.5.3 NUCA와 NuRAPID

그림 2.15는 분산/파티션된 캐시에 대한 최근 몇 가지 관점을 보여준다. NUCA와 NuRAPID(non-uniform access with replacement and placement using distance associativity, 거리 연관성을 이용한 배치, 그리고 대체를 이용한 불균일 접근 [Kim 외 2002, Chishti 외 2003]) 구조는 네트워크 온칩의 저장소 노드들을 모아 하나의 집합으로 표현한다고 하여 단일 캐시(monolithic cache)라 부른다. 하지만 이름과 다르게 실제로는 캐시 계층 체계처럼 동작하여 중앙으로부터의 거리에 따른 지연시간을 가지며, 캐시 내부 간 데이터 이동을 지원한다.

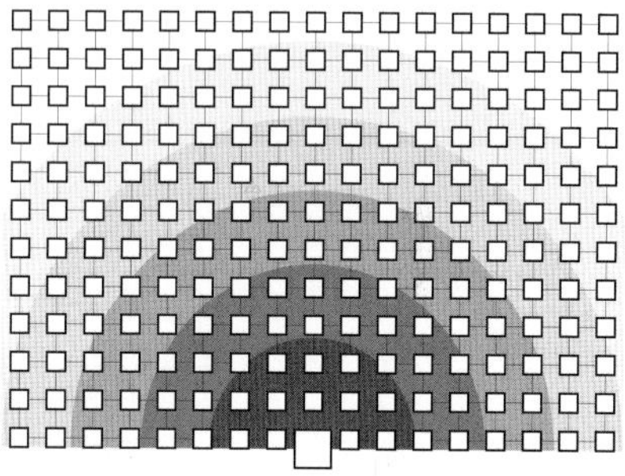

그림 2.15_ NUCA와 NuRAPID 캐시 구조. 이 캐시는 저장소 블록들의 명시적 네트워크이다. 각 저장소 블록은 중앙으로부터 블록까지의 거리에 비례하는 네트워크 지연시간을 갖는다. 그림에서 회색 톤의 변화는 중앙 점에서의 거리, 즉 지연시간을 나타낸다.

대용량 온칩 캐시는 이미 접근 블록에 따라 상이한 내부 지연시간을 갖기 때문에, 이것은 캐시를 단일 개체로 다루는 것에 대한 논쟁거리가 된다. 캐시를 취급하는 또 다른 방법은 이를 명시적 비포함(non-inclusive) 파티션의 하나라고 생각하는 것이다. 즉, 캐시를 여러 개의 집합으로 구분하고 임의의 객체를 특정 그룹에 할당할 수 있도록 하는 명명법(naming)을 사용하는 것이다. 여기서 각 집합은 비슷한 지연시간을 갖는 블록으로 이루어진다. Abraham

외 [1993]의 기법과 유사한 기법을 사용하면 캐시 안에서 데이터를 찾고, 그 위치에 대한 접근을 스케줄링 할 수 있다.

2.5.4 웹 캐시

분산 캐시의 좋은 예로 보편화되고 있는 웹 캐시[Luotonen & Altis, 1994]가 있다. 그림 2.16은 웹 기반 환경에서 사용되는 많은 종류의 웹 캐시(web cache)를 보여준다. 첫 번째로, 각 브라우저는 클라이언트 머신의 파일 시스템에 로컬 캐시(이 캐시는 운영체제 메모리에 존재하는 버퍼 캐시로 다시 캐싱된다)를 둔다. 두 번째로, 웹서버의 파일은 운영체제의 버퍼 캐시로 캐시되며 심지어 그림과 같이 디스크 드라이브 내에도 캐시가 존재한다. 그리고 마지막으로, 그림에 두 개의 다른 웹 캐시 (a)와 (b)가 있다. 웹 캐시 (a)는 서버 측 프록시 네트워크이며 메인 웹서버의 부하를 줄여준다. 서버 측 캐시는 시스템의 처리량을 증가시키며 클라이언트(소비자)의 평균 지연시간을 감소시킨다. 이러한 종류의 캐시는 또한 주 웹서버를 포함한 대부분의 연산 장비를 방화벽 뒤에 위치시켜 보안 문제를 감소시킬 수 있다. 웹 캐시 (b)는 클라이언트 측 캐시로, 외부 네트워크로 연결되는 링크의 부하를 줄임으로써 트래픽을 개선시킨다. 이 경우 쿼리(query)가 캐시에서 처리되면 아주 짧은 지연시간을 가지게 된다. 그리고 웹 캐시가 높은 적중률을 보이면, 네트워크 접근 경합이 줄기 때문에 다른 쿼리들(웹 트래픽이 아닌 것도 포함)의 지연시간과 대역폭이 향상된다.

그림 2.16처럼 웹 캐시는 네트워크의 여러 단계에 설치되고, 서로 다른 단위의 동작을 수행하며, 많은 종류의 서비스를 제공한다. 그렇기 때문에 여러 종류의 캐시는 서로 다른 고유의 문제를 가진다. 웹 캐시에 존

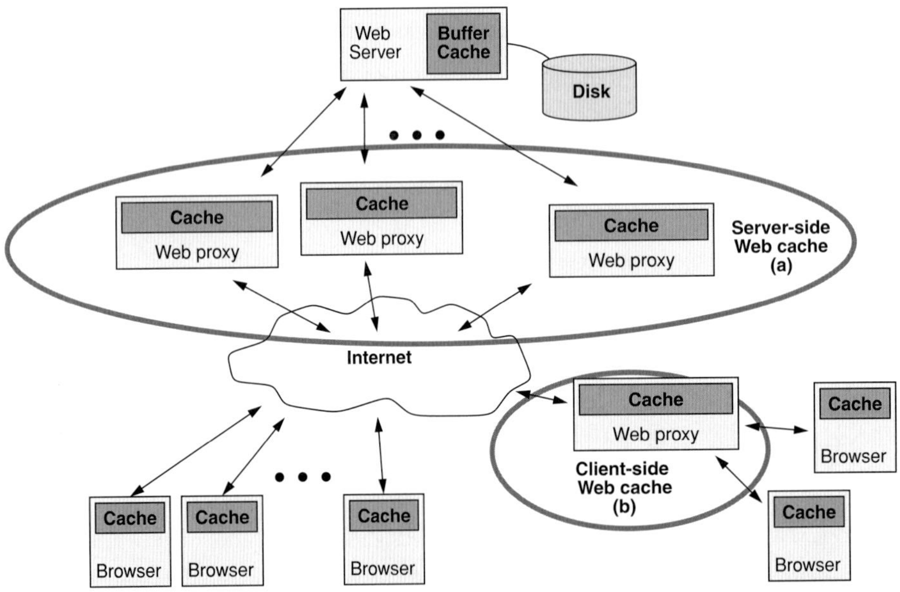

그림 2.16_ 웹 캐시 구조. 서버 관리자는 보안 이슈를 해결(예를 들어, 방화벽 바깥쪽에 프록시를 두는 것)하고, 서버의 부하를 여러 머신에 걸쳐 분산시키기 위해 웹캐시(a)를 설정한다. 부분망 관리자는 인터넷 링크의 트래픽을 감소시키기 위해 웹 캐시(b)를 설정한다. 많은 지역 요청이 캐시에서 처리될 수 있으며, 비슷하게 어떠한 브라우저의 요청이 지역망에서 처리되도록 할 수 있다.

재하는 공통적 사안은 다음과 같다.

- 대부분의 데이터는 읽기 전용이다. 읽기 전용 데이터는 일관성 문제와 관계없이 자유롭게 캐시에서 삭제될 수 있기 때문에 포함적 캐시에 유리하다. 또한 아주 큰 멀티프로세서 머신에서 사용되는 브로드캐스트(broadcast)나 복제(replication) 등의 모든 명령어 전달 기법을 적용할 수 있다. 하지만 컨텐츠가 새롭게 업데이트될 때 서버측 데이터가 무효화될 가능성 때문에 복잡한 문제가 생긴다.
- 문서 크기의 가변성으로 인해, 휴리스틱 기법이 다음의 두 가지 독립적 문제를 다뤄야 하는 심각한 문제가 발생한다. (1) 해당 문서가 캐시되어야 하는가?, 그리고 (2) 이 문서에 공간을 잘 할당하는 방법은 무엇인가? 문서의 크기를 말할 때 '바이트'가 아닌 '블록 크기' 단위는 사용하지 않으므로, 문서가 업데이트되어 용량이 증가하면 캐시 공간 확보(더 많은 블록 확보)를 위해 둘 이상의 문서를 삭제하게 될지도 모른다. 솔리드 스테이트 캐시와 버퍼 캐시에서의 간단한 대체 문제도 완전히 해결되지 않은 상황에서 다른 변수가 추가되면 문제가 더 복잡해진다. 이미 웹 캐시에 필요한 매우 많은 수의 블록 대체 정책들[Podlipnig & Böszörményi 2003]이 연구되었지만 이 문제는 아직도 꾸준히 연구되고 있다.

뿐만 아니라, 웹 캐시 관련 문제는 클라이언트 측과 서버 측의 문제로 분리해서 다룰 수 있다.

클라이언트 측 웹 캐시

클라이언트 측(client-side) 캐시는 투명하게 어드레싱되고 묵시적으로 관리되는 투명성을 갖는 캐시이다. 클라이언트 측 웹 캐시는 클라이언트 측에서 오는 요청들을 관찰하며 직접 컨텐츠를 관리해야 한다. 따라서 이 책에서 다룬 파티셔닝과 프리페칭 휴리스틱 기법(3장, 3.1.1절, "온라인 파티셔닝 휴리스틱 기법", 3.1.2절, "온라인 프리페칭 휴리스틱 기법" 등을 참조)을 포함하여 투명성을 갖는 캐시와 관련된 모든 것(마이크로프로세서와 범용 컴퓨팅 시스템에서 사용되는 솔리드 스테이트 캐시 등)을 이 캐시에 적용할 수 있다.

이러한 캐시는 데이터 무효화(invalidation)가 문제가 되는데, 주 웹서버가 캐시의 존재를 모를 수도 있기 때문에, 폴링(polling)이나 타임스탬프(timestamp)를 통해 무효화를 수행한다. 폴링을 사용하는 경우 클라이언트 측 캐시는 캐시된 문서가 최신인지를 서버에 먼저 확인받은 후에 요청한 브라우저에 제공한다. 이 때 주 서버는 프록시에 문서의 마지막 수정 시각을 알려주고, 프록시는 클라이언트에게 캐시된 문서나 새롭게 다운로드된 문서를 제공한다. 타임스탬프를 사용하는 경우, 주 서버가 각 문서마다 컨텐츠가 언제 무효화되는지를 의미하는 생존 시간(TTL, time-to-live) 값을 할당한다. 따라서 프록시는 TTL이 만료된 문서에 대해 새로운 사본을 다운받아 제공한다. 만약 주 서버가 가진 문서가 새롭게 업데이트되더라도, 프록시는 TTL 만료 시간이 지나기 전까지 캐시된 데이터가 유효하다고 판단할 것이다.

서버측 웹 캐시

서버 측(server-side) 웹 캐시는 클라이언트 측 캐시와 마찬가지로 투명하게 어드레싱되지만 컨텐츠는 주 웹 서버가 명시적으로 관리할 수 있다. 때문에 서버 측 웹 캐시는 소프트웨어로 관리되는 캐시의 예가 될 수 있다. 모든 서버 측 웹 캐시가 주 서버와 같은 관리자 도메인에 속해 있는 것은 아니다. 예를 들어, 국가 캐시는 인터넷 어드레스 공간 내의 특정 도메인 이름(*.it나 *.ch, *.de 등) 전체를 서비스한다. 이 캐시는 도메인 이름에 속한 모든 웹서버의 문서를 캐시하기 때문에, 웹서버를 소유한 단체로부터 독립적이다. 따라서 서버 측 웹 캐시도 투명하다고 할 수 있다.

이 구조는 웹 캐시와 주 서버가 같은 관리자 도메인 내에 있을 경우에만 작동하는 추가적인 메커니즘들 때문에 문서 업데이트와 무효화 과정이 좀 더 복잡하다. 예를 들어, 서버가 캐시를 완전히 통제하는 메커니즘이 동작할 때에는, 서버가 캐시로 컨텐츠를 보내면 캐시는 문서의 최신 여부를 신경 쓰지 않아도 된다. 그 외에는 클라이언트 측 캐시에서 고려되는 문제들과 동일하다.

2.5.5 버퍼 캐시

그림 2.16은 소프트웨어에 의한 데이터 캐시를 보여준다. 그림 2.17은 운영체제가 캐시에 어떻게 관여하는지를 좀 더 상세히 보여준다. DRAM에 상주하는 데이터 캐시를 구현하기 위해 운영체제 측과 디스크 측 모두에서 데이터가 캐싱된다는 점을 유념하자. 이것을 클라이언트 측 캐시(운영체제 계층)와 서버 측 캐시(디스크 계층)라 생각할 수도 있다. 즉 관리 휴리스틱 기법을 파티셔닝하는 데 고려해야 할 이 문제들이 웹 캐시 설계에서와 매우 비슷하다. 심지어 구성 요소가 현재 독립적으로 구현되었더라도 분산 캐시로 생각하고 쉽게 분석 가능하다는 점을 유념하자. 원한다면 언제든 이 두 캐시를 한 곳에서 관리할 수 있다(그리고 실제로도 고려되고 있다). 다음 절에서는 BSD(Berkeley Software Distributions) 유닉스의 버퍼 캐시 사례를 소개한다.

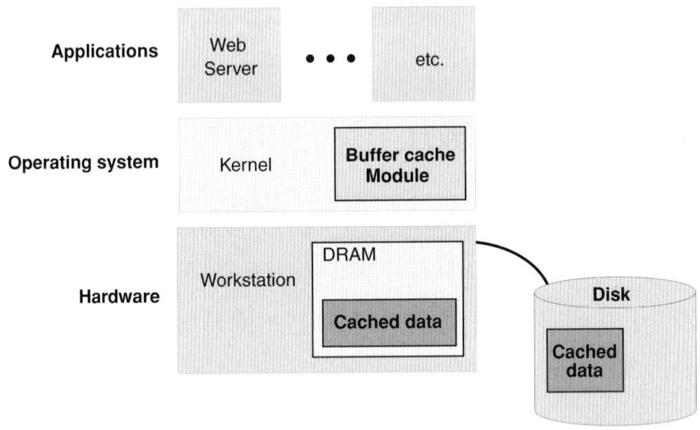

그림 2.17_ 버퍼 캐시와 디스크 캐시. 디스크 데이터는 두 장소에 캐싱된다: (a) 운영체제 버퍼 캐시에 해당하는 주 메모리 안, (b) 또 다른 DRAM 버퍼를 갖는 디스크

2.6 사례 연구

이번 장에서는 잘 알려져 있는 캐시 구성 예시를 소개하고 그 원리를 설명한다.

2.6.1 수평 배제 구조: 빅팀 캐시, 보조 캐시

수평 배제(horizontal-exclusive) 파티션의 예로 Jouppi의 빅팀 캐시(victim cache)[1990]가 있다. 이 캐시는 높은 연관성을 갖는 작은 캐시로, 제한된 연관성을 갖는 커다란 캐시와 함께 사용된다. 커다란 주 캐시에 빅팀 캐시를 추가하면, 주 캐시의 캐시 실패율은 더 높은 집합 연관성을 갖는 캐시 실패율에 근접하게 된다. 예를 들어, Jouppi는 실험을 통해 작은 완전 연관 빅팀 캐시를 추가한 직접 사상 캐시와 2웨이 집합 연관 캐시의 실패율이 유사함을 보였다.

주 캐시와 빅팀 캐시 쌍은 배제적 구조를 갖는다. 즉, 어떠한 블록이 주 캐시나 빅팀 캐시에서 존재할 수 있지만, 두 캐시 모두에서 존재할 수는 없다. 원칙상 배제적 구조에는 어떤 캐시가 특정 데이터를 가지고 있어야 하는지에 대한 중대한 매핑 문제가 존재한다. 그러나 이 메커니즘은 실제로 매우 간단하면서도 효과적이다. 빅팀 캐시의 컨텐츠는 주 캐시의 교체(replacement) 정책을 통해 결정된다. 즉, 빅팀 캐시에 존재하는 모든 데이터 항목은 주 캐시에서 쫓겨난 항목이다. 캐시 탐색(probe)은 두 캐시 모두에 대해 이루어지는데, 만약 요청된 블록이 빅팀 캐시에 존재할 경우, 그 블록은 주 캐시의 한 블록과 교체되어 배제적 관계를 보장할 수 있다. 이 주제와 관련된 많은 구조 중 하나로 HP-7200 보조 캐시[Chan 외 1996]가 있다. 이 캐시는 프로세서의 자동 스트라이드(stride) 기반의 프리페치 엔진에서 영감을 얻어 설계되었다. 이 구조에서 만약 엔진이 너무 적극적으로 프리페치를 할 경우, 새로운 데이터를 삽입하기 위해 곧 사용될 캐시 항목을 쫓아낼 수도 있다. 보조 캐시에서는 새로운 프리페치 블록이 주 캐시에 저장되는 것이 아니라 높은 연관성을 갖는 캐시에 저장된다. 그리고 이 블록은 곧 다시 참조되는 temporal locality가 나타나는 경우에만 주 캐시로 이동된다. spatial locality를 보이는 블록은 주 캐시로 이동하지 않고, 선입선출(FIFO, First In First Out) 방식으로 주 메모리로 옮겨진다. 3장에서 이 두 관리의 휴리스틱 기법을 비교한다(3.1절의 "Jouppi의 빅팀 캐시, HP-7200 보조캐시" 참조).

이전에 언급한 것처럼 직접 사상 캐시에 완전 연관 빅팀 캐시를 추가하면 2웨이 집합 연관 캐시에 근접한 성능을 낼 수 있다. 하지만 주 캐시와 빅팀 캐시는 병렬 탐색되기 때문에, 단순한 2웨이 집합 연관 캐시만을 사용할 때보다 더 많은 태그를 비교해야 하고, 따라서 더 많은 전력이 소모될 것이다. 그러나 빅팀 캐시 구조는 유사한 성능을 보이는 집합 연관 캐시보다 훨씬 작은 수의 트랜지스터를 사용한다(누설 전력은 캐시 설계에 사용한 전체 트랜지스터 수와 관련이 있다). 캐시의 누설 전력 소모는 동적 전력 소모보다 빠르게 증가하고 있기 때문에 빅팀 캐시는 앞으로 더욱 중요해질 것이다.

다음 절에서 다루겠지만, 여러 사용자가 참조하는 데이터를 파티션하기 위한 섬세한 동적 휴리스틱 기법(예를 들어 locality를 가지므로 반드시 캐시되어야 하는 것들, 혹은 스트리밍 동작을 가지므로 다른 캐시에 할당되거나 전혀 캐시되지 말아야 하는 것들)에 관한 많은 연구가 이루어졌다. 매우 간단한 휴리스틱 기법을 내장하는 단순한 구조의 빅팀 캐시는 다른 기법들에 비해 성능적으로 뒤지지 않으며, 많은 경우에서 더 좋은 성능을 내기도 한다.

빅팀 캐시와 유사한 캐시 구조(및 관리 휴리스틱 기법)는 많은 운영체제에서 가상 메모리 코드로 구현된다. 가상 메모리 시스템은 I/O 시스템의 버퍼 캐시와 비슷한 개념의 물리 페이지 풀(pool)을 사용한다(앞서 다룬 BSD를 참조). 두 캐시는 호출 구조에 따른 큰 차이점이 존재한다. I/O 시스템은 어플리케이션이 직접 호출하기 때문에 특정 페이지 집합에 대한 모든 사용자 활동을 관찰할 수 있다. 반면 가상 메모리 시스템은 투명하게 동작하기 때문에 변환이 필요할 때 간접적으로 호출되고, 따라서 특정 페이지 집합에 대한 사용자 수준 활동을 거의 볼 수 없다. 디스크 시스템에 대한 모든 접근은 시스템 콜(system call)을 통해서 처리된다. 즉, 사용자 어플리케이션은 디스크 시스템을 읽고 쓰기 위해 운영체제의 소프트웨어 루틴(routine)을 명시적으로 호출한다. 가상 메모리 시스템에서 사용자 어플리케이션은 특수한 경우(TLB 실패, 보호 위반, 페이지 폴트)를 제외한 모든 경우에 운영체제의 관여 없이 직접 메모리에 접근한다. 가상 메모리 시스템은 I/O 시스템과는 달리 각 페이지의 대체 적합성(예를 들어, 페이지가 얼마나 최근에, 얼마나 자주 참조되었는가 등)을 판단하기 위한 페이지 접근 통계를 관리하는 방법이 없기 때문에, 운영체제가 이런 통계 없이도 어플리케이션의 동작을 추론할 수 있어야 한다.

이 문제를 해결하기 위한 방법으로 **클록** 알고리즘과 같은 여러 알고리즘들이 제안되었다[Corbato 1968, Bensoussan 외 1972, Carr & Hennessy 1981]. 이 알고리즘들은 페이지가 접근되었는지 확인하기 위한 '**사용(use) 비트**'를 하드웨어를 통해 구현하고, LRU 기법을 통해 페이지를 관리한다. 클록 알고리즘은 페이지 목록을 주기적으로 확인하여, 페이지가 최근 사용되지 않았을 경우 대체(replacement) 준비 표시를 한다. 현대 프로세서 구조는 일반적으로 **사용** 비트를 지원하지 않는다. 왜냐하면 각 페이지의 참조 정보를 운영체제로 전달하기 위해 일반적으로 하드웨어가 페이지 테이블을 직접 수정하기 때문이다(Bensoussan 외[1972] 등), 이 방법은 현재로서는 터무니없이 큰 오버헤드라 생각된다. 하지만 현대 프로세서 구조들은 보호 비트를 지원하기 때문에 클록 알고리즘과 비슷한 동작을 할 수 있다. 즉, 페이지를 읽기 불가(non-readable)로 태그 해둠으로써, 페이지를 처음 접근할 때 운영체제의 페이지 보호 위반 핸들러(page-protection-violation handler)가 호출되고, 이때 일부 비트를 설정할 수 있다. 일정 기간 내에 페이지가 접근되지 않으면 핸들러는 호출되지 않고, 해당 페이지의 일부 비트도 설정되지 않는다. Mach의 MIPS R2000 포트에서 이 메커니즘을 큐의 집합으로 구현하였다. 이 방법에서 페이지는 클록 알고리즘 주기 동안 얼마나 최근에 접근되었는지를 기준으로 큐 중 하나에 존재하게 된다. 모든 미사용 페이지는 **가용 큐**(available queue)로 이동되고, 모든 참조된 페이지는 **사용 큐**(in-use queue)로 이동된다. 따라서 물리 페이지는 여러 주기 동안 관찰되고, 주기가 만료되어 대체되기 전에 참조됨으로써 유용성이 입증된다. 이 메커니즘은 빅팀 캐시처럼 데이터에 두 번의 기회를 제공한다. 미사용으로 판단되거나 대체될 것으로 태그된 블록은 즉시 버려지지 않고 빅팀 캐시들(큐들)로 보내져 다시 한 번 기회를 얻는다.

2.6.2 소프트웨어 구현: BSD의 버퍼 캐시

4.3BSD 유닉스의 버퍼 캐시는 솔리드 스테이트 캐시 구현이 아닌 경우에서의 구조 선택을 보여주는 좋은 예이다. 버퍼 캐시는 운영체제의 한 부분으로, 디스크 블록을 관리하고 디스크 데이터 중 가장 유용한 데이터를 주 메모리에 보존한다. 일반적으로, 디스크 I/O를 잘 버퍼링하는 것은 프로세서 캐시를 이용해 주 메모리의 지연시간을 숨기는 것 이상으로 중요하다.

BSD 버퍼 캐시는 간단한 집합 연관 캐시 구조뿐만 아니라, 블록 크기가 동적으로 결정되는 캐시 구조를 가

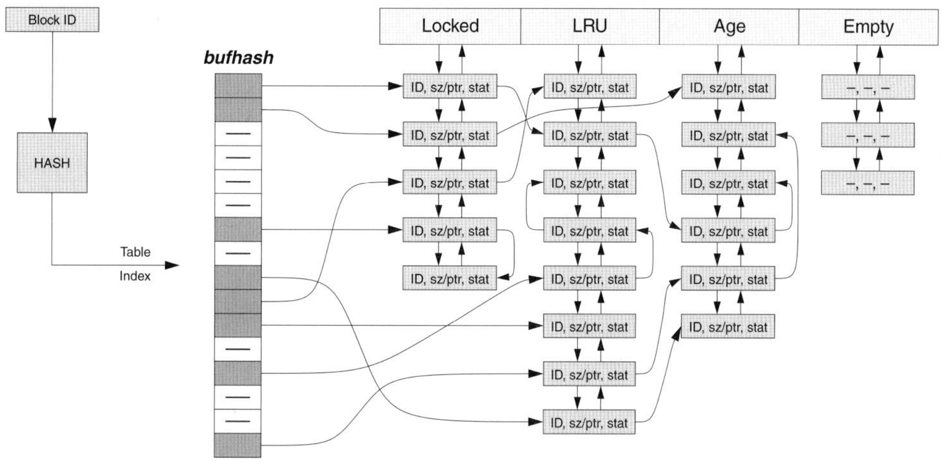

그림 2.18_ 4.3BSD 유닉스의 버퍼 캐시. 블록 ID 기반 캐시 블록 룩업은 버프해시 배열((bufhash array) 기반 큐를 사용한다. 배열의 크기는 검색 큐의 길이를 최소화할 수 있도록 결정된다. 컨텍스트 기반 검색은 다이어그램 제일 위에 있는 4개의 큐를 사용한다. 락(locked) 큐는 절대 버려선 안 되는 중요한 블록(슈퍼블록(superblock) 등)을 보존한다. LRU 큐는 시간 순서로 블록을 보존한다. 에이지(age) 큐는 재사용 가능한 블록을 보존한다. 그리고 엠티(empty) 큐는 물리적 공간이 할당되지 않은 블록을 보존한다.

지고 있다. 가변 크기의 캐시 블록의 또 다른 예는 현대적인 개념의 디스크 캐시와 다음 절에서 설명할 트레이스(trace) 캐시가 있다.

소프트웨어에 의해 관리되는 집합 연관 캐시

그림 2.18은 버퍼 캐시(버퍼 풀이라고도 한다)의 구성을 나타낸다. 한 블록은 가변 크기인 데이터(sz와 ptr 영역), 디스크와 블록 위치 식별자, 그리고 블록 더티 여부나 데이터 전송 상황(디스크로부터 데이터를 기다리고 있는지 등)을 나타내는 상태 비트 등을 가진다.

캐시의 모든 블록은 정확히 두 개의 큐(queue)에 존재한다. 왼쪽에서 들어오는 큐는 해시 큐이며, 주어진 ID를 통해 빠른 블록 룩업을 할 수 있다. 위에서 내려오는 큐는 대체(replacement, 컨텐츠 관리 휴리스틱 기법으로, 다음 장에서 더 자세히 다룬다)를 결정할 때 사용하며, 리스트의 특정 블록에 대해 성능에 영향을 미치지 않고 대체될 수 있는 정도를 수치화하여 지정한다. 락(locked) 큐는 캐시에서 플러시되면 안 되는 블록을 보존한다(이 방법은 데드락(deadlock) 문제로 인해 사용하지 않게 되었다). LRU 큐는 마지막으로 사용된 시간 순서대로 중요한 디스크 블록을 보존한다. 에이지(age) 큐는 두 개로 구성되는데, 하나는 가치가 판명되지 않은 블록(예측을 통해 페치된 데이터 등)을 보존하는 큐이고 다른 하나는 오래되고 단기간 내에 사용되지 않을 것이라 예상되는 블록을 보존하는 큐이다. 에이지 큐의 항목은 유용하다고 예상되는 순서로 배열되어 있다. 엠티(empty) 큐는 주 메모리 공간이 남아 있지 않은 캐시 블록을 보존한다. 이것은 동적으로 결정되는 블록 크기 때문에 발생하는 부작용이며, 이와 관련하여 곧 논의할 것이다. 엠티 큐의 캐시 블록은 사용할 수 없으며, 그저 메모리 공간의 여유가 생기기를 기다린다.

버퍼 풀에서 캐시된 블록을 찾기 위해서는, 우선 해당 블록의 식별자를 해싱하여 색인을 만들어내고, 이것을 큐 헤드를 갖고 있는 버프해시(bufhash) 배열에 넣는다. 그러면 요청된 캐시 블록이 들어 있는 큐를 선형 검색을 통해 찾을 수 있다. 요청된 블록을 찾으면, 이 블록이 LRU나 에이지 큐에 있었더라도 LRU 큐의 제일 뒤로 옮겨진다(이것은 항목이 요청됨으로써 그 항목의 유용성이 검증되었을 때, 에이지 큐에서 LRU 큐로 블록을 옮기는 방법이다). 해시 큐 간에는 블록이 옮겨지지 않는다. 특정 블록은 언제나 해시 곱을 통해 식별된 특정 큐에만 존재한다(ID가 변하지 않으므로 큐는 항상 같다). 이것은 집합 연관 구성에 대한 명확한 예를 보여준다. 각 해시 큐는 동적으로 결정되는 카디널리티(cardinality)로 구성되는 등가클래스를 대표한다(예를 들어 큐의 컨텐츠가 버퍼 캐시에서 제공하는 요청 스트림에 의해 결정되기 때문에 어떤 해시 큐는 많은 블록을 가질 수 있지만, 다른 해시 큐들은 비어 있을 수 있다).

캐시는 캐시로 들어오는 디스크 데이터를 보관할 블록을 결정하기 위해 최상위 큐부터 검색한다. 에이지 큐는 유용성이 의심스러운 데이터를 가지고 있으므로 가장 먼저 검색된다. 이 큐가 버퍼를 지니고 있다면, 해당 버퍼는 들어오는 데이터를 위해 재사용된다. 만약 에이지 큐가 비어 있거나 들어오는 데이터를 보존하기 위한 충분한 공간이 없다면, 다음으로 LRU 큐를 검색한다. LRU 큐에서는 어떠한 블록이 사용되면 큐의 가장 뒤에 놓기 때문에, 빈 공간을 할당할 때에는 가장 앞에 놓인 가장 오래된 블록이 선택된다. 이는 캐시의 룩업 메커니즘과 유사하다. 이 또한 집합 연관 구조이며, 서로 다른 휴리스틱 기법들이 각각의 집합(셋)에 적용될 수 있다. LRU 집합은 시간 순서로 관리되지만, 오래된 집합은 완전히 다른 방식으로 관리된다(예를 들어 프리페치된 블록은 큐의 뒤에 두고, 새롭게 생성된 빈 블록은 큐의 앞에 놓이며, 새롭게 생성된 빈 블록은 앞에서부터 추출된다).

이 캐시는 투명하게 어드레싱되어, 자주 검색 및 색인된다. 캐시 검색에 사용하는 키(key)는 저장소의 ID인 디스크 블록 번호이다. 캐시의 클라이언트와 이 캐시가 같은 개체를 통해 관리되기 때문에(예를 들어, 운영체제는 버퍼 캐시를 직접 사용 및 관리한다), 이 캐시는 명시적으로 관리되는 캐시이다. 따라서 대부분의 운영체제의 다른 버퍼 캐시처럼, 이 캐시는 소프트웨어에 의해 관리되는 캐시의 예로 볼 수 있다.

동적으로 정의된 캐시 블록

앞선 논의에서 캐시의 저장 단위가 '캐시 블록'이라 하였는데, BSD 버퍼 캐시는 이와 다르게 512바이트 크기의 디스크 블록을 보존하지 않고 파일 조각을 보존한다. 크기 측면에서 파일의 범위는 매우 넓고, 이러한 파일로의 요청 범위도 매우 넓기 때문에, 버퍼 캐시는 고정된 블록 크기가 아닌 다양한 크기를 수용하기 위해 설계된다. 블록의 크기는 디스크 블록의 크기(512바이트)까지 작아질 수 있고, 512바이트의 배수인 8KB까지의 범위를 갖는다. 초기화 시에는 모든 버퍼가 2KB의 물리 공간을 할당받는다.

만약 요청된 디스크 블록이나 디스크 블록 범위가 버퍼 캐시에서 발견되지 않을 경우, 필요하다면 에이지 큐나 LRU 큐에서 캐시 블록을 끌어와 공간을 할당한다. 그리고 컨텐츠의 상태가 더티일 경우 디스크에 데이터를 기록한다. 예를 들어, 3KB의 데이터를 요청한다고 가정해보자. 만약 처음 얻은 블록이 정확히 3KB의 크기를 가지면, 이 과정은 완료된다. 그렇지 않을 경우 아래와 같은 동작이 일어난다.

- 만약 처음 할당 받은 블록이 3KB보다 작을 경우(예를 들어, 2KB), 두 번째 블록을 할당 받는다. 만약 두 번째가 블록이 1KB이하라면, 이 블록의 저장 공간이 첫 번째 블록의 저장 공간으로 더해지고, 두 번째 블록은 빈 공간이 되어 엠티 큐로 옮겨진다. 만약 두 번째가 1KB보다 더 큰 저장 공간을 가지면, 1KB의 저장 공간은 첫 번째 블록에 더해지고, 두 번째 블록은 새로운 요청에 대해 할당될 수 있으므로 에이지 큐의 앞부분으로 옮겨진다.
- 반면 첫 번째 블록이 3KB보다 큰 공간을 할당받았을 경우, 초과분은 엠티 큐에 있는 블록에 할당되고, 에이지 큐의 앞부분으로 옮겨진다. 만약 엠티 큐가 블록을 가지고 있지 않다면, 초과분은 그냥 첫 번째 블록에 남게 되고, 다른 용도로 사용되기까지 낭비된다.

캐시가 하나의 원자적 캐시 블록 크기인 512바이트를 지원하도록 하면 위와 같은 복잡한 동작을 하지는 않을 것이다. 하지만 기본적인 캐시 구성 및 동작은 요청 단위에 근거한 동적 논리 블록 크기에 맞춰져 있다(논리 블록은 원자적 블록의 배수로 동적으로 결합된다).

2.6.3 또 다른 동적 캐시 블록: 트레이스 캐시

BSD 버퍼 캐시의 동적 캐시 블록과 비슷한 예로 익히 들어보았을 **트레이스 캐시**(trace cache)가 있다. 트레이스 캐시는 동적으로 결합되는 캐시 블록을 구현한 솔리드 스테이트 캐시이다. 캐시 블록 컨텐츠는 저장소의 여러 개의 불연속 바이트 스트림을 대변한다. BSD 버퍼 캐시는 들어오는 요청의 크기에 맞춰서 캐시 블록 크기를 변경하지만 저장소 내의 연속된 바이트 스트림에서 데이터를 가져온다. 이와는 다르게 트레이스 캐시는 동적으로 블록 크기와 컨텐츠를 재정의한다. 블록 단위의 동작에서, 트레이스 캐시는 최대 3개의 불연속 위치의 블록을 하나의 블록 데이터로 결합한다(블록 내 명령어는 연속 배열을 갖는다).

트레이스 캐시 메커니즘은 높은 대역폭의 명령어 페치를 제공하는 문제를 직접 다룬다. 오늘날 명령어 패치의 문제는 다음과 같다.

- 기본 블록의 크기가 작고 조건 분기(branch)가 자주 발생한다.
- 명령 이슈(instruction issue)와 실행 대역폭을 맞춰야 하기 때문에 명령어 페치에 대한 큰 대역폭이 필요하다. 또한 이를 맞추기 위해서는 반드시 여러 개의 분기를 한 사이클 내에 예측해야 한다.
- 한 사이클에 여러 분기를 예측한다 하더라도, 그에 대응하는 다수의 페치 어드레스가 있어야 한다. 여러 캐시 블록의 명령어는 한 클록 사이클 만에 페치되어야 하고, 분리된 명령어 스트림(각 명령어는 하나의 캐시 블록 전체 또는 일부를 차지한다)은 원하는 실행 순서대로 재배열되어야 한다.

트레이스 캐시는 다른 기본 블록에 있는 명령어들을 하나의 캐시 블록에 모아서 이 문제를 해결하였다. 이 방식에서는 제어 흐름 경로(control-flow path)가 예측되기 때문에, 제어 흐름 그래프를 통해 각 캐시 블록은 **트레이스**[Fisher 1981]를 나타낸다. 이 방식은 여러 기본 블록을 하나의 페치 단위로 모음으로써 여러 캐시 블록을 페치해야 하는 필요성을 제거하였고, 페치된 명령어를 재배열해야 하는 필요성까지도 제거하였다.

트레이스 캐시 메커니즘은 캐시 블록을 동적으로 재정의한다는 점에서 특히 흥미롭다. 캐시 블록은 일반적으로 저장소에서의 연속 데이터 항목의 집합으로 간주되기 때문에, 저장소에서의 페칭을 편리하게 해주는 단위임을 기억해야 한다. 여기서 편리하다는 말은 데이터를 저장소(메모리나 캐시 컨트롤러)에서 페치하는 메커니즘 관점에서의 이야기이다. 트레이스 캐시는 프로세서 코어가 필요로 하는 명령어의 동적 재조합을 통해(컴파일러가 데이터를 모으는 것과는 대조적이다) 캐시 블록의 개념을 재정립한다. 이것은 프로세서 코어의 관점에서는 캐시에 존재하는 블록을 명령어를 페치하기 편한 단위로 바꾸는 것이다. 이 메커니즘은 캐시 구조, 컨텐츠 관리 휴리스틱 기법의 복합 구조, 그리고 비정통적인 캐시 구조 사이를 완전히 넘나드는 것이다. 캐시 블록이 분리된 스트림(과거 분기)의 명령어를 가질 수 있게 하는 것은 독특한 캐시 구조 변형이다. 이렇게 캐시 블록을 동적으로 조합하는 것은 컨텐츠 관리 휴리스틱 기법의 한 형태라 할 수 있다.

이어지는 절에서는 이전에 제안되고 만들어졌던 다양한 형태의 트레이스 캐시(ELI와 ROPE에서의 페치 메커니즘, 트리형 VLIW 구조, 채우기 유닛, 섀도우 캐시, 명령어 캐시의 동적 흐름, 트레이스 캐시)를 설명한다. 그리고 이 캐시의 발전상을 역사적인 관점에서 볼 수 있도록 일부 연구를 소개한다. 트레이스 캐시 블록이 분리된 스트림을 갖는 점과 동적 조합을 갖는 점은 1970년대 후반과 1980년대의 연구에서 뿌리를 찾을 수 있다. 관련 역사는 다음과 같다.

- 매우 긴 명령어 단어(VLIW, very long instruction word) 구조에 관련한 연구에서 명령어 페치와 관련한 문제가 나타나다(1980).
- ELI, ROPE와 같은 다양한 구조가 동시 다발적인 분기 명령어와 불연속 스트림에서의 동시 명령어 페치를 지원하다(1980~1985).
- 트리형 VLIW를 이용해 불연속 명령어 스트림을 같은 캐시 블록에 넣다(1987).
- 채우기 유닛이 순차적인 스트림에서 캐시 블록을 동적으로 조합하고, 필요시 명령어를 재배열하다(1988).
- 여러 분기를 하나의 사이클에서 예측하다(1993).
- 섀도우 캐시(shadow cache)가 불연속 스트림에서 명령어를 조합하여 캐시 블록을 동적으로 조합하다(1994).
- 동적 흐름 명령어 캐시(dynamic flow instruction cache)로 불리는 트레이스 캐시가 Peleg와 Weiser에 의해 특허로 등록되다(1995).
- 넓은 범위에 걸쳐 명령어 페치에 대한 많은 해법이 탐색되고, 근접하지 않은 스트림 페치에 대한 어려움이 강조되다(1995).
- 범용 캐시 블록 구조에서 두개가 넘는(예: 3개의 연속 스트림) 명령어 캐시를 동적으로 조합하는 트레이스 캐시가 나타나다(1996).

VLIW와 명령어 페치 문제

연산 유닛에 명령어를 제공하기 위한 충분한 페치 대역폭을 확보하는 것은 예전부터 존재했던 문제이다.

초기 VLIW 구조(수평적 마이크로코드라고도 불린다) 연구들은 이 문제가 근본적으로 성능을 제한하는 요소라는 것을 알아냈다. 특히 분기(branch)의 밀도, 불연속적일 수도 있는 스트림에서의 동작 필요성, 여러 조건 분기의 동시 수행(오늘날의 예측에 해당한다)에 대한 필요성 등을 예로 들었다.

> — 지금까지 살펴본 모든 광폭(wide) 마이크로 엔진 설계는 근본적으로 광폭 명령어 하나당 하나의 테스트(조건 분기) 명령어만 예약(schedule) 가능하다는 심각한 결점이 있다. 따라서 아무리 많은 FU와 데이터 경로가 존재하더라도, 한 번에 하나의 테스트만 수행되므로 심각한 병목 현상이 생길 것이다. [Fisher 1980, p. 65]
>
> 기본 블록 내의 명령어는 대개 순차 의존성을 가지기 때문에, 여러 개의 기본 블록 단위 코드를 재배열해야 한다. 수평적 마이크로코드에서는 많은 수의 데이터 경로 연산이 동시에 시작될 수 있다. 여러 개의 조건부 점프(jump)가 한 번에 처리되지 않으면, 순차라인 코드로의 점프 비율이 허용할 수 없을 정도로 높아진다. 게다가 조건부 점프 비율이 높아지면, 순차적으로 다음 명령어를 프리페치하는 일반적인 프리페치 메커니즘의 효율이 떨어진다 [Karplus & Nicolau 1985, p 12].

이 문제를 해결하기 위해 섬세한 스케줄링과 명령어 팩킹(packing) 기술이 개발되었는데, 이 기술은 매 사이클마다 꾸준히 들어오는 여러 개의 명령어 스트림을 (컴파일러와 스케줄링 지원 소프트웨어에 맞게 잘 설계된) 백엔드(back-end) 프로세서 코어에 전달하도록 하였다(Fisher[1980, 1981, 1983], Fisher 외[1984], Karplus와 Nicolau[1985], Ebcioglu[1987, 1988], Aiken와 Nicolau[1988] 등). 현대의 트레이스 캐시를 닮은 이 두 기법은 ELI와 ROPE 메커니즘으로, 이 기법들은 다중 경로 분기 및 논리적으로 불연속인 코드 위치로부터의 명령어 페치를 지원한다. ELI는 명시적 VLIW 구조이며, ROPE는 VLIW와 순차적(RISC나 CISC) 프로세싱 구조를 모두 고려하는 범용 명령어 페치 메커니즘이다.

ELI와 ROPE에서의 다중 경로 분기와 분리된 명령어 페치. Fisher가 이 문제를 잘 정리하여 현재 구조에도 그 논리가 잘 적용된다.

> — VLIW와 벡터 머신의 비교를 통해 각 방식의 장단점과 해결해야 할 것들에 대해 알아보자. VLIW는 세밀하고 밀접하게 결합되지만 논리적으로 관련 없는 작업들을 단일 명령어로 만든다. 벡터 머신은 세밀하고 밀접하게 결합되고 논리적으로 관련 있는 많은 수의 벡터 요소에 대해 한 번에 처리한다. 또한 벡터 머신은 VLIW와 달리 테스트 사이에 다양한 동작을 병렬로 수행할 수 있고, 메모리가 전체 또는 일부 배열을 참조할 수 있도록 구성할 수 있다. 하지만 벡터 머신은 다른 이유로 인해 체계적인 범용 코드를 수행하지 못한다. 어떻게 하면 두 방식의 단점을 극복하고 장점을 얻을 수 있을까?
>
> VLIW는 영리한 점프 메커니즘이 필요하다.
>
> 기본 블록이 짧다는 것은 지역 병렬성의 부족 및 낮은 테스트 동작 비율을 의미한다. 만약 매 사이클마다 아주 많은 연산을 수행하려면, 사이클 당 하나 이상의 테스트를 준비해야 할 것이다[Fisher 1983, pp. 145 – 146].

ELI: 극도로 긴 명령어(extremely long instructions). 당시의 해결책은 다중 경로 분기를 사용하는 것이었고, ELI의 메커니즘은 독립적인 분기를 동시에 수행했기 때문에 이전의 기법들과는 달랐다. ELI는 여러 조건 분기문을 하나의 VLIW 명령어에 삽입하여 명령어를 동시에 처리했다 [Fisher 1980, 1983].

그러나 지연 없이 다중 경로 분기를 수행하기 위해서는 분기 이후 수행될 가능성이 있는 모든 명령어들을 동시에 프리페치해야 한다. 그림 2.19는 ELI의 해결책 중 하나인 다중 뱅크를 갖는 명령어 메모리를 보여준다. 이 메모리는 서로 다른 뱅크의 동일한 오프셋에 매핑된 여러 타겟 코드 블록의 명령어 스트림을 다중 분기와 같은 수준으로 인터리빙(interleaving)한다. n개의 뱅크는 동시에 동일한 색인(하나의 논리적 캐시 블록)에 접근해 n개의 타겟 명령어 스트림을 읽어내고, 이 중 하나가 분기 해결 하드웨어를 통해 최종적으로 선택된다.

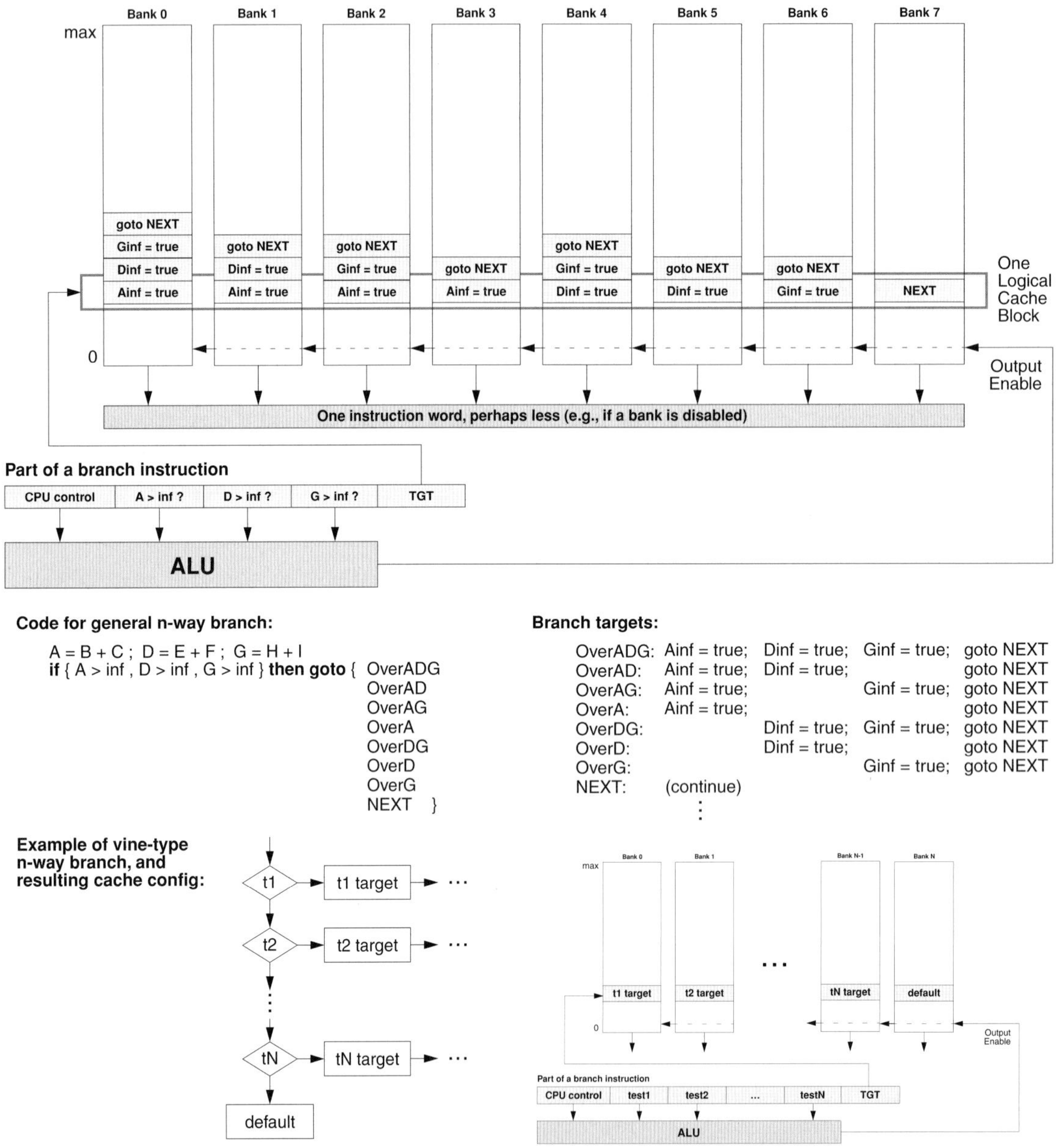

그림 2.19_ Fisher의 ELI 구조의 명령어 페치. 2^n개의 분기 대상을 가진 N웨이 분기 명령어를 해결하기 위한 메커니즘을 보여준다. 모든 대상은 같은 VLIW 명령어 내의 개별 명령어 스트림이 저장된 위치를 가리킨다. 그림의 가장 아래쪽은 마이크로 명령어 처리 방식을 구현할 코드이다. 최근의 ELI 구현은 분기 구조를 단순화해 바인(vine)이라 부르는 'if-then-else 선형 체인'을 지원하며, 이는 아래 그림에 나타나 있다.

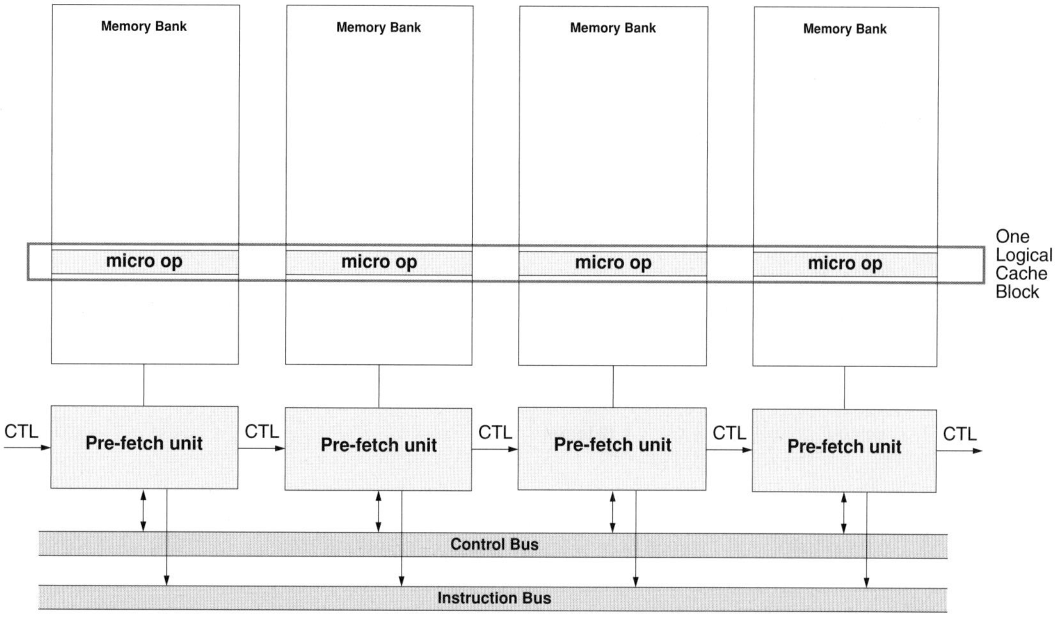

그림 2.20_ Karplus의 ROPE 메커니즘

ROPE: 프리페치 요소들의 링(ring of prefetch elements)

Karplus와 Nicolau[1985]는 범용 고대역폭 페치 엔진을 이용하여 그림 2.20에 나타난 ROPE라는 유사 다중 뱅크 기법을 구현했다. ROPE는 VLIW와 순차적 RISC/CISC 모두에 대해 높은 명령어 페치 대역폭을 요구하는 모든 백엔드 프로세서 구조 지원을 목표로 한다. ELI와 마찬가지로 ROPE는 지연(stall)을 방지하기 위해 다중 경로 분기와 다중 뱅크 페치 구조를 사용한다. ROPE와 ELI 패치 엔진을 비교하면, ROPE의 뱅크는 서로에게 종속되지 않는다는 큰 차이가 있다(ELI의 경우는 종속된다). ROPE의 프리페치 엔진은 독립적으로 동작하며 링을 통해 다음 목표 어드레스를 다음 요소로 전달한다. 따라서 각 요소가 동시에 페치 가능한데, 그 결과 많은 수의 불연속적 명령어 스트림이 출력될 수 있다.

트리형 VLIW 명령어들

ELI는 논리적으로 불연속인 다수의 명령어 스트림으로 이루어진 논리적 캐시 블록을 지원한다고 할 수 있다. 하지만 이 명령어 스트림은 사실 물리 어드레스 관점에서는 연속이다. 상당수의 하드웨어와 컴파일러는 다중 경로 분기를 지원하기 위해 불연속인 명령어를 합쳐 동일한 물리 명령어 워드로 만든다.

이와 유사한 메커니즘 중 트레이스 캐시 개념(순차 제어 흐름이 멈추는 것을 줄이기 위해 캐시 블록이 원자적 명령어를 갖도록 하는 것)에 가까운 것은 트리형 VLIW 명령어 워드(1987년과 1988년에 Ebcioglu에 의해 제안되었으나, 훨씬 이후에 명명되었다)이다. 명령어 워드 내의 모든 원자적 명령어가 실행된 이후에 조건 분기를 수행하는 이전 VLIW 구조와 달리, 이 구조는 긴 명령어 워드 내 원자적 명령어의 조건 실행

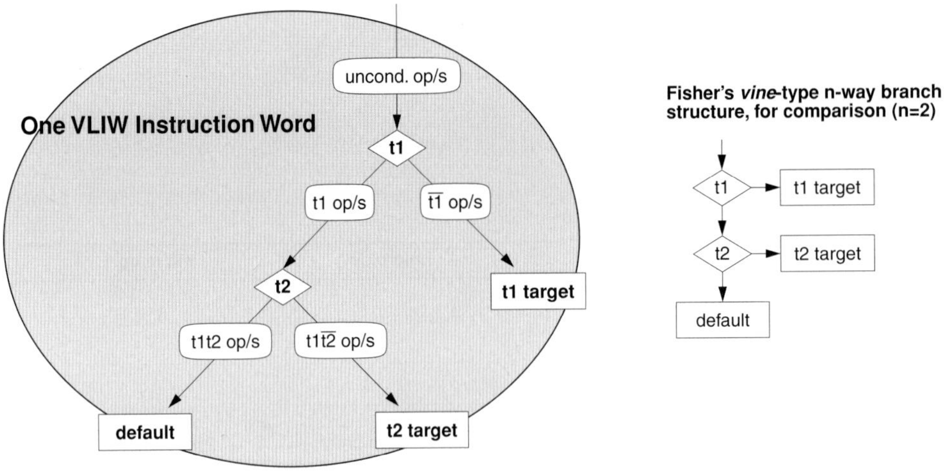

그림 2.21_ Ebcioglu의 트리형 명령어 워드이다. 제어 흐름 그래프(하나의 VLIW 명령어를 나타낸다)의 각 에지(edge)에서 다수의 조건부 연산 배치가 가능하다. 이것들은 제어 흐름 그래프를 통해 동적으로 실행되는 경우에만 조건적이다. 이 그림은 각 테스트의 논리 값 1과 2가 각 연산 또는 연산 집합을 수행하는 데 필요한 것을 보여준다(예를 들어 블록이 실행될 때 만약 t1과 t2가 동적으로 참과 거짓으로 평가된다면, 't1t2 op/s'는 0개나 그 이상의 명령어 개수를 뜻한다).

지원을 전제로 한다. 그림 2.21에 이 구조가 나타나 있다. DAG는 다중 경로의 제어가 존재하는 500~1,800비트 폭의 단일 명령어를 나타낸다. 이 구조에서는 오직 제어 경로를 **획득한** 원자적 명령어들만 실행된다. 명령어 워드가 다수의 제어 경로를 포함하기 때문에, 명시적으로 다수의 분리된 명령어 스트림을 보존하는 캐시 설계를 정의한다. 이때 가장 작은 타겟 워드 크기(500비트)에서도 각 명령어 스트림은 잠재적으로 매우 길 수 있다. 이 다중 분기 동작의 구조는 Fisher의 바인(vine) 구조의 n=2인 구성이다[Fisher 1983].

채우기 유닛

캐시 블록 컨텐츠를 동적으로 결합하는 아이디어는 Melvin의 채우기 유닛(fill unit)[Melvin 외 1988]에서 처음 사용되었다. 이 유닛은 디코딩된 명령어 캐시 블록으로 마이크로연산들(RISC 같은 명령어 등)을 동적으로 재정렬 및 재조합하며, 주 메모리나 디코딩되지 않은 명령어 캐시에서 오는 명령어를 수용한다. 채우기 유닛은 프리페치 버퍼, 마이크로연산 발생기(generator), 어드레스 리애일리어스(re-alias) 유닛 그리고 디코딩된 명령어 캐시들과 상호 협력(그림 2.22 참조)한다. 채우기 유닛은 들어오는 명령어를 해석 및 재정렬(reorder)하고, 레지스터 피연산자를 재명명하고, 백엔드 프로세싱 코어가 원하는 형식으로 재변환한다(이것은 컴파일러의 목표와는 많이 다를 수 있다). 채우기 유닛은 동적으로 명령어 스트림을 재정의, 명령어 간 의존도 검사를 수행하면서 명령어 그룹을 만든다. 이 과정에서 분기가 발견되거나 명령어 캐시 블록의 용량이 초과하면 그 그룹을 **마무리한다**(명령어 캐시 블록을 채우는 동작을 중지하여 명령어 페치의 경계를 정의한다). 그림에서 회색조로 표시한 결합 부분은 현대의 트레이스 캐시와 매우 유사하지만, 이 설계는 제어 흐름의 변화를 유발하는 긴 순차 명령어를 만들지 않으려 한다.

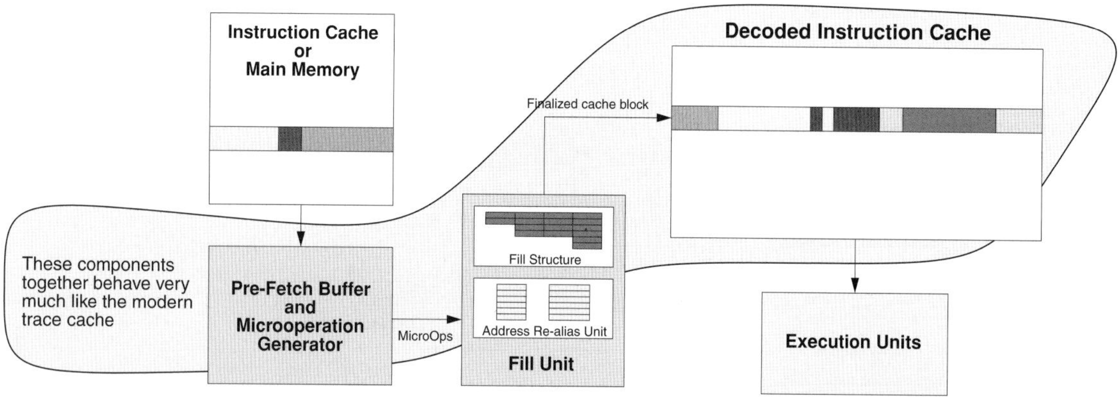

그림 2.22_ Melvin의 채우기 유닛과 그와 관련된 메커니즘

다중 분기 예측기와 분기 어드레스 캐시

Fisher는 VLIW가 영리한 점프 메커니즘이 필요하다고 지적하였는데[1983], 이것은 다중 명령어를 동시에 수행하는 모든 스칼라 구조(scalar architecture)에 해당한다. 현대의 구조들은 대개 다중 경로 분기 명령어와 1980년대의 구조를 사용하지 않는데, 그 이유는 주로 정확한 분기 예측의 발전 때문이다(구체적으로 2단계 적응형 분기 예측기[sic] [Yeh & Patt 1991], n비트 포화 업다운 카운터 테이블 등의 적응형 상태 기계를 도입한 Jim Smith의 동적 예측기[1981b], Lee & Smith[1984]에 의해 소개되고 분기당 *n*비트 이력(history) 사용으로 두 단계 접근을 소개한 Yeh & Patt에 의해 정적 트레이닝 기법으로 소개된 **분기 이력(history) 기반 예측 기법**). 양방향 분기 하나를 성공적으로 예측하는 것은 1980년대의 다중 방향 분기에 필요한 명령어 페치 대역폭을 지원한다. 하지만 이것은 1990년대 중반의 구조에서는 여전히 불충분하다. 이때의 구조는 매 사이클마다 두 개 이상의 기본 명령어 블록이 필요하기 때문이다.

페치할 명령어의 가시 윈도(visible window)를 증가시키기 위해, Yeh는 사이클당 두 분기를 예측하는 분기 예측기와 매 사이클당 다중 목표 어드레스를 제공하는 분기 어드레스 캐시를 설계하였다[Yeh 외 1993]. 이 메커니즘들은 많은 뱅크와 가상 멀티 포트를 사용해 사이클당 4개의 불연속적 캐시 블록을 제공한다는 점에서 ELI와 RIOE의 명령어 캐시의 흔적이 남아 있다고 할 수 있다. 다중 분기 예측기와 분기 어드레스 캐시가 합쳐진 메커니즘은 메모리상에서 잠재적으로 불연속인 명령어 스트림을 전달하는 목표를 가졌다는 점에서 트레이스 캐시와 유사하다. Melvin의 채우기 유닛과 마찬가지로, 이 메커니즘은 제어 흐름을 크게 변화시킬 수 있는 명령어 시퀀스를 하나의 캐시 블록(물리적이든 논리적이든)에 집어넣지 않는다.

섀도우 캐시

이것과 관련해서('이것'에 관해 정리하자면, 불연속적인 명령어들로 채워진 캐시 블록을 메모리 공간에 동적으로 생성하는 것은, 제어 흐름 결정의 반대 측면에 해당하는 다중 명령어 스트림에 해당한다는 것),

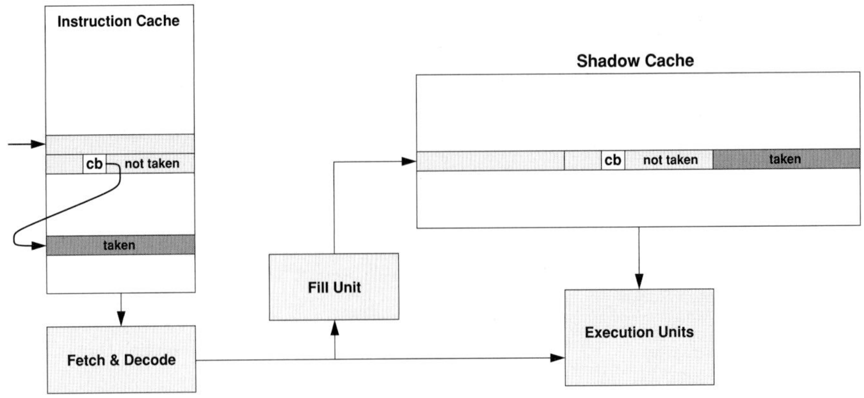

그림 2.23_ Franklin의 섀도우 캐시 메커니즘

Franklin과 Smotherman[1994]은 **섀도우 캐시**(shadow cache)라고 불리는 진정한 트레이스 캐시를 처음으로 제시하였다. 섀도우 캐시는 코드 공간의 분리된 영역에 있는 섀도우 캐시 블록을 수정된 채우기 유닛(그림 2.23 참조)을 이용해 동적으로 결합한다. 섀도우 캐시는 명령어 캐시와 병렬로 동작하며, 명령어 캐시로부터 채워진다(Melvin 채우기 유닛과 Rotenberg의 트레이스 캐시와 유사하다). 이 설계는 지난 하나의 분기를 포함할 수 있는 선형 명령어 배열을 생성한다. 이 기법은 정해지지 않은 수의 분기 처리를 확장하는 데는 별로 적합하지 않다. 왜냐하면 적어도 이 논문에서는 분기를 통해 선택된 경로와 선택되지 않은 경로의 명령어 모두를 섀도우 캐시 블록 내에 보존해야 하기 때문이다.

이런 방식으로 캐시 블록을 동적으로 정의하면 기본 블록을 통해 동적으로 결정된 두 개의 경로가 두 개의 다른 캐시 블록을 생성할 수 있다. 이 경우 캐시가 복제된 명령어들을 보존해야 하기 때문에 사실상 캐시의 용량을 감소시킨다는 단점이 있다. 이는 섀도우 캐시에 한정된 것이 아니라 동적으로 다중 명령어 트레이스를 형성하는 일반적인 트레이스 캐시 개념 모두에 해당된다.

구현 측면에서 섀도우 캐시는 비순차 슈퍼스칼라와 VLIW의 중간 정도의 실행 구조를 갖는다. 섀도우 캐시는 순차 구조에서의 프로그래밍과 컴파일러 목표 단순화를 통해 VLIW 구현을 단순화할 수 있다. 현대 트레이스 캐시와 비교했을 때, 섀도우 캐시는 페치 순서보다 이슈된 순서에 맞춰 명령어들을 보존한다. 이것은 실질적으로 VLIW 백엔드(back-end)에 해당하며, 채우기 유닛과 섀도우 캐시는 사실상 프로그램과 컴파일러로부터 구현 세부 사항을 감춘다.

페치와 정렬 범위 전략

Conte는 전통적인 캐시 설계를 이용한 다양한 명령어 페치 구조를 탐색하였다. 그는 하나 이상의 블록에 걸쳐 있는 명령어의 불연속 스트림을 처리하기 위해 마스크와 재배열(mask-and-reorder) 회로에 주력하였다[Conte 외 1995]. 이 연구는 하한(하나의 캐시 블록을 페치하여 명령어를 추출하고, 첫 번째 분기에서 멈춘다)부터 상한(페치 버퍼를 채울 만큼 많은 캐시 블록으로부터 충분한 수의 명령어를 페치한다) 범위 안에 존재하는 기법을 탐색하였는데, 다음과 같은 방식이 있다.

- 삽입된 순서: 순서대로 두 개의 캐시 블록을 페치하고 첫 번째 분기에서 버퍼 채우기를 멈춘다.
- 뱅킹된 순서: 두 개의 캐시 블록을 페치하는데, 두 번째 캐시 블록은 분기 목표 버퍼(branch target buffer)의 결과에 기반하여 페치한다(블록이 반드시 순서대로일 필요는 없기 때문에 블록 간 분기를 효과적으로 처리할 수 있다). 그리고 첫 번째 블록 내부 분기(intra-block branch)에 버퍼 채우기를 멈춘다.
- 붕괴 버퍼(collapsing buffer): 두 개의 캐시 블록을 페치하는데, 두 번째 캐시 블록은 분기 목표 버퍼 결과에 기반하여 페치한다(블록이 반드시 순서대로일 필요는 없기 때문에 블록 간의 분기를 효과적으로 처리할 수 있다). 그리고 블록 내부 분기는 버퍼를 '붕괴'함으로써 처리한다(지나간 명령어를 제거하여 나머지를 압축한다).

실험 결과에서, 페치 설계가 더 복잡해짐에 따라 다양한 기법은 하한의 성능이 상한에 근접하는 것을 보여준다. 중요한 점은 불연속 명령어 스트림을 다루는 데 얼마나 많은 일이 관여되었는가를 보여주고, 같은 캐시 블록 내의 명령어로의 분기 점프와 다른 캐시 블록 간 명령어로의 분기 점프에서 얼마나 많은 비용이 발생하는지 보여주는 것이다.

특허 등록된 설계

Peleg와 Weiser의 **동적 흐름 명령어 캐시**는 마스크 후 재배열 명령어 스트림을 캐시에 보존하여, 마스크 후 재배열의 문제를 해결한 메커니즘이다. 이스라엘의 Technion의 학생인 Peleg와 Technion의 부교수이면서 Peleg의 지도교수인 인텔의 Weiser는 그림 2.24에 나오는 것과 같은 구조를 1995년에 특허 받았다[Peleg & Weiser 1995]. 이 특허는 인텔의 상업 트레이스 캐시의 기초가 되었다. 설계 동기는 다음과 같이 인용되었다.

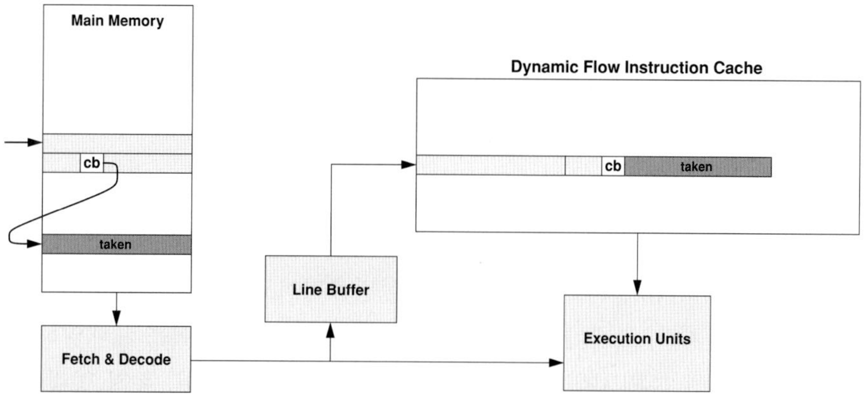

그림 2.24_ 인텔 트레이스 캐시 특허

> — 이전의 명령어 캐시에서는, 분기가 선택되면 다음 요청된 명령어는 다음 라인이 아닌 다른 라인에 있을 수 있다. 따라서 캐시 메모리에 저장된 명령어들이 전혀 사용되지 않는 경우도 있으며 각 라인의 구성은 분기와는 무관하다. 반면, 이 발명에서 캐시 메모리의 구성은 명령어가 실행되는 순서에 따라 동적으로 구성된다[Peleg & Weiser 1995].

이 설계의 캐시에 저장된 데이터 레이아웃은 이전의 설계보다 더 일반적이다. Melvin의 채우기 유닛과 Franklin의 섀도우 캐시는 모두 백엔드 프로세싱 코어의 구현을 위한 캐시 블록 구조를 갖는다. 하지만 Peleg의 설계는 캐시 블록 형식 제한이 없다. 위의 특허 설명에 따르면, 명령어 배열(ordering)은 명령어의 실행을 의미하지만(그렇게 되면 채우기 유닛이나 섀도우 캐시와 비슷한 발명이 된다) 명령어 스트림은 기본 블록 수준에서만 재배열될 수 있다. 캐시 블록은 두 개의 불연속인 기본 블록을 저장할 수 있으며 기본 블록 내의 명령어는 프로그램 순서로 캐시에 저장된다.

이 메커니즘은 공간과 명령어 페치 대역폭 사이의 트레이드오프(trade-off) 관계를 갖는다. 특정 순간의 캐시는 잠재적으로 저장 공간을 크게 초과하거나, 또는 대부분이 사용되지 않을 수도 있다(예를 들어 32바이트 블록이 모두 채워질 수도, 그렇지 않을 수도 있다). 게다가, 동적 흐름 캐시에서는 채우기 유닛과 섀도우 캐시처럼 주어진 정적 명령어를 여러 캐시 위치에 여러 번 저장하는 오버헤드가 발생한다(모든 기본 블록은 지난 기본 블록의 연속체나 새로운 트레이스의 시작으로 여겨진다). 즉 페치를 위한 다중 캐시 블록 예측 필요성 제거(예측은 블록에 저장된 트레이스에 내재된다)와 여러 기본 블록에 걸친 페치된 명령어 스트림의 마스크 후 재배열 필요성 제거(어떤 배열은 블록에 저장된 명령어 스트림에 내재된다) 등을 통하여 대역폭을 확보할 수 있다.

트레이스 캐시

Rotenberg의 트레이스 캐시(trace cache)는 단일 캐시 블록에 해당되는 기본 블록의 수를 확장한다. 이 일은 한 사이클에 둘 이상의 분기를 예측하는 데 필요한 노력을 생각하면 매우 중요한 것이다. 저자들은 이 문제를 아래와 같이 잘 표현했다.

> — 페치 유닛은 동적 명령어 스트림을 디코더로 공급하는 역할을 한다. 여기서 문제는 명령어들이 컴파일 순서에 따라 캐시에 배치된다는 점이다. 프로그램을 정적 형태(static form)로 저장할 때에는, 분기하지 않거나 큰 기본 블록을 사용하는 코드 형태로 저장하는 것이 선호된다. 하지만 정수(integer) 코드에서는 이러한 경우가 일반적이지 않다 [Rotenberg 외 1996, p. 25].

트레이스 캐시는 Franklin과 Smotherman의 섀도우 캐시 및 Peleg의 두 분기에 걸친 불연속 스트림(최대 3개의 기본 블록)을 처리하기 위한 설계를 확장하고, 이를 범용적이고 확장 가능하게 하여 더 많은 기본 블록을 지원한다. Peleg의 설계처럼, 트레이스 캐시는 기본 블록 내에서 명령어를 재배열하지 않고 프로그램 순서로 저장한다. 캐시는 최대 블록 사이즈가 16개 명령어로 고정돼 있으며, 동적 명령어 실행 스트림(코드 공간의 분리된 영역)을 통해 명령어를 채운다. 이때 무엇이 먼저 들어오든, 최대 16개의 명령어나 전체의 1/3만큼의 조건부 분기문을 채울 수 있다(그림 2.25 참조). 동적 흐름 캐시처럼, 트레이스 캐시는 저장

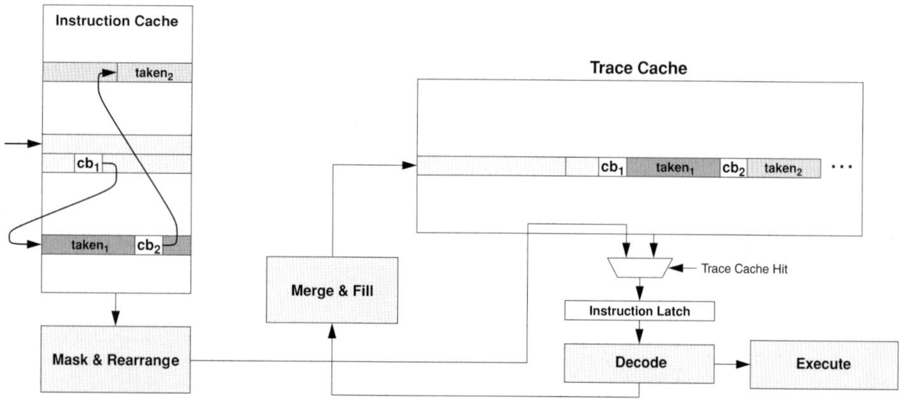

그림 2.25_ Rotenberg의 트레이스 캐시 메커니즘

용량과 대역폭이 트레이드오프(trade-off) 관계를 갖는다. 즉 캐시 블록은 완전히 차 있을 수도, 그렇지 않을 수도 있으며, 다중 트레이스의 경우 어떠한 명령어는 여러 캐시 위치에 존재할 수도 있다.

만약 주어진 명령어가 다중 캐시 블록에서 발견되면 캐시 셋은 서로 비 배타적 관계를 유지한다는 점에 유의해야 한다(채우기 유닛, 섀도우 캐시, 그리고 동적 흐름 캐시도 대부분 해당된다). 대부분의 운영체제에서는 코드 공간을 쓰기 불가(non-writable) 영역에 두기 때문에 문제되지 않는다. 하지만 일부 '운영체제'는 사실상 리소스 관리와 보호를 강요하거나 보장하지 않는 그저 프로그램 로더에 불과하다는 점을 알아야 한다.

비슷한 맥락으로 트레이스 캐시는 채우기 유닛이나 섀도우 캐시와 마찬가지로, 병렬로 실행하는 전통적 명령어 캐시와 비포함적 관계를 유지한다. 주어진 정적 명령어는 두 캐시 모두에 존재 가능하지만, 꼭 그럴 필요는 없다. 이것은 대부분 운영체제에서 코드 공간을 쓰기 불가 영역에 두기 때문에 문제되지 않는다.

MEMORY | SYSTEMS | **CACHE**

03 CHAPTER 캐시 내용 관리

이전 장에서 캐시의 구성(organization)에 대해 살펴봤으므로, 이 장에서는 캐시의 컨텐츠 관리 방법에 대해 살펴보도록 한다. 캐시의 컨텐츠 관리 방법은 여러 책무를 지고 있다. 첫 번째로, 중요한 명령어(instruction)와 데이터를 파악해야 하며 파악된 항목을 특정 시간에 메모리 계층 구조의 어디에 둘 것인지 결정해야 한다. 두 번째로, 결정된 사항이 실제로 달성되도록 보장해야 한다. 캐시에서는 3개의 다른 요소로 이 책무들을 완수한다.

- 파티셔닝 휴리스틱 기법(partitioning heuristic)
- (프리)페치 휴리스틱 기법((pre)fetch heuristic)
- locality optimization

파티셔닝 휴리스틱 기법은 캐시에 어떠한 데이터를 담을 것인지 결정한다. 이 휴리스틱 기법은 데이터 객체를 저장장치에 배치하고 이 배치는 시간에 따라 바뀔 수 있다. 저장장치는 캐시, 프리페치 버퍼, 캐시의 다른 셋들(sets), 같은 논리적 장치의 다른 뱅크들, 또는 완전히 다른 어드레스를 갖는 파티션들이 될 수 있다. 파티셔닝 휴리스틱 기법은 전체 메모리 시스템을 복수의 명령어 및 데이터 파티션(partition)으로 분할한다.

어떤 휴리스틱 기법이 주어진 데이터가 캐시에 배치되는 시간과 위치를 결정하면, 추가적인 메커니즘은 그 데이터가 필요한 순간에 특정 위치에 실제로 존재하도록 보장해야 한다. 이 작업은 (프리)페치 휴리스틱 기법과 코드와 데이터를 재배치하는 locality 최적화에 의해서 처리된다. 가장 간단한 (프리)페치 휴리스틱 기법은 **요구 페치**(demand-fetch)이다. 또한 이 작업은 캐시 계층 구조의 논리적 구성과 관리 정책을 더 잘 활용하는 데이터 처리 알고리즘에 의해서 처리된다. 데이터와 명령어가 참조되기 전에 미리 페치하는 것은 캐시의 실질적 용량을 증가시킬 수 있으며 캐시의 평균 접근 시간을 줄일 수 있다((프리)페치를 통해 더 작은 캐시로 동일한 성능을 낼 수 있다). locality 최적화는 캐시 구성과 동작 정보를 활용하여 메모리 안의 데이터 레이아웃을 바꾸거나 알고리즘 자체를 바꾼다(따라서 데이터 접근 순서가 바뀐다). 이를 통해 캐시 내 데이터와 코드의 재사용을 높인다.

각자 다른 접근 특성(지연시간, 전력소모, 등)을 갖는 복수의 저장장치로 구성된 메모리 시스템을 생각해 보자. 각 저장장치에 명령어와 데이터를 할당할 수 있는 기회를 활용하지 않는 경우에는 성능, 전력소모와 또는 실시간 동작은 분명히 최적화되지 않을 것이다. 반면, 최적의 결과를 얻기 위해서는 이용 가능한 저장장치들의 특성이 시스템에 미치는 영향(예를 들어, 실행 시간과 에너지 소모에 미치는 영향)을 고려하여 명령어와 데이터를 분류해야 한다. 예를 들어, 가장 많이 접근되는 데이터는 작은 전력을 소모하는 저장장치에 할당함으로써 에너지 소모를 최소화할 수 있다. 명령어와 데이터의 할당이 동적으로 이루어진다고 가정하면–휴리스틱 기법이 최적의 성능을 위해 특정 데이터를 시간에 따라 다른 저장장치에 배치하도록 결정한다고(데이터가 필요할 때 해당 데이터를 프로세서 가까이에 배치하고 필요 없을 때는 하위 저장소에 배치) 가정하면–할당 메커니즘은 어플리케이션이 실행되는 동안 적절한 시간과 적절한 저장소에서 명령어와 데이터가 발견되도록, 데이터의 이동을 능동적 또는 수동적으로 스케줄링해야 한다. 이 메커니즘은 어플리케이션 자체에 포함되어 있거나 캐시 또는 운영체제에 포함된 독립적인 휴리스틱 기법으로 구현될 수 있다. 마지막으로, 동적 배치 여부와 상관없이 이 기법은 locality 최적화를 통해 확실하게 이익을 얻을 것이다. 예를 들어, 파티셔닝 휴리스틱 기법이 100KB의 명령어와 데이터가 캐싱되어야 한다고 결정했지만 캐시 크기가 64KB라면, 여러 방법으로 이 문제를 해결할 수 있다. 즉, 전체 어플리케이션의 크기가 캐시에 딱 맞아 떨어지도록 명령어와 데이터를 압축할 수 있다. 또는 데이터를 재배치하고 이에 대한 접근 순서를 조정함으로써, 데이터가 프로세서에 순차적으로 흘러 들어가도록(따라서 작은 캐시 공간을 필요로 한다) 할 수 있다.

이러한 유형의 기법들은 설계 단계(design-time) 기술 대 실행 단계(run-time) 기술로 구분될 수 있다. 일부 관리 휴리스틱 기법들은 어플리케이션 설계와 개발 과정에서 적용된다. 그리고 다른 일부 휴리스틱 기법은 어플리케이션 실행 시에 적용된다. 두 범주의 휴리스틱 기법들은 매우 다른 기능을 수행하더라도 어플리케이션의 동일한 관점을 공유하기 때문에 모두 관련된 기술들이다.

- **오프라인(off-line) 휴리스틱 기법**은 일부 단계에서 프로그래머 및 또는 컴파일러와 연관되어 있으며, 어플리케이션 코드의 의미(semantics)에 대한 정보를 활용할 수 있다. 이 휴리스틱 기법은 보통 소프트웨어에 포함되어 있고 그로 인해 **사실상** 실행 시점이 정해져있다. 데이터가 필요로 되는 시점보다 먼저 데이터를 로딩하는 (프리)페치 명령어 또는 특정 코드 또는 데이터들을 스크래치패드 메모리로 옮기는 초기화 작업등이 그 예이다.
- **온라인(on-line) 휴리스틱 기법**은 설계 단계 분석에 의존하지 않으며, 어플리케이션의 코드 또는 의미에 대한 직접적인 정보 없이 실행 중에 수행된다. 이 휴리스틱 기법이 어플리케이션의 행동에 반응한다면, 어플리케이션의 행동과 구조에 대한 정적인 가정(예를 들어, prediction-not-taken이 이러한 휴리스틱 기법중 하나이다)을 하거나 어플리케이션 행동의 동적 특성을 관찰하여 어플리케이션의 의도를 추론해야만 한다.

이러한 많은 기법은 서로 독립적으로 사용될 수 있다(예를 들어, 코드 압축과 하드웨어/소프트웨어 프리페치는 독립적으로 사용될 수 있다). 그리고 많은 기법들은 설계 단계 시 서로 협력하는 형태로 활용되어 시너지 효과를 발휘할 수 있다(타일링(tiling)과 소프트웨어 프리페치가 한 예임). 추가적으로, 여러 독립체

(컴파일러, 운영체제, 캐시 등)에 포함된 복수의 오프라인과 온라인 휴리스틱 기법들이 유기적으로 협력하도록 하는 구현도 가능하다. 그러나 이 휴리스틱 기법들이 상호 보완적일지라도 복수의 휴리스틱 기법을 함께 사용하는 것은 서로 간의 충돌을 유발할 수도 있다. 예를 들어, 캐시 대체 정책은 특정 데이터를 캐시에 보존하도록 노력할 것이다. 그리고 이는 각 캐시 셋이 저장할 수 있는 양보다 많은 데이터를 가져오려는 프리페치 메커니즘과 충돌할 수도 있다.

앞으로 주기적으로 논의할 개념은 분할정복(divide and conquer)이다. 다시 말해, 이전의 관리 방법을 지속적으로 향상시키기 위해 설계자는 메모리 참조 패턴을 유형별로 클래스(class)화하여, 각 클래스마다의 행동 특성을 활용한다. 가장 명확한 분류 중 하나는 명령어/코드 클래스와 데이터 클래스로 분류하는 것이다. 각 클래스에 대한 참조 패턴은 쉽게 인지될 수 있을 정도로 매우 독특한 행동을 보인다. 각 클래스는 분석, 최적화, 그리고 스케줄링에 있어 독자적인 형식을 사용하며, 행동 추적 및 예측과 같은 온라인 관리에서도 독자적인 형식을 취한다.

캐시 컨텐츠 관리 기법에서 분할정복 개념이 중요한 이유는 메모리 참조 패턴을 분류하는 작업이 확장성이 좋기 때문이다. 다시 말해, 데이터의 종류, 행동, 메모리 접근을 더 자세히 분류하면 할수록, 휴리스틱 기법이 특정 행동을 더 잘 활용할 수 있도록 구체화될 수 있기 때문이다. 예를 들어, 코드 클래스는 함수 호출, 무조건 분기(unconditional branch), 원거리 분기(long-distance branch), 단거리 분기(short distance branch), 전방 분기 대 후방 분기(forward vs. backward branch), 직선형 코드(straight-line code) 등 하위 클래스로 더 세분될 수 있다. 데이터 클래스의 하위 클래스는 훨씬 더 다양하다. 데이터 프리페치 커뮤니티가 정의하고 있는 세부 클래스들은 배열의 원소(element)를 한 번에 하나씩 참조하는 순차적인 접근, 여러 배열을 동시에 참조하는 인터리브드(interleaved) 순차 접근, 배열을 비단위 스트라이드(non-unit stride)를 이용하여 참조하는 (인터리브드)스트라이드 접근, 스트라이드를 사용하지 않는(non-stride) 반복 접근, 그리고 비 반복(nonrepeating) 접근 등이다. 또한, 데이터 참조는 어플리케이션 내에서 어떻게 사용되는지(예를 들어, 스택 데이터, 힙 데이터, 전역(global) 데이터, 그리고 문자열과 같은 읽기 전용 데이터)와 참조 패턴에서 나타나는 locality의 유형에 따라 분류될 수도 있다. 각 하위 클래스는 자신의 행동에 특화된 기법으로 관리될 수 있다.

명백하게도, 이러한 스케일링(더 세분되어 클래스화하는 작업)은 공짜로 얻어지는 것이 아니다. 즉, 특정 행동을 개선하기 위해 휴리스틱 기법을 더 세밀히 가다듬을수록, 다양한 행동을 커버하기 위한 더 많은 휴리스틱 기법이 필요하게 된다. 더 많은 휴리스틱 기법이 필요하게 된다는 것은, 시스템 비용의 증가를 의미한다. 그리고 어떤 휴리스틱 기법에 의해 수행된 최적화가 다른 휴리스틱의 최적화를 상쇄시키지 않도록 하기 위한 시스템 검증 시간과 비용이 증가하게 된다.

대부분의 경우에, 메모리 참조의 분류는 구조적 파티션(structural partitions)을 지정하는 역할을 하게 된다. 즉, 여러 유형의 분기(branch)를 처리하기 위해 몇 개의 서로 다른 분기 예측기(branch predictor)들을 사용할 수 있으며, 여러 클래스의 데이터를 관리하기 위해 캐시를 클래스별로 할당하는 여러 개의 파티션으로 나눌 수 있다. 또 다른 경우로는, 메모리 참조의 각 분류에 따라 열 종류의 오프라인 알고리즘과 휴리스틱 기법들이 적용된다. 예를 들어, 타일링은 데이터 레이아웃과 접근을 최적화한다. Mowry의 알고리즘은 배열 기반 연산을 프리페치하기 위해 사용된다. 기록 스케줄링은 코드를 최적화하기 위해 사용된다.

초기의 종합적인(클래스를 고려하지 않는) 캐시 관리 기법 중 한 예시는 PlayDoh 아키텍처에 채용된 Abraham의 메모리 계층 구조 제어이다[Abraham 외 1993, Katahali 외 2000]. 이 컨텐츠 관리 기법은 하드웨어와 소프트웨어의 지원 그리고 오프라인과 온라인 메커니즘들을 결합한 형식이다. 저자들은 이 기법을 다음과 같이 서술하였다.

> — 대부분의 시스템에서 캐시는 하드웨어에 의해 전적으로 관리된다. 그러나 하드웨어로 관리되는 캐시에서 데이터 배치를 제어하기 위해서는 프로그래머/컴파일러가 반드시 하드웨어를 예측해야 한다. 또한 하드웨어에 의한 캐시 관리 결정은 소프트웨어에 직접적으로 전달되기 때문에 로드(load)/스토어(store) 명령의 지연 시간(latency)은 비 결정적(non-deterministic)이다. 특정 시스템에서는 local 메모리 또는 보조 메모리(secondary memory)가 프로그램에 의해 전적으로 관리된다. 그 반대의 예는 명시적으로 관리되는 local 메모리이다. 이의 주요 단점은 소프트웨어가 모든 관리 결정을 처리해야 하며, 따라서 소프트웨어의 작업 부담이 가중된다는 것이다. 하드웨어 관리 캐시와 소프트웨어 관리 캐시의 장점 대부분을 활용하는 묵시-명시(implicit-explicit) 혼합 관리 캐시를 살펴보기로 하자[인용: HPL PlayDoh]. 혼합 캐시는 간단한 기본 하드웨어 정책과 캐시를 명시적으로 제어하는 소프트웨어 메커니즘을 제공한다. 소프트웨어 메커니즘은 컴파일러가 프로그램의 메모리 접근 행동에 대한 충분한 정보를 갖고 있을 때 또는 소프트웨어 제어를 통해 상당한 성능 향상을 얻을 수 있을 때 활용된다. 그렇지 않을 경우, 캐시는 기본적인 하드웨어 정책에 의해 관리된다 [Abraham 외 1993, 141쪽].

PlayDoh는 계층 구동(level directed) 로드(load) 명령어들을 완벽히 지원한다. 즉, 로드 명령어는 레지스터 파일(register file), L1 캐시 또는 L2 캐시, 프리페치 버퍼 등을 포함하는 메모리 시스템 안의 어떠한 저장장치라도 최종 목적지(destination)로 명시할 수 있다. Abraham은 어플리케이션을 프로파일링하고, 그 결과를 바탕으로 로드 명령어들을 스케줄링 하였다. 3.3.1절에서 이 기법에 대해 상세히 설명하기로 한다. HPL PlayDoh 구조는 HPL-PD 구조로 추후 명칭이 변경되었다. HPL-PD의 IA-64(Itanium)는 세간의 이목을 끄는 상용 예제이다[Ktahail 외 2000].

사례 연구를 보여주는 다음 절은 3개의 파트로 나눠진다.

- **온라인 휴리스틱 기법**은 프로그래머 또는 컴파일러로부터 정보나 입력을 필요로 하지 않고 단지 실행 시간 동안 이용 가능한 정보를 활용한다.
- **오프라인 휴리스틱 기법**은 어플리케이션 코드 및 의미와 관련된 내부 정보를 활용한다.
- **결합적 접근 방식**은 온라인과 오프라인 휴리스틱 기법의 장점들의 결합을 추구한다.

다른 용어를 사용하여 표현하자면, 온라인 휴리스틱 기법은 **실행 시점** 휴리스틱 기법으로, 오프라인 휴리스틱 기법은 **컴파일 시점** 또는 **설계 시점** 휴리스틱 기법으로 부를 수도 있다. 이전에 언급했듯이, 이 둘 중 어떤 분류에 속하는 휴리스틱 기법이라도, 이들은 어플리케이션의 동일한 관점을 공유하기 때문에 모두 연관되어 있다. 이런 방식으로 휴리스틱 기법들을 함께 서술하기 위해서는 기법들의 유사성을 강조면서, 연구/개발의 향후 방향을 제시해야 한다. 각 절에서, 이러한 기법들은 3개의 범주로 상세히 분류된다.

- **파티셔닝 휴리스틱 기법**은 데이터의 캐싱 여부(특히, 모든 다른 데이터에 대하여) 또는 캐시 내 데이터의 위치를 결정하는 메커니즘이다.
- **프리페치 휴리스틱 기법**은 데이터의 페치 여부 그리고 페치 시점을(가장 단순한 프리페치 기법은 데이터가 실제로 요청될 때까지 기다리는 요구 페치이다) 결정하는 메커니즘이다.
- **locality 최적화**는 캐시 행동을 가장 잘 활용하기 위해 코드, 데이터 그리고 해당 참조들을 (재)구성하는 메커니즘이다.

이 장에서는 지난 6년 동안에 게재된 몇 편의 국제적인 논문들을 다룰 것이다. 오래된 논문일수록 그 논문의 영향력을 평가하는 것은 훨씬 더 쉬운 일이다. 그리고 여기서 언급되지 않은 연구들이 가치가 없다는 의미는 아니다.

3.1 사례 연구: 온라인 휴리스틱 기법

이 절에서는 프로그램의 의미 및 구조에 대한 정보를 활용하지 않는 온라인 휴리스틱 기법(실행 시점 기법)에 대해 논의한다. 프로그램 수행을 최적화하기 위해 휴리스틱 기법은 평균적으로 우수한 단일 선택(그러나 모든 경우에 대해 최적은 아닌)을 하거나 프로그램의 관측된 행동 변화에 따라 선택을 변경해야 한다.

3.1.1. 온라인 파티셔닝 휴리스틱 기법

파티셔닝 휴리스틱 기법의 역할은 데이터 및 명령어들을 분류하는 것이다. 데이터 및 명령어들을 **캐싱될 것**(cache-this)과 **캐싱되지 않을 것**(don't-cache-this), 또는 **캐시에 넣을 것**(put-this-into-cache)과 **프리페치 버퍼에 넣을 것**(put-this-into-prefetch-buffer)으로 분류하는 작업들은 명백한 분류라고 할 수 있다. 반면에, 데이터 항목 전체를 캐싱하지 않고 데이터의 **일부분**을 캐싱하는 것 또는 캐시가 가득 차 있는 상태에서 추가적인 데이터가 들어올 때 캐시의 어떤 데이터를 버려야 하는지(**캐싱될 것**과 **캐싱되지 않을 것** 사이의 묵시적인 차이)를 결정하는 것 등은 보다 덜 명백한 분류라고 이야기할 수 있다. 근본적으로, 모든 파티셔닝 휴리스틱 기법들은 대체 정책(replacement policy)이라 할 수 있고, 어떠한 대체 정책도 파티셔닝 휴리스틱 기법이라 할 수 있다. 다음 절에서는 개발되고 있는 많은 파티셔닝 휴리스틱 기법 중 일부를 소개한다.

대체 전략

역사적으로, 대체 전략은 캐시 설계에서 가장 많이 연구된 분야 중 하나이다. 운영체제의 버퍼 캐시의 휴리스틱 기법이 프로세서 캐시의 휴리스틱 기법보다 훨씬 더 복잡하게 구현될 수 있기 때문에 대체 전략에 대한 많은 연구는 주로 운영체제의 버퍼 캐시를 목표로 삼았었다. 캐시의 대체 전략에 대한 기본적인 질문은 새로운 블록이 하위 저장소로부터 페치되었을 때 캐시의 항목들 중 어떤 항목을 버려야 하는가이다. 전형적인 캐시는 보통 가득 차 있는 상태를 유지하며, 따라서 새로운 항목이 캐시에 저장되어야 한다면 오래된 어떤 항목 중 하나를 내보내야 한다. 즉, 어떤 항목을 내보내야 할지를 결정하기 위해 사용되는 알고리즘이 캐시의 **대체 전략** 또는 **정책**이다.

대체 정책은 캐시 연관성(associativity)과 동일한 수의 블록 중에서 대체될 블록을 선택할 수 있다. 캐시의 구조가 직접 사상(direct-mapped)이라면 대체될 수 있는 블록의 수는 하나이다. N웨이 집합 연관성에서는 N개의 블록 중 어떤 블록이라도 대체될 수 있다. 무작위(random), FIFO(round-robin 접근), LRU(least-recently used, 긴 시간 동안 참조되지 않은 블록을 내보내는 기법), NMRU(not most-recently used, 가장 최근에 참조된 블록을 제외한 모든 블록 중에서 무작위로 선택하는 것, 일반적으로 LRU보다 작은 비용으로 구현 가능하다), LFU(least frequently used, 가장 낮은 빈도로 참조된 블록을 버리는 것)는 명백한 대체 전략들이다. 다음 목록은 웹 커뮤니티에서 수행한 대체 전략 관련 연구들이다. Podlipnig와 Böszörményi는 웹 캐싱에서 LRU−Threshold, SIZE, Value-Aging, Pryamidal Selection, 파티셔닝 캐싱, LFU−Aging, LRU−hot, HYPER−G, M−Metric, Cubic Selection, Greedy Dual, Logistic Regression, LNC−R−W3, 테일러급수 예측(Taylor Series Prediction) 등의 다양한 전략들을 연구하였다[2003].

아마도 가장 유명한 대체 전략은 가장 나중에 참조될 블록을 대체하는 Belady의 MIN[1966]일 것이다(분명히, 이 전략은 온라인 또는 실행 시점 전략으로 구현 불가능하다). 다른 대체 정책과 비교할 때 MIN은 대체 비용 등이 동일하면서 최적의 성능을 낸다. 그러므로 MIN은 대체 정책으로 인한 성능 향상의 상한선을 보여준다 할 수 있으며, 다른 대체 정책의 성능을 평가하기 위한 좋은 비교 기준이 된다. 놀라운 점은 MIN이 최적의 성능을 낸다고 검증되었지만 실제로는 가장 좋은 성능을 내지 못한다는 것이다. 즉, MIN은 최적의 대체 정책이 아니다[McFarling 1989]. 이는 MIN의 가정이 캐시에 존재하는 블록을 대체해야 한다는 것을 내포하기 때문이다. MIN은 가상 메모리 버퍼 캐싱을 위해 개발되었는데 가상 메모리 버퍼 캐싱에서는 사용되는 블록이 캐시로 반드시 로드되어야 하기 때문에 MIN의 가정에 부합한다. 그러나 캐시 바이패스(cache-bypass)를 사용하는 프로세서 캐시에서는 이러한 가정이 부합하지 않는다. 임의의 블록을 하위 저장소로부터 읽어온 경우를 가정하자. 이 블록이 가장 나중에 참조될 블록일 수도 있다. 바이패스를 채용하는 프로세서 캐시의 경우, 그 블록은 캐시를 바이패스하므로 자연스럽게 '대체된' 블록이 된다. 즉, 캐시 바이패스 시에 참조될 워드(word)는 레지스터 파일로 로드되지만 그 블록의 나머지 부분(참조되지 않는 나머지 워드)은 버려진다. 따라서 캐시의 내용에는 변동이 없다. 반면에 MIN은 그 블록을 무조건 캐싱 하게 되고, 가장 나중에 참조될 블록으로 선택하지 못할 수도 있다. 이 예는 MIN이 프로세서 캐시에서 최적의 정책이 될 수 없음을 잘 보여준다. 한편, 가장 높은 성능을 보이는 대체 전략은 캐시 셋(set)에 존재하는 모든 블록과 들어온 블록을 함께 대체할 블록 후보로 고려하는 것이다. 이 전략은 다른 대체 전략의 성능을 비교 평가하기 위한 '최적의' 대체 전략이다.

Williams는 대체 정책의 극도로 흥미로운 관점을 제안하였다[Williams 외 1996]. Williams에 따르면 대체는 두 단계 과정으로 정의된다.

1. 하나 이상의 키(key)에 따라서 캐싱된 문서(블록)들을 리스트(list)에 정렬한다. 기본 키(primary key)에 따라 문서(블록)들을 정렬하고 동 순위의 문서(블록)들은 두 번째 키(secondary key)에 따라 순서를 정한다. 남은 키들을 이용하여 동순위 문서(블록)들의 순서를 지속적으로 결정한다.

2. 정해진 조건들이 모두 만족될 때까지 정렬된 리스트의 처음(head)부터 0개 이상의 문서(블록)들을 제거한다(보통, 이 과정은 캐시가 유입되는 블록(들)을 받아들일 수 있는 충분한 여유 공간을 확보하면 멈춘다).

이 정의는 웹 문서 캐싱에서 활용되며, 웹 문서 캐시에는 프로세서 캐시보다 문서(블록)에 관련된 변수가 더 많기 때문에 대체 결정이 좀 더 복잡하다. 예를 들어, 웹 문서 캐싱에서는 문서의 도착, 크기, 생성 시간, 그리고 다른 특성들이 각 캐싱된 문서와 함께 관리된다. 문서의 크기와 관련된 이슈만으로도 웹 문서 캐시에서 대체 정책이 간단한 문제가 아님을 알 수 있다. 하나의 캐싱된 문서를 제거하는 것이 유입되는 문서를 위한 충분한 여유 공간을 보장하기에 부족할 수 있기 때문이다.

대체 정책에 대한 Williams의 정의는 매우 강력하다. 이 정의는 대체 정책들의 부분적인 분류를 제공하며 (저자들은 이 정의가 존재하는 모든 대체 전략을 다루지는 않는다는 것을 언급하였다) 대체 정책의 더 많은 탐색을 위한 다양한 방안을 제시한다. 분명히, 이 정의는 프로세서 캐시에도 동일하게 적용된다. 예를 들어, 모든 투명성을 가진(transparent) 캐시의 기본 키로 집합 연관성(set associativity)을 생각할 수 있다. 첫 번째 '정렬' 작업은 캐시 블록들을 캐시 셋으로 표현되는 등가 클래스들로 나누는 것이다. 또 다른 키 (LRU, 유사 LRU, 또는 NMRU와 같은 기법의 기준인 시간)는 선호도 순서로 블록들을 정렬시키기 위해 사용된다. 이는 캐싱 가능(cacheability)의 문제를 해결할 때 캐시 구성이 왜 다른 휴리스틱 기법에 비해 우선적으로 고려되는지에 대한 아주 만족스러운 대답이다. 즉, 캐시 구성은 기본 키로 사용될 수 있다.

투명성을 가진 (프로세서)캐시를 위한 다른 정책과 전략들

이 절에서는 설계자들이 고려할 수 있는 몇 가지 가능한 취사선택에 대해 언급하고자 한다. A. J. Smith의 조사[1982]는 이러한 논의의 시발점 역할을 하며, Hennessy와 Patterson의 논의[2003]는 이를 구체화하였다. 쓰기 정책에 관련된 자세한 내용은 Jouppi의 논문[1993]을 참조하면 된다.

이전에 언급한 것처럼, 투명성을 가진(transparent) 캐시의 묵시적(implicit) 휴리스틱 기법은 캐시의 논리적인 구성에 의해 결정된다. 이 휴리스틱 기법은 데이터 쓰기, 읽기 및 쓰기 실패(miss), 블록 대체의 처리 등과 같은 다양한 이벤트를 처리하기 위한 캐시의 정책과 전략에 의해서도 결정된다. 예를 들어, 쓰기 실패 시 스토어 명령이 블록을 부분적으로 덮어 쓰는 경우에도 하위 저장소로부터 전체 블록을 읽어 와야 하는가? 스토어 명령이 데이터를 캐시에 쓸 때, 캐시는 하위 저장소에 그 데이터를 즉시 써야 하는가, 아니면 잠시 기다려야 하는가? 읽기 실패 시, 저장소로부터 전체 블록을 페치(fetch)해야 하는가, 아니면 독립적으로 채워지는 하위 블록으로 블록을 세분화해야 하는가? 새로운 블록이 집합 연관 캐시에 들어올 때 해당 캐시 셋의 어떤 블록이 대체되어야 하는가? 이러한 질문들은 프로그래머 또는 컴파일러의 도움으로 훨씬 쉽게 대답될 수 있는 것들이다. 그러나 정의에 따른 투명성을 가진 캐시는 스스로 관리(self-managed)된다. 그래서 이러한 질문들은 보통 구조적인 설계 공간 탐색(design space exploration)을 통해 해결될 수 있다.

특히, 읽기와 쓰기 실패의 처리를 고려해보자. 캐시 실패가 발생했을 때, 어떤 일이 발생하는가? 읽기 동작이 캐시 실패를 유발하는 경우 데이터가 하위 저장소로부터 페치될 것이다. 이 때, 얼마만큼의 데이터가 페치되어야 하는가? 전체 블록을 페치하는 것이 가장 쉬울지도 모른다. 그러나 하나의 블록을 여러 개의 하위 블록으로 나누어, 일부 하위 블록만 페치할 수도 있고, 함께 페치하여 하위 블록별로 대체를 실행하는 것도 가능하다(한 워드 너비의 블록에 대해 여러 개의 인접한 워드/블록들이 저장소로부터 동시에 페치되는 초기 MIPS R2000 캐시가 이러한 경우에 해당한다). 이는 1장에서 제안된 캐시 블록이 원자 단위(atomic unit)라는 개념에 완전히 위배된다. 모든 공학 기술이 그러하듯 최고의 발상은 규칙의 예외에서 시작한다.

쓰기 시에는, 어떤 데이터가 하위 저장소로부터 페치되어야 하는지 분명하지 않기 때문에 고려해야 할 사항들이 좀 더 복잡하다. 많은 캐시들은 쓰기 실패 시에 비할당(nonallocating) 정책을 사용한다. 이는 어떤 블록 내의 한 워드로의 쓰기 실패가 발생했을 때, 동일 블록 내의 또 다른 워드로의 쓰기 동작이 뒤따를 것으로 예측함을 의미한다(예를 들어, 캐시가 초기화될 경우, 배열 또는 큰 데이터 구조를 덮어 쓸 때 이런 상황이 발생한다). 그리고 이 경우에 덮어 써지기만 할 전체 블록을 메모리에서 가져오는 것은 타당하지 않다. 따라서 읽기 시와 동일한 하위 블로킹(sub-blocking) 개념이 여기에도 적용된다.

투명성을 가진 캐시의 정책과 전략들 중 일부는 파일 캐시에서 사용되기 위해 특수한 지원을 필요로 한다. 예를 들어, 일반적인 파일 캐시는 읽기 또는 쓰기 시 하위 저장소로의 직접적인 접근을 위한 캐시 바이패스 개념을 갖고 있지 않기 때문에 비할당 정책을 사용할 수 없다. 또한 파일 캐시 객체에 대한 동작은 단일 로드/스토어 명령어와 같이 원자적이지 않다. 그러나 버퍼링(buffering)을 이용하여 투명성을 가진 캐시를 위한 메커니즘들을 일반적인 파일 캐시에 적용할 수 있다.

Jouppi의 빅팀 캐시, HP-7200 어시스트 캐시

이전 장에서, 배타적인 수평(horizontal or lateral) 파티션의 예제로서 Jouppi의 빅팀 캐시[1990]를 사용했다. 이러한 하드웨어 메커니즘이 locality의 유형에 따라 얼마나 효과적으로 데이터 참조를 파티셔닝 및 고립(isolation)시키는지를 보여주기 위해서 HP-7200 어시스트(assist) 캐시[Chan 외 1996]와 더불어 빅팀 캐시를 이 장에서 다시 논의한다.

그림 3.1은 이 두 종류의 캐시가 어떻게 동작하는지를 보여주고 있다. 두 구조에서, 캐시 룩업(lookup)은 두 개의 파티션(주 캐시와 빅팀 또는 어시스트 캐시) 모두를 찾아본다. 그림 3.1(a)는 빅팀 캐시의 관리 전략을 보여준다.

1. 유입되는 블록은 주 캐시에 배치된다. 그리고 대체된 블록은 빅팀 캐시에 저장된다.
2. 주 캐시에서 실패가 발생하고 빅팀 캐시에서 적중(hit)될 때, 참조되는 블록은 빅팀 캐시에서 주 캐시로 이동된다. 그리고 주 캐시에서 대체된 블록은 빅팀 캐시로 이동된다.

그림 3.1(b)는 어시스트 캐시의 관리 전략을 보여준다.

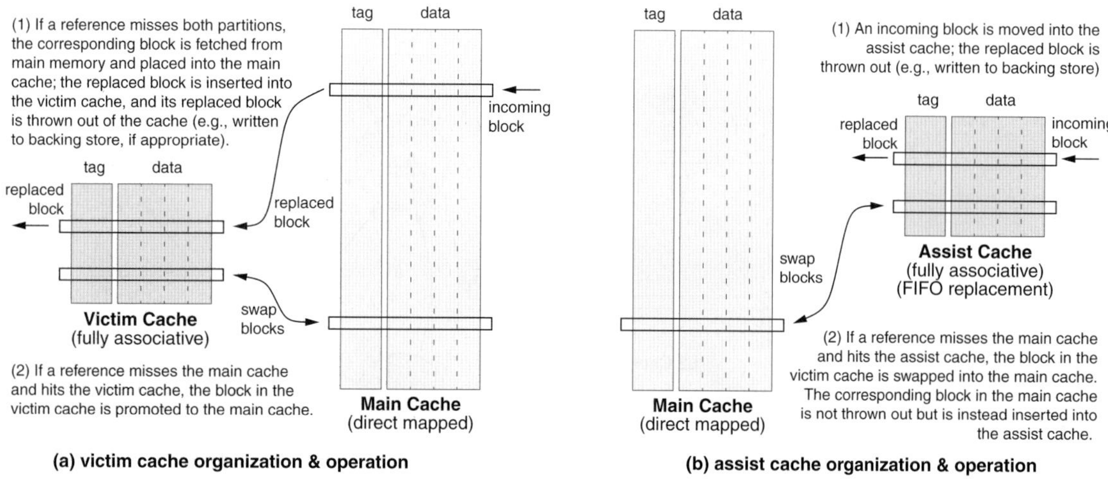

그림 3.1_ 빅팀(Victim) 캐시와 어시스트(Assist) 캐시의 구조와 동작

1. 유입되는(프리페치된) 블록은 FIFO 대체 전략으로 관리되는 어시스트 캐시에 위치된다.
2. 주 캐시에서 실패가 발생하고 어시스트 캐시에서 적중될 때, 참조되는 블록이 어시스트 캐시에서 주 캐시로 이동된다. 그리고 주 캐시에서 대체된 블록은 어시스트 캐시로 이동된다.

빅팀 캐시는 temporal locality를 활용하는 것이다. 즉, 주어진 시간 내에 빈번하게 접근되는 블록은 주 캐시에서 쫓겨나더라도 더 큰 캐시 구조 안에 남게 되는 것과 동일하다. 동일한 캐시 셋에서 블록들 간에 충돌이 발생하면 이 블록들에게 두 번째 기회를 줌으로써 이 캐시 구조는 직접 사상 방식/제한된 집합 연관성(limited-associativity)을 갖는 주 캐시의 한계를 극복하게 되는 것이다. 빅팀 캐시의 대체 정책은 매우 간단할 수 있다는 것에 유념하자. 즉, FIFO 대체 정책이 정확한 LRU(least recently used) 정책의 동작을 효과적으로 수행한다. 빅팀 캐시로의 어떠한 참조라도 해당 블록을 빅팀 캐시에서 끄집어낸다. 그러므로 정의에 따라 빅팀 캐시 안의 LRU 블록(최근에 가장 작게 사용된 블록)은 가장 오래된 블록이 될 것이다(블록이 빅팀 캐시로 들어올 때부터 노화가 시작된다고 가정하면).

반면, 어시스트 캐시는 spatial locality를 보이는 블록들을 temporal locality를 보이는 블록들로부터 분리하는 기법이다. 유입되는 블록들은 어시스트 캐시에 우선적으로 저장되며 어시스트 캐시는 FIFO 방식으로 관리되기 때문에, 어시스트 캐시는 스트리밍 행동을 보이는 블록들을 주 캐시로 이동시키지 않고 버릴 수 있다. 이 캐시 파티션은 temporal locality를 보이는 블록들만 주 캐시로 승격되는 것을 보장할 것이다. 특히, 나중에 서술될 Rivers와 Davidson[1996]의 NTS(non-temporal streaming) 캐시 안의 재참조 감지기(re-reference detector)와 결합된다면 이를 더욱 성공적으로 보장할 수 있다. 어시스트 캐시와 NTS 캐시의 주요 차이점은 NTS 캐시 안의 완전 연관 버퍼는 FIFO 방식이 아니라 LRU 방식으로 관리된다는 점이다.

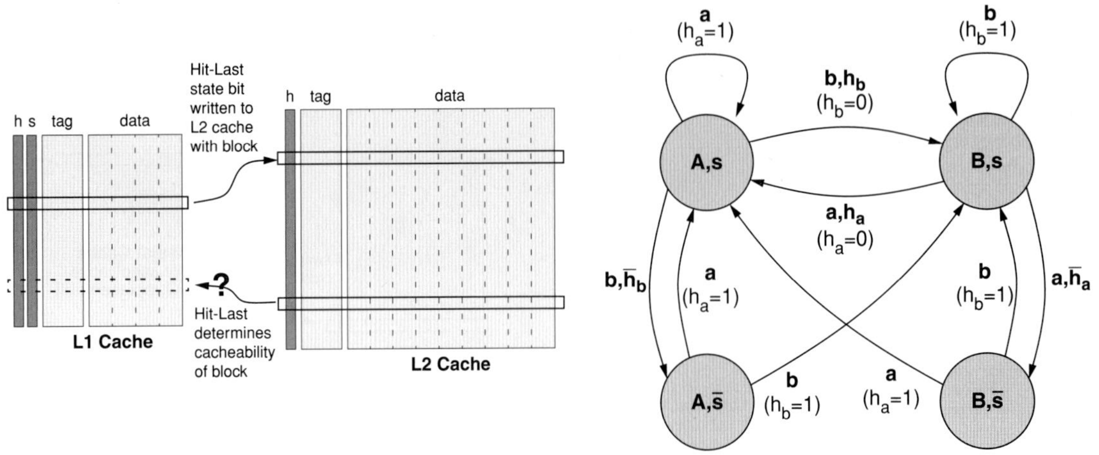

그림 3.2_ McFarling의 동적 배제를 위한 FSM(Finite State Machine). 대문자 라벨(A, B)은 캐시 블록을 나타낸다. 소문자 라벨(a, b)은 요청된 블록을 나타낸다. 오버라인은 부정 논리를 나타낸다. s는 캐시 항목의 sticky 비트의 값이다. 그리고 h_x는 들어오는 블록의 과거 적중(hit–last) 비트이다. 상태 전이 조건은 요청된 블록(볼드체)로 표시된다. 전이 동작은 괄호 안에 표시된다.

McFarling의 동적 배제

McFarling은 동적으로 어드레스 공간을 나누기 위해서 예측기(predictor)를 사용하는 가장 초기의 하드웨어 기법 중 하나를 제안하였다[1991]. 이 기법에서는 동적으로 어드레스 공간을 나눌 때 특정 명령어들의 캐싱 배제 여부를 결정한다.

McFarling은 루프 수행 코드(loop-based code)에서 루프 내 명령어들이 (direct-mapped)명령어 캐시상에서 서로 간에 충돌하는 몇 개의 시나리오를 보인 후, 하드웨어 충돌 감지를 이용하여 이를 완화하는 최적 시나리오를 제시하였다. 충돌을 효과적으로 고려하기 위해서, McFarling은 각 캐시 엔트리에 sticky 비트를 추가하였다. 이 비트가 1로 설정되면 블록이 현재 쓸모 있는 데이터를 갖고 있으며 들어오는 명령어들로 대체되면 안 된다는 것을 의미한다. 각 캐시 블록(어떤 명령어 집합 또는 하위 저장소의 어떤 영역)에 대해서는, McFarling은 블록이 과거에 캐시에서 적중되었음을 나타내는 **과거 적중**(hit-last) 비트를 추가하였다. sticky 비트는 캐시에 존재하고, **과거 적중** 정보는 만약 해당 블록이 캐시에서 쫓겨난다면 그 블록과 함께 쫓겨난다.

그림 3.2에서 보이는 FSM(finite state machine)은 각 캐시 엔트리와 관련된 두 개의 상태 비트 그리고 유입되는 블록의 **과거 적중** 비트와 함께 동작한다. 예를 들어, 현재 캐싱된 블록이 블록 *a*이고 해당 캐시 엔트리의 sticky 비트가 1로 설정되어 있을 때(상태 *A*,*s*, 왼쪽 윗부분), 충돌을 야기하는 명령어가 요청되고 이 명령어가 포함된 유입 블록(블록 *b*)의 과거 적중 비트가 1로 설정되어 있다면 블록 *a*는 블록 *b*로 대체될 것이다(상태 *B*,*s*로의 전이). 만약 블록 b의 **과거 적중** 비트가 0으로 설정되어 있다면, 충돌을 야기하는 명령어의 참조는 캐시 엔트리의 **스티키** 비트만 초기화한다(상태 A, bar{s}로). 이 상태에서 블록 *a*로의 요청은 sticky 비트를 다시 1로 설정하게 한다(상태 *A*,*s*로).

이 기법은 명령어 캐시뿐만 아니라 데이터 캐시로도 확장되었다[McFarling 1991]. 그리고 소프트웨어 구현(예를 들어, 파일 캐시)으로도 분명히 확장 가능하다. 하위 저장소의 어떠한 블록이라도 캐싱 가능(cacheable)하거나 캐싱 불가능(non-cacheable)할 수 있다. 그리고 캐싱되는 데이터와 캐시로부터 배제되는 데이터 간의 파티션은 어플리케이션 행동에 따라 동적으로 변할 수 있다.

Tyson의 수정된 접근

Tyson은 문제를 유발하는(더 많은 캐시 실패를 유발하는) 로드/스토어 명령어들을 분류하고 이들을 캐싱하지 않도록 선택하는 온라인 메커니즘의 예제를 보여주었다[Tyson 외 1995]. 데이터들의 캐싱 가능성(cacheability)이 시시각각 바뀔 수 있기 때문에 이 온라인 메커니즘은 동적 파티션을 만든다.

Abraham[Abraham 외 1993]에 의해 지적된 것처럼, 많은 어플리케이션에서 작은 수의 로드 명령어들이 불균형적으로 큰 캐시 실패를 유발하는 경향이 있다. Tyson은 컴파일 시점 또는 실행 시점에 로드 명령어가 식별되고 캐싱 가능(cacheable) 및 할당 불가능(non-allocatable)이 태깅(tagging)되면 어떤 일이 발생할지에 대해 연구하였다[Tyson 외 1995]. 이 태깅은 명령어들이 캐시상에 데이터 할당을 하지 않더라도, 이 명령어들이 필요로 하는 데이터가 다른 명령어에 의해 이미 로드되어, 해당 데이터가 캐시에서 발견될 수도 있음을 의미한다.

Tyson은 프로파일링을 이용하여 컴파일 시점에서 태깅이 완료되는 간단한 정적 파티션을 첫 번째로 연구하였다. 이 기법에서 로드 명령어의 특성은 어플리케이션이 실행되는 동안 변화하지 않는다. 이 기법은 캐시 실패율을 약간 증가시키는 경향이 있지만 메모리 대역폭 요구량을 상당히 감소시킨다. 한편, 이 기법은 명령어 셋(instruction set)의 수정과 그로 인한 하드웨어 지원이 필요하게 된다. 저자들은 또한 어플리케이션 프로파일링과 명령어 셋의 수정이 필요 없는 동적 온라인 메커니즘을 조사하였다. 그림 3.3에서 보인

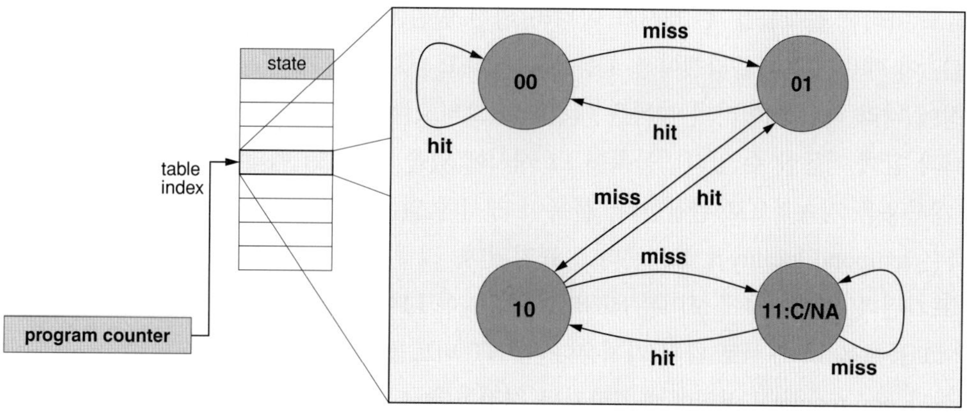

그림 3.3_ Tyson의 캐시 관리에 대한 수정된 접근. 프로그램 카운터(PC)로 색인된(잠재적으로 태그된) 예측 표는 캐시 실패 시 증가하고 캐시 적중 시 감소하는 2 비트의 포화(saturating) 카운터를 포함한다. 예측기가 연속적인 세 개의 실패를 감지하면 로드 명령어는 캐싱 가능(cacheable) 및 할당 불가능(non-allocatable)(C/NA)으로 표시된다.

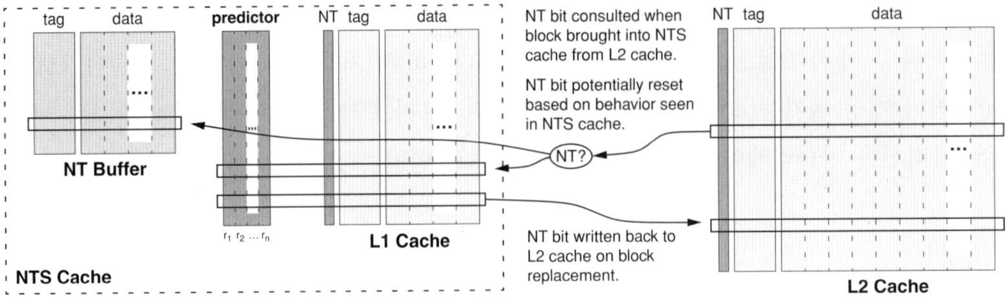

그림 3.4_ Rivers의 예측기 비트를 사용한 non-temporal 스트리밍 캐시. 이 그림은 L1 캐시 블록에 n 데이터 워드를 갖는 포괄적인 캐시 블록 구조를 보여준다. 예측기는 각 블록 내 개별적인 워드의 접근 행동을 추적하는 n개의 재참조 비트(r_1,...,r_n)을 관리한다.

바와 같이, 분기 예측기(branch predictor)와 유사한 형태의 테이블은 로드 명령어의 프로그램 카운터(PC)에 의해 색인되고 로드 명령어가 데이터 캐시에서 실패를 유발하는지를 추적한다. 여러 번의 연속적인 캐시 실패를 경험하면, 로드 명령어는 캐싱 가능(cacheable) 및 할당 불가능(non-allocatable)으로 표시된다.

Rivers의 non-temporal 스트리밍 캐시

Tyson의 기법과 유사한 동적 파티션 및 온라인 메커니즘이 Rivers에 의해 연구되었다[Rivers & Davison 1996, Rivers 외 1997]. NTS 캐시는 주 캐시와 완전 연관 버퍼를 병렬적으로 배치한다(빅팀 캐시와 어시스트 캐시 구조와 유사한 배치). 이 버퍼의 목적은 주 캐시 안에 보관된 데이터의 temporal locality를 해치는 데이터를 별도로 보관하는 것이다. 이 구조는 그림 3.4에서 보인다. 완전 연관 NT(non-temporal) 버퍼는 LRU 방식으로 관리된다.

McFarling[1991]의 예측기 그리고 Tyson[Tyson 외 1995]의 예측기와 유사한 NTS 캐시의 예측기는 데이터 사용을 추적하고 'non-temporal' 블록들을 확인한다(이 블록들은 locality가 없으며 스트리밍 행동을 보여준다). 그리고 이러한 블록들을 주 캐시가 아니라 완전 연관(fully-associative) 버퍼에 배치한다. McFarling의 기법처럼, 이 예측기는 어플리케이션 행동을 관찰하고 데이터가 캐시 시스템에 있는 동안 데이터가 보여주는 특징에 따라 해당 데이터의 블록을 태깅한다(그리고 이 태그는 데이터가 하위 저장소로 쫓겨날 때 데이터 블록과 함께 이동할 수 있다). 블록이 L1 캐시에 있을 때, 비트 벡터(bit vector)를 이용하여 그 블록 내의 워드 재사용을 지속적으로 관찰한다. 블록이 캐시에 있는 동안 블록 안의 워드가 한 번 이상 참조되면, 그 블록은 temporal locality를 보여준다고 표기된다. 그렇지 않으면 그 블록은 non-temporal이라고 비트 벡터에 표기된다. 그림 3.4에 보이는 NT 비트는 블록이 L1에서 쫓겨날 때 L2 캐시로 써지게(write back) 된다. 만약 그 블록을 L1 캐시로 다시 가져온다면, NT 비트를 참조하여 그 블록을 주 캐시에 배치할지 아니면 완전 연관 non-temporal 버퍼에 배치할지를 결정한다. 이 기법은 실패율, 메모리 트래픽(traffic), 그리고 평균 접근 페널티를 줄인다.

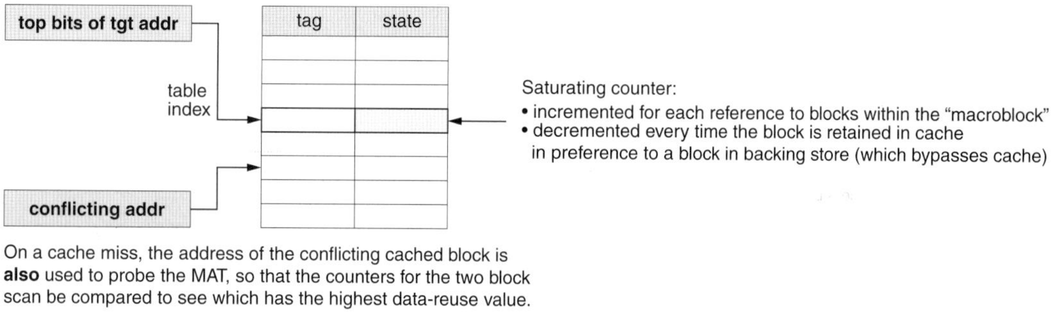

그림 3.5_ Johnson이 제안한 메모리 어드레스 표(MAT, memory-address table). MAT는 직접 사상, 완전 연관, 또는 집합 연관 구조가 될 수 있으며, MAT의 구조는 일반적으로 MAT와 연관된 캐시의 구조와는 독립적이다. 시스템은 일반적으로 각 L1, L2,...캐시들에 대해서 독립적인 MAT를 사용할 것이다.

Johnson의 빈도 추적

또 다른 기법에서는 캐시의 블록을 식별하기 위해 접근 빈도를 사용한다. Johnson과 Hwu는 그림 3.5에서 보이는 메모리 어드레스 테이블(memory address table, MAT)을 제안하였다[1997]. MAT는 포화(saturating) 카운터들로 구성된 독립된 캐시이다. 각 카운터는 '매크로블록(macroblock)' 안의 블록들이 주 캐시에 있는 동안 얼마나 자주 참조되는지를 추적한다. 매크로블록은 단일 캐시 블록보다 더 큰 메모리 영역이다. 따라서 매크로블록 안의 모든 캐시 블록들은 동일한 카운터를 갱신한다. 예를 들어, 매크로블록이 4개의 캐시 블록을 포함하는 경우, 스트리밍 행동을 보여주는 매크로블록은 블록들 중 하나가 4번 참조되고 나머지 다른 블록들은 참조되지 않은 매크로블록과 동일한 카운터 값을 보일 것이다.

어떤 블록의 참조는 그 블록을 포함하는 매크로블록의 MAT 항목(카운터)을 증가시킨다. 블록이 캐시에 존재한다면, 더 이상 아무 일도 발생하지 않는다. 만약 블록이 캐시에 **없다면**, 그 블록의 매크로블록 카운터 값은 캐시에 있는 블록의 매크로블록 카운터 값과 비교된다. 그리고 더 높은 카운터 값을 갖는 블록이 우선권을 얻는다. 캐시에 존재하는 블록이 우선권을 얻는다면, 해당 매크로블록의 카운터는 감소된다. 이는 일종의 공평성(fairness)을 보장하기 위한 것이다.

이 기법이 효과적이기 위해서는 MAT가 현재 캐시에 있지 않은 매크로블록들을 다룰 수 있을 만큼 충분히 커야 한다는 것이다. McFarling의 기법과 Rivers의 기법처럼, 캐시에 존재하는 블록의 상태는 유입되는 블록의 상태와 비교된다. 이는 블록이 캐시에서 쫓겨날 때 (매크로)블록의 상태가 유지됨을 의미한다. Johnson은 McFarling 또는 Rivers의 기법과 같은 분산 기법들을 명시적으로 조사하지는 않았다. Johnson의 기법에는 두 개의 다른 메커니즘이 있다는 것에 주목하자. (1) 데이터 집합을 사용하는 메커니즘(단일 상태 변수에 단일 블록의 행동이 아니라 전체 영역의 행동을 인코딩), (2) spatial locality 또는 temporal locality를 추적하는 것과 대조적으로 빈도 지표(metric)를 사용하는 메커니즘.

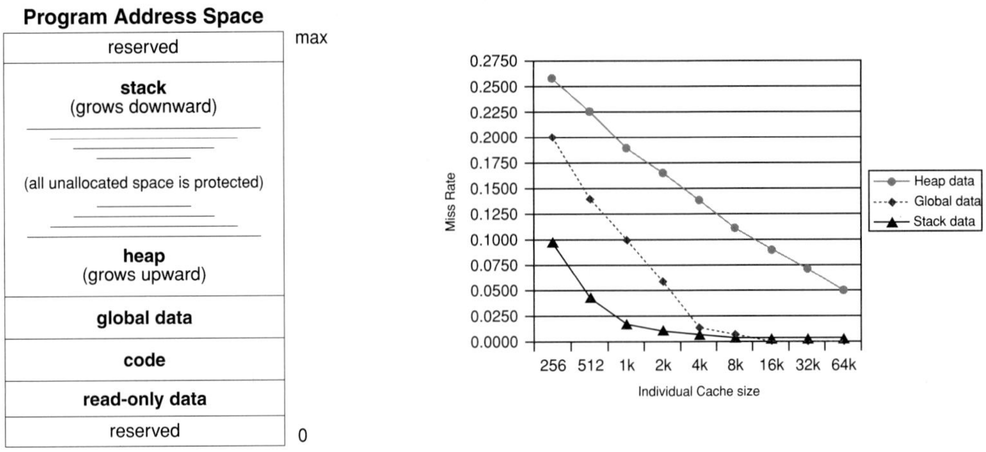

그림 3.6_ 분리된 캐시의 평균 실패율. 참조는 스택, 힙, 그리고 전역(global)(왼쪽에 보이는, MIPS ISA)으로 분류된다. 이 그림들은 Lee와 Tyson[2000]의 허락하에 사용되었다.

Lee의 영역 기반 분할

Lee와 Tyson은 스택, 전역(global), 그리고 나머지 데이터 참조의 정적 파티셔닝을 수행하는 온라인 메커니즘을 제안하였다[2000]. 이 메커니즘은 모든 캐싱된 객체를 3개의 다른 그룹(작은 그룹, 중간 그룹, 큰 그룹으로 나뉘며 각 그룹은 독립적으로 관리되는 고유의 공간을 사용한다)으로 나누는 Murta의 파티션된 웹 캐싱 기법과 유사하다. 두 가지 방법 모두 정적으로 정의된 공간 파티셔닝을 수행하는 동적 메커니즘이다.

Lee와 Tyson은 프로세스의 어드레스 공간에서 다른 영역으로의 데이터 참조는 완전히 다른 캐시 적중률을 보여줄 수 있다고 언급하였다. 이를 그림 3.6에 나타내었다. 저자들은 이러한 행동 차이를 활용하기 위해서 어드레스 공간의 정적, 배타적 파티셔닝을 조사하였다. 즉, 각 영역은 자신만의 L1 캐시 파티션을 할당받는다. 그림 3.7은 L1 캐시 옆에 위치한 분리된 파티션들을 갖는 예제를 보여준다. 이 파티션들은 L1 캐시보다 훨씬 작게 만들어질 수 있음을 유념하자(따라서 작은 전력을 소모할 수 있다). 이는 어플리케이션의 스택과 전역(global) 데이터를 위한 저장 공간 요구량이 어플리케이션의 힙 저장 공간 요구량보다 작은 경향이 있기 때문이다. 저자들이 지적한 것처럼, 이 메커니즘은 파티션되지 않은 간단한 캐시보다 약간 더 큰 디코드(decode) 회로를 필요로 하지만 전체적인 에너지 소모는 감소한다.

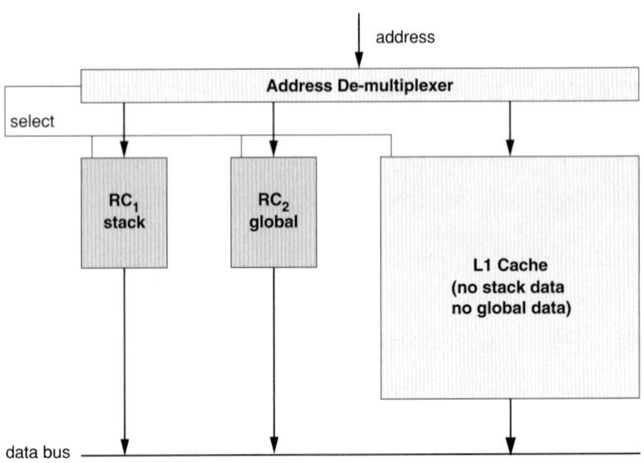

그림 3.7_ 영역 기반 캐시 파티셔닝. 캐시의 파티션은 어드레스가 해당 파티션을 참조할 때만 활성화(따라서 전력을 소모하는)된다. 이 그림은 Lee와 Tyson[2000]의 허락하에 사용되었다.

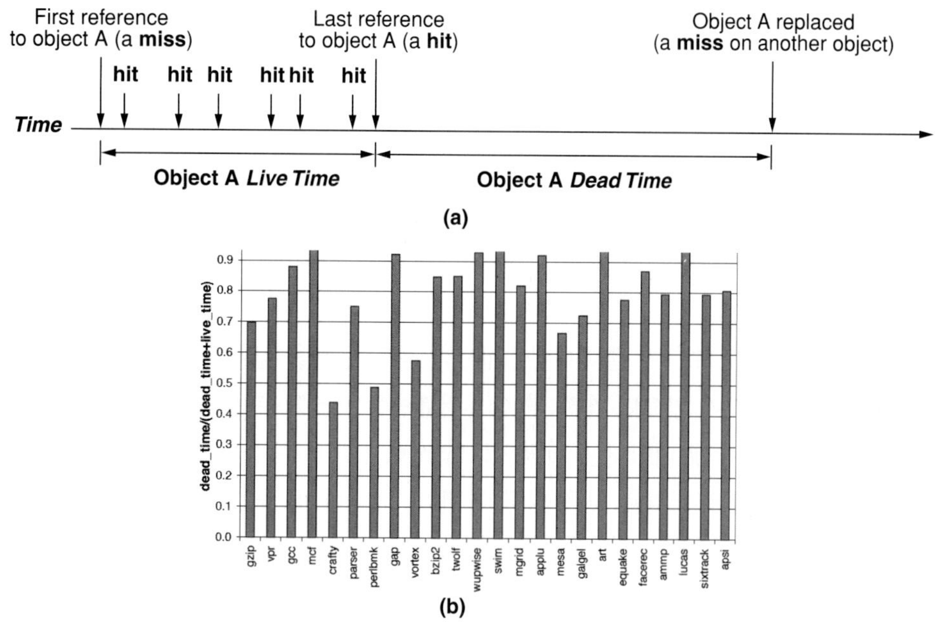

그림 3.8_ 캐시 데이터가 죽어 있는 시간. (a)는 마지막 참조와 대체 사이의 구간으로 죽어 있는 시간의 정의를 보여준다. (b)는 죽어 있는 상태 동안 어플리케이션 데이터가 소모한 시간을 보여준다. 평균적으로, 죽어 있는 시간을 제거함으로써 누설 전력이 상당히 줄어들 수 있다.

온라인 저전력 기법들: Kaxiras의 캐시 쇠퇴

프로세서 캐시의 전력을 투명하게(transparently) 관리하기 위한 제안들이 등장하고 있다. 그중 한 예제는 Kaxiras에 의해 제안된 **캐시 쇠퇴**(cache decay) 메커니즘이다[Kaxiras 외 2001]. 다른 캐시 저전력 메커니즘들은 5장, 5.3.1 절, '낮은 누설 전력 동작'에서 서술된다. 캐시 쇠퇴는 다른 저전력 기법들과 비교해서 상대적으로 복잡한 제어 알고리즘을 갖기 때문에 이 절에서 논의된다.

캐시 쇠퇴는 더 이상 필요하지 않다고 판단되는 블록들을 비활성화시킴으로써(전원 공급을 차단함) 캐시의 누설 전력을 줄인다. 이 기법은 캐시로 유입된 데이터 블록이 짧은 시간 동안 빈번하게 사용된 후 다른 블록에 의해 대체될 때까지의 긴 시간 동안 사용되지 않는다는 관찰에서 비롯되었다. 이 휴리스틱 기법은 블록이 접근되는 빈도가 상당한 수준으로 감소하는 것을 감지할 때 블록을 비활성화시킨다. 이는 상태 유지(state-preserving) 동작이 아니라는 것을 유념하자. 즉, 블록을 비활성화하면 블록의 내용이 유실되는 것을 의미한다. 따라서 캐시 블록의 컨텐츠가 더티(dirty)라면(나중쓰기(write-back) 캐시에서), 그 컨텐츠는 우선적으로 메모리 시스템에 써져야 한다. 그림 3.8(Kaxiras 외[2001, 그림 1과 2])은 페치된 블록들이 중간의 '죽어 있는' 상태 동안 (사용되지 않고 거의 대체되기를 기다리는)소비한 시간을 보여준다. 이 죽어 있는 시간이 제거된다면(데이터를 갖고 있는 캐시 블록이 죽어 있는 시간 동안 비활성화될 수 있다면) 캐시 누설 전력은 거의 70%까지 줄어들 수 있다.

Kaxiras의 캐시 쇠퇴 메커니즘은 캐시의 각 블록이 카운트다운 타이머를 관리한다. 블록이 읽히거나 써질 때마다 이 타이머는 초기화된다. 이 타이머가 0에 도달하면 블록의 데이터는 캐시에서 제거된다(만약 더티라면 메모리로 플러시되고 아니라면 버려진다). 그리고 이 블록의 전원 공급이 차단된다. 관찰에 따르면 무활동 구간이 큰 경향이 있기 때문에(수백 또는 수천 프로세서 사이클) 이 메커니즘을 동작시키는 고해상도(fine-grained) 카운터는 하나만 존재한다. 각 블록은 이 고해상도 카운터의 상위 비트에 의해 구동되는 저해상도 2비트 카운터를 갖는다. 이는 모든 캐시 블록이 각각 고해상도 카운터를 사용하는 것과 비교해서 시스템의 활성 전력(active power) 오버헤드를 대폭 감소시킨다. Kaxiras는 하나의 고해상도 카운터를 사용하는 것이 상당히 합리적인 결과를 보여준다고 언급하였다. 당연히, 이 휴리스틱 기법에는 성능(캐시 실패율)과 누설 전력 간의 트레이드오프가 존재한다. 캐시의 쇠퇴 구간을 짧게 설정하는 것(캐시 블록이 상대적으로 짧은 시간 동안 사용되지 않으면 캐시 블록의 컨텐츠를 버리도록 선택하는 것)은 캐시의 누설 전력을 대폭 줄인다. 그러나 조급하게 데이터를 버림으로써 캐시 실패율은 증가된다. 반면, 긴 쇠퇴 구간을 사용하는 것은 데이터를 조급하게 버리는 것을 피하게 된다. 그러나 긴 구간 동안 캐시 블록을 활성화 상태로 남겨두므로 누설 전력을 많이 줄이지 못한다. 명백하게도, 적응형 메커니즘 또는 블록 단위 메커니즘을 연구할 가치가 있다. 이러한 이유로 Kaxiras는 블록이 버려질 때마다 죽어 있는 시간의 예측값을 추적하는 메커니즘을 연구하였다. 블록을 버리고 난 직후에 나타나는 캐시 실패는 조급한 블록 플러시(flush)를 암시한다는 것에 주목하면, 이 메커니즘은 쇠퇴 구간을 동적으로 조절하는 방식으로 확장될 수 있다.

3.1.2 온라인 프리페치 휴리스틱 기법[1]

이전에 언급된 것처럼, 간단한 방법으로 spatial locality를 활용할 수 있다. 즉, 더 큰 캐시 블록을 사용함으로써 spatial locality를 확보할 수 있다. 이러한 간단한 방법이 효과적이더라도, 참조된 모든 데이터가 spatial locality를 보이지는 않기 때문에 캐시 블록 크기를 무한정 증가시키는 것은 바람직하지 않다. 매우 큰 블록의 사용은 캐시 오염(cache pollution), 캐시 적중률(hit rate) 감소, 그리고 과도한 메모리 트래픽을 유발하기 때문이다. 따라서 오버헤드를 최소화하면서 캐시의 성능을 증가시키기 위해 spatial locality를 잘 활용하는 더 복잡한 메커니즘이 필요하다. 완전히 온라인으로 동작하는 프리페치 기법은 어플리케이션 행동에 대한 내부 정보가 없기 때문에(오프라인 코드 분석에 의존하지 않는다) 능동적이고 예측적이어야 한다. 또한 무엇을 프리페치(prefetch)할지 그리고 언제 페치(fetch)할지 결정하기 위해 어플리케이션 행동을 관찰하고 추적해야 한다. 가장 간단한 (프리)페치 메커니즘은 블록에 대한 요청이 왔을 때 블록이 페치되는 요구 페치(demand-fetch)이다. 요구 페치보다 좀 더 복잡한 프리페치 메커니즘을 사용하는 것은 실질적인 캐시 용량을 증가시킬 수 있고 평균 지연시간을 줄일 수 있다. 그러나 더 복잡한 프리페치 메커니즘을 사용하는 경우 오버헤드가 발생한다. 프리페치 메커니즘이 불필요한 블록을 페치하는 경우 메모리 버스가 불필요한 프리페치 블록을 옮기고(따라서, 실질적인 메모리 대역폭을 줄인다), 캐시는 불필요하게 페치된 블록들을 저장하기 위해 쓸모 있는 코드 및 데이터를 버리도록 강요받을 수 있기 때문이다.

---

1 다음은 '데이터 캐시 프리페치'("Data Cache Prefetching" by Yan Solihin and Donald Yeung, in Speculative Execution in High Performance Computer Architectures, CRC Press, Chapman and Hall, D. Kaeli and P. Yew, editors, ISBN-1-58488-447-9, 2005. Copyright © 2005 CRC Press)의 일부 내용을 포함한다.

메모리 계층 구조의 어떤 계층에서도 프리페치가 시작될 수 있고 프리페치된 블록은 어떤 계층에도 배치될 수 있다는 것을 유념하자. 프리페치는 L1 캐시 계층, L2 캐시 계층, 메모리 제어기(memory controller), 또는 심지어 메모리칩에서도 시작될 수 있다. 프리페치된 데이터는 일반적으로 프리페치가 시작된 계층에 저장된다. 즉, 프리페치를 개시한(prefetching-initiating) 캐시 또는 프리페치 개시 캐시와 같은 계층에 존재하는 독립적인 프리페치 버퍼에 저장된다(프리페치 버퍼의 사용은 프리페치된 데이터에 의한 캐시 오염을 방지한다). 어떤 경우에는 프리페치가 개시되는 계층이 데이터의 도착 지점과 다르다. 예를 들어, 메모리 단의 프리페치는 메모리 근처에서 시작되지만 프리페치된 데이터는 L2 캐시로 유입된다.

프리페치 명령어, 분기 예측

메모리 블록을 미리 페치하는 것은 직관적으로 매력적이지만 매우 어렵다. 다행히도, 이전에 제안된 것처럼 프리페치할 항목들을 분류하고 분류된 종류에 따라 별도의 프리페치 기법을 적용함으로써 프리페치 문제를 좀 더 쉽게 해결할 수 있다. 명령어 및 코드 대 데이터는 프리페치할 항목들을 구분하는 가장 명확한 분류 중 하나이다. 미리 페치되어야 하는 명령어를 예측하기 위해서는 어플리케이션 행동에 대한 사전 지식(규칙적인 어플리케이션들에서 가능한) 또는 분기(branch) 행동을 관찰하고 미래의 결과를 예측하는 기능(비규칙적인 어플리케이션들을 포함한 모든 유형의 어플리케이션에서 가능한)이 필요하다. 분기 예측의 실패율이 0에 근접할수록 고신뢰(high-confidence) 프리페치가 가능한 명령어의 범위가 더 커지기 때문에 분기 예측(Branch prediction)은 아주 많이 연구된 분야이다.

분기 예측에서는 더 상세한 세부 분류가 많이 활용된다. 이미 열거된 하위 클래스들을 고려해보자. 이 하위 클래스는 함수 호출, 무조건 분기(unconditional branch), 원거리 분기(long-distance branch), 단거리 분기(short distance branch), 앞 분기 대 뒤 분기(forward vs. backward branch), 직선형 코드(straight-line code) 등이 있다. 각각의 하위 클래스는 고유의 휴리스틱 기법을 갖는다. 예를 들어, 복귀 어드레스(return address) 스택은 함수 호출을 향상시킨다[Webb 1988, Kaeli & Emma 1991]. 분기 대상(branch-target) 버퍼는 원거리 분기(long-distance branch)를 향상시킨다[Lee & Smith 1984]. 트레이스 캐시와 버퍼 붕괴(2장, 2.6.3절, "다른 동적 캐시 블록: 트레이스 캐시" 참조)와 같은 메커니즘들은 단거리 분기(short-distance branch)를 고려한다. 루프 캐시는 빽빽한(tight) 루프(짧은, 후방 분기(short, backward branch))를 고려한다[Lee & Smith 1984].

순차적 데이터 접근을 프리페치하는 초기 연구

이전에 언급된 것처럼, 블록 크기를 증가시키는 것은 spatial locality를 잘 활용할 수 있지만 블록 크기는 무한정 증가될 수 없다. 임의로 블록 크기를 늘리는 것보다는, 블록 i가 어플리케이션에 의해서 페치될 때마다 조건부로 블록 *i*+1(또한 블록 *i*+2, *i*+3)을 페치할 수 있다. Smith는 다음 세 가지 프리페치 기법을 언급하였다[1982]. (1) 어플리케이션의 모든 참조에 대해 프리페치 수행, (2) 캐시 실패 시에만 프리페치 수행, (3) 캐시 엔트리와 연관된 태그 비트를 사용하는 **태깅된 프리페치**. 여기서 이 비트는 프리페치가 되지 않았으면, 캐시 미스를 유발했을 참조인지 아닌지를 나타낸다. 캐시 엔트리의 태그 비트는 어플리케이션이 해당 캐시 엔트리를 참조할 때마다 1로 설정되고, 유입된 프리페치된 블록이 임의의 캐시 엔트리에 배치되면 해당 캐시 엔트리의 태그 비트는 0으로 설정된다. 그러므로 태그 비트가 0에서 1로 변경된다는 것은 프리페치 때문에 이 블록이 캐시에 존재하여 참조될 수 있음을 의미하는 것이고, 프리페치가 아니었다면 캐시 실패가 발생하였을 것이라는 의미를 내포한다. 따라서 0에서 1로의 태그 변경은 긍정적 효과의 발생을 의미하므로, 또 다른 프리페치가 수행된다.

또한, 소프트웨어 캐시에 적합한 프리페치 기법이 연구되고 있으며, 소프트웨어 캐시에서는 하드웨어 캐시에서보다 더 복잡한 프리페치 알고리즘을 구현할 수 있다(예를 들어, 운영체제의 가상 메모리 페이징 시스템과 파일 시스템에서의 프리페치). Baer와 Sager의 'spatial lookahead' 메커니즘[1976]은 이러한 프리페치의 좋은 예제이다. 이 메커니즘은 어플리케이션의 가상 어드레스 공간의 페이지들을 투기적으로(speculatively) 프리페치하기 위해 일종의 연관성 테이블(correlation table)이 운영체제에 의해 사용된다.

Baer와 Sager의 연구와 비슷한 시기에 수행된 또 다른 캐시 연구에서는 명령어 페치 및 프리페치, 데이터 페치 및 프리페치와 같은 캐시 접근 요청의 유형에 따라 캐시 접근의 우선순위를 정한다. 캐시 포트(port), 메모리 포트, 메모리 버스에서 메모리 요청 간 분쟁(contention)이 발생할 때 메모리 요청의 우선순위는 어떻게 되어야 하는가? 캐시 내의 배치와 대체를 결정할 때 어떤 유형의 데이터가 더 높은 우선순위를 가져야 하는가? 이는 블록을 할당하기 위해 명령어를 로드 명령어와 스토어 명령어로 분류하는 것(예를 들어, 읽기 실패 시 전체 블록을 페치하지만 쓰기 실패 시에는 페치를 하지 않거나 블록을 부분적으로 페치하는 캐시) 개념적으로 유사하다.

프로세서 캐시에 관한 연구들은 항상 페치(fetch-always) 기법이 비현실적이라고 일축한다(위의 기법 (1)에 해당한다. 이는 상당한 양의 메모리 트래픽을 생성하지만 낮은 실패율을 초래한다). 그 이유는 대역폭의 부족이다. 다시 말해, L1 프로세서 캐시는 빠른 접근 속도를 갖고 항상 페치 기법은 많은 양의 프리페치를 수행하므로, 하위 저장소의 대역폭이 감당하지 못하는 양의 메모리 트래픽이 발생한다. 대신에, 버퍼 캐시, 디스크 캐시, 일부의 웹 캐시, 적극적 DRAM 뱅크 활성화(proactive DRAM bank activation), 그리고 프로세서의 최종 단계(last-level) 캐시처럼 접근 속도가 상대적으로 느린 캐시에서는 항상 페치 기법이 사용될 수 있다. 접근 속도가 느린 캐시의 주요 목적은 저장소로의 지연시간을 숨길 수 있도록 충분한 용량을 제공하는 것이다. 이러한 캐시의 예로는 Itanium L3 캐시가 있다(6장 참조).

Jouppi의 스트림 버퍼

Jouppi는 반응적 미리보기(reactive lookahead) 기법이 다중 이슈(multi-issue) 프로세서 코어에는 적합하지 않다고 언급하였다. 이 기법은 캐시 실패 시 새로운 프리페치를 개시하는데, 이는 L1 캐시의 높은 대역폭과 하위 저장소의 긴 지연 시간 간의 불균형을 심화시켜 메모리 접근을 지연시킨다. Jouppi는 이 문제를 해결하기 위해 스트림 버퍼(stream buffer)를 제안하였다[1990]. 이 버퍼는 네트워킹 프로토콜에서 사용되는 슬라이딩 윈도(sliding window)[Jacobsen 외 1992]와 비슷한 메커니즘이다.

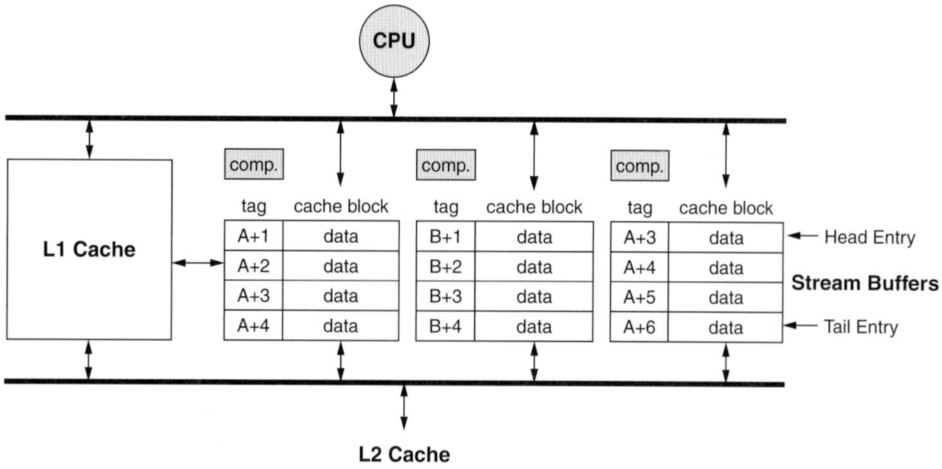

그림 3.9_ 스트림(stream) 버퍼의 구조와 동작. 각 스트림은 FIFO 순서로 관리된다. 그리고 각 스트림은 헤드(head) 항목의 태그와 연관된 비교기를 갖는다.

Jouppi의 스트림 버퍼는 FIFO 버퍼이다. 이 버퍼의 각 엔트리는 캐시 블록, 블록의 태그, 그리고 가용(available) 비트로 구성된다. 그림 3.9는 3개의 스트림 버퍼에 대한 구조와 동작을 보여준다. 다수의 버퍼가 다수의 스트림의 병렬적인 프리페치를 지원하며 각 버퍼는 단일 스트림을 프리페치한다. 스트림 버퍼의 동작은 다음과 같다. 캐시 접근 시 캐시와 스트림 버퍼들의 헤드 항목(head entry)에서 캐시 블록의 적중 여부를 확인한다(Jouppi의 원래 메커니즘은 스트림당 단일 태그 비교기(comparator)를 사용한다). 요청된 블록이 캐시에서 발견되면 스트림 버퍼는 아무런 동작도 수행하지 않는다. 반면에, 블록이 캐시에서 발견되지 않고 스트림 버퍼의 헤드에서 발견되면 그 블록은 캐시로 옮겨진다. 그 후, 스트림 버퍼의 헤드 포인터는 다음 엔트리로 이동하며, 버퍼는 마지막 엔트리의 후속 블록을 빈 엔트리로 프리페치한다. 다시 말해, 마지막 엔트리의 블록 어드레스가 L이면 블록 L+1이 프리페치된다. 어떤 블록이 캐시나 스트림 버퍼 어느 곳에서도 발견되지 않으면 새로운 스트림 버퍼가 할당된다. 그리고 그 블록의 후속 블록들은 새로 할당된 스트림 버퍼를 채우기 위해 프리페치된다. 프리페치가 수행되는 동안, 가용 비트는 0으로 설정되고 프리페치가 완료되었을 때 1로 설정된다.

Palacharla와 Kessler는 순차적인 스트리밍을 감지하는 간단한 메커니즘(새로운 스트림 버퍼를 할당하는 시점을 나타내는)을 제안하였다[1994]. 이 메커니즘은 블록 *A*와 블록 *A*+1로의 연속된 캐시 실패가 발생하면, 스트리밍을 시작한다는 발상에서 출발한다. 이는 조만간 블록 *A*+2에 대한 캐시 실패가 발생할 것이라는 암시로 받아들인다. 이 기법은 실패 어드레스의 이력 버퍼 (history buffer)를 관리하고 블록 A로의 캐시 실패가 발생할 때마다 이 이력 버퍼에 어드레스 *A*+1을 추가한다. 어떤 참조(예를 들어, 블록 *A*+1로의 참조)가 캐시 실패를 유발하지만 이력 버퍼에서는 적중하는 경우, 순차적인 스트리밍 행동을 나타낸다고 판단할 수 있다. 캐시와 이력 버퍼 모두에서 실패하는 참조는 (1) locality이 없거나 (2) 비단위 스트라이드(non-unit stride) 형태를 나타내기 때문에 새 스트림 버퍼를 할당받지 말아야 한다. 비단위 스트라이드의 문제는 다음 절에서 논의한다.

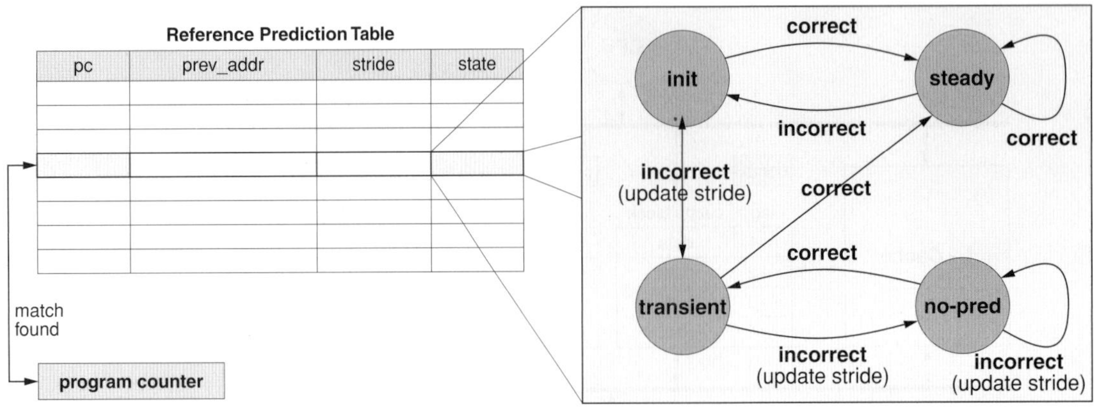

그림 3.10_ Baer와 Chen의 PC 기반 스트라이드 예측기. FSM에서, 상태 전이 조건은 볼드체로 표시되고 전이 동작은 괄호 안에 표시된다.

Baer의 참조 예측 표: 스트라이드(stride) 프리페치

그림 3.9는 간단한 순차적 프리페치 문제(블록 어드레스 참조 스트림이 *A*, *B*, *A*+2, *B*+1, *A*+4, *B*+2, …인 시나리오)를 보여준다. 첫 번째 참조는 블록 *A*로 접근하고 캐시 실패를 유발한다. 그리고 이 캐시 실패는 *A*의 후속 블록(*A*+1, *A*+2, *A*+3, *A*+4)을 위해 스트림 버퍼를 할당한다. 이와 유사하게, 블록 *B*로의 접근은 캐시 실패를 유발한다. 그리고 이 실패는 스트림 버퍼를 할당하고 *B*+1, *B*+2, *B*+3, *B*+4의 프리페치를 개시한다. 블록 *A*+2로의 다음 접근 시 캐시와 스트림 버퍼들의 헤드 엔트리들은 모두 실패를 유발한다. 그 결과, 새 스트림 버퍼가 *A*+2의 후속 블록들(*A*+3, *A*+4, *A*+5, *A*+6)을 위해 할당된다.

이때 두 개의 별도의 스트림 버퍼가 *A*의 후속 블록들과 *A*+2의 후속 블록들을 위해 할당된다. 그리고 일부 항목은 중복된다(*A*+3, *A*+4). 이는 두 가지 요인 때문이다. 즉, 스트림 버퍼당 단일 비교기, 그리고 *A* 스트림의 비단위 스트라이드(non-unit stride)를 식별하는 능력이 없는 메커니즘이 그 요인이다. 하지만, 단순히 비교기의 개수를 증가시키는 것은 완전한 해결책이 아니라는 것을 주의하자. 비교기 개수를 증가시키는 것은 논리적 단일 스트림에 대해 복수의 버퍼 할당을 피하고 그로 인해 스트림 버퍼 전체에 걸쳐 중복되는 블록을 제거하지만, 메모리 트래픽을 증가시키고 스트림 버퍼들의 실질적 용량을 줄이는 불필요한 프리페치(블록 *A*+1, *A*+3, …을 위한)를 제거하지 못한다. 이보다 더 좋은 해결책은 비단위 스트라이드(non-unit stride)를 다루는 메커니즘[2]이다.

Baer와 Chen은 이러한 메커니즘으로 비순차적인 접근을 감지하고 적응하는 하드웨어 프리페치 기법을 제안하였다[1991]. 이 기법은 비단위 스트라이드(non-unit stride)를 감지하고 프리페치하며, 비반복적 접근에 대한 프리페치를 감지하여 이를 피한다. 그림 3.10에서 나타낸 바와 같이, 캐시 참조 시 참조 예측 테이블 엔트리들의 pc 필드와 프로그램 카운터(program counter)의 일치 여부를 확인한다. 이 참조 예측 표

2 캐시 블록 크기의 증가는 작은 스트라이드 접근에 의한 사실상의 순차적인 접근을 만든다는 것을 유념하자.

의 각 항목은 로드 및 스토어 명령어(pc), 이전에 사용된 어드레스(prev_addr), 가장 최근에 관찰된 스트라이드(stride), 그리고 정확도를 추적하고 예측을 가능하게 하는 2비트 상태(그림에서 보여주는 관련된 FSM(finite state machine)에 의해 사용되는)를 관리한다. 로드 및 스토어 명령에 의한 참조마다 새로운 대상 어드레스는 예측된 어드레스(이전 어드레스 + 스트라이드)와 비교된다. 그리고 그 결과는 참조 예측 테이블 엔트리의 상태(state)와 다른 필드를 갱신하는 데 사용된다. 이 기법은 스트라이드를 추적하여 스트라이드 접근이 감지될 때 프리페치를 수행한다. 즉, 비스트라이드 접근이 감지될 때 이 기법은 프리페치가 개시되지 않도록 한다.

Palacharla의 프로그램 카운터 제거

Baer와 Chen의 메커니즘의 중요한 측면은 다른 로드 및 스토어 명령으로부터 요청된 다른 어드레스 스트림들을 분리하기 위해서 프로그램 카운터를 사용했다는 점이다. 다수의 스트림이 인터리빙될 때, 개별적인 스트림들이 규칙적이고 쉽게 예측될지라도 전체 스트림은 불규칙적으로 보일 수 있다. 따라서 프로그램 카운터는 다른 행동을 보이는 다른 스트림들을 분리하는 강력한 도구가 되는 것이다. 그리고 각 스트림을 개별적으로 분리하여 예측하는 것은 전체 스트림을 예측하는 것보다 더 정확할 수 있다. 이는 다른 행동 분류에 따라 다른 휴리스틱 기법을 적용하는 것과 유사하다. 그러나 프로그램 카운터 기반의 프리페치 메커니즘을 하드웨어 캐시에 적용하기 위해서는 프로세서 코어 내의 프로그램 카운터에 접근하기 위한 추가적인 하드웨어 지원이 필요하다. 따라서 프로그램 카운터 기반 프리페치 메커니즘은 프로그램 카운터에 접근하기 힘든 오프칩(off-chip) 캐시, 메모리, 디스크 캐시, 웹 캐시 등에서는 사용될 수 없다. 반면, 운영체제의 버퍼 캐시는 프로그램 카운터 기반 프리페치 기법을 사용할 수 있다. 이는 운영체제가 입출력(I/O) 시스템을 불러오는 트랩(trap) 명령어의 프로그램 카운터로 접근할 수 있기 때문이다. 그러나 트랩 명령어가 공유 라이브러리(예를 들어, fread() 또는 fwrite())에 있으면, 프로그램 카운터 기반 기법은 어플리케이션 코드의 다른 영역들의 움직임을 구별하기 위해 사용될 수 없다.

전체적인 결론은 프로그램 카운터를 활용하지 않고 더 큰 스트림 안에서 패턴을 인지할 수 있는 메커니즘은 매우 가치가 있다는 것이다. 이러한 메커니즘은 메모리 시스템의 어떤 부분에서도 사용될 수 있다(온칩(on-chip), 오프칩(off-chip), DRAM 시스템 안에서, 디스크 시스템 안에서, 하드웨어로, 소프트웨어로 등). Palacharla와 Kessler가 이러한 메커니즘을 소개하였다[1994]. 이 메커니즘은 그림 3.11에 나타내었다. 이 기법은 동일한 크기의 영역들(그림에서 보이는 태그/czone 파티션에 의해 정의된)로 메모리 공간을 나누며 이 영역의 크기는 실행 시점에 동적으로 바뀐다. 그리고 각 영역의 스트라이드 행동이 추적된다. 프로그램 카운터를 이용하여 스트림들을 분리하는 대신에, 이 기법은 스트림 행동이 지역화되기 쉽다는 사실을 활용한다(예를 들어, 비순차적 행동 *A*+1, *A*+3, *A*+5, ...와 *B*, *B*+2, *B*+4, ...를 갖는 두 개의 큰 배열 A와 *B*로의 벡터 연산을 생각해보자. *B*+2와 *B*+4 그리고 *A*+3과 *A*+5는 메모리 공간 안에서 가까이에 존재하지만 *A*+3과 *B*+2는 상대적으로 먼 위치에 존재할 것이다). 태그와 czone('concentration zone'의 약어)을 신중하게 파티셔닝함으로써, *B* 스트림으로부터 *A* 스트림을 분리할 수 있다. 만약 czone 파티션이 배열 크기보다 크지 않다면 *A*와 *B*로의 참조들은 다른 태그 값들을 가질 것이다. 그러나 만약 태그 비트 벡터가 너무 작

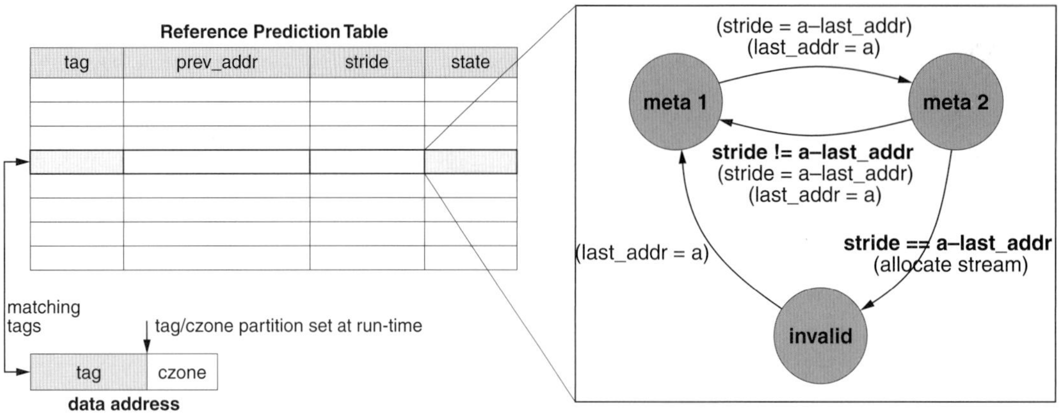

그림 3.11_ Palacharla와 Kessler의 비 PC 기반 스트라이드 예측기. FSM에서, 상태 전이 조건은 볼드체로 표시되고, 전이 동작은 괄호 안에 표시된다.

게 만들어지면(czone이 *A*와 *B* 둘 다 포함할 수 있을 만큼 충분히 크다면) *A*와 *B*로의 참조들은 같은 스트림으로 보일 것이다.

그림 3.11에 보이는 FSM은 캐시와 순차적인 스트림 버퍼들(순차적인 스트리밍 행동을 포착하는)에서 적중 실패하는 세 개의 참조를 필요로 한다. 이 FSM은 처음 두 참조의 변화량이 다음 두 참조 사이의 변화량과 같다는 것을 보장한다. 이 기법에서 일반적으로 태그/czone 파티션을 적절하게 설정하기 위해 오프라인 코드 분석이 필요하다는 것을 유념하자. 그 대신에, 이 기법은 동적으로 파티션을 조절하고 그에 따른 프리페치의 정확도를 추적하는 폐쇄루프(closed-loop) 피드백 메커니즘과 함께 사용될 수 있다. 또한, 이 기법은 다른 도메인에도 쉽게 적용된다는 것을 유념하자. 예를 들어, 파일 캐싱에서의 파티션은 메모리 어드레스 또는 객체 ID, 프로세스 ID, 기계 ID, 네트워크 도메인, 파일명의 접두사('/usr' 또는 '/bin' 또는 '/usr/local' 등) 등의 어떤 조합으로도 설정될 수 있다.

비스트라이드 접근의 프리페치

전체적으로 순차적이고 스트라이드 형태인 접근에서의 프리페치는 상대적으로 간단한 하드웨어로 구현 가능하다. Intel Pentium 4 그리고 IBM Power4 아키텍처와 같은 프로세서에는 L2 캐시 계층에 스트림 버퍼와 유사한 하드웨어 프리페처(prefetcher)가 구현되어 있다[Hinton 외 2001, IBM 2002c]. Power4의 L2 캐시는 8개의 순차적인 스트림을 감지할 수 있다. Power4의 L2 캐시 블록은 128바이트이다. 그러므로 순차적 스트림 감지기는 대부분의 스트라이드 형태의 접근을 포착할 수 있다. 이 L2 캐시에서 어떤 블록에 캐시 실패가 발생할 때 5번째 후속 블록이 프리페치된다. Power4의 L3 캐시에서 캐시 블록은 L2보다 4배(512바이트) 크기 때문에 L3 캐시 실패 시에 다음 연속적인 라인을 프리페치한다.

스트라이드 형태가 아니지만 반복적인 패턴을 갖는 접근들은 프리페처에 비규칙적으로 보일 수 있기 때문에 이를 감지하고 프리페치하기 쉽지 않다. 알고리즘적 locality를 보여주지만 spatial 또는 temporal locality

를 보이지 않는 어플리케이션들은 이에 대한 좋은 예제이다. 이 접근들은 연결 데이터 구조(linked data structure) 탐색이 원인일 수도 있고 *A* [*B* [*i*]]와 같은 간접 배열 참조가 원인일 수도 있다. 이러한 접근들을 다루기 위한 한 기법은 캐시 실패를 발생시키는(따라서 다른 캐시 실패들과 연관된) 참조에 대해 하나 이상의 후속 실패 어드레스를 기록하는 것이다. 이 유형의 기법을 **연관성 프리페치**(correlation prefetching)라고 한다. **컨텐츠 지시형 프리페치**(content-directed prefetching)라고 하는 또 다른 기법은 페치된 데이터의 어드레스들을 식별하고 더 많은 데이터를 페치하기 위해 그 어드레스들을 사용한다. 예를 들어, 이 메커니즘이 페치된 데이터 구조 안에서 다음 포인터를 식별할 수 있다면 포인터 추적(pointer-chasing) 문제를 해결할 수 있다.

이 프리페치 기법들이 상용 하드웨어 시스템에서는 널리 사용되지는 않을지라도 페이징(paging), 파일 캐싱과 같은 다른 도메인에 적합할 수 있기 때문에(그리고 연구되어 왔기 때문에) 예제로서의 가치가 충분하다. 다시 말해, 이 기법들은 프리페치 메커니즘의 복잡한 동작을 숨길 만큼 페치 지연시간이 충분히 크고, 정확도가 보장되지 않는 공격적인 프리페치 기법을 허용할 만큼 요청 트래픽 대역폭이 충분히 낮은 시나리오에 적합할 수 있다.

Ramamoorthy의 미리보기 장치: 1996년에 제안된 거듭되는 최적화

Ramamoorthy는 **연결성 행렬**(connectivity matrix)과 **도달 가능성 행렬**(reachability matrix)을 사용하는 '미리보기(lookahead) 장치'를 제안하였다[1996]. 이 기법은 컴파일러 기법과 온라인 휴리스틱 기법을 혼합한 프리페치 기법의 초기 예제이다. 이는 순차적 또는 스트라이드 관련 블록을 프리페치하는 기법들과는 대조적으로, 논리적으로 관련되거나 temporal상으로 관련된 블록을 프리페치하는 기법들 중 가장 초기의 기법이

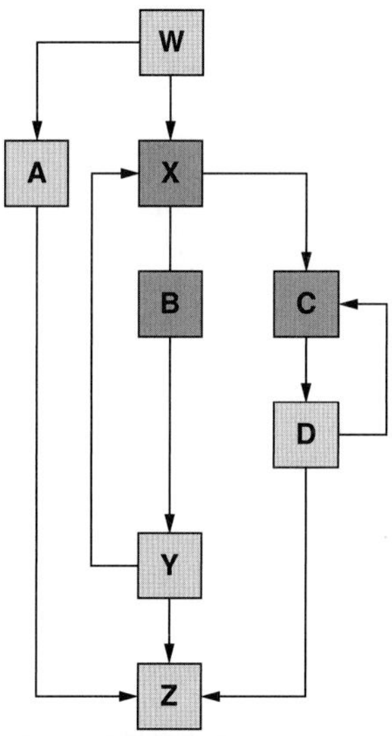

	A	B	C	D	W	X	Y	Z
A	0	0	0	0	0	0	0	1
B	0	0	0	0	0	0	1	0
C	0	0	0	1	0	0	0	0
D	0	0	1	0	0	0	0	1
W	1	0	0	0	0	1	0	0
X	0	1	1	0	0	0	0	0
Y	0	0	0	0	0	1	0	1
Z	0	0	0	0	0	0	0	0

Connectivity matrix

	A	B	C	D	W	X	Y	Z
A	0	0	0	0	0	0	0	1
B	0	1	1	1	0	1	1	1
C	0	0	1	1	0	0	0	1
D	0	0	1	1	0	0	0	1
W	1	1	1	1	0	1	1	1
X	0	1	1	1	0	1	1	1
Y	0	1	1	1	0	1	1	1
Z	0	0	0	0	0	0	0	0

Reachability matrix

그림 3.12_ 연결성(connectivity) 행렬과 도달가능성(reachability) 행렬

다. 이 기법에서는 오프라인 메커니즘을 위해 프로그램 행동 프로파일링을 지원하는 것이 중요하다. 따라서 3.3절에서 이 기법을 (간략하게)다시 논의할 것이다.

그림 3.12는 예제 프로그램의 일부와 그에 상응하는 연결성 행렬과 도달 가능성 행렬을 보여준다. 연결성 그래프에서 노드 *i*에서 노드 *j*까지의 방향성 에지(directed edge, 즉 연결성 행렬 요소 C_{ij}=1)는 코드 블록 *i*에서 코드 블록 *j*로 직접적으로 도달할 수 있다는 것을 나타낸다. 이 정보는 컴파일 단계에서 페이지 폴트(paging fault) 또는 캐시 실패를 최소화할 목표로 어플리케이션의 프로시저(또는 기본 블록)들을 가상 페이지 또는 캐시 블록에 패킹(packing)하는 용도로 사용될 수 있다. 이는 추후 3.3.3 절에서 더 자세히 서술될 것이다. 미리보기(lookahead) 장치는 프로그램 코드와 이 코드에 필요한 데이터를 프리페치하기 위해 프로그램 실행 중에 연결성 행렬을 사용한다. 연결성 행렬은 각 코드 블록의 필요한 데이터에 대한 정보(예를 들어, 데이터 참조 행렬 P에 인코딩된 것처럼[Lowe 1969])와 함께 사용된다. 예를 들어, 프로그램 실행이 그림 3.12의 노드 X에 도달할 때, 미리보기 장치는 블록 B와 C를 페치할 것이다[Ramamoorthy 1996]. 이 메커니즘은 즉각적인 미래에 사용되지 않더라도 가까운 미래에 사용될 논리적으로 관련된 블록들을 프리페치한다는 점에서 Pierce의 틀린 경로 프리페치(wrong-path prefetching)와 비슷하다.

도달 가능성 그래프에서 노드 *i*부터 노드 *j*까지의 방향 에지(도달 가능성 행렬 요소 R_{ij}=1)는 직접적으로 또는 간접적으로 코드 블록 *i*에서 코드 블록 *j*로 도달할 수 있다는 것을 나타낸다. 그러므로 C_{xy}=0일지라도 R_{xy}=1이다. 미리보기 장치는 캐시 대체 결정을 내리기 위해 이 도달 가능성 정보를 사용한다. 페이지 폴트일 때, 현재 수행 중인 코드 블록에서 더 이상 쓸모없는 코드 부분으로 이동하지 않기 때문에 도달 가능성 행렬은 이 쓸모없는 부분들을 식별하기 위해 사용된다. 만약 이러한 블록들이 발견되면 이 블록들은 대체되도록 표시된다. Knuth는 연결성 행렬 C를 생성하는 알고리즘을 보여준다. 도달 가능성 행렬 R은 C로부터 도출된다. 이 행렬들은 컴파일 단계 전 또는 컴파일 시점에 만들어진다.

Ramamoorthy는 프로파일링한 결과에 기반을 두어 에지(edge)가 선택되는 확률을 나타내는 가중치(directed edge weight)를 각 방향성 에지에 부여함으로써, 연결성 그래프가 어떻게 확장될 수 있는지를 논의한다. 이 확장된 그래프는 프로그램의 논리적 동작에 대한 더 높은 이해를 제공한다. 또한, 컴파일 시점의 코드 및 데이터 패킹(locality 최적화), 그리고 실행 시점의 코드 및 데이터 프리페치를 위한 예측 기능을 제공한다. Ramamoorthy는 또한 어플리케이션 실행 동안 연결성 행렬의 확률을 갱신하는 지속적인 최적화 접근을 제안하였다.

프로세서 캐시에서의 연관성 프리페치

연관성 프리페치는 미래의 캐시 실패를 예측하고 프리페치하기 위해 참조 어드레스 또는 실패 어드레스의 과거 참조 순서를 사용한다(초기 예제는 Baer와 Sager[1976], Rechstschaffen[1983], Pomerene 외[1989], Charney와 Reeves[1995], Alexander와 Kedem[1996], 그리고 Joseph와 Grunwald[1997] 등이다. Sazeiders와 Smith는 데이터의 어드레스를 예측하기보다는 데이터 값을 예측하기 위해 유사한 메커니즘을 사용하였다 [1997]). 전형적인 연관성(correlation) 프리페치 기법은 실패 어드레스와 하나 이상의 후속 실패를 기록

하는 연관성 테이블(correlation table)을 사용한다. 나중에, 캐시 실패가 관찰되면, 실패 어드레스와 연관된 어드레스가 프리페치된다. 연관성 프리페치는 실패 어드레스의 과거 참조 순서가 반복되는 한 어떠한 접근 또는 어떠한 실패 패턴에 대해서라도 동작한다는 점에서 보편적인 적용 가능성을 갖는다. 반면에 이 기법의 단점은 연관성 테이블이 이러한 연관 패턴의 연속적인 발생의 초기에 감지하고 기록하도록 훈련되어야 한다는 것과 이 프리페치 기법이 효과적이기 위해서는 테이블의 크기가 프로그램의 작업 집합(working set)에 맞게 조정되어야 한다는 것이다.

연관성 예측기는 solid-state 프로세서 캐시보다 다른 캐시에 먼저 적용되었다. Baer와 Sager는 실행 중인 어플리케이션을 대신해서 명령어 및 데이터 페이지를 프리페치하는 두 가지의 연관성 메커니즘을 제안하였다[1976]. 이 메커니즘들은 가상 메모리 페이징(paging)의 일부분으로서 운영체제 안에 구현된다. 그리고 이 메커니즘들은 페이지 폴트일 때 수행되기 때문에 프로세서 캐시를 위해 하드웨어로 구현된 동시대의 프리페치 기법들보다 훨씬 더 복잡할 수 있다. Baer와 Sager는 다음의 세 가지 알고리즘을 고려한다. 그 세 가지는 한 블록 미리보기, spatial 미리보기, 그리고 temporal 미리보기이다. 뒤의 두 가지 알고리즘은 연관성 예측기를 사용한 알고리즘 예제이다. 각 알고리즘은 가상 페이지 번호에 의해 색인되는 예측 테이블(PRED), 사용(usage) 스택, LRU를 사용한다. 이들은 메모리의 n개의 페이지가 참조된 순서를 나타낸다. LAST는 페이지 폴트를 마지막으로 유발한 페이지이다. 이를 바탕으로 프리페치 배열은 다음과 같이 동작한다. 이 논의는 규칙적 페이징 활동을 배제한다는 것을 유념하자. 즉, 페이지 q의 폴트 발생 시, 메모리로부터 페이지 LRU [n]을 제거하고, 페이지 q를 페치하며, LRU [1] 〈- q로 설정한다. 이 논의는 또한 명확한 프리페치 활동을 배제한다. 즉, 페이지 q에 폴트 발생 시, 페이지 PRED [q]가 메모리에 없다면 페이지 PRED [q]를 프리페치하고 LRU [n] 〈- PRED [q]로 설정한다(이 수식은 프리페치된 페이지가 다음 페이지 폴트가 발생하기 전까지 참조되지 않는다면 다음 페이지 폴트 발생 시에 이 페이지가 대체될 첫 번째 후보임을 의미한다).

- 한 블록 미리보기: PRED[i]=i+1.
- Spatial 미리보기: PRED [i]는 i+1로 초기화된다. 페이지 q의 폴트 발생 시 이전 폴트에 대한 프리페치가 완료되지 않았거나 페이지가 프리페치되었지만 참조되지 않았다면, PRED [LAST] 〈- q로 설정하고 LAST 〈- q로 설정한다. 페이지 LAST에 대한 프리페치가 발생하였고 프리페치된 페이지(PRED [LAST])가 참조되었다면, PRED [LAST] 〈- q로 설정하는 것은 정확한 예측 정보를 덮어쓸 것이다.
- Temporal 미리보기: PRED [i]는 i+1로 초기화된다. 페이지 q에 폴트 발생 시, PRED [LRU [1]] 〈- q로 갱신한다(LRU [1] 〈- q로 갱신하기 전에).

Spatial, temporal 미리보기 기법에서 PRED []는 그림 3.13(a)에서 보이는 형태의 연관성 테이블이다. 두 기법의 차이는 연관성 있는 페이지 번호(캐시 블록들)의 선택에서 발생한다. 'spatial' 기법에서 페이지 q의 폴트는 페이지 LAST의 폴트와 연관성이 있다(spatial 기법은 실제로 temporal 페이지 폴트(또는 프로세서 캐시에서 캐시 실패)와 연관성 있다). 그리고 두 폴트 이벤트 사이에는 어떠한 폴트도 발생하지 않는다(즉, 블록 q의 적중 실패는 블록 LAST의 적중 실패와 연관되어 있다. 그리고 두 가지 캐시 실패 이벤트 사이에는 어떠한 캐시 실패도 발생하지 않는다). 'temporal' 기법에서는 페이지 q는 페이지 q의 폴트 바로 직전에 사용된(그러나 반드시 폴트를 유발하는 것은 아닌) 페이지와 연관성이 있다. 프로세서 캐시에서 블록 q의 적중 실패는 캐시에서 가장 최근에 참조된 블록과 연관성이 있다. 이는 가장 최근에 참조된 블록의 캐시 적중 여부와 상관없다. Baer와 Sager는 spatial 기법이 세 가지 기법들 중 가장 정확하게 동작한다는 것을 발견하였다. 이는 spatial 기법이 캐시 실패와 관련된 최신 연관성 기법에 더 잘 부합하기 때문이다.

1980년대에 IBM 연구원들은 프로세서 캐시에 연관성 프리페치를 적용하였다[Rechstschaffen 1983, Pomerene 외 1989]. Rechstschaffen의 캐시 실패 이력 테이블(cache miss history table)[1983]은 그림 3.13(a)에서 보이는 형태를 갖는다(*NumSucc*=1). 즉, 이 테이블의 각 엔트리는 잇따라 발생하는 두 번의 실패에 대해 해당 어드레스들을 관리한다. 이는 캐시 옆에 '그림자 디렉토리(shadow directory)' ('디렉토리'는 오늘날 흔히 캐시 '태그'라고 불리는 것을 의미)를 추가하는 Promerene의 특허 출원(Rechstschaffen이 공동발명자로 명시된)에서 확장되었다. 현재 캐싱된 블록과 최근에 캐싱되었던 블록들의 정보를 모두 포함하기 위해 그림자 디렉토리 셋(directory set)의 개수는 캐시 셋(cache set)의 개수보다 더 많다(대략 8배 정도 더 많다[Pomerene 외 1989]). 그림자 디렉토리의 형식은 Rechstschaffen의 캐시 실패 이력 테이블과 거의 동일하다. 따라서 이 테이블은 기본적으로 가장 최근의 연관성 있는 실패 정보를 보관한다. 더 정확히 말해서, P가 캐시 실패를 유발한 후에 Q가 캐시 실패를 유발하면 그림자 디렉토리는 'P:Q' 형태(P는 태그이고 Q는 P와 관련된 데이터)의 엔트리를 추가한다. 이후에 P가 또 다시 캐시 실패를 유발하고 Q 대신 X가 다음 실패를 유발하면 P:Q 엔트리는 P:X 엔트리로 대체된다. 이 디렉토리는 LRU 방식으로 관리되며, 각 엔트리

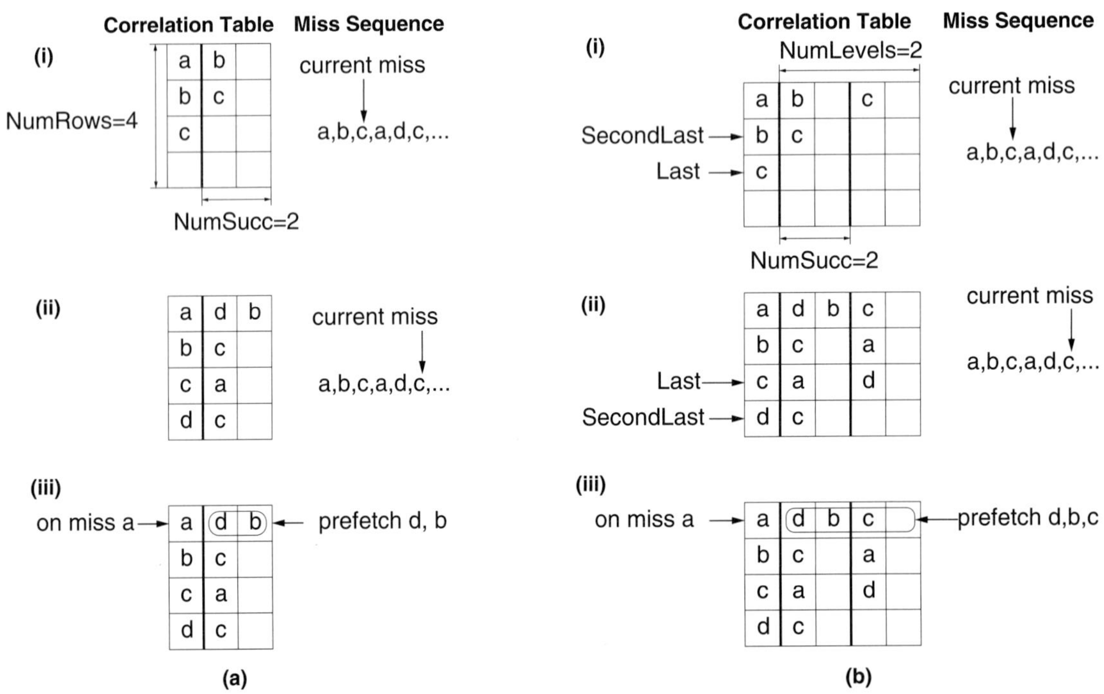

그림 3.13_ 연관성 프리페치 알고리즘. (a) 기본 알고리즘, (b) 복제 알고리즘

는 (그 다음의 어드레스가 한 번 이상 관찰되었다는 것을 나타내는)신뢰성 비트(confidence bit)를 사용하여 상태를 관리한다. Promerene의 특허 명세는 디렉토리의 엔트리가 복수의 다음 실패 어드레스(*NumSucc* 〉 1)를 관리할 수 있도록 한 디렉토리 확장 방안을 포함한다.

그림 3.13(a)는 일반적인 연관성 테이블(예를 들어, Baer와 Sager, Rechstschaffen과 Pomerene에 의해, Charney와 Reeve[1995], Joseph와 Grunwald[1997], 그리고 Sherwood 외[2000]에 의해 제안된 연관성 테이블들)이 어떻게 구성되고 동작하는지를 조금 더 자세히 보여준다. 각 가로열은 캐시 실패가 발생한 어드레스와 이 실패를 즉각적으로 뒤따르는 *NumSucc* 개의 실패(첫 번째 실패 후 어플리케이션의 다른 지점들에서 곧바로 관찰된 실패들) 어드레스들의 태그를 저장한다. 이 그림의 (i)과 (ii)는 실패 스트림의 다른 두 지점에서의 연관성 테이블의 스냅샷을 보여준다. 가로 행에는 후속 실패들이 왼쪽부터 오른쪽으로 MRU(most recently used) 순서로 정렬된다. 또한, 마지막에 발생한 캐시 실패에 해당하는 가로 행을 가리키는 포인터를 저장하는 하드웨어가 존재한다. 실패 발생 시 실패 어드레스를 이 포인터가 가리키는 마지막 실패의 후속 실패로 저장한다. 그리고 이 실패가 테이블에 존재하지 않으면, 이 실패를 위한 새로운 가로 행을 할당한다. 이 연관성 테이블이 프리페치를 위해 사용될 때, 캐시 실패가 발생하면 그 캐시 실패에 해당하는 가로 행을 찾고 그 가로 행의 모든 *NumSucc* 개의 후속 실패 어드레스를 MRU 순서로 프리페치한다. 그림 3.13(a)에서 테이블이 과거 관찰된 실패 쌍 〈a, b〉와 〈a, d〉 정보를 갖고 있기 때문에 a에 실패가 발생하면 b와 d 모두 프리페치된다.

큰 공간을 차지하는 어플리케이션은 수십 수백 배 더 큰 테이블을 필요로 할 수도 있지만[Lai 외 2001], 제안된 기법은 일반적으로 1~2MB의 온칩 테이블(on-chip table)을 필요로 한다[Joseph & Grunwald 1997, Lai 외 2001]. Alexander와 Kedem은 DRAM 시스템에 이 연관성 테이블을 유지하는 것을 제안하였다[1996]. 그리고 소프트웨어 기반의 구현(예를 들어, 버퍼 캐시, 디스크 캐시, 그리고 웹 캐시)은 프로세서 코어에 내장된 구현보다 제약을 덜 받을 것이다. 이 개념은 훨씬 더 확장될 수 있다. 예를 들어, Alpha EV7은 메모리 시스템 전체에서 각 블록에 캐시 블록의 메타데이터(캐시 일관성(cache coherence) 디렉토리 정보)를 저장하였다(이는 Alpha EV7가 ECC를 제공하는 5개의 Rambus 채널을 사용하며, 이는 저장장치에 여분의 비트를 남겨두기 때문에 가능하다). 따라서 각 블록 또는 슈퍼블록이 메타데이터를 저장하는 메모리 시스템을 쉽게 생각해볼 수 있으며 메타데이터는 각 블록 또는 슈퍼블록의 후속 가능성이 있는 블록(들)을 포함할 수 있다(이는 파일 캐시에서 구현된 연관성 프리페치와 비슷한 기법이다(예를 들어, 다음 절에서 서술될 Griffioen과 Appletion[1994]를 참조)).

이 메커니즘의 한계는 각 캐시 실패에 대한 즉각적인 후속 캐시 실패들만 프리페치하는 것이 프리페처의 성능을 제한한다는 것이다. 이 메커니즘에서는 실패가 발생한 후에 이 실패의 즉각적인 후속 실패들이 프리페치될 수 있다. 따라서 즉각적인 후속 실패의 프리페치는 프리페치의 최대 메모리 지연시간을 숨기기에 충분하지 않을 수도 있다. 이 한계에 대한 해결 방안 중 하나는 즉각적인 후속 어드레스들만이 아니라 간접적 실패 어드레스들도 저장하는 것이다. 이 방안은 그림 3.13(b)에서 보인다.

복제(replication) 기법[Solihin 외 2002]은 연관성 테이블에서 가장 최근의 캐시 실패 어드레스를 순차적으로 나타내는 하나 이상의 포인터를 유지한다(그림 3.13은 2개의 어드레스를 보여준다(*NumLevels*=2). 실패 어드레스(Last), 마지막 실패의 직전 실패 어드레스(SecondLast)). 캐시 실패 시, 이 메커니즘은 새로운 캐시 실패 어드레스를 Last의 바로 다음 후속 실패와 SecondLast의 다다음 후속 실패로 저장한다. 캐시 실패가 발생할 때, 해당 가로 행의 서로 다른 후속 실패 레벨의 모든 엔트리들이 프리페치된다.

파일 캐시에서의 연관성 프리페치: 상태 테이블의 한계를 극복

연관성 프리페치 기법이 프로세서 캐시에서 사용되기 전에[Charney & Reeves 1995], 운영체제의 버퍼 캐시에서 먼저 사용되었다. 예를 들어, Korner[1990]는 파일과 파일로의 접근 행동에 연관성이 있는 전문가 시스템(expert system)을 제안하였다. 이 시스템은 버퍼 캐시의 다른 세그먼트에 있는 파일들로부터 블록들을 파티셔닝하고 각 파티션은 고유의 대체 정책으로 관리된다. 이 메커니즘은 관찰된 행동에서 얻은 힌트에 기반을 두어 캐시를 미리 로드(preload)할 수 있다. 또한 Tait와 Duchamp[1991]는 버퍼 캐시에서 보이는 파일 접근 행동에 기반을 둔 **작업 그래프**(working graph)를 고안하였다. 이 그래프는 파일 실행(exec() 시스템 호출을 통해), 파일 접근, 또는 파일 생성과 같은 행동을 나타내는 방향성 그래프(directed graph)이다. 이 방향성 그래프는 어떤 파일이 어떤 행동을 수행했는지 나타내며, 방향성 에지는 행동 간의 순서를 나타낸다. 이 그래프는 반복된 패턴이 감지될 때 파일 접근의 순서를 예측하기 위해 사용된다. 다수의 작업 그래프로 구성되는 집합이 각 프로그램을 위해 관리된다는 것을 유념하자(모든 활동은 프로그램의 실행으로 시작되며 트리(tree)의 루트(root)를 의미한다). 저자들은 캐시보다 훨씬 큰 크기의 그래프를 처리하는 것과 같은 문제들을 다루었다.

연관성 프리페치에 대한 흥미로운 접근 방식은 전체 상태 테이블이 파일 시스템으로 이동되는 상황을 고려하는 것이다. Griffeon과 Appleton은 Sun SPARC 기반 파일 서버의 파일 시스템 행동에 관한 연구에서 대략적으로 95%의 파일 시스템 접근이 논리적으로 이전 접근을 뒤따르는 것을 관찰하였다[1994]. 이는 다수의 사용자와 파일 시스템을 공유하는 백그라운드 데몬(deamon)들이 있는 다중 프로그래밍 환경에서 관찰되었다. 그들은 file open() 행동에 대한 정보를 관리하기 위해 파일 시스템을 계측하였다. 이전의 연구들을 검증하는 그들의 연구는 파일 내용이 일반적으로 파일을 열고난 직후에 읽힌다는 것을 보여주었다. 각 파일의 아이노드(inode)에 **미리보기 구간**(lookahead window) 안에서('곧바로 이어서') 열리는 후속 파일들의 테이블이 저장된다. 그리고 이 테이블의 각 엔트리의 미리보기 구간 안에서 후속 파일들이 열리는 횟수를 저장한다. 이 테이블은 추가적인 파일을 여는(따라서 읽히는) 확률에 대한 가중치(weight)를 사용한다. 저자들은 이 가중치를 통해 파일 *i*가 열린 후에 파일 *j*가 열리는 **가능성**(chance)을 정의하였다.

$$\text{chance} = \frac{\text{count for file } j}{\sum_{\substack{\text{entries}\\ \text{in table}}} \text{entry count}} \qquad \text{(수식 3.1)}$$

버퍼 캐시 관리 소프트웨어는 파일이 열리는 **최소 가능성**(연구에 따라 다양한 값)을 초과할 경우 파일을 프리페치한다. 만약 예측된 파일이 실제로 미리보기 구간 안에서 열린다면 예측은 '정확'하다. 저자들은 낮은 최소 가능성(65%)을 사용하는 것은 대략 2개의 파일이 열릴 때마다 다음 열릴 파일을 예측하고 80%의 예측 정확도(평균 정확성)를 보이는 것을 발견하였다. 높은 최소 확률(90%)을 사용하는 것은 대략 10개의 파일이 열릴 때마다 다음 열릴 파일을 예측하고 이 예측은 거의 완벽한 예측 정확도를 보였다. 그들은 이 기법이 2배의 용량을 갖는 LRU-관리 캐시와 비슷하거나 더 좋은 성능을 낼 수 있다는 것을 발견하였다.

이 연구 결과가 특히 흥미로운 이유는 예측기의 상태(그림 3.13에서 보이는 예측기 테이블과 연관된 것)가 예측되는 객체들에 분산되기 때문이다. 즉, 각 객체의 메타데이터(파일 정보)에는 거대한 논리적 테이블의 일부분이 저장된다. 이 기법은 프로세서 캐시 구현에서 제한된 테이블 크기를 이용하여 막대한 이득을 얻을 수 있다. 또한 이 테이블은 끊임없이 지속된다. 다시 말해, 새로운 엔트리를 위해 엔트리가 대체될 때 대체된 엔트리의 상태가 유실되지 않는 것을 의미한다. 그리고 이전의 파일 캐시 구현과는 달리 충돌이나 용량 실패를 걱정할 필요 없다. Alpha EV7이 메모리 시스템에서 캐시 블록과 메타데이터를 저장하는 것을 상기하자. 이 기법은 꽤 잘 적용될 것이다.

이후에 Padmanabhan과 Mogul은 예측적으로 웹 페이지를 페치하기 위해 이 메커니즘을 조정하였다[1996]. 이 메커니즘에서 서버는 예측기를 관리하며 사용자의 미래 요청을 예상하여 하나 이상의 웹 페이지를 지역 캐시(local cache)로 프리페치하는 것이 필요할 때 웹 클라이언트(브라우저 어플리케이션)에게 알린다. 브라우저는 이용 가능한 지역 저장장치 또는 지역 네트워크 대역폭에 기반을 두어 프리페치 개시 여부를 결정한다(그러나 프록시는 이 전송을 방해하거나 스스로 독립적인 결정을 내릴 수 있다는 것을 주의해야 한다). 이는 하위 저장소에 상주하는 예측기를 관리하는 것, 좋은 프리페치 기회를 캐시에게 알리는 것과 유사하다. 예를 들어, 메모리 내부 FSM으로 주 메모리의 상태 표를 관리하고 프리페치의 좋은 기회를 캐시에게 알려주는 것과 유사하다. 즉, 메모리 상주 상태 테이블을 주 메모리에 가지고 있고, 프로세서 코어에게 요청된 데이터와 함께 프리페치에 대한 힌트를 전달하는 것과 유사하다. 요청 전송과 해당 데이터 전송 간의 비용 불균형 때문에 Padmanabhan과 Mogul의 서버 기반 힌트 기법(서버 기반 push와 대조적으로)은 직관적으로 타당해 보인다. 예를 들어, GET 명령어는 상대적으로 작은 비용으로 수행 가능하다. 반면에 해당 데이터의 회수는 그렇지 않다. 일반적인 DRAM 시스템은 이 프로파일링에 적합하지 않을지도 모른다. 한편, 이 메커니즘은 일반적인 디스크 시스템에 매우 적합하고 Rambus와 FB-DIMM(7장, 7.3.2절 "다른 기술들, 특히 Rambus"과 14장, "The Fully Buffered DIMM 메모리 시스템" 참조)과 같은 좁은 채널(narrow-channel) DRAM에 적합하다.

훨씬 더 복잡한 연관성 알고리즘이 파일 캐시에서 탐구되었다. 예를 들어, Kroeger와 Long[1996]은 고차 컨텍스트(higher order context)의 매칭을 지원하는 **부분적 매치**(partial match) 압축 알고리즘을 통한 **예측 기반** 기법을 구현하였다[Bell 외 1989]. 이는 시퀀스 'ABCD'가 시퀀스 'BCE'보다 드물게 관찰되어도, 'C'가 'B'만 뒤따르는 것이 아니라 'AB'를 뒤따른다면 예측기는 'C' 이후에 오는 것을 예측하기 위해 더 긴 시퀀스를 사용할 수 있다는 것을 의미한다. 이는 Sazeides와 Smith[1997] 그리고 Joseph과 Grunwald[1997]에 의해 프로세서 캐시 환경에서 평가된 데이터 어드레스 및 데이터 값 예측기와 비슷하다. Kroeger와 Long은 PPM(prediction by partial match, 부분적 매치에 의한 예측)을 사용하는 4MB 버퍼 캐시가 평균적으로 90MB의 LRU 기반 버퍼 캐시를 능가하는 것을 발견하였다.

컨텐츠 기반 프리페치

Roth는 더하기(add) 또는 곱하기(multiply) 명령에 의해 생성된 어드레스와 달리 소비자(consumer) 로드 명령이 생산자(producer) 로드 명령으로부터의 어드레스를 사용하는지를 추적하여 포인터 로드를 식별하였다[Roth 외 1998]. 생산자와 소비자가 동일한 정적 로드 명령이라면(예를 들어, p = p → next 형태를 갖는 포인터 추적이 일반적으로 이의 원인이다) 이 명령은 **반복 로드**(recurrent load)로 분류된다. 그리고 이 명령이 로드하는 데이터는 후속 데이터 블록을 프리페치하기 위해 사용된다.

Touch와 Farber는 파일 시스템에서 이와 비슷한 개념을 제안하였다[1994]. 그들은 입출력(I/O) 동작의 의미가 알려졌을 때 입출력 동작에 의해 로드된 데이터가 프리페치 대상을 결정하는 데 활용될 수 있다는 것을 보여주었다. 예를 들어, 사용자가 cd(change directory) 동작을 통해 디렉토리를 변경할 때마다 디렉토리의 내용을 프리페치 또는 프리로드(preload)한다. 그러나 특정 블록의 페치 이유를 모르는 투명성을 가진 입출력 캐시에서는 이를 직접적으로 적용할 수 없다. 즉, 로드 명령어가 일반적으로 단일 레지스터 값(뒤따르는 로드의 대상 어드레스로 식별하기 위해 쉽게 추적되는 상대적으로 작은 데이터)을 로드한다는 사실을 활용하기 때문에 Roth의 기법을 단순하게 변형한 기법들은 이 캐시에 적용 불가능하다. 반면, 입출력 '로드'는 훨씬 많은 데이터 블록(수백 배 더 큰)을 생산한다. 그러므로 반복(recurrent) 입출력 로드에 해당되는 데이터를 식별하는 것은 더욱 어렵다.

Cooksey는 이 문제를 다루는 기법을 제안하였다[Cooksey 외 2002]. Cooksey의 **컨텐츠 지시형**(content-directed) 프리페치에서는 전체 메모리 블록의 컨텐츠에 적용된 일련의 휴리스틱 기법에 기반을 두어 포인터가 식별되고 프리페치된다. 이 기법은 보수적인 가비지 컬렉션(garbage collection)을 차용한다. 즉, 데이터가 메모리로부터 요구 페치될 때 데이터의 각 어드레스 크기의 워드는 어드레스로서의 적합성이 검토된다. 후보 어드레스들은 가상 어드레스에서 물리 어드레스로 변환된 후 프리페치 요청으로 이슈(issue)되어야 한다. 프리페치 요청으로 메모리로부터 데이터가 전송되면, 요청된 컨텐츠는 다음 후보 어드레스를 찾기 위해 조사된다. 한 가지 휴리스틱 기법은 모든 로드된 캐시 블록의 4바이트 덩어리들을 탐색한다. 그림 3.14에서 보이는 것처럼 각 덩어리는 여러 개의 구역으로 나눠진다. 이 그림은 L2 캐시로 블록을 가져오도록 하는 L2 실패 어드레스와 후보 프리페치 어드레스로 간주되는 들어온 블록의 4바이트 덩어리를 보여준다. 첫 번째 휴리스틱 기법은 후보 프리페치 어드레스의 상위 비트들(비교(compare) 비트)을 실패 어드

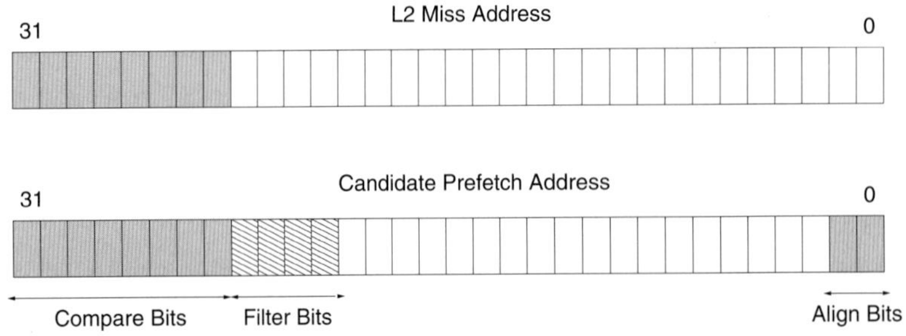

그림 3.14_ 포인터 식별을 위한 휴리스틱

레스의 상위 비트들과 비교한다. 만약 일치하면, 후보 프리페치 어드레스는 실패 어드레스와 같은 메모리 영역을 가리키는 어드레스일 수도 있다. 이 휴리스틱 기법은 연결 데이터 구조 탐색(linked data structure traversal)이 근처에 위치하는 많은 포인터들을 역참조할지도 모른다는 사실에 의존한다. 즉, 큰 공간을 뛰어넘는 포인터(예를 들어, 스택부터 힙 영역까지를 가리키는 포인터)는 휴리스틱에 의해 반복 로드 어드레스로 식별되지 않을 수 있다. 이 휴리스틱 기법은 비교 비트가 모두 0이거나 1인 두 경우를 제외하고는 잘 동작한다. 비교 비트가 0인 작은 정수들은 어드레스로 혼동되면 안 된다. 그리고 작은 음수들은 비교 비트가 모두 1일지도 모른다. 이 사례들은 어드레스와 정수 및 음수를 구별하기 위해 다른 휴리스틱 기법을 필요로 한다. 한 대안은 비교 비트가 모두 0 또는 1인 프리페치 어드레스를 무시하는 것이다. 하지만, 운영체제가 이 위치에 스택 또는 힙 데이터를 할당하기 때문에 이 경우들은 너무 자주 무시된다. 이를 다루기 위해, 추가적인 휴리스틱 기법이 첫 번째 휴리스틱 기법을 보완한다. 만약 비교 비트가 모두 0/1이라면, 비교 비트의 다음 비트(필터(Filter) 비트)들이 조사된다. 만약 0/1이 아닌 비트가 필터 비트 범위 안에서 확인되면 데이터 값은 어드레스로 간주된다. 마지막으로, 몇 개의 하위 비트(정렬(align) 비트) 또한 포인터들을 식별하는 데 도움을 준다. 메모리 정렬(alignment) 제약 때문에 포인터 어드레스는 일반적으로 메모리에서 4바이트 또는 8바이트 경계에 정렬된다. 따라서 후보 포인터의 하위 비트(정렬 비트)는 0이어야 한다.

이는 명백하게 파일 캐시에 적용 가능하지만, 상태 테이블의 크기가 상대적으로 크며 훨씬 더 복잡한 구현을 요구한다. 그리고 폐쇄 루프(closed-loop) 피드백(예를 들어, 어떤 순서가 한 번 이상 보일 때만 실패 어드레스를 사용하여 예측하는 연관성 예측기와 비슷한 정확도)은 내용 기반 프리페치의 성능을 더 높일 수 있다.

3.1.3 온라인 locality 최적화

Locality 최적화는 캐시 참조의 locality를 향상시키기 위해서 코드 또는 데이터의 구조를 변경한다. 이 locality는 캐시 시스템에 의해 가장 쉽게 활용되는 temporal locality(예를 들어, 연관성 있는 항목들이 가까운 시간 안에 참조되도록 연산 순서를 바꾼다) 및 spatial locality이다(예를 들어, 관련된 데이터를 같은 캐시나 인접한 캐시 블록 또는 같은 가상 페이지나 인접한 가상 페이지에 배치한다). 이 절에서 locality 최적화의 몇 가지 예제를 보여준다.

명령어와 데이터의 동적 (재)집단화

대체 알고리즘과 다양한 형태의 데이터 프리페치 기법과 마찬가지로 locality 최적화 기법들은 주로 가상 메모리 시스템 페이징을 대상으로 1960년대와 1970년대에 처음 탐구되었다. 특히, 페이지 대체 전략에만 초점을 맞추어 최적화된 메모리 시스템은 최적이 아니라는 것이 발견되었는데[3], 이 발견은 컴파일 시점 및

3 페이징 시스템의 초기 연구는 대체 전략 외에 다른 것들을 살피는 것은 무의미하다고 명시적으로 진술한다. 예를 들어, 1960년대 후반의 논문들은 프리페치가 수행될 수 없다고 딱 잘라서 말한다. 따라서 실제로 LRU 기반 시스템을 능가하는 것이 가능하다는 1970년대 초기의 증명은 중요하다.

실행 시점에서 페이지 폴트(page fault) 수를 줄이기 위해 프로그램의 코드 및 또는 데이터를 재배치하는 다양한 연구들로 이어졌다.

컴파일 시점에서 코드 및 데이터 블록을 가상 페이지(어드레스 공간에서 명령어와 데이터의 집단)에 배치하는 초기의 연구들은 '자동 세그먼테이션(automatic segmentation)'이라는 규정에 영향을 받았다. 그래프 에지에 프로파일링으로 생성된(profile-generated) 확률들을 추가한 연결성(connectivity) 행렬을 사용한 Ramamoorthy의 연구[1966]는 이러한 연구들 중 하나이다. 또한, 페이지 레이아웃과 어플리케이션 성능 간의 연관성을 보여주는 Comeau의 연구[1967], 타이밍 정보를 추론하기 위해 불(boolean) 행렬을 변형한 Lowe의 연구[1969], 코드 패킹(packing)에서 흔히 발생하는 코너 케이스(알고리즘에 의해 '연관성 있는' 것으로 여겨지고 따라서 같은 페이지나 세그먼트에 존재해야 하는 모든 코드 객체를 갖고 있기에는 페이지 또는 세그먼트가 충분히 크지 않을 때와 같은)를 다루기 위해 Lowe가 제안한 Ramamoorthy 방법론의 향상[1970] 등도 이러한 연구들에 포함된다. 이 연구들은 컴파일 단계에서 진행되는 알고리즘이기 때문에 3.2절에서 자세히 다룰 것이다. 또한, 프로파일링을 활용하는 알고리즘은 3.3절에서 자세히 다룰 것이다.

가비지 컬렉션. 그러나 실행 시점에 동적으로 수행되는 객체 재집단화 기법은 1960년대에 이미 존재하였다. 특히, 초기 리스트 처리(list-processing) 시스템의 가비지 컬렉션 기법은 이러한 객체 재집단화를 수행한다. McCarthy는 가비지 컬렉션 알고리즘을 제안하였으며 LISP 시스템을 처음으로 제안하였다[1960]. 그림 3.15는 리스트 객체들과 그 객체들의 데이터 구조 표현(representation) 예제들을 보여준다. 프로그래밍 시 프로그래머는 데이터 구조를 직접적으로 다루기보다 추상적인 표현을 사용한다. 이로 인해 프로그래머는 데이터 구조를 할당 및 반환할 필요가 없다. 대신에 데이터 구조는 필요한 만큼 자동으로 할당되며, 주기적인 '표시하고 훑기(mark-and-sweep)' 가비지 콜렉터는 더 이상 사용되지 않는 데이터 구조를 자유 공간(free space)으로 반환한다. 자유 공간이 고갈되었을 때 가비지 콜렉터는 활성 리스트의 집합을 탐색하여 앞으로 사용될 가능성이 있는 데이터 객체를 표시한다. 모든 활성 리스트들이 탐색되면 표시되지 않은 모든 데이터 구조들은 반환되고 자유 리스트에 배치된다.

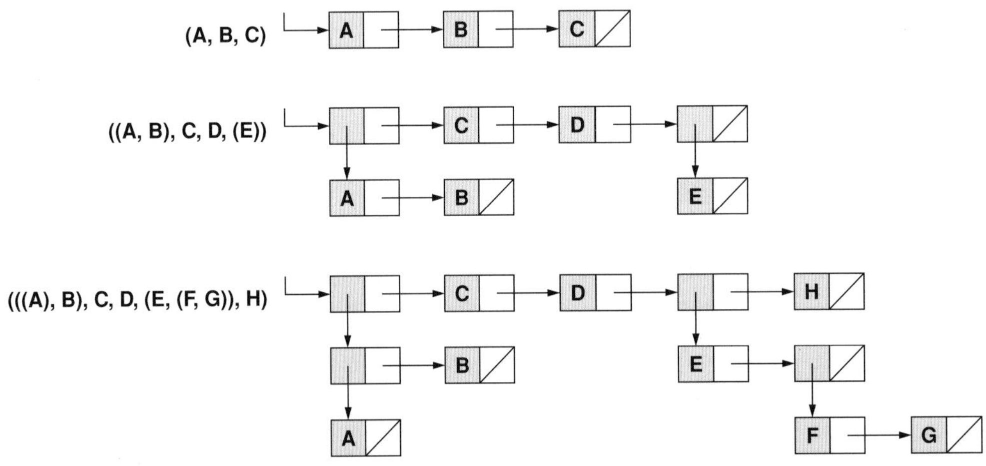

그림 3.15_ 리스트 객체와 해당 데이터 구조

초기 가비지 컬렉션 메커니즘의 목표는 메모리 자유 공간을 확보하는 것이다. 그러나 1960년대 말 상용 가상 메모리 시스템의 출현으로 locality를 위한 데이터 배치 최적화가 자유 공간 확보보다 더 중요해졌다.

> — 가상 메모리를 사용함에 따라 .... (리스트 처리)시스템은 가비지 컬렉션 없이도 지속적으로 동작할지도 모른다. 그러나 연산이 진행되면서 시스템의 성능은 점차 저하된다. 이는 활성 리스트들이 가상 메모리 전체에 점점 더 분산되기 때문이다. 그리고 가상 메모리 참조 시 캐시 실패가 발생하여 저장소를 참조할 가능성이 점점 더 커진다 [Fenichel & Yochelson 1969].

데드우드(deadwood) 제거를 통한 locality 최적화. 다시 말해, 초기의 컴퓨팅에서 가비지 컬렉션의 주요 목표는 메모리 자유 공간 확보보다는 데이터의 압축(따라서 데이터 locality를 증가시키는)이었다. Fenichel과 Yochelson은 '실질적으로 무한한' 메모리 공간 안에서의 가비지 컬렉션 문제에 대해 다음과 같이 언급하였다[1969]. "가비지 콜렉터가 수집(gathering) 단계에서 메모리 공간 전체를 탐색해야 한다면 가비지 컬렉션은 거의 불가능하다." 이 문제를 해결하기 위해 저자들은 메모리 공간을 2개의 **반공간**(semispace)으로 나누는 가비지 컬렉션 기법을 고안하였다. 이 기법에서는 하나의 반공간만 활성화한다. 콜렉터는 모든 데이터 구조(리스트)를 탐색하고 그중 유효 리스트들을 비활성화된 반공간에 복사한다. 유효 리스트들의 복사가 완료되었을 때, 대상 반공간은 새로운 활성 공간이 된다. 그리고 이전 활성 반공간은 가비지 컬렉션의 다음 대상 반공간으로 이용한다. 그 결과, 유효하지 않은(더 이상 사용되지 않는) 리스트를 주기적으로 제거함으로써(대상 반공간에 복사하지 않음으로써) 모든 작업 집합(working set, 모든 유효 리스트)의 spatial locality가 향상된다. 또한 가비지 컬렉션 기법에서는 가비지 컬렉션의 수행 시점이 중요하다. 이전에 제안된 가비지 콜렉터들은 메모리의 자유 공간이 고갈되었을 때 작동했기 때문에 충분히 큰 메모리 공간에서는 작동하지 않을 것이다. 따라서 저자들은 시스템의 유휴 상태(idle) 또는 높은 페이지 폴트 비율(page-fault rate)로 인해 시스템의 성능이 악화될 때 콜렉터를 작동시키는 것을 제안하였다.

동적, 투명성을 가진 데이터 선형화. Hansen은 Fenichel과 Yochelson의 가비지 컬렉션 기법을 locality 최적화 관점에서 더욱 확장하였다[1969]. Hansen의 기법에서는 유효 리스트들을 '압축(compact)' 표현(representation)으로 나타낸다. Fenichal과 Yochelson의 기법은 비활성(dead) 리스트를 제거함으로써 리스트 간(inter-list) locality를 향상시키는 반면, Hansen의 기법은 리스트를 명시적으로 선형화함으로써 리스트 내(intra-list) locality를 향상시킨다. Hansen의 기법은 동적 기법이라는 것을 제외하면 Luk와 Mowry의 **데이터 선형화**[1996]와 대체로 유사하다. 이 기법은 시스템에 의해 동작되며, 따라서 어플리케이션 소프트웨어에 완전히 투명하게 동작된다.

그림 3.16은 Hansen의 메커니즘을 보여준다. 그림 3.16(a)는 전형적인 리스트 표현을 보여준다. 리스트에 추가되는 요소는 개별적으로 할당된 구조로서 동적으로 할당된다. 따라서 새롭게 추가되는 요소는 연결 데이터 구조(linked data structure)이다. 그림 3.16(b)는 리스트 압축(compaction)의 결과를 보여준다. 즉, 리스트 내 논리적으로 연결된 데이터 구조들은 메모리 내 물리적으로 인접하도록 배치된다. 압축 리스트 구조의 변화(요소 추가 또는 삭제, 리스트 요소 재구성 등)는 연결 데이터 구조들이 메모리 내에서 물리적으로 떨어져 있도록 만든다. 따라서 이 리스트 압축은 프로그램이 실행되는 동안 반복적으로 수행된다. 이 투명성을 가진 동적 데이터 선형화는 데이터 구조의 연결 특성이 프로그래머에게 보이지 않는 LISP 시

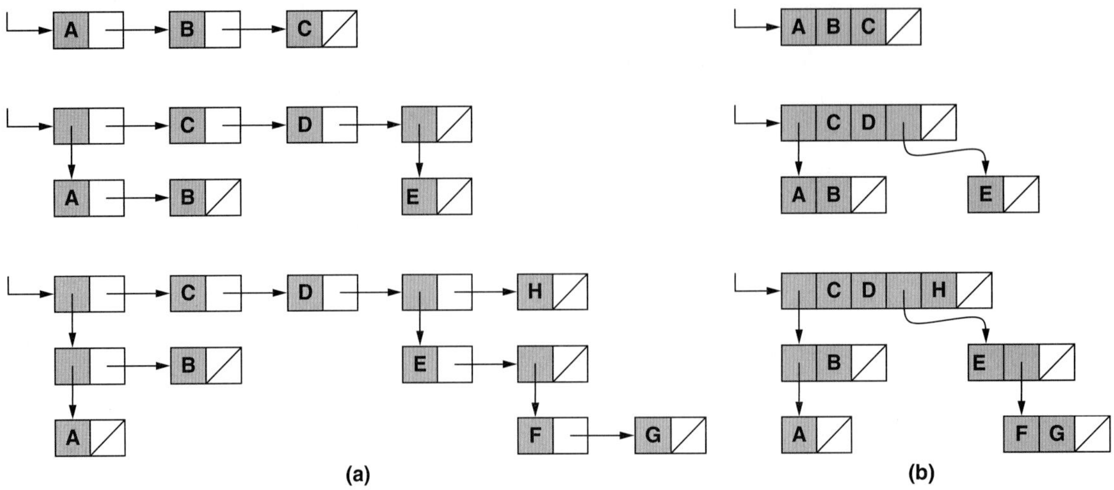

그림 3.16_ Hanson의 리스트 선형화 가비지 콜렉터. (a) 전형적인 여러 리스트들의 데이터 구조, (b) 가비지 콜렉터에 의해 만들어진 압축된 표현

스템에서 사용 가능하다. 시스템 소프트웨어가 정확하게 동작한다면 데이터 구조가 복사되고 오래된 버전이 삭제될 때 허상(dangling) 포인터가 생성되지 않는다. 따라서 이러한 시스템에서 객체 재배치는 어플리케이션 수준 프로그램의 정확성에 영향을 주지 않기 때문에 동적 데이터 선형화를 이용한 가비지 컬렉션을 적용할 수 있다. 하지만 다른 프로그래밍 시스템과 언어(특히 C)를 사용하는 시스템에서는 이 가비지 컬렉션 기법을 사용하는 것이 불가능할 수도 있다. C 프로그램에서는 동적으로 그리고 투명하게 연결 구조를 재배치할 수 없다. 대신에 프로그래머는 C 언어 프로그래밍 시 메모리 포인터 개념을 사용하여 동적으로 최적화를 수행할 수 있다. 그리고 C 언어 및 C 언어와 유사한 언어에서 프로그래머는 메모리 할당과 반환을 명시적으로 지정한다.

그럼에도 불구하고, 투명성을 가진 객체의 재배치는 C 언어 프로그램에서 수행되고 있다. 이를 가능하게 하는 방법은 허상 포인터를 포착하는 안전망을 제공하는 것이다. Luk와 Mowry는 **메모리 포워딩(forwarding)**이라 불리는 이러한 기법을 제안하였다[1998]. 이 기법의 기본적인 발상은 객체가 이동할 때 객체의 이전 공간을 반환하는 대신에 이 공간을 포워딩(forwarding) 어드레스(객체의 새 위치를 가리키는 포인터)로 사용하는 것이다. 이는 해당 메모리 공간을 '무효(invalid)'로 표시하는 기능을 필요로 하며 무효를 나타내는 추가 비트가 사용된다. 이를 통해 로드된 항목이 (데이터의 일반적 항목이 아니라)포워딩 어드레스라는 것을 데이터 로딩 시 어플리케이션 소프트웨어에게 알릴 수 있도록 한다. 예를 들어, 64비트 시스템은 8바이트마다 추가적인 65번째 비트를 추가하며 이 비트는 메모리 시스템에 저장된다. 이 비트는 해당 8바이트가 로드될 때마다 프로세서에 의해 같이 로드되며 해당 8바이트가 연산에 사용되기 전에 하드웨어 및 소프트웨어에 의해 확인될 것이다. 이 비트를 확인하여 시스템은 해당 8바이트가 포워딩 어드레스라는 것을 인지할 수 있다.

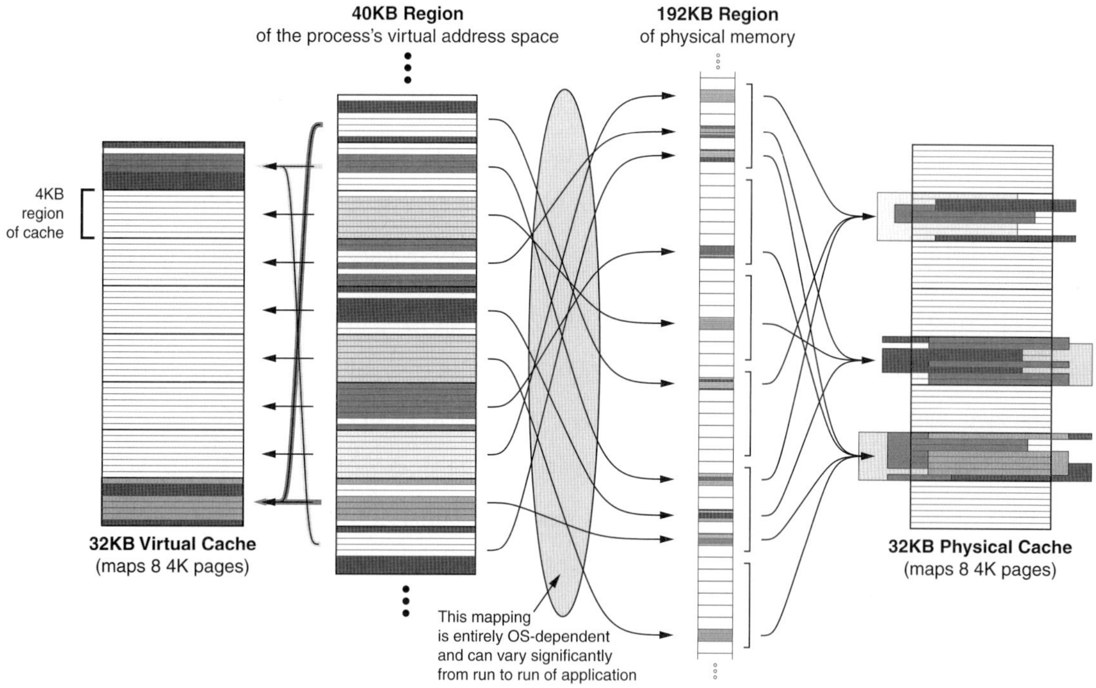

그림 3.17_ 가상 매핑이 페이지 배치를 어떻게 무효화시킬 수 있는가? 컴파일러의 페이지 배치 휴리스틱 기법은 동시에 사용되는 객체들이 인접한 위치 또는 충돌하지 않는 위치(예를 들어, 가상 색인된 캐시에서 같은 영역으로 매핑되지 않는 페이지들)에 배치되도록 보장한다. 이를 그림의 왼쪽에서 보여준다. 코드 블록과 그 코드가 처리하는 데이터 블록처럼 인접한 위치에 배치될 수 없는 객체들은 같은 캐시 블록에 매핑되지 않을 것이다(왼쪽에 보이는 것처럼 충돌하지 않고 캐시에 공존하는 2개의 페이지). 그러나 물리적으로 색인된(physically indexed) 캐시가 사용될 때, 커널이 물리 공간에서 가상 데이터의 인접 정보를 보존하지 않는다면 컴파일러의 페이지 배치는 완전히 무효화된다. 오른쪽 그림에서는 페이지와 캐시 블록의 많은 충돌을 야기하는 물리 페이지로의 가상 페이지의 임의적인 매핑을 보여준다. 이러한 충돌은 가상으로 색인된 캐시에서는 발생하지 않을 것이다.

페이지 컬러링과 신중한 매핑

3.2.3절에서도 논의하겠지만, 컴파일 시점에서 가상공간의 코드 및 데이터의 레이아웃 변경을 통해 캐시 성능을 향상시킬 수 있다(예를 들어, McFarling의 명령어 캐시를 고려한 코드 배치[1989]). 그러나 물리적으로 색인된(physically indexed) 캐시를 사용하는 경우 코드 및 데이터 레이아웃 변경으로 캐시 성능을 향상시키지 못할 수도 있다. 이는 가상 메모리 공간의 어플리케이션 레이아웃은 물리 공간의 어플리케이션 레이아웃과 유사할 필요가 없기 때문이다. 다시 말해, 가상공간에서 인접한 페이지들이 물리 메모리 공간에서는 인접하지 않을 수 있다. 따라서 가상으로 색인된(virtually indexed) 캐시에서 절대 충돌하지 않을 페이지들이 물리적으로 색인된 캐시에서는 같은 캐시 셋(set)에 매핑될 수도 있다. 따라서 프로그래머 또는 컴파일러에 의해 선택된 페이지 할당(assignment)은 가상으로 색인된 캐시 안에서 두 개의 객체가 충돌하지 않도록 보장할 수 없으며(예를 들어, 인접한 가상 페이지에 객체들을 배치함으로써), 운영체제가 이 가상 페이지들을 꽤 큰 2의 거듭제곱(power-of-two) 거리만큼 분리된 물리 페이지 프레임에 매핑하면 물리적으로 색인된 캐시에서 충돌이 발생할 수 있다. 이를 그림 3.17에 나타냈다.

이러한 배경에서 **페이지 컬러링**(page coloring) 기법이 등장하였다. 페이지 컬러링은 MIPS의 TLB 슬라이스(물리적으로 색인된 캐시 사용 시 페이지 변환의 지연 시간을 줄이기 위해 사용되는 작은 TLB)의 적중률을 증가시키기 위해 Taylor 등[1990]에 의해 제안되었다. TLB 슬라이스는 물리 캐시로의 색인을 생성하는 가상 페이지 수 만큼에 해당하는 하위 비트를 변환한다. 그리고 TLB 슬라이스의 적중률은 페이지 프레임 번호의 하위 비트가 가상 페이지 번호의 하위 비트와 일치할 때 상당히 향상된다. 따라서 운영체제의 페이지 매핑 정책은 이러한 매핑을 선호하도록[4] 수정된다. 이러한 매핑을 **페이지 컬러링**이라고 한다.

페이지 컬러링이 TLB 슬라이스의 적중률 향상을 목적으로 제안되었더라도 코드 및 데이터 객체 간의 캐시 충돌 최소화를 위해 사용될 수 있다. 운영체제는 페이지 프레임 번호(page frame number, PFN)의 하위 비트가 가상 페이지 번호(virtual page number, VPN)의 하위 비트와 일치하는 매핑(페이지 컬러링)을 선호하며, 페이지가 적절하게 컬러링되지 않을 때에만 캐시 충돌이 발생할 것이다(심지어 이 경우에도 실제 캐시 충돌이 발생하지 않을 수도 있다). Kessler와 Hill[1992]은 운영체제에 내장된 휴리스틱 기법으로서 페이지 컬러링과 유사한 다른 메커니즘들을 연구하였다. 이 기법들은 특정 어플리케이션에 특화된(application-specific) 컴파일 시점 정보를 활용하지 않고 특정 어플리케이션에 특화된 실행 중 피드백(application-specific run-time feedback)을 이용하지 않는다. Kessler와 Hill에 의해 제안된 '신중한 매핑(careful mapping)' 기법은 다음을 포함한다.

- **페이지 컬러링**: 이 기법은 VPN과 PFN의 하위 비트들이 일치되는 매핑을 선호한다. 이 기법은 각 빈(bin)[5]에 대한 독립적인 페이지 프레임 큐(queue)를 관리하며, 각 빈의 큐에는 해당 빈에 매핑되는 페이지 프레임들이 저장된다. 변형된 페이지 컬러링에서는 여러 프로세스에서 공통적으로 참조되는 가상 어드레스 영역(코드 부분의 시작, 스택의 윗부분 등)을 캐시의 다른 영역으로의 매핑하도록 보장하기 위해 프로세스 ID를 VPN과 함께 관리한다.
- **빈 호핑(Bin hopping)**: 이 기법은 라운드 로빈(round-robin) 방식의 페이지 할당을 사용하는데, 이를 위해 운영체제가 각 프로세스에 대한 독립된 포인터를 관리한다. 이 독립된 포인터는 빈 큐의 집합을 가리키며 위의 변형된 페이지 컬러링처럼 프로세스 어드레스 공간의 분리를 가능하게 한다. 예를 들어, 어드레스 공간 UID에 매핑된 첫 번째 가상 페이지는 빈(bin) 번호(last_bin [UID]=rand(), 초기의 배치가 무작위임을 의미)에 해당하는 빈 큐의 페이지 프레임에 할당된다. 두 번째 가상 페이지는 빈 번호(++last_bin [UID], 빈 번호가 이전보다 하나 더 큰 것을 의미)에 해당하는 빈 큐의 페이지 프레임에 할당된다. 그리고 해당 빈에서 매핑 가능한 페이지 프레임이 없으면, 다음 순차의 빈이 선택된다.
- **베스트 빈(Best bin)**: 운영체제는 각 등가 클래스(각 빈)에 대해 카운터 쌍 〈used [UID], free〉을 관리한다. 카운터들의 used 배열은 특정 프로세스에서 그 빈에 할당된 가상 페이지 개수를 나타낸다.

---

4 만약 운영체제가 모든 사례에서 적절하게 색칠된(colored) 페이지 매핑을 보장할 수 있다면, TLB 슬라이스(slice)는 불필요해진다. 그러나 이는 모든 어플리케이션에 의해 사용 중인 모든 가상 페이지의 집합이 가상공간 전체에 골고루 분포되어 있을 때(보장될 수 없는 요건)에만 타당하다.

5 '빈(bin)'은 페이지 크기의 캐시의 같은 영역에 매핑되는 페이지 프레임의 등가 클래스로 정의된다. 4KB 페이지를 갖는 시스템에서, 64KB 직접 사상 캐시는 16개의 빈을 갖는다. 그리고 64KB 2웨이 집합 연관 캐시는 8개의 빈을 갖는다.

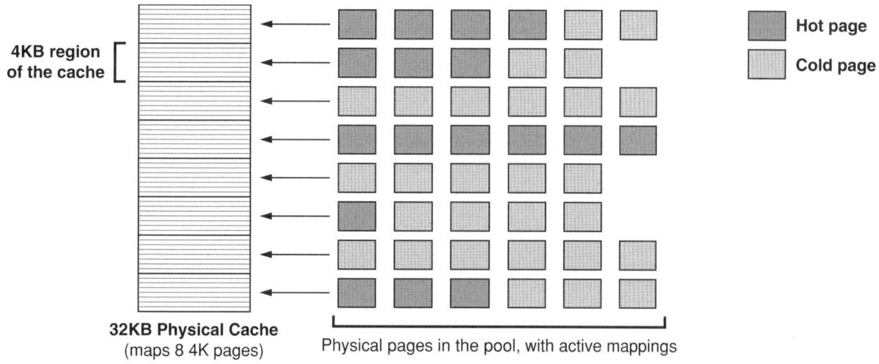

그림 3.18_ 무작위 매핑은 캐시에서 핫 스팟(hot spot)을 만들 수 있다. 정의에 의해, '무작위' 매핑 정책은 페이지 사용과 페이지 배치 사이의 연관성을 고려하지 않는다. 따라서 페이지들이 캐시 전체에 골고루 퍼지는 방식(이 예제에서처럼)으로 커널이 페이지들을 물리적 메모리에 분산시키기 위해 시도하더라도, 그리고 만약 핫(hot) 페이지가 공간에 골고루 분산되지 않는다면, 캐시에서 핫 스팟은 불가피하게 형성될 것이다.

free 카운터는 해당 빈에서 매핑되지 않은 자유 페이지 프레임의 개수를 나타낸다. 베스트 빈 휴리스틱을 위해, 운영체제는 가장 작은 used 값과 가장 큰 free 값을 갖는 빈에 가상 페이지를 할당한다.

- **계층적(Hierarchical):** 베스트 빈 알고리즘과 유사하지만 카운터 쌍의 배열을 탐색할 때 선형 탐색(linear search) 대신에 트리 기반 탐색(tree-based search)을 사용한다. 그렇게 함으로써 O(n)(n은 빈의 개수) 대신에 O(log n)의 탐색 시간을 보장한다. 이 기법의 단점은 베스트 빈 기법과 달리 전역(global) 최적 빈이 아닌 지역(local) 최적 빈을 선택할지도 모른다는 것이다. Kessler & Hill의 논문[1992]에서 두 기법의 성능을 비교하였다.
- **무작위(Random):** 이 기법은 운영체제의 기본 페이지 매핑 전략을 사용한다. 이 전략은 들어오는 가상 페이지를 첫 번째 이용 가능한 자유 페이지 프레임, 또는 이용 가능한 자유 페이지 프레임이 없다면 LRU 위치에 존재하는 페이지 프레임에 매핑한다.

'신중한(careful)' 매핑의 동기는 그림 3.18에서 보이는 것처럼 가상 페이지와 물리 페이지의 무작위 매핑이 불균형 시나리오를 만들 수 있다는 것이다. 반면, '신중한(careful)' 매핑 전략은 물리적으로 색인된 캐시 전반에 걸쳐 페이지를 퍼뜨리는 경향이 있으며, 따라서 캐시 충돌을 줄일 수 있을 것이다.

이 기법은 큐들의 상태와 물리 페이지의 매핑 여부 이외의 실행 시점 정보는 활용하지 않는다는 것을 유념하자. 이 기법의 흥미로운 확장 방안은 직접 피드백(direct feedback) 메커니즘에서처럼 대부분의 프로세서 코어에서 이용 가능한 성능 카운터(performance counter)를 활용하는 것이다. 예를 들어, 하드웨어는 *n*비트 핫 스팟(hot spot) 벡터(*n*개의 빈 크기를 갖는 캐시에 대해 각 비트 위치의 '1'은 각 캐시 빈에서의 최근 충돌을 나타냄)를 운영체제에게 제공할 수 있다. 페이지 매핑 시에 운영체제는 이 벡터를 바탕으로 최근 이력에서 더 작은 캐시 실패를 경험한 빈들 중에서 선택할 수 있다. 다시 말해, 운영체제는 최근에 많은 캐시 실패(캐시 실패 문제를 단순히 악화시킬)를 경험한 빈의 페이지 프레임에 가상 페이지를 할당하지 않을 것이다. 또한, 특정 페이지들이 높은 충돌률(conflict rate)을 보여준다면 페이지들을 동적으로 다시 컬러

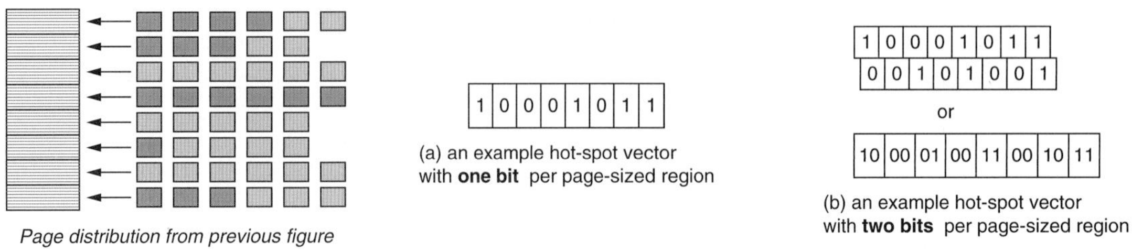

그림 3.19_ 핫 스팟(hot spot) 벡터의 예시. 하드웨어는 캐시의 페이지 크기 영역들의 최근 캐시 실패 상황을 나타내는 비트 벡터를 커널에 전달할 수 있다(PSW의 부분인 제어 레지스터를 통해). 이 벡터는 영역 당 하나 이상의 비트로 실패 상황을 표현할 수 있다. 영역당 더 많은 비트를 사용할수록 커널이 핫 페이지들을 더 잘 식별할 수 있다.

링(recoloring)하는 것을 고려할 것이다. 그림 3.19는 하드웨어에 의해 생성된 '핫 스팟' 벡터(또는 다른 어떤 메커니즘)가 (캐시 활동 측면에서)핫(hot)과 콜드(cold) 페이지의 균등하지 않은 분포를 나타낸다면, 운영체제가 핫 페이지 매핑을 콜드 페이지 매핑과 교환할 수 있음을 보여준다. 이를 통해 캐시로의 접근 분포를 균등하게 한다. 시스템이 두 단계의 페이지 간접 참조(page indirection)[Carter 외 1999]를 지원한다면 다시 컬러링할 때 페이지 데이터가 실제로 이동할 필요가 없다는 것을 유념하자.

명령어와 데이터의 동적 압축

명령어 및 데이터의 압축(compression)은 캐시의 실질적 용량을 증가시킬 수 있다. 그리고 지연시간과 메모리 계층 구조의 계층 간의 데이터 전송으로 인한 에너지 비용을 줄일 수 있다. 압축 자동화는 1950년대와 1960년대에 제안되었고 파일 시스템에서 사용되었다. 예를 들어, SHARE 709(IBM 709의 시스템 환경)의 SQUOZE 코드 압축 메커니즘은 자동으로 프로그램을 원래의 실행 프로그램보다 더 작은 형태로 압축한다(실행에 더 적합하고, 전송하거나 코어로 로드하는 오버헤드가 더 작은 형태[Boehm & Steel 1959]). 압축 자동화는 현재 어셈블러 및 링커에 보편적으로 적용된 기술이지만, 그 당시에는 이 기법의 출현이 자동화를 향한 중요한 움직임이었다.

SOLID(Self-Organizing Large Information Dissemination) 시스템은 압축과 압축 해제의 진정한 첫 자동화를 보여준다. 이 시스템에서 저장장치 계층 구조의 계층 간 전송되는 데이터 파일은 사용자에게 투명하게 압축 및 압축 해제된다[de Maine & Marron 1966, Marron & de Maine 1967]. 파일 위치와 상태를 관리하는 시스템의 이동 전략에 따라, 데이터는 '빠른' 메모리(캐시 또는 최신 시스템의 DRAM)에서 '느린' 메모리(DRAM 또는 디스크 또는 최신 시스템의 백업 저장장치)로 전송될 때 압축된다. 그리고 데이터가 '느린' 메모리에서 '빠른' 메모리로 귀환될 때 압축 해제된다.

de Maine과 Marron에 의해 서술된 야심적인 제안이 실제로 구현되었는지 아닌지는 분명하지 않다. 저자들은 "SOLID 시스템에서 이 요소(이동 전략)가 아직 구현되지 않았지만, 구현을 위한 논리적인 단계들이 진행되고 있다. 이 논리의 자세한 내용은 구현 후에 이동 전략 요소의 비용 연구와 함께 발표될 것이다"[de Maine & Marron 1966, 245쪽]라고 언급하였다. 우리가 이후의 구현 결과를 찾지 못했지만 이러한 초기 컴퓨터와 정보 시스템의 개발에서 저자들이 보여준 비전은 충분히 의미가 있다.

1970년대 말의 자동화된 파일 이동(file-migration) 시스템은 압축 자동화의 목표를 향한 움직임을 나타낸다. 이 자동화된 시스템에는 Lawrence Berkeley Lab[Knight 1976]의 CASHEW 시스템과 1977년과 1978년에 정부 연구소와 산업체에서 개발된 다른 시스템들(IBM의 MARC 시스템(MVS Archival 시스템)[Considine & Myers 1977] 등)이 있다. 초기의 시스템들은 백업 저장장치로 파일 이동을 수행하지만(1969년의 IBM의 TSS/360 시스템 [Considine & Myers 1969]) 완전히 자동화되지는 않았다. 자동화된 시스템은 저장장치 계층 구조를 캐시 시스템처럼 관리한다. 즉, 논리적 디스크 공간은 가장 최근에 참조된 파일만 저장하는 캐시이다. 최근에 참조되지 않은 파일은 논리적 디스크 공간보다 더 긴 지연시간과 훨씬 더 큰 용량을 갖는 대용량 저장장치로 이동된다. 따라서 파일은 자동으로 테이프 백업 장치로 이동된다. 또한, 파일이 참조되면 파일이 발견된 위치와 상관없이 파일 이동 시스템이 그 파일을 논리적 디스크 공간으로 옮긴다. 계층 구조 내 파일의 이동은 사용자 또는 사용자 어플리케이션 소프트웨어에 대해 투명성을 갖는다.

IBM의 데이터베이스 관리 시스템인 정보 관리 시스템(Information Management System, IMS)은 데이터베이스 내에서 사실상의 파일 자동 압축을 제공함으로써 de Maine과 Marron의 비전을 실현하였다. 파일 자동 압축은 입출력(I/O) 동작(세그먼트 읽기, 세그먼트 스토어 등) 시 수행되며 종료(exit) 동작 시에 동작할 수 있다. 이러한 종료 동작은 세그먼트 압축 또는 압축 해제를 포함한다[IBM 1981]. 따라서 IMS는 세그먼트 스토어의 투명한 압축과 세그먼트 읽기의 투명한 압축 해제를 지원한다. IMS에서, 세그먼트는 일반적으로 작으며 어떤 방식으로든 입출력 시스템에 전달될 수 있다. 이는 많은 바이트 또는 여러 개의 세그먼트를 포괄하는 복잡한 적응형 코딩 기법을 불가능하게 하는 경향이 있다[Cormack 1985]. 따라서 현대의 연구는 저장소로의 파일 이동을 위한 인프라(예를 들어, 대체 정책[Smith 1981a], 테이프 백업 장치 안에서의 압축[Bell 외 1989], 효율적인 이용자 지향적 압축 기능[Penchura 1982] 등)뿐만 아니라 압축 알고리즘(Welch의 Lempel–Ziv의 빠른 구현[1984] 등)을 향상시키는 것을 목표로 한다.

Cate와 Gross는 파일 압축이 상대적으로 쉬운 반면에, 이 개념을 온라인 파일 시스템에 적용하는 것은 쉽지 않은 일이라고 언급하였다[1991]. 테이프와 같은 백업 저장장치는 일반적으로 압축 후에 파일 크기(저장 요구량)가 정해지는 경우에도 잘 동작하는 선형 포맷(linear format)을 사용한다. 그에 반해, 파일 시스템은 정해진 수의 고정 길이 디스크 섹터(fixed-length disk sector)를 사용한다. 얼핏 보기에는, 이는 웹 객체 캐시 또는 다양한 크기의 블록을 갖는 캐시와 같은 문제를 나타내는 것처럼 보일 것이다(캐시의 안 또는 밖으로 블록들을 이동시키기 위해 임시 저장소에 블록을 남겨둠으로써 다루어지는 문제, 그리고 유입되는 데이터를 위한 공간을 만들기 위해 복수의 캐시 블록을 대체할 수 있는 대체 정책을 제공함으로써 다루어지는 문제).

Cate와 Gross는 논리적 디스크 저장장치를 두 개의 파티션으로 분할하는 구현을 연구하였는데, 하나는 압축된 데이터를 갖고 있는 파티션, 그리고 다른 하나는 압축되지 않은 데이터를 갖고 있는 파티션이다. 압축된 파티션은 압축되지 않은 파티션보다 실질적으로 비트당 더 큰 용량(또는 더 낮은 비용)을 갖고 더 긴 지연시간을 갖기 때문에 저자들은 이를 '2단계' 파일 시스템이라고 부른다. 압축되지 않은 파티션에서 사용되지 않은 파일은 압축된 파티션으로 이동하고 참조 시에 압축되지 않은 파티션으로 다시 이동한다. 저자들은 이론적으로 이러한 파티션 분할이 사용자 파일 접근 시간을 줄이며 필요한 저장 공간을 반으로 줄일 수 있다는 것을 발견하였다. 그들은 NFS(Network File System, Sun의 네트워크 파일 시스템) 서버에 프로토타입을 구현하였다. 이 구현에서 비활성 파일은 시스템 활동이 저조할 때 압축되고 시스템에 의해 요청될 때 압축 해제된다. 이 서버는 파티션 정보를 파일의 아이노드(그룹 ID 안에 숨어 있는)에 삽입한다. 파일로의 첫 번째 접근은 그 파일의 아이노드를 읽고 아이노드는 파일의 압축 여부를 나타낸다. 이 메커니즘은 일반적인 저장장치 기술에 적용 가능하고(이 메커니즘은 선형 포맷의 장치에 적합하지 않다) 파일 캐시를 사용하는 장치들에게 전적으로 투명하기 때문에 프로세서 캐시 계층 구조를 포함하여 어떤 형태의 캐시 구조에도 적용 가능하다.

Burrows는 선형 포맷 개념을 만들고 Sprite LFS(Log-structured File System, 로그 구조의 파일 시스템)에 압축을 적용하였다. LFS는 순차적으로 써진 로그에 모든 파일 데이터와 거의 모든 파일 메타데이터(디렉토리 정보)를 저장한다. 이는 전체 파일을 16KB 블록 단위로 분할 압축함으로써 Cate와 Gross의 메커니즘을 향상시킨다. 따라서 파일은 부분적으로 압축될 수 있고 큰 파일(Cate와 Gross의 기법에서 파일은 원자적(atomic)이고 단일 파티션에 존재)을 처리할 때 발생하는 잠재적인 성능 문제들을 제거한다. 페이지 크기보다 더 큰 압축 단위를 가져가는 Burrows의 선택은 보통의 경우에 압축 해제의 비용을 나누어서 부담한다. 즉, (큰) 파일을 분할하여 순차적으로 읽는 것이다.

Douglis[1993]의 압축 캐시는 이 개념을 캐시 계층 구조로 더욱 더 확장함으로써 이 개념이 실제로 보편적이라는 것을 보여주었다. 압축 캐시는 Cate와 Gross의 메커니즘을 주 메모리에 적용하였다. Douglis의 메커니즘은 다양한 크기의 압축된 파티션을 구현하는 Sprite의 가상 메모리 시스템을 활용한다. Sprite는 가상 메모리 페이지 풀(pool)과 버퍼 캐시 간에 동적으로 물리 메모리를 주고받는데, 이는 압축 캐시가 필요에 따라 다양한 크기를 갖도록 한다. LRU 페이지는 새 페이지를 위한 공간을 만들기 위해 압축되고, 참조되는 경우에 압축 해제된다. 만약 더 많은 공간이 필요하다면 압축된 LRU 페이지는 하위 저장소에 써진다. Douglis는 다양한 결과를 보여주면서 압축이 입출력에 비해 빨라질수록 성능이 더 많이 향상되어야 한다고 언급하였다(이 연구는 소프트웨어 압축을 사용했다는 것을 유념하자).

Brooks의 데이터 너비의 동적 조정

캐시 계층 구조에 압축 기술을 포함시키는 많은 연구들은 투명성을 가지지 않는다. 즉, 이는 설계 시점에 진행된다(메모리 저장소 필요를 줄이기 위해 프로그램을 압축하는 것과 캐시로 라인을 페치할 때 그것들을 압축 해제하는 것[Wolfe & Chanin 1992], 또는 프로그램이 압축된 형태로 캐시에 존재할 수 있도록 프로그램을 압축하는 것[Lefurgy 외 1997]이 그 예이다. 이 기법들은 3.2.3절에서 더 자세히 기술된다). 캐시 계층 구조와 프로세서 코어에 적용되며 투명성을 가지는 압축 메커니즘은 Brooks와 Martonosi에 의해 제안되었다[1991]. 이 메커니즘에서 전력 소모를 줄이기 위해(또한 성능을 향상시키기 위해) 하드웨어는 작은 데이터 값이 불필요하게 큰 데이터 워드에 인코딩되는 상황을 동적으로 감지할 수 있다. 예를 들어, 그림 3.20은 두 피연산자 모두 특정 비트너비 보다 작거나 같은 비트너비를 갖는 ALU(Arithmetic Logic Unit, 연산 논리 장치) 연산(64비트 Alpha 아키텍처에서 실행된 SPECint95 어플리케이션을 다루는)의 누적 백분율과

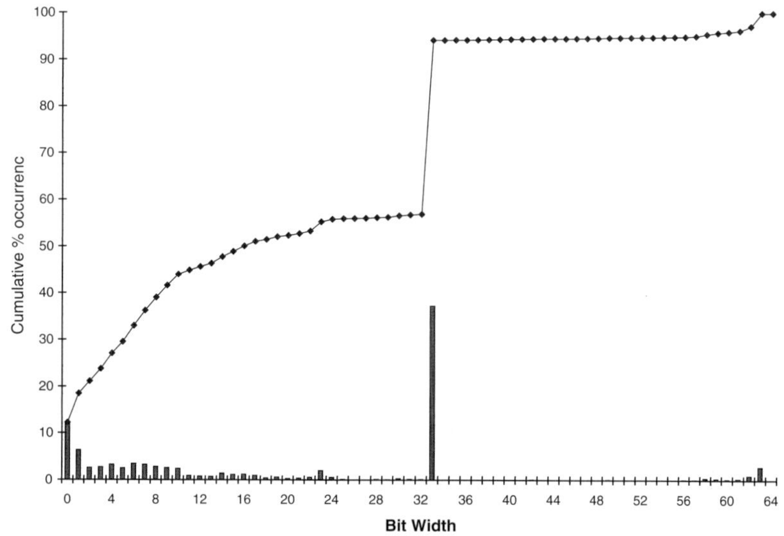

그림 3.20_ 64-bit Alpha에서 SPECint95의 비트 너비(bitwidth). 이 그림은 Brooks와 Martonosi[1999]의 허락하에 사용되었다.

확률 밀도를 보여준다. 이 그림에서 '0' 비트너비는 피연산자 둘 다 0이었다는 것을 의미한다. 또한, '1' 비트너비는 피연산자 둘 다 1 또는 0 값을 갖고 있다는 것을 의미한다. 모든 비트너비에 대해, 그 의미는 피연산자 둘 다 2의 x승 또는 더 작은 값을 갖는다는 것이다. 이 분석은 피연산자가 없는 명령어(예를 들어, syscall, trap, return-from-interrupt 등)를 포함하지 않는다. 이 그래프를 보면 대략 10%의 연산에서 피연산자로 0만 사용하는 것을 볼 수 있다. 다른 5%는 1 또는 0만을 사용하며, 거의 50%의 연산은 겨우 10개의 비트로 표현될 수 있는 피연산자를 사용한다. 그리고 33비트에서 그래프가 급등하는데 이는 큰 수의 어드레스 계산을 반영하는 것이다.

Brooks와 Martonosi은 이 관찰을 통해 피연산자 둘 다 좁은 비트 너비를 갖는 시나리오를 감지할 때 필요한 논리회로의 일부만 사용하기 위해 ALU 회로를 공격적으로 클록 게이팅(clock-gating)하는 메커니즘을 고안하였다. 감지와 멀티플렉싱 회로에서 추가적으로 소모되는 전력을 포함하여 정수 장치(integer unit)에서의 전체 전력 절약은 대략 50%이다.

저자들은 동일한 opcode와 좁은 너비의 피연산자를 갖는 두 개의 명령어가 디스패치 큐(dispatch queue)에 있을 때 SIMD(Single Instruction Multiple Data, 단일 명령어 복수의 데이터) 기능 장치를 활용하기 위해 피연산자들을 함께 패킹(packing)하는 것을 연구하였다. 예를 들어, 좁은 너비 피연산자를 갖는 두 개의 다른 64비트 ADD 명령어는 32비트 피연산자들의 연산을 동시에 수행하는 단일 2x32비트 SIMD ADD 명령어로 동적으로 패킹될 수 있다. 제어 하드웨어는 결과 버스로부터 연산 결과를 디멀티플렉싱(demultiplexing)할 것이다(각 값은 sign-extend 된다). 그리고 디멀티플렉싱된 2개의 연산 결과를 각자의 큐 엔트리에 넣는다. 예상한 바와 같이, 이 기법은 프로세서의 이슈 너비(issue width)가 증가할수록 더 잘 동작한다.

이 연구가 캐시 시스템의 locality와 직접적으로 연관되지 않은 것처럼 보이지만, 이는 실제로 캐시의

locality와 연관되어 있다. 이 연구는 캐시(그리고 레지스터 파일)에서 동적 데이터 패킹을 활용하기 위한 많은 기회가 존재한다는 것과 감지 메커니즘이 작은 오버헤드로 만들어질 수 있다는 것을 보여준다. 64비트 피연산자들의 대략 절반 정도가 16비트로 표현될 수 있을 때, 버스를 통과하는 전송 오버헤드를 줄이기 위해 팩스 전송에서 사용되는 0 인코딩(zero-encoding)과 비슷하고 간단한 기법이 사용될 수 있다(이는 값들을 압축하고 압축 해제하는 것보다 에너지 측면에서 더욱 효율적일 수 있다). 예를 들어, 각 데이터 워드의 시작 지점에 있는 탈출(escape) 비트는 전송되고 있는 값이 64비트인지 32비트인지를 의미할 수 있다. 이는 Rambus나 FB-DIMM 구조와 같이 높은 속도, 좁은 너비의 메모리 버스에서 특히 가치가 있을 것이다. 이러한 구조에서는 데이터가 수 사이클에 걸쳐 전송되고, 따라서 네트워크 패킷과 유사하다(더 자세한 사항은, 7장, 7.3.2절, "다른 기술들, 특히 Rambus,"와 14장, "The Fully Buffered DIMM 메모리 시스템"을 참조). 이와 유사하게, 이 메커니즘은 캐시 또는 레지스터 파일 내의 상위 48비트 라인과 각 워드의 센스 앰프를 조건부로 구동한다. 결과적으로 전력 소모를 줄일 수 있다. 또한, 사용되지 않는 피연산자 공간을 반환함으로써 캐시의 실질적인 용량을 증가시키는 메커니즘을 사용할 수 있다. 이 경우 유일한 문제는 좁은 너비 피연산자가 더 큰 값에 의해 덮어 써지는 경우(예를 들어, 값 65,535를 저장하고 있는 레지스터 값을 증가시킬 때)를 처리하는 것이다.

메모리 요청의 동적 재배열

메모리 제어기는 DRAM 시스템에서 locality를 활용하기 위해 동적으로 메모리 요청의 순서를 바꿀 수 있다. 즉, DRAM 뱅크(bank)가 열려 있는 동안 해당 뱅크의 데이터는 상대적으로 낮은 지연시간으로 접근 가능하다. 만약 같은 뱅크 안에서 같은 행(row)으로의 2개의 연속적인 요청이 메모리 제어기에 의해 처리된다면 첫 번째 요청만 뱅크를 활성화(activate)하는 지연시간을 초래한다. 두 번째 요청은 센스 앰프로부터 데이터를 읽는 지연시간만을 초래한다. 그러나 같은 뱅크의 다른 행으로의 요청이 중간이 끼어 있다면 이 요청은 센스 앰프에 의해 제공되는 locality를 파괴할 것이다. 그리고 3개의 요청 모두 뱅크를 활성화하는 지연시간을 초래할 것이다. McKee가 보여주는 것처럼[McKee & Wulf 1995], 다음 코드는 이 행동을 쉽게 나타낼 수 있다.

```
for(sum=0, i=1;i<n;i++)
  sum += A[i] * B[i];
```

코드가 생성하는 메모리 요청 스트림은 A[i]와 B[i] 벡터 요소가 번갈아 나오기 때문에 이 벡터 요소들이 수십 MB만큼 떨어져 있다면 같은 뱅크에 매핑될 수 있고 거의 틀림없이 다른 열에 매핑될 것이다. 따라서 McKee와 Wulf는 어플리케이션이 하드웨어에게 벡터 접근(스트리밍) 행동 정보를 제공함으로써 성능을 향상시키는 오프라인 메커니즘을 연구하였다. 또한, 메모리 제어기에서 요청의 대기 큐를 만들고 locality를 활용하기 위해 요청의 순서를 동적으로 변경함으로써 어플리케이션, 컴파일러 또는 프로그래머의 지원 없이 성능을 동적으로 향상시킬 수 있다. 15장, "메모리 시스템 설계 분석"에서 이 측면을 자세히 논의한다.

3.2 사례 연구: 오프라인 휴리스틱 기법

이 절에서는 설계 시점에서의 기법들을 소개한다. 프로그래머 또는 컴파일러가 분석을 수행하고 어플리케이션 자체에서 실행 중에 메모리 시스템을 직접적으로 관리하는 기법들을 논의한다. 하드웨어와 어플리케이션이 협동하는 온라인 및 오프라인의 구분이 뚜렷하지 않은 기법들은 3.3 절에서 다루어질 것이다.

3.2.1 오프라인 파티셔닝 휴리스틱 기법

많은 오프라인 파티셔닝 연구들은 내장형 시스템에 초점을 맞춘다. 일반적인 마이크로컨트롤러 또는 내장형 시스템에서 사용되는 DSP의 메모리 시스템에서는 소프트웨어가 시스템의 다양한 저장장치를 직접적으로 다룰 수 있다. 저장장치가 코드와 데이터를 직접 할당하는 것은 최적의 전력 소모, 예측 가능성, 성능, 그리고 자원 필요를 달성할 수 없다.

오프라인 파티셔닝의 정적인 방법은 데이터를 위한 저장장치 할당이 실행 중에 바뀌지 않는 것이다. 즉, 대부분은 스크래치패드 메모리(scratch-pad memory, SPM) 할당으로 고려된다(스크래치패드와 오프칩 메모리 사이의 어드레스 공간을 분할하는 것). 이 기법은 일반적으로 어떠한 메모리의 물리적 파티션에도 적용 가능하다. 이는 여러 계층으로 분할된 캐시뿐만 아니라 배제적(exclusive) 캐시와 스크래치패드에도 적용된다(예를 들어, 실시간 및 쓰레드 기반의 분할된 캐시, 일련의 직접 사상 캐시 또는 연관 집합 캐시 등). SPM 공간을 할당하는 동적인 방법은 실행 중에 할당을 바꾸는 것이다. 어떤 정적인 방법은 단지 전역(global) 변수만을 SPM에 할당한다. 반면 다른 어떤 방법은 전역(global) 변수와 스택 변수를 SPM에 할당한다. 이 방법들 중 어떤 방법은 해결책을 찾기 위해 탐욕적(greedy) 전략을 사용하고, 다른 어떤 방법은 이 문제를 배낭 문제(knapsack problem) 또는 정수 계획법(integer-linear programming) 문제로 모델링한다. 대부분의 경우, 데이터뿐만 아니라 코드를 SPM에 할당하는 것은 그럴 만한 가치가 있다. 코드가 DRAM 또는 플래시 메모리와 같은 더 느린 메모리에 저장된다면 코드 할당은 가치가 클 것이다. 코드가 DRAM보다 훨씬 빠른 ROM에 구워진다면, 코드를 SPM에 두는 장점이 사라진다.

프로그래머 지시형 파티션 할당

그림 3.21은 코드와 데이터의 어드레스 범위를 프로그래머가 명시할 수 있도록 하는 컴파일러 구성체(construct)의 유형을 보여준다. 이 그림에서 Analog Devices사의 TS-101의 ccts 컴파일러를 위해 써진 코드의 일부는 섹션 식별자(section identifier)의 사용 예를 보여준다. 이 식별자는 컴파일러가 표시된 코드/데이터 객체를 해당하는 어드레스 범위에 위치시키도록 지시한다. 어떤 경우에는 이 범위가 예약 키워드(그림의 data1, data2, 그리고 program 등)에 해당한다. 또 다른 경우에는(SDRAM 등), 해당되는 어드레스 범위는 구현에 특화되며, 컴파일러가 읽어 들이는 환경 설정 파일에서 식별된다.

이 예제에서는 여러 배열을 DSP에서 이용 가능한 (2개의 데이터 메모리와 명령어 메모리를 포함하는)다양한 메모리들에 배치한다. 주목할 만한 점은 프로그램 메모리로 데이터를 쓰도록 컴파일러가 지원한다는 것이다.

프로그램 메모리로 어떤 함수를 배치하도록 지시하기 위해 동일한 메커니즘이 사용될 수 있다. 예를 들어, 다음 구문은 컴파일러가 프로그램 메모리에 my_function을 위치하도록 지시한다.

```
section ("program") void my_function();
```

또는 짝수

```
section ("program")
void my_function (int a, char *b, float c) {
    // perform computation
    return;
}
```

이 예제에서 컴파일러는 각 캐시 내에 데이터 또는 프로그램 코드가 위치될 곳을 자유롭게 선택할 수 있다는 것에 유념하자. 또한, 프로그래머는 특정 어드레스를 직접적으로 선택함으로써 더 많은 제어를 행사할 수 있다. 이를 위해서 SDRAM을 어드레스 0x4000000에 매핑하기 위해 사용되는 환경설정 파일 메커니즘을 활용할 수 있다.

```
/************************  SDRAM TEST  ************************/
/*                                                              */
/*  BY: J S Smith                                               */
/*                                                              */
/*  Write 0000FFFF to SDRAM from internal cache                 */
/*                                                              */
/*  This code is written for an Analog Devices TS-101           */
/*  This chip has 3 internal caches(1 for program and 2 for data */
/*                                                              */
/*  This will fill data cache 1 will a striding pattern.        */
/*  It will copy this strided pattern to the same data cache 1, */
/*  to the other data cache 2, to the program cache and finally */
/*  to the external SDRAM.                                      */
/*                                                              */
/****************************************************************/

#define SIZE 512

section  ("data1")    float data_orig[SIZE];
section  ("SDRAM")    float data_external[SZE];
section  ("data1")    float data_int_1[SIZE];
section  ("data2")    float data_int_2[SIZE];
section  ("program")  float data_int_p[SIZE];

int main()
{
        int i;

        /* Fill the original array with the stride pattern. */
        for(i = 0; i < SIZE; i++)
            data_orig[i] = 0x0000FFFF;

        /* Copy from data cache 1 to data cache 1 */
        for(i = 0; i < SIZE; i++)
            data_int_1[i] = data_orig[i];

        /* Copy from data cache 1 to data cache 2 */
        for(i = 0; i < SIZE; i++)
            data_int_2[i] = data_orig[i];

        /* Copy from data cache 1 to program cache */
        for(i = 0; i < SIZE; i++)
             data_int_p[i] = data_orig[i];

        /* Copy from data cache 1 to SDRAM */
        for(i = 0; i < SIZE; i++)
            data_external[i] = data_orig[i];

        return 0;
```

그림 3.21_ 소프트웨어 엔지니어에 의한 분리된 코드 메모리와 데이터 메모리로의 정적 파티셔닝의 예제. 아날로그 장비 TS-101을 위한 ccts 컴파일러는 키워드 data1, data2, 그리고 program을 특정 어드레스를 가진 메모리 영역으로 인지한다. 위치 'SDRAM'은 분리된 환경 설정 파일에서 시작 어드레스 0x400000로 명시된다.

슬립 모드(sleep mode)를 위한 Farrahi의 파티셔닝

개요 장에서 서술된 것처럼, 사용하지 않는 블록을 끄는 것은 회로의 전력 소모를 줄이는 간단하고 효과적인 방법이다. 메모리는 여러 형태의 저전력 모드를 갖는다. 예를 들어, SRAM과 DRAM은 꺼지거나(데이터가 유실될지도 모르는) 또는 드라우지(drowsy) 모드나 슬립(sleep) 모드(데이터가 유지되지만 장치가 저전력 모드에서 빠져 나오기 위해 긴 시간을 필요로 하는)에 진입할 수 있다. 저전력 SRAM 구현에 대한 자세한 사항은 5장, 5.3.1절 "낮은 누설전력(low-leakage) 동작"을 참조. Ferrahi는 다음 2가지 목표를 동시에 달성하는 최적화 문제를 연구하였다[Ferrahi 외 1995].

1. 메모리 시스템 (또는 메모리 시스템의 각 부분/뱅크)이 저전력 모드에서 보내는 시간을 최대화한다.
2. 메모리 시스템에서 일반 모드와 저전력 모드 간의 전환 시간을 최소화한다.

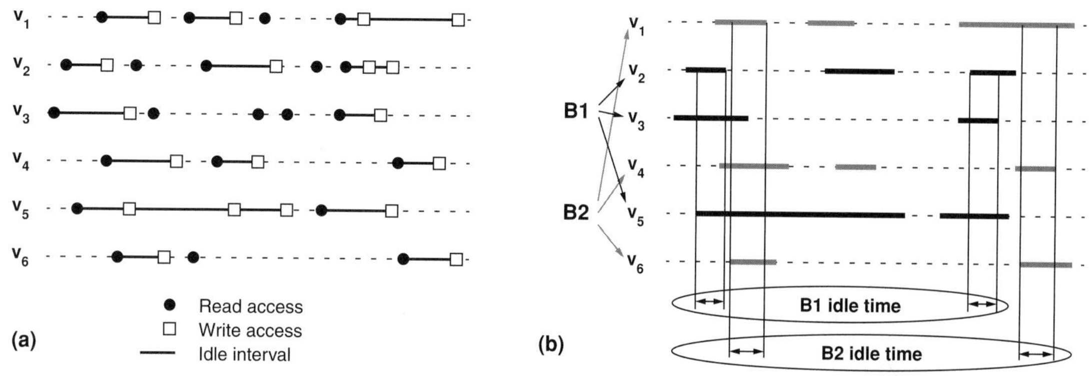

그림 3.22_ 저전력 모드에서 에너지 절약을 최대화하기 위한 수명 분석. 뱅크 B1에 할당된 변수들: v2, v3, v5. 이 변수들의 유휴 시간은 (b)에서 검정색으로 보여준다. 뱅크 B2에 할당된 변수들: v1, v4, v6. 이 변수들의 유휴 시간은 (b)에서 회색으로 보여준다.

그림 3.22는 어플리케이션의 **수명 분석**[Aho 외 1988]을 나타낸다. 그림 3.22(a)는 변수들의 읽기와 쓰기 순서를 보여준다. 읽기와 쓰기 사이의 시간 공간은 연산 결과에 영향을 주지 않으면서 뱅크가 완전히 또는 부분적으로 꺼질 수 있는 **유휴 상태**(idle)이다. 그림 3.22(b)는 2개의 다른 뱅크(B1과 B2)로 배치된 변수들과 그림 3.22(a)의 유휴 집합을 보여준다. 이 유휴 집합은 각 뱅크가 저전력 모드에 들어갈 수 있는 전체 시간을 의미한다.

Ferrahi는 이 문제가 NP-컴플리트(NP-complete)라는 것을 증명하였다. 그러나 저전력 모드의 전환 횟수의 상한값이 존재한다면(타당한 가정), 이 문제가 수도 폴리노미얼 타임(pseudo-polynomial time) 안에 풀릴 수 있다는 것을 보여주었다.

정적 스크래치패드 관리: Panda, Banakar

Panda는 복합 메모리(스크래치패드와 투명성을 가진 캐시 모두 포함)가 내장된 프로세서에서의 데이터의 정적 파티션을 연구하였다[Panda 외 2000]. 이 연구에 따르면, 어플리케이션 소프트웨어에 의해 스크래치패드로 명시적으로 옮겨진 항목들만 스크래치패드에서 찾아질 것이다. 투명성을 가진 캐시는 메모리로부터 페치된 데이터(프로세서에 의해 참조된, 캐싱 가능한, 그리고 스크래치패드에 존재하지 않는 데이터)의 사본을 가진다.

이 연구의 동기유발 예제(비슷한 메모리 충돌 행동을 처리하는 알고리즘 클래스의 대표 예제)는 사진을 입력으로 받고 사진에서 발견되는 휘도(brightness) 수준에 대한 히스토그램을 생성하는 유명한 **히스토그램** 어플리케이션이다(그림 3.23을 보라). 이 어플리케이션은 거의 모든 디지털 카메라와 오늘날 이용 가능한 영상처리 어플리케이션에서 사용된다. 영상 크기는 수 메가 픽셀이고 각 픽셀은 24비트의 적/녹/청 정보를 인코딩한다. 만약 어플리케이션이 전체 영상(예를 들어, 8MB 이상의)보다 더 큰 캐시에서 실행되지 않는다면, **휘도수준**(Brightness Level) 배열과 **히스토그램** 배열 간의 캐시 충돌로 어플리케이션의 성능이 저하될 것이다. Panda가 지적한 것처럼, 히스토그램 접근이 데이터 의존적이기 때문에(이 접근은 예측하기 어

(a) Photograph

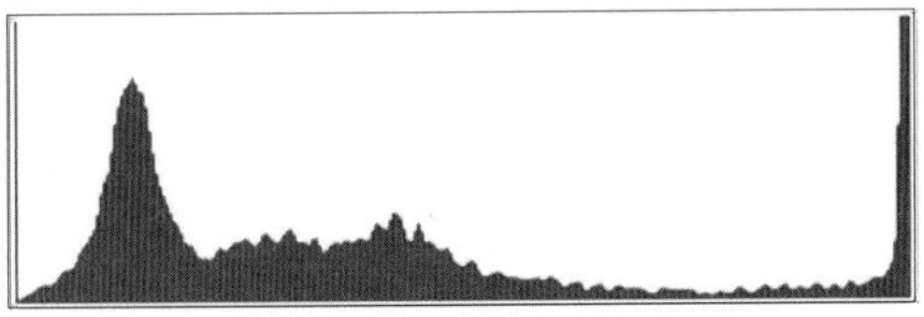

(b) Resulting histogram

```
char BrightnessLevel [2048] [2048] ;
int Histogram[256] ; / * init to 0 */

for (i=0; i<N; i++) {
    for (j=0; j<N; j++) {
        /* foreach pixel i, j in image */
        level = BrightnessLevel [i] [j] ;
        Histogram[level] ++ ;
    }
}
```

(c) Histogram code

그림 3.23_ 히스토그램 예제. (a)는 흑백 사진이다. (b)는 결과 히스토그램이다. 그리고 (c)는 영상을 입력으로 받아 히스토그램을 생성하는 코드 토막이다.

려운 A[B[i]] 간접 참조와 유사하다) 타일링(tiling)과 같은 데이터 레이아웃 기법은 이 충돌을 제거할 수 없다. 게다가, 일반적인 프로세서 캐시에 대해 이 문제는 집합 연관 캐시뿐만 아니라 직접 사상에서도 발생한다. 이 문제는 캐시를 파티셔닝하고 다른 파티션에 두 개의 배열을 배치함으로써 해결될 수 있다는 것을 유념하자.

Panda의 기법은 첫 번째로 모든 스칼라를 스크래치패드에 매핑한다. 만약 남은 공간이 있다면, 이 기법은 남은 스크래치패드 공간에 딱 맞을 만큼 작은 배열 변수들에게 수명 분석[Aho 외 1988]을 수행하고 수명들 간의 교집합이 가장 큰 순서로 이 배열들의 순위를 매긴다(캐시에서 다른 배열과 충돌할 배열은 스크래치패드로 배치되도록 고려된다). 이 연구는 정적으로 관리된 복합 메모리 시스템의 성능이 모든 저장소 자원을 스크래치패드로 또는 캐시로 사용하는 것보다 더 우수함을 보여준다. 예를 들어, 2KB 스크래치패드 또는 2KB 캐시보다 1KB 스크래치패드와 1KB 캐시를 혼합한 복합 메모리의 성능이 더 우수하다.

Banakar 등에 의한 연구[2002]는 사용 빈도를 기반으로 스크래치패드의 정적 패킹을 수행하였고 성능 수치뿐만 아니라 자세한 에너지 수치도 제공하였다. 이 연구는 제한된 어플리케이션 집단에 대한 실험 결과만 보였지만, 정적 관리를 사용하는 스크래치패드가 동일한 크기의 2웨이 집합 연관 캐시보다 에너지 소모 측면에서 우수하다는 흥미로운 결과를 제시하였다. 이 연구는 스크래치패드가 투명성을 가진 캐시 대신에 사용될 때 평균 40%의 에너지 감소, 30%의 다이 면적 감소, 그리고 20%의 성능 향상을 보여주었다. 실험에 사용된 어플리케이션들은 정렬과 행렬 곱셈 등이다. 같은 연구자 그룹의 추가적인 결과[Steinke 외 2002b]는 스크래치패드의 동적 관리(즉, 명시적인 메모리 오버레이(overlay)의 사용)가 실행 시간과 에너지 소비 측면에서 정적 관리보다 훨씬 더 우수함을 보여주었다.

동적 스크래치패드 관리: Cooper, Kandemir, Udayakumaran

스크래치패드의 정적 할당 방법은 간단하면서 효과적이지만 이 방법의 주요 문제점은 실행 중에 스크래치패드 할당을 바꿀 수 없다는 것이다. 프로그램이 내포되지 않은 세 개의 연속적인 루프들로 구성되는 상황을 고려해보자. 첫 번째 루프는 배열 A에 대해 반복적인 참조를 하고 두 번째는 배열 B에, 세 번째는 배열 C에 대해 반복적인 참조를 한다. 3개의 배열 중 단 하나만이 주어진 SRAM 크기에 들어맞을 수 있다면, 정적 할당 방법에서 나머지 2개 배열의 참조는 하위 저장소를 접근해야 되므로 지연시간이 길어진다. 그에 반해, 동적 전략은 서로 다른 시간에 주어진 SRAM 크기에 3개의 배열이 각각 들어맞도록 할 수 있다. 단순화된 한 예제가 동적 할당의 이득을 직관적으로 보여준다. 즉, 정적 방법과 달리 동적 방법은 변수가 사용되는 동안 스크래치패드에서 오프칩 메모리로 또는 반대로 방향으로 변수의 위치를 변경할 수 있다. 동적 방법은 메모리 간 전송이 프로그램 내부의 컴파일러에 의해 삽입된 코드에 의해 수행된다는 점에서 컴파일러 결정형(compiler-decided)이다.

스크래치패드 관리에 대해 많은 동적 메커니즘이 연구되고 있다. Cooper와 Harvey는 레지스터에서 쏟아져 나온 데이터를 저장하기 위해 스크래치패드를 사용하였다[1998]. 그들은 "레지스터의 데이터를 캐시에 쏟는 것은 옳지 않다"라고 주장하였다. 캐시와 CCM(compiler-controlled memory, 512~1,024바이트의 스크래치패드)에 의해 생성되는 파티션은 temporal locality 또는 spatial locality를 보여주는 항목들(캐시된 항목들)을 가까운 미래에 이러한 locality를 보여주지 않는 다른 항목들로부터(레지스터 파일로부터 쏟아져 나온 데이터) 효과적으로 분리시킨다. 이 메커니즘은 저비용(32x32 레지스터 파일보다 작거나 같은)이며, 상당한 양의 메모리 오버헤드를 줄일 수 있다. Kandemir는 내장된 스크래치패드 관리를 위한 행렬 기반 연산의 최적화를 연구하였다[Kandemir 외 2001]. 이 연구에서 컴파일러는 스크래치패드에 맞는 타일링 규모(tiling dimensions)를 탐색하고 연산 전에 각 타일을 스크래치패드로 미리 로드(preload)하기 위해 루프 코드를 계측한다. 컴파일러는 배열 항목들이 스크래치패드에 있는 동안 배열 항목들을 참조하기 위해 사용되는 메모리 어드레스를 자동으로 변경한다. 또한, Udayakumaran과 Barua는 전역(global) 변수와 스택 변수를 위한 동적 메모리 할당 방법을 연구하였다[2003]. 컴파일 시점에 미리 수집된 프로파일 데이터로부터 어떤 변수가 빈번하게 사용될 것으로 예측되면, 컴파일러는 해당 변수를 DRAM에서 스크래치패드로 복사하는 코드를 어플리케이션에 삽입한다. 소프트웨어 캐싱(예를 들어, 항목의 이진 탐색 트리를 관리하는)과 달리, 컴파일러가 각 변수의 프로그램상의 위치를 정확히 알기 때문에 실행 중에 변수 위치를 확인할 필요가 없다.

3.2.2 오프라인 프리페치 휴리스틱 기법[6]

오프라인 프리페치 기법은 프로그래머 또는 컴파일러가 어플리케이션 코드에 캐시에서 실패하기 쉬운 메모리 참조에 대해 명시적 프리페치 명령어를 삽입하는 것이다. 삽입된 프리페치 명령어는 데이터가 사용

6 '데이터 캐시 프리페치'("Data Cache Prefetching" by Yan Solihin and Donald Yeung, in Speculative Execution in High Performance Computer Architectures, CRC Press, Chapman and Hall, D. Kaeli and P. Yew, editors, ISBN−1−58488−447−9, 2005. Copyright © 2005 CRC Press.)의 일부 내용을 포함한다.

되기 전에 프로세서 캐시로 데이터를 가져온다. 따라서 프로세서의 동작으로 메모리 접근 비용을 상쇄시킨다. 역사적으로, 소프트웨어 프리페치 기법은 배열 기반 데이터 구조를 참조하는 과학 프로그램에서 메모리 스톨(stall)을 줄이는 데 꽤 효과적이었다[Callahan 외 1991, Chen 외 1991, Klaiber & Levy 1991, Mowry & 1993, Gupta Mowry 외 1992]. 더욱 최근에는 포인터 기반 데이터 구조를 참조하는 비수치(non-numeric) 프로그램들을 위한 소프트웨어 프리페치를 적용하는 기법들이 개발되고 있다[Luk & Mowry 1996, Roth & Sohi 1999, Karlsson 외 2000].

아키텍처 수준의 지원

소프트웨어 프리페치 기법은 소프트웨어 중심적 기법이더라도 약간의 하드웨어 지원이 필요하다. 첫 번째로, 아키텍처의 명령어 셋(instruction set)이 **프리페치 명령어**를 제공해야 한다. 프리페치 명령어는 논블로킹(nonblocking) 메모리 로드이다(이 명령어는 메모리 시스템으로부터 응답을 기다리지 않는다). 이 명령어는 캐시 실패 시에 요청된 메모리 위치로부터 다른 부작용 없이 캐시 채움(cache fill)을 수행한다. 이 프리페치 명령어는 프로세서 관점에서는 실질적으로 NOP(no operation)이기 때문에 프로그램의 정확성에 영향을 주지 않으면서 메모리 시스템에 의해 무시될 수 있다(예를 들어, 메모리 자원이 부족할 때에 무시될 수 있다). 그러므로 프리페치 명령어를 이용하여 소프트웨어는 캐시에 로드되어야 하는 메모리 위치와 관련된 '힌트'를 메모리 시스템에 제공할 수 있다.

소프트웨어 프리페치 기법은 프리페치 명령어뿐만 아니라 찾아보기가 필요 없는(lookup-free) 캐시도 필요로 한다[Kroft 1981]. 소프트웨어 프리페치 기법은 프로세서의 다른 유효한 연산으로 메모리 지연시간을 숨기려고 하는 것이기 때문에, 캐시는 마이크로프로세스의 일반 메모리 요청을 처리하거나 또는 프리페치 명령어에 의해 촉발된 캐시 실패를 처리하는 것을 계속해서 수행해야 한다. 또한, 공격적으로 프리페치를 수행하는 시스템에 대해서는 캐시와 메모리 하위 시스템이 복수의 아웃스탠딩 메모리 요청(outstanding memory requests)을 처리하는 것이 필요하다. 이는 독립적인 프리페치 요청들이 동시에 처리되도록 한다.

컴파일러 또는 프로그래머가 모든 프리페치의 안전성을 보장할 수 없다면, 하드웨어는 프리페치 명령어에 의해 유발된 메모리 폴트를 무시하도록 지원해야 한다(보호 위반(protection violation), 페이지 폴트, 버스 오류 등과 같은 경우에 프리페치 명령어는 메모리 시스템에 의해 무시된다). 예를 들어, 이러한 지원은 조건문(conditional statement) 안에서 접근된 데이터를 프리페치하기 위해 프리페치 명령어를 투기적으로(speculatively) 실행할 때 특히 유용하다(예를 들어, Callahan 외 [1991]).

마지막으로, 여러 연구자들은 **프리페치 버퍼**의 사용을 가정하면서 소프트웨어 프리페치를 연구해왔다[Chen 외 1991, Klaiber & Levy 1991]. L1 캐시로 직접적으로 프리페치하는 대신에, 프리페치된 데이터를 특수한 데이터 버퍼에 배치한다. 메모리 요청 시, 프로세서는 L1 캐시와 프리페치 버퍼 둘 다 확인하고 프리페치 버퍼가 적중될 때만 L1 캐시로 프리페치된 데이터를 옮긴다. 이런 이유로, 프로세서에 의해 한 번도 참조되지 않은 프리페치된 블록은 L1 캐시에서 유효한 블록을 쫓아내지(evict) 않을 것이다. 게다가, 유용하게 프리페치된 블록은 가능한 한 늦게 L1 캐시로 채워진다(프리페치 블록이 도착할 때가 아니라 프로세서가 참조할 때 채워지며, 따라서 L1 캐시에서 유효한 블록이 쫓겨나는 것을 지연시킬 수 있다). 반면, 프리페치 버퍼가 사용되지 않는다면 해당 메모리는 더 큰 L1 캐시를 만드는데 사용될 수 있다.

Mowry의 알고리즘

대부분의 소프트웨어 프리페치 기법은 실제로 규칙적인 메모리 접근 패턴을 유발하는 루프 내 배열 참조에 초점을 맞춘다. 이 메모리 참조는 아핀(affine), 즉 상수 계수 그리고 부가적(additive) 상수들과 루프 색인 변수들의 선형 조합인 배열 첨자를 사용한다. 아핀 배열 참조는 관계형 데이터베이스의 영상처리와 인식 및 결합뿐만 아니라 조밀 행렬 선형대수와 유한 차분 PDE(Partial Differential Equation) 문제해결 프로그램을 포함하여 다양한 어플리케이션에서 꽤 흔하게 찾아볼 수 있다. 이 프로그램들은 대개 메모리 접근 비용을 줄이기 위해 긴 캐시 라인을 이용할 수 있지만 캐시 충돌과 많은 양의 데이터 접근으로 야기되는 용량 실패(capacity miss) 때문에 좋지 못한 성능을 낼 수도 있다. 이 코드들의 중요한 특징은 배열의 각 차원(dimension)의 크기가 주어진다고 가정할 경우, 메모리 접근 패턴이 컴파일 단계에 정확히 식별될 수 있다는 점이다. 따라서 아핀 배열 참조를 수행하는 프로그램들은 소프트웨어 프리페치를 적용하기에 적합한 후보군이다.

```
a) for (j=2; j <= N-1; j++)
     for (i=2; i <= N-1; i++)
       A[j][i]=0.25*(B[j][i-1]+B[j][i+1]+B[j-1][i]+B[j+1][i]);

b) for (j=2; j <= N-1; j++) {
     for (i=2; i <= PD; i+=4) {        //    Prologue
       prefetch(&B[j][i]);
       prefetch(&B[j-1][i]);
       prefetch(&B[j+1][i]);
       prefetch(&A[j][i]);
     }
     for (i=2; i < N-PD-1; i+=4) {    //    Steady State
       prefetch(&B[j][i+PD]);
       prefetch(&B[j-1][i+PD]);
       prefetch(&B[j+1][i+PD]);
       prefetch(&A[j][i+PD]);

       A[j][i]=0.25*(B[j][i-1]+B[j][i+1]+B[j-1][i]+B[j+1][i]);
       A[j][i+1]=0.25*(B[j][i]+B[j][i+2]+B[j-1][i+1]+B[j+1][i+1]);
       A[j][i+2]=0.25*(B[j][i+1]+B[j][i+3]+B[j-1][i+2]+B[j+1][i+2]);
       A[j][i+3]=0.25*(B[j][i+2]+B[j][i+4]+B[j-1][i+3]+B[j+1][i+3]);
     }
     for (i=N-PD; i <= N-1; i++)      //    Epilogue
       A[j][i]=0.25*(B[j][i-1]+B[j][i+1]+B[j-1][i]+B[j+1][i]);
   }
```

그림 3.24_ Mowry의 알고리즘을 보여주는 예제. (a)는 2차원 Jacobi 커널 코드이다. (b)는 Mowry의 알고리즘 [Mowry 1991]을 사용하는 소프트웨어 프리페치 기법이 계측된(instrumented) 코드이다.

Mowry가 제안한 컴파일러 알고리즘은 아핀 배열 참조의 소프트웨어 프리페치를 삽입하는 가장 잘 알려진 접근 방식이다 [Mowry 외 1992, Mowry 1998]. 이 알고리즘을 보여주기 위한 예제로 그림 3.24(a)의 2차원 Jacobi 커널을 사용한다. 그림 3.24(b)에서 2차원 Jacobi 커널에 Mowry의 알고리즘을 사용하는 소프트웨어 프리페치가 삽입된다. 이 알고리즘은 세 가지 주요 단계를 포함하며, 각 주요 단계는 locality 분석, 캐시 실패 고립(isolation), 그리고 프리페치 스케줄링이다.

locality 분석은 캐시 실패 시에 프리페치를 필요로 할 배열 참조를 결정한다. 이 단계의 목표는 **불필요한 프리페치** 또는 성능을 향상시키지 못하며 실행 중 오버헤드를 유발하는 프리페치를 피하는 것이다. 이 분석은 두 부분으로 진행된다. 첫 번째로, 개별적인 정적 배열 참조들의 동적 인스턴스들 간의 재사용을 파악하는 것이다. 특히, locality 분석은 세 가지 유형(spatial, temporal, group)의 재사용을 파악한다. spatial 재사용은 정적 배열 참조가 메모리에 밀집해 있는 위치에 접근할 때마다 발생한다. 예를 들어, 그림 3.24(a)의 모든 배열 참조는 spatial 재사용을 보여준다. *i* 루프가 각 내부 배열 차원(inner array dimension)의 단위 스트라이드 탐색(unit-stride traversal)을 수행하기 때문에, 동시대에 수행되는 반복(iteration)들은 같은 캐시 블록을 접근한다. 그에 반해서, temporal 재사용은 정적 배열 참조가 같은 메모리 위치를 접근할 때마다 발생한다(그림 3.24(a)에서 모든 동적 인스턴스가 별개의 배열 요소에 접근하기 때문에 배열 참조들이 temporal 재사용을 보여주지 않는다). 마지막으로 그룹 재사용은 두 개 이상의 다른 정적 배열 참조가 같은 메모리 위치를 접근할 때마다 발생한다. 그림 3.24(a)에서 모든 4개의 B 배열 참조는 동적 인스턴스의 대부분이 같은 배열 요소를 참조하기 때문에 그룹 재사용을 보여준다.

재사용을 확인한 후에, locality 분석은 어떤 재사용이 캐시 적중을 초래할지를 결정한다. 이 알고리즘은 재사용되기까지 수행되는 루프 반복 회수(number of loop iterations)와 이 기간 동안에 참조되는 데이터의 양을 계산한다. 참조된 데이터의 크기가 캐시 크기보다 작다면, 이 알고리즘은 재사용이 캐시 안에서 포착된다고 가정하고 재사용에 연관된 동적 인스턴스는 프리페치될 필요가 없다. 그러나 모든 다른 동적 인스턴스는 캐시에서 실패라고 가정되며, 프리페치를 필요로 한다.

Locality 분석 이후 Mowry의 알고리즘의 다음 단계는 **캐시 실패 고립**이다. 캐시 적중과 실패 둘 다 유발하는 정적 배열 참조에 대해(locality 분석에 의해 결정되는), 개별적인 정적 배열 참조들에 대해 적중으로부터 실패를 분리하도록 코드 변환이 수행된다. 이는 완전히 정적으로 불필요한 프리페치를 방지하는 한편(실행 중 오버헤드를 유발하는 조건문을 이용한 프리페치 명령어 예측의 필요 없이) 캐시를 실패하는 인스턴스의 프리페치를 가능하게 한다.

캐시 실패 고립을 위한 코드 변형은 재사용의 유형에 의존한다. spatial 재사용에 대해서는 **루프 펼치기**(loop unrolling)가 수행된다. 그림 3.24(b)는 2차원 Jacobi 커널(두 번째 내포된 루프를 보라)을 위한 루프 펼치기를 보여준다. 앞에서 서술된 것처럼, Jacobi 커널의 i 루프는 A와 B 내부 배열 차원의 단위 스트라이드 탐색(unit-stride traversal)을 수행한다. 8바이트 배열 요소와 32바이트 캐시 블록을 가정하면, 각 정적 배열 참조가 (32÷8=4)번 반복될 때마다 캐시 실패가 발생한다. 루프를 네 번 펼침으로써, 전방의 배열 참조가 모든 반복(iteration)마다 캐시 실패를 유발하더라도 남아 있는 펼쳐진 참조는 캐시 실패를 한 번도 하지 않는다. 따라서 캐시 실패를 고립시킬 수 있다. temporal 재사용에 대해서, 캐시 실패는 **루프 벗기기**(loop peeling)를 통해 고립된다. 이 경우에, 반복(iteration)의 일부 부분 집합이 모든 캐시 실패를 유발한다. 그리고 남은 반복은 캐시에서 적중을 유발한다. 캐시 실패를 유발하는 반복은 떨어져 나가서 분리된 루프에 놓여진다. 마지막으로, 그룹 재사용에 대해서는 캐시 실패가 이미 독립적인 정적 배열 참조에서 발생하기 때문에 명시적인 변형이 필요하지 않다. 어떤 정적 배열 참조가 각 그룹의 최초의 참조인지를 알아내는 분석이 수행된다. 최초의 참조는 다른 정적 참조를 대표해서 모든 캐시 실패를 유발한다.

캐시 실패가 한 번 고립되면, 캐시 실패를 유발하는 정적 배열 참조를 위해 프리페치가 삽입된다. 그림 3.24(b)는 2차원 Jacobi 커널을 위한 프리페치 삽입을 보여준다. $B[j][i+1]$과 $B[j][i-1]$ 간의 그룹 재사용이 캐시에 의해 포착된다고 가정하는 반면에, 바깥 루프 반복(j 첨자에 대해)을 가로지르는 그룹 재사용은 포착되지 않는다고 하면, 모든 캐시 실패를 유발하는 4개의 정적 배열 참조 $A[j][i]$, $B[j][i+1]$, $B[j-1][i]$, $B[j+1][i]$가 있다. 그림 3.24(b)에서 보이는 것처럼 프리페치는 이 4개의 배열 참조를 위해 삽입된다(다시 두 번째 내포된 루프를 참조). 남은 정적 배열 참조를 위해 프리페치가 삽입되지 않는다는 것을 주의해야 한다. 따라서 불필요한 프리페치를 방지하여 프리페치 오버헤드를 줄인다.

Mowry의 알고리즘의 마지막 단계는 **프리페치 스케줄링**이다. 대부분의 최신 메모리 시스템의 긴 메모리 지연시간에 대해, 단일 루프 반복(iteration)은 메모리 접근 비용을 숨기기에는 일반적으로 불충분하다. 데이터가 적시에 도착하도록 하기 위해서 삽입된 프리페치는 사전에 여러 개의 반복(iteration)을 개시해야 한다. 메모리 접근 시간을 숨기기 위해 필요한 루프 반복의 최소 개수를 **프리페치 거리**(prefetch distance)라 한다. 메모리 지연시간이 l사이클이고 루프 반복당 수행 시간이 w사이클이라고 가정하면, 프리페치 거리, PD는 다음에 의해 주어진다.

$$PD = \left\lceil \frac{l}{w} \right\rceil \quad \text{(수식 3.2)}$$

그림 3.24(b)는 *PD* 개념을 포함하는 프리페치된 배열 항목의 색인을 보여준다.

프리페치를 *PD* 만큼의 반복을 미리 개시함으로써, 첫 번째 *PD* 만큼의 반복 동안은 프리페치되지 않는 반면에, 마지막 *PD* 만큼의 반복 동안은 지나간 각 배열의 마지막 요소를 프리페치하게 된다. 따라서 처음과 마지막의 *PD* 만큼의 반복은 **소프트웨어** 파이프라이닝에 의해 별도로 처리된다. 소프트웨어 파이프라이닝은 첫 번째 *PD* 개의 배열 요소를 위한 *PD*의 프리페치를 실행하는 **프롤로그 루프**(prologue loop)와 마지막 *PD* 만큼의 반복을 프리페치 없이 실행하는 **에필로그 루프**(epilogue loop)를 만든다. **안정-상태**(steady-state) 루프라고 불리는 원래의 루프와 함께, 변형된 코드는 각 연산과 관련된 모든 프리페치들을 파이프라인 방식으로 개시하고, 겹치고, 완료한다. 그림 3.24(b)는 2차원 Jacobi 커널을 위한 소프트웨어 파이프라이닝에 의해 만들어진 프롤로그, 안정-상태, 그리고 에필로그 루프를 보여준다.

색인된 배열을 위한 지원

아핀(affine) 배열 외에 다른 흔한 유형의 배열은 **색인된**(indexed) 배열이다. 색인된 배열은 데이터 배열과 색인 배열이 **간접** 배열 참조를 형성하도록 구성된 A[B[*i*]]의 형태를 취한다. 내부 배열 참조가 아핀이고 규칙적인 반면에, 외부 배열 참조는 메모리 간접 참조 때문에 비규칙적이다. 색인된 배열은 복잡한 시뮬레이션을 수행하는 과학 어플리케이션에서 발생한다. 전산 유체 역학에서, 큰 문제를 모델링하기 위한 메시(mesh)는 메모리와 연산 요구량을 줄이기 위해 엉성한 편이다. 천체물리학과 분자동역학을 위한 *N*−body 문제 해결 프로그램에서, 데이터 구조는 입자들의 위치와 그것들의 상호작용을 모델링하기 때문에 **불규칙적**이다. 색인된 배열은 포인터보다 더 효율적이기 때문에 복잡한 데이터 관계를 표현하기 위해 빈번하게 사용된다. 하지만, 접근 패턴의 불규칙성으로 인해 spatial, temporal locality가 낮기 때문에 색인된 배열의 캐시 성능은 좋지 않을 수 있다.

색인된 배열의 소프트웨어 프리페치는 Callahan에 의해 처음 연구되었다[Callahan 외 1991]. 이후에 Mowry는 색인된 배열을 다루기 위해 아핀 배열을 고려한 자신의 알고리즘을 확장하였다[Mowry 1994, 1998]. Mowry의 확장된 알고리즘은 이전에 논의된 동일한 단계들을 일부 변경한 것이다. 이러한 변경은 색인된 배열과 아핀 배열 간의 두 가지 차이점으로부터 비롯된다. 첫 번째로, 색인된 배열의 어드레스가 실행 중에만 알 수 있는 색인 배열 값들에 의존하기 때문에 정적 분석은 연속하여 접근된 배열 요소의

locality와 정보를 결정할 수 없다. 이런 이유로 이 알고리즘은 색인된 배열 참조 간에는 재사용이 발생하지 않는다고 보수적으로 가정하며, 모든 동적 인스턴스에 대해 프리페치를 필요로 한다. 게다가, 이 알고리즘은 모든 동적 인스턴스가 캐시에서 실패한다고 가정하기 때문에 캐시 실패 고립(isolation)이 또한 필요 없다.

두 번째로, 데이터 배열의 색인을 위해 색인 값이 사용되기 때문에 데이터 배열 참조가 수행되기 전에 해당 색인 배열 참조가 완료되어야 한다. 따라서 데이터 배열 참조와 색인 배열 참조 쌍은 직렬화(serialized)된다. 그리고 이는 프리페치 스케줄링에 영향을 준다. 아핀 배열 프리페치에서처럼 프리페치 거리 계산은 수식 3.2를 사용한다. 그러나 색인된 배열을 위한 배열 색인의 조정은 데이터 배열 참조와 색인 배열 참조의 직렬화를 고려해야 한다. 해당하는 색인 배열 값이 읽히기 전까지 데이터 배열 요소가 프리페치될 수 없기 때문에, 색인 배열 요소를 위한 프리페치는 데이터 배열 요소보다 2배 일찍 개시되어야 한다. 이는 해당하는 데이터 배열 프리페치가 이슈(issue)될 때 색인 배열 값이 캐시 안에 있음을 보장한다.

포인터 프리페치

포인터 추적(pointer-chasing) 코드는 연결 리스트, *n*항(*n*–ary) 트리, 그리고 실행 중에 동적으로 할당되는 그래프 구조와 같은 연결 데이터 구조(Linked Data Structure, LDS)를 사용한다. 연결 데이터 구조는 데이터의 양과 구성이 컴파일 단계에 결정될 수 없는 복잡한 문제를 풀기 위한 것으로, 저장소와 연결성 모두를 동적으로 관리하기 위해 포인터 사용을 필요로 한다. 이 코드는 또한 객체 지향 프로그램에서 발견되는 상위 수준 프로그래밍 언어 구성체(construct)에서도 나타날 것이다.

배열 기반 코드와 달리, 포인터 기반 코드는 최적화를 위해 상당한 노력을 필요로 한다.

Chilimbi는 이 문제를 잘 표현하였다.

> — 일반적으로, 소프트웨어(데이터) locality of reference는 프로그램의 데이터 접근 패턴 또는 데이터 구성과 레이아웃을 바꿈으로써 향상될 수 있다. 첫 번째 접근 방법은 조밀 행렬들을 다루는 과학 프로그램의 캐시 locality를 향상시키기 위해 성공적으로 적용되고 있다. 배열 구조의 두 가지 특성은 이 연구에 필수적이다. 첫 번째 특성은 배열 요소들의 균일한(uniform) 무작위(random) 접근이며, 두 번째 특성은 데이터 의존성을 정적으로 분석하기 위한 수치적인 이론적 기초이다. 이 특성들은 컴파일러가 배열 접근을 완전히 분석하고 프로그램의 결과에 영향을 주지 않으면서 캐시 locality를 향상시키는 방향으로(loop transformation, 루프 변형) 배열 접근 순서를 바꾸도록 한다. 하지만, 포인터 구조는 이 특성들을 공유하지 않는다[Chilimbi 외 1999].

LDS 생성과 변경의 동적인 본성 때문에 포인터 추적 코드는 일반적으로 spatial, temporal locality가 약하며, 따라서 좋지 않은 캐시 행동을 보인다. 게다가, LDS 탐색은 방문된 노드 내부에 저장된 포인터의 순차적인 참조와 역참조를 요구한다. 따라서 탐색하는 동안 수행되는 모든 메모리 동작을 직렬화한다.

포인터 추적 문제는 어플리케이션의 성능을 제한할 뿐만 아니라, 프리페치의 효과를 제한할 수도 있다. 이전에 논의된 것처럼, 소프트웨어 프리페치 기법의 중요한 목표는 프리페치의 지연시간을 숨기도록 프리페

a)
```
struct node {data, next}
   *ptr, *list_head;

ptr = list_head;
while (ptr) {
   prefetch(ptr->next);
   ...
   ptr = ptr->next;
}
```

b)
```
struct node {data, left, right}
   *ptr;

void recurse(ptr){
   prefetch(ptr->left);
   prefetch(ptr->right);
   ...
   recurse(ptr->left);
   recurse(ptr->right);
}
```

그림 3.25_ 탐욕적(greedy) 포인터 프리페치 기법을 보여주는 예제. (a) 연결 리스트와 (b) 트리 탐색을 위한 탐욕적 프리페치 기법을 사용하는 포인터 프리페치 기법의 예제.

치를 충분히 일찍 개시하는 것이다. 프리페치의 이른 개시에는 프리페치 메모리 어드레스를 미리 아는 것이 필요하다. 이 문제는 데이터 배열 구조에 있어서는 간단한 문제다. 왜냐하면, 미래의 배열 요소의 어드레스는 몇몇 배열 색인들로부터 쉽게 계산되기 때문이다. 그러나 LDS의 미래의 연결(link) 노드 어드레스를 결정하는 것은 포인터 추적 문제로 인해 몇몇 중간 연결 노드들의 탐색이 필요하게 된다. 그러므로 프리페치의 이른 개시를 어렵게 만든다.

Natural 포인터 기법

LDS 탐색을 위한 가장 간단한 소프트웨어 프리페치 기법은 Luk와 Mowry에 의해 제안된 탐욕적(greedy) 프리페치 기법이다[1996]. 탐욕적 프리페치 기법은 특정 노드를 참조하기 전에 그 노드의 모든 후속 노드들을 프리페치한다. 이 기법을 설명하기 위해, 그림 3.25는 두 가지 유형의 LDS 탐색에 대한 프리페치 기법을 보여준다. 그림 3.25(a)는 루프 기반의 연결 리스트 탐색에 적용된 탐욕적 프리페치 기법을 보여준다. 이 예제에서는 리스트의 다음 연결 노드를 프리페치하기 위해 루프의 상단에 단일 프리페치 명령어가 삽입된다. 그림 3.25(b)는 재귀적(recursive) 트리 탐색에 적용된 탐욕적 프리페치 기법을 보여준다. 이 예제에서는 하위 트리의 자식 노드(child node)들을 프리페치하기 위해 재귀 함수의 상단에 프리페치 명령어들이 삽입된다.

탐욕적 프리페치 기법은 구현이 간단하다는 장점이 있다. 그러나 이 탐욕적 기법은 프리페치를 적절한 시간에 개시하지 못할 수도 있다. 그림 3.25(a)의 연결 리스트 탐색에 적용된 탐욕적 프리페치 기법에서는 매 루프 반복의 시작 지점에서 다음 연결 노드를 프리페치하며, 이 프리페치의 실행은 각 루프 반복의 실행과 겹쳐 일어난다(해당 루프가 수행되는 동안 이 프리페치는 독립적으로 수행된다). 포인터 추적 문제에서 언급했듯이 연결 리스트 탐색 시 여러 후속 연결 노드를 동시에 프리페치할 수 없으며 다음 연결 노드의 프리페치가 완료되기 전에 다음 루프 반복이 시작될 수 없다. 따라서 만약 단일 루프 반복의 수행 시간이 프리페치 지연 시간보다 짧다면, 탐욕적 프리페치 기법은 프리페치에 의한 메모리 지연(stall)을 효과적으로 숨길 수 없다. 그림 3.25(b)의 트리 탐색에서는 프리페치에 의한 메모리 지연이 연결 리스트 탐색에서보다 더 잘 숨겨질 수 있다. 예를 들어, *ptr* → *left*의 프리페치 지연 시간이 왼쪽 하위 트리 탐색 시간보다 길지만 오른쪽 하위 트리 탐색 시간보다는 짧은 경우, *ptr* → *left*의 프리페치 지연 시간은 트리 탐색 시간에 숨겨질 수 있다. 그러나 트리 탐색에서는 프리페치 개시 타이밍이 너무 빠를 수도 있다. 예를 들어, 왼쪽 하위 트리 탐색 시간이 오른쪽 하위 트리 탐색 시간보다 훨씬 더 긴 경우, *ptr* → *right*의 프리페치된 노드는 캐시에 너무 일찍 도착하게 되고 따라서 참조되기 전에 캐시에서 쫓겨날 수도 있다.

데이터 선형화 프리페치 기법은 LDS 탐색에 적합한 프리페치 기법이다. 이 기법은 탐욕적 프리페치 기법과 마찬가지로 Luk와 Mowry에 의해 제안되었다[1996]. 데이터 선형화 프리페치 기법은 LDS의 연결 노드들이 메모리에 연속적으로 배치되며, 이로 인해 후속 노드를 프리페치하기 위해 포인터를 추적하지 않아도 된다. 대신에 후속 노드의 메모리 어드레스는 현재 노드의 메모리 어드레스에 오프셋을 적용함으로써 간단히 계산될 수 있다. 이는 배열로의 색인과 상당히 유사하다. 이런 이유로, 데이터 선형화 프리페치 기법은 포인터 추적 문제를 완전히 방지하고 프리페치를 필요한 만큼 미리 개시할 수 있다.

데이터 선형화 프리페치 기법의 주요 쟁점은 LDS 노드의 선형 레이아웃을 달성하는 것이다. 선형화는 LDS 생성 시 또는 LDS 생성 후에 수행될 수 있다. 후자는 실행 중에 데이터 복사를 통해 기존의 LDS를 재구성해야 하기 때문에 비용 관점에서는 전자가 더 바람직하다. LDS 생성 시에 선형화하는 것은 특히 LDS 탐색 순서를 미리 알 때 수행 가능하다. 이 경우에, 개별적인 LDS 노드는 노드 탐색 순서에 따라 할당되고 연결되어야 한다. 이러한 선형화는 메모리 할당기(allocator)가 동시에 할당된 노드들을 메모리에 규칙적으로 배치함으로써 수행될 수 있다. 그러나 연결 노드가 자주 삽입되고 삭제된다면 (복사를 통한)주기적인 '재선형화'가 필요할지도 모른다. 이런 이유로, 데이터 선형화 프리페치 기법은 LDS 연결성이 프로그램 실행 동안 심하게 바뀌지 않는 어플리케이션에 대해 가장 효과적이다.

점프 포인터 기법

탐욕적 프리페치 기법과 데이터 선형화 프리페치 기법은 프리페치를 수행하기 위해 LDS의 논리적 구조를 변경하지는 않는다. 이와 대조적으로, 프리페치만을 위해 사용되는 점프 포인터라고 하는 특수한 포인터를 LDS에 삽입하는 포인터 프리페치 기법들이 연구되어 왔다. 점프 포인터는 중간 연결 노드를 탐색하지 않고 사전에 선형화를 수행하지 않으면서 프리페치 명령이 포인터 체인(pointer chain)에서 직접 연결되어 있지 않는 후속 연결 노드(중간 연결 노드(들)을 통해 간접적으로 연결된 연결 노드)를 지명하도록 하여 연속적이지 않은 연결 노드를 연결한다. 점프 포인터는 효과적으로 차원 수(dimensionality)를 증가시키고 LDS의 직경을 줄여준다. 이는 Skip 리스트로부터 차용된 개념이다[Pugh 1990].

```
a)  struct node {data, next, jump}
      *ptr, *list_head, *prefetch_array[PD], *history[PD];
    int i, head, tail;

    for (i = 0; i < PD; i++) //    Prologue Loop
      prefetch(prefetch_array[i]);

    ptr = list_head;
    while (ptr->next) {  //   Steady State Loop
      prefetch(ptr->jump);
      ...
      ptr = ptr->next;
    }

b)  for (i = 0; i < PD; i++) history[i] = NULL;
    tail = 0;
    head = PD-1;

    ptr = list_head;
    while (ptr) {  //    Prefetch Pointer Generation Loop
      history[head] = ptr;
      if (!history[tail])
        prefetch_array[tail] = ptr;
      else
        history[tail]->jump = ptr;
      head = (head+1)%PD;
      tail = (tail+1)%PD;
      ptr = ptr->next;
    }
```

그림 3.26_ 점프 포인터와 프리페치 배열 포인터 프리페치 기법을 보여주는 예제. 점프 포인터와 프리페치 배열을 사용하는 연결 리스트 탐색을 위한 포인터 프리페치 기법의 예제. (a)는 점프 포인터와 프리페치 배열을 통한 프리페치 기법이 계측된 탐색 코드를 보여준다. (b)는 프리페치 포인터 초기화 코드를 보여준다.

점프 포인터 기법들 중 가장 기본적인 접근 방식은 Luk와 Mowry에 의해 원래 제안된 포인터 프리페치 기법이다[1996]. Roth와 Sohi[1999] 역시 점프 프리페치 기법을 연구하였다. 그들은 점프 포인터를 추적하기 위해 소프트웨어와 하드웨어 지원을 조합하는 변형된 기법을 제안하였다. 그림 3.26(a)는 그림 3.25의 연결 리스트 탐색에 적용된 점프 포인터 프리페치 기법을 보여준다. 각 연결 노드에는 점프라고 불리는 점프 포인터 필드가 추가된다. 점프 포인터는 초기화 단계 동안 미래의 루프 반복에 의해 참조될 연결 노드를 가리키도록 설정된다. 점프 포인터에 의해 건너뛰는 연속적인 중간 연결 노드의 개수는 수식 3.2로 계산되는 프리페치 거리 *PD*와 같다. 점프 포인터가 삽입되면 '안정 상태(Steady State)' 루프에서처럼 프리페치 명령이 점프 포인터를 통해 프리페치를 수행할 수 있다.

하지만, 점프 포인터 프리페치 기법에서는 초기 노드를 가리키는 점프 포인터가 없기 때문에 연결 리스트의 처음 *PD*개의 연결 노드들을 프리페치할 수 없다. 많은 포인터 추적 어플리케이션에서 포인터 체인은 짧게 유지되기 때문에 이러한 어플리케이션에서는 점프 포인터 기법의 효과가 상당히 감소한다. 이 문제를 해결하기 위해(초기 노드의 프리페치를 가능하게 하기 위해) 점프 포인터 프리페치 기법은 프리페치 배열을 사용한다[Karlsson 외 2000]. 이 확장된 기법에서는 처음 *PD*개의 연결 노드들을 가리키기 위해 프리페치 포인터 배열을 연결 리스트에 추가한다. 따라서 연결 리스트를 탐색하기 전에 프리페치 배열의 메모리 어드레스를 통해 프리페치가 이슈(issue)될 수 있다. 이는 배열 프리페치를 위해 처음 *PD*개의 배열 요소들을 프리페치하는 프롤로그 루프와 상당히 유사하다. 그림 3.26(a)는 프리페치 배열을 통해 프리페치를 수행하는 프롤로그 루프를 보여준다.

이전에 서술한 것처럼, 프리페치 포인터는 프리페치를 개시하기 전에 설정되어야 한다. 그림 3.26(b)는 프리페치 포인터를 설정하기 위해 이력(history) 포인터 배열[Luk & Mowry 1996]을 사용하는 프리페치 포인터 설치 코드의 예제를 보여준다. 이력 포인터 배열은 초기화 코드에 의해 탐색되는 *PD*개의 최근 연결 노드들을 기록하는 원형 큐이다. 새 연결 노드가 탐색될 때마다 이 노드는 원형 큐의 헤드(head)에 추가되며, 헤드는 증가된다. 동시에, 원형 큐의 테일(tail)을 확인한다. 테일이 NULL이면, 현재 노드는 처음 *PD*개의 연결 노드들 중 하나이다. 이 경우 프리페치 배열 포인터 중 하나가 해당 노드를 가리키도록 설정한다. 테일이 NULL이 아니면, 테일의 점프 포인터는 현재 연결 노드를 가리키도록 설정된다. 이 원형 큐의 크기는 PD이기 때문에, 모든 점프 포인터는 *PD*개의 연결 노드들을 가리키도록 미리 초기화된다. 일반적으로, 컴파일러 또는 프로그래머는 프리페치 수행 전에(예를 들어, LDS의 첫 번째 탐색 시에) 프리페치 포인터 설치 코드가 실행되도록 한다. 또한, 어플리케이션이 프리페치 포인터가 설치된 후에 LDS를 수정한다면, 설치 코드를 재실행하거나 다른 수정 코드를 사용함으로써 프리페치 포인터를 갱신해야 한다.

3.2.3 오프라인 locality 최적화

오프라인 locality 최적화는 어플리케이션에 대한 정적인 정보(컴파일 단계에서 알 수 있는 정보)에만 의존한다. 이는 어플리케이션 프로파일링(profiling)을 사용하는 컴파일 시점 메커니즘과는 다르다. 프로파일링 기반 메커니즘은 오프라인 결정을 내리기 위해 어플리케이션 행동의 온라인 정보를 활용한다. 이 메커니

(a) Example program graph

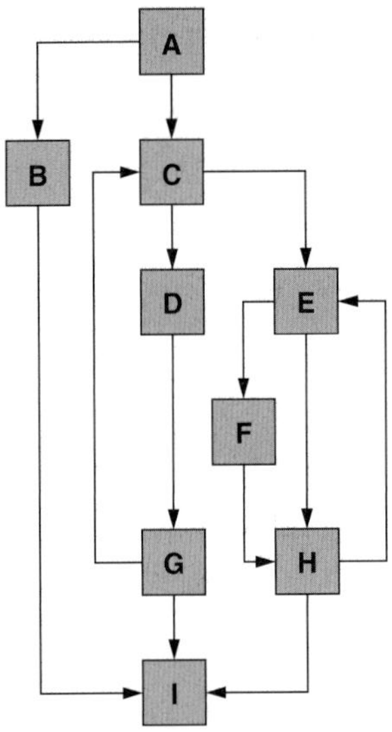

(b) Possible resulting control flows

A B I

A CDG ... CDG I

A CDG ... CDG C EH ... EH I

A C EH EFH ... EFH I

(c) Connectivity matrix

	A	B	C	D	E	F	G	H	I
A	0	1	1	0	0	0	0	0	0
B	0	0	0	0	0	0	0	0	1
C	0	0	0	1	1	0	0	0	0
D	0	0	0	0	0	0	1	0	0
E	0	0	0	0	0	1	0	1	0
F	0	0	0	0	0	0	0	1	0
G	0	0	1	0	0	0	0	0	1
H	0	0	0	0	0	0	0	0	1
I	0	0	0	0	0	0	0	0	0

(d) Reachability matrix

	A	B	C	D	E	F	G	H	I
A	0	1	1	1	1	1	1	1	1
B	0	0	0	0	0	0	0	0	1
C	0	0	1	1	1	1	1	1	1
D	0	0	1	1	1	1	1	1	1
E	0	0	0	0	1	1	0	1	1
F	0	0	0	0	1	1	0	1	1
G	0	0	1	1	1	1	1	1	1
H	0	0	0	0	1	1	0	1	1
I	0	0	0	0	0	0	0	0	0

그림 3.27_ 예제 프로그램과 해당 연결성(connectivity) 행렬. (a)는 그림 3.12의 그래프와는 약간 다른 예제 프로그램이다. (b)는 가능한 실행 순서를 보여준다. (c)는 이에 따른 연결성 행렬을 보여준다. 그리고 (d)는 이에 따른 도달 가능성(reachability) 행렬을 보여준다. 프로그램의 모든 가능한 실행은 동일한 행렬을 생성한다는 것을 유념하자.

즘은 온라인과 오프라인 기법 사이의 경계를 넘나들기 때문에, 프로파일 지시형(profile-directed) 휴리스틱 기법은 3.3절에서 다루어진다.

Ramamoorthy의 연결성 행렬과 도달 가능성 행렬

1960년대 중반에 프로그램의 코드와 데이터의 최적 레이아웃을 선택함으로써 디스크 페이징을 최소화하는 연구들이 진행되었다. Ramamoorthy는 locality를 활용하기 위해 프로그램 세그먼트를 패킹(packing)하는 컴파일 시점 메커니즘을 제안하였다[1996]. 그림 3.27(a)는 프로그램을 기본 블록의 방향성 그래프(directed graph)로 나타낸 것이다[Earnest 외 1972]. 그림 3.27(b)는 블록들의 실행 가능한 순서를 보여주고, 그림 3.27(c)는 프로그램의 컴파일 단계 분석의 결과로 생성되는 연결성(connectivity) 행렬 C를 보여준다. Knuth는 프로그램 코드가 입력으로 주어졌을 때 연결성 행렬을 생성하는 알고리즘을 제안하였다[1963].

연결성 행렬은 블록 간의 직접적인 도달 가능성에 대한 정보(분기(branching) 확률)를 나타낸다. 연결성 행렬의 요소는 블록 간 이동(방향 호(directed arc)로 표시)을 나타내는 2진수일 수 있으며 블록 간 이동 확률을 나타내는 가중치(weight)를 포함할 수 있다. Ramamoorthy의 이전 연구[Ramamoorthy 1965]에서 논의된 것처럼, 분기 확률은 서브루틴 종료, 고정 반복(fixed-iteration) 루프 구조, 데이터 의존적 분기와 같은 결정성(deterministic) 이벤트에 대해서는 컴파일 단계에서 계산될 수 있다. 비결정성(non-deterministic) 이벤트에 대한 분기 확률은 프로그램의 테스트 실행에서 평가되거나 관찰될 수 있다.

1960년대의 가상 메모리 패러다임 중 주목할 것은 프로그램을 세그먼트(segment)라고 하는 불균일 크기

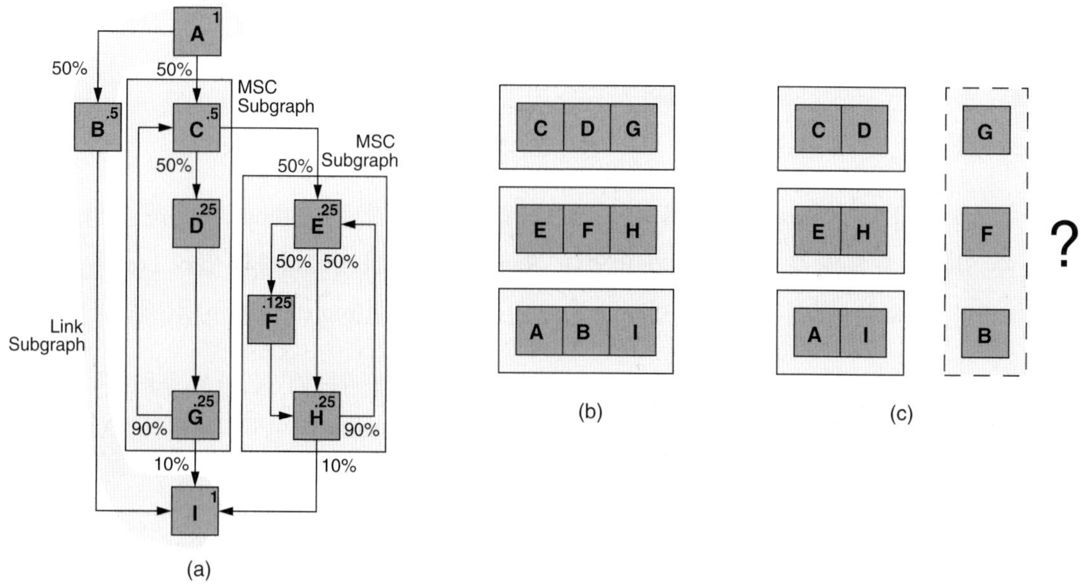

그림 3.28_ Ramamoorthy의 패킹(packing) 알고리즘. (a)는 분기(branching) 확률, 노드 실행 확률과 MSC 하위 그래프와 연결(link) 하위 그래프를 포함하는 프로그램 DAG 예제이다. (b)는 3단위 크기 이상의 크기를 갖는 프로그램 세그먼트 결과를 보여준다. (c)는 세그먼트 크기가 2단위 크기일 때 프로그램 세그먼트들을 보여준다. 확률적으로 가장 작게 방문되는 노드는 탐욕적으로(greedily) 버려진다. 그리고 어떤 버려진 노드들이 재결합될지 분명하지 않다.

의 영역으로 나누는 개념으로, 매우 활발히 연구된 주제이다. Ramamoorthy의 연구 역시 이 개념을 바탕으로 진행되었다. 세그먼트는 원자적(atomic) 성질을 가진다. 즉, 세그먼트는 하위 저장소와의 데이터를 주고받는 기본 유닛으로 사용된다는 의미로, 어떤 세그먼트의 일부로만 주 메모리에 존재할 수는 없다. Ramamoorthy의 패킹 알고리즘[1966]은 **최대 강력 연결**(Maximal Strongly Connected, MSC) 하위 그래프의 모든 요소를 동일한 세그먼트에 함께 배치한다. MSC 하위 그래프에 속한 모든 노드끼리는 서로서로 도달할 수 있지만 다른 노드에는 도달할 수 없다. 연결성 행렬 C로부터 도달 가능성(reachability) 행렬 R이 도출되며 도달 가능성 행렬을 통해 모든 MSC 하위 그래프들과 이에 포함되지 않은 나머지 노드들을 구분할 수 있다. MSC 하위 그래프에 포함되지 않은 나머지 노드들은 연결 하위 그래프(link subgraph)에 포함된다. 그림 3.28은 세그먼트의 최대 크기가 4KB인 세그먼트 패킹 예제를 보여준다. 이 예제에서는 프로그램 행동을 설명하기 위해 분기 확률을 함께 나타내었다. MSC 하위 그래프가 너무 클 경우, 이 패킹 알고리즘은 가장 낮은 전이(transition) 확률을 갖는 에지(그리고 이 에지에 해당하는 노드)를 버림으로써 하위 그래프를 축소시키는 탐욕적 접근 방식을 사용한다. 세그먼트 크기에 제한이 없다면, 불(boolean) 행렬이 사용될 수 있다.

Lowe의 데이터와 시간 개념의 결합

Lowe는 Ramamoorthy의 패킹 알고리즘을 2차원으로 확장하였다[Lowe 1969, 1970]. 즉, 데이터 참조 행동뿐만 아니라 시간의 흐름(의 예측)을 함께 고려하는 것이다. 코드 블록 i와 j가 MSC 하위 그래프의 일부라고 가정할 때, 다음 두 가지 경우는 연결성 행렬과 도달 가능성 행렬에서 동일하게 표현된다.

- 코드 블록 *i*는 코드 블록 *j*를 한 개의 노드를 거쳐 간접적으로 참조한다.
- 코드 블록 *i*는 코드 블록 *j*를 20개 노드의 시퀀스를 거쳐 간접적으로 참조한다.

세그먼트 크기를 줄일 때, Ramamoorthy의 패킹 알고리즘에서는 가장 큰 '홉(hop)'에 의해 하위그래프로부터 분리될 수 있는 노드들을 꼭 버릴 필요가 없었다. Ramamoorthy의 알고리즘과 달리 Lowe는 홉을 시간으로 환산하였다. Lowe는 이 시간 개념을 반영할 수 있는 그래프 표현(representation)을 제안하였다.

> — .... 어떤 프로그램의 한 구역에서 다른 구역으로의 '거리(distance)'라는 개념은 매우 유용하다. 연결성 정보는 이 '거리'를 결정하기 위해 활용될 수 있다. 그리고 이러한 '거리(distance)'는 연산 시간과 직접적으로 관련지어질 것이다[Lowe 1969, 200쪽].

Lowe의 프로그램 표현은 연결성 행렬 C에서 도달 가능성 행렬 R로의 변환 순서를 고려한다. Lowe는 각 코드 블록의 실행 시간 개념을 적용하여 연결성 행렬을 확장하였다. 코드 블록의 실행 시간은 각 블록의 명령어 개수와 같다는 가정으로 정의되고, 블록당 명령어 개수는 정적으로 쉽게 얻어질 수 있는 정보이다. 이 확장을 이용하여, 각 시간 스텝(time step)이 독립적인 노드로 표현되는 새로운 연결성 행렬을 구성할 수 있다. Lowe의 분석에 따르면, 확장된 연결성 행렬의 k 번째 '거듭제곱(power)'은 k 거리 만큼 떨어진 노드들을 나타낸다. 이 값은 반복적으로 쉽게 도출된다.

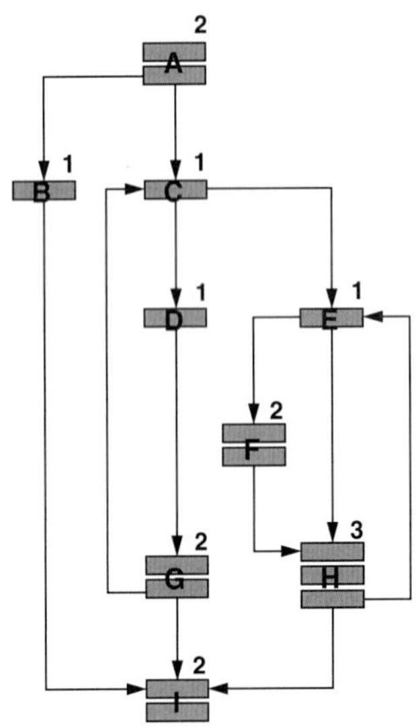

Augmented connectivity matrices C^n

	A_1	A_2	B	C	D	E	F_1	F_2	G_1	G_2	H_1	H_2	H_3	I_1	I_2
A_1	0	1	0	0	0	0	0	0	0	0	0	0	0	0	0
A_2	0	0	1	1	0	0	0	0	0	0	0	0	0	0	0
B	0	0	0	0	0	0	0	0	0	0	0	0	0	1	0
C	0	0	0	0	1	1	0	0	0	0	0	0	0	0	0
D	0	0	0	0	0	0	0	0	1	0	0	0	0	0	0
E	0	0	0	0	0	0	1	0	0	0	1	0	0	0	0
F_1	0	0	0	0	0	0	0	1	0	0	0	0	0	0	0
F_2	0	0	0	0	0	0	0	0	0	0	1	0	0	0	0
G_1	0	0	0	0	0	0	0	0	0	1	0	0	0	0	0
G_2	0	0	0	1	0	0	0	0	0	0	0	0	0	1	0
H_1	0	0	0	0	0	0	0	0	0	0	0	1	0	0	0
H_2	0	0	0	0	0	0	0	0	0	0	0	0	1	0	0
H_3	0	0	0	0	0	1	0	0	0	0	0	0	0	1	0
I_1	0	0	0	0	0	0	0	0	0	0	0	0	0	0	1
I_2	0	0	0	0	0	0	0	0	0	0	0	0	0	0	0

First Power of C (i.e., $\mathbf{C}^1$)
[indicates nodes reachable in single hop]

$C^2 =$

	A_1	A_2	B	C	D	E	F_1	F_2	G_1	G_2	H_1	H_2	H_3	I_1	I_2
A_1	0	0	1	1	0	0	0	0	0	0	0	0	0	0	0
A_2	0	0	0	0	1	1	0	0	0	0	0	0	0	1	0
B	0	0	0	0	0	0	0	0	0	0	0	0	0	0	1
C	0	0	0	0	0	0	1	0	1	0	1	0	0	0	0
D	0	0	0	0	0	0	0	0	0	1	0	0	0	0	0
E	0	0	0	0	0	0	0	1	0	0	0	1	0	0	0
F_1	0	0	0	0	0	0	0	0	0	0	1	0	0	0	0
F_2	0	0	0	0	0	0	0	0	0	0	0	1	0	0	0
G_1	0	0	0	1	0	0	0	0	0	0	0	0	0	1	0
G_2	0	0	0	0	1	1	0	0	0	0	0	0	0	0	1
H_1	0	0	0	0	0	0	0	0	0	0	0	0	1	0	0
H_2	0	0	0	0	0	1	0	0	0	0	0	0	0	1	0
H_3	0	0	0	0	0	0	1	0	0	0	1	0	0	0	1
I_1	0	0	0	0	0	0	0	0	0	0	0	0	0	0	0
I_2	0	0	0	0	0	0	0	0	0	0	0	0	0	0	0

$C^3 =$

	A_1	A_2	B	C	D	E	F_1	F_2	G_1	G_2	H_1	H_2	H_3	I_1	I_2
A_1	0	0	0	0	1	1	0	0	0	0	0	0	0	1	0
A_2	0	0	0	0	0	0	1	0	1	0	1	0	0	0	1
B	0	0	0	0	0	0	0	0	0	0	0	0	0	0	0
C	0	0	0	0	0	0	0	1	0	1	0	1	0	0	0
D	0	0	0	1	0	0	0	0	0	0	0	0	0	1	0
E	0	0	0	0	0	0	0	0	0	0	1	0	1	0	0
F_1	0	0	0	0	0	0	0	0	0	0	0	1	0	0	0
F_2	0	0	0	0	0	0	0	0	0	0	0	0	1	0	0
G_1	0	0	0	0	1	1	0	0	0	0	0	0	0	0	1
G_2	0	0	0	0	0	0	1	0	1	0	1	0	0	0	0
H_1	0	0	0	0	0	1	0	0	0	0	0	0	0	1	0
H_2	0	0	0	0	0	0	1	0	0	0	1	0	0	0	1
H_3	0	0	0	0	0	0	0	1	0	0	0	1	0	0	0
I_1	0	0	0	0	0	0	0	0	0	0	0	0	0	0	0
I_2	0	0	0	0	0	0	0	0	0	0	0	0	0	0	0

그림 3.29_ Lowe의 알고리즘과 이 알고리즘의 시간 개념. 이 그래프는 개별적인 명령어의 집합으로 프로그램 구조를 보여준다. 설명의 간단함을 위해 각 명령어는 단위 시간 동안 실행된다고 가정한다. 프로그램 시간은 연결성 행렬의 "거듭제곱(power)" 사용에 의해 근사치가 구해진다. n 번째 거듭제곱은 어떤 노드들이 정확히 n 단계 안에 도달가능한지를 나타낸다. 각 명령어 블록의 오른쪽 위의 숫자는 그 블록의 크기(따라서 실행 시간)를 나타낸다.

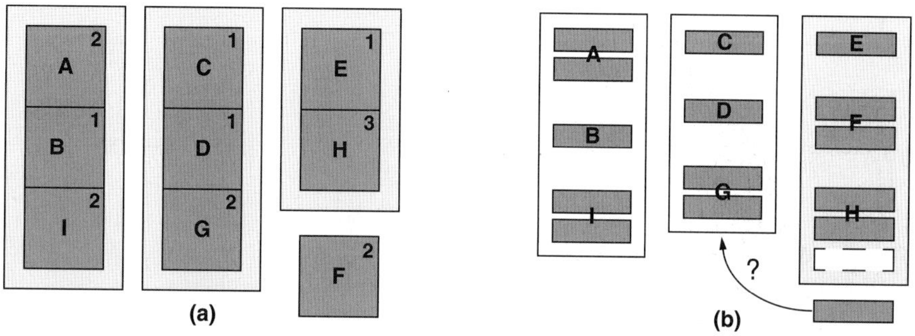

그림 3.30_ Ramamoorthy의 알고리즘과 Lowe의 알고리즘의 세그멘테이션 결과. (a) Ramamoorthy의 알고리즘과 (b) Lowe의 알고리즘의 결과. 둘 다 세그먼트 크기가 5일 때 그림 3.29에서 주어진 프로그램을 실행한다. Lowe의 알고리즘은 세그먼트의 생성 순서에 따라 H의 마지막 블록을 CDG 세그먼트로 통합시킬 수 있다.

Lowe의 알고리즘은 너무 큰 세그먼트를 줄이려는 노력 대신, 세그먼트의 크기가 문턱 값(threshold)에 도달할 때까지 프로그램 세그먼트를 단계적(블록 단위)으로 형성한다[Lowe 1970]. Ramamoorthy 알고리즘과 같이, Lowe의 알고리즘도 MSC 하위 그래프를 고려한다. 각각의 도달 가능한 새로운 노드가 자신과 연결된 임의의 노드와 '합쳐질' 수 있는지를 판단하기 위해, 확장된 연결성 행렬의 각 거듭제곱을 검사한다. 그리고 세그먼트 크기 문턱 값을 넘지 않는 한도 내에서 조그만 도달 가능한 노드들을 합친다. 그림 3.29(a)는 앞선 예제에 사용된 프로그램으로, 각 블록에 블록 크기와 실행 시간 정보를 명시된 것이다(예제를 간단하게 만들기 위해 블록 크기와 실행 시간은 단위 크기 명령어들과 단위 시간으로 주어진다. 예를 들어, 크기가 2인 블록은 동일한 수행 시간을 갖는 2개의 명령어들로 해당 블록이 구성됨을 의미한다). 또한 그림 3.29(b)에서는 확장된 연결성 행렬과 이 행렬의 2번째 거듭제곱 행렬과 3번째 거듭제곱 행렬을 보여준다. 그림 3.30(a)는 Ramamoorthy의 알고리즘에 의해 생성된 코드 세그먼테이션을 보여준다. 이 예제에서 MSC 하위그래프들 중 하나가 단일 세그먼트에 맞춰지기는 너무 큰 경우이다. 그림 3.30(b)는 Lowe의 알고리즘에 의해 생성된 세그먼테이션을 보여준다. Ramamoorthy의 알고리즘은 세 번째 세그먼트에서 블록 F를 제거하는 것을 선택하는데, 이는 이 세그먼트의 모든 블록 중에서 블록 F가 가장 낮은 방문 확률(12.5%, E와 H는 25%)을 갖기 때문이다. Lowe의 알고리즘은 가장 작은 에지 거리(edge distance)를 갖는 원자적 조각들부터 탐욕적으로 선택하는 방식으로 세그먼트를 형성한다. 예를 들어, 그림 3.29의 확장된 연결성 행렬의 거듭제곱 행렬들을 보면 E는 H3으로부터 1홉 떨어져 있지만 H3은 E로부터 3홉 떨어져 있다. 그리고 다른 블록들은 최대 2홉 떨어져 있다.

Ramamoorthy의 기법과 Lowe의 기법 모두 밀접하게 연관된 코드 블록들을 식별하고 이 블록들을 같은 세그먼트에 패킹하는 작업을 잘 수행한다. 그러나 이는 MSC 하위 그래프가 세그먼트보다 작은 경우에 해당되며 각 MSC 하위 그래프의 크기가 증가하는 경우에는 해당되지 않는다. 예를 들어, 그림 3.31(a)에서 보이는 것처럼, 프로그램의 시작점으로 돌아가는 조건부 루프는 전체 프로그램이 단일 MSC 하위 그래프로 표현되도록 한다(예를 들어, '파일의 다음 기록을 읽고 그것을 처리하는 작업을 파일이 끝날 때까지 반복'하는 형태의 프로그램의 경우). 그림 3.31(b)와 (c)는 세그먼트의 크기가 10단위 크기일 때 Ramamoorthy의 알고리즘과 Lowe의 알고리즘에 의해 생성된 파티셔닝을 보여준다. 여기서, 중요한 사항

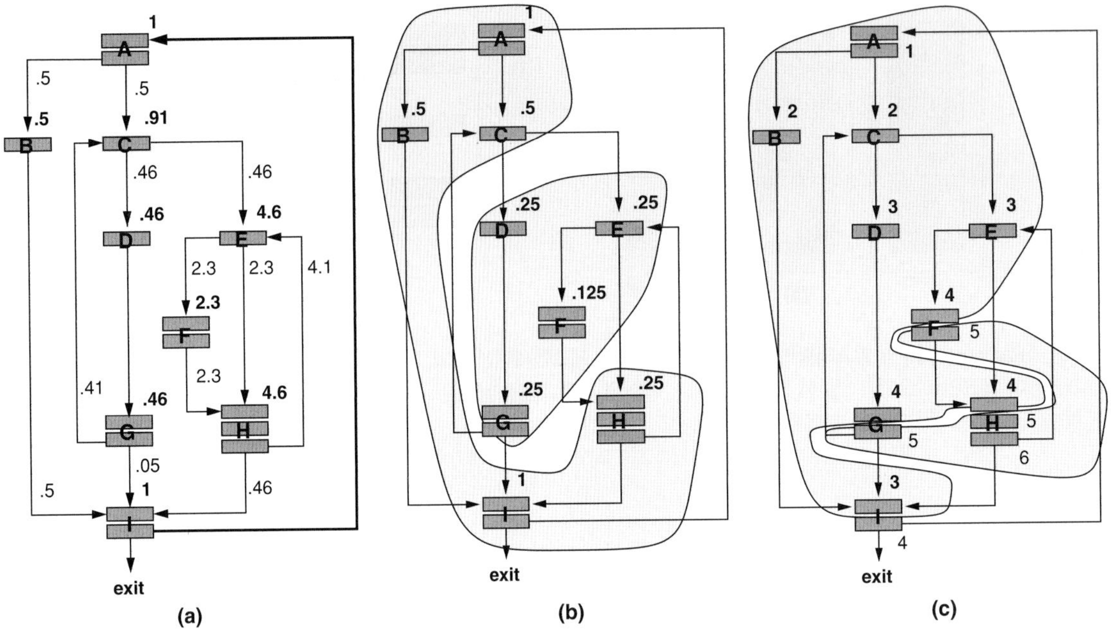

그림 3.31_ 차선의 프로그램 세그멘테이션. (a)는 예제 프로그램을 보여준다. 이 예제에서 에지와 노드는 루프를 거치는 동안 반복 당 예측된 평균 실행 수(이는 발생 확률과 같지 않다는 것을 주의하자)로 표시된다(에지는 일반 글씨체, 노드는 볼드체). 숫자들은 2자리 유효숫자로 표현된다는 것을 주의하자. 세그먼트 크기가 10일 때 세그멘테이션 결과는 (b) Ramamoorthy의 알고리즘(그림 3.28의 확률들과 함께)와 (c) Lowe의 알고리즘(각 노드에 표시된 유사 시간과 함께)에 대해 보여준다. 이 예제에서 노드 이름 붙이기 또는 숫자 붙이기는 노드들을 구분하기 위해 사용된다.

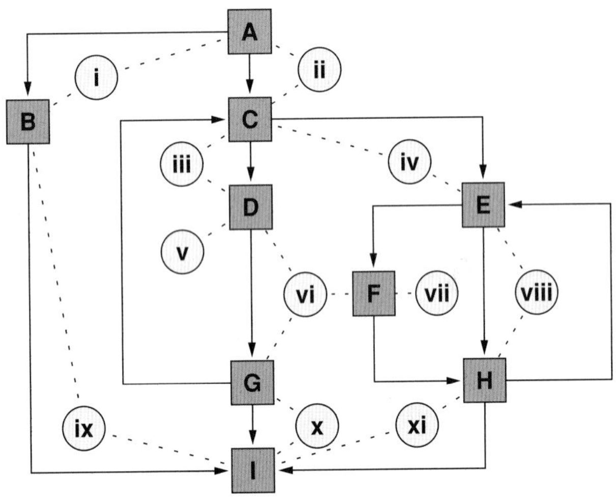

Data-reference matrix

	i	ii	iii	iv	v	vi	vii	viii	ix	x	xi
A	1	1	0	0	0	0	0	0	0	0	0
B	1	0	0	0	0	0	0	0	1	0	0
C	0	1	1	1	0	0	0	0	0	0	0
D	0	0	1	0	1	1	0	0	0	0	0
E	0	0	0	1	0	0	0	1	0	0	0
F	0	0	0	0	0	1	1	0	0	0	0
G	0	0	0	0	0	1	0	0	0	1	0
H	0	0	0	0	0	0	0	1	0	0	1
I	0	0	0	0	0	0	0	0	1	1	1

그림 3.32_ Lowe의 데이터 참조 행동의 표현. 이는 원형 노드와 점선의 비방향 호를 갖는 이전에 보여진 것과 같은 프로그램 그래프이다.

은 큰 규모의(large-scale) 프로그램 구성체(construct)는 더 작은 단위로 표현되기 어렵다는 것이다. 그리고 Ramamoorthy의 기법과 Lowe의 기법은 MSC 하위 그래프보다 작은 단위(granularity)에서 보이는 행동을 포착할 수 없다. 특히, 두 기법 모두 가장 관련 있는 프로그램 행동(매우 심하게 많이 수행되는 EFH 루프)을 단일 세그먼트에 담지 못한다. 'MSC 하위그래프의 하위그래프'를 식별하는 것은 이 문제에 대한 해결책이지만 완전히 정적인 분석을 사용할 때는 이 식별이 불가능할 수도 있다. 시간의 흐름을 포착하는 분석으로 이 문제를 해결할 수 있지만 두 기법 모두 시간의 흐름을 근사시켜 사용한다. 이후에 프로파일링을 통해 이 문제를 정확하게 다루는 기법들이 제안되었다(3.3.3절 참조).

Lowe는 효율적인 데이터 레이아웃을 위해 프로그램의 데이터의 필요를 나타내는 표현(representation)을 제안하였다[1969]. 그림 3.32는 데이터 참조 행동을 나타내는 프로그램 그래프와 이 그래프에 해당하는 (비정사각(non-square))데이터 참조 행렬을 보여준다. 프로그램 그래프에서 방향 에지(directed edge)는 제어의 전송을 나타내고 비방향 에지(undirected edge)는 데이터의 소모 또는 생성을 나타낸다. 복수의 코드 블록이 동일한 데이터 블록을 사용할지도 모른다는 것을 유념하자. Lowe는 이 표현이 프로그램 실행 중에 지능적인 페이지 대체 결정을 내리기 위해 사용될 수 있고 코드 레이아웃 및 데이터 레이아웃을 생성하기 위해 사용될 수 있다고 제안하였다.

타일링 (또는 블로킹)과 인터리빙

타일링(tiling)은 처리해야 할 데이터 구조(예, 행렬 곱셈)가 물리적 메모리 공간에 모두 위치하기 어려운 초창기 가상 메모리 시스템에서 연구되었다[McKellar & Coffman 1969]. 기본 발상은 가용한 저장 공간을 활용하는 방식으로 데이터를 처리하도록 알고리즘을 재구성하는 것이다. 예를 들어, $n \times n$ 행렬 곱셈의 일반적인 구현은 다음과 같다.

```
for i := 1 step 1 until n do
  for j := 1 step 1 until n do
    for k := 1 step 1 until n do
      C[i,j] := C[i,j] +  A[i,k] •B[k,j]
```

이 알고리즘은 그림 3.33(a)와 같은 데이터 접근 패턴을 보인다. 한 행렬을 하위 행렬들로 타일링하기 위해 알고리즘을 재구성하면 다음과 같으며, 각 하위 행렬은 한 페이지에 들어맞는다. 이를 통해 기존 $n \times n$ 행렬은 N^2개의 $r \times r$ 하위 행렬로 나뉘게 되며, 페이지 폴트(page fault)의 수는 감소하게 된다[McKellar & Coffman 1969].

```
for I := 1 step 1 until N do
  for J := 1 step 1 until N do
    for K := 1 step 1 until N do
      for i := r •(I - 1) step 1 until r •I do
        for j := r •(J - 1) step 1 until r •J do
          for k := r •(K - 1) step 1 until r •K do
            C[i,j] := C[i,j] + A[i,k] •B[k,j]
```

이 알고리즘은 그림 3.33(b)와 같은 데이터 접근 행동을 보인다.

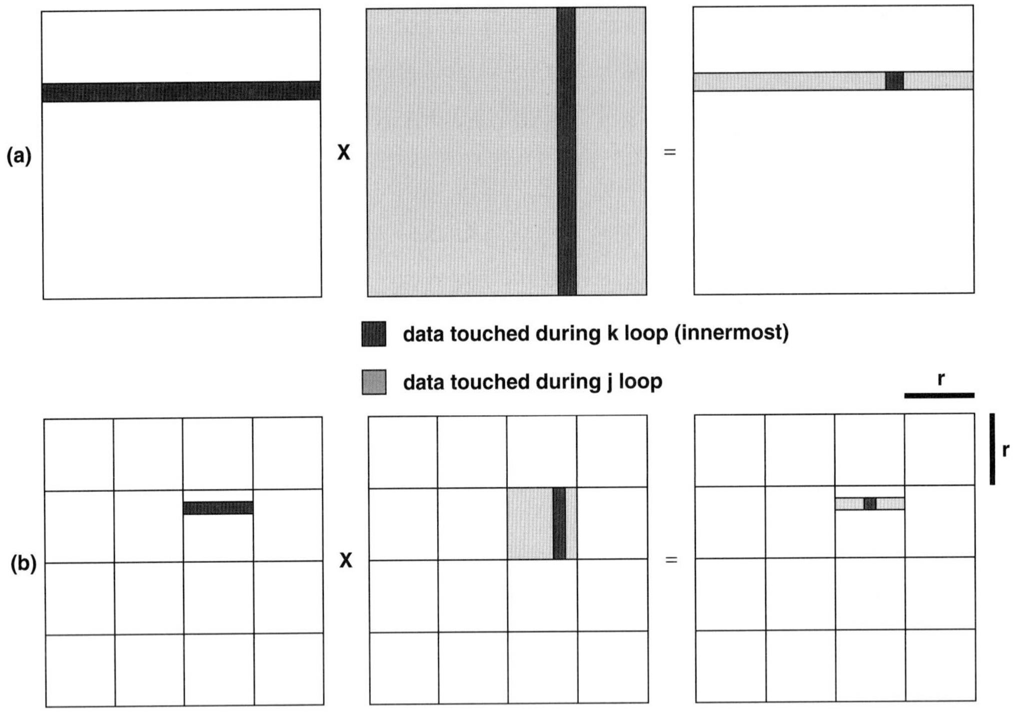

그림 3.33_ 타타일링된 행렬 곱셈의 데이터 접근 행동

후일의 연구(캐시 블로킹에 대한 Lam의 연구[Lam 외 1991] 등)는 프로세서 캐시로 이 개념을 확장하였다. Lam은 다른 방식으로 행렬을 살펴보는 초기 버전의 알고리즘을 고려하였다(내부 루프는 행렬 A와 B가 아닌 행렬 C와 B를 살핀다).

```
for i := 1 step 1 until n do
  for k := 1 step 1 until n do
    for j := 1 step 1 until n do
      C[i,j] := C[i,j] + A[i,k] •B[k,j]
```

이 알고리즘은 그림 3.34(a)와 같은 데이터 접근 행동을 보인다.

Lam은 캐시 블록의 크기를 고려하여 행렬을 세분화하고 다음과 같은 알고리즘을 제안하였다. 이 알고리즘은 행렬 B의 $r \times r$ 하위 행렬과 행의 길이가 r인 행렬 C 모두가 캐시에 동시에 들어맞을 수 있는 블로킹 인수 r을 선택한다(이는 두 행렬이 캐시에서 서로 충돌하지 않는 것을 전제로 한다).

```
for K := 1 step r until n do
  for J := 1 step r until n do
    for i := 1 step 1 until n do
      for k := K step 1 until min(n, K+r - 1) do
```

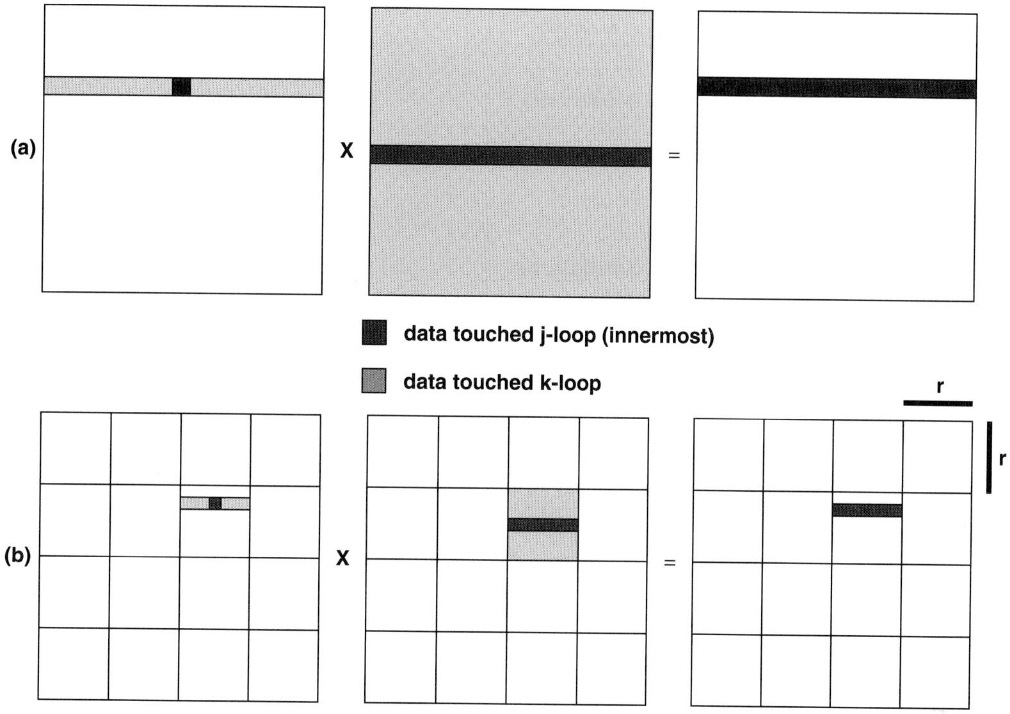

그림 3.34_ 행렬 곱셈을 위한 캐시 지시형(cache-directed) 타일링의 데이터 접근 행동

```
for j := J step 1 until min(n, J+r - 1) do
  C[i,j] := C[i,j] + A[i,k] •B[k,j]
```

이 알고리즘은 그림 3.34(b)와 같은 데이터 접근 행동을 보인다.

이와 유사한 최적화 기법은 배열을 인터리빙(interleave)하는 것이다. 예를 들어, 특정 연산이 다음과 같은 일반적인 벡터 연산으로 구성된다고 가정하자.

```
int A[ARRAY_SIZE], B[ARRAY_SIZE] ;

for (sum=0, i=1; i<ARRAY_SIZE; i++)
  sum += A[i] * B[i];
```

이 연산의 locality는 벡터 A와 B, 그리고 벡터 접근 방식을 다음과 같이 재정의함으로써 개선될 수 있다.

```
struct { int A; int B; } AB[ARRAY_SIZE];

for (sum=0, i=1; i<ARRAY_SIZE; i++)
  sum += AB[i].A * AB[i].B;
```

그림 3.35는 앞선 두 가지 방식의 벡터 연산에 대한 데이터 레이아웃을 나타낸다.

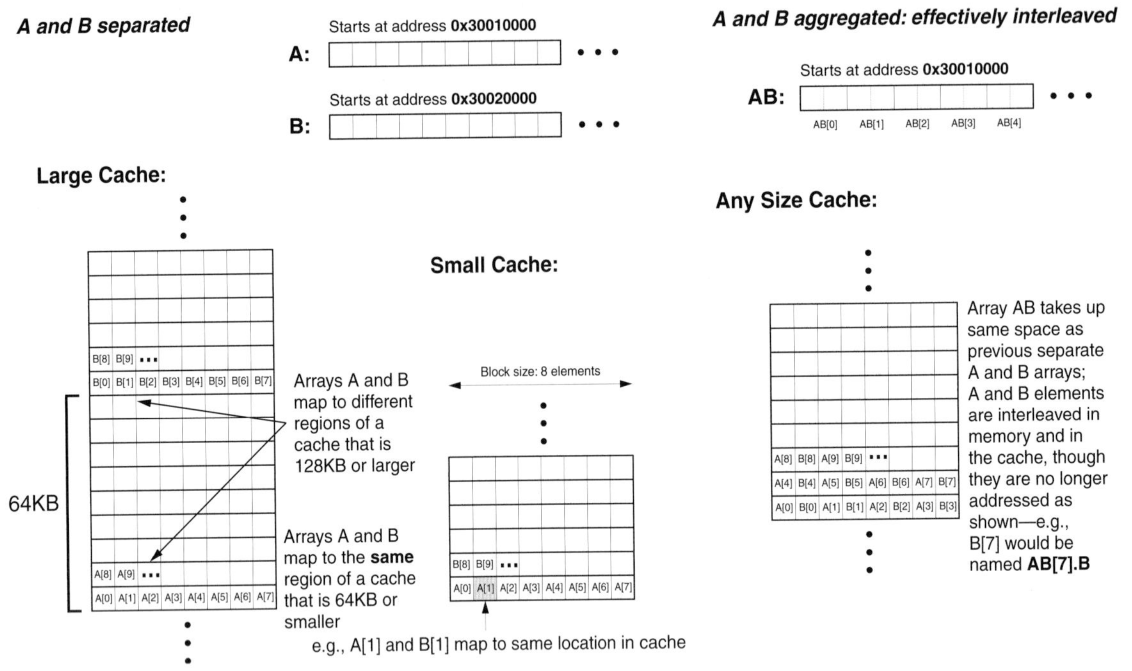

그림 3.35_ 배열 결합에 대한 데이터 접근 행동. 왼편의 그림은 메모리상 인접하게 위치하며 각각의 크기가 64KB인 두 벡터 A와 B의 일반적인 배치를 나타낸다. 캐시 용량이 큰 경우(128KB 이상)는 두 배열이 충돌하지 않지만 캐시 용량이 작은 경우(64KB 이하)는 충돌하게 된다. 오른편의 그림은 앞의 두 배열을 하나의 배열로 묶는 배열 결합을 나타내고 있으며, 구성 요소를 기준으로 두 배열을 효과적으로 인터리빙하고 있다. 이러한 배치는 캐시 충돌을 겪지 않는다. (각 요소들이 극도로 크거나 캐시가 극도로 작지만 않다면)요소 A[i]와 B[i]는 캐시에서 충돌하지 않는다. 원초적인 요소 유형과 대부분의 캐시 블록 크기를 고려한다면 A[i]와 B[i]는 동일 시간 동일 캐시 블록에 상주하기 쉽다.

구조체의 배열이 최적으로 사용되지 못하는 경우(구조체 중 오직 하나의 요소만 어떠한 주어진 시간에 사용되는 경우 등)에는 구조체 요소의 전부 또는 일부를 각각의 분리된 배열들로 분리시킬 수 있다(그림 3.35의 반대 경우). SPEC 벤치마크 중 ART 벤치마크의 성능을 향상시키기 위해 여러 상용 컴파일러에서 사용되는 'ART hack'[Wolfe 2005]는 이러한 최적화 기법을 사용함에 있어 많은 논란을 야기하는 한 가지 예이다. 이 최적화 기법이 논쟁이 되는 이유는 자동화가 불가능하기 때문이다. 따라서 이와 유사한 최적화 기법이 프로그램 정확도에 영향을 미치지 않도록 프로그래머가 코드를 면밀히 검사해야 한다.

3.3 사례 연구: 결합적 접근

온라인 메커니즘과 오프라인 메커니즘 간의 시너지 효과를 활용하는 많은 연구들이 있다. 이러한 연구들은 각 메커니즘의 장점들을 활용하기 위해 상호 협력하는 방식을 취하고 있다. 오프라인 메커니즘은 어플리케이션 코드에 대한 정보를 활용하면서 동시에 온라인 메커니즘에게도 이러한 정보를 제공한다. 반면, 온라인 메커니즘은 메모리 명확화(memory disambiguation)와 같은 동적 정보를 활용할 수 있다.

간단한 예로 로드/스토어 명령에 대해 spatial locality만 고려하는 PA-7200의 캐시를 들 수 있다[Chan 외

1996]. 이 메커니즘은 해당 데이터가 temporal locality를 갖지 않고 spatial locality만 가지는 메모리 시스템을 의미한다. 이 경우 데이터는 일반적인 캐시 계층에서는 절대 발견되거나 배치되지 않을 것이다. PA-7200의 어시스트 캐시(assist cache)를 사용하는 경우, 페치된 데이터는 주 캐시로 이동하지 않고 어시스트 캐시에 머물러야 한다. 이외에도 더욱 복잡한 메커니즘들이 제안 또는 구현되었다. 이 절에서는 그 중 몇 가지를 설명한다.

많은 메커니즘들이 프로그램 구조와 관련된 컴파일러로부터의 정보와 프로그램 실행 도중 얻어지는 프로그램 행동 정보를 결합하는 프로파일링 방식을 사용하기 때문에 이 절에서 소개될 것이다. 앞서 논의된 바와 같이(3.2.3절), 초기의 일부 접근 방식들은 프로그램을 정적으로 관찰하기 때문에 상당 부분 제약을 받는다. 프로그램의 작업 집합 및 시간에 따른 프로그램 변화에 대한 개념이 없는 경우, 프로그램 행동 분석 알고리즘은 프로그램 구조에 의해 필연적으로 제약을 받는다. 그리고 프로그램 구조의 사소한 변화라도 프로그램 실행 중 행동에 상당한 영향을 줄 수 있다. 다행스럽게도 1960년대 및 1970년대 초반의 연구자들은 프로파일링 방식에 대해 제대로 인지하고 있었다. 이들은 프로파일링된 데이터 집합에 대해 더 나은 결과를 제공할 수 있는 직관적인 최적화 기법으로 이를 설명하고 있지만, 다른 프로그램 입력에 대해서는 성능 향상을 모두 보장할 수는 없다(Hatfield & Gerald[1971] 등). 프로파일링 방식을 처음으로 검증한 사람은 Babonneau이다. 그는 각기 다양한 입력 데이타 집합에 대해 프로그램을 여러 번 수행한 결과를 바탕으로 '입력 데이터에 대한 프로그램 행동의 안정성'을 주장하였다[Babonneau 외 1977, 109쪽].

3.3.1 파티셔닝에 대한 결합적 접근

파티셔닝의 여러 예시는 휴렛 패커드 연구소의 PlayDoh 구조에 기반을 두어 설명하고 있다.

HPL-PD, PlayDoh v1.1 — 범용 구조

하드웨어 및 소프트웨어가 흥미로운 방법으로 상호 협력하는 컨텐츠 관리 메커니즘의 한 가지 예는 EPIC 계열 프로세서에 구현된 HPL PlayDoh 구조, 또는 HPL-PD 구조이다[Kathail 외 2000]. 메모리 시스템의 두 가지 측면 (1) 메모리 시스템 구조, (2) 메모리 명확화 기법이 명령어 셋 후크(instruction-set hooks)를 통해 프로그래머 및 컴파일러에게 제공된다.

HPL-PD 구조는 그림 3.36과 같이 프로그래머 및 컴파일러로 하여금 해당 메모리 시스템의 구조 및 정의를 활용할 수 있게 한다. 명령어 셋 구조는 메모리 시스템의 네 가지 구성 요소인 L1과 L2 캐시, (L1 캐시 옆에 위치하는) L1 스트리밍 캐시 또는 데이터 프리페치 캐시, 그리고 주 메모리를 인지하고 있다. 각 구성 요소들의 정확한 구성은 구조상으

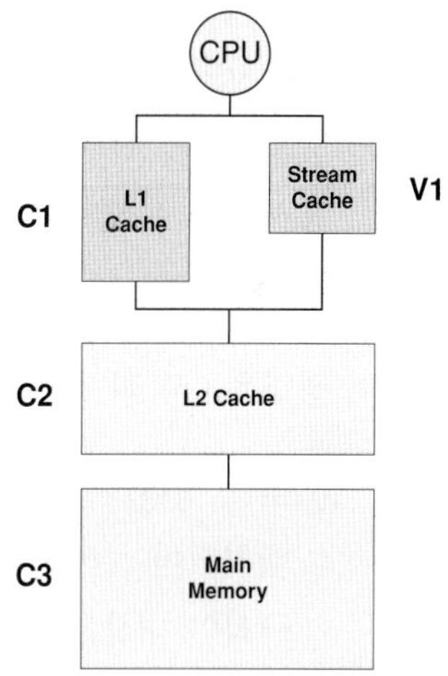

그림 3.36_ HPL-PD 구조에 의해 정의된 메모리 시스템. 메모리 시스템의 각 구성 요소는 어셈블리 코드 명령 수식어로 표현되며, 이 수식어는 해당 구성 요소를 명시하기 위한 목적으로 로드 또는 스토어 명령에 의해 사용된다. 즉, L1 캐시는 C1, 스트리밍 또는 프리페치 캐시는 V1, L2 캐시는 C2, 주 메모리는 C3로 표현된다.

로 드러나지 않는다.

L1 캐시에 인접한 별도의 관리 버퍼를 배치하는 여타의 메커니즘들처럼, 스트리밍/프리페치 캐시(streaming/prefetch cache)의 명백한 목적은 데이터를 다음과 같이 분리된 집합으로 분할하는 것이다. (1) temporal locality를 나타내며 반드시 L1 캐시에 상주해야 하는 데이터, (2) 스트리밍 캐시에 상주해야 하는 이 외의 모든 데이터(spatial locality만 나타내는 데이터 등).

이러한 계층 구조에서 데이터 이동을 관리하기 위해 명령어 셋은 로드 및 스토어 명령의 표준 집합을 위한 몇 가지 수식어(modifier)를 제공한다.

로드 명령은 다음과 같이 두 가지 수식어를 가진다.

1. **지연시간 및 원천 캐시 명시자**(latency and source cache specifier)는 데이터가 발견될 것으로 예상되는 위치(L1 캐시, 스트리밍 캐시, L2 캐시, 주 메모리)를 하드웨어에게 알려주며, 특정 로드 명령의 스케줄링을 위해 컴파일러의 추정 지연시간 또한 하드웨어에게 알려준다. 엄격한 타이밍(전형적인 VLIW 등)을 요구하는 시스템 구현에 있어, 데이터가 이 지연시간 내에 사용될 수 없다면 하드웨어는 스톨(stall)되어야 한다. 그리고 캐시 실패에 대해 동적 스케줄링을 사용하는 기계 구현(슈퍼스칼라(superscalar) 구현 등)의 경우, 하드웨어는 이 지연시간을 무시할 수 있다.
2. **대상 캐시 명시자**(target cache specifier)는 메모리 시스템 내에서 로드된 데이터가 배치되어야 하는 위치를 하드웨어에게 알려준다(L1 캐시 또는 스트리밍 캐시에 배치하기, L2 캐시 이상으로 가져오지 않기, 주 메모리 상에 남겨두기 등) 모든 로드 명령은 대상 레지스터(target register)를 명시하지만, 대상 레지스터는 범용 및 부동 소수점 레지스터 파일에서 읽기 전용 레지스터인 r0일 수도 있다. 이는 사실상 비구속(non-binding) 프리페치의 형식을 제공하는 것이다. 아마도, 프로세서 코어는 쓸데없는 버스 활동을 방지하기 위하여 구속/비구속 상태(binding/non-binding status)를 메모리 시스템과 주고받을 것이다.

스토어 명령은 다음과 같이 한 가지 수식어를 가진다.

1. 로드 명령과 같은 **대상 캐시 명시자**(target cache specifier)는 메모리 시스템에서 스토어 데이터가 배치되어야 하는 가장 높은 메모리 계층의 구성 요소를 하드웨어에게 알린다. 스토어 명령의 궁극적인 대상은 주 메모리이다. 컴파일러가 쓰여지는 값이 곧 재사용될 것임을 인지할 경우에는, 이 명령은 캐시 시스템에 사본을 남길 수도 있다. 또한 컴파일러의 즉각적인 데이터 재사용이 기대되지 않는 경우에는, 주 메모리를 가장 높은 단계로 지정할 수 있다.

Abraham의 프로파일링 지시형 파티셔닝

Abraham은 Play Doh 구조의 기능을 활용하는 컴파일러 메커니즘을 제안하였다[Abraham 외 1993]. 이 메커니즘에서 컴파일러는 단지 짧은 지연시간의 로드(L1에서 발생 가능), 긴 지연시간의 로드(L2에서 발생 가능), 매우 긴 지연시간의 로드(주 메모리에서 발생 가능)만 구별할 수 있다. 행렬 곱셈에 대한 간단한 캐시 성능 분석은 모든 로드가 상대적으로 낮은 실패율을 가지고 있음을 나타낸다. 그리고 모든 로드 명령을 스케줄링하기 위해 지연시간을 짧게 예측할 것을 제안하고 있다.

그러나 저자는 루프 벗겨내기(loop peeling)를 통해 성능을 더욱 향상시킬 수 있음을 보여주고 있다. 루프 벗겨내기는 루프의 특정한 반복(iteration)을 추출하여, 이를 루프 외부로 이동시키는 비교적 간단한 컴파일러 변환 방식이다. 이 방식은 (루프가 복제되므로)코드 크기가 증가하지만, 스케줄링을 위한 새로운 기회를 제공한다. 특히, HPL-PD 명령어 셋이 제공하는 기능을 고려하면, 대다수의 루프들은 다음과 같은 행동 특성을 보인다. 루프의 첫 반복 시에는 (아마도 많은)캐시 실패가 발생하는 데이터 참조를 생성한다. 루프의 중간 반복 시에는 적절한 캐시 적중률을 가진다. 루프의 마지막 반복 시에는 높은 캐시 적중률을 가지지만 이는 데이터가 사용되는 마지막 순간임을 의미한다.

HPL-PD의 루프 변환은 루프의 처음과 마지막 반복을 벗겨낸다.

- 루프의 첫 반복 시에는 주 메모리를 원천 캐시(source cache)로 명시하는 로드 명령을 사용한다. 스토어 명령은 L1 캐시를 대상으로 한다.
- 루프의 중간 반복 시에는 L1 캐시를 원천 캐시로 명시하는 로드 명령을 사용한다. 스토어 명령 또한 L1 캐시를 대상으로 한다.
- 루프의 마지막 반복 시에는 L1 캐시를 원천 캐시로 명시하는 로드 명령을 사용한다. 스토어 명령은 주 메모리를 대상으로 한다.

저자들은 규칙적인(regular) 코드에 대해서는 이러한 변환이 쉽게 자동화되지만 불규칙적인(irregular) 코드에 대해서는 어려운 도전이라고 언급한다. 이 연구의 초점은 불규칙적인 어플리케이션에서 메모리 접근의 예측성을 정량화하는 것이다. 저자들은 또한 대부분의 프로그램에서 매우 작은 수의 로드 명령이 대부분의 캐시 실패를 유발한다는 점을 발견하였다. 만일 이러한 로드 명령이 컴파일 시점에서 미리 식별될 수 있다면 컴파일러 또는 프로그래머에 의해 미리 최적화될 수 있기 때문에 이는 매우 고무적인 발견이라 할 수 있다.

하드웨어/소프트웨어 메모리 명확화

HPL-PD의 메모리 명확화 기법은 William Chen의 박사 학위 논문[1993]에서 언급된 메모리 충돌 버퍼로부터 유래되었다. 이 기법에서 하드웨어는 소프트웨어에게 메모리 충돌을 감지하고 수습(patch up)할 수 있는 메커니즘을 제공한다. 가령, 소프트웨어는 위험한 로드를 식별한 후, 하드웨어 체크의 명시적인(explicit) 호출을 통해 메모리 충돌 감지와 수습을 조치한다. 컴파일러/프로그래머는 로드를 이슈해도 무방한 시점보다 앞서 투기적으로(speculatively) 로드를 이슈하기 위해 이 기법을 활용하거나 또는 무시할 수도 있다. 이 기법은 성능 향상을 위해 소프트웨어와 하드웨어의 협력을 필요로 한다. 요점은 포인터 어드레스에 대한 컴파일 시점의 분석이 불가능한 코드에 대하여 컴파일러가 이 코드의 스케줄링을 개선하도록 하는 것이다. 예를 들어, 다음의 코드는 레지스터 *a*1, *a*2, *a*3, *a*4의 포인터 어드레스를 사용하지만 충돌로부터 자유롭다는 보장은 할 수 없다.

```
r1 = LD(a1);
r2 = ADD(r1, r5);
ST(a2, r2);
r3 = LD(a3);
r4 = ADD(r3, r5);
ST(a4, r4);
```

위의 코드는 다음과 같은 보수적인 스케줄링에 의해 실행된다(이때 2사이클의 로드 지연시간을 가정하는데, 이는 EX 스테이지와 MEM 스테이지가 분리된 순차적(in-order) 파이프라인 구조에서의 1사이클의 로드 사용 페널티와 동일하다. 이 밖의 모든 경우는 1사이클의 지연시간을 가정한다).

```
1. r1 = LD(a1);
2. ---
3. r2 = ADD(r1, r5);
4. ST(a2,r2);
5. r3 = LD(a3);
6. ---
7. r4 = ADD(r3, r5);
8. ST(a4,r4);
```

더 좋은 명령어 스케줄은 다음과 같이 두 번째 로드 명령을 첫 번째 스토어 명령 앞으로 이동시키는 것이다.

```
1. r1 = LD(a1);
2. r3 = LD(a3);
3. r2 = ADD(r1, r5);
4. ST(a2, r2); r4 = ADD(r3, r5);
5. ST(a4, r4);
```

만약 두 개의 메모리 포트(port)를 가정한다면, 다음과 같이 조금 더 나은 스케줄링을 할 수 있다.

```
1. r1 = LD(a1);          r3 = LD(a3);
2. ---                   ---
3. r2 = ADD(r1, r5);     r4 = ADD(r3, r5);
4. ST(a2, r2);           ST(a4, r4);
```

하지만 *a3*와 *a2*가 실행 중에 서로 다른 값을 가질 것이라는 보장을 할 수 없기 때문에 컴파일러 또한 이 코드의 안전성을 보장할 수 없다. HPL-PD 구조에서 사용되는 Chen의 해결 방안은 컴파일러로 하여금 하드웨어에게 특정 로드의 위험성을 알리도록 하는 것이다. 이는 하드웨어로 하여금 해당 로드에 대한 기록을 남기고, 해당 로드의 실행 중 어드레스와 해당 로드 명령을 뒤따르는 스토어 명령들을 비교하도록 한다.

또한, 로드 명령이 스토어 명령보다 앞에 위치하도록 하는 공격적 스케줄링로 야기되는 충돌이 실제로 발생하면, 이를 오류로 인식하고 만회할 수 있도록, 컴파일러가 사후 검증(post-verification)을 수행한다.

이 기법은 투기적으로 이슈된 로드 명령에 대한 기록인 LDS **로그**에 중점을 두고 있으며, LDS 로그는 각 엔트리에 로드 명령의 대상 레지스터와 로드 명령이 사용하는 메모리 어드레스를 저장한다. 명령어는 두 가지 유형으로 분류되는데, 하나는 컴파일러가 로그의 상태를 관리하기 위해 사용하는 명령어이며, 또 하나는 로그의 상태에 묵시적으로(implicitly) 영향을 미치는 스토어 명령이다.

1. LDS 명령어는 로그상에 새로운 항목을 명시적으로 할당하는 **로드 투기적**(load-speculative) 명령이다(해당 항목은 대상 레지스터와 메모리 어드레스를 포함한다). LDS 명령어가 실행되는 동안에, 하드웨어는 새로운 엔트리를 생성하고 동일한 대상 레지스터를 가지는 오래된 엔트리를 무효화한다.
2. 스토어 명령은 묵시적으로 로그를 수정한다. 스토어 명령을 실행하는 중에, 하드웨어는 엔트리들의 로그를 검사하여, 스토어 명령어가 참조하는 메모리 어드레스와 일치하는 엔트리들을 삭제한다.
3. LDV 명령어는 로드 검증(load-verification) 명령으로서 코드에서 보수적으로 위치해야 (잠재적으로 충돌을 유발하는 스토어 명령다음에) 하는 명령이다. 이 명령어는 투기적 로드 명령과 스토어 명령 간의 충돌이 발생하는지 확인한다. LDV 명령어를 실행하는 중에 하드웨어는 유효한(valid) 엔트리의 로그를 검사하여 대상 레지스터가 일치하는 엔트리를 찾아낸다. 일치하는 엔트리가 존재하는 경우 LDV 명령어는 NOP로 간주되며, 일치하는 항목이 존재하지 않는 경우 LDV 명령어는 로드 명령으로 간주된다(이 명령은 메모리 어드레스를 계산하고 메모리로부터 데이터를 페치하며 대상 레지스터로 데이터를 배치한다).

다음은 두 번째 LD 명령어가 LDS/LDV 명령어 쌍으로 대체되는 예시 코드를 나타낸다.

```
r1 = LD(a1);
r2 = ADD(r1, r5);
ST(a2, r2);
r3 = LDS(a3);
r3 = LDV(a3);
r4 = ADD(r3, r5);
ST(a4,r4);
```

컴파일러는 스토어 명령 뒤의 보수적인 지점에 LDS 명령어와 쌍을 이루는 LDV 명령어를 삽입하여 LDS 명령어를 공격적으로 스케줄링할 수 있다(HPL-PD 구조에서 메모리 동작은 왼쪽에서 오른쪽으로 우선순위가 매겨지므로, LDV 동작은 엄밀히 따지면 ST 동작 '뒤에' 있다).

```
1. r1 = LD(a1);
2. r3 = LDS(a3);
3. r2 = ADD(r1, r5);
```

4. ST(a2, r2); r3 = LDV(a3);

5. r4 = ADD(r3, r5);

6. ST(a4, r4);

만약 두 개의 메모리 포트를 가정한다면, 본 스케줄링을 통해 얻는 이득은 많지 않다. 왜냐하면 LDV 동작은 잠재적으로 앨리어싱(aliasing) ST(스토어) 명령 후에 발생하도록 스케줄링되어야 하기 때문이다. 이는 앞서 기술된 것과 실질적으로 동일한 스케줄링일 것이다. 이러한 유형의 문제를(이뿐만 아니라 유사한 많은 시나리오들까지) 해결하기 위해, 본 구조에서는 LDV 명령어와 유사한 사후 검증 명령인 BRDV 명령어를 제공하고 있다. 이는 데이터를 로드하는 대신 메모리 충돌이 감지된 특정 위치로 분기(branch)하는 동작을 한다. 이 명령어는 더욱 복잡한 시나리오들을 처리하기 위해 컴파일러로부터 생성되는 수습 코드(patch-up code)와 함께 사용된다. 예를 들어, 단일 메모리 포트에서는 다음과 같이 사용될 수 있다.

1. r1 = LD(a1);

2. r3 = LDS(a3);

3. r2 = ADD(r1, r5);

4. ST(a2,r2); r4 = ADD(r3, r5); BRDV(a3, patchup);

5. ST(a4, r4);

next: ...

다중 메모리 포트에서는 다음과 같이 사용된다.

1. r1 = LD(a1);	r3 = LD(a3);
2. ---	---
3. r2 = ADD(r1, r5);	r4 = ADD(r3, r5);
4. ST(a2, r2);	ST(a4, r4);
5. BRDV(a3, patchup);	
next: ...	

그리고 수습 코드는 다음과 같이 주어진다.

patchup:

1. r3 = LD(a3);

2. ---

3. r4 = ADD(r3, r5);

4. ST(a4,r4);

5. JUMP(next);

컴파일러는 이와 같은 BRDV 명령어를 사용하여 최적의 스케줄링을 달성할 수 있다.

이 밖에도 HPL-PD 메커니즘이 다루어야 하는 여러 문제들이 있다. 예를 들어, 하드웨어는 어떠한 가상 어드레스 앨리어스(alias)도 문제를 일으키지 못하도록 보장해야 한다(예, 동일한 물리 어드레스를 가리키는 서로 다른 가상 어드레스들). 또한 하드웨어는 사전에 투기적으로 읽힌 4바이트 워드에 단일 바이트를 쓰는 쓰기 명령과 같은 부분적인 덮어쓰기를 처리해야 한다(이 경우 어드레스가 반드시 일치되지는 않을 것이다). 컴파일러는 항상 LDS 명령어가 수행된 후 동일한 대상 레지스터와 어드레스 레지스터를 (명백한 이유로)사용하는 LDV 명령어가 반드시 수행되도록 보장해야 한다. 그리고 어떠한 인터리빙 동작도 로그나 대상 레지스터에 영향을 주지 않도록 보장해야 한다. 마지막으로, LDV 명령어는 실질적으로 단일 사이클 지연시간을 달성할 때까지 블로킹되어야 한다.

3.3.2 프리페치에 대한 결합적 접근

다음은 프리페치를 위해 하드웨어 및 소프트웨어 메커니즘을 결합한 연구들을 나타낸다.

파이프라인 구조의 벡터 컴퓨터

메모리 시스템을 관리하는 하드웨어/소프트웨어 시너지의 가장 간단한 예는 파이프라인 구조의 벡터 컴퓨터이다. 벡터 처리(vector processing)는 특정한 어플리케이션 클래스를 대상으로 삼으며, 이러한 클래스는 Mowry의 프리페치 알고리즘이 대상으로 삼는 코드 구조의 한 유형으로서, 동일한 함수와 성질을 가지는 알고리즘 클래스들이다(3.2.2절 참조). 벡터 컴퓨터는 다음과 같은 전체 벡터 연산을 단일 명령으로 표현할 수 있다.

```
for (i = 0; i<128; i++)
A[i] = B[i] + C[i];
```

더불어, 이 연산은 다음과 같이 약간의 최적화[7]된 Power PC 루프를 생성한다(*cc -O*를 통해).

```
L2: wzx r0,r9,r8
    lwzx r2,r9,r10
    add r0,r0,r2
    stwx r0,r9,r7
    addi r0,r11,1
    addi r9,r9,4
    bdz L3
    mr r11,r0
    b L2
```

7 대부분의 상용 코드(commercial code)는 –O 컴파일러 플래그(compiler–flag) 이외에 아무 것도 사용하지 않는다(–O 컴파일러 플래그를 사용하는 경우)

```
L3:  // store to i
     ...
```

따라서, 최적화되지 않은 코드와 비교했을 때, 알고리즘의 특화된(specialized) 형태를 나타내는 명령어 인코딩을 통해 명령어를 처리하기 위한 메모리 용량과 버스 트래픽의 양을 상당히 줄일 수 있다(이는 DSP 명령어 셋에서 사용되는 것과 동일한 접근 방식이다). 제어 흐름 정보(control-flow information)가 벡터 연산에서 묵시적이므로, 데이터는 모든 메모리 대역폭을 이용할 수 있으며, 분기 명령에 대한 오버헤드 또한 발생하지 않는다.

메모리 시스템의 관리가 분명해지면서 데이터 트래픽의 영향은 더욱 흥미로워진다. 벡터 연산은 데이터 항목의 선형적 시퀀스에 따라 수행되며, 대부분의 메모리 시스템은 이를 용이하게 지원할 수 있다. 명령어 셋 아키텍쳐(ISA)는 메모리 시스템의 대역폭을 활용하고 메모리 시스템의 지연시간을 용인할 수 있도록 정의된다. 메모리 시스템이 데이터 스트림을 벡터 프로세서에게 지속적으로 전송할 수 있다면, 벡터 프로세서는 전적으로 바쁜(busy) 상태를 유지할 수 있다. 벡터 스트림의 각 요소들이 필요한 시점에 거의 정확하게 도착한다면, 데이터 캐시는 트래픽을 원만하게 만들기 위한 버퍼로 전락하여, 이 캐시는 거의 불필요해진다. 게다가 벡터 프로세서가 요구하는 대역폭을 하위 저장소가 제공할 수 있는 경우, 캐시는 극도로 클 필요가 없다(벡터 캐시는 대부분 간단한 레지스터 파일이다). 벡터 프로세싱은 자체 특성상 모든 데이터 접근을 적절한 공간과 적절한 시점에 배치하기 때문에, 컨텐츠 관리 메커니즘 측면에서 최고임에 틀림없다.

어플리케이션 지시형 파일 캐시에 대한 논의

Stonebreaker는 범용 운영체제가 데이터베이스 관리 시스템이 필요로 하는 적절한 파일 입출력 지원을 제공하지 않는다고 주장하였다. 이 데이터베이스 관리 시스템은 어플리케이션의 협소하지만 중요한 클래스 중 하나이다[1981]. 특히, Stonebreaker는 성능, 버퍼-풀 대체 정책의 선택, 프리페치 휴리스틱 기법, 고장 복구 지원에 대한 문제점을 기술하였다.

여기서는 이러한 논의들 중 캐시와 관련된 부분에 초점을 둔다. Stonebreaker는 DBMS(database management system)상에서 운영체제의 기본 대체 정책(LRU)이 버퍼 관리를 위해 사용되는 것은 적절치 않다고 다음과 같이 언급한다.

> — INGRES에서 데이터베이스 접근 방식은 다음과 같다.
>
> (1) 참조되지 않을 블록에 대한 순차적 접근(sequential access)
> (2) 주기적으로 참조될 블록에 대한 순차적 접근
> (3) 다시는 참조되지 않을 블록에 대한 임의적 접근
> (4) 참조될 가능성이 조금이라도 있는 블록에 대한 임의적 접근
>
> LRU는 (4)의 경우에는 효과적이지만 나머지 경우에 대해서는 효과적인 정책이 아니다. DBMS는 블록들이 속한

범주를 알고 있으므로 복합적 정책을 사용할 수 있다. (4)의 경우는 LRU를 사용해야 하는 반면, (1)과 (3)의 경우는 즉시 전달하는 정책을 사용해야 한다. (3)에 해당하는 블록에 대해서 참조 패턴은 1, 2, 3, ..., n, 1, 2, 3, ...이다. 이 상황에서 LRU는 최악의 대체 알고리즘임이 분명하다[413쪽].

또한, Stonebreaker는 운영체제의 프리페치 정책에서 유사한 문제를 지적하였다.

— UNIX 운영체제는 순차적 [파일 입출력] 접근이 감지되었을 때 페이지를 정확하게 프리페치하더라도 적중 실패하는 중요한 경우들이 있다. 일반적인 경우에, INGRES는 블록 검사의 시작 시점(또는 바로 그 직후)에 다음으로 접근할 블록이 어떤 것일지 정확히 알고 있다. 하지만 불행하게도 이 블록은 논리적 파일 순서상 반드시 다음 위치의 블록은 아니다. 따라서 운영체제상에서 정확한 프리페치 정책을 구현할 수 있는 방법이 없다[413쪽].

이러한 문제는 데이터베이스 관리 시스템만의 고유한 문제가 아니다. 거의 모든 캐시(파일 캐시 및 프로세서 캐시 모두)는 상충되는 목표로 인해 설계의 어려움을 겪는다. 간단히 이야기하면, 프리페치 메커니즘이 일반적으로 순차적 접근에 맞추어 설계된다는 점이다. 반면에 가장 일반적인 대체 정책(LRU)은 이와는 반대의 행동에 맞추어 설계된다(MRU는 순차적 접근이 예상되는 경우에 사용되어야 한다).

Stonebreaker는 이러한 문제를 해결하기 위해 연구를 진행하였다.

— 운영체제가 버퍼 관리 기법을 제공하기 위해 어플리케이션 프로그램(DBMS 등)으로부터 '조언(advice)'을 받아들일 수 있는 몇 가지 방법들이 존재해야 한다. 필요한 기능들을 내재하고 있는 운영체제 버퍼 관리자를 제공하는 것이 가능하다 할지라도, 알고 있는 지식 범위 내에서는 아직까지 구현된 사례가 없다. 따라서 프리페치 조언, 블록 관리 조언, 선택적 강제 퇴출(selected force out)과 같은 기능을 설계하는 것은 흥미로운 연구가 될 것이다[413, 414쪽].

1990년대 초중반에 몇몇 연구 그룹은 다음과 같은 도전을 감행하였다. 프린스턴대학의 Cao 연구 그룹은 어플리케이션 지시형(application-directed) 대체 정책을 구현하였다[Cao 외 1994b]. 카네기멜론대학의 Patterson 연구 그룹은 어플리케이션 지시형 프리페치 정책과 대체 정책을 구현하였다[Patterson 외 1995]. Cao는 대체 정책과 프리페치 정책 간의 비교적 복잡한 관계에 대해서도 조사하였다[Cao 외 1995, 1996]. 다음 절에서는 이들의 연구에 대해 각각 설명한다.

Cao의 어플리케이션에 의해 제어되는 파일 캐싱

Cao는 어플리케이션이 운영체제의 대체 정책을 능동적으로 제어하는 방법을 제안하였다[Cao 외 1994a, b]. 어플리케이션의 인터페이스는 다음과 같은 시스템 호출(system call)을 포함한다.

- set_priority(file, priority): 이 시스템 호출은 어플리케이션이 주어진 파일의 우선순위 단계를 설정할 수 있게 해준다. 운영체제는 각각의 우선순위 단계별로 개별적인 버퍼 풀(buffer pool)을 관리한다. 따라서 이 시스템 호출은 해당 파일의 블록을 우선순위에 따라 연관된 버퍼 풀에 상주시킨다.
- set_policy(priority, policy): 이 시스템 호출은 어플리케이션이 주어진 우선순위 단계에서 블록들의 하

위집합에 대해 대체 정책을 설정할 수 있게 해준다. 이 시스템 호출은 MRU 또는 LRU 방식에 상관없이 운영체제가 (해당 프로세스가 소유하는)해당 버퍼 풀에서 블록을 관리하도록 한다(이는 어떠한 정책 집합이든지 포함하도록 확장될 수 있다).

- set_temppri(file, startblock, endblock, priority): 이 시스템 호출은 어플리케이션이 파일의 선택된 블록들에 새로운 우선순위 단계를 임시적으로 재할당할 수 있게 해준다. 이러한 변경은 파일 캐시 내의 현재 블록에만 영향을 미친다. 각 블록에 대한 우선순위 변경은 블록이 참조되거나 대체될 때까지만 지속된다. 즉, 참조 또는 대체 이후에는 해당 블록의 우선순위가 set_priority()가 지시하는 본래의 값으로 되돌아감을 의미한다.

이러한 시스템 호출에 대한 책임은 어플리케이션과 운영체제 커널 간에 서로 공유된다는 점에서 두 단계의 인터페이스로 구성된다. 커널은 프로세스에게 캐시 블록을 할당하며, 각 프로세스는 캐시 블록의 공유에 사용되는 대체 정책을 결정한다. 어플리케이션은 커널보다 우선시 될 수 있으며, 커널 또한 어플리케이션보다 우선시되는 것이 가능하다. 커널이 어플리케이션보다 우선시될 수 있도록 허용하는 것은 커널이 다음과 같이 명백히 규정된 목표를 달성하기 위해 꼭 필요한 사항이다.

1. 이 메커니즘을 사용하지 않도록 선택한 프로세스는 기본(global LRU) 대체 정책을 사용했을 때보다 더 악화되지 말아야 한다.
2. 프로세스는 이 메커니즘의 사용을 통해 다른 프로세스의 성능을 저하시킬 수 없다.
3. 프로세스는 운영체제 선택을 무효화하면서 이를 대신하는 현명한 선택을 내리는 것에 대한 페널티를 받지 않는다.

결과적으로, 특정 휴리스틱의 구현이 명백히 규정된 상기 목표를 달성하는 경우, 해당 파일접근 행동에 대해 지능적인 결정을 내리는 프로세스만이 이 메커니즘을 사용하여 성능을 유지하거나 향상시킬 수 있다.

Cao는 LRU-SP(스와핑과 플레이스홀더를 포함하는 LRU)라고 하는 파일 캐시 관리 기법의 구현 방안을 제안하였다. 블록 대체가 발생할 때, 커널은 대체하기로 선택된 블록이 무엇인지 어플리케이션에게 알리고, 어플리케이션이 다른 블록을 대체될 블록으로 선택할 수 있도록 허용한다. 비록 어플리케이션이 표면상으로 어떤 블록을 대체할지에 대한 최종 발언권을 가지고 있더라도, 과거에 미숙한 선택을 했던 전례가 감지되면 커널은 어플리케이션의 선택을 철저히 무효화한다. 어플리케이션이 블록 대체에 대한 커널의 선택을 무효화할 때마다 커널은 먼저 LRU 리스트에 있는 두 블록을 서로 바꾼다(swapping). 그 후 커널의 본래 선택을 따르는 대체된 블록을 위한 **플레이스홀더**(placeholder)를 생성한다. 향후 발생하는 요청들 가운데 어플리케이션의 선택이 미숙했다고 커널이 판단하는 경우, 커널은 어플리케이션의 선택을 무효화할 것이다(그림 3.37 참조). 그림 3.37(a)는 (global MRU/LRU 이중 연결 큐(doubly linked queue)로 관리되는) 버퍼 풀의 상태를 보여준다. 커널은 리스트의 끝에 위치한 블록 A를 대체하기로 선택한다. 어플리케이션은 이 결정을 무효화하고 대신 블록 B를 대체하기로 선택한다. 커널은 블록 B를 local LRU 블록으로 만들고 블록 A를 블록 B의 이전 상태로 변경하면서 리스트에 있는 두 블록을 서로 바꾼다. 그림 3.37(b)는 두 블록을 서로 바꾼 후 큐의 상태를 보여준다. 이후 운영체제는 블록 A 대신 블록 B가 대체되었다는 기록을 남긴다. 플레이스홀더 데이터 구조는 그림 3.37(c)에 나타난 것처럼 블록 A를 참조한다. 이는 기본 관리 정책하에서 버퍼 풀

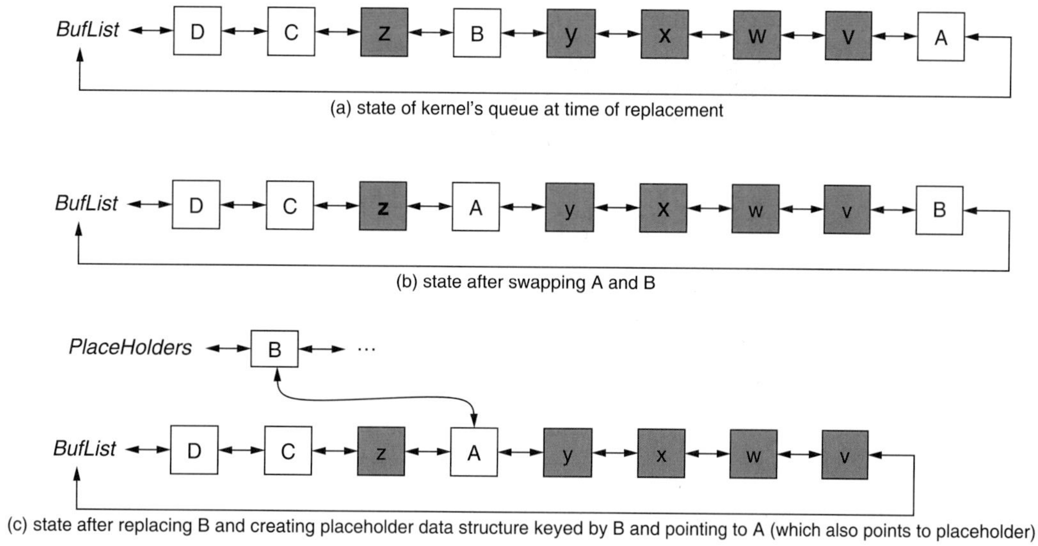

그림 3.37_ 스와핑 및 플레이스홀더의 사용. (a)는 시간 순으로 정렬된 전역 버퍼 리스트를 나타낸다. 회색 상자는 다른 프로세스가 소유하는 블록을 의미한다. LRU 블록은 리스트 끝에 위치하며 MRU 블록은 리스트 처음에 위치한다. 특정 프로세스의 참조 문자열 ABABCBCD은 현재의 리스트 상태를 만들 수 있다. (b)는 블록 A와 블록 B의 우선순위를 서로 바꾼 후의 리스트 상태를 나타낸다. (c)는 블록 B를 제거하고 블록 A를 참조하는 플레이스홀더를 생성한 후의 리스트 상태를 나타낸다. 블록 B 이전에 블록 A가 참조되는 경우, 플레이스홀더는 제거된다. 블록 A 이전에 블록 B가 참조되는 경우, 블록 A는 블록 B로 대체된다.

에 존재했을 블록임을 커널에게 인지시킨다. 어플리케이션이 이후에 블록 B를 요청하고 블록 A가 아직 큐에 존재하는 경우, 커널은 이 사실을 인지하고 블록 A를 대체하기 위한 선택을 한다. 어플리케이션이 블록 B를 요청하기 전에 블록 A를 요청하는 경우(어플리케이션이 커널을 무효화하는 결정이 바람직한 경우), 플레이스홀더 구조는 제거된다. 캐시 크기가 2이고 다음과 같은 요청 스트림을 가정하자.

A B C A B

이는 그림 3.37이 나타내는 상황과 근본적으로 동일하다. 블록 C를 참조하게 될 때, 커널은 블록 A를 제거 대상으로 선택하지만, 현명한 어플리케이션은 블록 B를 제거 대상으로 선택한다. (블록 A에 대한)다음 참조 시에는 블록 B의 플레이스홀더를 제거하는 것이 중요하다. 그렇지 않으면 블록 B를 두 번째로 참조하게 될 때, 커널은 블록 A를 참조하는 블록 B의 플레이스홀더를 가지고 있으며, 이는 커널로 하여금 어플리케이션의 초기 무효화가 미숙한 선택이었다고 착각하게 만든다.

이에 대한 실험 결과는 성능 향상을 보여주고 있다. 스와핑의 주된 이유는 커널의 관리 정책을 어플리케이션의 관리 정책과 일치시키기 위함이다. 선택된 블록이 LRU 리스트의 끝에 위치하고 어플리케이션이 해당 블록을 계속 유지하길 원하는 경우, 해당 블록이 어떻게든 MRU 위치에 가까이 가지 않으면 이 블록은 다음 참조 결정 시에(예를 들어, 그림 3.37의 블록 v, w, x, y 앞에) 다시 나타날 것이다. 그러므로 스와핑이 발생한다. 하지만 (어플리케이션에게 주어진 선택지가 LRU와 MRU 정책뿐인)실제 구현상에서, 커널은 단순히 동일 리스트 관리 코드를 유지하며 후보 블록을 고르는 데 있어 동적으로 큐의 마지막 항목을 선택할 수 있는 것처럼 보인다. 지역(local) 관리 정책이 요구되는 경우, 커널은 각 프로세스에 대한 별도의 리스트를 생성할 수 있다. 전역(global) 관리 정책이 요구되는 경우, 어플리케이션의 어떤 블록을 선택할 것인가는 프로세스 ID의 global LRU 리스트에 의해 결정된다. 프로세스 ID는 개별적인 리스트로 유지되며 프로세스가 입출력 버퍼에 접근하는 순서를 지칭한다. 또한, 어플리케이션 수준의 휴리스틱의 효율적 수행 정도를 global LRU 정책과 비교하도록 하는 커널상의 구현은 트레이드 오프가 존재한다.

다음은 플레이스홀더 메커니즘의 기능을 기술하고 있다. 플레이스홀더를 유지하는 주된 이유는 어플리케이션을 자체적으로 보호하고 어플리케이션의 미숙한 선택을 인지하며, 어플리케이션 행동으로부터 다른 어플리케이션을 보호하기 위함이다. 파일 캐싱(file-caching)이 미숙한 어플리케이션은 디스크를 더욱 심하게 사용하는 경향이 있다. 어플리케이션 보호를 위한 커널의 노력에도 불구하고, 이 어플리케이션은 서비스 거부(denial-of-service) 시나리오를 발생시키며, 다른 어플리케이션에게 페널티를 줄 수 있다. Cao는 앞서 언급한 시스템에서 이와 같은 행동을 관찰한 후 더욱 공격적인 커널 접근 방식의 적용을 제안하였다. 이 방식에 의하면, 서비스 거부와 같은 시나리오가 감지되는 경우, 커널은 캐싱을 제어하기 위해 어플리케이션의 권한을 철회한다[Cao 외 1994b].

Patterson의 정보를 활용한 프리페치 기법 및 캐싱

Patterson은 공시(disclosure) 및 암시(hint)의 형태로 어플리케이션의 충고(advice)를 받아들이도록 파일 시스템을 개선하였다[Patterson 외 1995]. Patterson은 어플리케이션이 파일 시스템에게 어떻게 동작하는지 통보하는 '충고'와 앞으로 다가올 동작에 대해서 알려주는 '공시'를 빠르게 구별할 수 있는 메커니즘을 제안하였다. 그리고 후자의 경우는 휴대성이 좋고 시스템의 구현 또는 동시적인 활동에 대해 아무런 가정을 하지 않기 때문에 더욱 선호된다고 주장하였다.

Patterson은 제안된 메커니즘이 어떻게 사용될 수 있는지에 대해 다음과 같은 예를 들었다. 'grep foobar *.txt'와 같은 쉘 명령어에서, 운영체제는 잠재적으로 많은 수의 파일을 궁극적으로 열고 읽게 된다. 파일을 반복적으로 열고 읽는 동작 대신, grep 또는 쉘이 앞으로 다가올 요청을 운영체제에게 처음부터 알려준다면 이 프로세스는 가속화될 수 있다. 이와 유사한 상황은 다수의 파일을 포함하고 복잡한 프로그램 컴파일을 주도하는 유닉스(Unix) 플랫폼상의 개발 도구인 make에서도 발생한다. Patterson은 일반적으로 많은 어플리케이션에서 디스크 사용이 비순차적 접근의 연속적 스트림으로 나타난다고 주장하였다[Patterson 외 1995]. 이러한 어플리케이션들은 스트리밍과 병렬성을 나타내지 않는다(따라서 프리페치를 위한 명백한 정보가 존재하지 않는다). 이들의 서비스 시간은 디스크 탐색과 회전 지연시간에 의해 좌우되는 경향이 있다.

정보를 활용한 프리페치 및 캐싱 기법('TIP(Transparent Informed Prefetching)'이라고 하는 **투명성을 가진 정보를 활용한 프리페치 기법**[Patterson 외 1993, 1995])은 이러한 어플리케이션 내의 병렬성을 찾으려고 한다. 이 기법의 주요 발상은 다가올 행동을 미리 예측하여 어플리케이션의 파일 활동(file activity)을 동적으로(그리고 투명성 있게) 다시 스케줄링하는 것이다. 이 발상은 루프 펼치기(loop unrolling)의 파일 입출력 버전과 유사하게 보일 수 있다. 그림 3.38은 어플리케이션 내에서 프로세싱을 스케줄링하는 TIP의 효과를 나

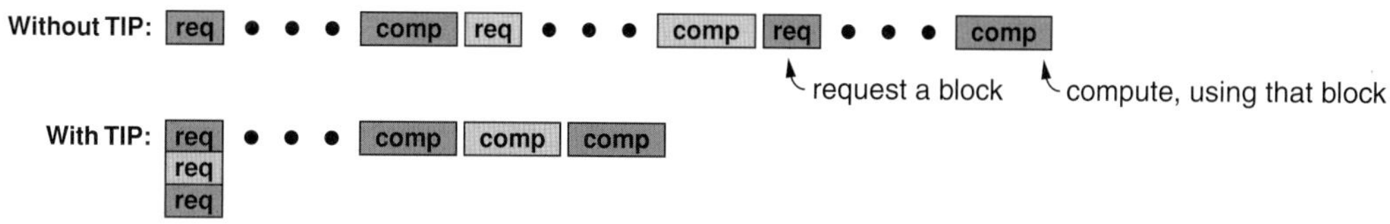

그림 3.38_ TIP(Transparent Informed Prefetching)의 요청 스케줄링. TIP를 사용하지 않는 경우, 어플리케이션은 파일을 읽기 바로 직전에 여는 것과 같이 데이터가 요구될 때 요청을 생성한다. TIP를 사용하는 경우, 어플리케이션은 앞으로 다가올 파일에 대한 수요만 커널에게 알리고 실제로는 어떠한 파일도 열지 않는다. 커널이 이 정보에 반응하여 데이터를 프리페치한다면 연산 속도가 매우 빨라질 것이다.

타내고 있다. TIP에서는 입출력 페치에 대한 투기적 요소가 없기 때문에 프리페치 기법이라 명명하기에는 다소 부적절하다(어플리케이션은 앞으로 다가올 파일 입출력 활동을 공시하고, 커널은 이 활동 정보에 대한 반응 여부를 결정한다). **스케줄링된 페치 기법**(scheduled fetching) 또는 단순히 **페치 기법**(just fetching)이라고 하는 것이 더욱 적절한 표현일 것이다.

직관적으로는 파일 입출력 요청이 앞부분에 오도록 어플리케이션을 재작성함으로써 성능을 향상시킬 것으로 예상해 볼 수 있지만(예, 앞서 언급된 grep foobar *.txt 및 make 예시와 같이 명시적으로 펼쳐진 루프 구조의 입출력 동작), 이는 논 블로킹(non-blocking) open() 시스템 호출 또는 적어도 논 블로킹(non-blocking) fopen() 라이브러리 호출과 같은 추가적인 시스템 수준의 지원을 필요로 한다. 그러나 TIP와 같이 프로세스를 투명성 있게 만듦으로써 커널이 궁극적으로 리소스를 할당하기 위한 결정을 내리는데, 이는 프로세스가 어플리케이션에 의해 전적으로 제어되는 경우가 아니다. TIP에서 커널은 버퍼를 할당하기 위한 최선의 방법과 얼마나 미리 프리페치할지 결정할 수 있다. 이는 시스템이 견딜 수 있는 레지스터 압박 정도(register pressure)와 이를 통해 루프 펼치기가 어느 정도로 가능한지를 실행 중에 결정하는 동적 루프 펼치기 메커니즘과 유사하다

프리페치 및 캐싱에 대한 기록

Cao가 제안하고[Cao 외 1995] Patterson이 인정한 것처럼[Patterson 외 1993, 1995], 어플리케이션 지시형(application-directed) 파일 캐시 행동이 가지는 문제는 미리 페치하려는 어플리케이션의 시도가 파일 캐시의 버퍼 관리 정책과 충돌할 때 시스템이 뒤엉킬 수 있다는 점이다. 또 다른 문제는 파일 캐시 내의 버퍼 관리가 (프로세서 캐시에서는 일반적으로 무시될 수 있는)시간적 고려를 필요로 한다는 점이다. 블록 페치 동작을 완료하기 위해서는 많은 사이클이 소비되고 (대부분의[8]) 전체 동작 시간 동안 대상 버퍼를 무효화시키기 때문에 대체 정책과 페치 정책은 서로 충돌할 수 있다. Cao는 다음과 같이 설명한다.

> — 주된 문제는 특정 파일 블록이 짧은 시간 내로 접근될 예정임에도 불구하고 해당 파일 블록을 캐시로 프리페

8 명백한 최적화는 전송 중 블록(block-in-transit)으로부터 어떠한 데이터도 덮어 써지지 않은 대체된 버퍼를 구분하기 위해 개별적 상태 비트를 가지는 것이다. 예를 들어, 대체된 블록은 대체 결정 후 일정 시간 동안 유효하다. 이 시간은 디스크 탐색 시간과 동일하다.

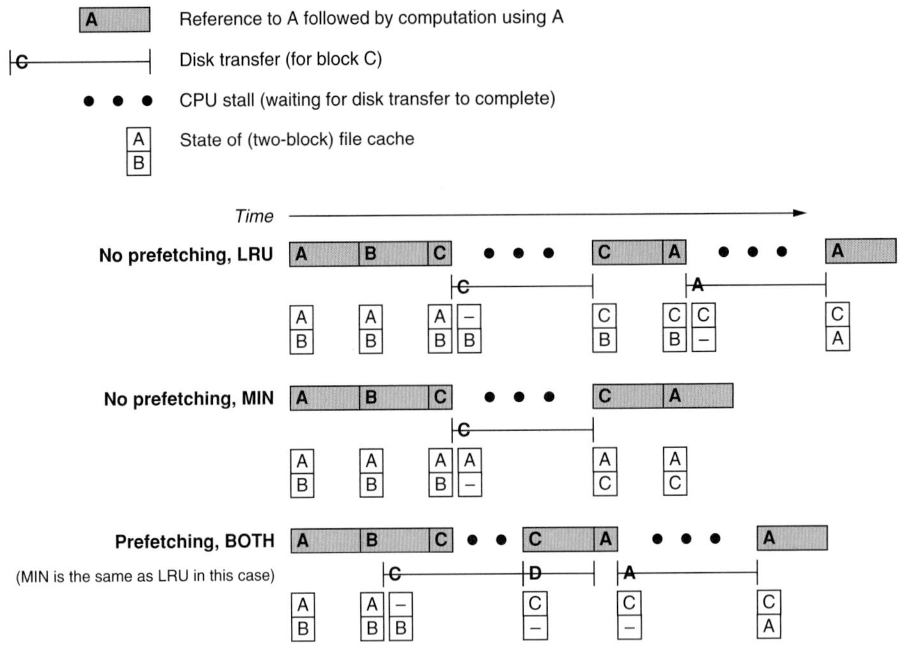

그림 3.39_ 프로세서 캐시에서는 발생하지 않는 파일 캐시 상의 문제적 행동. 그림은 참조 스트림이 ABCA인 경우, 프리페치 여부 {예, 아니오}와 블록 대체 정책 {LRU, MIN}에 대한 4가지 발생 가능한 시나리오를 나타내고 있다. 캐시 블록은 프리페치가 시작되는 시점에 공간을 확보해야 하므로, 해당 블록은 상당 시간 동안 순환 과정에서 빠지게 된다. 이는 블록 대체가 어떠한 동작보다도 먼저 효과적으로 수행될 수 있게 한다. 이 그림에서 블록 C가 LRU 및 MIN 정책에 의해 페치되는 시점에 블록 B는 아직 사용 중이므로 블록 A의 대체가 발생한다.

> 치하는 행위는 오히려 해가 될 수 있다는 점이다. 이는 프리페치가 시작되는 시점에 프리페치를 위한 캐시 블록의 공간 확보가 필요하기 때문이다. 캐시 블록의 공간 확보는 캐시 블록 대체가 발생하기 이전에 먼저 수행되도록 요구된다[Cao 외 1995, 188쪽].

파일 캐시의 특수성으로 인해, 프리페치 정책과 블록 대체 정책은 비교적 간단한 시나리오에서도 매우 유해한 상호 작용을 일으킬 수 있다. 그림 3.39는 요청 순서가 ABCA이고 블록 캐시가 2개인 경우, MIN 블록 대체 정책(Belady의 오라클[Belady 1996])을 사용하는 프리페치 시나리오가 프리페치를 하지 않는 시나리오(마찬가지로 MIN 블록 대체 정책을 사용하는)보다 실제로는 더 좋지 않음을 보여주고 있다.

이들 간의 차이는 프리페치 휴리스틱이 쓸모없는 데이터를 페치하기 때문은 아니다(예, 일반적인 프리페치 휴리스틱 기법은 블록 C가 참조되자마자 블록 D를 페치한다). 이는 블록 D에 대한 프리페치를 제거하는 프로세스와 블록 B를 캐시 내에 유지하는 프로세스가 동일한 시간을 소요할 것이기 때문이다.

이는 명백하게 해결된 문제가 아니므로, 이 분야에 대한 더욱 의미 있는 연구들이 수행될 수 있다. 앞서 언급한 바와 같이, 거의 모든 캐시(파일 캐시 및 프로세서 캐시 모두)는 이 두 요소들 간 시너지 효과의 부족으로 어려움을 겪는다. 즉, 프리페치 메커니즘은 일반적으로 순차적 접근을 위해 설계되는 반면, 대부분의 대체 정책(LRU)은 비순차적 접근을 위해 설계된다.

3.3.3 locality 최적화에 대한 결합적 접근

Locality 최적화를 위한 하드웨어/소프트웨어 결합적 접근에는 여러 가지 방식들이 있다. 한 가지 방식은 프로그램 코드 및 데이터를 정적으로 압축한 뒤, 실행 중에 동적으로 해제하는 것이다(3.1.3절의 "명령어와 데이터의 동적 압축" 참조). 예를 들어, Wolfe와 Chanin[1992]은 필요한 메모리 공간을 줄이기 위해 프로그램을 압축한 다음, 캐시 내부로 라인을 페치할 때 하드웨어를 통해 이를 해제하였다. 이때 캐시는 해제된 코드 및 데이터를 제공받으므로 프로세서 코어상의 변화는 불필요하다[Wolfe & Chanin 1992]. 주 메모리뿐 아니라 캐시의 저장 공간을 늘리기 위해, Lefurgy는 압축된 프로그램이 압축된 형태로 캐시에 상주할 수 있는 하드웨어 메커니즘을 제안하였다[Lefurgy 외 1997].

Locality 최적화를 위한 또 다른 하드웨어/소프트웨어 결합적 접근에는 정적 휴리스틱 기법, 즉 프로파일링을 활용하는 방식이 있다. 이 접근 방식에서 컴파일러는 프로그램 구조에 대한 자체적인 분석과 어플리케이션 프로파일링 결과(프로그램 실행 중 행동에 대한 분석)를 모두 활용한다. 이 절에서는 두 번째 접근 방식에 대한 몇 가지 예들을 설명한다.

Hatfield와 Gerald의 프로그램 재구성

1967년에 진행된 Comeau의 연구는 최적의 페이지 레이아웃에 대한 중요성을 강조하고 있다. 저자는 프로그램 페이지 순서를 간단하게 변경함으로써 페이지 폴트(page fault)와 메모리 트래픽(memory traffic)이 5배가량 감소한다고 주장하였다[Comeau 1967]. 조사된 레이아웃들은 프로그램 페이지가 (데이터가 프로그램 변수의 이름 순서에 따라 실행 가능한 이미지로 정렬되는)알파벳 순서일 때 6,500회의 페이지 폴트(캐시 실패), 무작위(random) 순서일 때 4,200회 페이지 폴트, (코드 구조에 대한 분석을 바탕으로 프로그래머 지시형(programmer directed)) 정렬된(aligned) 순서일 때 2,400회의 페이지 폴트, (코드 구조와 정렬된 워크로드(workload)의 실행 중 페이징 행동에 대한 분석을 바탕으로 프로그래머 지시형) JAS[9] 방식일 때 1,200회의 페이지 폴트 결과를 보여준다. 요약하면, 코드 및 데이터의 무작위 대체 방식은 독단적 대체 방식(알파벳 순서)보다 좋다. 또한 관련 모듈을 함께 집단화하는 방식은 무작위 대체 방식보다 좋으며, 결과적으로 프로파일링 결과를 활용하여 관련 모듈을 집단화하는 방식이 가장 최선의 방식이라 할 수 있다.

Hatfield와 Gerald[1971]는 Comeau의 연구에서 주장하는 두 가지 중요한 쟁점을 해결하였다. 이들은 어플리케이션 프로파일링을 활용하는 자동 페이지 레이아웃에 관한 메커니즘을 연구하였는데, 이들이 제안하는 방식은 프로파일링 결과가 모든 데이터 입력에 대해 적합한 코드 레이아웃의 생성 여부[10]에 대한 잠재적 취약성을 가지고 있다. 하지만 근래의 역사적 관점에서 비추어 볼 때, 이러한 잠재성은 실제로 발생하지 않

---

9 'JAS'는 페이지 레이아웃을 설계한 프로그래머의 이니셜을 의미한다.

10 저자들은 자신들의 주장에 대해 매우 보수적이다. 이들은 자신들의 연구 결과가 제안하는 방식에 대한 실험적 검증을 제시하고 있음에도 불구하고 여전히 잠재적 취약성을 언급하고 있다(이는 다른 연구자에 의해 언급되었다. 예, '그들이 조사한 모든 프로그램에 대한 높은 수준의 입력 데이터 독립성' [Hatfield와 Gerald를 참조하는 Ferrari 1973]).

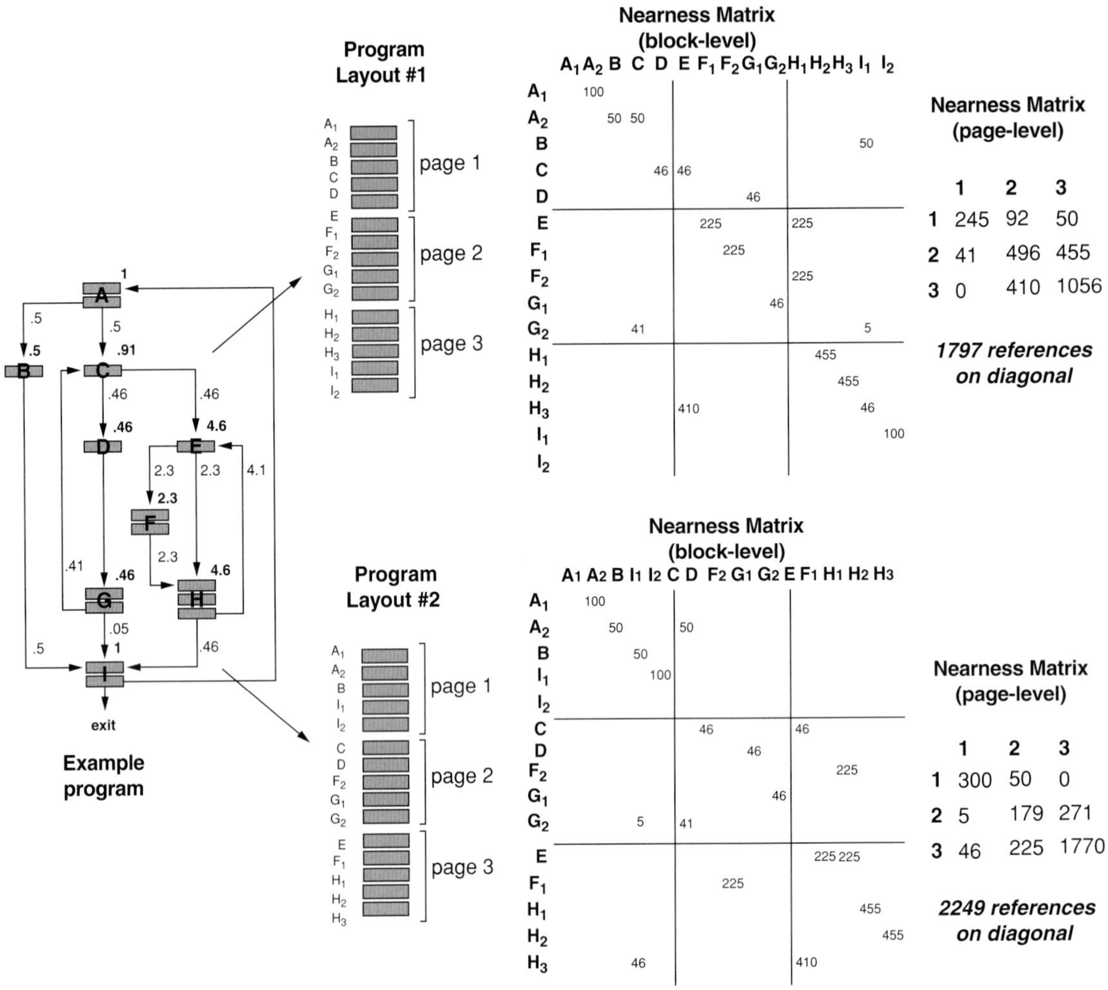

그림 3.40_ 두 가지 페이지 레이아웃 예시와 각각에 해당하는 원근 행렬들. 앞서 언급된 예시 프로그램은 두 가지 레이아웃을 가질 수 있다. 이 프로그램은 15개의 코드 블록을 가지며 페이지당 블록 개수는 5개이다(그림 3.30 및 3.31 참조). 그래프 가중치는 바깥 루프(outer loop) 반복당 예상되는 수행 횟수를 나타낸다. 원근 행렬은 바깥 루프를 100번 반복한다고 가정한다. 각 레이아웃은 서로 다른 원근 행렬을 생성한다. Hatfield와 Gerald이 제안한 원근 행렬은 페이지 단위로 구성된다. 이 그림은 블록 단위 행렬 및 블록 간 행동을 행렬에 어떻게 부합시키는지 보여주고 있다. 이 프로그램 레이아웃(블록을 페이지 단위로 묶는 동작)에 대한 설명은 그림 3.42에 나타나 있다.

으며, 이후 Babonneau의 연구는 이 질문에 대한 해답을 제시하고 있다[Babonneau 외 1977].

Hatfield와 Gerald는 어플리케이션 프로파일링 결과를 활용하여 관련된 모듈을 집단화하였다. 이들은 본질적으로 기본 블록(섹터) 수준에서의 프로그램 분석을 통해 원근 행렬(nearness matrix) C를 생성하는 불 연결성 행렬(Boolean connectivity matrix) 개념 [Ramamoothy 1996]을 확장하였다. 섹터 i부터 섹터 j까지의 제어 이동(transfer of control)이나 섹터 *i* 내 코드에 의한 섹터 *j* 내 데이터 사용이 발생할 때마다 요소 Cij는 증가한다. 프로그램 코드 섹터의 재정렬은 행렬 내 가로 열과 세로 열의 재정렬을 유발한다. 저자들은 '최선(best)'의 코드 섹터 정렬은 행렬의 주 대각선을 중심으로 큰 값들에 대한 클러스터링(clustering)을 유발한다고 언급한다. 그림 3.40은 예시 프로그램(그림 3.31(a)의 그래프 가중치)과 서로 다른 두 가지 레이아웃, 그리고 각각에 해당하는 원근 행렬을 나타난다.

이러한 프로그램 코드 섹터의 재정렬은 중대한 최적화 문제를 유발한다. 모든 섹터의 크기가 페이지 크기의 절반이라고 가정하면, 페이지당 두 코드 섹터가 위치할 수 있다. 페이지 폴트(캐시 실패, 프로세서 캐시에 대한 분석을 의미하는 것) 횟수는 다음과 같은 합으로 계산된다.

$$\sum_{i,j=1}^{m} C_{ij}P_{ij} \qquad \text{(수식 3.3)}$$

이 수식에서 m은 프로그램 내의 섹터 개수를 의미하는데, 이는 곧 행렬의 차원을 나타낸다. C_{ij}는 원근 행렬의 요소를, P_{ij}는 섹터 i와 섹터 j가 메모리(캐시)상 동시에 존재할 확률을 의미한다. 섹터 i와 섹터 j가 동일한 페이지에 존재하도록 선택된 경우, P_{ij}는 1이다. 그렇지 않은 경우, P_{ij}는 메모리 시스템의 상태에 따라 좌우된다(메모리가 현재 어떠한 페이지를 갖고 있는지에 따라). 이 최적화 문제는 상기 합을 최소화하도록 페이지에 할당할 코드 섹터의 쌍을 고르는 것이다.

이와 같은 간단한 시나리오에서도 해결 방안을 찾는 것은 쉽지 않다. 이는 어떠한 특정 시점이라도 메모리 시스템 상태는 데이터 값에 의존적이기 때문이다. 그리고 몇몇 중대한 프로그램은 오직 컴파일 시점에서만 분석이 용이한 데이터 의존성을 가지기 때문이다. 이를 감안할 때, Hatfield와 Gerald는 다음의 합을 최대화하는 더욱 간단한 최적화 문제를 제시하였다.

$$\sum_{i,j \in \alpha} C_{ij} \qquad \text{(수식 3.4)}$$

이 수식에서 표기 $i, j \in \alpha$는 코드 섹터 i와 j가 동일한 페이지에 존재함을 의미한다. 상기 합은 모든 페이지를 대상으로 계산되며, 이 최적화 기법은 페이지 내부적 코드 이행 횟수를 최대화하는 페이지 레이아웃을 선택한다. 그림 3.40에 있는 서로 다른 두 행렬은 각 행렬에 대한 상기 합을 통해 산출된 서로 다른 두 페이지 레이아웃에 해당한다.

또한, 저자들은 시간 개념을 추가하려고 노력하였다. 이는 원근 행렬이 실제로 '지역적 원근 요구(local nearness requirements)'를 충분히 대변하지 못하기 때문이다. 다시 말해, 프로그램의 작업 집합은 실제로는 시간에 따라 변하는 특성을 가진다[Denning 1967]. 섹터 i에서 섹터 j까지 1,000개의 제어 이동을 실행 초기 단계에 발생시키는 프로그램은 1,000개의 동일한 제어 이동을 발생시키지만 프로그램 실행 시간 동안 균등하게(evenly) 분배하는 프로그램과 동일한 원근 행렬을 생성한다(따라서 이 두 프로그램의 구별은 불가능하다). 또한, (페이지 간의 제어 이동을 최대화하는 것이 목표인)더욱 간단한 최적화 문제는 정적 대체 정책을 사용하는 경우에만 최적의 결과를 제공한다. 즉, 페이지가 주 메모리 안팎으로 동적인 이동을 하지 않는 경우, 최적의 정적 패킹(packing)을 제공한다. 이 휴리스틱 기법의 이러한 한계점에도 불구하고, 이 최적화 기법은 타당한 근사치를 제공한다. 그리고 Hatfield와 Gerald는 이 휴리스틱 기법을 사용하면 손으로 직접 최적화한 레이아웃 결과보다 동일하거나 더 좋은 성능 결과를 제공할 수 있다고 주장하였다.

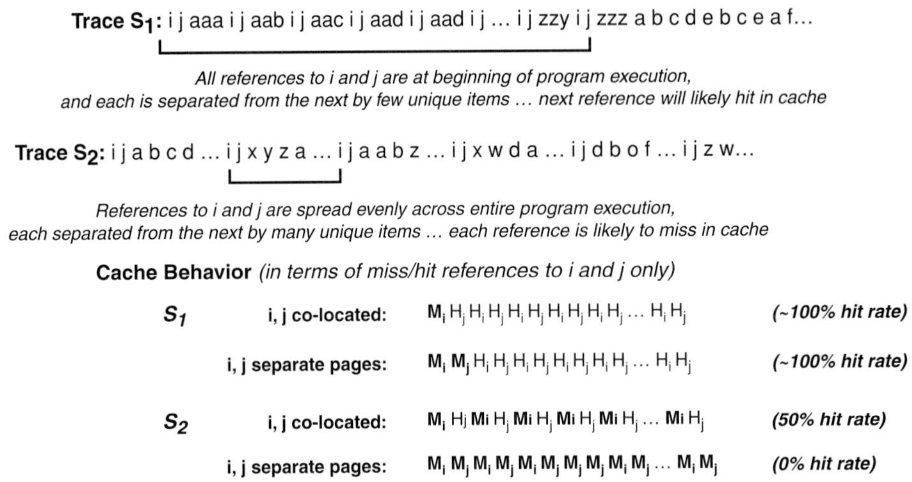

그림 3.41_ 시간의 경과(passage of time)와 temporal locality.

막간: 시간 고려의 중요성

Ferrari는 Hatfield와 Gerald의 접근 방식에서 시간에 대해 불완전한 표현을 사용함으로써 발생하는 취약점을 지적하였다. 이전 단락에서 설명된 동일한 시나리오를 예로 들어보자(섹터 *i*에서 섹터 *j*까지 1,000개의 제어 이동을 실행 초기 단계에 발생시키는 프로그램 실행 트레이스 S_1과 1,000개의 동일한 제어 이동을 발생시키지만 프로그램 실행 시간 동안 균등하게 분배하는 프로그램 실행 트레이스 S_2). 두 행렬에 대해 C_{ij} 값은 1,000으로 동일하다. C_{ij} 값은 두 행렬 모두 0이거나 제어가 노드 *j*에서 노드 *i*로 즉시 역전달(pass back) 되는 경우에는 S_1이 0이 아닐 수도 있다(예, *ij ij ij* 대 *ij a ij b ij ...*). 어떠한 경우든, Hatfield와 Gerald의 클러스터링 알고리즘이 노드 *i*와 노드 *j*를 동일한 페이지에 위치시킬 확률은 두 트레이스가 서로 같거나 트레이스 S_1이 더 높다. 그러나 두 섹터를 동일한 페이지로 클러스터링하는 것을 실패했을 때 손실은 S_2가 트레이스 S_1보다 더 크다. 이는 노드 *j*를 참조한 직후 노드 *i*를 참조하는 경우, 페이지 폴트 횟수는 (타당한 캐시 크기일 때)트레이스 S_1에서 최대 1이지만 트레이스 S_2에서는 최대 1,000까지 증가할 수 있기 때문이다. 그림 3.41은 이러한 시나리오를 나타내고 있다. 여러 참조가 주어진 시간 내에 클러스터링되는 경우, 단일 캐시 실패는 필요한 페이지를 페치한다. 이 페이지는 코드 블록이 수행되는 동안 캐시에 계속 유지된다. 하지만 여러 참조가 주어진 시간 내에 클러스터링되지 않는 경우, 어플리케이션은 모든 섹터 참조에 대해 캐시 실패를 경험할 수도 있다.

다시 말해, 프로그램 구조의 temporal locality가 좋은 경우, 컴파일러가 해당 코드 및 데이터에 대해 좋은 spatial locality를 보장하는 것은 별로 중요하지 않다. 이는 일반적인 캐시에 의해 자연스레 제공될 것이기 때문이다. 이와는 반대로, 어플리케이션의 temporal locality가 태생적으로 좋지 못한 경우, 컴파일러가 좋은 spatial locality를 보장함으로써 이를 만회하는 것은 중대한 사항이 될 수 있다. 중요한 핵심은 시간의 경과가 곧 temporal locality의 본질이라는 점이다. 따라서 시간의 경과를 충분히 포착하지 못한 알고리즘은 어플리케이션의 temporal locality를 분석하는 데 어려움을 겪을 것이다.

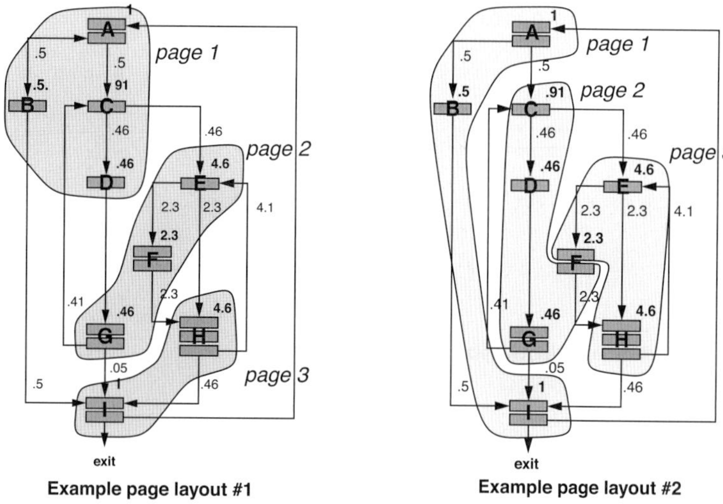

Macroblock: A B I A C D G (C D G)^8 C E $F_{1,2}$ H E H (E $F_{1,2}$ H)^3 (E H)^{2}E $F_{1,2}$ H I A B I ...

Page-Level 1: (5 page faults) **1** 1 **3** 1 1 1 **2** (1 1 2)^8 1 2 2,2 **3** 2 3 (2 2,2 3)^3 (2 3)^2 2 2,2 3 3 **1** 1 3 ...

Page-Level 2: (4 page faults) **1** 1 1 1 **2** 2 2 (2 2 2)^8 2 **3** 3,2 3 3 3 (3 3,2 3)^3 (3 3)^2 3 **3**,2 3 **1** 1 1 1 ...

그림 3.42_ 중대한 참조에 대한 Ferrari의 CWS 분석. 이전 예시에서의 서로 다른 두 페이지 레이아웃은 중대한 참조 측면에서 서로 비교된다. 참조 스트림 예시(매크로블록 트레이스)가 주어졌을 때, 각 페이지 레이아웃은 서로 다른 실행 중 행동을 발생한다. 이는 블록이 서로 다른 페이지에 있기 때문이다. 캐시 크기가 2페이지인 캐시에서 페이지 폴트를 유발하는 참조에는 볼드체와 밑줄을 표시한다(프로그램 크기는 3페이지이다). 이 예시는 (처음 두 번의 참조가 실패하는)차가운 캐시와 완벽한 대체 정책을 가정한다. 위첨자는 반복되는 하위 문자열(루프 행동)을 의미한다. 매크로블록 F를 참조하는 것은 두 가지로 나뉜다. 왜냐하면 레이아웃 #2에서는 매크로블록 F가 두 페이지(2와 3)에 걸쳐 있기 때문이다.

Ferrari의 중대한 작업 집합

Ferrari의 분석은 프로그램 실행을 모든 작업 집합이 메모리에 상주하는 여러 구간(period)으로 나누고 이러한 구간들 간의 이행(transition)을 추적함으로써 시간에 따른 프로그램 행동을 포착해 나간다. 그는 중대한 작업 집합(critical working set)을 페이지 폴트가 발생하기 바로 전의 페이지 집합(set of pages)으로 정의한다 [1973]. 메모리에 위치하지 않은 (그리고 마지막 참조가 작업 집합 매개변수에 의해 정의된 시간 구간 밖에 위치한)새로운 페이지에 대한 요청은 기존의 작업 집합에서 다른 작업 집합으로의 이행을 초래한다. 이러한 이행을 초래하는 페이지 어드레스들에 대한 순서를 관리함으로써 Ferrari의 알고리즘은 시간의 경과에 따른 프로그램 행동을 추적할 수 있다(이러한 페이지들을 중대한 참조(critical reference)라 부른다). 그림 3.42는 그림 3.40의 두 페이지 레이아웃에 대해 이를 적용한 것이다.

Ferrari는 작업 집합 정책하에 관리되는 주어진 메모리 시스템에서 페이지 폴트 횟수는 중대한 작업 집합의 수보다 더 커질 수 없다고 기술한다. 그는 프로그램 (재)구조화 알고리즘이 페이지 폴트 횟수를 최소화는 것에 중점을 두어야 한다고 결론지었다[Ferrari 1974]. 그의 알고리즘은 블록 클러스터링을 선택함으로 인

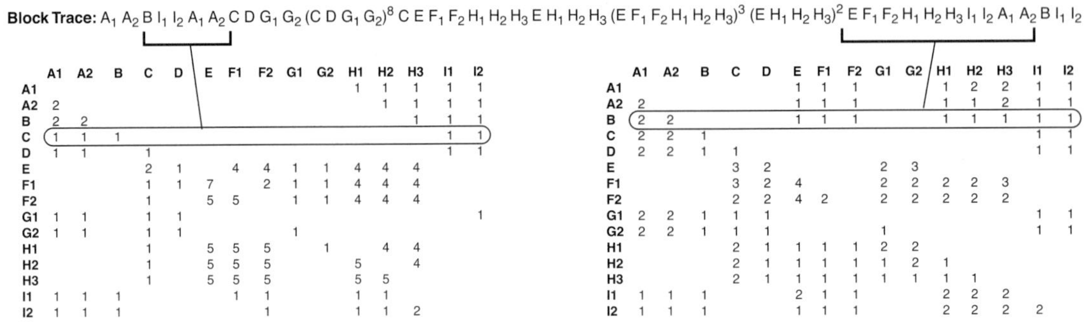

CWS Matrix, window size 5 | **CWS Matrix, window size 10**

```
Trace-Analysis Algorithm:

foreach reference in trace {
        if (reference not in window[1..window_size]) {
                for (x=0; x<window_size; x++) {

                        cws_matrix[ reference, window[x] ]++;

                }
        }
        shift window[] down 1 step;
}
```

그림 3.43_ Ferrari의 CWS 알고리즘. CWS 알고리즘은 가장 최근에 참조된 항목들에 대한 작업 집합 구간(FIFO)을 유지하면서 어드레스 트레이스를 통과한다. 다음 참조가 구간 내에 있지 않다면, 이는 중대한 참조가 되며 행렬 내 i, j번째 항목의 횟수를 증가시킨다. i는 중대한 참조이며, j는 현재 구간에서 모든 항목을 아우른다. 두 구간 크기(5와 10)는 트레이스에서 보이며, 각각은 중대한 참조 및 영향을 받는 행렬 내 요소들을 가리킨다.

해 페이지 폴트가 아닌 블록 폴트를 초래하는 중대한 작업 집합을 최대화한다. 즉, 페이지 폴트를 초래했을지도 모르는 코드 블록 또는 데이터 블록이 동일 페이지상의 다른 블록과 함께 프리페치되는 경우이다.

이 알고리즘은 블록 참조 문자열을 바탕으로 *CWS* 행렬을 생성한다(여기서의 '블록'은 Hatifield와 Gerald 연구에서 사용된 섹터와 같은 의미이다). 행렬의 *ij*번째 요소인 C_{ij}는 중대한 참조로서 블록 *i*를 가지며 또한 블록 *j*도 포함하는 중대한 작업 집합의 수를 나타낸다. 따라서 $C_{ij}+C_{ji}$는 블록 *i*와 *j*가 동일 페이지에 매핑되는 경우 중대하지 않은 작업 집합으로 바뀌는 중대한 작업 집합의 수를 나타낸다. 그림 3.43은 그림 3.42의 블록 수준 스트림에 대해서 서로 다른 두 작업 집합 구간 크기에 상응하는 두 행렬을 나타낸다.

구간 크기를 조정하는 데는 명백한 트레이드 오프가 존재한다. 구간 크기가 증가하면 중대한 참조의 절대적인 수는 극적으로 감소하며 가장 중요한 참조를 분리할 수 있게 된다. 하지만 이 알고리즘은 많은 수의 행렬 항목들을 통해 불가피하게 이 정보를 퍼트리게 된다. 구간 크기의 증가는 중대한 참조당 더 많은 행렬 크기 증가를 초래한다.

Ferrari는 페이지당 블록 수가 두 개 이하인 경우 이 알고리즘이 최적의 페이지 클러스터링을 제공한다고 주장한다. 이는 알고리즘이 캐시 블록(일반적으로 32 또는 64바이트, 또는 최종 단계 캐시(last-level cache)인 경우 128바이트) 내의 (24바이트 단위의) 기본 블록을 클러스터링하기 위해 사용되는 경우 좋은 소식이 될 수 있다. Ferrari는 또한 그가 제안하는 알고리즘이 캐시 크기가 증가함에 따라 다른 알고리즘들에 비해 더 좋아지는 경향이 있다고 주장하였다[1976].

McFarling의 명령어 캐시 최적화

McFarling의 명령어 캐시 최적화는 가상 메모리 시스템을 위한 페이지 레이아웃 기법을 캐시 영역으로 확장한 초기 연구들 중 하나이다[McFarling 1989]. 그는 분석이 용이한 직접 사상 캐시(direct-mapped cache)를 다루고 있으며, 그의 메커니즘은 다음의 두 목표를 달성하기 위해 컴파일된 객체 파일을 (재)구조화한다. (1) 자주 사용되는 코드 세그먼트(segment of code)는 명령어 캐시에 상주할 가능성이 높다(간간히 사용되는 코드 세그먼트와의 충돌은 거의 발생하지 않는다). (2) 가까운 시간 내에 접근되는 코드 세그먼트들은 서로 다른 캐시 셋(cache set)에 위치한다.

동적 행동(locality 정보)을 나타내기 위해, 이 알고리즘은 프로파일링된 객체 파일을 사용한다. 이 객체 파일은 객체 파일 내 코드 블록에 대한 실행 횟수를 포함하는 프로파일 파일(profile file)을 동반한다. 객체 파일을 사용함으로써 얻는 명백한 장점은 다음과 같다.

1. 이 메커니즘은 어떠한 프로그래밍 언어에 대해서도 독립적이다(그리고 객체 파일은 다양한 언어와 다양한 컴파일러로부터 생성된 컴파일 결과를 표현할 수 있다).
2. 이 메커니즘은 전체 프로그램 최적화를 수행한다. 그리고 시간과 함수에 관련된 코드 블록이 개별적으로 컴파일된 개별 파일에 하나의 모듈로 존재할 수 있고 프로그램에서 서로 적당한 거리를 유지할 수 있음을 고려한다면 이 최적화는 불가피한 것이다.
3. 분석을 단순화하면서 기본 블록들의 모든 크기를 정확히 알 수 있다(동반하는 프로파일링 파일은 기본 블록에 대한 실행 횟수를 포함한다).

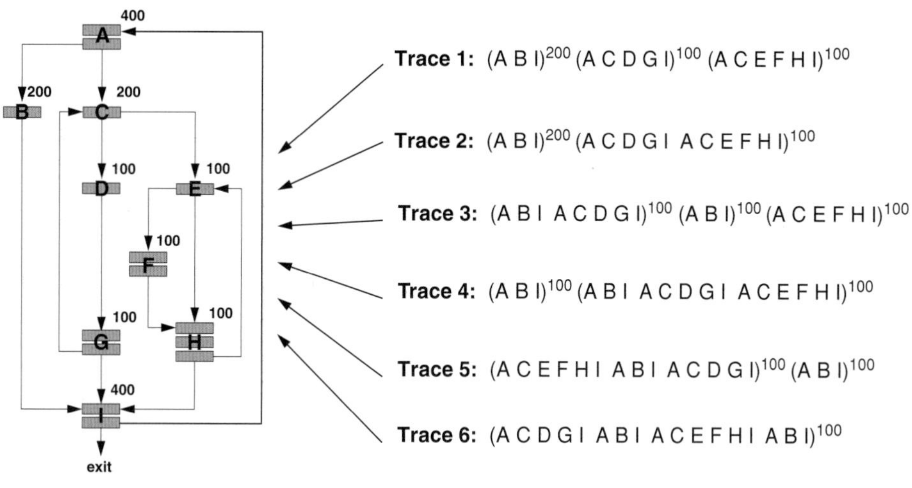

그림 3.44_ 기본 블록 수행 횟수 대 시간의 경과. 간단한 블록 수행 횟수의 사용은 temporal 정보를 모호하게 한다. 예를 들어, 오른편의 트레이스들은 모두 동일한 블록 횟수(왼편의 그래프)를 가진다.

프로파일링 정보로써 블록 실행 횟수를 사용하는 것의 장점은 프로파일링 데이터 수집이 상대적으로 용이하고 프로파일링 표현이 단순하며 해당 최적화 알고리즘이 간단하다는 것이다. 하지만, 이 분야와 관련된 초기 연구들이 그러했듯이, 블록 실행 횟수를 사용하는 것의 단점은 이 메커니즘이 시간의 경과를 제대로 나타내지 못한다는 것이다(그림 3.44 참조). McFarling은 이러한 한계를 인정하고 이를 해결하기 위한 과도한 설계(overdesign)를 제안하였다. 이 알고리즘은 temporal locality가 가장 적고 캐시 충돌 잠재성이 가장 큰 그림 3.44의 마지막 트레이스와 유사한 상황을 가정하여 프로그램 레이아웃을 최적화할 때 발생되는 최악의 경우에 대해 보수적으로 실행 횟수를 해석한다.

이 알고리즘은 코드 블록의 가중 그래프를 입력으로 받는 Label Structure(그림 3.45의 의사 코드(pseudo-code) 참조) 루틴으로부터 시작한다. 이 가중 그래프는 어떤 명령어가 어떤 프로그램 구조에 속하는지를 나타낸다. 관련된 여러 가지 루틴들 중에서, 이 루틴은 캐시에 위치시키기에 너무 큰 코드 블록의 크기를 줄인다. 예를 들어, 이 알고리즘은 캐시 크기를 넘어서는 작업 집합을 갖는 루프 구조 내에서 가장 작게 실행된 명령을 무시할 것이다(라벨을 남기지 않는다).

```
CombineSons (node)
    INSTR[node] := union INSTR(sons of node);
    for (all instructions i in INSTR[node])  {
        FREQ[node, i] := sum( FREQ[sons of node, i]
                              * ARCFREQ[arc to son] );
    }

LabelNode (node)
    if (node is a leaf){
        INSTR[node] := instructions in basic block;
        FREQ[node, INSTR[node]] := 1;
    } else if (node is a procedure) {
        if (first visit to node) {
            LabelNode(son nodes);
            CombineSons(node);
            }
    } else {                              // node is a loop
            LabelNode(son nodes);
            CombineSons(node);

            sort INSTR[node] by FREQ with instructions with same FREQ
                    and LABELSET grouped together, largest LABELSET first;

            INSTR[node] := top cacheSize elements of INSTR[node];

            generate new label loopID;
            for (all instructions i in INSTR[node]) {
                    if (LOOPFREQ[node] * FREQ[node, i] >= 2) {
                        FREQ[node, i] := 2;
                        add loopID to LABELSET[i];
                    } else {
                        FREQ[node, i] := LOOPFREQ[node] * FREQ[node, i];
                    }
            }
    }

LabelStructure (root)
    LabelNode(root);
    for (each unique LABELSET ls) {
            assign a unique label L(ls);
    }
    for (all instructions i)          {
            LABEL[i] := L(LABELSET[i]);
    }
    for (all unique pairs of LABELSETs ls1,ls2)     {
            if (ls1 is a subset of ls2)     {
                    add an arc <L(ls2),L(ls1)  {> to LABELDAG;
            }
    }
    LABELTREE := Embed(LABELDAG)
```

Propagate node execution frequencies upwards: A node's execution frequency equals the sum of the execution frequencies of its children, weighted by the likelihood of visiting each.

The buck stops here: a terminal node has, by definition, a frequency of 1; this will be tempered by the ARCFREQ to that node (the likelihood of visiting the node).

For example, here is where the terminal nodes are gathered and weighted by their respective ARCFREQ values, if a procedure calls several leaf nodes.

In that regard, loops behave very much like procedures.

However, loops are treated specially in several ways. First, if a loop body is larger than the cache size, it is trimmed down to fit into the cache (excess instructions are not labeled, causing them to be uncached at runtime). Choosing instructions in the largest LABELSET implicitly favors those instructions inside nested loops, as shown in the next code block.

Every loop encountered results in a new LoopID being created and added to the LABELSETs of the constituent instructions. Because the algorithm executes in a depth-first manner, the instructions in nested loops have the LoopIDs for all enclosing loops as part of their LABELSET; thus, instructions in deeply nested loops will be preferred to be cached in a loop structure that exceeds the cache size.

By this time, each instruction has been given an expected execution frequency; loop instructions have been associated with one or more LoopIDs corresponding to their enclosing loops; and a number of LABELSETs exist, each containing a potentially different collection of LoopIDs. This code block identifies those LABELSETs that have unique collections of LoopIDs.

Further condense the various LABELSET structures by identifying redundant sets. At this point, all instructions are associated with a unique LABELSET that identifies one or more loops that are likely to execute simultaneously (and thus should map to non-conflicting locations in the cache).

그림 3.45_ McFarling의 Label Structure에 대한 의사 코드.

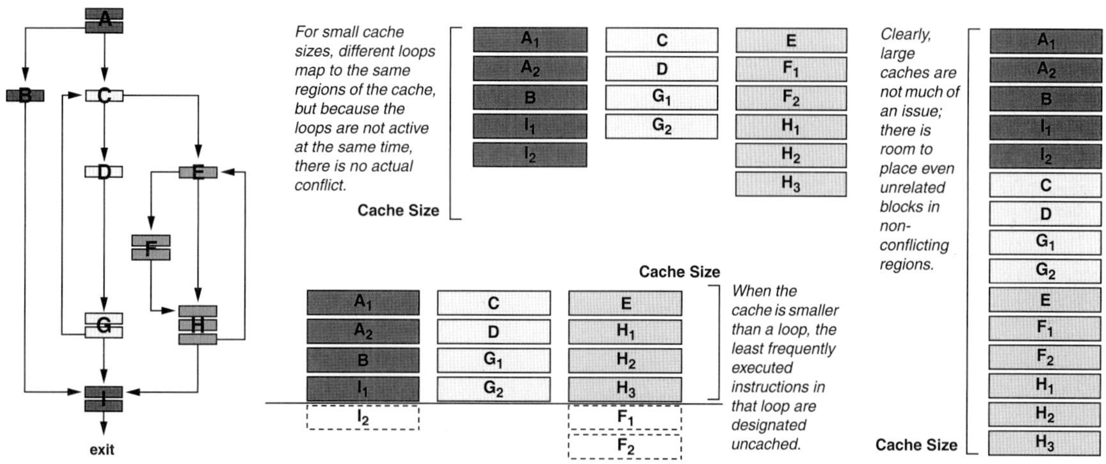

그림 3.46_ 프로그램 그래프에 따른 캐시 레이아웃. 그래프 내 블록은 데이터의 캐시 블록 크기 덩어리(chunk)에 상응한다고 가정한다. 관련된 블록들은 캐시 내 충돌이 일어나지 않는 영역들에 매핑되어야 한다. 관련되지 않은 블록은 과도한 오버헤드에 대한 부담 없이 실행 중에 충돌하는 블록으로 매핑할 수 있다.

제어 흐름 그래프를 재구성하는 것은 관련되지 않은 프로그램 하위집합으로부터 (동일한 시간대에서 실행되는)관련된 프로그램 하위집합 간의 구별을 가능하게 한다. 관련된 블록은 캐시 충돌이 발생하지 않도록 캐시상에 위치해야 하며, 관련되지 않은 블록은 캐시상에서 캐시 스래싱(cache thrashing)에 대한 우려 없이 충돌 어드레스를 제공받을 수도 있다. 그림 3.46은 이를 나타낸다.

Hwu와 Chang의 컴파일러 최적화

Hwu와 Chang[1989]은 McFarling이 객체 코드상에서 수행한 명령어 캐시 최적화와 동일한 기법을 IMPACT 컴파일러에 통합하였다. 이 알고리즘은 시간 효과(effect of time, 프로그램의 locality)를 나타내기 위해 가중 호출 그래프(weighted call graph)와 가중 제어 그래프(weighted control graph)를 모두 사용한다. 이 알고리즘의 동작 과정은 다음의 설명과 같다.

1. **프로파일링.** 프로그램은 가중 호출 그래프에 의해 표현되며, 가중치(weight)는 프로파일링을 통해 얻어진 예상되는 실행 횟수를 의미한다(예, 앞선 예시와 동일한 그림 3.47(a)의 실행 횟수). 호출 그래프에서 노드는 함수를 나타내며, 각 노드는 함수를 구성하는 기본 블록을 나타내는 가중 제어 그래프를 가진다(앞선 그래프처럼 동일한 일반적 형태를 사용하지만 제어 그래프로 해석되는 그림 3.47(b)의 예시 등). 또한 제어 그래프는 예상되는 실행 횟수를 노드 가중치로 사용한다.
2. **함수 인라인 확장.** 작은 함수들이 자주 호출되는 시점과 위치마다 이들을 인라이닝(in-lining)함으로써 컴파일러는 프로그램에 드러난 spatial locality 정도를 증가시킨다. 이는 프로그램이 전체 메모리에서 차지하는 공간을 증가시키지만, 함수 호출 횟수를 줄임으로써 함수 상호작용 간의 캐시 충돌을 줄일 수 있는 명백한 잠재성을 가진다.
3. **트레이스 선택.** Josh Fisher의 연구[1981]와 같이, IMPACT 컴파일러는 다른 프로그램들보다 더

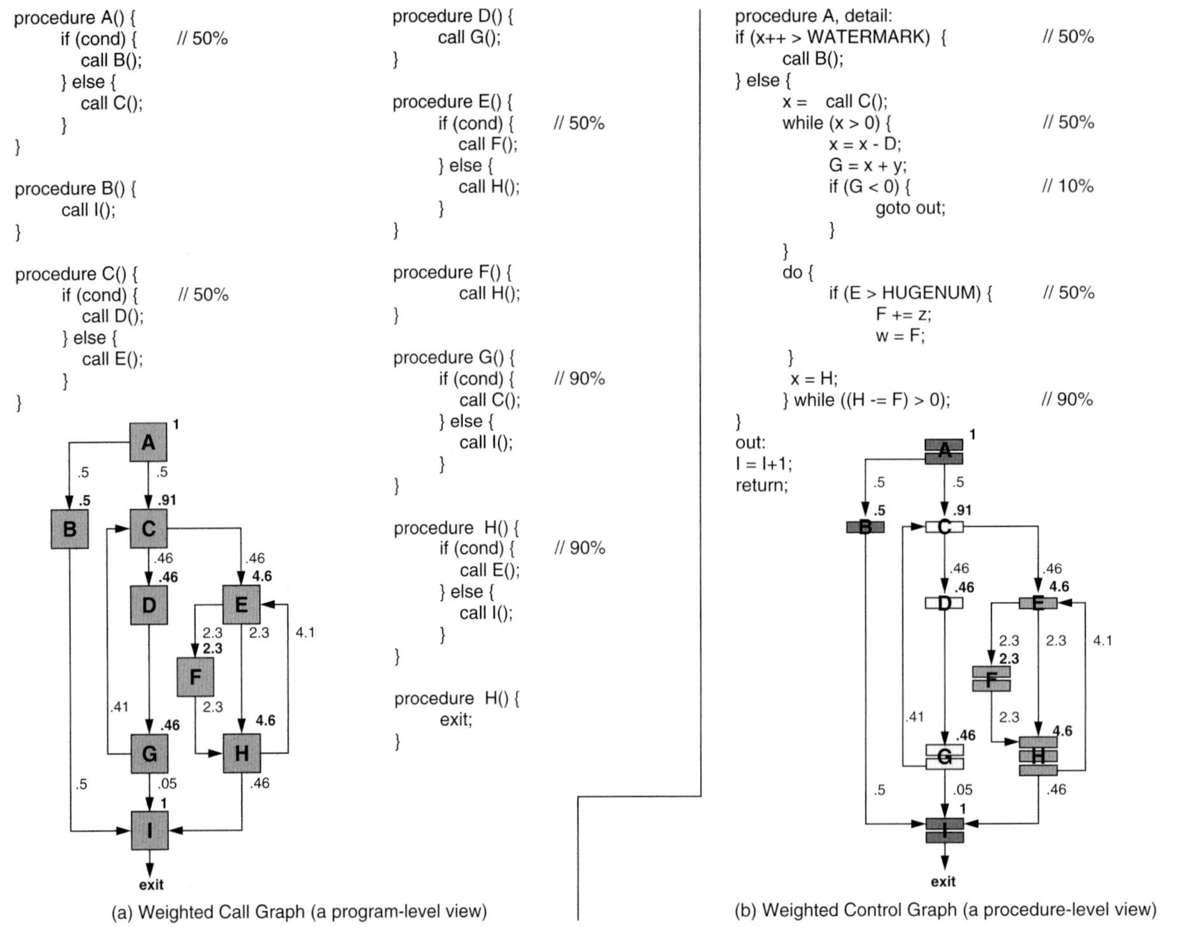

그림 3.47_ 가중 호출 그래프와 가중 제어 그래프 비교. 왼편에 있는 가중 호출 그래프의 각 블록은 프로시저(procedure)를 나타낸다. 오른편에 있는 가중 제어 그래프의 각 블록은 프로시저 내에서 하나 이상의 명령어 집단을 나타낸다. 블록 오른쪽 상단 볼드체의 숫자는 그래프 순회(trip thought the graph)당 예상되는 수행 횟수를 나타낸다. 진입 지점(entry point)은 블록 A를 가정한다. 볼드체가 아닌 숫자는 해당 연결을 통과(traverse)하는 예상 횟수를 나타낸다. 예를 들어, 왼쪽 호출 그래프에서 A는 main()에 해당하며, 숫자는 프로그램 실행당 예상되는 호출 횟수를 나타낸다. 오른편에서는 프로시저 A에 대한 상세를 나타내며, 숫자는 프로그램 실행당 예상되는 블록 실행 횟수를 나타낸다. (프로파일링된)분기 확률은 의사 코드에 나타나 있다.

자주 실행되는 프로그램(해당 제어 흐름 그래프)을 통해 캐시 상에서 순차적 집단화(sequential grouping)를 위한 경로(path)를 선택한다. 이 알고리즘은 블록 내 가장 자주 실행되는 노드로부터 시작하며, 최적의 후임(successor) 노드로부터 트레이스를 탐욕적으로(greedily) 생성한다. 그리고 막다른 길에 도달했을 때만 전임(predecessor) 노드를 살핀다. 그림 3.48은 이에 대한 의사 코드를 나타낸다. Hwu와 Chang은 노드 가중치 또는 원호(arc) 가중치에 따라 트레이스를 선택한다(best_succesor_of()와 best_predecessor_of() 함수에 대해 서로 다른 구현을 고려한다). 노드 중 (가중치에 의해서)명백하게 우세한 원호가 없다면, 그 노드를 다른 노드와 함께 집단화함으로써 얻는 성능 이득은 경로가 선택되지 않고 대신 몇몇 다른 블록으로 제어가 이동되는 실행 중 경우에 무색하게 될 수 있다[Chang & Hwu 1988]. 그림 3.48의 알고리즘의 행동을 나타내기 위해, 그림 3.49는 제어 그래프에 대한 서로 다른 세 가지 트레이스 집합을 보여주고 있다. 각각은 서로 다른 트레이스 선택 휴리스틱 기법에 의해 생성된다. 그림 3.49(a)는 노드 가중치 기반 선택에 의해 생성된 트레이스를 보여준다. 그림 3.49(b)는 원호 가중치 기반 선택에 의해 생성된 트레이스를 보여준다. 그림 3.49(c)는 마찬가지로 원호 가중치 기반 선택에 의해 생성된 트레이스를 보여주지만 원호가 50% 이하의 확률을 가지는 경우에는 선택을 종료한다.

4. **함수 레이아웃.** 컴파일러는 함수의 입문 코드(entrance code)에서 시작하여 바깥쪽으로 진행하면서 해당 함수를 통해 선택된 트레이스를 순차적인 순서로 배치한다. 이 선택 알고리즘은 탐욕적이다(깊이 우선적). 이 알고리즘은 먼저 헤더(header)가 현 트레이스의 꼬리(tail)에 연결되는 트레이스로부터 선택이 진행된다. 이때 실행 횟수가 가장 많은 트레이스를 선택한다. 현 트레이스의 꼬리로부터 연결되는 트레이스가 없는 경우, 알고리즘은 실행 횟수가 가장 많은 트레이스를 선택하고 그 트레이스에서부터 진행한다. 설계에 의하면, 이 알고리즘은 프로파일링된 실행 횟수가 0인 트레이스를 함수의 끝 부분에 배치한다. 그러한 의미에서, 이는 그림 3.49(a)의 휴리스틱 기법 #1을 (트레이스를 구축하는)블록 수준보다는 (함수를 구축하는)트레이스 수준에서 사용하는 것과 매우 유사하다. 그림 3.50은 그림 3.49의 세 가지 휴리스틱 기법에 의해 생성된 트레이스들에 대해서 서로 다른 세 가지 함수 레이아웃을 나타내고 있다. 추가적인 명령과 비순차적(non-sequential) 제어 흐름의 많은 경우는 반드시 좋지 않은 함수 레이아웃을 보이는 것은 아니다(예를 들어, 중간 레이아웃은 스스로의 관점에서 마치 최선의 레이아웃이 될 수 있는 것처럼 보인다). 만약 가장 자주 실행되는 순차적 트레이스에 대해 레이아웃이 정확하게 최적화된다면, 이외의 다른 비효율성들은 크게 문제되지 않을 것이다.

```
mark all nodes unvisited;
while (there are unvisited nodes){

    // select a seed
    seed = the node with the largest execution count among unvisited nodes;
    mark seed visited;

    // grow the trace forward
    current = seed;
    loop {
        s = best_successor_of(current);
        if (s == NULL) exit loop;
        add s to the trace;
        mark s visited;
        current = s;
    }

    // grow the trace backward
    current = seed;
    loop {
        s = best_predecessor_of(current);
        if (s == NULL) exit loop;
        add s to the trace;
        mark s visited;
        current = s;
    }

    perform trace compaction & bookkeeping;

}
```

그림 3.48_ 트레이스 선택을 위한 의사 코드. 이는 Ellis[1985]가 제안하고 Chang과 Hwu[1988]에 의해 확장되었다. 이 의사 코드에는 명시적으로 보이지 않지만, 이 알고리즘은 루프 헤더(loop header)가 트레이스에서 중요한 노드가 될 수 있도록 보장하기 위해 루프 백 에지(loop back edge)의 교차(crossing)를 금지한다.

5. **전역(global) 레이아웃.** 이 과정은 가까운 시간 내에 실행될 함수를 동일하거나 인접한 가상 페이지에 배치한다. 이 알고리즘은 전체 프로그램을 나타내는 가중 호출 그래프를 사용하여, 앞서 설명하고 그림 3.50에 나타난 함수 레이아웃 알고리즘과 내재적으로 유사한 방법으로 함수를 레이아웃한다.

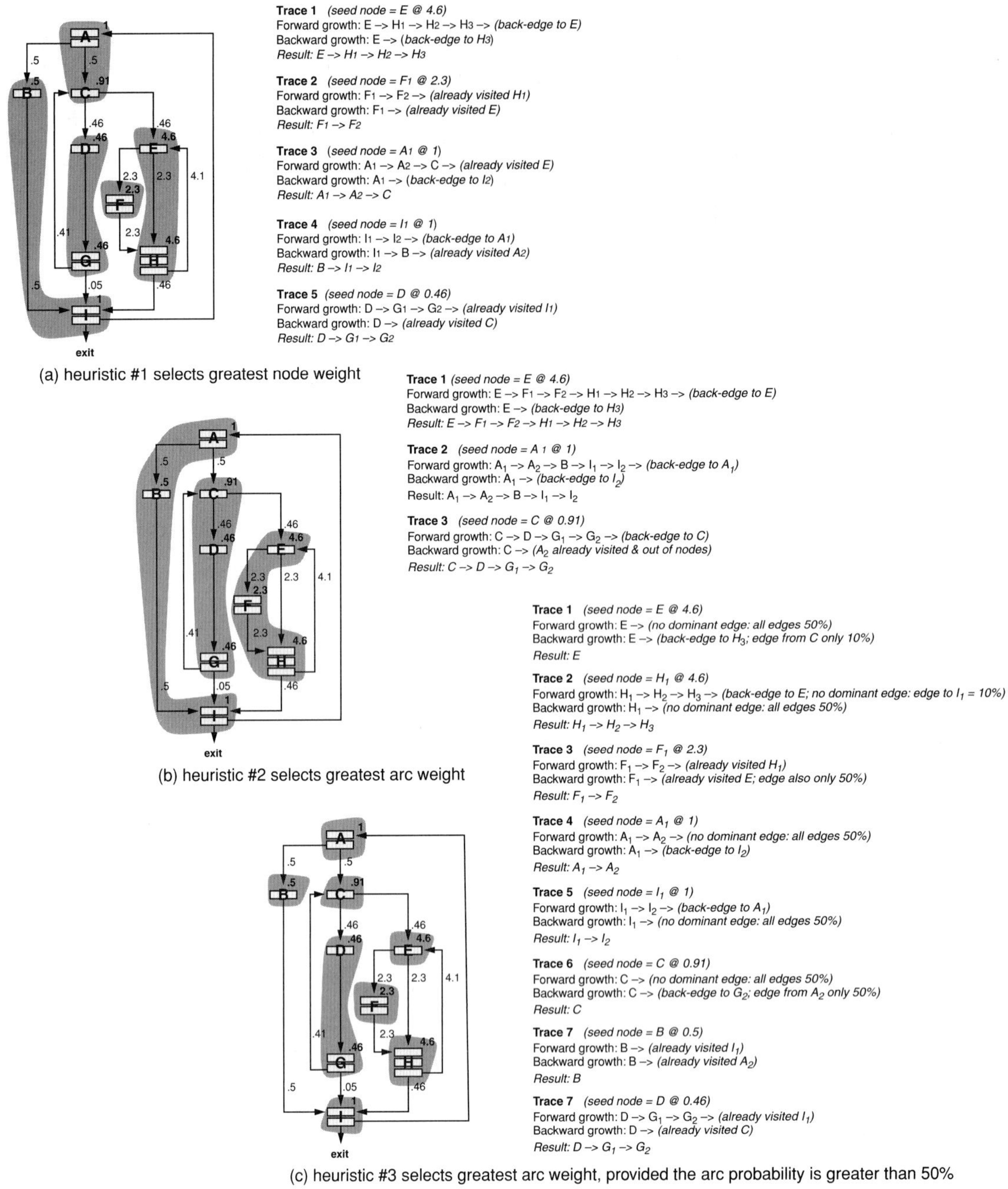

그림 3.49_ 노드 가중치 기반 선택 대 원호 가중치 기반 선택. Chang과 Hwu는 추후 연구에서 휴리스틱 #3 (c)를 선택하였다.

wu와 Chang은 최적화된 코드를 실행하는 직접 사상 명령어 캐시가 비최적화 코드를 실행하는 완전 연관 캐시(fully associative cache)와 유사하게 동작한다는 점에서 이 알고리즘이 캐시 효율성을 증가시킬 수 있다고 주장한다.

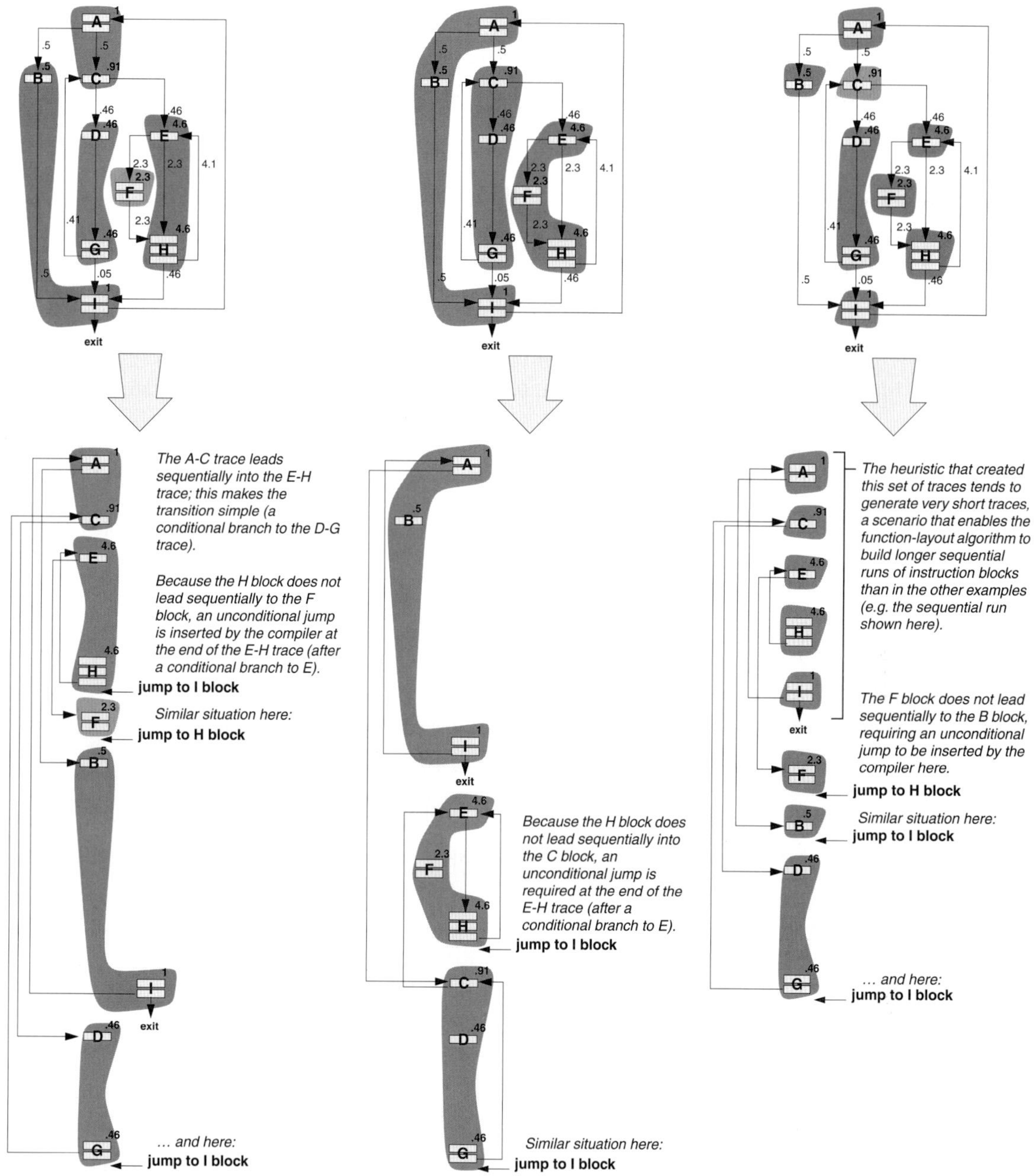

그림 3.50_ 이전 그림에 대한 함수 레이아웃. 트레이스 내부와 트레이스 간의 순차적 코드 동작에 대한 원호는 보이지 않는다. 원호는 기존 제어 그래프에서 표현된 조건부 분기(conditional branch)로부터의 대상을 나타낸다(블록 A2, C, E, G2, H3, I2). 점프(볼드체)는 기존 그래프에는 없는 새로운 명령어이다. 이 명령어는 조건부 분기에서만 사용된다.

Pettis와 Hansen의 프로파일링에 의한 위치 선정

Pettis와 Hansen[1990]은 locality와 시간의 경과를 나타내는 Hwu와 Chang의 방식과 유사한 접근 방식을 제안하였다. 이 알고리즘은 가중 제어 그래프와 가중 호출 그래프를 모두 사용한다. 1990년 논문에서 이들은 블록의 선택에 특별히 초점을 두는 코드 위치 선정 알고리즘을 제안하였다. Hwu와 Chang이 제안한 방식[1989]처럼 이 최적화 휴리스틱 기법의 일부분은 컴파일러에 존재하며 기본 블록 수준에서 프로시저(procedure)를 재배치한다. McFarling[1989]과 같이, 이들은 객체 코드 수준에서도 최적화를 수행하였다. 이 휴리스틱 기법은 프로시저들 간의 관계를 고려하여 이들을 재배치할 수 있다. Lowe[1969, 1970]의 알고리즘과 유사하고 Hwu와 Chang의 알고리즘과는 다른 Pettis와 Hansen의 알고리즘은 트레이스 선택과 같이 노드를 서로 병합하는데, 이는 상이한 행동으로 이어진다.

이 휴리스틱 기법은 "가장 근접한 것이 최선이다"라는 접근 방식을 취한다. 프로시저 A가 프로시저 B를 호출하는 경우, 이 휴리스틱 기법은 두 프로시저가 메모리 공간에서 서로 가까이 위치하길 선호한다. 이를 통해 잠재적으로 페이징 활동과 TLB 실패를 줄이게 된다. 또한 관련된 함수의 근접(proximity)은 함수들 간의 점프에 필요한 거리를 줄인다. 이는 작은 비용의 함수 호출 구현을 지원할 수 있다(예, 일반적으로 원거리 점프를 설정하기 위해 요구되는 다중 명령어(multi-instruction) 시퀀스와는 대조되는 작은 즉치 값(immediate value)으로의 단일 명령어(single-instruction) 분기). 이와 동일한 접근 방식은 기본 블록 수준의 위치 선정 휴리스틱 기법에서도 사용된다. 두 휴리스틱 기법은 노드 수와 에지(edge) 수 형태의 어플리케이션 프로파일링 정보를 입력으로 받는다. Chang과 Hwu[1988]처럼 Pettis와 Hansen은 (어떤 노드를 먼저 병합할 것인지)병합 순서의 우선순위를 정함에 있어 에지 수를 사용하는 것이 노드 수를 사용하는 것보다 더 효율적이라는 것을 발견하였다.

그림 3.51은 그래프의 두 노드를 병합하는 동작을 나타낸다. Pettis와 Hansen의 알고리즘은 프로시저 수준(서로 연관된 기본 블록을 배치할 때 제어 그래프의 노드를 병합)과 프로그램 수준(서로 연관된 프로시저를 배치할 때 호출 그래프의 노드를 병합) 모두에서 노드 병합을 수행한다. 이 알고리즘은 병합 우선순위를 결정하기 위해 노드 가중치보다는 에지 가중치를 사용한다. 이는 그림 3.49의 휴리스틱 기법 #2 및 #3과 유사하다. 하지만 가장 큰 실행 가중치 노드에서 노드 병합을 시작하는 것과 가장 큰 에지 가중치 이웃

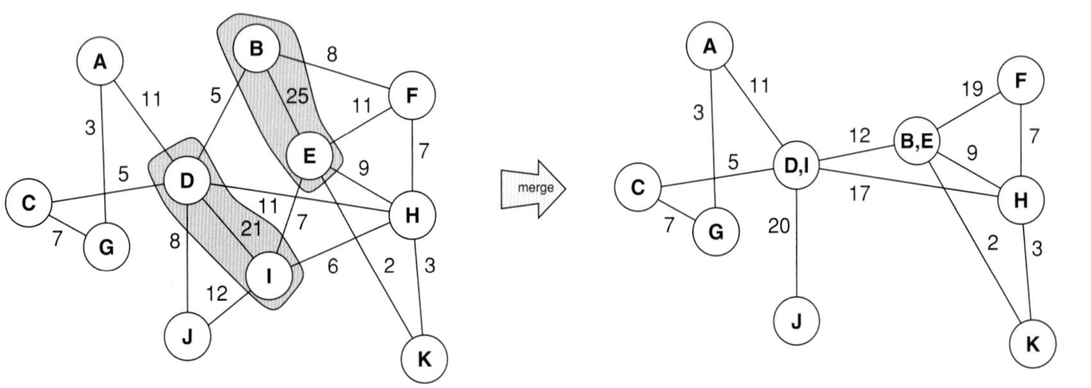

그림 3.51_ 트레이스 구축을 위한 노드 병합. 가장 큰 두 가중치는 D와 I(노드 D,I를 생성하기 위한 병합), B와 E(노드 B,E를 생성하기 위한 병합)를 연결하는 에지에 해당한다. 병합된 노드에 대한 원호들도 함께 병합된다. 예를 들어, 노드 J는 (가중치가 각각 8, 12인)D와 I에 대한 원호를 가진다. D와 I를 병합한 후에는 결합된 가중치 20을 가지는 단일 원호가 된다. 이는 (원호 가중치를 변경 및 증가시킴으로써)병합 우선순위를 재조정하고 다음 노드를 병합하기 위한 선택의 폭을 증가시킨다(I를 D로 병합한 후에는 I로만 연결되는 노드와는 대조적으로 D와 I로 연결되는 모든 노드가 잠재적 후보이다). 이 병합 메커니즘은 호출 그래프 수준과 제어 그래프 수준에서 모두 적용된다.

(neighbor)을 최적의 후임 노드로 선택하는 대신에, Pettis와 Hansen의 알고리즘은 가장 큰 에지 가중치를 갖는 노드에서 노드 병합을 시작한다. 이와 관련된 몇 가지 사항들은 다음과 같다.

- 두 노드의 병합은 새로운 노드를 생성하고, (병합을 위해 다음 노드를 선택하는 목적으로) 이전에 존재했던 노드를 제거한다.
- 결과적으로, 병합 우선순위의 재조정으로 인해 원호 가중치도 변하게 된다.
- 가장 최근에 추가된 노드(현재 노드)의 후임 노드를 고려하는 Hwu와 Chang의 알고리즘과는 다르게, 이 알고리즘은 새롭게 생성된 노드의 후임 노드를 고려하며, 후보 노드의 선택 범위가 잠재적으로 더 넓다.
- 이 알고리즘은 순차적 코드열(strings of sequential code)을 생성하려고 시도한다. 따라서 사실상 그래프에서 후방(backward) 분기로 나타나는 것은 결국에 직선(straight-line) 코드로 변경될 것이다.
- 기존 그래프는 병합된 노드의 생성으로 인해 실제로 유실되지는 않는다. 또한 기존 그래프의 원호 가중치가 트레이스 내에서 노드 순서를 결정한다. 예를 들어, 그림 3.51의 오른쪽 그래프에서 노드 DI와 병합될 다음 노드가 노드 J인 경우 트레이스는 결과적으로 JID 또는 DIJ가 될 것이다. 이는 J와 I 간의 원호 가중치가 J와 D 간의 원호 가중치보다 크기 때문이다.

그림 3.52는 제어 그래프에서 노드가 병합되는 과정과 그 결과를 나타낸 예시이다. 생성된 몇몇 트레이스는 루프 헤드(노드 HEF와 IAB)를 중간에 가진다. 이는 Chang과 Hwu의 알고리즘에서는 허용되지 않는다 [1988, 23쪽]. 예시의 과정 (e)에서 메모리상 프로그램 레이아웃은 발생할 가능성이 낮은 후방 분기의 횟

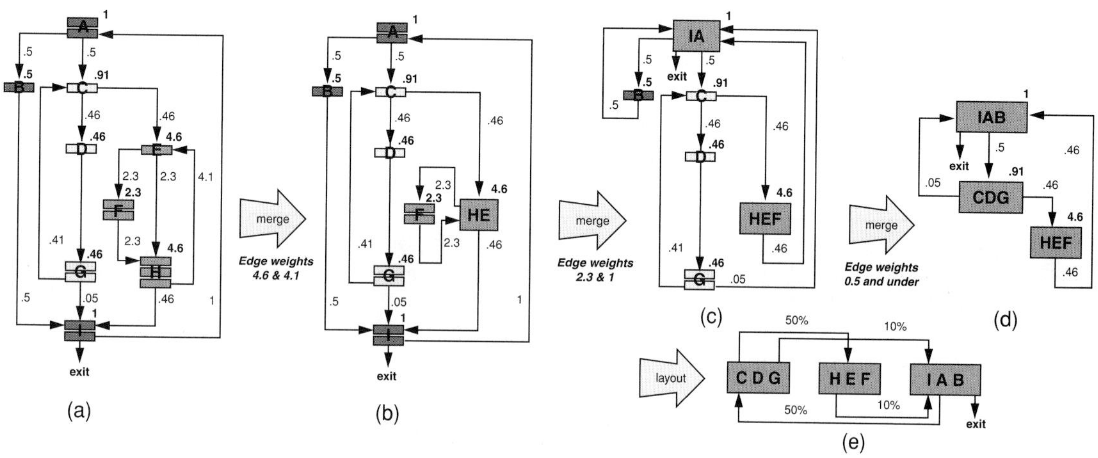

그림 3.52_ Pettis와 Hansen 알고리즘의 동작 예시. Hi 블록들은 서로 간에 가중치 4.6의 에지를 가지며, 제일 먼저 병합된다. 다음으로 가장 높은 에지 가중치는 4.1이며(H→E), 병합 결과는 (b)에 나타나 있다. 그 후, 에지 가중치 2.3의 노드가 병합되고(노드 HEF 생성), 에지 가중치 1의 노드가 병합된다(노드 IA 생성) 병합 결과는 (c)에 나타나 있다. (d)는 에지 가중치 0.5의 노드가 병합된 후의 결과를 나타낸다. 이는 노드 IAB와 CDG를 생성한다. 이 알고리즘은 B 또는 C를 A와 병합하지 않는다. 이는 B 또는 C가 선택되는 경우, A가 더 이상 트레이스의 끝에 위치하지 않기 때문이다. 또한 이 알고리즘은 병합된 노드들 중 하나를 임의로 선택하여 트레이스의 시작점으로 설정하며, 이에 따라 트레이스의 순서가 바뀐다. (e)는 발생 가능성이 낮은 후방 분기를 줄이기 위해 선택된 최종적인 전체 순서(메모리 상 레이아웃)를 나타낸다.

수를 줄이는 알고리즘에 의해 선택된 순서를 나타낸다. 이러한 설계 선택은 전방(forward) 분기가 발생하지 않을 것으로 예측하고 후방 분기는 발생할 것으로 예측하는 다수의 분기 예측기(branch predictor)를 수용한다. 이 예시에서 블록 IAB는 (낮은 확률로 분기하는)가장 많이 들어오는 방향의 원호들과 연결되어 있다. 따라서 구성 블록 A가 함수의 진입 지점일지라도 블록 IAB는 레이아웃의 끝에 위치하게 된다. 블록 CDG를 처음에 두는 것은 블록 HEF를 처음에 두는 것과 동일하다. 두 가지 선택 모두 전체 순서에서 하나의 후방 분기를 생성하게 되며, 이들 중 임의적으로 하나가 선택된다.

Hwu와 Chang의 알고리즘과 유사하게, Pettis와 Hansen의 알고리즘은 특이한 경우(unusual-case)의 코드를 경로 밖에서 머무르는 주변부(periphery)로 옮긴다. 두 알고리즘의 차이점은 최종 레이아웃의 간소화를 위해 컴파일러가 쏟는 노력의 정도이다. 그림 3.53(a)에 나타난 예시와 같이, 다음과 같은 간단한 오류 처리 코드는 단순한 방식으로 처리되는 경우 문제를 발생시킨다.

```
llist_t *lp, *headp;

if ((lp = (llist_t *)malloc(sizeof(llist_t))) == NULL)

{

  /* perform error-handling code */

}

/* common-case code: use the pointer

(e.g., put it in a list) */

init_and_insert_element(lp, headp);
```

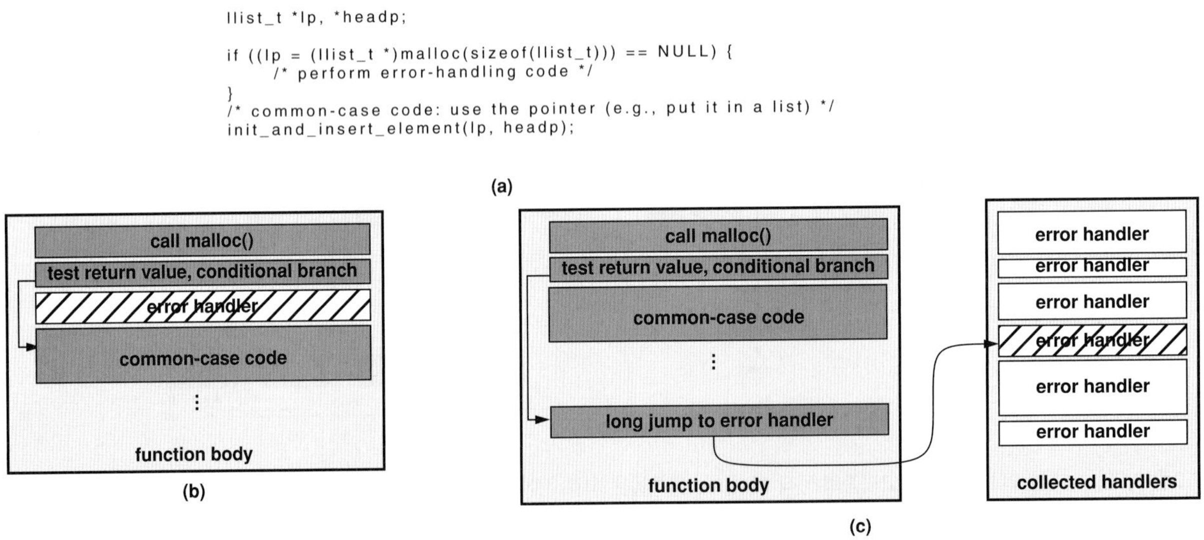

그림 3.53_ Pettis와 Hansen의 드물게 사용되는 코드에 대한 처리 방식. (a)는 가끔씩 사용되는 코드의 예시를 나타낸다. (b)는 오류 처리 코드를 조건부 분기 이후에 위치시키는 단순한 레이아웃을 나타낸다. (c)는 점프 표를 각 함수 끝에 생성하고 특별한 코드 블록을 프로그램 끝에 있는 단일 덩어리(single lump)로 옮기는 Pettis와 Hansen의 구조를 나타낸다. 설령 드물게 사용되어 메모리와 캐시 시스템 상으로 좀처럼 가져오지 않게 되더라도 점프 표는 프로그램 끝에 있는 'fluff'를 대상으로 한다.

이 코드 구조의 가장 직관적인 해결 방법은 오류 처리 블록 부근에 조건부 (전방)분기를 생성하는 것이다 (그림 3.53(b) 참조). 하지만 내장형 마이크로프로세서에서 찾아볼 수 있는 대부분의 간단한 파이프라인은 전방 분기가 발생하지 않을 것으로 예측한다. 더불어, 이러한 유형의 코드 블록은 (거의)실행되지 않을 것이다. 따라서 이 코드 구조의 레이아웃이 컴파일러에 의해 단순한 방법으로 처리되는 경우, 간단한 파이프라인 구조에서는 이러한 유형의 분기를 항상 잘못 예측할 것이다.

Pettis와 Hansen의 알고리즘은 이와 같이 사용하지 않는 코드 블록을 식별하기 위해 코드를 프로파일링한다. 그리고 이 코드 블록들을 특이한 단일 함수로 만든다. 이 단일 함수는 실행 중에 절대 사용되지 않으면서 메모리 시스템상에도 절대 로드되지 않는다. 그림 3.53(c)는 이러한 메커니즘을 나타내고 있다. (Pettis와 Hansen에 의해 'fluff'라 정의되며 그림상에는 '오류 처리기(error handler)'라 표시된)가끔 사용되는 코드 블록들은 (fluff의 각 세그먼트를 위한)다수의 진입 지점을 가지면서 큰 블록 내부로 모인다. 일반적인 코드 내에서, 이러한 블록으로의 조건부 분기는 함수 끝에 위치한 점프 표(jump table)의 항목을 대상으로 하는 짧은 거리의 전방 분기로 변한다. 그런 다음, 이 점프 표는 큰 블록 내의 가끔 사용되는 오류 처리 코드로 원거리 점프를 개시한다. 이 메커니즘은 오류를 처리하는 일이 실제로 발생하는 경우에는 큰 오버헤드를 가지지만, 오류가 발생하지 않는 대부분의 경우에는 능률적이다. (가끔씩 사용되는 블록은 배치 알고리즘이 선택한 마지막 블록일 것이기 때문에)Hwu와 Chang의 메커니즘은 가끔 사용되는 코드를 함수 끝으로 이동시킨다는 점에서 Pettis와 Hansen의 메커니즘과 유사하다. 하지만 분리된 함수로의 극단적인 코드 이동은 하지 않는다.

Gloy의 temporal 순서 정보

1960년대 이후로 가중 호출 및 제어 그래프가 코드 블록 간의 호출/복귀 관계를 식별함에도 불구하고, 이 그래프들은 이러한 관계들이 드러내는 소요 시간(timescale)에 대한 표현을 제공하지 않는다. 예를 들어, 그림 3.54는 몇 가지 서로 다른 프로시저 트레이스를 나타내며, 이들은 모두 동일한 가중 호출 그래프를 가진다.

Gloy는 temporal locality를 직접적으로 표현하기 위해 **시간적 관계 그래프**(Temporal Relationship Graph, TRG)라고 하는 확장된 가중 호출 그래프를 제안하였다[Gloy 외 1997]. TRG는 프로시저 단위의 가중 호출 그래프로 시작한다. 그리고 두 꼭짓점이 **간접적인** 호출/복귀의 방식으로 짧은 시간 구간 내에 참조되는 시점을 나타내는 추가적인 가중 에지를 생성한다. 이 알고리즘은 프로시저 참조의 움직이는 구간(sliding window)을 유지하고 동일한 구간 내에서 실행되는 모든 프로시저 간의 temporal 에지를 생성하면서 어플리케이션 실행 트레이스를 훑고 간다.[11] 따라서, 생성된 에지 가중치는 연결된 두 꼭짓점이 동일한 캐시 집합에 위치하는 경우에 발생하는 캐시 충돌의 예상 횟수에 대해서 개략적인 예측을 제공한다.

11 예를 들어, 프로시저 호출의 현재 구간이 *M*, *X*, *Y*, *Z*, *M*인 경우, 알고리즘은 *M*에서 (*X*, *Y*, *Z*)까지의 호출/복귀를 인지하고 (무방향성의) 그래프 에지 G_{MX}, G_{MY}, G_{MZ}를 증가시킨다.

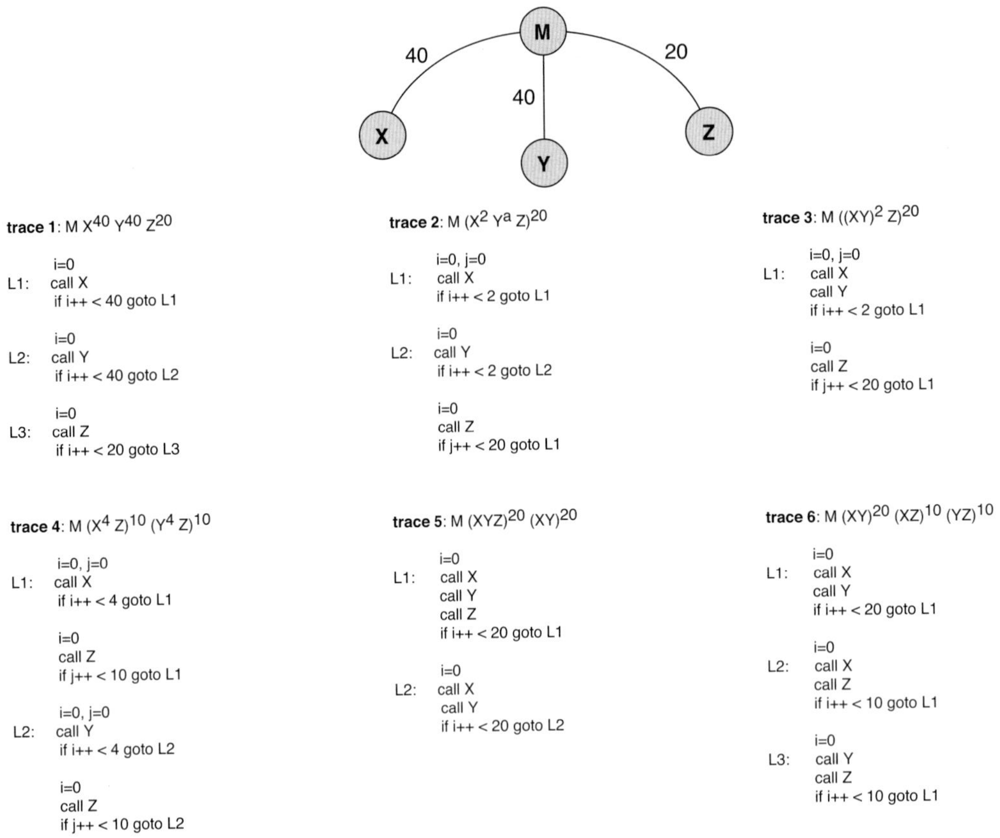

그림 3.54_ 가중 호출 그래프 대 temporal locality. 모든 예시 트레이스와 해당 코드 블록은 상당히 다른 locality 행동을 보임에도 불구하고 동일한 가중 호출 그래프(상단)를 생성한다.

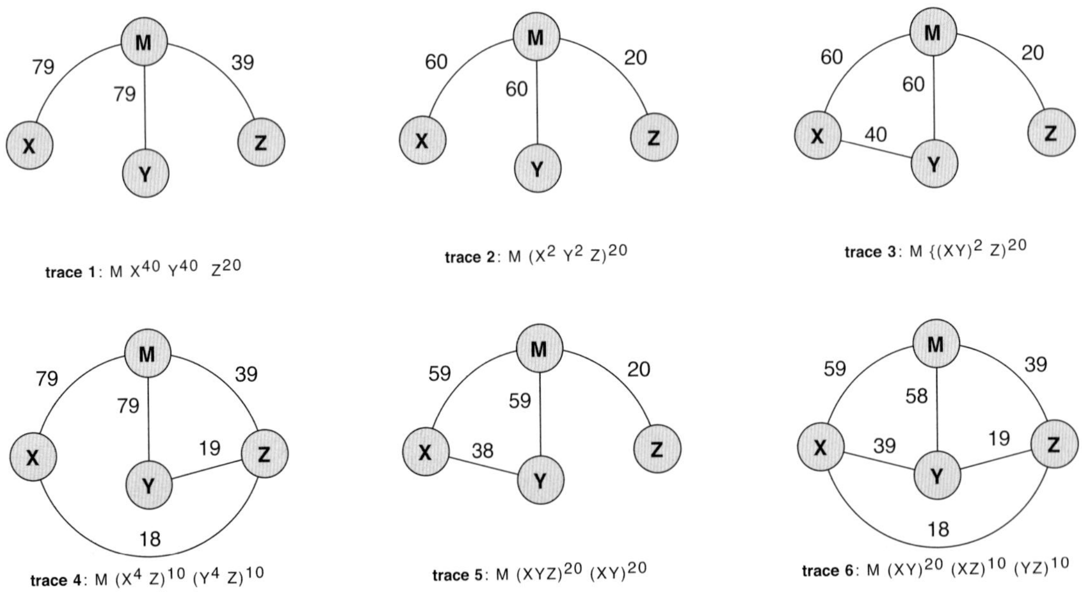

그림 3.55_ 다양한 트레이스에 대한 TRG(temporal relationship graph, temporal 관계 그래프). TRG는 트레이스들에 대한 그래프들을 생성하기 위해 사용된 구간 크기의 맥락에서만 의미를 가진다. 이러한 그래프들은 구간의 크기가 3개의 프로시저 블록인 구간을 통해 생성된다. 예를 들어, 함수 호출 간에 M으로의 복귀가 포함된다면 트레이스 3(M X Y X Y Z ...)은 M X M Y M X M Y M Z ...가 된다. 그리고 Z가 실행되는 시점에서 Z, M, Y는(이 순서로) 구간 내에 있다.

움직이는 구간은 가장 최근에 실행된 프로시저에 대한 LRU로 정렬된 리스트를 관리한다. 구간 내 프로시저의 전체 크기는 목표로 하는(targeted) 캐시 크기로부터 도출된 수위보다 작거나 같다(저자는 실제로 캐시 크기의 두 배인 수위가 '꽤 잘 동작'하는 것을 관찰하였다). 따라서 이 알고리즘은 temporal locality를 정량화하기 위해 LRU 스택 깊이 지표를 포함한다[Mattson 외 1970].

그림 3.55는 전형적인 가중 호출 그래프와 비교되는 Gloy가 제안하는 TRG 형태를 나타낸다. 그림 3.54와 같이 동일한 프로시저 트레이스가 사용되었지만 여기서는 TRG 형태로 표현되었으며 이로 인해 각 트레이스는 서로 뚜렷하게 구별된다. 이 예시는 서로 다른 그래프를 생성하지만 이는 일반적으로 사실이 아니다. 다시 말해, 캐시 행동은 상이하지만 유사한 TRG 형태를 가지는 서로 다른 프로시저 트레이스를 고안할 수 있다.

중요한 사실은, Gloy는 이러한 temporal locality 정보의 추가가 Pettis와 Hansen의 알고리즘과 비교하여 명령어 캐시의 성능 향상을 보장하기에 불충분하다고 스스로 언급하고 있다는 점이다. 더욱 일관성 있는 향상을 얻기 위해 저자는 McFarling의 알고리즘을 연상시키는 관련된 배치 알고리즘에 temporal 순서 정보를 결합하였다[1989]. 각 프로시저는 256바이트 '덩어리(chunk)'로 나뉜다. 그리고 이 알고리즘은 이미 설명된 프로시저 단위의 TRG를 생성하는 동안 덩어리 단위의 TRG를 동시에 생성한다. 조립 단위(coarse-

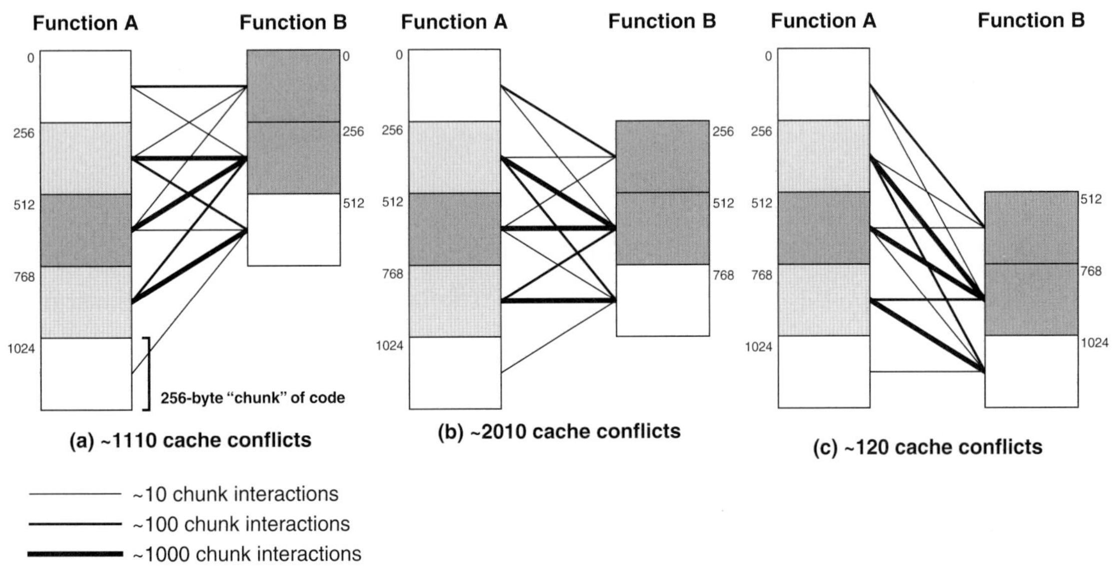

그림 3.56_ 프로시저를 배치하기 위한 덩어리 정보의 사용. 두 예시 함수는 각각 256바이트의 '덩어리'별로 균등하지 않은 활동 분포를 가지고 있다. 함수 내 몇몇 덩어리는 작게 참조되는 반면, 다른 덩어리들은 많이 참조된다(활동의 비중은 회색 음영으로 표시된다). 게다가, 각 개별 덩어리는 해당 함수 내 다른 덩어리들과의 상호작용과 비교하여 다른 함수들과 서로 다르게 상호작용할 수 있다. 덩어리 단위의 TRG 에지 가중치는 덩어리 간에 연결된 선의 두께로 표시된다. 범례는 세 가지 선 두께에 대한 근사적 가중치를 나타낸다. Gloy는 두 함수를 캐시에 동시에 위치시킬지 말지는 간단하게 선택할 수 있는 문제가 아니라고 주장한다. 이는 덩어리 단위에서 부분적 또는 전체적 중첩이 발생할 확률이 높기 때문이다. 위 그림은 서로 다른 세 가지 캐시 배치 방식을 나타내고 있으며, 각각은 완전히 중첩된다(함수 B의 각 덩어리는 함수 A의 각 덩어리와 캐시의 동일한 부분에 매핑된다). 함수는 각 덩어리에 할당된 모듈로(modulo) 어드레스를 통해 정렬된다. 하지만 모든 정렬이 동일한 결과를 나타내지는 않는다. 서로 다른 매핑 방식 간에 예상되는 캐시 충돌 횟수는 상당히 큰 차이를 보인다. 이러한 관찰은 두 함수 간의 적절한 관련성 매핑 방식을 결정함에 있어 컴파일러에게 더 많은 유연성을 제공한다.

grained) 그래프는 서로 관련된 프로시저를 배치하기 위한 순서를 결정하기 위해 사용되는 반면, 미세 단위(fine-grained) 그래프는 관련된 배치를 결정하기 위해 사용된다. 하지만 McFarling의 메커니즘과는 다르게, Gloy의 메커니즘은 기본 블록 또는 덩어리 단위에서 코드를 재배치하지 않는다. 즉, 프로시저의 내부적인 배치는 주어진 대로 수행되며 수정되지는 않는다. 또한, 덩어리 간의 temporal 관계 정보는 프로시저의 관련된 배치만 결정한다(그림 3.56 참조). 하지만, 컴파일러는 기본 블록에 대한 관련된 배치를 결정하기 위해 이 알고리즘을 사용할 수 있다. 그리고 이러한 관련된 배치는 적합하게 배치된 분기 명령을 통해 쉽게 재배치될 수 있다[McFarling 1989].

Zorn의 수명 의식적 힙 관리 기법

지금까지 설명된 메커니즘들(McFarling, Hwu와 Chang, Pettis와 Hansen, Gloy 외)은 우수한 명령어 캐시 행동을 제공하기 위해서 명령어를 가상 메모리 공간에 배치하는 방식에 주안점을 두었다. 이 절과 다음 절은 우수한 데이터 캐시 행동을 제공하기 위해서 메모리 공간에 데이터를 배치하는 방식에 초점을 둘 것이다.

Zorn의 연구는 동적으로 할당된 객체를 서로 다른 물리적 공간으로 분리하기 위한 휴리스틱 기법으로서 프로파일링 기반의 수명(lifetime) 예측을 사용하였다. 이 메커니즘은 저장장치 할당(allocation) 및 할당 해제(deallocation)의 실행 오버헤드를 줄이는 반면, 캐시 시스템상에 미치는 효과는 모호한 편이다[Seidl & Zorn 1998]. 캐시를 대상으로 하는 이후의 연구들은 동적으로 할당된 객체를 분석하기 위해 Zorn의 프로파일링 기법[Barrett & Zorn 1993]을 사용한다. 따라서 이 메커니즘의 목적과 동작을 이해하는 것은 의미 있는 일이다.

Barrett와 Zorn은 힙(heap)을 분리된 공간으로 나누는 장점을 보여주는 초기 연구를 확장하였다. 각 분리된 공간은 유사한 수명의 객체들로 구성된다. 즉, 긴 수명의 객체, 짧은 수명의 객체별로 공간이 나뉘며, 이 두 공간은 서로 분리되어 있다. 이전 연구는 프로그래머 지시형 분리 방식(programmer-directed segregation)을 사용하였지만 Barrett와 Zorn은 이에 대한 자동화를 시도하였다[Barrett & Zorn 1993]. 이들은 수명(객체를 할당 해제하기까지의 시간)을 예측하기 위해 동적으로 할당된 객체에 대한 **할당 지점**(allocation site) 및 **객체 크기**를 사용할 수 있다고 주장한다. 이 중 할당 지점은 호출 그래프상의 위치를 근사치로 하기 위한 수단이다. 할당 지점은 할당 시점에 프로그램 호출 스택의 추상적 개념인 **호출 체인**(call chain)에 의해 제공되며, 이 호출 체인은 단일 항목으로 붕괴된 어떠한 재귀 순서(recursive sequence)를 가지는 함수에 대한 정렬된 리스트를 의미한다. 할당 지점과 객체 크기의 조합은 예상되는 객체 수명과 타당한 연관성을 가진다.

Seidl과 Zorn은 **스택 내용**(contents)을 포함하는 몇 가지 휴리스틱 기법에 대해서 캐시 행동을 평가하였다. 이들이 제안한 메커니즘은 할당 지점을 사용하는 메커니즘과 유사하지만 객체 크기를 포함하지 않는다[Seidl & Zorn 1998]. 이들은 여러 휴리스틱 기법들 중에서 자신들이 제안한 휴리스틱 기법이 사용 빈도가 낮거나 없는 객체를 성공적으로 식별한다고 주장한다. 또한, 서로 다른 접근 행동에 대한 객체 분리는 가상 메모리 페이징과 같은 오버헤드를 크게 줄인다고 주장한다. 하지만 이 메커니즘은 실패율 측면에서 가변적인 캐시 행동을 보인다. 즉, 캐시 크기가 작은 경우에는 스택 내용 휴리스틱 기법이 가장 좋은 성능을 보이지만, 캐시 크기가 큰 경우에는 기존 *vmalloc()*보다도 좋지 않은 성능을 보이는 경향이 있다. 다행스럽게도 이 휴리스틱 기법은 캐시 성능을 향상시키기 위해 설계되지 않았다. 이 휴리스틱 기법은 동적으로 할당된 객체를 구별하고, 이를 통해 메모리 관리 오버헤드를 줄이도록 설계되었다.

Calder의 캐시 의식적 데이터 배치

또 다른 연구에서는 캐시 충돌을 줄이기 위한 목적으로 메모리 공간에 데이터를 명시적으로(explicitly) 배치한다. Calder의 연구[Calder 외 1998]는 Zorn의 메커니즘을 사용하면서, Gloy의 연구[Gloy 외 1997]를 몇 가지 측면에서 확장하였다. Clader가 제안한 컴파일러에서 수행되는 알고리즘은 TRG를 생성함으로써 시작한다. 그리고 캐시 크기의 두 배가 되는 문턱 값(threshold)을 구간 크기로 사용하고, 캐시 충돌의 분석과 결정을 위해 256바이트의 덩어리 단위로 데이터를 관리한다. 정적 데이터 객체(전역(global) 변수 등)의 배치 외에, Calder는 동적 데이터 객체의 지능적 배치에 대한 지원을 제공하기 위해 malloc() 및 calloc()과 같은 다양한 실행 중 데이터 할당 루틴을 변경하였다. 스택은 단일 객체(자동화 변수를 유지하는 객체)로 취급되며, 초기 시작 어드레스 측면에서 최적화된다. 힙은 객체 할당 단위에서 더욱 광범위하게 최적화된다.

Zorn의 연구에서처럼, 한 가지 어려운 문제는 호출 그래프 내의 상이한 위치에서 유발되고 상이한 시점에 발생하는 동적 할당 루틴의 호출을 분석하고 구별하는 것이다. 게다가, 이 메커니즘은 데이터 입력 집합에 관계없이 힙 객체에 대한 캐시 충돌을 효과적으로 줄여야 한다. 이를 위해 Calder는 Zorn의 메커니즘에 기반을 둔 객체 식별 방법을 사용하였다. 이 방법은 스택의 여러 복귀 어드레스를 결합한다(복귀 어드레스들이 작은 데이터 패키지(단일 정수)로 XOR-folded 된다)[Barrett & Zorn 1993, Seidl & Zorn 1998]. TRG는 어플리케이션 프로파일링 과정에서 생성되며, 꼭짓점은 방금 언급된 방식으로 식별되는 객체 덩어리들을 의미한다.

이 배치 알고리즘은 객체 덩어리 단위의 TRG를 입력으로 받으며 스택, 전역(global) 변수, 힙 변수에 대한 캐시 오프셋을 선택하는 탐욕적 알고리즘을 수행한다. 힙 변수들은 temporal locality(에지 가중치)에 따라 처음으로 함께 빈(bin)에 포함된다. 그 다음 스택이 위치한다. 비스택 변수들은 Gloy의 코드 덩어리 병합[Gloy 외 1997]과 유사한 방식으로 병합된다(서로 관련된 것들끼리 배치한다). 즉, 노드는 가장 높은 에지 가중치를 가지는 노드에서 시작하여 한 번에 하나씩 병합되며, 병합 노드는 인접할 필요가 없다. 이 알고리즘의 결과는 주어진 캐시 크기에 따라 다르게 나타난다.

힙에 따라 변하는 빈(bin)들은 동일한 빈(bin)에 포함된 객체들이 인접한 메모리 어드레스에 매핑되도록 하기 위해 실행 중에 사용된다. 그리고 어플리케이션 프로파일링이 진행되는 동안 높은 temporal locality를 가지는 항목들은 동일한 빈(bin)에 포함된다. 이 알고리즘은 *malloc()*이 호출될 때 스택상 가장 최근의 복귀 어드레스로부터 태그를 생성한다. 이 태그가 어떠한 할당 빈(bin)들에 부합되는 경우, 객체는 해당 빈(bin)과 관련된 자유 리스트(free list)로부터 할당된다. 하지만, 원하는 자유 리스트가 비어 있는 경우에 객체는 기본 자유 리스트로부터 할당된다.

저자들은 동일한 ID를 갖는 다수의 활성 객체들이 존재할 수 있으며 이 객체들에 의해 생성되는 복잡도를 언급한다. 예를 들어, 데이터 기록 파일을 판독하고 동적 연결 데이터 구조(linked data structure)를 생성하는 다음의 의사 코드를 고려하는 경우, 구조 내의 각 요소는 (서로 다른)단일 파일 기록에 대한 상응하는 정보를 포함한다.

```
while (!end_of_file(fileptr)) {
element_t *ep = malloc(sizeof(element_t));
initialize_from_file(ep, fi leptr);
insert_element(ep, headptr, comparefunction);
}
```

메모리 할당의 반복적인 특성으로 인해 다양한 *malloc()* 호출들은 복귀 어드레스 접근 방식을 사용하여 구별될 수 없다. 결과적으로, 도출되는 동적 연결 데이터 구조는 동일한(표면상으로 고유한) ID를 가지는 다수의 데이터 구조로 전부 구성될 것이다. 자유 리스트 기반 구현으로 인해 동일한 식별자를 사용하는 다수의 객체들은 실행 중에 정확성 문제를 유발하지 않는다. 그러나 단일 객체로 표현되는 그래프 꼭짓점들 간의 큰 에지 가중치를 생성함으로써 프로파일링 기반 분석이 왜곡되는 현상을 쉽게 관찰할 수 있다. Calder는 이러한 실행 시점의 구현 방식이 동일한 ID를 가지는 다수의 객체를 수용하도록 설계된다고 언급한다. 그러나 이 논문은 프로파일링 시의 쟁점을 고려하지 않는다.

Calder는 여러 벤치마크에서 스택과 전역(global) 변수의 캐시 의식적(cache-conscious) 배치를 수행하였으며, 이 벤치마크들에 대한 좋은 캐시 성능을 보고하였다. 이 논문은 벤치마크들의 작은 하위 집합에만 힙에 따라 변하는(heap-variable) 배치를 적용한다. Calder는 힙에 따라 변하는(heap-variable) 배치 최적화에 사용된 벤치마크들에 대해, 높은 캐시 실패율을 보여주는 객체들은 작고 수명이 짧으며 단지 몇 번만 참조되는 경향이 있다고 언급한다. 하지만 이러한 경향이 식별 휴리스틱 기법의 단점으로 인한 것인지는 알려지지 않았다.

Chilimbi의 캐시 의식적 구조 레이아웃

Chilimbi는 동적 데이터 구조를 처리하는 또 다른 접근 방식을 제안하였다[Chilimbi 외 1999]. 이 메커니즘은 순수한 오프라인 접근 방식으로 분류될 수 있지만(예를 들어, 이 최적화 방식은 프로파일링 정보를 바탕으로 하지 않는다), 설계 시점에서의 코드 수정과 실행 시점에서의 동적 데이터 구조 수정을 모두 결합하고 있다.

Chilimbi의 메커니즘은 프로그래머가 어플리케이션 코드 내에 삽입하는 두 가지 루틴을 제공한다. 한 가지 루틴은 *malloc()*의 변형된 형태로서, 변화의 본질상 어플리케이션 코드에 대한 약간의 깊이 있는 지식이 요구된다고 저자는 언급한다. 또 다른 루틴은 주어진 트리 구조를 통해 수행되며 더 좋은 캐시 성능을 위해

트리 구조를 재구성한다. 그리고 이 루틴은 데이터 구조의 동적 변화를 추적하기 위해 어플리케이션에 의해 주기적으로 호출된다.

- **ccmalloc–캐시 의식적 할당.** 이 루틴은 단일 추가 인수(single additional argument)를 취하는 *malloc*()의 수정된 형태이다. 이 인수는 할당될 객체와 동시에 사용되기 쉽고 힙에 상주하는 데이터 구조에 대한 포인터를 지칭한다. 이 루틴은 새롭게 할당된 객체를 가능하면 해당 데이터 구조와 동일한 L2 캐시 블록에 배치하려 한다. 그리고 오래된 객체와의 캐시 충돌을 일으키는 어드레스 범위에 새로운 객체를 배치하는 것을 차단한다. 예를 들어, 오래된 객체는 연결 리스트에서 전임 노드가 되며, 트리 구조에서는 부모 노드가 될 것이다. 이 연구는 새로운 객체와 오래된 객체를 위한 L2 캐시 블록 상의 충분한 공간이 없는 경우 시작 어드레스를 선택하기 위한 몇 가지 상이한 휴리스틱 기법들을 소개하고 있다. 저자는 새로운 객체에 대해 완전히 새로운 캐시 블록을 할당하는 방식이 (처음 들어맞는 블록 또는 근접하게 들어맞는 블록에 할당하는)다른 방식들보다 더 뛰어남을 발견하였다.
- **ccmorph–캐시 의식적 재구성.** 이 루틴은 트리 구조와 트리를 검토하는 함수의 근원을 설명한다. 이 루틴은 휴리스틱 기법 집합에 따라 힙에서 트리 구조의 노드들을 동적으로 재배치한다. 이 연구에서 조사된 휴리스틱 기법은 부모 노드와 자식 노드를 동일한 L2 캐시 블록 또는 메모리 공간 상 인접하게 배치하려 하는 **클러스터링**(clustering)을 포함한다(그림 3.57(a) 참조). 그리고 가장 많이 접근되는 요소(트리 근원 근처의 노드 등)만 가지고 있는 영역과 이 밖의 모든 데이터를 가지

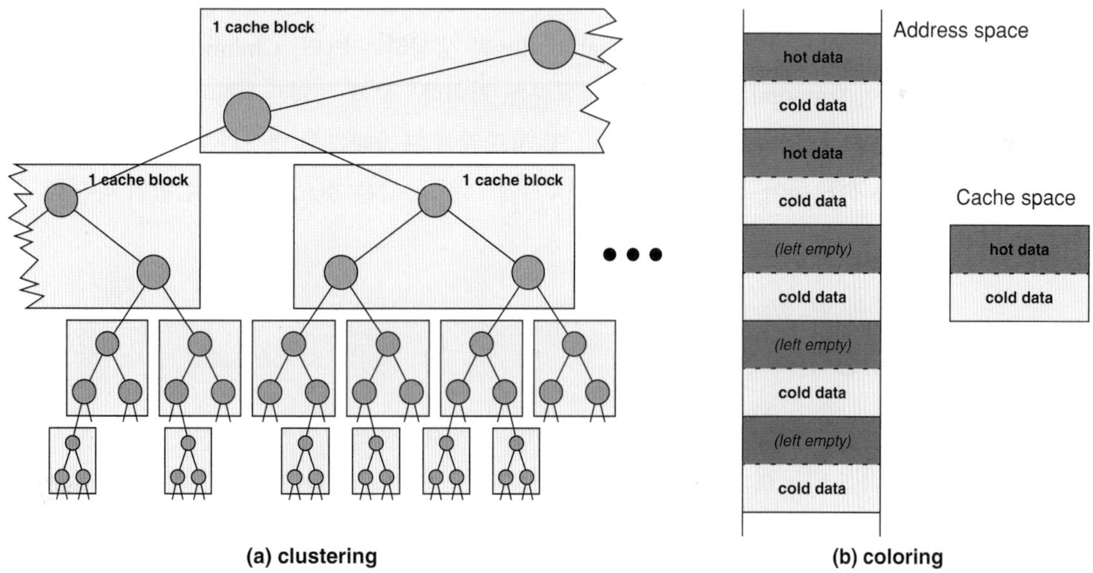

그림 3.57_ Chilimbi 메커니즘의 ccmorph() 내 클러스터링과 컬러링. 클러스터링 (a)는 동적 데이터 구조 내 부모 노드와 자식 노드를 가능하면 동일한 캐시 블록에 함께 두고자 한다. 컬러링 (b)는 뜨겁고 차가운 데이터를 구분하여 메모리 공간에 각각 배치한다. 따라서 이들은 캐시상 서로 다른 파티션에 위치하게 된다. 중요한 점은 컬러링이 메모리 공간에서 오직 작은 수의 '뜨거운 지점(hot spot)'만 사용한다는 것이다. 이는 '뜨거운(hot)' 데이터가 캐시상에서 작은 경합을 일으키도록 보장한다. 사용되지 않는 나머지 뜨거운 공간들은 비워진 상태로 유지된다.

고 있는 영역으로 캐시가 분할되는 컬러링(coloring)을 포함한다(그림 3.57(b) 참조). 저자는 두 휴리스틱 기법의 조합이 가장 좋은 성능을 가짐을 발견하였다. Chilimbi는 이 루틴이 오직 트리 형태의 구조에서 적용되며 일반적인 그래프(DAGs(Directed Acyclic Graph,방향성 비순환 그래프) 등)에서는 적용되지 않는다고 명시하였다. 그러나 특히 프로파일링 정보가 확보되는 경우(DAG를 통해 가장 흔한 경로 찾기 등), 이러한 개념은 더 일반적인 형태를 다루기 위해 확장될 수 있다.

ccmorph()는 '읽기 대다수(read-mostly)' 데이터 구조(예컨대, 프로그램 초기화 단계에서 생성되고 그 시점 이후로 비교적 천천히 변하는 데이터 구조)를 최적화하기 위한 것임은 분명하다. 게다가, *ccmorph*()의 사용은 *ccmalloc*()의 사용보다 어플리케이션 코드에 대한 깊은 이해를 필요로 한다. 이는 *ccmalloc*()은 근본적 메모리 할당 기반구조(infrastructure)에게 손쉽게 힌트를 제공하는 반면, 어플리케이션이 (문제의 소지가 있는)포인터를 반출(exporting)하는 경우에 *ccmorph*()는 코드의 정확성에 안 좋은 영향을 미칠 수 있기 때문이다. 다시 말해, 데이터 구조에 대한 어떠한 허상(dangling) 포인터라도 해당 데이터 구조가 이동된 후에 여전히 남아 있는 경우, 이 데이터 구조는 정확하게 재배치될 수 없다. 이러한 포인터 반출은 최근에 접근한 노드에 대한 지름길(shortcut)을 유지함으로써 검색의 최적화를 시도하는 코드에서 흔하게 일어날 수 있다(간단한 예: 점프 포인터). 하지만 이는 틀림없이 Luk과 Mowry의 메모리 전달(memory forwarding)[1999]에 의해 해결된 문제의 일종이다. 이들이 제안하는 방식은 '공격적이지만 안전한 데이터 재할당'을 가능하게 한다. 메모리 포워딩은 포인터 스위즐링(swizzling)[Wilson 1991, Moss 1992]의 개념과 유사하다. 이 방식은 상주하지 않는(non-resident) 객체 또는 재배치된 객체에 대한 포인터가 역참조될 때 이를 실행 중에 인식하고 올바른 객체 위치를 참조하도록 포인터를 투명성 있게 재조정한다.

힙/데이터 캐시 최적화에 대한 Chilimbi의 접근 방식의 중요한 차별점은 일반적인(최적화되지 않은) 메모리 할당기가 노드 생성 순서에 기반을 두어 spatial locality를 생성하는 반면, Chilimbi의 접근 방식은 노드 탐색 순서에 기반을 두어 temporal locality를 생성한다는 것이다. 실험 결과는 이 메커니즘이 소프트웨어 프리페치 기법(Luk과 Mowry의 점프 포인터[1996]) 및 하드웨어 프리페치 기법보다 우수함을 보이고 있다. 연결 데이터 구조에서는 하드웨어 프리페처를 사용하기에 적절치 않은 것으로 알려져 있기 때문에 후자의 결과는 충분히 예상 가능한 결과라 할 수 있다.

DRAM 어드레스 매핑 정책

설계 시점 및 실행 시점 측면 모두를 결합한 locality 최적화의 또 다른 방법은 메모리 시스템의 특정 물리적 자원에 부합하는 물리적 어드레스의 특정 비트를 선택하는 것이다. 예를 들어, 하나의 비트 하위집합은 채널(channel)을 식별하며, 또 다른 비트 하위집합은 채널 내의 랭크(rank)를 식별한다. 또 다른 비트 하위집합은 랭크 내의 뱅크(bank)를 식별하고, 또 다른 비트 하위집합은 뱅크 내의 가로 열(row)을 식별한다. 메모리 시스템상의 자원에 대한 논의는 10장 10.2절의 "기본 명명법"을 참조. 비트 할당을 바꾸는 것은 시스템 성능에 중요한 영향을 미칠 수 있다. 예를 들어, 서로 다른 두 개의 큰 행렬로 동시적인 접근이 가능하게 할 수 있으며, 첫 번째 행렬에 대한 참조가 두 번째 행렬에 대한 어떠한 동시적 참조와 충돌하게 할 수도 있다. 어드레스 매핑 정책에 대한 더 많은 논의는 13장 13.3절의 "어드레스 매핑(변환)"을 참조.

3.4 논의

다음 절들은 관련된 사례 연구들을 올바르게 이해하는 데 도움이 된다.

3.4.1 제안하는 기법 대 기본 기법

관리 기법이 주어진 책무를 얼마나 효과적으로 만족시키는지를 정량화하는 것은 중요한 사항이다. 프리페치 커뮤니티에서는 특정 기법을 기본 기법과 비교할 수 있는 훌륭한 지표를 제공한다. 예를 들어, **유효범위**(coverage), **정확도**(accuracy), **적시성**(timeliness) 등이 있다. 이 절에서 이러한 지표들은 일반적인 관리 기법에 적용하기 위해 (재)정의된다.

- **유효범위**는 새로운 설계에서 캐시 적중 또는 부분적 캐시 실패로 이어지는 기존(기본) 하위 저장소 참조의 비율로 정의된다.
- **정확도**는 쓸모 있는 'yes' 결정들의 비율로 정의된다. 즉, 이 결정들은 실행 중에 캐시 적중으로 이어진다(특정 결정은 다른 결정과의 간섭을 발생시킬 수 있음에 주의하자. 예를 들어, 두 가지 휴리스틱 기법이 두 개의 의미 있는 데이터를 같은 캐시 블록에 배치하려고 시도하는 경우에 해당 데이터가 실제로 의미 있는 데이터라고 하더라도 정확도는 감소한다).
- **적시성**은 전체 캐시 실패 지연시간이 얼마만큼 감춰졌는지를 의미한다. 캐시 적중의 경우에 전체 지연시간은 줄지만 부분적 실패(예컨대 데이터 요청이 일어났을 때 블록이 하위 저장소에서 이미 전달되고 있는 도중)의 경우 지연시간의 일부만이 줄어든다.

이상적인 컨텐츠 관리 해결책은 넓은 유효범위를 통해 대부분의 캐시 실패를 제거해야 하고, 높은 정확도를 통해 메모리 대역폭 소비를 높이지 말아야 하며, 타당한 적시성을 통해 하위 저장소의 전체 지연시간을 줄이도록 해야 한다. 하지만 이러한 이상적인 해결책을 달성하는 것은 매우 도전적인 일이다. 어플리케이션이 좋은 spatial 또는 temporal locality를 가지는 경우, 기본적인 요구 페치(demand-fetch) 휴리스틱 기법은 좋은 정확도와 적시성을 제공한다. 이는 첫 참조는 캐시 실패가 되더라도 이어지는 참조들은 일반적으로 높은 적중률을 가질 것이기 때문이다. 소프트웨어의 수요를 예상하여 데이터를 시스템 주변으로 미리 이동시킴으로써(데이터 또는 명령어를 프리페치하는 휴리스틱 기법을 사용하는 경우에) 완전히 반응적인 정책(요구 페치)보다 나은 적시성을 얻음과 동시에 동일한 정확도를 제공할 수 있다. 하지만 프리페치 휴리스틱 기법이 너무 공격적이면 적시성과 정확성 모두 좋지 않은 영향을 받을 수 있다. 이 기법은 너무 이른 시간에 프리페치를 개시하는 경우, 어드레스 값이 올바르다고 해도 캐시를 오염시켜 프로세서가 사용하기도 전에 캐시나 프리페치 버퍼에서 쫓겨날 수 있다. 또한 이 프리페치 방식이 너무 많은 데이터를 페치하는 경우, 캐시를 오염시키고 메모리 버스의 부담을 필요 이상으로 가중시킨다. 요구 페치 정책은 간단하지만 보수적이다. 이는 실행 중에 어플리케이션이 요청하는 항목에 대해서만 캐시로 이동시키기 때문이다. 반면에 어플리케이션의 작업 집합이 시간 경과에 따라 천천히 변한다면 요구 페치 방식이 가장 이상적이다. 이는 성능이 최적에 가까우면서도 구현하기 간단하고 비용이 작게 들기 때문이다.

3.4.2 프리페치 대 locality 최적화

소프트웨어 프리페치와 데이터 locality 최적화는 매우 상이한 방법으로 메모리 성능을 개선한다. 프리페치는 유용한 연산 속에 지연시간을 감추기 위해 메모리 동작을 미리 개시하는 반면, 데이터 locality 최적화는 데이터 캐시의 재사용을 향상시킨다. 전자는 **지연시간 관용** 기법인 반면 후자는 **지연시간 감소** 기법이다.

프리페치는 오직 메모리 지연시간에만 관용적이기 때문에 효과를 얻기 위해서는 충분한 메모리 대역폭이 필요하다. 소프트웨어 프리페치는 요청된 데이터를 이른 시간에 프로세서에게 전달해줌으로써 연산을 빠르게 수행시키지만 데이터 요청률은 더 높인다. 메모리 대역폭이 포화되는 경우, 프리페치는 더 이상의 성능 향상을 제공하지 않으며 어플리케이션은 메모리 시스템의 속도에 의해 성능이 제한될 것이다. 이와는 대조적으로, 데이터 locality 최적화는 어플리케이션의 캐시 실패 일부를 제거하여 평균 메모리 지연시간을 감소시킨다. 따라서 메모리 지연을 감소시킬 뿐만 아니라 메모리 계층 구조의 더 낮은 계층으로의 트래픽과 이 트래픽에 의한 메모리 경합(contention)도 감소시킨다.

데이터 locality 최적화와 비교했을 때, 소프트웨어 프리페치는 모든 캐시 실패를 대상으로 할 수 있기 때문에 잠재적으로 더 많은 메모리 지연(stall)을 제거할 수 있다. 충분한 메모리 대역폭이 주어진 상황에서, 소프트웨어 프리페치는 메모리 시스템의 성능 저하를 전체적으로 제거할 수 있다. 데이터 locality 최적화는 cold miss로부터 발생하는 지연과 같은 모든 유형의 지연을 제거하지는 못한다. 소프트웨어 프리페치의 또 다른 장점은 소프트웨어 변환이 완전히 투기적이라는 것이다. 다시 말해, 소프트웨어 변환은 프로그램 코드의 의미(semantic)를 변화시키지 않는다. 이와는 대조적으로, 데이터 locality 최적화는 프로그램의 정확성에 영향을 줄 수 있다. 따라서 컴파일러는 이 방식들이 적용되기 전에 변환의 정확성을 증명해야 한다. 이는 몇몇 경우에 있어 소프트웨어 프리페치에 비해 데이터 locality 최적화의 적용 가능성을 감소시킬 수 있다.

3.4.3 어플리케이션 지시형 관리 기법 대 투명성을 가진 관리 기법

소프트웨어 지시형(software-directed) 관리 기법의 장점은 실행 중에 모호한 방식으로 어플리케이션 시멘틱(semantic)을 활용한다는 점에 집중되어 있다. 예를 들어, 분기 예측이 쉬운 일반적인 어플리케이션의 경우 정확한 프리페치를 생성하기 위해 필요한 정보는 주로 소스 코드(source code)에서 찾을 수 있다. 오프라인에서의 분석과 계측을 통해, 소프트웨어 메커니즘은 이러한 작업들을 캐시(일반적으로 하드웨어)에서 소프트웨어로 가져오며 파티셔닝과 프리페치를 수행하는 데 필요한 노력을 줄여준다. 이는 시스템의 복잡성과 비용을 줄여 설계 및 테스트 시간을 줄이고, 보다 신속하고 능률적인 구현을 가능하게 한다.

어플리케이션 지시형 관리 기법의 방해 요소는 이 메커니즘을 활용하기 위해 기존 코드를 계측해야 한다는 점이다(아마도 다시 컴파일되거나 심지어는 다시 작성되어야 한다). 일부 오프라인 휴리스틱 기법을 활용하기 위해 어플리케이션 프로그래머는 새로운 컴파일러와 운영체제의 지시어들(directives)을 익혀야 하는데(예컨대 프로그램에 걸쳐 '전략적으로 배치'[Griffioen & Appleton 1994]해야 하는 정보를 활용한 프리페치 기법[Patterson 외 1995]에서의 암시들 등), 이는 곤란한 문제들을 내포할 수 있다. 지시어를 부적절하게 사용하거나 잘못 배치하게 되면 성능을 향상시키기보다는 오히려 더 저하시킬 수 있기 때문이다. 컴파일러나 다른 유형의 자동 코드 분석 기법에의 의존은 많은 경우에 있어 비현실적이다. 예를 들어, Abraham은 gcc와 spice 등의 비규칙적인 프로그램에 대해서 실행 중에 메모리 지연시간을 정밀하게 예측할 수 있는 컴파일 시점의 기술은 "아직 개발되지 않았다"고 언급하였다[Abraham 외 1993]. 문헌에서 제안된 수많은 소프트웨어 직접적 프리페치 메커니즘은 컴파일러에서 구현되지 않고 있다. 즉, 컴파일러 기반의 휴리스틱 기법은 배열 기반 알고리즘과 아주 간단한 포인터 기반 메커니즘만을 포함한다.

투명성을 가진(하드웨어 지시형(hardware-directed) 또는 캐시 지시형(cache-directed) 등) 관리 기법의 장점은 설계 또는 컴파일 시점에 모호한 방법으로 어플리케이션 행동을 활용한다는 점에 집중되어 있다. 예를 들어, 조건부 분기 명령은 데이터 중심(data-driven)의 연산을 본질적으로 예측 불가능하게 만든다. Brooks와 Martonosi의 간단한 연구[1999, 그림 2]에 의하면 컴파일 시점에는 피연산자의 값은커녕 단위(실행 중에 해당 피연산자를 나타내기 위한 비트의 개수)를 예측하는 것조차도 어려운 일이다. 마찬가지로, 포인터 분석도 여러 가지 문제에 봉착하게 된다. 온라인 최적화 기법은 실제 실행 중 값에 대한 정보를 활용할 수 있다. 예를 들어, 실행 중 하드웨어는 포인터 어드레스를 구분하고 적절한 비트 폭을 식별할 수 있다. 하드웨어 지시형 캐시 관리 기법은 프리페치를 위한 객체를 올바르게 예측하고 데이터 압축을 활용하기 위해 이 정보를 활용할 수 있다.

요구되는 휴리스틱 기법의 복잡도는 캐시 지시형 관리 기법의 방해 요소 중 하나이다. 예를 들어, 데이터 프리페치 표(data prefetching table)는 수 MB의 저장 공간을 필요로 할 수 있다. 그리고 분기 예측기는 엄청난 양의 전력을 소모할 수 있다. 또한 웹 캐시 대체 정책은 소프트웨어 구현과 저장소의 데이터 구조를 필요로 할 수도 있다.

일반적인 어플리케이션의 경우에, 어플리케이션 지시형 관리 기법과 캐시 지시형 (또는 정상 상태(solid-state) 캐시의 경우 하드웨어 지시형) 관리 기법 중 어떠한 것이 '더 좋은' 선택인지는 확실히 알 수 없다. 두 메커니즘을 정책적으로 통합하여 시너지 효과를 내는 구현이 각각의 메커니즘을 분리하여 사용했을 때보다 더 좋을 것이라는 생각은 호소력 있어 보이지만, 앞의 절에서 설명한 '결합적 휴리스틱 기법들' 중 그 어떠한 것도 우세한 메커니즘은 되지 못하였다. 이에 관해서는 여전히 논의가 필요하다.

3.4.4 실시간 경우 대 평균적 경우

좋은 성능을 위해 어플리케이션이 데이터 및 명령어에 빠르게 접근할 필요가 있다는 사실은 오래전부터 알려져 왔다. 이에 따라 범용 프로세서들은 (투명성을 가진)캐시를 제공하여 범용 어플리케이션의 연산 속도를 향상시켜 왔다. 캐시는 프로그램의 데이터나 명령어의 일부만을 가지고 있지만 가장 중요한 데이터들을 유지하도록 설계되었기 때문에 어떠한 시점에도 원하는 데이터가 캐시에 있을 확률이 높다. 하지만 하드웨어로 관리되는 캐싱은 실시간 어플리케이션에 대해 해로운 것으로 판명되었고, 그 결과 실시간(real-time) 어플리케이션은 시스템 내 어떠한 하드웨어 캐시라도 이를 대부분 비활성화한다.

이런 현상은 왜 발생하는가? 일반적으로 범용 시스템에서는 속도가 강조된다. 이는 평균적인 경우의 시스템 행동과 관련되어 있다. 이와는 반대로 실시간 시스템에서는 정확도와 신뢰성이 고려 대상이다. 이는 최악의 경우의 시스템 행동과 관련되어 있다. 실시간 시스템이 중대한 장치를 제어하는 경우, 실행 시간은 미리 정해진 제약 조건에 실패 없이 충족되어야 한다. 비행기에서의 비행 제어 시스템과 자동차의 잠금 방지 브레이크와 같이 중대한 요소를 동작시킬 때에 수행 시간의 변동은 절대로 허용될 수 없다.

실시간 시스템에서 전형적인 하드웨어 관리 캐시를 사용함에 있어 생기는 문제는 이들이 확률적인 성능 향상을 제공한다는 점이다. 다시 말해, 캐시는 어떠한 특정 시점에 필요한 데이터를 가지고 있을 수도 그렇지 않을 수도 있다. 데이터가 캐시에 존재하는 경우 데이터 접근은 매우 빠르다. 데이터가 캐시에 존재하지 않는 경우 데이터 접근은 매우 느리다. 일반적으로 메모리 항목이 처음 요청될 때 이는 캐시에 존재하지 않지만, 해당 항목 이후 이어지는 접근들의 데이터는 캐시에서 찾을 확률이 높다. 따라서 접근은 빠를 것이다. 그러나 이 항목은 추후 다른 어드레스로의 메모리 요청에 의해 캐시에서 쫓겨날 수 있다. 특정 항목이 캐시에 있거나 없는 것을 보장하는 분석은 어려운 것으로 증명되었으며, 많은 실시간 시스템들은 단순히 하드웨어 캐시를 비활성화함으로써 최악의 동작 시간(worst-case execution time) 기반의 스케줄링 가능성 분석(schedulability analysis)을 진행한다.

소프트웨어로 하드웨어의 약점을 보완하는 것은 매우 어려운 일이다. 한 가지 해결책은 캐시 라인을 고정시키는 것이다(하드웨어 시스템이 이를 지원하는 경우). 또 다른 해결책은 코드 및 데이터가 고정되지는 않았지만 실행 중에 발생할 캐시 실패의 수를 설계 시점에서 보장하는 것이다. 또한, 코드 및 데이터가 캐시에 잘 들어맞도록 재배치하는 많은 연구들이 있다. 예를 들어, 타일링(tiling), 페이지 컬러링(page coloring), 캐시 의식적 데이터 배치(cache-conscious data placement), 루프 교환(loop interchange), 펼치고 밀어넣기(unroll-and-jam) 등이 있다[McFarling 1989, Carr 1993, Bershad 외 1994a, Carr 외 1994a, Calder 외 1998]. 더불어, 집합 연관성(set associativity)을 증가시키면 캐시 실패, 특히 충돌 실패(conflict miss)가 감소하는 것으로 알려져 있다. 하지만, 이러한 (하드웨어 및 소프트웨어적)메커니즘들의 목적은 캐시 실패 횟수를 감소시키는 것일 뿐, 캐시 실패 횟수를 보장하는 것은 아니다. 따라서 캐시 성능을 보장하기 위해서는 상당한 노력이 요구된다. 다음 절에서도 설명될 내용이지만, 캐시 충돌을 제거하기 위한 목적으로 코드 및 데이터 객체에 메모리 어드레스를 할당하는 것은 NP−완전(NP−complete) 문제이다.

3.4.5 명명 기법 대 캐시 충돌

메모리 시스템 내의 데이터 배치는 데이터의 캐시 블록 ID를 결정하고, 이를 통해 투명성 있게 고려된 캐시(전형적인 '캐시' 또는 소프트웨어로 관리되는 캐시) 내에서의 데이터 위치를 결정한다. 캐시 내에 존재하는 항목의 위치는 다른 블록과의 충돌 실패(conflict miss)를 유발한다. 따라서 메모리 시스템 또는 가상 메모리 시스템(캐시가 물리적으로 색인되었는지 가상으로 색인되었는지에 따라 구분된다) 내에서의 데이터 배치는 충돌 실패를 최소한으로 감소시키기 위한 중대한 사항 중 하나이다. 문제는 이러한 데이터 배치 방법(충돌 실패가 없도록 보장하기 위해 메모리 내에 데이터를 배치하는 것)이 난제라는 점이다. 그럼에도 불구하고, 해당 프로그램들이 순탄한 행동을 보인다면 이는 실제로 해결할 수 있는 문제이다.

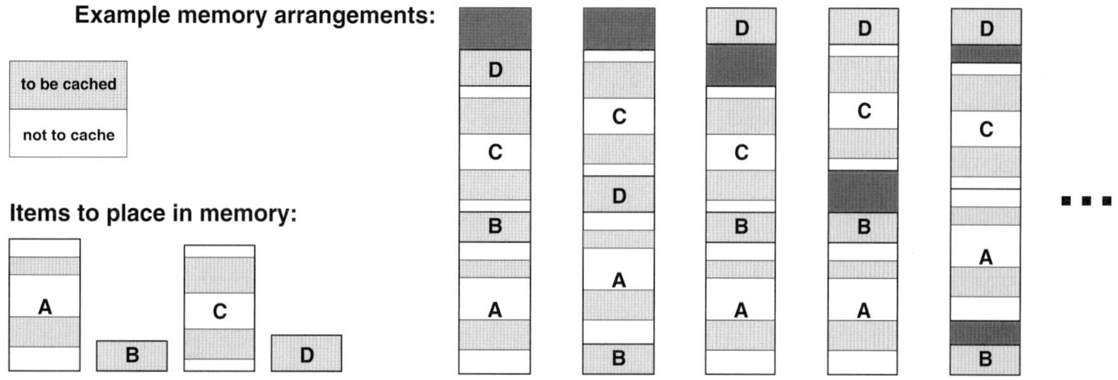

그림 3.58_ 메모리 공간에서 캐싱 및 비캐싱 영역을 가지는 객체들에 대한 가능한 레이아웃들

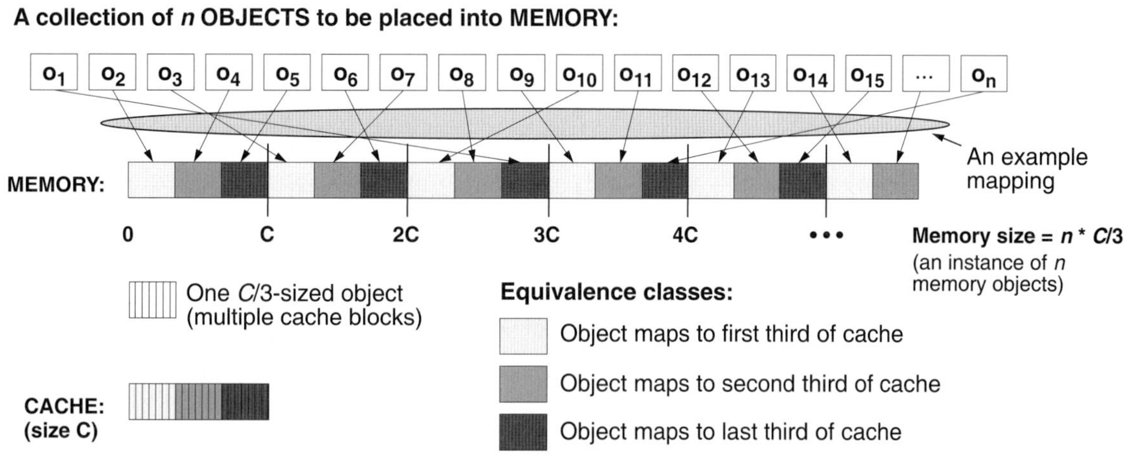

그림 3.59_ 캐시 크기가 C이고, 모든 객체의 크기가 C/3로 동일한 특별한 경우

캐시 실패를 감소시키는 것은 (적어도 잠재적으로)성능을 증가시키고 에너지 소비를 감소시키기 때문에 범용 시스템에서도 중요한 문제이지만, (설계자가 캐시를 사용하고 싶은 경우)내장형 시스템에서 특히 중요한 문제이다. 정말로 어려운 문제는 충돌 실패를 제거하는 것이다. 캐시의 저장 용량을 초과하지 않도록 적절히 캐시 항목을 선택하여 용량 실패(capacity miss)를 제거하더라도, 충돌 실패를 제거하는 것은 해결이 쉽지 않다. 코드 분석이나 어플리케이션 프로파일링, 또는 컴파일러 최적화를 통해 캐싱되어야 할 (캐시 블록 단위로 선택된)프로그램 하위집합을 식별할 수 있다고 가정하자. 이때 프로그램의 나머지 부분들은 어플리케이션 실행 시간 동안 캐싱되지 않을 것이다. 이 프로그램 하위집합이 실행되는 동안 캐시 충돌 문제가 일어나지 않도록 보장하기 위해서는 캐시 내 중첩의 최대 정도가 캐시의 연관성 정도보다 적도록 캐싱된 항목들을 메모리에 배치하는 것이 필요하다.

이에 대한 직관적인 상황이 그림 3.58에 나타나 있다. 이 프로그램은 더 이상 쪼개질 수 없는 원자적 객체들(A, B, C, ..).을 가지고 있다. 예를 들어, 이들은 C 언어의 구조체나 배열이 될 수 있다. 이 객체들 중 일부는 캐싱(to-be-cached) 또는 비캐싱(not-to-be-cached) 여부가 지정되어 있을 수 있는데, 이는 각 객체 내의 음영에 의해 구분된다. 캐싱할 전체 영역의 크기가 캐시의 크기를 초과하지 않는다고 가정할 때, 메모리 공간 내에서 객체들은 캐시 충돌을 일으키지 않는 다양한 배치를 가질 수 있다. 코드 및 데이터 객체에 대해서 이와 같은 충돌 자유(conflict-free)의 배치를 찾는 것은 중대한 문제이다. 다음은 이 문제와 NP-완전성 증명에 대해 요약한 것이다. 관심 있는 독자는 온라인에서 완전한 증명을 찾을 수 있다[Jacob & Bhattacharyya 2000].

초기 시나리오는 직접 사상 캐시와 코드 및 데이터의 크기가 가용한 메모리 공간에 딱 들어맞는 특정 프로그램을 상정하고 있다. 메모리에 배치되는 모든 객체의 크기가 캐시의 1/3 크기로 동일한 상황에서의 배치 문제를 예로 들어보자. 이 문제는 어떠한 객체라도 매핑될 수 있는 공간이 캐시 내에서 오직 세 곳만 존재하는 것을 의미한다. 이는 모든 객체 크기의 합이 메모리 크기와 일치하고 캐시가 직접 사상 캐시이기 때문이다. 그림 3.59는 이 문제를 보여주고 있다.

이러한 매핑은 이 배치에 의해 극히 제한되며, 객체에 대한 세 가지 등가 클래스(equivalence class)를 효과적으로 정의한다. 이는 객체가 매핑될 수 있는 세 가지 1/3 크기의 캐시들에 해당한다. 하나의 등가 클래스에 두 객체가 존재해서는 안 된다(어떠한 캐싱 가능한 블록이 캐시에서 중첩될 수 있다면 캐시의 동일한 1/3 영역에 매핑되지 않아야 한다). 그림 3.60은 이를 보여주고 있다. 객체 A와 객체 B는 동일한 위치에 캐싱될 수 있는 블록을 가졌기 때문에 캐시의 동일한 1/3 영역에 함께 매핑되지 않아야 한다. 이러한 제약은 메모리 안에 위치할 수 있는 곳을 서로의 위치에 따라 상대적으로 제한한다. 객체 C 또한 캐싱된 블록들을 소유하고 있지만 이 블록들은 객체 A와 객체 B가 소유한 캐싱된 블록과 겹치지 않는다. 따라서 객체 C는 객체 A와 객체 B에 대해 상대적으로 아무 곳에나 삽입될 수 있다.

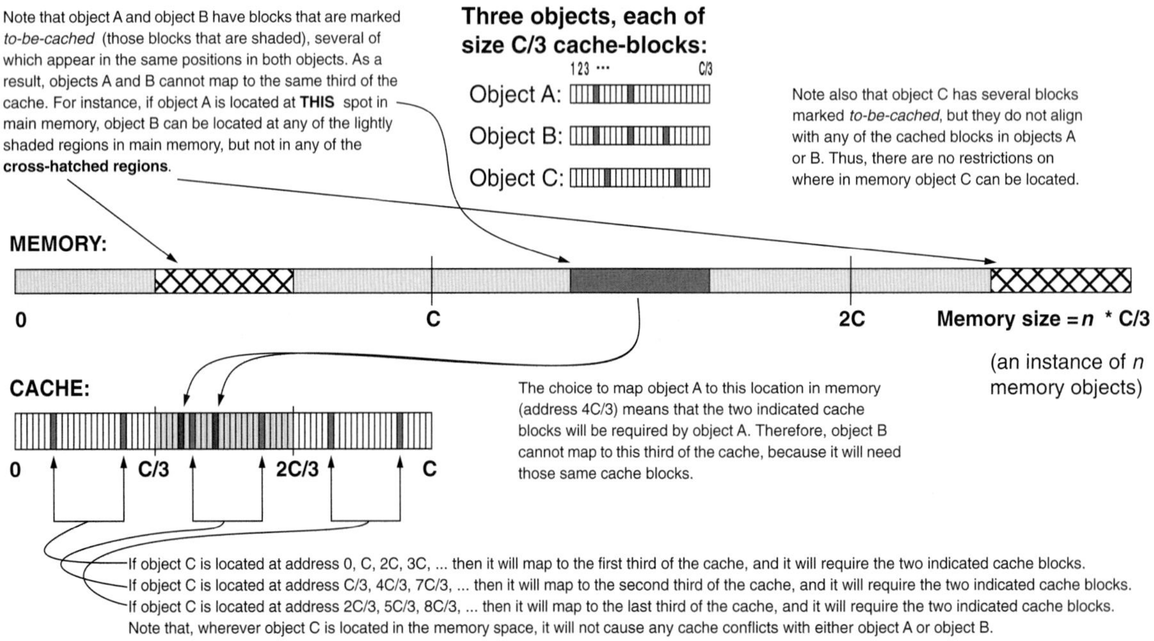

그림 3.60_ 캐시 충돌과 메모리 내 신중한 배치로 인한 충돌 회피

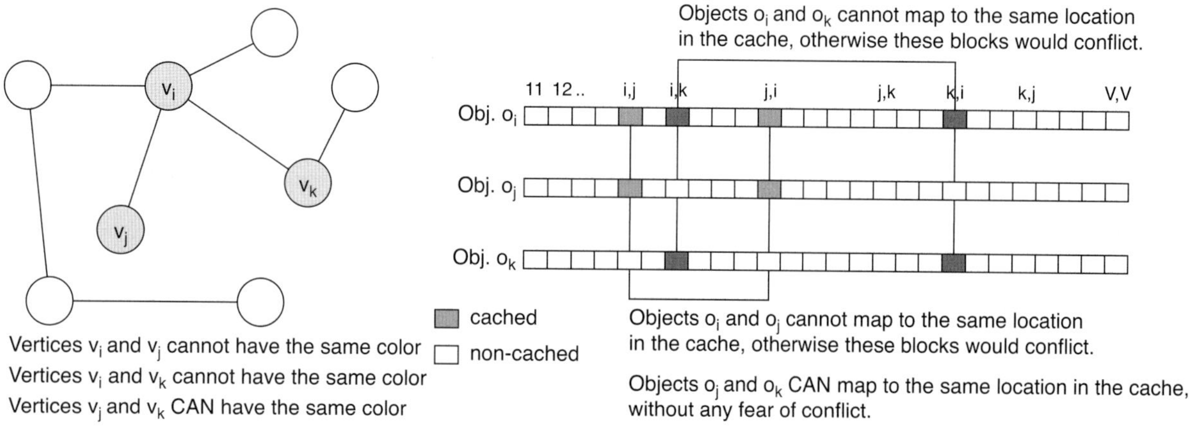

그림 3.61_ 그래프 꼭짓점과 메모리 객체 간 대응 관계

잘 알려진 NP-완전 문제 중 하나인 3색 채색 문제(3-COLOR)가 다항 시간의 조건에서 이 문제로 변환될 수 있다는 것은 놀라운 점이 아니다. 이 문제는 3색 채색 문제와 직관적으로 유사하다(그림 3.61은 이 변환을 나타내고 있으며, 이때 객체 o_x는 그래프에서 꼭짓점 v_x에 해당한다). 꼭짓점의 허용 가능한 어떠한 채색이든 메모리 공간에서 객체의 허용 가능한 매핑에 해당할 수 있고, 메모리 공간에서 객체의 허용 가능한 어떠한 매핑이든 그래프에서 꼭짓점의 허용 가능한 채색에 해당할 수 있다.

하지만 메모리 공간의 크기가 개별 객체 크기의 합과 같다는 사실은 이 문제를 어렵게 만드는 요소에 해당하지 않는다. 다시 말해, 메모리 공간의 크기를 증가시키면 이 문제는 다항 시간 안에 풀 수 없게 된다. 메모리 공간에 메모리 객체를 유지하기 위해 필요한 양 외에 (k-1)개의 여분 블록이 있는 상황에서의 이 배치 문제를 생각해 보자. 게다가, 이 메모리 객체들은 크기가 모두 균등하며 캐시 크기와 동일한 크기를 가진다. 이 조건은 직관적으로 볼 때 문제를 더 풀기 쉽게 만들어 준다. 그럼에도 불구하고, 이 경우는 NP-완전 k색 채색(k-COLOR) 문제로 대응될 수 있다. 메모리 객체들이 할당된 등가 클래스는 객체가 위치해 있는 메모리 위치가 0(mod C)인지, 1 (mod C)인지, ..., (k-1) (mod C)인지에 해당한다. k=3인 경우에 대한 등가 부류가 그림 3.62에 나타나 있다. 이 경우, 메모리 공간에 배치된 메모리 객체들의 세 영역이 존재

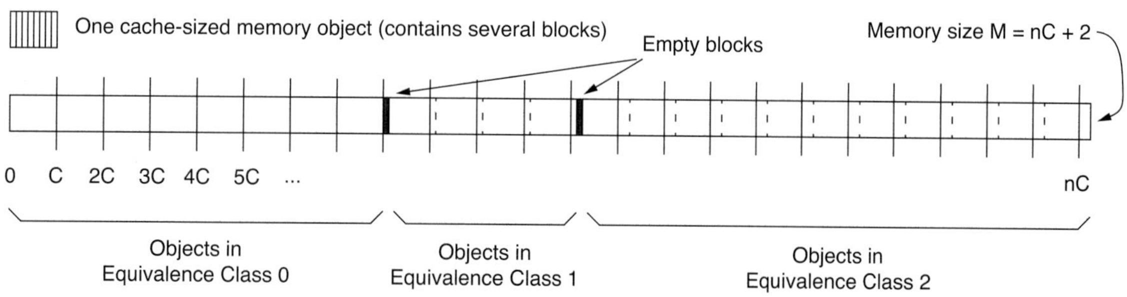

그림 3.62_ k색 채색(k=3, n=|V|)에 해당하는 메모리 배치 예시

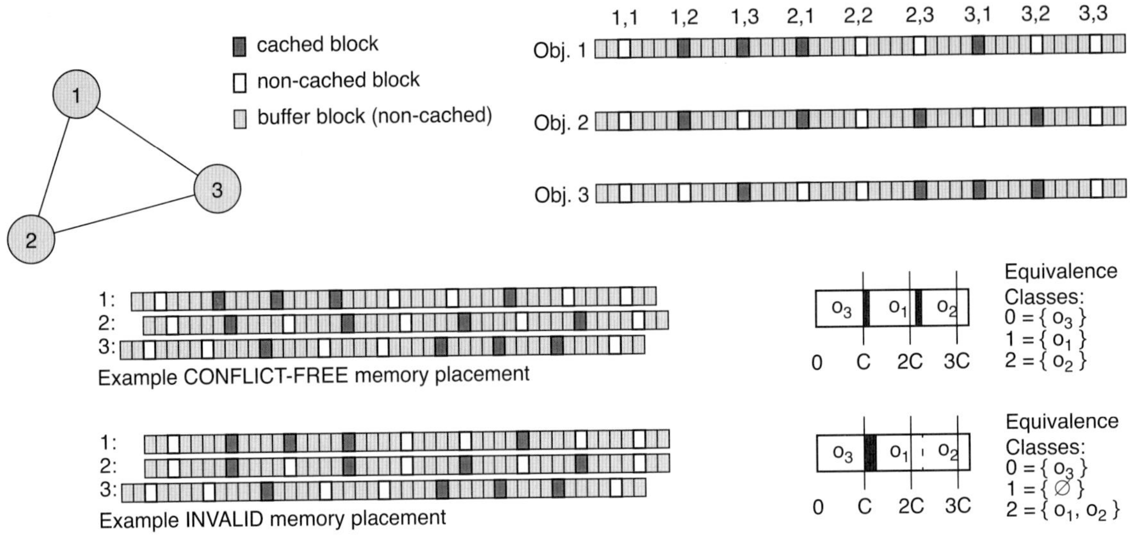

그림 3.63_ k색 채색 변환(k=3)의 간단한 예시

한다. 이는 두 개의 빈 공간이 위치한 곳에 의해 구분된다(빈 블록들은 캐시 블록 크기의 경계에 의해 정렬된다고 가정한다). 각각의 빈 블록 후에, 순차적인 메모리 객체들은 이전 메모리 객체에서 하나의 캐시 블록 (mod C)만큼 모두 오프셋되어 있다. 메모리 공간에는 *n*개의 메모리 객체가 있다. 하위 어드레스 공간에 있는 객체들은 캐시 크기의 경계에 의해 정렬되고, 그림 3.62에 보이는 점선은 메모리 공간에서 상위 어드레스에 위치한 메모리 객체를 나타낸다. 그림 3.63은 이 상황이 어떻게 그래프 채색 문제에 대응되는지를 보여준다. 마찬가지로 *k*=3이다. 이 그림은 유효하지 않은 결과(알고리즘은 이를 결과로 내놓지 않을 것이다)와 유효한 결과에 대한 두 배치 결과 예시를 나타낸다.

전형적인 하드웨어로 관리되는 캐시에서 충돌 실패를 제거하는 것은 매우 어려운 문제이다. 하지만 캐싱/비캐싱(cached/non-cached) 영역이 단순한 구성을 가지는 경우(하나의 원자적 객체당 하나의 캐싱 영역을 가지는 경우 등)를 가정하면 이 문제는 다항 시간 안에 풀 수 있다. 만약 *M*이 충분히 크면 단순히 $\{s_{i1}\}$에서 Z^+로의 매핑을 고르되 각 캐시 영역은 이전 객체의 캐싱 영역보다 정확히 하나의 캐시 블록만큼만 떨어져서 시작하도록 하면 된다. 이 개념은 상이한 구성이 존재할 경우 적용될 수 없다. 두 개의 배열 중 하나는 모든 블록의 1/2이 캐싱되어야 하고 다른 하나는 1/3이 캐싱되어야 하는 것과 같은 구조를 예로 들 수 있다. 다만, 어플리케이션이 순탄한 캐싱 영역과 비캐싱 영역을 가지는 경우 *M*은 가상 어드레스를 이용해 (거의)임의의 크기로 확장될 수 있다. 하드웨어 지원의 예로는 소프트웨어로 관리되는 캐시나 전형적인 TLB+ 캐시를 들 수 있다. 다만 TLB는 소프트웨어로 관리되고 최소 하나 이상의 여분을 남기고 완전히 캐시에 매핑될 수 있어야 한다. TLB의 상위 공간들은 캐싱된 데이터를 위해 사용되고 나머지 공간들은 메모리에서 어플리케이션의 나머지 부분을 변환하기 위해 유지된다. 이 기법은 캐싱된 메모리 영역뿐만이 아니라 모든 메모리 공간에 대한 어드레스 변환을 필요로 한다. 즉, 작은 어드레스 공간, 큰 TLB, 큰 페이지 크기, 또는 심사숙고한(well-thought-out) 변환 방식이 필요하다는 의미이다.

3.4.6 동적 관리 기법 대 정적 관리 기법

이전 연구[Jacob 외 1996]와 유사한 분석적 접근 방식을 캐시 모델에 적용하여, 완전히 정적으로 관리되는 CAM이 단순히 LRU로 관리되는 CAM보다 성능이 좋지 않은 것을 많은 어플리케이션을 통해 관찰하였다. 정적 CAM 결과는 가장 중요하고 자주 참조되는 항목에 대해 고정적 배치를 적용한 경우 현실적인 스크래치패드 메모리 성능의 상한선을 보여준다. 동적으로 관리되는 CAM은 용량 실패 문제를 해결하는 데 사용될 수 있다. 이러한 분석은 스크래치패드 메모리의 정적 관리 기법(거의 모든 DSP에서 사용되는 하드웨어 메커니즘[Lapsley 외 1994, 1997])과 완전 연관 캐시의 동적 관리 기법을 비교한다. 스크래치패드는 CAM으로 모델링되며 성능 상한선을 가진다. 분석 결과는 locality의 부재와 완벽함 사이에서 캐시를 동적으로 관리하는 것이 더욱 효율적인 교차점이 존재함을 보여주고 있다. 또한 캐시 크기에 따라 어플리케이션이 차지하는 공간이 증가하면서 정적 관리 기법의 효과가 줄어드는 양상을 보여주고 있다.

해당 어플리케이션의 어드레스 공간으로 참조 스트림을 발생시키는 실행 중 어플리케이션을 가정하자. 그리고 함수 $f(x')$는 어플리케이션이 어드레스 x'를 참조한 횟수를 산출한다고 하자. 여기서 접근 단위는 명시하지 않고 있음을 주목하자. 즉, 접근 단위는 바이트, 워드, 블록 단위가 될 수 있다. 이 분석에 대한 단 한 가지 제한은 모든 참조가 동일한 단위를 가진다는 점이다.

$\{x', f(x')\}$ 쌍을 가장 높은 $f(x')$ 값에서 가장 낮은 $f(x')$ 값으로 정렬함으로써 새로운 관계를 생성한다고 가정하자. $x : Z^{+} \phi\ x'$ 매핑을 통해서 재정렬된 x' 도메인을 정수로 매핑하는 경우, x번째로 자주 참조된 항목에 대한 접근 빈도를 산출하는 새로운 함수 $f(x)$를 생각할 수 있다. 즉, $f(1)$은 첫 번째로 자주 참조된 항목이 참조된 횟수를, $f(2)$는 두 번째로 자주 참조된 항목이 참조된 횟수를, $f(3)$은 세 번째로 자주 참조된 항목이 참조된 횟수를 나타낸다. 그런 다음, 다음과 같은 사항을 가정하자.

- 완벽한 정적 관리 기법
- 인접성(contiguity)에 대한 비 제약성

스크래치패드 메모리가 전부 채워질 때까지 가장 자주 참조된 코드 및 데이터가 스크래치패드 메모리에 배치되도록 코드 및 데이터를 구성할 수 있다. 이외의 나머지 코드 및 데이터는 전부 DRAM에 위치한다. 그런 다음, 크기가 S인 스크래치패드 메모리의 적중 횟수는 다음과 같이 주어진다.

$$\int_{0}^{S} f(x)dx \qquad \text{(수식 3.5)}$$

전체 접근 시간은 다음과 같이 주어지며, 이때 강제 실패(compulsory miss)에 대한 비용(DRAM 또는 ROM에서 스크래치패드 메모리로 처음 복사할 때의 비용)은 무시한다. tS와 tD는 각각 스크래치패드 메모리와 DRAM에 대한 접근 시간을 나타낸다.

$$T_{STAT} = t_s \int_{0}^{S} f(x)dx + t_D \int_{S}^{\infty} f(x)dx \qquad \text{(수식 3.6)}$$

이 접근 시간은 정적으로 관리되는 스크래치패드 메모리가 달성할 수 있는 최고의 성능이다. 이 성능 수치는 매우 공격적인데, 이는 스크레치패드 메모리의 어드레스 지정 충돌에 대한 부담과 인접성 보존에 대한 책임 없이 코드 및 데이터를 조정할 수 있다고 가정하기 때문이다. 앞서 설명한 바와 같이, 이는 현실적이지 않다. 데이터 구조의 일부만을 캐싱하거나 코드 및 데이터를 캐시상 임의의 위치에 배치하는 것은 어려우며 때로는 불가능하다. 따라서 수식(3.6)은 정적으로 관리되는 스크래치패드 메모리에 대한 성능 상한선을 나타낸다.

이를 유사한 크기의 메모리를 LRU 방식으로 관리하는 비용과 비교해보자. 각 어드레스 x에 대해 x가 발견된 위치에서 평균 스택 깊이를 나타내는 함수 $g(x)$를 본래의 어플리케이션 동적 실행으로부터 유도할 수 있다. 이는 이전 연구에서 사용된 스택 깊이 함수[Jacob 외 1996]와 동일하지는 않지만 유사한 편이다. 함수 $g(x)$도 함수 $f(x)$와 마찬가지로 정렬 과정을 거치지만 가장 낮은 값에서 가장 높은 값으로 정렬된다. LRU 방식으로 관리되는 캐시에 대한 적중 횟수는 다음과 같이 주어진다.

$$\int_0^{g^{-1}(S)} f(x)dx \qquad \text{(수식 3.7)}$$

적분의 범위는 평균 스택 깊이가 S 또는 그 이하인 모든 어드레스를 포함한다. 정의에 의하면, 캐시에서 이 어드레스들에 대한 참조는 평균적으로 적중될 것이다. 이를 통해 이전과 같이 전체 접근 시간을 계산할 수 있다.

$$T_{DYN} = t_s \int_0^{g^{-1}(S)} f(x)dx + t_D \int_{g^{-1}(S)}^{\infty} f(x)dx \qquad \text{(수식 3.8)}$$

$T_{DYN} < T_{STAT}$인 경우, 즉, 다음과 같은 경우에 동적 기법은 완벽한 정적 기법보다 더 우수하다.

$$\left[t_s \int_0^{g^{-1}(S)} f(x)dx + t_D \int_{g^{-1}(S)}^{\infty} f(x)dx \right] < \left[t_s \int_0^{S} f(x)dx + t_D \int_{S}^{\infty} f(x)dx \right] \qquad \text{(수식 3.9)}$$

$t_S \ll t_D$이므로, $g^{-1}(s) > S$이면(또는, $g(S) < S$이면, g는 가역적이라 가정한다.) 동적 기법이 더 우수하다. 다음 과정은 $g(x)$를 찾는 것이다.

가능한 최상의 시나리오에서는 한 번에 하나의 위치에 초점을 두는 total locality가 있다. 이러한 어드레스 스트림의 예(LRU가 아닌 MRU)는 다음과 같다.

AAAAABBBBBBCCCCCCDDDDEEFFGGGGHHHHHHHH …

(이전 분석과 같이)강제 실패를 무시하는 경우, 모든 위치에 대한 모든 접근은 스택 깊이가 0인 곳에서 발견될 것이다(사이에 있는 고유 어드레스들이 없다). 따라서 이 예시에 대해서는 다음을 발견할 수 있다.

$$g(x) = 0 \qquad \text{(수식 3.10)}$$

이 시나리오에서 S(캐시 크기)는 정의에 의해 0보다 크기 때문에, 분명히 모든 S에 대해 $g(S) < S$이다. 따라서 이러한 locality 정도를 드러내는 어드레스 스트림에 대해서는 정적이 아닌 항상 동적으로 캐시를 관리해야 한다.

최악의 시나리오에서는 locality가 거의 존재하지 않는다. 이는 각 어드레스에 대한 참조가 멀리 퍼져 있음으로 인해 사이에 있는(interleaving) 데이터들도 다수 존재하는 경우에 발생한다. 모든 참조를 가지고 어드레스 스트림에 걸쳐 이를 균등하게 분산시키는 경우에 가장 큰 평균 스택 깊이가 산출되며, 다음과 같이 $g(x)$를 정의할 수 있다. 먼저, 동적 실행상 전체 참조 횟수를 어드레스 x에 대한 참조 횟수로 간단히 나눔으로써 동일한 항목에 대한 연속적인 참조들 간의 평균 거리를 정의할 수 있다.

$$\frac{\int_0^\infty f(y)dy}{f(x)} \qquad \text{(수식 3.11)}$$

그러나 이 수식은 스택 거리를 제공하지 않는다. 스택 거리는 동일한 항목에 대한 연속적인 참조들 중 고유한 항목의 수이기 때문이다. (수식 3.11)은 연속적인 참조들 중 전체 항목의 수를 제공한다. 특정 어드레스 x가 주어졌을 때, 모든 $z<x$에 대해서 x에 대한 연속적인 참조들 중 z에 대한 정확히 하나의 고유한 발생이 있을 것이다. 모든 $z>x$에 대해서 x에 대한 연속적인 참조들 중 평균 발생 횟수 다음과 같이 주어질 것이다.

$$\frac{f(z)}{f(x)} \qquad \text{(수식 3.12)}$$

이를 바탕으로 다음과 같은 이산 함수의 합을 정의할 수 있다.

$$g(x) = \sum_{z=0}^{\infty} \begin{cases} z \le x & 1 \\ z > x & \frac{f(z)}{f(x)} \end{cases} \qquad \text{(수식 3.13)}$$

이 수식은 연속적 함수 체계를 잘 변환한다. 그리고 다음과 같은 $g(x)$를 산출한다.

$$g(x) = x + \frac{\int_x^\infty f(z)dz}{f(x)} \qquad \text{(수식 3.14)}$$

분명히 모든 현실적인 S에 대해서 $g(S) > S$이다. 그리고 locality가 없는 경우 스크래치패드 메모리를 정적으로 관리하는 것이 최선이라는 예측 가능한 결과를 얻는다(제안하는 정적 관리 정책이 완벽하다고 가정).

결과적으로 우리는 두 가지 경계를 가진다. 1차 근사에 대해, $g(x)$는 수식 (3.10)보다 좋아질 수 없으며 수

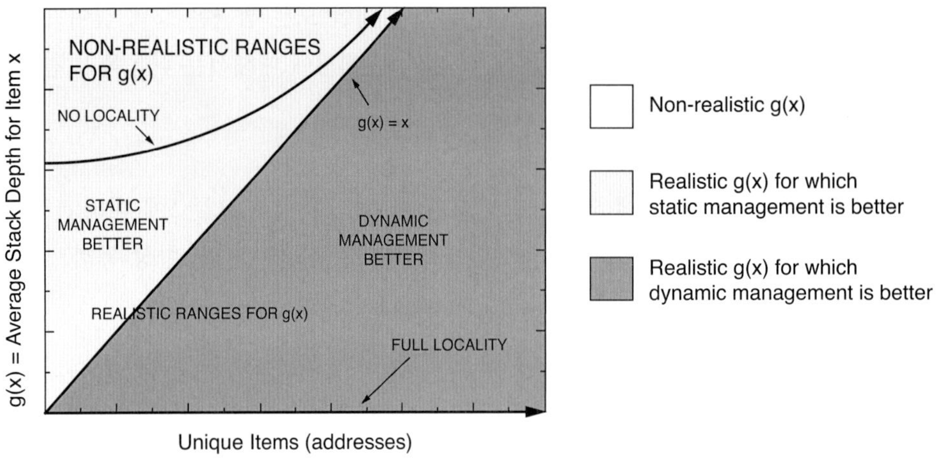

그림 3.64_ 지역 메모리에 대한 정적 관리 기법 대 동적 관리 기법.

식 (3.14)보다 나빠질 수 없다. 많은 벤치마크를 관찰을 통하여 $f(x)$는 일반적으로 다항식 형태의 감소 함수임을 발견하였다(작은 표본을 원한다면 Jacob 연구[1996]의 프로세서 트레이스와 AFS 디스크 트레이스를 보라). 이는 그림 3.64와 같이 광범위한 가능성을 제공한다. 이 그래프는 다음의 두 가지 사항을 내포한다. 첫 번째는 정적 관리 기법보다 동적 관리 기법을 사용하여 더 좋은 성능을 달성하는 꽤 넓은 현실적 범위를 $g(x)$에게 제공한다는 점이다.

더 중요한 두 번째는 수식 (3.14)가 $y=x$ 선에 더해진 감소 다항식의 형태를 $g(x)$에게 제공한다는 점이다. 이는 그림 3.64에 나타나 있다. x가 증가함에 따라 정적 관리 기법과 동적 관리 기법 간의 차이는 줄어든다. 이는 스크래치패드 메모리의 크기에 따라 어플리케이션이 차지하는 크기가 증가하면서 최하의 동적 관리 기법과 최상의 정적 관리 기법 간의 차이가 좁아짐을 의미한다. 이 양상은 다른 연구들과도 연관성이 있다. 그중에서도 특히 Banakar[2002]와 Steinke[2002 a와 b]의 결과와 밀접한 연관성이 있다. 이 연구들은 스크래치패드 메모리의 정적 관리 기법이 하드웨어로 관리되는 캐시보다 우수하며 스크래치패드 메모리의 동적 관리 기법은 정적 관리 기법보다 우수하다고 주장한다. 스크래치패드 메모리와 관련해서 캐시의 동작이 좋지 못한 한 가지 이유는 관리 기법이 온라인 방식이기 때문이다. 이 방식은 어플리케이션의 변화하는 요구에 지능적으로 대응하지 못한다. 이러한 연구를 위해 선택된 내장형 어플리케이션들은 프로그램의 변화하는 행동에 대한 정보를 활용할 수 있는 오프라인 휴리스틱 기법에게 그들 자신의 정보를 제공한다. 예를 들어, 어플리케이션이 다른 실행 단계로 넘어가는 시점을 예측할 수 있으며, 코드 및 데이터에 대한 전적으로 다른 집합을 스크래치패드 메모리에 로드할 수 있다.

3.5 컨텐츠 관리 해결책 설계

컨텐츠 관리 해결책을 설계할 때 몇 가지 측면이 고려되어야 한다.

3.5.1 역동성의 정도

컨텐츠 관리 기법은 어플리케이션의 메모리 공간에 있는 모든 항목에 대해 캐싱을 할 것인지 말 것인지, 어디에 위치시킬 것인지, 어떻게 (재)배치할 것인지, 언제 하위 저장소로부터 가져올 것인지를 결정한다. 이러한 결정이 얼마나 동적이며, 결정을 내리는 휴리스틱 기법은 얼마나 동적인가?

정적 결정

정적 파티셔닝에서 영역은 캐싱되거나 캐싱되지 않으며 특정 항목에 대한 '캐싱/비캐싱(cache/not-cache)' 지정은 시간이 지남에 따라 변하지 않는다. 정적 파티셔닝의 대표적인 예는 거의 모든 범용 코어에서 발견되는 프로세서 캐시의 설계이다. 메모리 시스템의 모든 단일 항목은 '캐싱(to-cache)' 항목으로 간주된다. 명백히 다르게 표시하지 않는 경우 코어상으로 가져오는 어떠한 항목(명령어 또는 데이터)이든 캐시에 위치한다. 항목을 비캐싱으로 표시하는 것은 일반적으로 페이지 표 또는 TLB에 의해 수행된다. 예를 들어, 캐싱되지 말아야 하는 입출력 레지스터를 식별하거나 일시적으로 DMA 대상(직접 메모리 접근 제어기가 능동적으로 데이터를 읽거나 쓰는 메모리 공간 내의 영역)에 대해 캐싱을 금지하는 것이다.

정적 파티셔닝의 또 다른 형태는 그림 3.21에 나타나 있다. 이는 코드 및 데이터에 대한 어드레스 범위를 프로그래머가 지정할 수 있도록 하는 컴파일러 구조의 한 유형을 보여준다. 정적 파티셔닝의 세 번째 형태는 Lee와 Tyson이 연구한 영역 기반의 캐싱이다[2000]. 데이터 항목이 속한 기능적 영역은(예, 스택, 힙, 초기화 데이터 등) 캐시의 여러 파티션 중 한 곳으로 할당된다.

정적 프리페치 결정은 Mowry의 알고리즘(3.3.3절의 "Mowry의 알고리즘" 참조) 내 결정 방식을 포함한다. 이는 프리페치 명령의 동일한 순서가 루프의 각 반복마다 발생하고, 동적인 결정은 발생하지 않기 때문이다. 마찬가지로, 점프 포인터[Luk & Mowry 1996, Roth & Sohi 1999]는 또 다른 정적 프리페치 메커니즘이다. 이 점프 포인터들은 (새로운 데이터 구조가 로드될 때마다 이들의 유효성을 암시하는)데이터 구조에 정적으로 배치된다. 그리고 이 점프 포인터들은 루프 안에서 직면될 때마다 실행되고 분기 명령이나 조건적 로드 명령과 같은 동적 결정에 의해 실행되지 않을 수 있다. 분기 예측은 명령어 프리페치를 가능하게 하는 기본적인 휴리스틱 기법이며, 이러한 정적 메커니즘은 고정 예측(predict-not-taken) 및 이와 유사한 기법들을 포함한다.

정적 locality 최적화는 코드 및 데이터 압축[Cate & Gross 1991, Wolfe & Chanin 1992, Lefurgy 외 1997, Brooks & Martonosi 1999]과 McKee[McKee & Wulf 1995, McKee 외 1996] 및 Impulse 그룹[Carter 외 1990]이 제안한 메모리 제어기의 재정렬 메커니즘을 포함한다.

동적 결정

특정 항목에 대한 캐싱/비캐싱 결정은 시간에 따라 변할 수 있으며, 일반적으로 어플리케이션 행동에 따라 실행 중에 결정된다. 예를 들어, 적응적 훈련형(training) 분기 예측기[Yeh & Patt 1991] 또는 적응형 필터[Haykin 2002] 등이 이에 속한다. 동적으로 데이터를 분할하기 위해 하드웨어 예측기를 사용하는 초기 기법 중의 하나는 직접 사상 캐시에 McFarling의 기법을 변경하여 적용하는 것이다. 이 기법은 동일한 캐시 집합에 대해 서로 경합하는 메모리 요청들이 서로 다른 locality 정도를 보이는 경우 이를 동적으로 감지한다. 그리고 이 기법은 이와 같은 경우에 대해 빈약한 locality를 보이는 항목을 캐싱하지 않도록 결정한다. 또한 소프트웨어로 관리되는 메모리를 사용한 동적 분할도 가능하다. 예를 들어, 스크래치패드 메모리에 대한 Kandermir의 동적 관리 기법[Kandemir 외 2001]은 시간에 따라 스크래치패드 메모리의 내용을 변경한다.

동적 데이터 프리페치 휴리스틱 기법은 연관성 및 내용 기반 기법을 포함한다[Rechstschaffen 1983, Pomerene 외 1989, Korner 1990, Tait & Duchamp 1991, Griffioen & Appleton 1994, Charney & Reeves 1995, Alexander & Kedem 1996]. 명령어 프리페치 휴리스틱 기법은 분기 예측기의 모든 형태를 포함한다[Smith 1981b, Lee & Smith 1984, Yeh & Patt 1991, Yeh 외 1993, Lee 외 1997a].

예를 들어, 동적 locality 최적화는 메모리 제어기 수준에서 메모리 트랜잭션(transaction) 재정렬을 포함한다([Cuppu 외 1999, Rixner 외 2000, Cuppu & Jacob 2001, Briggs 외 2002, Hur & Lin 2004], 13장 "DRAM 메모리 제어기" 참조).

3.5.2 예측의 정도

요청이 생성되기 전에 (온라인)알고리즘이 어느 정도로 요청을 예측해야 하는가? 어떠한 요청이 언제 생성되는지에 대해 (오프라인) 알고리즘이 어느 정도로 알아야 하는가? 몇 가지 예시들이 아래에 나타나 있다.

반응적 기법

예를 들어, 일반적인 프로세서 캐시 및 간단한 버퍼 캐시에 구현된 요구 페치 온라인 휴리스틱 기법과 같은 기본적인 반응적(reactive) 알고리즘은 오직 요청이 생성된 이후에만 대응할 수 있다. 이 기법의 효과는 어플리케이션이 소유하는 temporal locality에 따라 변화한다. 이 특성을 오프라인 휴리스틱 기법에 적용한다면, 데이터 사용을 결정함에 있어 비교적 보수적인 알고리즘을 도출할 수 있다. 그림 3.21은 코드 및 데이터에 대한 정적 파티셔닝 기법의 예를 보여주고 있다.

선행적 기법

선행적(proactive) 알고리즘은 항목이 실제로 요청되기 전에 해당 항목을 캐시로 페치하며 주변 항목의 사용 이력을 바탕으로 하여 해당 항목이 유용하게 사용되도록 하는 좋은 발상을 가지고 있다. 이러한 유형의 휴리스틱 기법은 높은 효과를 얻기 위해 temporal locality에는 의존하지 않지만 spatial 또는 알고리즘적

locality에는 의존한다. 미리보기(lookahead) 기반의 프리페치는 온라인 기법의 한 가지 예이다. 이 기법은 오프라인 알고리즘이 데이터 사용을 결정함에 있어 어느 정도 예측적이라고 보여주고 있지만, Mowry의 프리페치 알고리즘[Mowry 1994]과 같은 소프트웨어 어플리케이션 추적을 밀접하게 모방하고 있다. 점프 포인터는 또 다른 온라인 기법의 예이다[Luk & Mowry 1996, Roth & Sohi 1999]. 벡터 기계는 결합적 오프라인/온라인 메커니즘이 적용된 한 가지 예이다.

투기적 기법

투기적(speculative) 기법은 아직 요청되지 않았거나 요청된 어떠한 항목과도 인접하지 않은 항목에 대해 투기적으로 캐싱한다. 이 휴리스틱 기법은 높은 효과를 얻기 위해 temporal 또는 spatial locality에는 의존하지 않지만, 행동의 패턴을 예측하기 위해 알고리즘적 locality에는 의존한다. 컴파일러가 투기적으로 로드 명령을 스케줄링할 수 있는 HPL-PD의 코드 관리 구조와 같이 이 휴리스틱 기법은 데이터 사용을 결정함에 있어 비교적 위험한 예측을 수행하는 알고리즘에 대해 오프라인 휴리스틱 기법 측면에서 설명하고 있다(설계 시점에서 코드에 대한 접근이 가능하다고 가정).

3.5.3 분류 방법

다양한 측면의 관리 기법은 어떤 정보에 기반을 두어 해당 결정을 내리는가? 몇 가지 예시들이 다음에 나타나 있다.

- **균일한 분류(Uniform Classification)**: 해당 휴리스틱 기법이 메모리 공간에서 모든 어드레스를 동등하게 취급하는 경우, 이러한 접근 방식을 균일하다고 한다. 프로세서가 페치하는 모든 것을 캐싱하는 투명성을 가진 프로세서 캐시는 이러한 분류 방식의 한 가지 예이다.
- **프로그래머 지시형 분류(Programmer-Directed Classification)**: HPL-PD 구조[Abraham 외 1993, Kathail 외 2000]에서 공격적인 코드 스케줄링을 위한 프로그래머 및 컴파일러의 개입은 이러한 분류 방식의 한 가지 예이다.
- **영역 기반 분류(Region-Based Classification)**: Lee와 Tyson[2000]의 연구와 같이 메모리 공간을 분할하는 간단한 방법은 근본적인 처리 영역(코드, 데이터, 힙, 스택) 내에 있다. 일반적인 분할 명령어/데이터 캐시에서 명령어와 데이터를 구분하는 것은 이러한 분류 방식의 또 다른 예이다.
- **PC 기반 분류(PC-Based Classification)**: 동일한 어드레스를 로드하더라도 특정 로드 명령은 예측할 수 있지만 다른 로드 명령은 예측할 수 없는 경우가 있다. 이 분류 방식은 데이터 캐시 관리 기법[Tyson 외 1995]과 데이터 프리페치 기법[Baer & Chen 1991]에서 활용된다.
- **시간 기반 분류(Time-Based Classification)**: 이 분류 방식은 항목이 참조되는 시점에 관한 정보를 관리한다. LRU 대체 정책, CLOCK 및 다른 유사한 기법들과 같은 버퍼 관리 정책은 이러한 분류 방식을 명백하게 포함한다[Carr & Hennessy 1981].
- **빈도 기반 분류(Frequency-Based Classification)**: 이 분류 방식은 특정 항목이 (단위 시간당)얼마나 자

주 참조되는가에 관한 정보를 유지한다. *LFU* 대체 정책 및 유사한 동적 관리 메커니즘들은 이러한 분류 방식을 포함한다[Johnson & Hwu 1997].

- 이력 기반 분류(History-Based Classification): 이 분류 방식은 특정 객체(프로그램 카운터, 데이터 항목, 메모리 영역 등)의 최근 행동에 관한 정보를 유지한다. 이는 분기 예측기, 데이터 예측기, 프리페치 메커니즘, 관리 기법[Rechstschaffen 1983, Pomerene 외 1989, Korner 1990, McFarling 1991 and 1992, Tait & Duchamp 1991, Griffioen 외 1994, Rivers & Davidson 1996] 등과 같은 거의 모든 온라인 메커니즘에 적용된다.
- 사용 맥락 기반 분류(Context-Based Classification): 이 분류 방식은 사용 맥락을 고려한다. 예를 들어, 명령어 페치인가, 데이터 페치인가, 프리페치인가? 프리페치인 경우, 구속적(binding)인가, 비구속적(non-binding)인가? 데이터는 배열 색인을 통해 로드되는가?(오프라인 분석에 자기 자신을 잘 활용하는 경우), 범용 포인터를 통해 로드되는가?(일반적이지 않은 경우), 이러한 유형의 분류 방식은 분할 정복(divide-and-conquer) 접근 방식의 기반이 되므로 이 단원에서 설명하는 거의 모든 메커니즘에 적용된다.

3.5.4 유효성 보장 방법

해당 기법은 명령어와 데이터가 적절한 위치와 적절한 시간에 있는지를 보장하기 위해 데이터를 능동적으로 프리페치하는가? 해당 기법은 데이터 locality를 높이기 위해 데이터, 데이터 명칭, 나아가 메모리 시스템을 능동적으로 제어, 재배열, 재구성하는가? 가장 간단한 경우, 예를 들어 투명성을 가진 프로세서 캐시에서 해당 기법은 행동에 대한 접근 단위별로 확실성(assurances)을 제공하지 않는다. 즉, 어플리케이션이 참조하는 것 중에 가치 있다고 판단되는 어떠한 것이든 캐시로 요구 페치한다. 이 기법은 어플리케이션의 성능과 에너지 소비를 평균적으로 향상시키기 위해 어플리케이션이 나타내는 locality 정도에 의존한다.

이 기법이 명령어 또는 데이터의 정기적인 유효성(on-time availability)을 보장하는 것을 조금 더 능동적으로 시도하는 경우, 이를 처리하기 위한 많은 방법들이 있다.

데이터 및 알고리즘 지향적 동작

데이터 지향적 기법은 데이터 그 자체를 통해 동작한다. 이는 데이터가 실제로 참조되기 전에 데이터를 하위 저장소에서 계층 내 더 높은 단계로 즉시 이동시키는 프리페치 동작에서 가장 명백하게 드러난다.

프리페치를 개시하는 한 가지 방법은 프리페치 명령어를 프로그램상에 삽입하는 것이다. 이를 소프트웨어 프리페치라고 하며, 일반적으로 컴파일러 혹은 프로그래머에 의해 정적으로 수행된다. 배열 접근의 프리페치 기법 적용[Mowry 1994] 또는 연결 데이터 구조에 삽입된 점프 포인터[Luk와 Mowry 1996, Roth와 Sohi 1999]는 이러한 방식을 포함하는 몇 가지 예이다. 또한 프리페치는 프로그램 행동을 관찰함으로써 동적으로 개시될 수 있다. 이 기법은 (운영체제, 마이크로프로세서 코어, 또는 캐시 그 자체를 포함하는)어떠한 온라인 중개자(agent)로도 구현될 수 있으며, 어플리케이션의 코드 또는 의미에 대한 사전 지식을 필요로 하지 않는다. 이는 종종 **하드웨어 프리페치**라고 하지만, 프로그래머/컴파일러에 의해 어플리케이션 코드상으로 내장되는 프리페치 메커니즘과는 간단히 구별된다. '하드웨어' 프리페치는 운영체제의 버퍼 캐시, 지능적 네트워크 라우터의 DNS 캐시, 웹 프록시의 파일 캐시에서 소프트웨어적으로 쉽게 구현될 수 있다. 사실 하드웨어/소프트웨어의 경계는 명확하지 않다. 예를 들어, 프리페치 명령은 온라인 최적화기(optimizer)에 의해 동적으로 삽입될 수 있다. 반면에 몇몇 하드웨어 프리페치 기술은 소프트웨어로 구현될 수 있다.

또한 데이터 지향적(data-oriented) 기법은 동일한 양의 정보를 인코딩하는 데 있어 더 작은 공간을 사용하여 데이터를 더 작은 덩어리로 패킹(pack)할 수 있다. 그리고 하위 저장소로부터 데이터를 더욱 빠르게 가져오며, 잠재적으로 캐시의 실질적 용량을 증가시켜 적중률을 높인다. 코드 및 데이터를 압축 [Cate & Gross 1991, Wolfe & Chanin 1992, Lefurgy 외 1997, Brooks & Martonosi 1999]하는 이러한 메커니즘들은 캐시가 압축된 데이터를 갖고 있는 경우 페치에 걸리는 시간을 줄일 수 있고 캐시의 실질적 용량을 증가시킬 수 있다. 코드 및 데이터를 패킹하는 정적 메커니즘은 자주 사용되는 명령어를 더 작은 형식으로 인코딩하기 위한 명령어 셋을 지원한다(예, ARM의 Thumb 명령어[Turley 1995]).

locality 최적화라 불리는 또 다른 분류의 메커니즘은 명령어와 데이터 메모리 참조의 locality를 향상시키기 위해 캐시 구조와 동작에 대한 정보를 활용한다. 이러한 메커니즘은 메모리 내의 데이터 레이아웃을 변경하거나 알고리즘 자체(데이터에 대한 접근 순서)를 변경함으로써 캐시에 있는 데이터의 재사용을 향상시킨다. 이러한 유형의 최적화는 메모리 참조 유형에 따라 좌우된다. 아핀(affine) 배열 참조의 경우, **타일링**(또한 **블록킹**이라고 하는)이 사용된다[McKellar & Coffman 1969, Lam 외 1991]. 타일링(tiling)은 다같이 실행되는 루프 반복에 대한 작은 타일을 형성하기 위해 스트립 마이닝(strip-mining)과 루프 치환(loop permutation)을 결합한다. 색인된 참조 배열 참조를 위해서는, 실행 중 데이터 접근 재정렬이 사용된다[Ding & Kennedy 1999, Mellor-Crummey 외 1999, Mitchell 외 1999]. 이 기법은 시간상으로 더 인접해 있는 동일 데이터에 대한 접근을 유발하는 감독관 집행관(inspector-executor) 접근 방식[Das 외 1994]을 사용하여 실행 중에 루프 반복을 재정렬한다. 일부 특정 명령어 지향적인 locality 최적화 기법은 **트레이스 스케줄링**[Fisher 1981]과 2장 2.6.3절에서 언급한 트레이스 캐시와 함께 설명되는 다양한 메커니즘들을 포함한다. 여러 메커니즘들 중 이와 같은 메커니즘은 일반적으로 실행되는 명령어 경로의 크기를 증가시킨다.

명칭 지향적 동작

명칭 지향적(name-oriented) 기법은 메모리 시스템 내에서 실제로 데이터를 이동시키지 않고 데이터를 재배치할 수 있다. 예를 들어, 임펄스(impulse) 메모리 제어기[Carter 외 1999]는 어플리케이션으로 하여금 가용한 메모리 버스 대역폭을 더 잘 활용할 수 있도록 물리적 메모리 어드레스를 재매핑하는 추가적인 간접(indirection) 레이어를 생성하도록 한다. 이는 캐시와 메모리 제어기로 하여금 실제로 DRAM상에서는 인접하지 않은 데이터 항목을 인접한 것으로 취급하게 함으로써 희박한(sparse) 규칙적/불규칙적 접근 패턴(살포(scatter)/수집(gather) 동작뿐만 아니라 스트라이드 형태(strided)의 접근 등)에 대한 효율적인 이동과 저장을 지원한다.

명령어와 데이터를 명명하는 것은 캐시의 논리적 구조와 밀접하게 연관되어 있으며, 객체의 명칭이 충돌하는 명칭을 가지는 또 다른 객체와 동시에 캐싱되는 것을 방지한다. 이러한 쟁점을 고려하는 명칭 기반 최적화의 또 다른 유형은 캐시 구조를 고려하여 객체 명칭을 선택하는 방식이다. 캐시 의식적 힙 할당[Calder 외 1998, Chilimbi 외 1999]은 캐시 충돌을 줄이기 위해 시스템상의 데이터를 명명하였다. 이 메커니즘은 spatial locality를 향상시키기 위해 메모리 할당 시점에 논리적으로 연결된 힙 요소들이 메모리 내에서 물리적으로 인접해 있도록 배치한다(이 기법은 데이터 선형화와 관련되어 있으며, 3.2.2절의 Natural 포인터 기법에서 설명된다).

일반적으로 명명 기법과 캐시 충돌에 관한 쟁점은 매우 중요하다. 캐시 충돌을 방지하기 위해 배치 방식과 이에 따른 각 항목의 명칭을 선택하는 것은 순탄한 어플리케이션과 큰 메모리 공간에 대해서는 다항 시간 내에 해답을 찾을 수 있지만 근본적으로는 NP 완전 문제이다(3.4.5절 참조).

요청 지향적 동작

이 기법은 현재의 캐시 내용을 더 잘 활용하여 동적으로 메모리 요청을 재정렬함으로써 locality를 높일 수 있다. McKee의 메모리 스케줄링 장치와 관련된 스트림 버퍼[McKee & Wulf 1995, McKee 외 1996]는 locality를 활용하기 위해 해당 접근들을 재정렬하는 소프트웨어 재정렬과 서로 다른 참조 스트림을 분리된 스트림 버퍼에 두는 소프트웨어 파티셔닝을 지원한다. Cuppu는 모든 캐시 단계를 실패하여 DRAM 시스템까지 도달하는 요청 스트림 내에서도 locality는 상당히 존재한다고 주장한다[Cuppu 외 1999]. DRAM 장치 내의 활성 혹은 열린 뱅크는 캐시와 유사한 형태로 동작한다. 즉, 메모리 제어기는 뱅크가 처음으로 활성화되어야 하는 경우보다 sense amplifier의 활성 데이터에 훨씬 더 빠르게 접근할 수 있다. 따라서 메모리 제어기 설계자는 이러한 현상을 활용하는 스케줄링 알고리즘을 개발하기 위해 많은 노력을 쏟아야 한다. 이에 대한 추가적인 논의는 13장 "DRAM 메모리 제어기"를 참조한다.

MEMORY | SYSTEMS | **CACHE**

캐시 일관성 관리 04

CHAPTER

메모리 시스템에서 캐시 일관성(consistency)을 유지하는 것은 시스템 복잡도와는 무관하게 매우 중요한 사안이다. 캐시 일관성은 다음과 같이 정의할 수 있다.

> — 캐시를 포함하는 시스템에서의 읽기 및 쓰기 동작은 캐시와의 인접 여부와 관계없이 (항상) 일관성 있게 수행되어야 한다.

일관성(consistency)이라는 용어의 사용은 컴퓨터 구조 커뮤니티에 약간의 논란을 가져올 수 있으며, 이 책에서도 심사숙고하여 사용할 것이다(**메모리 일관성 모델**(memory-consistency model)은 프로그래머와 메모리 시스템 사이의 규약을 의미하며, **캐시 응집성**(cache-coherence) 기법은 메모리 일관성 모델의 구현 방법 중 하나이다). 더불어, **응집성**이라는 용어를 선택한 이유는 다음과 같다.

- 꼭 필요한 경우를 제외하고는 새로운 용어를 사용하지 않는다.
- '캐시 일관성(cache consistency)'이라는 용어는 컴퓨터 구조 분야에서 더 이상 사용되지 않는다. 이를 대신하여, 앞서 언급한 '캐시 응집성(cache coherence)'과 '일관성 모델(consistency model)'이라는 용어가 사용된다.
- 웹 캐시 커뮤니티에서는 이미 **캐시 일관성**이라는 용어를 사용하고 있으며 ,이는 앞서 정의한 캐시 응집성과 일맥상통한다.

캐시 일관성은 데이터가 오직 하나의 값을 가져야 하는 사실을 반영하기 위한 세 가지 핵심 요소를 포함한다. 동일 데이터에 대한 동일 시간대의 두 요청(request)이 서로 다른 값을 반환하는 경우, 메모리 시스템의 **정확도**(correctness)는 하락된다. 다시 말해, 캐시의 존재 유무가 메모리 시스템 정확도에 영향을 미치지 말아야 한다는 의미이다(여기서 **정확도**라는 용어는 이 분야에서 흔히 쓰이는 용어이다). 하지만 동일 데이터에 대해 서로 다른 값을 반환하는 것이 직관적으로 비논리적 동작임에도 불구하고 메모리 시스템은 이를 정확한 동작으로 인식하는 경우가 대부분이다.

앞서 언급된 캐시 일관성의 세 가지 핵심 요소는 다음과 같다. (1) 캐시는 하위 저장소(backing store)와 일관성을 유지할 것, (2) 캐시 자체적으로 일관성을 유지할 것, (3) 캐시에 다수의 요청자들(multiple requestors, 동일한 하위 저장소에 대한 다른 클라이언트들)이 존재할 때 일관성을 유지할 것.

- 하위 저장소와의 일관성(consistency with backing store): 캐시와 하위 저장소 간의 데이터는 일치해야 한다. 캐시 또는 하위 저장소 간의 데이터 불일치는 데이터 요청에 대한 응답으로 '잘못된(wrong)' 값을 반환할 수 있다.
- 자체적 일관성(consistency with self): 하나의 데이터가 캐시 내부 여러 공간에 존재할 경우, 데이터 요청에 대한 응답으로 잘못된 값을 반환할 수 있다.
- 클라이언트와의 일관성(consistency with other clients): 다수의 요청자(다중 프로세서 또는 다중 캐시 등)가 데이터를 요청하는 경우, 캐시는 모든 요청자에게 올바른 값을 반환해야 한다.

이후에 기술되는 절들은 앞서 언급한 캐시 일관성의 세 가지 핵심 요소에 대해 상세히 기술하고 있다.

4.1 하위 저장소와의 일관성

동기화(synchronization) 문제는 캐시에 값이 써지는 즉시 발생한다. 캐시에는 새로운 값이 갱신되었지만 하위 저장소에는 이 값이 아직 반영되지 않았기 때문이다. 하위 저장소와 연관성을 지닌 캐시가 하나만 존재할 경우, 이 문제는 쉽게 해결할 수 있다. 캐시가 데이터 요청에 대한 잘못된 값을 반환하는 유일한 경우는 저장된 값이 소멸되거나 값의 존재 여부를 간과하고 있기 때문이다(이 현상은 가상으로 색인된(indexed) 캐시 구조에서 발생 가능하며, 관련 내용은 4.2절을 참조).

일반적으로 하위 저장소는 다수의 캐시 및 요청자에게 데이터를 제공하는 장치이기 때문에 동기화 문제는 반드시 해결되어야 한다. 다음은 이러한 문제를 해결하기 위한 몇 가지 해결 방안을 나타내고 있다.

- 즉시 쓰기(write-through)
- 캐시에 의해 관리되는 지연된 쓰기(delayed write)
- 하위 저장소 혹은 외부 클라이언트에 의해 관리되는 지연된 쓰기

4.1.1 즉시 쓰기

즉시 쓰기(Write-Through) 정책은 캐시에 갱신되는 모든 값을 즉시 하위 저장소에 반영하여 캐시와 하위 저장소 간의 데이터 불일치 시간을 최소화한다. 이 기법은 (다수 요청자 간의 일관성을 제공하지 못하므로)캐시 일관성 문제의 완벽한 해결책이 될 수는 없지만 하위 저장소와의 일관성을 어느 정도 수준에서 해결할 수 있다. 또한 이 기법은 단순한 방식으로 쉽게 구현 가능하며 이를 통해 캐시와 하위 저장소의 데이터 불일치 시간을 최소화하는 시스템을 설계할 수 있다. 하지만 캐시와 하위 저장소 간의 데이터 처리 속도는 극명한 차이를 보이며, 이는 캐시가 메모리 시스템상의 상위 계층에 위치하고 있는 이유이기도 하다. 만약 두 장치 간의 속도 차이가 큰 경우, 하위 저장소로의 쓰기 동작이 지배적인 영향을 주어 시스템 성능 저하를 유발하는 요인이 된다.

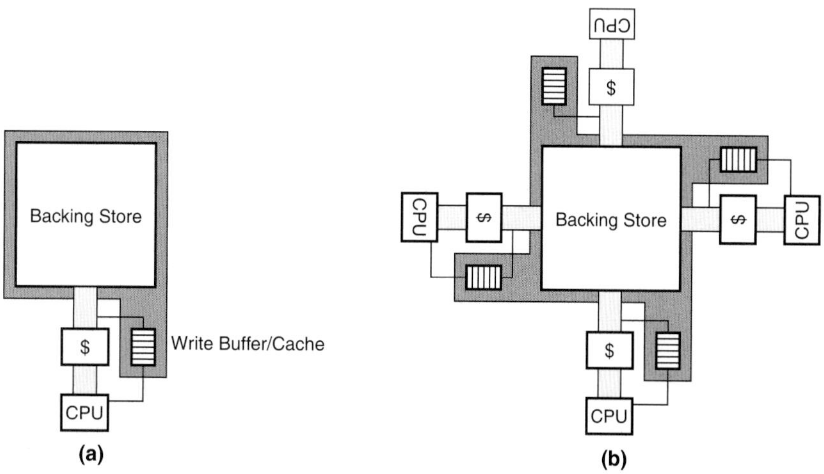

그림 4-1_ 즉시 쓰기 정책에서 쓰기 버퍼와 쓰기 캐시의 사용. (a) 쓰기 버퍼와 쓰기 캐시는 물리적으로 캐시의 일부지만 논리적으로는 하위 저장소의 일부로 취급된다. (b)는 하위 저장소에 더 많은 캐시가 연결되는 경우를 나타낸다.

이를 해결하기 위한 일반적인 접근 방법은 그림 4.1과 같이 캐싱과 파이프라인을 사용하는 것이다. 캐시와 하위 저장소 사이에서 발생하는 속도 차이는 새로운 메모리 구조를 도입함으로써 완화시킬 수 있다. 이 메모리 구조는 **논리적**으로 하위 저장소의 일부이지만 **물리적**으로는 캐시의 일부로 활용됨으로써 잦은 쓰기 동작을 시스템 성능 저하 없이 원활하게 처리할 수 있다.

새로운 메모리 구조는 태그가 없는 FIFO로 구성된 경우 **쓰기 버퍼**(write buffer)[1]라 부르며, 태그를 통해 캐시를 탐색하는 경우 **쓰기 캐시**(write cache)라 부른다. 쓰기 버퍼 또는 쓰기 캐시에 있는 데이터는 하위 저장소에 있는 데이터에 비해 근래에 갱신된 데이터로서, 하위 저장소의 데이터보다 우선적으로 사용된다. 데이터는 쓰기 버퍼/캐시에 즉시 써지며, 하위 저장소의 채널이 쓰이지 않을 때(하위 저장소가 유휴 상태일 때) 백그라운드 작업으로 쓰기 버퍼/캐시에서 하위 저장소로 옮겨진다. 따라서 쓰기 버퍼/캐시의 크기는 신중히 결정해야 하며, 요청이 집중적으로 발생하는 경우에도 이를 데이터 손실 없이 처리할 수 있도록 충분한 크기가 확보되어야 한다. 또한, 쓰기 버퍼/캐시에 데이터가 가득 찬 경우, 시스템의 현재 상태와 무관하게 하위 저장소로 데이터를 전송하여 쓰기 버퍼/캐시의 여유 공간을 확보해야 한다.

쓰기 버퍼/캐시와 관련된 모든 데이터는 논리적으로 하위 저장소의 일부이기 때문에 하위 저장소에 대한 요청이 발생하는 경우 데이터는 쓰기 버퍼/캐시와의 일관성 여부를 확인해야 한다. 태그가 없는 쓰기 버퍼의 경우, 일관성 여부를 확인할 방법이 없기 때문에 해당 데이터를 하위 저장소로 전송한 뒤 요청을 처리해야 한다. 따라서 캐시 실패가 발생하면, 쓰기 버퍼의 모든 데이터를 하위 저장소로 전송하게 된다. 그러나 이 과정은 비효율적인 요소가 많기 때문에 대부분의 시스템에서는 데이터가 가득 찬 경우에만 하위 저

1 쓰기 버퍼와 쓰기 캐시의 개발과 관련해 많은 연구들이 진행되었다(Jouppi의 연구[1993]에서 기초적인 내용을 접할 수 있다). 따라서 상기 동작 원리에 대해 최소한의 사항만 논의할 것이다.

장소로 데이터를 전송하는 태그가 있는 버퍼 즉, 쓰기 캐시를 채택하고 있다.

하지만 앞서 명시한 캐시 버퍼와 마찬가지로, 하위 저장소와 관련된 모든 쓰기 캐시들은 논리적으로 하위 저장소의 일부이므로 하위 저장소에 대한 요청이 발생하는 경우 캐시와의 일관성 여부를 확인해야 한다. 이 과정은 디렉토리(directory) 개념을 활용하여 탐색 시간을 일정 부분 단축할 수 있다(4.3.2절의 캐시 응집성 프로토콜 참조). 그러나 일반적으로 요청을 보낸 프로세서는 하위 저장소로의 해당 요청의 전달에 앞서 쓰기 캐시 내 데이터의 존재 유무를 확인한다.

4.1.2 캐시에 의해 관리되는 지연된 쓰기

이 정책은 하위 저장소로의 데이터 전송을 캐시가 결정한 '시점'까지 지연시킨다. 다음은 이에 대한 몇 가지의 명백한 발생 시점에 대해 기술하고 있다.

충돌 시점 갱신

이 정책에서는 특정 데이터 블록에 캐시 충돌(conflict)이 발생할 때, 해당 캐시 데이터를 하위 저장소로 옮긴다. 다시 말해, 기존에 기록된 데이터 블록(더티(dirty) 블록)이 다른 데이터로 대체될 때, 해당 블록의 데이터를 하위 저장소로 옮기는 것을 의미한다. 이러한 정책을 **나중 쓰기**(writeback)라고 한다.

나중 쓰기 정책에는 몇 가지 명확한 장점들이 있으며, 대표적으로는 데이터 통합과 쓰기 트래픽의 감소를 들 수 있다. 일반적으로 전체 데이터 블록을 덮어쓰는 경우가 자주 발생하며, 이때 쓰기 동작이 여러 번 수행된다(캐시 블록의 크기는 일반적으로 메모리 로드/스토어 명령이 한 번에 처리하는 데이터 크기보다 훨씬 크다). 이 경우 쓰기 데이터를 통합하여 하위 저장소로 한 번에 전송함으로서 이득을 얻을 수 있다. 뿐만 아니라, 어플리케이션 특성이 특정 위치에 대한 쓰기를 발생시킬 경우, 동일한 위치에 대해 쓰기 동작이 연속적으로 발생한다는 연구들이 발표되어 왔다. 따라서 한 위치에 여러 번의 쓰기 동작이 발생하는 경우, 모든 쓰기 동작에 대해 쓰기 데이터를 전송하기보다 마지막에 발생한 쓰기 데이터만을 하위 저장소로 전달하면 된다.

하지만 나중 쓰기는 다중 사용자 환경(다중 프로세서 등)에서 문제의 소지가 있다. 간혹 동일한 위치에 대한 여러 번의 쓰기 동작을 다른 프로세서들이 인지할 수 있도록 전파할 필요가 있다. 이 경우 다른 사용자가 해당 데이터를 필요로 하면 즉시 쓰기 정책 또는 하위 저장소에 의한 추가적인 갱신 정책을 사용할 수 있다. 하위 저장소에 의한 쓰기 정책은 다음 절에서 간략히 설명하며 4.3절에서 상세히 다루도록 한다.

용량 기반 갱신

특정 캐시 구조에서는 캐시 충돌의 개념이 불명확할 수 있다. 많은 소프트웨어 캐시는 캐시 셋(cache set)에 대응하는 조직적 구조를 사용하지 않기 때문에 캐시가 가득 찰 때까지(캐시 충돌과 유사한 상황) 하위 저장소에 데이터를 쓰지 않게 되고, 결과적으로 지연 시간이 매우 길어질 수 있다. 이러한 캐시 구조에서는 용량에 의한(capacity-driven) 갱신 정책으로 대체하는 것이 효율적이다. 이 정책은 캐시 내 여유 공간이 특정 임계값 이하로 떨어지게 되면 데이터를 하위 저장소로 옮기게 된다.

타이머 기반 갱신

캐시에서 하위 저장소로 데이터를 보내야 하는 상황은 다양하게 발생하며, 캐시 충돌이나 용량 임계값을 이용한 처리 방식 외에도 다양한 처리 방식이 존재한다. 한 가지 예로 0까지 카운트다운을 하는 타이머에 의한 처리 방식을 들 수 있다. 기록된 데이터의 '최종' 버전을 전달하는 것이 목표인 경우, 캐시는 가장 최근에 하위 저장소를 갱신한 순간부터 현재까지의 소요 시간을 알 수 있고, 이를 통해 쓰기 동작 빈도가 특정 임계값 이하로 떨어졌을 때, 하위 저장소로 데이터를 옮길 수 있다.

전력 기반 갱신

또 하나의 정책은 캐시에서 데이터를 유지하는 비용이 특정 임계값을 넘어서게 되면 하위 저장소로 데이터를 옮기는 방식이다. 비용의 가장 보편적인 기준은 소모 전력이다. 솔리드 스테이트(solid-state) 캐시에서 데이터를 유지하는 것은 전력 소모의 큰 요인이 된다. 캐시를 구성하는 트랜지스터는 데이터를 사용하지 않더라도 누수 전력(leakage power)을 꾸준히 소모하며, 데이터를 사용하는 경우는 캐시 접근 및 태그 탐색이 발생하기 때문에 이에 따른 동적 전력을 소모하게 된다(이는 소프트웨어 캐시에서도 동등하게 적용된다).

4.1.3 하위 저장소에 의해 관리되는 지연된 쓰기

다음으로 고려할 수 있는 정책은 하위 저장소가 데이터를 어느 시점에 기록할지 결정하는 것이다. 소프트웨어 업콜(하위 서브시스템에서 상위 서브시스템으로 보내는 시스템 콜–옮긴이 주), 하드웨어 인터럽트, 그리고 응집성 메시지(coherence message) 등이 이에 해당한다. 캐시는 더 이상 데이터를 기록할 수 없을 때(용량이나 전력 소모 등에 의한 리소스 제약 등) 또는 하위 저장소가 데이터를 요청할 때까지 데이터를 유지한다.

이 정책은 쓰기 버퍼/캐시의 관리 기법을 확장한 형태이며 보다 일반적인 형태라 할 수 있다. 이 정책에서 하위 저장소는 여러 사용자들에게 동일한 데이터를 제공하기 위한 동기화 포인트로 활용되며, 하위 저장소에 연결된 여러 클라이언트 캐시는 데이터를 가장 최신 버전으로 갱신하기 위해 하위 저장소로 요청을 보낼 수 있다. 이를 위해 가장 일반적으로 사용되는 방식은 응집성에 의해 관리되는(coherence-driven) 갱신 기법(데이터 요청이 들어오면 해당 데이터에 대한 가장 최신 사본을 브로드캐스트(broadcast) 및 디렉토리(directory) 기반 방식으로 여러 클라이언트 캐시에게 요청하는 것 등)이다. 또한, 용량(하위 저장소는 배제적 캐시(exclusive cache) 및 비포함적 캐시(non-inclusive cache)에 적용할 수 있는 가용 여유 공간에 대한 임계값을 전달한다), 타이머 또는 전력 소모 기반의 갱신 기법도 활용 가능하다.

4.2 자체적(self) 일관성

특정 데이터가 캐시 내부의 여러 위치에 존재하는 경우, 메모리 시스템상의 문제를 일으킬 수 있다. 이 문제는 다중 프로세서 캐시에서 발생하며(다중 프로세서 구조에서는 동일한 계층의 모든 캐시들을 통합하여 '캐시'라고 지칭한다), 단일 캐시에서도 발생하는 문제이다. 다음 절에서는 다중 프로세서 캐시와 관련된 사항들을 다룰 것이며, 본 절에서는 단일 캐시에서 발생하는 문제를 다루도록 한다.

하나의 데이터에 대해 복수의 사본을 가지는 단일 캐시를 존재하게 하는 주요 기술이 **명명법**(naming)이다. 만약 데이터가 하나 이상의 명칭을 가질 수 있고 캐시가 명칭에 기반하여 데이터를 저장한다면, 동일한 캐시 내에서 여러 위치에 데이터를 저장할 수 있을 것이다. 이러한 유형의 문제를 유발하는 대표적인 명명 메커니즘에는 가상 메모리 시스템과 공유 메모리가 있다. 이러한 메모리 구조와 가상 캐시가 결합하면 문제는 더욱 심화된다. 가상 캐시는 2장, 2.4절의 "가상 어드레싱과 보호"에서 논의되었다.

4.2.1 가상 캐시 관리

공유 메모리는 마이크로아키텍처에 운영체제를 포팅(porting)하려는 시스템 설계자와 개발자들에게 많은 고민거리를 안겨준다. 이는 독립적인 두 어드레스 공간에 대해 적절히 중첩되는 교차 지점을 생성하고 이를 통해 두 독립적인 프로세스들이 작은 오버헤드, 또는 오버헤드 없이 데이터를 공유할 수 있도록 한다. 하지만 이 경우, 단일 데이터가 동일 캐시상에서 여러 곳에 위치할 수 있기 때문에, 데이터가 일관성을 유지할 수 있도록 신중한 캐시 관리가 요구된다.

공유 메모리는 가상 어드레스를 기반으로 하는 캐시 모델로 활용할 수 없다는 특징이 있다. 만약에 단일 데이터가 여러 개의 동일한 명칭을 소유할 수 있다면, 해당 데이터는 캐시 내에서 여러 곳에 존재할 수 있다. 그러나 서로 다른 위치에 동일한 데이터를 쓰는 경우, 데이터의 일관성이 유지되기 어렵다. 가상 메모리를 두 명칭 공간 사이의 매핑으로 묘사하는 것은 바로 이러한 이유 때문이라는 것을 명심해야 한다. 데이터와 명칭 사이의 1대 1 매핑이 성립하는 한 일관성이 유지되며, 전체 가상 메모리 메커니즘은 전통적인 캐시 계층과 동일하게 동작한다. 따라서 가상 캐시는 일관성에 대한 큰 고민 없이 사용 가능하다. 그러나 공유 메모리가 도입되면서 운영체제가 1대 다수의 명칭 공간 매핑을 활용하므로, 단순한 구조의 캐시 모델을 유지하기 어렵다. 그럼에도 후술될 내용을 통해 우리는 기존의 캐시 모델을 유지하면서 공유 메모리를 지원하기 위한 많은 기법들이 있다는 사실을 확인할 수 있다.

가상 캐시의 일관성 문제

가상 색인 캐시(vitually indexed cache)는 프로세서가 색인으로 (어드레스 변환을 하지 않은)가상 어드레스를 사용할 수 있게 해준다. 이 방법은 임계 경로에서 TLB로의 접근을 제외함으로써, 사이클 시간을 줄이거나, 또는 파이프라인 스테이지 수를 줄일 수 있다. 하지만 두 프로세스가 서로 다른 가상 어드레스를 통해 동일한 물리 영역에 쓰기 동작을 수행하는 경우, 데이터 일관성 문제가 발생할 가능성이 존재한다. 즉, 이 페이지들이 캐시 내에서 서로 다른 영역에 할당되면 오류를 발생시키는데, 이를 가상 캐시 **시노님 문제**(synonym problem)라 부른다[Goodman 1987]. 이 문제는 그림 4.2에 묘사되어 있다. 여기서 공유된 물리 페이지는 서로 다른 프로세스 어드레스 공간에서 서로 다른 영역으로 매핑된다. 가상 캐시의 크기가 하나의 페이지보다 크기 때문에 페이지들은 가상 캐시 내에서 서로 다른 위치에 매핑된다. 캐시의 관점에서 이는 매핑이 다른 동일한 하나의 페이지가 아니라 서로 다른 두 페이지일 뿐이다. 따라서 두 개의 프로세스가 두 개의 명칭으로 동일한 페이지에 쓰기 동작을 수행하는 경우, 실제 캐시에는 서로 다른 값이 저장되는 것을 확인할 수 있다.

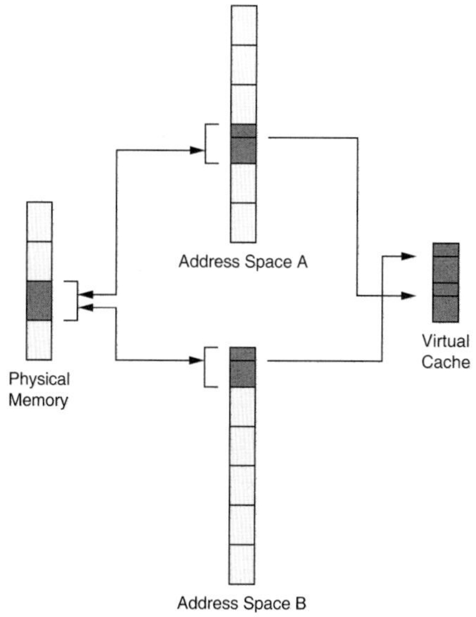

그림 4.2_ 가상 캐시의 시노님(synonym) 문제. 두 개의 프로세스가 물리 페이지를 가상 어드레스 공간에서 임의의 위치에 할당할 수 있다면, 가상 색인 캐시에서 비일관성이 발생할 수 있다.

하드웨어 해결책. 앞선 시노님 문제는 이중 태그 집합(dual tag sets)[Goodman 1987] 또는 역포인터(back-pointers)[Wang 외 1989]와 같은 하드웨어적 접근 방법을 통해 해결했다. 하지만 구현상 복잡한 하드웨어와 제어 로직이 요구되며, 이는 클럭 속도 향상을 방해하는 요소로 작용한다. 캐시의 크기를 페이지 크기로 제한하거나 집합 연관(set-associative) 캐시에서 유사한 방식으로 하나의 **캐시 빈**(cache bin)의 크기(캐시 크기를 연관정도로 나눈 것[Kissier & Hil 1992])를 하나의 페이지 크기로 제한하는 방식도 생각해 볼 수 있다. 이 기법이 그림 4.3에 묘사되어 있으며, 다

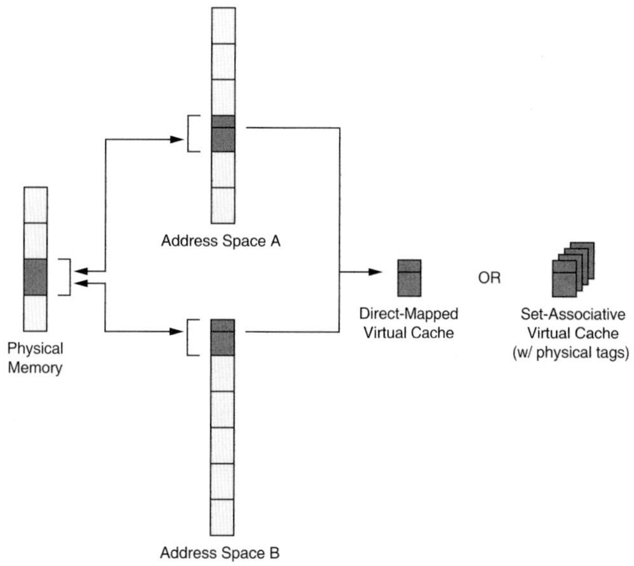

그림 4.3_ 간단한 하드웨어로 페이지 앨리어싱(aliasing)을 해결하는 방식. 캐시가 직접 사상 방식이고 페이지 사이즈보다 크지 않다면 앨리어싱은 발생할 수 없으며, 집합 연관 캐시의 경우 물리 태그를 사용하여 앨리어싱을 방지할 수 있다.

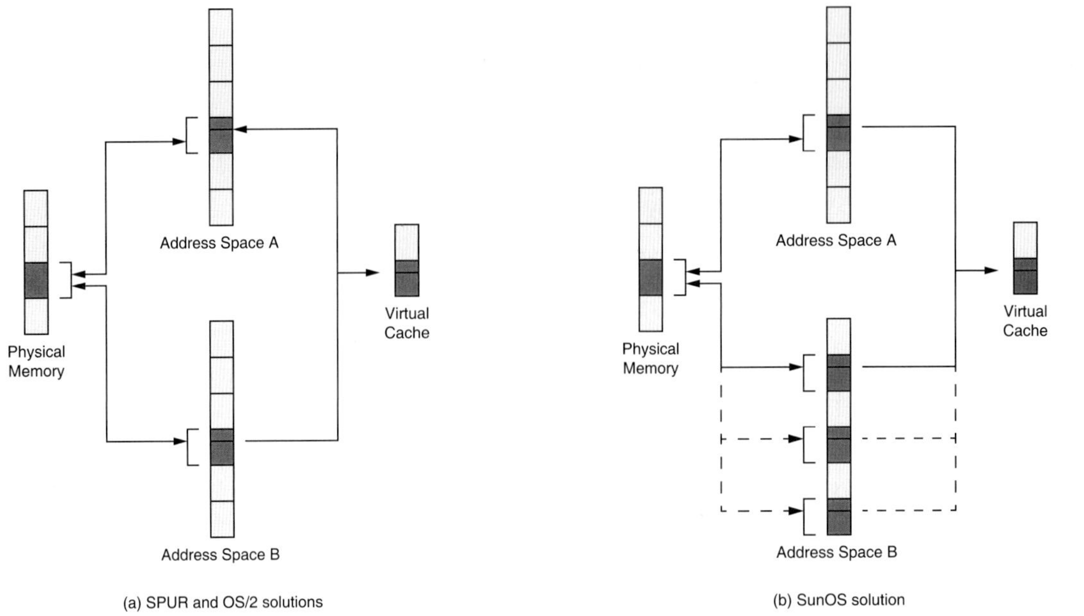

그림 4.4_ 운영체제 정책을 통한 시노님 문제 해결. SPUR 프로세서를 위한 운영체제와 OS/2는 의무적으로 공유 세그먼트들을 모든 프로세스에 대해 동일한 가상 공간에 할당하게 함으로써 공유 데이터의 일관성을 보장한다. 또한 SunOS는 공유 페이지를 캐시 크기 영역 안에 정렬하여 데이터 일관성을 보장한다. 특정 물리 페이지에 매핑된 모든 가상 페이지 번호의 하위 몇 개의 비트는 동일하며, 실제로 이 페이지들은 캐시의 동일한 위치에 매핑될 것이다. 참고로 이 방식은 직접 사상 캐시에서 가장 적절한다.

양한 PowerPC나 Pentium 설계에서 활용되는 방식이다. 그러나 이 기법은 캐시 크기가 제한되며, 집합 연관 캐시의 접근 시간이 증가하는 단점이 존재한다. 예를 들어, Pentium과 PowerPC 구조는 온칩 캐시의 크기를 증가시키기 위해 연관성(associativity)을 늘려야 하며, 두 구조 모두 8웨이 집합 연관 캐시 설계를 사용하고 있다.

물리적으로 태그가 있는 캐시는 하나의 캐시 셋 내에서 일관성을 보장하지만, 이는 오직 가상 시노님이 동일한 셋에 매핑되었을 때만 적용된다.

소프트웨어 해결책. Wheeler와 Bershad는 일관성을 보장하기 위해 필요한 캐시 플러싱(flushing)을 감소시키기 위해 상태 기계(state machine) 접근법을 제안했다[1992]. 이 메커니즘은 페이지를 임의의 어드레스 공간 영역에 매핑할 수 있도록 하며, 운영체제는 캐시 앨리어싱과 관련해 정상적인 동작을 유지한다. 앨리어싱 문제는 그림 4.4에서 보이는 바와 같은 정책을 통해서도 해결될 수 있다. 예를 들어, SPUR 프로젝트에서는 가상 앨리어싱이 모두 금지된다[Hill 외 1986]. 이와 유사하게 OS/2는 모든 프로세스에서 공유 데이터 세그먼트들을 동일한 장소에 위치시킨다[Deitel 1990]. 이 방식은 각각의 프로세스가 공유 세그먼트의 사용 유무와 관계없이 모든 프로세스의 가용 가상 메모리를 감소시킨다. 하지만 이는 앨리어싱 문제를 완전히 해결해주며, 어드레스 공간 간에 포인터를 공유할 수 있게 해준다. SunOS는 캐시 크기의 한도 내에 공유 페이지를 정렬함으로써[Hennessy & Patterson 1990], 물리 페이지들을 어드레스 공간의 거의 대부분의 영역에 매핑하며, 가상 앨리어스들을 캐시 내에서 정렬할 수 있도록 보장한다. 참고로 SunOS의 방식은 오직 직접 사상(direct-mapped) 가상 캐시나 물리 태그를 사용하는 집합 연관 가상 캐시에만 적용될 수 있다. 이러한 이유는 가상 색인과 가상 태그를 사용하는 집합 연관 캐시에서 공유된 데이터가 여전히 서로 다른 블록에 존재할 수 있기 때문이다. Opal[Chase 외 1992a, 2992b]이나 Psyche[Scott 외 1988]와 같은 단일 어드레스 공간 운영체제는 프로세스별 독립 어드레스 공간의 개념을 배제함으로써 이 문제를 해결한다. OS/2와 유사하게 이들은 가상 어드레스를 물리 어드레스로 1대1 매핑하고 이를 통해 포인터는 프로세스 영역을 넘나들며 자유롭게 공유될 수 있다.

통합 해결책. 참고로 메모리 세그먼트를 사용하는 하드웨어 구조와 적절한 소프트웨어 구성을 통해 앨리어싱 문제를 해결할 수 있다. 자세한 논의는 지면상 20장 20.1.7절에 후술하도록 한다.

집합 연관 구조가 일반적으로 투명성을 가진다는 사실은 앨리어싱 및 집합 연관 캐시와 관련하여 중요한 참고 사항이다(클라이언트는 일반적으로 이 구조에 대해 인지하지 못함을 의미한다). 이 상태에서 캐시는 집합 연관성의 활용이 어떠한 캐시 모델에도 적용될 수 있도록 보장되어야 한다. 따라서 집합 연관성을 클라이언트에게 노출시키지 않는 한, 집합 연관 캐시에는 가상 태그를 사용할 수 없다. 가상 태그를 사용하는 캐시는 동일한 물리 블록의 앨리어스들을 구분해 낼 수 없기 때문에 그 블록이 하나의 캐시 셋 내 유일한 블록임을 보장할 수 없다(서로 다른 가상 어드레스를 통한 동일 블록에 대한 참조는 해당 블록이 동일한 셋에서 서로 다른 블록으로 존재하는 상황으로 이어질 수 있다).

앨리어싱에 대한 관점

가상 어드레스 앨리어싱은 필수불가결한 요소이다. 이것은 많은 간단한 구조의 캐시 모델들과 충돌하지만, 그럼에도 더 큰 유용성을 내포하고 있다. 따라서 미래의 메모리 관리 시스템은 가상 어드레스 앨리어싱을 계속 지원해야 할 것이다.

가상 어드레스 앨리어싱의 필연성. 가상 캐시 시노님 문제를 해결하기 위한 대부분의 소프트웨어 해결책은 프로세스가 가상공간에서 매핑할 수 있는 물리 페이지의 위치를 제한하는 것이다. 몇몇 경우에 해당 페이지가 전역적으로 고유한 공간에 매핑되거나, 어떠한 공간에도 매핑될 수 없도록 선택이 제한된다. 가상 앨리어스를 금지하는 것이 가상 캐시 일관성 문제에 대한 간단하고 명쾌한 해결책으로 보일 수도 있지만 이것은 운영체제의 입장에서 또 다른 고민으로 이어진다. 바로 가상 파편화(virtual fragmentation) 문제다.

전역 공유 영역에서 가비지 컬렉션(garbage collection)이 일어나면 그 영역은 파편화될 수밖에 없다. 이때 디스크 공간이나 물리 어드레스 메모리 공간에서의 조각 모음(압축)은 페이지나 블록의 재배치 정도의 간단한 동작인 반면 가상 어드레스로 관리되는 영역은 쉽게 재배치되지 않기 때문에 문제가 된다. 가상 영역은 위치에 의존하기 때문에 재배치를 하려면 해당 영역을 참조하는 모든 포인터를 수정해야 한다. 이것은 쉬운 작업이 아니며 실현 가능 여부도 확실하지 않다. 따라서 모든 프로세스가 동일한 물리 데이터에 대해 동일한 가상 어드레스를 사용하도록 하는 시스템은 파편화된 공유 영역을 가지며, 이 영역에 대한 조각 모음은 많은 노력이 요구된다. 공유하는 데이터의 양에 따라 위의 작업은 단순히 공유 영역의 크기를 증가시키는 일이 될 수도 있다. 다만 이러한 작업은 하루 24시간, 1년 365일 동작하는 시스템에는 부담이 된다. 64비트 머신에서 어드레스 영역을 크게 구현한 SASOS(Single Address Space Operating System, 단일 어드

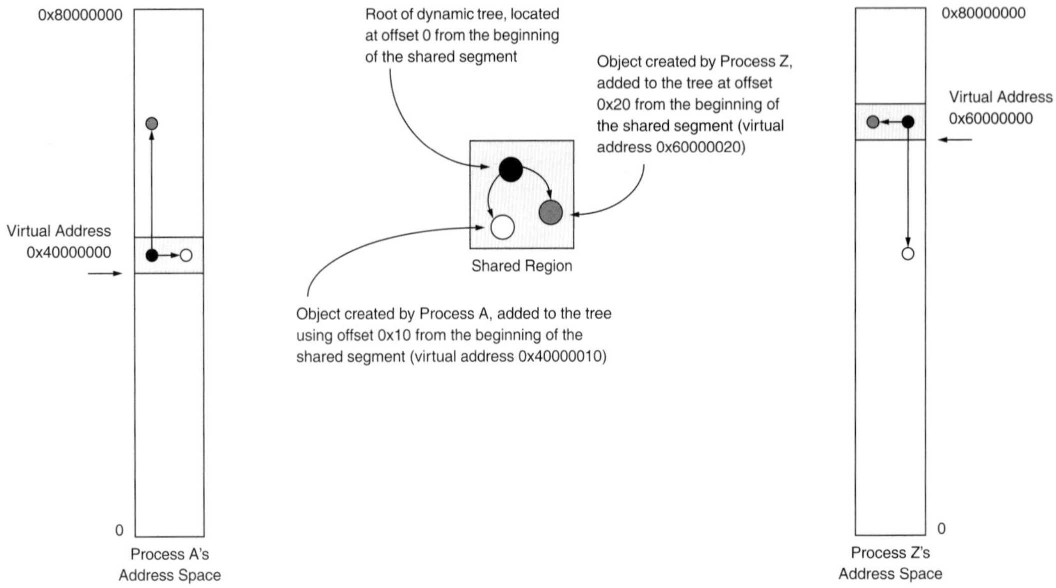

그림 4.5_ 프로세스 A와 Z는 동일한 공유 데이터에 대해 서로 다른 명칭을 사용하고, 이 경우 서로의 포인터 사용은 혼란을 야기한다.

레스 공간 운영체제)는 거대한 전역 공유 영역을 사용하여 시스템이 파편화되기까지의 시간을 증가시키는 방식으로 접근을 우회한다. 또한 이 문제를 해결하기 위해 고정된 크기의 공유 영역을 균일한 영역으로 나누거나 모든 영역이 사용 중인 경우 추가적인 공유 메모리에 대한 요청을 거부하는 방식의 시스템들 [Druschel & Peterson 1993, Garrett 외 1993]이 연구되었다.

가상 어드레스 앨리어싱의 유해성. 전역 어드레싱과 관련한 두 가지 이슈가 존재한다. 하나는 전역 어드레싱이 가상 시노님을 제거한다는 점이고 다른 하나는 공유 포인터를 허용한다는 점이다. 어떠한 시스템이 전역 어드레싱을 필요로 한다면 공유 영역은 파편화의 위험에 직면하는 대신, 어플리케이션들은 **어드레스 공간 사이를 이동**(swizzle)할 필요 없이[Moss 1992] 자신에 대한 포인터를 공유 영역에 위치시킬 수 있다. 하지만 위에서 언급한 바와 같이 엄격한 요구사항이 뒤따른다. 아무리 가상 앨리어싱이 포인터를 공유 영역에 위치시킬 수 있는 자유도를 감소시킨다 해도 공유 메모리는 어느(페이지 단위로 정렬된) 어드레스에나 연결될 수 있어야 한다.

그림 4.5는 위의 문제를 묘사한 것으로, 프로세스 A와 Z는 동일한 공유 데이터에 대해 서로 다른 명칭을 사용하는데, 각각의 다른 포인터를 사용함으로써 혼란이 야기된다. 프로세스로부터 공유된 영역을 각각의 어드레스 공간에서 서로 다른 가상 어드레스로 할당할 수 있는 운영체제로 인해 이 문제가 발생한다. 서로 다른 어드레스 공간을 사용하는 것은 프로세스들이 공유 영역의 데이터를 참조하는 포인터를 설정하기 전까지는 문제가 되지 않는다. 예를 들어, 공유 영역은 각각의 어드레스 공간에서 서로 다른 가상 어드레스에 위치하기 때문에 일관성이 없는 자기 참조 포인터를 사용하는 이진트리를 소유한다.

프로세스들이 같은 데이터에 대해 동일한 가상 어드레스를 사용하지 않는 한, 운영체제가 포인터들을 이동시키거나 어플리케이션들이 공유 영역에 대해 베이스 오프셋 어드레싱 구조를 사용하도록 강제하는 것이 유일한 방법이다. 그럼에도 불구하고 우리는 가상 앨리어싱에 대한 지원을 필요로 하며, 시스템에서 필수적으로 지원해야 한다.

가상 캐시와 보호의 문제

가상 캐시는 TLB 탐색을 캐시 접근과 동시에 병렬로 수행하거나 TLB 탐색 자체를 캐시 실패 시에만 수행하도록 지원한다. 전통적으로 TLB는 페이지 보호 정보(page protection information)를 포함하고 있다. 하지만, TLB 탐색이 캐시 실패 시에만 수행된다면, 보호 비트들은 블록 단위로 캐시에 저장되지 않는 한 효율적으로 보호할 수 없다. 페이지의 보호 비트들이 여러 캐시 라인에 걸쳐 복제된다면 페이지의 보호 정보를 바꾸는 것은 간단한 일이 아니다. 이를 위한 해결방안으로 보호 정보가 변경될 때마다 캐시 전체를 플러싱하거나 캐시를 탐색하면서 적절한 라인을 수정하는 방법을 생각해 볼 수 있다. 운영체제는 프로세스 포크(자기 복사) 시 복사 오버헤드를 줄이기 위해 쓰기 시 복사(copy-on-write)를 수행하거나, 운영체제와 사용자 프로세서 간의 메모리 공유를 안전하게 유지하기 위해 페이지 보호 정보를 변경한다.

이와 유사한 문제가 프로세스가 종료될 때에도 발생한다. 나중 쓰기 구조를 사용하는 캐시에는 소멸된 프로세스 어드레스 공간의 잔해가 일부 남아 있을 수 있으며, 해당 물리 페이지는 새로운 어드레스 공간에 재할당된다. 이때 잔해가 남아 있는 위치에 데이터가 써지게 되면, 새 어드레스 공간에 해당 데이터가 덮어 써진다. 확실한 해결책으로는 캐시 전체나 일부를 무효화시키는 방법이 있다. 이와 같은 유형의 문제는 Mach나 Chorus를 PA-RISC에 넣는 것과 같이 운영체제를 가상 캐시가 있는 구조에 포팅할 때 발견된다.

4.2.2 ASID 관리

앞서 소개되었듯이, ASID는 운영체제의 여러 단계에서 관리되어야 하는 중요한 하드웨어 자원이다. 운영체제는 동시에 수백 혹은 수천 개의 프로세스를 유지할 수 있고, 반나절 동안 그 수 배에 해당하는 양을 처리한다. 운영체제는 일반적으로 프로세스를 식별하기 위해 32비트 또는 64비트의 숫자를 사용하기 때문에 각각의 프로세스는 대부분 고유한 식별자를 할당받게 된다. 이에 반해 많은 하드웨어들은 기껏해야 수십 개에서 수백 개의 프로세스를 구분할 수 있다[Jacob & Mudge 1998b]. 예를 들어 MIPS R2000/3000은 6비트 ASID를, MIPS R10000은 8비트 ASID를, Alpha 21164는 7비트 ASID를 사용한다. 요지는 프로세스 ID와 ASID 간의 1대1 매핑 관계는 성립할 수 없으며, 따라서 운영체제는 다중 대 다중의 매핑 환경을 관리해야 한다. 다시 말해, 운영체제는 지속적으로 어드레스 공간 ID와 프로세스 ID 간의 매핑을 갱신해야 하며, 그때마다 TLB와 캐시의 플러싱이 필요하다(다만, 구조에 따라 이 플러싱은 특정 ASID에 한정하여 수행될 수 있으며, 이 경우에는 TLB와 캐시 전체가 플러싱되지는 않는다). IBM 801-style의 세그먼트 방식[Chang & Mergen 1988]을 사용하거나 더 큰 단위의 ASID를 사용하는 구조는 이러한 문제에서 상대적으로 자유롭다.

ASID는 또한 공유 메모리를 복잡하게 만든다. 어드레스 공간 보호를 위한 ASID의 사용은 동일한 물리 페이지에 발생하는 앨리어스를 관리하기 위해 다수의 페이지 테이블과 TLB 항목을 요구하는데, 이는 공유를 어렵게 한다. Khalidi와 Talluri는 이 문제에 대해 다음과 같이 언급하였다.

> — 각각의 앨리어스는 전통적으로 동일한 변환 정보를 가진 독립된 페이지 테이블과 변환 참조형 버퍼(Translation Lookaside Buffer, TLB) 항목을 필요로 한다. 여러 앨리어스가 발생하는 시스템은 페이지 테이블을 기록하기 위해 상당량의 메모리를 요구하며 컨텍스트 스위칭 시에 불필요한 TLB 적중 실패를 야기한다. 이러한 문제들에 직면하여, 256 항목의 완전 연관(fully associatevice) TLB와 4,096 항목의 2단계 TLB 환경에서 사용자의 TLB 적중 실패는 최대 50%만큼 감소한다. 단일 물리 페이지에 대한 수백 개의 앨리어스를 처리하기 위해 페이지 테이블 항목(page table entry)을 독립적으로 할당하는 대신 하나의 페이지 테이블 항목만을 사용함으로써, 해시 페이지 테이블을 저장하기 위해 사용되는 메모리를 97% 감소시킨다[Khalidi & Talluri 1995].

ASID는 해당 ASID가 속한 프로세스 정보를 이용하여 가상 페이지를 구분하기 때문에, 매핑 정보는 ASID 정보를 필수적으로 포함해야 한다. 하지만 이와 같은 경우 페이지 테이블은 공유된 페이지와 관련된 여러 개의 항목을 포함해야 하며, ASID를 표현할 수 있는 최소한의 항목이 확보되어야 한다. 이러한 불필요한 매핑 정보들은 페이지 테이블 공간 사용량을 증가시키며, 이로 인해 TLB에 불필요한 항목들이 채워지게 된다. 예를 들어, 페이지당 매핑 개수가 평균 두 개인 경우에, TLB의 실질적인 공간 사용량은 절반으로 감소된다. 실제로 Khalidi와 Talluri[1995]에 따르면 유휴 상태 시스템의 페이지 당 평균 매핑 개수는 2.3개이며, 불필요한 페이지 테이블 항목(PTE)을 제거했을 때, TLB 적중 실패는 50%만큼 감소하는 것으로 나타났다. 이 문제를 해결하는 기법은 TLB 경합을 줄이는 동시에 요구되는 물리 메모리 사용량 또한 감소시키는 것이다.

이 문제는 TLB 항목에 전역 비트를 도입하여 해결할 수 있다. 전역 비트는 특정 ASID에 포함되지 않은 가상 페이지를 식별하기 위해 사용되며 이를 통해 모든 ASID가 접근할 수 있다. 전역 비트의 도입은 MIPS의 해결책으로 공유된 페이지의 TLB 항목의 수를 정확하게 하나로 줄여주지만 추가적인 문제를 발생시킨다. 전역 비트의 사용은 근본적으로 보호 메커니즘을 보장하지 못하기 때문에 컨텍스트 스위칭 시 공유된 항목들을 TLB에서 플러싱해야 한다. 그렇지 않을 경우, 공유된 영역이 보호되지 않은 상태로 남겨지기 때문이다. 뿐만 아니라, 이 방법은 공유된 페이지를 서로 다른 가상 어드레스로 매핑하거나 서로 다른 보호 정책으로 매핑될 수 없게 한다. 전역 비트를 활용한 메커니즘은 공유 메모리가 자주 사용되는 경우, 공유 정보를 활용하기에 부적합하다.

만약 TLB를 제거한다면, 서로 다른 컨텍스트를 구분하기 위해 ASID나 그에 상응하는 추가적인 정보가 캐시라인에 도입되어야 한다. 보호를 위해 ASID를 활용하는 것은 새로운 환경에서 동일한 문제를 야기한다. 만약 두 개의 프로세스가 데이터의 동일한 영역을 공유할 경우, 그 데이터는 하나의 ASID로 태그될 것이다. 그리고 다른 프로세스가 캐싱된 해당 데이터에 접근하는 경우, 그 데이터는 다른 프로세스의 ASID로 태그되어 있기 때문에 당연히 캐시 실패가 발생된다. 또한 마찬가지로 이와 같은 상황에서, 공유된 캐시라인에 전역 비트를 사용하는 경우, 해당 캐시라인은 다른 프로세스에 대해 보호되지 않으며, 컨텍스트 스위칭 발생 시 해당 캐시라인은 플러싱되어야 한다. 캐시 플러싱의 단위는 일반적으로 캐시라인 단위이고 캐시의 페이지 전체를 플러싱하기 위해서는 많은 동작이 수행되어야 한다. 결국, 잠재적으로 TLB의 맵핑 테이블을 플러싱하는 것보다 더 큰 손해가 발생된다.

4.3 다른 클라이언트와의 일관성

캐싱 개념이 다중 클라이언트나 다중 프로세서 시스템에 적용되는 경우, 메모리 시스템의 일관성이 유지되어야 한다. 즉, 캐시가 클라이언트의 요청에 따른 반환 값을 변질시켜서는 안 된다.

다른 클라이언트와의 일관성을 보장하는 메커니즘(분산된 캐시와 메모리의 시스템이 일체화된 메모리 시스템처럼 작동할 수 있도록 보장하는 것)을 설계하는 것은 어렵지 않다. 하지만 이러한 동작을 위한 성능 부담이 크기 때문에 동작의 제약이 작은 메커니즘이 선호된다. 그로 인해 제약 조건이 완화된 다양한 메모리 일관성 모델이 제안되었다. 이러한 모델이 적용된 메모리 시스템과의 협약은 순차적인 처리를 잘 보장하지는 못하지만 잠재적 관점에서 성능을 향상시킨다. 예를 들어 데이터 손실이 발생하는 네트워크에서 프로그래머는 더 높은 수준의 동기화 프로토콜을 이용해 원하는 항상 동작을 보장할 수 있다. 즉, 손실이 발생하는 네트워크(실제 네트워크)에서, 프로그래머는 핸드쉐이킹 프로토콜을 이용해 신뢰성 높은 전송 서비스를 구현할 수 있다. 핸드쉐이킹 프로토콜에서는 전달자가 패킷의 전송 여부를 인지할 수 있으며, 지정된 시간 내에 응답이 돌아오지 않으면 재전송하는 방식을 취한다. 프로그래머는 필요시 이와 유사한 메커니즘을 통해 완화된 일관성 모델을 엄격한 모델처럼 사용할 수 있다.

4.3.1 동기, 탐색, 직관

개념을 명확히 하기 위해, 이 절에서는 발생 가능한 문제들을 보여주고 그에 대한 다양한 해결법을 제시한다. 또한 구체적인 구현 방법도 다룬다.

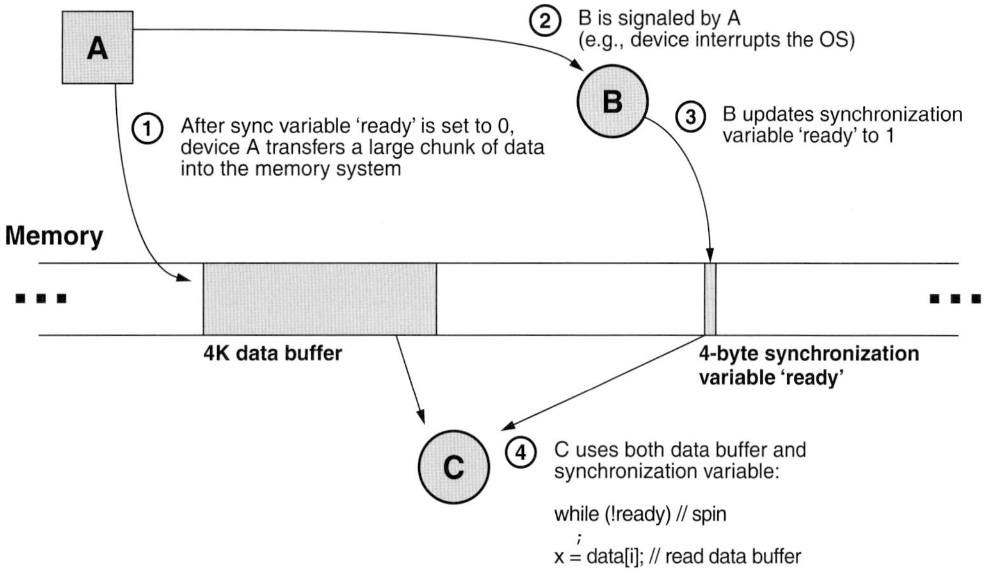

그림 4.6_ 경합 조건 예제. 시점 ①에서, 동기화 변수 'ready'는 0으로 초기화된다. 변수 'ready'의 초기화 이후, 하드웨어 장치 A는 메모리 시스템으로 데이터를 전송한다. A에서 B로 전송이 완료되면, B는 동기화 변수를 업데이트한다. 동시에 또 다른 소프트웨어 C는 동기화 변수 'ready'가 0이 될 때까지 해당 변수를 지속적으로 확인한다. 변수 'ready'가 업데이트되면 C는 데이터 버퍼를 읽는다.

시나리오 1

그림 4.6은 예제 시나리오를 나타낸다

- 하드웨어 장치 A는 DMA(Direct Memory Access) 제어기를 이용해 하나의 데이터 블록을 메모리로 전송한다.
- 소프트웨어 프로세스 B는 A의 제어기이다. 또한 B는 사용자 수준의 프로세스 통신으로, 직렬 포트와 같은 제어기 링크를 통해 장치 A와 통신한다.
- 소프트웨어 프로세스 C는 A에서 전송된 데이터를 이용하며, B로부터 데이터 준비(ready) 신호를 기다린다.

이 시나리오는 잠재적인 경합 조건(race condition)이 발생 가능하지만, 하드웨어 장치와 상호작용하는 많은 내장형 시스템을 대표한다. 시나리오의 세부사항은 다음과 같다.

1. B는 'ready'라 불리는 동기화 변수를 통해 클라이언트 프로세스와 통신한다. 메모리 시스템에서 'ready'는 새로운 블록이 유효함을 나타낸다. ①에서, B는 'ready' 변수를 0으로 설정한다. 이후 하드웨어 장치 A에서 메모리 시스템으로 데이터 이동이 시작된다.
2. 데이터 전송이 끝나면, 하드웨어 장치는 운영체제의 장치 인터럽트 채널 등을 이용해 제어 담당 소프트웨어 프로세스로 신호를 보낸다. 또는 제어 담당 소프트웨어가 연속적으로 하드웨어 장치를 폴링할 수도 있다. 어떠한 구현 방식이든지 프로세스 B는 데이터 전송이 ②의 시점에서 완료된다는 것을 인지할 수 있다.
3. ③에서 B는 데이터 버퍼의 상태를 반영하기 위해 동기화 변수를 1로 업데이트한다.
4. 프로세스 C는 데이터가 사용 가능해질 때까지 동기화 변수를 지속적으로 확인한다. 이를 위해 클라이언트 프로세스 C가 사용하는 코드는 다음과 같은 형태일 것이다.

```
while (1) {
    // wait for data to become available
    while (!ready)
    ;
    // data is available; process buffer
    for (i=0; i<BUFSIZE; i++) {
        process( data [i] );
    }
    // reset synchronization variable
    ready = 0;
}
```

동기화 변수 'ready'를 확인하여 데이터의 유효성이 확인되면 클라이언트 프로세스는 그 데이터를 읽는다. 데이터 읽기가 완료되면, 이 동작은 다시 처음으로 돌아가 되풀이된다. 예를 들어 초기 단계에서 서버 프로세스 B는 변수 'ready'를 초기화하며 C를 구동시킨다. 이후 B는 지속적으로 변수 'ready'가 0이 되는지를 확인한 후, ready가 0이 될 때 새로운 데이터 전송을 시작하면서 변수 'ready'를 1로 변경한다. 이후에는 앞선 과정을 반복한다. 안정 상태(steady state)에서 B는 변수 'ready'를 0에서 1로만 변경해야 하고, C는 1에서 0으로만 변경해야 한다.

이벤트 타이밍이 그림 4.7에 나타나 있다. 단순한 단일 프로세서 시스템에서 앞선 예제는 매우 간단한 동작을 수행한다. 즉, 메모리 시스템은 순차적으로 메모리를 참조하고, 프로세서는 순차적으로 작업을 수행한다. A에서 메모리 시스템(운영체제의 장치 드라이버 등)으로 데이터를 전송하는 소프트웨어 프로세스가 보호된 버퍼 공간에서 사용자가 접근 가능한 타겟 버퍼로 데이터를 전송하는 데 너무 오랜 시간이 걸린다는 문제가 있다.

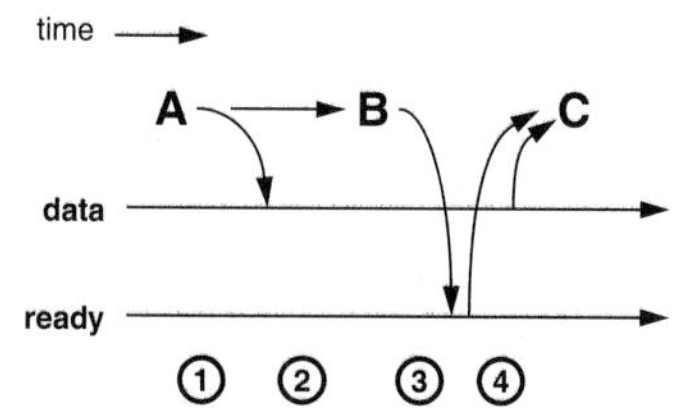

그림 4.7_ 이벤트 타이밍

단순한 단일 프로세서 시스템은 한 번에 하나의 일을 처리할 수 있기 때문에 인과관계가 유지된다. 즉, 하나의 명령어 실행이 하나의 메모리 요청을 처리할 수 있다. 하지만, 다중 프로세서 또는 네트워크형 다중 컴퓨터 환경에서는 그렇지 않다. 예를 들어 메모리 시스템이 하위 시스템으로 분산되어 있고 각 프로세스(B와 C, 그리고 A를 위한 데이터 전송)가 분산된 하위 시스템에서 실행되는 경우를 가정해보자. 이 시나리오에서는 "C가 올바른 데이터를 얻었는가?"라는 의문이 제기된다. 데이터 버퍼와 동기화 변수 중 어느 것이 먼저 유효화되는가? 복잡한 시스템에서 이에 대한 답은 명확하지 않다.

유사한 사례: 분산 시스템 설계

먼저, 임의의 순서로 메모리 요청을 처리하는 방식의 장점을 알아보자. 이를 위해 이 절에서는 임의의 순서로 인해 메모리 시스템에서 경합 조건(race condition)이 발생하는 시나리오를 설명한다. 이 시나리오에서는 외견상으로 서로 다른 메모리 위치 간의 인과관계로 경합이 발생하나, 모든 어플리케이션에서 발생하는 것은 아니다. 일관성 모델은 다중 프로세서 동작을 단일 프로세서 동작과 유사하게 만들어 주지만, 이로 인해 일반적으로 성능 저하가 발생하게 된다. 보다 나은 일관성 모델은 이벤트 순서를 명시적으로 지정하지 않는다. 이벤트 간의 가벼운 관계를 갖는 이러한 시스템에서는 경합 조건이 발생하는 시점과 발생 위치에서의 일관성 문제만을 해결한다.

이와 같은 개념은 네트워크 시스템 설계에도 적용되며, 네트워크 용어로 이 문제에 접근할 때 더욱 직관적으로 풀이된다. 특히, 후술할 시나리오에서는 분산 시스템뿐만 아니라 캐시 응집성 구현에서 고려할 하드웨어 및 소프트웨어 세부 사항을 논의한다. 이러한 문제에 이미 익숙한 사람들, 또는 네트워크 시스템의 인과관계와 타이밍 문제에 대해 고려하지 않는 독자들은 아래 내용을 건너뛰어도 무방하다.

분산 시스템 개발 관점에서, 네트워크상의 소프트웨어 프로세스는 여러 기능을 제공하며 네트워크를 활용하여 동작을 조정하기 위한 통신을 한다. 이에 대한 구체적인 상위수준 알고리즘(프로세스들의 집합이 제공하는 기능)은 다루지 않는다. 시스템 설계 초기에 설계자는 네트워크 설계 시 세운 가정들을 관철하기

위해 폭 넓은 선택이 가능하다. 예를 들어,

- 메시지 전달이 보장되는가? 특히, 하나의 프로세스가 네트워크로 패킷을 보낼 경우, 네트워크는 패킷을 수신자에게 전달하는 것을 보장하는가? 수신자는 둘 이상의 패킷을 받을 수 있는가? 네트워크에서 패킷이 분실될 수 있는가? 만약 앞선 질문의 상황이 발생할 경우, 프로세스가 각 상황에 대한 알림을 받을 수 있는가?
- 메시지 전송 시간의 제한이 있는가? 이러한 네트워크는 패킷의 전송 자체를 보장할 수는 없지만, 패킷이 전송된다면 일정 시간 내로 전송되는 것을 보장한다. 일정 시간 이후에는 패킷이 분실되지 않더라도 전송되지 않는다.
- 네트워크에서 메시지 순서가 유지되는가? 만약 프로세스가 네트워크에 패킷을 순서대로 전송한다면, 같은 순서로 패킷이 전송되는가?

개발자는 가정한 네트워크 동작에 따라 프로그램 코드를 작성할 것이다.

- 만약 메시지 하나가 정확히 한 번 전송되도록 보장되고, 일정 시간 내의 전송과 메시지 순서가 유지된다면, 이를 위한 프로그램은 순차적 프로세서(sequential processor)를 위해 작성된 함수적 프로그래밍 모델(functional programming model)처럼 보일 것이다. 이러한 시나리오에서, 프로세스들은 함수를 실행하는 것처럼 순차적으로 메시지를 보낸다. 이는 어떻게 원래의 단일 소프트웨어 구현이 분산 시스템으로 만들어졌는지를 보여준다. 즉, 함수 호출 경계(function-call boundary)를 통해 프로세스들 간의 작업을 분배한다. 이것은 원격 프로시저 호출(Remote Procedure Call, RPC) 패러다임의 특징이다. 설계자나 프로그래머는 작업 호출에 대한 세부사항을 고려할 필요가 없기 때문에 간단한 프로그래밍 모델을 통해 설계할 수 있다.
- 네트워크가 한 메시지를 여러 번 전송할 수도 있다면 어떻게 되는가? 즉, 하나의 패킷이 네트워크를 통해 수신자에게 두 번 전달될 수도 있다면? 이러한 이벤트가 프로그램 동작 정확성에 영향을 주지 않는다면 큰 문제가 되지 않는다. 그러나 이것이 문제를 발생시킬 수 있다면(예컨대 은행에서 현금을 입출금하는 과정에 은행 소프트웨어가 동일 메시지를 수차례 전송하는 것을 상상해보라), 소프트웨어는 반드시 이와 같은 상황을 예상하여 처리해야 한다. 예를 들어, 소프트웨어는 전송되는 모든 패킷에 시스템에서 유일한[2] 메시지 번호를 추가할 수 있다. 그리고 메시지의 수신자는 메시지 번호를 확인하여 이미 수신한 메시지 중 동일 번호가 있을 경우 해당 패킷을 제거한다.
- 메시지 순서가 보장되지 않는다면 어떻게 되는가? 예를 들어, 일련의 순서로 보내진 패킷이 비순차적으로 목적지에 도달하면 어떻게 되는가? 이러한 이벤트가 문제를 발생시킨다면, 소프트웨어는 이와 같은 상황을 예측하고 이를 처리하기 위한 메커니즘을 제공해야 한다. 예를 들어, 소프트웨어는 수신된 메시지를 확인하여 전송된 메시지의 순서가 이전에 도착한 패킷과 연속적이면 더 높은 단계로 보내주거나, 시퀀스의 중간 번호 패킷이 올 때 까지 버퍼링(과 재정렬)을 하는 버퍼

2 시스템 내에서 유일한 번호를 제공하는 것은 어렵지 않다. 소프트웨어가 하나의 고유 ID를 가지고 있을 경우, 그 소프트웨어는 지역적으로 고유한 번호를 생성시키면 된다. 예컨대 타임스탬프와 소프트웨어 ID를 추가한(패킷이 전송될 때마다 증가되는) 연속된 번호를 들 수 있다.

링/시퀀싱 메커니즘을 메시지 핸들링 기능 안에 포함 시킬 수 있다. 메시지 전송 시간에 제한이 있는 경우, 핸들러는 정해진 임계시간 동안만 대기하면 된다. 만약 임계시간 동안 시퀀스 사이의 번호가 발견되지 않는다면, 이를 처리하는 소프트웨어는 이 시퀀스의 패킷들이 다른 수신자에게 보내졌다고 가정한다. 그리고 이 수신자의 시퀀스에는 차이가 없다(이 차이는 작동상의 오작동을 의미하는 것이 아니다).

- 그러나 전송 시간이 제한되지 않는다면? 문제가 조금 더 복잡해진다. 이것은 기능적으로(현실적으로) 메시지 전송이 보장되지 않음을 의미한다. 다시 말해, 전송된 패킷은 목적지에 도달하지 못할 수도 있다. 앞서 말한 것과 같이 이러한 동작이 문제를 발생시킬 수 있다면, 소프트웨어는 그 상황을 예상하여 처리할 수 있어야 한다. 예를 들어, 수신자는 시퀀스의 차이를 감지하자마자 누락된 시퀀스에 대한 확인을 위해 발신자에게 메시지를 발송하고, 누락된 사실이 확인되면, 결과에 부합하는 인터리빙 메시지를 재전송하게 된다. 그러나 분산 시스템의 수신자는 대개 서버이고, 일반적으로 서버에서 다른 무언가에 의해 통신이 지체되는 상황은 선호되지 않는다. 이러한 경우, 수신자/클라이언트 쪽의 재전송 메커니즘을 통해 처리하는 것이 가장 좋은 방법이 될 것이다. 즉, 메시지 전달 기능에 송신응답(send-acknowledge) 프로토콜을 구축하는 것이다. 발신자는 전달하는 모든 메시지에 대해 수신자로부터 간단한 응답(acknowledgement) 메시지를 받게 된다. 만약 송신자가 적절한 시기에 응답 메시지를 수신 받지 못한다면, 송신자는 목적지로 메시지가 온전히 전달되지 못하였다고 가정하여, 메시지를 다시 전송하게 된다. 수신자가 시퀀스의 차이를 통해 문제 발생 여부를 확인할 수 있도록 수신자마다 독립된 시퀀스 번호가 유지될 수 있어야 한다.

핵심은 다음과 같다.

> — 설계자는 항상 명확한 메커니즘으로 시스템을 설계함으로써 전달 매체(medium)의 비이상적(non-ideal) 동작에 대응하도록 한다.

이상적(ideal)으로 동작하는 매체를 가정하는 경우, 앞서 언급한 메커니즘이 필요 없으며, 설계자의 코드는 단일 프로세서(네트워크가 아닌)를 위해 작성된 형태와 외견상으로 동일하게 보일 수 있다. 결국 덜 이상적인 매체를 가정할수록, 설계자는 프로그램에 더 많은 대비책을 준비해야 한다.

구체적 사례: 캐시 시스템

어떻게 앞선 사례를 캐시 시스템에 적용시킬 수 있는가? 분산 캐시 시스템(다중 프로세서 캐시 시스템, 웹 문서 프록시 캐시 등)을 다루기 위한 소프트웨어 구현은 네트워크를 위해 구현하는 소프트웨어와 매우 유사하다. 특히, 메모리 일관성 모델은 특정 구성에 대한 가정을 포함한다. 즉, 어떻게 캐시와 메모리가 독립적이고 상호작용하는지에 대한 설계자의 정책이 묘사되어 있다. 메모리 일관성 모델은 설계자가 구현한 알고리즘 외에도 어떻게 메모리 시스템이 동작할지에 대한 정책도 포함하고 있다. 이것은 프로그래머와 메모리 시스템 사이의 협약이다.

네트워크의 경우, 네트워크의 동작과 관련하여 작은 가정으로 복잡한 소프트웨어를 선택하는 이유에 대해 의문을 가질 수 있다. 이에 대한 해답은 이러한 시스템이 항상 트레이드오프(trade-offs)를 가진다는 것이다. 일반적으로 위 시스템을 구현하면 네트워크 기반구조, 분산된 시스템 소프트웨어 기반 구조 또는 두 경우 모두에 걸쳐 복잡도가 증가할 것이다. 기반 구조가 클라이언트들에게 제공하기로 선택한 보장 단계는 보통 수익 체감(diminishing return)에 의해 결정된다. 서비스를 다음 단계로 향상시키는 데 엄청난 비용을 소비하게 되는 복잡성 단계에 이르면, 기반 구조는 그 이상의 보장을 제공하지 않는다. 이에 대한 예로써, 인터넷 프로토콜(IP)을 통해 메시지가 전달되며, 신뢰할 수 있는 메시지 전송이 아닌 상황에서 설계자가 신뢰할 수 있는 메시지 전송을 필요로 하는 경우, 기본적인 기반구조에 이를 위한 기능을 추가하여 설계하면 된다(TCP/IP, 신뢰성 있는 데이터그램 등).

이는 캐시 시스템에서도 마찬가지이다. 하나의 캐시를 포함하는 단일 프로세서를 위한 프로그램 작성은 간단하다. 이 때문에 다수의 캐시를 포함하는 다중 프로세서를 위한 프로그램 작성은 어렵지 않을 것이라 생각될 수도 있다. 사실 현대의 많은 다중 프로세서 캐시 시스템은 극히 간단한 메모리 일관성 모델과 연관된 캐시 응집력 메커니즘으로 인해 많은 분산 하드웨어 캐시를 하나 캐시 모델로 단순화함으로써 위와 같은 착각을 불러일으킬 수 있다.

이 단계에서 예상 가능하듯이, 복잡성에 대한 트레이드오프의 관계에서 한 극단면에 위치한 시스템은 최고의 성능을 보장하지 못할 수도 있다. 따라서 선택할 수 있는 다양한 일관성 모델이 존재하며, 이 모델들은 각각 앞서 언급한 시스템에 비해 더 낮은 서비스 보장 단계를 제공하고 하드웨어 시스템의 구축 비용이 낮으며, 소프트웨어가 단일 메모리 포트를 사용하지 않는 시간 구간 동안 잠재적인 성능 향상을 기대할 수 있다.

다음은 캐시 시스템이 네트워크와 관련하여 복잡해지거나 분산되는 경우, 구현의 관점에서 참고해야 할 몇 가지 사항에 대한 설명이다.

- 쓰기 요청이 버퍼에 저장(하위 저장소에 바로 전송되는 것이 아닌)되고, 가까운 캐시에서 읽기 요청을 처리할 수 있는 상황을 가정하자. 이는 웹 프록시 또는 다중 프로세서를 캐시를 포함하는 경우에 해당한다. 이와 같은 시스템은 주어진 항목(각 다른 값들을 가지는)에 대해 다수의 캐싱된 사본을 소유할 수 있다. 그리고 만약 상호간 다양한 버전을 관리하려는 노력을 기울이지 않을 경우 문제가 발생할 수 있다.
- 특정 구현에서 캐시의 하위 저장소는 단일 독립체가 아니라, 각기 자신의 포트를 포함한 저장장치 구조의 집합체라고 가정하자. 이것은 NUMA 다중 프로세서 구조를 의미하며, 오늘날 자주 사용되는 설계 방식이다. 만약 데이터 이동이 가능하다면, 즉, 하나의 데이터가 분산된 하위 저장소에서 서로 다른 두 영역에 위치한다면, 요청을 처리하는 하위 저장소의 세그먼트에 따라 동일한 데이터에 대한 두 쓰기 요청이 서로 다른 순서로 처리되는 시나리오가 발생할 수 있다.
- 서로 다른 캐시 사이에 일관성을 보장하기 위해 사용되는 메커니즘이 무엇이든지 간에, 입출력 요청이 '보통(normal)'의 메모리 요청과 동일한 동작을 할 수 있도록 다른 사용자/프로세서는 입출력(I/O) 시스템을 알아야 한다.

위 예시들은 단지 이러한 문제를 대략적으로 이해하기 위한 것이다.

4.3.2 응집성 대 일관성

메모리 시스템의 동작 순서와 관련된 **메모리 응집성**(memory coherence)과 **메모리 일관성**(consistency)의 개념에 대해 논의해 보자. 우리는 경합 조건이 발생하는 상황에서 메모리 응집성과 일관성을 정의하고, 현대의 다중 프로세서 시스템 설계 관점에서 이들을 논의한다.

메모리 응집성: 메모리 응집성의 원칙은 메모리 시스템의 합리적인 동작을 위한 것이다. 예를 들어, 써진 값은 명시적으로 덮어 써지지 않는 한 제거되지 않는다(제거된다는 말은 읽기 동작이 실패한다는 것을 의미한다). 쓰기 데이터는 캐시에 무한히 저장될 수 없다. 따라서 읽기 동작은 기존 쓰기 데이터가 덮어 써지지 않는 한 기존 데이터를 그대로 읽을 수 있다. 최종적으로 시스템은 동작 순서를 결정해야 한다. 시스템에서 쓰기 동작 Y 전에 쓰기 동작 X를 처리하기로 결정했다면, 시스템은 쓰기 동작 Y를 쓰기 동작 X 전에 처리할 수 없다.

앞선 경합 조건의 예에서, 응집성은 B가 변수 'ready'를 업데이트했을 때 C는 변수 'ready'를 확인할 수 있어야 한다는 의미이다. 마찬가지로, C는 A에 의해 써진 데이터 블록을 확인할 수 있어야 한다. 바깥쪽 루프의 끝에서 C가 변수 'ready'를 0으로 업데이트한 이후 B가 해당 변수를 업데이트하지 않는다면, 그 직후의 내부 루프 [while(!ready)]는 변수 'ready'를 0으로 읽을 것이다.

메모리 일관성: 응집성이 합리적인 동작을 정의한다면 일관성은 주어진 조건하에서 시스템이 어떠한 방식으로 얼마나 오랜 기간 동안 합리적이지 못한 동작을 수행할 수 있는지를 정의한다. 메모리 일관성 모델은 시스템의 읽기와 쓰기 동작들 사이의 처리 순서를 정의하며, 그 동작들이 같은 메모리 어드레스에 대한 것인지의 여부는 관계없다. 두 개의 참조가 같은 어드레스를 가리키고 있다면 참조들의 순서는 중요하다. 반면 두 개의 참조가 서로 다른 어드레스를 가리키고 있다면 두 참조에 대한 상호 의존성이 존재하지 않기 때문에 이론적으로 이들의 순서를 적당히 재배열할 수 있다. 일례로, 최신의 DRAM 메모리 제어기의 동작이 이와 같다. 하지만 그림 4.6에서 볼 수 있듯이, 두 변수 간의 데이터 의존성은 존재하지 않을 수도 있지만, 인과관계의 의존성이 존재할 수도 있기 때문에 데이터 접근 순서의 재배열은 안전하지 않을 수 있다. 따라서 우리는 서로 다른 어드레스에 대한 참조들의 순서를 정의할 필요가 있다.

경합 조건의 예에서, 특정 일관성 모델에 따라 다음과 같은 간단한 코드,

```
if(ready)
  read data;
```

는 기대와 다르게 동작할 수 있다. 만약 특정 일관성 모델에서 임의의 재배열을 허용한다면, 데이터 버퍼에 유효한 값이 쓰여지기 전에 변수 'ready'가 1이 될 수 있다. 결국 외부 관찰자(프로세스 C)는 잘못된 결과를 얻게 된다.

입문자들에게 이 용어들은 만족스러운 정의가 아닐 수 있다. 응집성과 일관성 간의 구분이 명확함에도 불구하고, 상당 부분이 겹치는 것을 알 수 있다. 응집성과 일관성의 개념에서 많은 항목들이 중복된다. 예를 들어,

- 보편적인 응집성과 일관성의 정의는 다음과 같다. 응집성은 **동일한** 어드레스에 대한 읽기와 쓰기 동작을 정의하는 반면 일관성은 서로 **다른** 어드레스에 대한 읽기와 쓰기 동작을 정의한다. 하지만 이러한 류의 논의는 대부분 **동일한** 메모리 위치에 대한 읽기와 쓰기를 예로 들며 일관성을 정의한다.
- 대부분의 메모리 일관성 모델은 메모리 응집성에 대해 명시적으로 언급하지는 않는다. 메모리 응집성은 단순히 메모리 일관성의 일부분으로 간주된다. 그러나 이것은 모든 경우에 해당된다고 할 수 없다. 몇몇 메모리 일관성 모델은 명시적이나 묵시적으로 메모리 응집성의 원칙을 위반[3]하기 때문이다.
- 캐시 응집성 기법에 명시된 주요 기능은 메모리 응집성을 보장하는 것이지만, 어떠한 캐싱 메커니즘이든 특정 일관성 모델에 묵시적으로 연동되어 사용된다.

≪Microprocessor Report≫의 편집자들은 "우리가 알기로 **슈퍼 파이프라인**은 **파이프라인**을 의미하는 용어이다" 라고 말했다. 이를 인용하자면, **다중 클라이언트 상황**에서 우리가 알고 있는 **메모리 일관성**은 **메모리 응집성**을 의미하는 용어이다. 따라서 클라이언트 A는 어떤 메모리 위치의 값을 '1'에서 '2'로 확인하지만, 클라이언트 B는 '2'에서 '1'로 확인할 수도 있다.

여러 가지 면에서, 메모리 일관성은 메모리 응집성의 상위 개념처럼 동작하고 응집성의 개념을 모두 아우른다. 하지만 메모리 일관성과 응집성을 명명한 것[4]은 이 분야에 입문하는 사람들에게 혼란만 가중시킨다. 따라서 우리는 이 절 외에서는 두 용어를 함께 쓰는 것을 최대한 지양할 것이다. 우리는 **메모리 일관성**이라는 용어를 메모리 시스템의 동작(메모리 시스템의 응집성을 보장하기 위한 동작 포함)을 나타내기 위해 사용할 것이다.

이 용어들을 이와 같이 사용해야 한다는 사실은 명백하다. 특히, 이상적인 캐시 응집성 엔진(혹은 '캐시 일관성 엔진'이라고 이름을 바꾸는 것이 좋을지도 모르겠다)은 주어진 일관성 모델 구현에 대해 책임을 져야 한다. 그러나 오늘날의 컴퓨터 구조 커뮤니티에서의 캐시 응집성 엔진은 이상적인 것과는 다른 함축적 의미를 지니고 있기 때문에 이 의미에 대해 반드시 설명되어야 한다. 현대의 다중 프로세서 시스템에서 캐시 응집성 메커니즘은 다중 클라이언트와 다중 캐시 구조의 메모리 응집성 구현을 담당한다. 현대 마이크로프로세서는 명령어들을 비순차적으로 실행하며 내부적으로 메모리 요청의 순서를 상당한 수준으로 재배열한다[Jaleel & Jacob 2005]. 이는 캐시 응집성 메커니즘 문제를 발생시킬 수 있다. 구체적으로 쓰기가 지역

---

3 예를 들어, 인과관계의 일관성(causal consistency)과 파이프라인된 RAM 일관성(pipelined RAM consistency)은 서로 다른 클라이언트에게 하나의 메모리 어드레스에 대한 서로 다른 순서의 다중 쓰기를 허용한다[Tanenbaum 1995].

4 이 두 가지 용어가 존재하는 이유로 들 수 있는 설명 중 하나는 응집성은 단일 프로세서 시스템의 맥락에서 정의된 것이며, 일관성은 다중 프로세서의 동작을 묘사하기 위한 것으로 기존 용어를 변경하거나 추가하지 않기 위해 정의된 용어이다.

적으로 버퍼링되거나 우회될 수 있는 경우, 캐시 일관성을 엄격하게 보장하기 위한 캐시 엔진의 동작은 어렵거나 불가능할 수 있다(이에 대한 더 자세한 논의는 4.3.3절에서 설명된다). 그 결과, 비순차적으로 명령어를 실행하는 현대의 코어에 포함된 (고성능을 위해 필요한)고성능 재배열과 버퍼링 메커니즘들은 올바른 동작을 위해 사용될 수 없을 것처럼 보일 수 있다.

이 문제를 해결하기 위해, 연구자와 개발자들은 짧은 시간 동안 메모리 시스템의 특정 비정상적 동작을 견뎌낼 수 있는 완화된 일관성 모델을 제안하였다. 이 프로그래밍 모델은 현대 프로세서의 지역적 재배열과 버퍼링을 허용하며, 명령어의 실행 순서가 중요한 상황에서 올바른 동작을 위한 책임을 프로그래머에게 전가한다는 중요한 특징을 갖는다. 이 모델은 현존하는 캐시 응집성 엔진을 기반으로 구현되었으며, 특정 일관성 모델에 비해 불필요할 정도로 엄격한 보장 조건을 포함하고 있을 수 있는데, 이러한 보장 조건은 변수 동기화에 사용된다. 이를 통해 메시지 전달 원형이나 명시적 훅(hook)을 응집성 엔진에 포함하지 않고도 펜스(fence) 또는 그와 유사한 것들[5]이 메모리 시스템에 구현될 수 있다. 또 다른 방법으로는, 프로세서가 동기화 동작(해제(releases), 획득(acquires)) 전후의 재배열과 버퍼링을 의도적으로 제한하여 요청을 순차적으로 지연 없이 응집성 엔진으로 보냄으로써 일관성과 응집성을 엄격하게 보장할 수 있다. 동기화 동작이 끝나는 순간, 재배열과 버퍼링은 다시 활성화되고 프로세스들은 고성능 동작 상태로 돌아간다.

4.3.3 메모리 일관성 모델

메모리 일관성 모델은 외부에서 관찰되는 이벤트의 순서를 정의한다(메모리 시스템으로의 읽기 및 쓰기. 즉, 읽기 동작이 완료된 시점이나, 쓰기용 데이터가 다음 요청[6]에서 관찰되는 시점). 이는 요청들이 지역 캐시에서 처리될 때에도 동일하다. 메모리 일관성 모델에서 캐시는 메모리 시스템의 일부분이다. 특히, 읽기와 쓰기 요청은 모델이 정의한 수준에서 재배열될 수 있다. 다음은 메모리 시스템 동작에서 가장 흔하게 사용되는 모델들이다(Tanenbaum[1995]에서 빌려온 개념).

엄격한 일관성(strict consistency): 읽기 동작은 가장 최근 저장된 값을 반환해야 한다.

순차적 일관성(sequential consistency): 서로 다른 프로세서로부터 접근되는 프로그램 순서는 순차적으로 처리되는 결과와 동일하다.

프로세서 일관성(processor consistency): 하나의 프로세스의 쓰기 명령어는 프로그램 순서 내에서 다른 클라이언트들에 의해 관찰된다. 즉, 모든 클라이언트들은 다른 프로세서의 쓰기 명령어의 처리 순서를 관찰한다.

다음 절에서는 앞선 모델에 대한 자세한 설명을 다룰 것이다.

---

5 울타리(fences)와 장벽(barriers), 해제 및 획득 동작 등의 동기화 근원에 대한 논의는 Hennessy와 Patterson[1996] 등을 참고하라.

6 메모리 일관성에서 쓰기의 개념은 그것의 결과들이 확인될 때를 의미하며, 쓰기 요청이 발생될 때가 아니다.

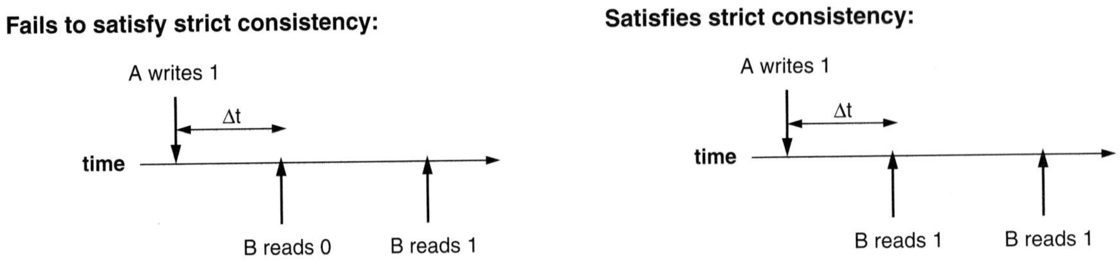

그림 4.8_ 엄격한 일관성. 각 타임라인은 특별한 위치에서 읽기/쓰기 이벤트의 시퀀스를 보여준다. 엄격한 일관성에서 B는 이벤트 사이 간격이 매우 작더라도 A에 의해 쓰여진 값을 읽어야 한다.

엄격한 일관성

엄격한 일관성(Strict Consistency)은 일반적으로 단일 프로세서로부터 제공된 모델이다. 이 모델은 대부분의 프로그램에서 사용된다. 기본 원리는 다음과 같다.

- 읽기 동작은 가장 최근 쓰기 동작에 의해 쓰인 값을 반환받는다.

그림 4.8은 이 모델에 내재하는 문제들을 보여준다. 이 문제는 다중 프로세서에서는 현실적이지 않다. 그럼에도 불구하고 이 모델은 매우 직관적이다. 어떠한 프로세스가 한 변수에 쓰기 동작을 수행했다면, 그 변수로의 읽기 동작은 앞서 기록된 값을 반환할 것이다. 다중 프로세서에서 상기 모델은 통신 지연시간에 대한 고려가 없다는 점에서 비현실적이다. 만약 서로 다른 프로세서 A와 B가 0이 아닌 지연시간을 갖는 동일 버스나 네트워크 또는 채널을 통해 통신을 한다면 다중 프로세서는 이 모델을 어떻게 지원해야 하는가? '가장 최근 스토어(most recent store)'는 여러 가지 문제를 야기한다. A의 쓰기 동작 이후, B가 같은 위치의 읽기 동작을 매우 짧은 시간(그림의 'Δt') 이후에 수행한다고 가정하자. 만약 두 개의 프로세서 사이의 통신 시간이 이 '매우 짧은 시간'보다 길면, 읽기가 요청된 시점에 B는 A의 쓰기 동작을 알아낼 수 없다. 하드웨어나 소프트웨어의 지원[7] 없이 시스템의 엄격한 일관성을 유지할 수는 없을 것이다. 하지만 엄격한 일관성을 지원하면 보통은 시스템 성능이 저하된다.

앞서 언급했듯이, 엄격한 일관성 메모리 시스템은 단일 프로세서 시스템처럼 동작되며, 그림 4.6은 이와 관련된 문제 해결 방법을 제시한다. 데이터 버퍼에 대한 C의 읽기 요청은 A의 쓰기 동작이 완료되기 전까지 발생할 수 없다. 따라서 캐시 일관성 기법 중 엄격한 일관성 모델은 C가 항상 최신의 데이터를 읽을 수 있음을 보장한다.

7 예를 들어, 가상의 클록(virtual clock), 인과적(causal) 클록, 브로드캐스트(broadcast) 그리고 폐기(revocations), 타임스탬프 등을 포함한 분산 시스템의 시간 유지를 위한 많은 기법들이 존재한다.

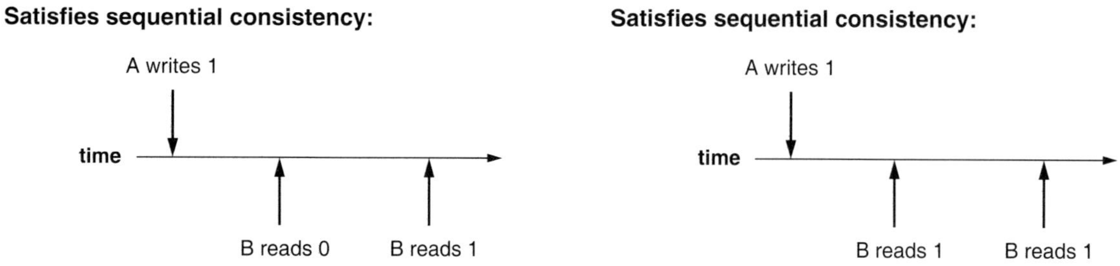

그림 4.9_ 순차적 일관성. 이 경우 그림 4.8과 달리 두 시나리오 모두 유효하다. 순차적 일관성은 읽기 데이터가, 임의의 지연시간 이후에 이전의 쓰기 데이터를 반영할 수 있도록 한다.

순차적 일관성

엄격한 일관성 모델은 단순하다는 이점이 있지만, 구현에 많은 비용이 든다. 이것은 편리한 동기화 이점을 얻기 위해서 성능을 포기해야 함을 의미한다. 하지만 명시적인 동기화 기법을 사용하면, 엄격한 일관성 모델에 의존하지 않고 다중 프로세서에 기능 코드를 사용할 수 있다. 엄격한 모델의 많은 부분을 완화하는 순차적 일관성(Sequential Consistency) 모델 [Lamport 1979]의 기본 원리는 다음과 같다.

– 실행 결과는 서로 다른 프로세서가 프로그램 순서로 접근하는 것을 번갈아서 순차적으로 처리하는 것과 동일하다.

각각의 프로세서에서 발생되는 요청은 프로그램 순서와 동일하게 처리되어야 한다(메모리 요청의 재정렬은 허락되지 않는다). 즉, 프로세서들의 요청은 임의의 순서로 처리될 수 있으나, 모든 프로세서는 메모리 시스템에 요청된 서로 다른 프로세서들의 요청 순서를 알아야 한다. 요청 처리 순서는 프로그램이 실행될 때마다 바뀔 수 있다. 그림 4.9는 순차적 일관성 모델을 묘사하였으며, 그림 4.8과 비교될 수 있다. 그림 4.9와 4.8의 시퀀스 모두 순차적 일관성 모델에서 유효하다.

순차적 모델은 그림 4.6의 문제를 어떻게 해결하는가? 언뜻 보기엔, 해당 시나리오가 정확하게 처리되지 않을 수도 있으며, 좀 더 고려할 부분들이 존재한다. 특히, 장치 A가 프로세스 B에게 정보를 전달하는 방법은 장치 드라이버를 이용하는 방법뿐이다. 장치 드라이버의 호출은 메모리 시스템에 쓰기를 발생시킨다(그림 4.10과 4.11 참조). 그림 4.10은 장치 드라이버를 통해 A가 B에게 정보를 전달하는 동작을 묘사하고 있으며 이전 예시를 보다 자세하게 설명하고 있다. 그림 4.11은 두 개의 시나리오를 타임라인 관점에서 비교한다. 그림 4.11의 (a)는 이전 시나리오에 의해 제안된 이벤트 타임라인을 보여준다. 이와 같은 경우는 순차적 일관성 메모리 시스템과 동일하게 동작하지 못한다. 즉, 순차적 일관성 모델은 A의 데이터 쓰기 동작과 B의 변수 *ready*에 대한 쓰기 동작이 특정 순서로 처리되는 것을 필요로 하지 않는다. 특히, A의 데이터 쓰기는 B의 변수 *ready*에 대한 쓰기 동작 이후에 시스템에 의해 처리될 수 있다.

앞서 말한 바와 같이 그림 4.6과 이에 대응하는 그림 4.11 (a)의 타임라인은 비현실적이다. 앞선 시나리오는 메모리 시스템을 이용하지 않고 정보를 A에서 B로 전송할 수 있음을 암시한다. 그에 반해, 그림 4.11(b)

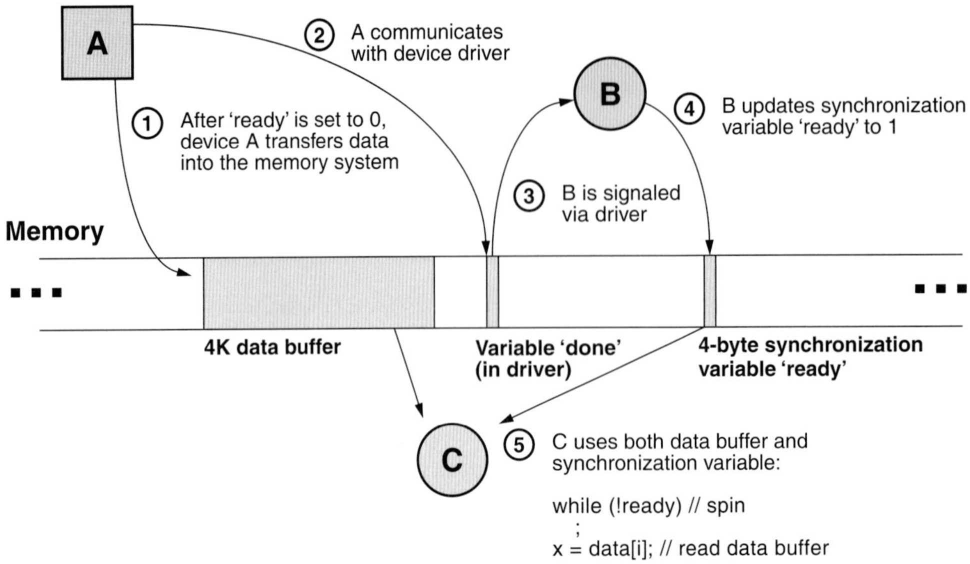

그림 4.10_ 더 자세한 경합 조건의 예. 이전의 모델은 장치 A가 프로세스 B로 통신함으로써 장치 드라이버 방식을 (의도적으로)무시하였다. 장치 드라이버와 통신하기 위해 메모리 시스템의 메모리 위치나 메모리에 매핑된 I/O 레지스터를 사용한다.

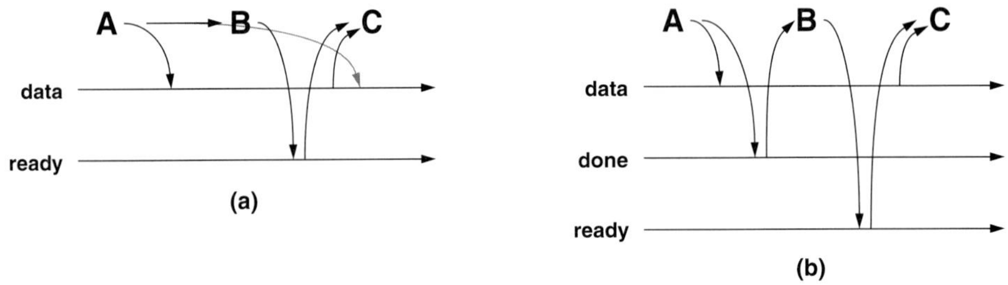

그림 4.11_ 실질적인 데이터 이동과 인과관계. (a)에서 정보는 메모리 시스템을 이용하지 않고 A에서 B로 직접 전달된다. 메모리 시스템이 정보를 관찰하지 않기 때문에 정보 간 인과관계를 추론할 수 없으며, 따라서 A의 데이터 쓰기가 C의 데이터 읽기 이후까지 지연될 수도 있다. 현실적으로 A와 B의 통신은 대부분 장치 드라이버를 사용한다. 드라이버가 'done'이라는 변수를 갖는다고 가정하자. (b)는 데이터 이동을 보여주며, 이 시나리오에서 순차적 일관성에 의한 인과관계 또한 보여준다.

는 장치 드라이버를 이용한 데이터 전달 과정을 포함하고 있기 때문에 더욱 현실적이다. 특히 이러한 동작은 드라이버의 변수 *done*을 이용한다. 그림 4.11(b)의 시나리오는 순차적 일관성 메모리 시스템에서 예상한 것과 동일하게 행동할 것이다. A에서 B로의 정보 전송이 메모리 시스템에 의해 관측되지 않는(따라서, 응집성 메커니즘은 이벤트 사이의 인과관계를 추론하기 힘들다) 그림 4.11 (a)와는 반대로, 그림 4.11 (b)의 메모리 시스템은 관련 있는 모든 이벤트를 관측한다. 특히 다음 이벤트 순서들은 순차적 일관성 시스템 내에서 관측된다.

1. A가 데이터를 기록하고, A가 *done*을 기록한다(A가 관찰한 후에 모두가 볼 수 있다).
2. A가 *done*을 기록한 후, B가 *done*이나 장치 드라이버가 기록한 어떠한 변수를 읽는다(장치 드라이버와 B가 관찰한 이후에 모두가 볼 수 있다).

3. B가 *done*을 읽은 후에, C가 데이터를 읽는다(B와 C의 관찰 이후 모두가 볼 수 있다).

순차적 일관성은 메모리 시스템의 모든 클라이언트에 의해 보이는 모든 이벤트의 정렬을 요구하기 때문에, 각 프로세스에게 보이는 요청의 순서는 메모리 시스템에 의해 보장되어야 한다. 따라서 C의 데이터 버퍼 읽기 동작이 보장된다. 어떠한 동작이 보장될 수 있는 주요한 원인은 A와 B 사이의 통신이 실제로 메모리 시스템(메모리 위치나 메모리에 매핑된 입출력 중 하나)을 이용하기 때문이다. 결국 통신 또한 일관성 모델의 일부가 된다.

순차적 일관성 메모리 시스템의 구현을 파악하기 위한 몇몇 예시는 다음과 같다.

- 모든 입출력은 응집성 기법을 이용해야 한다. 그렇지 않으면, 응집성 메커니즘은 A가 데이터 전송이 완료됨을 의미하기 위한 변수 *done*에 대한 쓰기 동작이 실패할 것이다. 입출력이 메모리에 맵핑되어 있고 입출력 위치가 응집성 메커니즘 범위 안에 포함되거나, 입출력이 메모리에 맵핑되지 않은 대신에 명령어 집합 내에서 특별한 입출력 원형(primitive)을 사용할 경우, 해당 응집성 기법은 이 동작들을 인지해야 한다.
- 이 예제는 동일한 제어기 쓰레드 혹은 같은 프로세서 코어에 의해 A의 버퍼 데이터와 A의 *done* 변수가 기록되는 것을 가정한다. 이 가정은 단일 프로세서 구현에서는 타당하지만, CMP(chip multiprocessor)에서는 타당하지가 않다. 가정이 타당하지 않다면, 위 이벤트 순서 #1(A가 데이터 기록 후, 변수 *done* 기록)도 타당하지 않다. 동작들이 서로 다른 프로세서에서 실행되는 시스템을 고려하면, 동작들이 '동시(simultaneous)'에 이뤄진다고 여길 수 있으므로 동작 간 관계가 없다. 이 이벤트에서는 순차적 일관성 메모리 시스템이 동작들을 임의의 순서로 정렬한다.
- 또 다른 영향은 순차적 일관성의 정의에서 발생한다. 즉, 시스템의 모든 클라이언트가 오더링(ordering)에 동의하도록 하기 위해, 모든 클라이언트는 외부 이벤트를 제때에 관찰할 수 있어야 할 것이다(동작의 버퍼링에 영향을 미치므로). 특히, 순차적 일관성 시스템은 고성능을 위해서 반드시 필요하다고 생각되는 쓰기 버퍼링을 전혀 사용하지 않는다. 현대 프로세서 코어는 쓰기 명령어의 저장 데이터를 두는 곳에 로드/스토어 큐(queue)가 있다. 쓰기 명령어가 시작되기 전에는 저장 데이터가 메모리 시스템(일관성 엔진이 볼 수 있는 지역 캐시)에 전달되지 않는다. 때때로 쓰기가 시작되고 긴 시간 이후에도 데이터가 전달되지 않을 수 있다. 즉, 쓰기 동작은 보통 목적지의 어드레스를 인지한 직후 지역 캐시에 전달되는 지역 읽기 동작에 비해 비교적 오랜 시간 동안 버퍼에 저장될 수 있다. 순차적 일관성은 지역에서 처리되는 이벤트 순서가 전역으로 반영되는 것을 요구한다. 서로 다른 모든 클라이언트들이 이벤트의 지역 순서와 충돌 관계에 있는 동작의 중단을 요구받는 시점이 시스템의 나머지 부분에 의해 충분히 늦게 발견된다면 순차적 일관성은 유지될 것이다. 다음 동작들을 주어진 클라이언트에 따라 고려해보자. 즉, A 위치에 대한 쓰기 직후의 B, C, D 읽기 동작은 실패를 야기한다. 만약 A 위치의 쓰기가 외부로 전파되기 전에 B, C, D 위치의 읽기가 시스템의 나머지 부분에 의해 확인된다면(쓰기가 읽기가 요청된 직후까지 버퍼링된), 구현된 구조는 복잡한 동작을 수행해야 한다. 초기 클라이언트의 관점에서 본 것처럼 시스템의 모든 클라이언트들은 쓰기 동작이 읽기 동작보다 앞서 처리되는 것처럼 동작돼야 한다. 하

나의 대안은 즉시 쓰기 캐시(그림 4.1)에서 언급한 바와 같이 일관성 엔진이 노드의 쓰기 버퍼를 확인할 수 있도록 구현하는 것이다. 이는 응집성 엔진을 위해 프로세서 코어의 로드/스토어 큐를 확인하는 동작을 필요로 한다. 만약 코어가 독립된 칩에 존재하는 경우, 이 동작은 막대한 비용을 발생시키기 때문에 비현실적이다. 하지만, 온칩 멀티코어에 관련된 최근의 산업 트렌드는 적어도 지역적으로 일관성을 보장하는(칩 수준에서 일관적인) 캐시 시스템을 제공함으로써 이를 가능케 한다.

- 근본적으로 Goodman[1989]에 의해 제안된 유사한 구현은 Hennessy와 Patterson의 연구에서 설명된다. 대칭적(symmetric) 경합 조건은 동시에 실행되는 두 개의 프로세스 P1과 P2 사이에서 발생한다.

P1: (initially, A=0)	**P2:** (initially, B=0)
A=1;	B=1;
if (B==0) {	if (A==0) {
kill P2;	kill P1;
}	}

- 순차적 일관성 메모리 시스템은 0 또는 1개의 프로세스를 제거할 수 있다(두 프로세스 모두 제거할 수는 없다). 예를 들어, P2가 B를 기록하기 전에 P1이 B를 읽는 경우에만 P1이 P2를 제거하려 할 것이다. 순차적 일관성(메모리 이벤트의 순차 실행을 규정함)에 의하면, 이것은 P2가 A를 읽기 전에 P1이 A를 기록해야만 하는 것을 의미한다. 이 대칭적인 주장은 둘 다 잘 들어맞는다. 앞서 언급한 모델의 실행 결과는 그림 4.12에 나타나 있다. 즉, 전에 언급한 바와 같이 쓰기 동작은 버퍼링될 수 없으며, 쓰기 정보가 나머지 시스템에 전송되기 위해서 읽기는 충분히 지연되어야 한다. 두 개의 프로세스는 명확한 순차적 일관성을 위한 메모리 이벤트 동기화 방법으로 둘 중 하나

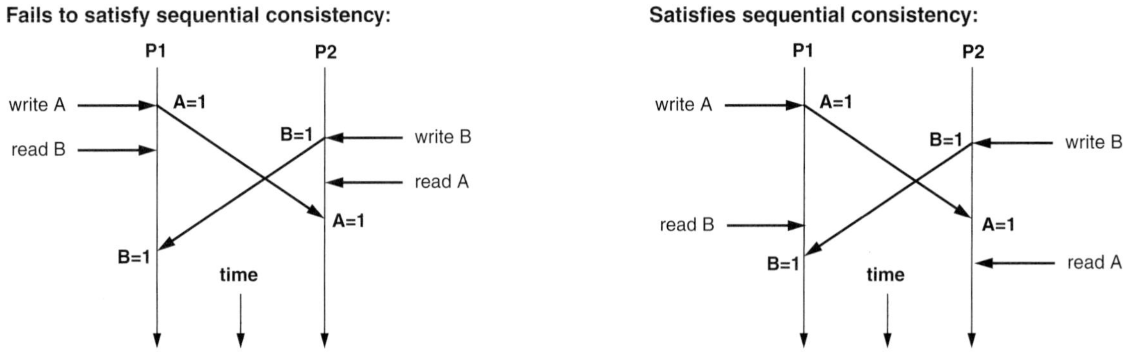

그림 4.12_ 순차적 일관성과 경합 조건. 순차적 일관성을 만족하는 메모리 시스템은 다른 클라이언트들이 쓰기를 관찰할 때까지 쓰기 뒤에 오는 모든 메모리 동작을 지연시켜야 한다. 그렇지 않으면, 프로세스 P1과 P2 모두 서로를 제거하려 시도할 수 있다(왼쪽의 시나리오). 순차적 모델에서는 이것이 허용되지 않는다. 예를 들어, 쓰기 이후에 발생할 수 있는 연속된 읽기 중 가장 빠른 것은 시스템의 메시지 전달 시간 이후에 발생한다. 그 대신에 프로세서는 읽기가 일찍 실행될 수 있도록 허용하고 나중에 문제가 발생할 경우 수정할 수 있다.

를 선택해야 한다. (1) 하나의 쓰기 이벤트 뒤에 발생하는 차후의 메모리 요청들을 모두 차단하며, 이는 모든 프로세서 코어들이 앞선 쓰기 이벤트를 확인할 때까지 지속된다. (2) 바이패싱 또는 쓰기 이벤트 후에 발생되는 메모리 명령의 이른 실행(early excution, 앞선 쓰기 이벤트 보다 먼저 실행)을 허락한다. 하지만 모든 프로세서 코어가 쓰기 이벤트의 확인을 위해, 쓰기 이벤트 후 충분한 시간 동안 커미트먼트(commitment)를 하지 않고 대기해야 한다. 바이패싱의 필요성은 다음과 같다. 만약 하나의 쓰기 동작과 이른 실행 동작이 충돌하는 것을 다른 코어들이 관측한다면, 그 명령의 커미트먼트는 정지되어야 하고 그것의 결과는 제거되어야 한다. 또한 그 명령은 새로운 데이터를 고려하여 재실행 되어야만 한다.

마지막 두 부분이 입증하듯이, 순차적 일관성 메모리 시스템에서 쓰기와 읽기 성능은 악화 될 것이다. 또한 이 구현은 모델의 성능 한계를 극복하기 위해 상당한 복잡성을 가질 것이다.

프로세서 일관성

순차적 일관성 메모리 시스템 한계는 어떻게 극복해야 하는가? 더욱 완화된 메모리 일관성을 프로세서 일관성이라고 하며[Goodman 1989], 전체 저장순서(total store order)라고도 한다. 기본 이론은 다음과 같다.

— 하나의 프로세스 쓰기 동작은 다른 클라이언트들에게 프로그램 순서대로 관찰된다. 즉, 모든 클라이언트는 다른 프로세서 쓰기의 요청 처리 순서를 관찰한다.

이것은 단순히 순차적 일관성에 의해 겹쳐진 읽기 순서 제한을 제거한다. 다시 말해, 시스템 내에서 하나의 프로세서는 쓰기 데이터가 다른 클라이언트에게 전송되는 것을 기다릴 필요 없이 쓰기 요청 전에 읽기 요청을 재배치할 수 있다. 프로세서 일관성이 구현된 환경에서 실행되는 경합 쓰레드 예시는 두 프로세스가 서로를 제거하는 결과를 발생시킬 수 있다. 읽기는 앞선 쓰기에 의해 중지될 필요가 없고 심지어 앞선

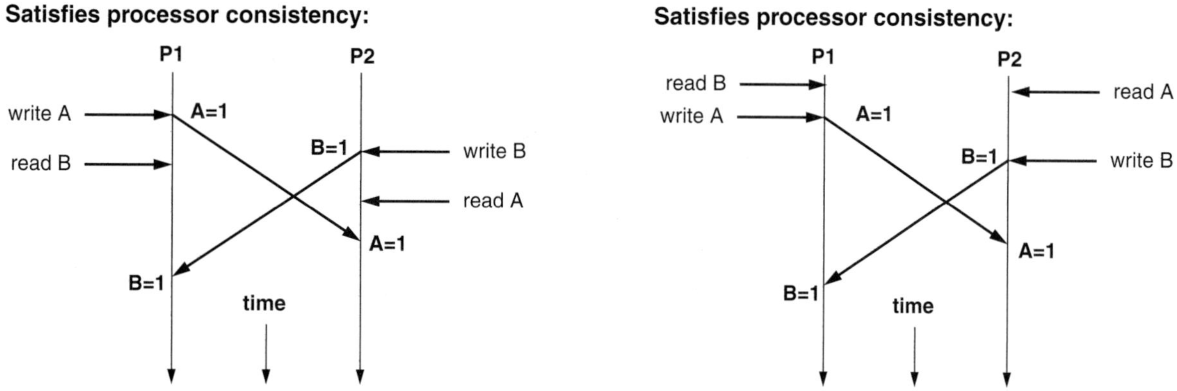

그림 4.13_ 프로세서 일관성과 경합 조건. 프로세서 일관성은 각각의 프로세서 또는 시스템 안에 클라이언트가 자율적으로 쓰기에 대한 읽기의 재명령을 허락한다. 그 결과 경합 쓰레드 예시는 쉽게 두 프로세스 안에서 서로를 제거하는 결과를 발생시킬 수 있다(두 개의 다이어그램은 결과를 나타낸다).

쓰기보다 일찍 수행될 수 있다(그림 4.13을 보자). 마찬가지로 그림 4.10과 4.11에 나와 있는 예는 예상하지 못한 실행 결과를 발생시킨다. 즉, 프로세서 일관성의 읽기 동작은 원하는 만큼 빨리 처리될 수 있으며, C의 데이터 버퍼에 대한 읽기 동작은 변수 ready에 대한 읽기 동작 완료 전에 진행 될 수 있다(예를 들어, *ready* 값에 따라 조건이 달라지는 시나리오를 명확히 예상할 수 있는 상황).

```
if(ready){
  read data buffer
}
```

장치 드라이버의 변수 *done*이나 변수 *ready*가 업데이트되는 상황에서 일관성 모델의 정확한 동작을 위해서는 명시적인 획득/해제 메커니즘(Hennessy와 Patterson [1996] 등)의 사용이 필요하다.

다른 일관성 모델

이것으로 필요한 것을 모두 검토한 것 같지만 더 완화할 수 있는 여지는 많이 남아 있다. 예를 들어,

- 부분적 저장 순서는 프로세서의 다른 지역 쓰기에 대하여 자율적으로 재정렬을 허락한다.
- 약한 일관성은 하나의 프로세서가 자율적으로 지역 쓰기를 지역 읽기에 앞서도록 재정렬을 허락한다.

지금까지의 모든 일관성 모델은 동기화 접근의 순서를 보존한다. 더 정확히 말해서, 잠금(lock), 장벽(barrier) 그리고 이와 같은 종류의 것들은 재정렬되지 않으며 동기화의 요점이 된다. 이외에도 이것을 활용하는 더 많은 완화된 일관성들이 존재한다.

- 해제 일관성(release consistency)은 동기화 접근의 종류를 구별한다(잠금 획득(acquire of a lock) 대 잠금 해제(release)). 그리고 해제 일관성은 오직 획득/해제 동작에 관한 동기화를 강화한다. 소프트웨어가 획득 동작을 할 때, 메모리 시스템은 획득 동작을 진행하기 전 모든 보호된 변수들(protected variables)을 업데이트한다. 그리고 소프트웨어가 해제 동작을 할 때, 메모리 시스템은 변경된 보호 변수들을 나머지 시스템으로 전송한다.

항목 일관성(entry consistency), lazy 해제 일관성(release consistency)과 같은 다른 형태들은 4.3.5절에서 논의된다.

4.3.4 하드웨어 캐시 응집성 메커니즘

선택할 수 있는 다양한 메모리 일관성 모델이 주어지면 이를 어떻게 지원해야 하는가? 일반적으로 두 가지 구현이 존재한다.

- 하나는 소프트웨어 해결책으로 가상 메모리 시스템 내에 캐시 응집성을 설계하고 페이지 테이블에 공유 정보를 추가한다. 이로써 일반적인 네트워크에 공유 메모리를 제공할 수 있다.
- 또 다른 하나는 하드웨어 해결책으로 스누피 기법과 디렉토리 기반 기법을 포함한 다양한 방식이 존재하며 전용 프로세서 버스를 통해 구현된다.

이 절에서는 하드웨어 해결책을 설명하며, 소프트웨어 해결책은 4.3.5절에서 설명한다.

캐시 블록 상태

시작에 앞서, 캐시는 반드시 컨텐츠의 상태를 추적해야 한다. 특히 여러 클라이언트가 같은 데이터에 접근하려 할 때 블록의 상태가 달라질 수 있다. 다음은 캐시에 필요한 일부 조건들이다.

- 캐시는 시스템에 단일 기록자(writer)가 있다는 표현을 사용하여 배제적(exclusive)으로 라인(lines) 업데이트할 수 있어야 한다. 이 방법은 아마도 특정 어드레스로의 쓰기 이벤트의 전역 시퀀스를 수행하는 가장 쉬운 방법일 것이다. 캐시는 일반적으로 수정(Modified)과 독점 상태(M/E 상태)를 이용해 이것을 추적한다.
- 캐시는 캐시 블록이 지역 쓰기 이벤트로 인해 나머지 시스템과 동기화되지 않는 것을 알 수 있어야 한다. 캐시들은 일반적으로 수정 또는 소유(Owned) 상태를 가지고 이것을 추적한다(M/O 상태).
- 구현은 클라이언트가 읽을 수 있는 특정한 데이터 사본만을 필요로 할 시점을 인지하고 그 데이터에 쓰기를 하지 않는다면 더 효율적일 수 있다. 캐시들은 일반적으로 공유(Shared) 상태를 이용하여 이것을 추적한다(S).

무효(I: Invalid): 캐시 블록이 초기화되지 않은 상태.

수정(M: Modified): 읽고 쓰기가 가능하고 전달 가능한 더티(dirty) 상태. 수정은 프로세서에 의해 캐시 블록이 변경되어 더티인 상태를 의미한다. 이것은 보통 프로세서가 스토어 명령어로 블록을 덮어쓰기 할 경우 발생한다. 이러한 상태의 블록을 사용하는 클라이언트는 단지 해당 블록의 캐싱된 사본만을 가지며, 해당 블록을 전달(응답 메시지에 데이터 반환)하여 스누프(snoop)에 응답하고, 해당 블록을 다시 하위 저장소에 기록한다.

공유(S: Shared): 읽기 전용 상태(클린이 될 수도 있고 더티가 될 수도 있다). 공유는 이것과 관련 있는 캐시 라인이 다중 클라이언트 캐시 내에 여러 사본으로 포함될 수 있음을 뜻한다. 공유 상태는 캐시 블록이 프로세스 사이에서 활발히 공유되고 있다는 것이 아니다. 오히려 이 상태는 데이터의 또 다른 사본이 원격 프로세서의 캐시에 존재한다는 것을 의미한다.

독점(E: Exclusive): 읽기와 쓰기가 가능한 클린 상태. 즉, 하나의 프로세서가 주어진 캐시 블록을 어떤 클라이언트들에게도 알리지 않고 변경할 수 있는 상태이다. 프로세서는 캐시 블록을 업데이트하기 위해 독점 상태의 블록을 얻어야 한다. 따라서 프로세서가 데이터 캐시 내에 데이터의 사본을 포함할지라도, 우선 독점 상태의 데이터를 요청하기 위해 하위 저장소(또는 응집성 메커니즘이 있는 어디에나)에 전송을 요구한다. 독점 상태의 블록을 포함한 클라이언트는 시스템 내에 해당 블록의 캐시된 사본만을 가지고 있다. 그리고 그것은 스누프 요청의 응답으로 해당 블록을 전송할 것이다. 한 번 그 클라이언트에 의해 써지면, 해당 블록은 수정 상태로 변경된다.

소유(O: Owned): 읽기 전용, 전송 가능한 더티 상태. 즉, 하나의 캐시가 다른 클라이언트들에게 나중 쓰기가 필요 없는 (더티)데이터의 사본을 보낼 수 있는 상태이다. 하지만 해당 데이터의 소유자만이 하위 저장소에 블록을 다시 쓸 수 있다. 해당 블록은 읽기 전용이다. 즉, 블록을 소유하고 있는 클라이언트는 블록을 전송할 수 있지만 쓰기 동작은 불가능하다.

이것은 일반 상태의 표본이라는 것을 기억하자. 다른 많은 상태들을 사용하는 프로토콜이 존재한다. 이것은 과거 어떠한 일이 있었는지에 대한 생각을 얻기에 충분하다.

즉시 쓰기 캐시 사용(SI)

그림 4.14에 즉시 쓰기 캐시(Write-Through Caches) 시스템의 간단한 예가 나타나 있다. 쓰기 버퍼 또는 쓰기 캐시가 존재하더라도 즉시 쓰기 기법의 모든 쓰기는 즉시 메모리에 전송된다. 보조 저장장치와 각 캐시의 데이터는 항상 일관성을 유지해야 하기 때문에, 하나의 캐시는 심지어 그 블록이 프로세서에 의해 최근에 써졌을지라도 어떠한 캐시 블록이든 언제든지 '아무 말 없이(silently)' 쫓아낸다. 이러한 기법에서 캐시 블록들은 SI 상태를 추적할 필요가 있다. 즉, 하나의 블록은 캐시 안에 존재하거나 존재하지 않을 수 있다. 즉시 쓰기 정의에 의해, 쓰기는 보조 저장장치에 즉시 전송된다. 이것은 보조 저장장치의 동일한 데이터에 대해 다중 쓰기 동작이 발생한다는 것을 뜻한다.

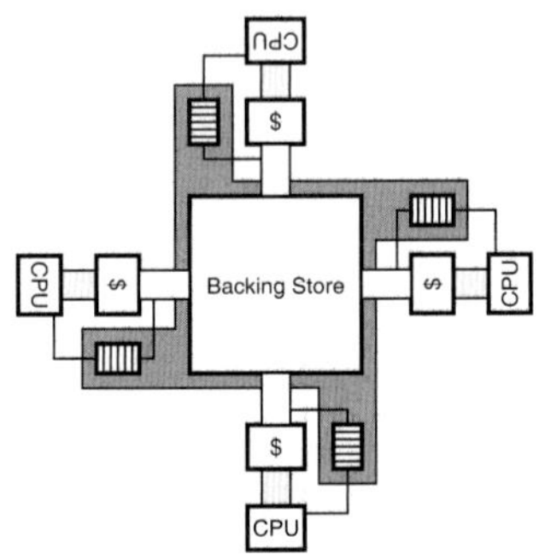

그림 4.14_ 즉시 쓰기 캐시 시스템

쓰기 업데이트(write-update): 일반적으로 쓰기 이벤트는 쓰기 업데이트 또는 쓰기 무효화의 두 개의 응답 중 하나를 발생시킨다. 쓰기 업데이트 정책은 블록의 캐싱된 다양한 사본들을 투명하게 갱신한다. 즉, 프로세서 A가 하나의 블록에 쓰기를 한다면, 그 쓰기 데이터는 그 볼록이 캐싱된 모든 사본들을 찾아야 할 것이다. 이와 같은 경우, 모든 지역 쓰기는 전역 브로드캐스트 되어야 하기 때문에 상당한 대역폭을 요구한다. 이 메커니즘은 많은 비용이 들지만, 광범위하게 공유된 데이터의 사용을 만드는 어플리케이션을 처리하는 데 있어서 큰 이점이 있다. 하지만 이와 같은 메커니즘은 또 다른 클라이언트의 데이터 캐시 내에 원하지 않는 데이터 저장을 요구하기 때문에 구현의 어려움이 있다.

쓰기 무효화(write-invalidate): 쓰기 업데이트의 대안은 쓰기 무효화 정책이다. 이것은 써진 블록의 모든 캐싱된 사본들이 무효화 상태로 설정되는 것이다. 블록을 공유하는 모든 클라이언트들은 그들의 캐싱된 사본들이 사용 불가능하다는 것을 확인하고, 그 사본을 계속해서 사용하기 위해서는 블록을 재요청해야 한다. 이 기법은 쓰기 업데이트 기법보다 대역폭 사용이 크지 않으며 전반적인 실행 메커니즘은 비슷하다. 즉, 어드레스는 원격 캐시에 보내져야 하며, 원격 캐시는 앞선 어드레스와 관련된 데이터가 존재하는지 확인하기 위해 태그 저장장치를 확인한다.

두 기법의 가장 큰 차이는 다음과 같다. 우선 쓰기 무효화 정책의 경우 어떠한 시점에 시스템 내에 쓰기 가능한 데이터 사본이 하나만 존재한다. 반면 쓰기 업데이트 정책은 쉽게 다중 작성자를 지원할 수 있다. 정확히 말하면 이것은 캐시 응집성 소프트웨어가 하는 일이다. 더불어 특성상 쓰기 업데이트 기법은 순차적 일관성 구현을 매우 어렵게 한다는 점을 명심해야 한다. 즉, 모든 클라이언트가 같은 순서로 동작을 볼 수 있도록 하려면, 모든 다른 시스템의 업데이트 메시지와 전반적인 일관성 메시지가 모든 노드에 대해 같은 순서로 처리되도록 보장해야 한다. 이러한 시스템이 존재하지만(ISIS[Birman & Joseph 1987] 등) 상대적으로 느린 경향이 있다.

나중 쓰기 캐시 사용(MSI)

요구되는 대역폭을 줄이기 위해 기법을 약간 변경(즉시 쓰기 캐시 대신에 나중 쓰기 캐시 사용)할 수 있으며, 나중 쓰기 캐시(Write-Back Caches)는 쓰기 데이터를 즉시 전송하지 않는다. 이 기법은 데이터 캐시 내에서 복합쓰기(writecoalescing)를 활용한다. 동일한 캐시 블록으로의 다중 쓰기는 시스템에 다중 응집성에 관한 브로드캐스트(brodcasts)를 필수적으로 발생시키지 않을 것이다. 즉, 응집성 메시지는 써진 블록이 캐시로부터 삭제될 때 전송된다. 즉시 쓰기 시나리오와는 다르게, 이 기법에서의 캐시에 존재하는 데이터는 하위 저장소와 시스템의 다른 클라이언트들과 일치하지 않는다. 나중 쓰기 캐시의 구현은 선택한 일관성 모델로 인해 부정확한 동작(허용될 수 없는)이 발생하는 상황을 주의해야 한다. 그림 4.15는 이 구현을 위해 하나의 가능한 상태 기계(state machine)를 보여준다.

즉시 쓰기 캐시는 블록을 임의의 시점에서 정보 전달 없이 축출하는 것을 허용하는 반면에 (예를 들어 새

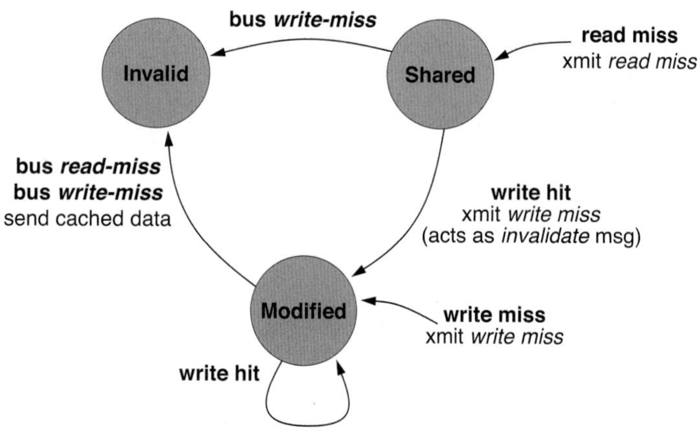

그림 4.15_ [Archibald와 Baer 1986]에 기반한 MSI 프로토콜의 상태 기계. 굵은 글씨체는 관찰된 동작을 나타낸다(예를 들어 문제의 블록에 대한 지역적 쓰기 실패 또는 지역 태그 내에서 일치하는 블록 어드레스에 대한 다른 캐시의 버스 동작). 보통 글씨체는 지역 캐시로부터 받은 응답 동작을 나타낸다.

로운 데이터를 위한 공간을 만들기 위해서), 나중 쓰기 캐시는 축출되는 블록이 하위 저장소의 데이터보다 새로운 데이터를 포함할 경우, 우선적으로 하위 저장소를 업데이트해야 한다. 이를 위해서 캐시는 블록이 더티하다는 것과 하위 저장소에 써져야 한다는 것을 기록하기 위한 새로운 상태인 '수정(modified)'이 추가되어야 한다. 즉시 쓰기 예제에 따라, 쓰기는 쓰기 업데이트 또는 쓰기 무효화 정책 중 하나를 이용할 수 있다.

MSI 프로토콜의 구현을 위해서, 일반적으로 유효하지 않은 블록에 대한 읽기(다시 말해 읽기 실패)의 경우, 제일 먼저 다른 클라이언트들이 요청한 블록의 수정된 사본을 소유하고 있지 않음을 확인한다. 이후, 수정된 블록을 소유한 캐시는 요청자에게 수정된 데이터를 바로 반환해야 한다. 공유 또는 무효 블록에 대한 하나의 쓰기 요청은 우선적으로 모든 클라이언트 캐시에게 알려야 한다. 이후, 그들은 무효 상태에 대한 그 블록의 지역 사본을 변경할 수 있다. 이 단계들은 시스템에 가장 최근에 써진 데이터가 그 블록을 읽고 싶어 하는 어떤 클라이언트에게 전달되었다는 것을 보장한다. 이 방식은 데이터 접근의 읽기, 수정, 쓰기 특성을 반영하지만 모든 경우에 대해 2단계의 프로세스가 필요로 한다는 문제가 있다.

특히, 하나의 MSI 클라이언트가 읽기 실패를 통해 하나의 블록을 획득할 때, 블록은 공유 상태로 획득되며 블록을 쓰기 위해 클라이언트는 쓰기 무효화 정보를 다른 클라이언트에게 전달해야 한다. 결국, 블록의 상태가 수정으로 변경되며, 새로운 데이터를 그 블록에 덮어 쓴다. 또 다른 MSI 구현에서 새로운 데이터를 블록에 덮어 쓰는 것을 나중에 처리하고 싶은 경우, 모든 읽기는 수정 상태의 블록을 획득하기 위해 쓰기 무효화 브로드캐스트를 이용할 수 있다. 마지막 접근으로, 쓰기 동작을 위해 요구된 브로드캐스트 메시지를 줄이는 것은 실제 읽기 공유의 가능성을 제거할 수 있다(모든 블록은 최대한으로 한 위치에 캐싱될 것이다). 더불어 블록이 클라이언트에 의해 수정되지 않았을지라도 수정 상태를 얻었다는 사실은 블록이 축출된 직후 하위 저장소에 다시 써져야 한다는 것을 의미한다. 이로 인해 모든 메모리 동작은 사실상 쓰기 동작이 되어버린다.

다른 대안으로, 독점 상태의 추가는 같은 문제를 해결한다. 즉, 하나의 MESI 프로토콜은 또 다른 클라이언트가 읽기 데이터를 얻기 위해 획득한 블록에 쓰기 동작을 수행할 때, 어떠한 업데이트나 브로드캐스트 요청도 요구하지 않는 메커니즘을 제공한다.

쓰기 브로드캐스트 감소(MESI)

더 작은 오버헤드 쓰기 메커니즘을 제공하기 위해 독점 상태가 시스템의 나중 쓰기 캐시에 추가된다. 시스템 내에 하나의 클라이언트는 독점 상태의 블록 사본을 우선적으로 획득하지 않는 한 캐시 블록에 쓰기를 할 수 없다. 또한 블록을 소유한 하나의 광역 시스템 사본만이 독점 상태로 표시될 수 있다. 심지어 클라이언트가 읽을 수 있는 블록 사본을 데이터 캐시 안에 가지고 있다 하더라도, 첫 번째의 독점 상태 블록을 획득하지 않는 한 그 클라이언트는 블록에 쓰기 동작을 할 수 없다. 그림 4.16은 MESI 구현에 대한 상태 기계를 나타낸다.

수정과 공유 상태에 비해 독점 상태는 블록을 쓰는 권한을 소유하고 있는 클라이언트 내에 존재한다. 이

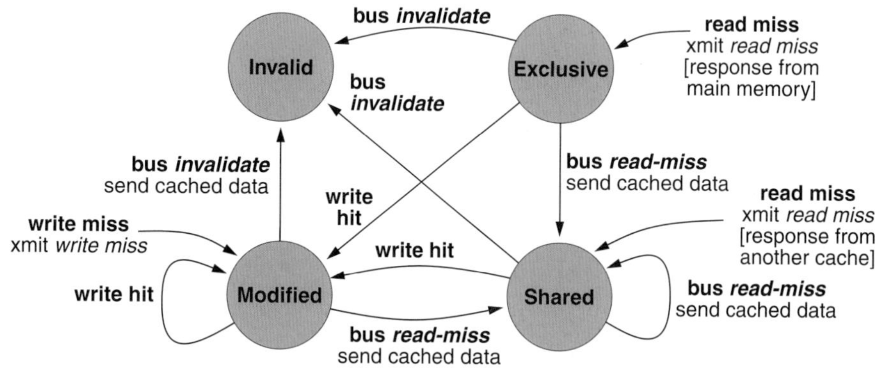

그림 4.16_ MESI **프로토콜**(Archibald와 Baer[1986] 기반)**을 위한 상태 기계.** 굵은 볼드체는 관찰된 동작(특정 블록으로의 지역 쓰기 실패, 또는 지역 태그의 블록 어드레스가 일치하여 다른 캐시로부터의 버스 전송 등)을 나타낸다. 보통 글씨체는 지역 캐시에서 받은 응답 동작을 나타낸다.

때 블록의 데이터는 하위 저장소의 데이터와 동기화되어 있다. 독점 상태 내에 블록은 쓰기 무효화를 발생시키지 않고 클라이언트에 의해 쓰기 가능하거나, 또는 하위 저장소에 업데이트할 필요 없이 또 다른 클라이언트에게 전송될 수 있다(더 이상 독점 상태로 표시되지 않을 수 있는 경우에). MESI 실행에서 쓰기 동작의 첫 번째 단계는 프로세서가 독점 읽기(read-exclusive) 버스 전송을 수행하는 것이다. 이것은 시스템에 있는 모든 클라이언트들에게 쓰기 동작이 블록에 수행될 것임을 알려준다. 그리고 일반적으로 클라이언트 캐시들에서 발견된 블록의 모든 사본들은 무효화된다. 일단 독점 상태의 블록을 획득하면 프로세서는 자유롭게 데이터를 덮어 쓸 수 있다. 캐시 블록이 써질 때 독점 상태는 수정 상태로 바뀐다. 이는 데이터가 더티(하위 저장소와 다른 상태)한 상태를 나타내며, 이후 나중 쓰기를 필요로 한다.

써진 블록이 해당 캐시에서 축출돼 하위 저장소로의 쓰기가 수행되면 써진 데이터는 비로소 시스템의 나머지 부분에 보인다. 또 다른 방법으로는 하나의 캐시에서 캐싱된 사본이 무효화되었을 때 다른 클라이언트가 해당 블록에 대한 읽기를 실패할 경우, 캐시 응집성 메커니즘은 독점 소유자에게 변경된 데이터를 하위 저장소로 신속하게 전달하도록 촉진시킬 수 있다. MSI 프로토콜과 마찬가지로, 선택된 메모리 일관성 모델은 지연된 나중 쓰기가 올바른 동작이라 여길지를 정의한다. 즉, 대부분의 구현에서는 변경 블록을 가진 캐시가 데이터를 즉시 돌려주기를 요구한다. 하지만 어떠한 구현은 완화된 일관성을 요구한다. 완화된 일관성은 블록의 소유자의 편의에 의해 변경 블록을 소유할 수 있도록 하여, 하위 저장소에 데이터를 자주 쓰는 것을 지연시킨다. 구현과는 관계없이 한 번 하위 저장소와 캐싱된 사본의 일관성이 존재하면 그 블록은 독점 상태로 돌아간다.

(MSI와 SI프로토콜을 모두 가진)MESI 프로토콜의 단점은 모든 응집성 동작이 중심 지점(하위 저장소)을 통한다는 것이다. 이것은 다중 클라이언트와 중앙 하위 저장소를 포함하는 일반적인 대칭 다중 프로세서 그룹에서는 타당하나, 제어하는 지점이 단일 위치에 밀집되지 않고 클라이언트들을 통해 분산되어 있을 경우 타당하지 않다. 대체적으로 MESI 프로토콜은 클라이언트 간 전송이 하위 저장소를 통할 필요가 없도록 지원함으로써 강화될 수 있다. 이것은 MOESI 프로토콜에 추가된 소유(Owned) 상태의 한 기능이다.

분산 제어(MOESI)

캐시 응집성을 유지하는 작업을 쉽게 분산시키기 위해서, 소유 상태가 시스템에 추가된다. 이 상태는 작성자가 직접적으로 다른 클라이언트에게 블록의 소유 상태를 전송하는 것을 말한다. 따라서 MOESI 프로토콜은 클라이언트 간의 충분한 대역폭을 가지고 있는 시스템에서 유용하다. 하지만 클라이언트와 하위 저장소 사이의 충분한 대역폭이 필수적인 것은 아니다(CMPs 또는 NUCA 등).

MOESI 시스템은 MESI 시스템과 마찬가지로 단일 클라이언트는 블록에 쓰기 동작을 수행할 수 있으며 독점 상태의 블록을 소유한다. 블록이 써질 때 그 블록은 수정 상태가 된다. MOESI 프로토토콜은 MESI 프로토콜과 다르게 수정 상태 블록의 소유자가 다른 클라이언트에게 직접 블록을 전송하고 하위 저장소에 보내는 것을 허락한다(새로운 클라이언트가 블록을 소유 상태로 변경할 때). 독점 상태와 다르게 소유 상태는 블록이 다른 클라이언트들에게 복제되는 것을 (공유 상태로 유지될 경우)허용된다. 소유 상태 블록의 주체만이 데이터를 하위 저장소로 전송할 수 있으며, 소유 상태의 블록과 파생된 공유 사본 모두 하위 저장소와 동기화 되지 않은 (더티)상태가 될 수 있다.

주된 메커니즘(소유 상태를 활용하는)은 그림 4.17에 나타나 있는 '스나핑(snarfing)'이다. 스나핑 캐시 시스템을 기반으로 하는 MOESI는 AMD's Opteron과 Athlon MP[Keltcher 2002, Huynh 2003], Sun's UltraSPARC-I[Sun 1995]에서 찾을 수 있다. 스나핑 과정에서 하나의 프로세서 캐시는 다른 프로세서의 캐시가 주 메모리에 쓰고 있는 항목을 해당 버스에서 가로챈다. 이를 통해 다른 프로세서들이 이 항목을 가까운 미래에 필요로 할 것이라 예상한다. 캐시가 공유 버스를 통해 데이터를 가로챌 때, 캐시는 해당 항목을 지역적으로 소유한 것으로 태그한다. 이 동작의 아이디어는 다른 캐시로부터 '빼앗긴(snarfed)' 객체를 검색하는 것이 주 메모리에서 검색하는 것보다 훨씬 더 빠르다는 것이다. 이것은 또한 DRAM 시스템의 트래픽을 상당히 감소시킬 것이다. 이것은 분산된 파일 캐시의 분야에서의 관찰을 바탕으로 분산 프로세서

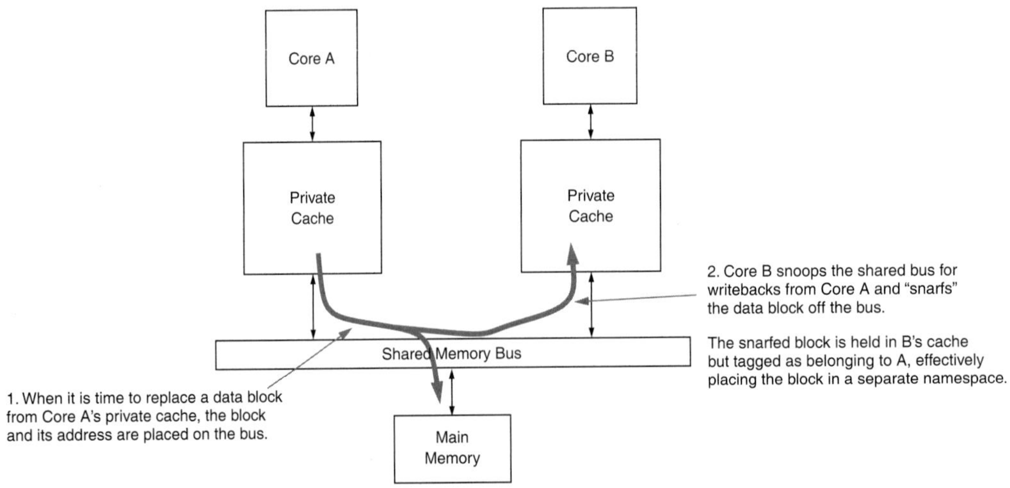

그림 4.17_ MOESI 기반 스나핑(snarfing) 캐시

캐시를 구현한 것이다. 정확히 말해 페이지를 지역 디스크에서 읽어오는 것보다 파일서버의 주 메모리에서 10Mbps 이더넷 링크를 통해 데이터 페이지를 읽어오는 것이 더 빠르다는 의미이다. 더 정확히 말해서 인접한 마이크로프로세서의 캐시에서 캐시 블록을 로드하는 것이 주 메모리에서 캐시 블록을 로드하는 것보다 더 빠르다.

캐시 구조의 쟁점들

캐시 구조에 관련하여 몇 가지 쟁점이 발생한다. 포함(inclusion, 데이터가 캐시의 여러 계층에 존재할 가능성)을 유지하기 위한 선택은 구현에 막대한 영향을 미친다. 응집성 구현과 마찬가지로, 전용(private) 캐시와 최종 단계의 공유 캐시의 선택은 어플리케이션의 성능을 극적으로 변화시킨다[Jaleel & Jacob 2006].

포함적, 배제적 또는 비포함적. 우선 다룰 내용은 포함적 대 배제적 또는 비포함적 캐시의 선택에 관련한 쟁점들이다.

- 포함적 캐시(inclusive cache)는 응집성 메커니즘을 여러 면에서 간소화한다. 예를 들어, 무효화 또는 업데이트를 실행할 때 가장 낮은 단계의 클라이언트 캐시만을 조사할 필요가 있다. 만약 하나의 블록이 포함적 캐시 계층의 가장 낮은 단계에서 발견되지 않는다면 그 블록은 더 높은 단계에서 발견될 수 없다. 이것은 하나의 응집성 탐색자가 코어의 L1 캐시와의 상호작용을 방해하지 않고 진행하도록 한다. 그러나 특히 여러 프로세서 코어들과 그들과 관련된 L1/L2 캐시들이 하위 단계 공유 캐시에서 동일한 데이터를 가져오는 경우, 포함적 캐시 계층 구조에서는 데이터의 중복과 이에 따른 다이 면적 낭비가 상당할 수 있다.
- 배제적 캐시(exclusive cache)의 이점은 포함적 캐시와 관련된 다이 공간의 낭비와 데이터 중복을 피할 수 있다는 것이다. 하지만 비용이 문제될 수 있다. 응집성 조사는 가장 하위 수준 캐시뿐만 아니라 전체 계층 구조를 탐색해야 한다(참고로 캐시의 모든 단계를 조사하는 과정 중 L1 캐시 조사를 위해서는 코어를 인터럽트하거나 지연시킬 수 있기 때문에 응집성 확인을 위해 필요한 상위 단계의 태그를 하위 단계 캐시로 복제한다). 게다가 L1캐시로 또는 L1캐시로부터의 연속적인 축출과 할당을 관리하는 것은 사소한 일이 아니다.
- 비포함적 캐시(non-inclusive cache)는 모두에서 최상을 얻으려고 시도한다. 하나의 비포함적 캐시는 배제적인 것과 포함적인 것을 유지하려고 시도하지도 않는다. 예를 들어, 하나의 포함적 캐시는 L1/L2 블록의 크기가 다를 때 L2 캐시로부터 축출되는 하나의 단일블록 위한 응답으로 L1 캐시에서 다중 블록들을 축출시킨다. 이와 대조적으로 비포함적 캐시는 위와 같이 동작하지 않는다. 그러므로 L1 캐시는 L2 캐시에서 축출된 최근 블록의 부분을 유지할 것이다. 하나의 배제적 캐시는 L2 캐시에서 L1 캐시로 이동된 블록의 어떤 데이터도 L2 캐시 안에서 유지되지 않는다. 그것은 데이터가 L1 블록에서 추가적으로 축출되거나 L2 캐시에서 L1 캐시로의 이동을 요구한다. 반대로 하나의 비포함적 캐시는 그것을 보장하기 위한 어떠한 시도도 하지 않는다. 배제적 캐시 계층과 마찬가지로 비포함적 캐시 기법의 단점은 응집성 트래픽에 대한 응답으로 프로세서가 차단되는 것을 방지하기 위해 마지막 단계 캐시에서 더 높은 단계 태그 집합의 사본을 유지하는 것이다.

공유 또는 전용의 마지막 단계 캐시. 또 다른 캐시 구조 문제는 공유 대 전용의 마지막 단계 캐시 설계의 형태[Jaleel & Jacob, 2006]를 선택하는 것이다. 멀티코어 프로세서가 보편화되고 코어의 수가 증가함에 따라서 프로세서 설계자가 직면하는 핵심 설계 쟁점은 마지막 단계 캐시에 대한 계층과 정책일 것이다. 캐시 계층 구조와 설계에 영향을 미치는 어플리케이션의 가장 중요한 특성은 다중 쓰레드 어플리케이션에 의해 발생되는 데이터 공유의 유형과 양이다. 예를 들어, 타겟 멀티쓰레드 어플리케이션의 데이터가 거의 또는 전혀 공유되지 않고 해당 쓰레드들이 유사한 작업 집합 크기를 가지고 있다면, 단순한 'SMP on a chip' 전략은 가장 좋은 접근이 될 수도 있다. 이러한 경우에 각각의 코어는 그들 자신의 전용 캐시 계층을 가진다. 둘 이상의 코어가 공유하고 있는 메모리 블록들은 각각의 코어의 캐시 계층에 복제되어야 하며, 이는 실질적인 캐시 용량을 감소시킨다. 캐시 실패의 경우, 모든 코어 캐시의 계층은 확인돼야 한다(포함적 정책의 세부사항에 따라서).

반면에 타겟 멀티쓰레드 어플리케이션의 데이터 공유가 많이 발생하고 해당 쓰레드들이 변화하는 작업 집합 크기를 가지고 있다면, 공유 캐시를 포함하는 CMP가 더욱 유용하다. 이 경우에 하나의 단일 캐시인 마지막 단계 캐시(대역폭 요구사항에 따라 중심화되거나 분산되는)는 다이 내의 모든 코어에 의해 공유된다. 하나 이상의 코어에 의해 참조된 캐시 블록은 공유 캐시 내에서 복제되지 않는다. 또한 공유 캐시는 자연적으로 다른 쓰레드의 작업 집합 크기 사이의 변수들을 수용한다. 본질적으로(지나치게 단순화되는 것의 위험을 무릅쓰고) CMP 설계팀은 마지막 단계 캐시의 N 바이트를 위한 공간과 C 코어를 가진 칩을 설계하며, N/C 바이트의 C 전용 캐시 또는 하나의 큰 N 바이트 공유 캐시 설계 중 하나를 결정해야 한다. 물론 이 두 가지 극단적인 설계 방법 사이에는 다양한 해결책이 존재할 수 있다. 몇 가지 예를 들어, 읽기 전용 블록의 복제와 블록의 이동, 그리고 선택적 배제가 있다. 데이터 공유의 양과 형태에 관한 어플리케이션의 핵심 특징들은 설계 전체 공간 관점에서 중요한 요소이다.

최소한의 캐시 온 칩 사이의 응집성을 유지하기 위한 LLC 캐시 구조의 선택은 캐시 일관성이 구현되는 위치와 방법에 영향을 미친다. 전용 캐시 구조에서 응집성은 마지막 단계 캐시 이후에 유지되어야 한다. 공유 캐시 구조에서 응집성은 캐시에 존재하는 인터커넥트 기반 구조의 일부분이 될 수 있다.

인터커넥트 선택과 그들의 영향

그림 4.18은 보조 저장장치를 구성할 때 설계자가 직면하는 몇 가지 선택 사항을 보여준다. 하위 저장소는 그림에 나타난 모든 것을 의미하는 하나의 관념이다. 하지만 물리적 시스템에서 이 관념의 인식은 응집성 기법과 관련이 있는 설계에 상당한 영향을 미친다.

우리는 이것을 이 절의 끝 부분에서 다시 확인할 것이며, 지금은 응집성 프로토콜 설계에 영향을 미치는 시스템 구조를 생각해 보기로 한다. 공유된 버스 구조들은 각각의 캐시가 전체 시스템의 동작을 관찰하고 관련된 모든 요청에 응답하는 프로토콜에 주로 사용된다. 시스템 내에서 효율적인 브로드캐스트를 위한 메모리 요청이나 응집성 메시지가 명시적으로 전달되지 않는 경우, 분산 구조(버스 기반 시스템의 반대말로 링크 기반 구조라고 불린다)의 모든 클라이언트들은 시스템 범위의 모든 동작을 파악할 수 없으며, 결과

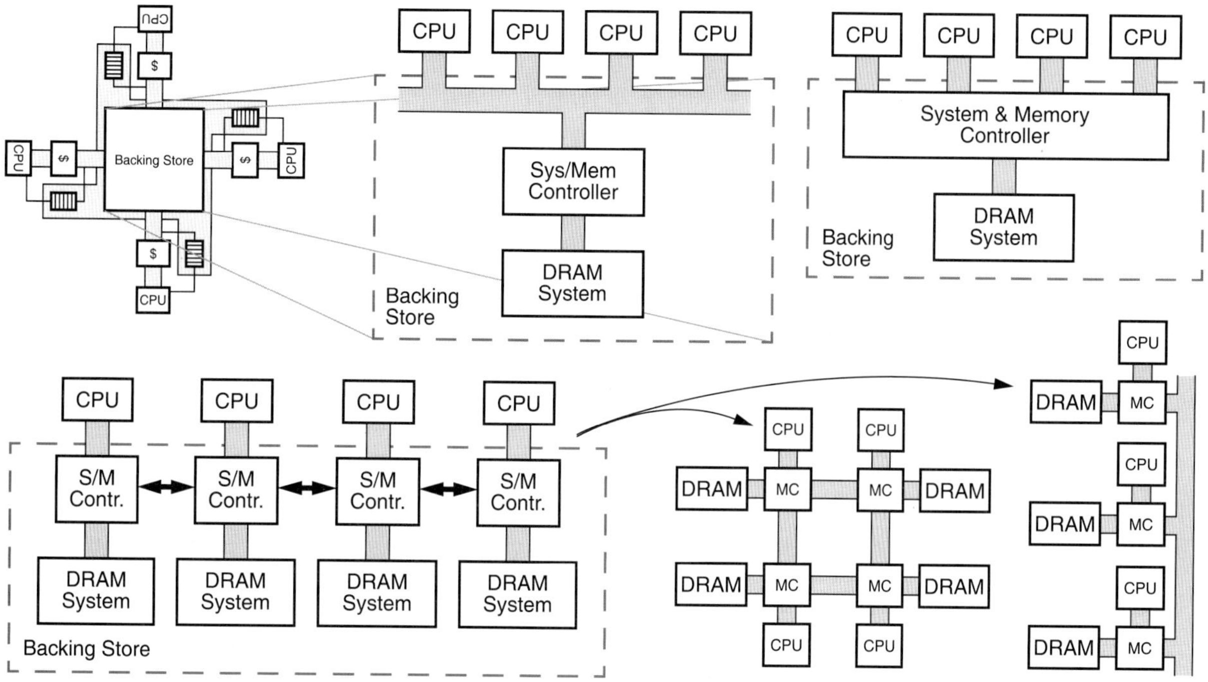

그림 4.18_ 다중 프로세서에서 구현되는 여러 형태의 하위 저장소. 특히, 주요 특성은 하위 저장소가 분산되는지 또는 분산되지 않는지에 대한 것이다. 분산된 구조 안에서 선택 사항은 다양하다. 오른쪽 아래의 두 구조는 왼쪽 아래 설계의 다른 구현을 나타낸다.

적으로 덜 중앙화된 구조를 포함하게 된다. 잠재적으로, 분산 구조는 덜 직렬화된 접근을 제안한다. 분산 구조는 각각의 하위망(subnet)들이 동시에 요청들을 처리할 수 있기 때문에 더 많은 통신이 가능하다는 분명한 이점을 보여준다. 잠재적인 제어 문제가 발생할 수 있지만, 분산은 잠재적으로 대역폭을 증가시키며 결국 성능도 증가시킨다. 링크 기반 구조는 보통 가장 빠른 공유 버스 구조보다 최소 두 배에서 많게는 수십 배에 달하는 대역폭을 제공한다.

이 구조들이 서로 교차 구현 가능하긴 하지만 이 두 개의 상반된 물리 구조는 두 개의 응집성 메커니즘 형태를 파생한다. 캐시 응집성 구현의 두 가지 주요 형태는 **디렉토리 기반**과 **스누프 기반**(스누피)이다. 디렉토리 기반 구현은 캐시 블록과 관련된 데이터 구조에서 각각의 캐시 블록 상태를 유지한다. 데이터 구조는 블록의 소유와 그것의 공유 상태 등과 같은 정보를 포함한다. 이 데이터 구조는 중심화되거나 분산될 수도 있는 **디렉토리** 안에 모두 저장된다. 즉, 하나의 클라이언트가 하나의 캐시 블록을 요청할 때, 그것의 상응하는 디렉토리 항목은 적절한 동작 과정을 결정하도록 참고 된다.

스누프 기반 기법은 블록 단위의 데이터 구조를 사용하지 않는다. 대신 적절한 동작의 확인은 시스템에 있는 모든 클라이언트를 참고함으로써 결정된다. 모든 요청에서 시스템의 각 캐시는 참고 되며 요청된 블록에 대한 정보를 통해 응답한다. 즉, 수집된 정보는 적절한 응답을 위해 사용된다. 예를 들어, 스누피 구조는 블록의 디렉토리 항목에서 해당 블록의 소유자를 찾는 디렉토리 기반 구조와는 다르게 블록 동작의 소유자가 응집성 브로드캐스트에 응답하여 소유 정보와 요청된 정보를 알려준다(이러한 응답이 요청되는 경우).

스누피 프로토콜

스누피 프로토콜(Snoopy protocols)은 모든 응집성 관련 동작 정보를 모든 프로세서에게 전달한다. 모든 프로세서는 모든 동작을 분석한다. 그리고 각각의 프로세서는 캐시의 컨텐츠 기반 시스템을 통해 전달되는 정보에 반응한다. 예를 들어, 하나의 프로세서가 주어진 데이터 캐시 라인을 사용하고 다른 프로세서가 그 데이터 캐시 라인의 사본을 가지고 있을 경우, 두 번째 프로세서는 자신의 캐시 라인을 무효화해야 한다. 블록을 사용한 후, 첫 번째 프로세서는 더티 사본을 저장하게 된다. 만약 두 번째 프로세서가 그 블록에 읽기 요청을 발생시키면 첫 번째 프로세서는 그것을 제공해야만 한다.

스누피 프로토콜의 구현을 위해서는 공통 버스(common bus)가 존재해야 하는 것처럼 보인다. 하지만 클라이언트 간 메시지를 전송협약(예를 들어, 버스 기반 브로드캐스트를 모방함으로써)이 있을 경우 공통 버스를 사용할 필요가 없다. 스누피 프로토콜의 기초적인 원리는 모든 캐시가 시스템을 관찰해 모든 요청을 처리하고 지역적 상태를 확인해 관여할지를 판단하고 만약 그것이 적절하다면 요청 처리에 관여한다. 분산 상태 기계에 의해 전역 상태는 분산 캐시의 태그 집합 내에서 유지된다. 즉, 캐시는 모든 상태 전이에 관여된다. 버스 기반 시스템은 모든 캐시가 공유 버스에 놓여 있으며 캐시가 모든 요청이 지나가는 것을 관찰한다는 것을 의미한다(스누프 버스에 의해). 링크 기반 시스템은 정확한 위치 또는 상태를 결정하기 위해서 다른 노드의 캐시를 확인하고 메시지를 전달해야 한다.

응집성 통신은 캐시 사이의 캐싱된 블록 상태를 관리하기 위한 방법이기 때문에, 하위 저장소로의 메모리 대역폭 요구량은 생각보다 작다. 주된 쟁점은 시스템 내의 클라이언트의 수에 따라 선형으로(O(n)) 증가하는 일관성 트래픽을 수용하기 위한 캐시 사이의 충분한 대역폭을 제공하는 것이다. 또 다른 쟁점은 캐시 자체의 대역폭이다. 캐시는 블록의 응집성 상태를 관리하고, 모든 메모리 요청은 프로세서 코어가 소프트웨어를 실행하는 데 필요한 캐시 탐색뿐만 아니라 다수의 응집성 탐색을 필요로 한다. 따라서 캐시는 다중 동시 탐색을 처리할 수 있도록 설계되어야 한다. 앞서 설명한 것과 같이 포함적 캐시는 이것을 비교적 간단하게 만든다. 가장 높은 단계 캐시가 프로세서 코어 데이터 요청을 처리하는 동시에 가장 낮은 단계 캐시는 일관성 탐색을 처리할 수 있다. 다른 캐시 구조는 필수적인 탐색 대역폭을 다루기 위한 다중 태그 집합을 요구한다.

> **소스 스누피(Source snoopy):** 스누피 프로토콜에서 구현 선택 중 하나는 소스 스누피(2홉(hop))구현 대 홈 스누피(3홉) 구현이 있다. 소스 스누피 프로토콜에서 스누프는 요청자로부터 대등한 모든 클라이언트에게 보내진다. 이것은 요청의 평균 응답시간을 낮추는 경향이 있다. 하지만 소스 스누피 프로토콜 구현을 위해서는 다자간 경합 조건과 같은 문제를 해결해야 한다. 그림 4.19는 소스 스누피 프로토콜 내에서 단순 읽기 실패 이벤트로 인해 메시지가 전달되는 것을 표현한다. 그림 4.20은 좀 더 복잡한 시나리오에서 메시지가 전달되는 것을 표현한다(수정 블록의 읽기 실패). 모든 응집성 메시지는 브로드캐스트 되기 때문에 블록의 소유자는 항상 수신자가 된다. 캐시 실패의 경우, 블록의 최근 소유자는 클라이언트 캐시가 읽기 요청을 전송할 때 하위 저장소에(예를 들어 MESI 프로토콜이라고 가정) 데이터를 다시 쓰고, 요청 클라이언트에게 데이터의 사본을 보낸다. 요청자는 두 개의 네트워크 홉(hop) 안에 데이터를 받는다.

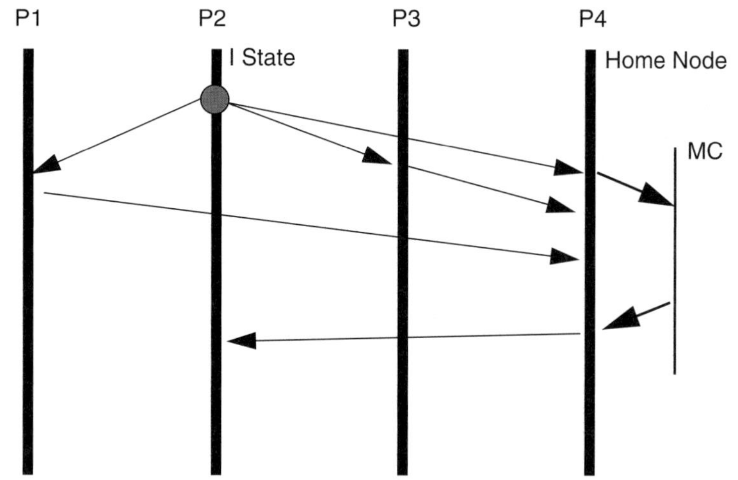

그림 4.19_ 캐싱되지 않은 데이터의 읽기 실패, 소스 스누피. 시간 흐름은 아래로 진행된다.

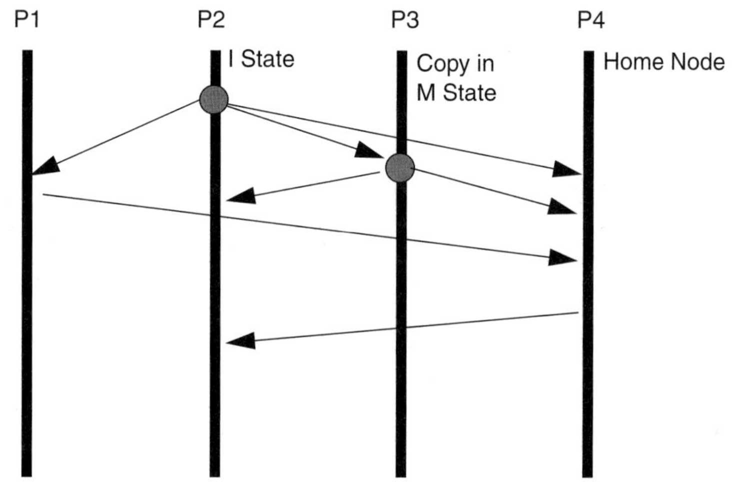

그림 4.20_ 원격적으로 캐싱된 수정 데이터의 읽기 실패. 시간 흐름은 아래로 진행된다.

홈 스누피(Home snoopy): 홈 스누피 프로토콜의 요청들은 데이터의 홈 노드로 먼저 보내진다. 그 후 홈 노드는 다른 클라이언트에게 스누프들을 보낸다. 이러한 직렬화 과정을 포함한 홈 스누피는 경합 조건을 제거하기 때문에 소스 스누피보다 훨씬 더 단순하다. 하지만, 더 많은 평균 지연시간에 있어서 명백한 비용이 발생한다. 예를 들어, 그림 4.21은 홈 스누피 프로토콜의 약간 더 복잡한 읽기 실패 시나리오를 보여준다. 하나의 클라이언트가 해당 지역 캐시 내에서 읽기 실패를 경험할 때, 초기 일관성 메시지는 전체 시스템으로의 브로드캐스트가 아닌 블록의 홈 노드에서 유도된 요청이며 그 다음으로 적절한 스누프 요청을 실행한다. 궁극적으로, 요청된 데이터는 세 개의 네트워크 홉 이후에 원래 클라이언트에게 전달된다.

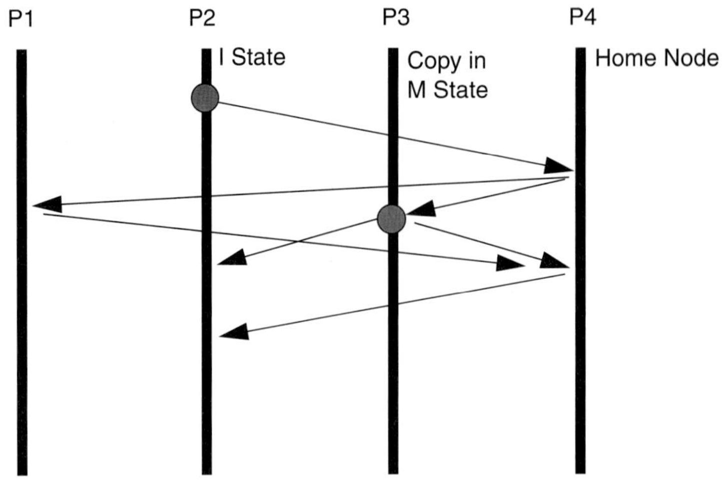

그림 4.21_ 원격적으로 캐싱된 수정 데이터의 읽기 실패, 홈 스누피. 시간 흐름은 아래로 진행된다.

디렉토리 기반 프로토콜

스누피 구현에서 분산 캐시의 태그 내에 상태 정보를 저장하는 것과는 반대로 디렉토리 기반 프로토콜은 디렉토리 안에서 상태 정보를 저장 및 관리한다. 따라서 디렉토리 기반 프로토콜은 시스템 내의 모든 캐시들의 협조를 필요로 하지 않는다. 즉, 하나의 데이터 요청의 정확한 동작을 결정하기 위해 디렉토리를 확인한다. 디렉토리는 중심화되거나 분산될 수 있으나, 한 장소에 모든 상태 정보를 저장함으로써 응집성 기법을 구현하는 시스템 수준의 상태 기계를 단순화시킬 수 있다. 하나의 디렉토리 항목은 일반적으로 다음과 같은 정보를 포함한다.

- 블록의 현재 상태(캐싱되거나 그렇지 않은 것, 읽기 가능이나 쓰기 가능 혹은 모두)
- 시스템의 어떤 클라이언트가 블록의 사본을 가지고 있는지에 관한 정보
- 소유자가 존재할 경우(블록이 쓰기 가능 상태에서 캐싱되는 경우), 나중 쓰기의 책임이 있는 클라이언트의 식별 정보

지역 캐시 실패에서 하나의 클라이언트는 요청된 블록을 위해 우선적으로 디렉토리 항목을 찾는다. 해당 디렉토리 항목은 블록이 어떤 상태인지, 어디서 발견되는지를 나타낸다. 그리고 클라이언트는 블록의 사본을 가지고 있는 클라이언트에게 직접 데이터를 요청한다. 이 메커니즘을 통한 메시지 전송은 일정한 오버헤드를 발생시킨다(시스템에서 클라이언트의 개수와 상관없이 O(1)). 그러나 이것은 스누피 프로토콜보다 보조 저장장치에 더 큰 대역폭을 요구한다. 이러한 이유는 큰 디렉토리 구조가 일반적으로 하위 저장소에 유지되기 때문이다.

더불어 프로토콜에서 디렉토리는 직렬화(serialization)의 지점이며, 잠재적으로 성능을 제한한다(버스 기반 스누피 프로토콜에서는 공유 버스가 직렬화의 지점이며, 성능을 제한하는 것과 동일하다). 디렉토리는 링크 기반 구조에서 흔히 확인된다. 링크 시스템의 크기에 따라 프로세서 그룹을 탐색하는 지연시간은 노드

하위 저장소의 지연시간보다 급격하게 커진다(DRAM 시스템).

전체 디렉토리: 구현을 위한 몇 개의 다른 선택 사항이 있다. 첫 번째는 디렉토리의 크기와 범위이다. 언급된 바와 같이 디렉토리 구조는 매우 클 수 있다. 그 이유는 디렉토리 항목이 관리하는 캐시 블록의 크기와 동일하기 때문이다. **전체 디렉토리**(full directory) 구현은 시스템의 모든 캐싱된 블록을 위해 디렉토리 항목을 유지한다. 예를 들어, 하위 저장소의 모든 캐시 블록 크기(cache-block-sized)의 덩어리(하지만 이와 같은 구현을 위한 제안이 있었음)가 아니라 분산 캐시 내에서 발견된 모든 블록이다. 따라서 전체 디렉토리의 실패(요청된 블록 ID를 디렉토리에서 찾을 수 없는 경우)는 시스템에서 요청된 블록이 캐싱되지 않았다는 것을 나타낸다. 즉, 하위 저장소는 요청된 블록을 보낼 것이다. 전체 디렉토리는 상대적으로 크며 하위 저장소에서 유지된다. 예를 들어, 다중 프로세서 시스템에서 전체 디렉토리는 전형적으로 DRAM 시스템에 유지된다.

부분적 그리고 복합적 디렉토리: 부분적 디렉토리(partial directory) 구현은 단지 캐싱된 블록의 부분들을 위한 항목을 유지함으로써 디렉토리의 크기를 줄인다. 부분적 디렉토리의 실패는 전체 디렉토리 구현과는 다르게 아무런 정보도 전달하지 않는다. 대신에 부분적 디렉토리 시스템은 요청된 블록의 상태를 찾는 스누피 프로토콜을 사용한다. 이와 같은 경우에 시스템의 모든 캐시는 탐색된다. 부분적 디렉토리는 전체 디렉토리보다 크기가 상당히 작기 때문에 일반적으로 SRAM에 저장된다. 따라서 디렉토리의 접근 시간과 직렬화 문제를 개선할 수 있다(디렉토리 탐색이 적중 되는 경우). 부분적 디렉토리와 유사한 구조로 **복합적 디렉토리**(hybrid directory)가 있다. 디렉토리의 작은 버전에 해당하며 캐시의 일부가 먼저 탐색되는 다단계의 디렉토리 캐시 구조이다. 복합적 디렉토리 캐시 또한 SRAM에 저장될 만큼 충분히 작을 수 있다. 초기에 복합적 디렉토리 탐색이 실패하는 경우, 시스템 광역 스누프를 수행하는 대신 전체 디렉토리가 탐색되는 것을 제외한다면 부분적 디렉토리와 비슷하다.

명백한 그리고 개략적인 포인터: 또 다른 구현 선택 사항은 디렉토리가 공유 블럭의 캐싱된 사본을 가지고 있는 클라이언트의 정보를 유지하는 단위(granularity)이다. 각각의 디렉토리 항목은 블록을 공유하는 클라이언트의 리스트이다. 일반적으로 리스트는 불(Boolean) 값의 비트벡터에 의해 표시된다(예를 들어 '1'은 클라이언트가 블록의 사본을 가지고 있다는 것을 나타낸다. 그리고 '0'은 클라이언트가 블록의 사본을 가지고 있지 않다는 것을 나타낸다). 시스템 내에서 **명백한 포인터**(explicit pointer)를 이용한 구현은 각각의 클라이언트를 위해 벡터 내에 비트를 유지한다. **개략적인 포인터**(coarse pointer)를 이용한 구현은 다중 클라이언트를 표현하기 위해 많은 비트들을 사용한다. 예를 들어, 벡터 내에 있는 각각의 비트는 시스템 안에 있는 서로 다른 클라이언트의 밀착 결합 클러스터(tightly coupled cluster)를 나타낼 수 있다. 비트를 설정하는 것은 클러스터 내에 하나 또는 그 이상의 클라이언트 캐시가 블록의 사본을 보유하고 있다는 것을 나타낸다. 하지만 클러스터 내에 어떤 캐시가 블록을 소유하는지를 결정할 방법은 없다.

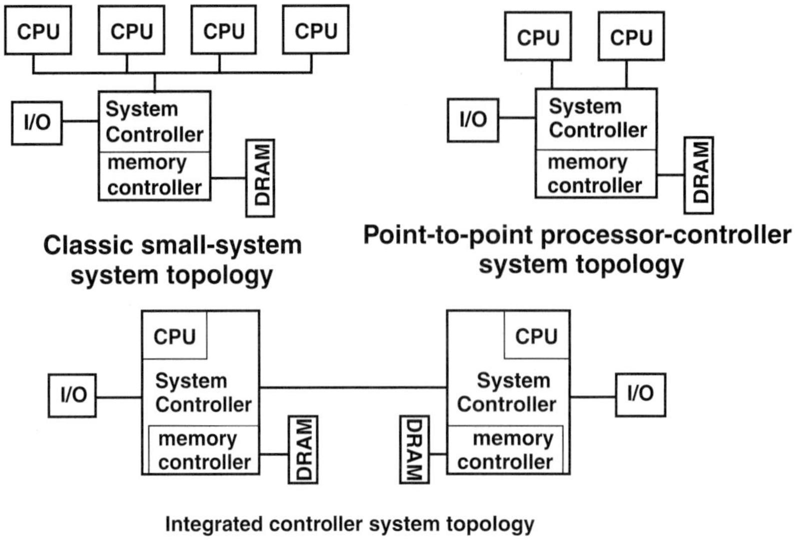

그림 4.22_ 세 개의 다른 소형 시스템 토폴로지

응집성 발생 위치에 관한 관점

그림 4.22는 1~4개의 프로세서를 포함하는 작은 규모 컴퓨터 시스템을 위한 세 가지의 다른 토폴로지를 나타낸다. 즉, 전형적인 소형 시스템(classic small-system) 토폴로지, 프로세서와 제어 장치의 두 지점 간 시스템(point-to-point processor-controller system) 토폴로지, 통합 제어기 시스템(integrated-controller system) 토폴로지를 나타낸다.

전형적인 소형 시스템 토폴로지는 다양한 시스템의 토폴로지에서 사용된다. 예를 들어, Intel's Pentium, Pentium II, Pentium III, Pentium 4, Itanium 프로세서 기반의 플랫폼들은 전형적인 소형 시스템 토폴로지를 사용한다. 또한 HP Runway 버스를 활용하는 프로세서 PA-RISC PA-7200과 PA-8000뿐만 아니라 PowerPC 7xx, 74xx 시리즈 기반의 플랫폼들 또한 전형적인 소형 시스템 토폴로지를 사용한다. 전형적인 소형 시스템 토폴로지에서 1~4개의 프로세서들은 프로세서의 공유 버스를 통해 시스템 제어기와 연결된다. 프로세서들과 시스템 제어기는 프로세서의 공유 버스와의 접근을 위해 동적으로 교섭한다. 프로세서 버스의 소유자는 전송 요청, 메모리 접근, 스누프 응집성 결과, 전송 오류 신호, 그리고 데이터를 전송하기 위해 프로세서의 공유 버스를 사용한다.

프로세서와 제어기의 두 지점 간 시스템 토폴로지는 Alpha 21264(EV6), AMD K7, IBM's PowerPC 970과 같은 프로세서들 기반의 시스템 토폴로지에서 확인할 수 있다. 프로세서와 제어기의 두 지점 간 시스템 토폴로지에서 1~2개의 프로세서는 시스템 제어기에 있는 전용 포트에 직접 연결된다. 두 지점 간의 시스템 토폴로지는 시스템 제어기에 연결된 프로세서의 수를 제한하지 않는다. 하지만 프로세서와 시스템 제어기가 직접 연결되어 있기 때문에, 제어 패키지에서 시스템 제어기는 충분한 핀을 보유해야 한다. 또한 시스템 제어기 내에서 각각의 프로세서 인터페이스를 위해 충분한 다이 면적을 보유해야 한다. 그 결과, 두 지점 간의 프로세서 제어 시스템 토폴로지를 포함하며 두 개 이상의 프로세서를 사용하는 다중 프로세서 시스템 기반의 Alpha 21264 프로세서는 하나의 시스템 컨트롤러가 아닌 여러 칩들을 사용한다. 프로세서와 제어기의 두 지점 간 시스템 토폴로지는 전형적인 소형 시스템 토폴로지에서부터 점진적으로 발전하였다. 프로세서와 제어기의 두 지점 간 시스템 토폴로지는 각각의 프로세서와 시스템 제어기 사이에 독립적인 데이터 경로를 제공한다. 또한 전형적인 소형 시스템 토폴로지 대비 더 높은 대역폭을 제공한다.

통합 제어기 시스템 토폴로지는 AMD Opteron 또는 Alpha 21364(EV7) 프로세서 기반의 시스템과 같은 시스템의 토폴로지를 대표한다. 이러한 프로세서에서 시스템 제어기와 DRAM 메모리 제어기는 프로세서로 통합된다. 단일 프로세서 구성에서 DRAM 메모리 제어기의 통합은 메모리 접근 지연시간을 줄여준다. 하지만, 시스템 내에 각각의 프로세서가 자신의 메모리 제어기를 가지고 있기 때문에, 시스템 내에 메모리는 시스템 전체에 걸쳐 분산된다. 이러한 시스템에서 메모리 접근 지연시간은 활용하는 캐시 응집성 프로토콜의 종류, 시스템의 프로세서 수, 접근 가능한 메모리 위치에 따라 달라진다.

대부분의 컴퓨터 시스템(단일 프로세서와 다중 프로세서 모두)에서 캐시 응집성의 부하는 하드웨어에 의존적이며, 캐시 응집성은 전송 단위에 의존한다. 이러한 시스템의 응집성 위치(coherence point)는 보통 시스템 제어기가 된다. 다시 말해, 프로세서의 전용 캐시(private cache) 내에서 메모리 참조가 적중 실패할 경우, 그 프로세서는 시스템 제어기에게 원하는 캐시 블록을 위한 전송 요청을 발행한다. 전송 요청에 대한 응답으로 시스템 제어기는 요청된 캐시 블록에 대한 가장 최근의 사본 데이터를 반환한다. 앞서 설명한 바와 같이, 가장 최근의 데이터 사본을 충족시키기 위해서 시스템 제어기는 다른 프로세서의 전용 캐시를 확인할 필요가 있다. 또한 필요할 경우 캐시 라인 내의 데이터를 무효화할 필요가 있다. 그림 4.23은 응

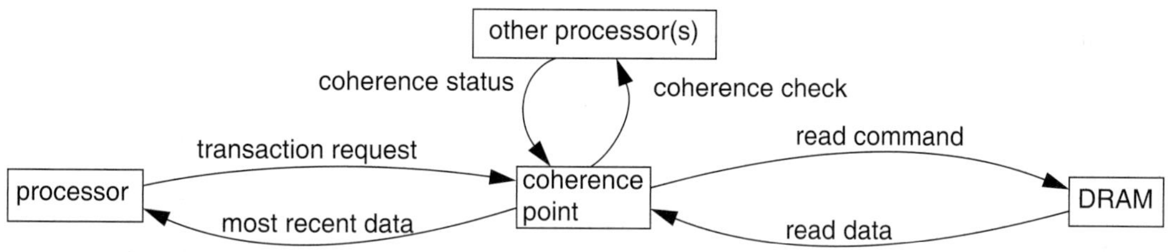

그림 4.23_ 응집성 관점의 개념도

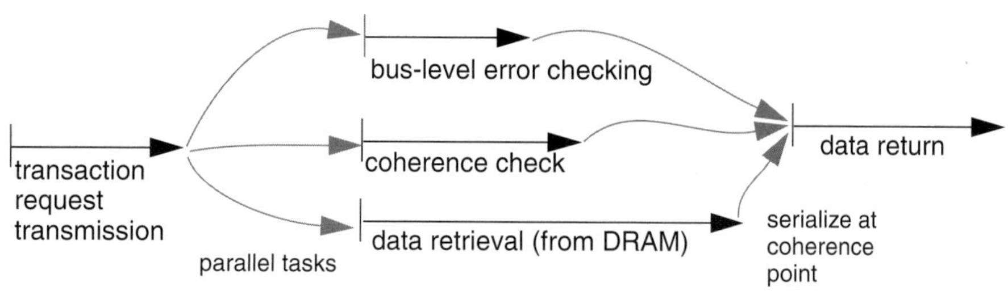

그림 4.24_ 전송 지연시간의 개념도

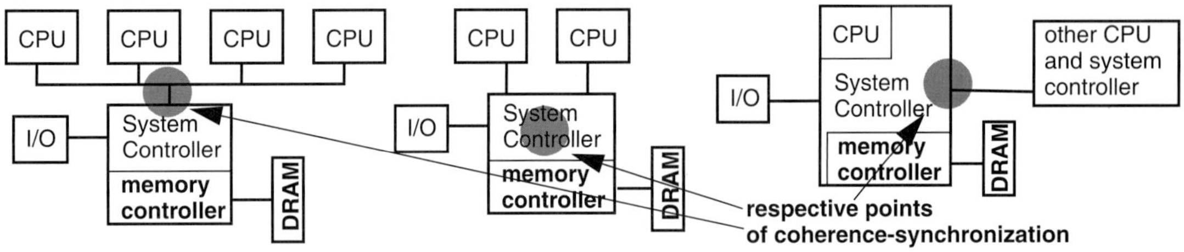

그림 4.25_ 여러 시스템 토폴로지에서의 응집성 관점

집성 위치의 개념을 보여준다. 그림 4.23에서 프로세서는 전송 요청을 요구한다. 그리고 응집성 확인은 시스템 내의 다른 프로세서들에게 DRAM 장치의 읽기 명령과 동시에 수행된다. 응집성 위치에서 요청의 응집성 상태와 읽기 요청 처리를 위한 데이터가 수집된다. 그리고 응집성 위치에서 프로세서에게 반환된 데이터가 시스템 내에 존재하는 캐시라인의 가장 최근 사본이라는 것을 확신한다. 그림 4.24는 시간적 결과(timing implication)를 보여준다. 요청하는 클라이언트는 응집성이 확실시될 때까지 데이터를 받을 수 없다. 그리고 이것은 응집성 확인이 DRAM 접근보다 오래 걸리든 아니든 유지되어야 한다.

그림 4.25는 각각의 시스템 토폴로지 내에서 각각 응집성 위치를 보여준다. 이것은 메모리 요청을 위한 응집성 정보가 확인되고 처리될 때의 동기화 위치이다. 전형적인 시스템 토폴로지의 경우, 프로세서는 버스를 위해 동적으로 중재해야 한다. 이것은 직렬화의 형태를 제공한다. 그리고 모든 버스 전송의 클라이언트 수준 스누핑은 응집성 모델 구현 시에 분산된 상태 기계를 포함하게 된다. 따라서 응집성 위치는 버스에 존재한다. 즉, 응집성의 요청이 시스템 제어기에 도착하기 전에 확실시된다. 두 지점 간의 시스템 토폴로지를 위한 응집성 위치는 시스템 제어기로 이동된다. 이것은 모든 전송을 관찰하는 물리적 객체이다(즉, 하나의 마이크로프로세서는 또 다른 버스 전송을 볼 수 없다). 따라서 시스템 제어기는 응집성의 위치가 된다. 통합 제어기 토폴로지의 응집성은 분산 상태 기계에 의해 확실해진다. 분산 상태 기계는 시스템 제어기 하위에 존재한다. 따라서 응집성 위치는 시스템 제어기 하위로 이동한다. 이것을 그림 4.24와 비교해 보자. 통합 제어기 시스템 내에 각 노드는 자신의 하위 저장소 파티션을 포함하고 있으며, 응집성 성능 비용은 지역 하위 저장소의 비용 증가보다 쉽게 증가된다. 이 관찰은 구현을 쉽게 해 준다. 예를 들어, 블록의 응집성 상태가 확인되기 전에, 설계자는 투기적인(speculatively) 메모리 요청을 원할 수도 있다. 만약 사용된 데이터가 시스템 내의 캐싱된 다른 사본과 일치하지 않는다는 것이 확인될 경우(지역 DRAM 시스템에서 반환된 데이터 등), 이것은 클라이언트의 동작 취소를 요구한다. 하지만, 이러한 추측은 메모리 요청 지연시간을 줄이는 경향이 있다. 다른 구현은 지역적으로 전역 디렉토리의 파티션을 포함할 수 있다. 전역 디렉토리는 지역 메모리 시스템의 블록의 정보만을 포함한다.

4.3.5 소프트웨어 캐시 응집성 메커니즘

언뜻 보기에, 소프트웨어 기반의 캐시 응집성 방식은 하드웨어 기반의 구현 방식을 단순히 모방한 것처럼 보인다. 하지만 이 분야의 선구자들이 지적했듯이[Li & Hudak 1986, 1989] 둘 사이에는 적어도 하나의 근본적인 차이가 존재한다. 단적인 예로, 소프트웨어 방식의 구현에서 클라이언트들 간의 통신 지연속도는 공유된 데이터에 접근하는 비용과 비교했을 때 적지 않다. 결과적으로 응집성 유지에 대한 비용이 하드웨어 기반의 구현보다 훨씬 높다. 이와 비교할 때 공유 버스 구현에서의 응집성 문제 해결의 비용은 버스 수준에서 발생하며 동시에 물리 메모리로의 데이터 요청을 발생시킨다. 응집성 해결은 단순히 데이터 접근 비용의 일부이다. 소프트웨어 구현에서 통신은 다른 노드 간의 운영체제 커널 또는 어플리케이션 수준의 프로세스 사이에서 발생한다. 이것의 통신 지연속도는 보조 저장장치의 접근과 비교해 수 배에 이를 수 있다.

몇 가지 접근법을 설명하기 위해 우리는 간단하게 초기 공유 가상 메모리 시스템 네 가지에 대해 논한다.

- 데이터 전송의 단위(큼)와 응집성 관리의 단위(작음)의 구분으로 알려진 아이비(Ivy)[Li & Hudak 1986, 1989]
- 쓰기 병합을 위해 쌍둥이화와 구분법을 사용한 것과 더불어 해제 일관성의 사용으로 알려진 무닌(Munin)[Bennett 외 1990a, b, c, Carter 외 1991]
- 항목 일관성 개념의 도입으로 알려진 미드웨이(Midway)[Bershad & Zekauskas 1991, Bershad 외 1993, Zekauskas 외 1994]
- lazy 해제 일관성의 도입으로 알려진 트레드마크(TreadMarks)[Keleher 외 1992, 1994]

다만 이들은 소프트웨어 구현의 일부분(대표적으로 가상 메모리 시스템과 통합된 것)에만 집중되어 있다. 이외에도 수많은 소프트웨어 기반의 캐시 구조가 존재한다. 예를 들어, 네트워크에 연산 객체나 웹 문서를 분산시키는 구조(Emerald[Jul 외 1988], Orca[Bal 외 1992] 외 다양한 웹 프록시 메커니즘 등), 소프트웨어에서 단일 프로세서 캐시 응집성을 구현하는 구조(Wheeler와 Bershad[1992] 등), 심지어는 다중 프로세서에서 소프트웨어로 캐시 응집성을 제공하는 구조(캐시 응집성 하드웨어를 사용하지 않고 두 개의 마이크로프로세서 사이의 캐시 응집성을 구현한 다양한 1990년대 중반의 PowerPC 기반의 BeBoxen 참고) 등이 있다.

아이비

앞에서 언급한 바와 같이 하드웨어 기반 캐시 응집성 구현의 접근 비용과 소프트웨어 기반 캐시 응집성 구현의 접근 비용 사이에는 격차가 존재한다. 하드웨어 방식은 응집성 관리가 단순히 하위 저장소에 대한 접근을 포장한 수준이었지만 소프트웨어 방식의 관리는 추가 비용이 계속 발생하여 전체 비용이 매우 높아질 수 있다. 공유 가상 메모리 연구에서 나온 근본적인 결과 중 하나는 이 격차를 해결하는 메커니즘으로, 아이비 시스템[Li & Hudak 1986, 1989]에서 데이터 접근의 단위를 응집성 관리의 단위로부터 구분해 냄으로써 해결했다.

가상 메모리 시스템에서 정의된 바에 따르면 데이터 접근의 단위는 일반적으로 페이지이다. 노드가 하위 저장소의 판독 가능한 사본을 요청할 경우, 요청한 노드에게 전체 페이지가 전송된다는 의미이다. 이는 네트워크 접근의 높은 비용을 상대적으로 큰 데이터의 전송으로 상쇄하는 것이다. 그러나 데이터 전송에서 큰 단위의 사용은 공유 실패로 이어진다. 이는 두 개의 다른 클라이언트가 같은 페이지를 서로 다른 위치에 쓰기 동작을 시도할 때 발생하는 시나리오를 의미한다. 이러한 시나리오는 진정한 공유(페이지 내에 정확한 위치를 공유함)가 아님에도 접근의 단위가 크기 때문에, 응집성 엔진 입장에서는 공유되는 인스턴스로 인지되며 이 페이지를 두 클라이언트들이 서로 주고받으면서 발생하는 성능에 대한 타격은 예상 가능하듯이 용납될 수 없다.

이 문제에 대한 아이비의 해결책은 서로 다른 단위의 응집성을 모니터링하는 것이다. 페이지가 기록될 때 응집성 메커니즘은 데이터를 공유할 수 있는 클라이언트들과 페이지 전체를 조정하려 하지 않는다. 대신, 응집성 메커니즘은 캐시 블록 단위에서 쓰기 동작을 감시하여 응집성 관련 통신을 큰 폭으로 줄인다.

무닌

무닌(Munin)은 여러 연구자들[Bennett 외 1990, Carter 외 1991]의 개념을 조금 더 확장하였다. 무닌 시스템에서 쓰기 동기화는 명백한 경계에서만, 특히 동기화하는 변수의 해제에서 발생한다. 이 모델을 해제 일관성[Gharachorloo 외 1990]이라 한다. 과거의 분산 공유 메모리 시스템은 순차적 일관성을 사용해 왔다. 무닌에서 클라이언트들은 동기화 변수의 획득과 해제 사이의 구간에서 자유롭게 공유된 변수들을 업데이트할 수 있다. 해제의 시점에서 공유된 변수들은 다른 시스템들과 값을 조절한다.

동일한 데이터 객체에 대하여 이 응집성 엔진은 다중의 쓰기 동작의 주체들을 지원하지만, 올바른 동작에 대한 부담은 프로그래머에게 주어진다. 예를 들어, 동시 다중의 쓰기 동작이 동일한 데이터 배열 내에서 서로 다른 부분에 접근하도록 하는 등의 일이다. 다중 쓰기의 주체가 있는 경우에 쌍둥이(twin)라고 하는 페이지의 사본을 생성한다. 이를 이용하여 추후에 페이지의 어떤 워드들이 수정되었는지를 알 수 있다. 해제 시점에서 응집성 엔진은 어플리케이션 프로세스가 모르게 여러 클라이언트들의 쓰기 데이터를 병합한다. 쌍둥이가 존재하는 모든 객체들은 우선 다른 쌍둥이와의 차이를 비교한다. 이 차이는 클라이언트들에 의해 발생한 변화를 보여주며, 이 변화들은 프로그래머에 의해 클라이언트 간 충돌하거나 겹치지 않도록 보장된다. 응집성 엔진은 모든 클라이언트들에게 이 차이점을 전달하며 이를 업데이트할 것을 요구한다. 그리고 클라이언트들은 자신들이 소유한 사본과의 차이를 업데이트한다. 해제 일관성의 사용은 수많은 변화를 비교를 통해 단일 업데이트 메시지로 캡슐화할 수 있게 해준다.

미드웨이

미드웨이(Midway)는 응집성 관리의 비용을 더욱 줄여주는 일관성 모델인 항목 일관성 개념을 도입한다[Bershad & Zekauskas 1991, Bershad 외 1993, Zekauskas 외 1994]. 무닌의 해제 일관성은 해제 동작 시점에서 공유 데이터의 변경 사항을 공유하는 모든 클라이언트에게 적극적으로 전달하는 반면, 미드웨이는 명시적으로 해당 변경 사항에 대한 요청을 보내는 클라이언트들에게만 그것을 전달하며, 그 클라이언트들은 획득 동작을 통해 변경된 변수를 요청한다. 따라서 획득 동작의 클라이언트는 획득/해제에 의해 정의된 특정 영역 내에서 보호된 변수들에 대한 최신 사본을 요청한다. 해제 동작은 응집성 엔진이 변경 사항을 시스템 나머지 부분으로 전달하지 않는다. 대신, 캡슐화 된 변수에 접근하는 응집성 엔진으로의 해제 신호가 허용된다.

이를 작동시키기 위해서는 공유된 변수들이 식별되고 특정 동기화 변수들과 연결되어야 하며, 클라이언트들은 특정 영역(해당되는 동기화 변수에 대한 획득/해제) 내에서만 공유된 변수에 접근할 수 있다. 결과적으로, 해제 동작은 어플리케이션 내에서 실질적 공유의 정도에 비례한 상수 관계의 영향을 받는 것이 아니라 프로세스 간 통신에게만 영향을 받는다는 것이다.

트레드마크

폭 넓게 인용되는 분산 공유 메모리 기법[Keleher 외 1994]은 lazy 해제 일관성[Keleher 외 1992]의 도입으로 명칭이 알려졌으며, 이는 항목 일관성[Bershad & Zekauskas 1991]과 많은 기능을 공유하는 모델이다. 이 둘 간의 가장 큰 차이는 하위 레벨에서 이 모델들(미드웨이와 트레드마크)을 구현하는 세부 사항에 있으며, 일관성 모델 자체에 있는 것이 아니다. 구체적으로 미드웨이의 공유 변수는 특정 동기화 변수와 연관된다. 특정 동기화 변수에 대한 획득 동작이 수행될 때, 해당 동기화 변수와 연관된 변수들에 대한 차이점만이 획득 요청을 한 클라이언트에게 전달된다. 트레드마크(TreadMarks)의 공유 변수들은 특정 영역 내에서 보호되지만 공유 변수들이 특정 동기화 변수와 연관될 필요는 없다. 획득 과정에서 이전 해제 동작들을 알 수 있다. 또한, 미드웨이는 업데이트 프로토콜을 사용하고 트레드마크는 무효화 프로토콜을 사용한다. 이 두 기법은 매우 유사한 동작을 보인다[Adve 외 1996].

MEMORY | SYSTEMS | **CACHE**

구현 문제 05

CHAPTER

이 장에서는 오늘날 캐시의 게이트/트랜지스터 수준에서의 물리적 구현 및 구조 구성에 대해 설명하고, 전형적인 파이프라인 구조에 어떻게 적용되는지에 대해 알아본다. 공정 미세화로 인한 심각한 영향은 오늘날 해결해야 할 중요한 구현 문제 중 하나이다.

- 최근의 캐시 구현에서 공정 미세화는 다음과 같은 문제들에 직면해 있다. 트랜지스터 문턱전압(threshold voltage) 감소 및 정적 전력 소모의 증가로 인한 문턱 아래 누설 전류(sub-threshold leakage current)가 점점 증가하는데, 이를 상쇄하기 위한 혁신적 솔루션이 필요하다.
- 한 비트 당 저장되는 전하량이 감소하면서 외부 요인(알파 입자 방출, EMI 등) 또는 내부 요인(신호 간섭, 접지 바운스 등)에 의한 비트 오류가 쉽게 발생한다. 캐시의 구현 단계에서는 공정 변화로 인한 트랜지스터 특성 불일치가 가중된다.
- 전체 지연시간 중 도선(wire)을 통한 전달 지연시간의 증가는 파이프라인 타이밍 예산(timing budget)에 반드시 반영되어야 한다.

본 장에서는 마이크론 단위보다 훨씬 미세한 설계에서 발생하는 공정 미세화 문제에 대응하기 위한 최신 해결책 일부를 설명한다.

5.1 개요

먼저 우리는 캐시 동작 중 하나인 캐시 읽기 적중(hit) 시 발생하는 일부 구현 문제를 다룬다. 그림 5.1은 가상 어드레스 체계(virtual addressing)를 갖는 2웨이, 집합 연관(set-associative) 캐시, 그리고 캐시 안에서 발생하는 다양한 이벤트를 포함한 타이밍 다이어그램을 보여준다(이후의 절에서 더욱 자세히 다룰 것이다).

기본적으로 발생하는 이벤트는 다음과 같다.

1. 캐시 어드레스 및 어드레스의 유효성을 판단하는 어드레스 스트로브 신호(address strobe signal, ADS)를 제공한다. 구체적인 동작을 알리기 위한 읽기/쓰기 신호(R/W#)가 함께 전달된다.

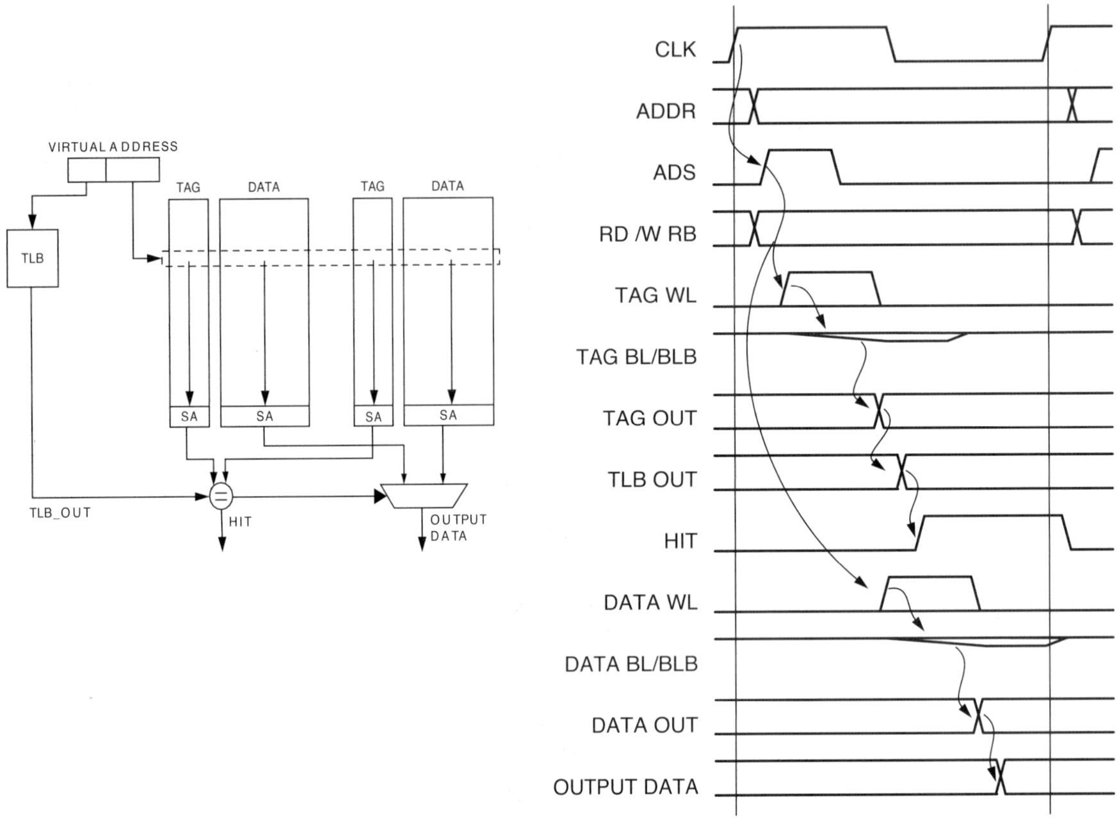

그림 5.1_ 읽기 동작에 대한 2웨이, 집합 연관 캐시 구성 블록 다이어그램과 타이밍 다이어그램

2. 어드레스의 색인(index)을 이용해 2웨이, 집합 연관 캐시의 태그(tag)와 데이터 배열에서 워드를 선택한다(이때 워드 라인 신호(wordline signal, WL)를 이용한다). 그러면 차례로 sense amplifier가 풀스윙(full-swing)의 차동(differential) 출력 전압을 생성하여, 내부 비트라인의 전압 차이를 발생시킨다.
3. TLB에서 변환된 어드레스와 태그 배열 출력을 비교하여 캐시 접근이 적중인지 실패인지를 판단한다. 캐시 적중일 때에는, 출력 멀티플렉서를 제어하여 두 웨이 중 하나를 선택해 적절한 데이터를 전달한다. 캐시 실패의 경우, 캐시 제어기가 외부 메모리(또는 다른 계층의 캐시)로부터 데이터를 가져오기 위해 별도의 동작을 수행해야 한다.

지금까지 기본적인 캐시 읽기 동작의 예를 보여주고, 캐시를 구현하는 데 사용되는 일부 블록에 대해 설명하였다. 지금부터 태그와 데이터 배열을 구성하는 기본 저장소 구조를 구현하는 것을 시작으로, 캐시가 어떻게 구현되는지, 그리고 이러한 데이터 배열이 어떻게 사용되는지 상세하게 설명할 것이다. 또한 우리는 낮은 누설 전력(leakage current) 이슈 등 최신 캐시 설계와 관련된 보다 고차원의 이슈들에 대해 논의할 것이다.

5.2 SRAM 구현

이 절에서 우리는 SRAM(static random-access memory)의 구현에 대해 다룬다. SRAM은 DRAM 등의 다른 메모리 구조보다 월등한 성능을 가지고 있어, 대부분 캐시의 빌딩 블록(building block)으로 사용되는 메모리 중 하나이다. SRAM은 마이크로프로세서 코어와 같은 제조 공정을 이용하기 때문에, SRAM 캐시는 프로세서 다이와 통합 구현이 용이하다. 그와 달리 DRAM은 일반적인 논리회로 제조와는 다른 공정을 이용하기 때문에, 이를 마이크로프로세서 코어 등의 논리회로와 통합하는 것은 적합하지 않다. 이제 우리는 SRAM 설계의 가장 기초적인 부분부터 자세히 다룰 것이다.

5.2.1 기본 1비트 메모리 셀

이 절은 SRAM의 가장 기본적인 단위인 하나의 데이터 비트가 어떻게 구현되는지 설명한다. SRAM 메모리 셀(memory cell, MC)은 그림 5.2와 같이 2개의 패스 트랜지스터를 이용하여 접근되는 2개의 교차 결합형 인버터(cross-coupled inverter)로 구현된다.

교차 결합 연결은 재생 피드백(regenerative feedback)을 형성하여 하나의 데이터 비트를 무기한 저장할 수 있도록 한다. 이 형태는 1비트 메모리 셀로, 읽기/쓰기 중 하나의 동작만을 한 번에 수행할 수 있는 하나의 R/W 포트를 갖는다. 그림 5.2와 같이, 초기에 논리 '고'전압으로 프리차지(precharge)된 비트라인 쌍은 WL이 인가된 후 둘 사이에 전압 차이가 발생하게 되는데, 이 차이를 감지하여 비트의 값을 읽을 수 있다.

두 번째 단계는 그림 5.1에 나타난 쓰기 동작이다. 이 동작에서는 외부 요인에 의해 비트라인이 차동 전압으로 유도되어 메모리 셀에 데이터가 기록된다.

1-비트 메모리 셀의 물리적 구현

캐시와 메모리는 기본적으로 디지털 데이터를 저장하는 기능이 있고, 앞 절에서 하나의 비트가 교차 결합형 인버터를 이용하는 SRAM에 저장되는 과정을 설명하였다.

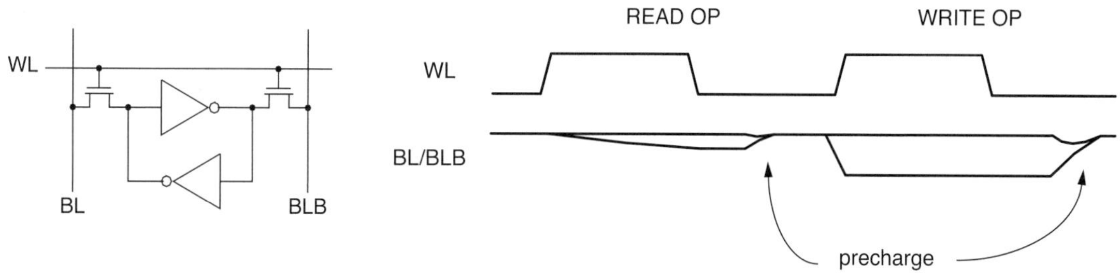

그림 5.2_ 교차 결합형(cross-coupled) 인버터 및 패스 트랜지스터(pass transistor)를 이용해 접근하는 기본 SRAM 셀. 읽기/쓰기 접근에 사용하는 주요 신호도 함께 표시하였다.

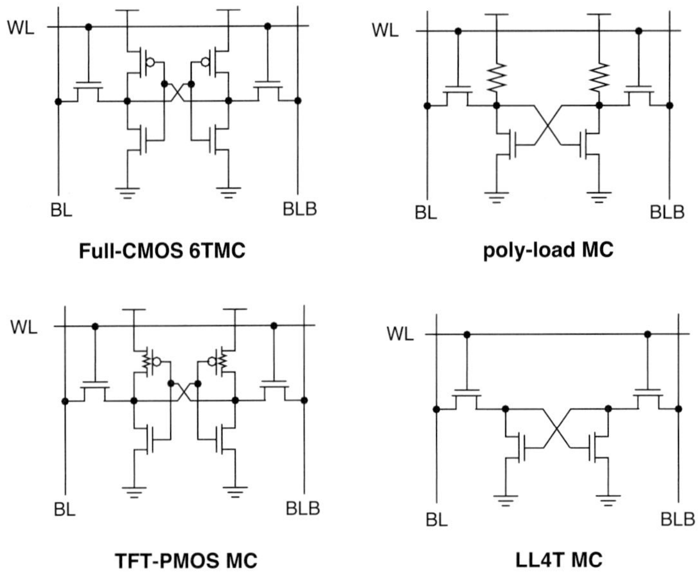

그림 5.3_ SRAM 셀의 다양한 구현 방식

교차 결합형 인버터는 발전을 거듭하며 여러 방법으로 구현되고 있는데, 구현 방법 간의 가장 큰 차이점은 인버터 풀업(pull-up) 네트워크의 구현 방법이다. 그림 5.3은 SRAM 메모리 셀을 구현하는 데 사용되는 여러 종류의 회로들을 보여준다.

초기의 SRAM들은 보통 완전 CMOS(full-CMOS)나 폴리실리콘 부하(polysilicon load)의 메모리 셀 형태로 구현되었다. 당시의 폴리실리콘 부하 방식은 단지 4개의 트랜지스터를 이용하여 1비트를 구현할 수 있었기 때문에 작은 면적으로 구현 가능하다는 장점이 있었다. 이때 풀업은 고저항(highly resistive) 폴리실리콘 층을 추가하여 구현되었는데, 이는 기존의 트랜지스터의 상층에 제조되어 작은 면적을 필요로 하였다.

그러던 중 최소 배선 폭이 줄어들면서, 매우 커진 누설 전류를 줄이기 위해 폴리실리콘 부하의 면적에 더욱 큰 저항을 만들어야 했다. 그리고 소프트 오류율(soft error rate, SER)[List 1986]의 감소와 함께, 폴리실리콘 부하로는 해결할 수 없게 되었다.

폴리실리콘 부하가 차지하는 공간이 증가함에 따라, 폴리실리콘 부하 방식은 폴리 PMOS나 박막 트랜지스터(thin-film-transistor, TFFT) PMOS[Minato 외 1987] 부하 형태로 대체되기 시작하였는데, 이들은 여전히 활성(active) NMOS의 상층에 제조될 수 있으면서도 폴리실리콘 부하보다 좋은 특성을 가지고 있었다.

캐시와 마이크로프로세서 논리회로가 한 칩에 적층됨에 따라, 폴리 PMOS/TFT−PMOS 회로를 디지털 회로와 같은 다이에 구현하는 데 있어 추가로 필요한 공정 복잡도가 매우 높아졌다.

이러한 회로들을 대체하기 위해 부하가 없는 4−트랜지스터(loadless four-transistor, LL4T) 셀이 제안되었는데, 이를 이용하여 풀업 부하를 완전히 제거할 수 있었다[Noda 외 1998]. 이 방식은 단 4개의 NMOS 트

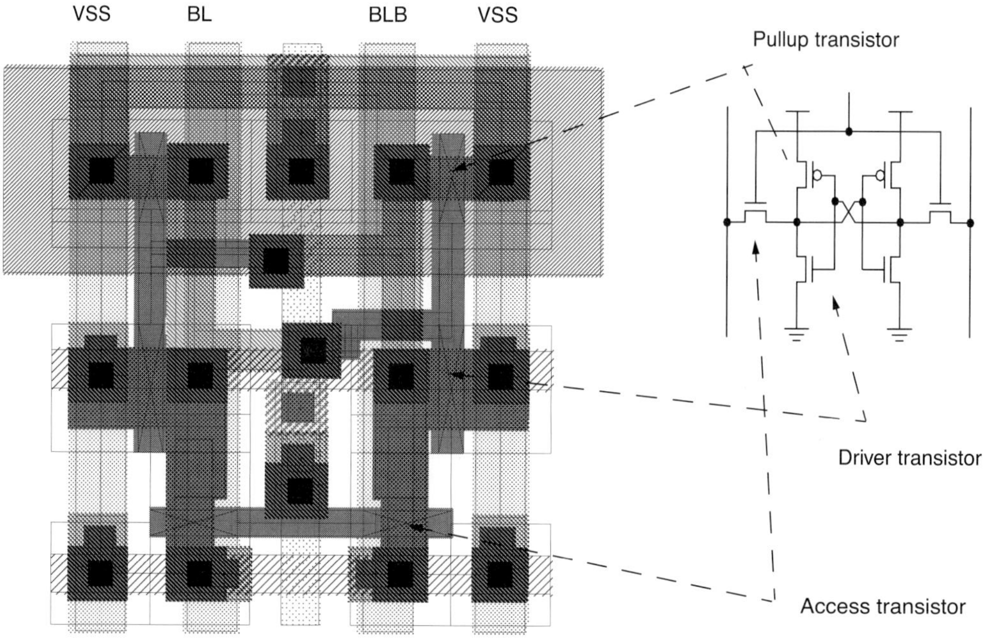

그림 5.4_ MOSIS SCMOS 규칙(TSMC 0.25μm SCMOS_SUBM)을 사용하는 6-트랜지스터 메모리 셀(six-transistor memory cell, 6T MC). 액세스의 레이아웃과 드라이버(driver), 풀업 트랜지스터((pull-up transistor)의 정의를 함께 표시하였다.

랜지스터를 사용하기 때문에 완전 CMOS 구현에 비해 더 작은 면적을 차지하지만, 누설 전류가 셀의 래치(latch) 동작과 데이터의 유지에 영향을 미치지 않도록 매우 신중히 설계되어야 한다.

공정 미세화가 계속되면, 셀에 저장되는 전하량은 줄어드는 반면 누설 전류는 계속하여 증가하기 때문에 신뢰성 있는 LL4T 셀을 설계하기가 어려워진다.

현재의 SRAM은 대부분 완전한 CMOS를 사용한 6개-트랜지스터 메모리 셀(six-transistor memory cell, 6T MC)을 사용하여 설계하고, 크기 결정, 물리적 레이아웃, 저전력을 위한 트랜지스터 문턱전압 등의 문제에 따라 조금씩 다르게 설계된다.

이후의 논의는 6T MC의 다양한 형태에 대해서만 다룰 것이다. 그 예 중 하나로 0.25μm 공정의 MOSIS SCMOS 규칙을 이용한 레이아웃과 접근, 드라이버, 풀업 트랜지스터를 정의하는 트랜지스터 수준 회로를 그림 5.4에 나타내었다.

트랜지스터 크기 결정

메모리 셀 트랜지스터의 크기를 결정할 때에는 셀 면적과 안정성을 우선적으로 고려해야 하는데, 이는 정적 잡음 여유(static-noise margin, SNM)로 판단할 수 있다. SNM은 셀의 내부 저장소 노드(node)를 방해하여 노드에 저장된 값을 변화시키는 데 필요한 DC 잡음의 양으로 정의된다[Lohstroh 외 1983]. 셀의 안정성은 그 셀의 SER과 PVT 변화의 민감도에 영향을 미친다.

셀의 SNM은 교차 결합형 인버터 전압 전달 방정식(voltage transfer equations)을 풀어서 분석적으로 계산할 수 있다. 그 외에도 그림 5.5와 같이 인버터의 I/O 전압 전달 함수(voltage transfer function)를 그래프화하여 '제곱의 최대값'을 이용하면 SNM을 추정할 수 있다 [Seevinck 1987].

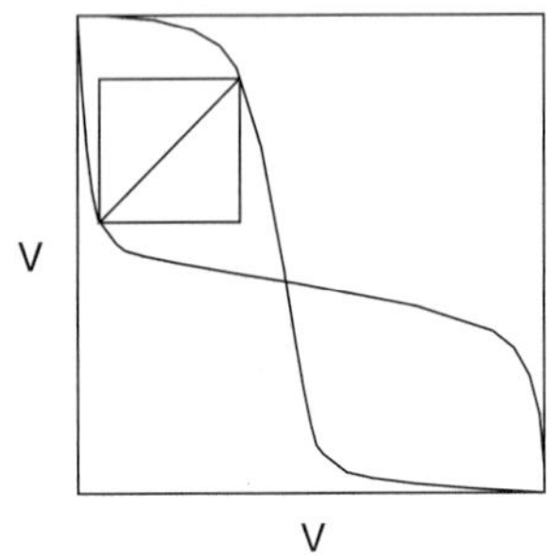

그림 5.5_ 인버터의 전압 전달 함수

트랜지스터의 크기 결정에 있어, 주요 변수는 드라이버, 풀업, 접근 트랜지스터의 폭과 길이 이다.

Seevinck의 용어를 사용하면, 크기 결정을 위해, (r, β, q) 파라미터가 사용되는데 베타 값 β는 각 FET의 폭과 길이의 비율, r은 드라이버와 접근 트랜지스터의 베타 값 비율, q는 풀업과 접근 트랜지스터의 베타 값 비율이다.

Seevinck 분석의 결론은 다음과 같다.

1. SNM은 Vdd, 트랜지스터 전압, 베타 비율에 의해서만 결정되며, 트랜지스터 베타의 절대 값과는 무관하다.
2. 최대 SNM을 갖는 셀을 설계하기 위해서는 적절한 W/L 비율을 선택하여 r과 q/r을 최대화해야 하는데, 이때 W/L은 셀 면적과 올바른 셀 쓰기 동작을 보장하는 한도 내로 제약된다(예를 들어, 특정 W/L 비율에서는 쓰기 동작이 어려울 수 있다).
3. r과 q의 값이 고정되면, 6T MC의 SNM은 Vdd의 변화에 무관해진다.
4. 마지막으로, SNM은 문턱전압이 증가하면 함께 증가한다.

요구되는 셀 면적, 안정성, 성능을 만족시키기 위해서는, 메모리 셀을 설계할 때 이 모든 요인을 함께 고려하여 균형을 유지하도록 해야 한다.

소프트 오류율

소프트 오류율(soft error rate, SER)은 메모리 셀에 저장된 비트들에 오류가 생기는 비율을 측정한 것이다. 알파 입자 방사선 등의 효과로 인해 극성을 띤 입자들(charged particles)이 셀의 SNM을 초과할 정도의 큰 전압을 셀 저장소 노드(cell storage node)에 유도하여 데이터 오류가 발생할 수 있다.

셀의 Q_{crit} 값은 SNM에 도달하도록 하는 임계(critical) 수준의 전하량을 의미한다. 이 값은 셀 저장소 노드(교차 결합형 인버터의 출력) 안에 들어 있는 전하량과 직접적인 관계가 있다.

SER을 개선하기 위해 Q_{crit}를 높이는 다양한 방법이 존재하는데, 그중 하나의 방법이 트랜지스터의 디퓨전 면적(diffusion area)을 증가시켜 커패시턴스(capacitance), 즉 저장소 노드에 저장될 수 있는 전하량을 높이는 방법이다. 그 밖의 다른 방법들은 노드 커패시턴스를 증가시키기 위해 더 복잡한 공정 기법을 사용

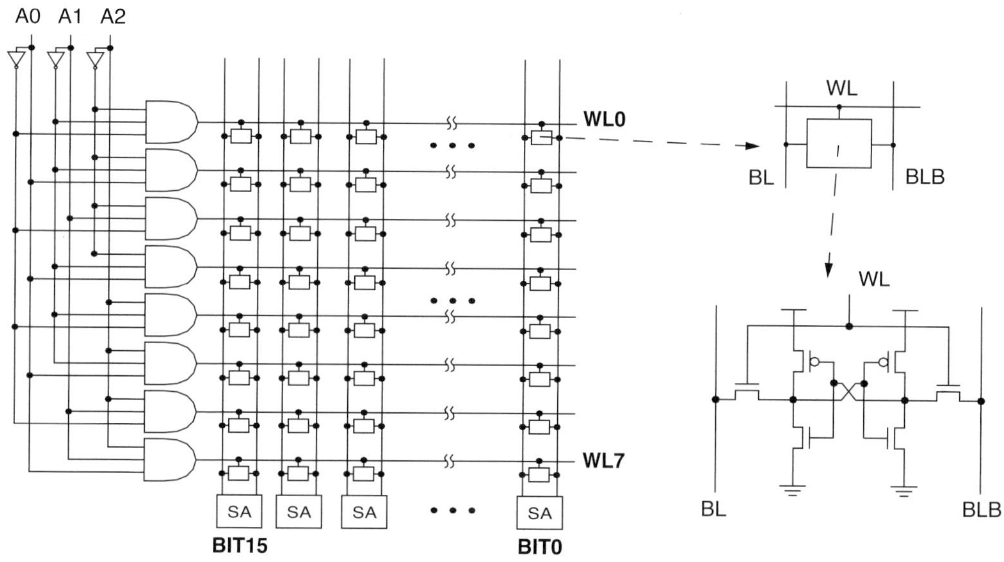

그림 5.6_ 단순화된 8×16 비트 메모리를 보여주고 있으며, 8개의 3-입력 AND 게이트들이 각각 특정 개수의 셀(본 예에서는 한 워드라인 당 16개의 셀)에 대한 워드라인(wordline)들을 구동한다. 또한, 어드레스 디코딩, sense amplifier 및 셀의 내부도 함께 표현하였다.

한다.

이후의 절에서 SER과 몇몇 해결 방안에 대해 더 자세히 다룰 것이다.

5.2.2 어드레스 디코딩

어드레스 디코딩(address decoding)은 어드레스 정보를 받고 해당 어드레스에 필요한 동작을 수행하기 위한 신호를 제공하는 개념적으로 간단한 과정이다.

가장 단순하게는 이진 디코더(n에서 2^n으로)에 어드레스 값을 입력하고 인가된 출력을 이용하여 특정 메모리 셀의 워드라인을 활성화시키는 과정이다. 그림 5.6과 같이, 이 과정에는 어드레스 입력에는 AND 연산 한 번만 관계하고, 출력은 메모리 셀 워드라인에 연결된다.

어드레스 디코딩 시 많은 수의 어드레스 비트를 디코딩하여 많은 수의 셀을 구동해야 하기 때문에 일반적인 메모리가 갖는 높은 팬 인(fan-in)과 팬 아웃(fan-out) 요구 사항을 고려해야 한다. 이 때문에 쉽게 구현할 수 있는 한 단계의 AND를 이용한 디코딩 구조는 비효율적이다. 사실상 모든 SRAM은 논리(logic)와 AND 함수를 구현하기 위해 여러 단계의 디코드 계층을 사용한다.

어드레스 디코더는 임계 경로 지연시간(critical path delay)과 전체 전력 소모에 큰 영향을 미치기 때문에, 일반적인 설계에서는 메모리 배열의 디코드 계층 구현 최적화가 중요하다.

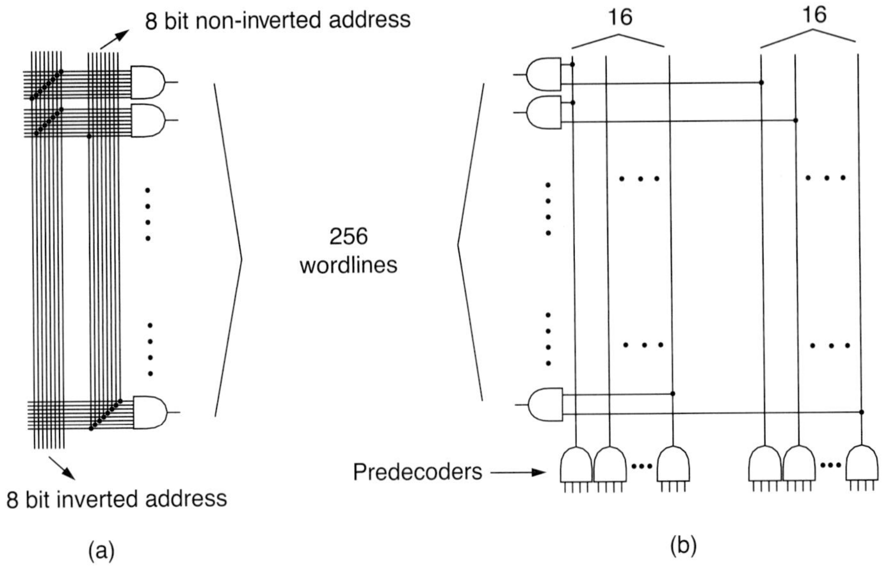

그림 5.7_ 8-비트 어드레스를 위한 워드라인 디코더: (a) 간단한 높은 팬 인을 갖는 AND 방식과 (b) 프리디코딩을 이용하는 디코더 방식

프리디코딩

게이트의 팬 인이 높아질수록 논리적 노력(logical effort)이 많아져 디코딩이 비효율적이 되기 때문에 [Sutherland & Sproull 1991, Sutherland 외 1999], 디코드 계층을 이용하여 디코드 회로 부분의 팬 인을 최소화해야 한다. 논리적 노력이란, 간단히 말하자면 어떠한 논리 게이트를 구동하는 것이 같은 구동력을 갖는 인버터를 구동하는 것보다 얼마나 어려운가를 표현한 개념이다. 높은 팬 인을 갖는 정적 게이트는 일반적으로 많은 논리적 노력이 필요하여 낮은 팬 인을 갖는 게이트보다 비효율적이다.

팬 인을 최소화하기 위한 기법으로 프리디코딩(predecoding) 방법이 있다. 프리디코딩은 메모리 어드레스를 몇 개의 하위 집합으로 구성하고, 각 하위 집합들의 결과에 대해 AND 연산을 수행하는 한 단계의 논리 계층을 둔다. 프리디코더의 출력은 낮은 팬 인 게이트들과 통합되어 최종 디코더 출력을 생성한다. 이 최종 디코더 출력신호가 메모리 셀과 연결되는 워드라인 신호이다. 이런 식으로 프리디코딩을 이용하면 간단히 여러 단계의 논리를 이용해 AND 연산을 수행할 수 있다.

8비트 어드레스 디코딩의 예를 살펴보자. 그림 5.7(a)는 256(2^8) 8개의 입력 단자를 갖는 AND 게이트를 사용하는 가장 간단한 접근 방법을 보여준다. 이 방식이 비록 논리적으로는 정확하더라도 이 방식에 사용된 AND 게이트는 2-입력 AND 게이트에 비해 매우 높은 게이트 커패시턴스를 가지고 있다. 따라서 높은 지연시간과 전력 소모를 유발할 뿐만 아니라 넓은 면적을 차지한다.

그림 5.7(b)는 프리디코딩을 이용한 또 다른 구현 예를 보여준다. 이 방식에서 8비트 어드레스는 4비트씩 2개의 하위 집합(subset)으로 나뉜다. 그리고 두 집합에서 가능한 모든 4비트 어드레스 조합을 생성하기 위해 4-입력 AND 게이트가 16개 사용된다. 마지막 워드라인은 2개의 하위 집합으로부터의 출력을 하나의

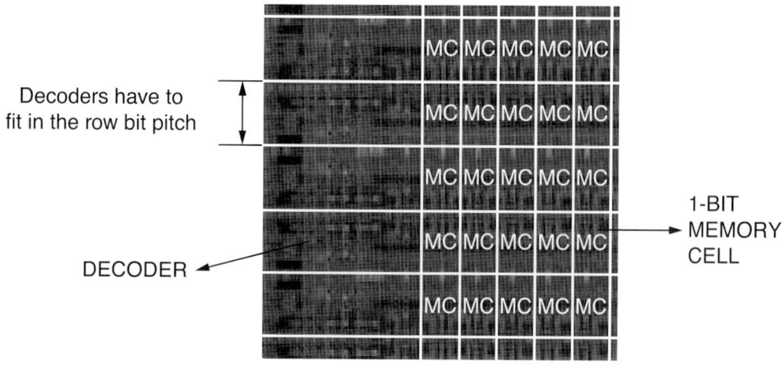

그림 5.8_ 메모리 배열 옆에 놓인 디코더 평면도의 예. 비트 피치 제약을 함께 보여준다.

출력으로 통합하기 위해 2-입력 AND 게이트를 사용하여 생성된다. 이 경우 모든 경우인 256개의 워드라인을 만들기 위해 256개의 2-입력 AND 게이트가 사용된다.

프리디코딩의 개념은 간단하지만 다양한 장점을 가지고 있다. 마지막 AND 게이트가 단지 2개의 입력만을 가지기 때문에, 이 방식은 첫 번째 구현 방식에 비해 매우 작은 게이트 커패시턴스를 갖는다. 따라서 더 작고, 빠르고, 낮은 전력 소모를 갖는 회로를 설계할 수 있어 확장이 용이하다. 비록 이 방법이 첫 번째 구현 방식처럼 높은 팬 인을 갖는 AND 게이트를 사용하는 것에 비해 면적 이득이 적지만, 전체적으로 보면 기존 방식에 비해 훨씬 사용하기 적합하다. 그 이유는 프리디코더가 메모리 배열과 분리 구현이 가능하므로 더 유연하게 구현할 수 있고, 그로 인해 메모리 배열 크기 제한이 적기 때문이다.

이러한 프리디코더의 유연성을 이용하면 더 빠르고 낮은 전력과 작은 면적을 갖는 복잡한 회로를 구현할 수 있다. 이러한 기법 중 일부는 이후의 절에서 더 자세히 다룰 것이다.

이러한 발전된 회로 기법을 처음 설명한 방식에 적용하는 것은 불가능한데, 이는 훨씬 많은 수의 게이트(예컨대 처음 설명한 간단한 방식에는 256개, 프리디코더 방식은 32개의 게이트가 더 필요하다)를 사용해야 하기 때문에 높은 비용 문제 때문이다. 또한 그림 5.8과 같이 디코더가 메모리 배열의 셀과 셀 사이의 간격, 피치(pitch) 등에 의해 영향을 받기 때문에, 규칙적 메모리 배열 구조에 내장된 게이트에 이를 구현하는 것은 매우 어렵다.

프리디코딩은 중간 프리디코더 출력을 전달하기 위해 더 많은 도선을 분배해야 하는 문제가 있다. 하지만 이것은 큰 문제가 아니며, 프리디코딩의 많은 이점 때문에 대부분의 SRAM 설계에서 거의 필수적으로 사용된다.

행과 열 디코딩

SRAM, DRAM 등의 메모리 배열은 유연한 동작을 위해 2차원 디코딩(Two-dimensional decoding)을 주로 사용한다. 2차원 디코딩은 그림 5.9와 같이 어드레스의 일부분은 배열의 행(row)을 선택하고, 나머지 일부분은 해당 행에서의 열(column)을 선택한다.

그림에서 행/열 어드레스의 프리디코딩 부분은 단순화를 위해 표현하지 않았으나, 행/열 디코더가 프리디코더의 출력을 사용한다고 가정한다. 멀티플렉서는 다수의 비트라인이 하나의 sense amplifier를 공유할 수 있게 하여 전력 소모와 면적을 줄인다. 이러한 멀티플렉서는 거의 패스 트랜지스터의 변종으로, 비트라인에서 오는 작은 스윙 전압을 다중으로 전달하는 역할을 한다. 읽기/쓰기 동작의 어드레스 디코딩 과정이 같기 때문에 그림을 간단히 하기 위해 데이터 읽기 경로만 표시하였다.

파티션을 사용하지 않는 방식(비파티션 방식)

파티션(partition)을 사용하지 않는 디코드 체계란 행 디코더에서 나오는 하나의 워드라인 출력이 특정 행의 모든 셀을 활성화하는 메모리 구성을 말한다. 지난 절에서의 표본 메모리 시스템 구성과 그림 5.9가 그 예이다.

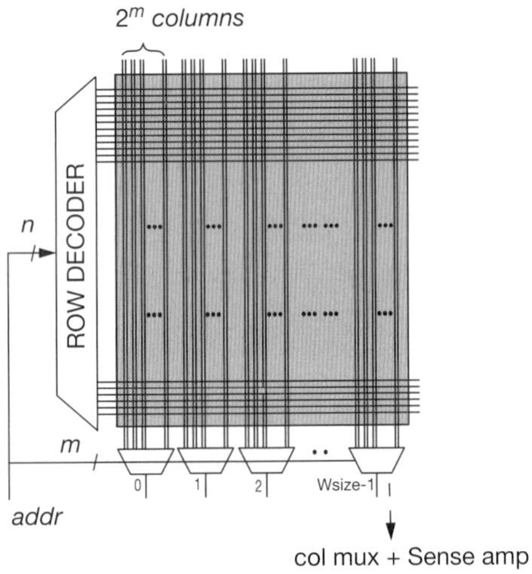

그림 5.9_ 2차원 디코딩

아주 작은 용량의 SRAM(예를 들어, 1kB 이하)에 대해서는 이러한 간단한 방법으로 디코드 체계를 구성할 수 있다. 하지만 SRAM의 크기가 증가하면 다음과 같은 몇 가지 문제가 발생한다.

1. 메모리 크기의 증가에 따라 SRAM 메모리 셀의 수가 증가하면서, 각 메모리 셀의 트랜지스터가 해당 행 워드라인과 열 비트라인에 점점 더 많이 연결되어 커패시턴스의 증가를 가져오고, 이것이 지연시간과 전력 소모의 증가를 유발한다.
2. 메모리 셀 수가 증가하면 SRAM 배열이 물리적으로 길어져 워드라인 도선 길이가 길어지고, 그에 따른 기생(parasitic) 도선 커패시턴스가 증가한다.
3. 한 열의 일부만 실제로 접근되는 경우에도 한 워드라인에 의해 점점 더 많은 열이 활성화되기 때문에 각 접근마다 더 많은 비트라인 전력이 소모된다. 파티션을 사용하지 않는 방식에서 어떠한 열 접근이 메모리 셀을 활성화시킬 때, 사용되지 않는 열의 비트라인까지도 방전시키기 때문에 이를 다시 프리차지(precharge)하여 원래 값으로 되돌리기 위한 전력이 소모된다.

한 배열의 열 수를 최소화하면 이 문제를 어느 정도는 완화할 수 있다. 이 방법을 적용하기 위해서는 메모리 크기가 고정되어 있을 때, 행의 수를 증가시키면 된다. 이는 아주 근시안적인 방안으로, 근본적인 해결책이 될 수 없고 언젠가는 다시 같은 문제에 직면하게 된다. 이와 다르게 최적 메모리 파티셔닝 및 구성을 위해 행과 열의 수를 파라미터로 사용하여 구조를 탐색할 수 있다.

분리식 워드라인

파티션을 사용하지 않는 방식의 문제를 해결하기 위해 Yoshimoto는 분리식 워드라인(divided wordline, DWL) 기법을 소개하였다[Yoshimoto 외 1983]. 이 기법은 단점이 매우 적기 때문에 현재 거의 모든 SRAM에서 유용하게 사용되고 있다.

DWL은 최상위 단계의 전역 워드라인(global wordline, GWL)을 따라 정해진 수의 블록으로 메모리 배열을 나눈다. 그리고 한 행의 모든 셀에 접근하지 않도록 AND 게이트를 통해 GWL과 블록 선택 신호(입력 어드레스의 일부분을 이용해 생성된다)를 연결하여 지역 워드라인(local wordline, LWL)을 인가한다. 이를 통해 인가된 LWL에 연결된 셀만 접근할 수 있다.

그림 5.10에 메모리 배열을 n_B개의 블록으로 나눈 DWL 구조가 나타나 있다. 전체 열의 수를 n_C라고 가정할 때, 각 블록은 n_C/n_B 개의 열을 가진다.

전체 셀 중에 일부분(정확히 전체의 $1/n_B$)만 인가된 LWL에 연결되어 접근 동안 활성화되기 때문에, 비트라인 전체 전력 소모는 원래 방식 대비 약 $1/n_B$로 크게 감소한다. 읽기에서의 전력 소모는 정확히 $1/n_B$인데, 이는 읽기 접근 시 소모 전력이 근본적으로 비트라인 읽기 접근으로 인한 전력 소모와 유사하기 때문이다. 쓰기 동작 시에는 접근되는 비트라인의 소모 전력이 상대적으로 더 크기 때문에 전력 절감 효과는 더 적다.

또한 더 작은 수의 셀이 LWL에 연결되기 때문에, 전력과 지연시간은 크게 감소한다. 또한 GWL은 도선 커패시턴스 및 훨씬 작은 수의 LWL 디코더를 구동하면 된다. 일정 크기 이상의 SRAM을 설계할 때, DWL의 전체 워드라인 지연시간(GWL과 LWL 지연시간의 합)은 파티션을 사용하지 않는 구현보다 훨씬 적다.

그림 5.11은 8k×8 SRAM에 대해 블록의 개수를 변경했을 때 열(column)의 소모 전력과 워드라인 지연시간을 보여준다. 비록 이와 같은 SRAM이 현재 기준으로는 작아 보일 수 있지만, 이는 보다 큰 용량의 캐시

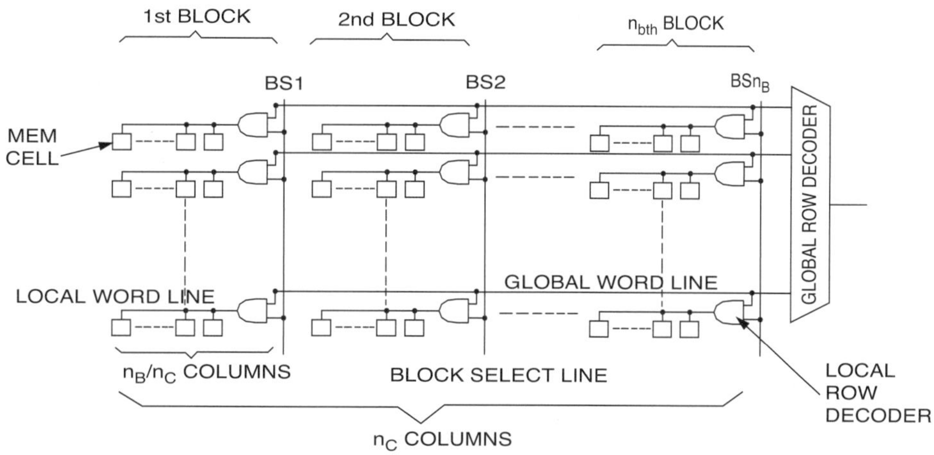

그림 5.10_ DWL 어드레스 디코딩 기법을 사용하는 SRAM(그림은 저자의 허락을 받고 사용되었다[Yoshimoto 외 1983])

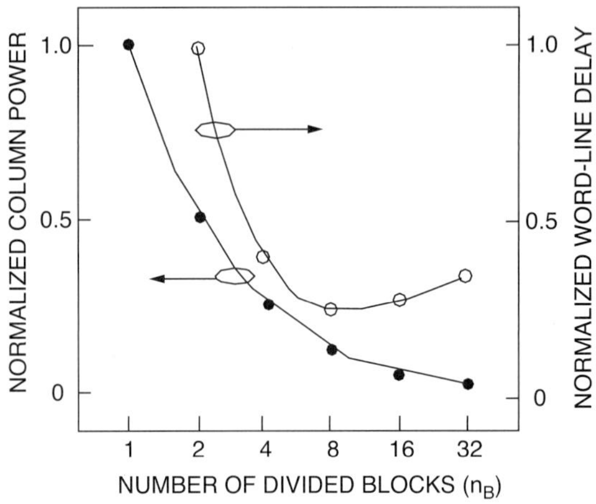

그림 5.11_ 메모리 열의 전력과 워드라인 관점에서 블록 개수(n_B)의 효과를 나타낸 그래프(그림은 저자의 허락을 받고 사용되었다 [Yoshimoto 외 1983])

의 기본 빌딩 블록으로서 아직까지도 유용하다. 예를 들어, 128비트 블록 캐시는 이 작은 SRAM 16개를 이용해 구현 가능하며, 이를 통해 일반적인 L2 캐시의 크기와 유사한 128kB 캐시를 만들 수 있다. 그림 5.11은 블록 수를 증가시킴으로써 열의 소모 전력이 지속적으로 감소함을 보여주고 있지만, 워드라인 지연시간의 감소로 인한 타이밍 이득은 지속적으로 줄어들다가, 어느 시점부터 다시 증가하는 모습을 보여준다.

DWL 기법은 블록 선택 회로와 더 작은 수의 셀을 구동하여 구현이 간단한 LWL 디코더만을 추가로 요구하기 때문에 구현이 간단하다.

앞서 제시한 8k×8 SRAM에서, 배열을 8개의 블록으로 나누면 단지 4~6%의 면적이 증가하지만 파티션을 사용하지 않는 설계 대비 매우 큰 전력 및 속도 향상을 이룰 수 있다.

계층적 워드 디코딩

그림 5.12에 나타난 계층적 워드 디코딩(hierarchical word decoding, HWD) 기법[Hirose 외 1990]은 DWL 방법을 논리적으로 확장한 것이다.

메모리 크기가 증가하면서 DWL 구조를 사용하기 위해서는 블록의 수를 늘려야 하는데, 그럴 경우 많은 수의 워드라인 디코더가 GWL에 연결되어 GWL 커패시턴스가 증가한다. HWD는 기존 디코딩 방식에 커패시턴스를 효과적으로 분산시키는 계층을 추가하는 방식이다. 계층의 개수는 워드 디코딩 경로의 전체 부하 커패시턴스에 의해 결정된다. 256kB SRAM에서는 DWL과 HWD는 사소한 차이를 보이지만, 4MB SRAM의 경우는 HWD 구조가 지연시간을 20%, 전체 부하 커패시턴스를 30% 감소시킬 수 있다.

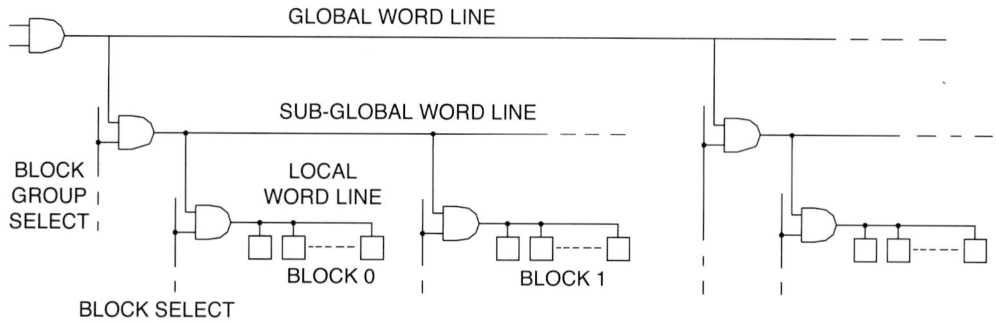

그림 5.12_ 3단계 디코딩 HWD 구조(그림은 저자의 허락을 받고 사용되었다[Hirose 외 1990])

펄스식 워드라인

초기 SRAM 구현에서는 사이클 시간 중 대부분의 시간 동안 워드라인을 인가하였다. 워드라인들은 대개 일찍(디코드 지연시간 이후) 인가되고 나서, 접근 동작의 후반부에야 인가가 중단되었다. 이 방법은 올바른 동작이긴 하지만 비효율적이다[Amrutur & Horowitz 1994]. 읽기 접근에서 워드라인을 인가하면 비트라인 쌍을 풀다운(pull-down)시켜 비트라인 전체에 걸쳐 전압 차동을 만든다. 이때 충분한 차동이 존재하면(정확한 값은 공정 기술과 sense amplifier의 오프셋 전압에 의해 결정된다), sense amplifier가 차동을 증폭시키고 검출을 가속시킬 수 있다. 하지만 비트라인 간에 추가 차동이 많이 발생해도 지속적인 워드라인 인가 때문에 검출 속도가 크게 향상되지 않는다. 또한 더 많은 전력이 소모되고 프리차지 시간이 길어진다.

현재 대부분의 SRAM은 펄스식 워드라인(pulsed wordline, PWL) 방식을 사용하는데, 이 방법은 충분한 비트라인 차동 전압을 만들 수 있을 정도의 짧은 시간 동안만 워드라인을 인가한다. 이 기법은 비트라인 전압 차동이 필요 이상으로 발생하는 것을 막아 프리차지 과정에서의 전력 소모를 줄인다.

펄스식 워드라인의 폭은 정적 지연시간을 맞추도록 결정되거나(설계 시 결정된 일정 지연시간 또는 내장 자체 시험(built-in self-test) 중 결정된 일정한 지연시간 이후 워드라인이 꺼진다) 회로로부터 추출된 정보의 피드백을 통해 결정된다.

그림 5.13은 펄스식 워드라인 방식이 적용된 것과 그렇지 않은 시스템의 타이밍 다이어그램을 보여준다. 다이어그램에서 볼 수 있듯, 두 시스템의 출력 데이터는 거의 같은 시간에 생성되지만, 펄스식이 아닌 워드라인을 계속해서 인가하는 방식은 비트라인 사이에 더 높은 차동을 발생시켜 프리차지 동안 추가 전력 소모를 발생시킨다.

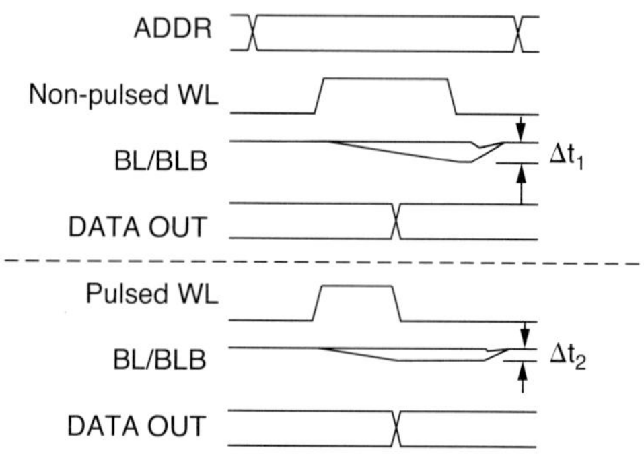

그림 5.13_ 펄스식과 펄스식이 아닌 워드라인 방식의 타이밍 다이어그램

5.2.3 디코더의 물리적 구현

디코더를 여러 단계의 계층으로 분할함으로써(프리디코더, GWL 디코더, LWL 디코더, 열 디코더, 블록 디코더 등) 전력, 속도, 면적, 복잡도, 레이아웃 요구 조건 등의 다른 요인에 따라 상이한 회로 방식과 구현이 가능하다.

디코더 계층 구조의 설계에 있어 다양한 설계 제약 조건에 따라 이러한 사양들의 상대적 중요도는 달라진다. 간단한 예를 들어, 프리디코더는 상대적으로 전력 소모가 많이 일어나는 방식의 회로 설계가 가능하지만, 이는 LWL 디코더에는 적합하지 않다. 그 이유를 간략히 말하자면 LWL 디코더가 프리디코더보다 훨씬 많이 사용되기 때문이다.

첫 번째 계층의 프리디코더부터 최종 계층의 LWL 디코더까지 모든 계층에서 디코더를 최적화하기 위해 많은 연구가 이루어져 왔다[Yoshimoto 외 1983, Yamamoto 1985, Sasaki 외 1988, Aizaki 1990, Nakamura 1997, Mai 외 1998, Nambu 외 1998, Osada 외 2001]. 지면상 제약 때문에 여기서는 이러한 많은 회로 중 상대적으로 가치 있는 일부만을 상세하게 다루도록 한다.

디지털 논리 방식

디코더의 구현에 대한 설명에 앞서, 다양한 논리회로 방식과 각 방식이 어떠한 디코더 계층에 적합할지에 대해 논의하려 한다. CMOS 논리회로는 그림 5.14와 같은 회로에 의해 일반화될 수 있다. 이 그림은 풀업 네트워크를 통해 Vdd에 연결되고, 풀다운 네트워크를 통해 접지에 연결된 출력 노드를 보여준다. 두 네트워크 모두 데이터나 클록 신호 등의 입력에 의해 제어된다.

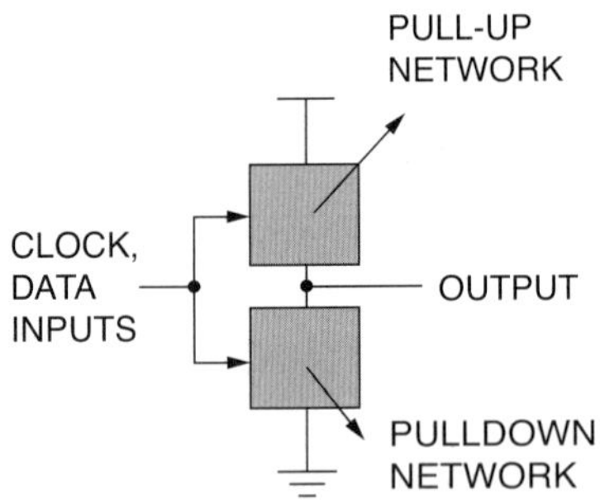

그림 5.14_ 일반화된 CMOS 논리회로

풀업 네트워크는 조건에 따라 출력을 Vdd로 연결시키는 PMOS 트랜지스터의 조합으로 구성되는 반면, 풀다운 네트워크는 조건에 따라 출력을 접지로 연결시키는 NMOS 트랜지스터의 조합으로 구성된다. 비록 입력과 클록 신호가 풀업과 풀다운 네트워크 모두에 제공되는 것으로 보이지만, 이러한 신호들은 구현 방식에 따라 사용되지 않을 수도 있다.

정적 CMOS. 우리가 알아 볼 첫 번째 논리 방식은 **정적** CMOS(static CMOS)인데, 논리 입력과 필요한 출력에 따라, 출력으로부터 Vdd나 접지까지 상대적으로 낮은 임피던스 경로가 항상 존재한다. 이 차이는 동적 CMOS(dynamic CMOS)에 대해 논의할 때 더 명확해질 것이다(일부 논리 값은 게이트의 기생 커패시턴스에 저장된 전하량에 영향을 받으며, 이것에 대해 곧 다룰 것이다).

정적 CMOS는 가장 쉽고 내구성이 강한 구현 방법인데, 이는 설계 관점에서 정적 CMOS 기법이 변화가 적고, 문제가 덜 발생하기 때문이다. 정적 CMOS 방식의 두 가지 변형은 PMOS 또는 활성 부하(active-load)

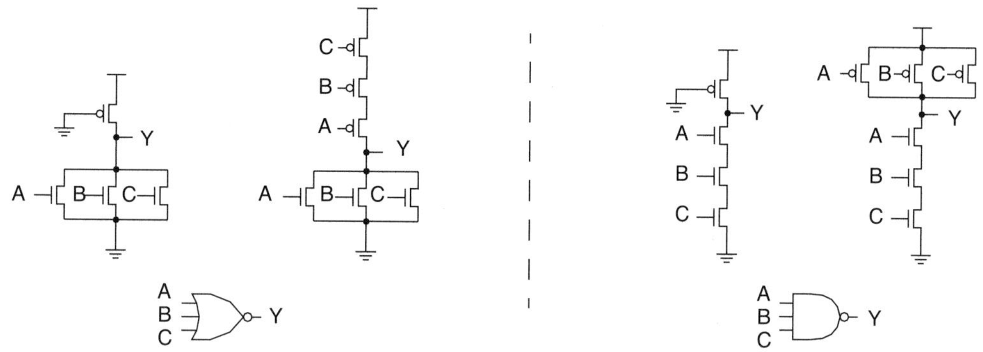

그림 5.15_ 3-입력 NOR와 NAND 게이트의 활성 부하와 완전 CMOS 회로 방식

방식, 그리고 완전 CMOS(full-CMOS) 방식이다. 그림 5.15는 두 방식에 대한 3-입력 NAND와 NOR 게이트를 묘사하였다. 두 방식의 주요한 차이는 풀업 네트워크의 구현이다(풀다운 네트워크는 정확히 같다는 점에 주목하라). 완전 CMOS 구현은 풀다운의 컴플리멘트(complement) 형태로 풀업 네트워크를 구성한다(예컨대 병렬연결은 직렬이 되고, 직렬연결은 병렬로 된다). 반면 활성 부하 방식은 출력을 계속하여 Vdd로 풀업하기 위해 항상 켜져 있는 PMOS 트랜지스터를 사용한다.

이 차이로 인한 결론은 다음과 같다.

1. 활성 부하 설계는 더 작은 수의 트랜지스터를 사용하기 때문에 일반적으로 더 작은 면적을 가진다.
2. 각 입력의 전체 활성 부하 게이트 커패시턴스는 완전 CMOS로 구현했을 때보다 일반적으로 절반 이상 더 작다. 따라서 더 작은 논리적 노력이 필요하고, 구동하기가 더 쉽다.
3. 활성 부하 설계에서 항상 켜져 있는 PMOS는 풀다운 네트워크가 켜져 있을 때마다 매우 큰 정적 전력 소모를 낳을 것이다. 이때 논리 '저'전압은 PMOS의 풀업 효과와 풀다운 네트워크의 경합으로 인해 온전한 Vdd를 가질 수 없을 것이다. 정확한 출력 값은 트랜지스터의 상대적인 힘에 의해 결정될 것이다.

이러한 회로의 속도와 전력 비교는 흥미롭다[Sasaki 외 1988]. 동일한 커패시턴스 특성에 대해서 PMOS 부하 회로는 완전 CMOS 디코더에 비해 약 8%의 지연시간이 더 발생할 것이다. 그 이유는 PMOS 부하가 풀다운 네트워크와의 경합으로 야기되는 지연시간 때문이다. 하지만 현실적으로 이러한 회로들의 커패시턴스 특성이 일반적으로는 다를 것이기 때문에, PMOS 부하 회로가 더 빠른 경향을 나타낼 것이다(약 15% 정도). 또한 디코더 내부의(전력 소모와 즉결된) 평균 소모 전류를 분석해 보면, PMOS 부하가 DC 전류를 소모하더라도 사이클 시간이 줄어들며 AC 전류가 더 중요해지는 전환점이 존재함을 알 수 있다. 하지만 이러한 전류는 게이트의 배치 순서와 제어에 의해 크게 영향을 받는다.

이러한 요인 때문에 속도 비교는 메모리 제어 방식과는 상대적인 연관성이 낮다. 그러나 전력 비교는 시스템의 구체적인 특성을 고려하여 각각의 경우에 따라 이루어질 필요가 있다. 예를 들어, PWL 기술과 결합한 PMOS 부하 기법은 PWL 기술이 결합되지 않는 경우에 비해 PMOS 부하 회로가 더 짧은 시간 동안 활성화될 것이다. 이는 PWL을 사용하는 LWL 디코더에서 활성 부하 회로의 사용을 가능하게 한다. 완전 CMOS 시스템과 비교하면 속도가 향상되고, LWL 디코더들의 아주 작은 부분만이 동시에 활성화되므로 아주 많은 전력이 소모되지는 않는다.

동적 CMOS. 동적 CMOS(dynamic CMOS)의 주요한 목표 중 하나는 논리 게이트 입력 커패시턴스를 최소화하는 것이다. 이것을 간단히 말하면 풀다운 또는 풀업 네트워크를 구현하는 것이다. 일반적으로 PMOS 트랜지스터 대비 NMOS 트랜지스터가 더 좋은 특성을 나타내기 때문에(풀업 네트워크는 특정한 응용에서만 풀다운 네트워크 대비 유용한 경향이 있기 때문에), 지금부터는 풀다운 네트워크로 구현된 동적 CMOS 회로에 대해서만 논의한다.

동적 CMOS는 PMOS 활성 부하 게이트 회로와 비슷하다. 다만 동적 CMOS의 부하는 항상 켜져 있지 않고, 프리차지 단계(precharge phase)에서 출력 노드를 프리차지하는(이 경우 Vdd까지 충전한다) 클록식 소자(clocked element)이다. 이 출력 노드의 전하는 평가 단계(evaluate phase)에서 입력들의 상태에 따라 방전된다.

그림 5.16은 3-입력 NAND와 NOR 게이트의 간단한 동적 구현, 그리고 동적 게이트 동작에서 프리차지와 평가 단계의 타이밍 다이어그램을 보여준다.

'foot' 트랜지스터라고 하는 풀다운 네트워크의 클록식 NMOS의 존재에 유의해야 한다. 프리차지 단계 동안 PMOS 프리차지 트랜지스터는 출력 노드 Y를 논리 '고' 전압으로 프리차지한다. 출력단의 전하가 의도치 않게 이르게 방전될 가능성을 없애기 위해, 그리고 Vdd에서 접지로의 낮은 임피던스 경로가 형성되는 것을 막기 위해 프리차지 NMOS는 켜지지 않는다. 검증 단계는 Φ가 인가되면 시작되어, PMOS를 끄고 NMOS 입력 트랜지스터를 켠다. 이 시점에서 출력 노드는 동적으로 전하를 저장한다. 이 전하는 올바른 입력 신호 조합이 들어오면 풀다운 네트워크에 의해 특정 조건에 따라 방전된다.

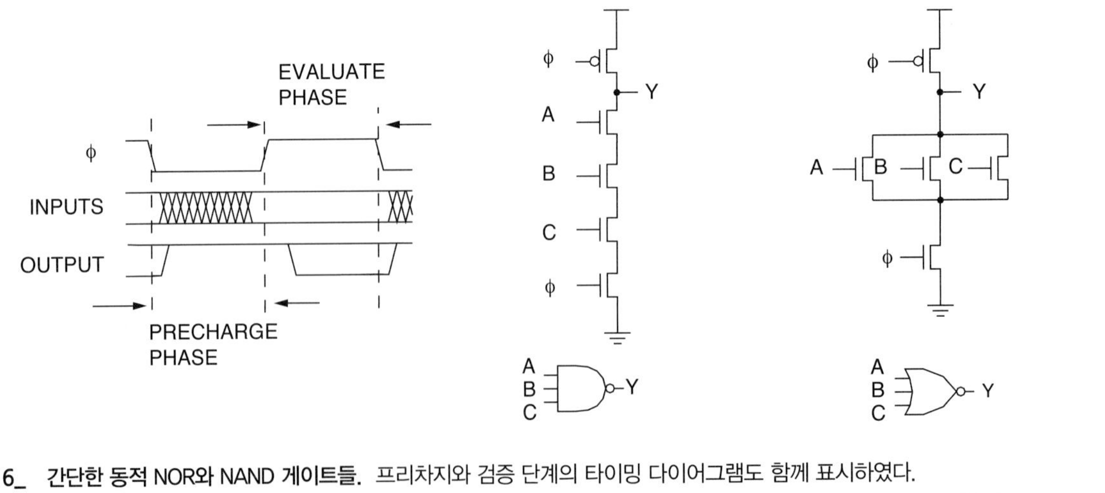

그림 5.16_ 간단한 동적 NOR와 NAND 게이트들. 프리차지와 검증 단계의 타이밍 다이어그램도 함께 표시하였다.

의도치 않은 출력 노드 전하의 방전을 방지하기 위해, 동적 게이트 입력은 반드시 신중히 설계되어야 한다는 점을 강조한다. 일반적으로, 평가 단계 이전에 유효한 입력을 동적 게이트로 보내거나, 또는 동적 출력 노드가 의도치 않게 방전되는 것을 막기 위해 입력 값을 점증적으로 바꿔야 한다.

도미노 동적 논리

일반적으로 개별 동적 논리 게이트는 내구성이 강한 구동 능력을 제공하고, 동적 노드가 잡음(noise)에 의해 오류가 생기지 않도록 하기 위해 출력 버퍼와 함께 구현된다. 여기서 버퍼는 보통 완전 CMOS 인버터를 이용해 구현된다. 이것은 도미노 논리(domino logic)이라는 방식을 만들어냈는데, 그림 5.17은 도미노 게이트들이 연속적으로 이어져 있는 회로를 보여준다.

프리차지 단계 동안 모든 내부 동적 노드는 '고' 상태로 프리차지되어, Y1, Y2, Y3이 '저' 상태가 되게 만든다(동적 노드의 반대). 평가 단계의 시작에서(Φ=1, 그리고 풀다운 경로를 형성하기 위한 다른 입력들은 이미 '고' 상태라 가정) 게이트 1의 동적 노드는 접지를 통해 방전되어 Y1은 '고' 상태가 된다. 그리고 Y1은 게이트 2의 동적 노드를 방전시켜 Y2가 '고' 상태가 되게 만든다. 이것은 차례로 게이트 3의 NMOS를 켜서 Y3을 '고' 상태가 되게 만든다. 비록 모든 게이트가 평가 단계에 함께 놓여 있더라도, 한 게이트의 출력이 하류(downstream)의 게이트가 활성화되도록 하는 이 일련의 사건들 때문에 '도미노 논리'라고 명명한다. 도미노 논리에서 모든 출력은 프리차지 값으로 초기화된다. 그리고 평가 단계가 시작되면 최초의 입력이 도미노 효과를 발생시켜 마지막 출력을 발생시킨다.

계단식 도미노 게이트를 사용하면 첫 번째 풀다운 단계 이후의 모든 풀다운 단계에서의 NMOS 'foot' 트랜지스터를 제거할 수 있다. 이 과정에서 Vdd에서 접지로의 낮은 임피던스 경로가 생성되지 않도록 주의해야 한다. 어떤 입력이 도미노 논리가 아닌 회로로부터 제공된다면, 방전 경로가 형성되지 않도록 많은 분석을 해야 한다. 만약 모든 입력이 다른 도미노 논리 게이트로부터 제공된다면, 도미노 게이트를 프리차지하는 것만으로도 풀다운 경로가 생성되지 않을 것임을 확신할 수 있다.

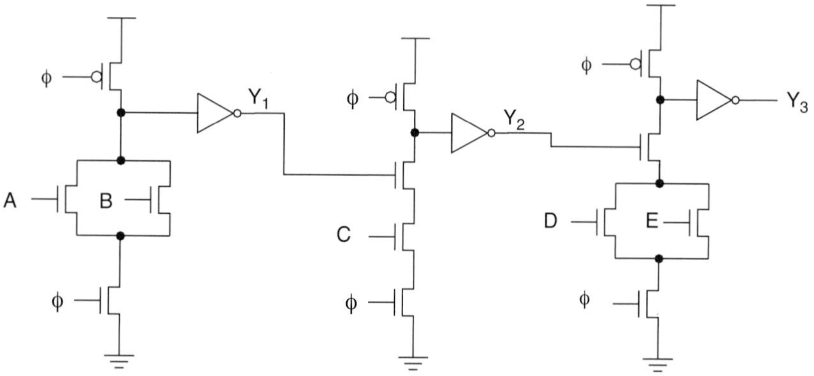

그림 5.17_ 계단식 도미노 게이트들. 간결성을 위해 입력은 표시하지 않았으며 입력은 도미노 게이트에 의해 구동된다고 가정한다.

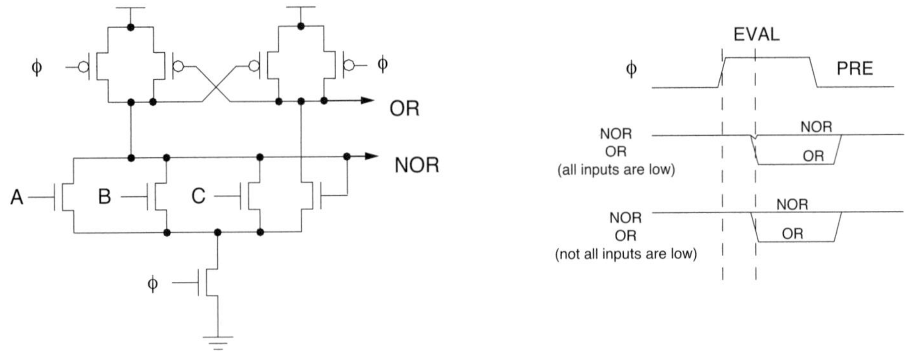

그림 5.18_ 3-입력 SCL NOR/OR 게이트

비록 도미노 논리가 많은 장점을 가지고 있지만, 잡음 내성 특성이 떨어지는 점과 신호를 생성하기 위한 클로킹(clocking) 방식의 필요 등의 또 다른 고민거리를 만들어낸다. 시스템에 점점 더 많은 수의 동적 게이트가 사용될수록, 프리차지 신호에 의한 전력 소모 또한 증가한다. 이러한 점 때문에 더 복잡한 동적 회로들이 제안되어 스스로 리셋하는 논리(self-resetting logic)의 형태로 메모리 회로에 사용되고 있다.

소스 결합형 로직. 메모리 디코더에 사용되고 있는 동적 기법 중 소스 결합형 논리(source-coupled logic, SCL)가 있다[Nambu 외 1998 a,b](소스 결합형 논리라는 이름은 전혀 관련 없는 다른 기법에서도 사용되고 있으나, 우리는 저자가 정한 이름을 그대로 사용한다). 그림 5.18은 3-입력 SCL NOR/OR 게이트 및 이의 동작을 보여주는 타이밍 다이어그램을 나타낸다. SCL 회로는 추가적인 순차연결의 반전 분기(inverting branch)와 교차 결합형 PMOS 풀업을 이용하여 안정성을 유지한다는 점에서 기본적인 동적 3-입력 NOR 게이트와 유사하다.

SCL 회로는 3가지 장점이 있다. 첫째, 게이트 팬 인이 늘어나더라도 지연시간이 크게 늘어나지 않는다. 완전 CMOS NOR와 달리 팬 인을 위해 추가되는 트랜지스터는 병렬로 연결되기 때문이다. 또한, PMOS NOR 풀업 네트워크에서 직렬로 연결된 트랜지스터처럼 이와 연관된 디퓨전 커패시턴스의 증가는 NOR의 출력에서 거의 무시될 수준이다. 일반적으로 대부분의 동적 NOR 게이트에서는 항상 그렇다. 둘째로, 추가 인버터를 이용하여 컴플리멘트 신호를 유도하는 회로와는 달리, NOR와 OR 신호의 출력 지연시간은 같다. 이러한 특성이 게이트의 최악 지연시간(worst-case delay)을 줄여준다. 마지막으로, 아주 중요한 장점 하나가 그림 5.19에 나타나 있다.

이 그림에서 게이트 출력은 '저' 상태일 때가 활성화(즉 선택되었을 때)라 가정한다. 타이밍 다이어그램은 두 사이클 동안의 도미노 OR과 SCL OR의 활동을 보여주며, 첫 번째 사이클은 선택되지 않았을 때, 두 번째 사이클은 선택되었을 때이다. 중요한 점은 선택되지 않았을 때도 도미노 OR 출력이 변화(transition)하고 그 상태를 유지한다는 점이다. 다시 말하면, 도미노 OR을 모든 행의 GWL 드라이버를 구동하는 프리디코더 게이트로 사용할 경우, 선택되지 않은 출력의 변화 때문에 선택되지 않은 모든 프리디코드 도선이 전력을 소모한다. 반면 SCL은 하나의 선택된 프리디코드 도선만 전력을 소모하도록 하여 불필요한 전력 소

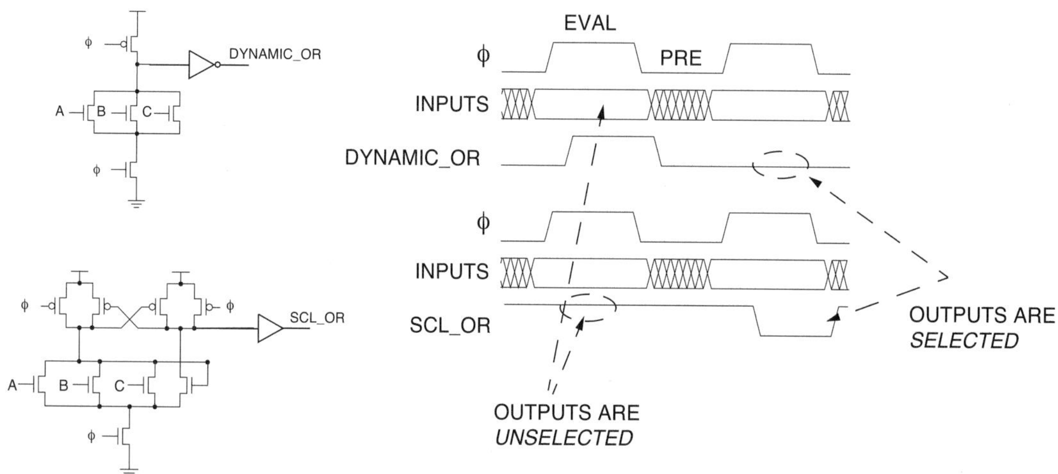

그림 5.19_ 도미노 게이트와 SCL 3-입력 OR 게이트의 비교

모를 제거한다. 특히, BUF-OR은 실제로 변화가 발생하는 OR 출력에서만 전력이 소모되도록 한다. SCL은 선택되지 않았을 때 내부 노드 변화 때문에 여전히 전력을 소모하지만, 이는 마지막 게이트 출력에서 큰 부하를 구동할 때 소모되는 전력에 비하면 무시할 만한 정도이다.

앞서 언급한 것처럼, SCL의 장점은 많은 NOR 게이트가 존재(많은 다수의 입력 AND와 상통)하면서도 그 중 극소수의 게이트만 선택되는 디코드 계층을 다룰 때 아주 명확해진다. 따라서 대부분의 게이트가 쓸데없이 전력을 소모하는 것이 아니라 극소수의 게이트만 큰 전력을 소모하도록 하는 것은 매우 가치가 있다.

버퍼링과 스큐잉. 다음 두 논리 회로를 다루기 전에, 우리는 메모리 디코더 관점에서 버퍼링(buffering)과 장치 스큐잉(device skewing)의 개념에 대해 설명하려 한다.

그림 5.20은 프리디코더, GWL 디코더, LWL 디코더가 사용된 전형적인 SRAM의 평면도이다. 이 그림은 디코더의 다양한 구성 요소가 구동해야 하는 도선 길이의 예를 보여준다. 예를 들어, GWL 디코더는 2×

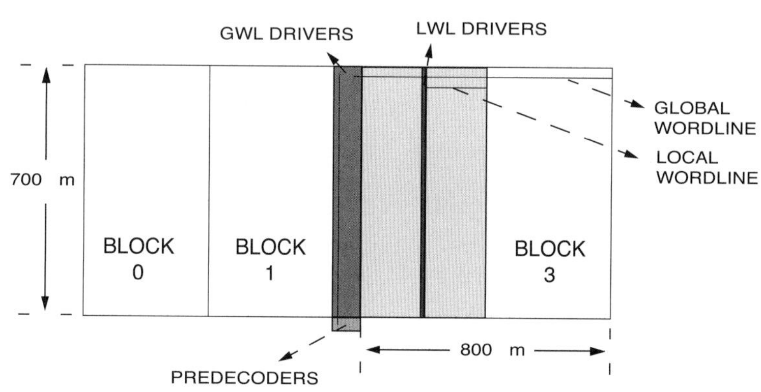

그림 5.20_ 메모리 배열과 디코더 계층을 보여주는 SRAM 평면도의 예

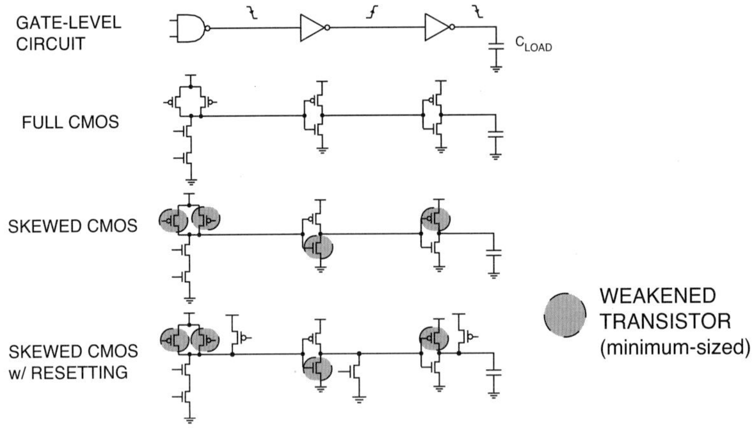

그림 5.21_ 출력 에지의 속도를 높이는 방법을 보여주는 여러 회로들

800μm의 도선을 구동한다. MOSIS에서 가져온 TSMC 0.25μm 공정의 표본 파라미터에 의하면, 이 길이의 1μm 두께의 메탈 3라인은 대략 200fF의 유효 커패시턴스를 갖는다.

이 라인들에 연결된 트랜지스터의 커패시턴스, 그리고 이런 종류의 부하를 구동할 때에는 한 단계(stage)의 게이트로는 효율적인 구동을 할 수 없다. 따라서 그림 5.22처럼 지연시간 최적화 과정에서 부하를 적절하게 구동하기 위해 게이트 출력에 일련의 버퍼를 추가해야 하며, 이 과정은 각 단계의 크기를 적절하게 결정하는 것으로 이루어진다. 또한 이 분야는 아주 넓은 범주에서 연구되고 있다[Jaeger 1975, Cherkauer & Friedman 1995]. 경험 법칙(rule of thumb)[Jaeger 1975]에 의하면 지연시간 최적화를 위해서는 각 단계의 지연시간을 같아지도록 해야 하고, 또한 각 게이트의 적정 팬 아웃이 약 4로 설정되어야 한다. 게다가, 출력의 특정 에지(edge)만을 가속하는 것이 중요할 때, 우리는 게이트와 버퍼 내부 장치의 타이밍을 스큐(skew)하여 중요한 변화(transition)를 가속할 수 있다.

메모리 셀 접근 트랜지스터 활성화에 필요한 워드라인 인가 속도를 높이는 것이 중요하기 때문에, 장치 스큐잉은 디코더 설계에서 아주 유용하다. 반면 워드라인 인가 게이트를 중단시키는 시간은 덜 중요한데, 이는 인가 중단이 SRAM 내부의 다른 동작과 병렬적으로 이루어질 수 있기 때문이다. 그림 5.21에 이 개념을 보여주는 게이트 수준 회로와 세 개의 트랜지스터 수준 회로를 나타내었다.

첫 번째 회로는 게이트 수준의 회로이며, 2-입력 NAND 게이트 및 부하를 최적으로 구동하도록 크기가 결정된 인버터들과의 조합과 등가이다. 이 예에서 우리는 최종 출력의 하강 에지를 최적화하려 한다. 이 정보를 바탕으로 일련의 게이트에서 어떠한 에지가 우선시되어야 하는지 결정할 수 있다.

두 번째 회로는 2-입력 NAND 게이트와 인버터의 기본적인 완전 CMOS 구현을 보여준다. 상승과 하강 에지에서 대략적으로 같은 속도를 내기 위해 풀업과 풀다운 네트워크의 구동력은 같다.

세 번째 회로는 두 번째 회로에서 파생된 형태로, 선호하는 에지를 만드는 데 연관되지 않은 모든 트랜지스터는 약화되어(weakened) 최소의 사이즈를 갖게 된다. 예를 들어, 마지막 단계는 약화된 PMOS를 가지는데, 그 이유는 필요로 하는 빠른 하강 에지를 얻기 위해 출력을 풀다운 또는 방전시키는 일에 PMOS가 도움이 되지 않기 때문이다.

스큐잉 기법을 사용하면 일부 트랜지스터가 매우 약화됨으로써 입력 커패시턴스가 감소한다. 따라서 게이트의 논리적 노력이 감소하고 구동하기 수월해져 고속 동작이 가능하다는 이점이 있다. 반면 일부 트랜지스터를 약화시키면 반대의 변화가 이전보다 훨씬 느리게 진행될 것이고, 따라서 기존보다 훨씬 긴 리셋 주기가 필요하게 되어 진행 경로의 속도 향상이 반감된다는 문제가 있다.

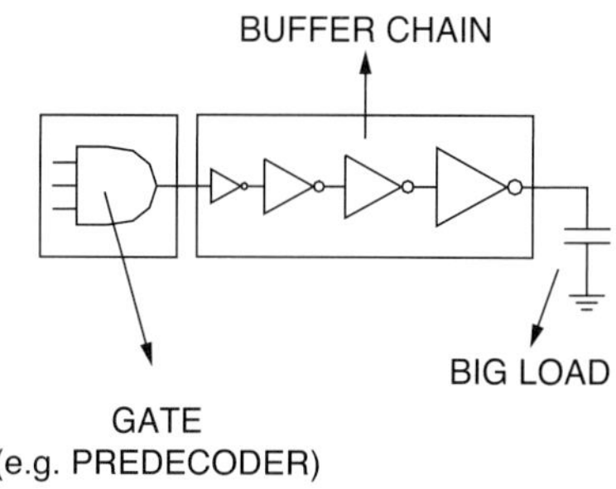

그림 5.22_ 게이트 크기 결정

이 문제를 상쇄하기 위해, 네 번째 회로와 같이 리셋 트랜지스터가 추가된다. 이 리셋 트랜지스터들은 각각의 카운터파트(counterpart) 완전 CMOS와 동일한 구동 능력(strength)을 가지므로, 리셋을 적절히 수행할 수 있다. 아주 간단히 리셋 트랜지스터를 활성화하는 방법은 프리차지 동적 논리회로처럼 다루면서, 외부의 프리차지 클록을 이용하여 제어하는 것이다(프리차지 중에는 Vdd에서 접지로 연결되는 어떠한 경로도 활성화되지 않아야 함을 주의하라). 이 방법은 기존에 존재하는 프리차지 클록을 분산시키기만 하면 되므로 특별한 회로가 설계될 필요가 없을 정도로 간단하다(시스템이 이미 프리차지 클록을 가지고 있다고 가정한다). 하지만 디코더 설계의 관점에서의 이 방법은 전력 소모 측면에서 매우 비효율적이다. 왜냐하면 이 기법에 연관된 모든 게이트가 프리차지 논리회로에 연결되어야 하는데, 이 기술이 적용된 대부분의 게이트는 디코더 내에 존재하며, 비활성화 상태이거나 리셋 동작을 필요로 하지 않기 때문이다. 따라서 프리차지 클록의 전력 소모가 불필요하게 증가하게 된다.

전력 비효율성을 해결하기 위한 한 가지 방법으로, 국지적 리셋 신호를 생성하는 방법이 있다. 이를 통해 소수의 게이트만이 활성화되어 리셋 신호를 생성하고 리셋 트랜지스터 구동을 위해 전력을 소모한다. 지금부터 이를 달성하기 위한 두 가지 방식에 대해 다룬다.

SRCMOS. SRCMOS(self-resetting CMOS)[Chappel 외 1991, Park 외 1998]는 트랜지스터의 프리차지에 이용되는 지역 리셋 신호를 생성하기 위해 스스로 생성한 출력 펄스를 이용한다. 이 게이트에서 출력 펄스가 생성되지 않는 한, 리셋 트랜지스터는 비활성화 상태에 머무르며 동적 전력을 소모하지 않는다.

그림 5.23은 두 가지 SRCMOS 회로를 각 회로에서 펄스 방식(pulse-mode) 입력 A와 B에 대한 타이밍 파형을 함께 보여준다. 첫 번째 회로는 그림 5.21의 리셋 트랜지스터가 있는 스큐형 CMOS에서 파생되었다. 출력 펄스로부터 모든 리셋 트랜지스터의 리셋 신호를 추출하기 위해 지연시간 체인(delay chain)이 추가되었다. 이 펄스가 없을 때에는 모든 회로가 동작하지 않으므로 AC 전력을 전혀 소모하지 않는다. 일단 리셋 신호가 게이트의 상태를 초기화하면, 새로운 상태는 이 리셋의 인가를 중단하기 위해 되돌아간다. 또한, 풀다운 네트워크를 끄기 위해 초기 NAND 게이트에 별도의 직렬 NMOS가 추가되었다. 이는 다음 입력 상태가 되어 리셋 신호에 의해 NAND PMOS가 다시 켜질 때까지도 펄스 모드 입력이 제때 풀다운 논리를 끄지 못할 경우에 Vdd에서 접지까지의 전류 경로(current path)가 생성되는 것을 막기 위함이다.

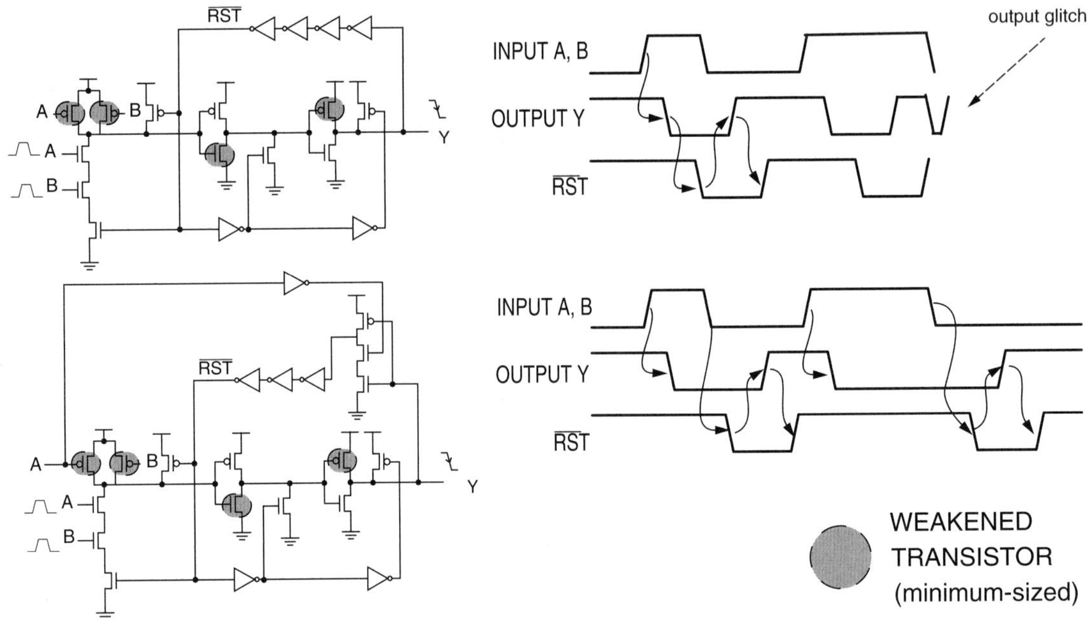

그림 5.23_ SRCMOS 2-입력 NAND 회로

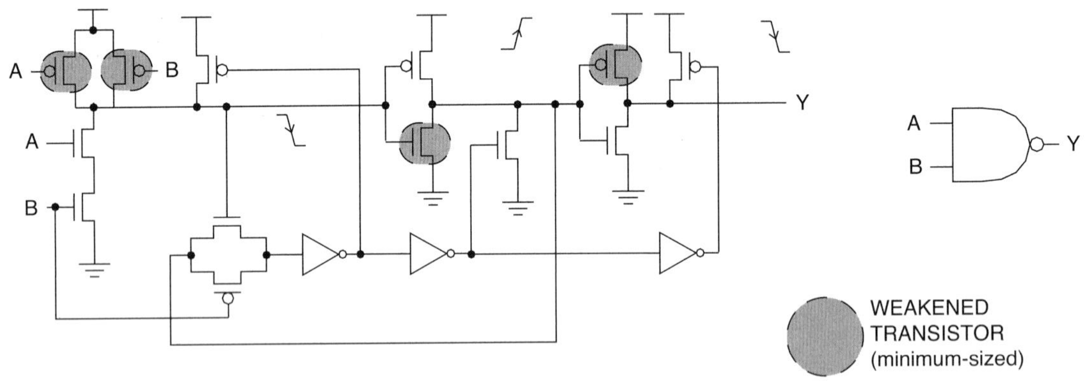

그림 5.24_ DRCMOS 2-입력 NAND 회로

첫 번째 회로에서 입력 펄스폭이 너무 길어지면, 전체 리셋 과정이 끝나고 리셋 신호가 원래의 비인가 상태로 되돌아갈 때까지도 입력이 여전히 활성화 상태일 수 있다. 이 문제가 발생하면 출력에 예상치 못한 펄스가 발생할 수 있다. 이러한 경우 해결책은 두 번째 회로처럼 입력 중 하나의 하강 에지에서의 초기 리셋을 예측하는 것이다. 이때 지연시간 체인에서 첫 번째 인버터가 활성화되기 위해서는 입력 중 하나가 '저' 상태여야 한다.

DRCMOS. SRCMOS에서 별도의 직렬 NMOS를 사용할 때 게이트의 논리적 노력을 높이는 경향이 있는데, 이는 SRCMOS의 초기 이득을 줄인다. DRCMOS(dynamically resettable CMOS)[Nambu 외 1998a,b, Amrutur & Horowitz 1998, Heald & Hoist 1993]는 그림 5.24와 같이 하강 입력이 루프를 순회하는 초기

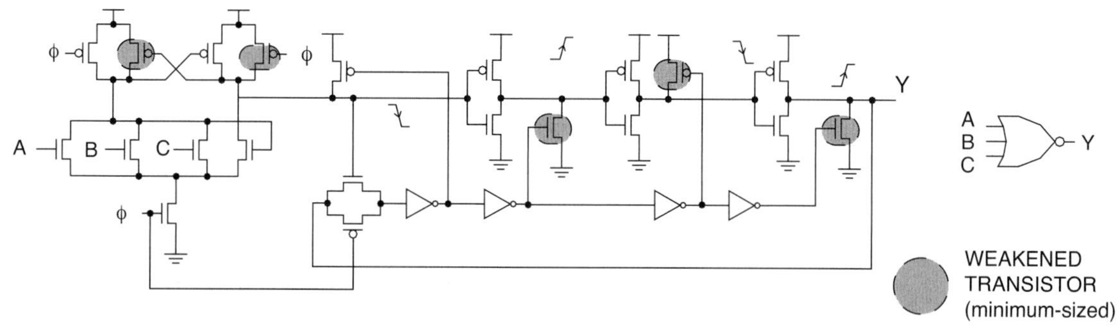

그림 5.25_ DRCMOS 기법을 사용하는 4-입력 SCL NOR 회로

전달 시간을 이용하여 리셋 신호의 활성화를 예측하는 방법으로 이 문제를 풀었다.

초기 상태에는 트랜스미션 게이트(transmission gate) NMOS가 활성화되어 리셋 금지 신호를 발생시킨다. 일단 입력과 NAND 출력에 변화가 생기면 트랜스미션 게이트는 비활성화되고, 입력이 다시 '저' 상태로 될 때만 다시 활성화된다. 이때 리셋 신호가 게이트들을 통과하여 전달되고, 최종적으로 트랜스미션 게이트는 스스로 초기 상태로 되돌아간다.

추가된 직렬 NMOS를 제거함으로써, DRCMOS 기법은 더 낮은 논리적 노력을 가질 것이고, SRCMOS 로직보다도 더 빠를 것이다. 출력은 입력이 끝날 때에만 리셋되기 때문에 출력 펄스폭이 입력 펄스폭보다 항상 더 길다는 점에 유의하자. 이것이 디코드 경로에서의 단 수(number of levels)를 제한하여 DRCMOS가 사이클 시간을 초과하지 않도록 한다.

SRCMOS와 DRCMOS 기법은 지난 예제에 사용된 완전 CMOS 논리회로 등의 다양한 종류의 논리회로에 사용 가능하다. 그림 5.25는 이전에 다루었던 SCL 기법을 이용하여 NOR 방식의 디코더(4입력 16출력 프리디코더(4-to-16 predecoder)에 유용하다)를 구현할 때 DRCMOS 논리회로를 어떻게 활용하는지를 보여준다[Amrutur와 Horowitz 1998].

이 경우에는, 프리차지 클록을 기반으로 지연된 리셋을 예측한다. 비록 이와 같은 모든 종류의 게이트가 프리차지 클록을 사용하지만, 리셋 트랜지스터를 활성화하기 위해 실제 변화되는 출력만이 전력을 소모할 것이라는 점이 중요하다.

SCL과 DRCMOS 논리회로는 상호 보완의 관계에 있다. 왜냐하면 SCL 논리회로는 적절한 입력 조합에 대해서만 활성화되어 선택될 경우에만 출력을 변화시키기 때문이다. DRCMOS는 불필요한 변화를 유발하지 않음으로써 리셋 회로망 전력을 더 아낄 수 있으며, 동시에 낮은 논리적 노력과 스큐형 장치 구현을 통해 리셋 주기를 적절히 유지하면서 선호되는 변화의 속도를 높일 수 있다.

워드 전달식 드라이버. 완전 CMOS NAND 게이트 대신 그림 5.26과 같은 워드 전달식 드라이버(transfer-word driver, TWD)를 사용할 수 있다[Aizaki 1990]. TWD는 항상 켜져 있는 PMOS 하나를 풀업으로 사용하고 하나의 NMOS 트랜지스터를 AND 동작에 사용하여, 완전 CMOS 게이트에 비해 작은 입력 커패시턴스를 갖는다(완전 CMOS 게이트의 PMOS 크기 결정에 따라 절반 이하). 이 점은 TWD 게이트가 그에 대응하는 완전 CMOS보다 더 빠르게 동작할 수 있도록 한다. 게다가 TWD 게이트가 단순하기 때문에 디코더 면적을 더 작게 할 수 있다(Aizaki에 따르면 디코더 회로는 약 20% 정도 작은 면적을 가지는데, 이것은 일반적으로 디코더 회로의 면적이 초기 단계가 아니라 드라이버에서 결정되기 때문이다).

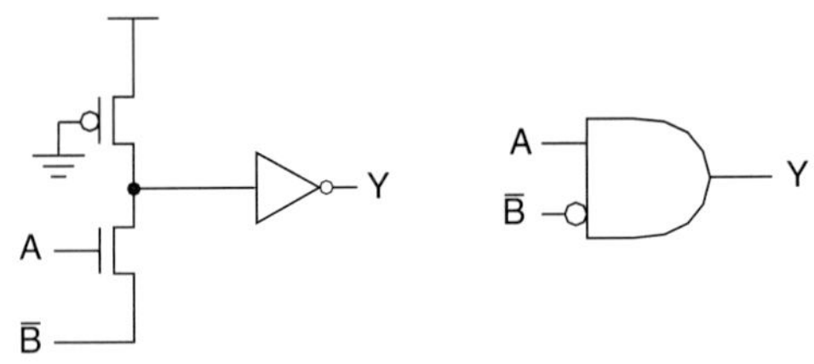

그림 5.26_ 워드 전달식 드라이버(transfer-word driver, TWD) 회로

그림 5.26에서 TWD 형태는 NAND 게이트와 같은 기능을 하기 위해 입력 중 하나가 '저' 상태가 인가되어야 한다. 이 점은 TWD가 디코드 계층의 일부분으로 사용될 때에는 일반적으로는 문제가 되지 않는데, 그 이유는 별도의 드라이버 스테이지를 통해 인버전(inversion)이 가능하기 때문이다. 이 추가 스테이지는 디코드의 임계 경로가 아닌 곳에서만 사용할 수 있으며, 임계 경로에 영향을 미쳐서는 안 된다. 예를 들어, DWL/LDL 디코더에서 사용될 때에, TWD AND는 GNL과 블록 선택 신호를 함께 이용하여 LDL을 구동한다. 블록 선택 신호는 보통 GWL 신호보다 일찍 도착하며, 심지어 인버전이 발생 시 필요에 따라서는 다른 단계를 흡수할 수도 있다.

TWD 회로는 게이트가 활성화일 때마다(NMOS가 활성화 될 때 등) Vdd에서 접지로 가는 경로 때문에 정적 전류를 소모하는 단점이 있다. 이러한 단점이 일반적인 회로에서 TWD 게이트를 사용하는 것을 매우 어렵게 만들지만, TWD 게이트가 LWL 디코더로 사용될 때에는 크게 중요하지 않다. 감소된 게이트 커패시턴스는 동적 전력을 낮추어, 정적 전력의 손실을 보상할 수 있다. 또한 LWL 디코더가 동작하는 동안 극소수의 게이트들만 실제로 활성화되어 정적 전력을 소모한다. 더구나, PWL 기법을 사용하면 게이트들이 활성화되는 시간이 최소화되어, 정적 전력 소모량을 더욱 더 줄일 수 있다.

5.2.4 주변 비트라인 회로들

SRAM 메모리 셀 동작을 지원하기 위해 각 셀에는 그림 5.27과 같은 추가 주변 회로망이 필요하다.

그림 5.1의 일부(그림 5.28)를 다시 참조하고, 모든 비트라인은 주어진 전압(현재 Vdd인 경우가 대부분이다)으로 프리차지되어 있다고 가정한다. WL0이 인가되면, 이 워드라인에 연결된 모든 메모리 셀은 각각의 접근 트랜지스터를 켠다. 읽기 동작에서는 접근되는 메모리 셀이 비트라인 전압을 풀다운 시켜도 괜찮다(메모리 셀에 저장된 보완 신호들로 인해 다른 비트라인은 풀업 될 것이다). 초기 비트라인 전압이 이미 '고' 상태이기 때문에, 일반적으로 풀다운 동작이 더 중요시된다. 풀다운 되는 비트라인의 전압은 꾸준히 떨어질 것이며 그 변화율은 주로 비트라인 커패시턴스(그 비트라인에 연결된 각 접근 트랜지스터의 디퓨전 커패시턴스와 다양한 도선 기생 성분들로 형성된다)와 드라이버, 그리고 접근 트랜지스터에 의해 좌우될 것이다. 이 과정은 WL0이 비활성화될 때까지 계속된다. 프리차지 회로의 종류에 따라, 비트라인 전압

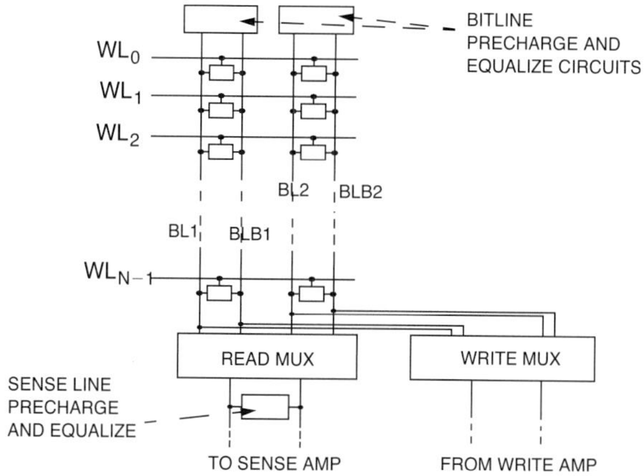

그림 5.27_ 프리차지 장치와 읽기/쓰기 멀티플렉서를 포함한 주변 비트라인 회로망을 보여주는 메모리 셀들

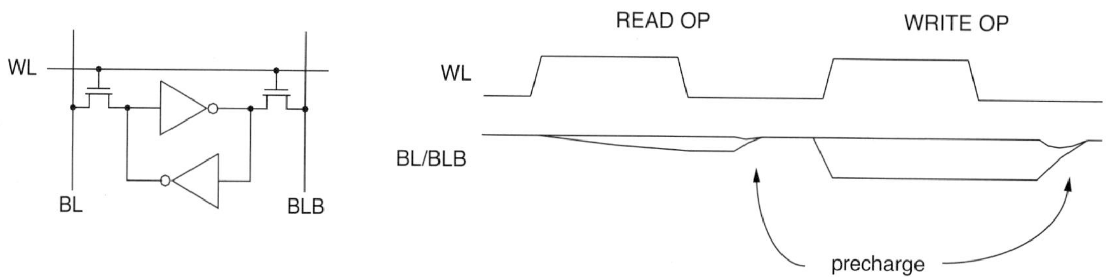

그림 5.28_ 메모리 셀의 프리차지 동작을 포함한 읽기/쓰기 동작의 타이밍 다이어그램

의 프리차지가 시작될 수도 있고 그대로 유지될 수도 있다(이것에 관해서는 나중에 더 자세히 다룬다). 그림 5.28의 타이밍 다이어그램은 비트라인 전압이 그대로 유지되는 것을 가정한다.

이 과정에서 읽기 멀티플렉서는 어드레스 입력에 따라 요구되는 열을 선택하고, 차동 감지 속도 향상을 위해 사용되는 sense amplifier에 전압 차이를 전달한다. 다른 동작이 일어나기 전에, 비트라인들은(그리고 감지 라인들(sense lines)은) 특정 초기 값으로 반드시 프리차지되어야 하며, 비트라인과 감지 라인에 있는 프리차지 회로와 동등화 회로(equalization circuit)를 통해 프리차지가 수행된다.

두 번째로 쓰기 동작을 위한 WL0이 인가되면, WL0에 연결된 접근 트랜지스터들이 다시 켜진다. 하지만 이번에는 쓰기 증폭기(write amplifier)에서 전달된 외부 데이터가 풀스윙 차동 전압을 비트라인에 부과한다. 일단 접근 트랜지스터가 켜지면, 비트라인의 더 높은 커패시턴스와 쓰기 증폭기의 더 강한 구동력으로 인해 접근되는 메모리 셀이 비트라인과 같은 논리 값을 갖도록 변화된다. 읽기 동작과 마찬가지로, 쓰기 동작 이후 비트라인들은 초기 값으로 다시 프리차지된다.

이제 비트라인 주변 회로의 개별 부분들에 대해서 더 자세히 다루어 보자.

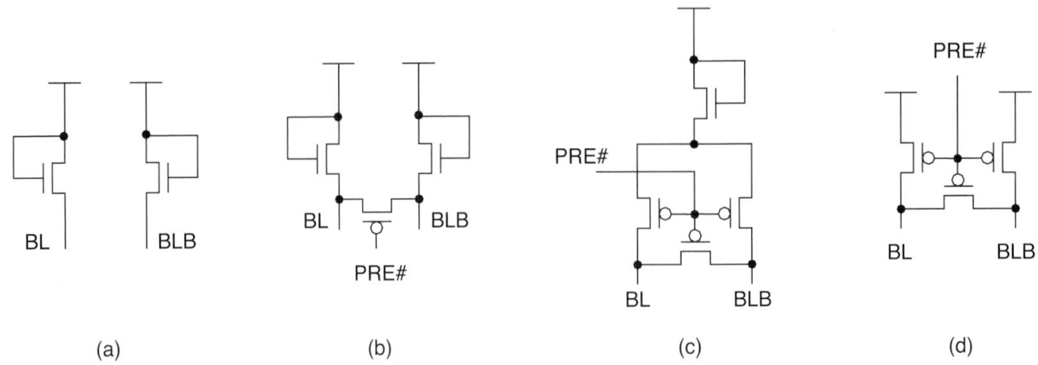

그림 5.29_ 서로 다른 프리차지와 동등화 회로망

회로의 프리차지와 동등화

프리차지와 동등화를 위해 다양한 방법들이 사용되고 있는데, 그림 5.29에 대표적인 회로들이 나타나 있다. 첫 번째 회로는 초기에 사용된 구현 형태 중 하나이다. 이 구현에서는 동등화 회로 없이 다이오드가 연결된 NMOS 쌍을 사용한다. 이러한 형태는 비트라인들을 Vdd−Vt로 프리차지한다(Vt는 NMOS의 문턱전압이다).

또한 이 형태는 계속하여 비트라인을 '고' 상태로 풀업하려 하는데, 이러한 동작은 장단점이 있다. 이 회로는 프리차지 활성화를 위한 추가 제어가 필요 없기 때문에 간단하다. 하지만 읽기 동작 시 Vdd로 연결되는 트랜지스터들이 일정한 전류가 흐르는 경로를 형성하기 때문에 비트라인 전압 차동의 속도를 늦추는 경향이 있다(이는 비트라인을 풀다운시키려는 메모리 셀과의 경합 때문이다). 또한 쓰기 동작 시에는 비트라인 중 하나가 쓰기 증폭기에 의해 풀다운 된다. 이 역시 앞서 언급된 지속적인 풀업과 겨루게 되어 쓰기 동작 중에 더 많은 전력을 소모하게 된다. 어떤 경우에는 항상 켜져 있는 PMOS 트랜지스터로 이러한 풀업을 구현하기도 한다.

두 번째 회로는 다이오드가 연결된 NMOS 트랜지스터를 보여주는데, PMOS 트랜지스터가 두 비트라인을 브리징(bridging)하고 있다. 이 PMOS 트랜지스터가 켜질 때마다 두 비트라인의 전압이 같아진다. 활성 NMOS 부하에서는 이러한 회로가 특별히 중요한데, 그 이유는 NMOS의 문턱전압 간의 차이가 프리차지 수준을 다르게 할 수도 있기 때문이다. 이전에 언급했듯이, 다이오드 연결로 발생하는 고유한 Vt 레벨 시프트(level-shift)가 불필요할 경우, 활성 NMOS를 PMOS 트랜지스터로 대체 가능하다(전압 시프트는 일반적으로 비트라인 공통 모드 전압을 조정하여 sense amplifier의 고이득 영역을 조절하는 데 사용한다).

세 번째 회로는 프리차지와 동등화 회로에 PMOS와 NMOS 트랜지스터 조합을 사용한다. 이 회로는 Vdd−Vt의 프리차지 레벨을 설정하기 위해 단일 NMOS를 사용한다. 하지만 프리차지 동작 중에만 부하와 비트라인을 선택적으로 연결하기 위해 PMOS 패스 트랜지스터를 사용한다(다음 회로에서 이와 관련해 더 설명한다). 이러한 형태는 과거에 적정 공급 전압(예를 들어, 3.3V)을 사용했을 때나 공급 전압보다 낮은 공통 모드(common-mode) 전압에서 sense amplifier가 최적으로 동작했을 때에는 일반적으로 사용되던 것이었다. 하지만 공급 전압이 낮아지고 공정 변이로 인한 Vt의 차이가 심해짐에 따라, 성능에 미치는 영향도 점점 커지게 되어 더 이상 이러한 형태는 적절하지 않게 되었다.

마지막 회로는 현재 가장 많이 사용되고 있는 구현 형태이다. 이 회로는 프리차지와 동등화 동작 중에 3개의 PMOS 트랜지스터가 모두 켜져 비트라인에서부터 Vdd와 각 트랜지스터로의 낮은 임피던스 경로를 생성한다. 비트라인들이 프리차지되면 세 트랜지스터가 모두 꺼져서 매우 높은 임피던스를 갖게 되는데, 이를 통해 양쪽의 비트라인에서 Vdd를 격리시킨다. 이 회로에서는 풀다운이 기존의 비트라인 커패시턴스만을 방전시키면 되므로, 비트라인 전압 차동 발생은 가속된다. 이 동작은 쓰기 증폭기의 동작에는 영향을 미치지 않으므로, 쓰기 동작 동안에는 프리차지 회로에서 불필요한 전력이 소모되지 않는다. 이 기법은 클록식 프리차지와 동등화 트랜지스터를 제어하기 위한 추가적인 설계 복잡도와 전력이 필요하다는 단점이 있다. 비록 조건에 따라 생성되는 내부 제어 신호 등의 특별한 회로를 통해 전체 SRAM 중 프리차지 소자의 클로킹 전력 소모를 더 경감시킬 수 있지만, 이 트랜지스터들을 켜고 끄는 스위칭 동작 시 항상 전력이 소모될 것이다.

프리차지 트랜지스터의 크기는 얼마나 많은 시간을 프리차지 동작에 할당하는지에 따라 달라진다. 더 큰 트랜지스터는 비트라인을 더 빠르게 프리차지할 수 있지만, 더 많은 전력을 소모할 것이다. 예를 들어, hi-Z 프리차지 구현을 위해서 더 큰 트랜지스터를 사용하면 더 커진 게이트 커패시턴스로 인해 프리차지 클록 네트워크(전역이나 지역 중 하나)에서 더 많은 전력을 소모할 것이다. 보통 읽기 동작 시 비트라인이 부분적으로 방전되는 것과는 달리 쓰기 동작은 비트라인을 완전히 방전시키기 때문에, 쓰기 동작을 고려하여 프리차지 트랜지스터의 크기를 결정하기도 한다.

읽기와 쓰기 동작의 차이를 활용하기 위해 프리차지 회로는 종종 읽기 프리차지와 쓰기 프리차지 회로로 분리된다. 읽기 프리차지 회로는 보통 매번 켜지고, 읽기 동작 동안 예상되는 비트라인 전압 강하를 충분히 복구할 수 있을 정도의 작은 크기로 설계된다. 쓰기 프리차지 회로는 오직 쓰기 동작 동안에만 켜지고, 읽기 프리차지의 비트라인 충전 작업을 돕는다. 클록식 시스템에서는 이 기능을 이용하여 읽기 동작 동안에 대형 쓰기 프리차지 트랜지스터 게이트 입력이 불필요하게 변화하여 소모되는 전력 문제를 피할 수 있다.

멀티플렉서의 읽기와 쓰기

그림 5.30은 하나의 sense amplifier와 쓰기 증폭기를 여러 비트라인 쌍이 공유하는 것을 보여준다. 이와 같이 읽기와 쓰기 멀티플렉서들은 여러 비트라인이 sense amplifier와 쓰기 증폭기를 공유할 수 있도록 한다. 멀티플렉서는 더 많은 비트라인 쌍을 수용하도록 쉽게 확장 가능한데, 이러한 사항에 대해서는 파티셔닝 절에서 다루도록 한다. 멀티플렉서를 구현하는 가장 효과적인 방법은 간단한 패스 트랜지스터를 사용하는 것이다. 읽기 멀티플렉서에는 PMOS 트랜지스터가 사용되는데, 그 이유는 전달할 공통 모드 전압이 논리 '고' 상태와 유사하여, 더 좋은 디바이스 트랜스컨덕턴스(transconductance)를 보장하기 때문이다. 쓰기 멀티플렉서에서는 쓰기 증폭기가 비트라인 중 하나를 방전하려 하기 때문에 강한 논리 '저' 값을 전달하기 위한 NMOS 패스 트랜지스터가 필요하다.

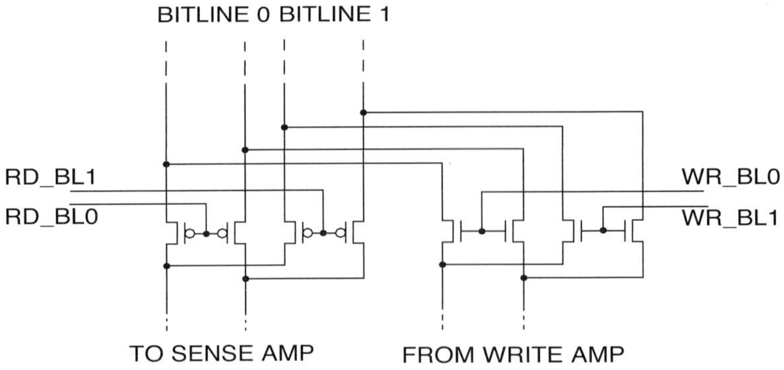

그림 5.30_ 2개의 비트라인 쌍이 읽기/쓰기 멀티플렉서를 이용하여 하나의 sense amplifier와 쓰기 증폭기를 공유하는 회로

두 경우 모두에 대해 보완 트랜지스터(complement transistor)를 이용하는 것은 효과적이지 않기 때문에 보완 트랜스미션 게이트가 아닌 패스 트랜지스터가 필요하다. 읽기 동작 동안 NMOS가 Vdd−Vt 이상의 전압을 전달할 수 없으며, 현재의 SRAM은 이 값 밑으로 내려갈 정도의 큰 차동을 발생시키지는 않기 때문에 NMOS가 사용되지 않을 수도 있다. 쓰기 과정에서 '고' 상태로 프리차지된 비트라인이 형성한 풀스윙 전압 차동이 메모리 셀에 잘 기록할 수 있는 일반적인 상황에서는, 논리 '저' 상태가 비트라인 쌍의 한쪽으로 전송되기만 하면 된다.

5.2.5 Sense Amplifier

메모리 셀의 풀다운 장치가 높은 커패시턴스를 가진 비트라인 부하를 방전시키기는 매우 어렵기 때문에, 읽기 접근 동안 비트라인 쌍의 전압 차동은 매우 느리게 발생한다.

Sense amplifier는 이러한 비트라인 전압 차동 발생을 가속화하는 데 사용될 수 있다. 그림 5.31은 sense amplifier의 동작과 일부 신호 파형의 타이밍 다이어그램을 보여준다. 워드라인이 인가되면, 비트라인 쌍

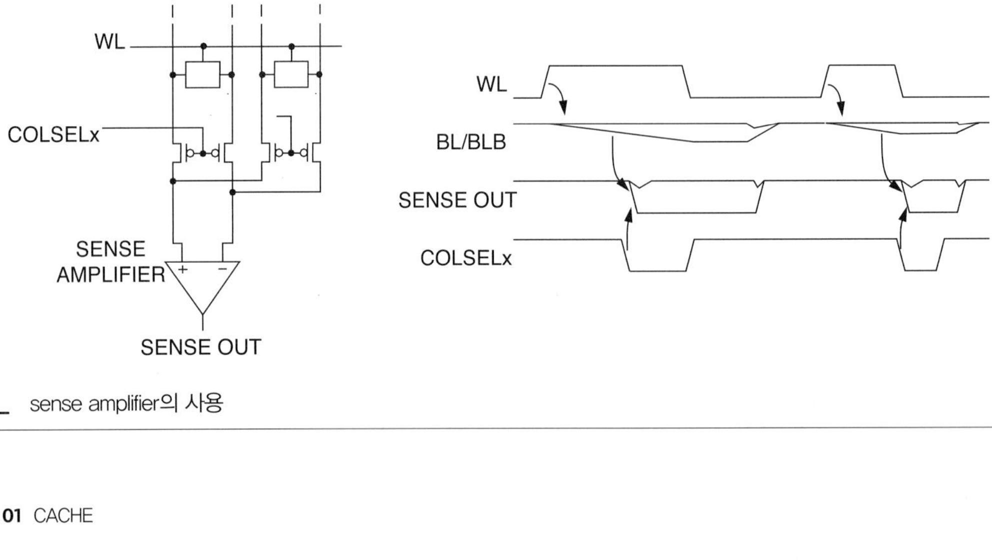

그림 5.31_ sense amplifier의 사용

의 두 라인 간에 차동이 천천히 발생된다. 적정 시간 이후에 PMOS 패스 게이트가 켜진다(일반적으로 특정 sense amplifier에서 필요한 최소의 차동이 발생된 이후). 그리고 sense amplifier가 비트라인 차동을 증폭하여, 빠르게 풀스윙 차동 출력을 생성한다.

그 이후의 비트라인 차동 발생은 불필요하며, 실제로도 더 많은 전력이 비트라인을 프리차지하는 데 소모될 수 있으므로 바람직하지 않다는 점을 유의해야 한다. 두 번째 읽기 접근은 센싱 속도에 어떠한 희생도 없이 PWL을 이용하여(마지막 비트라인 차동을 감소시킴으로써) 어떻게 전력을 보존할 수 있는지를 보여준다.

Sense amplifier는 단지 메모리 셀에 의해 지속적으로 방전되는(워드라인이 켜져 있을 때) 비트라인 사이의 차동 발생 속도를 향상시킬 뿐이기 때문에 센싱 과정에서 꼭 필요한 것은 아니다. 이것은 메모리 셀 커패시터(capacitor)에서 단 한 번의 센싱을 거쳐 차동 전압을 얻어내는 DRAM과는 다르다. 사실상 레지스터 파일 같은 대부분의 아주 작은 메모리에서는 이와 같은 구조의 비트라인 커패시턴스가 메모리 셀에 의해 빠르게 방전될 정도로 작기 때문에, sense amplifier를 사용하지 않는 경우도 있다. 그렇게 함으로써 sense amplifier에서 소모되는 많은 전력 소모를 피할 수 있다.

싱글엔드형 센싱에 의존하는 일부 최신 구조의 캐시(Intel의 Itanium 처럼)도 캐시 계층에서 sense amplifier를 사용하지 않는다.

물리적 구현

문헌에서 다양한 종류의 sense amplifier 회로들을 찾을 수 있다. 이러한 회로들은 간단한 교차 결합형 인버터부터 아주 복잡한 증폭기 회로까지 다양하다. 그림 5.32는 더 일반적인 일부 sense amplifier 회로들을 보여준다.

첫 번째 회로는 sense amplifier가 켜져 있을 때마다 교차 결합형 인버터를 형성하는 간단한 래치 종류의 sense amplifier다[Uchiyama 외 1991]. 이 sense amplifier는 그 간결함으로 인해 아주 작은 면적을 차지하고,

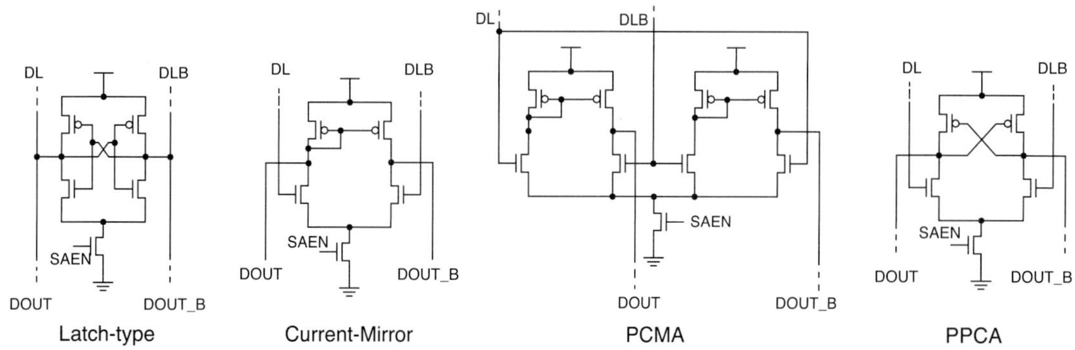

그림 5.32_ sense amplifier 회로들

매우 많은 수의 sense amplifier를 필요로 하는 광폭 메모리 설계 시 속도, 면적, 전력 간 트레이드오프에 용이하다. 래치 형태의 sense amplifier는 비트라인에 최소 전압 차동이 생긴 이후에 증폭기를 켜야 한다는 문제가 있다. 그렇지 않으면, 래치가 잘못된 방향으로 뒤집어져(flip) 비트라인 차동에 문제가 생길 수 있다.

두 번째와 세 번째 회로는 전류 반복 증폭기(current mirror amplifier)를 사용한다. 앞의 회로는 하나의 전류 반복 증폭기를 사용하고, 두 번째 회로는 한 쌍의 전류 반복 증폭기를 사용하여 전류 반복 증폭기 쌍(paired current mirror amplifier, PCMA)이라 부른다. 이 증폭기들은 빠른 센싱 속도, 큰 전압 이득, 그리고 안정된 출력 전압을 제공한다. 이러한 회로에서는 증폭기가 켜질 때마다 Vdd에서 접지로 가는 정적 전류 경로에 의해 발생하는 높은 전력 소모가 문제가 된다. 게다가 증폭기가 더 빠르게 동작하도록 설계될수록 이 전류는 더 커진다. 뿐만 아니라 많은 수의 sense amplifier가 필요한 광폭 워드 응용에서는 두 배나 높아진 설계 복잡도로 인해 PCMA 회로는 비현실적인 선택이 되어 버린다.

네 번째 회로는 PMOS 교차 결합형 증폭기(PMOS cross-coupled amplifier, PCCA)이다[Sasaki 외 1989]. PCCA는 sense amplifier가 켜질 때에 정적 전류 경로가 존재하지 않아, PCMA보다 훨씬 작은 전류에서도 빠르게 센싱할 수 있다. PCCA의 문제점은 빠른 동작을 위해 어느 정도 미리 증폭해야 한다는 점이다. 그리고 PCCA의 높은 전압 이득으로 인해 잘못된 데이터 출력이 생길 수 있는데, 이를 방지하기 위해 미리 증폭(preamplication)할 때 PCMA나 래치형 sense amplifier 등을 함께 이용하는 것이 좋다. 특히 증폭기에서 트랜지스터 쌍에 미스매치가 발생할 때는 더욱 그렇다[Sasaki 외 1990].

센싱 계층

메가비트 정도의 큰 SRAM은 보통 그림 5.33과 같은 다단계 sense amplifier 계층을 사용한다. 이 그림은 세 개의 계층 단계를 사용하고 한 비트의 출력 데이터를 갖는 방식을 보여준다. 때때로 전체 계층을 최적화하기 위해 각 단계의 증폭기는 서로 다른 토폴로지(topology)를 갖는다.

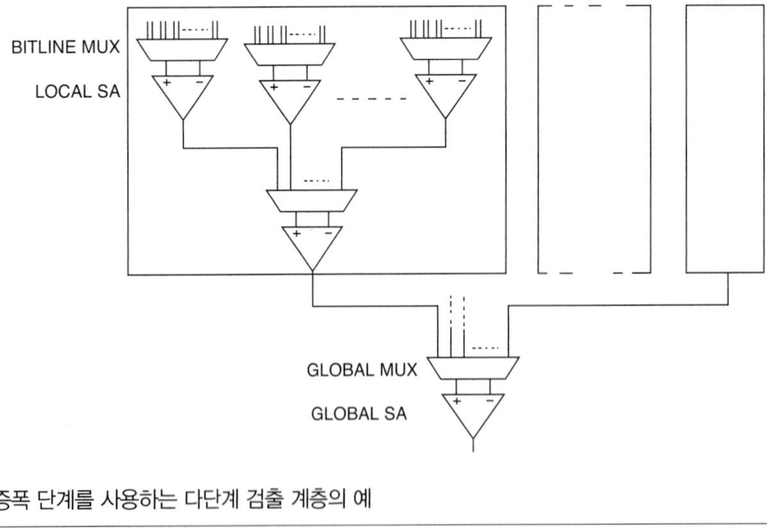

그림 5.33_ 세 개의 증폭 단계를 사용하는 다단계 검출 계층의 예

비록 개별(discrete) SRAM에서는 주로 이러한 센싱 계층(sensing hierarchy)이 사용되지만, 코어에 통합된 캐시에서는 사실 한 단계의 센싱이 훨씬 적합하기 때문에 여러 단계의 센싱 계층은 잘 사용되지 않는다. 심지어 Intel의 Itanium 같은 일부 현대의 캐시는 sense amplifier를 전혀 사용하지 않는다. 이는 대부분의 개별 SRAM이 1에서 9 또는 18비트 넓이를 갖는 것과는 달리 일반적인 캐시가 32비트 이상의 광폭 워드 특징을 가지기 때문이다.

더 작은 크기의 동일한 블록 SRAM들을 사용하면 일반적인 캐시의 광폭 출력을 쉽게 구현할 수 있다. 즉, 동일한 블록들의 출력을 이용하여 필요한 만큼의 넓은 데이터 버스를 만들 수 있다. 결론적으로, 이와 유사한 SRAM 블록을 사용하면 복잡한 다단계 센싱 계층의 구현을 하지 않아도 된다.

5.2.6 쓰기 증폭기

쓰기 증폭기는 필요에 따라 메모리 셀의 상태를 뒤집는데 필요한 전압을 생성하는 데 사용된다. 그림 5.2와 그림 5.34에 나타난 1R/W 6T MC에서, 풀스윙 차동 전압을 비트라인(BL과 BLB)에 인가하고 셀의 접근 트랜지스터를 켜면 간단하게 셀에 데이터를 쓸 수 있다.

일반적으로 모든 SRAM에서 쓰기 동작의 성능은 그리 중요하지 않기 때문에, 쓰기 증폭기는 sense amplifier보다 훨씬 간단하다. 만약 어떠한 비트라인을 '고' 상태로 프리차지하려면 쓰기 증폭기의 비트라인 중 하나를 접지로 방전시키기만 하면 된다. 이때 나머지 비트라인의 프리차지된 '고' 상태 값의 영향을 받아 완전한 차동 전압이 인가된다. 이 개념이 그림 5.34의 네 번째 회로에 나타나 있다. 이 회로에서 오른쪽의 NMOS 트랜지스터는 BLB를 접지로 방전하는 반면, 왼쪽의 NMSO는 꺼져서 BL은 프리차지된 '고' 상태를 유지한다.

그림 5.35에 완전한 쓰기 증폭기 회로 및 나머지 비트라인 주변 회로가 나타나 있다. 그림에서 NMOS 쓰기 멀티플렉서 트랜지스터는 쓰기 증폭기를 그에 해당하는 비트라인 쌍에 연결한다. 그리고 각 쓰기 멀티플렉서는 쓰기 동작 중 그와 연결된 열이 선택되면 켜진다.

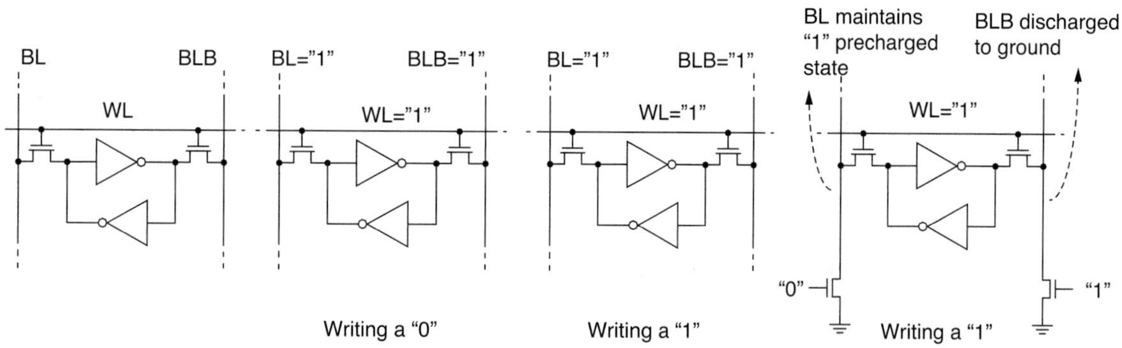

그림 5.34_ 메모리 셀에 쓰기

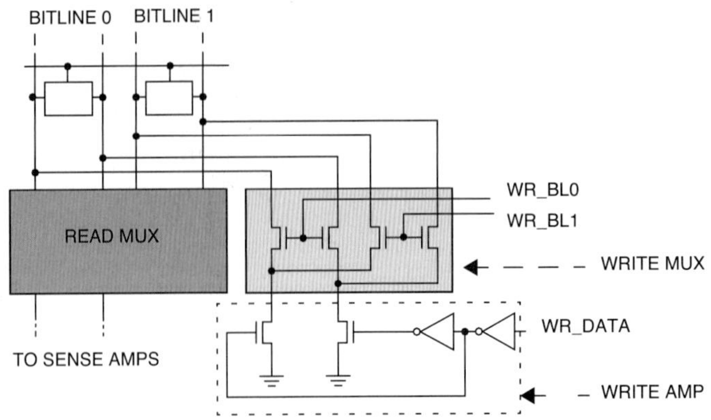

그림 5.35_ 구체적인 쓰기 증폭기 회로를 보여주는 비트라인 주변 장치들

올바른 방전 트랜지스터를 켜기 위한 쓰기 증폭기는 2개의 NMOS 트랜지스터와 적절한 버퍼링 및 인버전 논리회로로 구성된다. 쓰기 멀티플렉서와 마찬가지로, 이러한 트랜지스터들은 할당된 시간 윈도(time-window) 내에 비트라인을 방전시킬 수 있을 정도의 크기를 갖는다. 일반적으로 이 윈도는 읽기 동작 동안의 비트라인 읽기 시간으로 결정된다. 그렇기 때문에 쓰기 트랜지스터의 풀다운 능력은 단지 적정 수준이기만 하면 된다.

또한, 모든 비트라인들이 '고' 상태로 프리차지되어 있다는 가정하에, 차동 쓰기를 이용하는 쓰기 멀티플렉서는 여러 비트라인 중 하나만 방전시키면 되기 때문에, 쓰기 증폭기에는 오직 NMOS 트랜지스터만 필요하다.

완전히 방전된 비트라인들을 프리차지 상태로 되돌리는 데 필요한 큰 전력을 피하기 위한 목적으로, 전류 모드 쓰기(current-mode write) 방법도 개발되었다. 전류 모드 쓰기를 적용하기 위해서는 일반적으로 기본 메모리 셀(base memory cell)을 수정해야 한다는 단점이 있다. 예를 들어, 셀의 교차 결합형 인버터를 불안정한(quasi-stable) 상태로 만들기 위해 동등화 트랜지스터가 종종 사용된다. 그리고 이 트랜지스터는 최종적으로 전류 모드 증폭기에 의해 생성되는 비교적 작은 전류에 의해 최종 상태가 기록된다.

5.2.7 SRAM 파티셔닝

우리는 SRAM의 디코드 계층과 그 주변 회로 구성에 포함된 다양한 파라미터에 대해 다루고 있다. 우리는 이제 속도, 전력, 그리고 면적 측면에서의 성능 최적화를 위한 SRAM 파티셔닝에 대해 다룬다.

이미 다루었던 SRAM 파라미터들(행 높이, 블록의 수, 블록당 열의 수 등) 중에서, 하나의 파라미터가 변화할 때의 독립적 효과를 알아내는 것은 상대적으로 쉽다. 예를 들어 SRAM의 열 수를 줄이면, 워드라인 커패시턴스를 줄일 수 있고 이는 디코드 과정을 더 빠르게 한다. 또 다른 예로, 불필요한 비트라인 전력 소모를 줄이기 위해 SRAM을 가능한 한 많은 블록으로 나눌 수 있다. 이러한 기법들을 적절히 사용하면 효과적이지

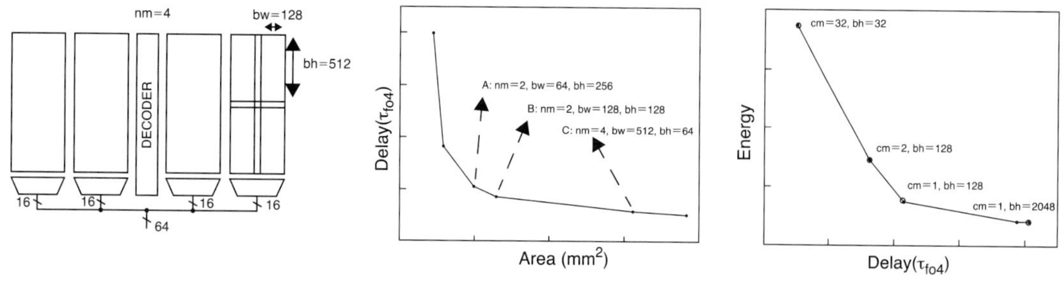

그림 5.36_ SRAM 파티셔닝

만, 그 결과를 고려하지 않고 부적절하게 응용하면 최적 구현을 할 수 없을 것이다. 위의 두 예제 중 첫 번째 예제에서는, 무분별하게 행의 수를 증가시키는 것이 워드라인 부하를 확실히 감소시키지만(주어진 메모리 크기 제약 사항 내에서), 비트라인 커패시턴스가 증가하게 된다. 두 번째 예에서는, 블록 수를 증가시키는 것이 비트라인 전력 소모를 확실히 감소시키지만, 디코드 전력 소모와 지연시간 모두를 증가시킨다.

이러한 요구 조건의 균형을 맞추기 위한 핵심은 특정 SRAM 파라미터를 바꿔서 얻는 긍정적인 효과가 동일한 파라미터로 인한 부정적인 효과로 인해 상쇄되지 않도록 SRAM을 파티셔닝 하는 것이다.

Amrutur와 Horowitz는 SRAM을 위한 속도와 전력 파티셔닝에 대해 훌륭한 논의를 제시하였다[Amrutur & Horowitz 2000]. 이들은 SRAM의 속도, 전력, 면적 특징을 모델링하여 주어진 속도, 전력, 면적 속성에 기반을 둔 최적 파티셔닝 문제의 해법을 제시하였다. 그림 5.36은 최적화에 사용되는 구성 파라미터들, 지연시간에 대한 최적 면적 플롯(전력 제약 사항이 없을 때), 그리고 4MB, 0.25μm SRAM에 대한 에너지 플롯을 보여준다. 그림은 3개의 구성 파라미터를 사용하여 파티션된 1024×1024 배열을 보여주며, 3개의 파라미터는 매크로의 수(*nm*), 블록 높이(*bh*), 그리고 블록 폭(bw)이다. 각 매크로는 출력 워드의 일부분을 공급한다(이 경우에서는, 64비트 워드 중 16비트). 그리고 각 매크로는 각각 *bh*×*bw*의 크기를 갖는 하위 블록들로 나뉜다. 주어진 어드레스에 의해 선택된 하나의 하위 블록을 통해 매크로 출력이 공급된다. 그림과 같이 매크로는 하위 블록을 수직 또는 수평으로 나눌 수 있다. 이것을 수직으로 나누면, 같은 수직 축에 있는 하위 블록들이 공통 전역 비트라인과 전역 sense amplifier를 공유할 수 있는 다단계 센싱 계층을 사용할 수 있다. 그림 5.36의 첫 번째 그래프는 최적 파티셔닝(전력 제약 사항이 없을 때)을 했을 때 주어진 지연시간에 대한 최소 면적의 결과를 얻을 수 있는 두 점 A와 B를 보여주고 있다. Amrutur와 Horowitz는 RAM 지연시간이 블록 높이에 가장 민감하며, 블록 높이가 낮을수록 접근 속도가 빠르다는 것을 알아냈다.

그림 5.36의 두 번째 그래프는 면적 제약 사항이 없을 때 에너지와 지연시간의 관계를 보여주는데, 열 멀티플렉싱의 양(*cm*, 또는 하나의 sense amplifier를 공유하는 열의 수)을 의미하는 추가 파라미터가 함께 나타나 있다. 이 그래프는 어떤 조건에서 최소 지연시간이 달성되는지를 보여준다. 첫째로 각 비트가 개별 sense amplifier를 가지고 있어 어떠한 열도 불필요하게 활성화 될 필요가 없는 상태일 때(*cm*=1) 낮은 지연시간을 갖는다. 둘째로 비트라인에서의 멀티플렉싱을 허용하기 위해 블록 높이를 크게 설정하여 최소 지연시간을 달성할 수 있다.

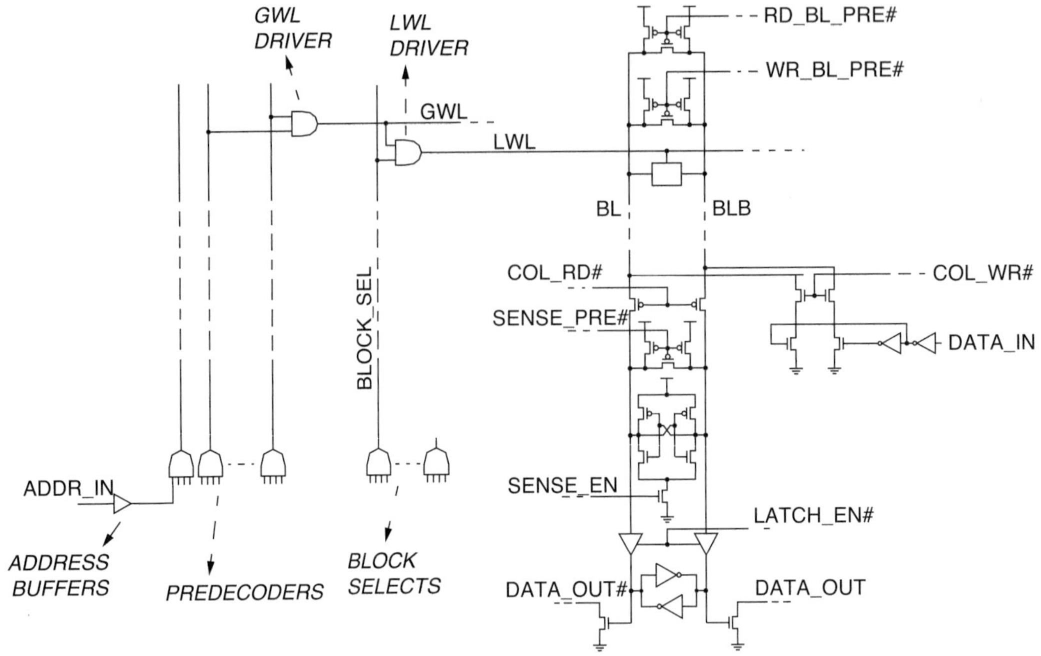

그림 5.37_ **SRAM의 중요한 구성 요소들.** 데이터와 제어 신호도 회로에 함께 표현하였다.

5.2.8 SRAM의 제어와 타이밍

이 절은 SRAM 동작이 내/외부에서 어떻게 제어되는지를 설명한다. 그림 5.37은 특정 메모리 셀로의 완전한 읽기나 쓰기 접근을 수행하기 위한 SRAM의 모든 구성 요소들을 보여준다. 그림을 간단히 하기 위해 한 열의 메모리 셀만을 표현하였다.

SRAM이 필요한 동작을 수행한 후, 다음 접근을 수행할 수 있도록 초기화하기 위한 별도의 시간 윈도를 갖는 것은 중요하다. SRAM은 다음 접근이 시작되기 전인 이 시간 윈도 내에 전체 동작 시퀀스를 반드시 끝내야 한다. 그렇지 않으면 현재의 접근과 다음 접근 모두에서 데이터 오류가 발생할 수 있다. 이러한 특징은 입력이 언제든지 바뀔 수 있고 출력은 일정한 전달 지연시간 후에 안정화 되는 조합 논리회로와는 대조적이다.

이것을 염두에 두고 SRAM 동작을 시작하는 두 가지의 보편적인 방식이 있다. 첫 번째는 어드레스 또는 제어 입력의 변화를 감지하는 것이다. 입력이 변한 것이 감지되면 접근이 시작된다. 이 방식은 어드레스 변화 감지(address translation detection, ATD) 방식이라고 하는데, 그 일반적인 회로 구현이 그림 5.38에 나타나 있다.

이 방식에서는 SRAM 시퀀스(다음 동작을 준비하기 위한 SRAM 프리차지를 동작도 포함)를 제어하도록 ATD 회로를 통해 생성된 펄스가 전달된다.

ATD로 제어되는 SRAM은 비동기식 SRAM으로 분류되는데, 이는 시스템에 동기화된 클록의 존재 유무와

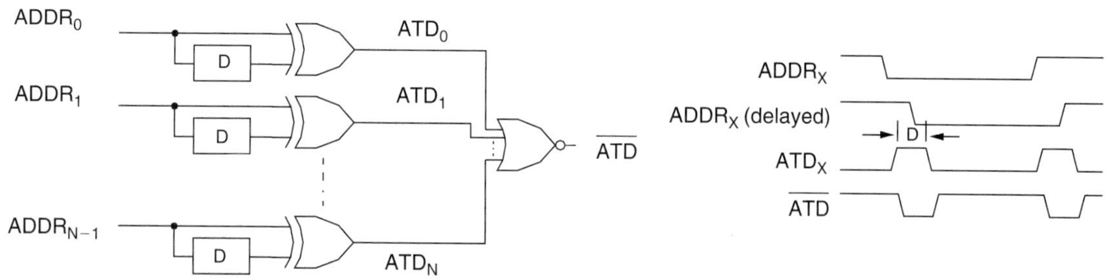

그림 5.38_ 어드레스 변화 감지(address translation detection, ATD)

는 관계없이 입력이 변화할 때 SRAM 동작이 시작되기 때문이다.

SRAM 동작을 시작하는 두 번째 방법은 동기 클록 신호(또는 클록과 밀접하게 연관된 신호)를 사용하는 것이다. 이 경우 SRAM의 인터페이스만이 클록과 동기화되어 동작한다는 점이 중요하다. SRAM 동작의 상당 부분은 클록과는 비동기식으로 진행되는데, 다음에 설명할 다양한 방법이 있다. 이 경우 SRAM 동작의 시작과 끝을 정의하는 데에만 클록이 중요하게 다뤄진다. 설계자는 SRAM이 모든 필요한 내부 동작을 할 수 있을 만큼 클록 주기를 충분히 길게 정의해야 한다.

ATD 회로나 시스템 클록 또는 그 밖의 어떠한 외부 동기 신호를 통해 생성된 시작 펄스는 SRAM의 각 부분을 차례로 동작시킨다. 이 펄스는 회로가 동적 논리로 구현되었는지 정적 논리로 구현되었는지에 따라 다양한 목적으로 활용될 것이다. 동적 논리회로는 시작 펄스의 초기 에지가 동적 논리의 검증 단계를 시작하는 데 사용될 수 있다. 특히 동적 회로에서 SRAM 동작의 정확성을 위해 디코더의 어드레스 입력이 안정적이어야 한다는 것이 중요하다. 그렇지 않으면 의도치 않게 출력 노드가 방전되어 프리차지 동작 이후에서야 회로가 회복될 수 있는데, 현재 진행 중인 동작을 위해서는 너무 늦은 것이다. 또한, 평가 단계를 동작시키는 신호와는 다른 제어 신호를 이용해 동적 회로의 프리차지를 시작하고 싶은 경우도 존재한다.

그림 5.39에 이 개념을 보여주는 다섯 개의 파형이 나타나 있다. 클록과 어드레스 신호는 SRAM의 외부 입력인데, 어드레스는 보통 클록 에지가 발생한 후 각 저장소(storage element)의 클록부터 출력까지의 지연시간 이후에 바로 다른 어드레스로 바뀐다. 세 번째 파형은 내부적으로 생성된 신호이다. 이는 어드레스의 안정성을 보장하기 위하여 충분한 지연시간만큼 클록이 지연된 버전이다. 그 대신에 이 파형은 ATD 회로를 이용해서도 생성할 수 있으며, 이때는 하강 에지가 훨씬 쉽게 발생한다(첫 번째 상승 에지가 중요하므로 하강 에지는 크게 상관없다). 네 번째 파형은 내부적으로 생성된 신호인데, 이는 프리차지 단계의 시작을 알려 SRAM이 다음 접근을 준비하는 데 사용된다(나중에 이것이 어떻게 생성되는지 다룬다). 유효한 프리차지/평가 신호를 동적 논리회로에 제공하기 위해서는, 상승 에지는 START 신호의 상승을 따르고 하강 에지는 END 신호의 하강을 따르는 다섯 번째 파형과 비슷한 무언가가 필요하다. 비록 START 신호를 그대로 사용하는 것도 동적 논리회로에 충분할 수 있지만, 그대로 사용할 경우 평가와 프리차지 단계에 동일한 양의 시간이 할당되기 때문에, 프리차지 단계가 필요 이상의 많은 시간을 할당받아 효율이 떨어지게 된다.

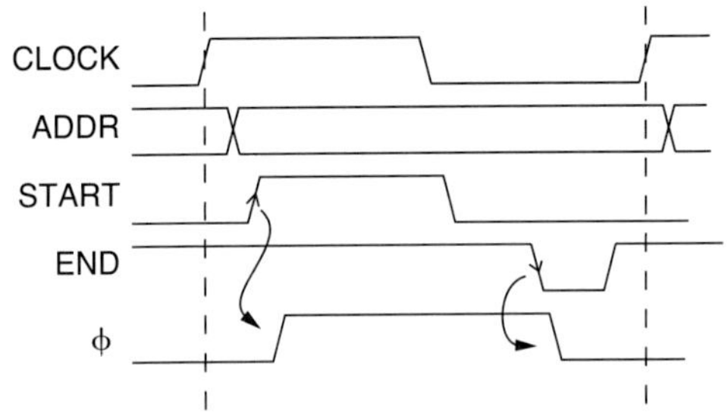

그림 5.39_ 동적 회로 클록 신호(φ)의 생성. 비록 어드레스 신호가 유효할 때 생성된 START 신호를 평가 단계 시작에 사용할 수 있으나, START 신호의 하강 에지는 프리차지 단계를 시작하기에 적합하지 않다. END 신호는 프리차지를 안전하게 시작할 수 있을 때 내부적으로 생성되어, φ의 하강 에지를 발생시켜 프리차지 단계를 시작하는 데 사용된다.

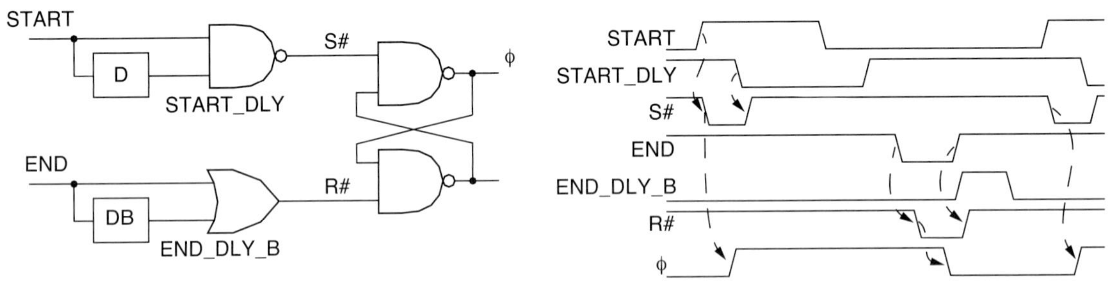

그림 5.40_ 두 개의 별도의 이벤트에 의해 야기되는 신호의 생성. 이 경우 φ의 상승 에지는 START의 상승 에지에, 하강 에지는 END의 하강 에지에 동작한다.

그림 5.40은 디코더 동적 회로의 클록 신호를 생성하는 회로를 보여준다. 이 회로의 주요한 기능은 상승 에지가 START의 상승 에지에 의해 시작되고, 하강 에지가 END의 하강 에지에 시작되는 펄스를 생성하는 것이다. 이 회로는 신호 레벨을 펄스(level-to-pulse)로 변환하는 변환기로 구성되며, 이 변환기는 START와 END 신호를 펄스로 변환하여 세트-리셋 래치(set-reset latch)의 입력을 구동한다. START 상승 에지는 래치를 셋(set)하는 펄스를 만들고, 반면 END 하강 에지는 그것을 리셋(reset)하는 펄스를 만든다. 모든 RS 래치와 마찬가지로, 여러 입력이 동시에 인가되면 비결정적 동작을 야기할 수 있으므로, 여러 입력이 동시 인가되지 않도록 보장해야 한다. SRAM 디코더의 경우 START와 END 신호가 펄스폭에 비해 매우 잘 분리되어 있기 때문에 이 문제가 중요시되지 않을 수 있다. 이것에 대해서는 나중에 다시 다룬다.

Amrutur & Horowitz[2001]는 최적의 디코더 계층은 오직 처음 단계만 높은 팬 인 입력을 가지고, 뒤따르는 모든 블록들(GWL과 LWL 디코더 등)은 최소한의 게이트 커패시턴스를 가져야 한다고 주장하였다. 팬 인 요구 사항이 높아지면 프리디코더 구현 시에 동적 논리회로를 사용해야 한다. 비록 동적 논리회로가 GWL과 LWL 디코더 등에서 사용 가능하지만, 이러한 회로가 많아질수록 동적 논리 관련 복잡도가 증대할 것이다.

동적 디코더와 달리 정적 디코더는 디코더 동작을 시작하기 위해 START 신호를 사용하는 것이 큰 문제가 되지 않는다. 그 이유는 정적 논리회로는 입력이 안정되고 약간의 지연시간 이후에는 항상 올바른 출력을 생성하고, 올바른 워드라인을 인가할 수 있기 때문이다. 이러한 사실은 동적 논리회로에는 적용되지 않

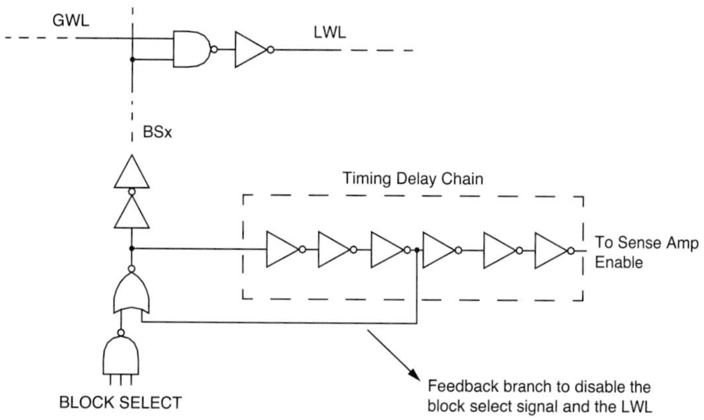

그림 5.41_ 열린 루프(open-loop) 게이트 지연시간을 사용하는 PWL

는다. 디코더가 시작 신호 없이 진행되도록 구현하면, 비록 치명적인 정도는 아니지만 워드라인 중 일부에 글리치(glitch)가 발생하여 비트라인 프리차지동안의 전력 소모가 증가한다.

이전에 언급했듯이, sense amplifier가 충분히 센싱할 정도의 비트라인 전압 차동 정도만을 발생시키도록 최소한의 필요한 시간 동안만 워드라인 펄스를 발생시키는 PWL 방식을 사용하는 것이 좋다. 차동을 제한하여 비트라인을 원래 상태로 프리차지하는 데 필요한 전력을 감소시키고, 프리차지 동작의 일부분이 더 일찍, 그리고 센싱 동작과 병렬적으로 동작하도록 하여 SRAM의 전체 사이클 시간을 감소시킬 수도 있다.

PWL 방식은 열린 루프(open-loop) 또는 닫힌 루프(closed-loop) 방식으로 구현 가능하다. 열린 루프 방식에서는 워드라인이 꺼지는 지연시간이 설계 시점에서 정해진다. 이를 위해 주로 게이트 지연시간을 이용하여 디코더 계층에 지연된 출력을 발생시킨다. 그림 5.41과 같이 지연된 신호들이 원래의 신호를 따라잡으면 신호들을 꺼서 게이트 지연시간에 의해 결정되는 폭을 갖는 펄스를 생성한다. 전체 게이트 지연시간(그리고 그에 해당하는 펄스폭)은 메모리 셀이 충분한 시간을 갖고 비트라인을 방전하고 충분한 차동을 발생시키도록 충분히 길게 설계된다.

비록 이 보편적인 PWL 방식 구현은 매우 잘 동작하지만, 공정 미세화의 영향으로 인해 게이트 지연시간과 캐패시티브 비트라인을 방전하는 데 필요한 시간의 상관관계를 유지하기 어려워지고 있다. 왜냐하면 공정 미세화의 정도가 메모리 셀과 디코더 드라이버에 미치는 영향이 다르기 때문이다. 이것은 회로의 특징을 다르게 만들어서 유사성을 떨어뜨리는 PVT 변화에 의해 더 악화된다. 지연시간 측면에서 보면 최소 크기를 갖는 풀다운 트랜지스터는 최소 크기가 아닌 게이트에 비해 PVT 변화에 더 큰 영향을 받기 때문에, 최소 크기의 풀다운 트랜지스터에 의해 방전되는 큰 비트라인 커패시턴스는 큰 비트라인 지연시간을 발생시킨다.

이 문제가 열린 루프 기법을 사용하기 힘들게 하여 회로의 실제 동작을 더 잘 따르는 구조로부터의 피드백 사용이 필요하게 되었다. 이런 종류의 피드백을 사용하는 구조는 많이 있다[Amrutur & Horowitz 1998, Nambu 외 1998, Osada 외 2001]. 그 중 좋은 예로 Amrutur와 Horowitz[1998]에 의해 제안된 복제 기법이 그림 5.42에 나타나 있다.

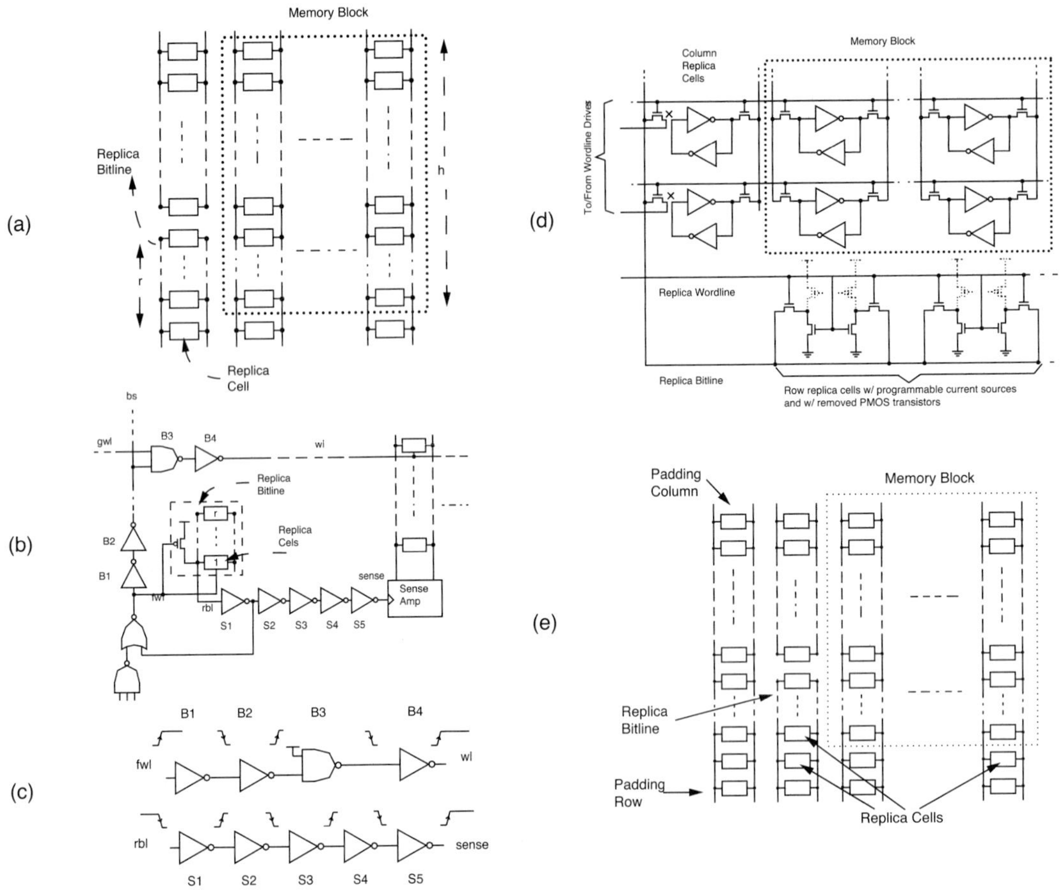

그림 5.42_ 복제(replica) 기법

그림 5.42(a–c)는 커패시턴스 비율화(capacitance ratioing) 방법에 기반을 둔 피드백 방식을 보여준다. 그림 5.42(a)는 표준 메모리 배열에 복제 열(replica column)을 추가한 것을 보여준다. 복제 메모리 셀은 '0'을 저장하는 고정된 도선(hard-wired)이기 때문에 한 번 접근되면 복제 비트라인을 방전시킨다. 복제 메모리 셀과 실제 메모리 셀의 유사성(설계와 공정 관점에서) 때문에, 복제 비트라인의 지연시간은 실제 비트라인의 지연시간을 아주 잘 따르며, 복제 비트라인에 연결된 셀의 수를 조절하여(설계 단계에서) 지연시간을 대략적으로 같게 만들 수 있다. 이렇게 비트라인 지연시간과 같은 지연시간을 만드는 방법은 PVT 변화가 매우 클 때에도 사용할 수 있으며, 그림 5.42(c)처럼 일련의 두 게이트 사이의 지연시간을 같게 만드는 것으로 문제가 바뀌기 때문에 문제가 훨씬 간단해진다.

전류 비율화(current ratioing) 방법에 기반한 피드백을 대신 사용할 수도 있다. 첫 번째 방법 대비 이 기법은 각 행에 지역 리셋을 만들어낼 수 있어 LWL 드라이버를 바로 끌 수 있는 장점이 있다. 이것은 지연시간의 균형화(balancing)를 더 쉽게 하고, 심지어 LWL 디코더에도 스큐형 게이트를 이용해 디코더를 가속할 수 있다.

이 방법을 사용하기 위해서는 복제 행과 열을 표준 메모리 블록에 추가해야 한다. 이 방법에서는 복제 행이 복제 열을 대신해 비트라인을 방전시킨다. 복제 행 안의 메모리 셀들은 프로그램 가능한 전류 소스가 되고, 불필요한 PMOS 트랜지스터들은 꺼지거나 완전히 제거된다. 복제 행들은 복제 LWL 드라이버가 인가될 때마다(매 사이클마다) 그들이 복제 비트라인을 방전하도록 구성된다. 이전의 방법과 마찬가지로, 지연시간을 원하는 대로 설정할 수 있도록, 전류 소스의 수를 임의로 구성할 수 있다. 복제 비트라인의 신호는 다시 복제 열(이것의 메모리 셀은 패스 트랜지스터로만 사용된다)로 전파되어 활성 상태인 LWL 드라이버로 전파된다. 그러면 이 신호는 LWL 드라이버를 빠르게 비활성화시켜, 메모리 셀이 더 이상 비트라인을 방전시키지 않도록 한다.

그림 5.42(d)는 어떻게 이 방식이 전체 방식에 통합되는지를 보여준다. 반면 그림 5.42(e)는 패딩(padding) 행을 추가하여 표준 메모리 셀과 복제 셀(배열 에지 바깥에 있는 복제(replica)에 의해 생성된다) 사이의 PVT 변화를 최소화하는 것을 보여준다.

어떤 방식이 사용되더라도(그리고 어떠한 회로망이더라도), 이 방식들의 기본적인 개념은 비트라인 전압 차동의 발생을 따라가는 제어 신호를 생성하는 것이라는 점이 중요하다. 따라서 이 방식들은 sense amplifier를 적절히 활성화하여 올바른 동작을 수행하거나, 또는 PWL을 생성하기 위해 디코더를 비활성화시켜 전력 소모를 낮추는 목적으로 사용될 수 있다.

활성화 신호를 올바르게 생성하면 sense amplifier가 올바르게 동작하도록 하여 비트라인 사이 전압 차동 센싱 속도를 향상시킬 수 있다. 한 단계 센싱 계층에서 사용되는 sense amplifier의 출력은 일반적으로 완전 전압 변동 출력이다. 일반적으로 이 출력 값을 사이클이 끝날 때까지(그리고 일정 시간 이후까지) 유지하기 위해 래치(latch)를 한다. 래치가 없으면 sense amplifier가 프리차지될 때 이 값이 사라진다.

차동 출력이 안정화된 이후에는 출력 데이터에 글리치(glitch, 하류의 회로에 따라 치명적일 수도 있다)가 생기는 것을 막기 위해 래치에 데이터를 가둔다. 비트라인 제어에 사용하는 복제 기법 같은 복잡한 피드백 정보는 이 과정을 제어하는 데에는 불필요하다. 왜냐하면 메모리 셀의 최소 크기 풀다운과 비교했을 때, sense amplifier의 특성 해석이 더 쉽고, PVT 변화에 덜 민감하기 때문이다. 결론적으로, 간단한 게이트 지연시간을 이용해 지연된 센싱-활성(sense-enable) 신호를 만들어 sense amplifier 데이터를 출력 래치로 가둘 수 있다.

SRAM이 다음 접근을 하기 위해서는 SRAM 회로 안의 동적 노드들이 원래 값으로 프리차지되어야 한다. 그림 5.40과 5.39를 다시 참조하면, END 신호는 복제 비트라인에 있는 신호로부터 전달된다. END 신호는 그리고는 Φ의 인가를 중단하여 프리차지 단계를 시작한다. 이 신호는 어드레스 디코더 동작으로 선택된 비트라인에서 충분한 차동이 발생한 이후에 프리차지가 시작되는 것을 보장해 준다.

END 신호는 또한 비트라인(복제를 포함하여)과 sense amplifier의 프리차지 신호를 바로 얻는 데 사용될 수 있다. 비트라인의 프리차지(그리고 LWL 드라이버의 이른 리셋을 가정)는 또한 복제 비트라인을 다시 초기 상태인 '고' 상태로 프리차지한다. 전체 과정이 그림 5.43의 타이밍 다이어그램에 요약되어 있다.

쓰기 동작은 읽기 동작에 사용되는 제어 시퀀스(특히 디코더와 복제 기법)의 많은 부분을 공유한다. 쓰기 동작은 읽기 동작과 달리 다른 멀티플렉서 셋(set)을 사용하고, sense amplifier와 데이터 래치를 사용하지 않는다는 명백한 차이점이 있다. 그 외의 주요한 차이점은 LWL이 인가되기도 전에 훨씬 빨리 비트라인에 데이터가 접근해야 한다는 점이다. 이 차이로 인해 선택된 셀의 접근 트랜지스터가 켜지는 순간에 풀스윙 차동으로(필요시) 메모리 셀의 교차 결합형 인버터 값을 뒤집을 수 있다. 이를 위해서는 SRAM이 쓰기 데이터를 일찍 받아와야 한다. 쓰기 데이터를 버퍼링하는 대부분의 파이프라인에서 이러한 요구사항은 큰 문제가 아니다. 왜냐하면 클록 사이클의 아주 초기 때부터 쓰기 버퍼의 데이터를 쉽게 이용할 수 있기 때문이다. 데이터를 초기에 이용할 수 없는 상황에서는(한 사이클에 연산이 이루어지는 등의 상황), 데이터가 이용 가능해질 때까지 SRAM 쓰기 접근을 시작해서는 안 된다.

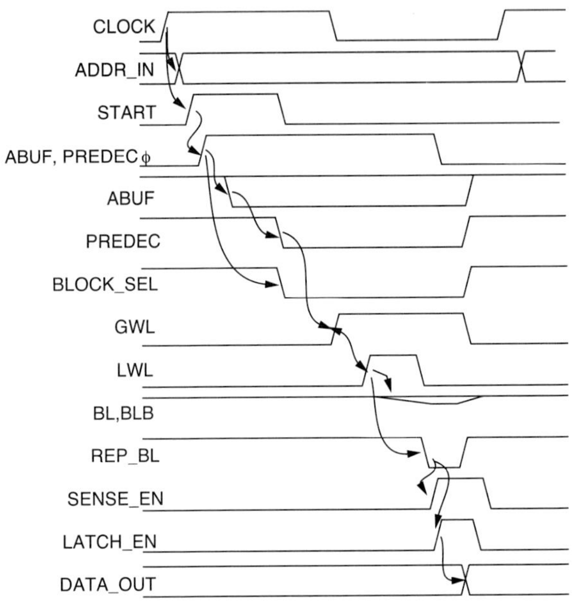

그림 5.43_ SRAM 읽기 동작의 전체 시퀀스를 보여주는 타이밍 다이어그램

또한, 메모리 셀은 쓰기라인이 켜져 있는 짧은 시간 동안에 올바르게 기록되도록 보장되어야 한다. 읽기 및 쓰기 접근에 대한 복제 비트라인 동작은 동일하기 때문에 쓰기 접근 시 워드라인 펄스폭은 읽기 접근 시와 동일하다.

마지막으로, 복제 비트라인이 방전되면 결국에는 비트라인의 프리차지가 동작한다. 별도의 쓰기 프리차지 장치를 갖는 시스템의 경우(그림 5.43), 완전히 방전된 비트라인을 빠르게 회복하기 위해 두 프리차지 장치(읽기/쓰기 프리차지)가 함께 켜진다.

5.2.9 SRAM 인터페이스

SRAM은 동기식(synchronous)이나 비동기식(asynchronous)으로 사용될 수 있다. 보편적인 개별 SRAM의 비동기식 인터페이스가 그림 5.44에 표현되어 있다.

어드레스 및 양방향 데이터 버스를 제외하고, 일반적으로 3개의 다른 종류의 제어 신호들(칩 허용(CE#), 쓰기 허용(WE/), 출력 허용(OE/))이 있다. OE/ 신호는 읽기 동작 중 데이터 버스에 3상태(3-state) 출력 버퍼를 사용할 수 있게 하고, WE/ 신호는 쓰기 동작을 나타내는 데 사용한다. CE/ 신호는 두 동작 모두에서 SRAM 접근을 허용하는 데 사용된다. 일반적으로, 접근을 시작하기 위해 내부 ATD 회로가 전체 어드레스 버스와 제어 신호들을 활용한다. 그림 5.45는 비동기식 인터페이스를 갖는 SRAM의 읽기와 쓰기 타이밍 다이어그램을 보여준다.

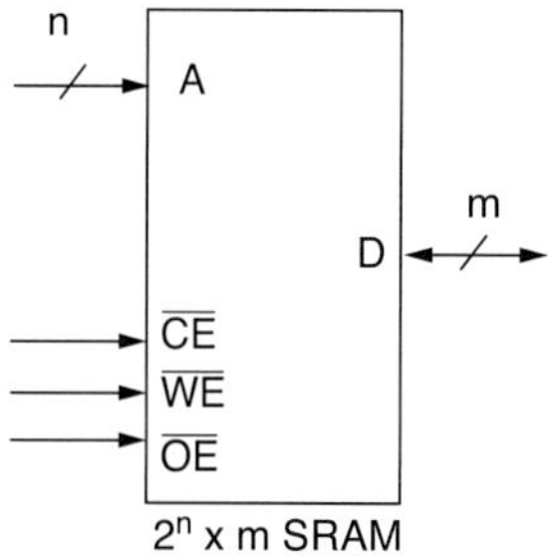

$\overline{CE}$	$\overline{WE}$	$\overline{OE}$	TYPE OF ACCESS
0	0	0	SRAM WRITE
0	1	0	SRAM READ
1	X	X	SRAM DISABLED

그림 5.44_ 개별 SRAM의 비동기식 인터페이스

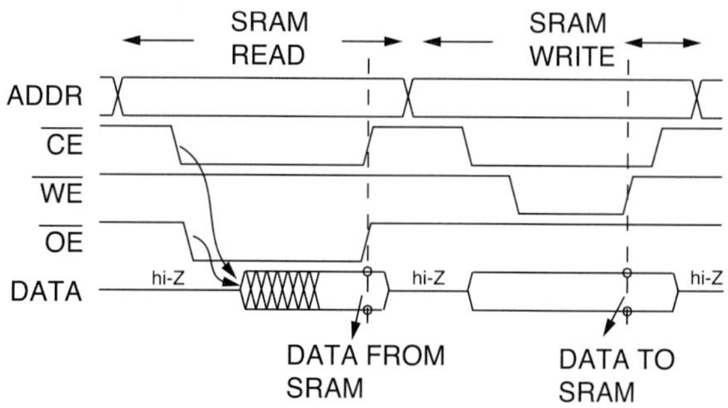

그림 5.45_ SRAM 비동기 읽기와 쓰기 파형

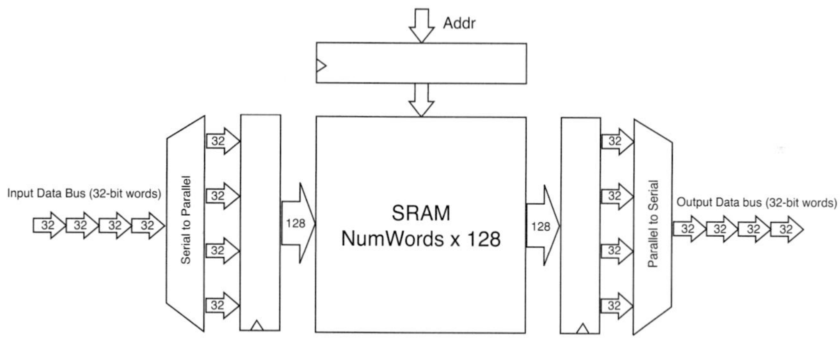

그림 5.46_ 버스트 쓰기와 버스트 읽기 동작을 보여주는 동기 파이프라인식 버스트 SRAM 인터페이스의 예. 이 예에서 데이터 I/O 버스는 내부의 SRAM 코어보다 4배 빠른 속도로 동작한다.

많은 사례를 보면 SRAM에서는 사이클 속도를 빠르게 하는 것이 가장 중요하다(캐시 등). 하지만 많은 경우에서 SRAM 사이클 시간을 더 줄이는 것은 어렵다(내장형 SRAM이나 집적 SRAM의 예를 들어, 개별 응용에서는 속도를 더 향상시킬 부분이 없을 수 있고, 사이클 시간을 줄이는 기법이 이미 적용되어 있지만 이것을 더 개선하는 비용이 너무 많이 든다). 이러한 경우에, 쉽게 시스템의 사이클 시간을 줄이는 위해 파이프라인식 버스트(burst) 접근 기법을 사용할 수 있다. 이 기법의 일반적인 인터페이스가 그림 5.46에 나타나 있다. 이 기법은 높은 주파수(짧은 사이클 시간)로 외부 회로와 통신을 하는 래퍼(wrapper) 회로를 사

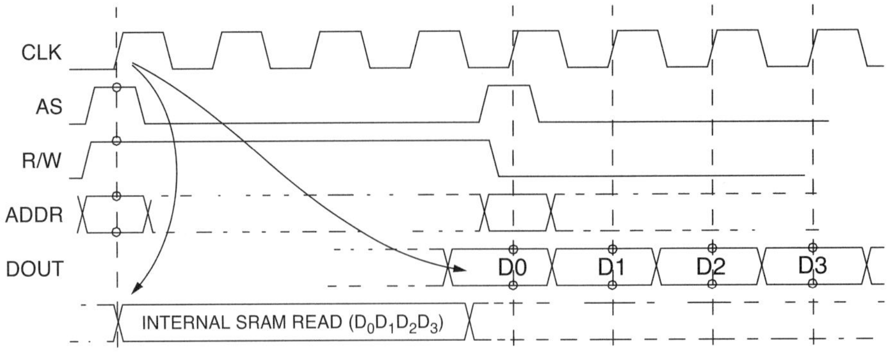

그림 5.47_ SRAM 파이프라인식 버스트 읽기 동작

용한다. 그림 5.47에 이 기법이 나타나 있다.

내부적으로 SRAM 워드 폭(word width)은 버스트 카운트(PB_{num})에 맞춰서 더 넓게 만들어진다. 그림 5.47은 버스트 카운트가 4인 SRAM을 보여주는데, 32비트 버스 폭을 사용하는 시스템에서 통신하는 SRAM은 내부적으로 128비트 버스 폭을 가져야 한다. 실제 동작은 쓰기에 사용되는 직렬/병렬 변환 인터페이스(serial-to-parallel interface, SPI)가 SRAM에(원래의 SRAM 속도로) 쓰기 전에 PB_{num}개의 워드를(더 빠른 시스템 속도로) 모은다. 비슷하게, 병렬-직렬 변환 인터페이스(parallel-to-serial interface, PSI)는 넓은 워드를 원래의 SRAM 속도로 읽은 후에, PB_{num}개의 조각으로 나눠 더 빠른 시스템 속도로 보낸다.

비록 이 기법이 SRAM을 훨씬 빠른 환경에서 사용할 수 있게 해주지만, 속도를 얻기 위한 지연시간이 발생한다. 이전 예제의 경우, N−1번째 사이클에서 발생한 읽기 데이터는 $N+PB_{num}$번째 사이클에서 사용 가능해진다.

5.3 앞선 SRAM 주제들

5.3.1 낮은 누설 동작

CMOS 회로가 처음 사용되었을 때는 CMOS 게이트가 DC 또는 안정 상태에 있을 때 무시할 만한 정도의 누설 전류가 흐른다는 장점이 있었다. 현실적으로 CMOS 게이트에서 발생하는 모든 전력 소모는 게이트의 상태 변화에 따라 소모되는 동적 전력에 의한 것이었다. 하지만 그림 5.48처럼 트랜지스터가 점점 작아지면서, CMOS의 누설 전류가 점점 커져 동적 전력보다 더 커질 것으로 추정되고 있다.

동적 전력을 줄이기 위한 기법의 적용(PWL이나 하위 블록 사용 등) 이외에도, 누설 전류에 의해 소모되는 전력이 점점 커지면서 이를 감소시키기 위한 저전력 SRAM 설계가 연구되고 있다. 이 절에서는 누설 전류의 부정적 영향을 줄이기 위해 제안된 다양한 해법을 보여준다.

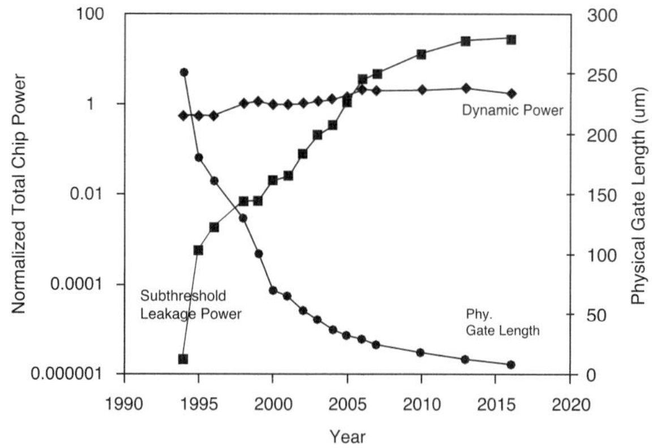

그림 5.48_ 게이트 길이(gate length)에 따른 동적 전력과 누설 전력 추정(Kim [2004a]의 허락을 받고 사용되었다)

다중 Vt 메모리 셀들

누설 전력의 주요한 요인은 문턱 아래 누설 전류(sub-threshold leakage current) 때문이다(그 외에 DIBL 쇼트 채널 효과(short channel effect) 등에 의한 누설도 점점 커진다). 이 원인은 성능 향상을 위한 트랜지스터의 스케일링은 트랜지스터의 문턱전압을 함께 낮춰야 하기 때문이다. Vt가 감소하면, 문턱 아래 누설(문턱에 지수 의존(exponential dependence)을 갖는다)이 증가한다.

이 문제에 대한 개념적으로 간단한 해법 중 하나는 다중 문턱 CMOS 회로를 사용하는 것이다. 이 해법은 공정 수준의 기법을 사용하여 트랜지스터의 문턱전압을 증가시켜 누설 전류를 감소시킨다. 하지만 문턱을 증가시키면 게이트의 오버드라이브가 감소하고, 게이트의 구동력이 감소해 지연시간이 증가한다. 이것 때문에, 이 기법은 논리회로의 비임계 경로(non-critical-path)에서 주로 사용되고, 임계 경로에는 낮은 Vt를 갖는 빠른 트랜지스터가 사용된다. 이런 식으로, 더 높은 Vt 트랜지스터를 사용함에 따른 지연시간 불이익은 비임계 경로를 잘 사용하여 감출 수 있고, 이것은 또한 누설 전류도 급격하게 감소시킨다.

이 방식에서, 다중 Vt 트랜지스터는 메모리 셀들에 선택적으로 사용되는데, 이는 메모리 셀이 대부분의 회로를 대표하기 때문이다. 그리고 이 방식은 접근 시간에 대한 작은 페널티를 가지지만 누설 전력 소모에서 매우 큰 이득을 얻을 수 있다. 그림 5.49에 몇 가지 다중 Vt 구조들을 나타내었다. 또한, 각 구조에서 최소화하고자 하는 누설 전류 경로도 함께 표시하였다.

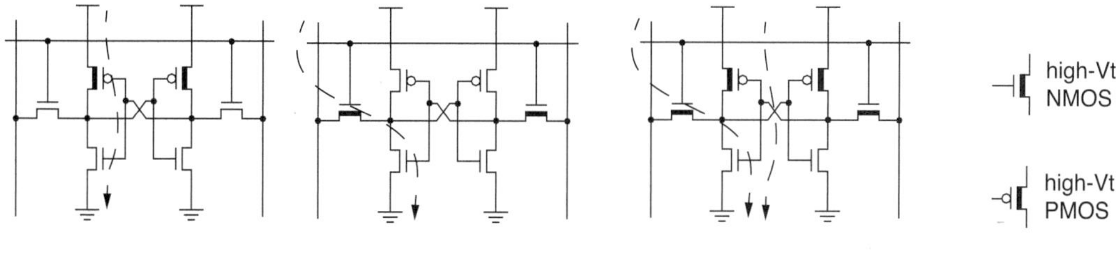

그림 5.49_ 6T 메모리셀 구조에서 서로 다른 다중 Vt(multi-Vt) 형태들(각 구조의 누설 전류 감소에 대해 설명한다)

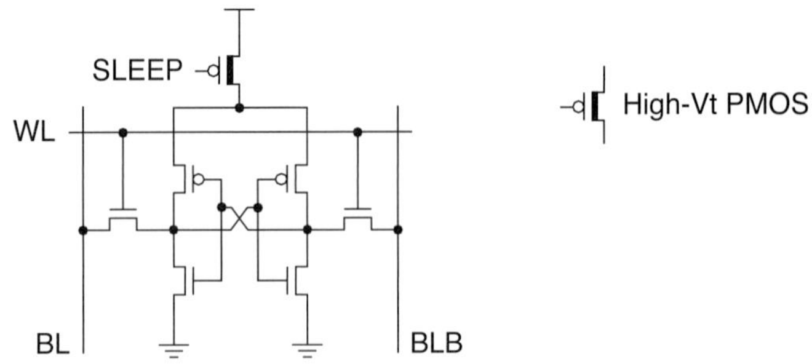

그림 5.50_ 높은 Vt 트랜지스터를 이용하여 Vdd를 차단하는 차단식 Vdd 기법

차단식 Vdd 기법

누설 전류를 줄이는 개념적으로 간단한 또 다른 방법은 그림 5.50과 같이 직렬 트랜지스터를 사용해서 SRAM의 전력 공급을 차단하는 것이다. 이것을 차단식 Vdd(gated-vdd) 기법이라 한다[Powell 외 2000]. 이 트랜지스터에 의해 도입된 스태킹 효과로 누설 전류는 급격하게 감소되었다. 이 기법은 개념적으로 하나의 문턱전압이 필요하기 때문에 낮은 누설 전류뿐만 아니라 더 간단한 제조 공정 요구 사항을 갖는다는 장점이 있다(게이팅 트랜지스터도 누설을 감소시키기 위해 높은 문턱을 가질 수 있지만 공정 복잡도가 높아진다).

어떠한 특별한 해결책 없이는, 전력 공급이 차단된 메모리 부분들은 게이팅 트랜지스터가 꺼질 때마다 그 상태를 잃을 것이다. 이 기법이 캐시에 적용되면, 현재 작업 공간이 캐시의 크기보다 작을 때 성능에 큰 문제없이 사용되지 않는 부분을 끌 수 있다는 장점이 있다. 캐시의 꺼진 부분에 접근되면 그 접근은 실패하고, 필요한 데이터는 그 어드레스에 해당되는 부분이 다시 켜지고, 메모리 계층의 하위 단계로부터 그 해당 부분으로 데이터를 복사한다.

차단식 접지 기법

전원 공급을 차단하였을 때 메모리에 저장된 값을 훼손시키는 방법 대신에, 데이터 유지 차단식 접지(data retention gated-ground, DRG)라 불리는 기법[Agarwal 외 2003]을 사용할 수 있다. 이 방법은 게이팅 트랜지스터를 통해 실제 접지에 연결된 가상 접지를 메모리 셀에 연결한다. 이것은 전력 공급 차단처럼 누설 전류에 동일한 효과를 보인다. 이 기법은 적절한 크기의 셀이 접지에 직접 연결되지 않고도 상태를 유지할 수 있다는 장점이 있다. 이 기법이 그림 5.51에 나타나 있다.

감소된 누설 전류 이외에도, 이 기법을 구현할 때에는 게이팅 트랜지스터 주변에 다른 회로망이 필요 없다는 장점이 있다. 행(row)에 제공되는 워드라인으로 게이팅 트랜지스터를 제어할 수 있기 때문에, 추가 제어 회로망이 필요 없다.

이 기법을 캐시에 적용하더라도 캐시 적중률이 떨어지지 않는다. 왜냐하면 게이팅 트랜지스터가 꺼져 있을 때

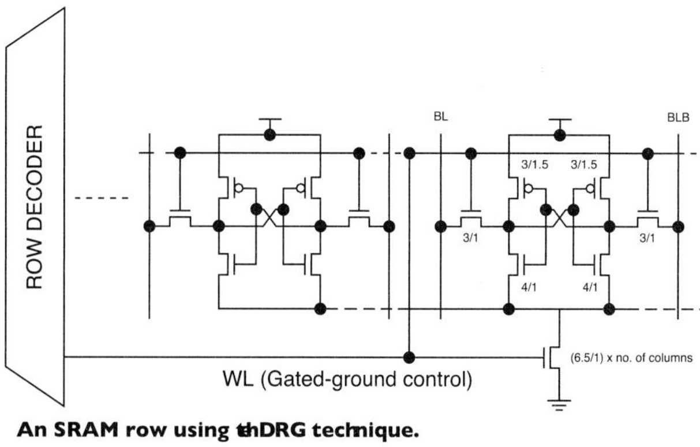

그림 5.51_ DRG 기법을 사용하는 SRAM 행

에도 캐시에 저장된 데이터가 유지되기 때문이다. 게다가, 캐시의 어떤 부분이 꺼지는지 추적하기 위한 추가 복잡도에 관해서는 이미 존재하는 회로망을 사용하면 되기 때문에 캐시 제어기에 문제가 되지 않는다.

DRG 기법은 잡음 내성(noise tolerance)이 감소되는 단점이 있다. 이는 기존 구현과 비교했을 때의 더 줄어든 SNM 마진에 의해 나타난다. 이 기법은 또한 게이팅 트랜지스터의 사용으로 인한 회로의 지연시간과 면적에 부정적인 효과가 있다. 그리고 게이팅 트랜지스터가 꺼져 있을 때에도 데이터가 유지될 수 있도록 보장하기 위해, 메모리 셀 설계 시 사용할 트랜지스터 크기를 잘 결정해야 하는데, 그에 따른 추가적인 복잡도도 단점이라 할 수 있다.

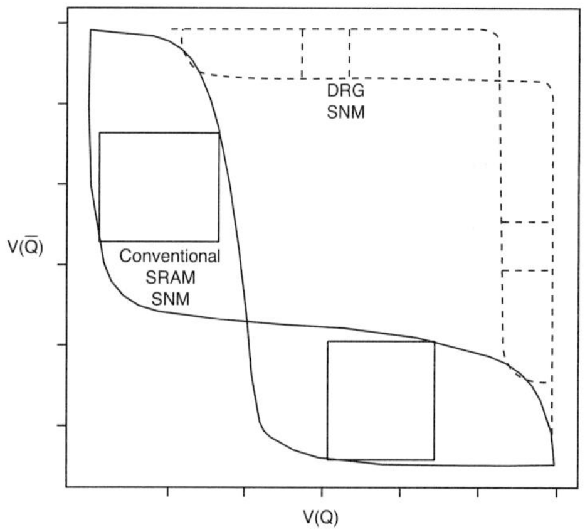

그림 5.52_ 일반적인 SRAM 대비 DRG SRAM의 SNM

드라우지 SRAM

SRAM의 누설 전력을 감소시키기 위한 방법 중 하나로 드라우지(drowsy) 기법이 있다[Kim 외 2004]. 이 기법은 조건에 따라 SRAM 내 주어진 영역으로 전력을 공급한다는 점에서 앞서 논의한 차단식 Vdd와 DRG 기법과 유사하다. 이 방법은 SRAM의 비주기적으로 접근되는 부분을 상태를 보존하는 저전력 드라우지 모드로 만들어 누설 전력을 감소시킨다.

드라우지 모드에서는 메모리 셀에 일반적인 전원 공급보다 낮은 전압을 갖는 또 다른 전원 공급을 사용한다. 누설 전력은 전력 공급 값에 의존성을 가지므로 효과적으로 감소한다. 이 기법이 그림 5.53에 나타나 있다. 이 구성은 DRG 기법보다 잡음 내성이 강하다. 왜냐하면 메모리 셀 내부의 교차 결합형 인버터가 활

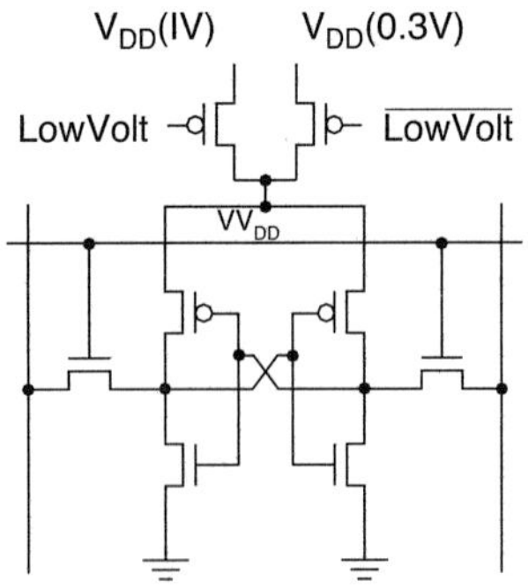

그림 5.53_ 전력 공급 차단을 위한 트랜지스터를 갖는 드라우지 SRAM 셀

성화 상태를 유지하여, 각 저장소 노드를 구동하기 때문이다. 이는 DRG 기법과는 완전히 다르다.

이 기법의 제어 방식은 매우 직관적인데, 간략히 말하자면 주기적으로 캐시의 모든 블록을 드라우지로 만든 후 실제로 참조되는 블록만 드라우지 모드에서 깨우면 된다.

5.4 캐시 구현

5.4.1 간단한 캐시들

지금까지 SRAM 블록 구현에 관한 논의를 계속하였는데, 우리는 이제 이러한 메모리 원형(primitive)을 캐시를 만들기 위한 빌딩 블록(building block)으로 사용한다. 그림 5.54에 보였듯이, 캐시의 태그와 데이터 부분은 적절한 크기의 메모리 배열을 이용해 만들 수 있다. 간단한 SRAM 저장소에 모든 기능을 지원하는 회로망을 포함키면 완전한 기능의 캐시 하부 시스템을 만들 수 있다.

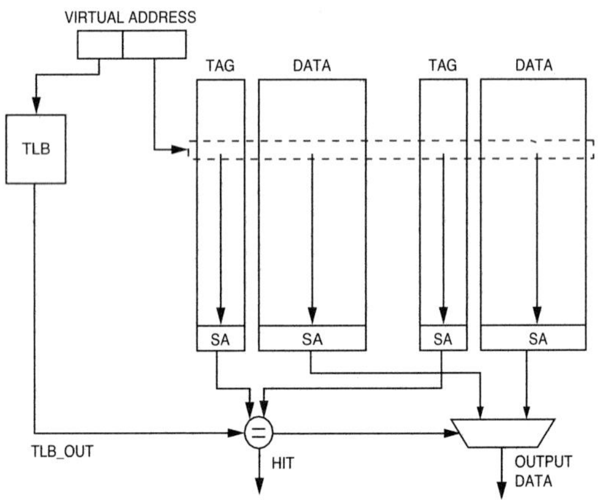

그림 5.54_ 캐시 블록 다이어그램

N-웨이 연관 캐시는 적절한 데이터를 결정하고 선택하기 위해 N개의 태그와 데이터 쌍(논리적 쌍을 의미하며 같은 메모리 배열에 구현될 필요는 없다)을 사용한다, N-웨이 비교기, 그리고 N-웨이 멀티플렉서를 사용한다. 가상 어드레싱을 사용하지 않는 시스템에서 TLB는 선택사항이지만, 그렇지 않을 경우는 TLB가 필요하다. 특히 물리 어드레스가 태그 데이터에 저장될 경우 더욱 그렇다. 또한, 비록 TLB 접근 시 캐시 태그와 데이터 접근이 병렬로 수행되는 것처럼 보이더라도, 비교기가 사용할 변환이 적시에 준비된다면, 언제든지 수행될 수 있다.

그림 5.54에서, 캐시 제어기는 즉시 쓰기/나중 쓰기 동작과 같은 추가적인 캐시 사양을 구현하기 위해 캐시 동작과 접근을 파악해야 한다. 또한 각 접근 제어를 위한 뱅크 관리 및 뱅크 충돌 파악을 통해 다중 포트 사용 등의 다른 기능을 사용할 수 있도록 해야 한다. 마지막으로, 캐시 제어기는 접근 실패가 발생했을 때 캐시를 채우기 위해 하위 단계의 메모리와 인터페이싱을 해야 한다. 비록 캐시가 무수히 많은 방법으로 구현 가능하지만, 이와 같은 간단한 캐시 구현으로도 사용하기 편하고 실용적인 캐시 설계가 가능하다.

5.4.2 프로세서 인터페이싱

그림 5.55는 마이크로프로세서를 데이터 캐시에 인터페이스하는 두 가지 보편적인 방법을 보여준다. 그림 5.55(a)는 캐시가 순차 프로세서 파이프라인에 연결되고, 파이프라인 레지스터를 통해 캐시 스테이지에 어드레스, 제어, 데이터가 전달되는 것을 보여준다. 여기서 캐시 접근 시간은 프로세서 사이클 하나와 같다고 가정하며, 캐시로부터의 로드의 경우에는 결과 신호(적중/실패 등)와 데이터를 제공한다. 그리고 결과 신호는 파이프라인 제어 회로망으로 전달되어 접근의 적중/실패 여부에 따라 파이프라인을 지연시킬 지(stall)가 결정된다.

그와 다르게, 그림 5.55(b)는 캐시가 비순차 실행 파이프라인의 어느 위치에 어떻게 연결되는지 보여준다. 그림은 로드/스토어 유닛의 내부를 보여주며, 유닛 외부에 비의존적 명령어들을 비순차적으로 실행할 수 있게 하는 구조가 존재한다고 가정하면, 이 유닛은 다른 기능을 하는 유닛들과는 독립적으로 동작한다. 그리고 캐시 실패 시에는 프로세서 코어를 지연시킬 필요가 없다.

로드/스토어 유닛은 일반적으로 메모리 명령어를 저장하는 로드/스토어 큐를 가진다. 이 큐는 로드/스토

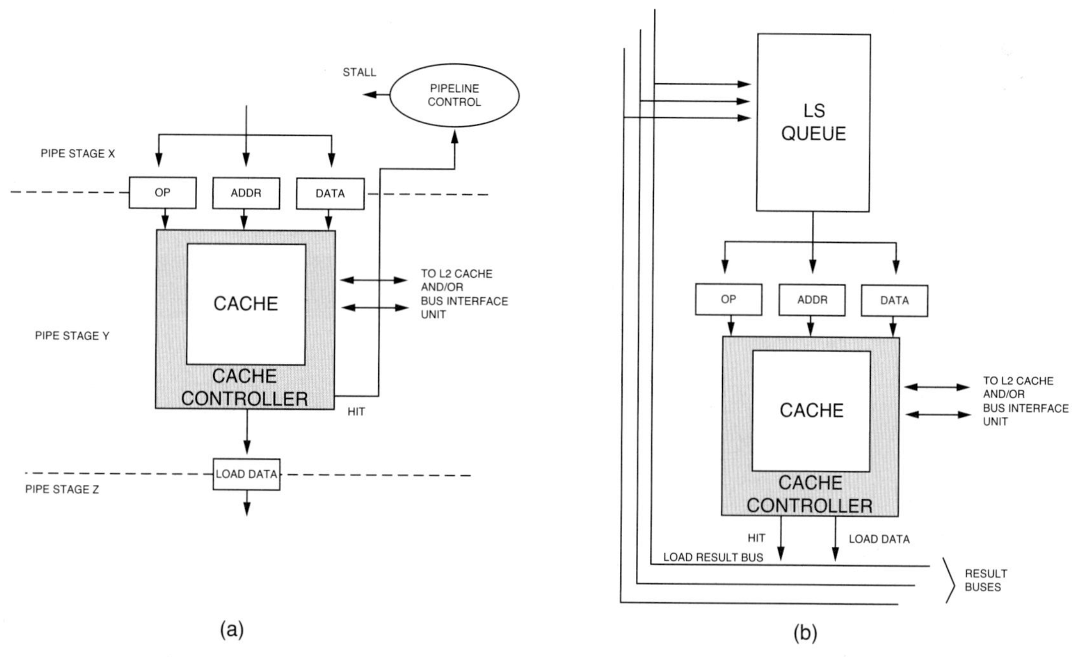

그림 5.55_ 캐시-프로세서 인터페이스. (a) 순차(In-Order) 프로세서, (b) 비순차(Out-of-order) 프로세서

어가 캐시에 접근하는 것이 확실할 때(예를 들어, 필요한 모든 피연산자를 가지고 있고, 접근 수행이 어떠한 메모리 해저드나 불일치를 유발하지도 않을 때)에 로드/스토어 명령어를 통해 얻어진 정보로 캐시 접근을 한다. 접근 결과는 프로세서 구조체에 갱신된다. 접근 실패 시 기다렸다가 로드/스토어 명령어 접근을 재시도한다. 어떤 구현은 로드/스토어 유닛 내부에 실패인 접근을 저장하는 구조체를 가지고 있어서, 실패인 접근을 발생시킨 명령어가 그곳에 저장된다.

5.4.3 다중 포트 사용

캐시는 다양한 방법으로 다중 포트를 사용할 수 있다. 완전히 독립적으로 동작하는 다중 포트 캐시는 어떠한 위치라도 동시 접근이 가능하도록 특별히 설계된 다중 포트 SRAM을 사용한다. 이 다중 포트 메모리 셀의 두 예가 그림 5.56에 나타나 있다.

이러한 다중 포트를 사용함으로써 상대적으로 쉽게 SRAM을 제어할 수 있지만, 각 포트에 다수의 접근 트랜지스터가 추가됨으로써 메모리 면적이 크게 증가한다. 면적 증가 이외에도, 메모리 내부 도선 길이의 증가 때문에 지연시간에 악영향을 미친다.

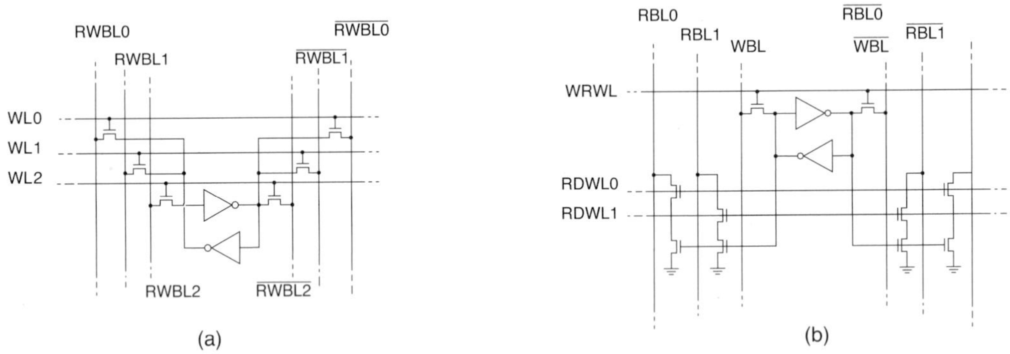

그림 5.56_ 다중 포트를 갖는 메모리 셀들: (a) 3개의 읽기/쓰기 포트, (b) 2개의 읽기, 1개의 읽기/쓰기 포트

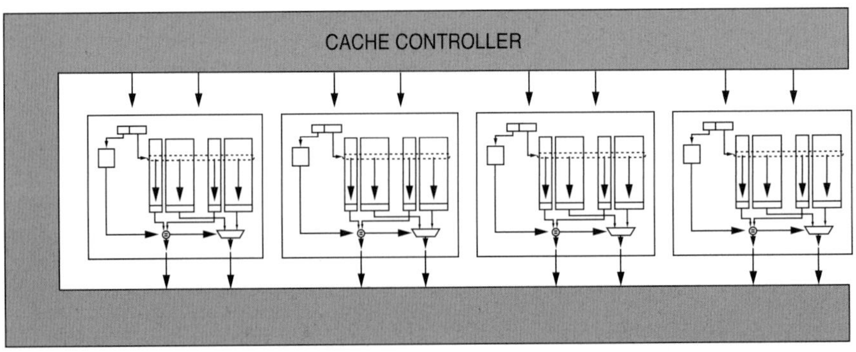

그림 5.57_ 뱅크 방식을 사용하는 다중 포트 캐시. 이 경우 캐시는 4개의 뱅크로 구성되며, 모든 뱅크는 똑같이 2웨이 연관이고 1개의 R/W포트를 갖는다.

이러한 다중 포트의 대안으로, 캐시를 위한 다수의 독립적인 뱅크를 사용할 수 있다. 여기서 각 뱅크는 간단한 하나의 포트를 갖는 캐시로 구현된다. 이 구성은 접근하는 뱅크가 다르기만 하다면 다수의 캐시 접근이 가능하다. 그림 5.57에 이러한 구성의 4개의 뱅크를 갖는 2웨이 연관 캐시를 나타내었다.

이 구성은 최대 4개의 읽기/쓰기 접근을 동시에 수행할 수 있다. 이 구성에서는 개별 뱅크의 제어와 I/O 관리, 그리고 뱅크 충돌을 피하기 위해 좀 더 복잡하고 지능적인 캐시 제어기가 필요하다. 이 정도의 복잡도를 감안해도 완전히 독립적으로 동작하는 다중 포트는 급격히 증가하는 캐시 크기로 인해 비현실적이기 때문에 뱅크를 이용한 접근 방식이 주로 사용된다.

MEMORY | SYSTEMS | **CACHE**

캐시 사례 연구

CHAPTER 06

이번 장에서는 세 종류의 대표적인 마이크로프로세서들(Motorola MPC7450(PowerPC ISA), AMD Opteron(x86-64 ISA), Intel Itanium-2(EPIC ISA) 설계)에 채용된 캐시 구조들에 대해 자세히 살펴본다.

먼저 캐시 계층 구조를 구성하는 각 계층에 대한 설명과 더불어, 각 캐시 구조들의 논리적 구성을 간단히 설명하기로 한다(이전 장들에서 이미 이러한 개념들은 자세히 설명되었다). 또한, 동시에 각 캐시구조의 특징들 중 흥미롭고 관심을 가질 만한 내용들에 대해서는 좀 더 자세히 다루기로 한다. 그리고 각각의 캐시가 해당 프로세서 파이프라인에 어떻게 연동되는지를 이해하기 위해, 각 캐시를 포함하는 마이크로프로세서의 블록 다이어그램을 다루도록 한다. 추가적으로 중요한 개념과 몇몇 관련된 회로들에 대해서 깊게 살펴보도록 한다(주로 내부 회로가 공개되어 있는 Intel Itanium-2를 다루기로 한다). 마지막으로, 캐시 상관성을 유지하기 위해 각 캐시에 채용된 기술들을 살펴본다.

6.1 논리적인 구조

6.1.1 Motorola MPC7450

Motorola MPC7450 마이크로프로세서는 세 개 계층으로 구성된 캐시 계층 구조를 지원한다. 캐시의 상위 두 계층은 온칩에 구현되지만, 세 번째 계층의 데이터 영역은 오프칩에서 구현되도록 설계되었다(세 번째 계층의 태그와 상태를 나타내는 비트들은 캐시 실패(cache miss)를 빠르게 감지할 수 있도록 온칩에 구현되었는데, 이를 통해 오프칩에 구현되어 속도가 느린 데이터 영역의 접근에 걸리는 지연시간을 부분적이나마 숨기기 위한 것이다).

각 캐시 계층의 논리적 구성의 크기, 연관성, 그리고 기타 관련 정보들을 표 6.1에 나타내었다. Motorola MPC7450의 몇몇 흥미로운 특징들은 다음과 같다.

- 소프트웨어적인 제어를 통하여 캐시를 꺼버리거나(캐시를 전혀 사용하지 않을 수 있다) 잠글 수 있다. 이 방법은 프로세서의 데이터 접근 시간 예측성을 향상시켜, 실시간 제약 조건이 부여된 환

표 6.1_ MPC7450 캐시 계층 구성 정보

	L1 Cache	L2 Cache	L3 Cache
Size	32-KB Harvard	256-KB unified	1/2-MB unified
Associativity	8-way assoc.	8-way assoc.	8-way assoc.
Cache line size	32 bytes	64 bytes	64 bytes
Write policy	Write-through/write-back (programmable)	Write-through/write-back (programmable)	Write-through/write-back (programmable)
Replacement policy	Pseudo-LRU	Two different pseudo-random replacement algorithms	Two different pseudo-random replacement algorithms
Error correction	Parity generation (one parity bit/byte)	Parity generation for both tags and data	Parity generation for both tags and data
No. of ports	Dual-ported data tags (rest are single ported)		
Location	On-chip	On-chip	Data array is off-chip
Coherency	MESI (for data)	MESI	MESI

경에서 시스템이 주어진 제약 조건 내에 주어진 작업을 종료하는 것이 보다 용이해진다.

- 캐시의 각 계층마다 즉시 쓰기나 나중 쓰기 방식의 쓰기 정책을 선택할 수 있는 설정 기능이 있다. 이러한 설정의 기본 단위는 하나의 페이지나 하나의 캐시 블록이 된다(PowerPC 에서는 캐시 블록이 상관성 관리의 최소 단위이며, 각 캐시 블록의 상태를 표시하기 위해 상관성 상태 비트(coherency status bit)가 부여된다). 이러한 방법으로 프로그래머들은 어플리케이션에 따라 유연하게 쓰기 정책을 미세 조정할 수 있다.
- 캐시들은 프로세서의 벡터 유닛과 레지스터 파일이 직접 연결된 로드/스토어 유닛과 128비트의 데이터를 원활하게 주고받을 수 있도록 설계되어 있다. 이러한 기능을 이용하여 PowerPC의 강력한 SIMD 능력과 알티벡(Altivec) 벡터 명령어들을 효과적으로 활용할 수 있다.

6.1.2 AMD Opteron

단일 코어, 64비트 AMD Opteron 프로세서는 두 개 계층의 캐시 계층 구조를 지원하고 이 두 계층 모두 온칩에 구현된다. 언급된 캐시의 논리적 구성을 표 6.2에 나타내었다.

Opteron 캐시의 흥미로운 특징은 다음과 같다.

- Opteron L2 캐시는 배제적 캐시(exclusive cache)이다. 배제적 캐시는 충돌 실패(conflict miss)의 결과로 발생하는 빅팀(victim)이나 카피백(copy-back) 캐시 블록만을 저장한다(이 블록들은 추후 하

표 6.2_ AMD Opteron 캐시 계층 구성 정보

	L1 Cache	L2 Cache
Size	64-KB Harvard	
Associativity	2-way assoc.	16-way assoc.
Cache line size	64 bytes	
Write policy	Write-through/ write-back	
Replacement policy	LRU	
Error correction	Data parity, ECC	
Number of ports	L1D is dual ported	
Location	On-chip	On-chip
Coherency	MOESI (L1D)	

표 6.3_ IIntel Itanium–2 캐시 계층 구성 정보

	L1 cache	L2 cache	L3 cache
Size	16-KB Harvard	256-KB unified	3-MB unified
Associativity	4-way assoc.	8-way assoc.	24-way assoc.
Cache line size	64 bytes	128 bytes	128 bytes
Write policy	Write-through	Write-back	Write-back
Replacement policy	LRU	NRU	NRU
Error correction	ECC	ECC (SECDED)	ECC (SECDED)
No. of ports	2 read, 2 write	4 read, 4 write	1 R/W
Location	On-chip	On-chip	On-chip

위 메모리 시스템(주 메모리 등)에 저장된다). 배제적 캐시 구조를 사용하면 포함적 캐시(inclusive cache) 방법을 사용할 때에 비해 전체 캐시 시스템의 유효 캐시 용량이 증가한다.

6.1.3 Intel Itanium–2

Intel Itanium–2 마이크로프로세서는 MPC7450과 같이 세 개 계층의 캐시 계층 구조를 채택하고 있다. 하지만 MPC7450과 달리 세 계층의 캐시들은 모두 온칩에 구현된다. 세 캐시 계층의 논리적 구성 및 기타 관련 정보들을 표 6.3에 나타내었다.

Intel Itanium−2 계층 구조에는 중요한 특징과 최적화 기법이 많이 적용되어 있다.

- 세 계층의 캐시 모두 비트라인을 읽을 때 더블엔드형(double-ended) 혹은 차동 센싱(differential sensing) 방식이 아닌 싱글엔드형(single-ended) 센싱을 사용하였다. 일반적으로 전압 스윙이 작은 노드를 다뤄야 할 때는 차동 센싱 방식을 사용하는 것이 더 효율적이고 쉽다고 생각되지만, 그 당시 설계자들은 싱글엔드형 설계가 공정 기술 미세화에 따른 스케일링이 용이하며, 비트라인을 풀스윙(full-swing) 회로로 다루는 것이 로우스윙(low-swing) 회로로 다루는 것보다 쉽다고 생각했다.
- L1 캐시는 빠른 코어 클록 속도와 보조를 맞추기 위해 지연시간(latency) 관점에서 최적화 된다. L2 캐시는 대역폭에 최적화되어 있다. 즉, 다수의 쓰기/읽기 포트가 L1 캐시에 제공되고, L1 캐시가 이들 포트들의 이용률을 최대로 높일 수 있도록 포트들의 접근 순서를 손쉽게 재조정하는 개념으로 이해해도 좋다. L3 캐시는 큰 용량과 단 하나의 포트를 갖는다는 사실에서 알 수 있듯이 면적 효율성에 최적화되어 있다. 대용량의 L3 캐시를 보장함으로써 캐시 실패(cache miss)에 의해 생기는 오프칩 접근을 크게 감소시킬 수 있다.

6.2 파이프라인 인터페이스

6.2.1 Motorola MPC7450

그림 6.1에 Motorola MPC 마이크로프로세서의 전체 블록 다이어그램을 나타내었다. 그림은 L1 캐시(다이어그램의 오른쪽 위 모서리)가 페치 유닛, 로드/스토어 유닛, 더 하위 계층의 메모리 계층 구조(다이어그램의 아랫부분)에 연결되어 있음을 보여준다.

그림 6.2는 이러한 논리 블록들이 실제 프로세서 파이프라인의 프레임워크에 어떻게 맞춰져 있는지를 보여준다. L1 데이터 캐시는 로드/스토어 스테이지(stage)에서 접근되고, L1 명령어 캐시는 페치 스테이지가 수행되는 도중에 접근된다.

6.2.2 AMD Opteron

AMD64의 블록 다이어그램을 그림 6.3에 나타내었다. L1 명령어 캐시는 명령어페치(Instruction-fetch, IF) 유닛에 연결되어 있고, L1 데이터 캐시는 프로세서 로드/스토어 유닛에 연결되어 있다. 로드/스토어 유닛과 데이터 캐시의 연결을 그림 6.4에 나타내었다.

6.2.3 Intel Itanium−2

Intel Itanium−2 마이크로프로세서의 블록 다이어그램을 그림 6.5에 나타내었다. 이 그림은 코어 내의 여러 유닛들과 캐시가 어떻게 연관되어 있는지를 보여준다. 이 다이어그램에서 가장 흥미로운 것 중 하나는 부동소수점 연산 유닛(floating-point unit)이 L1 캐시 대신 L2 캐시에 직접 연결되어 있다는 것이다.

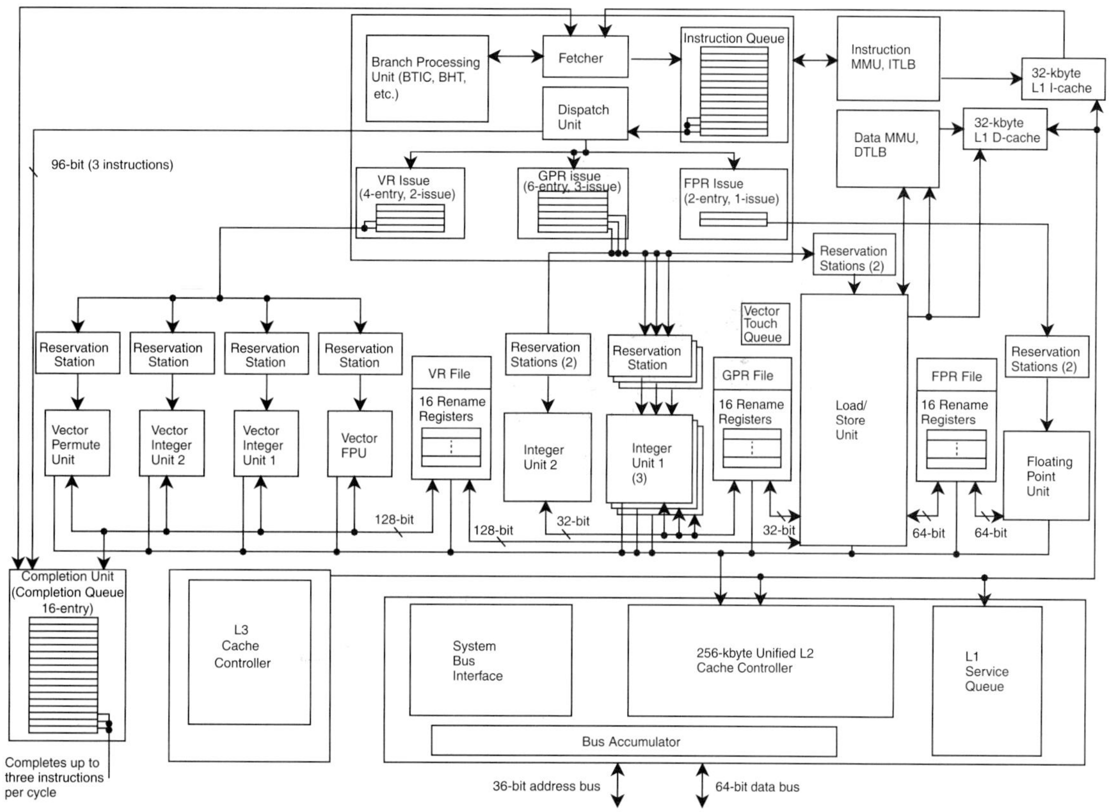

그림 6.1_ Motorola MPC7450 마이크로프로세서 계열의 블록 다이어그램

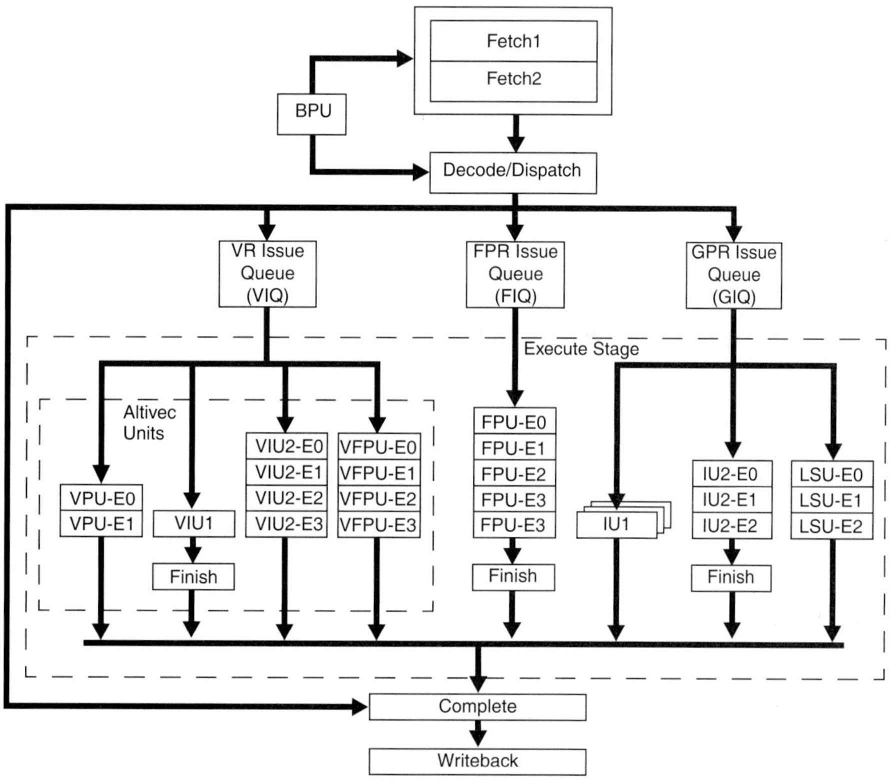

그림 6.2_ Motorola MPC7450의 파이프라인 스테이지

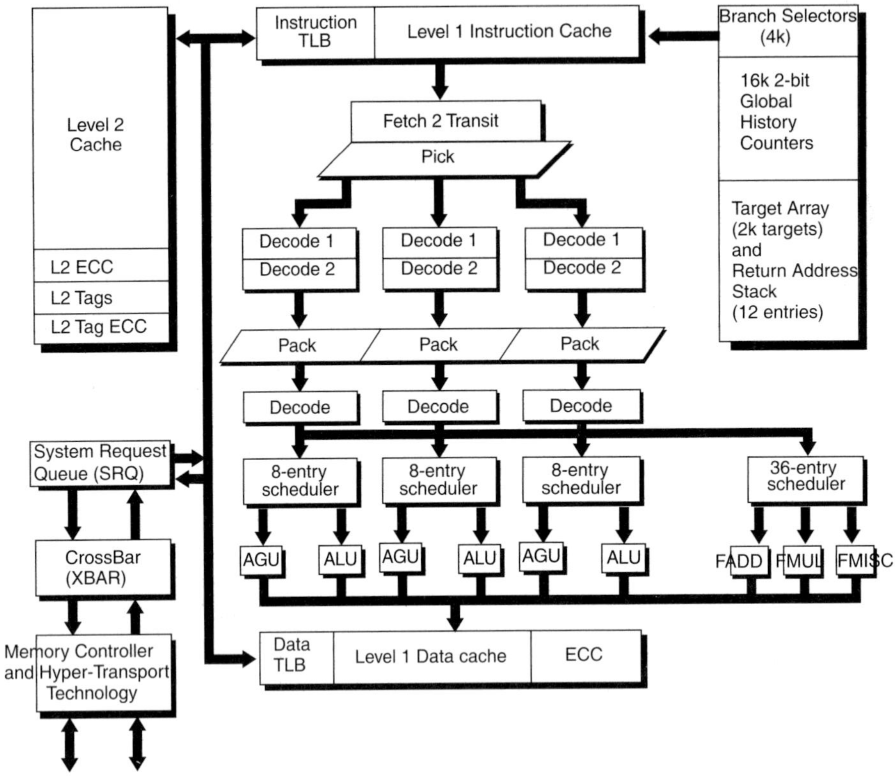

그림 6.3_ AMD Opteron 프로세서의 블록 다이어그램

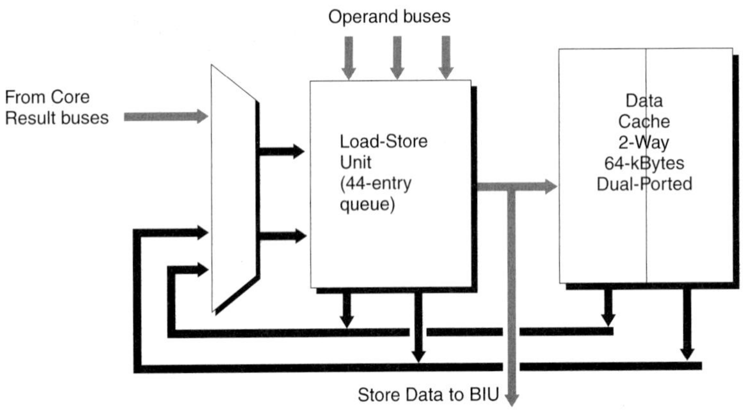

그림 6.4_ AMD Opteron L1 데이터 캐시와 프로세서의 로드/스토어 유닛 간의 논리적 연결

6.3 자세한 Itanium-2 회로에 대한 사례 연구

이 절에서는 Itanium-2 캐시의 설계에 사용된 관심을 가질 만한 회로 기술과 토폴로지(topologies)에 대해 알아보기로 한다.

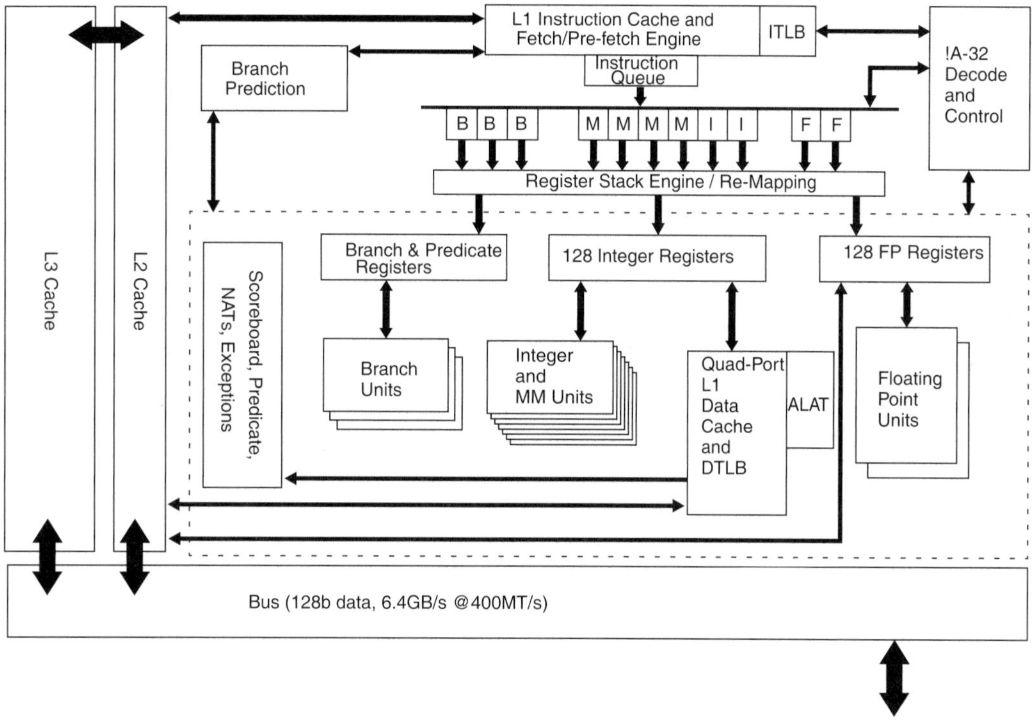

그림 6.5_ Intel Itanium-2 프로세서의 블록 다이어그램

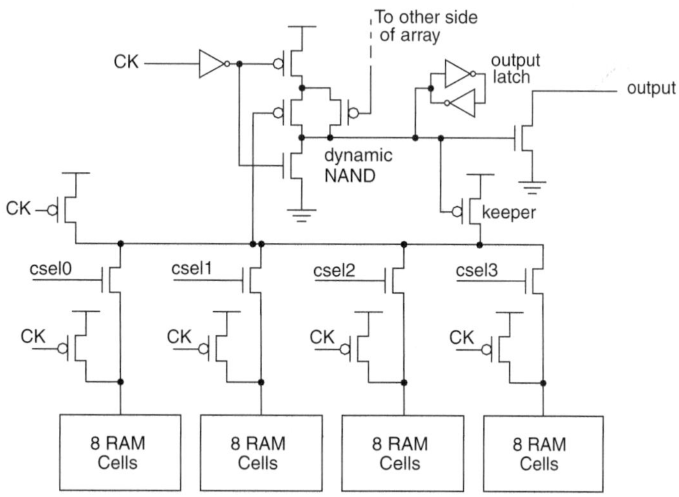

그림 6.6_ Itanium-2 L1 캐시의 배열 RAM 구조

6.3.1 L1 캐시 RAM 셀 배열

Itanium의 L1 메모리 배열을 그림 6.6에 나타내었다. 이 그림에서 이중 포트(dual port)를 가지는 메모리 셀을 보여주는데, 비트라인 쌍의 각 라인이 서로 다른 읽기 포트를 위한 용도로 사용된다. 읽기 접근(read access)을 하게 되면, 4개의 컬럼 셀렉트(column select) 중 하나에 의해 적절한 싱글엔드형 비트라인이 선

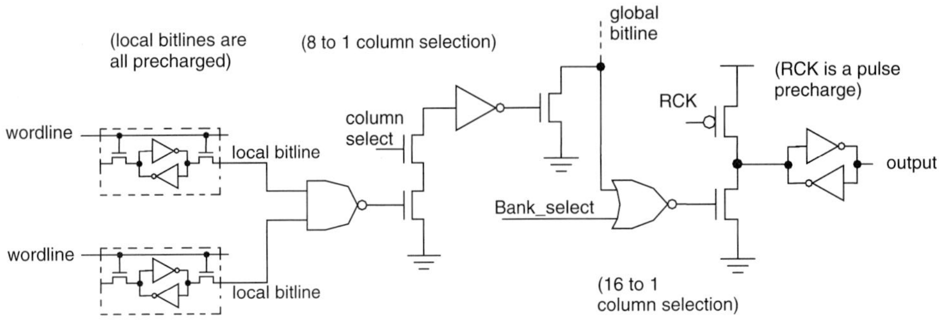

그림 6.7_ Itanium-2 L2 캐시의 배열 비트라인 구조

택되고, 중앙에 있는 동적 NAND 연산을 통해 또 다른 비트라인 셋들과 결합된다. NAND 연산의 최종 값이 래치(latch)되어 데이터 출력 노드를 방전시키는 데에 사용된다.

중요한 점은 각 비트 라인당 단지 8개의 RAM 셀만을 연결하여, 활성화된 메모리 셀이 쉽게 그리고 빠르게 이 비트라인을 적정 수준으로 방전시킬 수 있다는 것이다. 따라서 싱글엔드형 검출 기법은 접근 지연시간(access latency)의 관점에서 어떠한 페널티 없이 사용될 수 있다.

6.3.2 L2 배열 비트라인 구조

L2 캐시의 비트라인 구조를 그림 6.7에 나타내었다. 그림에서 알 수 있듯이 L2캐시의 읽기 기능은 싱글엔드형으로 구현되어 있다. 32개의 메모리 셀 중 하나의 셀이 해당 워드라인에 의해 활성화된다. 이 활성화된 메모리 셀은 프리차지된 비트라인을 방전시켜 정적 NAND 연산의 논리 결과가 '1'이 되도록 한다. 8:1 컬럼 셀렉트 신호와 함께, NAND 연산의 결과 값은 전역 비트라인들(global bitlines)을 방전시킨다. 마지막으로, 활성화된 뱅크 선택 신호를 이용하여 이 값들을 출력 래치에 저장한다.

이 캐시의 특징 중 하나는 뱅크의 개수를 충분히 제공하고, 다수의 읽기/쓰기 포트가 서로 다른 뱅크에 접근하도록 하여 동시에 활성화되는 포트 수를 증가시킨다는 것이다. 이는 실질적으로 포트들을 병렬화시키는 것으로, 이렇게 추가된 병렬성(parallelism) 덕분에 L1과 L2 캐시 사이의 대역폭이 크게 증가되고, L1 캐시의 채우기가 더욱 빨라진다.

6.3.3 L3 하위배열 구현

Itanium-2 L3 캐시를 구현하는 기술 중에 하나로 하위배열(subarray) 기술이 있다. 즉, 서로의 상대적 위치와 동작이 대부분 독립적인 하위배열들을 이용하여 캐시를 구성하는 기법이다. 이 방법은 L3 캐시를 정확하게 일정한 곳에 위치시키는 평면 배치(floor plan) 대신에, 다이(die)의 면적 효율이 극대화되도록 코어 블록들을 잘 배치하고, 유휴 공간에 하위배열들을 배치하는 것이다. 캐시가 설계되는 동안 여러 종류의 평면

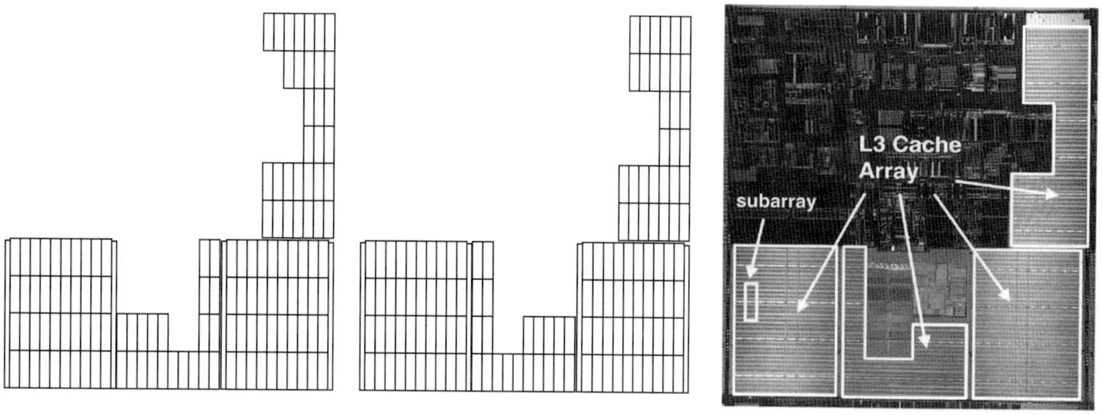

(a) (b) (c)

그림 6.8_ Itanium-2 L3 캐시의 하위배열 평면 배치. (a)와 (b)는 평면 배치의 예이고, (c)는 (b)를 구현한 최종 다이의 사진이다. 이 방법을 이용하면 (보통의 캐시 설계에서는 거의 불가능한)설계 단계의 후반에도 이러한 구조 변화를 할 수 있다는 점을 강조한다(사진과 다이어그램은 Weiss 2004의 허가를 받고 사용되었다).

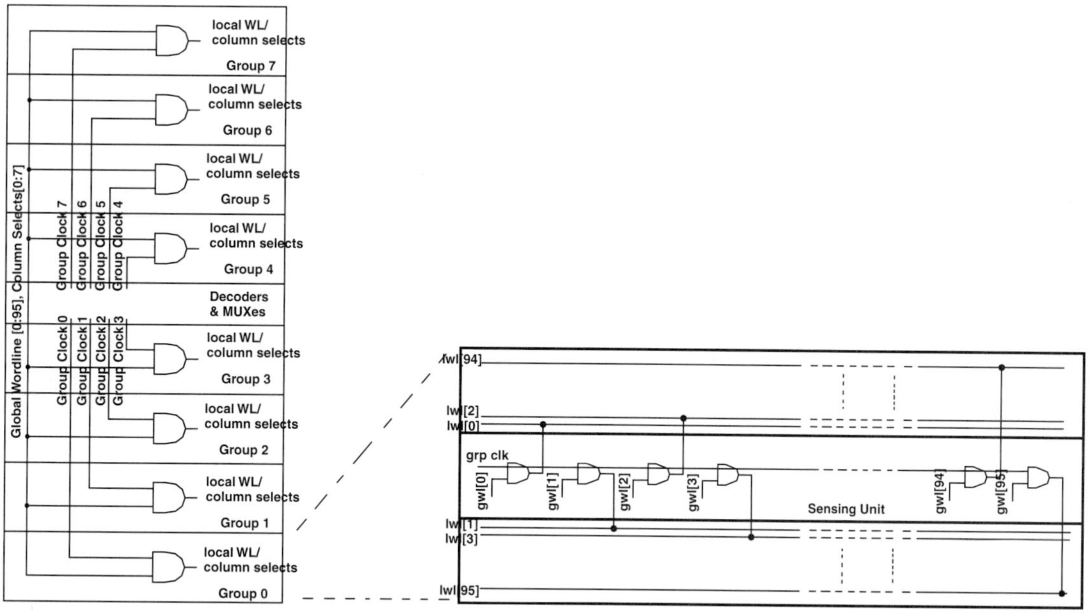

그림 6.9_ Itanium-2 L3 캐시의 구현에서 사용된 하위배열의 내부

배치 후보군들을 평가하게 되는데, 이를 그림 6.8에 나타내었다. L3 캐시의 면적이 프로세서 전체 면적 중 가장 높은 비율을 차지하므로, 효율적인 공간 사용을 고려하는 L3 캐시 기술은 매우 중요한 사안이다.

하위배열의 내부를 그림 6.9에 나타내었다. 이 그림에서 하위배열은 다시 8개의 그룹으로 나뉘고, 하위배열 내에서 그리고 각 개별 그룹 내에서 디코딩과 센싱이 어떻게 이루어지는지를 보여준다.

마지막으로, 비록 하위배열 출력들을 그대로 사용할 수 있긴 하지만, 고장난(faulty) 하위배열은 마이크로

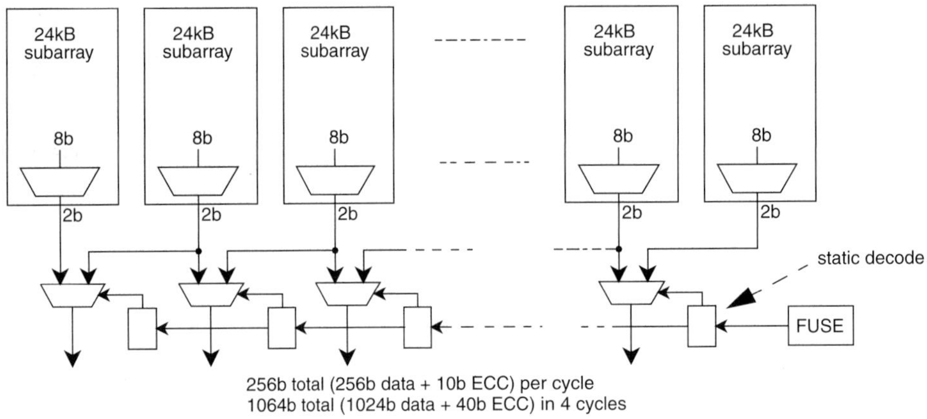

그림 6.10_ Itanium-2 L3 캐시의 여유 블록을 사용하기 위한 인터커넥션(interconnection)

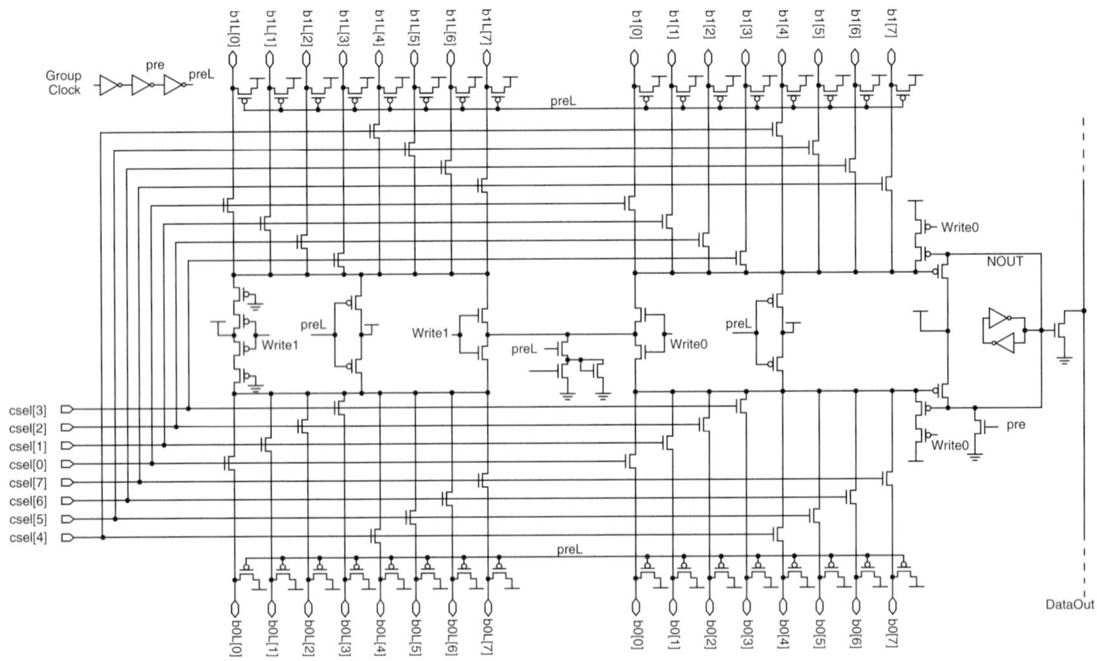

그림 6.11_ Itanium-2 L3 캐시의 하위배열 구조와 센싱

프로세서를 아예 동작 불가로 만들 수도 있다. 이에 대한 대비책으로, 그림 6.10에 나타낸 바와 같이 여유 블록(redundancy blocks)과 오류 정정(error corrections)(128개의 데이터 하위배열당 5개의 ECC와 2개의 여유 배열)을 추가하여, 수율을 극대화한다.

마지막으로, 하위배열의 센싱 유닛을 그림 6.11에 나타내었다. 그림에서는 16개의 서로 다른 비트라인 쌍들이 존재한다. L3 캐시는 읽기 접근 시 싱글엔드형 센싱을 사용하기 때문에, 비트라인의 오른쪽 부분들만 실제로 사용된다(비트라인 쌍의 왼쪽 비트라인은 차동을 수행하는 쓰기 접근에서 사용된다). 읽기 접근 시에는 8개의 컬럼 셀렉트들 중 하나에 의해 선택된 '하강 상태의(falling)' 비트라인이 DATA0과 DATA1 라인의 전압 수위를 끌어내린다. 그리고 DATA0과 DATA1은 PMOS 기반 동적 NAND 게이트에 연결된다. 그 출력이 래치되어 프리차지된 출력 노드를 방전시키는 데 사용된다.

6.3.4 Itanium-2 TLB와 CAM 구현

이 절에서는 Intel Itanium-2에 도입된 가상 메모리를 고려한 L1 캐시의 접근을 최적화하는 방법에 대해 알아본다. Itanium-2 구현에 대한 세부사항을 다루기 전에, 이러한 L1 캐시 접근이 일반적으로 어떻게 이루어지는지에 대한 배경 지식을 먼저 살펴볼 것이다.

가상 메모리의 사용은 이미 현대 컴퓨팅의 필수적인 부분이 되어버렸다. 전형적인 마이크로프로세서에서 캐시는 물리적으로 색인되고 물리적 혹은 가상적으로 태그되도록 하여, 캐시 태그 및 데이터에 대한 접근

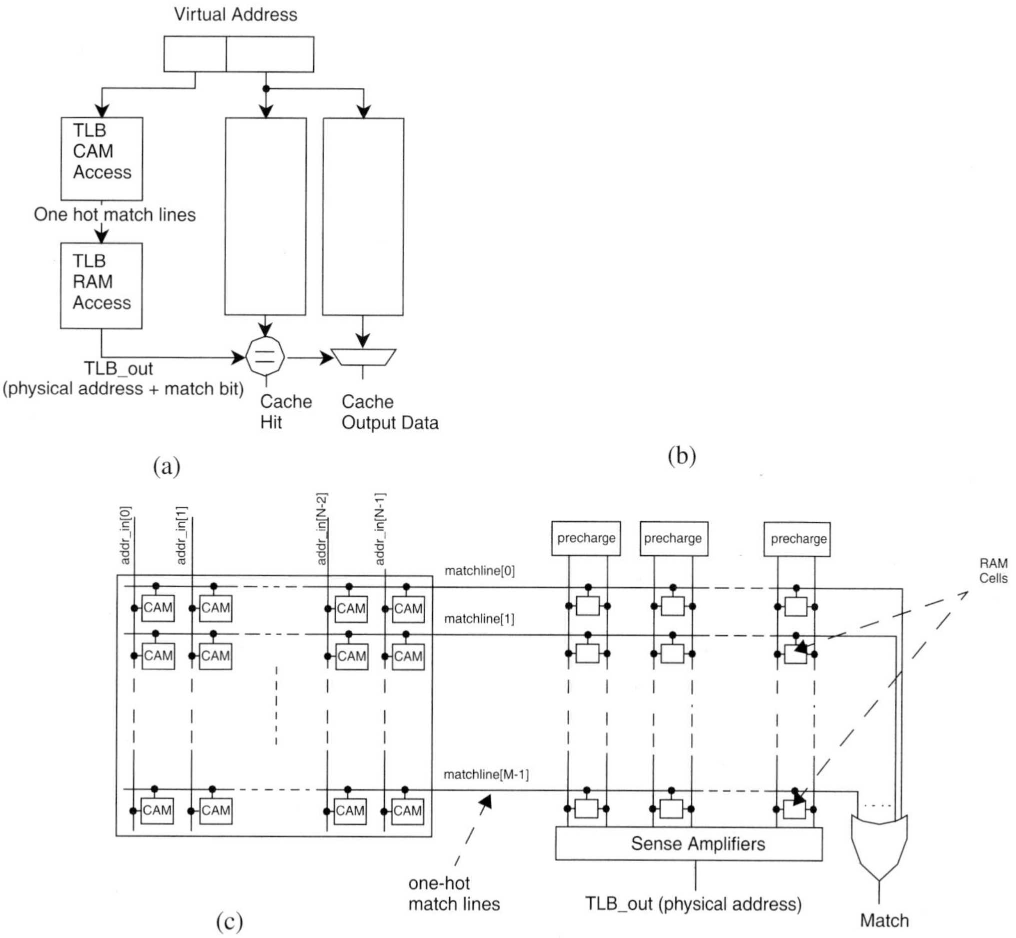

그림 6.12_ 전형적인 TLB와 캐시 읽기 접근. (a)는 TLB 접근(CAM과 RAM 부분 모두)을 포함한 캐시 접근의 블록 다이어그램을 보여준다. (b)는 CAM 셀의 내부를 보여주는데, 매치 동안의 입력이 CAM 셀의 내부 상태와 비교되어 '매치 라인(match line)'을 방전시킨다. (c)는 TLB CAM과 RAM 접근의 내부를 보여준다. 왼쪽 부분은 M비트의 하나의 핫 매치(hot match) 신호를 생성하는 M개 항목 CAM에 연결되는 N비트 어드레스 입력을 보여준다. 이 신호는 실제 데이터와 TLB 적중을 알려주는 매치 신호를 생성하는 전형적인 RAM 배열의 워드라인으로 사용된다.

이 어드레스 변환과 동시에 시작될 수 있도록 하였다(실제 캐시 접근을 위해 어드레스 변환이 완료될 때까지 기다릴 필요가 없다). 이 어드레스 변환은 일반적으로 변환 참조형 버퍼(translation lookaside buffer, TLB)라고 하는 구조에 의해 이루어진다. TLB는 가장 최근 접근된 가상 어드레스들의 물리 어드레스로의 변환을 캐싱한다. TLB는 면적 효율을 극대화하기 위해 작지만 완전 연관 메모리의 구조로 구현되어 적중률(hit rate)을 최대화한다. 이러한 완전 연관성의 최적 구현은 내용 어드레스화 메모리(content-addressable memory, CAM)로 가능하다. 통상적으로, 아주 기본적인 CAM은 단지 원하는 데이터의 존재 여부와 어느 라인에 데이터가 저장되어 있는지를 가리킬 수 있다. 그리고 이 동작에 의해 생성된 여러 개의 '매치(match)'신호(라인당 하나)는 일반적으로 실제 데이터를 담고 있는 SRAM 배열의 워드라인 신호로 사용된다. 그림 6.12에 TLB 접근 블록 다이어그램과 TLB를 구현하기 위한 전형적인 회로를 보여줌으로써 이러한 개념을 설명하였다.

앞서 설명된 TLB 접근 경로(path)는 대부분의 마이크로프로세서의 임계 경로(critical path)에 해당된다. 마이크로프로세서의 동작 속도를 높이기 위해서는 이 경로(최장 경로들 중의 하나)의 지연시간을 단축해야 한다. 마이크로아키텍처 수준에서 이 경로의 지연시간을 단축시키는 방법 중 하나는 Intel Itanium-2에 구현된 선확인-태그(prevalidated-tag) 마이크로아키텍처를 이용하는 것이다.

선확인-태그 아키텍처는 캐시 태그 배열에 저장된 물리 어드레스를 TLB의 물리 어드레스 출력과 비교하는 방법 대신, 캐시 태그 배열이 실제 물리 어드레스를 담고 있는 TLB 항목을 가리키는 원 핫 포인터(one-hot pointer)를 가지고 있도록 하였다. 이 기법에서는 전체 TLB 매치 신호들과 태그 배열 출력을 이용하

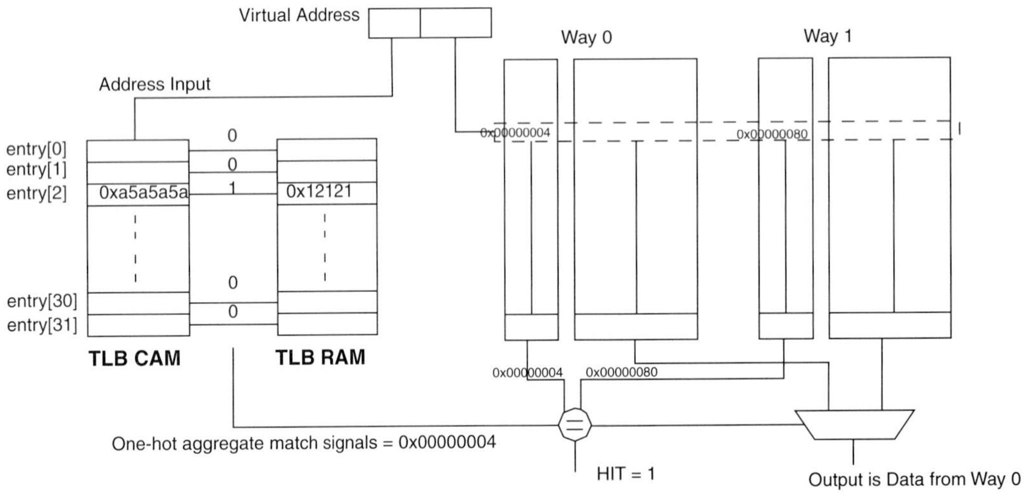

그림 6.13_ Intel Itanium-2 선확인-태그(prevalidated-tag) 마이크로아키텍처(0번째 웨이 매치). 캐시 태그 배열은 전체 물리적 태그 대신에 TLB 항목을 가리키는 원 핫 포인터(one-hot pointer)를 저장한다(여기서, 0번째 웨이는 2번째 TLB 엔트리를 가리키고, 1번째 웨이는 7번째 TLB 엔트리를 가리킨다). 태그 비교는 TLB RAM에서의 실제 어드레스 출력을 기다릴 필요 없이, 매치 라인이 생성될 때의 TLB CAM 셀 접근 직후에 수행된다. 이 예시는 두 웨이의 선확인-태그 마이크로아키텍처를 보여주지만 이 개념은 더 높은 연관성의 캐시에도 적용 가능하다.

여 태그 비교가 이루어지므로 TLB RAM 접근이 임계 경로에서 제거된다는 장점이 있다. 그림 6.13에 선확인-태그 마이크로아키텍처에 대한 예를 나타내었다.

비록 선확인-태그 마이크로아키텍처가 TLB 캐시의 임계 경로의 지연시간을 단축시킬 수 있지만 시스템에 복잡한 문제를 야기한다. 즉, TLB에 어떤 변화가 발생한 후에도 태그 배열에 저장된 모든 포인터가 유효한지 아닌지를 정확히 정의해야 한다는 것이다. 이전의 TLB 항목을 가리키는 캐시 엔트리들은(예를 들어, 어떠한 캐시 항목이 가리키는 TLB 항목이 새로운 TLB 항목에 의해 덮어 써질 때) 잘못된 매치가 발생하지 않도록 하기 위해 반드시 무효화되어야 한다. 이 문제가 심각한 것처럼 보일 수 있으나, TLB 실패(miss)는 드물게 발생될 뿐만 아니라 실패 시 TLB를 채우는 동작은 긴 시간이 요구되기 때문에 새로운 TLB 상태를 올바르게 반영하기 위한 캐시 업데이트는 TLB 채우기 동작에 쉽게 가려질 수 있다(TLB를 채우는 동작은 추가 지연시간이 발생하지만 드물게 발생하는 반면 TLB 적중은 매우 자주 일어나며, TLB 접근 속도를 높일 수 있다).

PART

02 DRAM

The first question I ask myself when something doesn't seem to be beautiful is why do I think it's not beautiful. And very shortly you discover that there is no reason.

— John Cage

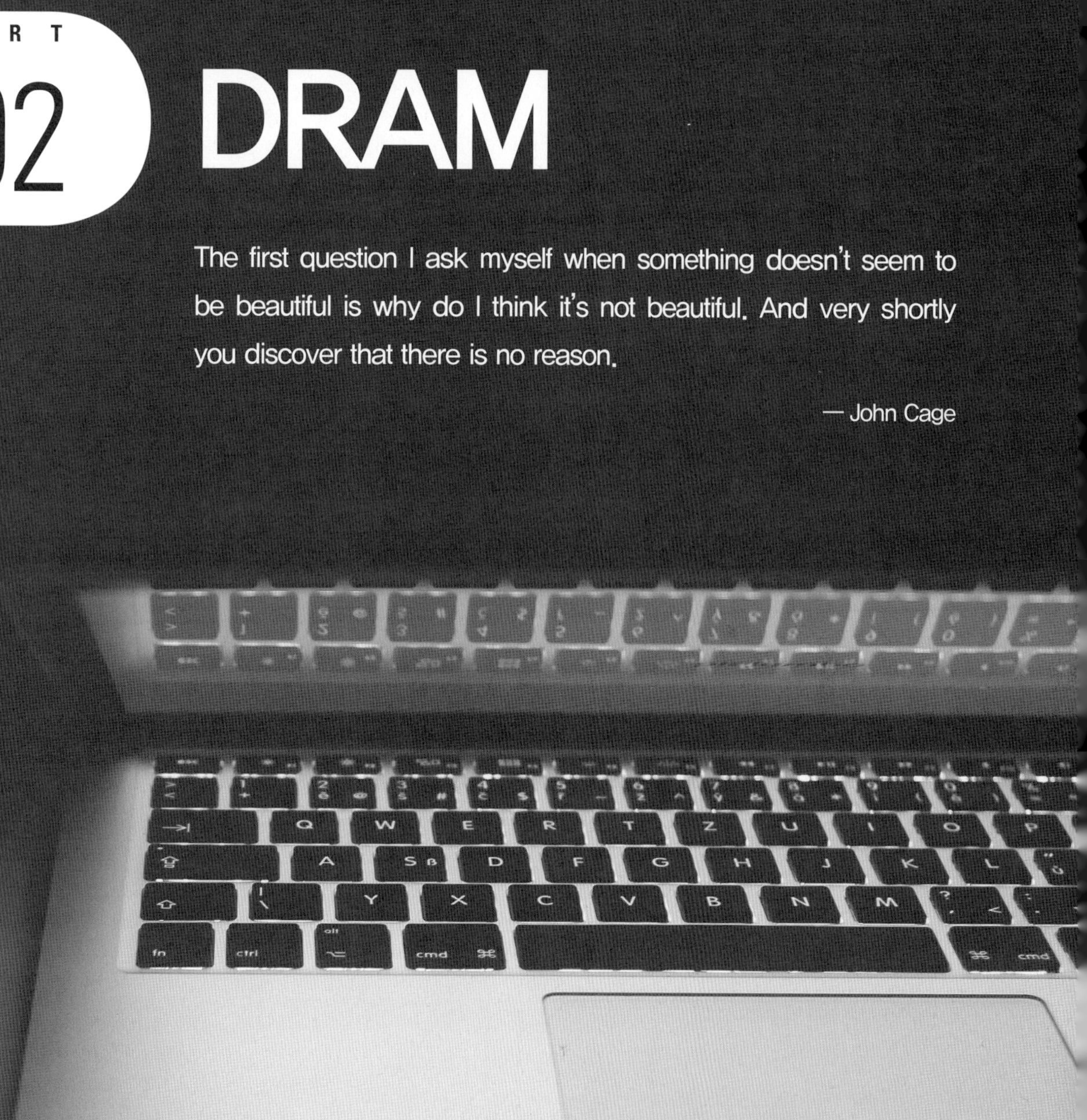

MEMORY | SYSTEMS | **DRAM**

DRAM의 개요

07 CHAPTER

DRAM이란 우편을 통해 주문하거나 상점에서 구입하는 '컴퓨터 메모리'를 의미한다. 이는 컴퓨터의 성능을 향상시키는 업그레이드와 마찬가지로 컴퓨터에 더 많은 것을 담는 것으로, 대부분의 컴퓨터에서는 그림 7.1과 같이 작은 컴퓨터 보드(Printed Circuit Board, PCB) 즉, **유비쿼터스 메모리 모듈**에 소형 칩이 부착된 형태로 나타난다. 그림 속 여덟 개의 정사각형 모듈이 바로 DRAM으로, 이는 각각 DRAM 다이(die, 매우 얇고 부서지기 쉬운 실리콘 조각)를 에워 싸고 있는 플라스틱이다.

그림 7.2는 보통의 PC에서의 DRAM의 위치를 나타내고 있다. 각각의 DRAM 장치는 메모리 컨트롤러를 통해 CPU에 간접적으로 연결되는데, 이때의 메모리 컨트롤러란 다수의 마이크로프로세서, 그래픽 보조프로세서, **사우스브리지 칩셋**과의 커뮤니케이션은 물론, DRAM 인터페이스까지 관장하는 **노스브리지 칩셋**의 일부를 뜻한다(**사우스브리지 칩셋**은 시스템의 I/O 기능을 담당하는 것이다). 하지만 이는 여전히 자주 '칩셋'이라 일컬어진다. 최근에는 노스브리지와 사우스브리지 칩셋을 여러 개의 칩이 아닌 단일 칩으로 제공하는 것이 대부분이고, 종종 두 기능을 한 다이에 융합하기도 한다.

DRAM은 외부 장치이기 때문에 SRAM 캐시나 스크래치 패드와 같은 온칩 메모리의 사용, 설계, 분석에서 종종 간과되는 내용을 반드시 고려해야 한다. 설계자가 필수적으로 고려해야 하는 요소들은 다음과 같다.

그림 7.1_ 메모리 모듈 혹은 DIMM(Dual In-Line Memory Module), DRAM 칩의 회로 보드와 연결된 회로망

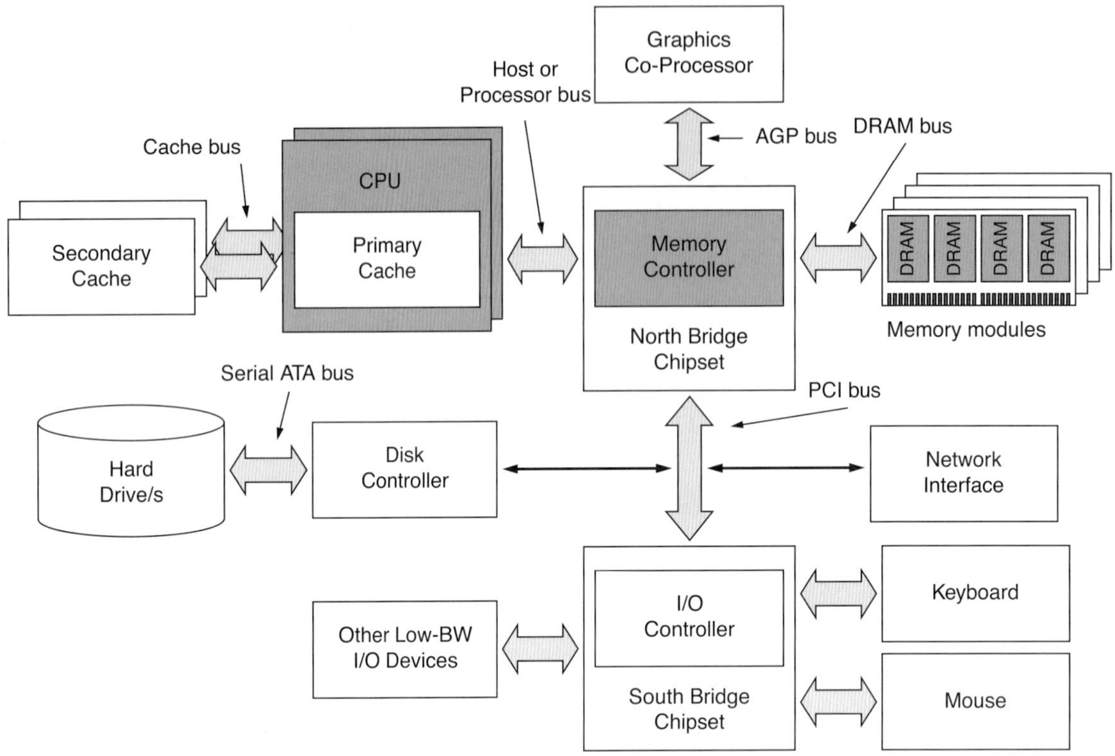

그림 7.2_ 전형적인 PC 구조. DRAM의 하부 시스템은 전체 복합체의 일부분이다. 이 그림은 두 가지 방향성을 가진 멀티프로세서를 나타낸 것으로, 각각의 프로세서는 고유의 이차 캐시를 갖는다. CPU, 메모리 컨트롤러, 각 DRAM 부분들과 같이 이 장의 내용과 관련성이 큰 부분들은 짙은 회색으로 음영처리 되어 있다.

- 핀(예, 커패시턴스와 인덕턴스)
- 시그널링
- 신호 무결성
- 패키징
- 클러킹과 동기화
- 타이밍 컨벤션

위의 요소들이 설계 과정에서 충분히 고려되지 않은 경우에는 최적화와 기능적인 측면에서 실패한 결과물이 도출될 수밖에 없다. 따라서, 본 장에서는 지난 장에서 다루지 못한 낮은 수준의 구현 이슈들이 중점적으로 다루어질 것이다.

7.1 DRAM 기초: 내부와 동작

각 비트마다 하나의 트랜지스터-커패시터 쌍을 사용하는 랜덤 액세스 메모리(RAM)를 동적 랜덤 액세스 메모리(Dynamic Random-Access Memory) 또는 DRAM이라고 부른다. 그림 7.3의 오른쪽 하단 모서리의

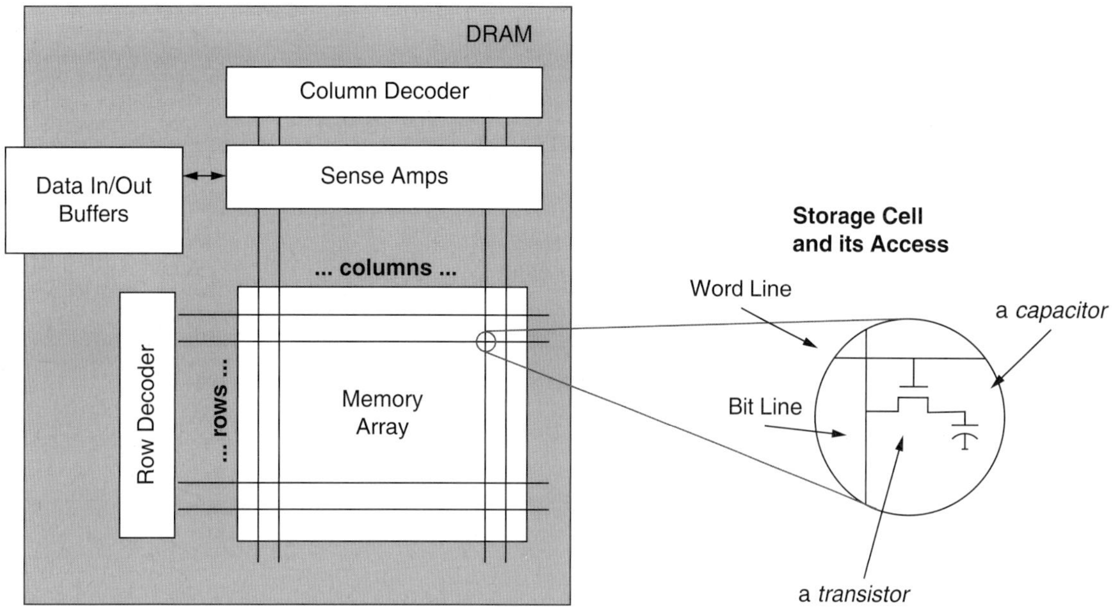

그림 7.3_ DRAM 내부의 기본 구조. DRAM 메모리 어레이는 저장 셀의 그리드 배열이고, 이때 저장 셀의 로우(가로)와 칼럼(세로) 교차 지점마다 데이터 1비트가 저장된다.

그림은 DRAM 내부에 위치한 저장 셀을 위한 회로를 나타낸다. 이 회로는 전자를 저장하는 커패시터들이 완벽하지 않고, 그 결과 야기되는 누설 전류로 인해 DRAM 각각의 커패시터에 저장된 정보를 보호하기 위해 주기적으로 새롭게 갱신(refreshed)되어야만 하기 때문에 **동적**이다(읽기 그리고 다시 쓰기).

각 DRAM 다이는 하나 또는 그 이상의 **메모리 어레이**, 각 셀이 데이터의 한 비트를 갖는 저장 셀의 장방형 그리드를 포함한다. 배열들이 직사각형의 격자들이기 때문에, 전형적인 격자형 구조와 관련된 용어라 생각이 된다. 좋은 예로 맨해튼을 남북은 애비뉴(avenue)로 동서는 스트리트(street)로 나누어 배치한 것에 비유할 수 있다. 만약 도시에서 특정한 만남의 장소를 정하고자 할 때, 간단히 스트리트와 애비뉴의 교차점만 지정해도 그 위치는 애매모호하지 않게 지정할 수 있다. 맨해튼이 **스트리트**와 **애비뉴**로 구성된다면, 메모리 어레이는 **로우**(row)와 **칼럼**(column)으로 나누어져 있다는 점 외에는 같다고 볼 수 있다. 표시된 로우와 칼럼이 있는 DRAM 칩의 메모리 어레이가 그림 7.3에 나타나 있다. 로우와 칼럼의 교차점을 식별함으로써 (DRAM에 **로우 어드레스**와 **칼럼 어드레스**를 지정함으로써) 메모리 컨트롤러가 DRAM 칩 내부의 개별 저장 셀에 접근하여 데이터를 읽거나 쓰는 것을 가능하게 해준다.

DRAM을 구분하는 방법 중 하나는 내부 메모리 어레이의 개수이다. 메모리 칩 내부의 메모리 어레이는 여러 가지 방법으로 작용한다. 메모리 어레이는 전체적으로, 혹은 개별적으로 또는 두 개씩 작용하기도 한다. 메모리 어레이가 전체적으로 작용하도록 설계된 경우, 이것들은 유닛으로 작동되며, 메모리 칩은 메모리 컨트롤러가 DRAM에 접근할 때마다 어레이의 개수와 동일한 비트 수를 송출하거나 전송 받는다. 간단한 구성의 경우 한 개의 x4(by 4라고 함) DRAM은 DRAM이 최소 네 개의 메모리 어레이를 가지며, 칼

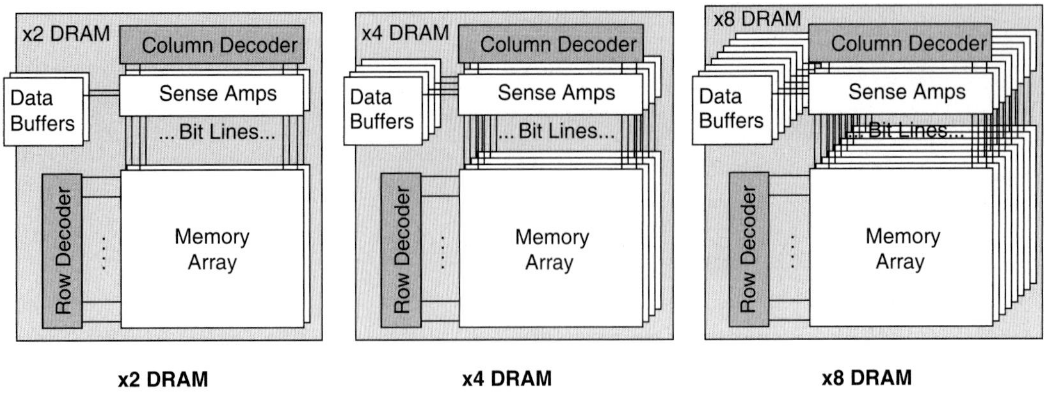

그림 7.4_ 넓은 데이터 출력의 DRAM의 논리 구조. DRAM이 시간당 1 비트 이상의 결과물을 산출하는 경우, 1 비트씩의 데이터를 공급하는 어레이가 다수로 이루어 진 내부 구조를 갖는다.

럼 너비가 4비트라는 것을 나타낸다(각각의 칼럼은 4비트만큼의 데이터를 읽거나 쓴다). x4 DRAM 부분에서, 각각 1비트 데이터를 읽는 네 개의 어레이가 모여 메모리 컨트롤러가 한 개의 칼럼을 읽을 때마다 4비트의 데이터를 송출하는 것이다. 마찬가지로 한 개의 x8 DRAM은 최소 여덟 개의 메모리 어레이를 가지며, 칼럼 너비가 8비트라는 것을 의미한다. 그림 7.4는 각각 x2, x4, x8 DRAM의 내부 구조를 나타낸다. 20년 전, 더 넓은 출력의 DRAM이 대두되기 시작하여 현재는 x16이나 x32가 보편적이며, 주로 고성능 작업에 이용되고 있다.

그림 7.4는 복합적인 어레이들을 나타내고 있지만, 뱅크(bank)라고 보긴 어렵다. 여기서 뱅크란 각각의 메모리 어레이의 집합체들이 독립적으로 작동할 때, 이 집합체를 의미하는 개념으로 어레이와는 차이가 있다. 각 뱅크는 몇 가지 경우를 제외하고, 다른 뱅크들이(같은 DRAM 디바이스 혹은 기타 DRAM 디바이스) 작동, 프리차지(precharge), 읽기 등의 작업을 하고 있는 동시에 같은 작업을 수행하는 것이 가능하기에 독립적이다. 이처럼 다중 독립 메모리 뱅크는 DRAM이 발명된 이래로 꾸준히 컴퓨터 설계에 이용되어 왔다. 특히, 인터리빙(interleaving) 다중 메모리 뱅크는 낮은 대역폭 디바이스를 이용해 높은 대역폭의 메모리 버스를 얻기 위해 널리 이용되어 왔다. 인터리브 메모리 시스템에서의 데이터 버스는 한 개의 DRAM 뱅크가 지원할 수 있는 것보다 더 빠른 주파수를 사용하는데, 이는 컨트롤 회로가 뱅크들 사이에서 이와 같은 데이터 속도 값을 얻기 위해 왔다 갔다 하며 토글하는 것을 의미한다. 예를 들어 한 개의 DRAM 뱅크가 매 10ns마다 새로운 데이터를 생성해낸다고 가정할 때, DRAM은 두 개의 뱅크 사이에서 왔다 갔다 하며 매 5ns마다 새로운 메모리를 만들어 내거나, 네 개의 뱅크 사이에서 순차적으로 순환하며 매 2.5ns마다 새로운 것을 산출해 낸다. 이를 통해 효과적으로 데이터 속도를 두 배 또는 네 배로 가속화할 수 있는 것이다. 이와 같은 기술은 1960년대 중반으로 거슬러 올라가면, 당시 가장 성능이 좋던 컴퓨터 중 두 대인 IBM 시스템/360 모델 91[Anderson 외, 1967]과 Seymour Cray의 컨트롤 데이터 6600[Thornton, 1970]에 사용되었다.

시스템이 다중 DIMM들을 수용할 수 있었기에, 각각의 DIMM은 독립적인 뱅크로 파악할 수 있다. 또한 각 DIMM의 DRAM은 내부적으로 다중 독립 뱅크 기능을 수행할 수 있으므로 '랭크'라는 용어는 DIMM 레

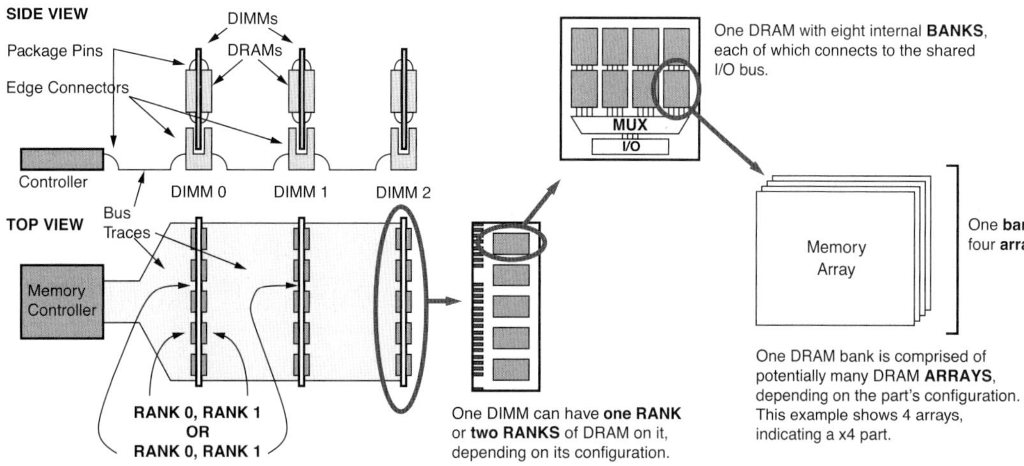

그림 7.5_ DIMM, 랭크(rank), 뱅크(bank), 어레이(array)를 나타낸다. 시스템은 다수의 DIMM을 갖고, 각각의 DIMM에는 한 개 또는 그 이상의 랭크가 포함되어 있다. 각 랭크는 DRAM 디바이스의 집단 그룹이며, 각각의 DRAM 디바이스는 여러 뱅크를 갖고 있다. 여기서 뱅크는 다수의 어레이로 구성되어 있으며, 이는 데이터 너비에 의해 좌우된다.

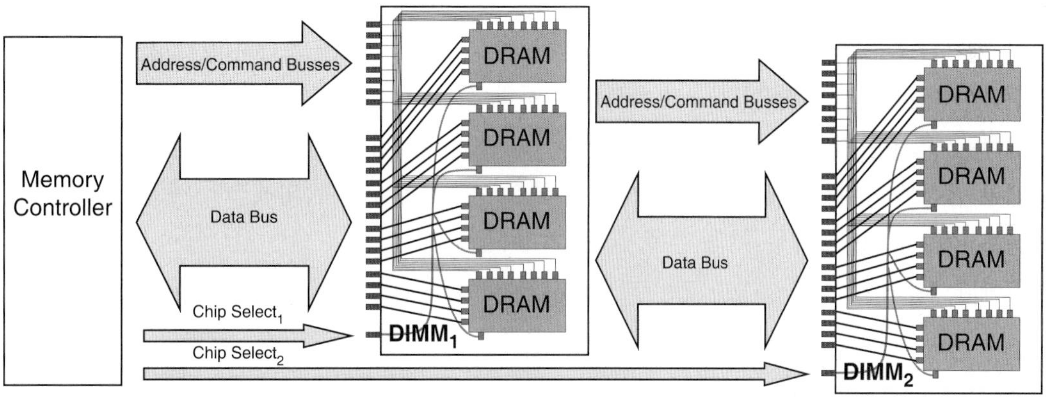

그림 7.6_ JEDEC 스타일 메모리 버스 구조. 이 그림은 메모리 컨트롤러 시스템과 메모리 모듈 두 개를 나타낸다. 이 메모리 모듈은 16비트 데이터 버스, 8비트 어드레스와 코맨트 버스를 갖는다.

벨의 독립적인 동작과 내부 뱅크 레벨의 독립적 동작을 구분하기 위해 쓰인다. 그림 7.5는 현대 DRAM 시스템에서의 다양한 구성 레벨을 보여준다. 시스템은 잠재적으로 많은 독립 DIMM들로 구성되어 있다. 각각의 DIMM은 한 개의 혹은 여러 개의 독립적인 랭크들을 포함한다. 여기서 각 랭크들은 복합체로서 작동하는 DRAM 디바이스 세트를 뜻하는데, 이때의 DRAM 디바이스들은 내부적으로 각각 한 개 혹은 여러 개의 독립적 뱅크로서 기능한다. 마지막으로 각각의 뱅크는 종속된 메모리 어레이들로 구성되어 있고, 이때의 어레이 개수는 DRAM의 데이터 너비와 동일하다(한 개의 x4 부분은 뱅크당 네 개의 종속 어레이를 가진다). 랭크와 뱅크 레벨에서 동시성(concurrency)을 가진다는 것은 메모리에 대한 요청을 파이프라인 처리 기능을 통해서 대역폭을 제공한다. 랭크 레벨에서 다수로 활성화된 다중 DRAM과 뱅크 레벨에서 다수로 활성화된 다중 어레이를 가진다는 것은 병행 접근 형태의 대역폭을 제공한다.

JEDEC 스타일 구성의 버스들은 기능과 구성에 따라 데이터, 어드레스, 컨트롤과 칩 셀렉트 버스로 구분된다. 그림 7.6은 두 개의 메모리 모듈에 연결된 메모리 컨트롤러를 정리해 놓았다. DRAM에서 데이터를 송수신하는 데이터 버스는 상대적으로 넓다고 볼 수 있다. 이것은 주로 64비트 너비인데, 고성능의 시스템에서는 값이 더 커지기도 한다. 전용 어드레스 버스는 로우와 칼럼 어드레스들을 DRAM으로 전달하고, 이때의 너비는 DRAM 디바이스의 물리적인 저장공간에 비례하여 커진다(현재 가장 보편적인 너비는 15비트이다). 컨트롤 버스는 로우와 칼럼 스트로브[1], 아웃풋 인에이블, 클럭, 클럭 인에이블을 비롯해 기타 연관된 신호들로 구성되어 있다. 이 신호들은 모두 시스템의 메모리 컨트롤러에서부터 모든 DRAM들과 연결되어 있다는 점에서 어드레스 버스 신호와 흡사하다. 마지막으로, 랭크(개별적으로 어드레스할 수 있는 DRAM 세트)의 메모리 컨트롤러에서부터 각 DRAM까지 연결되어 있는 칩 셀렉트 네트워크가 있다. 예를 들어, 메모리 모듈은 DRAM 디바이스의 랭크 두 개를 포함할 수 있는데, 시스템의 모든 DIMM에는 두 개의 개별적인 칩 셀렉트 네트워크가 있기 때문에 칩 셀렉트 버스는 시스템의 물리적인 최대 메모리 양에 비례하여 증가한다.

이 마지막 버스, 즉 칩 셀렉트 버스는 JEDEC 스타일 메모리 시스템에 있어서 필수적인데, 그 이유는 이것이 메모리 요청에 대한 의도적인 수신을 가능하게 하기 때문이다. 칩 셀렉트 버스는 요청(예, 읽기/쓰기)의 경우에 강조된다. 칩 셀렉트 버스는 DRAM의 매 랭크마다 별도의 선을 포함하고 있다. 칩 셀렉트 신호는 분리된 선을 통해서 각각의 작은 DRAM 세트로 이동하고, 랭크의 DRAM을 가능 또는 불가능 상태로 만드는데, 이는 각각 버스에서 요청을 처리하거나 무시하기 위함이다. 심지어 시스템의 모든 DRAM들이 같은 어드레스와 컨트롤 버스들에 연결되어 있고, 이론적으로 같은 요청에 대해 모두가 일제히 반응할 수 있다 할지라도, 칩 셀렉트 버스는 이와 같은 일이 일어나는 것을 방지한다.

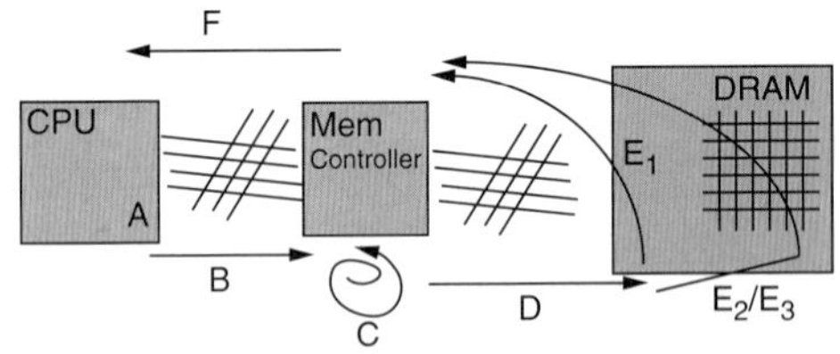

그림 7.7_ 시스템 구조와 DRAM 읽기 단계. DRAM에서 데이터를 읽어내는 것이 SRAM과 같이 간단하지 않은 것은 물론, 몇몇 단계에서 요청이 중단되기도 한다.

그림 7.7은 마이크로프로세서와 메모리 컨트롤러, DRAM 디바이스에 초점을 맞추고 있는 동시에, DRAM 요청에 포함된 단계들을 설명하고 있다. 앞서 언급한 바와 같이, DRAM 디바이스는 메모리 컨트롤러를 통해 간접적으로 마이크로프로세서에 연결되어 있다. 즉, 마이크로프로세서는 네트워크의 몇몇 형태들(bus, point-to-point, crossbar 등)을 통해 메모리 컨트롤러와 연결되어 있고, 메모리 컨트롤러는 또 다른 네트워크(bus, point-to-point 등)를 통해 DRAM에 연결되어 있다. 메모리 컨트롤러는 마이크로프로세서와 DRAM 사이의 연락책 역할을 수행하면서 마이크로프로세서가 DRAM이 작동하는 세부 사항에 대해 알 필요가 없도록 하는 역할을 수행한다. 마이크로프

1 스트로브는 수시간에 유효한 데이터 또는 커맨드가 도착했음을 알려주는 신호이다.

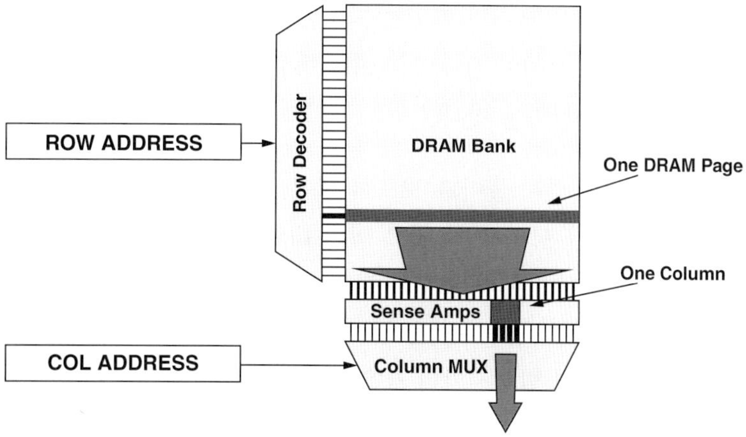

그림 7.8_ 다단계 DRAM 액세스 프로토콜. 로우 어드레스는 sense amplifier가 비트라인 상의 DRAM 페이지를 감지하도록 만든다. 칼럼 어드레스는 DRAM 페이지의 부분집합을 버스 상에서 구동한다.

로세서는 메모리 컨트롤러가 만족시켜야만 하는 요청들을 보낸다. 마이크로프로세서는 잠재된 여러 메모리 컨트롤러들과 동시에 연결되어 있다. 대신, 여러 마이크로프로세서들은 같은 메모리 컨트롤러와 연결 가능하다. 가장 단순한 사례(단일 처리 시스템)가 그림에서 나타내고 있는 경우다. 메모리 컨트롤러는 잠재적인 여러 DRAM 디바이스들과 동시에 연결되어 있다. 특히 DIMM은 소비자가 DRAM을 구매하는 경우 택하게 되는 가장 흔한 물리적인 형태라고 할 수 있는데, 여기서 DIMM은 소량의 DRAM 디바이스가 포함된 작은 PCB이다. 메모리 컨트롤러는 대부분의 경우, 최소 한 개의 DIMM, 그리고 여러 개의 DRAM과 동시에 연결된다.

그림 7.7은 또한 전형적인 DRAM의 읽기 동작 과정을 나타낸다. 요청을 명령하고, 큐(queue, 대기 목록에 보관)한 후, 마이크로프로세서는 주어진 요청을 메모리 컨트롤러로 전송한다. 요청이 메모리 컨트롤러에 도달하면 DRAM이 준비되고, 우선순위가 높은 이전의 작업들을 마칠 때까지 대기 상태가 된다. DRAM의 메모리 컨트롤러 인터페이스는 비교적 복잡한 편으로(예, SRAM 인터페이스와 비교하여), 로우 어드레스 스크로브(RAS/, row-address strobe)와 칼럼 어드레스 스트로브(CAS/, column-address strobe)의 구성요소들을 그림 7.8에서 확인할 수 있다. 앞서 그림 7.3에서 확인했던 워드라인과 비트라인의 교차지점에 위치하던 커패시터를 떠올려보자. 이들은 트랜지스터를 통해 비트라인에 연결되어 있거나 워드라인에 의해 컨트롤되는 것을 확인한 바 있다. 트랜지스터는 다른 무엇보다도 스위치라고 하는 것이 적합한데, 워드라인의 전압이 상승하면, 워드라인에 부착되어 있던 트랜지스터들은 스위치 동작을 하기 때문에 동시에 켜진다. 그래서 각각의 커패시터들은 관계된 비트라인에 연결된다. 워드라인과 비트라인의 교차지점에 위치한 각각의 커패시터들은 매우 작고, 비트라인의 물리적 특성과 비교하여 상대적으로 약간의 전자를 갖고 있다. 그래서, sense amplifier라 불리는 특별한 회로가 커패시터가 관련 비트라인에 연결될 때, 커패시터에 저장된 값을 검출하기 위해 사용된다. sense amplifier는 처음으로 비트라인들을 전압 레벨에서 프리차지하는데, 이때의 전압 수준이란 로직 레벨 0과 로직 레벨 1 사이의 중간 값을 뜻한다. 커패시터가 트랜지스터를 통해 비트라인에 연결될 때, 커패시터는 전압 레벨을 조금 변경한다. sense amplifier는 극히 작은 단위

의 변화를 감지하고, 비트라인 전압을 로직 레벨 0 또는 1로 끌어 당긴다. 비트라인 전압을 최고 또는 최저 전압으로 만드는 것은 높음과 낮음 사이의 상태의 프리차지와 반대이며, 실제로 커패시터를 트랜지스터가 켜 있는 상태로 유지되는 동안 재충전하는 것이다.

이제 읽기 요청을 수행하는 단계로 다시 돌아가 보도록 하자. 메모리 컨트롤러는 제공된 데이터 어드레스를 메모리 시스템 범주 내의 적절한 랭크와 이 랭크 범위 내의 뱅크, 동일 뱅크 내부의 로우와 칼럼에 상응하는 구성요소로 해체해야만 한다. 이때의 로우와 칼럼 구성요소를 **로우 어드레스**와 **칼럼 어드레스**라 부른다. 전형적인 뱅크 구분자는 한 개 혹은 그 이상의 어드레스 비트이다. 랭크 숫자는 개별 칩 셀렉트 라인들 중 하나에 전송되는 칩 셀렉트 신호를 발생시키며 끝을 맺는다.

일단 랭크와 뱅크, 로우가 확인되면 해당하는 뱅크의 비트라인이 **프리차지**되어 있어야 한다(로직 레벨 0과 1사이의 절반 값을 갖도록 세팅된다). 두 번째 단계에서 칩 셀렉트 신호를 설정하여 식별된 랭크와 뱅크 내부의 적절한 로우를 **활성화**하도록 로우 어드레스와 뱅크 구분자를 어드레스 버스로 보내고 DRAM의 RAS/(row-address strobe, 용어 위의 바(bar)는 로직 레벨 0일 때 활성화됨을 표시) 핀에 신호를 보내는 것이다. 이는 DRAM이 데이터의 전체 로우(수천 비트)를 DRAM의 sense amplifier(로우의 저장 셀들에 있는 전기 전하들로 표현된 아주 작은 로직 신호들을 감지하고 증폭하는 회로)로 보낸다는 것을 말한다. 이것은 일반적으로 수십 나노 초 정도 소요되며, 이 단계는 이미 완료되었을 수 있다(로우 또는 페이지는 이미 열리거나 활성화될 수 있다. 즉, sense amplifier가 이미 그 시간 안에 유효한 데이터를 가졌을 수 있다는 것을 의미한다).

sense amplifier는 값을 회복하고 비트라인이 적절한 로직 레벨로 당겨지면, 메모리 컨트롤러는 칼럼을 읽는 마지막 단계를 수행한다(**칼럼**은 원하는 로우의 데이터 집합이다). 요구하는 뱅크[2]를 갖춘 DRAM 세트를 활성화하기 위해 칩 선택 신호를 설정하고 어드레스 버스에 칼럼 어드레스와 뱅크 구분자를 보내며, DRAM의 CAS/(column address strobe, RAS/와 마찬가지로 로직 레벨 0일 때 활성화됨을 표시) 핀에 신호를 준다. 이것은 sense amplifier에서 단지 몇몇의 선택 비트[3]가 출력 드라이버에 연결되게 하고, 데이터 버스를 구동하게 될 것이다. 칼럼 데이터를 읽는 데는 수십 나노 초 정도 걸린다. 메모리 컨트롤로는 데이터를 수신하면 마이크로프로세서로 데이터를 전달한다.

두 개의 다른 단계 즉, 개별적으로 전송된 로우 및 칼럼 어드레스의 전송 과정은 SRAM과 다르다. 제조비용이 패키지의 I/O 핀 수에 의해 정해지기 때문에 초기 DRAM은 최소한의 I/O 핀 수를 가졌다. I/O 핀을 제한하는 이러한 욕구는 DRAM 아키텍처에 장기간 효과가 있었다. 대부분의 DRAM을 위한 어드레스 핀들은 여전히 멀티플렉스이다. 즉, 두 개의 다른 어드레스를 더 많은 어드레스 핀을 사용하여 전체 어드레스를 한 번에 보내는 것이 아니라 다른 시간에 동일한 핀을 통해 전송한다는 것이다.

대부분의 컴퓨터 시스템은 심장박동처럼 **클럭**이라는 특별한 신호를 갖는다. 클럭은 'high(로직 레벨 1)'

---

2 이 단계는 SDRAM에 필요한 단계이고, 예전의 asynchronous DRAM에서는 수행되지 않았다. (이전의 chip-select와 RAS/ 신호에 포함되어 있었다.)

3 "x1" DRAM에서는 하나의 비트, "x2" DRAM에서는 2개의 비트, "x4" DRAM에서는 4개의 비트 등.

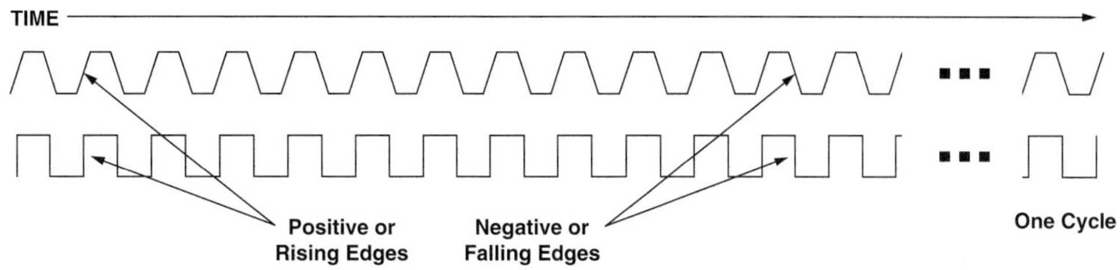

그림 7.9_ 클럭 신호 예시. 보통의 클럭은 사각형의 파형으로(아래) 나타나거나, 사각형과 비슷한 모양의 파형을(위) 띈다. 이는 무한히 반복되며, 이와 같이 반복되는 모양을 클럭 사이클이라 부른다. 위와 같은 모형의 2개의 클럭은 같은 주파수를 갖는다. 이는 다시 말해, 주어진 시간 동안의 사이클 수가 같다는 것을 의미한다.

및 'low(로직 레벨 0)' 값을 일정한 간격으로 연속된 신호로 전송한다. 그림 7.9에서와 같이 이것은 일반적으로 각각 그 다음과 동일한 간격을 갖는 파형으로 나타난다. 클럭 파형의 상승 부분을 클럭의 정(positive) 또는 상승(rising) 에지라고 하고, 클럭 파형의 하강 부분을 클럭의 부(negative) 또는 하강(falling) 에지라고 한다. 컴퓨터 시스템의 기본 클럭은 시스템 클럭 또는 글로벌 클럭이라고 하는데, 일반적으로 마더보드(마이크로프로세서 및 메모리 버스를 포함하는 PCB) 상에 존재한다. 시스템 클럭은 마이크로프로세서와 메모리 컨트롤러와 직접 연관된 많은 주변 장치를 구동한다. 클럭이 DRAM을 직접 구동하는 경우의 DRAM을 동기(Synchronous) DRAM이라고 한다. 클럭이 DRAM을 직접 구동하지 않는 경우의 DRAM을 비동기(Asynchronous) DRAM이라고 한다. SDRAM에서 DRAM 내부의 단계는 해당 클럭의 하나 혹은 그 이상의 에지에 맞춰 일어난다. 메모리 컨트롤러가 DRAM에게 작동하도록 명령할 때 비동기 DRAM에서 내부 DRAM 동작 단계가 발생하는데, 이들 명령은 일반적으로 하나 또는 그 이상의 시스템 클럭 에지에 맞춰 발생한다.

7.2 DRAM 구조의 발전

1980년대와 1990년대 들어 종래의 DRAM 인터페이스 성능이 데스크탑 시스템에 더불어 고성능을 갖추기 시작했다. 마이크로프로세서의 동작 속도 및 성능 개선은 DRAM 칩의 속도 및 성능 개선보다 훨씬 앞질렀다. 결과적으로, DRAM 인터페이스가 발전하기 시작하였고, 다수의 혁신적인 제안들이 쏟아져 나왔다 [Przybylski 1996]. 대부분의 경우에 고려되었던 진화 또는 혁신적인 것은 제안된 인터페이스였다(마이크로프로세서가 DRAM에 액세스하는 메커니즘). DRAM 코어는(그림 7.3에서 묘사된) 본질적으로 변경되지 않은 채로 있다.

그림 7.10은 기본 DRAM 아키텍처의 발전 양상을 보여주고 있는데, 시동기에서 기본 비동기, FPM(fast page mode), EDO(extended data out), BEDO(burst-mode EDO), 궁극적으로 동기(SDRAM)까지 진행됨을 확인할 수 있다. 그림은 메모리 어레이, sense amplifier 그리고 칼럼 멀티플렉서(뿐만 아니라 적절한 경우 추가적인 요소들) 면에서의 각각 맞춤식 DRAM을 나타낸다.

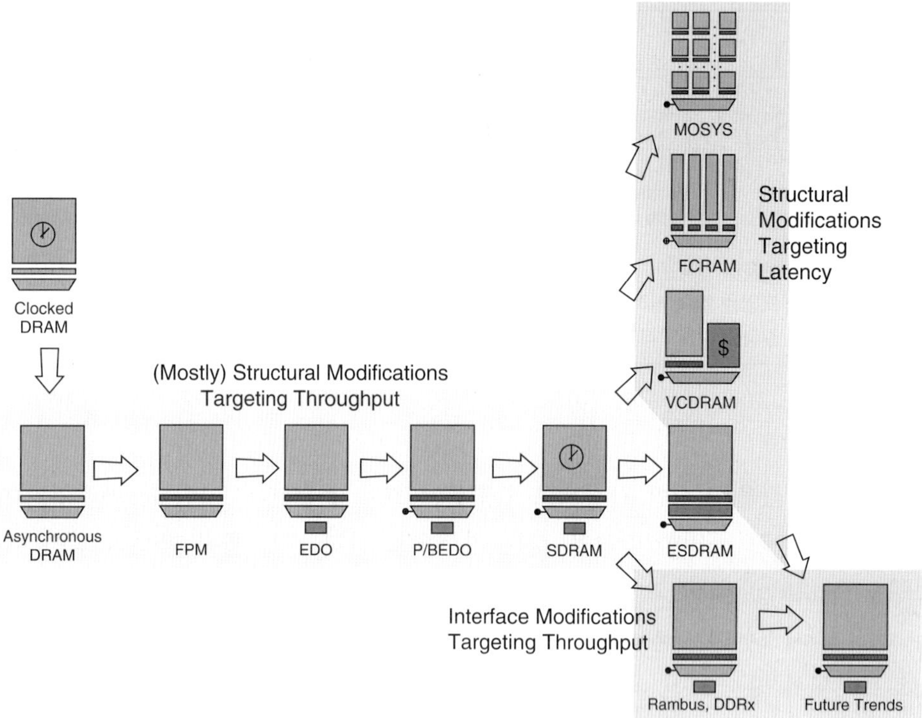

그림 7.10_ DRAM 구조의 발전 양상. 어레이 1개와 sense amplifier 한 블럭, 칼럼 멀티플렉서 1개로 구성된 최초의 DRAM 설계에 여러 칼럼 액세스 동안 유효한 sense amplifier의 컨텐츠를 유지할 수 있는 능력을 추가하여 FPM(fast page mode)이 고안되었다. 칼럼 멀티플렉서 이후에 출력 래치를 추가함으로써 EDO(extended data-out)가 선택적으로 칼럼 셀렉트 어드레스 래치를 구동시키는 카운터가 추가됨으로써 BEDO(burst EDO)가 대두되었다. 이후 로우-셀렉트와 칼럼-셀렉트 회로를 모두 구동시키는(단순히 칼럼-셀렉트 어드레스 래치가 아닌) 클럭 신호가 추가되며 Synchronous DRAM(SDRAM)이 출현하였다.

첫 번째 진화 경로(비동기에서 동기 DRAM까지)를 보면, 그 변화들은 크게 구조적 측면이었으며, 비용과 실제 구현 측면에서 비교적 영향이 적고, 증가된 처리량을 대상으로 진행되었다. SDRAM 이후, DRAM 산업에 의해 나온 설계들이 풍부하게 있어 왔는데, 이러한 새로운 DRAM들은 대기시간 감소를 목표로 하는 것들과 증가 처리량을 대상으로 하는 것들 두 가지 범주로 구분한다.

7.2.1 처리량을 목표로 하는 구조 개선

기존의 DRAM에 비해 FPM은 단순히 약간의 추가 회로를 필요로 하며 로우를 여러 개의 CAS/ 커맨드에 걸쳐 열린 상태로 유지하도록 할 수 있다. 여기에, EDO는 긴 시간 동안 버스에서 유효한 데이터를 보유하도록 출력 드라이버를 래치 형태로 변경한다. 이것에 BEDO는 어드레스 래치를 구동하는 내부 카운터를 추가하여, 원하는 어드레스가 단순히 이전 CAS/ 커맨드로부터 하나의 어드레스만큼 떨어진 경우 메모리 컨트롤러가 새로운 어드레스를 모든 CAS/ 커맨드로 제공할 필요가 없게 된다. 따라서, BEDO에서 DRAM의 칼럼 선택 회로는 외부적으로 생성된 신호가 아닌 내부에서 생성된 신호로부터 구동된다. 컨트롤 신호는 공간 및 시간에 따라 제어하는 회로에 가까이 있으며, 이것은 회로의 활성화 타이밍을 더 정확하게 만들어 준다. 마지막으로, SDRAM은 한 걸음 더 나아가 이러한 관점을 취하고 RAS/및 CAS/ 스트로브와 대조적으로, 클럭의 모든 내부회로(로우 셀렉트, 칼럼 셀렉트, 데이터 판독)를 구동한다. 다음 단락에서 보다 상세하게 이러한 변화를 설명한다.

시동기 DRAM

초기(사실상 표준화되기 전인 1960년대에서 70년대 중반까지)의 DRAM은 흔히 시동기 방식이었다[Rhoden 2002, Sussman 2002, Padgett 및 Newman 1974]. DRAM 명령은 주기적인 클럭 신호에 의해 구동되었다. 그림 7.10은 메모리 어레이, sense amplifier 및 칼럼 멀티플렉서 면에서 맞춤식 DRAM을 나타낸다.

기본 비동기식 DRAM

1970년대 중반에 DRAM은 대부분의 사람들이 잘 알고 있는 비동기식 설계로 많이 바뀌었다. 그 이전에 사용되었던 시동기와 같은 DRAM에서는 모든 단일 액세스가 이전에 설명한 바 있는 모든 단계들을 거쳐야만 한다. 여기서 단계란 매 액세스마다 비트라인이 프리차지 되어야만 하고, 칼럼을 로우가 활성화된 이후에 읽어내야 하는 것을 말한다. 마이크로프로세서가 이전에 요구된 것과 같은 로우에 있는 데이터를 요구하는 경우에도 전체 과정(로우 활성화에 이어서 칼럼 읽기/쓰기)이 반복되어야만 한다. 칼럼을 읽게 되면 로우가 비활성화 또는 닫히게 되고, 비트라인은 프리차지 된다. 다음 요청에도 전체 프로세스는 동일한 데이터를 두 번 연속 요청한 경우에도 반복되어 진행된다. 관례나 회로 설계에 의해, RAS/ 및 CAS/ 모두 일치하여 상승해야만 한다. 예를 들어, CAS/를 토글하는 동안 RAS/는 로직 레벨 0으로 둘 수 없다. 그림 7.11은 종래의 비동기 DRAM에 대한 타이밍을 나타낸다.

FPM DRAM

FPM DRAM(Fast page Mode DRAM)은 종래의 DRAM을 개선한 페이지 모드를 구현한 것인데, 페이지 모드란 로우 어드레스가 일정하게 유지되고 여러 칼럼으로부터의 데이터가 sense amplifier로부터 읽혀지는

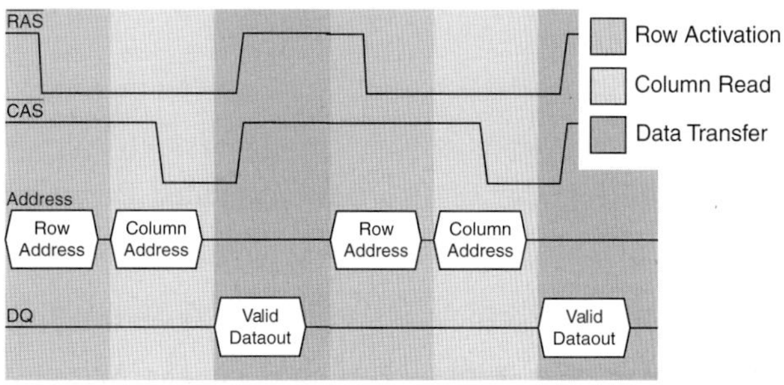

그림 7.11_ Asynchronous DRAM의 읽기 타이밍

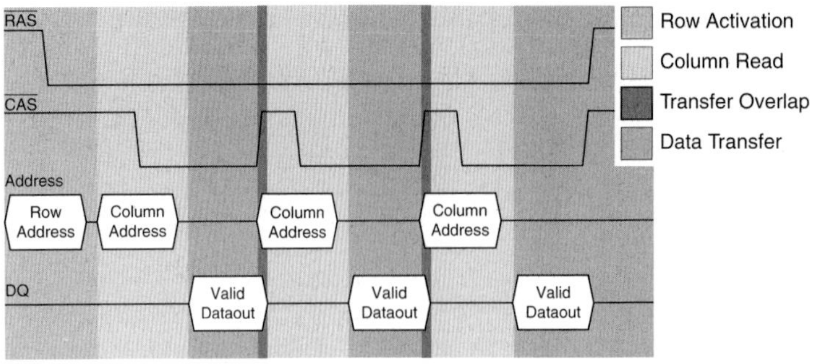

그림 7.12_ FPM 읽기 타이밍. FPM은 DRAM 컨트롤러가 로우를 유지하면서 빠른 연속과정 속에서 여러 칼럼을 수신하도록 하는 역할을 수행한다.

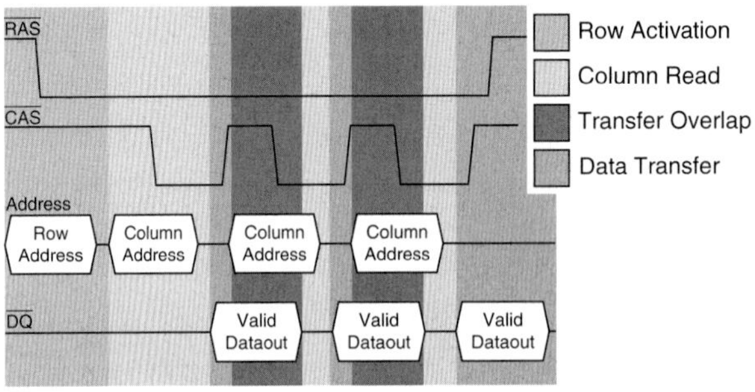

그림 7.13_ EDO 읽기 타이밍. EDO DRAM의 출력 래치는 칼럼 액세스와 데이터 전송 간의 중첩이 FPM에 비해 많도록 만든다.

것을 말한다. 이것은 이전 단락에서 설명했던 제한점을 간단히 해소한다. 메모리 컨트롤러는 CAS/가 토글하는 동안 RAS/를 로직 레벨 0으로 유지시킴으로써 sense amplifier에서 데이터가 유지되어 사실상의 데이터 캐시를 생성하는 것으로 볼 수 있다. sense amplifier에서 유지되는 데이터는 상대적으로 빠르게 액세스할 수 있는 '오픈 페이지(open page)'를 형성한다. 이러한 DRAM 코어의 동일한 로우에 연속된 액세스를 가속시키는 것은 컴퓨터 시스템에서 매우 일반적이다. 이것이 locality reference의 개념으로, 종종 temporal상으로 가까운 메모리 요청을 나타내거나, spatial상으로 가까운 것도 해석된다. 즉 동일한 DRAM 로우 이내에 위치한다는 것을 나타낸다. 그림 7.12는 FPM 읽기 타이밍을 제공한다.

EDO DRAM

때때로 하이퍼 페이지 모드 DRAM이라 불리는 EDO DRAM(Extended Data-Out DRAM)은 sense amplifier와 DRAM의 출력 핀 사이에 래치를 만들기 위해 FPM DRAM의 출력 드라이버에 몇 개의 트랜지스터를 추가한다. 이 래치는 출력 핀 상태를 유지하며 신속하게 메모리 어레이가 프리차지를 빨리 시작할 수 있도록 하기 위해 CAS/를 허용한다. 더불어, 출력 경로에 있는 래치 또한 DRAM 회로의 출력에 있는 데이터를 이전의 DRAM 아키텍처에 비하여 다음 클럭 위상까지 더 오래 유효하도록 하는 것을 의미한다(따라서 '확장된 데이터 출력'으로 명명). 프리차지를 빨리 시작하는 메모리 어레이를 허용하여 래치를 덧붙이는 것이 EDO DRAM이 FPM DRAM보다 빨리 동작할 수 있게 한다. EDO는 마이크로프로세서를 메모리에 적어도 10~15% 정도 FPM보다 더 빠르게 액세스하게 해준다[Kingston 2000, Cuppu 외 1999, 2001]. 그림 7.13은 EDO 읽기 타이밍을 보여준다.

BEDO DRAM

BEDO DRAM(Burst-Mode EDO DRAM)이 EDO나 SDRAM이 이루었던 생산량에는 미치지 못했음에도 불구하고, BEDO DRAM은 EDO[Micron 1995]를 잇는 차세대 DRAM으로서의 입지를 다졌었다. BEDO는 새로운 칼럼 어드레스가 DRAM 칩으로 전송되는 매 순간 활성화되는 로우에서 데이터를 연달아 접근한다는 개념을 기존의 EDO DRAM에 추가하였다. 내부에 카운터도 추가되었는데, 이는 들어오는 어드레스를 최초로 받아들이고, 잇따르는 모든 CAS/ 토글에 따라 증가하고, 증가된 값을 칼럼 어드레스 래치로 전달한다. CAS/를 토글하면서 DRAM 칩은 순차적으로 일어나는 다음 칼럼의 데이터를 버스로 전송한다. 이전의 DRAM들에서 칼럼 어드레스 래치는 외부에서 발생한 어드레스 신호에 의해 전달되었다. 그러나 마이크로프로세서의 요청에 따른 데이터 묶음(burst) 운반을 위해 연속적 칼럼 어드레스들을 버스로 전송했던 과정을 불필요하게 만듦으로써 연속된 어드레스 간의 타이밍 불확실성이 크게 감소하였고, 이로 인해 DRAM의 데이터 읽기 속도가 증가하였다. 실제로 출력 버스의 최소 사이클이 EDO DRAM[Prince 2000] 대비 약 30% 감소하였고, 결과적으로 대역폭 또한 비례하여 증가하였다. 그림 7.14는 BEDO 읽기 타이밍을 나타낸다.

IBM의 고속 토글 모드 DRAM

IBM의 고속 토글 모드(High-Speed Toggle Mode)란 1980년대 후반에 설계되고 만들어진 고속 DRAM 인터페이스로 1990년 2월 International Solid-State Circuits Conference에서 발표되었다[Kalter 외 1990a]. IBM은 1990년 9월에 JEDEC 토글 모드를 DRAM 차세대 설계 옵션으로 발표하였다. 토글 모드는 DRAM에서

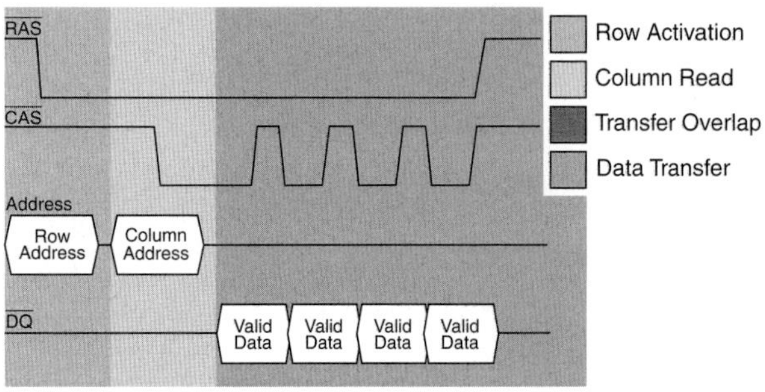

그림 7.14_ BEDO 읽기 타이밍. 외부가 아닌 내부 카운터에서부터 칼럼 어드레스 래치를 구동함으로써, EDO의 출력 버스를 구동하는 최소 사이클 시간이 약 30% 감소되었다.

데이터를 송수신하는 데 있어 스트로브의 한쪽 에지가 아니라 고속 데이터 스트로브의 양쪽 에지를 이용한다. 당시 스트로브는 매우 빠른 것으로 Kalter는 1990년 데이터 사이클이 10ns(효과적인 100MHz 데이터 속도)라 밝히기도 했다[Kalter 외 1990b]. 여기서 '토글'이라는 용어는 다음과 같은 동작 구현에서 유래한 것으로 보인다. 통상의 데이터 속도[4]의 2배에 달하는 결과를 얻기 위해서, DRAM이 두 개의 다른 또는 인터리브 출력 버퍼 사이를 왔다 갔다 토글하는 과정을 유발하는 하나의 핀을 토글하는데, 이때 두 개의 출력 버퍼들은 각각 스트로브의 반절 정도의 속도에서 데이터를 뽑아내게 된다[Kalter et al. 1990b]. 이것은 JEDEC의 경우에서처럼 메모리 액세스당 4 또는 8비트의 버스트 길이를 제공한다.

SDRAM

종래의 FPM과 EDO DRAM은 메모리 컨트롤러에 의해서 비동기적으로 제어된다. 때문에 이론적으로는 메모리 응답 대기시간과 데이터 토글률이 마이크로프로세서 클럭 사이클의 분수 값을 가지기도 한다[5]. 더 중요한 것은 메모리 컨트롤러의 RAS/와 CAS/ 신호가 직접적으로 DRAM 내부의 래치를 컨트롤하며 DRAM을 비동기로 만든다는 것이다. 또한 이러한 신호들이 DRAM의 핀에 언제든지 도달할 수 있다는 것이다. 이에 따른 대안으로 요청들이 규칙적인 간격으로 도달할 수밖에 없는 동기화 DRAM(Synchronous DRAM, SDRAM) 인터페이스를 만드는 것을 들 수 있다. 이때 DRAM의 내부 래치가 내부 클럭 신호에 의해 컨트롤되는데, 가장 주된 장점은 BEDO의 경우와 유사하다. 이는 모든 데이터와 제어 신호의 전송을 클럭 신호와 연계함으로써 결과의 타이밍을 좀 더 예측할 수 있도록 만든다는 것으로, 그 결과 이러한 스킴에서는 왜곡이 작다. 왜곡의 감소는 요청에 대해 더 빨리 대응할 수 있는 가능성을 의미하며, 이를 통해 처리량을 더 높일 수 있다. SDRAM의 타이밍 다이어그램은 그림 7.15에서 확인할 수 있다. BEDO DRAM과 마찬가지로, SDRAM은 버스트 모드를 지원하는데, SDRAM 디바이스는 버스트 길이를 유지하는 프로그램

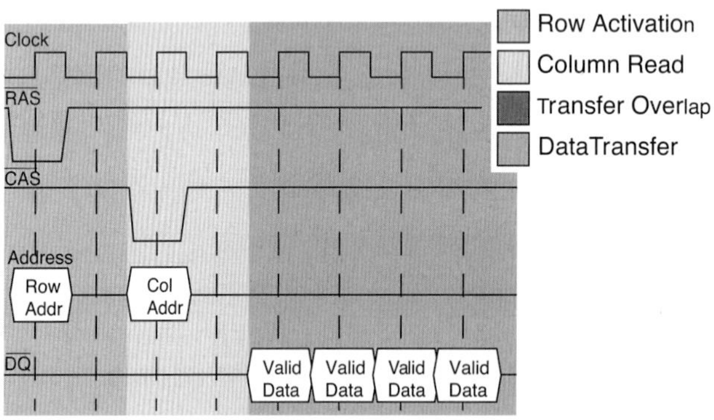

그림 7.15_ SDR SDRAM 읽기 동작에 대한 클럭 다이어그램(CAS-2)

4 "normal"이라는 용어는 절반의 데이터-스트로브 속도에서의 데이터 주기를 의미한다.

5 그러나 실제로는 그렇지 않고, 메모리 컨트롤러와 DRAM 서브시스템은 마이크로프로세서 클럭의 정수 배의 주기를 가지는 시스템 클럭으로 구성된다.

가능한 레지스터를 가지고 있다. 이것은 DRAM에서 다음 사이클에 얼마나 많은 칼럼들이 생산될지를 결정한다. 그 결과 SDRAM은 요청당 소요되는 몇 번의 싸이클에 걸쳐 많은 바이트를 되돌리기도 한다. 여기서의 장점 한 가지는 연속되는 각각의 버스트에서 타이밍 신호들을 제거한다는 것이다. 이는 사용되는 커맨드의 대역폭을 감소시킨다. SDRAM 코어의 기초 설계는 전통적인 DRAM의 그것과 같다.

DRAM 인터페이스 부문에 있어 BEDO 및 그 이상의 발전 변화들은 이익을 고려할 때, 특히 더 상대적으로 저렴하다. 이는 FPM은 종래의 설계에 비교하면 본질적으로 무료이고, EDO는 단순히 래치만을 추가한 것에 불과하며, BEDO는 카운터와 멀티플렉서를 더했다는 점에서 확인할 수 있다. 앞서 서술한 변화들 모두는 로직의 작은 부분만을 추가한 것에 불과하지만, 이들은 모두 시스템 성능 측면에서 종래 모델에 비해 30% 향상된 결과를 가져왔다[Cuppuet 외. 1999, 2001]. SDRAM은 구현 비용이 상대적으로 높고, BEDO와 같은 클럭 스피드에서 성능 향상이 없음에도 불구하고[6], 인터페이스의 소스(source)–동기화 데이터 스트로브는 SDRAM이 FPM이나 EDO와 같은 종래의 비동기 DRAM 인터페이스들에 비해 용이하게 훨씬 높은 스위칭 속도에 도달할 수 있도록 한다[7]. 물론 인터페이스의 동기화 여부와 무관하게 소스–동기화 데이터 스트로브 신호를 갖춘 인터페이스라면 이와 같은 장점을 취할 수 있다. 그래서 소스–동기화 데이터 스트로브를 갖춘 비동기 버스트 모드 또한 보다 높은 스위칭 속도에 도달하는 것이 용이하다. 근거로는 1990년 2월 IBM 프리젠테이션의 100–MHz 비동기 버스트 모드 부분을 들 수 있다. 여기에서는 소스 동기 데이터 스트로브를 이송시키는 데에 정해진 핀이 사용되었다[Kalter 1990a, b].

7.2.2 처리량을 목표로 하는 인터페이스

SDRAM이 1990년대 중반에 출현한 이후, DRAM 제조업자들은 기발한 DRAM 구조들을 풍부하게 고안해내며 DRAM의 상품화를 위해 힘썼다[Dipert 2000]. 경쟁 설계가 다양하게 출현하였던 이유 중 하나는 초기 DRAM의 발전을 이끌었던 일종의 무료 아이디어가 고갈되었기 때문이다. BEDO 때부터, 0에 가까운 비용으로 30% 퍼포먼스 향상을 가져오는 설계 구조는 전무했고, 제언들은 모두 상대적으로 비싼 편이었다. Dipert의 주장대로, 다수의 스킴들이 구현에 드는 부가비용과 성능 향상 사이의 선형적 비례관계에서 자유롭지 못하기에 가장 우수한 것이란 사실상 없다는 것이다. 시간이 지남에 따라 시장에서 승자를 가리게 된다면, 구현 비용에 의해 성능 향상이 밑도는 DRAM 구조들은 시장에서 도태되게 될 것이다.

동시에 발생하는 RDRAM과 직접적인 PDRAM

RDRAM(Rambus DRAM)은 기존의 메인 메모리와는 매우 다르다. RDRAM은 전통적 버스보다 훨씬 폭이 좁은 버스를 이용하고, 적어도 최초 구현 단계에서만큼은 전용 어드레스, 컨트롤, 데이터와 칩 셀렉트 버스를 이용하지 않았다. 그 대신, 버스는 완전히 멀티플렉스 방법을 취했는데, 어드레스, 컨트롤, 데이터

6 어떤 평가에 따르면, BEDO가 실제로는 SDRAM 보다 더 좋은 성능을 보이기도 한다.[Williams 2001].

7 인터페이스를 동기화 하는 것은 인터페이스를 간단히 하거나 더 빠른 속도로 만들기 쉽기로 알려진 기술이다.[Stone 1982].

와 칩 셀렉트 정보가 각기 다른 타이밍에 모두 같은 라인을 이용해 이동하였다. 이때의 버스는 1바이트 너비를 가지고 250MHz에서 가동되며, 양쪽 클럭 에지에서 데이터를 전송할 때 이론적으로 최고 500MB/s의 대역폭 피크 값을 나타냈다. 처리는 분할 요청/응답 프로토콜을 사용하여 버스에서 발생된다. 패킷 처리는 네트워크 요청/응답 쌍과 유사하다.

우선 전체 어드레스(로우 어드레스와 칼럼 어드레스)를 포함하고 있는 어드레스/컨트롤 파켓이 드라이브된 후에 데이터가 드라이브된다. 각각의 트랜잭션들에서는 트랜잭션 타입, 디바이스 내 데이터의 위치, 채널상의 디바이스 숫자 들의 요인에 따라 상이한 사이클 숫자가 요구되기도 한다.

그림 7.16은 전형적인 임의의 응답 대기시간을 갖는 읽기 처리를 나타낸다.

개별적인 기능을 위해 분리된 세그먼트가 아닌 단일 버스의 형태를 취하고 있기 때문에, 오직 하나의 처리만이 주어진 사이클 동안 버스를 이용할 수 있다. 이는 버스의 잠재적인 동시 실행성, 즉 동시에 여러 활동을 수행하는 능력을 제한하는 것이다. 이와 같은 제한 때문에 기존의 RDRAM 설계는 PC 메인 메모리 시장에 알맞지 않은 것으로 판단되었고[Przyblski 1996], 1990년대 중반에 동시 실행성을 늘리기 위해 새로이 설계되었다.

특이하게도, 'Concurrent RDRAM'이 도입되면서 JEDEC 스타일 DRAM 구조와 유사하게도 버스를 개별

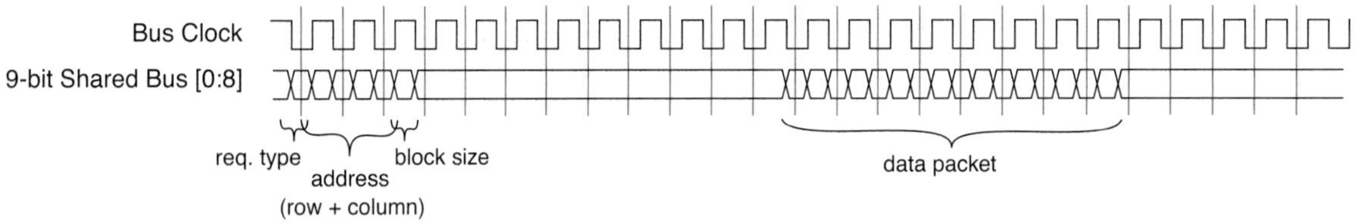

그림 7.16_ 16블럭 사이즈의 Rambus read 클럭. The original Rambus design (from the 1990 patent application) had but a single bus multiplexed between data and address/control. 요청 패킷은 "cycle"이 6이며, 여기서 사이클이란 전체 시간이 아니라 1비트를 의미한다.

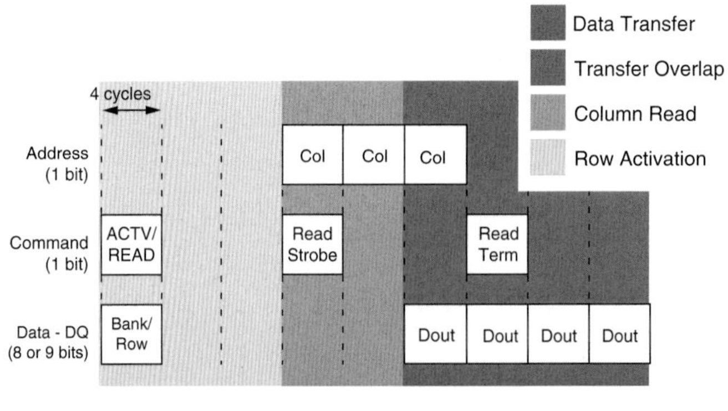

그림 7.17_ Concurrent RDRAM 읽기 I 동작. Concurrent RDRAM은 빠른 클럭의 양 가장자리에서 전송하며, 데이터와 어드레스 간의 멀티플렉스 1-바이트 데이터 버스를 사용한다

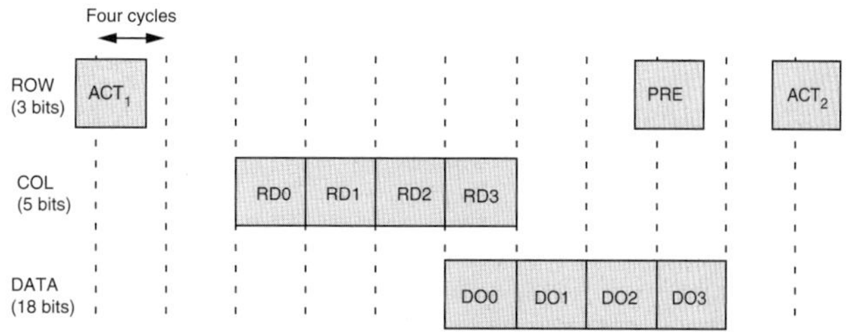

그림 7.18_ 전형적인 PC 구성

적인 어드레스, 커맨드, 데이터 세그먼트로 나누게 되었다. 버스의 데이터 세그먼트는 여전히 1바이트 너비였는데, 여기에 1-비트 어드레스 세그먼트와 1-비트 컨트롤 세그먼트가 추가되었다. 이와 같이 세 개의 개별적인 세그먼트를 갖춤으로써, 세 가지의 다른 작업을 동시에 수행할 수 있는 능력을 갖게 된 것이다. 이 배치는 트랜잭션 스케줄링을 단순하게 했고 RDRAM의 성능을 향상시켰다. 여기서 주의해야 할 것은 램버스가 4클럭 사이클, 8사이클로 언급되는 간격으로 되었다는 것이다. 그림 7.17은 읽기 타이밍 다이어그램을 나타낸다.

'병행 처리(concurrent)' 설계 구현에 대한 제약 중 한 가지는 데이터 버스가 때때로 짧은 어드레스 정보 패킷을 옮긴다는 것이다. 이는 1비트 어드레스 폭이 지나치게 좁기 때문에 야기되었으나, 최근의 RDRAM에서는 극복되었다. Concurrent RDRAM의 분할된 배치는 'Direct RDRAM'이라 불리는 가장 최근의 RDRAM에서도 차용되어, 데이터 세크먼트의 너비는 2바이트로, 어드레스 세그먼트의 너비는 5비트까지, 컨트롤 세그먼트의 너비는 3비트로 증가시켰다. 세그먼트들은 JEDEC 스타일 구조와 마찬가지로 여전히 분리되어 전용으로 사용되며, 컨트롤 및 어드레스 세그먼트들은 버스의 데이터 세그먼트가 데이터를 제외한 모든 것들을 전달할 수 있을 정도로 충분한 너비이다. 그리고 이러한 요인들은 채널의 데이터 처리량 증가로 귀결된다. 버스 동작 속도 또한 수년간 변화하여 최근에는 기존 속도의 두 배 이상에 달하고 있다(500MHz 버스 주파수). Direct RDRAM의 로우 버퍼의 반씩은 각각의 인접 뱅크들과 공유되는데, 이는 부근의 뱅크들이 동시에 활성화될 수 없다는 것을 시사한다. 이러한 구조는 뱅크당 오픈 로우를 갖도록 하는 것에 비해 증가된 로우 버퍼 실패율을 가져오지만, 로우 버퍼가 점유하는 다이 영역을 감소시킴으로써 16로우 버퍼의 경우보다 비용을 절감할 수 있다. 그림 7.18에서 읽기 동작 타이밍 다이어그램을 확인할 수 있다.

DDR SDRAM

DDR SDRAM(Double Data Rate DRAM)은 IBM의 고속 토글 모드에 필적하는 현대의 성과이다. 토글 모드의 양쪽 에지를 사용하는 스킴과 매우 흡사한 DDR은, 클럭의 양쪽 에지(상승에지와 하강에지 모두)에서 데이터를 이동시킴으로써, 이용 가능한 데이터 대역폭은 SDR(Single Data Rate) SDRAM의 두 배가 된다. 이를 제외한 기타 부분에 있어서는 DDR SDRAM과 SDR SDRAM이 매우 유사하다. 두 사례는 같은 신

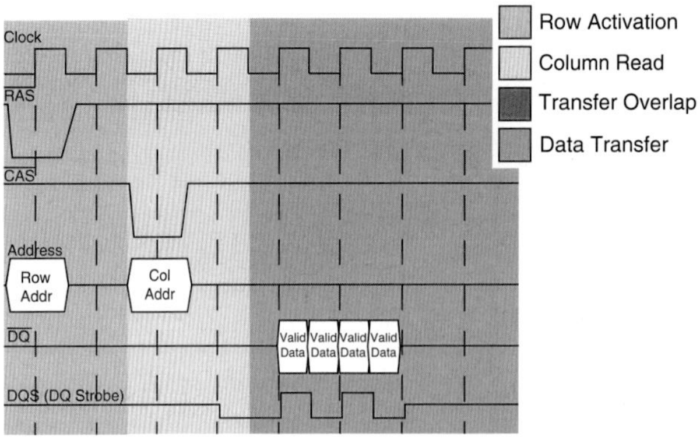

그림 7.19_ DDR SDRAM 읽기 타이밍(CAS/−2). DDR SDRAM은 클럭과 소스−동기화 데이터 스트로브(DQS)를 모두 사용함으로써 높은 데이터 전송률을 달성한다. DRAM은 입수되는 쓰기 데이터를 취득하기 위해 DQS를 이용하는데, 보통 DRAM의 읽기 과정에서는 메모리 컨트롤러가 이를 전혀 고려하지 않는다는 점에서 대조된다.

호 기술과 인터페이스 사양, 핀들을 갖는다. 그러나 DDR SDRAM의 내부 데이터 전송은 SDRAM 경우의 두 배에 달한다. 그림 7.19는 CAS/−2 읽기 동작의 타이밍 다이어그램이다.

7.2.3 Latency를 목표로 하는 구조 개선

앞으로 다루게 될 DRAM들은 DRAM 부분의 응답 대기시간을 낮추기 위한 시도로, 회로 속도를 높이거나 캐시를 통해 평균 응답 대기시간을 개선하는 것 등이 있다.

VCDRAM

가상 채널(Virtual Channel)은 DRAM에 SRAM 캐시를 추가하여, 앞으로 쓰이게 될 커다란 데이터 블럭(세그먼트라고도 불린다)을 버퍼하는 데 이용한 것이다. SRAM 세그먼트 캐시의 관리는 명백히 메모리 컨트롤러의 소관이다. 여기서의 설계는 DRAM−액세스 프로토콜의 새로운 단계를 추가했다. 하나의 로우 활성화 동작은 한 페이지의 데이터를 sense amplifier로 옮긴다. '프리패치(prefetch, 선인출)'와 '리스토어(restore, 복원)' 동작들은 (데이터 읽기와 데이터 쓰기, 각각)한 번에 한 세그먼트씩 sense amplifier와 SRAM 세크먼트 캐시 간에 데이터를 이동시킨다. 그리고 칼럼 읽기와 쓰기 과정은 세그먼트 캐시와 출력 버퍼 간에 칼럼 데이터를 이동시킨다. 부가적으로 어플리케이션에서 요구하는 모든 데이터가 SRAM 세크먼트 캐시와 맞지 않는 경우, 읽기와 쓰기 작업을 수행할 응답 대기시간을 추가하였다.

ESDRAM

EDO DRAM과 마찬가지로, ESDRAM(Enhanced SDRAM)은 SRAM 래치를 DRAM 코어에 추가한 것이다.

그러나 EDO가 칼럼 멀티플렉스 뒤에 래치를 추가한 것에 반해, ESDRAM은 칼럼 멀티플렉스 이전이라는 것이 차이점이다. 때문에, 래치는 DRAM 페이지만큼의 너비를 갖고, 스킴의 가격이 비싸지만 좀 더 나은 중첩 활동을 가능케 한다. 예를 들어, 이 경우 로우를 마무리하지 않은 채로 즉시 로우 프리차지를 개시하는 것이 가능하다(SRAM 래치의 로우는 여전히 활성 상태이다). 뿐만 아니라, 현재 활성된 로우를 닫지 않고도 잇따르는 쓰기 동작을 수행할 수 있기에 반복적인 쓰기(write-around) 메커니즘이 가능하다. 이러한 특징은 되쓰기(write-back) 캐시, 즉 DRAM의 데이터를 쓰게 될 로우에 유용한데, 이는 DRAM의 데이터를 읽고 쓰는 로우가 같지 않을 가능성이 크기 때문이다. 따라서 이러한 쓰기 동작을 조정하는 것은 같은 로우에서 일어날 읽기 과정을 지연시킨다. ESDRAM에서는 같은 로우에서 일어날 잇따른 읽기가 지연되지 않는다.

MoSys1T–SRAM

MoSys(Monolithic System Technology)는 '1트랜지스터 SRAM'(실제로 가능한 구조가 아니라, 기억하기 쉬운 이름으로 만들어진 것)을 창조해냈다. 아주 빠른 DRAM 코어의 주변을 SRAM 인터페이스로 에워싼 이 설계는 저장소와 파워 소모 부분에서 DRAM의 특성과 비슷하면서도, SRAM의 액세스–타임 특성을 닮은 SRAM 호환 부분을 만들기 위해 고안되었다. 빠른 DRAM 코어는 아주 많은 독립된 뱅크들로 구성되어 있다. 뱅크의 크기를 축소하는 것은 액세스 시간을 더 빠르게 하는 데 반해, 뱅크의 개체 수를 늘리는 것은 컨트롤 회로를 복잡하게 하고(따라서 비용도 증가한다), 실효적인 메모리 사이즈를 감소시킨다. DRAM 제조업자들은 빠른 코어를 만들기 위해 MoSys와 같이 극단을 따랐고, 그 결과 MoSys DRAM은 존재하는 가장 낮은 응답 대기시간의 DRAM이 되었다. 그러나 그 메모리 사이즈는 데스크톱 시스템에 아직 OEM들이 사용하지 않을 정도로 낮다. 틈새 시장은 고속 임베디드 시스템과 게임 시스템이다(Nintendo GameCube).

RLDRAM

RLDRAM(Reduced Latency DRAM)은 DIMM 사양이 없는 고속 DRAM 코어이다. 이것은 메모리 컨트롤러에 직접 접근(direct-to-memory-controller) 할 수 있는 환경에서 사용되어야만 한다(마더보드에 해당 공간을 만드는 방식을 예로 들 수 있다). 제조사들은 RLDRAM을 극도로 넓은 오프 칩(off-chip) 캐시로, 되도록 메모리 계층에서 어떠한 SRAM 캐시보다도 낮은 위치에 사용할 것을 제안한다. DIMM과는 대조적으로, 칩에 직접적으로 접한다는 것은 클럭 왜곡을 줄일 수 있는 가능성이 있기에 고속 인터페이스라 할 수 있다.

FCRAM

Fujitsu의 FCRAM(Fast Cycle DRAM)은 데이터 어레이를 서브어레이들로 분할한 가운데, 로우 활성기간 동안 오직 하나의 서브어레이만 작동함으로써, 낮은 응답 대기시간의 데이터 액세스를 달성한다. 이것은 어레이의 크기를 축소하는 것과 유사하기 때문에 액세스 시간에 영향을 미친다. 데이터 어레이의 부분집합은 로우 어드레스에 비트가 추가되었다는 것이 특징이기 때문에, 이 구조는 본질적으로 칼럼 어드레스 일부를 로우 활성 동작 안에 투입하게 된다. RLDRAM과 달리, DIMM 사양은 물론, 조사한 DRAM에서 가장 높은 DIMM 대역폭이 가능하다.

7.2.4 최근 DRAM들의 개략적 비교

최근 진보한 DRAM 설계들이 많은 것은 높은 수준의 성능을 요구하는 시장에 어필할 기회 때문[Dipert 2000]인 동시에, 초기 발전상을 확장할 수 있는 설계, 즉 구현 비용이 상대적으로 저렴함에도 성능 면에서는 엄청난 장점을 갖는 아이디어가 명백히 고갈되고 있기 때문이다. DRAM 산업계는 요구하는 이점들을 달성할 수 있는 가장 단순한 설계를 선호한다[Lee 2002, DuPreez 2002, Rhoden 2002]. 현재, 고성능 설계 부문에서 가장 우세한 DRAM은 DDR이다.

7.3 오늘날 DRAM의 표준

DRAM은 상품이다. 모든 DRAM 칩 또는 DIMM은 이론적으로 비슷한 사양(데이터 너비, 용량, 속도 등급, 인터페이스 등)을 가진 다른 것들과 동등하다. 이러한 호환성을 좌우하는 표준을 설정하는 기구는 JEDEC으로, 공식적으로는 Joint Electron Device Engineering Council이라 알려져 있는 조직이다. Kentucky Fried Chicken을 간단하게 'KFC'라 일컫는 것과 같이 최근의 마케팅 의사결정에 따라, 이 조직은 현재 'JEDEC' 반도체기술협회(Solid-State Technology Association)라 알려져 있다. EIA(Electronic Industries Alliance) 내에서 일하면서, JEDEC은 개별적인 반도체 디바이스와 통합 회로의 표준화를 다룬다. 48개에 달하는 위원회와 이를 구성하는 소위원회를 거쳐 업무가 진행되고, 누구나 위원회의 멤버가 될 수 있다. 때문에 모든 개인들과 조직 대표들은 미래의 표준에 영향을 행사할 수 있다. 특히 소위원회 42.3은 DRAM 디바이스의 표준화를 달성하였다(JC-42.3).

7.3.1 JEDEC SDRAM 기술의 두드러진 특징

JEDEC SDRAM은 앞서 묘사한 바 있는 그림 7.6의 전통적 DRAM-시스템 구조를 이용한다. 여기에는 네 가지의 다른 버스가 존재하는데, 이들은 각각의 기능에 따라 분류된다. 이 구조의 '메모리 버스'는 실제 (1) 데이터, (2) 어드레스, (3) 컨트롤, (4) 칩 셀렉트 등의 네 가지 버스로 구성되어 있다. 이들 각각은 몇 가지 경우, 예를 들어 컨트롤 정보가 다른 미사용된 어드레스 버스 선으로 전송된 경우를 제외하고는, 오직 고유의 지정된 기능만을 수행한다. (1) 데이터 버스는 상대적으로 넓다. 현대 PC 시스템의 경우 보통 64비트인데, 이는 고성능 시스템에서 더 넓어질 수 있다. (2) 어드레스 버스의 폭은 각각의 DRAM 디바이스에 저장된 비트 수에 비례하여 증가한다. 최근의 어드레스 버스는 보통 15비트를 갖는다. (3) 컨트롤 버스는 로우 스트로브과 칼럼 스트로브, 출력 인에이블, 클럭, 클럭 인에이블, 그리고 메모리 컨트롤러와 시스템의 모든 DRAM들과 연결하는 기타 유사 신호들로 구성되어 있다. (4) 마지막으로 칩 셀렉트 네트워크라는 것이 있는데, 이것은 DRAM 랭크당 하나의 독특한 선을 사용함으로써, 시스템의 물리적 메모리 최대량과 비례한다. 칩 셀렉트는 DRAM의 랭크를 가능케 하는 데 이용되는데, 이를 통해 버스에서 동떨어진 명령을 읽거나 데이터를 버스에 관계없이 읽고 쓰는 작업이 가능해진다.

SDRAM과 초기 비동기 DRAM의 주요 차이점은 모든 활동들(명령, 데이터 전송)의 시간이 정해져 있는 것에 대비한 시스템 내부 클럭 신호의 유무이다. 비동기 DRAM이 RAS/와 CAS/ 신호를 스트로브로 사용하는(DRAM이 버스와 분리되는 어드레스나 데이터를 샘플링하도록 하는 직접적인 원인이 스트로브가 된다) 반면에, SDRAM은 클럭을 스트로브로 사용하고, RAS/와 CAS/ 신호는 클럭 스트로브와 때를 맞춰 스스로를 버스로부터 샘플링하는 단순한 명령에 불과하다. 타이밍 전송을 비교적 덜 규칙적인 RAS/와 CAS/스트로브 대신 규칙적으로 지속해서 발생하는 클럭으로 하는 것은 더 높은 데이터를 용이하게 얻고자 함이었다 규칙적인 스트로브가 타이밍 전송에 사용되는 경우, 시간 불확실성은 감소될 수 있고, 데이터 전송률 증가도 가능하다.

여기서 주목해야 할 것은 모든 규칙적인 타이밍 신호는 지속 발생하는 클럭을 필요로 하지 않는다[Lee 2002, Rho den 2002, Karabotsos 2002, Baker 2002, Macri 2002]는 점에서 더 높은 데이터 전송률의 달성을 가능하게 한다는 점이다. DDR SDRAM에서 클럭은 절대적으로 중요하지만, 쓰기 요청 부분의 데이터 전송의 경우 무시된다. DRAM은 클럭 대신 DQS처럼 개별적이고 규칙적인 신호로 들어오는 데이터를 취득한다[Lee 2002, Rhoden 2002, Macri 2002, Karabotsos 2002, Baker 2002]. 이것이 포함하는 의미는 지속 발생하는 클럭이 전혀 불필요하고, 이는 IBM의 토글 모드와 매우 근접한 결과를 가져오게 된다는 것이다.

SDR SDRAM

SDRAM(Single Data Rate SDRAM)은 모든 정보를 동기화시키기 위해 한쪽 에지 클럭을 사용한다. 이는 즉, 다양한 버스(컨트롤, 어드레스, 데이터)의 모든 전송 과정들이 시스템 클럭의 한 개 에지에 맞추어 시작된다는 의미이다(상승 에지). 이는 다양한 버스들의 전송 과정이 이상적으로는 하나의 클럭 에지에서 다음까지 유효하기 때문에 이러한 신호들은 다른 에지(하강 에지) 동안에도 유효하다. 결과적으로 클럭의 하강에지는 이러한 신호들을 샘플링하는 데 이용될 수 있다.

SDRAM은 초기 DRAM 구조에서는 발견되지 않았던 몇 가지 특징을 가지고 있는데, 이는 곧 버스트 길이와 응답 대기시간이 프로그램 가능하다는 점이다.

프로그램 가능한 버스트 길이. BEDO DRAM과 마찬가지로, SDRAM은 대역폭을 개선하기 위해 버스트 데이터라는 개념을 사용한다. 데이터를 연달아 뽑아내기 위해 CAS/ 신호를 연속 토글하는 대신, SDRAM 칩은 일단 CAS/ 신호가 주어지면, 응답으로 프로그램 가능한 모드 레지스터에 저장된 값이 지시하는 비트 수만큼을 클럭 토글에 맞추어 전송하거나 수신한다. 일단 SDRAM이 로우 어드레스와 칼럼 어드레스를 수신하면, 레지스터에 저장되어 있는 버스트 길이 값에 상응하는 칼럼의 개수를 연달아서 출력한다. 예를 들어 모드 레지스터가 버스트 길이 4로 프로그램되어 있는 경우라면, DRAM은 자동적으로 연속하는 데이터의 칼럼 4개를 버스로 보낸다. 이는 마이크로프로세서의 요청에 맞추어 데이터 버스트를 위한 목적으로 CAS/

를 토글해야 하는 필요성을 제거시킴으로써, 메모리 시스템에서 병행 처리의 가능성을 증가(혹은 개선)한다. 이는 커맨드 버스의 사용 감소에서 기인하는 것으로, 메모리 컨트롤러는 이러한 사이클 동안에 다른 뱅크에 또 다른 요청을 보낼 수 있다. 안 그랬다면 해당 사이클 동안에 CAS/를 토글하고 있었어야 했다.

프로그램 가능한 CAS/ 응답 대기시간. 모드 레지스터는 SDRAM 칩의 CAS/ 응답 대기시간 또한 저장하고 있는데, 여기서 응답 대기시간은 지연의 척도이다. CAS/ 응답 대기시간은 그 이름이 나타내는 바와 같이, CAS/ 명령을 수신한 후 데이터를 반환하는 데 필요한 SDRAM의 클럭 사이클 수를 나타낸다. CAS/ 응답 대기시간을 필요한 값으로 설정하는 능력은 서로 다른 테크놀로지 프로세스(모두가 각기 다른 성능 특성을 가질 수도 있다)에서 제조된 다른 세대의 제품이 동일하게 작동하도록 만든다. 따라서 혼합된 성능의 제품들이 같은 시스템상에서 용이하게 사용될 수 있고, 심지어 같은 메모리 모듈로 통합하는 것도 가능하다.

DDR SDRAM

DDR SDRAM(Double Data Rate SDRAM)은 SDR SDRAM 구조에서는 발견할 수 없는 몇 가지 특징, 즉 클럭의 양쪽(상승/하강) 에지에서 동작하는 것과 온 칩 지연동기회로(DLL, delay-locked loop)를 갖는다.

듀얼 에지 동기화. DDR SDRAM은 컨트롤 및 어드레스 전송을 동시에 진행하기 위해 SDRAM과 마찬가지로 한쪽 에지 클럭을 사용하는 반면, 데이터 전송 과정에서는 양쪽 에지 클럭을 사용한다. 이는 몇몇 데이터 비트는 시스템 클럭의 상승에지에 맞추어, 또 다른 몇몇은 하강에지에 맞추어 데이터 버스에 전송되는 것을 의미한다.

그림 7.20은 두 개의 다른 클럭 배치에 따른 차이점을 나타낸다. 위의 그림은 데이터가 오로지 클럭의 상승에지에서만 전송되는 전통적인 설계를 나타낸다. 아래의 설계는 위의 그림과 비교할 때 데이터 전송률이 2배 빠르고, 데이터 또한 클럭의 상승에지와 하강에지 양쪽 모두에서 전송된다. 1980년대 후반, IBM에서는 이러한 특징을 이용하여 그 결과물을 1990년 2월 International Solid-State Circuits Convention에서 발표했다[Kalter 1990a]. 1980년대 후반에서 1990년대 초반에 Digital Equipment Corp.에서 유사한 스킴으로 실

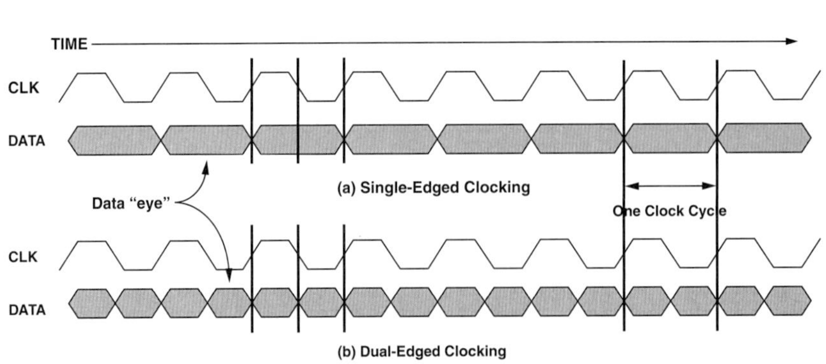

그림 7.20_ 데이터 전송률에서의 버스 클럭. 위의 그림 (a)는 클럭이 데이터 전송 주파수의 두 배에 달하는 한쪽 에지 클럭 스킴을 나타낸다. 아래의 그림 (b)는 데이터 전송 속도가 클럭 주파수와 동일한 양쪽 에지 클럭 스킴을 보여준다.

험을 했다고도 전해진다[Lee 2002, minutes of JC−42.3 meeting 58].

한쪽 에지 클럭을 데이터 전송에 이용하는 시스템에서는 모든 데이터 '아이(eye)'마다 두 개의 클럭 에지가 존재한다. 데이터 아이는 클럭 에지에 의한 양 끝부분으로 만들어진 유효 데이터 영역이며, 세 번째 클럭 에지는 데이터 전송 과정의 중간 지점 부근에서 찾아볼 수 있다(그림 7.20(a)). 따라서 버스에 데이터를 보내고 읽어내는 두 개의 작업을 수행하는 데 클럭 신호가 직접적으로 이용될 수 있다. 다만, 한쪽 에지 클럭 스킴에서는 데이터가 클럭 사이클당 한 번만 전송될 수 있다는 점을 주의해야 한다.

양쪽 에지 클럭 스킴에서는 대조적으로, 데이터는 클럭 사이클당 2배의 데이터가 전송된다. 이것은 버스로 데이터를 보내거나 읽어내는 데 이용 가능한 클럭 에지의 수가 절반으로 감소하는 것을 의미한다(예, 그림 7.20). 그림은 데이터 전송과 같은 속도로 작동하는 클럭을 보여준다. 여기서 주의해야 할 것은 각각의 데이터 아이당 오직 하나의 클럭 에지가 존재한다는 것이다. 양쪽 에지 스킴에서 클럭 에지는 데이터와 '에지에 정렬(edge-aligned)'이거나 '가운데 정렬(center-aligned)'이다. 이는 클럭이 데이터를 버스로 보내거나, 버스에서 읽어낼 수 있지만, 두 개를 할 수는 없다는 것을 의미한다. 한쪽 에지 스킴에서는 가능하다. 그림은 클럭이 데이터의 에지에 정렬된 것이다.

양쪽 에지 클럭 스킴이 여러 기능을 수행하거나 동시에 이행하는 데 이용되는 데이터 전송 과정당 더 작은 클럭 에지를 갖는다는 것은 자명하다. 이것은 데이터를 보내고 샘플링하는 데 있어 정확한 타이밍을 얻기 위해 다른 메커니즘이 필요하다는 것으로, 즉 작은 클럭 에지를 보충하기 위해 양쪽 에지 신호 전송 스킴은 클럭 외에 부가적인 메커니즘이 필요하다. 예를 들어, 시스템 클럭에 따른 DDR SDRAM의 가운데 정렬된 데이터 스트로브는 DRAM에 수신된 데이터를 DRAM이 바로 샘플링하는 데 사용하도록 DRAM 쓰기 과정에서 메모리 컨트롤러가 제공하는 것을 의미한다. DRAM 읽기 과정에서 데이터 스트로브는 데이터 및 시스템 클럭과 에지에 정렬된다. 메모리 컨트롤러는 가운데 정렬된 에지를 발생시키는 자체적 메커니즘을 제공할 책임이 있다. 이때의 스트로브를 DQS라 부른다.

온 칩 DLL. DDR SDRAM에서 온 칩 DLL은 DRAM에서 나가는 데이터 및 DQS(데이터 스트로브) 신호를 메모리 컨트롤러의 글로벌 클럭과 동기화시킨다[JEDEC Standard 21−C, Section 3.11.6.6]. DLL은 DRAM 읽기 과정에 사용되는 신호들을 동기화시키지만, 쓰기에 사용하는 신호들은 그렇지 않다. 후자의 경우, 메모리 컨트롤러에서 DRAM에 쓰기 위해 보낸 DQS 신호가 메모리 컨트롤러에서 보내진 데이터와 동기화되며, DRAM이 데이터를 바로 샘플링하는 데 이용된다[Lee 2002, Rhoden 2002, Karabotsos 2002, Baker 2002, Macri 2002]. 따라서, DDR DRAM의 DLL 회로는 DRAM에서 전송되는 데이터와 메모리 컨트롤러의 클럭 신호를 동기화시켜, 데이터가 예정된 시간에 메모리 컨트롤러에 도착하게 한다. 통상적으로 메모리 컨트롤러는 두 개의 내부 클럭을 갖고 있는데, 그중 하나는 글로벌 클럭과 동시성을 갖는 것이고, 나머지는 90° 지연된 것으로, DRAM에서 들어오는 데이터를 샘플링하는 데 이용된다. DQS가 데이터 읽기 작업과 같은 상태(쓰기 작업과는 다르다)에 있기 때문에 DQS는 메모리 컨트롤러가 데이터를 샘플링하는 데 직접적으로 이용될 수 없다. 그 대신, DQS는 오로지 DRAM에서 보내진 DQS 신호를 메모리 컨트롤러의 클럭과 올바르게 정렬시키는 데에만 이용된다. 메모리 컨트롤러의 90° 지연된 클럭은 수신된 데이터를 샘플링하는 데 이용되는데, 이는 DRAM의 DLL이 글로벌 클럭과 내보내는 데이터 간의 최소 왜곡을 보장하기에 가능하다. 이제부터는 DDR SDRAM에서 이와 같은 회로가 대두된 발생 배경을 알아보도록 한다.

DRAM은 보통 마이크로프로세서의 외부에 위치하기 때문에 DRAM의 설계자는 칩 간에 신호를 전파하는 것과 관련한 이슈들을 명확히 인지해야 한다. 칩 간의 커뮤니케이션에서 고성능 인터페이스를 구축하는 데 가장 큰 제약점은 신호를 원하는 목적지로 전송하는 데 걸리는 시간의 변화이다(대개는 신호 타이밍의 **불확실성**이라 칭한다). 시스템 내 불확실성의 총합은 보통 각 구성 부분에 대한 불확실성의 합계라 할 수 있다. 예를 들어, 주요 경로상의 모든 드라이버, 지연 라인, 로직 블럭이 해당 불확실성의 총계에 가산될 수 있는 것이다. 이는 낮은 클럭 속도에서 대수롭지 않은 작은 불확실성이 클럭 속도가 빨라질 경우에 큰 문제로 확대될 수 있기 때문에, 심지어 작은 시스템의 고성능 인터페이스를 구축하는 데에도 큰 어려움으로 작용한다.

시스템의 불확실성을 감소시키는 방법에는 여러 가지가 있다. 여기에는 데이터(예를 들어, DDR SDRAM의 DQS 신호 또는 소스 동기화 인터페이스의 클럭 신호)와 함께 스트로브 신호를 전송하거나, 위상동기회로(PLL, phase-locked loop) 또는 DLL을 시스템에 추가하는 것, 또는 신호의 경로 길이를 맞추어 모든 신호가 동시에(비교적 동시에) 목적지에 도착하게 만드는 방법 등이 포함된다. 대부분의 방법들은 부가적이라 할 수 있는데, 이는 곧, 불확실성을 감소시키는 효과가 축적된다는 것이다. 고주파에서 통신하는 시스템을 구축하는 것은 곧 시스템의 불확실성을 감소하는 방법을 설계하는 것이라 해도 과언이 아니다.

PLL 또는 DLL의 기능은 일반적으로 두 개의 주기적인 신호를 동시에 발생시켜, 두 신호 사이에 일정량의 위상변이 또는 지연이 존재하도록 하는 것이다. PLL과 DLL은 매우 유사해서 용어가 종종 혼용되기도 한다. DLL은 주기적인 신호를 다른 신호와 맞추기 위해 지연시키는 다양한 지연 설계회로를 사용하고, PLL은 신호를 맞추기 위해 새로운 주기 신호를 만들어내는 발진기를 사용한다. PLL/DLL이 통신 인터페이스에 추가되는 경우의 결과를 '폐쇄반복(closed-loop)' 시스템이라 하는데, 예를 들어 전송장치와 수신장치 회로 모두의 불확실성을 측정하고 소멸시킬 수 있을 뿐만 아니라, 수신되는 데이터 스트로브를 수신 데이터와 정렬시킬 수 있다([Dally and Poulton 1998] 참고).

그림 7.21은 DLL이 DDR SDRAM에서 어떻게 사용되는지를 나타내는 동시에 DLL이 해당 부분의 타이밍에 어떠한 영향을 끼치는지를 보여준다. 순 효과는 출력을 지연시킨다는 점이다(위쪽 그림과 비교할 때, 아래쪽 그림의 버스트 데이터 출력이 오른쪽으로 변경되었다는 점에 주목하자). 이와 같은 지연은 시스템의 클럭과 출력 데이터를 정렬시키기에 충분하도록 선정되었다.

7.3.2 램버스의 기타 특정 기술들

이번 절에서는 1990 특허 번호 07/510,898(898 출원서)에 기술된 램버스의 기술에 대해 논의하고, JEDEC 스타일 메모리 구성과 비교하여, 앞서 언급한 테크놀로지 중 몇몇이 어떻게 램버스 스타일 메모리 구성에 사용될 수 있는지를 알아본다.

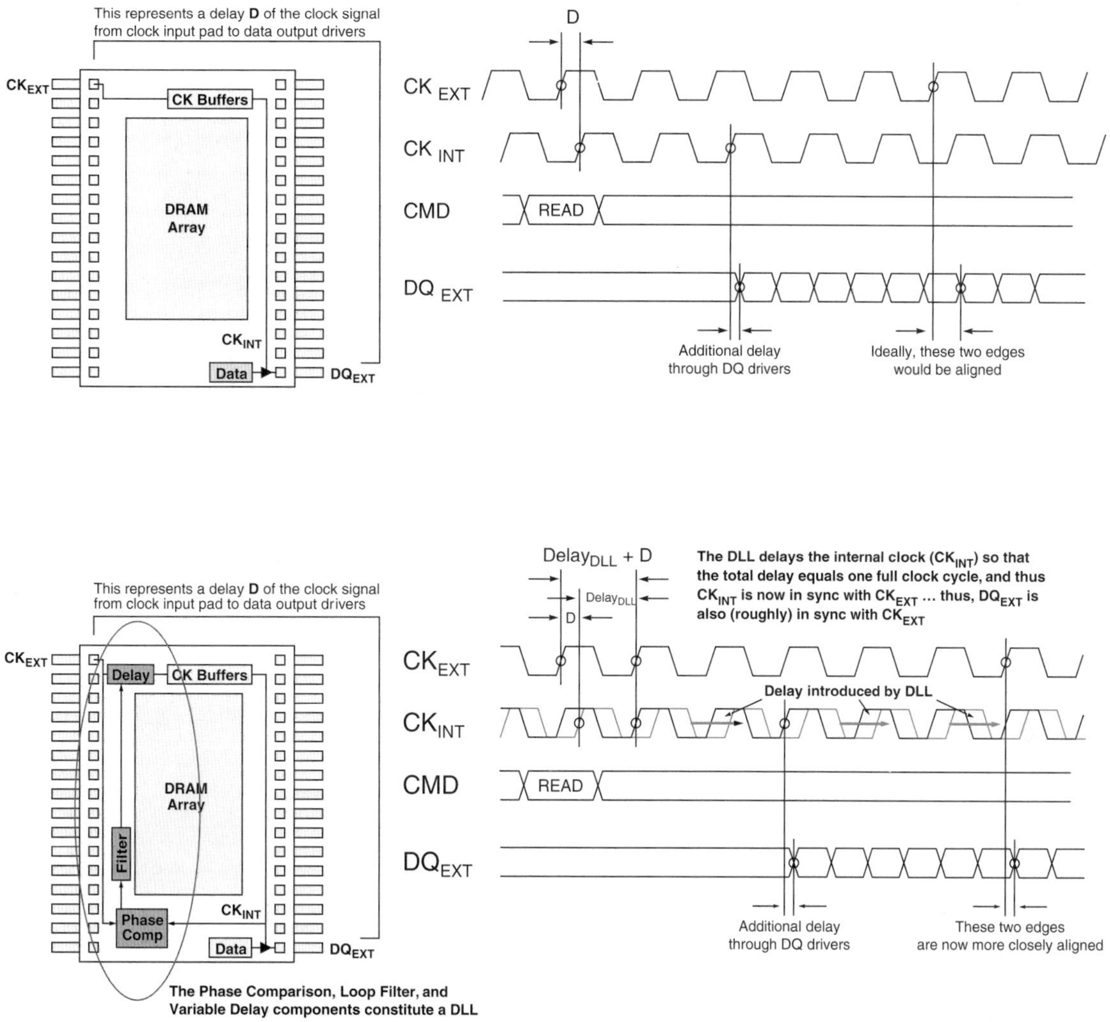

Figure 7.21_ DDR SDRAM에 있어 DLL의 이용. 맨 위의 그림은 DLL이 없는 DDR SDRAM의 행태를 나타낸다. 클럭 receiver를 통한 고유의 delay 덕에, multi-stage amplifiers와 온 칩 wires, 출력 패드, bonding wires, 출력 드라이버를 비롯한 기타 효과들 덕에, 데이터 출력은 시스템 클럭에 대해 약간 delay된다. 아래쪽 그림은 DLL을 추가함으로써 나타난 효과에 대해 나타낸다. DLL은 들어오는 클럭 신호를 delay시켜, 해당 부분의 출력이 시스템 클럭과 더 긴밀히 정렬되도록 만든다. 이것이 extra 응답 대기시간을 해당 파트의 동작으로 이끌게 됨을 주의해야 한다.

램버스의 898 특허 출원

램버스 메모리 구성의 가장 기발한 점, 다시 말해 독자들의 주목을 끄는 동시에 램버스가 가장 주목했던 측면은 물리적인 버스 구성과 작동이다. 버스의 구성과 프로토콜은 기존의 메모리 버스보다는 컴퓨터 네트워크와 닮아 있다. 혁명적이라는 단어가 램버스의 구조를 묘사하는 데 사용이 된다면, 바로 이 부분에 해당될 것이다[8].

8 메모리 모듈로 제작되는 것과 반대로, DRAM의 모든 핀이 칩의 한쪽 면에만 있어야 하고, 밸플에인에 꽂히는 것처럼 DRAM칩이 직접 꽂히는 방식의 비정통적이고 혁신적인 패키징 기술을 제안한 램버스의 특허에 대해서도 중요한 논의가 있었다.

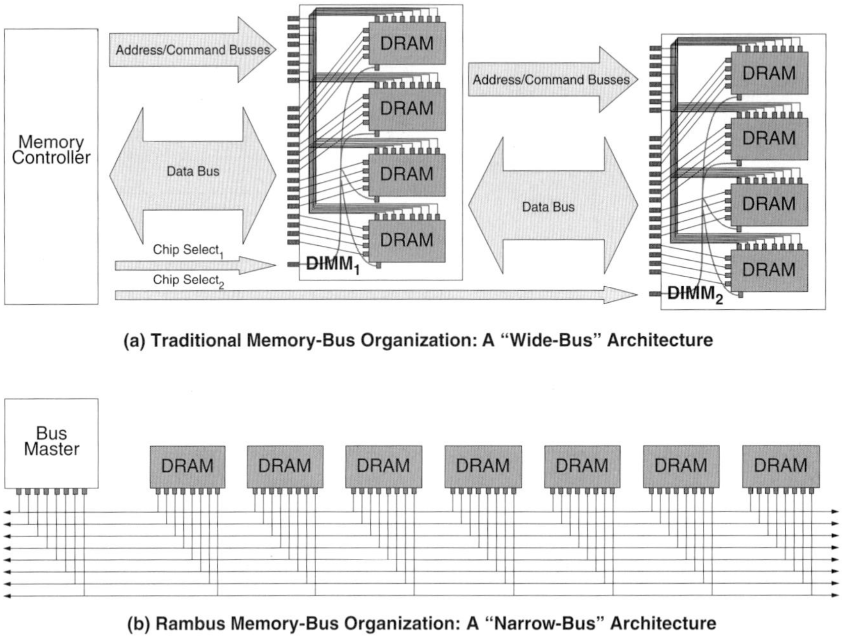

그림 7.22_ 메모리 버스 구성. 이 그림은 종래의 메모리 버스 구조와 램버스 스타일의 구조를 비교하여 나타낸다. (a)는 메모리 컨트롤러 시스템과 두 개의 메모리 모듈을 나타내며, (b)는 버스 마스터 1개와 4개의 DRAM 종속 디바이스를 가진 램버스 구성를 보여준다.

그림 7.22는 램버스가 898 출원서에 묘사한 '새로운 버스'를 나타낸다. 이는 램버스의 버스를 기존의 DRAM 버스와 병렬시킴으로써, 두 버스 구조가 실제로 다르다는 것을 설명한다. 앞서 언급한 바와 같이, 전통적인 메모리 버스는 4개의 부속 버스로 구성되어 있다. (1) 데이터 버스, (2) 어드레스 버스, (3) 커맨드 버스 (4) 칩 셀렉트 버스다. 램버스 구조에서 DRAM의 조작과 관련된 모든 정보는 하나의 버스에 의해 전달되며, 분리된 칩 셀렉트 네트워크가 없다. 램버스는 특허설명서에 커맨드, 어드레스, 데이터 정보에 관련된 좁은 버스 구조에 대해 기술해 놓았는데, 이는 특허 패킷화된 프로토콜을 이용해 이동한다. 898 출원서상에 기술되어 있는 램버스 구조에는 부속 버스가 없다. 램버스 버스 구조의 모든 어드레스, 커맨드, 데이터, 칩 셀렉트 정보는 같은 버스 라인상에서 전송되며, 이는 곧 본 구조가 '멀티플렉스'라 불리는 이유다. temporal상으로 다른 지점에서, 같은 라인들이 상이한 종류의 정보들을 전달하는 것이다.

램버스 구성의 또 다른 놀라운 점은 바로 너비이다. 램버스 구조에서 DRAM 조작과 관련된 모든 정보는 아주 좁은 버스에 의해 전달된다. 기존의 시스템에서 버스가 90개 이상의 버스 라인을 사용하는 데 반해[9], 램버스 구성은 "하나의 어드레스 비트 수보다 현저히 작은 버스 라인 수를 사용한다". 1990년대 초반에 하나의 물리적 어드레스가 20~30비트였다는 것을 감안하면, 이 버스는 실제로 매우 좁다는 것을 알 수 있다. 램버스 특허설명서에서 예로 든 시스템은 어드레스, 커맨드, 칩 셀렉트 정보 및 데이터를 비롯한 필

9 PC 시스템의 데이터 버스는 64비트이다. 어드레스 버스가 16비트이고, 컨트롤 라인이 10개 이상이다. 이 때 chip-select 신호의 개수는 메모리 모듈의 개수에 따라 결정된다.

요한 모든 정보를 이동시키는 데 총 9개 라인을 사용한다. 여기서 버스가 하나의 데이터 어드레스보다 더 좁기 때문에 버스 마스터에서 DRAM 디바이스로 하나의 커맨드를 전송하는 데 더 많은 버스 사이클이 소요된다. 정보는 중단되지 않은 버스 사이클의 순서에 따라 전송되며, 시간과 배선 지정 부분에서 명시된 체계를 따라야만 한다. 이것이 램버스 프로토콜이 '패킷화 된'이라고 불리는 이유이자, 커맨드 및 어드레스 버스가 모든 어드레스와 커맨드 정보를 하나의 버스 사이클 안에 전송할 수 있을 만큼 너비가 넓은 JEDEC 스타일 구성과 대비되는 근거이다.

앞서 언급한 바와 같이, 버스에 대한 프로토콜은 매우 색다르고, 기존의 메모리 버스보다는 컴퓨터 네트워크에 더 가깝다. 인터넷 스타일의 컴퓨터 네트워크에서는 예를 들어, 모든 패킷이 수신처의 어드레스를 포함하고 있다. 이는 네트워크상의 패킷이 하위 네트워크상의 모든 기계에서 관찰된다는 뜻이며, 모든 기계는 패킷을 보고 해독하여, 그것이 본 기계를 위한 것인지 아니면 다른 기계를 위한 것인지를 결정해야 한다. 그리고 이를 위해서는 모든 장치에 위와 같은 해독 로직을 장착해야 한다. 램버스 메모리 구성에는 칩 셀렉트 네트워크가 없기 때문에 요청 패킷의 수신처를 확인할 수 있는 다른 수단을 강구해야만 한다. 컴퓨터 네트워크의 경우와 마찬가지로, 램버스의 요청 패킷은 예정된 수신처의 (명시적이거나 묵시적인)정체를 포함하고 있으며, 시스템의 모든 DRAM에는 고유 번호가 부여된다(모든 DRAM에는 각각 고유의 정체성이 있다). 컴퓨터 네트워크에서와 마찬가지로 모든 DRAM은 가장 먼저 버스에 지정된 패킷이 자신을 위해 설정된 것인지를 판단해야만 한다. 이것은 곧, 패킷이 DRAM 자신을 위한 것인지 혹은 버스상의 다른 디바이스를 위한 것인지 DRAM이 판단하기 위해서는 모든 DRAM이 버스에 지정된 패킷을 수신하여 해독해야 함을 의미한다. 이는 DRAM이 패킷을 해독하고, 어떤 패킷이 자신을 위한 것인지 판단할 수 있을 정도의 지능을 갖추어야 함은 물론, 최종적으로 각각의 DRAM이 어느 정도 자율적인 디바이스라는 것을 의미한다. 즉, DRAM은 **통제되는** 것이 아니라, 오히려 여러 **요청**들로 구성되어 있다는 것을 시사한다.

여기서 지적한 마지막 포인트는 램버스가 혁신적인 구조라는 다른 측면을 보여준다. 종래의 DRAM은 단순한 꼭두각시에 불과했다. 램버스 구조가 DRAM을 의사결정(예를 들어, 요청된 어드레스가 범위 내에 있는지를 판단하는 것)이 가능한 준지능 디바이스로 간주했던 일은 1990년대 초반의 대표적인 이단적 사고로 분류되었다.

다양한 딜레이 회로를 이용하여 Low-Skew 클럭. 램버스 시스템의 클럭 스킴은 DRAM 디바이스의 내부 클

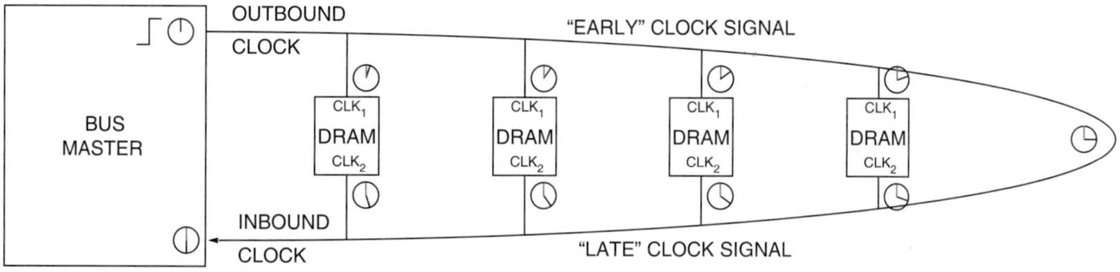

그림 7.23_ 램버스 클럭 동기화. 램버스 1990 특허출원서에 나타난 클럭 설계는 두 개의 클럭 신호를 각각의 DRAM 디바이스로 전송한다. 여기서 클럭 신호가 지나는 경로의 길이는 두 신호의 중간값 또는 클럭의 선회지점에서 나타내는 지연의 평균값과 대등하다.

력과 왜곡을 작게 발생시킬 수 있는 존재하지 않는 이상적 클럭의 원천을 일치시키도록 설계되었다. 그림 7.23은 이러한 스킴을 나타낸다. 메모리 컨트롤러는 회전하거나 반사되어 돌아오는 글로벌 클럭 신호를 송신하고, 각각의 DRAM과 메모리 컨트롤러는 '빠른' 클럭 신호가 되는 CLK1과 '늦은' 클럭 신호가 되는 CLK2, 두 개의 클럭 입력을 갖는다.

각 DRAM 사이의 신호 경로 길이가 0이 아니기 때문에 글로벌 클럭 신호는 각 DRAM에 약간의 temporal 차이를 두고 도착한다. 그림 7.23은 클럭 펄스가 각각의 지점에 도달하는 절대적 시간(메모리 컨트롤러로 측정할 수 있다)을 대표하는 지점을 계산한 작은 클럭을 보여준다. 이것은 클럭 왜곡을 야기하는 요소 중 하나로, 클럭 왜곡은 보통 고속 인터페이스에서 문제를 발생시키는 요소이다. 그러나 클럭 경로가 균형이 잡혀있는 경우, 다시 말해 CLK_1과 CLK_2 입력 모두에서부터 회전 지점까지의 거리를 동일하게 하기 위해 클럭이 지나가는 경로 길이를 일치시킨다면, 두 클럭(CLK_1과 CLK_2)의 조합이 가상의 클럭과 일치하는 로컬 클럭 에지를 각 디바이스의 회전 지점에서 합성하는 데에 이용될 수 있다. 그림 7.23에서 메모리 컨트롤러는 정오에 클럭 에지를 송신한다. 이 에지는 12시3분에 처음으로 DRAM에 도착하고, 12시6분에 다음 DRAM에, 12시9분에 그 다음 DRAM에 도착하는 등등의 과정을 거친다. 12시15분에는 회전 지점에 도달하여 DRAM 디바이스의 CLK_2 입력으로 돌아오기 시작한다. 최종적으로 메모리 컨트롤러에 도착하는 시간은 12시30분이다. 만약 각각의 지점에서 디바이스가 두 클럭의 도착시간의 평균을 찾을 수 있다면(메모리 컨트롤러에서 가장 가까운 DRAM 지점에서 12시3분과 12시27분 사이의 평균값을 찾는 것), 각 디바이스는 클럭과 이상적인 가상의 클럭을 회전 지점에서 합성 가능할 것이다. 메모리 컨트롤러를 비롯한 각각의 디바이스들은 12시15분에 클럭 에지를 합성하기 때문에 모든 디바이스들은 에지를 산출해 내는 가상의 클럭과 12시15분에 합성될 수 있다. 그림 7.23에서 DRAM들이 일정한 간격을 두고 표시되었지만, 이렇게 할 필요는 없다. 여기서 꼭 필요한 것은 각 디바이스에서 CLK_1에서 회전 지점까지의 길이가 CLK_2에서 회전 지점까지의 길이와 같아야 한다는 것이다.

램버스의 특허출원서에는 온 칩 가변지연회로(전통적인 DLL과 매우 유사하다)가 포함되어 있다. 이것은 클럭 신호를 평균하는 것으로, 다시 말하면 램버스의 온 칩 'DLL'이 같은 클럭 신호의 빠른 것과 느린 것을 모두 취하여, 두 신호 사이의 중간지점을 찾아낸다는 것으로 이해할 수 있다. 마더보드에 U-모양의 클럭 경로를 만드는 선이 대칭인 경우, 이것은 시스템상의 각각의 DRAM이 다른 모든 DRAM의 클럭 신호와 동기된 클럭 신호를 갖도록 한다.

가변 요청 대기시간. 램버스의 1990 특허출원서는 메모리 컨트롤러가 DRAM이 요청을 수행하기까지 얼마나 기다려야 하는지를 나타내는 메커니즘을 정의하고 있다. 여기에는 두 개의 설명 부분이 있다. 첫 번째, 각 DRAM에는 액세스-타임 레지스터라 불리며 지연 값을 유지하는 레지스터 세트가 있다는 것이다. DRAM은 요청된 데이터를(또는 관련 데이터를 읽는 과정) 시스템 버스로 위치시키기 전에, 정해진 주기 수만큼을 기다리기 위해 지연 값을 이용한다. 두 번째는 DRAM 요청 패킷이 특정 요청에 대한 반응 지연 값을 위해 이러한 레지스터를 명시한다.

특허출원서에는 이러한 특징들을 이용하는 것에 대한 상세한 설명이 결여되어 있다. 여기서 메커니즘은 응용이나 조정 없이 단순히 서술만 되어 있다. 생각건대, 이 메커니즘은 본 설계를 성공적으로 작동시키

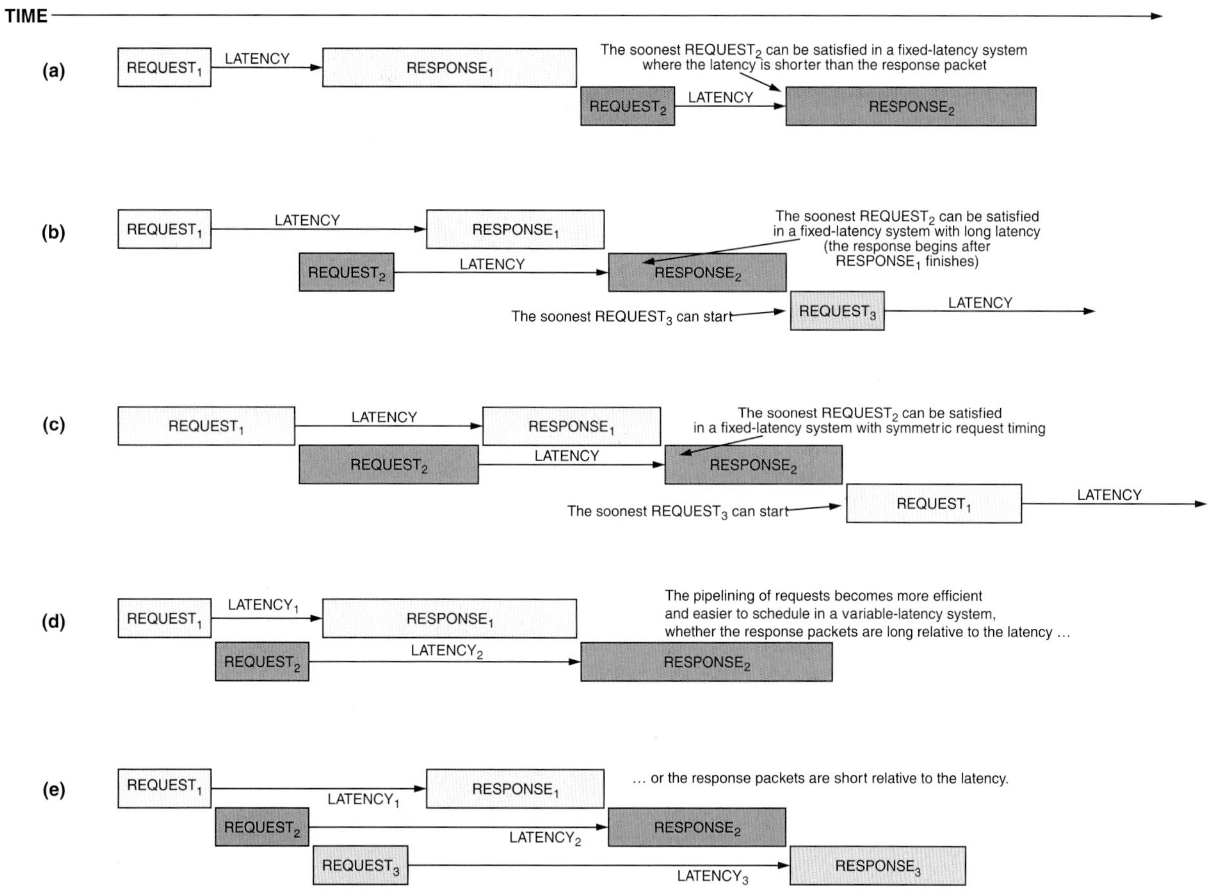

그림 7.24_ 램버스 구조에서 다양한 요청 대기시간이 갖는 중요성. 멀티플렉스 버스상에서 다른 길이의 요청–응답 조합을 스케줄링하는 것은 수용할 수 없는 성능을 보이는 지점에 있어서 어려울 수 있다.

는 데에 절대적으로 필수적이다. 다양한 요청 대기시간은 별나거나 때늦은 생각이 아니다. 다양한 요청 대기시간이 없다면 여러 버스트 길이 보장, 그리고 실제 요청 응답 대기시간보다 작거나 요청 패킷의 길이와 같지 않은 버스트 길이 보장 등은 원만하게 기능할 수 없을 것이다. 이러한 측면이 그림 7.24에 잘 묘사되어 있다. 이 그림은 다중 송신되는 즉, 단절된 처리 버스가 다닥다닥 연속된 요청을 가지는 경우 어떤 일이 일어나는지를 보여준다. 만약 요청 모형이 대칭이거나(요청과 응답 패킷이 같은 길이이고, 대기시간이 약간 더 긴 경우), 대기시간이 요청 및 응답 패킷 길이와 비교하여 더 길 때, 요청을 보내는 것이 가능하고 처리량 또한 양호하지만, 버스 효율성은 떨어진다. 요청 패킷과 처리 대기시간이 모두 데이터 전송과 비교할 때 더 짧다면(주어진 요청에 대해 더 긍정적인 배열이라면), 첫 번째의 단절된 처리 값을 부정하면서, 이전 요청이 끝날 때까지 이후 요청은 지연되게 된다(그림 7.24(a) 비교). 이것은 일어날 가능성이 가장 높은 배열이다. 특히 목표하는 응용작업이 비디오 작업 또는 이와 비슷한 경우라면 긴 데이터 버스트가 바람직하다. 여기서 일어날 수 있는 문제는 이러한 긴 데이터 버스트가 필연적으로 비대칭 요청–응답 모형을 만들어낸다는 것이다. 그 이유는 요청 패킷이 가능한 한 짧아야 하기 때문에, 요청에 따른 정보에 의해 좌우되기 때문이다. 만약 DRAM이 다양한 요청 대기시간을 지원한다면, 메모리 컨트롤러는 요청들을 공급할 수 있고, 설사 비대칭형이라 할지라도, 요청 형태에도 불구하고 양호한 처리량을 확보할 수 있다.

가변 블록 사이즈. 램버스의 1990 특허출원서에는 쓰기와 읽기 요청에 얼마나 많은 데이터가 전송되어야 하는지를 메모리 컨트롤러로 설명하는 메커니즘을 정의하고 있다. 메모리 컨트롤러가 DRAM 디바이스로 전송하는 요청 패킷은 요청 패킷의 블럭사이즈를 지정한다. 이때 데이터 길이의 범위는 0바이트에서 1024바이트(1KB)까지로, DRAM이 버스에서 전송하는 데이터양은 매 처리마다 프로그램화된다.

다양한 요청 대기시간과 마찬가지로, 버스의 설계 과정에서 다양한 블럭 사이즈가 요구된다. 요청 간의 처리 길이를 역동적으로 변환하는 것은 1990년대 초반 당시에는 매우 기발한 발상이었다. 이와 같은 램버스 버스의 독특한 특징(좁은 폭, 멀티플렉스, 패킷 요청 프로토콜)은 버스에 대한 고유의 스케줄링 요구를 이끌었다. 다양한 블럭 사이즈는 고유의 스케줄링 요구를 처리하는 데에 사용된다. 이러한 측면은 다양한 공학적 설정에 램버스 메모리를 이용하게 하고, 램버스 버스를 충분히 활용하게끔 하는 요인이다.

데이터 속도에 의해서 클럭 동작. 램버스의 회로 설계는 보통 단순하고 비 인터리브 메모리 시스템에 기대하는 클락 동작 속도를 절반으로 줄일 수 있도록 입력한다. 그림 7.25는 두 개의 서로 다른 클럭 방식에 대한 타이밍을 보여준다. 상단 설계는 보다 전통적인 방식이다. 하단 설계는 상단 설계의 절반 속도 클럭을 사용한다. 다음과 같이 램버스의 1990 특허출원서는 클럭 설계와 이점에 대해 다음과 같이 설명한다.

> — 클럭 분배 문제는 버스 사이클 전송 속도를 2로 나눈, 그러니까 버스 클럭 주기가 버스 사이클 주기의 2배가 되는, 버스 클럭이나 디바이스 클럭을 사용해서 상당히 줄일 수 있다. 따라서, 500MHz의 버스는 오히려 250MHz의 클럭을 사용한다. 이러한 주파수 감소는 두 가지 이점을 제공한다. 첫째로는 버스의 모든 신호들이 같은 최악의 데이터 주기를 갖게 만든다. 500MHz의 버스의 데이터는 오직 매 2ns마다 바뀔 수 있다. 둘째, 버스 사이클 데이터 전송률의 반으로 클럭을 토글하는 것이 홀수 버스 사이클, 짝수 버스 사이클로 표시하는 것을 실용적이게 하는데, 예를 들어, 내부 디바이스 클럭이 0일 때 짝수 사이클들을 정의하고, 내부 디바이스 클럭이 1일 때 홀수 사이클들을 정의하는 것이다.

발명자가 주장하는 것과 같이, 그렇게 하는 첫 번째 이유는 초당 클럭 천이 수를 감소시키면서 최대 초당 데이터 천이 수를 같게 만들기 위함이다. 이것은 클럭 속도를 증가시키는 것에 중요한 역할을 한다. IBM

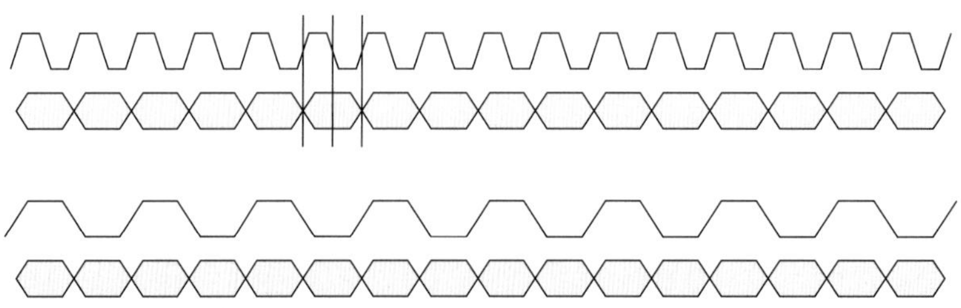

그림 7.25_ 데이터 전송률에 대한 버스 클럭. 데이터가 전송 속도와 같게 클럭을 느리게 하면 클럭을 다루기 용이해 지지만, 작업하는 데 이용 가능한 클럭 에지의 수는 감소한다. 클럭 에지는 출력 회로를 구동하기 위해 존재하지만, 데이터 아이 동안에 데이터를 취득하기 위한 아무런 클럭 에지도 존재하지 않는다.

의 토글 모드가 이러한 기술을 사용하는 이유가 아마 이런 이유일 것이다. 주어진 두 번째 이유는 어떤 수신기 혹은 드라이버를 구동할 에지를 결정하는 것을 단순화하기 때문이다('짝수/홀수' 사이클 표시). 사양서의 그림 10은 클럭 반감 방식을 구현하는 데 필요한 물리적 인터리브 배치를 보여준다. 클럭의 양쪽 에지가 서로 다른 시간에 다른 입력 수신기를 활성화하고, 다른 출력 데이터를 서로 다른 시간에 출력 드라이버를 멀티플렉스되게 한다.

클럭을 이등분하는 것이 DRAM 단에서 데이터를 수신하는 것을 어렵게 만드는데, 그 이유는 클럭 에지가 데이터의 아이에 존재하지 않기 때문이고(이것은 그림에서 알 수 있다), DRAM은 들어오는 데이터를 샘플링해야 할 때를 알지 못하기 때문이다. 이것은, 추가적인 도움이 없을 때를 가정한 것이다. 이러한 추가적인 도움은 대부분 PLL 혹은 DLL 회로의 형태가 대부분이고 이러한 회로들은 정확하게 클럭 에지를 지연시켜 위상이 데이터와 90도 벗어나게 하여 데이터를 취득할 수 있게 해준다. 이러한 회로는 DRAM에 복잡성을 추가하고 그 결과 제조, 시험 및 전력 소비 측면에서 비용이 추가된다.

7.3.3 Rambus와 JEDEC DRAM의 기술 비교

다음 단락에서는 JEDEC 스타일 DRAM 시스템에서 어떻게 사용되고, 램버스 스타일 메모리 시스템에서 어떻게 사용되는지를 '898 출원서에 기술된 바와 같이, 네 가지 기술들을 각각에 대해 간단히 비교하며 설명하고 있다.

프로그램 가능한 CAS/ 응답 대기시간

JEDEC의 프로그램 가능한 CAS/ 응답 대기시간은 각 시스템 공급업체가 시스템의 성능을 최적화하도록 하기 위해 사용된다. 그것은 시스템 초기화에서 프로그래밍되고, 산업 설계자에 따르면, 시스템이 실행되는 동안 다시 설정되지 않는다[Lee 2002, Baker 2002, Kellogg 2002, Macri 2002, Ryan 2002, Rhoden 2002, Sussman 2002]. 램버스 가변 요청 대기시간과 대조적으로 응답 대기시간은 마이크로프로세서가 DRAM에 새로운 요청을 송신할 때마다 프로그램되지만, 사양서는 또한 각각의 액세스 레지스터는 각각의 처리 형태를 위한 둘 이상의 값을 저장할 수 있는 가능성을 남겨둔다. 램버스의 시스템은 요청 단위에 대한 대기시간을 변경할 수 있는 잠재력(우리는 필요성을 다투었다)을 가지고 있으며, 즉 각각의 요청에 이전의 요청과 다른 대기시간을 지정할 수 있고, 사양서는 프로그램될 수 있는 많은 다른 대기시간 값들에 대한 공간을 가진다. 이러한 특징은 JEDEC 구성에 편리한 반면, 램버스 구성에는 반드시 필요하다.

프로그램 가능한 버스트 길이

JEDEC의 프로그램 가능한 버스트 길이는 각 시스템 공급업체가 시스템의 성능을 최적화하도록 하기 위해 사용된다. 그것은 시스템 초기화에서 프로그래밍되고, 산업 설계자에 따르면, 시스템이 실행되는 동안 다시 설정되지 않는다[Lee 2002, Baker 2002, Kellogg 2002, Rhoden 2002, Sussman 2002]. 램버스의 가변 블럭 크기와 대조적으로 블럭 크기는 마이크로프로세서가 DRAM에 새로운 요청을 송신할 때마다 프로그래밍된다. JEDEC 스타일 메모리 시스템은 DRAM에서 읽어 내거나 DRAM에 쓰는 매 칼럼 데이터가 CAS/ 신호에 수반되는 경우 효율적으로 작동할 수 있는 반면, 램버스 스타일 메모리 시스템은 커맨드가 데이터 버스를 점유하므로 이용 가능한 데이터 버스 사이클의 반 이하로 데이터를 제한할 수 없었다. 이러한 특징은 JEDEC 구성에 편리한 반면, 램버스 구성에는 반드시 필요하다.

듀얼 에지 동기화

JEDEC과 램버스 스타일 DRAM 모두 IBM 고속 토글 모드 DRAM으로 회귀하는 클럭 스킴을 사용하는데, 이는 하나의 버퍼에 의한 것보다 데이터 전송률이 2배가 되도록 두 개의 버퍼 사이를 왔다 갔다 토글하는 온 칩의 인터리브(스트로브 신호의 상승에지와 하강에지 등) 기능이다. JEDEC 및 Rambus 스타일 DRAM은 모두 타이밍 신호 양쪽 에지에 데이터를 전송한다. JEDEC 스타일 DRAM에서 타이밍 신호는 시스템 클럭 및 DQS 데이터 스트로브로부터 생성된 내부 클럭이다. 여기서 소스 동기화 스트로브는 송신된 데이터와 함께 동반되며 버스에 데이터가 없는 경우 대기 상태이다. 데이터는 시스템 클럭에 에지 정렬된다. 램버스 스타일 DRAM에서 타이밍 신호는 시스템에서 다른 어떠한 클럭과도 동기화되지 않은 합성된 내부 클럭 신호이고, U자형 글로벌 클럭의 두 개의 다른 위상으로부터 생성된다. U자형 클럭은 소스 동기화가 아니고 버스에 데이터가 있는지 여부에 따라 계속 발생한다. DDR 클럭 스킴과 반대로 램버스 스킴 방식에서는 데이터가 시스템 클럭의 위상과 전혀 정렬되지 않는다. 그것은 에지 정렬도 중앙 정렬도 아니다. 나아가, DDR DRAM이 각 DRAM의 출력 데이터와 시스템 클럭 사이에 동일한 위상 관계를 유지하기 위해 노력하는 반면, 각각의 램버스 DRAM의 출력 데이터와 글로벌 클럭의 빠른 신호와 늦은 신호 사이에 다른 위상 관계가 존재한다.

온 칩 PLL/DLL

JEDEC은 데이터가 글로벌 클럭 신호와 정렬되어 데이터 버스로 구동되는 것을 보장하도록 그들의 DDR SDRAM의 온 칩 DLL을 사용한다. DLL은 읽기 요청에 대한 DRAM의 응답을 충분히 늦추어 DRAM이 다음 클럭 에지를 보는 시간과 동시에 데이터가 구동되도록 해준다. 램버스는 온 칩 가변 지연 회로를 사용하여 시스템의 모든 DRAM뿐만 아니라 메모리 컨트롤러가 동기화된 클럭을 가질 수 있게 한다(그들 모두가 정확하게 동일한 12시임을 판단한다). 지연 회로는 동일한 클럭 신호의 빠른 신호와 늦은 신호(두 개의 서로 다른 위상) 사이의 시간에서 중간점을 발견하여 이를 수행함으로써 어떠한 시스템의 다른 물리적 클럭과도 동기화되지 않은 합성된 내부 클럭 신호를 생성한다. 이것은 간단한 DLL보다 훨씬 더 복잡한 과정이며, 램버스의 가변 지연 회로는 간단한 DLL보다 훨씬 복잡하다.

7.3.4 대체 기술들

수많은 대체 기술들은 기술한 바와 같이 동일한 결과를 얻을 수 있었다. 이러한 대안의 상당 부분이 특정 문제를 해결하도록 단순히 널리 알려진 기술들을 응용한 것이다. 이 섹션에서는 이러한 메커니즘의 사례에 대해 구체적인 예시를 들면서 설명하도록 하겠다. 이 절은 DRAM 설계자가 고려해야 하는 문제에 대한 통찰력을 제공한다.

프로그램 가능한 CAS/ 응답 대기시간

프로그램 가능한 CAS/ 응답 대기시간의 이점은 유연성이다. DRAM에 존재하는 이러한 유연성은 빠른 부분이 느린 부분의 동작을 따라가게 할 수 있다는 것이다. 또한 OEM 또는 최종 소비자들로 하여금 동일한 시스템에서 다른 세대의 (다른 속도를 가진)부품을 섞이게 해주거나 동일한 DIMM에 다른 제조사(공정 기술에 있어서의 약간의 변동에 따라 미세하게 다른 성능을 가질 수 있다)로부터의 같은 세대 부품을 뒤섞이게 하는 것을 가능케 해주었다. 설명을 위해, DRAM 제조 업체가 최소 20ns의 CAS/ 대기시간을 가진 제품이 있다고 하면, 100MHz에서 CAS/−2로(20ns가 100MHz에서는 2사이클임), 150MHz에서는 CAS/−3로(20ns가 150MHz에서는 3사이클을 요구함), 200MHz에서는 CAS/−4(20ns가 200MHz에서 4사이클) 등으로 동작할 수 있다. CAS/−2 혹은 CAS/−3 응답 대기시간의 제품을 그 이상의 버스 속도에서 사용할 수는 없다(CAS/−2는 150MHz에서 13.33ns, 200MHz에서는 10ns, CAS/−3는 200MHz에서 15ns를 요구한다).

선택 가능한 기술들은 다음을 포함한다.

- 고정 CAS/ 응답 대기시간 부품을 사용한다.
- 명시적으로 읽기와 쓰기 커맨드의 CAS/ 응답 대기시간을 규정한다.
- DRAM의 퓨즈를 끊어 CAS/ 응답 대기시간을 프로그래밍한다.
- 클럭 주파수에 따라 CAS/ 대기시간을 확장한다.

고정 응답 대기시간의 사용. CAS/ 응답 대기시간을 고정하는 것은 단순히 개개의 SDRAM이 미리 지정된 하나의 응답 대기시간으로 작동함을 의미한다. 고정 응답 대기시간을 사용하는 것이 유연성을 감소시킬지라도, 테스팅은 훨씬 간결하게 해준다[Lee 2002]. 왜냐하면 두 개 이상이 아닌 단지 하나의 동작 모드만 테스트하면 되기 때문이다. 이것은 또한 설계를 다소 단순하게 해준다. JEDEC 스타일 버스 구성에서 커맨드, 어드레스 및 데이터 버스는 모두 별개로 되어 있어서, 모든 요청이 동일한 응답 대기시간을 가질 경우 요청에 대한 스케줄링이 간단해진다. 따라서 메모리 컨트롤러는 일반적으로 초기화에서 CAS/ 응답 대기시간을 설정하고 컴퓨터가 전원이 켜져 있는 동안 다시 변경하지 않는다. 즉, 시스템이 실행되는 동안 현재의 시스템은 사실상 고정 CAS/ 응답 대기시간을 사용한다[Lee 2002, Baker 2002, Kellogg 2002, Macri 2002, Ryan 2002, Rhoden 2002, Sussman 2002].

커맨드상에 CAS/ 지연 확인. 각 칼럼 읽기 커맨드는 원하는 CAS/ 응답 대기시간을 명시적으로 부호화하도록 DRAM 명령을 설계하는 것이 하나의 옵션이다. 2 혹은 3사이클의 응답 대기시간을 사용하기 위해 DRAM을 초기화하고 각각의 경우에 대해 암시적으로 2 혹은 3사이클의 응답 대기시간을 사용할 거라는 포괄적인 CAS/ 커맨드들을 전송하는 대신에 메모리 컨트롤러가 필요한 응답 대기시간을 명확히 구체화하여 SDRAM에 커맨드를 전송할 수 있다. 예를 들어, 메모리 컨트롤러가 2사이클의 대기시간을 원하면

CAS/−2 읽기 커맨드를 사용하고, 3사이클의 대기시간이 필요하면 CAS/−3 읽기 커맨드를 사용한다.

퓨즈를 이용한 프로그램 CAS/ 지연. CAS/ 응답 대기시간 값은 온 칩 퓨즈의 사용에 의해 결정될 수도 있다. 현대 DRAM은 다수의 퓨즈를 가지고 끊어질 경우 부가 회로를 인에이블시킨다. 예컨대 DRAM 제조사는 테스트 시에 공정 에러가 발생한 메모리 어레이를 정지시키고 에러가 없는 부가 어레이로 대체시킨다. 일반적인 DRAM은 수천 개의 퓨즈를 갖고 있다. 누군가는 다른 CAS/ 응답 대기시간을 설정할 수 있는 한 개 이상의 비슷한 퓨즈를 추가할 수 있다. DRAM 제조 업체로 하여금 기본적으로 고정된 응답 대기시간 부품들을 판매할 수 있도록 하면서도 최종적으로는 프로그래밍이 가능하기 때문에 DRAM 제조사가 다른 응답 대기시간을 가지는 별도의 부품 재고를 필요 없게 할 것이다. 한 부품이 여러 응답 대기시간을 만족할 수 있다면 DRAM 제조사는 부품을 출하하기 직전에 적절하게 퓨즈를 설정할 수 있다. 제조사는 또한 퓨즈를 적절히 설정하는 기술적 지식을 원하거나 혹은 필요에 따른 응답 대기시간의 프로그래밍을 원하는 OEM 및 임베디드시스템 제조사에 그대로 퓨즈 부품을 판매할 수 있다. 대부분의 시스템에서 CAS/ 응답 대기시간은 시스템 초기화 시에 한 번 설정되고 다시 설정되지 않기 때문에 이 단계의 유연성은 현재의 레벨과 거의 마찬가지다.

클럭 주파수를 이용한 CAS/ 지연 스케일. 한 가지 방법이 DRAM이 버스 속도를 알면 해당 버스 속도에 대한 가장 빠른 CAS/ 응답 대기시간을 전달하는 것이다. DRAM의 프로그래밍은 명시적 또는 암묵적일 수 있는데, 명시적인 경우 메모리 컨트롤러가 시스템 초기화 단계에서의 커맨드로 버스 속도를 DRAM에 알려주고, 암묵적인 경우 DRAM은 버스에 있는 클럭 타이밍을 감지하여 자체적으로 버스 속도를 '인지'한다. 이전 예제로 돌아가면, 만약 DRAM 부분이 20ns의 CAS/ 읽기 대기시간을 가졌다면, 100MHz/10ns 버스 환경에서 CAS/−2를, 133MHz/7.5ns 환경에서 CAS/−3을, 200MHz/5ns 환경에서 CAS/−4를 제공할 수 있다. OEM 및 최종 사용자는 일반적으로 가장 빠른 응답 대기시간을 원하기 때문에 이것은 대부분의 DRAM 소비자들을 만족시킬 것이다. 그럼에도 불구하고 DRAM이나 메모리 컨트롤러에 추가되는 메커니즘 없이 이 스킴은 내부 CAS/ 읽기 대기시간을 가진 부품들이 같은 시스템 내에 혼합되는 것을 허용하지 않는데, 1980년대와 1990년대에 70ns DRAM나 60ns DRAM 등의 비동기 부품이 판매되었기 때문에 시장에서의 극심한 혼란을 방지하기 위한 것이다. 정격속도는 명시적이었기 때문에, OEM 업체와 최종 사용자 모두가 그들의 시스템에 정격속도를 맞추는 데 이미 익숙해 있다. 그러나 혼합 응답 대기시간을 혼용하여 사용하는 시스템에 대한 지원이 요구될 때마다 메모리 컨트롤러를 설계해야 했는데, 이렇게 함으로써 초기에 해당 시스템에 있는 각 DIMM의 응답 대기시간을 초기화 시에 결정하고 스케줄링 시에 DIMM 간의 응답 대기시간 차이를 처리한다.

프로그램 가능한 버스트 길이

JEDEC 스타일의 DRAM 시스템에서 서로 다른 값으로 버스트 길이를 설정할 수 있는 기능은 시스템 설계자에게 편리를 주는 동시에 시스템 성능 또한 제공한다. DRAM 시스템의 선택된 변수(요청 응답 대기시간, 버스트 길이, 버스 구성, 버스 속도, 버스 너비 등) 사이의 수많은 미세한 상호 작용은 이러한 파라미터의 변화가 작을지라도 해당 시스템의 최종적인 성능을 크게 변화시킬 수 있다[Cuppu & Jacob 2001].

DRAM의 버스트 길이를 미세 조정하는 능력은, 기대되는 업무량이 주어졌을 때, 설계자로 하여금 더 좋은 파라미터의 조합을 찾을 수 있게 해준다. 대부분의 시스템에서 버스트 길이는 시스템 초기화 시에 한 번 설정되고 다시 세팅되지 않는다[Lee 2002, Baker 2002, Kellogg 2002, Rhoden 2002, Sussman 2002].

선택 가능한 기술은 다음을 포함한다.

- 짧은 고정 버스트 길이를 사용한다.
- 명시적으로 읽기 혹은 쓰기 커맨드의 버스트 길이를 식별한다.
- DRAM의 퓨즈를 이용해 버스트 길이를 프로그래밍한다.
- 버스트 종료 명령과 함께 길고 고정된 버스트 길이를 사용한다.
- 각 CAS/ 펄스가 하나의 데이터 칼럼을 토글하는 BEDO 스타일 프로토콜을 사용한다.

처음 세 개는 위에서 설명한 프로그램 가능한 CAS/ 응답 대기시간에 대한 선택 가능한 방안들과 유사하다.

버스트 중지 명령의 사용. 길이가 큰 데이터 덩어리를 선호하는 시스템 개발자를 만족하기 위해 고정되고 긴 버스트 길이를 사용할 수도 있고, **버스트 중지** 명령이라고도 불리는 **버스트 종료** 커맨드를 사용하여 DRAM의 데이터 읽기를 중지하거나 DRAM에 기록되는 데이터의 마지막을 알리는 신호를 보낼 수 있다. 이러한 방식의 장점은 **버스트 종료** 커맨드가 이미 사양서의 일부인 것이고, 또한 버스트가 뒤이은 읽기 및 쓰기 같은 명령에 의해 인터럽트될 수 있다는 것이다. 따라서, 여러 칼럼 읽기에 대한 효율적인 파이프라인은, 원하는 버스트 길이(예, 명목적인 버스트 길이가 길더라도 4의 버스트 길이에 해당하는 매 4사이클)가 나타내는 만큼 여러 읽기 명령을 배치하여 보냄으로써 이미 가능하다. 각각의 연속적인 요청은 암시적으로 즉시 선행 요청을 종료할 것이며, 오직 파이프라인에 있는 마지막 버스트만 명시적으로 종료될 필요가 있다. 이러한 방식의 단점은 커맨드 버스에 조금의 부담을 늘릴 수 있는데, 버스트 종료 커맨드 동안 메모리 컨트롤러는 동일한 커맨드 버스에서 다른 어떠한 뱅크도 제어할 수 없다는 것이다. 만약 이러한 증가가 중대하다고 판단된 경우, 이는 다수의 컨트롤 버스(이미 메모리 컨트롤러에 의해 지원된다)를 지원하도록 메모리 컨트롤러를 재설계함으로써 완화될 수 있다.

CAS/를 이용한 toggle 데이터 출력. JEDEC은 CAS/ 핀을 토글하거나 원하는 수의 칼럼이 읽히는 동안 낮은 전압으로 유지(예를 들어, 4개의 데이터 칼럼을 읽기 위해 4사이클 동안 로직 레벨 0으로 유지시키는 것)하여 각각의 연속되는 칼럼 읽어내기가 구동되는 BEDO 스타일의 버스트 데이터를 채택할 수 있었다. 이것은 새로운 칼럼 어드레스에 수반되는 CAS/와 최근 수신된 칼럼 어드레스에 기반을 둔 순차적인 데이터를 지시하는 CAS/를 구별하도록 DRAM 사양을 일부 변경해야 한다는 의미이다. 다음을 포함하여 이 문제를 해결하기 위해 여러 가지 가능성이 있다.

- 다음 두 개의 서로 다른 CAS/ 커맨드를 가지도록 명령을 다시 정의한다: 새로운 어드레스에 대한 것과 가장 최근의 칼럼 어드레스에 기초하여 순차적인 읽기를 나타내는 것.
- 순차 데이터를 읽기 위한 CAS/ 핀을 커맨드 버스(일반적으로 RAS/, CAS/, WE/ 및 CKE 등으로 이루어진 신호)에 추가한다. 이것은 데이터 스트로브 신호로 CAS/ 신호와 다른 핀을 사용하는 IBM의 고속 토글 모드의 구현과 비슷하다.

첫 번째에 비해 두 번째 방식의 장점은 처음 뱅크가 데이터를 전송하는 동안 메모리 컨트롤러는 동시에 다른 DRAM 뱅크를 제어할 수 있다는 것이다.

Dual-Edged clocking

JEDEC 스타일 DRAM 버스 구성에서 클럭의 양쪽 에지를 사용하는 장점은, 클럭을 더 빠르게 하지 않고 클럭 신호의 에너지 소비 증가 없이 DRAM 대역폭을 증대시킬 수 있다는 것이다. 대체 기술에는 다음을 포함한다.

- 두 개 이상의 온 칩 인터리브 메모리 뱅크를 사용하거나 각 뱅크에 다른 클럭 신호를 할당한다(예를 들어, 둘 또는 그 이상의 위상을 바꾼 클럭을 사용).
- 각 DRAM 단일 데이터 전송률을 유지하고 모듈에 있는 뱅크를 인터리브한다(DIMM).
- DRAM당 핀 수를 늘린다.
- 모듈당 핀의 수를 늘린다.
- 클럭 주파수를 두 배로 늘린다.
- 동시 양방향 I/O 드라이버를 사용한다.

인터리브 온 칩 뱅크. 앞서 기술한 바와 같이 여러 개의 메모리 뱅크를 인터리브하는 것은 낮은 대역폭 장치를 사용하여 높은 주파수의 메모리 버스를 달성하는 데 사용되는 일반적인 방법이다. 그 기술은 1960년대 중반 IBM System/360 Model 91[Anderson et al. 1967]과 Seymour Cray's Control Data 6600[Thornton 1970]에도 사용되었다. 인터리브 메모리 시스템에서 데이터 버스는 DRAM 뱅크가 지원할 수 있는 그 어떠한 주파수보다 더 빠른 주파수를 사용한다. 제어회로는 데이터 속도를 달성하기 위해 앞뒤로 여러 뱅크 간에 토글한다. 클럭의 양쪽 에지(예를 들어, 데이터를 송/수신하기 위해 클럭의 양 가장자리를 사용하지 않고 SDRAM 메모리 대역폭을 두 배, 세 배 또는 네 배)를 사용하는 대신 DRAM당 2, 3 또는 4개의 독립적인 각각의 뱅크를 지정하거나 클럭 신호를 자체적으로 할당한다. 메모리 컨트롤러는 DRAM에 한 번 요청을 보내고, 이 요청은 해당 뱅크에 할당된 클럭에 동기화하여 각 뱅크에 전달된다. 이와 같이 각 뱅크는 요청을 다른 뱅크 측면에서 약간 선행되게 혹은 지연되게 받는다. 다른 클럭 신호를 생성하는 방법은 다음 두 가지가 있다.

- 다른 뱅크의 각각을 구동하는 다른 클럭 신호는 메모리 컨트롤러(또는 DRAM 외의 부속품)에 의해 생성될 수 있다. 따라서 2개의 인터리브 뱅크가 있다면, 메모리 컨트롤러는 2개의 클럭 신호를 보내게 되어 있다. 또는 4개의 인터리브 뱅크가 있을 경우 메모리 컨트롤러는 4개의 클럭 신호를 보낼 수 있다.
- DRAM은 하나의 클럭 신호를 수신할 수 있고 지연시켜 독립적으로 여러 뱅크를 내부적으로 분배할 수 있다. 그러므로 2개의 인터리브 뱅크가 있다면, DRAM은 들어오는 클럭 신호를 두 개로 나누어, 그중 한 가지의 위상을 밀어줄 수 있다. 4개의 인터리브 뱅크가 있을 경우, DRAM은 들어오는 클럭 신호를 네 개로 나누어, 두 번째 클럭을 1/4 위상만큼 밀어주고 나머지 클럭을 3/4 지연시킨다.

첫 번째 구현은 여분의 DRAM 핀(각 뱅크에 1개씩 CK 단자)을 필요로 한다. 후자는 DRAM에 클럭 발생 및 동기화 로직을 필요로 한다.

모듈에서의 인터리브 뱅크. 개별 DRAM의 대역폭을 증가시키는 대신 DIMM 레벨에서 중요한 것은 오로지 배치밖에 없다. 따라서 모듈상의 회로가 단일 입력 클럭을 가지고 DRAM의 2 혹은 이상의 뱅크를 인터리브하는 장소에서 SDRAM 부품을 가지고 DDR DIMM 사양을 만들 수 있다(솔직하게 메모리 컨트롤러가 고려되고 있는 한). Kentron[2002]은 매우 높은 데이터 속도에서 이것이 우리의 한계 내에서 보장됨을 보여준다. 그들은 현재 4배의 데이터 속도 DIMM을 달성하기 위해 모듈 레벨에서 DDR을 가지고 투명하게 그것들을 인터리브한다.

DRAM 데이터 너비의 증가. DRAM당 더 높은 대역폭을 얻기 위해, DRAM의 속도와 데이터 출력 핀 개수를 모두 증가시키는 최근의 경향 덕에 x32는 이제 매우 보편적인 것이 되었다. x4에서 x8, x16 등등으로 늘어나는 과정에서 DRAM의 데이터 전송률은 차례로 2배씩 늘어난다. 데이터 너비를 배로 늘림으로써, 데이터 전송률을 2배로 만드는 것은 엔지니어링 측면에서 그리 어려운 일이 아니다. 이것은 핀의 개수를 추가하고, 개별 DRAM의 데이터 버스 너비를 배로 만드는 것만으로도 가능하다. 여기서 기억해야 할 것은 1980년대 후반 데이터 핀의 개수가 x1에서 현재의 x32로 증가한 데 반해[Przybylski 1996], 데이터 전송률은 16MHz부터 현재의 DDR SDRAM은 클럭이 400MHz까지 증가했다는 점이다. 결과로, JEDEC은 무게 문제는 제쳐 두고, 핀 수를 증가시킴으로써 대역폭을 늘려왔다. 이러한 접근 방법의 장점은 이전 모듈 레벨의 여러 뱅크를 인터리브하는 것과 호환이 잘된다는 것이다. 그 이유는 DRAM의 데이터 너비를 배가시키면 DIMM의 데이터 너비를 달성하기 위해 필요한 DRAM의 숫자가 감소하는 동시에, DIMM의 독립적 뱅크 개수를 효과적으로 배가시키기 때문이다. DRAM 핀 수가 증가할 경우, PC에 상응하는 시스템의 64비트 데이터 버스 표준을 만들어내기 위한 DRAM이 각 DIMM당 더 작게 필요하다. 때문에 인터리브 시스템을 실현하는 추가 뱅크를 구성 가능한 DRAM의 여유 공간을 DIMM상에 남겨두게 된다.

모듈 데이터 너비의 증가. 앞서 기술한 바와 같이, DIMM의 대역폭은 개별 DRAM의 대역폭보다 훨씬 중요하다고 주장할 수 있다. 따라서 사람들은 개별 DRAM의 클럭 속도를 전혀 증가시키지 않고 단순히 메모리 버스의 데이터 너비(DIMM과 메모리 컨트롤러 사이에 연결된 라인 수)를 증가시켜 대역폭을 증가시킨다. 단점은 왜곡을 제거하기 위한 회로의 비용 증가이다.

클럭 주파수를 2배 증가. 단순히 클럭 스피드를 증가시키는 것이라면 양쪽 에지 클럭 대신 한쪽 에지 클럭을 사용할 수 있다. 양쪽 에지 클럭 스킴에 비교할 때 한쪽 에지 클럭 스킴이 갖는 몇 가지 장점이 있다(그림 7.20 참조). 그림 7.20에 나타낸 한 가지가 바로 버스로 데이터를 구동하고, 버스에서 데이터를 샘플링할 때 사용되는 클럭 에지의 수가 더 많다는 것이다. 또 다른 장점은 클럭이 양쪽 에지 클럭 회로에서처럼 대칭을 이룰 필요가 없다는 것이다. 한쪽 에지 클럭의 경우, 양쪽 에지 클럭에서처럼 클럭의 로직 레벨 1 또는 0의 사이클이 50%일 필요가 없으며, 상승 및 하강 시간(내지는 slew rates) 또한 맞지 않아도 되기에, 한쪽 에지 클럭 회로에서는 보다 작은 노력을 들이고도 같은 클럭 속도를 얻을 수 있다. 그러나 이때의 단점은 단순히 메모리 버스를 넓히거나, DRAM의 데이터 핀 개수를 늘리는 것에 비해 엔지니어링 과정에서 훨씬 더 많은 노력이 요구된다는 점이다.

동시 양방향 I/O 사용. 클럭과 같은 속도로 데이터를 이동시키는 것은 데이터 핀 수는 증가시키지 않으면서, 이전 한쪽 에제 클럭(single-edged Clock) 설계에 비해 DRAM의 대역폭을 2배로 늘린다. 한 가지 대안은 동시 양방향 I/O를 사용하는 것으로, 이는 DRAM의 읽기와 쓰기를 동시에 가능케 한다. 이것은 곧, 두 데이터(읽기 데이터와 쓰기 데이터)가 동시에 버스상에 있음을 의미하며, 가능한 대역폭을 두 배로 늘릴 수 있는 효과적인 방법이다. 동시 양방향 I/O를 이용하는 데는 부가적인 데이터 핀이 필요치 않다. 이러한 스킴에서는 쓰기와 읽기를 동시에 수용할 수 있는 DRAM 측면의 구조적인 변화가 요구되며, 이러한 변화는 DDR2로 제안된[Davis et al. 2000b] Enhanced Memory Systems의 ESDRAM 설계와 가장 유사하다[ESDRAM 1998]. ESDRAM은 버퍼를 sense amplifier 이후에 위치시키는데, 여기서 sense amplifier는 읽기를 위한 전체 DRAM 로우를 붙들어 놓는 동시에 DRAM 어레이로 쓰는 것을 허가한다. 읽기 데이터가 버퍼에 있는 경우, sense amplifier는 더 이상 필요치 않다.

온 칩 PLL/DLL

DDR SDRAM은 DRAM이 데이터와 DQS 신호를 메모리 컨트롤러로 전송함에 있어, 가능한 한 가까이 다음의 적절한 시스템 클럭 에지로 보낼 수 있도록 온 칩 DLL을 사용한다. DLL의 사용이 규정되는 것은 DDR의 클럭 속도가 타이밍 왜곡의 동적인 변화에 대한 영향을 감소시키기 위한 비교적 튼튼한 방법들을 보증할 정도로 충분히 빠르기 때문이다. 선택 가능한 기술들은 다음을 포함한다.

- 더 많은 DRAM 핀이나 모듈 핀을 사용하여 높은 대역폭 값을 얻는다. 클럭 주파수는 해당되지 않는다.
- 왜곡의 동적인 변화를 측정하고 처리하는 방법으로는 버니어(Vernier) 방법을 사용한다
- DLL을 메모리 컨트롤러상에 놓는다
- 모듈상에 DLL을 사용한다.
- 비동기 DRAM, 예를 들어, 토글 모드 또는 BEDO를 사용한다.

속도보다 너비를 증가시키라. 이전 섹션에서 알아본 바와 같이, DRAM, DIMM 또는 메모리 시스템 레벨에서 보다 높은 대역폭 값을 얻는 방법은 다양하다. 그 방법 중의 다수는 클럭 속도를 높이기보다 구현이 용이하다. 오로지 클럭 가속이 필요한 경우에만 DLL이 사용되기 때문에, DRAM 또는 DIMM의 데이터 너비를 증가시킴으로써 온 칩 DLL의 사용 여부를 보류할 수 있다.

버니어 메커니즘. 신호 전파시간은 주요하게 두 가지 요소로 구성되어 있다. 그중 한 가지는 공정 기술의 차이, 공정 변화, 개수를 알 수 없는 메모리 모듈의 전기 부하 등에서 기인하는 정적인 요소이며, 다른 한 가지는 온도 또는 전압 변동으로 인한 동적인 요소다. 간혹 일부 변동이 너무 빠르게 일어나는 탓에 효과적으로 처리하기가 어려운 경우가 있으나, 전압 및 온도 변화의 대부분은 비교적 긴 시간에 걸쳐 일어난다. 대부분의 전압 변동은 60Hz AC 파워 사이클과 연관이 있고, 비교적 긴 시간 거리를 가지며, 대부분의 온도 변동은 백분의 일 초 단위 이상에서 발생한다[Lee 2002, Macri 2002]. 다수 DDR 시스템의 정적 구성 요소는 시스템 초기화 시에 메모리 컨트롤러의 버니어(Vernier) 메커니즘을 사용함으로써 정정된다. 이것

은 본질적으로 시행착오적인 방법으로, 타이밍 불량의 상한과 하한을 찾고, 신호 전달을 위해 그 중간지점을 사용하는 것이다(노이즈 지점으로 앞뒤로 움직여서 추적된 설정 값을 남겨 VCR 트래킹을 설정하는 것과 비슷하다)[Lee 2002]. 동적 성분은 온 칩 DLL에 의해 교정된다. 온 칩 DLL의 대안으로 전압과 온도의 느린 변화를 처리할 수 있을 만큼 자주 버니어 보정값을 재교정하는 것이다. 이는 시스템 초기화 시에 타이밍 보정을 단 한 번만 실행하는 것과는 대조적이다. 가장 중요한 전압 변동이 60Hz AC 전원 공급 장치와 연관되어 있고, 대부분의 온도 변동이 백분의 일 초 이상에서 발생한다[Lee 2002, Macri 2002]는 것을 감안할 때, 재교정은 매 백분의 일 초당 약 한 번 또는 두 번 정도 필요할 것이라 추측된다.

메모리 컨트롤러 위에 DLL 이동. 메모리 컨트롤러의 이점을 위해 글로벌 클럭과 더불어, 출력 데이터와 DQS 신호를 동기화시키기 위해서만 DRAM상에서 DLL이 사용되기 때문에[Lee 2002, Rhoden 2002, Karabotsos 2002, Baker 2002, Macri 2002], 해당 기능을 메모리 컨트롤러로 옮기는 것이 가능하다. 메모리 컨트롤러는 두 개의 클럭을 유지할 수 있다. 첫 번째는 예를 들어, 글로벌 클럭과 동기화될 수 있다. 두 번째는 90도 지연될 수 있다. 입력되는 DQS와 데이터 신호는 메모리 컨트롤러의 DLL/PLL에 의해 제어되는 다양한 지연 시간을 가지고 들어올 수 있으며, 그렇게 하여 DQS 신호는 지연된 클럭과 같은 위상에 있게 된다. 이러한 방법은 입력되는 데이터를 정렬하여 데이터 아이가 글로벌 클럭 신호의 가운데 위치하도록 하여 데이터를 취득하는 데 이용될 수 있게 한다. 이 스킴의 약점은, 클럭 속도가 매우 빠르게 증가함에 따라서 여러 DIMM 사이에 발생하는 타이밍 차이가 매우 중요해 진다는 것이다. 그래서 시스템의 각 DIMM은 메모리 컨트롤러의 두 클럭 사이에서 다른 위상 변이를 요구하며, 이는 메모리 컨트롤러가 각 DIMM에 대한 분리된 타이밍 구조를 유지할 필요가 있음을 암시한다.

DIMM 위에 DLL 이동. 하나의 대안은 DLL을 DRAM 대신 모듈에 배치하는 것이다. Sun은 이런 대안을 수년간 사용해 왔다[Becker 2002, O'Donnell 2002, Prein 2002, Walker 2002]. 더욱이 IBM의 고속 토글 모드 DRAM에서 사용된 칩 외에서의 구동 메커니즘과 사실상 유사하다[Kalter 1990a,b]. 앞에서 언급한 바와 같이, DDR SDRAM에서의 DLL의 유일한 기능은 출력 DQS와 데이터 신호를 글로벌 클럭과 동기화시키는 것이다. 이것은 모듈에서 쉽게 완성될 수 있는데, 특히 모듈이 buffered 또는 registered(간단히, 모듈이 모듈의 DRAM으로 가는 커맨드나 어드레스를 유지하기 위한 로컬 저장소를 가진다는 뜻)인 경우 그러하다. 엔지니어가 더 높은 성능을 달성하기 위해 DDR의 온 칩 DLL을 사용하지 않는 것은 흔한 경우이다. 온 칩 DLL은 편리함이지 필요성이 아니다[Rhoden 2002, Kellogg 2002, Macri 2002]. 모듈 레벨 DLL은 더할 나위 없이 운용 가능하다. DRAM에서 빠져 나온 데이터가 완전히 글로벌 클럭과의 동기 상태를 벗어 났어도, 모듈은 클럭, 커맨드, 그리고 어드레스를 지연하도록 모듈의 DLL을 사용할 수 있으므로 DRAM의 출력이 글로벌 클럭과 동기 상태이도록 한다. 그래도 이는 추가의 CAS/ 대기 사이클에 대한 비용을 생각해야 할지도 모른다.

7.4 FB-DIMM : 일종의 타협

DRAM 산업 부문의 흥미로운 발전상은 최근에 소개된 FB-DIMM(fully buffered DIMM)이다. 이것은 인텔에서 발전시킨 시스템-레벨 DRAM 구성으로, 처음 보기에는 전통적 JEDEC의 넓은 버스 설계나 램버스와 같은 좁은 버스 설계의 중간 요소처럼 보이기도 한다. 자세한 내용은 14장에서 다루기로 하고, 여기에서는 간단한 개괄과 발전 동기에 대해 간략하게 소개하도록 한다.

시스템 설계자들이 직면하고 있는 요즘의 추세는 궁극적으로 FB-DIMM이나 이와 비슷한 것을 따르는 것이다. DRAM 기술이 진보하면서, 채널 용량을 희생시킨 결과 채널 속도는 개선되었다. SDR SDRAM은 채널에 8개의 DIMM을 수용 가능하고, DDR SDRAM은 높은 데이터 전송률로 작동하면서 DIMM의 개수를 채널당 4개로 제한한다. DDR2 SDRAM은 그보다 더 높은 데이터 전송률에서 동작 가능하며 DIMM 개수를 채널당 2개로 제한한다. DDR3은 DIMM의 개수를 채널당 1개로 제한할 것이라 예상된다. 이것은 매우 중요한 제한 요인이다. 서버의 성능은 보통 메모리 용량에 의해 좌우되기 때문에, 이것은 설계자에게 있어 매우 중요하다.

추이는 명확하다. 데이터 전송률을 개선하기 위해서는 버스의 드롭 수를 감소시켜야 한다. 그리고 그래픽 시스템 설계자는 이를 오랜 시간 동안 인지해 왔다. DRAM의 모든 발전단계에서, 그래픽 카드에는 DIMM의 것과 같은 DRAM 기술을 이용해왔으나, 그래픽 카드가 DRAM을 조작하는 속도(데이터 전송률)는 훨씬

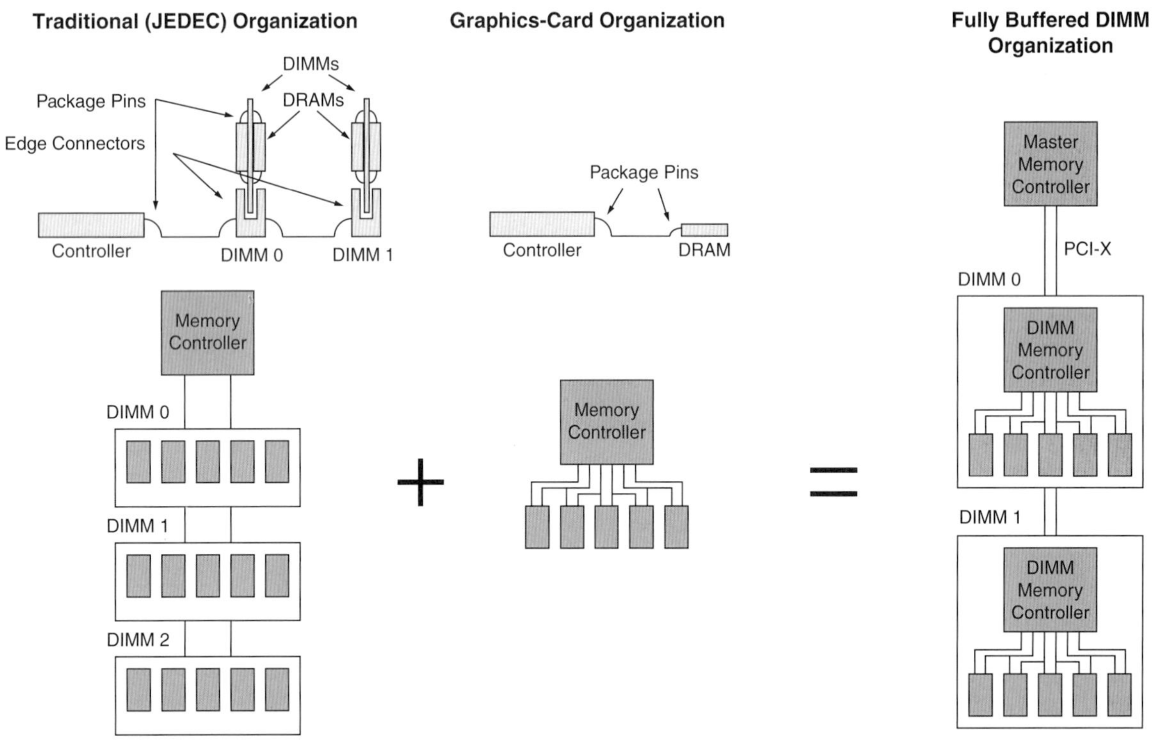

그림 7.26_ FB-DIMM 설계의 출현 배경. 처음의 두 구조는 모듈 구조의 버스와 그래픽 카드 같은 고성능 임베디드 시스템을 비교해 보여준다. 각 설계의 위에 있는 것은 측면을 보여주는 그림으로, 앞으로 일어날 수 있는 임피던스 부정합(반사파의 원인)을 나타낸다. 맨 오른쪽에 보이는 구조는 FB-DIMM이 사실상의 DIMM과 같은 그래픽 카드 구성을 어떻게 취하고 있는가를 보여준다. FB-DIMM 구성에서는 멀티드롭 버스가 없으며, DIMM과 DIMM은 point-to-point 방식으로 연결된다.

더 높았다. 이는 그래픽 카드가 point-to-point 연결 방식을 이용하는 까닭이다. 여기서 그래픽 카드가 사실상 장착 시스템이기 때문에, 마케팅적 측면에서 충분히 가능하다는 것을 유의해야 한다. 유저들은 메모리를 추가함으로써 그래픽 카드를 업그레이드할 수 있으리라 생각지 않기 때문에 전체 그래픽 카드를 교환해 버린다.

때문에 여기서 한 가지 명백한 딜레마가 발생한다. 앞으로의 설계자들이 채널 용량과 데이터 전송률 모두를 증가시키고자 할 때, 두 가지 모두를 충족시킬 수 있는 방법은 무엇인가?

그림 7.26에서는 모듈 구성과 그래픽 카드 구성 간의 관계를 확인할 수 있다. 이 그림은 멀티드롭(multi-drop) DRAM 버스를 묘사하고 있다. 그 옆쪽으로 그래픽 카드의 전형적인 DRAM 버스 구성을 확인할 수 있다. 그래픽 카드 구성은 멀티드롭 구성과 같은 DRAM 기술을 이용하지만, 메모리 컨트롤러와 DRAM 간에 point-to-point 연결 방식을 사용하는 까닭에 더 빠른 속도 값을 갖는다. 이러한 점을 이용하여 채널 용량에 부정적인 영향을 끼치지 않고 데이터 전송률을 증가시키는 방법은 없을까? 한 가지 솔루션은 용어를 재정의하여, 앞으로 그래픽 카드 방식을 'DIMM'이라 칭하는 것이다. 이것은 그림의 오른쪽 부분에서 확인할 수 있는데, 바로 이것이 FB-DIMM이다. 즉, 메모리 컨트롤러가 DIMM으로 옮겨가고, 시스템이 모두 point-to-point 방식으로 연결된다는 것을 의미한다. 마스터 메모리 컨트롤러를 DIMM-레벨 메모리 컨트롤러(Advanced Memory Buffers 또는 AMBs)로 연결하는 채널은 매우 좁고 빠른 동시에 PCI-X 표준을 기반으로 하고 있다. 나아가 각각의 DIMM과 DIMM 연결방식은 point-to-point인 동시에, 모든 채널을 사실상 멀티 홉(multi-hop) 스토어화하고 순방향 네트워크로 만든다. FB-DIMM 구조는 채널 길이를 8DIMM으로 제한하고, 모듈 간의 버스 폭은 기존 구성의 1/3 정도의 핀 수를 필요로 할 만큼 좁다. 그 결과 FB-DIMM 구성은 아무런 대역폭 희생이나 증가된 모듈 간 대역폭(FB-DIMM 모듈이 그래픽 카드 구성과 같은 성능에 도달할 수 있어야 함에 주목)에 대한 여지를 남기지 않고도, 기존 DDR3에 기반한 시스템(DDR3 시스템이 채널당 DIMM 1개로 제한된다고 가정하고)의 약 24배에 달하는 저장 용량을 처리할 수 있게 된다.

7.5 DRAM 시스템의 이슈들, 간략

우리는 앞서 미래 시스템 설계자들이 당면하게 될 주요 이슈, 즉 대역폭 증가는 결코 자유롭지 않으며, 이를 위해선 몇 가지 희생이 따른다는 사실에 대해 다룬 바 있다. 이에 대한 종래의 접근은 공유 버스에 대한 드롭 수를 감소시키는 것이었으나, 이 접근법은 명백히 실패하였다. 개요 절에서는 또 다른 이슈들, 즉 프로토콜-레벨의 세부사항들이 시스템 수준의 구성 파라미터와 비직관적인 방법으로 상호작용하여 성능을 50% 이하로 감소시키는 현상에 대해 다루었다. 이밖에도 앞으로의 DRAM 시스템이 당면하게 될 여러 과제들이 있으며, 이에 대한 더 자세한 내용들은 앞으로의 장에서 상세히 다뤄질 것이다. 지금부터는 앞서 언급한 이슈들 중 몇몇을 간단히 소개하겠다.

7.5.1 아키텍쳐와 스케일링

DRAM의 매 세대마다 대역폭의 개선에는 채널 용량에 대한 비용을 생각해 왔으나, 또한 액세스 단위에 드는 비용도 생각해 왔다. 시간과 공간 간의 균형이라는 트릭을 통해, DRAM 설계자들은 DRAM 코어의 스피드를 증가시키지 않고, DRAM I/O 핀의 데이터 전송률을 개선해왔다. DDR은 2n 프리페치 구조, 즉 DRAM 코어에서 전송되는 비트 수가 두 배인 구조로 변경하여 SDR보다 속도를 개선했다. 인터페이스 한 쪽 면의 대역폭 증가는 다른 면의 증가로 이어진다. I/O 속도 면에서는 2배, 코어는 너비 면에서 2배 값을 갖게 되었다(DRAM의 I/O 면에서 비트는 이전에 비해 2배 빠르게 전송되고, 코어 면에서는 한 사이클당 2배 많은 비트를 불러 온다). DDR2의 스피드는 4n 프리페치가 되면서 또 다시 증가하였고, DDR3는 8n 프리페치로 예정되어 있다. 각각의 사례에서, DRAM이 읽거나 쓸 수 있는 최소 비트 수의 두 배로 증가했다. 이는 즉, 프로세서들이 읽거나 쓸 수 있는 데이터 양을 각각의 동작 단계에서 두 배로 늘리는 필요성을 시사한다. 그러나 SRAM 설계자들이 충분하다고 느낄 때까지 얼마나(블럭당 128바이트? 256바이트? 1024바이트?) 많은 캐시 블럭을 증가시켜야 하는지에 대한 의문점은 여전히 남아 있다.

7.5.2 토폴로지 및 타이밍

앞서 논의한 바와 같이, 신호 신뢰성과 시스템 구성 사이에는 직접적인 연결고리가 있다. 즉 시스템 구성의 변화는 신호 신뢰성에 상당한 개선 또는 후퇴를 불러온다. 그리고 이는 버스 토폴로지의 경우에도 마찬가지이다. 가령, 단방향 버스를 설계하는 설계자는 양방향 버스에서 변경 시 처리량이 제한되는 회수시간을 고려할 필요가 없다. 타이밍 규정도 이와 무관하지 않다. 토폴로지가 변화하면, 타이밍 규정도 이에 따라 바뀌기 마련이다. 예컨대 단방향 버스는 소스 동기화 클럭과 원만히 작동하려는 경향을 보이지만, 소스 동기화 클럭은 글로벌 클럭 스킴처럼 단순하지 않다.

7.5.3 핀과 프로토콜 효율성

핀의 비용문제는 점점 중요한 이슈가 되고 있다. 트랜지스터나 온 다이 커패시터의 비용 절감은 급속도로 이루어지고 있으나, 패키징 비용은 그처럼 빠르게 감소하지 않는 추세이다. 그러나 분명한 것은 DRAM을 설계하는 데 있어 장차 트랜지스터 수보다 핀 수가 더 중요한 요인으로 작용하리라는 것이다. 데이터와 대역폭의 감소(예를 들어, 단순히 패키지의 데이터 핀 개수를 줄이는 것)를 야기하지 않으면서, 필요한 핀의 개수를 현저히 줄일 수 있는 단 한 가지 방법은 프로토콜을 재고하고, 데이터에 사용되는 핀과 컨트롤 간의 균형 관계를 받아들이는 것이다.

7.5.4 파워와 열손실

DRAM은 전통적으로 설계의 전력이나 열 소실에 대해 고려하지 않아 왔다. 예를 들어 DRAM과 DIMM에는 보통 열 제거원이 장치되지 않았다. 그러나 칩 간 핀당 신호 변동률이 1Gbps를 넘어서면서(요즘의 FB-

DIMM과 비슷함), 전력과 열 소실 문제가 심각하게 대두되기 시작했다. 이전의 DIMM에서는 1W의 전력 소실이 있었으나, 현재의 FB-DIMM은 당시의 10배에 달하는 양이 소실된다. 시스템에 FB-DIMM의 25배(채널의 3배, 채널당 DIMM의 8배)를 넣는 것을 결부시켜 생각해보면, 발열 문제가 중대하다는 것을 알 수 있다. 시스템 구성요소 중 매우 소수만이 열 소실을 불러오는 데다, DRAM은 여기에 해당하지 않았기 때문에, 현대의 고밀도 서버(blade server)는 매우 인기 있는 설계이다. 현재는 DRAM 시스템이 고밀도 서버 설계를 복잡하게 만들 우려가 있다.

7.5.5 향후 방향

미래의 DRAM 설계에 있어 현재 가장 주안점을 두고 있는 부분은 핀 전송률을 높여서 대역폭의 증가를 불러오는 것이다. 이것은 제한적인 설계 범위에서만 가능하다. 이것은 특히, 디바이스의 최적화를 지나치게 강조하는 반면, 상대적으로 시스템에 소홀한 경향을 보인다. 엄밀히 말하자면, 이것은 개요 절에서 설명했던 시스템 문제를 야기하는 매우 근시안적인 사고이다. 즉, 디바이스 수준에만 머물러 사고하는 설계자들은 시스템 측면에서 문제를 야기할 수 있고, 시스템 측면에만 치중하는 설계자들은 디바이스 부분의 문제를 불러일으킬 수 있다.

이에 대한 해결책은 경제적인 측면을 고려해야 하기 때문에 매우 중요하다. DRAM은 다양한 요구를 수용하고자 하는 디바이스이므로, 설계 솔루션 또한, 마치 마더보드에 직접 납땜 된 DIMM 구성과 마이크로프로세서와 1대 1로 소통하는 정도로 조화를 이루어야 한다. 다시 말해, 다수의 사례에서 디바이스는 시스템이다. 이 두 가지 관점을 어떻게 결합시키는가는 앞으로 계속해서 마주하게 될 주요 현안이 될 것이다.

MEMORY | SYSTEMS | **DRAM**

DRAM 디바이스 조직: 기본적인 회로와 구조

08

CHAPTER

이번 장에서는 DRAM 디바이스의 기본적인 회로와 구조에 대해 다룬다. 최근의 DRAM 디바이스는 30년 이상의 변화된 발전의 결과로 하나의 장에서 다양한 DRAM 디바이스의 회로나 구조에 대해 깊고 완벽하게 다루는 것이 쉽지 않다. 이 장의 목적은 최근의 DRAM 디바이스에서 일반적으로 볼 수 있는 기본적인 블럭과 회로에 대한 폭넓은 개요를 제공하는 것이다. 그리고 다음 장에서는 이번에 설명한 기본적인 블럭과 회로로 구성된 DRAM 디바이스를 포함하는 다양한 메모리 시스템을 소개한다.

이 장에서는 Fast Page Mode(FPM) DRAM 디바이스에 대한 가벼운 개요를 제공하여 최근의 DRAM 디바이스 내의 기본적인 구성요소에 대해 설명한다. DRAM 저장 셀, DRAM 어레이 구조, 전압 sense amplifier, 디코더, 컨트롤 로직 블럭, 데이터 I/O 구조, 그리고 패키징 고려사항과 같은 기본적인 구성요소를 이번 장에서 살펴본다. SDRAM, DDR SDRAM, 그리고 D-RDRAM 디바이스와 같은 특정 DRAM 디바이스와 그것들의 발전은 12장에서 다룬다.

8.1 DRAM 디바이스 조직

그림 8.1은 1980년대와 1990년대 초반에 널리 쓰인 FPM DRAM 디바이스의 구조와 조직을 나타낸다. 내부적으로 그림 8.1의 FPM DRAM 디바이스의 DRAM 저장 셀들은 4,096개의 로우, 1개의 로우당 1,024개의 칼럼, 그리고 칼럼당 16비트의 데이터로 구성된다. 이 디바이스에서는 매번 로우 액세스가 일어날 때, 12비트 어드레스가 어드레스 버스에 인가되고 RAS/(row-address strobe)[1]가 외부의 메모리 컨트롤러에 의해 실행된다.

DRAM 디바이스 내에서 어드레스 버스에 있는 어드레스는 로우 어드레스 버퍼에 의해 버퍼되고 그 다음

1 RAS/는 (일반적으로는) 로우 어드레스 스트로브 혹은 로우 액세스 스트로브라고 한다. 저자는 DRAM 액세스 프로토콜이 신호 기반의 인터페이스에서 커맨드 기반의 인터페이스로 변화하는 방법 때문에 '액세스'를 더 선호한다. '어드레스'와 '액세스' 모두 RAS/와 CAS/의 'A'에 대한 의미로 일반적으로 사용된다.

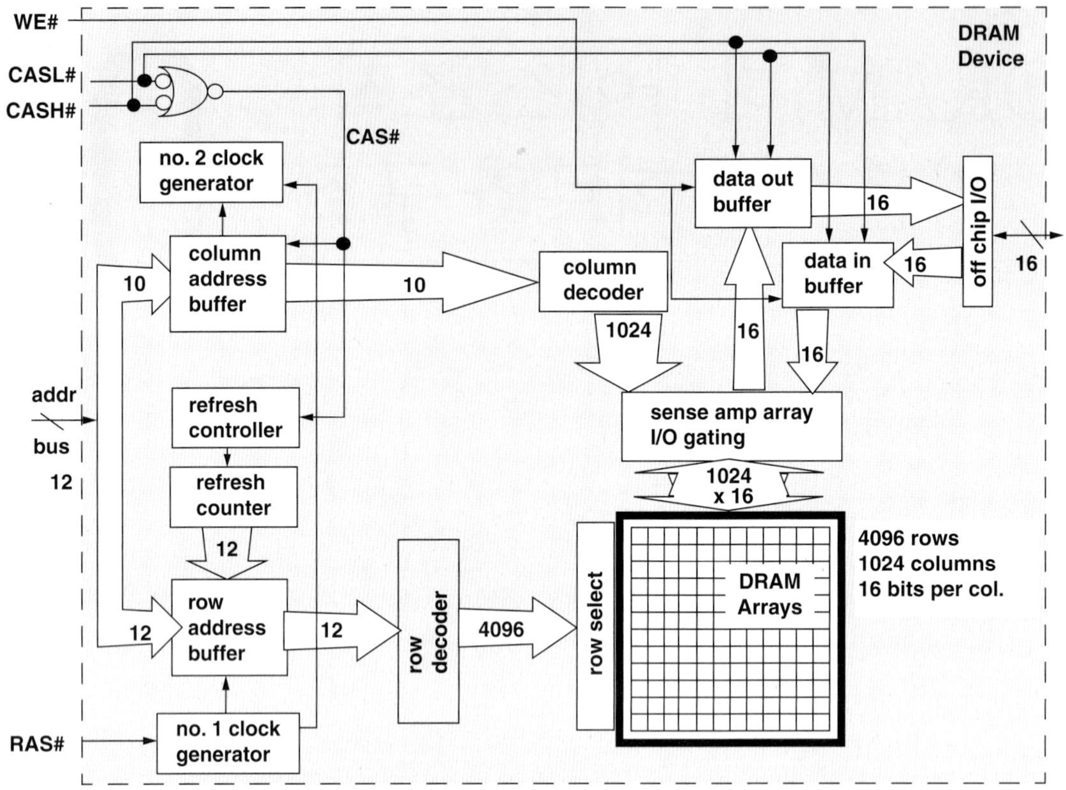

그림 8.1_ 64M 비트 Fast Page Mode DRAM 디바이스(4096X1024X16)

에 로우 디코더에 보내진다. 그 다음에 로우 디코더는 12비트의 어드레스를 받아들이고 4,096 로우의 저장 셀들 중에서 1개를 선택한다. 그런 다음 저장 셀들 중 선택한 로우에 있는 데이터는 감지되고 sense amplifier 어레이(array)에 의해 활성화된다. 그림 8.1의 DRAM 디바이스에서 DRAM 셀들의 각각의 로우는 1,024개의 칼럼으로 구성되며, 각각의 칼럼은 16비트이다. 즉, 16비트의 칼럼은 이 디바이스 내의 메모리의 기본 어드레스 단위이며, 로우 액세스 다음에 오는 각각의 칼럼 액세스는 DRAM의 같은 로우로부터 16비트의 데이터를 읽거나 쓴다.[2]

그림 8.1의 FPM DRAM 디바이스에서 칼럼 액세스 커맨드는 로우 액세스 커맨드와 유사한 방법으로 다루어진다. 칼럼 액세스 커맨드에 대해서 메모리 컨트롤러는 어드레스 버스에 10비트의 어드레스를 인가하고 적절한 **칼럼 액세스 스트로브**(CAS/) 시그널을 실행한다. 내부적으로 DRAM 칩은 10비트의 칼럼 어드레스를 받아들여 그것을 디코딩하고, 1,024개의 칼럼 중에 1개를 선택한다. 그 다음에 보통의 칼럼 리드 커맨드의

2 그림 8.1의 FPM DRAM 디바이스는 16비트 칼럼에서 8비트마다 각각 분리된 column-access strobe high(CASH)와 column-access strobe low(CASL/) 시그널을 통해 접근된다. 그러나 데이터 버스가 16비트이므로, 이 디바이스에서 데이터의 칼럼은 8비트가 아니라 16비트이다. 동일하게 최근의 DRAM 디바이스는 하나의 칼럼 안에서 일부의 데이터 라이트 동작을 수행하기 위해 데이터 마스크 시그널을 이용한다. XDR 디바이스와 같은 몇몇 다른 DRAM 디바이스는 sub-column read와 라이트 동작을 위해 세밀한 커맨드 인코딩을 사용한다.

경우 그 칼럼에 있는 데이터는 DRAM 디바이스에 의해 데이터 버스로 출력되거나 write enable(WE/) 시그널에 따라 메모리 컨트롤러에서 전달된 데이터로 덮어 써지게 된다.

역사가 오래된 FPM DRAM 디바이스부터 최근의 DDRx SDRAM 디바이스, 높은 정격 데이터의 XDR DRAM 디바이스, 저지연(low-latency)의 RLDRAM 디바이스, 그리고 저전력 모바일 램 디바이스까지의 모든 DRAM 디바이스는 몇몇 기본적인 회로와 기능적인 블럭들을 공유한다. 많은 경우에 같은 DRAM 디바이스 제조업체에서 만들어진 다양한 종류의 DRAM 디바이스들은 정확하게 같은 셀이나 어레이 구조를 공유한다. 예를 들어 모든 DRAM 디바이스의 DRAM 셀들은 1개 혹은 그 이상의 어레이들로 구성되어 있고, 각각의 어레이는 많은 수의 로우와 칼럼들로 구성되어 있다. 또한 모든 DRAM 디바이스들은 디바이스가 동작하는 순서나 타이밍을 컨트롤하는 몇몇 로직 회로들을 가진다. 그림 8.1의 FPM DRAM 디바이스는 내부 클럭 발생기와 빌트인 리프레시(built-in refresh) 컨트롤러를 지닌다. 리프레시 커맨드가 실행될 때, 리프레시되는 로우 어드레스는 칩 외부의 어드레스 버스로부터 로딩되어야 하는 것 대신에 내부의 리프레시 카운터에 의해 로딩되기 위해 FPM DRAM 디바이스는 리프레시될 필요가 있는 다음 로우의 어드레스를 가지고 있다. DRAM 디바이스 내에 리프레시 카운터를 포함하는 것은 메모리 컨트롤러가 리프레시 사이클에 로우 어드레스를 계속 파악해야 하는 것에서 자유롭게 한다.

ESDRAM, Direct RDRAM, 그리고 RLDRAM과 같은 발전된 DRAM 디바이스들은 이 장에서 소개한 기본적인 DRAM 디바이스보다 더 많은 로직 회로와 기능을 칩 내부에 포함하도록 발전하였다. 예를 들어, 하나의 DRAM 어레이를 쓰는 FPM DRAM 디바이스와는 달리 최근의 DRAM 디바이스들은 DRAM 어레이에 여러 개의 뱅크를 가지고 있고, 몇몇 DRAM 디바이스들은 추가적인 로우 캐쉬 혹은 read-around-write 기능을 가능하게 하는 라이트 버퍼를 가지고 있다. 이번 장에서의 논의는 기본적인 회로와 구조에 제한하며, 일반적으로 기본적인 DRAM 디바이스들에는 없는 성능을 강화시키는 발전된 로직 회로는 특정 DRAM 디바이스와 메모리 시스템의 논의에서 따로 다룬다.

8.2 DRAM 저장 셀

그림 8.2는 최근의 DRAM 디바이스에서 1비트의 데이터를 저장하기 위해 쓰는 기본적인 1개의 트랜지스터와 1개의 커패시터 셀 구조의 회로도를 나타낸다. 이 구조에서 액세스 트랜지스터의 게이트에 전압이 인가되어 액세스 트랜지스터가 켜질 때, 데이터 값에 해당하는 전압이 비트라인(bitline)에 놓여지게 되고, 저장 커패시터를 충전한다. 액세스 트랜지스터가 꺼진 후 저장 커패시터는 저장된 전하를 보유하며, 워드라인(wordline)의 전압은 제거된다. 그러나 저장 커패시터에 저장된 전하는 시간이 지날수록 점점 유실되게 된다. 데이터 완전성을 보장하기 위해 DRAM 셀 내에 저장된 데이터 값은 리프레시(refresh)로 알려진 DRAM 디바이스의 프로세스에 의해 주기적으로 읽고 다시 쓰여져야 한다. 다음 섹션에서는 셀 커패시턴스, 누설 전류, 그리고 리프레시 동작의 필요성 사이의 관계에 대해 간략하게 설명한다.

초기의 DRAM 설계에서는 분리된 리드 액세스, 라이트 액세스, 그리고 저장 트랜지스터를 가진 3개의 트

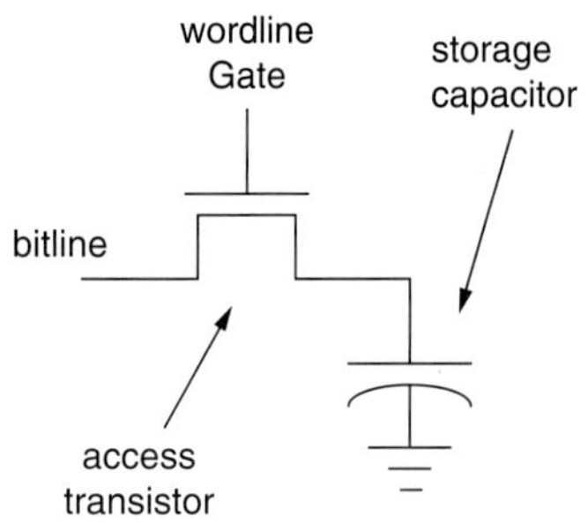

그림 8.2_ 기본적인 1T1C DRAM 셀 구조

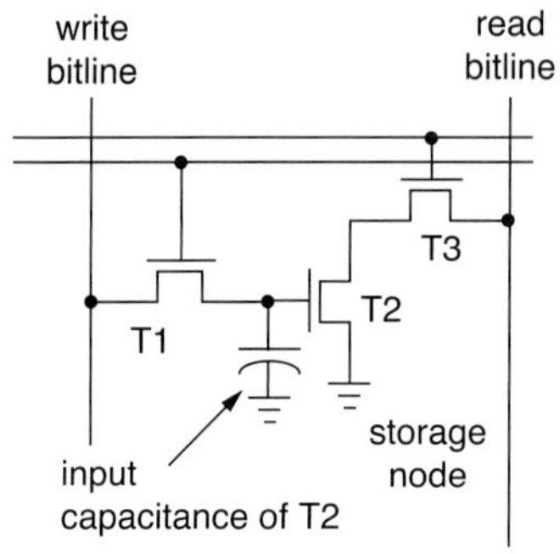

그림 8.3_ 3T1C DRAM 셀

랜지스터와 1개의 커패시터(3T1C) 셀 구조를 사용하였고[3] 이는 그림 8.3과 같다.

3T1C 셀 구조는 저장 셀로부터 데이터를 읽을 때 공유된 비트라인으로 셀의 내용이 방전될 필요가 없다는 흥미로운 특징을 지닌다. 즉, 3T1C 셀에서는 DRAM 셀의 데이터를 읽는 것이 파괴적이지 않고, 간단한 리드 사이클에서 1T1C 셀과 같이 저장 셀에 데이터가 복원되는 것이 필요하지 않다. 결과적으로 임의의 리드 사이클에서 1T1C 셀보다 3T1C 셀이 더욱 빠르다. 하지만 1T1C 셀의 크기가 가지고 있는 장점은 최근 모든 DRAM 디바이스에서의 이것이 기본적인 셀 구조가 되게 하였다.

기본적인 1T1C 셀 외에도 SOI(Silicon-on-Insulator) 프로세스상에서 1개의 트랜지스터를 기본적인 셀 구조로 대체하기 위한 연구가 계속되고 있다. 하나의 제안된 구조에서는 isolated substrate를 전하 저장 요소로 사용하였고, 이 때문에 분리된 저장 커패시터가 필요하지 않다. 3T1C 셀에서 데이터를 읽어 들이는 것과 유사하게 데이터를 읽는 것이 파괴적이지 않고, 데이터 복구는 전하 감지가 아닌 전류 감지로 이루어진다. 하지만 대체할 수 있는 셀 구조가 존재함에도, 1T1C 셀 구조는 최근의 모든 DRAM 디바이스에서 기본적인 전하 저장 셀 구조로 사용되며, 이 장에서는 이러한 주요한 1T1C DRAM 셀 구조에 초점을 맞춘다.

8.2.1 셀 커패시턴스, 누설 전류와 리프레시

90nm DRAM 공정에서 DRAM 저장 셀의 커패시턴스는 30fF 정도이고, DRAM 액세스 트랜지스터의 누설 전류는 1fA 정도이다. 30fF의 셀 커패시턴스와 1fA의 누설 전류상에서 일반적인 DRAM 셀은 수백 msec부터 수십 sec까지의 늘어난 시간 주기 동안 디지털 값을 결정할 충분한 전하를 보존할 수 있다. 그러나 트랜지스터의 누설 특성이 온도에 의존하고 DRAM 셀 데이터 보존 시간이 같은 시간과 온도 아래에서도 셀마다 굉장히 다르고 다른 시간의 같은 DRAM 셀에서도 굉장히 변화가 심하다.[4] 하지만 메모리 시스템은

3 최초의 상업적인 DRAM 디바이스인 인텔의 1103 DRAM 디바이스는 3T1C 셀 구조를 사용한다.

4 다양한 누설 전류 문제는 DRAM 셀의 다양한 보유 시간을 다뤄야 하는 DRAM 제조사들에게 잘 알려진, 그리고 골칫거리인 현상이다.

1비트의 데이터도 전하 누설로 인하여 잃지 않기 위해 설계되어야 한다. 그 결과 전체 디바이스에서 누설 때문에 1비트의 데이터라도 저장된 전하를 잃어 버리기 전에 주어진 디바이스상에서 DRAM 셀은 적어도 한 번은 리프레시되어야 한다. 최근 대부분의 DRAM 디바이스에서 DRAM 셀은 일반적으로 32ms 혹은 64ms마다 한 번은 리프레시된다. 낮은 커패시턴스 값이나 큰 누설 전류를 가지는 저장 커패시터로 구성된 DRAM 셀의 경우, 모든 셀에서 신뢰할 수 있을 만한 데이터 보존을 보장하기 위해 리프레시 간격 사이의 시간 주기를 더욱 줄인다.

8.2.2 드라이브 셀 구조의 상충된 조건

1T1C 셀의 발명 이후에도 기본적인 DRAM 셀의 물리적 구조는 계속해서 진화해오고 있다. DRAM 셀 구조는 각각의 새로운 공정에서 필요한 작은 셀 크기, 낮은 전압, 그리고 노이즈 여유도(tolerance)의 상충되는 요구조건을 만족하기 위해 발전하고 있다. 그림 8.4는 1T1C 셀의 개략적인 구조를 나타내고 있다. 저장 커패시터는 액티브 실리콘 위의 폴리실리콘 층 사이에 위치한 **스택**(혹은 폴리드 plate) 커패시터 구조로 형성된다. 몇몇 DRAM 제조업체는 다른 방식으로 액티브 실리콘에 깊게 형성한 **트렌치** 커패시터를 가지는 셀을 사용한다. 최근의 DRAM 디바이스는 기본적인 전하 저장 구성요소로 이러한 2가지의 다른 커패시터 구조 중 1가지를 사용한다.

최근 몇 년간 기본적인 전하 저장의 구성요소로 트렌치 커패시터를 사용하는 제조업체와 스택 커패시터를 사용하는 제조업체들 간의 2가지 경쟁적인 진영이 형성되었다. 각각의 설계에 대한 상대적인 가격과 장기간의 공정 확장성(scalability)에 관한 논쟁이 계속되고 있다. 같은 공정에서 로직 회로와 DRAM 셀을 결합하고자 하는 제조업체들에게는 트렌치 커패시터 구조가 로직 반도체 공정에서 DRAM 셀과 더 좋은 결합을 할 수 있게 한다. 그러나 독립적인 DRAM 디바이스에 초점을 맞춘 제조업체들은 트렌치 커패시터 구조보다 스택 커패시터 구조를 더 선호한다. 현재 Micron, Samsung, Elpida, Hynix, 그리고 대다수의 DRAM 제조업체들은 스택 커패시터 구조를 사용하고, Qimonda, Nanya, 그리고 몇몇 작은 DRAM 제조업체들은 트렌치 커패시터 구조를 사용한다.

8.2.3 트렌치 커패시터 구조

일용화되고 있는 DRAM 디바이스에서 현재 일반적으로 가장 우선시되고 있는 것은 제조 비용 최소화이다. 이러한 최우선 고려사항은 직접적으로 셀 크기를 줄이도록 압력을 가하여 같은 실리콘 면적에 더 많은 DRAM 셀을 두어 판매 가격을 올리거나 같은 숫자의 저장 셀에 대한 제조 비용을 낮추고자 한다. 셀 크기를 줄이고자 하는 압력은 저장 셀이 실리콘 표면 위에서 3D 스택 커패시터로 만들어지거나 액티브 실리콘 표면 아래에 깊게 트렌치를 형성하게 한다. 그림 8.4는 저장 요소로 딥(deep) 트렌치 커패시터의 1T1C DRAM 셀을 보여준다. 트렌치 커패시터의 횡단면을 그림 8.4에서 개략적으로 살펴볼 수 있다.[5] 트렌치 커

5 트랜치 커패시터를 사용하는 최근의 몇몇 DRAM 디바이스에서, 트랜치 셀의 깊이와 너비의 비율은 50:1을 초과한다.

패시터를 깊게 형성하는 것은 저장 셀 커패시턴스를 감소시키지 않으면서 DRAM 셀의 실리콘 표면 사용을 줄인다. 트렌치 커패시터 구조와 스택 커패시터 구조는 각각 장단점을 가진다. 트렌치 커패시터 설계의 장점 중 하나는 높은 레벨의 금속 층이 더 쉽게 평면으로 만들어질 수 있게 3D 커패시터 구조가 배선 층 아래에 있다는 것이다. 금속 층을 평면으로 만들 수 있다는 특징은 공정을 액티브 실리콘 위에 더 많은 메탈 층이 있는 로직 공정과 쉽게 결합할 수 있다는 것을 의미한다. 또한, 이렇게 파묻힌 구조는 로직 트랜지스터가 형성되기 이전에 트렌치 커패시터를 만들 수 있다는 것을 의미한다. 커패시터 층을 만들기 위한 공정 과정이 로직 트랜지스터가 제작되기 이전에 수행될 수 있고, 로직 트랜지스터의 성능이 (높은 온도의)커패시티브 층 형성에 의해 저하되지 않는다는 점에서 이러한 차이는 중요하다.[6]

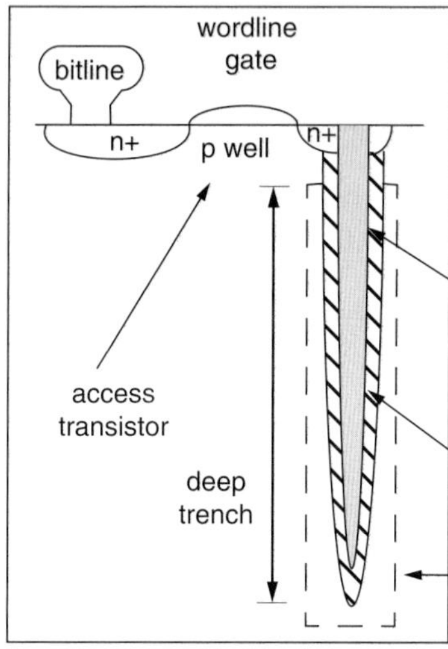

그림 8.4_ 트랜치 커패시터를 사용한 1T1C DRAM 셀의 횡단면. 저장 커패시터는 액티브 실리콘에 깊게 파여진 트랜치 커패시터 구조로 형성되어 있다. 대신에 몇몇 DRAM 디바이스 제조업체들은 액티브 실리콘 위의 폴리실리콘 층 사이에 스택 커패시터 구조의 셀을 사용한다.

8.2.4 스택 커패시터 구조

스택 커패시터 구조는 저장된 전하를 갖고 있는 커패시터 면을 만들기 위해 여러 개의 금속 층을 사용하거나 실리콘 기판 표면 위에 전도성의 폴리실리콘을 사용한다. 그림 8.5는 개략적인 스택 커패시터 구조를 나타낸다. 그림 8.5의 커패시터 구조는 2개의 폴리실리콘 층 사이에서 만들어지고 커패시터는 비트라인 아래에 놓여진다. 이것을 CUB(Capacitor-under-Bitline) 구조라고 한다. 스택 커패시터 저장 셀은 COB(Capacitor-over-Bitline) 구조에서는 비트라인 위에 형성된다. 비트라인에 따른 저장 셀의 위치에 상관없이, CUB와 COB 구조 둘 다 스택 커패시터 구조의 변형이고, 커패시터는 액티브 실리콘 위의 폴리실리콘 층에 있다. 셀 커패시턴스는 그대로 유지한 채 DRAM 셀 사이즈를 줄이고자 하는 노력은 커패시터 구조를 수직면상에서 형성되게 하였으며 자연스럽게 스택 커패시터 구조는 2차원 평면 커패시터 구조에서 3차원 구조로 발전되었다.

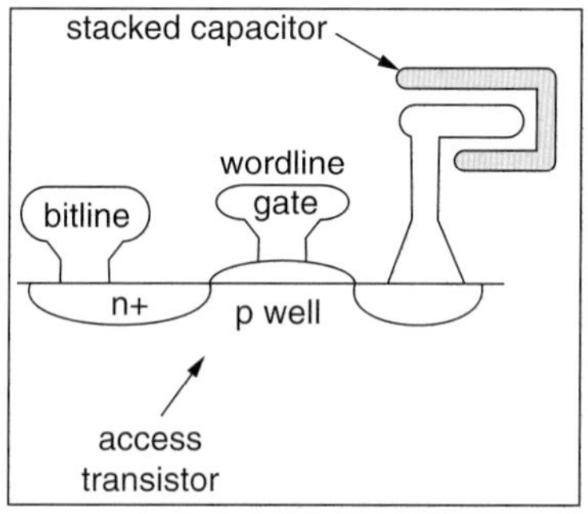

그림 8.5_ 스택 커패시터를 사용한 1T1C DRAM 셀의 개괄적인 모습

6 같은 공정 내에서 로직 회로와 DRAM 셀을 결합하는 것은 중요하다. 다음 8.10절을 잘 살펴보라.

8.3 RAM 어레이 구조

그림 8.6은 위에서 바라보았을 때의 대략적인 DRAM 어레이를 나타낸다. 총 6개의 셀을 보여주고 있으며, 각각 2개의 셀들은 같은 비트라인 컨택을 공유한다. 또한 이 그림은 어레이에서의 셀의 크기를 개략적으로 나타낸다. 단위 셀의 크기는 $8F^2$이다. F는 주어진 공정상에서 가장 작은 사이즈를 나타내는 공정에 의존하는 미터법이다. 90nm 공정에서 F는 90nm를 의미하며, $8F^2$의 면적은 $64{,}800nm^2$이다. DRAM storage 셀의 단면적은 공정에 따라 선형적으로 스케일되고 각각의 공정에서 셀 사이즈는 $6\sim8F^2$로 유지된다.

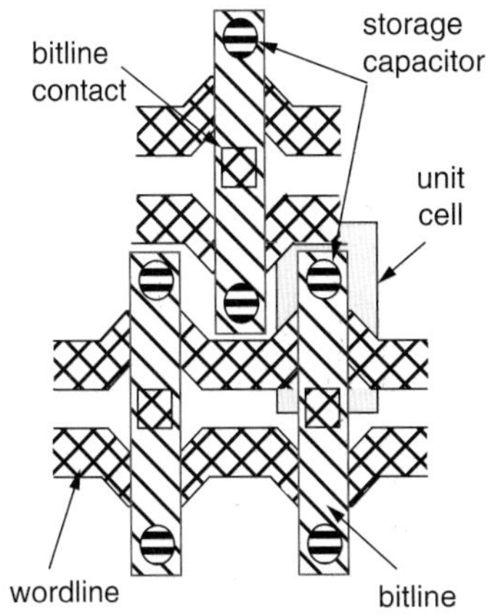

그림 8.6_ DRAM 어레이를 위에서 바라보았을 때의 모습

DRAM 디바이스에서 셀의 데이터를 읽는 과정은 그 셀의 액세스 트랜지스터를 활성화시키는 것에서부터 시작한다. 액세스 트랜지스터가 켜지면 저장 커패시터의 작은 전하가 디지털 값으로 바뀌기 위해 비트라인으로 실리게 된다.[7] 그림 8.7은 DRAM 저장 셀의 하나의 뱅크를 나타내며 로우 어드레스는 로우 디코더로 보내지고, 로우 디코더는 하나의 로우를 선택한다. 셀들의 로우는 한 개 이상의 워드라인으로 형성되며 동시에 각각 수천 개의 비트라인에 있는 1개의 셀을 활성화시킨다. 같은 비트라인에는 수백 개의 셀들이 존재하지만 주어진 순간에 하나의 셀만이 저장된 전하를 비트라인과 공유한다. 저장 커패시터에 의한 전하 분배 과정은 미세하게 비트라인의 전압 레벨을 변화시키고, 차동 sense amplifier에 의해 비트라인의 전압은 디지털 값으로 변화한다. 차동 sense amplifier는 다음 절에서 다루도록 한다.

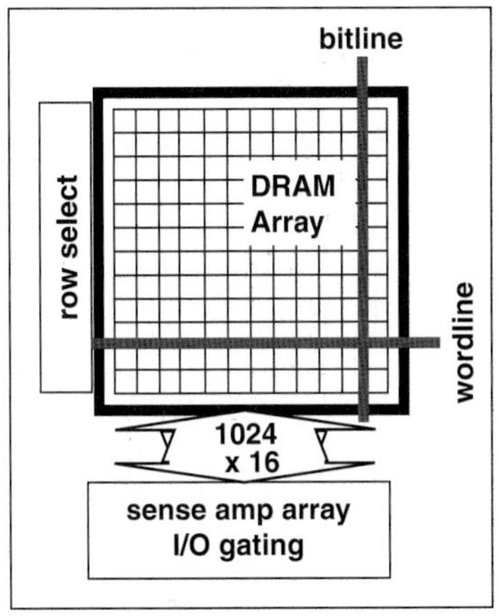

그림 8.7_ 하나의 DRAM 뱅크를 나타낸 그림. 1개의 DRAM 어레이, sense amplifier의 1개의 어레이, 그리고 1 로우 디코더. 로우 디코더는 여러 개의 뱅크 사이에서 공유될 수도 있다.

최근 DRAM 디바이스에서 저장 커패시터의 커패시턴스는 비트라인의 커패시턴스보다 훨씬 작다. 일반적으로 저장 커패시터의 커패시턴스는 수백 또는 수천 개의 다른 셀들이 연결된 긴 비트라인 커패시턴스의 10분의 1 수준이다. 상대적인 커패시턴스 값은 저장 커패시터의 작은 전하가 비트라인에 실리게 되면, 비트라인의 전압은 절대적인 의미에서는 측정하기 어려울 정도로 작다. DRAM 디바이스에서 전압을 감지하는 문제는 기준 전압과 비트라인의 전압을 비교하는 차동 sense amplifier의 사용으로 해결할 수 있다. 차동 sense amplifier의 사용은 DRAM 디바이스의 어레이 구조의 특정 요구조건을 만든다. 특히 차동 sense amplifier의 사용은 하나의 비트라인을 사용하는 대신에 DRAM 셀에 저장되어 있는 전압 값을 감지하기 위해 비트라인 쌍을 사용하는 것을 의미한다. 더욱이 비트

7 비트라인은 디지털라인이라고도 한다.

라인이 전압과 커패시턴스 값 측면에서 밀접하게 일치되어 있는 것을 보장하기 위해 경로의 길이와 붙어 있는 셀들의 숫자를 밀접하게 일치시켜야 한다. 이러한 요구 사항들은 오픈(open) 비트라인 구조와 폴리드(folded) 비트라인 구조와 같은 2개의 서로 다른 어레이 구조를 만든다. 이 2가지 어레이 구조의 차이점은 오픈 비트라인 구조 같은 경우 각각의 sense amplifier를 쓰는 비트라인 쌍이 분리된 어레이 부분에 형성되어 있는 반면에 폴리드 비트라인 구조의 경우 비트라인 쌍이 같은 어레이 부분에서 형성된다. 이러한 다른 구조들은 셀 사이즈와 노이즈 여유도 측면에서 서로 다른 장단점을 가진다. 몇몇 중요한 장단점들은 다음 섹션에서 선택하여 다루도록 한다.

8.3.1 오픈 비트라인 어레이 구조

그림 8.8은 오픈 비트라인 DRAM 어레이 구조의 개략적인 배치를 보여준다. 이 구조에서는 각각의 sense amplifier에 사용되는 비트라인 쌍이 분리된 어레이 부분에 존재한다. 그림 8.8은 **오픈 비트라인** 구조가 어레이 구조에서 높은 수준의 규칙성을 가지는 것을 보여주고, 그 결과로 이 구조에서 셀들이 서로 빽빽이 들어차 있을 수 있다. 일반적으로 오픈 비트라인 구조에서 DRAM 셀들은 6F² 정도의 면적을 차지한다. 반대로 **폴리드 비트라인** 구조의 DRAM 셀들은 최소 8F²의 면적을 차지한다.[8] 폴리드 비트라인 구조에서 셀들이 큰 면적을 차지하는 것은 각각의 DRAM 셀의 어레이에서 2개의 비트라인이 연결되어 있기 때문이며, 반면에 오픈 비트라인 구조에서는 각각의 셀의 어레이에서 하나의 비트라인만 연결되어 있다.

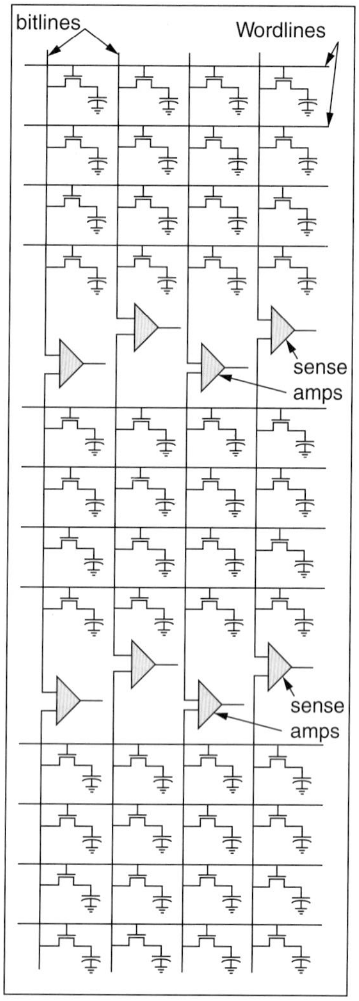

그림 8.8_ 오픈 비트라인 DRAM 어레이 구조

오픈 비트라인 구조는 초기 DRAM이나 65K 비트 DRAM에서 쓰였다. 몇몇 256K 비트 DRAM 디바이스도 이 구조를 사용하였다. 그러나 작은 셀 크기에도 불구하고 이 구조는 몇 가지 단점들을 지닌다. 그중 하나는 오픈 비트라인 구조는 비트라인 쌍의 길이나 커패시턴스 특성을 일치시키기 위해 DRAM 어레이의 가장자리 부분에 더미 어레이 부분을 사용해야 한다는 것이다. 또 다른 단점은 비트라인 쌍이 다른 어레이 부분에서 오고, 각각의 비트라인들이 폴리드 비트라인 구조와 비교해 보았을 때 전기적 노이즈에 더 민감하다는 것이다.

오픈 비트라인 구조에서 연결과 더미 어레이 부분 때문에 커지는 면적은 이 구조의 셀 크기의 장점을 약화시킨다. 다양한 트레이드 오

8 현재 대부분의 제조업체들은 8F²의 면적을 차지하는 DRAM 셀을 사용하고, International Technology Roadmap for Semiconductors(ITRS)는 DRAM 제조업체들이 2008년에 6F²의 면적만을 차지하는 새로운 DRAM 셀 구조로 변환을 시작할 것이라고 예측하고 있다. 그러나 Micron은 2004년에 6F²의 면적을 차지하는 Metal-Insulator-Metal(MIM) 커패시터의 개발에 성공하였고, 2004년과 2005년에 이 구조에 기초하여 제품을 출하하기 시작했다.

프, 특히 노이즈 여유도 문제는 최근의 DRAM 디바이스에서 폴리드 비트라인 구조로 주도권을 넘겨주게 하였다. 결과적으로 오픈 비트라인 구조는 현재 DRAM 디바이스에서는 쓰이지 않는다. 하지만 공정이 발전하면서 오픈 비트라인 구조도 장기적인 관점에서 보았을 때 더 좋은 확장성을 가질 것으로 전망된다. 그러므로 기본적인 DRAM 어레이 구조에 대한 연구는 계속 진행 중이다. 오픈 비트라인 구조나 오픈 비트라인 구조의 셀 사이즈 장점을 가지는 더 발전된 트위스팅(twisting) 혹은 폴딩(folding) 비트라인 구조가 미래에 DRAM 어레이 구조의 주류가 될 수도 있다.

8.3.2 폴리드 비트라인 어레이 구조

그림 8.9는 폴리드 비트라인 구조의 DRAM 어레이를 나타내고 있다. 이 구조에서 비트라인은 DRAM 어레이 구조를 통해 쌍으로 연결되어 있으며 민감한 차동 sense amplifier의 몇몇 핵심적인 요구사항들을 만족하고 있다. 이 구조에서 비트라인 쌍이 근접해 있는 것은 차동 sense amplifier가 더 좋은 common-mode 노이즈 제거 특성을 가질 수 있게 한다. 즉 SEU(single event upset) 중성자에 의한 전하 스파이크 현상이나, 알파 입자가 DRAM 디바이스를 때리는 경우, 차동 sense amplifier의 입력단에 전압 스파이크가 common-mode 노이즈처럼 보일 가능성이 있다. 오픈 비트라인 어레이 구조의 경우 SEU에 의한 전하 스파이크는 sense amplifier에 연결된 비트라인 쌍 중에서 1개의 비트라인에만 노이즈로 보일 수 있다.

그림 8.9는 폴리드 비트라인 구조의 논리적인 배치를 나타내고, 여기에서 DRAM 셀의 번갈아 나오는 쌍은 오픈 비트라인 어레이로부터 제거되었다. DRAM 셀의 어레이는 줄어들었고, 그 결과 그림 8.9와 같은 폴리드 비트라인 구조가 되었다. 그림 8.9에 보이는 폴리드 비트라인 구조는 비트라인상의 모든 2개의 트랜지스터가 서로 겹쳐 있는 단순한 트위스팅 방식이다. 더 발전된 폴리드 비트라인 방식은 이 구조의 노이즈 면역 특성을 유지하면서 면적을 줄이기 위한 방향으로 연구되고 있다.

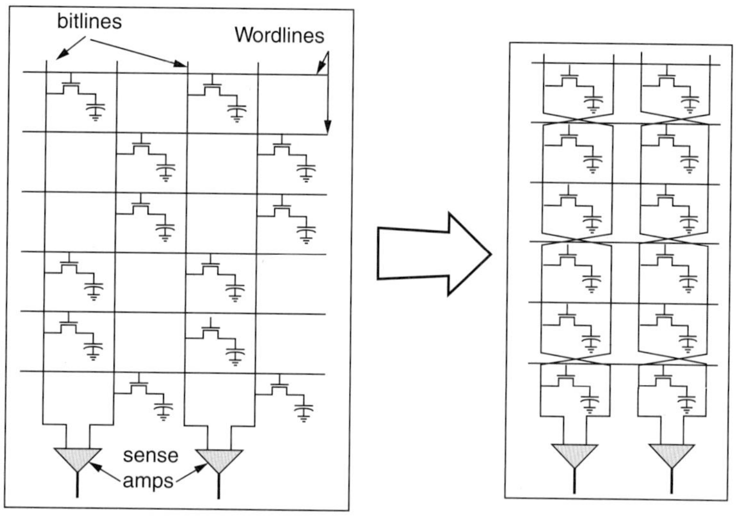

그림 8.9_ 폴리드 비트라인 어레이 구조의 1가지 타입

8.4 차동 sense amplifier

DRAM 디바이스상에서 저장 커패시터에 저장된 작은 전하를 디지털 값으로 바꾸기 위한 기능은 차동 sense amplifier에 의해 수행된다. 차동 sense amplifier는 비트라인 쌍의 전압 값을 입력으로 받아들인 후 그 차이를 감지하고, 이를 한쪽 방향으로 증폭시킨다.

8.4.1 DRAM 디바이스 상에서 sense amplifier의 기능

최근의 DRAM 디바이스에서 sense amplifier는 세 가지 일반적인 기능을 가진다. 첫 번째는 액세스 트랜지스터가 켜지고 저장 커패시터의 전하가 비트라인상에 놓였을 때 발생하는 작은 전압의 변화를 감지하는 것이다. sense amplifier는 분리된 비트라인에 공급되는 기준 전압과 비트라인상의 전압을 비교하여 이 차이를 최대로 증폭시켜 저장된 값이 디지털 1 혹은 0으로 인식될 수 있게 한다. 이러한 작은 전압 차이를 감지하고 증폭시켜 디지털 값으로 나타내게 하는 것이 sense amplifier의 DRAM 디바이스상에서의 주요한 역할이다.

두 번째 기능은 비트라인상의 전압을 감지하고 증폭시킨 후 셀의 값을 다시 저장하는 것이다. 액세스 트랜지스터가 켜지는 것은 저장 커패시터가 비트라인과 저장된 전하를 공유하도록 한다. 하지만 저장 셀로부터 전하를 공유하는 과정은 저장 셀의 전하를 방전하게 한다. 전하 공유 과정이 일어난 후 저장 셀의 전압과 비트라인의 전압은 거의 같고, 이 전압 값은 다른 리드 동작에서는 사용하지 못한다. 결과적으로 감지와 증폭 동작이 수행된 후, sense amplifier는 증폭된 전압 값을 저장 셀에 복원시켜야만 한다.

sense amplifier의 세 번째 기능은 임시 데이터 저장 요소로 쓰이는 것이다. 즉, 저장 셀에 저장된 데이터 값이 감지되고 증폭된 후 sense amplifier는 DRAM 어레이가 다른 과정을 위해 충전되고 준비될 때까지 감지한 데이터 값을 가지고 있는다. 이러한 방법으로 셀의 같은 로우에 있는 데이터는 셀 그 자체의 반복된 로우 액세스 없이 sense amplifier로부터 읽어 들일 수 있다. 이러한 역할에서 보면 sense amplifier 어레이는 데이터의 전체 로우를 임시 저장하는 로우 버퍼의 역할을 효과적으로 수행한다. 그 결과 sense amplifier 어레이는 또한 로우 버퍼로도 부를 수 있으며, 관리 방침은 sense amplifier의 동작을 컨트롤하도록 고안되어 있다. 다른 로우 버퍼 관리 방침은 sense amplifier 어레이가 무한한 시간 동안(다음 리프레시까지) 데이터를 보유할 것인지 혹은 데이터가 저장 셀에 복원된 후 즉시 방전할 것인지를 지시한다. 동작하는 sense amplifier는 대기 전력 이상의 추가적인 전류를 소모하고, 효과적인 sense amplifier 동작의 관리는 성능과 파워 소모 사이에서 최적의 트레이드 오프를 찾는 시스템상에서 중요한 일이다.

8.4.2 기본적인 sense amplifier의 회로도

그림 8.10은 기본적인 sense amplifier의 회로도를 나타낸다. 최근의 DRAM 디바이스상에서 사용되는 더욱 복잡한 sense amplifier는 그림 8.10의 기본 요소뿐 아니라 어레이 분리, sense amplifier 구조의 주의 깊은 밸런스, 더욱 빠른 감지 능력 등의 요소를 포함한다. 그림 8.10의 기본적인 sense amplifier 회로도에서

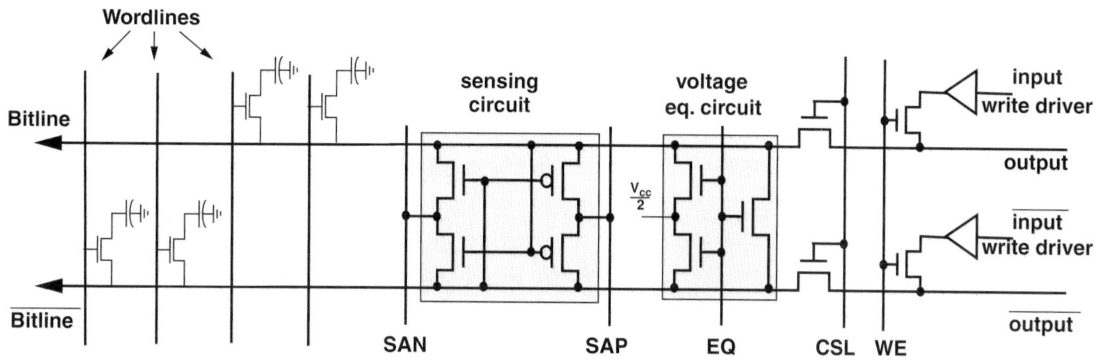

그림 8.10_ 기본적인 sense amplifier 회로도

EQ(equalization) 시그널 라인은 전압 equalization 회로를 컨트롤한다. 이 회로의 기능은 비트라인 쌍의 전압 값이 가능한 한 거의 같게 되게 하기 위함이다. 차동 sense amplifier는 비트라인 쌍의 전압 차이를 증폭시키도록 설계되었기 때문에 액세스 트랜지스터가 동작하기 이전에 비트라인 쌍에 전압 값이 차이를 보이는 경우에 sense amplifier의 효율성을 저하시킬 수 있다.

sense amplifier의 핵심은 그림 8.10에서 감지 회로라고 되어 있는 4개의 서로 연결되어 있는 트랜지스터들이다. 감지 회로는 SAN(Sense-Amplifier N-Fet Control)과 SAP(Sense-Amplifier P-Fet Control) 감지 시그널이 활성화되었을 때의 비트라인의 각각의 전압 값에 따라 비트라인 쌍을 서로 극단적인 전압 값으로 구동하기 위해 필수적으로 bi-stable 회로여야 한다. SAN 시그널은 감지 회로의 NFet의 활성화를 컨트롤하고, SAP 시그널은 PFet 활성화를 컨트롤한다. SAN과 SAP 시그널이 인가된 후, 비트라인은 전체 전압 레벨로 구동된다. 그 다음에 CSL(column-select line)은 출력 트랜지스터를 켜고, 완전히 구동된 전압을 출력에 도달하도록 하고, DRAM 디바이스 바깥으로 읽히게 한다. 동시에 액세스된 셀의 액세스 트랜지스터는 열려 있는 상태로 유지되고, 이제 비트라인상의 완전히 구동된 전압은 저장 커패시터에 다시 충전된다. 마지막으로 라이트 동작의 경우 CSL과 WE/(write enable) 시그널은 입력 라이트 드라이버가 비트라인 전압과 sense amplifier를 오버드라이브하는 큰 전류를 공급하게 한다. sense amplifier가 새로운 데이터 값으로 구동되면 그 값을 가지고 있게 되고 계속 열려 있는 액세스 트랜지스터를 통해 DRAM 셀 내로 보낸다.

8.4.3 기본적인 sense amplifier 동작

액세스 트랜지스터 간에 놓일 수 있는 가장 큰 전압은 $V_{gs}-V_t$(V_t는 액세스 트랜지스터의 문턱 전압이고, V_{gs}는 액세스 트랜지스터의 게이트-소스 간의 전압)이다. 워드라인 전압을 $V_{cc}+V_t$로 오버드라이브함으로써 저장 커패시터는 감지 동작의 복원 구간에서 전체 전압(최대 V_{cc})으로 충전될 수 있다. 여기서 예를 들지는 않았지만, 최근의 DRAM 디바이스에서는 V_{cc}보다 높은 워드라인 전압은 추가적인 level-shifting 전압 펌핑 회로에 의해 만들어진다.

그림 8.11은 차동 sense amplifier의 감지 동작 네 가지 구간을 나타낸다. sense amplifier의 프리차지, 액세스, 감지, 리스토어 동작은 각각 구간 0, 1, 2, 3으로 지정한다. 프리차지 구간을 구간 0으로 지정한 이유는 프리차지 구간이 일반적으로 로우-액세스 동작의 구간들로부터 분리된 동작이기 때문이다. 특히 프리차지 구간이 로우-액세스 동작의 필요 조건인 데 반해 일반적으로 로우-액세스 동작 그 자체와는 분리된 채 수행된다. 반대로 액세스, 감지, 리스토어는 로우-액세스 동작 상에서 연속적으로 수행하는 구간이다.

프리차지라고도 하는 그림 8.11의 구간 0은 DRAM 어레이로부터 데이터를 읽어 들이는 과정이 시작되기 전에 DRAM 어레이의 비트라인을 기준 전압인 V_{ref}로 미리 충전시켜 놓는다. 최근의 많은 DRAM 디바이

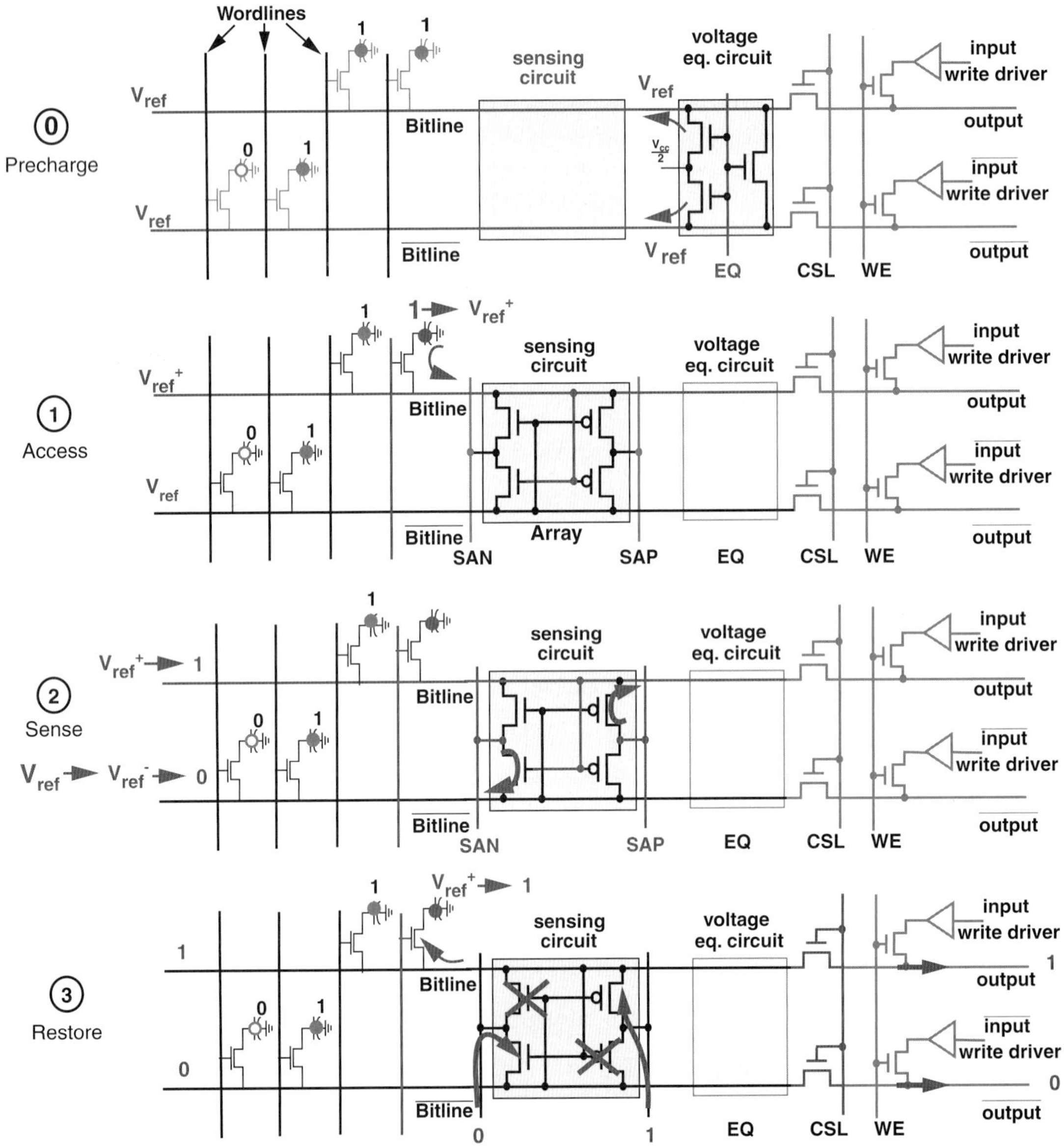

그림 8.11_ Sense amplifier 동작을 도식화한 그림. Read(1)의 예

스에서는 파워 공급 전압과 그라운드 사이의 절반에 해당하는 전압 값인 $V_{cc}/2$를 기준 전압으로 사용한다. 그림 8.11에서 equalization 회로는 기준 전압을 비트라인에 전달하기 위해 활성화되고, 비트라인은 V_{ref}로 미리 충전된다.

(셀)액세스라고 하는 그림 8.11의 구간 1은 워드라인에 전압이 적용되면 V_{cc}보다 최소 V_t만큼 높은 전압을 워드라인에 오버드라이브한다. 워드라인의 전압은 액세스 트랜지스터를 활성화시키고, 선택된 저장 셀들은 각각의 비트라인에 가지고 있던 전하를 방전한다. 이 경우 저장 셀의 전압은 디지털 값인 1을 나타내기 때문에 전하 공유 과정은 비트라인상의 전압을 V_{ref}에서 V_{ref}^{+}로 조금 올라가게 한다. 그 다음에 비트라인상의 전압이 변하게 되면 이 전압은 서로 연결되어 있는 감지 회로의 동작에 영향을 준다. 그림 8.11에 묘사된 경우처럼 비트라인의 약간 더 높은 전압이 아래쪽의 NFet을 위 쪽의 NFet보다 더 전도가 잘 되게 구동시킨다. 반대로, 작은 양의 전압 차이는 아래쪽의 PFet을 위 쪽의 PFet보다 전도가 덜 되게 구동시킨다. 그러므로 비트라인 전압은 센싱 구간에서 센싱 회로를 바이어스한다.

그림 8.11에서 sense라고 하는 구간 2는 작은 전압 차이가 서로 연결된 감지 회로에 바이어스로 구동되면, DRMA 디바이스의 NFet sense amplifier 컨트롤 시그널인 SAN이 켜지고 아래쪽 비트라인의 전압을 낮추게 된다.[9] 그림은 SAN이 켜지면 더 전도가 잘 되는 아래쪽의 NFet은 SAN 시그널이 아래쪽의 비트라인의 전압을 V_{ref}에서 그라운드로 낮추도록 하는 것을 보여준다. 유사하게, PFet sense amplifier 컨트롤 시그널인 SAP는 비트라인을 디지털 값으로 1에 해당하는 완전히 복원된 전압 값으로 구동시킨다. 그러므로 SAN과 SAP 시그널은 bi-stable한 sense amplifier 회로를 각각 최대 전압 값과 최소 전압 값으로 구동되게 한다.

마지막으로 리스토어라고 하는 그림 8.11의 구간 3은 비트라인이 각각 최대 혹은 최소 전압 값으로 구동된 후 오버드라이브된 워드라인이 활성화된 채로 유지되고, 완전히 구동된 비트라인 전압은 액세스 트랜지스터를 통해서 저장 커패시터에 전하를 복원시킨다. 동시에 비트라인의 전압값은 요청된 데이터를 공급하기 위해 sense amplifier 바깥으로 구동되어 나온다. 이러한 방법으로 DRAM 로우의 저장 값들은 로우 복원 과정과 동시에 액세스될 수 있다.

8.4.4 기본적인 sense amplifier 동작의 전압 파형

그림 8.12는 그림 8.11에 나타난 선택된 컨트롤 시그널과 비트라인의 전압 파형을 보여준다. 그림 8.12에 표시되어 있는 4개의 구간들은 그림 8.11의 4개의 구간들에 대응한다. 그림 8.12는 로우-액세스 동작 이전에 비트라인이 미리 충전되고, 비트라인의 전압이 기준 전압인 V_{ref}가 되는 것을 보여준다. 구간 1에서 워드라인 전압은 V_{cc}보다 최소 V_t만큼 높은 전압으로 오버드라이브되고, DRAM 셀은 저장된 전하를 비트라인에 방전하면서 전압을 V_{ref}에서 V_{ref}^{+}로 올린다. 구간 2에서 감지 컨트롤 시그널인 SAN과 SAP은 연속으로 활성화되며, 비트라인의 전압을 전체 전압으로 구동시킨다. 그 다음 구간 3에서 비트라인의 전압은

9 최근의 DRAM 디바이스에서, 감지 동작의 정확성과 latency를 결정하는 SAN과 SAP 컨트롤 시그널의 타이밍과 모양은 큰 중요성을 가지고 있다. 그러나 단순함을 위해서 이러한 중요한 시그널들의 타이밍과 모양은 여기의 컨트롤 로직에 의해 최적화되어 만들어진다고 가정한다.

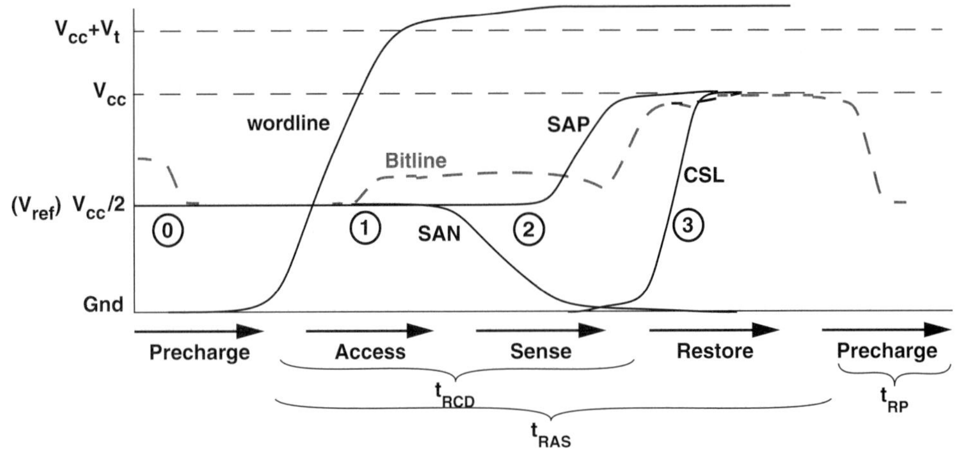

그림 8.12_ 간단한 sense amplifier의 전압 파형. Read(1)의 예

DRAM 셀의 전하를 복원시킨다.

그림 8.12는 t_{RCD}와 t_{RAS}라는 2개의 중요한 타이밍 변수들 사이의 관계를 나타낸다. 비록 t_{RCD}와 t_{RAS}의 상대적인 지속시간은 축척으로 그린 것은 아니지만, 그림 8.12는 t_{RCD} 후(센싱 동작이 완료된 후)에 데이터는 DRAM 디바이스의 데이터 I/O를 통해 읽을 수 있다. 그러나 활성화 과정의 시작부터 t_{RCD}의 시간이 지난 후 데이터는 아직 DRAM 셀에 복원되지 않았다. 그림 8.12는 활성화 과정의 시작부터 t_{RAS}의 시간이 지난 후 데이터 복원 동작이 완료되고, t_{RP}의 시간이 지난 후 전체 로우 사이클 과정을 끝내는 프리차지 명령어를 받아들일 준비가 되었음을 보여준다.

8.4.5 DRAM 어레이 내에 쓰기

그림 8.13은 라이트 명령어가 입력될 경우의 간략화된 타이밍 특성을 보여준다. 로우 활성화 명령어의 일부로서 데이터는 자동적으로 sense amplifier로부터 DRAM 셀에 복원된다. 그러나 DRAM 디바이스의 라이트 명령어의 경우 메모리 컨트롤러로부터 써진 데이터가 I/O 버퍼를 통해 버퍼되고 sense amplifier와 DRAM 셀에 덮어 씌어진다.[10] 결과적으로 로우 활성화 명령어 뒤에 오는 라이트 명령어의 경우는 라이트 복원 구간에 의해 리스토어 구간이 늘어난 경우라고 볼 수 있다.[11] 그림 8.13은 칼럼 라이트 명령어의 타이밍이 DRAM 셀에 정확한 데이터가 복원될 때까지 프리차지 명령어가 인가되지 못한다는 의미를 보여준다. 쓰기 데이터가 sense amplifier에 오버드라이브되고 DRAM 셀 안에 써지는 데 필요한 시간 주기는 라

10 Direct RDRAM 디바이스와 같은 몇몇 DRAM 디바이스는 라이트 버퍼를 가진다. 이 경우에 데이터는 데이터 I/O 회로에 의해 DRAM 어레이 안으로 직접 드라이빙 되지는 않지만, DRAM 어레이 내의 라이트 메커니즘은 라이트 버퍼가 페이지를 닫는 프리차지 동작 이전에 DRAM 어레이 내에 데이터를 적어둘 때 동일하게 남아있다.

11 대부분의 DRAM 디바이스에서 로우 사이클 시간은 라이트-사이클에 제한된다. 즉, 이러한 DRAM 디바이스의 로우 사이클 시간은 하나의, 그리고 같은 로우에 프리차지 커맨드와 활성화 커맨드 사이의 최소의 버스트 길이 칼럼 라이트 커맨드가 주어진 로우에 인가되도록 정의된다.

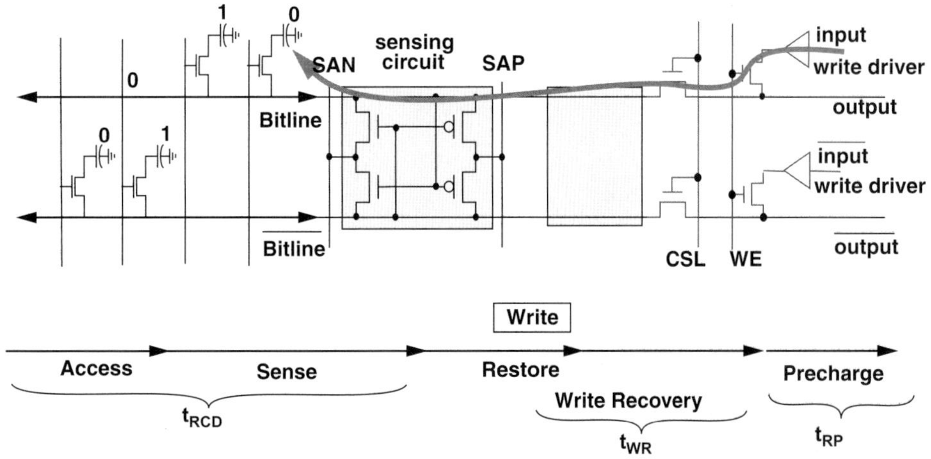

그림 8.13_ DRAM 어레이안에서 로우 활성화와 그 다음의 칼럼 라이트

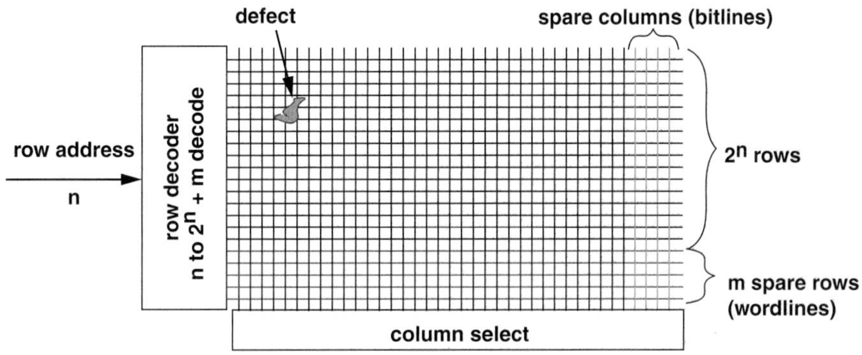

그림 8.14_ DRAM 어레이에서 불필요한 로우와 칼럼.

이트 복원 시간이라고 하고 그림 8.13에서는 t_{WR}이라고 표현한다.

8.5 디코더와 리던던시

최근의 DRAM 디바이스는 제조상에서 복잡한 반도체 공정에 의존한다. 실리콘 웨이퍼 상의 결함이나 작은 공정 변화는 직접적으로 결함이 있는 셀, 워드라인, 비트라인 등으로 이어진다. 몇몇 결함들을 견뎌내고 수율을 높이기 위해 DRAM 설계자들이 선택한 방법은 여분의 로우와 칼럼을 사용하는 것이다. 그림 8.14는 여분의 워드라인과 여분의 비트라인의 어레이를 보여주는 것이다. 그림은 2^n개의 로우와 m개의 여분의 로우를 보여준다. 로우 디코더는 n비트의 로우 어드레스로 2^n+m개의 로우 중 하나를 선택해야 한다. 디코더에서의 제한 사항은 여분의 대체 메커니즘이 받아들일 수 없는 면적 오버해드나 디코더 경로에서 추가적인 지연을 만들지는 않아야 한다.

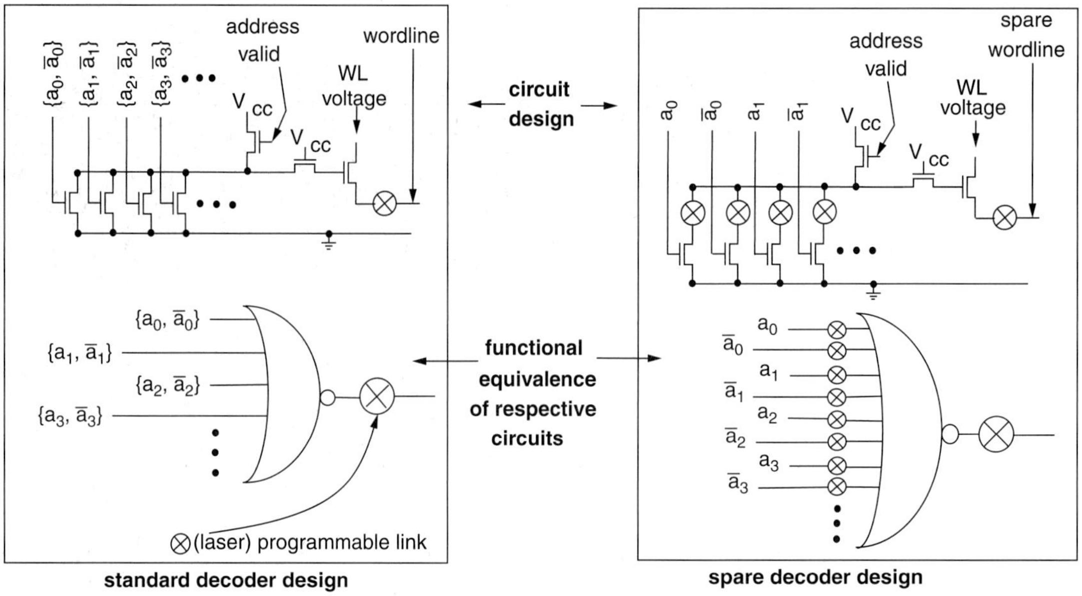

그림 8.15_ DRAM 어레이에서 불필요한 로우와 칼럼

최근의 DRAM 디바이스에서 DRAM 어레이의 각각의 로우는 레이저(혹은 퓨즈) 프로그래머블(programmable) 링크를 통해 선택적으로 끊을 수 있도록 디코더에 연결되어 있다. 셀이나 전체 워드라인에 결함이 있다고 발견되면, 그 로우의 기본 디코더상의 레이저 혹은 전기적인 프로그래머블 링크는 그 기본 디코더에 연결되어 있는 워드라인을 끊고, 여분의 로우가 끊어진 로우의 어드레스와 일치하도록 어드레스 라인을 연결한다. 이와 같은 방법으로 불량 로우의 어드레스가 인가되면 여분의 디코더는 원활하게 여분의 로우를 할당한다. 디코더의 프로그래머블 링크는 공정과 DRAM 설계 엔지니어가 선택한 특정 제조 공정에 최적화된 메커니즘에 의존하는 레이저 프로그래머블 퓨즈이거나 전기적인 프로그래머블 퓨즈이다.

그림 8.15는 몇몇 DRAM 디바이스에서 DRAM 셀의 로우를 구동하는 데 사용되는 여분의 디코더 설계의 표준을 보여준다. 이러한 DRAM 디바이스에서는 기본 디코더는 셀의 2^n개의 로우에 연결되어 있고, 여분의 디코더는 여분의 로우에 각각 연결되어 있다. 그림에 보여지는 기본 디코더는 기능적으로 n개의 입력을 가지는 NOR 게이트와 같다. n개의 입력을 가지는 NOR 게이트와 기능적으로 동일한 기본 디코더의 각각의 입력은 반전되어 있거나 혹은 그렇지 않은 시그널 라인의 n비트 어드레스 중 1비트와 연결되어 있다. 그림 8.15는 여분의 디코더는 $2n$개의 입력을 가지는 NOR 게이트와 기능적으로 동일하다는 것을 보여주고, n비트의 어드레스에서 각각의 비트뿐 아니라 그것의 반전신호 또한 2^n개의 입력에 연결되어 있다는 것을 보여준다. 여분의 디코더가 사용되는 경우, NOR 게이트의 입력은 남아 있는 어드레스 시그널들과 꺼져 있는 기준 디코더의 어드레스와 맞추기 위해 선택적으로 꺼진다.

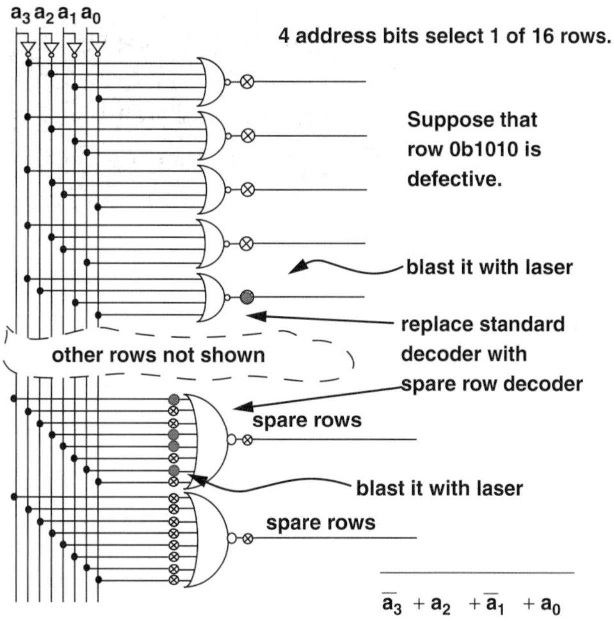

그림 8.16_ 기본 디코더와 여분의 디코더 설계

8.5.1 로우 디코더 교체의 예

그림 8.16은 16개의 표준 로우와 2개의 여분의 로우를 가진 DRAM 어레이에서 기본 디코더의 여분 디코더로의 교체를 보여준다. 그림 8.16에서 가장 위에 있는 디코더는 0b1111의 어드레스에 활성화되고, 16개의 기본 디코더들은 각각 16개의 표준 로우들 중 하나와 연결된다. 그림 8.16에서는 로우 0b1010이 문제가 있는 것으로 발견되고, 로우 0b1010의 기본 디코더의 연결이 끊어진다. 그 다음, 여분 디코더의 입력들이 선택적으로 끊어지고, 남아 있는 입력들은 0b1010의 어드레스에 연결된다. 이러한 방법으로 여분의 디코더와 그 로우는 0b1010 로우의 저장 책임을 떠맡는다.

그림 8.16에는 특별히 나와 있지 않지만 그림 8.15에 나와 있는 디코더의 2번째 기능은 하나의 여분 디코더를 다른 여분의 디코더로 바꾸는 것이다. 로우 0b1010을 교체하기 위해 선택한 여분의 디코더에 연결된 여분의 로우 그 자체가 결함이 있는 경우, DRAM 디바이스는 여전히 여분의 디코더와 그 출력을 끊어버리고, 로우 0b1010을 위한 또 다른 여분의 디코더로 프로그래밍하여 구제될 수 있다.

8.6 DRAM 디바이스 컨트롤 로직

모든 DRAM 디바이스들은 DRAM 디바이스의 데이터의 onto, within, off 이동을 지시하는 몇몇 기본적인 로직 컨트롤 회로를 가진다. 필수적으로 몇몇 컨트롤 로직은 DRAM 디바이스상에 있어야 하며, 외부에서 인가된 시그널을 받아들이고 컨트롤한 다음에 데이터의 이동을 지시하는 내부 컨트롤 시그널의 타이

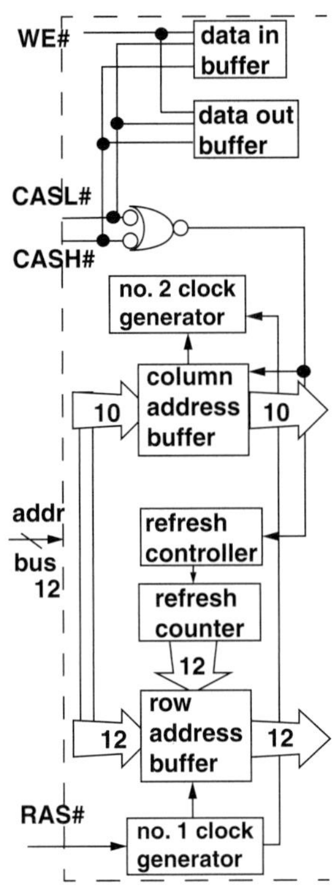

그림 8.17_ 32M 비트, x16-wide FPM DRAM 디바이스의 컨트롤 로직

밍 시퀀스를 적절히 조율하는 역할을 한다. 하나의 예로서 sense amplifier 동작에 대한 이전의 논의는 워드라인 전압이 인가되고 다음에 SAN과 SAP sense amplifier 컨트롤 신호가 인가된 후 칼럼 선택 신호가 인가되는 복잡한 타이밍 순서를 암시한다. 타이밍 컨트롤 시그널의 순서는 DRAM 디바이스의 컨트롤 로직에서 만들어진다.

그림 8.17은 그림 8.1에서 나타내었던 FPM DRAM 디바이스에서 데이터의 이동과 감지를 위한 시그널의 타이밍과 순서를 컨트롤하고 만들어내는 컨트롤 로직을 보여준다. FPM DRAM 디바이스의 컨트롤 로직은 비동기로 외부의 컨트롤 시그널을 받아들이고, 내부의 컨트롤 시그널의 순서를 만들어낸다. FPM DRAM 디바이스의 컨트롤 로직의 외부 인터페이스는 단순하고 직관적이며, 필수적으로 세 가지 시그널을 포함하는데 이 시그널들은 RAS/(row-address strobe), CAS/(column-address strobe), WE/(write enable)이다. 그림 8.1의 FPM DRAM 디바이스는 16비트 데이터 버스를 가지고 있으며 분리된 CASL/과 CASH 시그널의 사용은 DRAM 디바이스가 각각 16비트 데이터 버스의 절반을 컨트롤하게 한다.

FPM DRAM 디바이스에서 컨트롤 로직과 외부 메모리 컨트롤러는 직접 데이터의 이동을 컨트롤한다. 더욱이 FPM DRAM 디바이스 인터페이스의 컨트롤러는 비동기 인터페이스이다. FPM DRAM 디바이스와 같은 초창기의 디바이스에서는 외부 메모리 컨트롤러에 의한 DRAM 디바이스 내부 회로의 직접 컨트롤은 DRAM 디바이스가 잘 파이프라인 되지 않았고, 이전의 명령이 데이터의 이동을 끝낼 때까지 새로운 명령이 시작되지 않는다는 것을 의미한다. DRAM 제조업체들은 데이터의 이동을 나노 단위로 측정하고 보고한다. 인터페이스의 비동기적인 특성은 시스템 설계 엔지니어가 다른 주파수 속도로 동작하는 메모리 컨트롤러를 만들어야 하는 것을 의미하고, 메모리 컨트롤러의 설계자는 컨트롤러가 다른 DRAM 제조업체들로부터의 미묘하게 다른 타이밍을 가지는 DRAM 디바이스들을 정확히 컨트롤하도록 책임져야 한다.

8.6.1 동기 대 비동기

SDRAM(Synchronous DRAM), D-RDRAM(Direct Rambus DRAM), 그리고 DDR SDRAM(Dual Data Rate Synchronous DRAM)과 같은 최근의 DRAM 디바이스들은 FPM DRAM 디바이스보다 더 복잡한 컨트롤 로직을 포함한다. 디바이스 인터페이스에 클럭 시그널을 포함하는 것은 최근의 DRAM 디바이스에서 컨트롤 로직으로서 프로그래머블 동기화 state machine의 설계를 가능하게 한다. 그림 8.18은 SDRAM 디바이스의 컨트롤 로직을 나타낸다.

DRAM 회로는 기본적으로 타이밍이 비동기식인 아날로그 회로이다. DRAM 회로가 데이터를 sense

amplifier를 통해 커패시터에 저장하고 회수하는 데 걸리는 과정은 상대적으로 긴 대기시간을 가지며, 이러한 대기시간은 사이클의 단위보다는 나노 초의 단위로 특정지어진다. 더욱이 다른 DRAM 제조업체의 다른 DRAM 설계와 공정 변화는 각각의 타입과 설계의 DRAM 디바이스가 다양한 타이밍 변수를 가지게 한다. 비동기적인 특징과 DRAM 디바이스마다의 차이는 임시 메모리 저장장치로 DRAM 디바이스를 쓰는 컴퓨팅 플랫폼에 설계 복잡성을 가져다 준다. DRAM 산업에 의해 사용된 해결책은 DRAM 디바이스를 동기식 인터페이스로 변경하는 것이다.

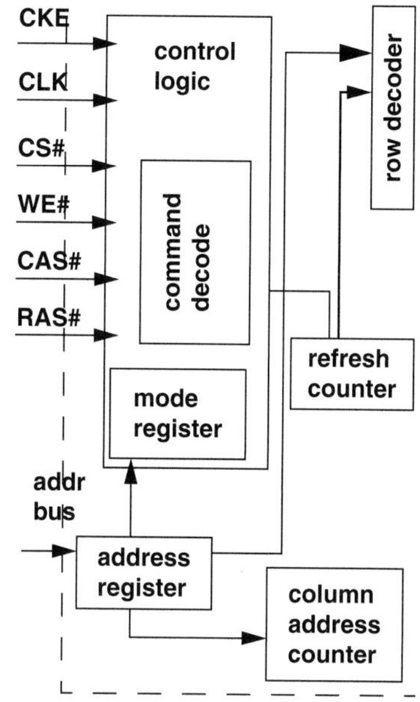

그림 8.18_ 동기화 DRAM 디바이스의 컨트롤 로직

SDRAM과 D-RDRAM과 같은 동기식 DRAM 디바이스의 컨트롤 로직은 FPM이나 EDO와 같은 비동기식 인터페이스와는 몇몇 중요한 방법에서 다르다. 클럭 시그널의 사소한 추가 외에도 이번의 비동기식 DRAM 디바이스와 동기식 디바이스의 컨트롤 로직 간의 한 가지 차이점은 동기식 DRAM 디바이스는 주어진 명령하에서의 동작에 경미한 차이를 보인다는 것이다. 동기식 DRAM 디바이스의 프로그래머블 변동성은 컨트롤 로직으로 내장된 모드 레지스터에 의해 컨트롤된다. 예를 들어 SDRAM 디바이스는 칼럼 리드 커맨드에 대해 다른 길이의 데이터 버스트와 다른 순서의 데이터를 출력하게 프로그램될 수 있다. 비동기식 DRAM과 동기식 DRAM 간의 컨트롤 로직의 두 번째 차이점은 동기식 컨트롤 로직은 자연스럽게 파이프라이닝을 지원하도록 설계되어 있고, 이를 지원하는 능력은 DRAM 메모리 시스템이 수용할 수 있는 대역폭을 크게 늘어나게 하였다. EDO와 BEDO DRAM과 같은 비동기식 DRAM 디바이스도 파이프라이닝을 다소 지원하지만 비동기식 DRAM 디바이스에서는 파이프라이닝의 제한된 정도만 가능하게 한다는 내장된 가정이 이러한 디바이스에서 주파수 확장성을 제한한다.

8.6.2 모드 레지스터 바탕의 프로그램화

최근의 DRAM 디바이스는 state machine에 의해 컨트롤되고, state machine의 동작은 명령 시그널의 입력 값과 컨트롤 로직의 프로그래머블 모드 레지스터에 내장된 값에 의존한다. 그림 8.19는 SDRAM 디바이스에서 모드 레지스터가 CAS/ 대기 시간, 버스트 타입, 그리고 버스트 길이 등의 세 가지 면을 가지고 있는 것을 보여준다. 모드 레지스터의 CAS/ 대기 시간의 값에 따라 DRAM 디바이스는 칼럼 리드 명령을 인가한지 2사이클 혹은 3사이클 후에 데이터를 출력시킨다. 버스트 타입의 값은 SDRAM 디바이스가 어떤 순서로 데이터를 출력하는지를 결정하고, 버스트 길이는 SDRAM 디바이스가 한 개의 칼럼 리드 명령에 대해 메모리 컨트롤러로 출력시키는 칼럼의 개수를 결정한다. SDRAM 디바이스는 1, 2, 4, 8, 혹은 전체 로우를 출력시킬 수 있게 프로그램될 수 있다. D-RDRAM과 DDRx SDRAM 디바이스는 power conservation, electrical termination calibration modes, self-test modes, 그리고 wire recovery duration과 같은 것을 포함

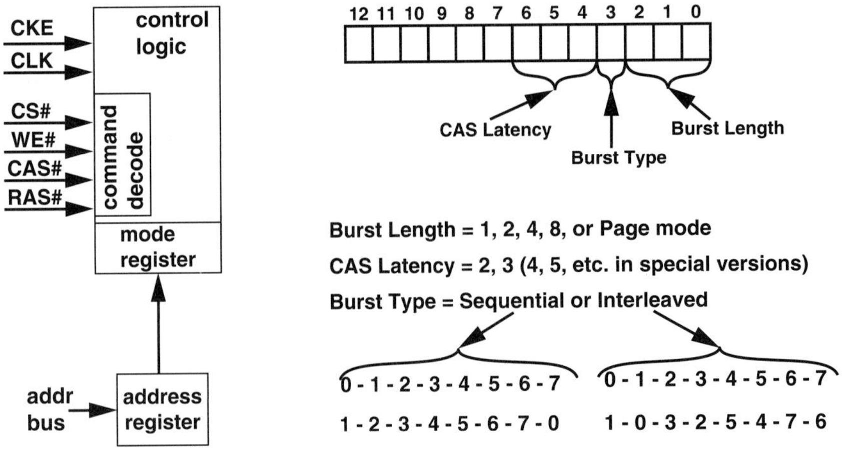

그림 8.19_ SDRAM 디바이스에서 programmable mode 레지스터

하는 프로그래머블 동작의 많은 세트들을 조절하는 더 많은 모드 레지스터들을 포함한다.

8.7 DRAM 디바이스 종류

DRAM 디바이스는 각각의 디바이스의 데이터 비트 수에 따라 분류할 수 있고, 세대가 바뀔 때마다 4배씩 증가하였다. 예를 들어 64K 비트 DRAM 디바이스 다음에는 256K 비트 DRAM 디바이스가 등장하였고, 그 다음에는 1M bit DRAM 디바이스가 등장하였다. 최근에는 이전 세대 디바이스의 데이터 비트 수의 2배인 half-세대가 다른 세대 간의 부드러운 이동을 가능하게 하도록 사용된다. 그 결과 512M 비트 디바이스는 이제 256M 비트와 1G 비트의 디바이스와 나란히 한다.

주어진 세대에서 DRAM 디바이스는 다른 어플리케이션에 사용되는 다른 데이터 버스 넓이에 의해 구분된다. 표 8.1은 256M 비트 디바이스의 3가지 다른 구분을 보여준다. 표는 256M 비트 SDRAM 디바이스가 4비트 데이터 버스, 8비트 데이터 버스, 16비트 데이터 버스로 구분될 수 있다는 것을 보여준다. 4비트 데이터 버스에서 데이터 1개의 칼럼을 가져오기 위하여 SDRAM 디바이스에 공급되는 어드레스는 4비트의 데이터를 받고, 디바이스에는 4비트 데이터와 함께 6천 4백만 개의 분리된 어드레스 가능한 장소가 있다.

표 8.1_ 256M 비트 SDRAM 디바이스 종류

Device Configuration	64 Meg x 4	32 Meg x 8	16 Meg x 16
Number of banks	4	4	4
Number of rows	8192	8192	8192
Number of columns	2048	1024	512
Data bus width	4	8	16

그러므로 4비트의 데이터 버스를 가지는 256M 비트 SDRAM 디바이스는 64Meg x4 디바이스라고도 한다. 내부적으로 64Meg x4 디바이스는 칼럼당 4비트의 데이터를 가지고, 로우당 2,048 칼럼의 데이터를 가지며, 뱅크당 8,192 로우를 가지고, 하나의 디바이스에는 4개의 뱅크가 있다. 대신에 16비트의 데이터 버스를 가지는 256M 비트 SDRAM 디바이스는 칼럼당 16비트의 데이터, 로우당 512 칼럼, 뱅크당 8,192 로우를 가지며, 하나의 16M 비트 x16 디바이스에는 4개의 뱅크가 있다.

일반적인 어플리케이션에서 4개의 16M 비트 x16 디바이스들은 64비트의 데이터 버스와 128MB 저장을 위한 메모리의 하나의 랭크를 형성하기 위해 병렬로 연결될 수 있다. 다른 방식으로 16개의 64M 비트 x4 디바이스들은 64비트의 데이터 버스와 512MB 저장을 위한 메모리의 하나의 랭크를 형성하기 위해 병렬로 연결될 수 있다.

8.7.1 디바이스 종류 간의 트레이드 오프

256M 비트 SDRAM 디바이스에서 로우의 사이즈는 다른 종류에서도 변하지 않고, 로우당 칼럼의 수는 칼럼당 많은 비트를 특징짓는 넓은 데이터 버스에 따라 단순히 감소한다. 그러나 같은 DRAM 디바이스 세대 간의 다른 종류의 DRAM 디바이스 사이에서 일정한 로우 사이즈는 다른 디바이스 세대로 확장될 수 있는 일반적인 트렌드는 아니다. 예를 들어 표 8.2는 1G 비트 DDR2 SDRAM 디바이스의 다른 종류들을 보여주며, 로우당 비트의 숫자는 x8 종류와 x16 종류 간에 서로 다르다.

1G 비트 DDR2 SDRAM 디바이스에서는 디바이스당 DRAM 어레이가 8개의 뱅크를 가진다. 1G 비트 DDR2 SDRAM 디바이스의 x4와 x8 종류에서 뱅크당 16,384개의 로우를 가지며, 각각의 로우는 8,192개의 비트를 가진다. x16 종류에서는 8,192개의 로우를 가지며, 각각의 로우는 16,384개의 비트를 가진다. 이러한 다른 종류는 비트라인당 다른 개수의 비트를 가지며 로우 활성화당 다른 개수의 비트, 칼럼 액세스당 다른 개수의 비트를 가진다. 결국 명령당 이동되는 비트 숫자의 차이는 같은 디바이스 세대의 다른 종류 사이에서 다른 파워 소모와 성능을 보여준다. 예를 들어 1G 비트 x16 DDR2 SDRAM 디바이스는 로우당 16,384개의 비트를 가지며 로우가 활성화되는 각각의 경우마다 16,384개의 DRAM 셀은 동시에 각각의 비트라인에서 방전되고, 감지되고, 증폭되고, 그 다음에 복구된다. 큰 로우 사이즈는 로우당 16,384개의 비트를 지니는 1G비트 x16 DDR2 SDRAM 디바이스가 로우 활성화 시 로우당 8,192개의 비트를 가지는

표 8.2_ 1G 비트 DDR2 SDRAM 디바이스 종류

Device Configuration	256 Meg x 4	128 Meg x 8	64 Meg x 16
Number of banks	8	8	8
Number of rows	16,384	16,384	8192
Number of columns	2048	1024	1024
Data bus width	4	8	16

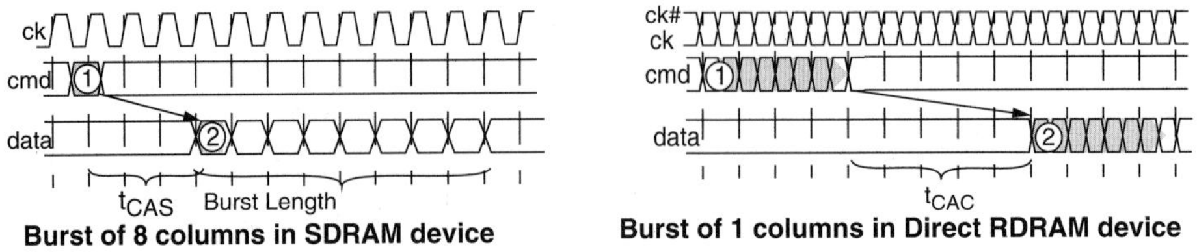

그림 8.20_ DRAM 디바이스의 버스트 길이

1G비트 DDR2 SDRAM 디바이스의 x4, x8 종류보다 상당히 큰 전류를 소모하는 것을 의미한다. 결국 전류 소모 특성의 이러한 차이는 DRAM 디바이스의 피크 파워 소모를 제한하도록 설계된 타이밍 변수인 t_{RRD}와 t_{FQW}가 다른 값을 가지게 한다.

8.8 데이터 I/O

8.8.1 버스트 길이와 버스트 오더링

SDRAM과 DDRx SDRAM 디바이스에서 칼럼 리드 명령은 다른 숫자의 칼럼으로 이동한다. 8.6.2절의 프로그래머블 모드 레지스터에서 말했듯이, SDRAM 디바이스는 완료하는 데 1, 2, 4, 8 사이클이 걸리는 하나의 버스트로서 1, 2, 4, 8 칼럼의 데이터를 출력하도록 프로그램될 수 있다. 반대로, D-RDRAM 디바이스는 하나의 칼럼의 데이터를 8beat[12] 버스트로 출력한다. 그림 8.20은 SDRAM 디바이스로부터의 8beat, 8칼럼 리드 데이터 버스트와 D-RDRAM 디바이스로부터의 8beat, 1개의 칼럼 리드 데이터 버스트를 보여준다. SDRAM 디바이스의 8칼럼 버스트와 D-RDRAM 디바이스의 1개의 칼럼 데이터 버스트 간의 차이는, SDRAM 디바이스는 각각의 칼럼이 개별적으로 어드레스 가능하고 8개의 칼럼 버스트 중 한 개의 칼럼 어드레스가 주어지는 경우, SDRAM 디바이스는 요청된 어드레스의 데어터를 첫 번째로 출력하기 위해 버스트 순서를 바꿀 수 있다. 이러한 능력을 critical-word forwarding이라고 한다. 예를 들어 8개의 칼럼 버스트를 출력하도록 프로그램된 SDRAM 디바이스는 17번 칼럼 어드레스를 가진 칼럼 리드 명령에 의해 프로그래머블 레지스터에 정의된 버스트 타입에 따라 17-18-19-20-21-22-23-16이나 17-16-19-18-21-20-23-22의 어드레스 시퀀스를 가진 8개의 칼럼의 데이터 버스트를 출력시킨다. 반대로 D-RDRAM 디바이스는 128비트의 데이터로 구성되어 있고, 각각의 칼럼 액세스 명령은 엄격한 버스트 오더링에 따라 8개의 인접한 beats의 버스트로 128비트의 데이터를 이동시킨다. D-RDRAM 디바이스는 프로그램 가능한 버스트 길이와 다른 버스트 오더링을 모두 지원하지 않는다.

12 DDRx와 D-RDRAM 디바이스에서, 2 beat의 데이터는 클럭 사이클당 전송된다.

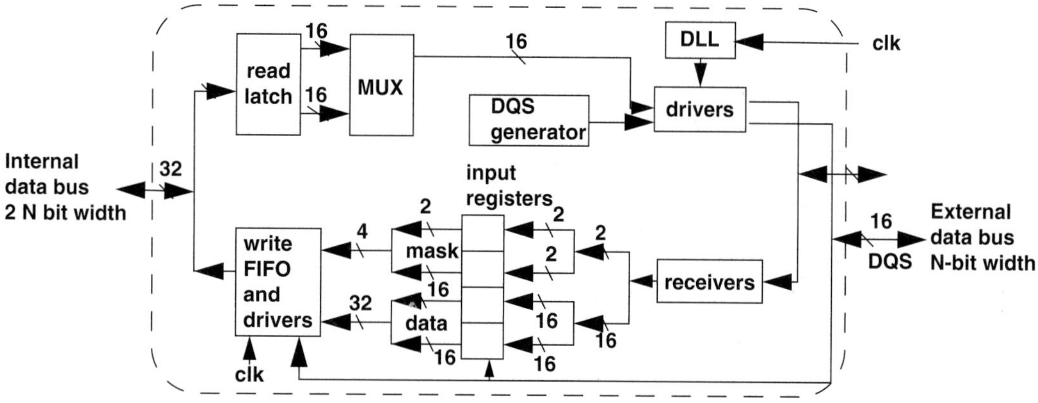

그림 8.21_ 2비트 프리페치의 DDR SDRAM 디바이스의 데이터 I/O

8.8.2 N-bit 프리페치

SDRAM 디바이스에서 칼럼 리드 명령이 들어올 때마다, 컨트롤 로직은 데이터 버스트의 오더링과 지속시간을 결정하고, sense amplifier로부터 I/O 래치를 통해 외부의 데이터 버스까지 각각의 칼럼은 따로따로 이동한다. 그러나 각각의 칼럼을 분리하여 컨트롤하는 것은 DRAM 디바이스의 동작 데이터 속도를 제한한다. 그 결과, DDRx SDRAM 디바이스에서 연속된 많은 양의 비트는 sense amplifier부터 리드 래치(latch)까지 병렬로 이동되며, 그 다음에 데이터는 멀티플렉서로부터 외부의 데이터 버스까지 파이프라인된다.

그림 8.21은 DDR SDRAM 디바이스의 데이터 I/O의 구조를 나타내고 있다. 외부의 데이터 버스의 주어진 크기를 N이라 했을 때, sense amplifier로부터 리드 래치까지 2N 비트가 이동되고 있고, 2N 비트가 멀티플렉서로부터 외부의 데이터 버스까지 파이프라인되고 있는 것을 이 그림은 보여준다. DDR2 SDRAM 디바이스에서 내부의 데이터 버스에 의해 프리페치되는 비트의 숫자는 4N이다. DDRx SDRAM 디바이스에서 N 비트 프리페치 방법은 내부의 DRAM 회로가 SDRAM부터 DDRx SDRAM까지의 변화 간에 필수적으로 변하지 않을 수 있다는 것을 의미하지만, DDRx SDRAM 디바이스의 동작 데이터 속도는 SDRAM 디바이스에서는 가능하지 않은 레벨까지 증가할 수 있다. 그러나 N 비트 프리페치 구조의 불리한 점은 짧은 칼럼 버스트가 더 이상 가능하지 않다는 것이다. DDR2 DRAM 디바이스에서 칼럼 리드 커맨드당 4칼럼 데이터 길이의 최소 버스트 길이로 동작 가능하다. 이러한 경향은 DDR3와 DDR4 SDRAM 디바이스에서도 계속될 것이고, 더 높은 데이터 속도의 DRAM 디바이스의 연속된 세대에서 긴 데이터 버스트에 영향을 준다.

8.9 DRAM 디바이스 패키징

DRAM과 로직 디바이스 간의 하나의 차이점은 대부분의 DRAM 디바이스는 일상적인 품목인 반면에 프로세서나 ASICs(application-specific integrated circuits)와 같은 로직 디바이스는 일반적으로 특수 품목이다. 일상적인 품목이라는 의미는 DRAM 디바이스의 제조비용에 특히나 민감한 결과를 가져다 주었다. 제조비용

표 8.3_ 고성능 로직 칩과 DRAM 칩의 패키지 비용과 핀 숫자 (ITRS 2002)

	2004	2007	2010	2013	2016
Semi generation (nm)	90	65	45	32	22
High perf. device pin count	2263	3012	4009	5335	7100
High perf. device cost (cents/pin)	1.88	1.61	1.68	1.44	1.22
Memory device pin count	**48–160**	**48–160**	**62–208**	**81–270**	**105–351**
DRAM device pin cost (cents/pin)	0.34–1.39	0.27–0.84	0.22–0.34	0.19–0.39	0.19–0.33

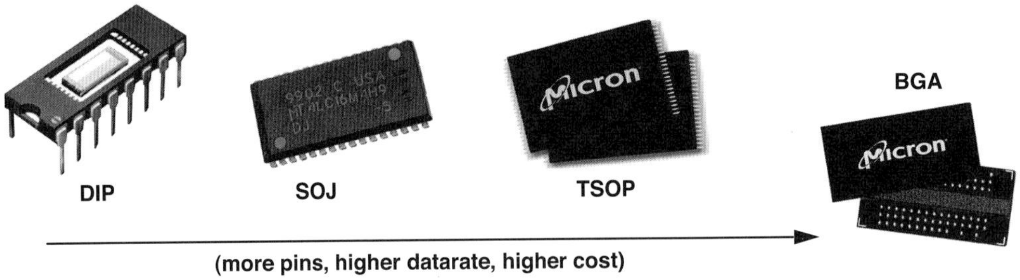

그림 8.22_ DRAM 패키지 발전

에 대한 민감도를 반영하는 하나의 분야는 DRAM 디바이스에 사용되는 패키징이다. 표 8.3은 메모리 디바이스와 고성능 로직 디바이스를 비교하는 2002 ITRS(International Technology Toadmap for Semiconductors)로부터 예상되는 핀 숫자와 상대적인 제조비용을 보여준다. 이 표는 DRAM과 같은 메모리 칩은 작은 핀 숫자와 핀당 낮은 제조비용으로 상대적으로 작은 제조비용을 가지는 패키징으로 계속해서 제작될 것이라는 것을 보여준다.

그림 8.22는 DRAM 디바이스에서 사용되는 4개의 다른 패키지를 보여준다. DRAM 디바이스는 일반적으로 1980년대 후반에 작은 핀 개수와 낮은 제조비용의 DIP(Dual In-line Packages)를 사용하였다. DRAM 디바이스의 집적도의 증가와 더 넓어진 데이터 경로는 더 많은 핀 개수를 가진 SOJ(Small Outline J-lead) 패키지를 사용하게 하였다. 1990년대 후반에 DRAM 디바이스는 TSOP(Thin, Small Outline Package) 패키지를 사용하였다. DRAM 디바이스의 데이터 속도가 초당 수백 메가 비트 정도까지 증가하게 됨에 따라 BGA(Ball Grid Array) 패키지가 패키지 레벨에서 컨트롤 시그널 연결을 더 좋게 하기 위해 사용되었다.

8.10 DRAM 공정 기술과 공정 스케일링 고려사항

1T1C 셀 구조는 액세스 트랜지스터와 저장 커패시터에 특별한 요구를 가져왔다. 특히 1T1C DRAM 셀 구조가 차지하는 면적은 작아야만 하고, 액세스 트랜지스터의 누설 전류도 작아야 하고, 저장 커패시터의 커패시턴스는 커야만 한다. 데이터 보존 시간과 데이터 무결성 요구사항은 DRAM 셀 설계를 위한 기준

을 제공하였다. 다른 DRAM 디바이스들은 다른 마켓의 요구 사항을 만족시키기 위해 설계된다. DRAM 디바이스는 높은 성능이나 낮은 가격을 가지도록 설계된다. DRAM에 최적화된 공정 기술은 로직 회로를 제작하기 위해서도 사용될 수 있고, 로직 최적화 공정 또한 DRAM 회로 제작에 사용될 수 있다. 그러나 DRAM 최적화 공정 기술은 최근 몇 년 동안 로직 최적화 공정으로부터 상당히 분리되어 왔다. 결과적으로 로직 최적화 공정으로 DRAM 회로를 제작하는 것은 경제적이지 못하고, DRAM 최적화 공정으로 로직 회로를 만드는 것은 로직 공정으로 만든 유사한 구조의 회로에 비하여 매우 느리다. 이러한 경향은 각각의 디바이스에 최적화된 공정으로 로직 회로와 DRAM 회로를 분리된 디바이스에 두는 것으로 논의되고 있다.

8.10.1 가격 고려사항

역사적으로, 제조비용 고려사항은 DRAM 디바이스의 일용화와 표준 설계를 주도해왔다. 2003년 봄, 0.11μm DRAM 공정의 대략 45mm² 면적을 사용한 1개의 256M 비트 DRAM 디바이스는 칩 한 개당 대략 4달러의 판매가격을 가졌다. 반대로, 0.13μm 로직 공정의 대략 130mm²의 다이 면적을 가진 인텔의 데스크탑 펜티엄 4 프로세서는 비슷한 기간에 80달러에서 600달러의 판매가격을 가졌다. 각각의 판매가격이 프로세서의 일용품이 아닌 특징과 DRAM의 일용품적인 특징과 같은 제한된 이유 때문일지라도 그 차이는 DRAM 마켓에서 가격 경쟁력의 레벨을 나타낸다. DRAM 제작자들은 DRAM 디바이스의 낮은 비용에 매우 초점을 맞춘다. 그 결과 부가적인 기능을 추가하고자 하는 어떠한 제안도 다이 비용 증가와 판매가격에 있어서의 가능한 증가와 비교 검토되어야만 한다.

8.10.2 DRAM 대 로직 공정 기술

반도체 제작에서 한 가지 경향은 통합을 향해 필연적으로 다가가고 있다는 것이다. 반도체 제작 산업이 무어의 법칙을 충실히 따르고 있기 때문에 각각의 트랜지스터의 숫자가 2배가 되는 것은 설계 엔지니어들이 하나의 실리콘에 더 많은 로직 회로와 DRAM 저장 셀들을 넣을 수 있게 한다. 그러나 반도체 산업은 일반적으로 다양한 기술적인 이유와 경제적인 이유로 하나의 실리콘 디바이스상에 DRAM 회로와 로직 회로를 합치는 것을 꺼려한다.

그림 8.23은 로직 회로와 DRAM 회로의 큰 스케일의 통합을 막는 몇몇 기술적인 이슈를 보여준다. 기본적으로 로직 공정은 트랜지스터 성능에 초점을 맞추어 설계되지만, DRAM 최적화 공정은 낮은 제조비용과 허용 오차, 누설 저항에 초점을 맞추어 제작된다. 그림 8.23은 일반적인 DRAM 공정이 오직 2개의 알루미늄 연결과 일부분의 연결을 위한 추가적인 텅스텐 층만을 가지는 동안, 7개 이상의 copper 연결을 가지는 일반적인 로직 공정을 보여준다. 또한 로직 공정은 일반적으로 중간 층의 유전체를 위해 낮은 K 물질을 사용하고, DRAM 공정은 SiO_2를 사용한다. 그림 8.23은 DRAM 공정이 스택 커패시터의 구조를 만들기 위해 4개 이상의 폴리실리콘 층을 사용(스택 커패시터를 사용하는 DRAM 디바이스를 위해)하는 반면에 로직 공정은 일부분의 연결을 위해 단지 2개 또는 3개의 폴리실리콘 층만을 사용하는 것을 보여준다. 또한 일반

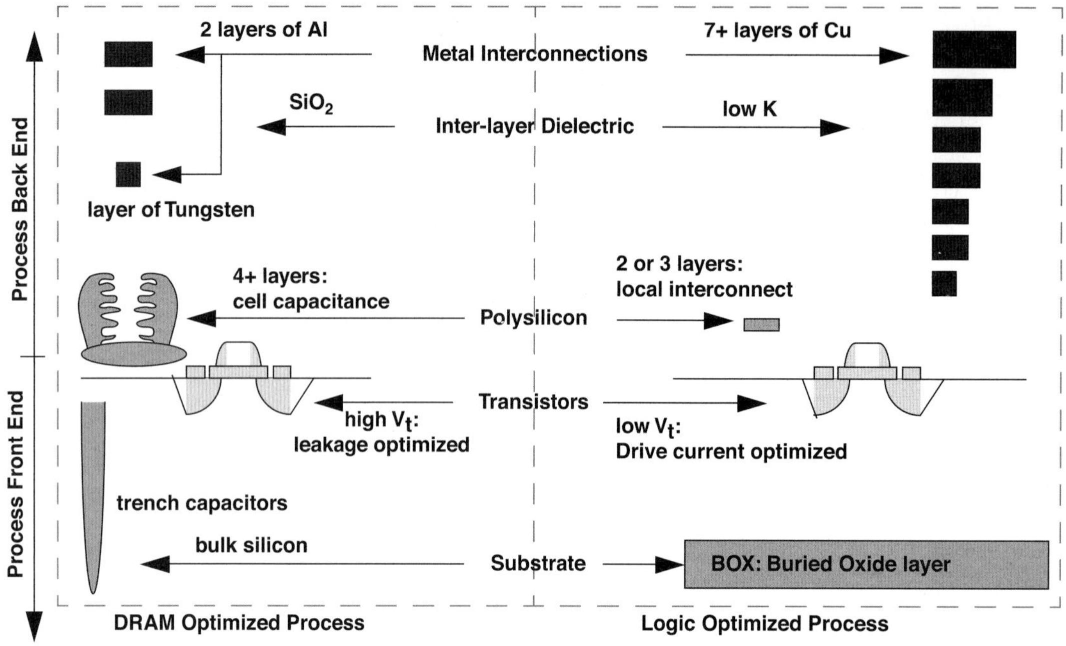

그림 8.23_ DRAM 공정과 로직 공정의 비교

적으로 로직 공정의 트랜지스터는 고성능을 위해 튜닝되고, DRAM 공정의 트랜지스터는 낮은 누설 전류 특성을 위해 튜닝된다. 마지막으로 각각의 최적화된 공정 기술의 서브스트레이트도 로직 공정은 depleted substrate로 DRAM 공정은 bulk 실리콘의 사용으로 분리된다.

다르게 최적화된 공정의 각각의 전문성은 로직 회로와 DRAM 저장 셀의 넓은 통합을 막는다. 로직 회로와 DRAM 저장 셀의 통합의 기초로서 DRAM 공정을 사용하는 것은 낮은 드라이브 전류를 가진 느린 트랜지스터를 몇몇 금속 층과 상대적으로 높은 K SiO_2 중간층 유전체에 연결되게 한다. 즉 DRAM 공정에서 구현된 로직 회로는 같은 세대의 로직 공정의 비슷한 회로에 비해 더 크고 더 느리다. 반대로 로직 회로와 DRAM 저장 셀의 통합을 높은 가격의 로직 공정으로 사용하면 고성능을 지니지만 누설 전류가 있는 트랜지스터가 상대적으로 낮은 커패시턴스를 가지는 DRAM 셀과 연결되게 하고, 큰 DRAM 셀 구조와 높은 리프레시 속도가 필요하게 된다.

최근 몇 년 동안 로직 회로와 DRAM 저장 셀을 통합하고자 하는 문제를 해결하려고 새로운 하이브리드 공정이 등장하였다. 일반적으로 하이브리드 공정은 로직 공정에서 시작하였고, 큰 커패시턴스를 가지는 DRAM 저장 셀을 만들기 위해 공정에 추가적인 층이 더해졌다. 또한 낮은 누설 전류의 액세스 트랜지스터의 사용과 큰 드라이브 전류를 가지는 고성능 로직 트랜지스터를 사용 가능하게 하기 위해 다른 타입의 트랜지스터들이 만들어졌다. 그러나 하이브리드 공정은 로직 공정보다 더 복잡하다. 그 결과 로직과 DRAM 디바이스의 매끄러운(seamless) 통합을 가능하게 하는 하이브리드 공정은 일반적으로 더 비싸고, 고성능 프로세서와 고성능을 지니지만 하나의 로직 디바이스의 다이 사이즈에 제한된 작은 DRAM 메모리 시스템이 요구되는 특별한 곳에서만 사용이 제한된다. 일반적으로 이러한 어플리케이션은 고성능의 SOC(System-on-Chip) 디바이스에만 제한된다.

MEMORY | SYSTEMS | **DRAM**

DRAM 시스템 시그널링 및 타이밍

09 CHAPTER

모든 전자 시스템에서 여러 기기들은 같이 연결되고, 서로 통신을 위해 한 곳으로부터 다른 곳으로 신호를 보낸다. 전송되는 신호는 정확성을 보장하기 위해 미리 정의된 신호와 타이밍 프로토콜에 따라 커맨드와 데이터를 전송해야 한다. 큰 틀에서 시그널링과 타이밍에 관해 적절히 이해하려면 많은 설명이 필요하다. 이번 장에서 위의 주제에 대해 전부 이해하기를 바라지는 않는다. 대신, 이번 장에서는 시그널링과 타이밍에 대한 기본적인 이해(특히 최근의 DRAM 메모리 시스템에서 가장 중요한 것들), 현대 DRAM 메모리 시스템의 토폴로지, 전송신호 그리고 프로토콜에 대한 기본적인 이해를 제공한다.

이 장은 DRAM 메모리 시스템에 대한 관심은 있지만 전기공학 지식이 없는 사람을 위해 쓰였으며, 다른 참고 문헌을 보지 않고서도 DRAM 메모리 시스템의 설계 및 구현에 대해 이해할 수 있도록 하였다.

9.1 시그널링 시스템

컴퓨터의 출현 이후 지난 수십 년간 메모리 용량의 증가에 대한 사람들의 요구는 지속적으로 증가했다. 메모리 용량 증가에 대한 끊임 없는 요구는 메모리 시스템에 집적된 DRAM 디바이스들의 수가 기술의 발전과 함께 가능하게 된 메모리당 용량의 증가에도 불구하고 일정 등급의 컴퓨터들에서 상대적으로 일정하게 유지되었다는 것을 의미한다. 다양한 컴퓨팅 플랫폼을 위한 큰 메모리 시스템을 만들기 위해 여러 개의 DRAM 디바이스를 합치는 것이 수년간 시도되었다. 큰 메모리 시스템을 이루기 위해서 여러 개의 DRAM 디바이스가 모여 있다면, DRAM 디바이스로 정보를 보내기 위해서 더 복잡한 시그널링(signaling) 시스템이 필요하게 된다. 그림 9.1은 다른 DDR SDRAM 디바이스에서 두 번의 연속적인 칼럼 리드 커맨드(column read command)의 타이밍 다이어그램을 보여준다. 타이밍 다이어그램은 DRAM 메모리 컨트롤러에서 보낸 커맨드에 의해 DRAM 디바이스로 전송되어 이동하는 데이터의 이상적 타이밍 웨이브폼을 보여준다. 그러나 그림 9.1에 묘사되어 있듯이, 현실에서의 신호들은 이상과 다르며, ringing, attenuation, 그리고 non-monotonic 신호들과 같은 신호 무결성 문제는 신호 타이밍 조건들인 셋업, 홀드 타임에 부정적인 영향을 끼친다. 특히, 그림 9.1은 한 신호 레벨에서부터 다른 레벨로 빠르게 변화하고 빠르게 안정화하는 신호의 품질이 높아지도록 고려되어야 한다는 것을 보여준다. 그림 9.1은 형편없이 설계된 시그널링 시스

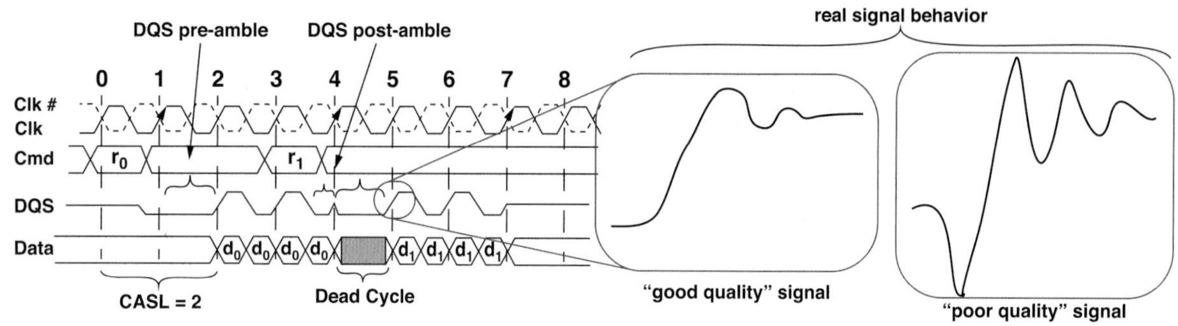

그림 9.1_ Electrical 신호가 전송 될 때의 실제 파형

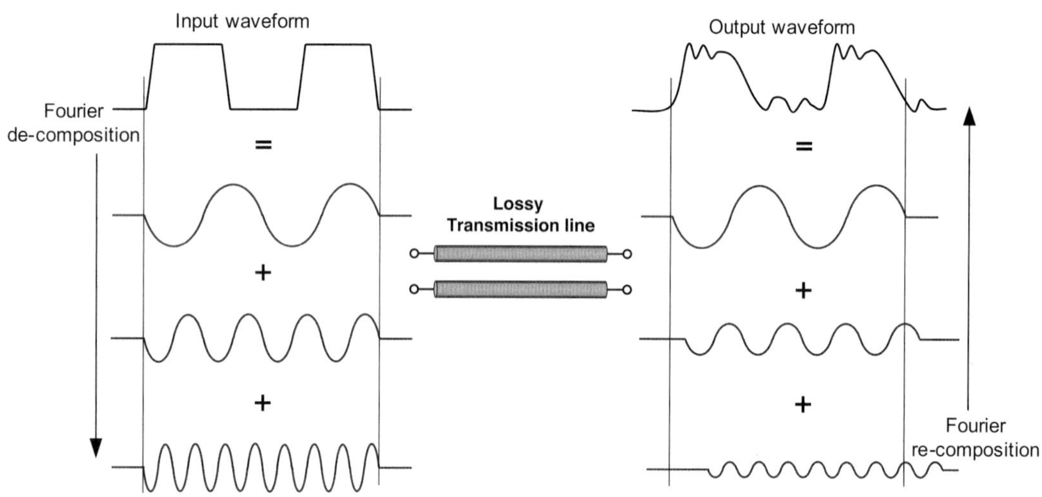

그림 9.2_ 감쇠가 있는 실제 전송 선로 상에서 주파수 의존적인 신호가 전송될 때의 모습

템은 오버슛이나 언더슛, 또는 빨리 안정화하지 못하는 신호가 고속 시스템에서 셋업 타임 또는 홀드 타임 violation을 일으키는 것을 야기한다.

그림 9.2는 주파수 의존적인 신호가 감쇠가 있는 실제 전송 선로를 지날 때의 문제를 보여준다. 이상적인 구형파도 Fourier series로 분해해보면 sinusoidal 또는 cosinusoidal한 다양한 크기와 주파수를 가지는 oscillation들의 합으로 이루어져 있다. 감쇠가 있는 실제 전송 선로는 Fourier decomposition한 저주파 컴포넌트들이 크기나 위상 변화 없이 통과하는 비선형 저주파 통과 필터(non-linear low-pass filter)로 모델링될 수 있다. 반면에, 비선형의 저주파 통과 전송 선로는 입력 웨이브폼의 고주파 컴포넌트의 크기나 페이지를 아주 많이 감쇠/변형시킨다. 그리하여, 여러 주파수 컴포넌트들로 이루어진 입력 신호가 감쇠가 있는 전송 선로를 통과하면 출력 신호는 입력 파형과 매우 다른 모습을 보이게 된다.

요약하자면, 시그널링 시스템의 제약사항이 DRAM 디바이스와 메모리 컨트롤러 같은 떨어져 있는 반도체 디바이스들 사이의 시그널링 속도와 심벌 전송을 제한한다. 따라서, 시그널링 시스템의 구조 및 고유의 가정이 주어진 메모리 시스템의 엑세스 프로토콜에 대역폭, 지연속도, 그리고 효율 특성 등에 직접적인 영

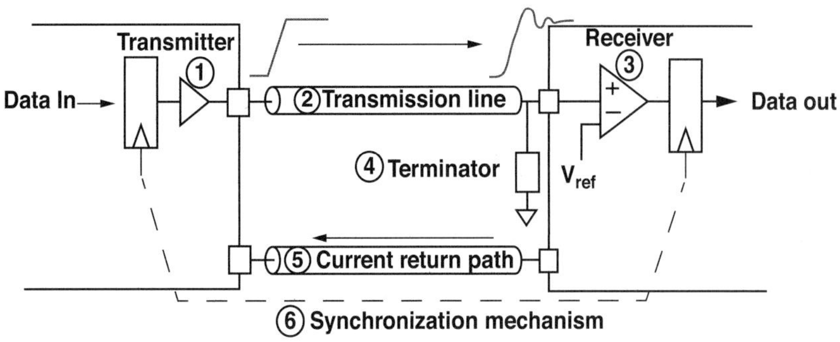

그림 9.3_ 기본적인 시그널링 시스템

향을 끼칠 수 있다. 결과적으로, 시그널링과 타이밍에 대한 기본적인 현대의 멀티 디바이스 메모리 시스템 구조 및 설계의 장단점에 대한 이해를 필요로 한다. 그림 9.3은 심벌이 암호화되어 전송 선로를 따라 송신단에서 수신단으로 전달되는 기본적인 시그널링 시스템을 보여준다. 수신단은 동기화 메커니즘에 의해 결정되는 유효한 타이밍 윈도우 안에서 전송되어 오는 신호의 값을 판단하여야 한다. 후속 신호들의 전송 및 수신을 방해하지 않도록 신호는 그림 9.3에서 연결이라고 이름 붙여진 저항에 의해 전송 선로에서 제거되어야 한다. 터미네이션 방식은 연결 방법에 따라서 신호 무결성을 향상시킬 수 있도록 신중하게 설계되어야 한다. 특히 최근의 고속 메모리 시스템들의 수신단에서는 신호 터미네이션이, 송신단에서는 패러렐 터미네이션이 사용되고 있다. 일반적으로 요약하자면, 수신에 있는 신호 터미네이션은 신호 스윙을 줄여 신호 링잉을 감소시키고, 패러렐 터미네이션은 신호 품질을 향상시키지만 신호를 전송 선로에서 제거하기 위해 추가적인 동적 파워가 소요된다.

그림 9.3은 송신단에서 하나의 수신단으로(단방향)전달되는 기초적인 시그널링 시스템을 보여준다. 최근의 DRAM 메모리 시스템들에서 신호들은 전송 선로상에 연결된 여러 DRAM 디바이스들로 전달된다. 구체적으로, SDRAM과 SDRAM-like DRAM 메모리 시스템들에서, 다수의 DRAM 디바이스는 종종 주어진 어드레스와 커맨드 버스에 연결되고, 다수의 DRAM 디바이스들은 DRAM 메모리 컨트롤러에서 DRAM 디바이스들로 데이터를 전달하기 위해 동일한 전송 선로에 같은 데이터 버스로 연결된다.

이 장에서 시그널링 시스템에 대한 논의는 연결선을 이상적인 전송 선로로 다루는 것으로 기초적인 전송 선로 이론과 함께 시작한다. 이는 DRAM 메모리 시스템에서 터미네이션 메커니즘으로 사용된다. 그러나 위에서 논의된 것들의 상대적인 복잡성과 이번 장에서 다룰 수 있는 범위의 한계에 따라서 DRAM 디바이스들에서 이용되는 특정한 시그널링과 수신을 위한 회로는 여기서 소개되지 않는다.

9.2 PCB상에서의 전송 선로

현대의 DRAM 메모리 시스템들은 주로 PCB(Printed Circuit Board)들 위에 여러 디바이스들이 장착된다. PCB 상의 한 지점에서 다른 지점으로 심벌을 전기적인 신호로 전달하기 위한 연결들은 주로 배선 연결이

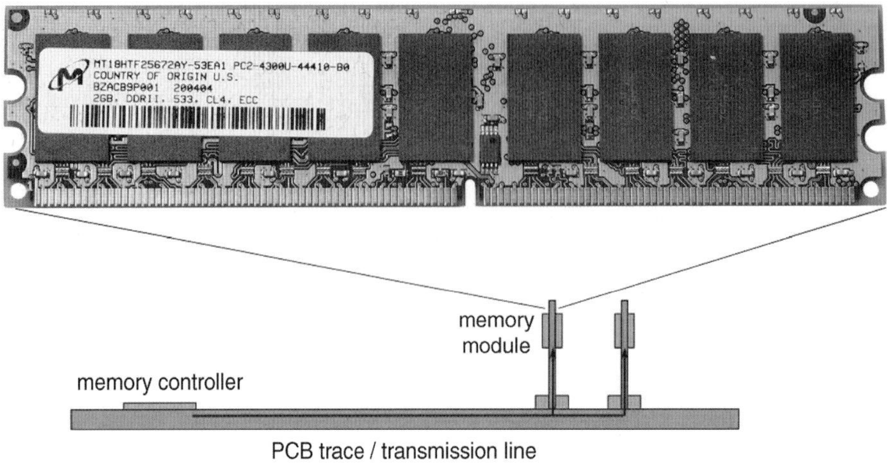

그림 9.4_ DRAM 메모리 모듈과 시스템 보드상에서의 신호 배선

나 바이어스를 통해 이루어진다. 모든 현대의 DRAM 메모리 시스템들에서 심벌은 이진 값(1 or 0)이거나 두 개 이상의 비트를 표현하기 위하여 다중 값을 가질 수도 있다. 시스템의 한 지점에서 다른 지점으로 심벌을 이동시킬 때 데이터의 전송 방식의 속도와 안정성에 대한 제한은 시스템 보드에 사용되는 배선의 품질과 특성에 따라 달라진다. 그림 9.4는 상용 DRAM 메모리 모듈로 여러 DRAM 디바이스들이 PCB상에서 연결되고, 여러 메모리 모듈들이 시스템 보드상의 PCB를 통해 메모리 컨트롤러에 연결되는 것을 보여준다. 상용 DRAM 메모리 시스템들에 있는 시스템 보드상에서 연결된 여러 메모리 모듈들에서 전기 신호들은 다른 PCB 부분들에 다르게 전달된다.

이 절에서는 신호 배선의 전기적 특성이 이상적인 전송 선로가 논의된다. 이상적인 전송 선로의 특성이 소개된 후에는 attenuation, reflection, skin effect, crosstalk, ISI(inter-symbol interference), 그리고 SSO(simultaneous switching output)와 같은 시스템 보드상에서의 시그널링의 비 이상성들을 논의할 것이다. 이러한 기본적인 주제의 범위는 독자들에게 현대의 고속 DRAM 메모리 시스템에서의 시스템-레벨 설계에서의 화두가 무엇인지 이해할 수 있게 할 것이다.

9.2.1 Telegrapher's Equations 살펴보기

신호 연결들의 전기적 특성들에 대한 논의를 시작하기 위해, 전송 선로의 특성을 이해하는 것이 기본적인 필수조건이다. 이번 절에서는 이번 장에서 필요한 신호 연결의 이해를 돕기 위해 telegrapher's equation들을 논의할 것이다.

그림 9.5는 작은 부분으로 쪼개진 전송 선로가 resistive 요소인 R과 inductive 요소 L이 직렬로 연결되고, capacitive 요소인 C와 conductive 요소인 G가 병렬로 연결되어 모델링될 수 있다는 것을 보여준다. 전송 선로의 전기적 특성의 기초를 이해하기 위해 Kirchhoff's voltage law가 그림 9.5의 부분에 식 9.1과 같이 적

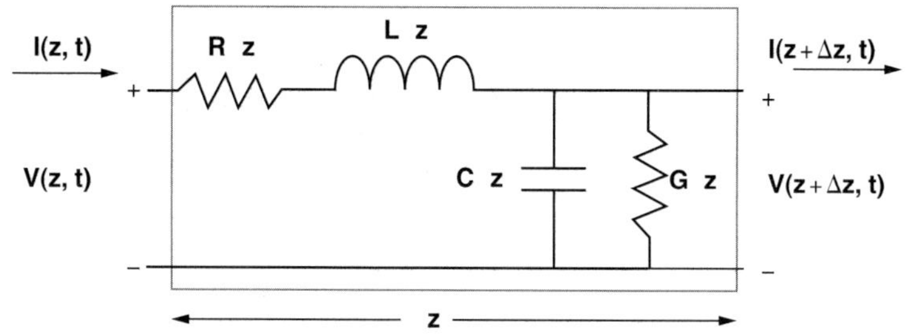

그림 9.5_ 기본적인 전송 선로의 수학적인 모델

용될 수 있다.

$$v(z,t) - (R \cdot \Delta z \cdot i(z,t)) - \left(L \cdot \Delta z \cdot \frac{\partial i(z,t)}{\partial t}\right) - v(z+\Delta z, t) = 0 \quad \text{(식 9.1)}$$

그리고 Kirchhoff's current law도 그림 9.5의 부분에 대하여 식 9.2와 같이 같은 전송 선로에 적용될 수 있다.

$$i(z,t) - (G \cdot \Delta z \cdot v(z, + \Delta z, t)) - \left(C \cdot \Delta z \cdot \frac{\partial v(z+\Delta z,t)}{\partial t}\right) - i(z+\Delta z, t) = 0 \quad \text{(식 9.2)}$$

식 9.1과 9.2를 Δz로 나누고 Δz를 0으로 보내면 식 9.1로부터 9.3을 얻을 수 있고, 9.2로부터 9.4를 얻을 수 있다.

$$\frac{\partial v(z,t)}{\partial t} = -Ri(z,t) - L\frac{\delta i(z,t)}{\delta t} \quad \text{(식 9.3)}$$

$$\frac{\partial i(z,t)}{\partial t} = -Gv(z,t) - C\frac{\delta v(z,t)}{\delta t} \quad \text{(식 9.4)}$$

식 9.3과 9.4는 전송 선로의 전기적 특성을 나타내는 time-domain equation이다. 식 9.3과 9.4는 Telegrapher's Equation들로 알려져 있다[1].

또한 식 9.3과 9.4로부터 steady-state sinusoidal wave equation들을 얻을 수 있다. 식 9.5와 9.6은 식 9.3과 9.4로부터 유도된다.

$$\frac{\partial^2 V(z)}{\partial z^2} - \gamma^2 V(z) = 0 \quad \text{(식 9.5)}$$

$$\frac{\partial^2 I(z)}{\partial z^2} - \gamma^2 V(z) = 0 \quad \text{(식 9.6)}$$

γ는 식 9.7로 표현된다.

$$\gamma = \sqrt{(R + j\omega L)(G + j\omega C)} \quad \text{(식 9.7)}$$

1 Telegrapher s Equation은 1850년대에 William Thomson에 의해 처음 증명되었고, 여기서 사용된 형태는 Oliver Heaviside에 의해 유도된 식이다.

나아가 voltage equation과 current equation을 풀면 식 9.8과 9.9가 유도된다.

$$V(z) = V_0^+ e^{-\gamma z} + V_0^- e^{-\gamma z} \quad \text{(식 9.8)}$$

$$I(z) = I_0^+ e^{-\gamma z} + I_0^- e^{-\gamma z} \quad \text{(식 9.9)}$$

V_0^+과 V_0^-, I_0^+과 I_0^-는 각각 Z 위치에서 무한히 가까운 위치인 Z^+와 Z^- 위치에서의 전압과 전류를 나타낸다. 이는 식 9.8과 9.9가 전송 선로의 특성을 보여주는 식임을 알려준다.

마지막으로 식 9.8과 9.9를 정리하면 식 9.10과 9.11이 유도된다.

$$\frac{\gamma}{R + j\omega L} \cdot (V_0^+ e^{-\gamma z} + V_0^- e^{-\gamma z}) \quad \text{(식 9.10)}$$

$$Z_0 = \frac{R + j\omega L}{\gamma} = \sqrt{\frac{R + j\omega L}{G + j\omega C}} \quad \text{(식 9.11)}$$

Z_0는 특성 임피던스(characteristic impedance)이며, α와 β는 각각 전송 선로의 감쇠 상수(attenuation constant)와 위상 상수(phase constant)이다. 비록, 전송 선로의 특성 임피던스의 단위가 ohm으로 표시되더라도, 일반적인 저항과는 개념적으로 다르다. 오히려, 특성 임피던스는 전송 선로의 특정 지점에서 전달되어 가는 파형이 보는 저항이다.

9.2.2 RC와 LC 전송 선로 모델

식 9.1부터 9.11까지는 기본적인 전송 선로의 특성을 수학적으로 보여준다. 그러나 시스템 설계 엔지니어들은 종종 전체 주파수 스펙트럼 대역보다는 좁은 주파수 스펙트럼에 더 관심이 있다. 따라서 간단한 고주파 LC(Inductor-Capacitor)또는 저주파 RC(Resistor-Capacitor) 모델이 일반화된 모델 대신에 사용된다. 그림 9.6은 그림 9.5에 사용된 전송 선로의 극소화된 작은 부분에 대한 모델과 같은 것이지만 더 자세히 들여다 보면 특성 임피던스 방정식의 저항 컴포넌트 R이 주파수 종속 유도 컴포넌트 $j\omega L$보다 아주 크거나 아주 작으면 식이 단순화될 수 있다는 것을 보여준다. 즉 R의 크기가 $j\omega L$을 크게 초과하는 경우 전송 선로의 특성 임피던스는 RC 모델, Z_0=SQRT(R/jωC)로 단순화될 수 있다.[2] 반면에 주파수 종속 유도 컴포넌트 $j\omega L$이 resistive 컴포넌트 R의 크기를 초과하는 경우 전송 선로의 특성 임피던스는 LC 모델 Z_0=SQRT(L/C)로 단순화할 수 있다. 일반적인 전송 선로 모델이 LC 모델이나 RC 모델로 간략화될 수 있다는 점을 감안하면, 정확한 모델을 선택하는 방법은 저항 R이 $j\omega L$과 같아지는 특성 주파수 f_0를 계산하는 것이다. 특성 주파수 f_0는 식 f_0=R/2πL로 계산할 수 있다. 간단한 경험법칙에 의해 f_0보다 높은 동작 주파수는 LC 전송 선로 모델로 간략화할 수 있고, f_0보다 낮은 동작 주파수는 RC 전송 선로 모델로 간략화할 수 있다. 실리콘상에서의 신호 경로들은 높은 저항성 때문에 특성 주파수 f_0는 시스템 연결보다 실리콘 연결에서 낮다. 그 결과 RC

2 conductive element G는 jwC보다 작은 것으로 가정한다.

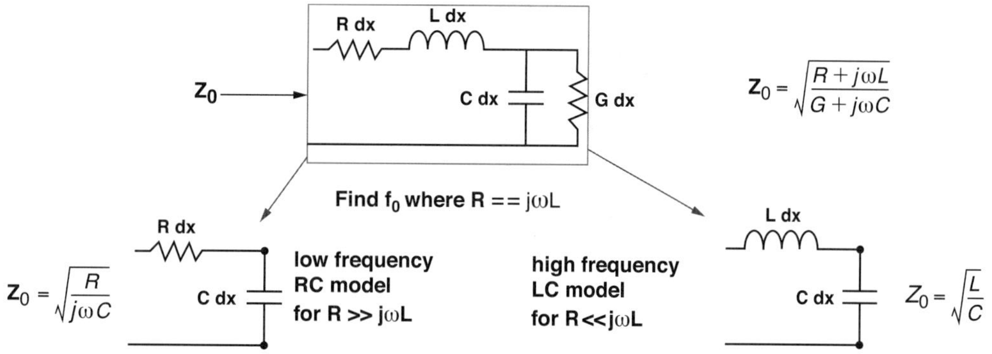

그림 9.6_ 간략화된 전송 선로 모델.

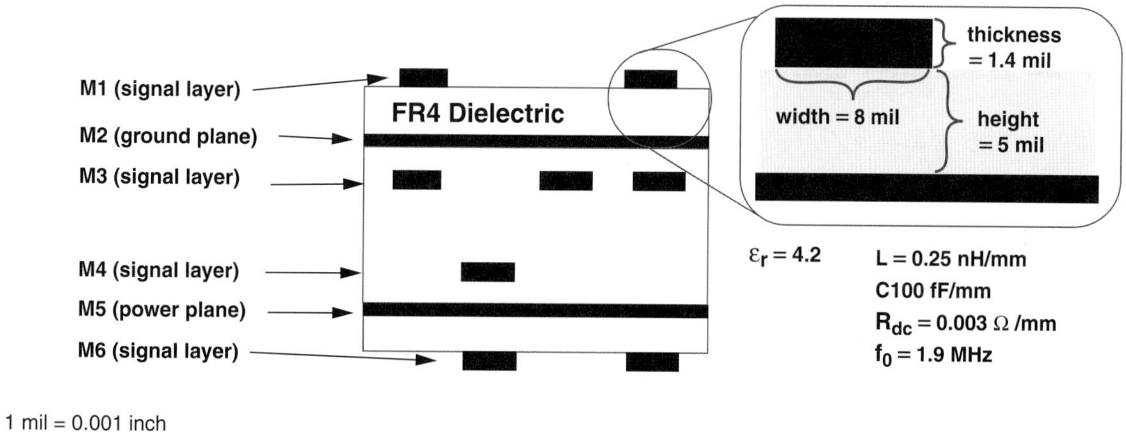

그림 9.7_ 간략화 된 전송 선로 모델

모델이 실리콘상에서의 실리콘 연결로 자주 쓰이고, LC 모델이 패키지-레벨과 시스템-레벨 연결로 자주 쓰인다.

9.2.3 PCB 배선상의 LC 전송 선로 모델

그림 9.7은 6층 PCB의 단면을 보여준다. 6층 PCB는 꼭대기층과 바닥의 시그널링 레이어와 파워와 그라운드로 둘러싸인 내층의 두 개의 시그널링 레이어로 이루어져 있다. 일반적으로 저가의 PC 시스템들은 비용적인 문제로 4층 PCB를 사용하며, 반면에 고가의 서버나 메모리 모듈들은 신호 shielding, 신호 routing과 파워 공급을 위해 6층 이상의(특정 시스템에서는 20층 이상의) PCB를 사용한다.

그림 9.7은 최상층 시그널링 레이어의 확대 부분과 신호 배선 각각의 전기적 특성을 보여준다. 신호 배선의 저항 컴포넌트는 0.003Ω/mm이며, 인덕턴스 컴포넌트는 0.25nH/mm라면 신호 배선의 특성 주파수는 1.9MHz로 계산된다. 즉, 그림에 표시된 PCB 위의 신호 배선은 DRAM 메모리 시스템의 신호 주파수가

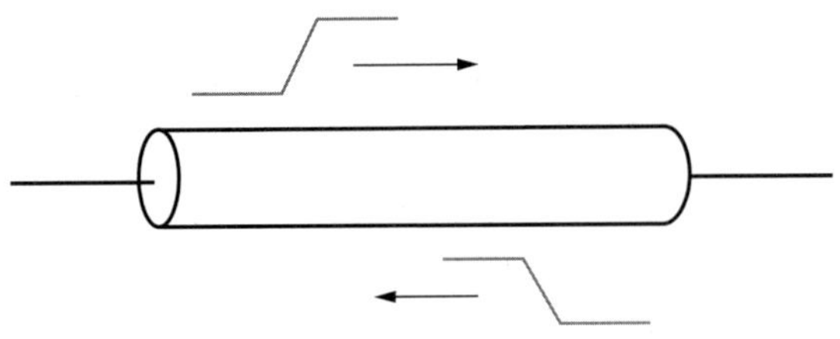

wave velocity

$$v = \frac{1}{\sqrt{LC}}$$

$$v = \frac{1}{\sqrt{(.25nH/mm * 100fF/mm)}}$$

$$v = 2 * 10^8 \ M/s$$

그림 9.8_ Circular conductor의 단면도와 skin depth

1.9MHz 보다 높다면 LC 특성을 가지는 것으로 모델링할 수 있다.[3]

9.2.4 LC 전송 선로의 신호 속도

이전 절에서 전송 선로의 전기적 특성을 나타내는 식9.1에서 9.11까지를 도출하였고, 현대의 DRAM 메모리 시스템의 전형적인 PCB 배선이 LC 전송 선로로 모델링될 수 있다는 것을 알았다. 이번 절과 다음 절에서는 전형적인 PCB 배선의 특성을 이상적인 LC 전송 선로으로부터 실제 PCB상에서의 신호 배선으로 바꾸어 본다.

그림 9.8은 두 가지 중요한 이상적인 LC 전송 선로 특성인 전송 선로에서 전달되는 전파 속도(wave velocity)와 신호의 중첩 특성에 대해 설명한다. 이상적인 LC 전송 선로에서 resistive 요소는 무시할 수 있고, 신호는 이론적으로 감쇠 없이 이상적인 LC 전송 선로를 전파할 수 있다. 그림 9.8에서 이상적인 무손실 LC 전송 선로에서의 신호 전파 속도는 LC 전송 선로의 임피던스 특성의 함수이고, 신호 속도는 1/SQRT(LC)로 계산할 수 있다. 그림 9.7에서 커패시턴스와 인덕턴스 값을 대입하면, 전기 신호의 전파 속도는 특정 전송 선로에서 200,000,000M/s로 전파된다. 즉, 특정 임피던스 특성들을 가지는 전송 선로에서, 진공에서 신호 파동선단(wave-front)은 빛의 속도의 2/3로 전파되어 20cm/ns의 속도로 이동한다.

최종적으로 무손실 LC 전송 선로에서 신호는 간섭 없이 반대방향으로 전파될 수 있다. 이러한 방법으로 전송 선로는 양방향 시그널링을 지원하고, 전송 선로의 특정한 지점에서의 전압은 전송 선로를 지나가는 신호들의 중첩(superposition)으로부터 계산할 수 있다.

9.2.5 도체의 표면효과

Skin depth 효과는 신호 감쇠의 중요한 구성요소이다. 즉, 도체 저항은 일반적으로 도체 단면적의 함수이며, 신호 배선에서의 저항은 일반적으로 전송 선로의 특성에서 계산되는 상수이다. 하지만, 한 가지 도체

3 여기서 관심 있는 주파수는 DRAM 메모리 시스템에서 전송되는 신호의 주파수가 아니라 신호성분이 스위칭하는 데 사용되는 높은 주파수 요소성분이다.

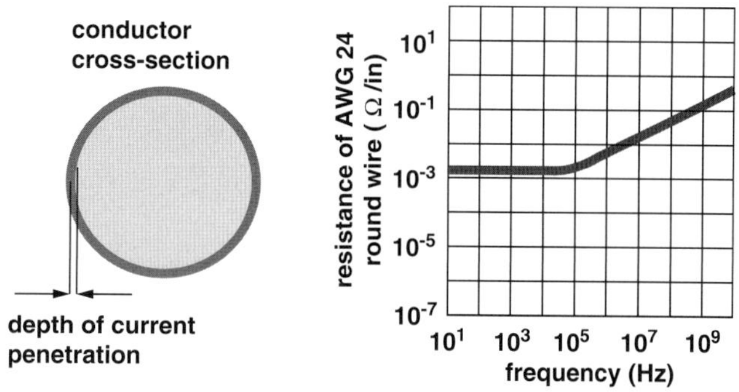

그림 9.9_ 이상적인 LC 전송 선로

의 흥미로운 특징은 고주파에서 전류는 도체의 단면에 걸쳐 균일하게 흐르지 않는다. 대신에 높은 주파수에서 신호가 빠르게 전환되면 전류 흐름은 도체 단면의 특정 깊이로 제한된다. 그림 9.9가 주파수별 전류의 침투 깊이를 설명하는데, 이것이 skin depth이다. 도체에서 주파수에 따라 제한된 전류가 흐르는 것은 주파수의 함수로서 도체의 저항이 증가한다는 것이다. 표면효과(Skin effect)는 더 이상 무손실의 이상적인 LC 전송 선로가 실제의 PCB 배선을 완전히 모델링할 수 없음을 나타낸다.

9.2.6 유전체 손실

LC 전송 선로는 종종 시스템 보드 배선의 특성을 나타내는 1차 모델로 사용된다. 하지만, 실제 신호 배선들은 확실히 이상적인 무손실 LC 전송 선로가 아니고, 배선 길이와 주파수의 함수로서 감쇠한다. 그림 9.10은 신호 감쇠가 PCB 배선의 길이와 데이터 속도의 함수로 정해진다. 그림은 데이터 속도가 높아지고, 배선이 길어질수록 신호 감쇠가 증가하는 것을 보여준다. DRAM 메모리 시스템이 500Mbps로 동작할 때 10inch의 배선을 지나면 최고점 간(peak-to-peak) 기준으로 5%의 감쇠가 일어난다. 게다가 2.5Gbps로 데이

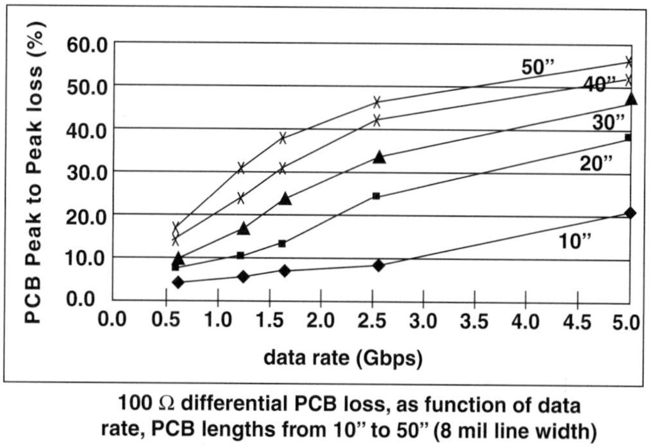

그림 9.10_ PCB 배선 상에서 신호의 감쇠의 크기

터 속도가 올라가면 10inch의 배선에서 신호의 크기가 감쇠되어 처음의 10% 이하가 된다. 이러한 의미에서, 신호 감쇠 문제는 비교적 완만한 데이터 속도와 짧은 배선 길이로 DRAM 메모리 시스템이 관리할 수 있는 문제이다. 그러나 신호 감쇠 문제는 시스템 설계 엔지니어들에게 고속 DRAM 메모리 시스템을 설계할 때의 여러 문제들 중 한 가지 문제일 뿐이며, 무손실 LC 전송 선로는 PCB 배선 근사를 위한 1차 모델로 남아 있다.

유전체 손실(dielectric loss)를 모델링하는 일반적인 한 가지 방법은 주파수에 비례하여 선을 따라서 분산 컨덕턴스를 배치하는 것이다. 대부분의 전송 선로는 표면효과 주파수부터 큰 도체 손실을 보이며, 그 이하에서는 유전체 손실이 중요해진다. 대부분의 현대의 메모리 시스템에서, 신호 반사는 일반적으로 짧은 배선 길이와 멀티 드롭 시그널링 시스템에서 더 심각한 문제이다. 이러한 이유에서 유전체 손실은 무시되어 왔지만, 이것이 발생하기 시작하면 매우 빠르게 일어난다. DDR2 SDRAM을 포함한 다른 낮은 속도의 메모리 시스템들(<1Gbps)에서 유전체 손실은 지배적인 영향을 주지 않으며 시그널링 분석에서 무시할 수 있다. 그러나 FB-DIMM과 DDR3 메모리 시스템들 같은 높은 데이터 속도를 가지는 메모리 시스템들에서 완전한 신호분석을 위해 유전체 손실은 반드시 고려되어야 한다. 유전체 손실의 원리는 기본적인 전자 이론으로 설명될 수 있다. 도체 사이의 유전체 재료는 절연체 및 유전 물질의 원자 궤도를 도는 전자들이 절연 물질의 사이에 고정된다. 두 도체 사이에 전위차가 있는 경우, 한 도체 위에 있는 과도한 음전하가 절연체 위의 전자가 양전하 쪽의 도체로 이동하려는 것을 방해한다. 전자들의 경로 변화는 더 많은 에너지를 필요로 하며, 에너지 손실은 전압 신호의 감쇠로 나타난다.

9.2.7 전자 방해와 크로스톡

전기 시그널링 시스템에 있어서, 전송 선로를 통해 전달되는 전압 신호의 이동은 전압 신호의 이동 방향이나 그 반대 방향의 전자 이동과 관련이 있다. 전하량 보존에 의해 전류가 한 쪽 방향으로 흐를 때 그 반대 방향으로 흐르는 전류가 존재해야 함을 의미한다. 그림 9.11은 전송 선로에 흐르는 전류는 다시 발신 장치로의 전류 귀환 경로에 흐르는 전류와 균형을 이루어야 한다. 정리하자면, 신호 전류와 귀환 전류는 폐쇄회로 루프(closed-circuit loop)를 이룬다. 일반적으로 귀환 전류는 접지면 또는 인접 신호 배선을 통해 발생한다. 실제로 주어진 신호와 전류 복귀 경로가 이루는 루프의 크기와 흐르는 전류의 크기는 EMI(Electromagnetic Interference)의 크기를 결정한다. 일반적으로 시스템에서 신호 전달에 의해 발생하는

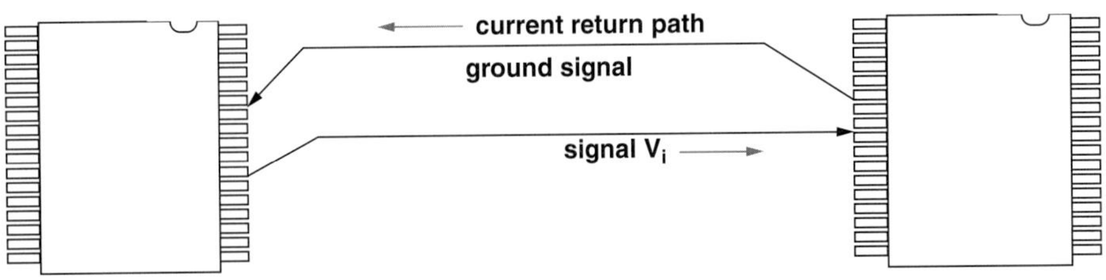

그림 9.11_ 전압 신호의 전달과 귀환 전류는 전류 루프를 형성한다.

EMI는 시스템 내의 신호 배선들 간에 유도 결합(inductive coupling)을 발생시킨다. 또한, 시스템 내에서 가까이에 만들어진 신호 배선들은 인접 배선들 간에 용량 결합(capacitive coupling)에 민감해진다.

이번 절에서 인접 배선의 신호 전달에 의해 발생하는 전기 노이즈들을 통틀어 crosstalk이라고 한다. crosstalk은 인접한 배선들과 주어진 배선들 사이의 용량 결합 혹은 유도 결합에 의해 발생할 수 있다. 예를 들어 신호와 그 추정 귀환 경로(signal ground)가 서로 밀접하게 배선되지 않고, 다른 신호 배선이 기존의 신호 배선에 더 가깝게 배선되어 있다면 신호 배선에 가까운 인접한 신호 배선(victim)은 잘못 설계된 전류 루프의 결과로 EMI에 영향을 받는다. Crosstalk에 의해 실제 시스템 보드 배선은 더욱 더 이상적인 무손실 LC 전송 선로의 모델링에서 벗어나게 되고, 가까이 배선된 배선들은 이웃한 신호의 공격자가 되며, 이웃한 배선은 신호 무결성에 심각한 영향을 받는다. 신호 배선들 사이에서 용량 또는 유도 결합에 의해 생기는 crosstalk의 크기는 공격자의 최고점 간 전압 스윙이나 신호의 슬루 레이트(slew rate), 배선들 사이의 거리나 신호의 전달 방향에 의해 정해진다.

고속 시그널링 시스템에서 crosstalk을 최소화하기 위해서는 신호 배선들은 종종 전류 귀환 경로들과 가깝게 배선하고, 동적 신호 배선들과 떨어지게 쉴딩한다. 이러한 방식으로, 전류 루프를 최소화하여 EMI를 감소시키고, 활성 배선과의 거리를 떨어뜨려 용량 결합을 감소시킨다. 불행하게도, 현재의 전류 귀환 경로 사용은 시그널링 시스템에서 필요한 배선의 수를 증가시킨다. 그 결과로, 고속 디지털 시스템들에서만 쉴딩 배선을 사용하고 있다. 예를 들어, Rambus사의 XDR 메모리 시스템과 같은 고속 메모리 시스템들에서 디퍼런셜 트레이스들을 가까이 배선하여 시스템에서의 시그널링 품질을 높이지만, DDR2 SDRAM과 같은 저가의 상용 메모리 시스템에서는 클럭 신호와 고속 데이터 스트로브 신호에만 디퍼런셜 트레이스를 사용한다.

9.2.8 Near-End와 Far-End Crosstalk

일반적으로, crosstalk 효과에는 두 가지 유형이 있다. near-end crosstalk과 far-end crosstalk이다. 두 가지 유형의 crosstalk 효과는 각각 그림 9.12와 9.13에 나타나 있다. 비록 그림 9.12와 9.13에서 용량 결합된 신호 배선들의 crosstalk들에 대해서 나타내더라도, 유도 결합된 신호 배선들은 near-end와 far-end crosstalk의 효과가 비슷하게 보인다. 그림 9.12와 9.13은 전압 신호가 출발점으로부터 목적지까지 이동할 때, 그것이 인접한 배선들에 전기 노이즈들을 발생시키는 것을 보여준다. 전송 선로 각 지점에서 attacking 신호는 victim 배선에 victim 신호를 생성한다. victim 신호는 attacker 신호의 진행방향과 그 반대방향 두 방향으로 이동한다. 그림 9.12는 victim 신호가 attacker 신호의 반대방향으로 이동하며 상대적으로 긴 기간 동안 저진폭으로 victim 배선의 근처(source) 부분에 있음을 보여준다.

반면에, 그림 9.13에서는 attacker 신호 방향으로 이동하는 전기 노이즈는 상대적으로 짧은 기간 동안 큰 진폭으로 victim 신호 배선의 far-end에 있음을 보여준다. 본질적으로, near-end와 far-end crosstalk 효과는 Doppler effect로 유추될 수 있다. 즉, 주어진 전송 선로에서 attacker 신호의 파동선단은 소스에서 목적지로 이동하며, 그 가까이에 배선된 결합된 victim 배선에 동조 신호를 발생시킨다. attacking 신호와 같은 방향

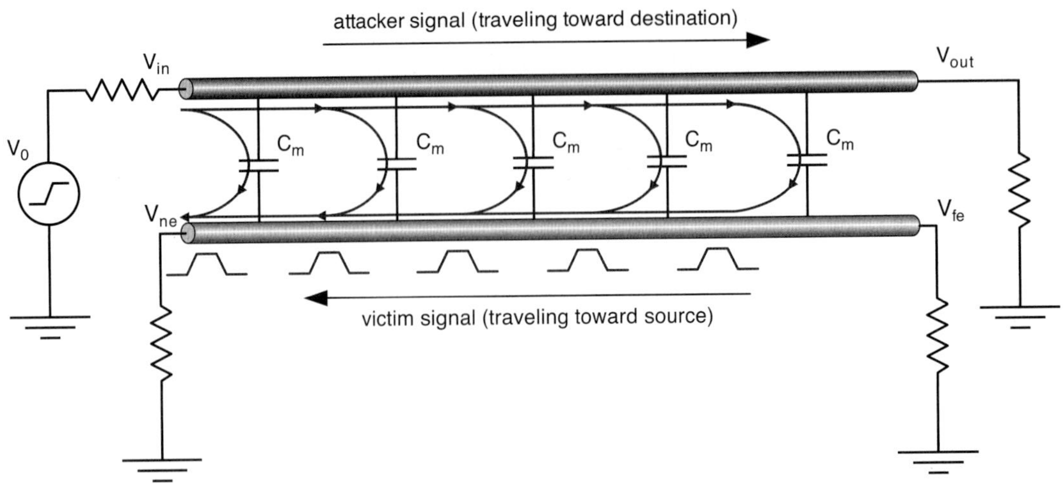

그림 9.12_ Near-end crosstalk.

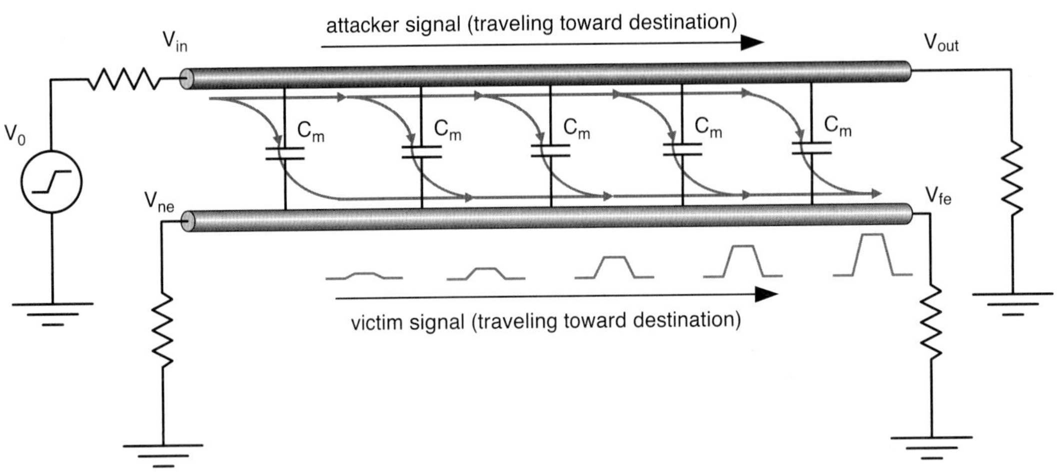

그림 9.13_ Far-end crosstalk

으로 이동하는 동조 신호들은 긴 파장과 낮은 크기를 가지는 노이즈로 나타나게 되고, attacking 신호와 반대 방향으로 이동하는 동조 신호들은 짧은 파장과 큰 크기를 가지는 노이즈로 나타나게 된다. 마지막으로, 흥미로운 일반적인 관찰은 crosstalk의 크기는 attacking 신호의 크기와 관련이 있기 때문에 시스템에서 한 신호의 크기가 증가하면 시스템의 다른 배선들에 crosstalk을 증가시킬 수 있고, 시스템에서 모든 신호들의 크기의 증가는 전체적인 crosstalk 증가로 나타난다. 따라서, crosstalk 문제의 해결은 신호 크기의 단순 증가가 아닌 시스템 설계 측면에서 고려되어야 한다.

9.2.9 전송 선로 불연속성

전송 선로 전체에서 균일한 특성 임피던스를 가지는 이상적인 LC 전송의 경우 이론적으로 전송 선로의 어

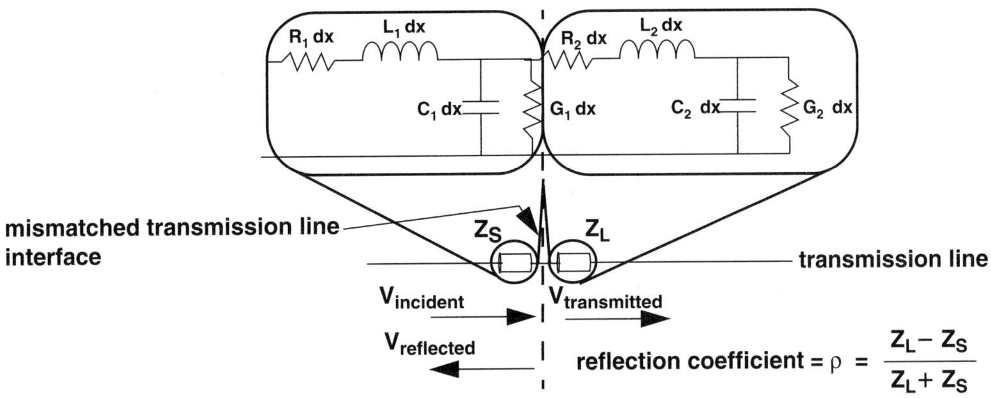

그림 9.14_ Unmatched 전송 선로 인터페이스에서의 신호 반사

떤 지점에서도 반사나 감쇠 없이 신호가 전달될 수 있다. 그러나 전송 선로가 여러 다른 특성 임피던스를 가지는 부분들로 이루어져 있다면, 신호는 특성 임피던스가 달라지는 불연속 지점마다 변경된다.

그림 9.14는 두 개의 전송 선로 사이에 부조화가 발생했을 때 입사된 신호의 일부가 입사하고, 일부가 반사될 것이라는 것을 보여준다. 그림 9.14는 또한 부조화된 인터페이스 지점에서 반사 계수 ρ가 식 $\rho=(Z_L-Z_S)/(Z_L+Z_S)$로 표현되는 것을 보여준다. 반사 계수에 대한 식으로 두 전송 선로에서 반사된 신호는 입사한 신호의 전압과 반사 계수의 곱으로 이루어짐을 알 수 있다. 투과한 신호의 전압은 투과한 신호 전압과 반사된 신호의 전압의 합이 입사한 신호의 전압과 같아야 한다는 것에서 계산할 수 있다.

불연속적인 전송 선로의 반사 계수에 대한 학습에서 논의 주제는 세 가지가 있다. 특성 임피던스 불연속점이 없는 전송 선로, 개방 회로 전송 선로, 그리고 단락 회로(short-circuit) 전송 선로이다. 두 전송 선로의 특성 임피던스가 같다면 인터페이스상의 반사 계수 ρ는 0이고, 전송된 모든 신호는 신호 수신단으로 전달된다.

수신 부분이 개방되어 있다면, 반사 계수는 1이고, 입사된 신호 전부가 전송단 쪽으로 돌아가고, 수신단으로는 신호가 가지 않을 것이다. 마지막으로, 수신단이 단락되어 있다면, 반사 계수는 −1이고, 입사된 신호는 동일한 크기이지만 반대 부호를 가지고 전송단으로 반사된다.

그림 9.15는 전압원의 출력 임피던스가 전송 선로의 임피던스가 다를 때의 회로를 보여준다. 전송 선로는 개방된 회로의 부하에 필적하는 부하를 구동한다. 그림에 나타난 회로에서, 특성 임피던스가 다른 세 부분이 있다. 이 전송 선로에서 두 곳의 임피던스 불연속점이 있다. 그림 9.15에서 두 곳의 임피던스 불연속점에서의 반사 계수는 ρ(source)와 ρ(load)이다. 마지막으로 소스로부터 부하(load)까지 연결된 전송 선로는 유한한 길이를 가지고 있고, 불연속점을 오가는 데 250ps의 신호 흐름 시간이 소요된다.

그림 9.15는 전압원에서 0V에서 2V로 순간적으로 구동했을 때의 전압 사다리 다이어그램(voltage ladder diagram)을 보여준다. 또한 그림은 초기 전압 V_S가 기본적인 전압 분할 공식에 의해 1.33V로 계산됨을 보

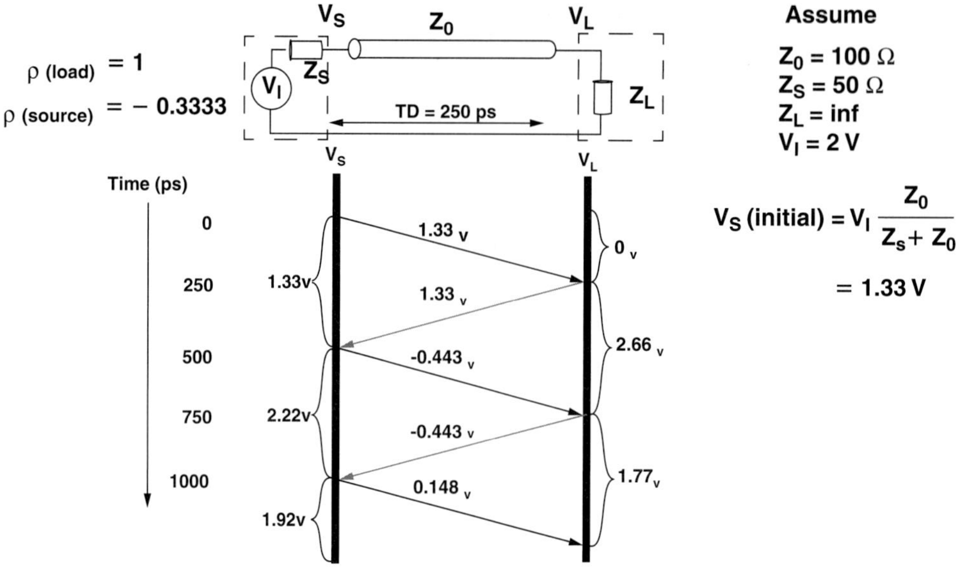

그림 9.15_ Unmatched 전송 선로에서의 연속적인 신호 반사

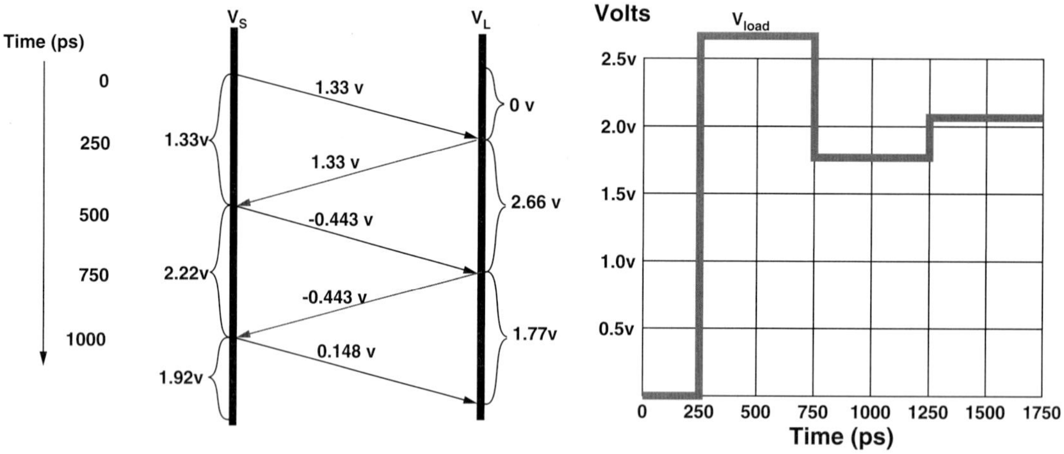

그림 9.16_ 연속적인 신호 반사가 있을 경우에 최종 신호에 도달하는 과정

여준다. 전압 사다리 다이어그램은 신호 흐름 시간에 의해 부하에서의 전압 V_L이 V_S에 신호가 나타나고 250ps 뒤까지 0V를 유지하는 것을 볼 수 있다. 1.33V 신호는 부하에 의해 반사 계수 1로 다시 반사되어 다시 전압원 쪽으로 돌아온다. 그리고, 다른 250ps의 신호 흐름 시간 이후에 전압원의 전송 선로에 돌아온다.

1.33V의 크기로 다시 반사된 신호는 이후에 또다시 −0.443V의 크기로 부하쪽으로 반사된다. 그림 9.16은 특정 지점에서의 전압이 입사된 신호와 반사된 신호의 총합으로 계산될 수 있음을 보여준다. 또한 그림은 입사된 신호와 반사된 신호의 총합으로 계산되는 V_L에서의 출력 신호가 여러 번 왔다 갔다 하다가 최종적으로 2V로 도달함을 볼 수 있다. 그러나 그림 9.16에서 볼 수 있듯이 최종 목표 전압으로의 도달은 여러 번의 신호 흐름 시간이 지난 이후의 일이다.

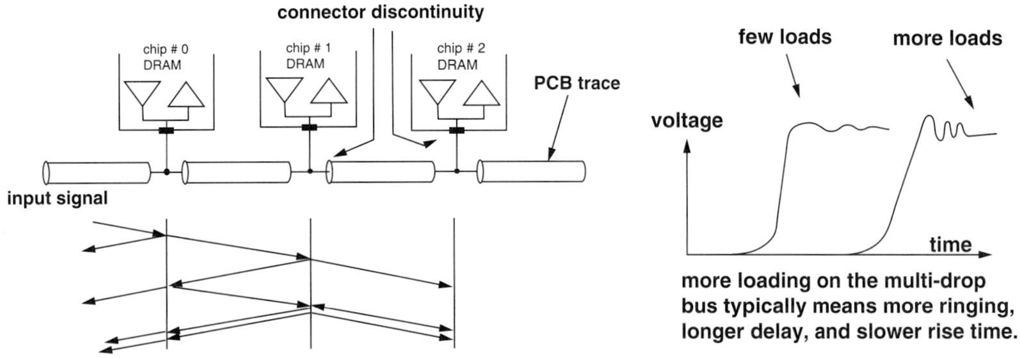

그림 9.17_ 멀티 드롭 버스가 사용되는 상용 DRAM 메모리 시스템

9.2.10 멀티 드롭 버스

SDRAM, DDR SDRAM, DDRx SDRAM들과 같은 상용 DRAM 메모리 시스템들은 메모리 컨트롤러로부터 여러 DRAM 디바이스들로 신호를 전달하기 위해 멀티 드롭 버스들을 사용한다. 그림 9.17은 시스템 보드에 신호를 전달하는 PCB 배선의 관점에서 멀티 드롭 버스 위의 각각의 DRAM 디바이스들이 임피던스 불연속으로 나타남을 보여준다. 그림은 PCB 배선을 지나는 신호는 임피던스 불연속 지점을 지날 때마다 일부는 반사되고, 일부는 통과하는 간략화 된 사다리 다이어그램을 보여준다. 신호는 여러 임피던스 불연속 점을 지나면서 링잉과 더 긴 지연, 그리고 더 긴 상승 시간을 가지게 된다.

그림 9.17에 나타난 것과 같이 멀티 드롭 버스의 로딩 특성은, 높은 데이터 속도로 동작하는 시그널링 시스템에서 임피던스 불연속의 효과는 훨씬 더 신중히 고려되어야 한다. DRAM 메모리 시스템에서 더 높은 데이터 속도를 가능하게 하기 위해 스펙으로 신호 배선의 길이와 임피던스 특성, 멀티 드롭 버스상에서의 부하의 숫자를 제한하였다. 예를 들어, 8개의 100Mbps로 동작하는 SDRAM 메모리 시스템이 데이터 버스에 연결되어 작동하지만, DDR3 SDRAM 메모리 시스템은 800Mbps로 동작하고, 스펙상에서 두 개 이상의 디바이스를 같은 데이터 버스에 연결하지 않도록 정하고 있다. 이렇게 컨트롤러가 인접한 두 개의 DRAM 디바이스에 연결되는 방식을 P22P(point-to-two-point)라고 한다.

9.2.11 소켓 인터페이스

상용 DRAM 메모리 시스템에서 최종 사용자에 의해 요구되는 사양 중 하나는 최종 사용자가 필요에 의해 메모리 모듈을 추가하거나 제거하여 필요한 DRAM 메모리 시스템의 용량을 구성할 수 있는 기능이다. 그러나 메모리 모듈의 사용은 시스템 보드 위의 PCB 배선에 DRAM 디바이스들이 있는 메모리 모듈을 소켓 인터페이스(socket interface)를 이용해 연결하는 것을 의미한다. 소켓 인터페이스는 전송 선로상에서 커패시티브 불연속으로 작용하고, 시스템에 하나의 메모리 모듈만이 있다 하더라도 시스템 보드 상의 배선의 특성 임피던스는 잘 맞아야 한다.

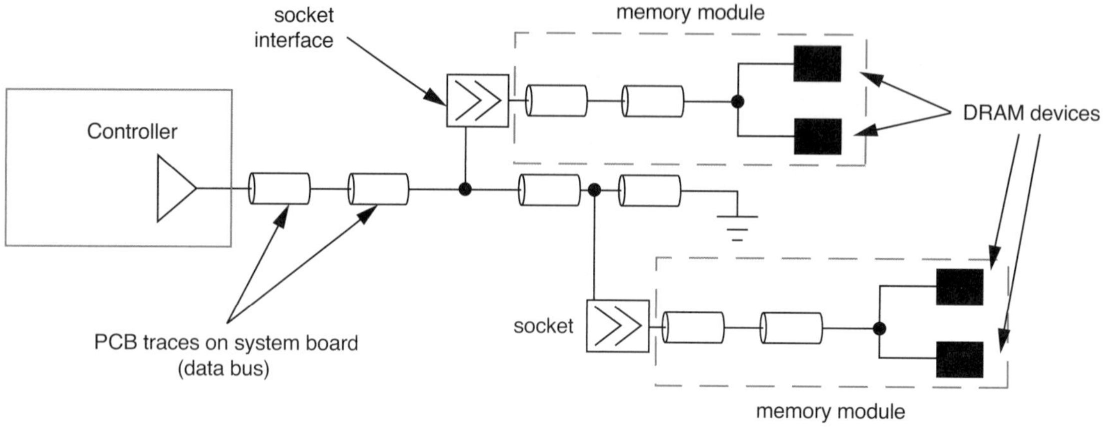

그림 9.18_ DDR SDRAM 메모리 시스템의 데이터를 전송 선로로 나타냄.

DRAM 메모리 시스템이 높은 데이터 속도로 동작할 수 있도록 하기 위해서, 메모리 시스템 설계 엔지니어는 메모리 시스템의 각 부분뿐만이 아니라 시스템의 전체적인 동작을 고려하여 시스템을 모델링해야 한다. 그림 9.18은 DDR SDRAM 메모리 시스템의 데이터 버스의 간략한 모습을 보여주며, 컨트롤러에 의해 전송된 신호는 시스템 보드의 PCB 배선상에서 처음으로 전파되는 것을 보여준다. 진행하는 신호가 소켓 인터페이스를 만나게 되면, 신호의 일부는 반사되어 컨트롤러 쪽으로 돌아오고 일부는 PCB 배선쪽으로 전달되어 간다.

9.2.12 Skew

그림 9.8에서 전송 선로의 전파되는 전파 속도는 1/SQRT(LC)로 계산될 수 있다. 그림 9.8에서 주어진 특정한 임피던스 특성들을 가지는 전송 선로에서 신호는 20 cm/ns의 속도로 이동한다. 그 결과, 신호 path 길이가 거리 측면에서 잘 매칭되지 않으면, 경로상을 이동하는 신호들의 타이밍 skew로 나타나게 된다.

그림 9.19는 잘못 설계된 시그널링 시스템의 신호 skew에 대한 개념을 보여준다. 그림 9.19는 컨트롤러로

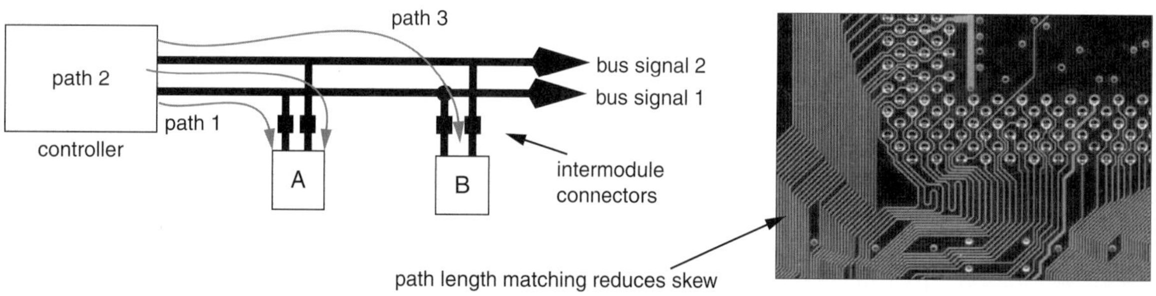

그림 9.19_ signal–to–signal skew를 일으키는 배선 길이의 불일치와 PCB상에서 path–length–matched된 신호 배선

부터 패러렐 버스를 통해 모듈 A와 모듈 B로 표시된 모듈로 신호가 전달되어 가는 것을 보여준다. 그림 9.19는 좋지 않은 설계에 의해 신호 #1을 전달하는 경로 1이 신호 #2를 전달하는 경로 2보다 짧은 것을 보여준다. 이 시스템에서 경로의 차이에 의해 버스 신호 #1과 버스 신호 #2 사이에 정적 skew가 발생한다.

이 장에서 skew는 시스템상에서의 두 신호 사이의 타이밍 차이로 정의된다. skew는 넓은 패러렐 데이터 버스 신호 사이 또는 데이터 신호와 클럭 신호 사이에 존재할 수 있다. 또한 신호 skew는 시그널링 시스템에서 신호 경로의 차이 또는 전기적 로딩 특성에 의해 발생할 수 있다. 결과적으로 skew의 최소화는 고속, wide, 그리고, 패러렐 데이터 버스의 구현에 필수 조건이다. 다행스럽게도, skew 요소들은 일반적으로 정적이며 신중한 설계로 데이터와 데이터 사이 그리고 데이터와 클럭 사이의 skew는 최소화될 수 있다. 예를 들어 그림 9.19의 PCB 사진에서 상용 PC의 시스템 보드상의 배선들은 사진과 같이 시스템 설계 엔지니어에 의해 의도적으로 신호 경로를 추가하여 skew를 최소화한다.

9.2.13 Jitter

아날로그 시그널링이라는 넓은 범위에서 jitter는 신호선에 진폭이나 또는 연속적인 펄스 사이의 원치 않는 변화로 정의할 수 있다. 이번 장에서의 jitter는 DRAM 메모리 시스템상에서 디지털 전압 레벨의 변화, 연속적인 주기 사이에 존재하는 단기적인 위상 변화로 제한하여 논의한다. 예를 들어, 전자부품은 전원 전압이나 온도의 단기적인 변화에 민감하며, 인접한 신호의 transitional 상태 등에서 발생하는 crosstalk에 영향을 받는다. 종합적으로, 공급전압, 온도, crosstalk은 주어진 신호의 주기에 영향을 끼쳐 급작스러운 변화를 만들 수 있다. 그 결과, 주어진 신호의 경로상에서 신호의 전파 시간이 매 주기마다 변화할 수 있다. 이러한 타이밍상의 미묘한 변화를 jitter로 정의한다.

동작의 정확성을 보장하기 위해, 신호 시스템은 skew와 jitter로 표현되는 타이밍 변화를 모두 고려하여야 한다. 그러나 발생하는 jitter를 예측할 수 없는 특성으로 인해 주어진 신호선에서 완벽하게 jitter를 특정하는 것은 어렵다. 그 결과, jitter는 때때로 skew보다 타이밍 마진 관점에서 처리하기 어렵다.

9.2.14 Inter-Symbol Interference

이번 장에서 crosstalk, 신호의 반사 및 다른 신호의 무결성과 타이밍에 영향을 주는 효과들은 별도로 설명된다. 그러나 이러한 효과들의 결과는 신호 시스템의 성능을 저하시킨다는 의미로 요약할 수 있다. 추가적으로, 동일한 전송 선로에서 연속적인 신호는 동일한 전송 선로에 다음 신호들의 전송을 방해할 수 있는 collective, residual effect를 가질 수 있다. 이러한 효과를 ISI(inter-symbol interference)로 정의한다.

ISI는 본질적으로 band-pass filter 문제이다. 연결은 비선형 저주파 필러이다. 구동신호의 에너지는 대부분이 third harmonic 주파수 안에 존재한다. 그러나 연결의 저주파 필러는 비선형이기 때문에 신호 왜곡을 야기한다. 바꾸어 말하면, 주어진 신호 선이 완벽하게 터미네이션되지 않으면 연속적인 신호가 후속 신호에 영향을 주어 왜곡을 일으킨다는 것이다. 예를 들어 싱글 펄스는 이상적인 펄스 범위 이상으로 긴 테일 펄스를 가지고 있다. 연속적인 '1'이 있는 경우 축적된 테일 펄스는 후속 '0'을 덮어버릴 수 있다. ISI의 효과는 시스템의 성능을 저하시키고 시그널링 속도를 제한한다는 것이다.

9.3 터미네이션

이전 절에서는 전송 선로에서 전달되어 가는 신호가 각 불연속점에서 반사파를 일으키며, 그 합은 각 불연속점에서의 반사파의 총합이다. 특히 그림 9.15는 시스템상에서 전송 선로의 특성 임피던스와 부하[4]의 입력 임피던스가 많이 다르면 경계 면에서 큰 반사파가 생기게 되고 신호가 안정화될 때까지 많은 시간이 걸리게 됨을 보여준다. 전송 선로 끝에서 신호의 반사를 최소화하기 위해, 고속 시스템 설계 엔지니어들은 전송 선로의 특성 임피던스와 같은 저항 값을 가지는 터미네이션 요소를 배치한다. 터미네이션 요소의 기능은 전송 선로에서 오는 신호를 제거하고, 부하 인터페이스 단에서 임피던스 불연속에 의해 생기는 반사파를 없애는 것이다. 그림 9.20은 전송 선로 끝에서 배치된 터미네이션 요소 Z_T를 보여준다. 이상적으로 잘 설계된 시스템에서 터미네이션 요소, Z_T의 저항성분은 전송 선로의 특성 임피던스 Z_0와 정확히 일치한다. 신호는 터미네이션 요소에 의해서 제거되고, 어떠한 신호도 소스쪽으로 반사되지 않는다.

9.3.1 시리즈 Stub (시리얼) 터미네이션

현대의 DRAM 메모리 시스템의 설계와 표준화에 관련한 과정에서 최우선 고려사항은 DRAM 디바이스의 가격이다. DRAM 디바이스의 제조비용을 줄이기 위해 SDRAM에서는 SOJ나 TSOP 같은 저가의 패키지들이 사용되며, DDR SDRAM 메모리 시스템에서는 TSOP가 사용된다.[5]

불행하게도 저가의 SOJ나 TSOP 패키지의 경우 입력 핀은 비교적 큰 인덕턴스와 커패시턴스 특성을 가지고, 일반적으로 어떠한 전송 선로와도 잘 매칭되지 않는다. 상대적으로 낮은 속도(200MHz 이하)에서 동작하는 DRAM 메모리 시스템에서 시스템 보드 배선과 디바이스 패키지의 매칭은 큰 문제가 아니다. 하지만, DRAM 메모리 시스템의 데이터 속도가 올라갈수록 임피던스 불일치 문제는 점점 더 심각해진다.

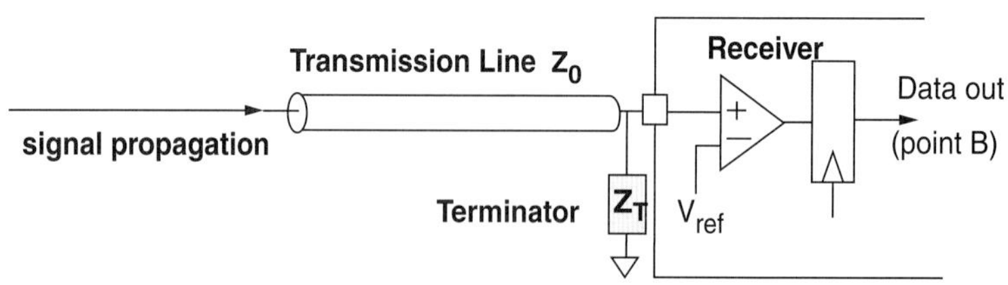

그림 9.20_ 잘 매칭된 터미네이션은 전송 선로의 끝에서 반사파를 제거한다.

4 이 경우 부하는 수신이다.

5 SOJ는 Small Outline J-lead를 의미하고, TSOP는 Small Outline 패키지를 의미한다. 이러한 패키지의 많은 사용은 Ball Grid에 비해 비용적으로 장점이 있기 때문이다.

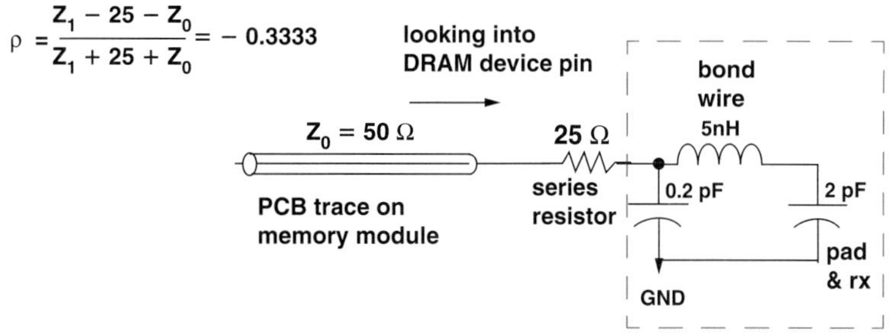

그림 9.21_ DDRx SDRAM 디바이스의 시리즈 stub 터미네이션

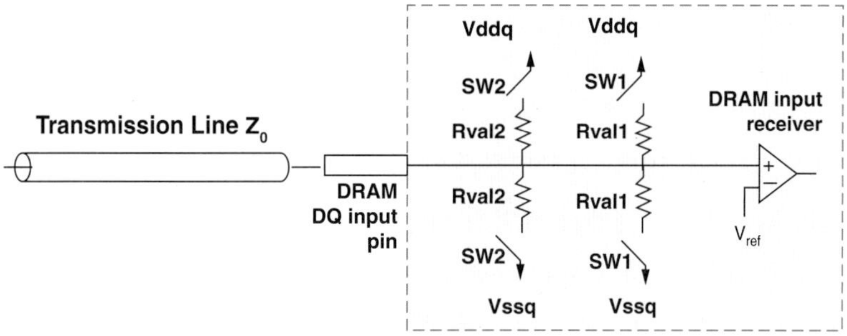

그림 9.22_ DDR2 SDRAM 디바이스의 on-die 터미네이션

그림 9.21은 DDR SDRAM 메모리 시스템에서 시리즈 stub 터미네이션 방식을 보여준다. 이상적인 터미네이션 요소와는 달리, 시리즈 stub 터미네이터는 신호가 수신에 전달된 후에 제거되도록 설계되지 않는다. 오히려, 시리즈 레지스터는 감쇠비(damping ratio)를 증가시키고, DRAM 패키지에 의도적인 임피던스 불연속을 제공하여, DRAM 디바이스 패키지로부터 PCB 배선으로 반사파를 감소시킨다.

9.3.2 On-Die (패러렐) 터미네이션

DDR2, DDR3 SDRAM 디바이스들에서 고가의 FBGA(Fine Ball Grid Array) 패키지의 사용은 DRAM 디바이스 생산자들에게 SOJ와 TSOP 패키지에 존재하는 인덕턴스 성분을 없앨 수 있게 해준다. 그 결과, DDR2, DDR3 SDRAM 디바이스들은 그림 9.20에 설명된 것과 같이 이상적인 터미네이션 방식에 가까운 on-die 터미네이션을 사용할 수 있게 해준다. 그림 9.22는 DDR2 디바이스에서 컨트롤 레지스터로 작동하는 SW1, SW2 스위치에 의해 신호선의 on-die 터미네이션(ODT)을 원하는 값으로 조절하는 방식을 보여준다. DDR2 디바이스의 on-die 터미네이션은 조절이 가능하여 최악의 시스템 구성을 가정하지 않고, 여러 DRAM 디바이스들에 적용 가능하게 한다

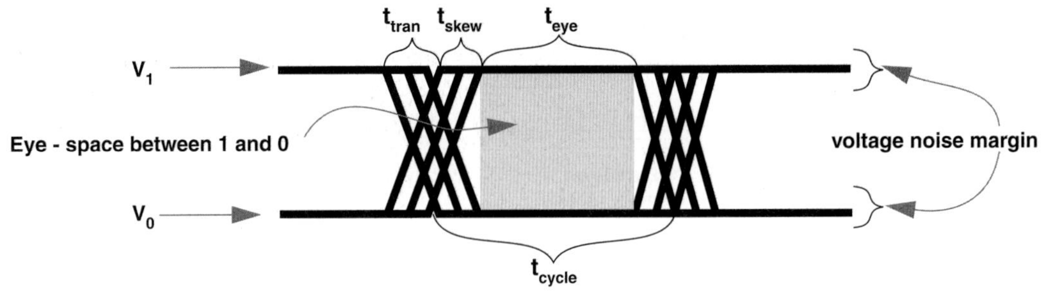

그림 9.23_ 이진 시그널링의 eye diagram

9.4 시그널링

DRAM 메모리 시스템상에서 시그널링 프로토콜은 주어진 시스템상에서 데이터와 커맨드를 전송하고 수신할 때의 전기적인 전압과, 전류의 레벨과 타이밍 사양으로 정의된다. 그림 9.23은 DRAM 메모리 시스템에서 널리 사용되는 기초적인 이진 시그널링의 eye diagram을 보여주며, 전압 V_0과 V_1은 이진 시그널링 시스템의 두 가지 상태를 보여준다. 그림에서, t_{cycle}은 하나의 신호가 전송될 때의 사이클 타임을 나타낸다. 사이클 타임은 두 가지 요소로 나눌 수 있는데, 신호 전송 시간인 t_{tran}, skew와 jitter 타이밍 성분인 t_{skew} 등의 노이즈 성분과 유효한 비트 타임인 t_{eye}이다.

높은 데이터 속도를 달성하기 위해서는 사이클 타임 t_{cycle}은 가능한 짧아야 한다. 고속 시그널링 시스템의 목표는 skew와 jitter로 표현되는 변화 상태의 시간을 줄이고, 셋업과 홀드 타임 조건을 만족하는 것이다. 시그널링 프로토콜의 전압과 타이밍 조건은 crosstalk 등의 영향을 받는 전압 노이즈와 온도의 영향을 받는 신호 jitter 등의 존재에도 불구하고 만족되어야 한다. 고속 시그널링 시스템의 설계 및 검증 과정에서 시그널링 시스템의 신호의 품질을 표시하기 위해 그림 9.23에 표시된 것과 같이 eye diagram이 사용된다. 잘 매칭되고 터미네이션된 전송 선로와 고속 시그널링 시스템은 skew와 jitter를 최소화시키고, 그 결과로 타이밍과 전압 불확실성이 작은 eye가 잘 열린 eye diagram을 가능하게 한다.

9.4.1 Eye Diagrams

그림 9.24는 eye diagram의 실 사용 예이다. 왼쪽은 터미네이션 없이 설계된 시스템의 eye diagram이고, 오른쪽은 터미네이션이 있는 시스템의 eye diagram이다. 그림 9.24는 eye 오프닝이 크고, 전압과 타이밍 마진이 큰 고품질 시그널링 시스템을 보여준다. 버퍼는 효과적으로 전압 노이즈를 제거하고, 이진 전압 레벨을 증폭시켜 각각이 최대와 최솟값을 가지도록 한다. 하지만 불행하게도, 타이밍 노이즈는 간단한 버퍼에 의해 회복될 수 없고, jitter가 시그널링 시스템에 한 번 영향을 미치면 jitter의 불확실성을 고려하여 더 큰 타이밍 마진이 요구된다. 시그널링 시스템이 적절하게 설계되지 못하면, 결과적으로 더 긴 사이클 타임와 낮은 데이터 속도가 필요하게 된다.

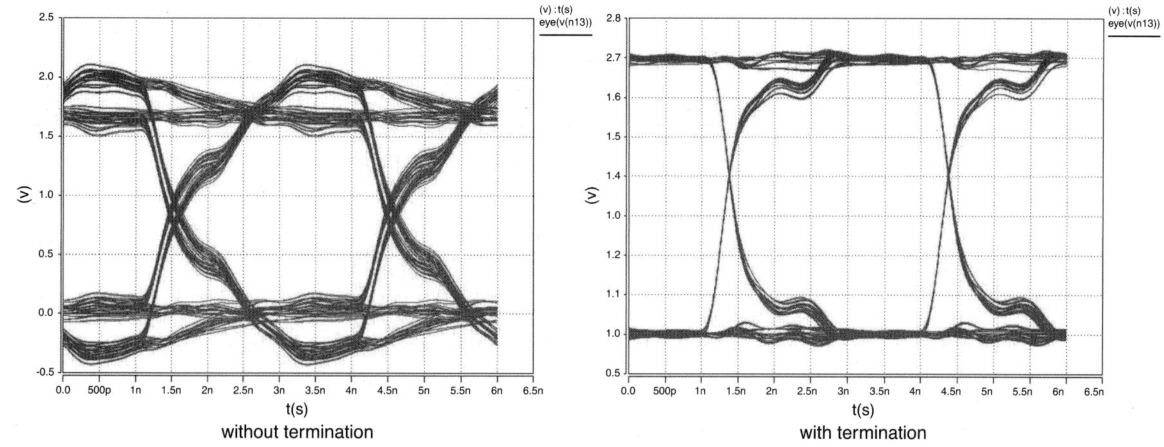

그림 9.24_ 터미네이션이 있고, 없을 때의 eye diagram

9.4.2 Low-Voltage TTL

그림 9.25는 low-voltage TTL(LVTTL) 디바이스의 입력과 출력 전압을 나타낸다. LVTTL 시그널링 프로토콜은 SDRAM 메모리 시스템을 비롯하여, 같은 세대의 Extended data-Out DRAM(EDO DRAM), Virtual channel DRAM(VCDRAM), Enhanced SDRAM(ESDRAM) 메모리 시스템과 같은 곳에서도 사용된다. LVTTL 시그널링 스펙은 단순히 TTL(Transistor-Transistor Logic) 시그널링 스펙의 전압 사양을 낮춘 것으로 5V가 아닌 3.3V로 동작한다. TTL 장치와 비슷하게 LVTTL 장치도 수신단에 전압 레퍼런스를 제공하지 않는다. 대신에 수신단 내부의 레퍼런스를 통해 0.8V보다 낮은 전압이 들어오면 HIGH 2V보다 높은 전압이 들어오면 LOW의 신호를 출력한다. LVTTL 디바이스는 HIGH 출력은 2.4V 이상 LOW 출력은 0.4V 이하로 출력한다. LVTTL의 신호상태를 바꾸기 위해서는 큰 전압 스윙을 하여야 한다. 큰 전압 스윙과 0.8V

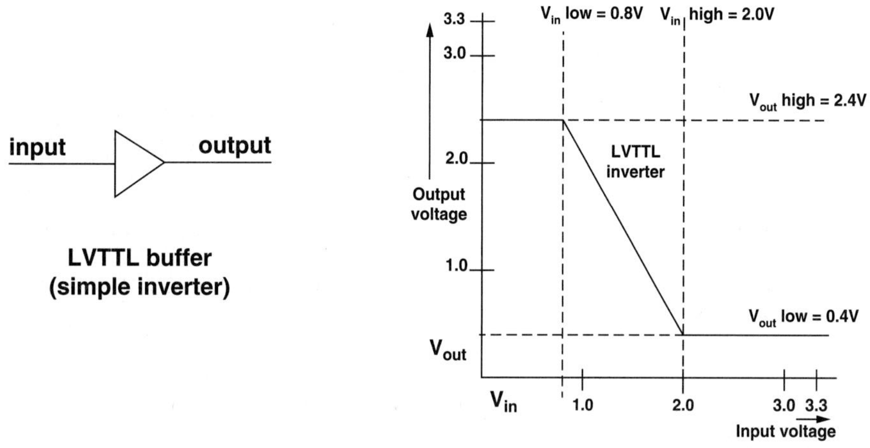

그림 9.25_ Inverter buffer와 comparator 입력

와 2.0V 사이의 정의되지 않은 넓은 전압 범위는 TTL과 LVTTL 시그널링 프로토콜의 사용을 낮은 주파수 대역으로 제한한다. 예를 들어 SDRAM 메모리 시스템은 동작 주파수를 167MHz 이하로 제한한다. 이후의 DRAM 메모리 시스템들은 SSTL(Series Stub Terminated Logic)과 같은 좀 더 진보된 시그널링 프로토콜로 바뀌었다.

9.4.3 전압 레퍼런스

현대의 DRAM 메모리 시스템은 컨트롤러에서 DRAM 디바이스로 커맨드, 컨트롤, 어드레스, 데이터를 전송하기 위해서 전압 레벨 기반 시그널링 메커니즘이 사용된다. 그러나 전송된 신호가 수신단에서 제대로 수신되기 위해서는 전송된 신호의 전압 레벨이 레퍼런스 전압과 비교되어야 한다. TTL과 LVTTL 장치는 상대적으로 낮은 동작속도와 넓은 범위의 시그널링 프로토콜로 인해 대략적인 레퍼런스 전압의 사용이 가능했지만 현대의 DRAM 메모리 시스템에서는 빠른 데이터 속도를 가지기 때문에 이것이 부적합하다. 그 결과로 고속 ASIC 시그널링 시스템에서와 같이 현대의 DRAM 메모리 시스템에서는 레퍼런스 전압을 사용한다.

그림 9.26은 레퍼런스 전압을 비교하는 두 가지 방법을 보여준다. 왼쪽의 그림은 여러 입력 신호가 송신단으로부터 전송된 공통의 레퍼런스 전압을 사용하는 것을 보여준다. 오른쪽의 그림은 differential 시그널링을 사용하여 각각의 반대신호를 전송하는 방법을 보여준다. 공유 전압 방식은 높은 데이터 속도에 비해 낮은 비용이 우선시되는 DRAM 메모리 시스템에 사용되고, differential 시그널링은 더 많은 핀을 사용하게 하여 많은 비용이 들지만 높은 데이터 속도를 달성하기 위해 사용한다. 게다가 full voltage 스윙을 사용할 수 있고, differential pinpair를 가까이 배선함으로써 뛰어난 common-mode 노이즈 제거 특성을 얻을 수 있다.

9.4.4 시리즈 Stub 터미네이션 로직

그림 9.27은 2.5-V 시리즈 Stub 터미네이션 로직 시그널링 (SSTL_2)에서 사용된 전압 레벨을 보여준다.

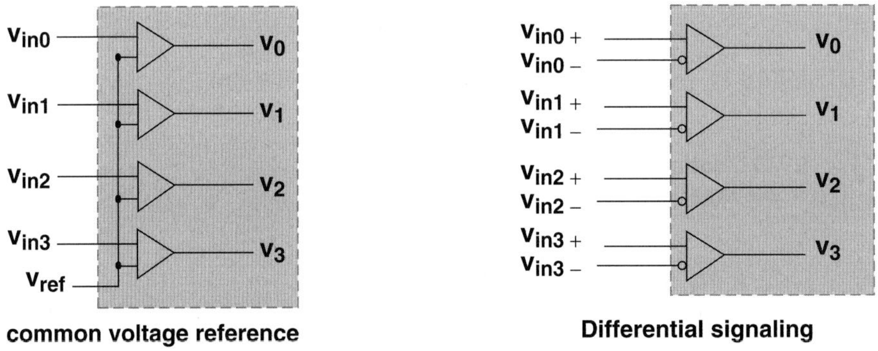

그림 9.26_ Local 그리고 remote 전압 레퍼런스

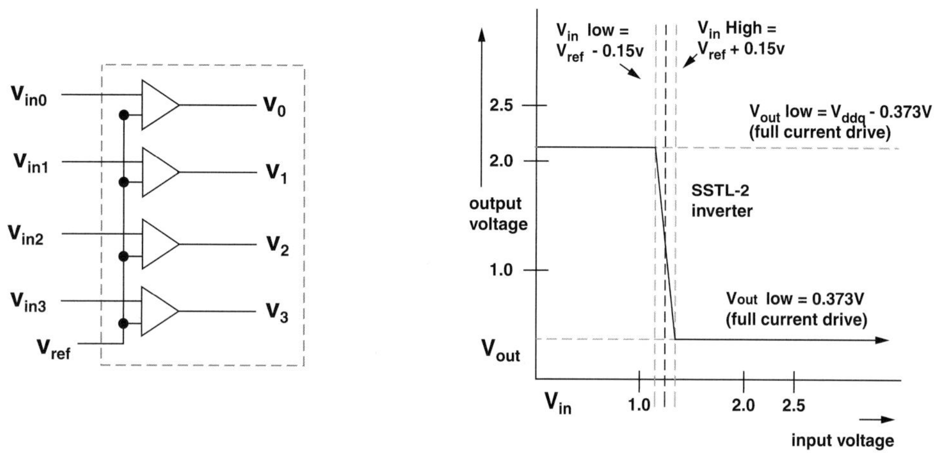

그림 9.27_ SSTL_2의 전압 레벨

SSTL_2는 DDR SDRAM 메모리 시스템에서 사용되고, DDR2 SDRAM 메모리 시스템은 SSTL_18을 시그널링 프로토콜로 사용한다. SSTL_18은 SSTL_2의 전압이 낮아진 버전으로, SSTL_18은 전원 전압 1.8V에서 작동하도록 규정되었다.

그림 9.27은 LVTTL과 달리 SSTL_2 시그널링은 공통 레퍼런스 전압의 사용으로 입력 신호의 값을 정확성을 높여 판단한다. 또한 그림은 V_{ref}가 1.25V로 정해지면, SSTL_2의 입력이 0V에서 1.1V까지는 LOW로, 1.4V에서 2.5V까지는 HIGH로 결정된다. 이러한 사실에서 SSTL_2는 낮은 전압 범위에서 노이즈에 좀 더 강하고, 높은 전압 범위에서는 LVTTL과 비슷한 수준의 노이즈 마진을 가짐에도 불구하고, 전원 전압은 LVTTL에 비해 SSTL_2가 더 낮다.[6]

9.4.5 RSL과 DRSL

최근 Rambus사는 서로 다른 고속 DRAM 메모리 시스템에서 사용되는 시그널링 시스템을 소개하였다. RSL(Rambus signaling Level) 시그널링 프로토콜은 Direct RDRAM 메모리 시스템에서 사용되고, DRSL(Differential Rambus Signaling Level) 시그널링 프로토콜은 XDR 메모리 시스템에서 사용된다. RSL과 DRSL의 흥미로운 점은 이것이 LVTTL이나 SSTL−x와는 다르다는 것이다.

그림 9.28은 SSTL과 LVTTL과 비교하여 RSL과 DRSL이 낮은 전압 스윙을 가지는 것을 보여준다. 0V부터 V_{ddq}까지 전체 전압 범위를 가지는 SSTL과 VLTTL 시그널링 시스템은 공통 전압 범위를 가지고 긴 신호 스위치 타임을 가져야 한다.

RSL 시그널링 시스템은 1.0V부터 1.8V까지의 신호 스윙을 가지고, DRSL 시그널링 시스템은 1.0V부터

6 DDR SDRAM은 초기에 166MHz의 속도로 VDDQ 2.5V로 동작하도록 설계되었다. 하지만 시장의 요청에 따라 DDR SDRAM 메모리 시스템이 200MHz(400Mbps)로 동작하도록 하였다. 200MHz에서 DDR SDRAM 메모리 시스템의 VDDQ 전압은 2.6V이다.

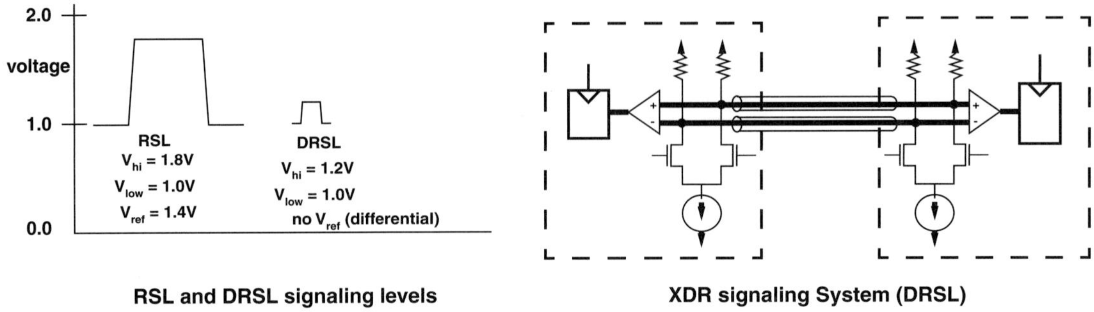

그림 9.28_ Rambus의 RSL과 DRSL 시그널링 레벨, 그리고 DRSL 시그널링 시스템

1.2V까지의 신호 스윙을 가진다. 낮은 전압 스윙은 빠른 신호의 전환을 가능하게 하지만, 신호의 크기가 작으므로 DRAM core로부터 분리되어야 하고, 이는 추가적인 회로를 필요로 한다. 마지막으로 그림 9.28은 SSTL과 마찬가지로 RSL은 기준 전압을 사용해 신호를 판별하는 것을 보여주지만, DRSL은 공유 기준 전압을 사용하지 않는다. 대신에 DRSL은 메모리 컨트롤러와 XDR DRAM 디바이스 사이에서 신호를 전달하기 위해 current mirror를 사용하는 양방향 최고점 differential 시그널링 프로토콜이다.

9.5 타이밍 동기화

일반적으로, 현대의 디지털 시스템과 현대의 DRAM 메모리 시스템은 종종 동기화 상태 기계로 설계된다. 그러나 현대의 고속 DRAM 메모리 시스템의 어드레스, 커맨드, 컨트롤, 데이터, 그리고 클럭 신호는 모두 동일한 유형의 PCB 배선을 통해 전파된다. 그 결과, 클럭 신호는 신호 무결성에 영향을 받으며 propagation 지연은 시스템 내의 다른 신호들에 영향을 미친다. 그림 9.29는 고속 디지털 시스템에서 클럭 신호의 propagation 지연이 클럭 주기의 무시할 수 없는 부분보다 커서 문제가 될 수 있음을 간략하게 보여준다. 이러한 경우에, 동기화의 개념은 클럭 신호의 전달에 위상 차이를 고려하여 재검토되어야 한다.

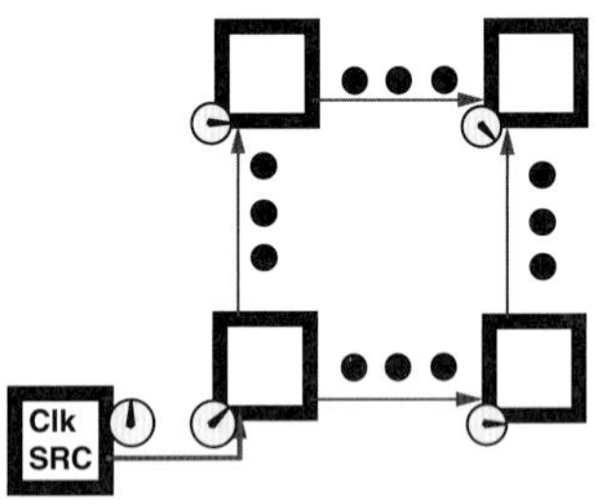

그림 9.29_ 시스템 레벨 동기화 with distributed 클럭 신호

일반적으로 동기화 DRAM 메모리 시스템에는 세 가지 유형의 클럭킹 시스템이 사용되는데, 전역 클럭킹 시스템, 소스 동기화 클럭 포워딩 시스템, 위상 보상이나 지연 보상 클럭킹 시스템이다. 전역 클럭킹 시스템은 시스템 내의 다른 장치들 사이의 클럭 신호의 propagation 지연이 클럭 주기의 길이에 비해 작은 것으로 가정한다. 이러한 경우에, 클럭 신호의 propagation 지연에 의한 타이밍 차이는 시그널링 프로토콜의 타이밍 마진에 반영된다. 그 결과 전역 클럭킹 시스템의 사용은 SDRAM 메모리 시스템과 같은 낮은 주파수의 DRAM 메모리 시스템으로 사용이 제한된다. Direct RDRAM이나 DDR SDRAM 메모리 시스템 같은 높은 데이터 속도 DRAM 메모리 시스템은 메모리 컨트롤러와 DRAM 디바이스 사이에 데이터 전송을 위해 적절한 동기화를 보장하기 위해 전역 클럭킹 방식 대신에 소스 동기화 클럭 신호를 사용한다. 마지막으

로, 시그널링 데이터 속도가 지속적으로 상승함에 따라 점점 더 정교한 회로가 메모리 컨트롤러와 DRAM 디바이스들 사이의 데이터 전송과 동기화를 위해 배치된다. 특히, PLL(Phase-Locked Loop)과 DLL(지연-Locked Loop) 회로가 DRAM 메모리 컨트롤러의 신호 skew를 보상하기 위해 사용된다. 다음 절에서는 현대의 DRAM 메모리 시스템에서 시스템 동기화를 가능하게 하는 클럭킹 방식이 논의된다.

9.5.1 클럭 포워딩

그림 9.30은 송신단으로부터 수신단으로 데이터 신호와 함께 레퍼런스 클럭 신호가 전송되는 경우를 보여준다. 클럭 포워딩 기술은 DDR SDRAM과 Direct DRAM과 같은 DRAM 메모리 시스템에서 사용되고, 신호들은 송신단에서 수신단으로 동기화 레퍼런스를 제공하기 위해 클럭 또는 스트로브 신호와 함께 전송되어야 한다. 예를 들어, Direct RDRAM 메모리 시스템의 16-bit-wide 데이터 버스는 두 개의 신호 셋으로 분리되고 각각이 레퍼런스 클럭 신호를 가지게 분리된다. DDR SDRAM 메모리 시스템은 각각의 DQ 스트로브 신호를 8-bit 서브 셋은 독립적인 클럭킹 레퍼런스로 가진다.

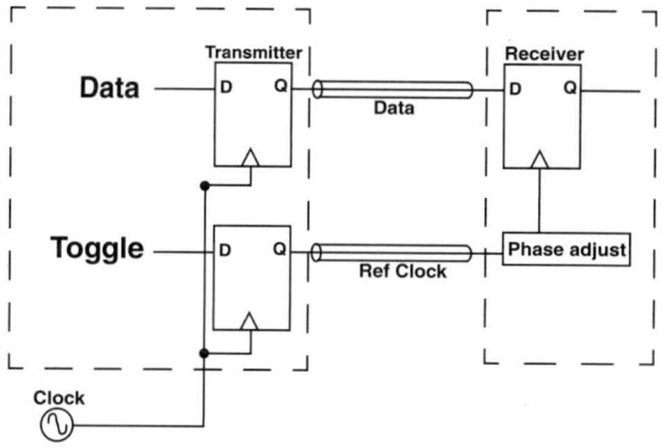

그림 9.30_ 클럭 포워딩

기본적인 가정은 동기화 레퍼런스 신호와 작은 신호 그룹들을 같이 배선하여, 시스템 설계 엔지니어는 전기적이고, 주어진 신호와 그 동기화 레퍼런스 신호 사이의 기계적인 특성 차이를 더 쉽게 최소화할 수 있다. 그림 9.30은 클럭 포워딩 개념은 신호와 클럭 사이의 skew를 최소화하는 진보된 다른 회로들과 결합할 수 있다는 것을 보여준다.

9.5.2 Phase-Locked Loop

현대의 디지털 시스템에서 클럭 신호의 분배와 동기화를 위해서 두 종류의 회로가 PLL(Phase-Locked Loop)과 DLL이 사용된다. 현대의 고속 DRAM 디바이스의 PLL과 DLL은 클럭 신호의 skew와 버퍼링 지연을 조정하고 보상하는 데 사용된다. 그림 9.31은 출력 클럭 신호를 만들기 위해 입력 클럭과 폐루프 안의 VCO(voltage-controlled oscillator)를 사용하는 PLL의 기본적인 회로도를 보여준다. VCO를 사용하여 PLL은 입력 클럭 신호에 대하여 출력 클럭 신호를 조절할 수 있고, 주파수 multiplication도 할 수 있다. 예를 들어, 3.2Gbps로 동작하는 데이터 버스 인터페이스인 XDR 메모리 시스템에서, 상대적으로 낮은 주파수인 400MHz가 메모리 컨트롤러와 DRAM 디바이스 사이의 데이터 동기화에 사용된다. XDR DRAM 메모리 시스템에서 PLL은 400MHz 클럭을 증배하여, 1.6GHz 출력 클럭을 생성한다. XDR 메모리 시스템은 위상 보상된(phase-compensated) 1.6GHz 클럭 신호를 데이터 이동에 대한 클럭 레퍼런스로 사용한다. 이와 같이 두 개의 서로 다른 실리콘 디바이스들은 높은 주파수의 클럭 신호의 전송 없이도 고속으로 동작할 수 있다.

PLL은 개별 반도체 디바이스로도 구현이 가능하지만, 마이크로프로세서나 FPGA와 같은 현대의 고속 디

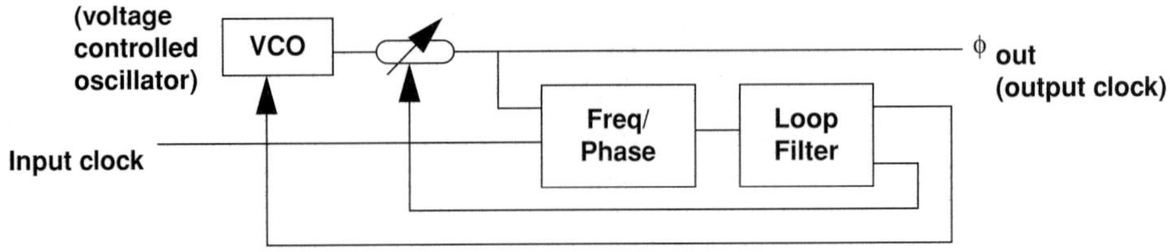

그림 9.31_ PLL 블록 다이어그램

지털 반도체 디바이스에서 일반적으로 집적된다. 회로 구현에 따라 다르지만, PLL은 입력 클럭의 주파수에 lock 하여 현대의 고속 디지털 시스템에서 필요한 위상 보상이나 주파수 multiplication을 제공한다.

9.5.3 Delay-Locked Loop

그림 9.32는 DLL(Delay-Locked Loop)의 기본 블록 다이어그램을 보여준다. DLL과 PLL의 다른 점은 DLL은 입력과 출력 클럭 신호 사이의 voltage-controlled 위상 지연을 삽입하는 것이다. PLL에서 voltage-controlled oscillator는 입력 클럭의 배수인 새로운 클럭을 만들어 내고, 새롭게 만들어진 클럭의 위상 지연은 skew 보상을 위해 조절이 가능하다. PLL은 출력으로 새로운 클럭 신호를 만들지만, DLL은 입력 클럭을 지연시켜 출력을 만들어 낸다.

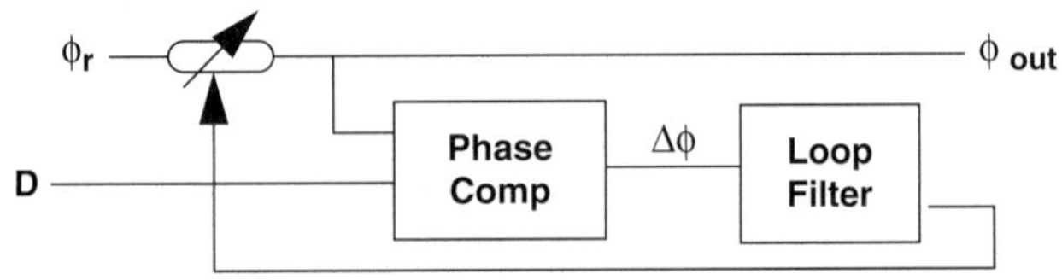

그림 9.32_ DLL 블록 다이어그램

VCO가 없는 것은 DLL의 구현이 더 간단하고, 공급 전원이나 서브스트레이트 노이즈로부터 발생하는 jitter에 더 둔감하다는 것이다. 하지만, DLL은 단지 입력 클럭에 조절 가능한 위상 지연을 추가하여 출력 클럭을 만들어내기 때문에 입력 클럭의 jitter가 그대로 출력 클럭으로 통과한다. 반대로, PLL은 입력 클럭의 jitter를 필터링할 수 있다.

상대적으로 PLL에 비해 낮은 비용으로 제작이 가능한 DLL은 상용 DRAM 디바이스 설계에 있어서 클럭 synthesis가 필요하지 않은 경우에 DLL을 훨씬 매력적으로 만든다. 특히 DDRx SDRAM과 GDDRx (Graphics DDRx) 디바이스들과 같은 DRAM 디바이스에서 DLL을 찾을 수 있다.[7]

9.6 선택된 DRAM 시그널링과 타이밍 이슈

DRAM 메모리 시스템에서의 시그널링은 로직 기반[8] 디지털 시스템과 많은 점이 같지만, 또한 많은 점이

7 DDRx는 DDR SDRAM, DDR2 SDRAM, 그리고, DDR3 SDRAM과 같은 여러 세대에 걸친 SDRAM 디바이스들을 의미한다. 비슷하게, GDDRx는 GDDR2와 GDDR3 같은 여러 세대의 GDDR 디바이스들을 의미한다.

8 로직에 기반한.(메모리에 기반한의 반대말)

다르다. 특히, 디지털 시스템과는 높은 속도의 데이터 전송 시그널링 시스템의 설계에 있어서 임피던스 매칭, skew, jitter, 그리고 crosstalk 최소화와 같은 점이 동일하다. 그러나 SDRAM, DDR SDRAM, 그리고 DDR2 SDRAM과 같은 상용 DRAM 메모리 시스템들은 고속 시그널링 시스템을 사용하는 비 DRAM 기반 디지털 시스템과는 다른 점이 있다. 예를 들어 상용 DRAM 메모리 시스템에서는 타이밍 컨트롤이나 동기화와 같은 복잡한 기능은 메모리 컨트롤러에 들어가고 상용 DRAM 디바이스는 단순하게 설계하여 제조 단가를 낮추게 설계된다. 메모리 컨트롤러와 여러 DRAM 디바이스들 사이의 master-slave relationship은 상용 DRAM 메모리 시스템의 시스템 시그널링이나 타이밍 특성을 제한하는데, 이는 로직 기반 디지털 시스템들에서는 쉽게 볼 수 없는 것이다.

그림 9.18은 상용 DRAM 메모리 시스템의 데이터 버스 구조를 보여준다. 그림 9.33은 같은 DRAM 메모리 시스템에서 커맨드와 어드레스 버스를 보여준다. 그림 9.18과 9.33의 상용 DRAM 메모리 시스템 데이터 버스와의 표면적 유사함에도 불구하고, DRAM 메모리 시스템 내의 모든 DRAM 디바이스들이 커맨드와 어드레스 버스들과 연결되어 있음을 보여준다. 그림 9.34는 일반적인 상용 DRAM 메모리 시스템에서 어드레스와 커맨드 버스들이 시스템 내의 모든 디바이스에 연결된 것을 보여준다. 로딩 특성이 다른 것은 일반적인 상용 DRAM 메모리 시스템에서 커맨드와 어드레스 버스의 신호는 데이터 버스보다 더 늦게 전달됨을 의미한다. 커맨드와 어드레스 버스에 많은 로드가 달려서 발생한 타이밍 제약을 완화하기 위해서 현대의 DRAM 메모리 시스템에서는 많은 전략이 제안되었다.

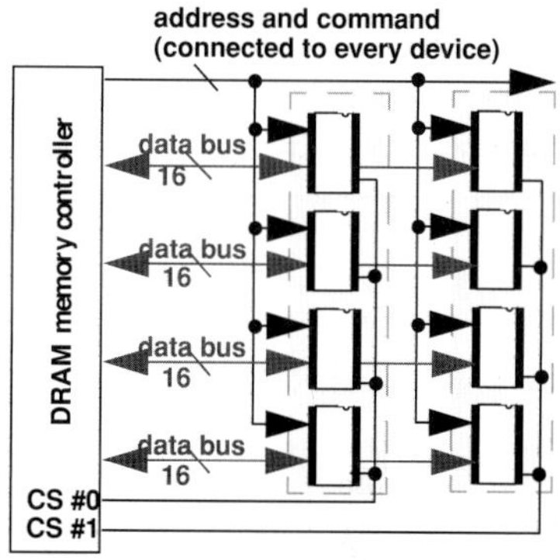

그림 9.33_ DDRx SDRAM과 같은 일반적인 상용 DRAM 메모리 시스템의 개념도. 어드레스와 커맨드 버스들이 모든 디바이스에 연결되어 있다.

커맨드와 어드레스 버스의 타이밍과 시그널링 제약을 완화하기 위한 한 가지 전략은 버퍼링하거나 레지스터를 사용하는 것이다. 예컨대, **레지스터된 듀얼 인라인 메모리 모듈들**(RDIMM)은 분리된 버퍼 칩을 메모리 모듈에 두어 메모리 컨트롤러에서 DRAM 디바이스들로 가는 커맨드와 어드레스 신호를 버퍼링한다. 그림 9.35는 DRAM 메모리 컨트롤러의 관점에서 신호의 전송이 시스템 보드에서부터 소켓 인터페이스와 메모리 모듈의 버퍼 칩까지로 제한되는 것을 보여준다. 버퍼 칩은 분리된 전송 선로를 통해서 DRAM 디바이

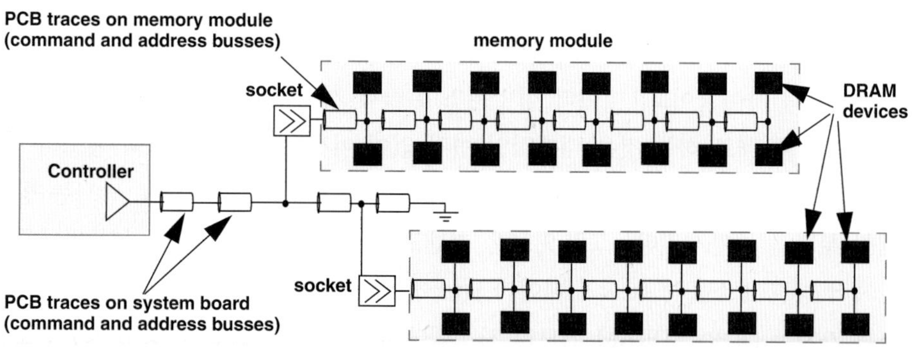

그림 9.34_ DDR SDRAM 메모리 시스템의 커맨드 그리고 어드레스 버스들의 전송 선로 모델

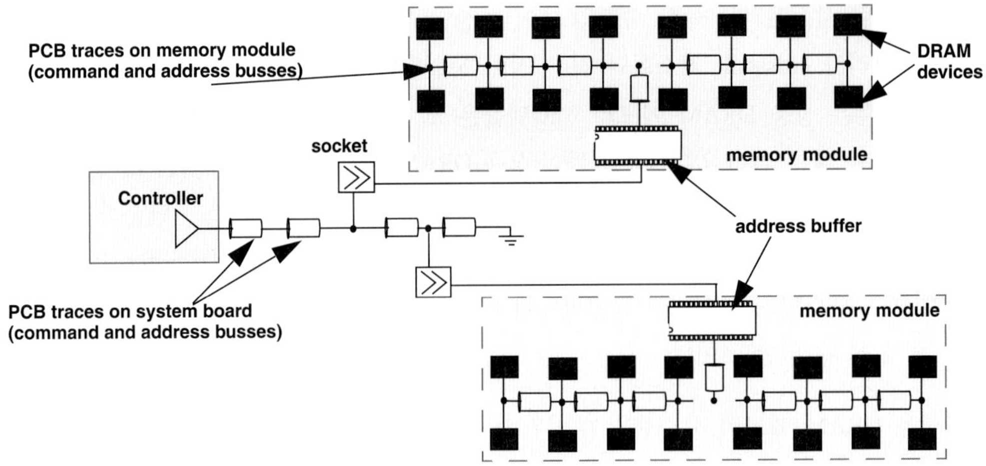

그림 9.35_ 레지스터 칩은 레지스터된 메모리 시스템의 커맨드, 컨트롤, 어드레스 신호들을 버퍼한다.

스까지 신호를 전송한다. 버퍼 사용의 장점은 짧은 전송 선로, 전송 선로당 더 작은 전기 로드와 전송 선로 세그먼트이다. 버퍼 사용의 단점은 더 높은 비용과 버퍼링을 위해 사용되는 추가적인 지연이다.

9.6.1 DDRx SDRAM 메모리 시스템들에서 데이터 읽기와 쓰기 타이밍

그림 9.33은 일반적인 DRAM 메모리 시스템에서 커맨드와 어드레스 버스들이 일반적으로 데이터 버스에 비해 더 큰 로드를 가지고, 타이밍 마진이 더 작은 것을 보여준다. 현대의 DDRx SDRAM 메모리 시스템들은 데이터 버스의 부하가 더 작은 것을 이용하여, 데이터 버스의 동작 속도를 커맨드와 어드레스 버스의 두 배로 동작한다. DDRx SDRAM 디바이스의 흥미로운 점들이 타이밍과 동기화의 측면에서 DRAM 메모리 컨트롤러와 일반적인 DRAM 디바이스들의 역할만큼이나 다양한 여러 버스들의 다른 동작이 소개된다. 그림 9.36은 일반적인 DDRx SDRAM 디바이스의 데이터 read와 write 타이밍에 관한 흥미로운 점을 보여주는데 그것은 DDRx SDRAM 메모리 시스템에서 데이터 버스의 소스 동기화 타이밍 레퍼런스 신호로 DQS(Data Strobe Signal)를 사용하고, 커맨드와 어드레스 버스에는 full 클럭 사이클이 사용되는 반면 데이터 버스에는 half 클럭 사이클이 사용되고, DQS 신호와 read 데이터와 write 데이터 사이의 위상 관계이다.

첫째, DDRx SDRAM 메모리 시스템을 나타내는 그림 9.36은 메모리 컨트롤러에서 전송되는 어드레스와 커맨드 신호는 full 클럭 사이클이고, 데이터 심벌은 half 클럭 사이클로 전송되는 것을 보여준다. 데이터 버스의 데이터 속도를 두 배로 하는 것은 대대적인 변경 없이 이전 세대의 SDRAM 메모리 시스템보다 대역폭을 올리는 효율적인 방법이다. 하지만, 데이터 버스의 데이터 속도를 두 배로 만드는 방법은 다시 타이밍 마진에 대한 부담을 증가시킨다. 그림 9.36은 커맨드, 어드레스, 그리고 데이터 버스들의 유효한 데이터 윈도우는 여러 병렬 버스들의 skew와 데이터 jitter에 의해 제한되는 것을 보여준다. 일반적으로 64비트 데이터 버스를 가지는 DDRx SDRAM 메모리 시스템에서, 데이터 버스는 개당 8개의 신호를 가지는 작은 그룹으로 나뉘고, 각각에 대해서 타이밍 마진을 제공하기 위해 개별적인 DQS 신호를 가진다. 이러한

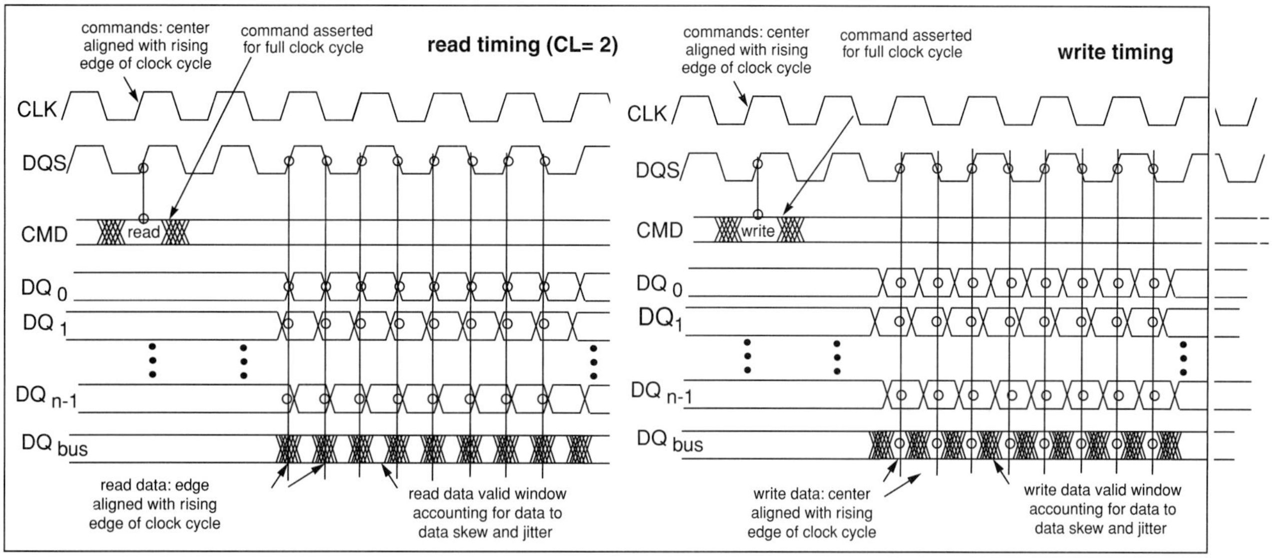

그림 9.36_ DDRx SDRAM 메모리 시스템의 칼럼 읽기, 칼럼 쓰기 커맨드와 데이터 타이밍

group-by-group basis 방식으로, skew와 jitter를 최소화하도록 설계된다. 그렇지 않으면 전체 64비트 데이터에 대해서 skew와 jitter가 고려되어 타이밍 마진이 설계되어야 한다. 그림 9.23은 t_{skew}가 커지면 t_{cycle}이 커져야 하고 이는 동작 속도가 늦어져야 함을 보여준다.

그림 9.36은 DDRx SDRAM 메모리 시스템에서 다른 위상의 DQS에서 write 데이터와 read 데이터가 보내고 받는 것을 보여준다. 즉, DRAM 디바이스는 DQS신호의 각 에지에서 read 커맨드에 대한 데이터 버스트를 반환한다. DRAM 메모리 컨트롤러는 유효한 데이터 윈도우를 판단하고 적절한 시간에 데이터를 래치한다. 반면에 DRAM 메모리 컨트롤러는 DQS를 write 데이터에 비해 90° 지연시킨다. DRAM은 데이터의 지연이나 이동 없이 DQS의 에지에서 래치할 수 있다. Read 데이터와 DQS 신호와의 위상 관계가 write 데이터와 DQS 신호와의 위상 관계와 다른 것은 타이밍 동기화에 대한 부담을 DRAM 디바이스가 가지는 것이 아니라 DRAM 메모리 컨트롤러가 가지기 때문이다. 즉, 상용 DDRx SDRAM 디바이스들을 저렴하게 제조하기 위해서 DRAM 컨트롤러가 write 데이터와 DQS 사이의 위상 관계를 제공할 책임이 있다. 게다가 DRAM 메모리 컨트롤러는 read 데이터와 DQS 신호를 조절하여 유효한 데이터가 유효한 데이터 윈도우의 중간에서 래치될 수 있도록 하여야 한다.

9.6.2 DDRx SDRAM 디바이스들의 DLL 사용

DDRx SDRAM 메모리 시스템에서, 이론적으로 전송되고 수신되는 데이터 심벌들은 그림 9.30에서 보여준 것과 같이 DRAM 메모리 컨트롤러의 클럭이 아닌 DQS와 관계가 있다. 이론적으로 소스 동기화 클럭킹 레퍼런스 신호로 사용되는 DQS는 전역 클럭 신호와 별개이다. 그러나 DQS 신호가 전역 클럭 신호와 독립적으로 동작하면, DRAM 메모리 컨트롤러는 비동기화하게 동작하거나 read 데이터를 버퍼하는 추가적인 단계가 필요하다. 그러므로, DQS 신호를 전역 클럭 신호로부터 완전히 분리하는 것은 바람직하지 못하다.

두 개의 독립적인 클럭킹 시스템을 가지는 효과를 완화하기 위해, DDR SDRAM 디바이스에 온 칩 DLL이 적용되어 메모리 컨트롤러의 전역 클럭 신호와 DRAM 디바이스 돌아가는 DQS 신호 사이의 동기화를 구현한다. DDR DRAM의 DLL 회로는 DRAM 디바이스에서 read 커맨드에 따라 돌아가는 데이터가 메모리 컨트롤러의 클럭 신호와 동기화되는 것을 보장한다.

그림 9.37은 DDR SDRAM 디바이스에서 온 칩 DLL의 사용과, DLL이 DQS와 데이터 신호의 타이밍에 갖는 효과를 보여준다. 그림은 온 칩 DLL을 사용하지 않는 DRAM 디바이스의 동작을 보여주며, 아래의 그림은 온 칩 DLL을 사용하는 DRAM 디바이스의 동작을 보여준다. DRAM 디바이스가 온 칩 DLL 없이 동작하는 경우, DRAM 디바이스는 내부적으로 전역 클럭 신호를 버퍼하여 소스 동기화 DQS 신호를 만들고, 버퍼 된 클럭 신호에 맞추어 DRAM 메모리 컨트롤러로 read 데이터를 전송한다. 그러나 클럭 신호의 버퍼링은 DQS 신호가 전역 클럭에 비해 위상 지연이 생기게 된다. 위상 지연의 결과로 DQ 신호는 DQS 신호에 밀접하게 정렬되지만, 전역 클럭에는 정렬되지 않는다. 그림 9.37의 아래 그림은 온 칩 DLL로 작동하는 DRAM 디바이스를 나타내고, DRAM 디바이스는 전역 클럭을 내부적으로 버퍼 하지만, DLL은 DQS 신호

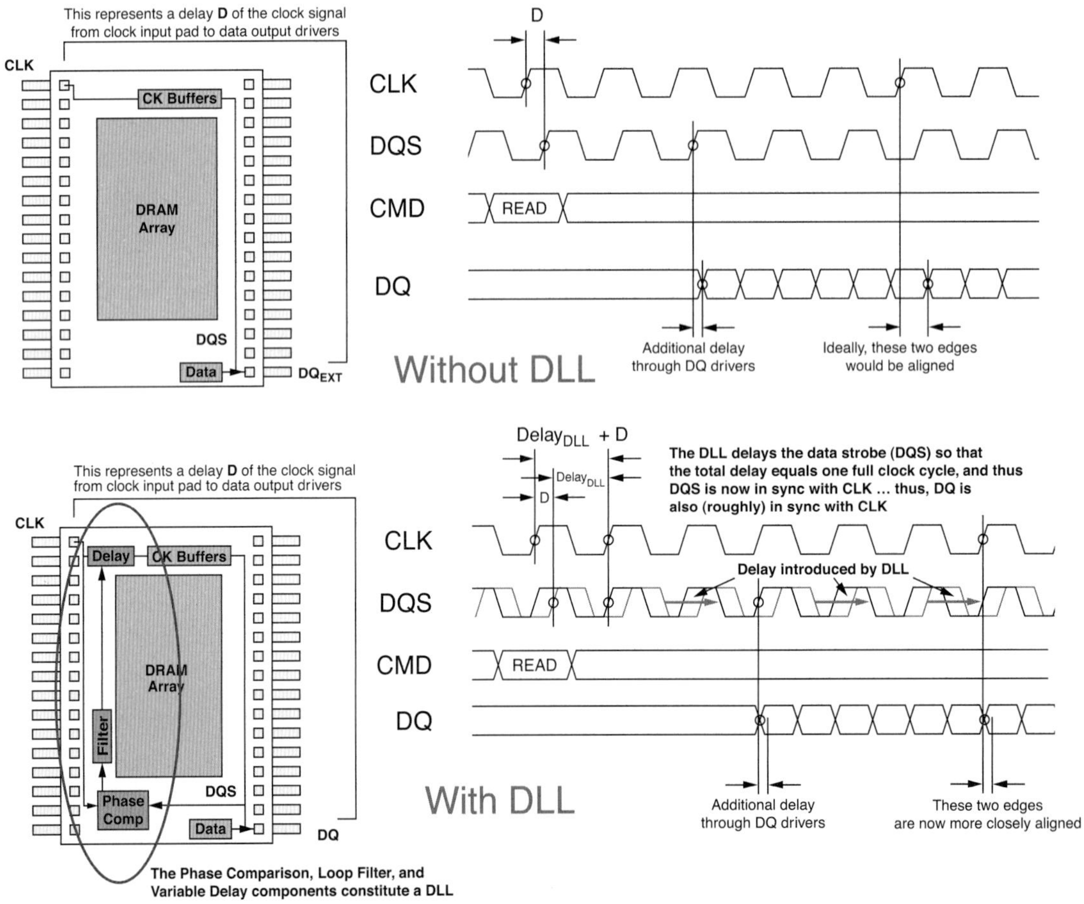

그림 9.37_ DDRx SDRAM 디바이스의 DDL 이용 방법.

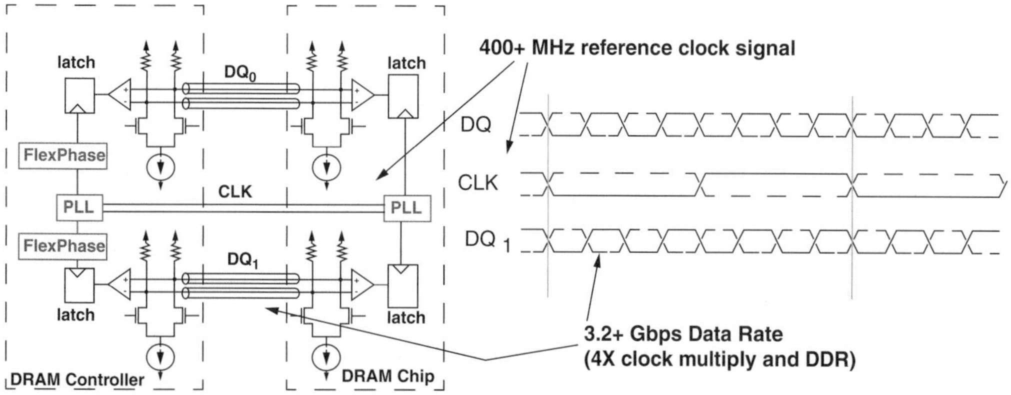

그림 9.38_ XDR DRAM 디바이스의 PLL 이용 방법

를 더 지연시킨다. 이러한 지연의 효과는 DQ 신호와 DQS 신호가 함께 전역 클럭 신호에 위상 정렬되게 한다는 것이다.

9.6.3 XDR DRAM 디바이스들의 PLL 사용

DRAM 메모리 시스템에서 높은 대역폭을 가지기 위해 Rambus사는 DRAM 메모리 시스템에 대한 여러 different 클럭킹과 타이밍 동기화 방법들을 설계했다. XDR 메모리 시스템에 사용된 한 가지 방법은 DRAM 디바이스와 DRAM 메모리 컨트롤러에 모두 PLL을 사용하는 것이다. 그림 9.38은 데이터 버스상에서 두 개의 데이터 핀 쌍과 함께 differential 클럭 핀 쌍이 전달되는 XDR DRAM 디바이스를 보여준다. 그림은 XDR DRAM 메모리 시스템의 신호가 differential 핀 쌍으로 전달되는 것을 보여준다. 또한 그림 9.38은 400MHz로 동작하는 비교적 낮은 시스템 클럭 신호가 XDR DRAM 컨트롤러와 XDR DRAM 디바이스 사이에서 전역 클럭 레퍼런스로 동작하는 것을 보여준다. XDR DRAM 디바이스는 PLL의 사용으로 전역 클럭 신호에 비해 높은 데이터 속도로 동작이 가능하다. 그림 9.38은 PLL 사용이 XDR DRAM가 클럭 사이클마다 8개의 데이터 심볼을 전송할 수 있다는 것을 보여준다. 또한, XDR DRAM 컨트롤러는 FlexPhase로 불리는 지연 조절 회로를 포함한다. XDR DRAM 메모리 컨트롤러는 FlexPhase 회로를 통해 지연 조절을 하여, 신호 경로 차이에서 오는 타이밍 불확실성을 제거할 수 있다.

9.7 요약

이번 장은 두 장치 사이의 데이터 전송을 위한 필수적인 기초를 형성하는 시그널링 시스템의 기본적인 개념을 설명했다. 구체적으로, 현대의 멀티-디바이스 DRAM-메모리 시스템의 높은 데이터 속도에 대한 요구가 실제적으로 시스템 토폴로지 및 메모리-엑세스 프로토콜 설계의 공간에 영향을 주었다. 본질적으로 이번 장에서는 DRAM메모리와 DRAM 장치 사이에서 커맨드, 어드레스, 그리고 데이터가 전송되는 과정이 DRAM 메모리 시스템이 발전해 갈수록 더 어려워진다는 것에 대해서 설명하였다. 점점 DLL이나 PLL과 같은 복잡한 회로가 DRAM 장치에 배치되고, 높은 속도에 대한 요구가 DRAM 메모리 시스템의 토폴로지 및 구성을 제한하고 있다.

MEMORY ' SYSTEMS ' **DRAM**

DRAM 메모리 시스템 구조

10 CHAPTER

이전 장들에서는 DRAM 디바이스의 기본적인 블럭 구조들과 DRAM 디바이스로 들어가는 데이터의 연속적인 저장과 전송을 제한하는 시그널링 문제에 관하여 설명하였다. 이번 장에서는 DRAM 메모리 시스템에 있어서 기본적인 용어들과 블럭 구조들에 대해서 설명하도록 한다. 이전 장에서 서술된 기본 블럭들을 사용하여, 해당 장에서는 보다 큰 메모리 시스템에 있는 다수의 DRAM 디바이스들의 구현, 구성, 동작을 설명하였다. 이 장은 다양한 종류의 메모리 모듈의 구조와 함께 용어 및 토폴로지(topology)에 대한 내용을 담고 있다.

10.1 종래의 메모리 시스템

DRAM 디바이스의 저장 크기는 제조 공정 기술, 셀의 크기, 배열 효율, 그리고 수율 향상을 위해 결함 셀을 재배치하는 메커니즘의 효율성 등에 의해 제한된다. Moore's Law에 의하면 제조 공정 기술이 발전함에 따라 DRAM 디바이스의 저장 크기는 수 년마다 2배씩 증가하고 있다. 그러나 Moore's Law에서 한 발 더 나아가 보면 Pacific Northwest나 다른 곳의 소프트웨어 회사들에 의해 제작된 소프트웨어는 자동으로 시스템상에서 사용 가능한 메모리를 채우기 위해 확장될 것임을 알 수 있다. 결론적으로 단일 DRAM 디바이스에 있는 저장 크기는 전문 임베디드 시스템을 제외하고 대부분의 컴퓨팅 플랫폼을 위한 메인 메모리로서 불충분한 상태를 지속적으로 유지하고 있다.

과거 몇 십 년간 DRAM 디바이스의 저장 용량의 성장 속도는 데스크탑 컴퓨터, 워크스테이션, 서버 등에 사용되는 메모리 시스템 크기의 성장 속도와 유사했다. 이 유사한 성장 속도는 대부분의 컴퓨팅 플랫폼의 메모리 시스템을 형성하기 위해 다수의 DRAM 디바이스들이 함께 연결돼야만 하므로 시스템 설계 방향을 좌우했다. 이 장에서는 비용과 성능을 개선하기 위한 다른 멀티 칩 DRAM 메모리 시스템 구조와 연결 방식에 대하여 설명하도록 한다.

그림 10.1은 단일의 메모리 컨트롤러에 의해 제어되는 하나의 메모리 시스템을 형성하도록 다수의 DRAM 디바이스가 연결된 것을 보여주고 있다. 오늘날의 컴퓨터 시스템에서는 하나, 혹은 그 이상의 DRAM 메모리

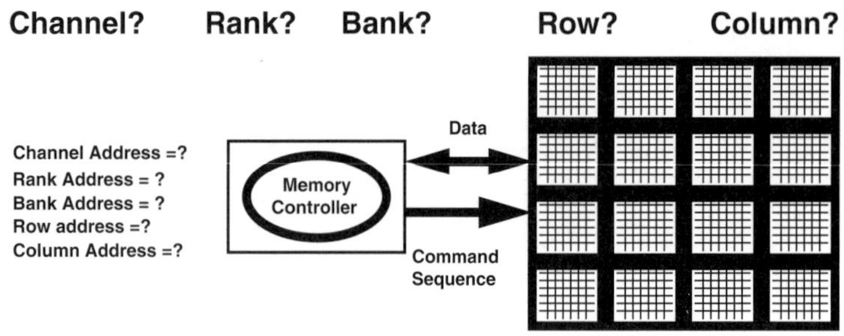

그림 10.1_ 여러 DRAM 디바이스들이 DRAM 메모리 컨트롤러를 통해 프로세서에 연결된 모습

컨트롤러들이 프로세서 패키지에 포함되어 있거나 또는 프로세서 패키지 외부의 시스템 컨트롤러에 통합되어 있다. DRAM 메모리 컨트롤러의 위치와는 상관없이, 컨트롤러는 다음과 같은 순서로 기능을 수행한다. 1. 메모리의 주어진 어드레스에 read/write 요청을 처리한다. 2. 해당 요청을 메모리 시스템의 커맨드로 변환한다. 3. 적절한 타이밍에 적절한 순서대로 DRAM 디바이스에 해당 명령들을 실행한다. 4. 프로세서나 시스템의 I/O 디바이스를 대신하여 데이터를 검색하거나 저장한다. 시스템 컨트롤러의 내부 구조에 대해서는 다른 장에서 설명하도록 한다. 이 장은 다중 디바이스 기반의 메모리 시스템에서 사용되는 DRAM 디바이스의 구조에 초점을 맞추어 다루도록 한다.

10.2 기초적인 명명법

메모리 시스템에서 다수의 DRAM 디바이스 구조는 시스템 저장 용량, 데이터 동작 속도, 접근 지연 시간, 지속 가능한 대역폭 특성의 측면에서 메모리 시스템의 성능에 영향을 미칠 수 있다. 따라서 큰 메모리 시스템에서 다수의 DRAM 디바이스가 자세히 이해되는 것은 매우 중요하다. 그러나 일반적으로 사용하는 명명법의 부재는 DRAM 메모리 시스템 구조의 이해를 어렵게 한다. 잘 정리된 명명법의 일반적인 기초 없이는 DRAM 메모리 시스템에 대한 논의에 있어서 기술 문서 및 데이터 시트가 때때로 혼란만을 가중시킬 수 있다. 한 가지 예를 들어, 기술적인 데이터 시트에서는 같은 페이지에 있는 두 개의 글 헤드 항목에서 **'뱅크(bank)'**라는 단어를 서로 다른 두 가지 의미로 사용하였다. 이 데이터 시트에서는 하나의 글 헤드 항목은 시스템 컨트롤러가 6개의 **'뱅크'**(DRAM 디바이스 내의)를 지원할 수 있다고 설명하였다. 또한 몇 개의 글 헤드 항목 이후에, 같은 데이터 시트에서 같은 시스템 컨트롤러가 4개의 **뱅크**를 가지는 SDRAM 디바이스를 지원할 수 있다고 서술하고 있다. 두 번째 예로, 저명한 테크니컬 저널의 기사에서는 Intel의 새로운 i875P 시스템 컨트롤러에 대해서 설명하면서 i875P 시스템 컨트롤러가 DRAM 디바이스의 2개의 **'뱅크'**를 제어할 수 있다는 시스템 컨트롤러의 장점에 대해서 논의를 하고 있다(이 시스템 컨트롤러는 두 전체 채널을 제어할 수 있다). 이러한 두 가지 예에서 **'뱅크'**라는 단어는 세 가지의 다른 뜻을 의미한다. 비록 **'뱅크'**라는 단어의 뜻을 각 상황의 문맥으로부터 추론할 수 있지만, 해당 단어의 반복적인 사용과 과부화는 DRAM 메모리 시스템에 대한 논의를 하는 데에 있어서 불필요한 혼란을 가져온다. 이 절에서는 채널, 랭크, 뱅크, 로우, 칼럼의 용어에 대해서 정의하도록 하겠다. 그리고 이 장과 이후의 장들에서는 이 장의 용어의 의미를 따르도록 할 것이다.

10.2.1 채널

그림 10.2는 DRAM 메모리 시스템의 구성이 미묘하게 다른 세 가지의 시스템 컨트롤러를 보여주고 있다. 그림 10.2에서 각 시스템 컨트롤러는 하나의 DRAM Memory Controller(DMC)를 가지고 있고, 각 DRAM 메모리 컨트롤러는 하나의 채널을 제어한다. 'typical system controller'라고 명명된 부분에서 시스템 컨트롤러는 하나의 64비트 와이드 채널을 제어한다. 오늘날의 DRAM 메모리 시스템에서 범용 DRAM 메모리 모듈에는 64비트 와이드의 데이터 버스로 표준화되고, 메모리 모듈의 64비트 데이터 버스 폭은 전형적인 개인용 컴퓨터 시스템 컨트롤러의 데이터 버스 폭과 일치한다.[1] 'Intel i875P system controller'고 명명된 부분에서 시스템 컨트롤러는 128비트 와이드 데이터 버스를 가지는 DRAM의 단일 채널에 연결된다. 그러나 범용 DRAM 모듈이 64비트 와이드의 데이터 버스를 가지기 때문에 i875P 시스템 컨트롤러는 128비트 와이드 데이터 버스와 동작하기 위해서 64비트 와이드의 메모리 모듈 쌍을 요구한다. i875P의 한 쌍의 메모리 모듈 구성은 종종 **듀얼 채널** 구성이라고도 불린다. 그러나 단 하나의 메모리 컨트롤러가 존재하고 또한 두 메모리 모듈이 lockstep에서 128비트 폭의 데이터 버스를 통해 데이터를 저장 및 검색하도록 동작하기 때문에 한 쌍의 메모리 모듈 구성은 128비트 폭의 단일 채널 메모리 시스템과 같다. 또한 SDRAM, DDR SDRAM 메모리 시스템들과 비슷하게, standard Direct RDRAM 메모리 모듈들은 16비트 와이드 데이터 버스들로 설계되며, Intel i850 시스템 컨트롤러와 같은 Direct RDRAM을 사용하는 고성능 시스템 컨트롤러들은 메모리의 두 물리적 채널을 오가며 동작하는 32비트 폭 채널을 구성하기 위해 같은 쌍의 Direct RDRAM 메모리 모듈을 사용한다.

전체 메모리 시스템을 제어하기 위해서 단일 DRAM 메모리 컨트롤러를 사용하는 시스템 컨트롤러와는 다르게 그림 10.3의 Alpha EV7 프로세서와 Intel i925x 시스템 컨트롤러는 64비트 폭의 데이터 버스들을 독립적으로 동작시키기 위한 두 개의 메모리 컨트롤러들을 가진다.[2] 좁은 채널은 캐시라인 요청에 대해 더 긴 데이터 버스트를 요구하기 때문에 DRAM 메모리 컨트롤러들의 독립적인 사용은 더 높은 지속 가능한 대역폭 특성을 얻을 수 있게 해준다. 그리고 DRAM 접근 프로토콜에 의해 통제되는 다양한 비효율적인 부분들이 개선될 수 있다. 결론적으로 새로운 시스템 컨트롤러들은 추가 면적 증가 비용에도 불구하고 다수의 메모리 컨트롤러들로 설계된다.

하나의 DRAM 메모리 컨트롤러와 그림 10.2와 같이 다수의 DRAM 디바이스의 물리적 또는 피지컬 채널들로 이루어진 오늘날의 메모리 시스템들은 다른 것들과 보조를 맞추어 동작하는 피지컬 채널들로 설계된다. 그러나 단일 컨트롤러 다수의 피지컬 채널 구성에는 두 개의 변인들이 존재한다. 그중 한 변인은 Intel i875P 시스템 컨트롤러와 같은 컨트롤러들은 다른 피지컬 채널들에서 서로 잘 안 맞는 메모리 모듈 쌍의 사용을 허용한다는 것이다. 이런 경우에는 i875P 시스템 컨트롤러는 asymmetric 모드에서 동작하며 DRAM 모듈의 피지컬 채널들을 독립적으로 제어한다. 그러나 단 하나의 DRAM 메모리 컨트롤러만 존재하기 때문에 서로 잘 안 맞는 메모리 모듈의 다수 피지컬 채널들에는 동시에 접근할 수 없으며, 오직 하나의 메모

1 오류 수정 메모리 시스템들을 위해 설계된 범용 메모리 모듈들은 72비트 와이드 데이터 버스로 표준화된다.

2 오류 수정과 캐시 디렉토리를 위해 사용되는 추가적인 비트 폭을 무시한다.

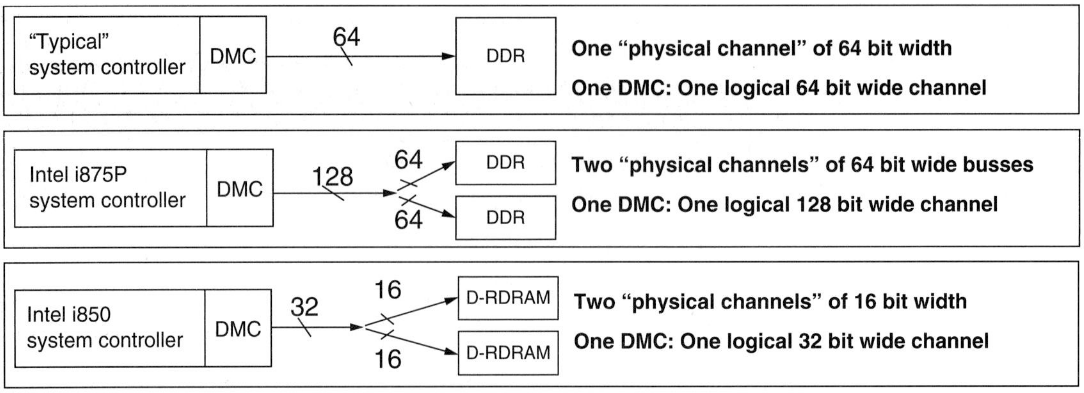

그림 10.2_ 단일 메모리 컨트롤러와 다른 데이터 버스 폭을 가지는 시스템

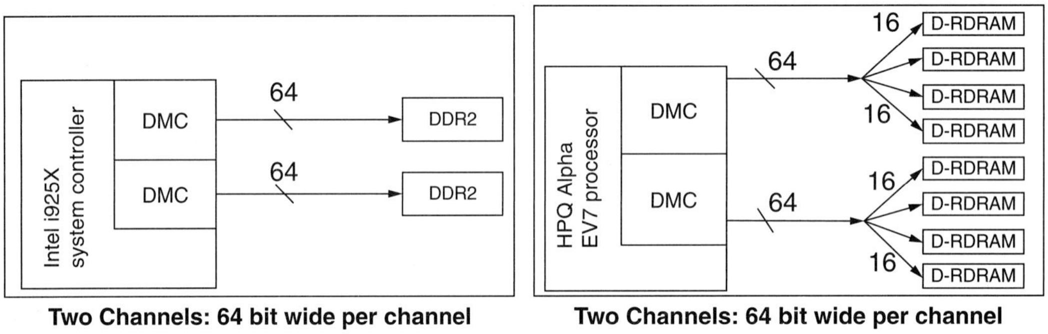

그림 10.3_ 두 개의 메모리 컨트롤러와 두 개의 메모리 로직 채널을 가지는 시스템

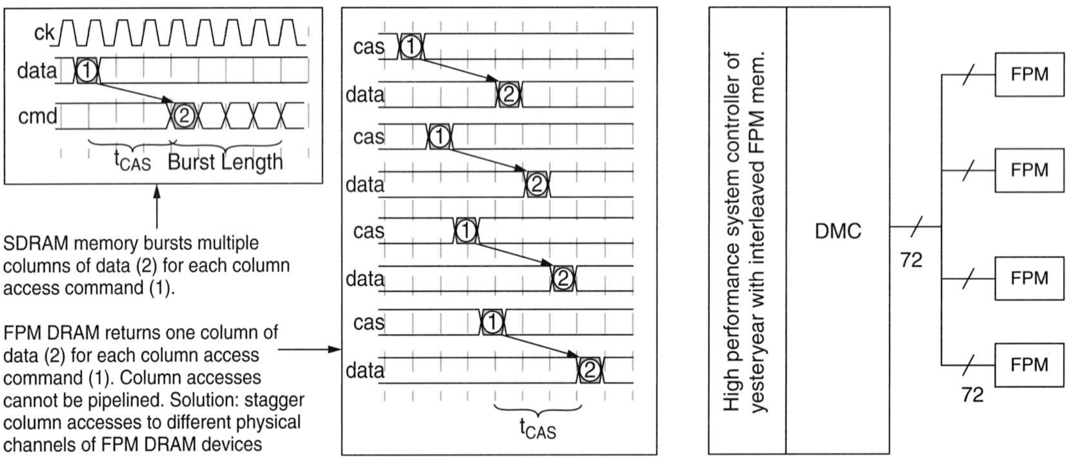

그림 10.4_ Interleaved FPM DRAM 디바이스 4채널을 가지는 고성능 메모리 컨트롤러

리 채널만 일시적으로 접근할 수 있다. Asymmetric 구성에서는 최대 시스템 대역폭은 단일 피지컬 채널의 대역폭과 같다.

두 번째 변인은 특정한 열의 접근 명령만 있으면 여러 열의 데이터를 한 번에 읽을 수 있는 SDRAM 타입의 DRAM 디바이스의 출현 이전에 설계된 고성능 FPM DRAM 메모리 시스템에서 발견할 수 있다. 그림 10.4는 SDRAM 메모리 시스템에서 열에 접근하는 샘플 타이밍 다이어그램을 보여주고 있다. 그림 10.4에서 SDRAM 디바이스는 하나의 열 접근 명령에 대하여 연속적인 여러 열의 데이터를 돌려줄 수 있다. 그러나 FPM DRAM 디바이스는 한 번의 접근으로 여러 열의 데이터를 돌려주는 능력이나 다수 열 접근 명령을 전달할 수 있는 기능을 제공하지 못하였었다. 결론적으로 FPM DRAM 디바이스는 주어진 캐시라인 접근에 대하여 데이터의 여러 열들을 검색하기 위해서 다수의 열 접근을 필요로 한다.

FPM DRAM 소자의 그 단점을 극복하기 위해 쓰이는 한 해법은 상호 배치 방식으로 작동하는 다수의 FPM DRAM 채널들을 사용하는 것이다. 그림 10.4는 정교한 FPM DRAM 컨트롤러가 어떻게 각각의 열 접근에 대하여 데이터가 연속적인 사이클에서 데이터 버스에 나타나도록 메모리의 서로 다른 피지컬 채널들에 다수의 열 접근 명령을 내리는가도 보여준다. 이러한 구성에서 여러 개의 FPM DRAM 채널들은 고성능 워크스테이션들이나 서버에서 필요로 하는 지속적인 처리량을 공급하며, 이는 연속적인 사이클에서 여러 열의 데이터를 한 번에 내보낼 수 있는 오늘날의 동기화 DRAM 디바이스들이 개발되기 이전까지 지속되었다.

10.2.2 랭크

그림 10.5는 DRAM 디바이스의 2개의 랭크로 채워진 메모리 시스템을 보여주고 있다. 본질적으로 메모리의 랭크는 주어진 명령에 대하여 보조를 맞추어 동작하는 하나 혹은 그 이상의 DRAM 디바이스의 '뱅크'이다. 그러나 뱅크라는 단어는 이미 DRAM 디바이스에서 독립적인 DRAM 배열들의 수를 표현하는 데 사용해 왔다. 이러한 명명법의 중첩에 의한 혼란을 피하기 위하여 랭크(rank)라는 단어는 이제부터 메모리 시스템 내에서 주어진 명령에 대하여 보조를 맞추어 동작하는 DRAM 디바이스 한 묶음을 표현하는 데 사용한다.

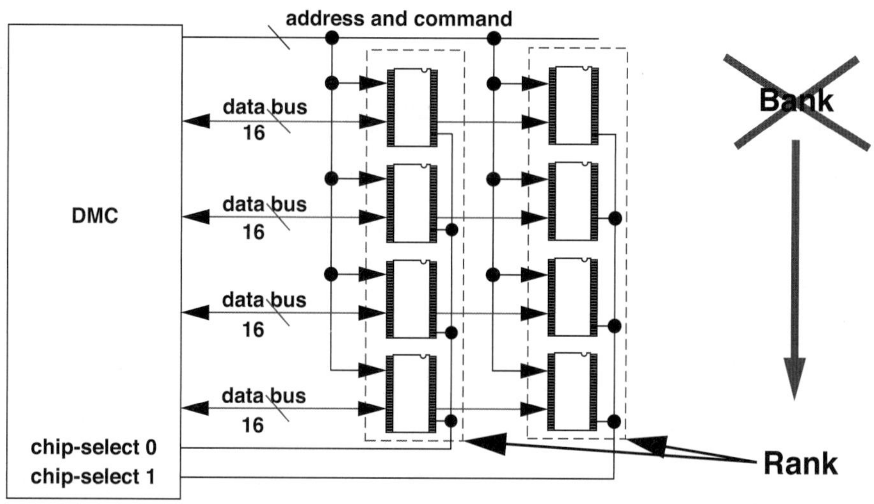

그림 10.5_ 2 랭크 DRAM 디바이스의 메모리 시스템

그림 10.5는 종래의 DRAM 메모리 시스템 토폴로지에서 DRAM 디바이스의 2개의 랭크로 된 구성을 보여준다. 종래의 DRAM 메모리 시스템 토폴로지에서 어드레스와 명령 버스들은 메모리 시스템의 모든 DRAM 디바이스에 연결되어 있다. 그러나 큰 폭의 데이터 버스는 분할되고 서로 다른 DRAM 디바이스에 연결된다. 이러한 종래의 시스템 토폴로지에서 메모리 컨트롤러는 주어진 명령에 반응하여 DRAM 디바이스의 적절한 랭크를 선택하기 위해서 chip-select 신호를 보낸다.

오늘날의 메모리 시스템에서 다수의 DRAM 디바이스들은 주어진 메모리 시스템에서 요구되는 데이터 버스 폭과 용량을 공급하기 위해서 흔히 같이 묶이게 된다. 예를 들어, 하나의 메모리 랭크에서는 72비트 너비의 데이터 버스를 형성하기 위해서 각각이 4비트 너비의 데이터 버스들을 가진 18개의 DRAM 디바이스들이 필요하다. 반대로 큰 용량과 데이터 버스를 필요로 하지 않는 임베디드 시스템에서는 각 메모리 랭크에서 훨씬 작은 수의 디바이스들을 사용하며 때때로 하나의 랭크에 대하여 하나의 디바이스만을 사용하는 경우도 있다.

10.2.3 뱅크

이전에 기술한 것과 같이 뱅크라는 단어는 DRAM 디바이스, 명령에 대하여 함께 작동하는 DRAM 디바이스 묶음, 또는 DRAM 메모리의 서로 다른 피지컬 채널들 내에서 독립적인 메모리 배열들의 묶음을 의미한다. 이 절에서는 **뱅크**는 오직 DRAM 디바이스 내에서 독립적인 메모리 배열들의 묶음을 표현하는 데 사용한다.

그림 10.6은 DRAM 배열들로 이루어진 4개의 뱅크를 가진 SDRAM 디바이스를 보여주고 있다. 오늘날의 DRAM 디바이스는 다른 DRAM 배열들에 대하여 여러 독립적인 접근이 병렬적으로 행해질 수 있도록 여

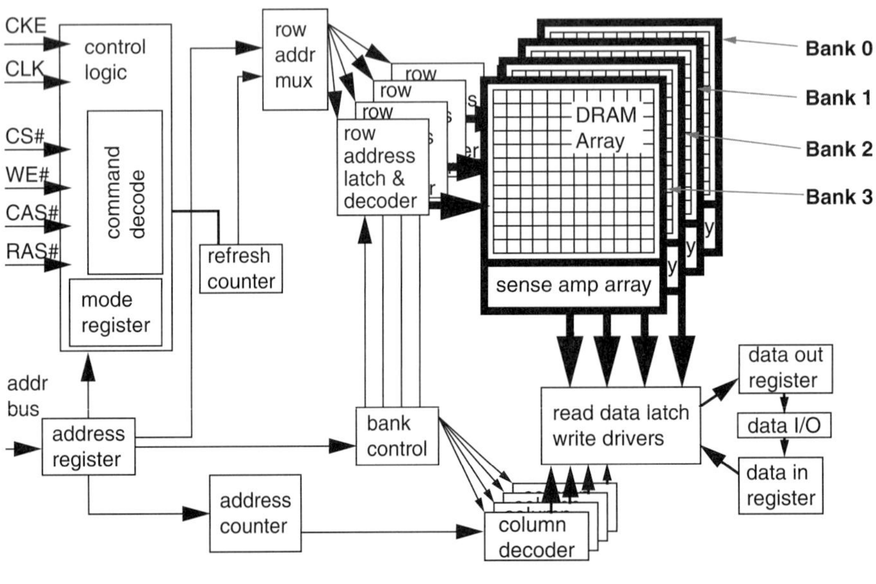

그림 10.6_ 내부적으로 4 뱅크 DRAM 배열을 가지는 SDRAM 디바이스

러 개의 뱅크들로 구성된다. 이러한 설계에서 메모리의 각 뱅크들은 행에 대한 접근 사이클에서 다른 위상에 존재할 수 있는 독립적인 배열이다. 데이터 핀에 접근할 수 있도록 하는 I/O 게이팅과 같은 공통적인 자원들은 서로 다른 뱅크들 사이에서 공유되어야만 한다. 그러나 멀티 뱅크 구조에서는 서로 다른 뱅크들에 대한 read 요청과 같은 명령들이 전달될 수 있도록 한다. 리프레시 명령과 같은 특정 명령들은 여러 뱅크들에 대하여 병렬적으로 주어질 수도 있다. 이러한 방식으로, 여러 뱅크들은 명령에 따라 독립적, 혹은 동시 다발적으로 동작할 수 있다. 예를 들어, 어떤 DRAM 디바이스에서 여러 뱅크들은 각기 독립적으로 활성화될 수 있으며 이는 DRAM 디바이스의 전력 소모 제약에 의존하게 된다. 또한 이러한 전력 소모 제약은 주어진 시간 내에서 얼마나 가깝게 이러한 활성화들이 발생할 수 있는지를 결정할 수 있다.

10.2.4 로우

DRAM 디바이스에서 로우(row)란 간단히 말해 로우 활성화 명령에 응답하여 병렬적으로 활성화되는 저장 셀들의 그룹을 말한다. SDRAM, DDR SDRAM, DDR2 SDRAM 메모리 시스템들과 같은 종래의 시스템 토폴로지를 사용하는 DRAM 메모리 시스템에서는 여러 DRAM 디바이스들이 일반적으로 일정 메모리 랭크에 병렬적으로 연결되어 있다. 그림 10.7은 DRAM 디바이스들이 어떠한 방식으로 병렬적으로 연결되어 메모리의 랭크를 형성하는지 보여준다. 보조를 맞추어 동작하는 DRAM 디바이스들의 랭크로서 연결된 DRAM 디바이스들의 효과는 로우 활성화 명령이 특정 메모리 랭크에서 모든 DRAM 디바이스들의 같은 어드레스를 가진 로우를 활성화시키는 것이다. 메모리 컨트롤러의 관점에서 이러한 배열은 로우의 크기가 단순하게 특정 랭크에 있는 DRAM 디바이스의 수를 특정 DRAM 디바이스의 로우의 크기에 곱한 값을 의미하며, DRAM 로우는 특정 메모리 랭크의 여러 DRAM 디바이스들에 걸쳐 있다.

차후의 프리차지 명령이 DRAM 메모리 컨트롤러에 의해서 나오기 전까지 로우 활성화 명령이 본질적으로

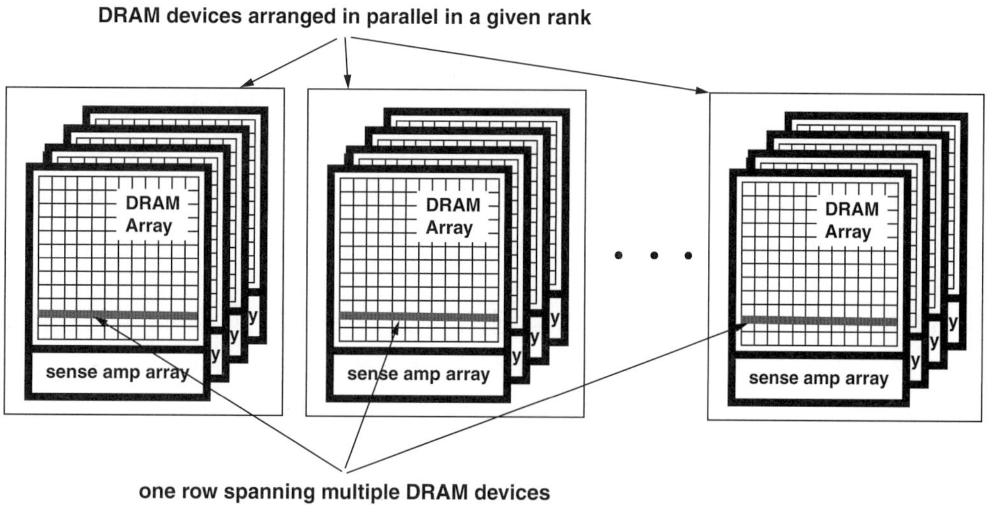

그림 10.7_ 4 뱅크, 8196 로우, 로우당 512 칼럼, 칼럼당 16 데이터 비트를 가지는 일반 DRAM 디바이스

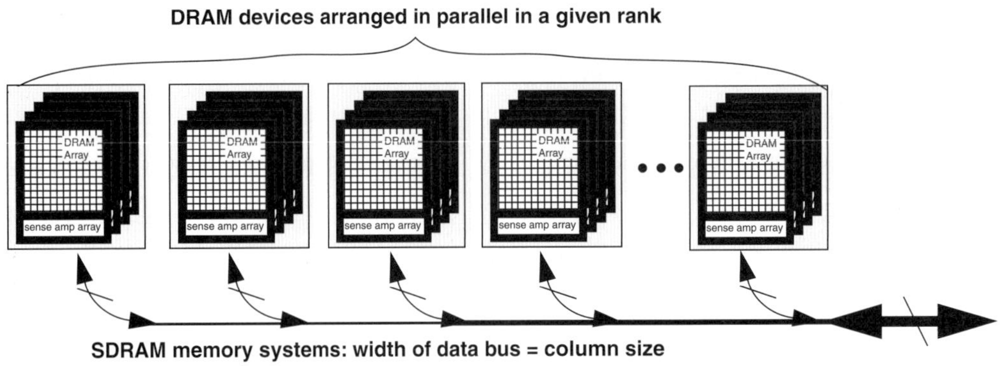

그림 10.8_ 종래의 DRAM 시스템 토폴로지. 데이터 버스의 넓이는 칼럼의 크기와 같다.

sense amplifier에서의 메모리 페이지를 저장하고 있기 때문에 로우라는 것은 DRAM 페이지라고도 불린다. DRAM 페이지 수준에서 작은 공간(locality)의 장점을 살리기 위해서 다양한 방식들이 제안되어 왔다. 그러나 DRAM 페이지 수준의 작은 공간(locality)에 대한 개발에는 한 가지 문제점이 뒤따르는데, 이는 DRAM 페이지의 크기가 프로세서의 구조적인 페이지 크기보다는 DRAM 디바이스와 메모리 모듈의 구성에 의존한다는 것이다.

10.2.5 칼럼

DRAM 메모리 시스템에서 데이터의 칼럼(column)은 메모리의 자체 어드레스를 가진 가장 작은 단위이다. 그림 10.8은 그림 10.5에 있는 메모리 시스템과 유사한 토폴로지를 가지는 SDRAM이나 DDRx[3] SDRAM과 같은 메모리 시스템에서 데이터 칼럼의 크기는 데이터 버스의 폭과 같다는 것을 보여준다. Direct RDRAM 디바이스에서 칼럼은 데이터 16바이트를 의미하며 각각의 read 명령은 Direct RDRAM 디바이스의 각각의 물리적 채널에서 길이 16바이트의 단일 데이터 칼럼을 가져온다.

'beat'는 간단하게 데이터 버스에서 데이터의 값이 바뀌는 최소 단위를 의미한다. SDRAM 메모리 시스템에서는 한 클럭에 한 번만 데이터 값이 바뀐다. 그러므로 하나의 데이터 beat이 한 클럭 사이클마다 보내진다. DDRx SDRAM 메모리 시스템에서는 각각의 클럭 사이클에서 두 번의 데이터 전송이 이루어지므로 단일 클럭 사이클에서 두 데이터 beat이 전송된다. beat라는 용어는 DRx SDRAM 디바이스에서 사이클이라는 단어에 여러 의미가 중첩되는 것을 막기 위해서 사용된다.

DDRx SDRAM 메모리 시스템에서는 각각의 칼럼 접근 명령은 프로그램 된 버스트 길이에 따라 여러 데이터 칼럼을 가져온다. 예를 들어, DDR2 DRAM 디바이스에서는 각각의 메모리 read 명령은 가장 작은 4개의 데이터 칼럼을 리턴한다. DDR2 디바이스에서 최소 버스트 길이인 4beat의 데이터를 리턴하

3 DDRx는 DDR SDRAM과 DDR2와 DDR3 SDRAM 메모리 시스템과 같은 진전적인 DDR 메모리 시스템을 나타낸다.

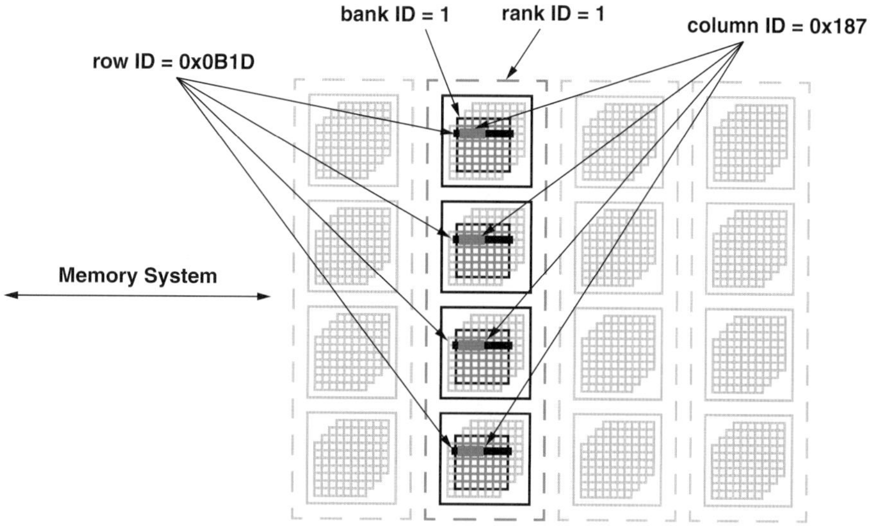

그림 10.9_ DRAM 메모리 시스템 내의 데이터의 위치

는 것과 Direct RDRAM 디바이스에서 8beat을 넘는 데이터 칼럼을 리턴하는 것의 차이는 DDR2 디바이스는 특정 칼럼의 어드레스를 받아들이고 DRAM 디바이스의 프로그램된 방식에 따라 다른 순서로 요청된 칼럼들을 리턴한다는 것이다. 이러한 방법으로 각각의 칼럼들은 별도로 접근 가능해진다. 반면에 Direct RDRAM 디바이스는 주어진 버스트하에서 데이터의 순서를 변경하지 않으며, Direct RDRAM 디바이스의 단일 채널로부터 온 16바이트 버스트는 순서대로 전송되고 단일 데이터 칼럼으로 처리된다.

10.2.6 메모리 시스템 구성의 예

그림 10.9는 4랭크로 구성된 DRAM 메모리 시스템을 보여주고 있다. 메모리의 각 랭크는 병렬적으로 연결된 4개의 디바이스들로 구성되어 있으며, 각각의 디바이스들은 내부적으로 4뱅크의 DRAM 배열로 구성되어 있다. 또한 각 뱅크는 8,192개의 로우로 이루어져 있으며, 각각의 로우는 512개의 데이터 칼럼으로 구성되어 있다. DRAM 기반의 메모리 시스템에서 데이터에 접근하기 위해서는 DRAM 메모리 컨트롤러는 물리적 어드레스를 받아들이고 각각의 어드레스 부분으로 분해한다. 어드레스 부분들은 데이터가 위치하는 각각의 특정 채널, 랭크, 뱅크, 로우, 칼럼들을 지정하고 있다.

그림 10.9는 균등하게 조직된 메모리 시스템을 보여주고 있지만, 많은 컴퓨터 시스템에 있는 메모리 시스템(특히 최종 사용자가 설정 변경 가능한 시스템의 경우)의 구성은 전반적으로 비균등하게 조직되어 있다. 많은 컴퓨터 시스템에서 DRAM 메모리 시스템들의 조직이 비균등한 이유는 대부분의 컴퓨터 시스템들이 최종 사용자로 하여금 메모리 모듈 상품을 추가 또는 제거함으로써 메모리 시스템의 능력을 향상시키는 것을 허용하도록 설계되어 있기 때문이다. 최종 사용자에 의해 메모리 성능을 개선하는 것을 지원하기 위해서는 DRAM 컨트롤러들은 최종 사용자가 컴퓨터 시스템에 추가하는 각각의 다른 형태를 가지는 DRAM 디바이스 및 모듈들을 유연하게 받아들일 수 있어야 한다. 이러한 지원은 어드레스 범위 레지스터의 사용

을 통해서 제공되며, 어드레스 범위 레지스터의 기능에 대해서는 메모리 컨트롤러 관련 장에서 별도로 설명하도록 한다.

10.3 메모리 모듈

컴퓨터 시스템의 첫 번째 세대는 추가 DRAM 디바이스를 삽입할 수 있는 시스템 보드상에 소켓을 제공함으로써 최종 사용자로 하여금 메모리의 성능을 개선시키는 것을 허용했다. 시스템 보드 내의 소켓 사용은 DRAM 디바이스의 가격이 시스템 보드상의 소켓 가격에 비하여 상대적으로 매우 비싼 시기에는 타당했다. 이러한 초기의 컴퓨터 시스템에서 시스템 보드는 최종 사용자가 보통의 경우 DIPs(dual in-line packages) 안에 포함된 개별적인 DRAM 디바이스들을 제거하거나 삽입할 수 있도록 소켓을 가지는 형태로 설계되었다. DRAM 디바이스들은 각 소켓에 개별적으로 제거, 추가되어야만 했기 때문에 메모리 업그레이드의 프로세스는 성가시고 어려웠다. DRAM 디바이스들에서 핀들은 굽어져 있고 그 사실을 눈으로 식별 불가능할 수도 있었다. 결함이 있는 DRAM 칩들은 장착하기 어려웠으며, 큰 메모리 시스템의 소켓들의 라우팅은 시스템 보드상에서 넓은 표면적을 요구하였다. 게다가 의도된 방향에서 180도 틀어진 잘못된 방향으로 소켓을 배치하는 경우도 물리적으로 가능했다. 올바른 배치를 위해서는 깨끗하게 라벨이 붙어 있는 소켓과 디바이스들이 필요했으며, 최종 사용자가 소켓에 디바이스들을 삽입하는 동안 주의를 기울여야만 가능했다.[4] 메모리 업그레이드와 관련된 이러한 문제들의 해결책은 메모리 모듈의 창조와 사용이었다.

메모리 모듈은 본질적으로 여러 개의 DRAM 디바이스들을 가지는 시스템 보드의 축소형이다. 여러 제조사들은 서로 다른 DRAM 디바이스들을 가지는 컴퓨터 시스템에 대하여 메모리 업그레이드를 할 수 있도록 제조하였기 때문에 메모리 모듈들은 모듈 인터페이스에서 abstraction을 제공한다. 그래서 DRAM 메모리 모듈들은 메모리 업그레이드 과정의 복잡성을 줄일 수 있다. 개별적인 DRAM 칩의 제거/삽입 대신에 다수 DRAM 칩을 포함한 모듈을 사용한 메모리 업그레이드는 빠르고 쉽게 모듈 소켓으로 삽입 및 제거가 가능하다. 1세대 메모리 모듈들은 일반적으로 특별하게 만들어진, 시스템에 최적화된 메모리 모듈들로 구성되어 있다. 이는 특정 컴퓨터 제조사에서 특정 컴퓨터 시스템에 사용했었다. 지난 몇 년 동안 메모리 모듈은 한층 더 정교해졌으며 오늘날 메모리 시스템 설계 과정의 한 부분이 되었다.

10.3.1 Single In-line Memory Module

1980년대 후반과 1990년대 초반에는 개인 컴퓨터 산업이 처음엔 30핀 SIMM을 쓰는 것을 표준화했다가 나중엔 72핀 SIMM으로 나아갔다. SIMM(Single In-line Memory Module)은 모듈의 하단 측면 접촉들이 모두 전기적으로 동일하다는 점에 의해서 그렇게 지칭되어 왔다.

30핀 SIMM은 동력, 접지, 어드레스, 명령, 시스템 보드와 DRAM 디바이스들 사이의 칩 선택 신호뿐만 아

4 저자는 부적절한 방향으로 칩을 소켓에 삽입하는 결과를 통해 개인적으로 증명할 수 있었다.

니라 데이터 버스상의 8개 또는 9개의 신호들 간의 상호 연결을 제공한다. 72핀 SIMM은 동력, 접지, 어드레스, 명령, 칩 선택 신호뿐만 아니라 데이터 버스상의 32개에서 36개의 신호들 간의 상호 연결을 제공한다. 일반적으로, 30핀 1메가바이트 SIMM상의 DRAM 디바이스들은 메모리 시스템으로 가는 9비트 패리티가 보호되는 데이터 버스 인터페이스를 단체로 지원한다. 1980년대 후반 개인 컴퓨터 시스템들은 메모리 컨트롤러에 의한 패리티 체크를 지원하기 위한 36비트 너비의 메모리 인터페이스를 제공하기 위해 4개의 적합한 30핀 SIMM 세트를 사용했다. 그리고 나서 개인 컴퓨터 시스템이 더 넓은 데이터 버스를 가진 메모리 시스템을 지원하는 방향으로 나아가면서 30핀 SIMM은 1990년대 초반에 72핀 SIMM으로 교체되었다.

10.3.2 Dual In-line Memory Module

1990년대 후반, 개인컴퓨터 산업이 FPM/EDO DRAM으로부터 SDRAM으로 이행하면서 72핀 SIMM은 DIMMS(Dual In-line Memory Modules)에게 자리를 내주었다. DIMM은 물리적으로 SIMM보다 크며 64비트 또는 72비트 너비의 데이터 버스 인터페이스를 메모리 시스템에 제공한다. SIMM과 DIMM의 차이는 DIMM의 양쪽에 있는 연결이 전기적으로 다르다는 것이다. 전기적으로 다른 연결은 커넥터 인터페이스를 통해서 시스템 보드로부터 메모리 모듈로 가는 전기적 신호의 라우팅을 조밀하게 만들 수 있게끔 한다.

일반적으로 판매용 데스크탑 시장을 위해 설계된 DIMM은 DRAM 디바이스들과 패시브 저항들, 축전기들을 포함할 뿐이다. 이러한 DIMM은 메모리 컨트롤러로부터 DRAM 디바이스들로 가는 어드레스 경로나 DRAM 디바이스들과 메모리 컨트롤러 사이의 데이터 경로에게 버퍼링을 필요로 하지 않는다. 결과적으로 이러한 DIMM은 UDIMM(Unbuffered DIMM)이라고도 한다.

10.3.3 Registered Memory Module

최종 사용자가 설정 변경 가능한 메모리 시스템이 있는 시스템의 요구사항들이 폭 넓게 변화하면서, 일반적인 UDIMM 이외에도 다양한 용량과 타이밍 특성을 가지는 메모리 모듈들이 필요해졌다. 예를 들어, 워크스테이션과 서버는 일반적으로 데스크탑 컴퓨터 시스템이 요구하는 것보다 더 큰 메모리 용량을 요구한다. 큰 메모리 용량을 가지는 메모리 모듈과 관련된 문제점은 메모리 시스템의 메모리 디바이스들의 수가 많으면 다양한 멀티 드롭 버스에 과부하를 거는 경향이 있다는 점이다. DRAM 디바이스 수가 많아지면 이는 결국 다양한 어드레스, 명령, 데이터 버스들에 대하여 전기적 부하 문제를 야기한다.

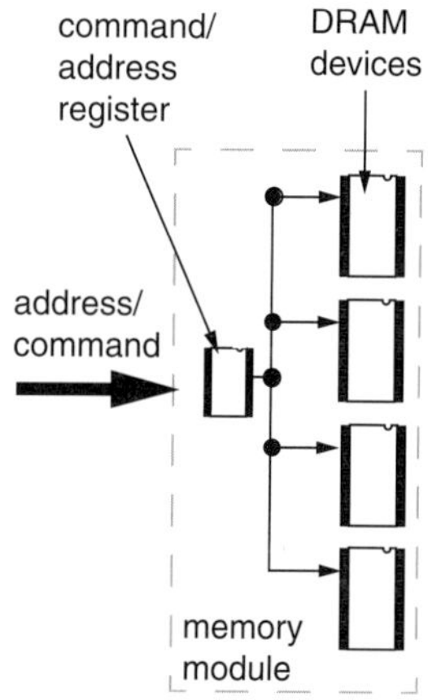

그림 10.10_ 레지스터 래치는 어드레스와 명령를 버퍼링하고 DRAM 접근에 대기 시간를 추가한다.

RDIMM(Registered Dual In-line Memory Module)은 메모리 모듈 인터페이스에 있는 컨트롤 신호들과 어드레스들을 버퍼링하는 레지스터들을 사용함으로써 큰 메모리 시스템 내의 많은 수의 DRAM 디바이스들에 걸리는 전기적 부하 문제를 완화한다. 그림 10.10은 registered memory module이 컨트롤 신호들과 어드레스를 버퍼링하기 위해서 메모리 모듈 인터페이스상의 레지스터들을 사용하는 것을 보여주고 있다. 이러한 방식으로 레지스터들은 메모리 컨트롤러가 반드시 직접 드라이브해야 하는 대단히 많은 수의 전기적 부하를 줄여준다. 그리고 메모리 시스템상의 시그널 간의 연결들은 두 개의 분리된 부분으로 나뉘게 된다. 한 부분은 메모리 컨트롤러와 레지스터 간의 연결이고 나머지 한 부분은 레지스터와 DRAM 디바이스 간의 연결이다. 이러한 분리는 메모리 시스템의 개별 부분에서 중요한 컨트롤 신호들의 경로 길이를 줄이는 것뿐만 아니라 전기적 부하의 수를 제한함으로써 메모리 시스템의 타이밍 특성을 최적화시킨다. 그러나 메모리 모듈에서 레지스터된 래치의 사용은 몇 가지 단점을 가진다. 먼저 어드레스와 컨트롤 신호들을 버퍼링함으로써 메모리 접근 지연 시간이 길어지게 된다. 그리고 큰 메모리 시스템에서 신호 무결성(signal integrity)을 확보하기 위해서 모든 메모리 처리에 대한 추가적인 시간 지연이라는 비용을 지불하게 된다.

10.3.4 Small Outline DIMM

지난 몇 년 동안 메모리 모듈 설계는 새 DRAM 디바이스들의 출현과 함께 더욱 정교화되어 왔다. 현재에는 서로 다른 모듈 사양들이 표준화되었으며, 최종 사용자들이 구입하여 다른 시기에 다른 모듈 제조사에서 제조된 메모리 모듈들 간의 호환성 측면에서 아무런 문제가 없을 것이라고 기대할 수 있도록 멀티 소스 구성 요소들이 만들어진다. 시스템 레벨상의 호환성을 보증하기 위해서 메모리 모듈들은 메모리 시스템 표준 정의 프로세스의 부분으로 지정된다. 보다 구체적으로 다른 타입의 메모리 모듈들은 각기 다른 타겟 시장을 지정한다. 일반적으로 UDIMM은 데스크탑 컴퓨터들에서 사용되며 RDIMM은 워크스테이션이나 서버 시스템에서 사용된다. 마찬가지로 SO-DIMM(Small Outline Dual In-line Memory Module)은 모바일 노트북 컴퓨터들과 같은 크기가 제한되는 제품에 적합하도록 설계된다.

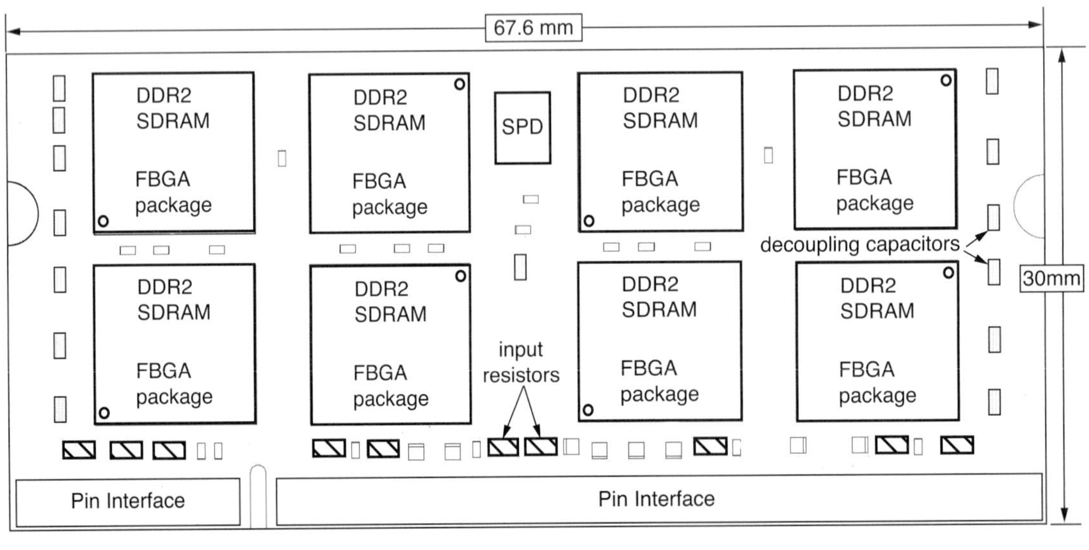

그림 10.11_ DDR2 SO-DIMM의 구성 요소 배치 사양

그림 10.11은 FBGA(Fine Ball Grid Array) 패키지에서 200핀의 SO-DIMM에 있는 시리얼 터미네이션 저항들과 decoupling 캐패시터들을 고려하여 8개의 DDR2 SDRAM 디바이스들의 표준화된 배치 방식을 보여준다. 그림 10.11은 특정 치수(30mm×67.6mm)를 가지는 표준화된 SO-DIMM의 개략적인 형태를 보여주고 있다. SO-DIMM 치수 사양은 서로 다른 메모리 모듈들과 시스템 보드 사이의 시스템 수준에서의 호환성을 보장하려는 노력의 일환으로 SO-DIMM, UDIMM, RDIMM들의 기계적, 전기적인 특성들이 신중하게 정해졌다는 점을 알려준다. 오늘날에는 시판용 DRAM 디바이스와 메모리 모듈 상품들은 DRAM 디바이스 제조사와 컴퓨터 시스템 설계의 장(場)에서 길고 어려운 표준 설정 과정들을 통해서 그 특징들을 갖게 된다.

표준 설정 과정은 DRAM 제조사들이 기능적으로 호환이 되는 DRAM 디바이스를 생산할 수 있도록 해준다. 표준 설정 과정은 더 나아가 메모리 모듈 제조사가 기능적으로 호환이 되는 DRAM 디바이스를 가질 수 있도록 해주며 또한 서로 다른 메모리 모듈들과 기능적으로 호환이 되는 메모리 모듈의 설계를 가능하게 해준다. 궁극적으로 멀티 레벨 표준화는 다른 DRAM 제조사의 DRAM 디바이스를 사용함으로써 최종 사용자가 다른 모듈 제조사의 메모리 모듈들을 자유롭게 구매할 수 있도록 해주며, 아무런 문제없이 상호 호환될 수 있게 해준다. 오늘날 표준 시판용 DRAM 디바이스와 메모리 모듈 상품들은 JEDEC Solid-State Technology Association으로 알려진 산업 기구를 통해서 정해진다.[5]

마지막으로 서로 다른 DRAM 디바이스와 메모리 모듈 제조사 사이에 완벽한 호환성을 얻는 데 있어서 생기는 문제점을 더 최소화하기 위해서 JEDEC은 메모리 모듈 제조사에게 참고용 설계도를 제공한다. 이 참고용 설계도는 메모리 모듈 카드 사양, 신호 이동 경로, 재료 목록을 제공한다. 참고용 설계도는 더 나아가 메모리 모듈 제조사에게 메모리 모듈 설계를 하고 이에 대한 유효성을 확인하는 과정에서 공학적 자원의 사용을 최소화할 수 있도록 해준다. 이를 통해서 높은 질적 수준의 메모리 모듈을 제조하는 진입 장벽을 낮추고 메모리 모듈 제조 사업에서의 경쟁을 촉진한다.

10.3.5 메모리 모듈 구성

오늘날의 DRAM 메모리 시스템들은 최종 사용자에게 원하는 메모리 용량을 선택하고 구성함에 있어서 유연함을 줄 수 있도록 다양한 종류의 메모리 모듈들을 지원한다. DRAM 디바이스의 가격은 예측할 수 없는 상품 시장에 의존하여 변화하기 때문에 하나의 메모리 모듈의 구성은 제조에 있어서 일시적으로 다른 메모리 구성에 비해 덜 비쌀 수 있다. 반면 다른 때에는 그 반대일 수도 있다. 결과적으로 메모리 모듈의 다른 구성을 지원하는 메모리 시스템은 최종 사용자가 가장 경제적으로 구성된 메모리 모듈을 구입하고 사용하는 데에 있어서 유연함을 가지도록 해준다. 그러나 메모리 시스템 설계 엔지니어가 이러한 유연함을 제공하는 데에 있어서 반드시 고려해야만 하는 한 가지 문제점은 유연함이 한 번에 메모리 시스템에 배치할 수 있는 메모리 모듈의 조합이 많음을 의미한다는 것이다. 게다가 주어진 메모리 용량에 대하여 여러 개의

5 JEDEC은 한 때 Joint Electron Device Engineering Council로 알려졌었다.

표 10.1_ 128-MB SDRAM 메모리 모듈의 4가지 다른 구성.

Capacity	Device Density	Number of Ranks	Devices per Rank	Device Width	Number of Banks	Number of Rows	Number of Columns
128 MB	64 Mbit	1	16	x4	4	4096	1024
128 MB	64 Mbit	2	8	x8	4	4096	512
128 MB	128 Mbit	1	8	x8	4	4096	1024
128 MB	256 Mbit	1	4	x16	4	8192	512

표 10.2_ SPD에 저장된 샘플 변수 값

Configuration	Value (interpreted)
DRAM type	DDR SDRAM
No. of row addresses	16384
No. of column addresses	1024
No. of banks	4
Data rate	400
Module type	ECC
CAS latency	3

구성들이 종종 존재하고, 메모리 시스템 설계 엔지니어들은 반드시 다른 용량의 메모리 모듈에 의한 다른 조합뿐만 아니라 주어진 용량에 대하여 다른 구성을 가지는 다른 모듈들에 대해서도 고려해야 한다는 것이다.

표 10.1은 128MB 메모리 모듈이 16개의 64Mbit DRAM 디바이스들이나 8개의 128Mbit DRAM 디바이스, 또는 4개의 256Mbit DRAM 디바이스들로 구성될 수 있다는 것을 보여준다. 표 10.1은 다른 메모리 모듈 구성이 다른 수의 DRAM 디바이스를 사용하는 것뿐만 아니라 메모리 컨트롤에게 서로 다른 수의 행과 열을 제시하는 것 또한 보여주고 있다. 메모리 모듈의 메모리에 접근하기 위해서 DRAM 컨트롤러는 최종 사용자에 의해서 메모리 시스템에 삽입된 메모리 모듈의 구성을 인지하고 지원해야만 한다. 일부 경우에, DRAM 디바이스의 새로운 세대는 메모리 컨트롤러가 지원하도록 설계되지 않은 메모리 모듈을 구성할 수 있고, 당연히 호환도 되지 않는다.

그림 10.12_ SPD 디바이스는 메모리 모듈 구성 정보를 저장한다.

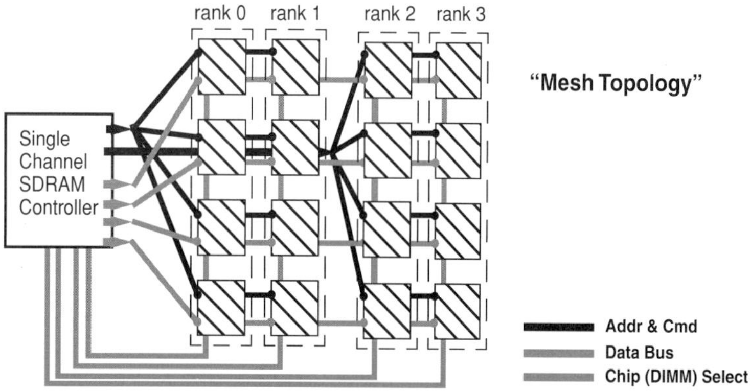

그림 10.13_ 일반 DRAM 메모리 시스템의 토폴로지

10.3.6 Serial Presence Detect

메모리 모듈은 각각의 새로운 메모리 모듈 세대가 더 복잡해지고 정교해지면서 점차 진화되어 왔다. 표 10.1은 DRAM 메모리 모듈이 동일한 메모리 모듈에서 여러 랭크의 DRAM 디바이스로 구성되어 있고 메모리 모듈은 다른 수의 로우와 칼럼을 가질 수 있다는 것을 나타낸다. 표 10.1에 나타나지 않은 것은 사실 DRAM 메모리 모듈이 지연 시간 t_{CAS}, t_{RAS}, t_{RCD}, t_{RP}의 최솟값 측면에서 다른 최소 타이밍 특성을 가진다는 것이다. DRAM 모듈의 가변성은 메모리 시스템 설계 엔지니어가 다루어야만 하는 복잡성을 증가시킨다. 복잡성을 감소시키고 메모리 업그레이드 과정에서의 혼란을 방지하기 위해서 컴퓨터 산업에 의해 read-only 메모리 디바이스에 메모리 모듈의 구성 정보를 저장하는 방법이 채택되었다. Read-only 메모리 디바이스의 내용물은 시스템 초기화 과정 중 메모리 컨트롤러에 의해 읽어 들여진다. 이러한 방식으로 메모리 컨트롤러는 메모리 모듈상에서 메모리 디바이스로부터 오는 데이터의 최적화된 접근에 필요한 구성과 타이밍 변수들을 얻을 수 있다. 그림 10.12는 DIMM상의 작은 플래쉬 메모리 디바이스의 그림이다. 그 작은 read-only 메모리 디바이스는 SPD(Serial Presence Detect)로도 알려져 있으며, 이는 서로 다른 메모리 모듈 사이에 존재할 수 있는 다양한 변형들을 저장한다. 표 10.2는 DDR SDRAM 메모리 모듈의 SPD에 저장되어 있는 몇 가지 값들과 변수들을 보여준다.

10.4 메모리 시스템 토폴로지

그림 10.13은 16개의 DRAM 디바이스들이 단일 DRAM 컨트롤러에 연결되어 있는 메모리 시스템을 보여주고 있다. 그림 10.13에서 16개의 DRAM 디바이스들은 4개의 분리된 메모리 랭크들로 조직되어 있다. 비록 모든 16DRAM 디바이스들이 동일한 DRAM 컨트롤러에 연결되어 있지만, 단방향의 어드레스와 명령 버스, 양방향의 데이터 버스와 단방향의 칩 선택 라인에 대하여 서로 다른 수의 DRAM 디바이스가 상이한 네트워크들에 연결되어 있다. 이러한 토폴로지에서 명령이 발생하면 어드레스와 명령 버스의 전기적 신호가 메모리 시스템의 모든 16DRAM 디바이스에 보내지지만 별도의 칩 선택 신호는 읽기 명령을 위한 데이

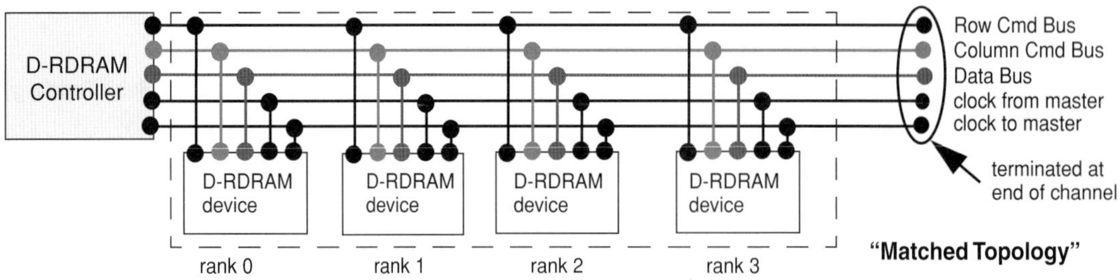

그림 10.14_ 일반 Direct RDRAM 메모리 시스템의 토폴로지

터를 제공하거나 쓰기 명령을 위한 데이터를 받기 위해서 단일 랭크에서 4개의 DRAM 디바이스 세트를 선택한다. 이러한 토폴로지에서 메모리의 주어진 랭크에 있는 각각의 DRAM 디바이스는 메모리의 다른 랭크에 있는 세 개의 다른 DRAM 디바이스들과 함께 데이터 버스를 공유한다.

메모리 시스템 토폴로지는 메모리 시스템에서 신호 경로 길이와 전기적 부하 특성을 결정한다. 그 결과 오늘날의 고성능 DRAM 메모리 시스템의 설계자들은 토폴로지와 DRAM 메모리 시스템의 구조에 주의를 기울여야만 한다. 그러나 메모리 시스템의 진화 특성상 앞에서 언급한 종래의 시스템 토폴로지는 FPM(Fast Page Mode DRAM), SDRAM(Synchronous DRAM), DDR(Dual date Rate SDRAM) 메모리 시스템에 본질적으로 그대로 남아 있다. 또한 작은 수의 랭크를 가지는 종래의 토폴로지의 변이체는 DDR2와 DDR3 메모리 시스템에 사용될 것으로 기대된다.

10.4.1 Direct RDRAM 시스템 토폴로지

기존의 토폴로지와는 완전히 다른 토폴로지를 가지는 한 가지 메모리 시스템은 Direct RDRAM 메모리 시스템이다. 그림 10.14에서 4개의 Direct RDRAM 디바이스들이 단일 Direct RDRAM 메모리 컨트롤러에 연결된 것을 볼 수 있다. 그림 10.14는 Direct RDRAM 메모리 시스템에서 DRAM 디바이스들이 클러킹 네트워크, 데이터 버스, 명령 버스의 경로들의 길이가 설계상에 모두 다 같게 맞춰진 네트워크에 연결된 것을 보여준다. 이러한 잘 맞춰진 연결 네트워크의 이점은 설계상에서 신호 왜곡이 최소화되고 Direct RDRAM 메모리 시스템에서 전기적 신호 속도가 기존의 메모리 시스템 토폴로지를 사용한 메모리 시스템에 비해 더 높은 주파수까지 증가할 수 있다는 점이다. 종래의 멀티 랭크 토폴로지를 사용하는 오늘날의 DRAM 시스템들 또한 Direct RDRAM 메모리 시스템의 원시 신호 속도에 맞출 수 있다. 그러나 단점은 놀고 있는 사이클이 접근 프로토콜에 들어가 있어야 하며, 시스템 차원에서의 동기화를 하는 데 사용되어야만 한다는 것이다. 그 결과 비슷한 속도로 데이터가 들어오면 핀별 주기당 전송되는 데이터의 관점에서 기존의 시스템 토폴로지를 가지는 멀티 랭크 DRAM 메모리 시스템은 다소 덜 효율적이다.

Direct RDRAM 메모리 시스템은 새로운 시스템 토폴로지를 사용하여 핀별 주기당 데이터 전송 측면에서 높은 효율을 가진다. 그러나 시스템상의 장점을 취하고 높은 데이터 전송 효율과 높은 핀 데이터 속도를

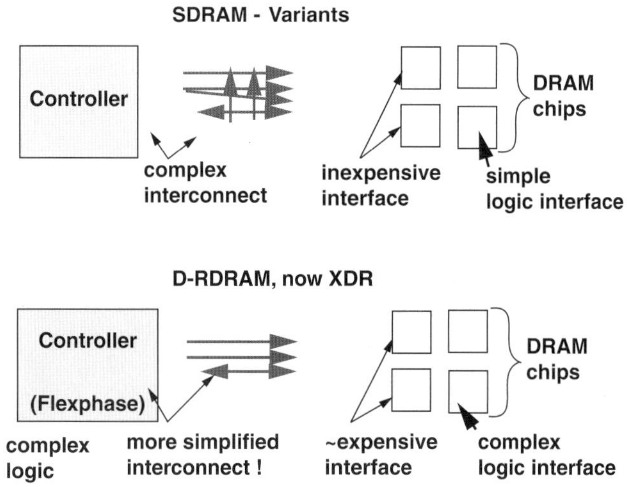

그림 10.15_ SDRAM과 R-DRAM,XDR 간의 차이

가지기 위해서 Direct RDRAM 메모리 디바이스들은 기존의 메모리 시스템 토폴로지를 사용하는 유사한 DRAM 메모리 디바이스들보다 더 복잡하게 설계되어 있다. DRAM 디바이스에서 복잡도는 직접적으로 비용의 증가로 귀결된다. 결론적으로 Direct RDRAM 메모리 시스템의 높은 데이터 전송 효율은 상대적으로 높은 DRAM 디바이스 비용과 균형을 이루고 있다.

10.5 요약

그림 10.15는 DDR SDRAM과 같은 시판용 SDRAM 변이 디바이스와 Direct SDRAM이나 XDR DRAM과 같은 고속의 DRAM 메모리 디바이스들 간의 원리 차이를 보여주고 있다. SDRAM 변이 메모리 시스템과 비슷하게 Direct RDRAM과 XDR DRAM 메모리 시스템들은 수십 개의 DRAM 디바이스들이 단일 DRAM 컨트롤러에 연결될 수 있도록 설계된다. 그러나 고속의 동작을 위해서는 Direct RDRAM과 XDR DRAM 메모리 시스템은 메모리 컨트롤러와 DRAM 디바이스들 사이에 연결 인터페이스를 리엔지니어링하는 것에 의존한다. 이러한 고속 DRAM 디바이스에서 핀 인터페이스 임피던스 조절과 신호의 드라이브 전류 세기의 관점에서 더 많은 회로들이 DRAM 디바이스에 배치되어야 한다.

MEMORY | SYSTEMS | **DRAM**

기본적인 DRAM 메모리 액세스 프로토콜

11

CHAPTER

지난 장에서는 오늘날의 DRAM 디바이스와 메모리 시스템의 구조에 대하여 다루었다. 이번 장에서는 기본적인 DRAM 메모리-액세스 프로토콜을 통해 DRAM 메모리 시스템에 대해 알아보도록 한다. DRAM 메모리-액세스 프로토콜은 DRAM 메모리 컨트롤러가 디바이스와 주고받는 데이터를 통제하기 위한 커맨드와 타이밍 제약에 대하여 정의하고 있다. 이번 장에서 다루는 기본적인 DRAM 메모리-액세스 프로토콜은 범용적으로 사용되는 프로토콜로, SDRAM, DDR SDRAM, DDR2 SDRAM, DDR3 SDRAM 메모리 시스템과 같은 오늘날의 메모리 시스템에 적용 가능하다. 먼저 기본적인 DRAM 커맨드들과 이 커맨드들을 수행하면서 발생하는 이벤트들의 순서에 초점을 두고 DRAM 메모리-액세스 프로토콜에 대해 알아보도록 한다. 다른 DRAM 메모리 시스템, 특히 고성능 지향과 저전력 지향 DRAM 메모리 시스템 간에는 미세한 액세스 프로토콜의 차이가 존재한다. Direct DRAM, GDDRx, FCRAM과 같은 전문적이거나 고성능 DRAM 메모리 시스템은 이번 장에 기술되어 있듯이 미세하게 다른 DRAM 커맨드, 커맨드 타이밍과 상호작용을 가지고 있다. 그러나 모든 DRAM 메모리 시스템의 기본적인 커맨드 상호작용은 대체로 서로 비슷하며, 기본적인 DRAM 메모리-액세스 프로토콜을 이해하는 것이 더욱 복잡하고 전문적인 DRAM 메모리 시스템의 메모리-액세스 프로토콜들을 이해하는 데 도움이 될 것이다.

11.1 기본적인 DRAM 커맨드

임의의 DRAM 메모리-액세스 프로토콜에 대한 자세한 검토는 어렵고 복잡하다. 오늘날의 DRAM 메모리 시스템들의 커맨드들 조합의 수가 증가하면서 이러한 검토는 더욱 복잡해졌다. 다행히 제한된 수의 기본적인 DRAM 커맨드들을 가지고 기본적인 메모리-액세스 프로토콜을 모델링할 수 있다.[1] 이번 절에서는 다섯 가지의 기본적인 DRAM 커맨드들을 다룬다. 이번 장에서는 기본적인 커맨드들을 이해함으로써

1 Direct RDRAM과 DDR2 SDRAM 디바이스와 같은 오늘날의 DRAM 디바이스들은 더 많은 종류의 커맨드들을 지원한다. 그러나 대부분의 커맨드들이 DRAM 디바이스의 전기적 특성을 관리하기 위하여 사용되며, 그저 정해진 동작 속도에서의 DRAM 메모리 시스템의 액세스 latency와 유지 가능한 대역폭에 대해 간접적으로 영향을 끼칠 뿐이다. Power-down states나 self 리프레시 모드들을 관리하기 위한 커맨드들은 간략한 설명을 위해 이 장에서는 다루지 않는다.

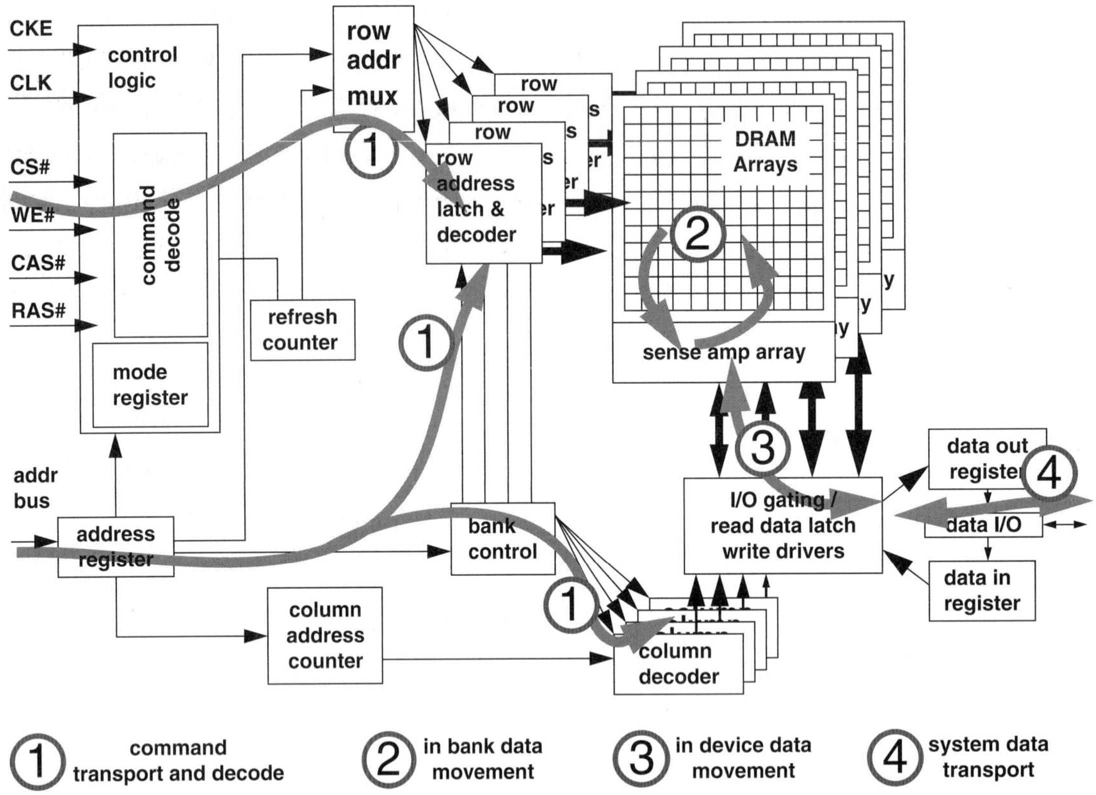

그림 11.1_ 일반 SDRAM 디바이스에서의 커맨드와 데이터 이동

DRAM 메모리-액세스 프로토콜을 이해하기 위한 토대를 갖추도록 한다. 그 다음 기본적인 DRAM 커맨드들의 상호작용들을 이해함으로써 DRAM 메모리 시스템들의 latency 응답과 유지 가능한 대역폭 특성을 알 수 있도록 한다.

그림 11.1에 그려진 SDRAM 디바이스는 이번 장에서 다루게 될 기본적인 메모리-액세스 프로토콜을 정의하기 위한 일반적인 DRAM 디바이스의 예시이다. 그리고 이번 장에서 다루는 일반적인 DRAM 메모리-액세스 프로토콜은 자원 이용 모델을 기반으로 한다.

자원 이용 모델은, 일반적인 DRAM 메모리-액세스 프로토콜의 정해진 DRAM 디바이스에서 두 개의 다른 커맨드들이 정해진 시간 내에 동일한 자원을 사용하지 않는 한도 내에서 완벽히 파이프라인될 수 있다고 가정한다.[2] 그림 11.1은 오늘날의 DRAM 디바이스들의 데이터의 움직임에 대하여 보여준다. 정해진 커맨드들은 데이터의 전송을 돕기 위하여 여러 가지 동작 상태들을 거쳐가며 처리된다. 각 상태에서는 커맨드가 특정한 자원을 요구하며 때때로 이 자원은 서로 다른 커맨드 간에 공유할 수 없는 것들도 존재한다.

2 DRAM 커맨드의 스케줄링에는 자원-공유 기반의 타이밍 변수 제약뿐 아니라 tRRD, tFAW와 같은 추가적인 타이밍 변수 제약이 존재한다. 이러한 타이밍 변수들은 DRAM 디바이스의 최대 파워 소모량을 제한하기 위해 사용된다. 따라서 DRAM 디바이스의 자원을 사용하지 않는 경우에 이러한 타이밍 변수들이 자원 사용 속도를 제한하는 방법으로 주어진 DRAM 디바이스의 피크 파워 소모량 특성을 제한한다.

그림 11.1은 DRAM 커맨드를 위한 네 가지 중복된 동작 상태를 대략적으로 설명하고 있다. 1번 상태에서는 커맨드 신호가 어드레스와 커맨드 버스들을 통해서 전송되고 DRAM 디바이스에서 디코딩된다. 2번 상태에서는 뱅크에 있는 데이터가 셀에서 sense amplifier로 이동하거나, sense amplifier에서 다시 DRAM 어레이들로 이동한다. 3번 상태에서는 데이터가 공용 I/O 게이팅 회로로 이동하고 다시 read latches write driver로 상황에 맞게 이동한다. 4번 상태에서는 칼럼 read 커맨드 상태의 DRAM 디바이스 또는 칼럼 write 커맨드 상태의 메모리 컨트롤러에 의해 read 데이터가 데이터 버스를 통해서 전송된다. 데이터 버스가 다수의 랭크에 연결되는 상황을 막기 위해서, 두 개의 서로 다른 랭크로 향하는 커맨드가 동시에 공용 데이터 버스를 사용할 수 없다.

추가적으로 DRAM–액세스 프로토콜은 연속된 DRAM 커맨드들의 조합 사이의 타이밍 조건을 정의한다. 이번 장에서는 각각의 DRAM 커맨드들과 이들의 조합에 대한 검토를 통해서 DRAM 메모리–액세스 프로토콜을 서술하고 있다. Row-to-row 활성화 딜레이나 4뱅크 활성화 윈도우와 같은 파워 제한 기반의 제약에 의한 영향들은 11.3.2와 11.3.3에 각각 자세히 기술되어 있다.

11.1.1 일반적인 DRAM 커맨드 포맷

그림 11.2는 일반적인 DRAM 커맨드의 진행을 보여준다. 그림 11.2의 t_{CMD}는 DRAM 컨트롤러로부터 DRAM 디바이스까지 커맨드를 전송하는 데 걸리는 시간 간격이다. 그림 11.2의 $t_{parameter1}$는 일반적인 '상태 2'의 지속시간을 나타내는 타이밍 변수이다. $t_{parameter1}$은 커맨드가 선택한 뱅크를 얼마나 사용하는지 나타내고, $t_{parameter2}$는 커맨드가 동일한 DRAM 디바이스 내부의 DRAM 배열을 다수의 뱅크들이 공용으로 사용하는 자원을 사용한 기간을 나타낸다. 즉, $t_{parameter1}$은 DRAM 배열들의 정해진 뱅크 내부의 공유 자원에 의해 제한되는 상황에서 두 개의 커맨드를 스케줄링하는 데 필요한 최소한의 시간 간격을 의미한다. $t_{parameter2}$는 마찬가지로 DRAM 배열들의 다수의 뱅크들이 공용으로 사용하는 자원에 의해 제한되는 상황에서 두 개의 커맨드를 스케줄링하는 데 필요한 최소한의 시간 간격을 의미한다.

이번 장에서는 DRAM 커맨드들이 간략하게 서술되어 있으며, 각각의 커맨드들의 동작을 특정한 DRAM–액세스 프로토콜들에서 각 동작의 타이밍을 중점적으로 분리하여 요약하였다. 이 요약을 통해 동일한 형태의 DRAM 커맨드 상호작용들이 다른 DRAM 메모리 시스템들에서 각기 다른 타이밍 변수 값을 가지고 적용될 수 있도록 할 것이다. 프로토콜–특화 타이밍 특성을 요약함으로써, DRAM 커맨드들은 요약된 형

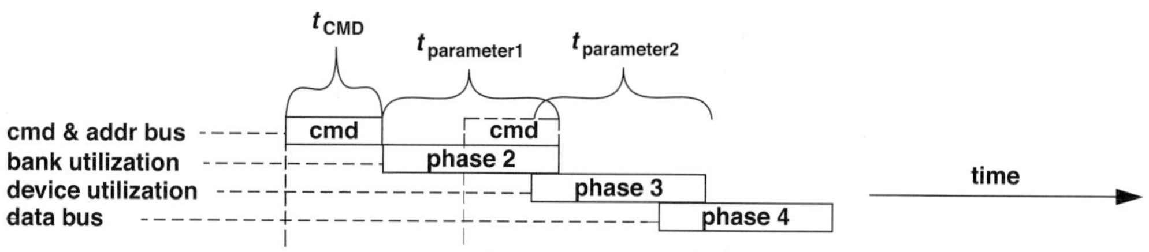

그림 11.2_ 일반적인 DRAM 디바이스의 커맨드가 가지는 여러 가지 상태

표 11.1_ 일반 DRAM-액세스 프로토콜에서 사용되는 타이밍 변수 요약.

Parameter	Description	Illustration
t_{AL}	Added Latency to column accesses, used in DDRx SDRAM devices for posted CAS commands.	Figure 11.11
t_{BURST}	Data burst duration. The time period that data burst occupies on the data bus. Typically 4 or 8 beats of data. In DDR SDRAM, 4 beats of data occupy 2 full clock cycles.	Figure 11.4
t_{CAS}	Column Access Strobe latency. The time interval between column access command and the start of data return by the DRAM device(s). Also known as t_{CL}.	Figure 11.4
t_{CCD}	Column-to-Column Delay. The minimum column command timing, determined by internal burst (prefetch) length. Multiple internal bursts are used to form longer burst for column reads. t_{CCD} is 2 beats (1 cycle) for DDR SDRAM, and 4 beats (2 cycles) for DDR2 SDRAM.	Figure 11.4
t_{CMD}	Command transport duration. The time period that a command occupies on the command bus as it is transported from the DRAM controller to the DRAM devices.	Figure 11.2
t_{CWD}	Column Write Delay. The time interval between issuance of the column-write command and placement of data on the data bus by the DRAM controller.	Figure 11.5
t_{FAW}	Four (row) bank Activation Window. A rolling time-frame in which a maximum of four-bank activation can be engaged. Limits peak current profile in DDR2 and DDR3 devices with more than 4 banks.	Figure 11.32
t_{OST}	ODT Switching Time. The time interval to switching ODT control from rank to rank.	Figure 11.19
t_{RAS}	Row Access Strobe. The time interval between row access command and data restoration in a DRAM array. A DRAM bank cannot be precharged until at least t_{RAS} time after the previous bank activation.	Figure 11.3
t_{RC}	Row Cycle. The time interval between accesses to different rows in a bank. $t_{RC} = t_{RAS} + t_{RP}$.	Figure 11.6
t_{RCD}	Row to Column command Delay. The time interval between row access and data ready at sense amplifiers.	Figure 11.3
t_{RFC}	Refresh Cycle time. The time interval between Refresh and Activation commands.	Figure 11.7
t_{RP}	Row Precharge. The time interval that it takes for a DRAM array to be precharged for another row access.	Figure 11.6
t_{RRD}	Row activation to Row activation Delay. The minimum time interval between two row activation commands to the same DRAM device. Limits peak current profile.	Figure 11.32
t_{RTP}	Read to Precharge. The time interval between a read and a precharge command.	Figure 11.13
t_{RTRS}	Rank-to-rank switching time. Used in DDR and DDR2 SDRAM memory systems; not used in SDRAM or Direct RDRAM memory systems. One full cycle in DDR SDRAM.	Figure 11.18
t_{WR}	Write Recovery time. The minimum time interval between the end of a write data burst and the start of a precharge command. Allows sense amplifiers to restore data to cells.	Figure 11.5
t_{WTR}	Write To Read delay time. The minimum time interval between the end of a write data burst and the start of a column-read command. Allows I/O gating to overdrive sense amplifiers before read command starts.	Figure 11.5

태로 표현될 수 있다. 일반적인 DRAM 메모리-액세스 프로토콜은 결과적으로 DRAM 메모리 시스템들의 성능 분석을 요약할 수 있게 한다. 그리고 이것은 다른 메모리 시스템들에도 광범위하게 적용될 수 있으며 상호 비교하는 데 있어서 관련성을 유지해 준다.

11.1.2 타이밍 피라미터들의 요약

기본적인 DRAM-액세스 프로토콜의 검토에 사용된 기본적인 타이밍 변수가 표 11.1에 요약되어 있다. 표 11.1에 있는 타이밍 변수들은 오늘날의 DRAM 메모리-액세스 프로토콜의 서술에 사용되는 완성된 타이밍 변수들과는 거리가 있다. 그렇지만 표 11.1에 기술되어 있는 제한된 세트의 타이밍 변수들을 이용하여 오늘날의 DRAM 메모리 시스템의 기본적인 DRAM 메모리-액세스 프로토콜의 동작을 설명하는 것이 가능하다.

11.1.3 로우 액세스 커맨드

그림 11.3은 로우 액세스 커맨드의 대략적인 진행을 보여준다. 로우 액세스 커맨드는 로우 액티베이션 커맨드라고도 불린다. 로우 액세스 커맨드는 DRAM 배열들의 셀에 있는 데이터를 sense amplifier로 이동시키고, 다시 DRAM 배열들의 셀로 데이터를 복원시키는 데 사용된다. 로우 액세스 커맨드와 관련하여 두 개의 타이밍 변수 t_{RCD}와 t_{RAS}가 존재한다. 로우 칼럼(커맨드) 딜레이(Row-Column(command) Delay), t_{RCD}는 로우 액세스 커맨드로부터 DRAM 셀 배열들의 데이터를 sense amplifier로 옮기는 데 걸리는 시간을 의미한다. 로우 액세스 커맨드가 입력되고 t_{RCD} 이후에 활성화된 데이터의 모든 로우가 sense amplifier로 연결된다. 그 후에 칼럼 read나 칼럼 write 커맨드를 이용하여 데이터 버스를 통해 sense amplifier와 메모리 컨트롤러 간에 데이터를 전송할 수 있다.

로우 액세스 커맨드를 입력하고 t_{RCD} 시간 이후에, 데이터가 sense amplifier에서 사용 가능하게 되지만

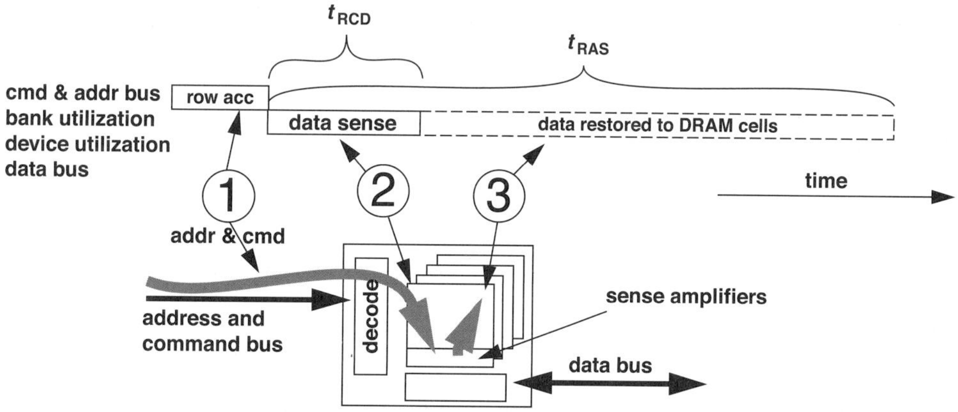

그림 11.3_ 로우 액세스 커맨드와 타이밍

DRAM 셀에는 아직 완전히 복원되지 않은 상태이다. 로우 액세스 커맨드의 입력으로부터 DRAM 셀의 로우 데이터의 방출과 복원에 걸리는 시간을 Row Access Strobe latency 또는 t_{RAS}라고 한다. 로우 액세스 커맨드 입력으로부터 t_{RAS} 이후에, sense amplifier는 DRAM 배열들로의 데이터 복원을 완전히 수행하고, sense amplifier가 동일한 DRAM 배열들의 뱅크 내에 있는 다른 로우 액세스를 수행하기 위한 프리차지가 완료된다.

11.1.4 칼럼 Read 커맨드

그림 11.4는 칼럼 read 커맨드의 진행을 보여준다. 칼럼 read 커맨드는 DRAM 배열들의 정해진 뱅크의 sense amplifier 배열로부터 데이터 버스를 통해 메모리 컨트롤러로 데이터를 전송한다. 칼럼 read 커맨드와 관련하여 t_{CAS}, t_{CCD}, t_{BURST}의 세 가지 기본적인 타이밍 변수가 존재한다. Column Access Strobe latency(t_{CAS} 또는 t_{CL})는 칼럼 read 커맨드 입력 이후에 DRAM 디바이스로부터 요청한 데이터를 데이터 버스에 배치하기까지 걸리는 시간을 의미한다. 오늘날의 DRAM 디바이스는 내부적으로 짧게 데이터를 전송하고 연속적으로 버스트한다. 그림 11.4는 DRAM 디바이스에서 내부적으로 두 번의 짧은 버스트를 통해 데이터를 전송하는 상황을 보여준다. 그림 11.4의 t_{CCD}는 DRAM 디바이스 내부의 짧은 버스트 길이이며, t_{BURST}는 하나의 칼럼 read 커맨드일 때 데이터 버스의 버스트 기간이다. 타이밍 변수 t_{CCD}는 최소 버스트 기간 혹은 최소 column-to-column 커맨드 타이밍을 의미한다. 이 최소 버스트 기간은 DRAM 디바이스의 프리페치 길이에 의해 결정된다. 예를 들어, DDR SDRAM 디바이스의 프리페치 길이가 데이터의 2비트인 경우, t_{CCD}는 DDR SDRAM 디바이스의 풀 클럭 사이클이다. DDR2 SDRAM 디바이스의 프리페치 길이는 데이터의 4비트인 경우, t_{CCD}는 DDR2 SDRAM 디바이스의 풀 클럭 사이클 두 번의 길이이다.

t_{CCD}가 t_{BURST}보다 작은 경우에는 데이터 버스를 통해서 데이터를 전송하는 속도가 t_{BURST}에 의해 결정된다. 따라서 칼럼 액세스 커맨드의 프리페치 길이는 일반적인 메모리-액세스 프로토콜에 영향을 주지 않는다. 하지만 t_{CCD}가 t_{BURST}보다 큰 경우에는 인트라 랭크 칼럼(intra-rank column) 칼럼 액세스 커맨드들이 t_{CCD}에

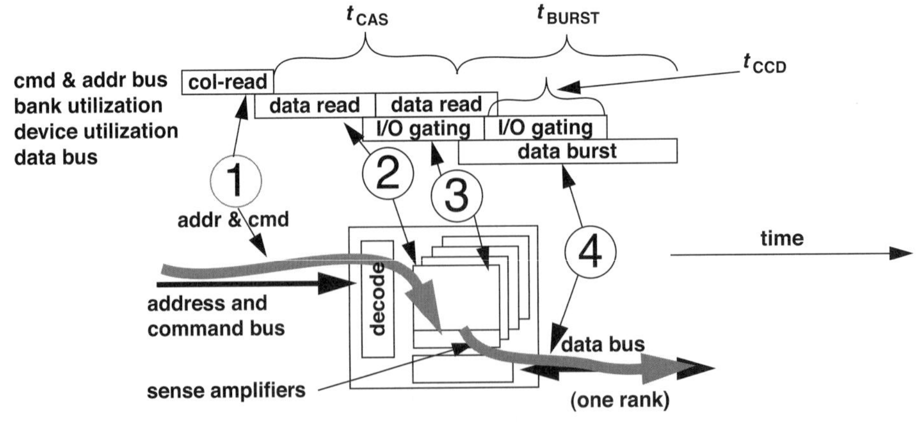

그림 11.4_ 칼럼 read 커맨드와 타이밍

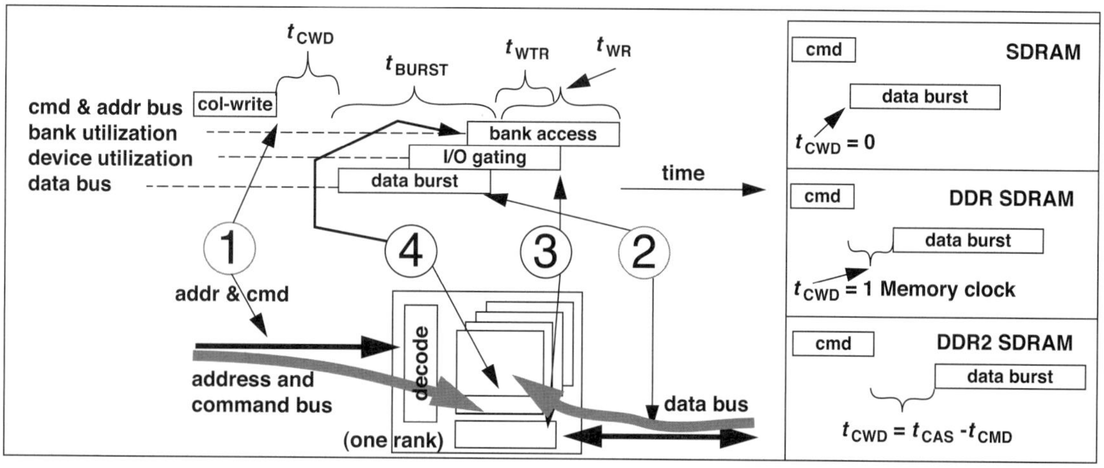

그림 11.5_ DDR SDRAM과 DDR2 SDRAM 디바이스를 위한 칼럼 write 커맨드와 타이밍

의해서 제한된다. 이러한 경우 외에도 칼럼 read 커맨드가 프리차지 커맨드 직후에 발생하는 경우에 프리페치 길이의 차이가 메모리-액세스 프로토콜에 영향을 준다. 이와 관련된 read-to-precharge 타이밍 내용은 12.2.2에서 따로 다루도록 한다.

11.1.5 칼럼 Write 커맨드

그림 11.5는 칼럼 write 커맨드의 진행을 나타낸 그림이다. 칼럼 write 커맨드는 메모리 컨트롤러로부터 목표 뱅크의 sense amplifier로 데이터를 전송한다. 칼럼 write 커맨드도 앞에서 설명한 칼럼 read 커맨드와 유사한 처리 단계를 따르지만 데이터의 전송 방향에 차이가 있다. 칼럼 write 커맨드는 칼럼 read 커맨드의 처리 단계를 반대로 진행한다.

칼럼 write 커맨드와 관련된 타이밍 변수로는 t_{CWD}(column write delay)가 있다. t_{CWD}는 칼럼 write 커맨드가 커맨드 버스로 입력된 시점으로부터 메모리 컨트롤러에 의해 write 데이터가 데이터 버스에 위치하는 데까지 걸리는 시간을 의미한다. 각각의 메모리-액세스 프로토콜들은 서로 다른 t_{CWD}를 가진다. 그림 11.5는 SDRAM 디바이스의 t_{CWD}를 보여준다. 칼럼 write 커맨드와 동시에 write 데이터가 데이터 버스에 위치하는 것을 확인할 수 있다. 따라서 이 경우 t_{CWD}는 0이다. DDR SDRAM 디바이스의 경우 t_{CWD}는 1클럭 사이클이며, DDR2 SDRAM의 경우에는 t_{CWD}가 t_{CAS}보다 1사이클 작은 값을 가진다. 마지막으로 DDR3 SDRAM의 경우에는 t_{CWD}가 5~8사이클의 값을 선택적으로 가질 수 있다. 그림 11.5에는 t_{WR}(write recovery 시간)과 t_{WTR}(write-to-read turnaround 시간)에 대해서도 기술하고 있다. t_{WR}은 write 데이터가 DRAM 배열들로 전파되는 데 걸리는 시간으로 write 커맨드 직후 프리차지 커맨드를 전송하기 위해 대기해야 하는 최소한의 시간을 의미한다. t_{WTR}은 I/O 게이팅 자원들이 write 커맨드에 의하여 방출되는 데 걸리는 시간으로 write 커맨드 직후 read 커맨드를 전송하기 위해 대기해야 하는 최소한의 시간을 의미한다.

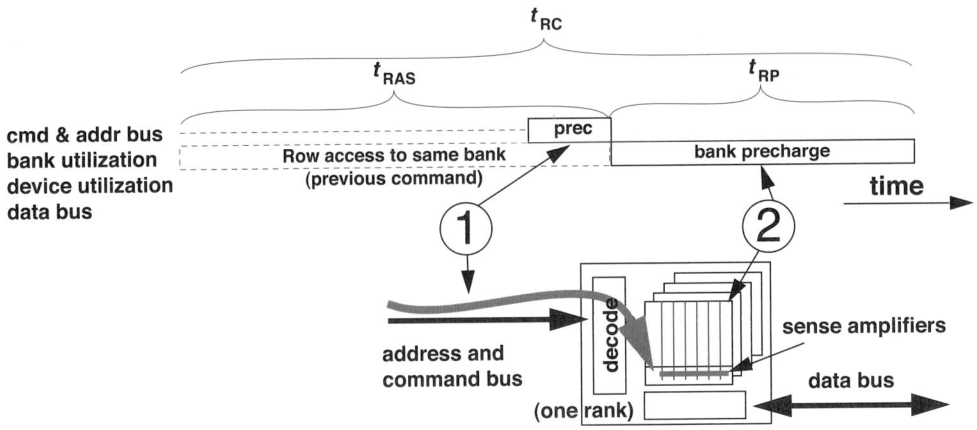

그림 11.6_ 로우 프리차지 커맨드와 타이밍

11.1.6 프리차지 커맨드

일반적인 DRAM 디바이스의 데이터 액세스는 두 개의 과정을 거친다. 먼저 로우 액세스 커맨드가 데이터를 DRAM 셀 배열로부터 sense amplifier 배열로 이동시킨다. 로우 액세스 커맨드에 의해서 데이터가 모두 이동하고 나면, 데이터는 sense amplifier에 의해 증폭되고 직후의 칼럼 액세스 커맨드에 의해 DRAM 디바이스로부터 DRAM 컨트롤러로 이동하게 된다. 로우 액세스 시퀀스의 마지막으로 프리차지 커맨드가 sense amplifier와 비트선을 리셋하여 새로운 로우 액세스 커맨드가 동일한 DRAM 셀 배열에 오는 것에 대비한다. 그림 11.6은 프리차지 커맨드의 진행을 나타낸다. (로우)프리차지 커맨드와 연관된 타이밍 변수인 t_{RP}는 프리차지 커맨드의 입력 이후에 선택된 뱅크의 비트선과 sense amplifier가 프리차지 되는 데 걸리는 시간을 말한다. 다시 말하면, 프리차지 커맨드 이후에 로우 액세스 커맨드를 받을 수 있도록 DRAM 셀의 뱅크가 모두 프리차지되는 데 걸리는 시간을 의미한다.

로우 액세스와 관련된 두 개의 타이밍 변수(t_{RP}, t_{RAS})를 조합하여 t_{RC}(로우 사이클 시간)를 얻을 수 있다. DRAM 디바이스의 로우 사이클 시간이란 DRAM 디바이스가 DRAM 셀 배열로부터 sense amplifier로 이동시키고, DRAM 셀에 데이터를 복원하고, 비트선을 기준 전압 레벨으로 프리차지하여 다음 로우 액세스 커맨드를 준비하는 데 걸리는 최소한의 시간을 의미한다. 로우 사이클 시간은 동일한 DRAM 뱅크 내의 다른 로우로부터 데이터를 되찾아오는 데 걸리는 근본적인 제한시간을 의미하기도 한다. 이 때문에 t_{RC}는 DRAM 디바이스의 랜덤 로우 사이클 시간이라고도 불린다.

11.1.7 리프레시 커맨드

DRAM 셀의 비영구적인 charge 저장 공간은 저장 캐패시터에 저장된 전하가 액세스 트랜지스터에 의해 점차적으로 새어나감을 의미한다. 따라서 데이터의 신뢰성을 유지하기 위해서는 DRAM 셀에 저장된 데이터를 주기적으로 판독하고 복원함으로써 각각의 DRAM 셀에 저장된 전하가 구분 불가능한 수준으로 감소되

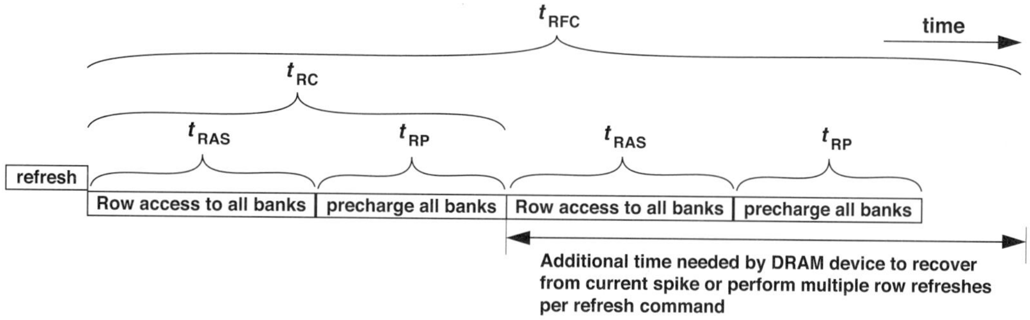

그림 11.7_ 전체 뱅크에 대한 병행 처리 로우 리프레시 타이밍

표 11.2_ DDR과 DDR2 SDRAM 디바이스들의 리프레시 사이클 타임들

DRAM Device Family	Voltage	DRAM Device Capacity	Number of Banks	Number of Rows	Row Size	Refresh Count	t_{RC}	t_{RFC}
DDR	2.5V	256 Mb	4	8192	1 kB	8192	60 ns	67 ns
		512 Mb	4	8192	2 kB	8192	55 ns	70 ns
DDR2	1.8V	256 Mb	4	8192	1 kB	8192	55 ns	75 ns
		512 Mb	4	16384	1 kB	8192	55 ns	105 ns
		1024 Mb	8	16384	1 kB	8192	54 ns	127.5 ns
		2048 Mb	8	32768	1 kB	8192	~	197.5 ns
		4096 Mb	8	65536	1 kB	8192	~	327.5 ns

기 전에 최대 전압 레벨로 복구해야 한다. 리프레시 커맨드는 DRAM 디바이스에서 데이터 read-out과 복원의 역할을 담당하는 커맨드이다. 따라서 리프레시 커맨드를 정해진 DRAM 배열의 로우로 전송하는 간격이 최악의 데이터 소실 시간에 비하여 짧은 한, DRAM은 리프레시 커맨드를 통해 데이터의 신뢰성을 보장할 수 있게 된다. 다만 리프레시 동작이 사용 가능한 대역폭과 파워를 소모하는 것이 리프레시 메커니즘의 단점이다. 따라서 여러 가지 시스템들에서는 서로 다른 리프레시 메커니즘이 사용된다. 일부는 콘트롤러의 복잡성의 최소화 혹은 대역폭의 손실을 최소화하는 방향으로 설계하나, 일부는 파워 소모를 최소화하는 방향으로 설계되어 있다.

리프레시 커맨드와 관련된 컨트롤의 복잡도를 완화하기 위하여, 대부분의 DRAM 디바이스는 리프레시 로우 어드레스 레지스터를 사용하여 마지막으로 리프레시한 로우의 어드레스를 기억한다. 일반적으로, 메모리 컨트롤러는 하나의 리프레시 커맨드를 DRAM 디바이스로 전송하고, DRAM 디바이스는 리프레시 로우 어드레스 레지스터의 값을 하나씩 증가시키는 것을 통해 DRAM 디바이스의 모든 뱅크의 로우 전체를 리프레시한다. 그림 11.7은 기본적인 전체 뱅크에 대한 병행 처리 리프레시 커맨드를 표현한 것으로, 현대의 DRAM 메모리 컨트롤러는 주로 하나의 리프레시 커맨드를 전송하면 모든 뱅크의 DRAM 셀의 한 개의 로우가 리프레시된다. 다시 말해 기본적인 전체 뱅크에 대한 병행 처리 리프레시 커맨드가 나오면, DRAM 디바이스는 리프레시 어드레스 레지스터로부터 로우 어드레스를 가져오고, 모든 뱅크의 해당 로우 어드레스가 동시에 리프레시 되도록 한다. 그림 11.7과 같이, 모든 뱅크로 하나의 리프레시 커맨드를 전송하면 완료까지 t_{RFC}(1refresh cycle time)가 소모된다.

표 11.2는 DDR과 DDR2 SDRAM 디바이스의 일반적인 리프레시 사이클 시간을 보여준다. DRAM 디바이스 밀도가 증가함에 따라, 리프레시해야 하는 DRAM 셀의 수도 증가하였다. 여기서 DRAM 제조자가 선택한 해결법은 큰 용량의 DDR2 디바이스에 대하여, DRAM 디바이스의 용량 증가로 인한 로우 개수가 두 배로 증가해도 리프레시 커맨드의 주기를 64-ms으로 유지하는 방법이었다. 결과적으로 시스템 내의 DRAM 디바이스의 용량에 무관하게, 메모리 컨트롤러가 8,192번의 리프레시 커맨드를 매 64ms마다 DRAM 디바이스로 전송해야 한다. 그러나 대용량 DRAM 디바이스의 경우에 8,192개를 넘는 로우가 존재하고 이 때문에 각각의 리프레시 커맨드는 2, 4, 또는 8개의 로우를 한 번에 리프레시해야만 한다. 4-Gbit DDR2 SDRAM 디바이스의 경우에 리프레시 커맨드 개수의 8배에 달하는 로우 개수가 존재한다. 따라서, 4-Gbit DDR2 SDRAM은 연속 주기로 매 리프레시 커맨드마다 8개의 로우를 리프레시해야만 한다 – 이러한 일련의 동작을 완료하기 위해서는 많은 시간이 필요하다. 테이블 11.2를 참조하면 4-Gbit DDR2 SDRAM 디바이스의 각각의 리프레시 커맨드가 동작을 완료하기까지 327.5ns를 필요로 한다.

DRAM 디바이스 설계 엔지니어와 DRAM 메모리 시스템 설계 엔지니어는 bank-concurrent 리프레시 커맨드의 대안을 찾는 데 적극적이다. 일부 메모리 시스템는 컨트롤러가 수동으로 로우 사이클 read를 서로 다른 각각의 뱅크에 주입하는 형태로 설계되어 있다. Per-bank 리프레시 방식은 메모리 컨트롤러의 복잡도가 증가하는 비용 증가를 대가로 리프레시 커맨드의 대역폭에 미치는 영향을 감소시킬 수 있다.

11.1.8 Read 사이클

그림 11.8은 SDRAM이나 DDRx SDRAM과 같은 일반적인 DRAM 메모리 시스템의 read 사이클을 보여주고 있다. 일반적으로 현대의 DRAM 디바이스의 경우 각각의 로우 액세스 커맨드가 정해진 뱅크의 sense amplifier 배열로 수천 비트의 데이터를 전달한다. 이후의 칼럼 read 커맨드는 이 중에 수십에서 수백 비트의 데이터를 데이터 버스를 통해서 메모리 컨트롤러로 전달한다. 메모리의 스트리밍으로 데이터를 접근

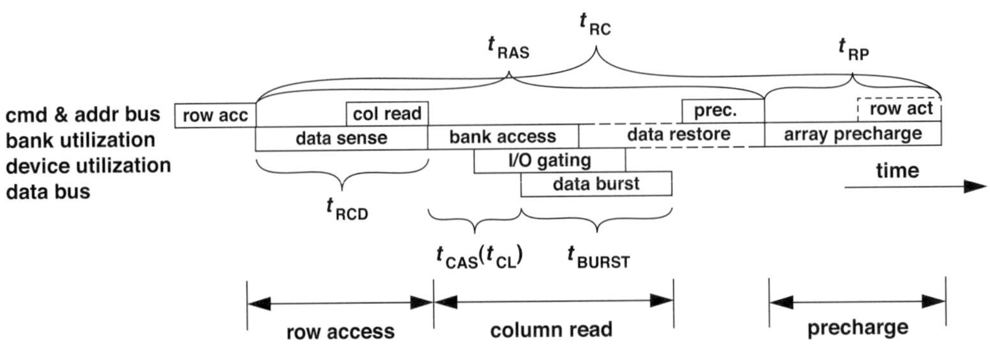

그림 11.8_ Read 사이클

하는 어플리케이션은 sense amplifier에서 활성화된 데이터의 특정 로우의 수천 비트를 유지하는 것은 다른 로우의 접근으로 발생하는 지연이나 에너지 소모 없이 메모리의 read 동작을 보장한다. 그에 반해서, 인접한 위치의 데이터에 자주 액세스하지 않는 메모리 시스템의 경우에는 로우 액세스 이후에 바로 DRAM 배열들을 프리차지하여 곧바로 동일한 뱅크의 다른 로우에 직후의 액세스가 가능하도록 대비하는 것이 유리하다. 그림 11.8은 DRAM 셀의 하나의 뱅크로 빠르게 액세스하는 일련의 커맨드를 보여준다. 로우 액세스 커맨드에 의해서 DRAM 셀로부터 sense amplifier로 데이터가 이동하게 된다. t_{RCD} 이후에는 요청한 로우의 데이터가 sense amplifier에 의해 결정되고, 메모리 컨트롤러가 DRAM 디바이스로 칼럼 read나 write 커맨드를 전송할 수 있게 된다. Column 액세스 커맨드의 전송 직후에, 메모리 디바이스는 곧바로 sense amplifier의 데이터를 DRAM 셀에 복구한다. 그리고 나서 최초의 로우 액세스 커맨드 입력 이후에 t_{RAS} 시간이 지나면, DRAM 셀들은 비트선과 sense amplifier를 초기화하는 프리차지 커맨드를 수행하기 위한 준비를 마친다. 공통적으로, 메모리 시스템 중에서 즉시 뱅크를 프리차지하여 새로운 다른 로우에 액세스하기 위한 준비를 하는 경우를 **클로즈 페이지** 메모리 시스템이라고 한다. sense amplifier의 로우 활성화 상태를 유지하는 경우는 **오픈 페이지** 메모리 시스템이라고 한다.

11.1.9 Write 사이클

그림 11.8의 read 사이클 예시와 비슷하게, 그림 11.9는 일반적인 DRAM 메모리 시스템의 write 사이클을 나타낸다. 오늘날의 DRAM 디바이스는 로우 사이클 시간은 write 사이클의 지속 시간에 의해서 제한된다. 즉, 로우 사이클 시간은 DRAM 디바이스가 임의의 데이터를 DRAM 셀의 정해진 뱅크의 임의의 로우로 전송하기 위한 최소한의 시간을 의미한다. 암묵적으로, 로우 액세스는 read 액세스나 write 액세스 모두를 의미한다. write 액세스의 경우 데이터는 반드시 메모리 컨트롤러에 의해 공급되고, 데이터 버스를 통해 드라이브되어 I/O 게이팅 멀티플렉서를 통과한 후, sense amplifier를 오버드라이브하여, 마지막으로 DRAM 셀에 저장되어야 한다. 이 복잡한 과정들은 순서를 마무리하는 프리차지 커맨드가 진행되기 전에 모두 완료되어야 한다. 결과적으로, 로우 사이클 시간은 로우 액세스 시간, 칼럼 write 지연, 데이터 전송 시간, write 데이터 리스토어 시간, 프리차지 시간까지 고려되어 정의되어야 한다. 그 말은 더욱 복잡한 write 액세스

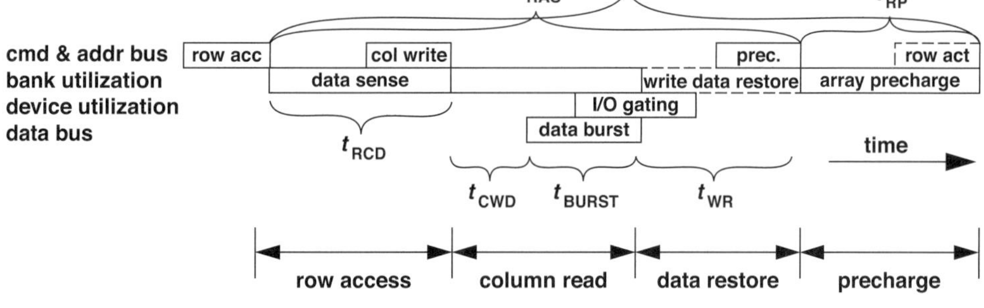

그림 11.9_ Write 사이클

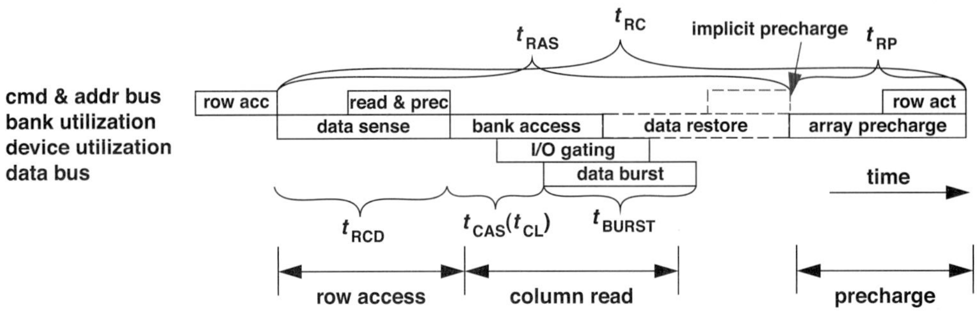

그림 11.10_ 로우 액세스 커맨드와 column-read-and-precharge 커맨드를 포함하는 read 사이클

시간을 처리하기 위해서는, t_{RAS}가 반드시 t_{RCD}, t_{CWD}, t_{CCD}[3], t_{WR}를 처리할 수 있을 만큼 충분히 길어야 한다. 정리하면, 각각의 latency 값의 클럭 사이클 단위에 따라 SDRAM, DDR SDRAM, DDR2 SDRAM 디바이스와 같은 범용 DRAM 디바이스에서의 로우 사이클 시간의 write 사이클 시간을 설명하자면, 타이밍 변수 t_{RAS}는 최소한 $t_{RCD}+t_{CWD}+t_{CCD}+t_{WR}$보다 크거나 같은 조건을 만족해야 한다.

11.1.10 복합적인 커맨드들

read 사이클에 대한 지난 논의에서는 그림 11.8을 통하여 세 개의 분리된 일련의 커맨드를 실행하여 일반 DRAM 메모리 시스템의 read 사이클을 설명하였다. DRAM 디바이스와 아키텍처의 진화의 한 부분으로, 일부 DRAM 디바이스는 더 복잡한 일련의 동작을 수행하는 복합 커맨드를 지원하기 위해 설계되었다. 그림 11.10은 그림 11.8에서 발행된 DRAM 커맨드와 동일한 시퀀스를 보여준다. 그러나 그림 11.8의 단순한 칼럼 read 커맨드는 그림 11.10에서 복잡한 column-read-and-precharge 커맨드로 대체되었다. 이름에서 알 수 있듯이, column-read-and-precharge 커맨드는 칼럼 read 커맨드와 프리차지 커맨드를 하나의 명령어로 결합한 것이다. Column-read-and-precharge 커맨드의 장점은 read 커맨드 직후에 바로 DRAM 뱅크를 프리차지하는 클로즈 페이지 메모리 시스템를 위한 것으로, column-read-and-precharge 커맨드는 커맨드와 어드레스 버스의 대역폭 요구를 감소시킨다. 내포된 프리차지 커맨드는 DRAM 메모리 컨트롤러가 원래는 프리차지 커맨드가 차지했을 어드레스와 커맨드 버스에 프리차지 커맨드를 함축함으로써 다른 커맨드를 배치할 수 있음을 의미한다.

그림 11.10은 t_{RCD} 타이밍 조건을 만족하면서 로우 액세스 커맨드 이후에 가장 빠른 시간 슬롯에서 메모리 컨트롤러로부터 DRAM 디바이스에 발행된 column-read-and-precharge 커맨드를 보여준다. 암묵적 프리차지 커맨드의 경우 t_{RAS} 타이밍 조건을 위반하지 않도록 지연되어 있다. DDR2 SDRAM과 같은 오늘날의

3 DDR SDRAM이나 DDR2 SDRAM과 같은 DRAM 디바이스들은 긴 버스트 기간을 만들기 위해서다수의 내부 데이터 버스트들을 사용한다. 따라서 가능한 가장 짧은 t_{BURST} 기간, t_{CCD}만 가지고 t_{RAS}를 정의할 수 있다.

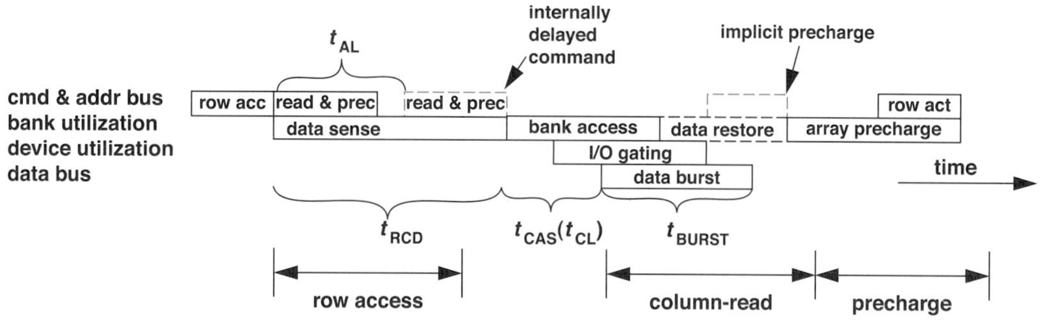

그림 11.11_ Posted CAS/ 커맨드에 의해 초기 설정 값인 t_{AL}만큼 연기된 CAS/ 커맨드

DRAM 디바이스에는 column-read-and-precharge 커맨드의 auto-precharge 성분이 t_{RAS} 타이밍 조건을 위반하지 않도록 t_{RAS} lockout이라는 이름의 기능이 구현되어 있다. 즉, 그림 11.10에 도시된 바와 같이 DRAM 디바이스가 로우 액세스 커맨드의 데이터 복원 단계를 완료하기 전에 DRAM 디바이스로 column-read-and-precharge 커맨드가 발행되는 경우에는, DRAM 디바이스가 로우 액세스를 위해 t_{RAS} 타이밍 요건을 만족할 때까지 암묵적 프리차지 커맨드를 지연시킬 것이다. 이러한 방식으로 클로즈 페이지 메모리 시스템들은 랜덤 로우 액세스의 프리차지 측면에 대한 걱정 없이 DRAM 디바이스에서 데이터를 검색하기 위한 최선의 타이밍에 column-read-and-precharge 커맨드를 실행할 수 있다.

DDR2 SDRAM 메모리 시스템과 같은 일부 메모리 시스템에서 지원하는 두 번째 유형의 복잡한 커맨드는 posted 칼럼 액세스(posted CAS/) 커맨드이다. Posted CAS/ 커맨드는 단순히 동작의 수행이 DRAM 디바이스에서 고정된 몇 사이클 지연된 칼럼 액세스 커맨드이다. Posted CAS/ 커맨드를 지원하는 DRAM 디바이스에서는 그림 11.11의 t_{AL}로 표시된 사전에 설정된 값에 기반하여 CAS/ 커맨드의 동작을 지연시킨다. Posted CAS/ 커맨드를 위한 지연 사이클 수는 DDR2 DRAM 디바이스에 미리 프로그램되어 있기 때문에 DRAM 디바이스는 칼럼 액세스 커맨드를 동적으로 연기할 수 없다. XDR DRAM 디바이스와 같은 일부 DRAM 디바이스들은 DRAM 디바이스가 특정 지연 사이클 이후에 실행되거나 작용할 수 있도록 함으로써, 컨트롤러가 DRAM 커맨드를 유동적으로 관리할 수 있게끔 커맨드가 선택적인 지연 값을 가질 수 있게 하는 인코딩을 지원한다.

그림 11.11은 read 사이클에서의 posted column-read-and-precharge를 도시한다. Column-read-and-precharge 커맨드는 흔히 column-read-command with auto-precharge라고도 한다. 그림 11.11에 도시되어 있는 커맨드의 시퀀스는 그림 11.10에 도시된 DRAM 커맨드의 시퀀스와 동일하다. 그림 11.10과 11.11의 커맨드 시퀀스 사이의 차이점은 column-read-and-precharge 커맨드가 posted CAS/ 커맨드이며, 그림 11.11에서는 로우 액세스 커맨드 직후에 바로 posted column-read 커맨드가 발행되었다는 것이다. 그림 11.11에서는, 칼럼 read 측면에서 커맨드가 t_{RCD} 타이밍 조건을 위반하지 않도록 하기 위하여 t_{AL}의 설정 값에 의해 column-read-and-prechage 커맨드의 실행이 연기되었다.

Posted CAS/ 커맨드의 장점은 posted CAS/ 커맨드로 인해 메모리 컨트롤러가 로우 액세스 커맨드 직후에 칼럼 액세스 커맨드를 발행할 수 있게 함으로써 클로즈 페이지 메모리 시스템들을 위한 컨트롤러를 아주 쉽게 설계할 수 있다는 점이다. 그러나 posted CAS/ 커맨드가 모든 타입의 메모리 컨트롤러들의 복잡성을 감소시키는 완전한 방법은 아니다. 왜냐하면 posted 커맨드 또한 칼럼 액세스 커맨드의 타이밍과 정상 프로토콜 타이밍 요건을 만족해야 하기 때문이다.

11.2 DRAM 커맨드 상호작용들

이전 절에서는 기본적인 DRAM 커맨드들이 일부 자세히 설명되었다. 이번 절에서는 기본적인 DRAM 커맨드들 간의 상호작용에 대하여 더욱 자세하게 설명한다. 이번 장에서는 DRAM 커맨드 상호작용과 각종 타이밍 변수들의 사양에 대한 요구를 설명하기 위해 자원 이용 모델을 사용한다. 자원 이용 모델에서 DRAM 커맨드는 공유 자원의 가용성에 따라 연속적으로 예정될 수 있으며, 공유 자원은 sense amplifier, I/O 게이팅 멀티플렉서와 같은 온 칩 자원들과 커맨드, 어드레스, 데이터 버스들과 같은 오프 칩 자원들로 이루어져 있다. 그러나 공유 자원의 가용성과 무관하게, 디바이스 전류 제한과 같은 고려사항은 연속적으로 예정된 커맨드들을 금지할 수 있다.[4]

이번 장에서는 단순한 오픈 페이지와 클로즈 페이지의 로우 버퍼 관리 정책을 가지는 메모리 시스템에서의 read와 write 커맨드를 검사하도록 한다. 오픈 페이지 로우 버퍼 관리 정책을 구현한 메모리 시스템에서는, 로우가 액세스를 위해 개방되면, 이후의 동일한 로우에 대한 read와 write 액세스를 대비하여 sense amplifier 배열이 계속해서 데이터를 유지한다. 이 데이터 유지는 같은 뱅크의 다른 로우에 대한 액세스가 컨트롤러를 강제하여 sense amplifier를 프리차지하고 다른 로우에 대한 액세스에 대비하도록 할 때까지 유지된다. 오픈 페이지 메모리 시스템은 여러 번의 로우 접근 없이 동일 로우에서 여러 번의 칼럼 접근이 가능한 특정 영역의 메모리 접근 시 사용하는 방법이다. 오픈 페이지 메모리 시스템에서는 정해진 요청에 대한 DRAM 커맨드 시퀀스는 메모리 시스템의 상태에 따라 다르다. 그리고 오픈 페이지 메모리 시스템의 DRAM 커맨드 시퀀스의 동적 특성은 굉장히 많은 DRAM 커맨드 상호작용과 메모리 시스템 상태 조합이 가능하다는 것을 의미한다. 다수의 커맨드 상호작용은 커맨드 시퀀스의 예약을 매우 어렵게 만든다. 앞으로의 절에서는 오픈 페이지 메모리 시스템에서의 다양한 경우의 DRAM 커맨드 조합 경우의 수에 대하여 자세히 다루도록 한다. DRAM 커맨드 조합의 자세한 검토를 통하여 DRAM 커맨드 사이에 최소 간격의 스케줄을 요약한 테이블을 만들 수 있도록 한다. 이번 장에서는 최소 간격의 스케줄링을 통해 DRAM 메모리 시스템의 성능을 분석한다.

11.2.1 동일한 랭크에 대한 연속적인 read와 Write들

SDRAM, DDR SDRAM, Direct RDRAM 메모리 시스템과 같은 오늘날의 DRAM 메모리 시스템에서는 동

4 이것은 t_{RRD}와 t_{FAW}이다.

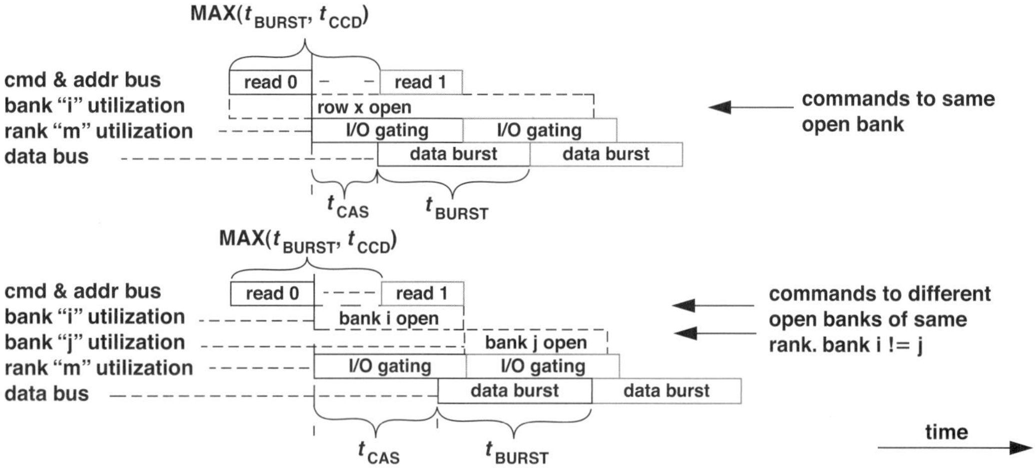

그림 11.12_ 동일한 뱅크, 랭크, 채널로의 연속적인 칼럼 read 커맨드

일한 뱅크, 랭크, 채널의 메모리의 동일한 오픈 로우에 대한 read 커맨드가 DRAM 디바이스의 내부 프리페치 길이와 데이터 버스 위의 데이터의 버스트 지속 기간에 따라서 연속으로 파이프라인되고 예약될 수 있다. 그림 11.12는 두 개의 칼럼 read 커맨드들을 보여주고 있다. read 0과 read 1로 표시된 두 커맨드들은 연속적으로 파이프라인 되어 있다. 그림 11.4에 표시된 것과 같이, 칼럼 read 커맨드가 커맨드와 어드레스 버스들에 위치하고 t_{CAS} 시간 이후에, DRAM 디바이스는 데이터 버스로 데이터를 반환하기 시작한다. 동일한 랭크의 임의의 오픈 뱅크들에 대한 칼럼 read 커맨드들이 연속적으로 파이프라인될 수 있기 때문에, 메모리의 같은 뱅크의 동일한 오픈 로우에 대한 연속적인 칼럼 read 커맨드는 매 t_{BURST} 시간 주기마다 예약될 수 있다. 뱅크의 오픈 로우에 대한 연속적인 칼럼 read 커맨드의 스케줄링과 관련된 하나의 주의점은 t_{BURST}가 반드시 t_{CCD}보다 크거나 같아야 한다는 점이다. 이는 크게 중요하지 않은데 왜냐하면 모든 RDRAM, SDRAM, DDR SDRAM, DDR2 SDRAM 메모리 시스템들에서 t_{BURST}는 t_{CCD}보다 크기 때문이다. 한 가지 예외가 있는데, DDR3 SDRAM 디바이스에서는 t_{CCD}가 4사이클인데, DDR3 SDRAM 디바이스의 프리페치 길이는 8데이터 beat이다. 따라서, DRAM 디바이스의 동일한 랭크의 같거나 다른 뱅크에 대한 연속적인 칼럼 read 커맨드의 최적의 타이밍은 MAX(t_{BURST}, t_{CCD})이다.

마지막으로 메모리의 정해진 랭크의 동일한 뱅크에 대한 연속적인 칼럼 read 커맨드 경우와 유사하게, 메모리의 정해진 랭크의 동일한 뱅크에 대한 연속적인 칼럼 write 커맨드의 경우도 매 MAX(t_{BURST}, t_{CCD}) 시간 주기마다 예약 가능하다.

11.2.2 Read에서 프리차지로의 타이밍

그림 11.13은 칼럼 read 커맨드 직후의 프리차지 커맨드를 위한 최소 커맨드 타이밍을 보여주고 있다. 그림

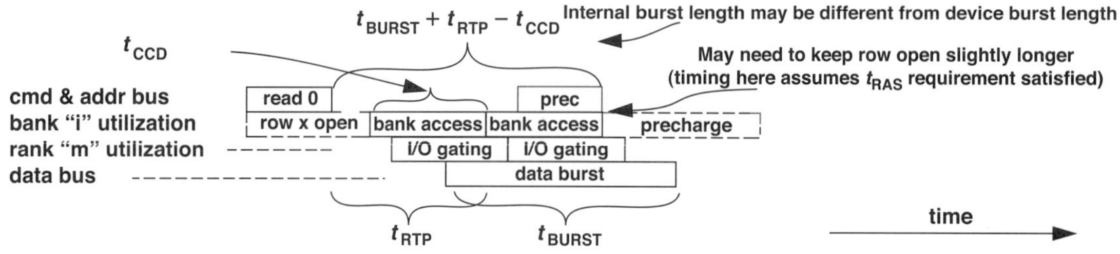

그림 11.13_ Read 직후 프리차지의 커맨드 타이밍

11.13에서 최소 커맨드 타이밍 수식은 $t_{BUSRT}+t_{RTP}-t_{CCD}$[5]와 같다. DRAM 디바이스의 내부 버스트 길이인 t_{CCD}가 t_{BURST}(칼럼 버스트 기간)와 같은 경우에, 칼럼 read 커맨드와 프리차지 커맨드 사이의 최소 커맨드 타이밍은 간단하게 t_{RTP}로 표현 가능하다. 그러나 일부 DRAM 디바이스에서는 버스트 기간이 다수의 내부 데이터 버스트로 구성되는 경우가 존재한다. 예를 들어 이전의 그림 11.4의 경우, DDR2 SDRAM 디바이스의 내부 버스트 기간은 4beat에 불과한데 칼럼 액세스 커맨드들이 8beat의 버스트 기간 동안 데이터를 전송하도록 프로그램되어 있다. 결과적으로 앞에서 언급한 DDR2 SDRAM 메모리 시스템의 칼럼 read에서 프리차지까지의 타이밍은 $t_{RTP}+t_{CCD}$로 다시 표기할 수 있다. 본질적으로, 타이밍 변수 t_{RTP}는 자체적으로 칼럼 read 커맨드와 프리차지 커맨드 사이에 필요한 최소한의 시간을 명시한다. 하지만, DDR2 SDRAM 디바이스와 같은 DRAM 디바이스에서는 칼럼 read 커맨드를 위해서 다수의 짧은 버스트들이 하나의 연속적인 버스트를 이루어 사용된다. 이러한 경우, DRAM 디바이스는 I/O 게이팅 멀티플렉서들을 드라이브하기 위해 sense amplifier들을 오픈 상태로 유지해야만 하고 타이밍 변수 t_{RTP}는 sense amplifier들이 계속해서 오픈되는 연장 시간이 반영되도록 변경되어야 한다. 보다 일반적으로 칼럼 read에서 프리차지 사이의 타이밍을 표현하는 수식은 $t_{RTP}+(N-1)t_{CCD}$가 되고, N은 단일 칼럼 read 커맨드를 위한 하나의 확장 버스트를 형성하기 위한 내부 버스트의 수를 의미한다.

11.2.3 동일한 뱅크의 다른 로우로의 연속적인 write들

대부분의 오늘날 DRAM 디바이스들에서는 그림 11.12에 도시되어 있듯이, 동일한 오픈 뱅크의 동일한 로우에 대한 다수의 칼럼 read 커맨드가 연속적으로 발행되고 파이프라인될 수 있다. 그러나 동일한 뱅크의 다른 로우에 대한 칼럼 read 커맨드들의 경우, 현재의 DRAM 배열이 프리차지되고 다른 로우가 sense amplifier들의 배열에 의해서 활성화되어야 하기 때문에 전체 로우 사이클 시간을 필요로 한다.

최고의 시나리오

그림 11.14는 메모리 배열의 동일한 뱅크 내의 서로 다른 로우에 대한 연속적인 read 요청이 있는 경우의

5 이 수식은 칼럼 read 커맨드가 posted CAS 타이밍을 사용하지 않음을 의미한다. 반면에, t_{AL}은 반드시 추가되어야 한다. 따라서 이 수식은 다음과 같이 수정되어야 한다. $t_{AL} + t_{BUSRT} + t_{RTP} - t_{CCD}$

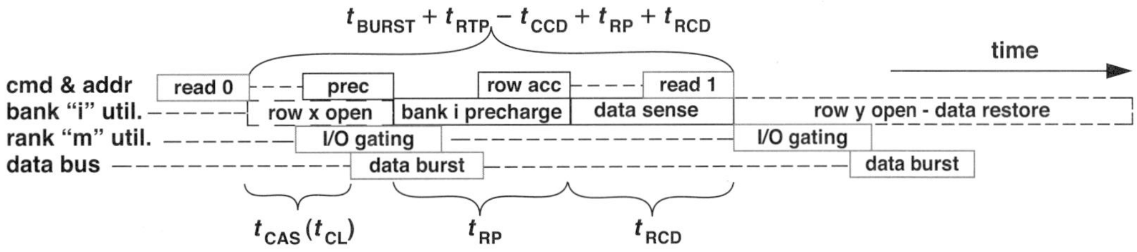

그림 11.14_ 동일한 뱅크의 다른 로우로의 연속적인 칼럼 read 커맨드 : 최고의 시나리오

타이밍과 커맨드 시퀀스를 도시한다. 이 시퀀스에서는 read 0으로 표기된 첫 번째 read 커맨드가 발행되고, sense amplifier의 배열이 동일한 뱅크의 다른 로우가 액세스를 위해 오픈되기 전에 프리차지되어야 한다. 프리차지 커맨드의 입력 이후 t_{RP} 시간 주기 이후에, 다른 로우 액세스 커맨드가 발행될 수 있고, 로우 액세스 커맨드 이후 t_{RCD} 시간 주기 이후에, read 1로 표기된 두 번째 read 커맨드가 진행될 수 있다. 그림 11.14는 동일한 뱅크 내의 서로 다른 로우에 대한 연속적인 칼럼 read 액세스가 최적의 타이밍으로 예약 가능한 것을 보여주고 있다. 최적의 타이밍은 $t_{BUSRT}+t_{RTP}-t_{CCD}+t_{RP}+t_{RCD}$이며, 이 연속적인 칼럼 read 액세스는 로우 복구 시간 t_{RAS}가 만족하는 내에서 계속 유효하다.

최악의 시나리오

그림 11.14는 동일한 뱅크의 서로 다른 로우에 대한 연속적인 read 커맨드가 가질 수 있는 최적의 타이밍을 보여주고 있다. 그러나 그림 11.14의 타이밍은 적어도 이전 로우 액세스 이후로 t_{RAS} 시간이 경과했고, 데이터가 이미 DRAM 셀에 복구된 것을 가정하고 있다. 현재의 로우의 데이터가 아직 DRAM 셀에 복구되지 않은 경우에, 프리차지 커맨드는 동일한 뱅크에 들어온 이전 로우 액세스 이후 t_{RAS} 시간 주기가 지나기 전까지 발행될 수 없다. 그림 11.14의 최적의 타이밍과는 대조적으로, 그림 11.15는 동일한 뱅크의 서로 다른 로우에 대한 연속적인 두 read 커맨드의 worst-case 타이밍을 보여주고 있다. 이때 첫 번째 칼럼 커맨드는 로우 액세스 커맨드 직후에 바로 발행되었다. 이 경우 프리차지 커맨드는 첫 칼럼 read 커맨드 직후에 바로

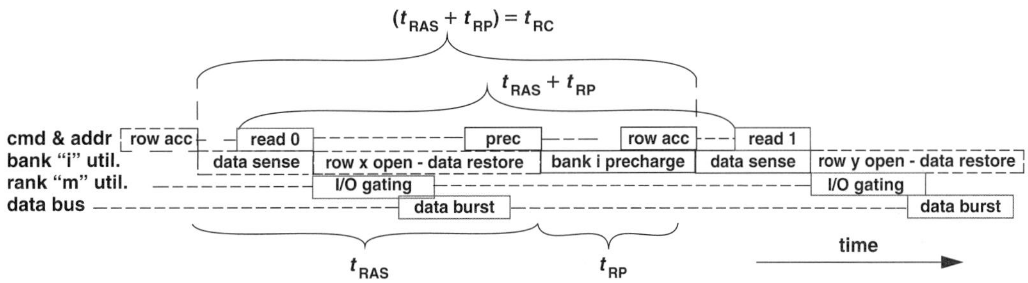

그림 11.15_ 동일한 뱅크의 다른 로우로의 연속적인 칼럼 read 커맨드 : 최악의 시나리오

발행될 수 없고, 이전 로우 액세스 커맨드 이후로 t_{RAS} 시간 주기가 지나기까지 기다려야만 한다. 그리고 나서 프리차지 커맨드 이후 t_{RP} 시간 주기가 지난 이후에 두 번째 로우 액세스 커맨드가 발행될 수 있고, 다시 t_{RCD} 시간 주기 이후에 두 번째 칼럼 read 커맨드가 커맨드 시퀀스를 완성시킬 수 있다.

그림 11.14는 동일한 뱅크에서 서로 다른 로우에 대한 두 개의 연속적인 칼럼 read 커맨드가 가질 수 있는 최적의 타이밍을 보여주었고, 그림 11.15에서는 동일한 뱅크의 서로 다른 로우에 대한 두 개의 칼럼 read 커맨드가 가지는 최악의 타이밍을 보여주었다. 두 개의 다른 시나리오 사이에 있는 차이는 DRAM 메모리 컨트롤러가 반드시 로우 액세스 커맨드의 타이밍을 추적하고 있어야 하고, 모든 로우 프리차지 커맨드를 로우 복원 요건이 만족될 때까지 지연해야 한다는 것을 알려준다.

11.2.4 다른 뱅크들로의 연속적인 read들: 뱅크 충돌

지난 장에서는 동일한 뱅크 내의 서로 다른 로우에 대한 연속적인 read 커맨드가 발행되는 경우에 대해 검토해 보았다. 이번 장에서는 다른 뱅크들에 대해서 연속적인 read 요청이 발생하는 상황에서 두 번째 요청이 목표하는 뱅크의 활성 로우와 뱅크 충돌을 일으키는 경우에 대하여 다루도록 한다. 이 시나리오에서는 뱅크의 상태와 DRAM 컨트롤러가 다른 처리 요청들을 재정렬하는 능력에 따라 여러가지 최단기간의 스케줄 조합이 가능하다.

커맨드 재정렬이 없는 경우

그림 11.16은 동일한 랭크의 다른 뱅크에 대한 두 개의 연속적인 read 요청의 커맨드 시퀀스와 타이밍을 보여준다. 그리고 두 번째 read 요청이 뱅크의 sense amplifier의 배열의 활성 로우가 아닌 다른 로우에 주어졌다. 그림 11.16은 세 가지 암묵적인 가정을 하고 있다. 첫 번째 가정은 i와 j 뱅크 모두 열린 상태라는 것, 이때 뱅크 i와 뱅크 j는 서로 다른 뱅크이다. 두 번째 read 요청이 뱅크 j의 sense amplifier의 배열이 데이터를 유지하고 있는 로우가 아닌 다른 로우를 향해 들어갔다. 이 경우 뱅크 j를 향한 프리차지 커맨드는 뱅크 i를 향한 칼럼 read 액세스와 동시에 진행될 수 있다. 두 번째 가정은 뱅크 j에서의 t_{RAS} 요건이 만족된 경우

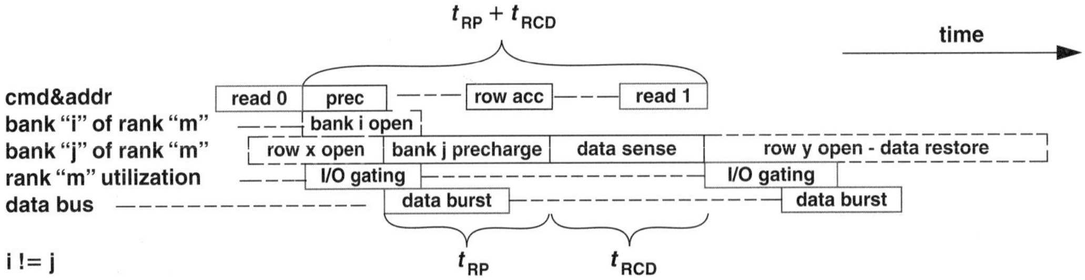

그림 11.16_ 다른 뱅크로의 연속적인 DRAM read 커맨드. 뱅크 출돌. 커맨드 재정렬 사용하지 않음.

이다. 이때 뱅크 j는 즉시 프리차지될 수 있다. 마지막 가정은 DRAM 컨트롤러가 다른 처리 요청 사이를 재정렬하는 커맨드 혹은 재정렬 처리를 지원하지 않는 경우이다. 다시 말해 첫 번째 요청과 관련된 모든 DRAM 커맨드들이 처리되어야만 두 번째 요청과 관련된 DRAM 커맨드가 처리될 수 있는 경우이다.

그림 11.16은 뱅크 처리를 보여준다. 뱅크 j에 대한 read 요청이 세 개의 DRAM 커맨드 시퀀스로 변환되었다. 시퀀스의 첫 번째 커맨드는 뱅크 j의 sense amplifier들을 프리차지한다. 두 번째 커맨드는 sense amplifier들로 선택된 로우를 전송하는 역할을 한다. 마지막 커맨드는 실질적인 read 요청을 수행하고 DRAM 디바이스로부터 DRAM 컨트롤러로 데이터를 반송한다. 그림 11.16에서는 연속적인 read 요청이 다른 로우에 이루어졌다. 구체적으로 두 번째 read 요청이 동일한 뱅크의 다른 로우에 적용되었다. DRAM 커맨드 시퀀스가 메모리 컨트롤러에 의해 동적으로 재정렬되지 않는 경우에는, 두 요청은 최선의 경우에 $t_{RP}+t_{RCD}$의 최소 타이밍 간격을 가지도록 스케줄된다.

커맨드 재정렬이 있는 경우

그림 11.16은 재정렬 처리 혹은 커맨드를 지원하지 않는 DRAM 컨트롤러에서 두 번째 요청이 뱅크 충돌을 일으키는 다른 뱅크에 대한 두 개의 요청의 타이밍에 대하여 설명하고 있다. 반대로 그림 11.17은 DRAM 컨트롤러가 다른 처리 요청에 대한 인터리브(interleave) 또는 재정렬을 할 수 있는 경우에서 DRAM 메모리 시스템이 대역폭 활용을 사용할 수 있는 상황을 설명하고 있다. 그림 11.17은 DRAM 컨트롤러가 뱅크 i에 대한 칼럼 read 커맨드 처리 요청을 처리하기 전에 뱅크 j에 대한 프리차지 커맨드를 허가하는 경우를 설명하고 있다. 이 경우에 두 커맨드들이 다른 뱅크에서 다른 자원을 사용하기 때문에 뱅크 i에 대한 칼럼 read 커맨드와 뱅크 j에 대한 프리차지 커맨드는 병렬로 처리 가능하다. DRAM 메모리 시스템을 더 효율적으로 사용하기 위해서는 DRAM 컨트롤러가 다른 처리 요청에 대한 커맨드들을 재정렬할 수 있는 처리 능력을 가지게 설계되어야 한다. 그림 11.17은 DRAM 메모리 시스템이 다른 처리 요청에 대한 커맨드들을 재정렬할 수 있는 경우. 두 개의 칼럼 read 커맨드들이 $t_{RP}+t_{RCD}-t_{CMD}$의 타이밍을 가지고 스케줄링될 수 있는 것을 보여주고 있다. 즉 그림 11.17은 DRAM 메모리 시스템이 향상된 DRAM 컨트롤러 설계를 이용해 더 나은 대역폭 활용법을 얻을 수 있는 것을 설명하고 있다.

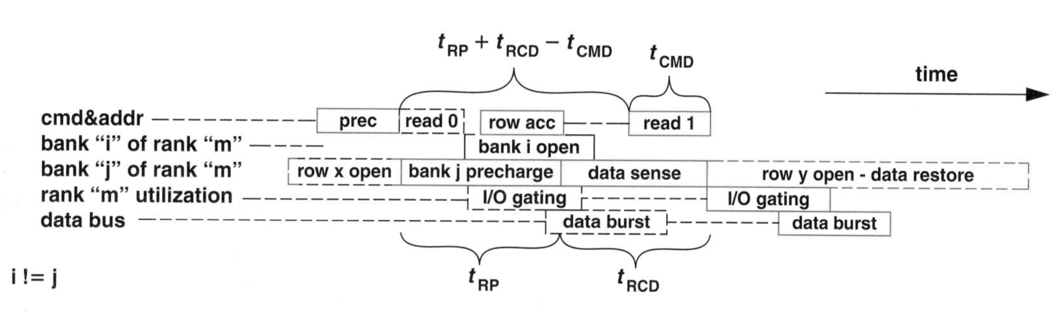

그림 11.17_ 다른 뱅크로의 연속적인 DRAM read 커맨드; 뱅크 출돌; 커맨드 재정렬 사용

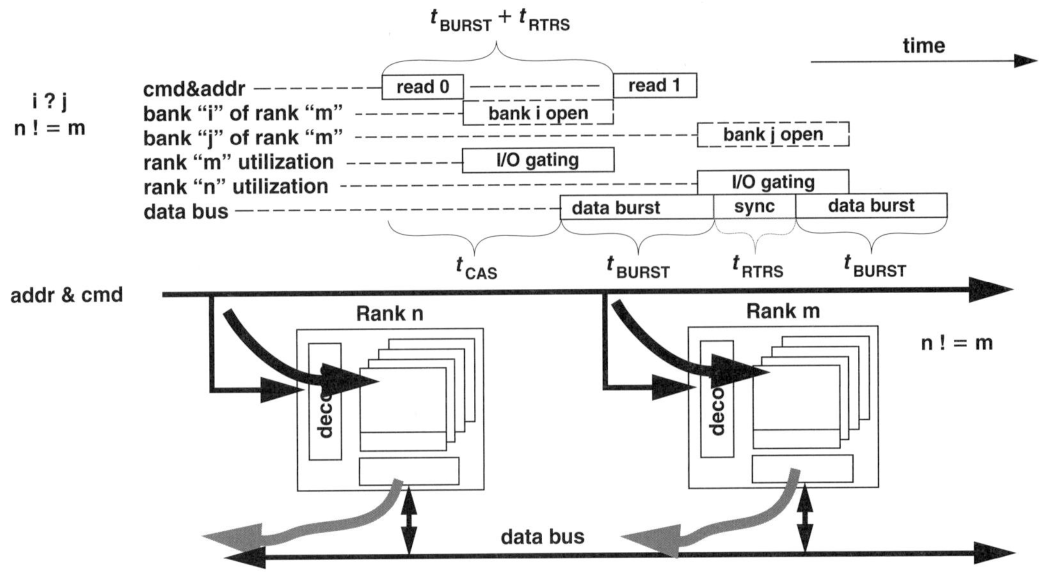

그림 11.18_ 다른 랭크로의 연속적인 칼럼 read 커맨드

11.2.5 다른 랭크들로의 연속적인 read 요청들

그림 11.12는 DRAM 디바이스의 동일한 랭크의 오픈 뱅크에 연속적인 read 커맨드가 연속적으로 발행되고 파이프라인될 수 있음을 설명하고 있다.[6] 하지만 메모리의 다른 랭크에 대한 연속적인 read 커맨드의 요청이나 파이프라인은 시스템-레벨 동기화 메커니즘과 메모리 시스템의 동작 데이터 속도에 따라서 불가능할 수 있다. 일부 메모리 시스템에서는 다른 랭크에 대한 연속 read 커맨드가 가능하도록 고속시스템에서 무시할 수 없는 멀티 랭크를 고려한 시스템 레벨 동기화 메커니즘을 이용한다. 이러한 시스템에서는 공유 데이터 버스상의 다른 랭크로부터의 데이터 버스트 사이에 일부 기간 동안 반드시 데이터 버스에 부하가 걸리지 않아야 한다. 그림 11.18은 다른 랭크에 대한 두 개의 연속 read 커맨드의 커맨드 시퀀스와 타이밍에 대하여 설명하고 있다. 그림 11.18에서 read-write 데이터 스트로브(DQS) 재동기화 시간이 t_{RTRS}로 명시되어 있다. 상대적으로 낮은 주파수의 SDRAM 메모리 시스템에서는 데이터 동기화 스트로브가 사용되지 않는다. 따라서 t_{RTRS}가 0이다. Direct RDRAM 메모리 시스템에서는 토폴로지 매칭된 소스 동기화 클럭킹 방식을 사용하여 별도의 스트로브 신호의 사용을 피했다. 따라서 이 경우에도 t_{RTRS}가 0이다. 그러나 DDR SDRAM이나 DDR2 SDRAM 메모리 시스템에서는 모든 랭크에서 공유되는 시스템-레벨 데이터 스트로브 신호를 사용하기 때문에 t_{RTRS}만큼의 데이터 스트로브 재동기화 페널티가 존재한다.

6 버스트 기간이 최소 column-to-column 딜레이 시간인 t_{CCD}보다 크거나 같다는 가정이 있다. 이 가정은 SDRAM, DDR SDRAM과 DDR2 SDRAM 디바이스에 대해서는 본질적으로 옳다. 그러나 t_{BUSRT}가 t_{CCD}보다 작은 DDR3또는 미래 세대의 디바이스에서는 틀린 가정이다.

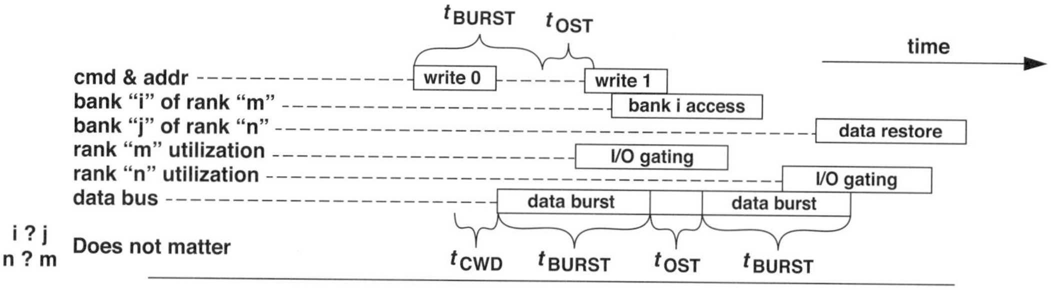

그림 11.19_ 다른 랭크로의 연속적인 칼럼 write 커맨드.

11.2.6 연속적인 write 요청들: 오픈 뱅크

오늘날의 DRAM 메모리 시스템에서 DRAM 디바이스의 다른 랭크에 대한 연속적인 칼럼 read 커맨드의 경우와 다르게, 버스 터미네이션 전략을 사용함에 따라 DRAM 디바이스의 다른 랭크에 대한 연속적인 칼럼 write 커맨드는 연속적으로 파이프라인될 수 있다. DRAM 디바이스의 다른 랭크에 대한 연속 칼럼 read 커맨드와 연속 칼럼 write 커맨드의 차이점은 다음과 같다. DRAM 디바이스의 다른 랭크에 대한 연속 칼럼 read 커맨드의 경우에는 반드시 DRAM 디바이스의 하나의 랭크가 먼저 공유 데이터 버스로 데이터를 보내고 공유 데이터 버스에 대한 통제권을 포기하면 DRAM 디바이스의 다른 랭크가 공유 데이터 버스에 대한 통제권을 가져와서 자신의 데이터를 DRAM 컨트롤러로 보낸다. 메모리가 다른 랭크로 연속 칼럼 write 커맨드를 전송하는 경우에는 DRAM 메모리 컨트롤러가 공유 데이터 버스의 통제권을 다른 버스 마스터로 포기할 필요가 없다. 따라서 SDRAM이나 DDR SDRAM 메모리 시스템에서는 DRAM 디바이스의 다른 랭크로의 write 버스트가 연속적으로 파이프라인될 수 있다. 그러나 데이터 속도의 증가로 인해서 멀티 드롭 버스로의 신호 전송이 더욱 어려워진 이유로 DRAM 디바이스 제조사와 시스템 설계 엔지니어는 시스템-레벨의 신호 무결성을 개선하기 위한 더 정교한 메커니즘을 배포할 수 밖에 없었다. DDR2 SDRAM 메모리 시스템에서 개발된 신호 무결성을 개선하기 위한 하나의 메커니즘은 능동소자를 사용하는 것으로, ODT(On-Die Termination)를 DDR2 SDRAM 디바이스에서 사용하는 것이었다. 그러나 DDR2 SDRAM 메모리 시스템에서 만들어진 ODT의 한 가지 안타까운 단점으로 ODT를 켜는 데 2사이클이 필요하고 ODT를 끄는 데 2와 1/2사이클이 필요하다는 점이었다. 턴 온 및 턴 오프 시간의 차이는 write 버스트 사이에 추가적인 버블을 발생시켰다.[7] 그림 11.19는 다른 랭크에 대한 두 개의 write 커맨드를 설명하고 있다. write 0과 write 1은 서로 다른 랭크에 t_{OST}로 표기된 ODT 스위칭 시간 페널티를 가지고 연속적으로 파이프라인되어 있다. 그림 11.19는 메모리의 오픈 뱅크로의 연속 칼럼 write 커맨드가 매 $t_{BURST}+t_{OST}$ 사이클마다 발생할 수 있음을 설명하고 있다. SDRAM과 DDR SDRAM 메모리 시스템의 경우에는 다른 랭크에 대한 write 데이터 버스트가 데이터 버스에서의 추가적인 유휴 시간 없이 발생 가능하다. DDR2와 DDR3 메모리 시스

7 턴 온 및 턴 오프 시간의 차이는 데이터를 전송 기간을 위해 올바르게 터미네이션된 시스템 토폴로지임을 보장하기 위해 반드시 필요하다.

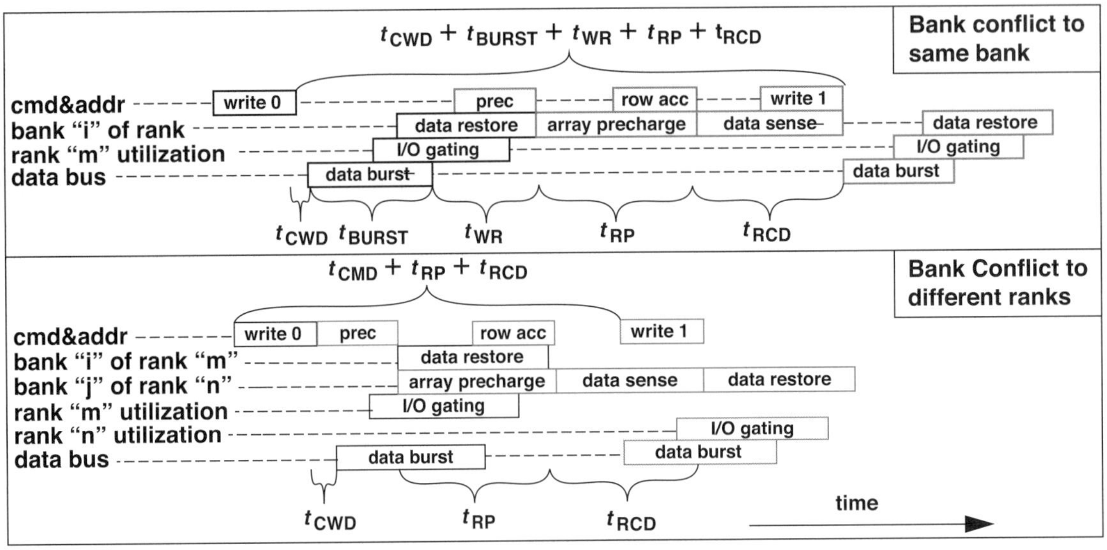

그림 11.20_ 연속적인 write 커맨드, 뱅크 충돌, 최상의 케이스

템의 경우, 데이터 버스 시그널링 특성을 정교하게 조정해야 하기 때문에 메모리 채널의 터미네이션 성분의 위치를 변경하기 위한 추가적인 사이클이 필요하다. 실제로는 rank-to-rank read의 경우에도 물론 t_{OST}가 필요로 한다. 그러나 t_{RTRS}가 일반적으로 t_{OST}보다 크거나 같기 때문에 MAX(t_{RTRS}, t_{OST})는 보통 t_{RTRS}로 사용된다.

11.2.7 연속적인 write 요청들: 오픈 뱅크

동일한 뱅크의 다른 로우에 대한 연속 read 요청의 경우와 비슷하게, 동일한 뱅크의 다른 로우에 대한 연속 write 요청도 t_{RAS}와 t_{RP}의 타이밍 조건을 준수해야 한다. 추가적으로 칼럼 write 커맨드는 반드시 write recovery 시간(t_{WR})의 타이밍 조건을 준수해야 한다. 동일한 뱅크의 다른 로우에 write 커맨드를 전송하는 경우에, write recovery 시간이란 데이터가 DRAM 디바이스의 인터페이스로부터 sense amplifier를 통과하여 DRAM 셀로 이동하는 시간을 말하며, write recovery 시간 이전에는 프리차지가 시작되지 못하는 것을 의미한다. 그림 11.20는 동일한 뱅크의 다른 로우로 두 개의 연속 write 요청이 이루어지는 두 가지 최적의 타이밍을 설명하고 있다. 동일한 뱅크의 다른 로우로 두 write 커맨드가 이루어지는 최소 간격의 스케줄링은 $t_{CWD}+t_{BURST}+t_{WR}+t_{RP}+t_{RCD}$이다.

그림 11.20은 DRAM 디바이스의 다른 랭크로 연속 write 요청이 이루어지는 동시에 두 번째 write 요청이 뱅크 충돌을 일으키는 경우에 대하여 설명하고 있다. 이 경우 첫 번째 write 커맨드가 진행되고, 랭크 n의 뱅크 j가 이전 t_{RAS} 타이밍 조건을 만족한 경우를 가정하면 서로 다른 랭크의 다른 뱅크에 대한 프리차지 커맨드가 즉시 발행될 수 있다. 뱅크 간 충돌을 일으키는 연속 read 요청 사례와 유사하게, 뱅크 간 그리고 랭크 간 충돌을 일으키는 연속 write 요청은 커맨드 재정렬을 통해서 혜택을 볼 수 있다.

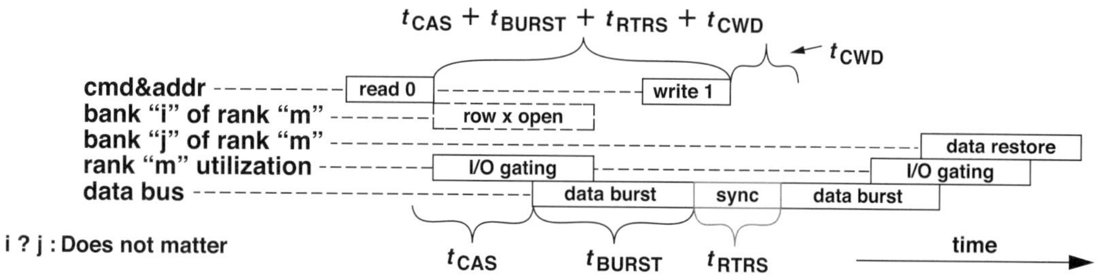

그림 11.21_ 오픈 뱅크로의 write 커맨드와 뒤따르는 read 커맨드

11.2.8 Write 요청을 뒤따르는 Read 요청: 오픈 뱅크

연속 read 커맨드와 연속 write 커맨드와 유사하게 칼럼 write 커맨드가 칼럼 read 커맨드 뒤에 바로 이어지는 조합의 경우에 각각의 공유 데이터 버스에 대한 데이터 버스트 타이밍에 맞추어 연속적으로 스케줄링될 수 있다. 그림 11.21은 칼럼 write 커맨드가 칼럼 read 커맨드 뒤에 따라오는 것을 설명하는 그림으로 칼럼 write 커맨드의 내부 데이터 움직임이 칼럼 read 커맨드의 내부 데이터 움직임과 충돌하지 않는 것을 보여준다. 결과적으로 칼럼 write 커맨드에 의해 DRAM 컨트롤러로부터 DRAM 디바이스로 데이터 버스트가 전송되는 타이밍과 칼럼 read 커맨드에 의해 DRAM 디바이스로부터의 데이터 버스트 수신 타이밍이 겹치지 않는 한도 내에서 칼럼 write 커맨드는 칼럼 read 커맨드 직후에 DRAM 메모리 시스템에 발행될 수 있다. 그림 11.21은 칼럼 read 커맨드 뒤에 칼럼 write 커맨드가 발행되는 최소 간격의 스케줄이 $t_{CAS}+t_{BURST}+t_{RTRS}-t_{CWD}$로 표현됨을 보여준다.

칼럼 read 커맨드 직후 칼럼 write 커맨드가 따르는 최소 타이밍 간격은 메모리-액세스 프로토콜에 따라 다르다. 그러나, 최소 타이밍 표현식인 $t_{CAS}+t_{BURST}+t_{RTRS}-t_{CWD}$는 SDRAM 메모리 시스템뿐 아니라 다양한 DDRx SDRAM 메모리 시스템에서 유효하다. 예를 들어, SDRAM 메모리 시스템에서는 t_{CWD}와 t_{RTRS}가 모두 0이다. 따라서 SDRAM 메모리 시스템에서의 read 요청 직후 write 요청의 최소 타이밍 간격은 간단하게 $t_{CAS}+t_{BURST}$로 표현 가능하다. 비교적으로, DDR SDRAM 메모리 시스템에서는 t_{CWD}와 t_{RTRS}가 모두 2beat (1풀 메모리 클럭 사이클)를 필요로 한다. 결국 DDR SDRAM 메모리 시스템에서도 read 요청 직후 write 요청의 최소 타이밍 간격은 여전히 $t_{CAS}+t_{BUSRT}$이다. 두 가지 경우 모두 타이밍이 동일하지만, 다른 수단을 통해서 같은 수식을 얻을 수 있다.

11.2.9 서로 다른 뱅크로의 write 요청과 뒤따르는 read 요청, 뱅크 충돌, 최상의 케이스, 재정렬 없음

그림 11.22는 write 요청이 read 요청 뒤에 따라오지만 다른 뱅크를 향하고 있는 경우를 설명하고 있다. 그림에서는 칼럼 read 커맨드가 뱅크 i로 발행되고, 칼럼 write 커맨드가 뱅크 j로 발행되었다. 이때 i와 j는 서로 다른 값이다. 일반적인 경우에는, 그림 11.21에 보이는 것처럼 두 커맨드가 연속적으로 파이프라인될

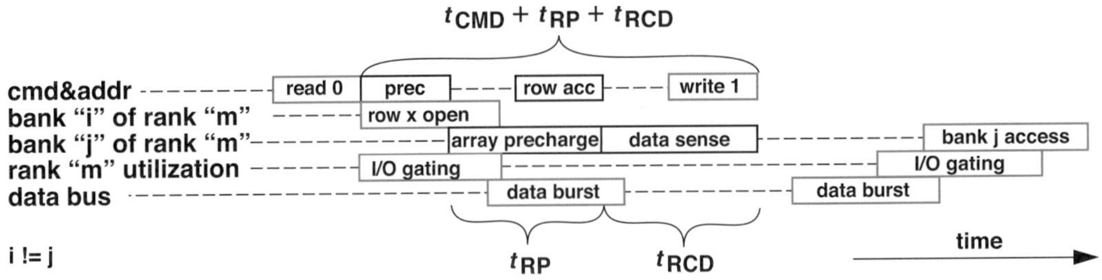

그림 11.22_ 서로 다른 뱅크로의 write 커맨드와 뒤따르는 read 커맨드: 뱅크 충돌, 최적의 케이스

수 있다. 그러나 그림 11.22에서는 뱅크 j에 의해서 유지되고 있는 로우와는 다른 로우에 write 커맨드가 발행된 경우를 가정하고 있다. 그 결과, DRAM 컨트롤러는 반드시 먼저 뱅크 j를 프리차지하고, 칼럼 write 커맨드가 발행되기 전에 새로운 로우 액세스 커맨드를 발행해야 한다. 최상의 시나리오의 경우에는, write 커맨드에 의해 액세스된 뱅크 j의 로우가 이미 DRAM 셀로 복원되어 있고, 로우가 최초에 액세스된 이후 이미 t_{RAS} 시간 주기 이상의 시간이 경과한 경우이다. 그림 11.22는 앞서 언급한 조건하에서, read 커맨드와 write 커맨드가 다른 뱅크로 $t_{CMD}+t_{RP}+t_{RCD}$의 최소 간격의 스케줄링 값을 가지고 연속되는 경우를 설명하고 있다.

그림 11.22는 다른 요청에 의한 DRAM 커맨드 사이의 순서를 엄격하게 보여주는 사례를 설명하고 있다. 이 경우, 뱅크 j로 전송된 프리차지 커맨드가 뱅크 i로의 칼럼 write 커맨드에 의해 제한되지 않는다. DRAM 컨트롤러가 다른 처리 동작 요청으로부터 커맨드의 재정렬과 상호배치를 지원하는 메모리 시스템에서는, DRAM 메모리 시스템에서 read 요청 직후에 write 요청에 의한 뱅크 충돌이 일어나는 경우를 스케줄링하는 것의 효율 또한 그림 11.16과 11.17에서 연속 read 요청과 마찬가지의 방식으로 증가시킬 수 있다.

11.2.10 오픈 뱅크에서의 write와 동일한 랭크로 뒤따르는 read

그림 11.23은 DRAM 디바이스의 동일한 랭크의 오픈 뱅크로 칼럼 read 커맨드 이후에 칼럼 write 커맨드가 따라오는 경우를 설명하고 있다. read 커맨드와 write 커맨드의 차이는 정해진 DRAM 디바이스에서의 데이터가 흐름 방향이 상대적으로 반대가 된다는 점이다. DRAM 디바이스의 동일 랭크에 대해 write 커맨드 이후에 read 커맨드가 오는 경우, 데이터 흐름의 차이가 중요하게 작용한다. 그림 11.23은 디바이스의 동일한 랭크로의 데이터 흐름의 방향 차이에 의한 칼럼 read 커맨드와 칼럼 write 커맨드 사이의 최소 간격 스케줄링의 제한을 묘사하고 있다. 그림 11.23에서 DRAM 컨트롤러가 데이터를 데이터 버스에 위치시키고 나면, 선택된 뱅크의 올바른 칼럼으로 write 데이터를 버퍼를 통해 전송하기 위해서 DRAM 디바이스가 반드시 내부의 공유 I/O 게이팅 자원을 사용해야 한다. I/O 게이팅 자원은 DRAM 디바이스의 하나의 랭크 안의 모든 뱅크 간에 공유된다. I/O 게이팅 디바이스의 공유란 write 커맨드 뒤에 오는 read 커맨드가 DRAM 디바이스의 동일한 랭크로 발행되기 위해서는, 어떤 칼럼 액세스 커맨드를 가지고 사용하고자 하는 뱅크 ID와는 무관하게 write 커맨드가 공유 I/O 게이팅 자원을 모두 사용할 때까지 기다려야 한다는 것을 의미

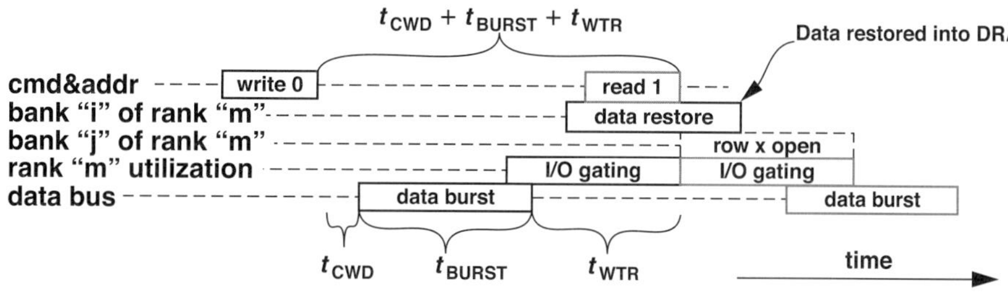

그림 11.23_ 동일한 랭크로의 write 커맨드와 뒤따르는 read 커맨드

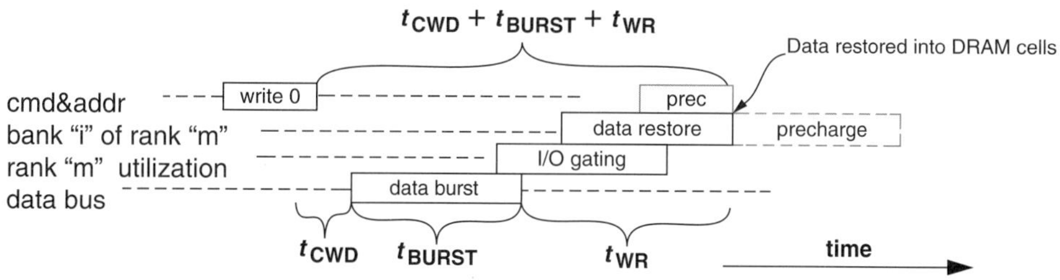

그림 11.24_ Write에서 프리차지 커맨드로의 타이밍

한다. 그림 11.23은 메모리의 동일한 랭크를 향한 write 커맨드와 바로 뒤에 이어지는 read 커맨드 사이의 최소 간격 스케줄링이 $t_{CWD}+t_{BUSRT}+t_{WTR}$임을 설명하고 있다.

그림 11.23에서 설명하고 있는 read-to-write 처리 시간을 완화하기 위해서 Rambus Direct RDRAM과 같은 고성능의 DRAM 디바이스가 개발되었다. 이것은 write 버퍼를 사용하여 데이터가 write 버퍼로 써짐과 동시에, I/O 게이팅 자원을 칼럼 write 커맨드와 같은 다른 커맨드에서 사용할 수 있도록 설계되었다.

11.2.11 write에서 프리차지의 타이밍

그림 11.24는 칼럼 read에서 칼럼 write로의 타이밍과 칼럼 read에서 프리차지로의 타이밍 사이의 미묘한 차이를 설명하고 있다. 본질적으로, t_{WTR}은 DRAM 디바이스의 인터페이스에 있는 멀티플렉서(그림 11.24의 I/O 게이팅 상태에서 설명되어 있다)로부터 sense amplifier의 배열로 데이터를 전송하는 데 걸리는 시간을 의미한다. 칼럼 read 커맨드가 입력되고 t_{WTR}이후에는 칼럼 write 커맨드가 I/O 게이팅 자원을 사용하여 활성화 sense amplifier 배열로부터 DRAM 디바이스 외부로 데이터를 이동시킬 수 있다. 칼럼 read에서 프리차지 커맨드로의 조합은 칼럼 wirte에서 write로의 조합에 비하여 프리차지 커맨드가 sense amplifier 내부에 존재하는 데이터를 방출하고 sense amplifier를 프리차지하는 점에 있다. 그 때문에 프리차지 커맨드는 write 커맨드가 데이터를 I/O 게이팅 자원을 통과하여 sense amplifier로 이동시키고 DRAM 셀에 새로운 데이터 값을 가할 때까지 시작되지 못한다. 그림 11.23과 11.24는 앞에서 언급한 현상들을 각각 t_{WR}, t_{WTR}의 기간이 일반적으로 t_{WR}에 비하여 짧은 DRAM 디바이스에 대하여 설명하고 있다.

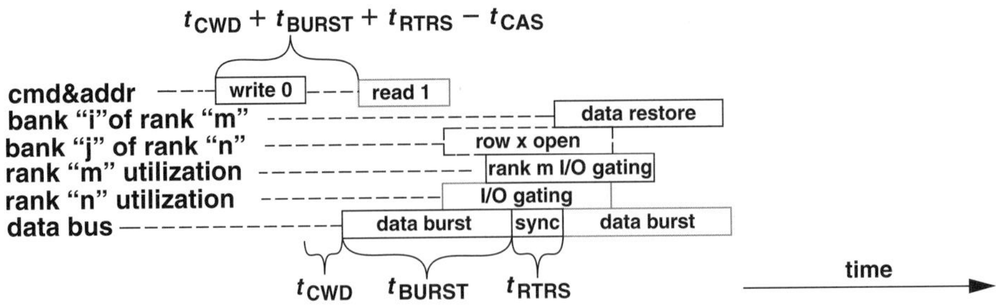

그림 11.25_ 서로 다른 랭크로의 write 커맨드와 뒤따르는 read 커맨드

11.2.12 오픈 뱅크에서의 write와 다른 랭크로 뒤따르는 read

그림 11.25는 11.23에서의 칼럼 read 커맨드 뒤에 칼럼 write 커맨드가 따르는 것과는 약간 다른 경우를 설명하고 있다. 그림 11.25에서는 그림 11.23과 달리 칼럼 write 커맨드와 칼럼 read 커맨드가 서로 다른 메모리의 랭크로 발행되는 경우를 설명하고 있다. 메모리의 다른 랭크에서 데이터 이동이 일어나기 때문에 데이터의 이동 방향이 다른 것으로부터 발생하는 처리는 이 경우 무관하다. 따라서 서로 다른 랭크에 대한 write 커맨드와 read 커맨드의 발행 사이에 있는 타이밍 제약은 t_{RTRS}, t_{BUSRT} 그리고 read와 write 커맨드 대기시간 사이의 상대적인 타이밍 차이 등으로 인한 데이터 버스 동기화 오버헤드를 감소시키게 된다. 따라서 메모리의 다른 랭크로의 write 커맨드와 read 커맨드 사이의 최소 시간 간격은 $t_{CWD}+t_{BURST}+t_{RTRS}-t_{CAS}$가 된다.

DDR SDRAM 메모리 시스템에서는 t_{CWD}가 1사이클, t_{RTRS}가 1사이클, 메모리의 다른 랭크로의 칼럼 read 커맨드와 칼럼 write 커맨드 사이의 최소 간격 스케줄은 MAX(t_{CWD}, $t_{BURST}-t_{CAS}-2$)이다. 반면에 DDR2 SDRAM 시스템에서는 t_{CWD}가 t_{CAS}에 비해 1풀 사이클 작고, 만약 t_{RTRS}가 1 풀 사이클로 최소화될 수 있다면, $t_{CWD}+t_{RTRS}-t_{CAS}$는 상쇄되어 0이 된다. 따라서 DDR2 SDRAM 메모리 시스템에서의 다른 랭크로의 write 커맨드 후 read 커맨드가 따르는 최소 간격 스케줄링은 간단히 t_{BURST}로 표현 가능하다.

11.2.13 동일한 뱅크로의 read와 뒤따르는 write, 뱅크 충돌

그림 11.26은 동일한 뱅크의 다른 로우로 write 요청 이후에 read 요청이 따르는 경우를 설명하고 있다. 최상의 시나리오는 write 요청에 액세스된 로우가 이미 DRAM 셀로 돌아가고, 이전 로우가 최초로 액세스된 이후로부터 t_{RAS} 이상의 시간 간격이 지난 이후이다. 그림 11.26은 이 조건에서 프리차지 커맨드가 칼럼 read 커맨드에 의한 데이터가 DRAM 셀로 저장되기 전까지 발행되지 못하는 것을 설명하고 있다. 이는 곧, write 복구 시간 t_{WR}이 지난 후에만 프리차지 커맨드가 진행되어 DRAM 배열을 프리차지할 수 있음을 의미한다. 그림 11.26은 동일한 뱅크의 다른 로우로 write 요청 이후에 read 요청이 있는 최적의 최소 간격 스케줄링이 $t_{CWD}+t_{BURST}+t_{WR}+t_{RP}+t_{RCD}$임을 설명하고 있다.

그림 11.26은 DRAM 디바이스의 동일한 뱅크의 다른 로우로의 write 요청 이후에 수행되는 read 요청의 커

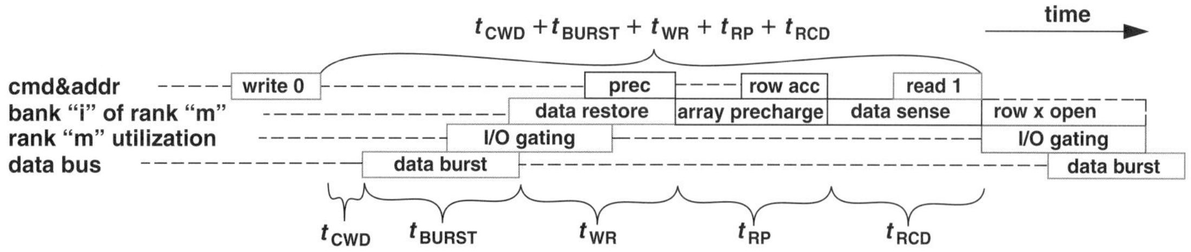

그림 11.26_ 동일한 뱅크의 서로 다른 로우로의 write 커맨드와 뒤따르는 read 커맨드

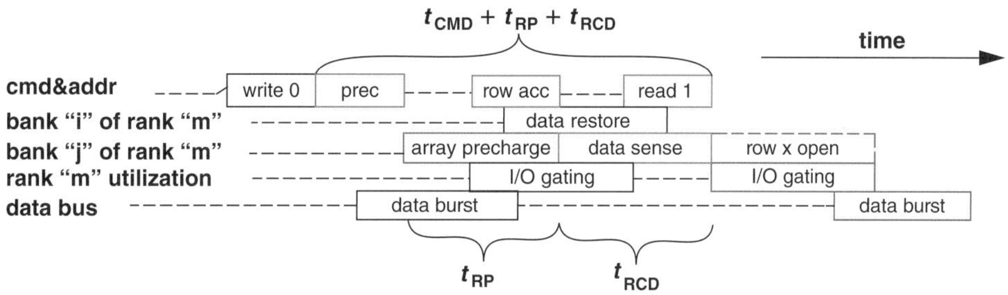

그림 11.27_ 서로 다른 뱅크로의 write 커맨드와 뒤따르는 read 커맨드, 뱅크 충돌, 최적의 케이스

맨드 상호작용이 write 버퍼를 가지고 있지 않음을 보여준다. write 버퍼를 가지고 있는 DRAM 디바이스에서는 칼럼 read 커맨드의 데이터는 임시로 write 버퍼에 저장된다. 동일한 뱅크의 다른 로우에 있는 데이터를 검색하기 위해 write 요청 뒤에 read 요청이 도착한 경우에는, DRAM 커맨드에 의해 별도의 위임 데이터 커맨드가 DRAM 디바이스로 발행되어 다른 로우 액세스를 위해 배열이 프리차지되기 전에 write 버퍼에 있는 데이터를 DRAM 셀로 write 버퍼가 데이터를 이동 시킨다.

11.2.14 동일한 랭크의 서로 다른 뱅크로의 read와 뒤따르는 write, 뱅크 충돌, 최상의 케이스, 재정렬 없음

마지막으로 그림 11.27은 DRAM 디바이스의 동일한 랭크의 다른 뱅크로 write 요청 뒤에 read 요청이 위치하는 경우를 설명하고 있다. 그러나 리드 요청을 뱅크 j로 전송하였는데, 리드 요청에서 필요로 하는 로우와는 다른 로우가 뱅크 j에 활성화되어 있는 상황이다. 그림 11.27은 뱅크 j에 대한 t_{RAS} 타이밍 조건이 이미 충족되었고 DRAM 메모리 시스템은 다른 메모리 처리 간의 DRAM 커맨드 재배열을 지원하지 않는 것을 가정하고 있다. 그림 11.27은 이 경우에, 리드 요청 커맨드를 위한 프리차지 커맨드가 write 커맨드가 발행되는 동시에 발행될 수 있는 것을 설명하고 있다. 그림 11.27은 따라서 이 경우의 최소 간격 스케줄링이 $t_{CMD}+t_{RP}+t_{RCD}$임을 보여주고 있다.

그리고 그림 11.27은 몇 가지 참고할 사항들을 알려주고 있다. 한 가지 특별한 점은 그림 11.27의 DRAM 커맨드 시퀀스가 서로 다른 메모리의 데이터 처리 시 커맨드 재정렬을 통해서 이점이 있는 것처럼 보인

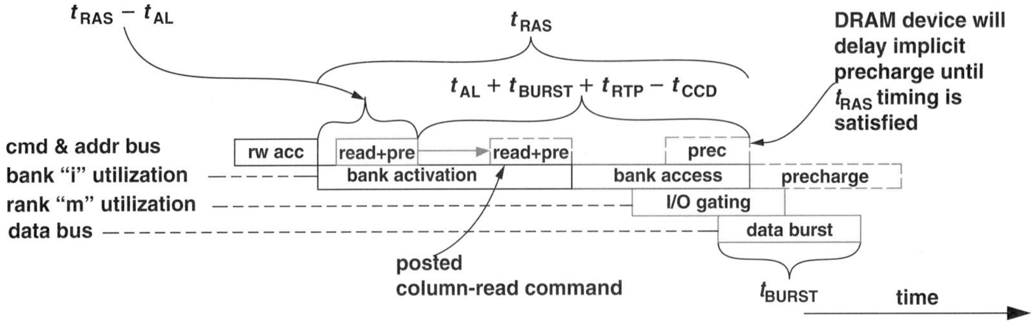

그림 11.28_ 로우 액세스에서 column-read-and-precharge 커맨드로의 타이밍

다는 점이다. 그리고 그림 11.27의 또 다른 특징은 계산한 최소 간격 스케줄링이 다양한 타이밍 변수들의 상대적인 기간에 영향을 받는다는 점이다. 즉, 그림 11.27은 프리차지 커맨드가 write 커맨드 직후에 발행될 수 있고, $t_{CMD}+t_{RP}+t_{RCD}$가 $t_{CWD}+t_{BURST}+t_{WR}$보다 크다고 가정하고 있다. 사실 $t_{CMD}+t_{RP}+t_{RCD}$는 $t_{CWD}+t_{BURST}+t_{WR}$보다 작다. 그 이유는 공유 I/O 게이팅 자원의 사용이 병목현상을 일으키므로 칼럼 write 커맨드가 반드시 칼럼 read 커맨드의 read recovery 위상이 완료될 때까지 기다려야 하기 때문이다. 결국, 뱅크 충돌을 일으키는 다른 뱅크에 대한 write 요청과 read 요청 사이의 최소 간격 스케줄링은 사실 $t_{CMD}+t_{RP}+t_{RCD}$와 $t_{CWD}+t_{BURST}+t_{WR}$보다 크다.

11.2.15 Column-Write-and-Precharge 커맨드 타이밍

그림 11.13에서는 칼럼 write 커맨드 직후에 프리차지 커맨드가 오는 경우의 최소 커맨드 타이밍을 설명하였고, 최소 커맨드 타이밍은 $t_{BURST}+t_{RTP}-t_{CCD}$였다. 더불어, 칼럼 write 커맨드가 posted column-write 커맨드인 경우에는 추가적인 지연 변수 t_{AL}이 반드시 전체 커맨드 타이밍에 추가되어야 한다. 따라서 posted column-write 커맨드 직후에 프리차지 커맨드가 오는 경우의 최소 커맨드 타이밍은 $t_{AL}+t_{BURST}+t_{RTP}-t_{CCD}$이다. column-write-and-precharge 커맨드는 본질적으로 동일한 타이밍을 가져야 한다. 따라서 칼럼 write 커맨드 이후에 프리차지 커맨드가 $t_{AL}+t_{BURST}+t_{RTP}-t_{CCD}$ 시간을 기다렸다가 동작하게 한다. 그렇지만 프리차지 구성 요소는 추가적으로 반드시 이전 로우 활성화 커맨드로부터 로우 데이터 복원 시간인 t_{RAS}를 계속 유지해야 한다. 따라서 DDR2 SDRAM과 같은 현대의 DRAM 디바이스는 통합된 column-write-and-precharge 커맨드의 프리차지 컴포넌트를 내부적으로 지연시키는 추가적인 하드웨어를 가지고 있다. 이 하드웨어를 통해서 커맨드에 집적된 프리차지 컴포넌트 이전에 로우 액세스로부터의 t_{RAS} 타이밍을 기다리는 것이 지켜질 수 있도록 한다. 그림 11.28은 로우 액세스 커맨드 이후에 column-write-and-precharge 커맨드가 따르는 경우의 최소 타이밍이 단순히 $t_{RCD}-t_{AL}$로 표현될 수 있음을 보여주고 있다.

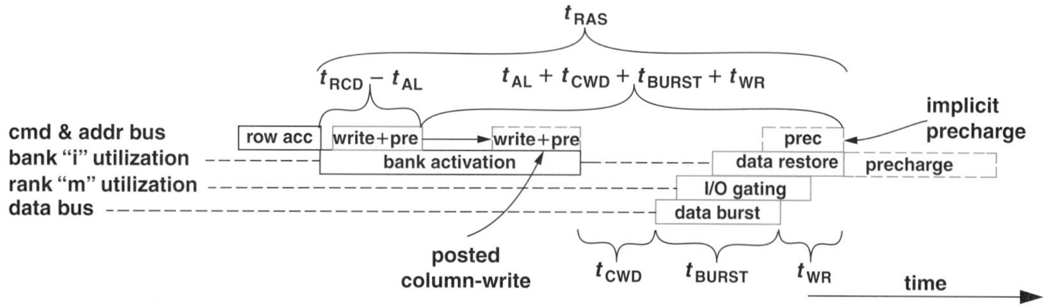

그림 11.29_ 로우 액세스에서 column-write-and-precharge 커맨드의 타이밍

11.2.16 Column-read-and-Precharge 타이밍

로우 액세스 커맨드 이후에 Column-read-and-precharge 커맨드가 따라가는 경우의 타이밍은 반드시 통합 column-read-and-precharge 커맨드의 칼럼 read 컴포넌트와 프리차지 컴포넌트 모두가 로우 액세스 커맨드에 의해 부과된 타이밍 제약조건을 지키는 것을 보장해야 한다. 다행히도, t_{RAS}는 칼럼 read 커맨드를 포함하도록 정의된 타이밍 변수다. 그리고 column-read-and-precharge 커맨드는 커맨드 자체의 프리차지 컴포넌트의 프리차지 타이밍을 어기지 않으면서 로우 액세스 커맨드 이후에 자유롭게 발행될 수 있다. 그림 11.29는 칼럼 read 커맨드와 이를 따르는 프리차지 커맨드가 가지는 최소 타이밍 요구조건을 보여주고 있다. Column-write-and-precharge 커맨드와 유사하게, column-read-and-precharge 커맨드는 동일한 타이밍 요구조건을 채택하며 내재된 프리차지 커맨드를 수행한다.

끝으로, DRAM 디바이스는 일반적으로 read 사이클에 의해 제한되고, t_{RAS}는 SDRAM과 DDRx SDRAM 메모리 시스템에 단일 칼럼 read 커맨드에 충분한 타이밍 마진으로 정의된다. 그러나, 다른 메모리 시스템들이나 미래의 메모리 시스템들은 t_{RAS}를 다르게 정의할 수 있으므로, 해당 시스템들에서는 column-read-and-precharge 커맨드의 타이밍이 추가적인 조건을 가지고 있어야 할 것이다.

11.3 추가적인 제약들

이전 장에서는 서로 다른 DRAM 커맨드 조합 사이에 존재하는 다양한 규격의 최소 타이밍 조건에 대한 제약 조건을 정당화하는 데 자원 경쟁 모델이 사용되었다. 그러나 오늘날의 DRAM 메모리 시스템에는 추가적인 제약들이 존재하고, 이 제약들이 오늘날의 DRAM 메모리 시스템의 대역폭 이용률을 제한한다. 그중 하나의 제약은 DRAM 디바이스의 파워 소모에 관한 것이다. 두 번째 제약은 메모리 시스템에서 DRAM 디바이스에 커맨드와 어드레스의 배포에 관한 것이다. 이번 장에서는 메모리 시스템의 동작 측면에서 이러한 추가적인 제약들에 대해 각각 검토하도록 한다.

11.3.1 디바이스 파워 제한

메모리 성능에 대해 계속해서 강조하자면, DRAM 제조사들은 매 DRAM 디바이스의 세대마다 더욱 높은 데이터 전송 속도를 추구해왔다. 그러나 동작 주파수의 증가는 최신 프로세서에 더 높은 작동 속도와 더 많은 전력 소모를 가져왔다. 마찬가지로 증가한 데이터 속도는 DRAM 디바이스에 더 높은 작동 속도와 더 많은 전력 소모를 가져왔다. DRAM 디바이스 설계 엔지니어가 DRAM 디바이스의 전력 소모를 제한하기 위해서 제시한 한 가지 해결책은 DRAM 디바이스의 동작 속도를 제한하는 것이었다. 그러나 DRAM 디바이스의 동작 속도의 제한은 DRAM 디바이스의 데이터 전송 능력을 제한하고, DRAM 메모리 시스템의 성능을 제한하는 결과를 가져왔다.

현대의 DRAM 디바이스에서는 매번 로우가 활성화될 때마다, 수천의 데이터 비트들이 방전되고 감지된 다음 병렬로 복원된다. 그 결과, 로우 활성화 커맨드는 상대적으로 에너지 집약적인 작업이다. 그림 11.30은 DRAM write 사이클의 대략적인 전류 프로파일을 설명하고 있다. 그림에서, 활성 DRAM 디바이스는 처음에 능동 I/O 버퍼와 DLL들에 의해 상대적으로 낮은 일정한 대기 전류 레벨을 가지고 있다. 그 후에 DRAM 디바이스는 디바이스 내의 각 활동에 대한 추가 전류를 소비하고 있다. DRAM 디바이스의 총 전류 소비량은 DRAM의 대기 전류 소모량과 각각의 활동에 대한 전류 소모량을 합하는 것으로 간단히 구할 수 있다. 그림 11.30과 11.31에 묘사된 전류 프로파일은 구체적인 값보다는 추상적인 관점에서 기술되어 있

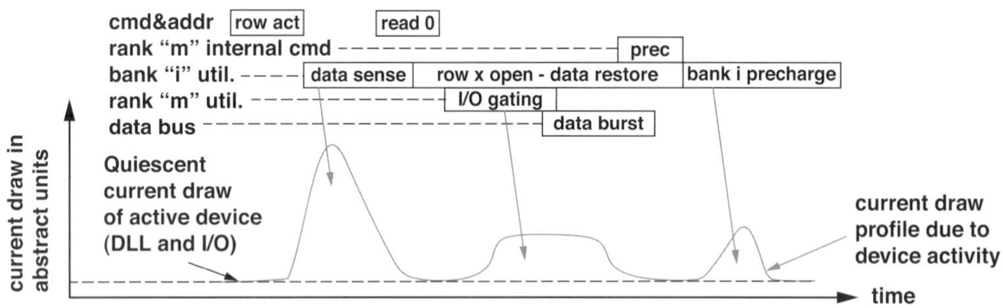

그림 11.30_ DRAM read 사이클의 전류 프로파일

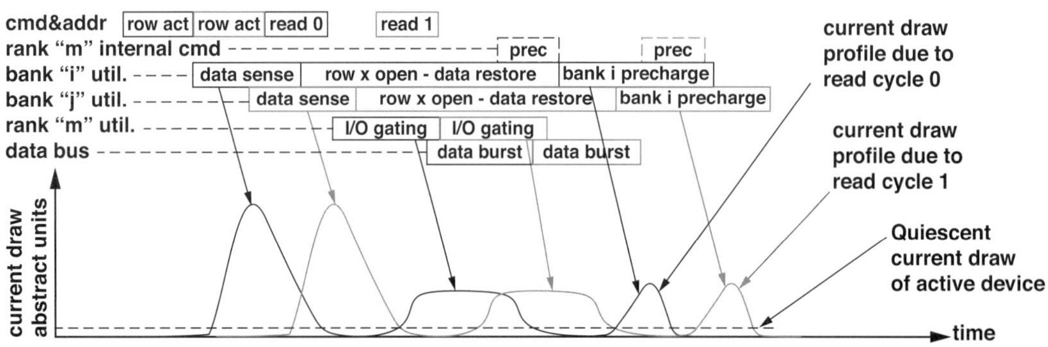

그림 11.31_ Two pipelined DRAM read 사이클의 전류 프로파일

다. 그림 11.30과 11.31에 전류 프로파일이 추상적으로 묘사된 이유는 로우 활성 커맨드에 의한 전류 소모량의 크기가 병렬로 활성화된 로우에 존재하는 비트의 수들에 의존하고 있고, 데이터 버스의 데이터 버스트에 의한 전류 소모량의 크기는 DRAM 디바이스의 데이터 버스 길이에 의존하기 때문이다. 그 결과, 각각의 디바이스에서 각각의 커맨드의 전류 프로파일은 커맨드의 종류뿐 아니라 DRAM 디바이스의 구성에 따라서도 달라진다.

오늘날의 DRAM 디바이스는 고성능을 위해 파이프라인될 수 있는 DRAM 배열의 다수의 뱅크를 포함하고 있다. 불행히도 DRAM 디바이스의 전류 프로파일이 DRAM 디바이스의 동작 속도에 비례하기 때문에, 고성능의 파이프라인을 많이 지원하는 DRAM 디바이스는 역시 많은 양의 활동 전류를 소모한다. 그림 11.31은 동일한 디바이스에서 두 개의 파이프라인된 DRAM write 사이클의 전류 프로파일에 대한 각각의 기여도를 보여주고 있다. 파이프라인된 DRAM 디바이스의 전체 전류 프로파일이 그림에 나와 있지는 않지만, 대기 전류 프로파일과 각각의 write 사이클의 전류 프로파일을 더하여 구할 수 있다. 고성능 DRAM 디바이스가 가지는 파워 소모의 문제점은 단지 두 개의 파이프라인된 read 혹은 write 사이클을 대신해서, 다수의 read 혹은 write 사이클이 파이프라인되거나, 하나의 DRAM 디바이스에서의 다른 단계에서 이론적으로 최대 t_{RC}/t_{BURST}의 read 혹은 write 사이클이 파이프라인될 수 있다. 정해진 DRAM 디바이스의 최대 전류 소모를 제한하기 위해서, 그리고 헤드 스프레더나 방열판과 같은 발열 메커니즘의 추가를 회피하기 위해서 DDR2와 DDR3 디바이스에서 활동 속도와 파워 소모를 제한하기 위한 새로운 타이밍 변수가 정의되었다.

11.3.2 t_{RRD}: Row–to–Row (Activation)Delay

DDR2 SDRAM 디바이스에는 동일한 DRAM 디바이스의 로우 활성화 사이의 최소 시간 간격을 t_{RRD}라는 타이밍 변수로 정의하고 있다. 본 문맥에서, RRD는 row–to–row activation delay를 의미한다. 타이밍 변수 t_{RRD}는 나노세컨드 단위로 정의되어 있으며, 표 11.3에 사이클 수 대신 나노세컨드 단위로 표기되어 있으며, 로우 활성화 사이의 최소 시간 간격은 동작 데이터 속도에 무관하게 유지된다. 클로즈 페이지 로우 버퍼 관리 정책을 운영하는 메모리 시스템의 경우, t_{RRD}는 효과적으로 하나의 랭크를 가진 메모리 시스템의

표 11.3_ 1–Gbit DDR2 SDRAM 디바이스의 t_{RRD}와 t_{FAW}.

Device Configuration	512 Mbit x 4	256 Mbit x 8	128 Mbit x 16
Data bus width	4	8	16
Number of banks	8	8	8
Number of rows	16384	16384	8192
Number of columns	2048	1024	1024
Row size (bits)	8192	8192	16384
t_{RRD} (ns)	7.5	7.5	10
t_{FAW} (ns)	37.5	37.5	50

최대 유지 가능한 대역폭을 제한한다. 두 개 이상의 랭크를 가진 메모리 시스템의 경우에는 연속하는 로우 활성화 커맨드가 t_{RRD} 제약을 피하기 위해서 다른 랭크로 향할 수 있다.

표 11.3은 Micron의 1-Gbit DDR2 SDRAM 디바이스의 다양한 구성에서의 t_{RRD}를 보여주고 있다. 16-bit-와이드 데이터 버스를 가지는 1-Gbit DDR2 SDRAM 디바이스는 내부적으로 8개의 뱅크를 가지고, 뱅크 별로 8,192개의 로우를 가지며, 하나의 로우에 16,384비트를 가지고 있다. 상대적으로, 512-Mbit x4와 256-Mbit x8 구성의 1-Gbit DDR2 SDRAM 디바이스들은 내부적으로 8개의 뱅크와 뱅크 별로 16,384로우를 가지며, 하나의 로우에 8,192비트를 가진다. 표 11.3은 각각의 로우 활성화가 128-Mbit x16으로 이루어진 더 큰 로우 크기를 가지는 1-Gbit DDR2 SDRAM 디바이스가 256-Mbit x8이나 512-Mbt 4 구성의 디바이스에 비하여 더 많은 전류를 소모하는 것을 보여주고 있다. 결과적으로 표 11.3에서 보여주듯이 128-Mbit x16, 1-Gbit DDR2 SDRAM 디바이스의 로우 활성화는 더 긴 시간 간격을 가지고 있어야 한다.

11.3.3 t_{FAW}: Four–Bank Activation Window

DRAM 디바이스 구성의 주제는 지난 장에서 일부 자세히 다루었다. 그러나 지난 장에서는 뱅크 수와 로우 수, 로우 크기에 대한 트레이드–오프에 대한 논의가 부족했다. 다시 말해, 최적의 뱅크 수, 로우 수, 로우 크기를 결정하는 문제가 논의되지 않았다. 그럼에도 불구하고 t_{RRD}와 t_{FAW}의 설명과 함께 이에 대해 좀 더 논의해 보자. 기본적으로 DRAM 디바이스의 밀도가 증가함에 따라, DRAM 디바이스 구성은 다소 원치 않는 선택 사이를 오가게 되었다. DRAM 디바이스 설계자들은 뱅크 컨트롤 로직의 오버헤드가 다이 크기를 증가시키기 때문에 뱅크의 개수를 증가하는 것을 꺼려했다. 그러나, 더 큰 로우는 로우 활성화 커맨드의 전류 소모량을 증가시켰고, 더 긴 t_{RRD}와 t_{FAW} 변수 조건을 필요로 하였다. 뱅크당 로우의 수를 증가시키는 것은 정해진 비트선에 더 많은 셀이 있는 것을 의미하고, 아마도 t_{RCD}와 t_{RAS} 변수를 증가시키는 데 기여한다. 그리고 더 많은 로우는 말할 것도 없고, 더 많은 로우 재생 요청이 단위 시간당 필요하게 된다.

계속 증가하는 DRAM 디바이스의 용량을 관리하기 위해 1-Gbit 이상의 DDR2 SDRAM 디바이스가 8뱅크를 가지도록 설계되었다. 그러나 더 많은 뱅크 숫자는 1-Gbit DDR2 SDRAM 디바이스가 최소 4뱅크의 빠른 연속 활성화를 할 수 있다는 의미이고, 8뱅크 디바이스의 전류 소모량은 유사한 4뱅크를 가지는 디바이스의 전류량을 초과할 수 있다. 더 큰 DDR2 SDRAM 디바이스의 전류 소모량의 증가를 제한하기 위해서, 타이밍 변수 t_{FAW}를 통해 동일한 DRAM 디바이스의 최대 네 개의 로우 활성화가 동시에 진행되는 경우의 구체적인 롤링 시간 구성을 정의하였다. FAW는 Four–bank Activation Window를 의미한다. 그림 11.32는 t_{RRD}와 t_{FAW}를 만족하는 동일한 DDR2 SDRAM 디바이스의 다른 뱅크에 대한 로우 활성화 요청의 시퀀스를 보여주고 있다. 그림 11.32는 로우 활성화 요청이 각자 적어도 t_{RRD}만큼 떨어져 있어야 하며, 다른 뱅크를 향한 다섯 번째 로우 활성화가 첫 번째 로우 활성화가 시작된 시점으로부터 적어도 t_{FAW} 시간 간격이 지날 때까지 연기되어야 하는 것을 설명하고 있다. 클로즈 페이지 로우 버퍼 관리 정책을 지원하는 메모리 시스템들에 대하여, t_{FAW}는 동작 데이터 속도에 무관하게 단일 랭크의 메모리 시스템의 최대 지속 대역폭에 큰 제약을 둔다. 마지막으로, 타이밍 변수 t_{RRD}와 t_{FAW}는 DDR2 SDRAM 디바이스를 위해 정의되었다. 그리고 이 타이밍 변수들은 DDR3와 그 이후의 DDRx 디바이스에도 계속 이월될 것이다. 더 나아가 미래

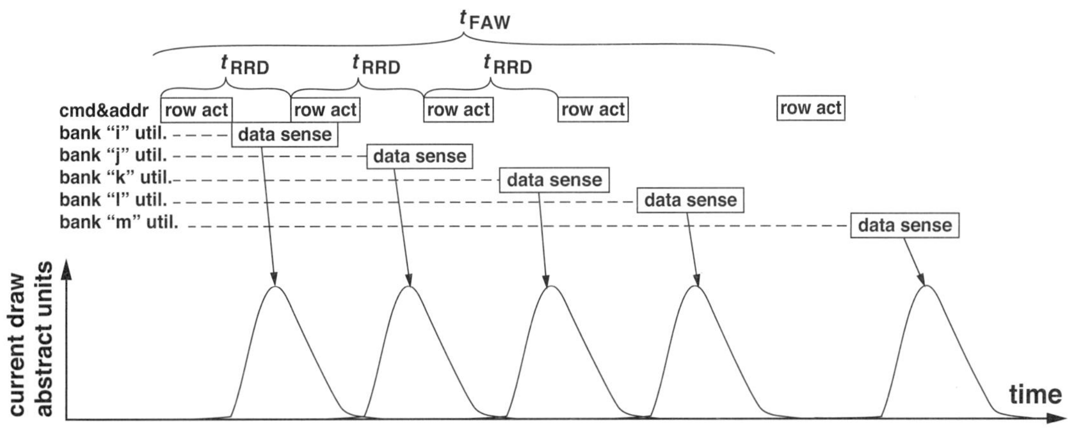

그림 11.32_ 임의의 t_{FAW} 시간 프레임에서의 최대 네 개의 로우 활성화

의 DRAM 디바이스들이 더욱 큰 로우 크기를 가지게 될 것이므로 이 타이밍 변수들의 중요성은 더욱 증가할 것으로 예상된다.

11.3.4 버퍼를 사용하지 않는 메모리 시스템에서의 2T 커맨드 타이밍

고속에서 버퍼를 사용하지 않는 메모리 시스템에서는 어드레스와 커맨드가 다수의 DRAM 디바이스로 제한된 사이클 시간 제약을 가지고 배포되어야 한다. 메모리 시스템에서 다수의 DRAM 디바이스로 어드레스와 커맨드를 전달하는 기능의 정확성을 보장하려면, 메모리 컨트롤러가 두 개의 full 클럭 사이클 동안 어드레스와 커맨드를 유지할 수 있도록 설계되어야 한다. 이 모드로 동작하는 경우에 메모리 컨트롤러는 2T 커맨드 타이밍을 가진다고 설명한다. 이것의 단점은 메모리 시스템의 커맨드와 어드레스의 대역폭이 절반으로 감소한다는 것이다.

그림 11.33은 4랭크 DRAM 디바이스를 가지고 있는 두 메모리 시스템을 설명하고 있다. 좌측의 메모리 시스템은 하나의 어드레스와 커맨드 버스가 네 개의 랭크 전부에 연결되어 있다. 반대로 우측의 메모리 시스템은 두 세트의 어드레스와 커맨드 버스를 가지고 있으며, 하나의 버스 세트가 메모리 시스템 절반을 담당하고 있다. 그림 11.33은 어드레스와 커맨드 버스의 부하의 수의 결과로 좌측 메모리 시스템은 2T 커맨드 타이밍을 사용해야만 하고, 반면에 우측 메모리 시스템은 1T의 커맨드 타이밍의 유지가 가능함을 보여주고 있다.

11.4 커맨드 타이밍 요약

지난 장에서 서로 다른 DRAM 커맨드 조합 사이의 최소 타이밍에 대해 자세히 검토해 보았다. 표 11.4는 기본적인 DRAM 커맨드인 로우 액세스, 칼럼 write, 칼럼 read, column-write-and-precharge, column-read-

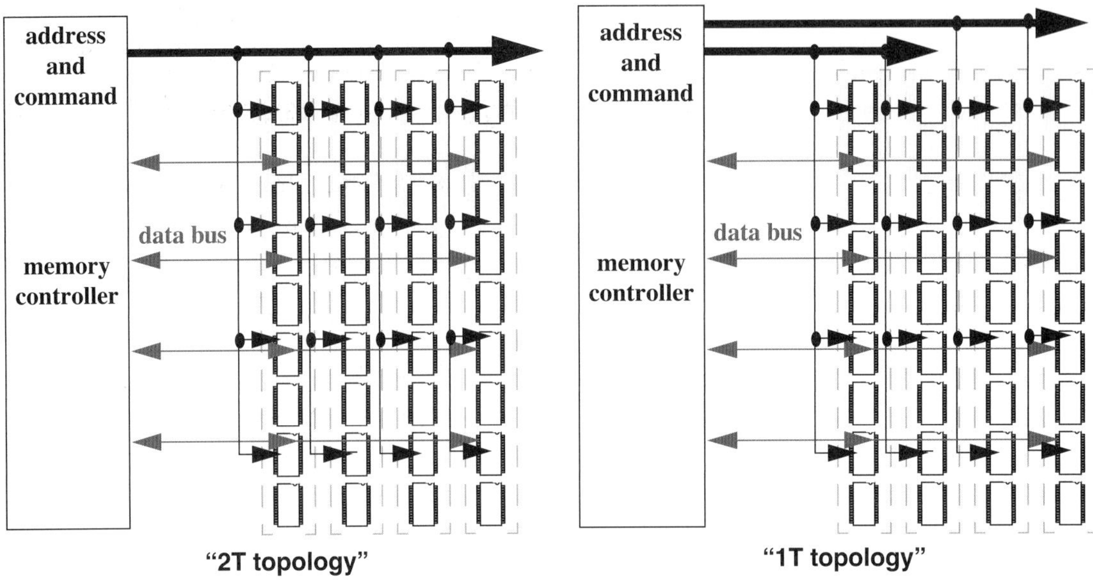

그림 11.33_ 어드레스와 커맨드 버스 한 세트(좌)와 두 세트(우)를 가지는 4 랭크 기반의 unbuffered 메모리 시스템

and-precharge, 프리차지, 리프레시 커맨드 사이의 상호작용에 대한 최저의 타이밍 수식을 정리해 놓았다. 표 11.4에 각 DRAM 명령어별로 정리되어 있으며, 각 커맨드 앞에 선행될 수 있는 커맨드와 두 번째 커맨드가 발행되기 전에 각 커맨드의 조합 사이에 충족해야 하는 각각의 최소 타이밍 제약이 설명되어 있다.

11.5 요약

이번 장에서는 기본적인 DRAM-액세스 프로토콜에 대하여 자원 활용 모델을 이용하여 설명하였다. 자원 활용 모델이란 두 DRAM 커맨드가 동시에 공통된 자원을 사용하지 않는 경우에 연속적으로 파이프라인될 수 있다는 것을 전제로 한다. 기본적인 자원 활용 모델은 전력 소모 제한과 같은 추가적인 제약이 DRAM 커맨드의 발행 속도를 제한할 수 있다는 주장을 포함함으로써 실질적으로 유효하게 된다

자주 듣게 되는 질문 중에 하나가 일반 DRAM 액세스 프로토콜의 설명에서는 언급되지 않는 것인데, 만약 타이밍 변수가 완전히 지켜지지 않았을 때 어떤 일이 일어나는지에 대한 것이다. 예를 들어, 만약 t_{RAS} 데이터 복원 타이밍 변수가 완전히 지켜지지 않은 상황에서 프리차지 커맨드가 발행되게 된다면? DRAM 디바이스가 t_{RAS}가 지켜질 때까지 프리차지 커맨드를 연기시킬 정도의 정보를 가지고 있을 것인가? 이에 대한 답은 일반적인 경우 DRAM 디바이스는 기능적인 정확성을 보장하기 위한 논리 회로의 측면에서 아주 소량의 정보를 가지고 있다. DRAM 디바이스 제조사는 데이터 시트를 통해서 각각의 DRAM 커맨드들의 최소 타이밍 조건을 명시하고 있다. DRAM 디바이스가 올바로 동작하는 것을 보장하기 위해서는 반드시 DRAM 컨트롤러가 데이터 시트에 적혀 있는 최소, 최대 타이밍 변수를 준수해야만 한다. t_{RAS}의 시간이 지나기 전에 DRAM 디바이스로 프리차지 커맨드가 발행된 특이 사례에서는 DRAM 디바이스가 아마도 여전히 잘 동작할 것이다. 왜냐하면 DRAM 셀이 아마도 프리차지 커맨드가 동작할 때쯤에는 이미 크게 복원되

표 11.4_ 최저 DRAM 커맨드 식의 요약

Prev	Next	Rank	Bank	Minimum Timing	Illustration	Notes
A	A	s	s	t_{RC}	Figure 11.8	
A	A	s	d	t_{RRD}	Figure 11.32	Plus t_{FAW} for 5th RAS to same rank
P	A	s	d	t_{RP}	Figure 11.6	
F	A	s	s	t_{RFC}	Figure 11.7	
A	R	s	s	$t_{RCD} - t_{AL}$	Figure 11.11	$t_{AL} = 0$ without posted-CAS command
R	R	s	a	$MAX(t_{BURST}, t_{CCD})$	Figure 11.12	t_{BURST} is burst of prev. CAS to same rank
R	R	d	a	$t_{BURST} + t_{RTRS}$	Figure 11.18	t_{BURST} is burst of prev. CAS to diff rank
W	R	s	a	$t_{CWD} + t_{BURST} + t_{WTR}$	Figure 11.23	t_{BURST} is burst of prev. CASW to same rank
W	R	d	a	$t_{CWD} + t_{BURST} + t_{RTRS} - t_{CAS}$	Figure 11.25	t_{BURST} is burst of prev. CASW to diff rank
A	W	s	s	$t_{RCD} - t_{AL}$	Figure 11.11	
R	W	a	a	$t_{CAS} + t_{BURST} + t_{RTRS} - t_{CWD}$	Figure 11.21	t_{BURST} is burst of prev. CAS to any rank
W	W	s	a	$MAX(t_{BURST}, t_{CCD})$	Figure 11.19	t_{BURST} is burst of prev. CASW to same rank
W	W	d	a	$t_{BURST} + t_{OST}$	Figure 11.21	t_{BURST} is burst of prev. CASW to diff. rank
A	P	s	s	t_{RAS}	Figure 11.8	
R	P	s	s	$t_{AL} + t_{BURST} + t_{RTP} - t_{CCD}$	Figure 11.13	t_{BURST} is burst of prev. CAS to same rank
W	P	s	s	$t_{AL} + t_{CWD} + t_{BURST} + t_{WR}$	Figure 11.24	t_{BURST} is burst of prev. CASW to same rank
F	F	s	a	t_{RFC}	Figure 11.7	
P	F	s	a	t_{RP}	Figure 11.6	

A _ row Access; R _ column Read; W _ column Write; P _ Precharge; F _ reFresh; s _ same; d _ different; a _ any.

었을 것이기 때문이다. 빠른 커맨드 발행의 문제는 마치 프로세서의 오버클럭킹 예시와 유사하다. 즉, 프로세서 제조사는 프로세서가 정상 동작하는 정해진 주파수와 공급 전압 범위를 명시할 수 있다. 사용자는 프로세서로부터 더 좋은 성능을 얻기 위해서 동작 주파수와 공급 전압을 증가시킬 수도 있을 것이다. 이러한 경우에, 프로세서는 아마 정상 동작할 수도 있을 것이다. 그러나 동작 변수가 프로세서 제조사가 규정한 범위 밖에 있는 한, 프로세서의 정상 동작을 더 이상 제조사가 보장할 수 없다. 이와 비슷하게, DRAM 커맨드가 DRAM 디바이스 데이터 시트에 명시된 것보다 훨씬 더 과감한 타이밍에 발행된다면, DRAM 디바이스는 아마도 여전히 정상 동작할 수도 있지만, 더 이상 DRAM 디바이스 혹은 모듈 제조사들로부터 정상 동작을 보장 받지 못하게 된다.

MEMORY | SYSTEMS | **DRAM**

DRAM 장치 구조의 혁신적인 발전

12

CHAPTER

FET(Field Effect Transistor)에 기반한 첫 번째 DRAM(Dynamic Random-Access 메모리) 디바이스는 IBM의 Robert Dennard에 의해 1966년 발명되었다. 이후, Intel은 1970년 1103으로 불리는 첫 번째 상용 DRAM 디바이스를 출시한다. Intel의 1103 DRAM 디바이스 이후 수십 년 간 DRAM 디바이스 아키텍처는 지속적이고 점진적으로 변화해 왔다. 그러나 1990년대 중반까지 DRAM 디바이스 아키텍처의 진화 경로는 많은 용량, 낮은 가격의 상용 디바이스로 단일화되어 있었다.

최근 몇 년간 DRAM 메모리 시스템에 대한 다양한 요구들은 DRAM 디바이스에 급격한 발전을 만들었다. 마침내 단일화되어 있던 DRAM 디바이스 아키텍처가 낮은 가격, 높은 대역폭, 낮은 latency, 그리고 낮은 파워 소모와 같이 다양한 요건을 만족시키기 위해 분화되었다. 이전 장에서 DRAM 디바이스의 기본적인 구조, 일반적인 시스템 구성, 대략적인 타이밍 변수와 대략적인 액세스 프로토콜이 설명되었다. 이번 장에서는 여러 DRAM 디바이스들의 원리와 기능에 대해 설명한다. 또한 여러 stand-alone DRAM 디바이스 패밀리들의 구성과 발전에 대해 설명한다.

12.1 DRAM 디바이스 패밀리들

기본적인 charge-storage DRAM 회로가 발명되고 첫 번째 DRAM 디바이스가 소개된 이후 수십 년간 조금씩 다른 구조를 가진 무수히 많은 DRAM 디바이스들이 낮은 가격, 높은 대역폭, 낮은 latency, 그리고 낮은 파워 소모와 이들이 조합된 특정한 조건을 만족시키기 위해 개발되어 왔다. 이번 장에서는 그림 12.1에 설명된 것과 같은 DRAM 패밀리 트리에서 여러 DRAM 디바이스들에 대해 설명한다.

12.1.1 가격(용량), Latency, 대역폭, 파워 소모

상용 DRAM 디바이스의 기능과 비용 효율성은 컴퓨터 시스템과 컴퓨팅 디바이스에서 중요한 설계 요소가 될 수 있다. 그러나, 다양한 컴퓨터 시스템과 컴퓨팅 디바이스들은 저마다 특정한 요구사항이 있고, DRAM 디바이스 아키텍처는 이러한 시스템을 만족시켜야 한다. 따라서, 다양한 DRAM 디바이스는 저마

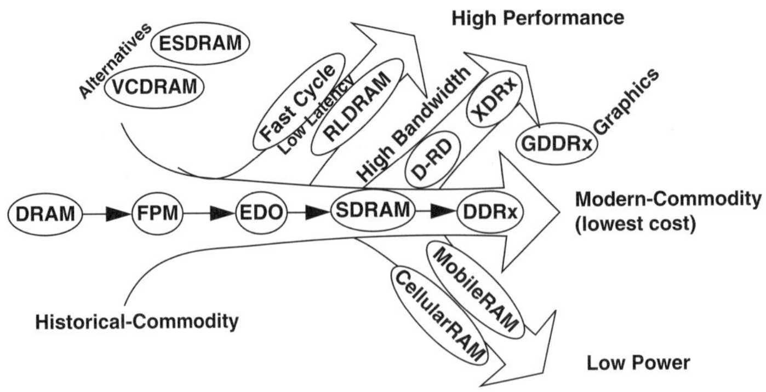

그림 12.1_ DRAM 패밀리 트리의 분류

다의 구조와 기능, 성능을 가지고 각자 다른 시장을 구성하고 있다.

여러 DRAM 디바이스들과 여러 디바이스 아키텍처를 설명하고, 비교하기 위해, 이 장에서는 네 가지 요소로 모든 DRAM 디바이스를 평가하고, 네 가지 경로로 DRAM 디바이스를 분류한다. 네 가지 요소는 가격(용량), latency, 대역폭, 그리고 파워 소모이다.

앞서 이야기한 것과 같이 여러 DRAM 디바이스들은 낮은 가격, 낮은 latency, 높은 대역폭, 낮은 파워 소모, 또는 이들의 조합을 목표로 설계 생산된다. 그러나 DRAM 디바이스 아키텍처의 발전을 제약하는 가장 중요한 고려사항은 가격이다. 일반적인 의미에서 가격에 초점을 맞춘 DRAM 디바이스는 비트당 가장 저렴한 가격을 의미하고, 이번 장에서 비트당 가장 저렴한 가격은 용량과 동일한 의미로 사용된다. DRAM 회로의 발명 이후 수십 년간 제조 판매되는 대부분의 DRAM 디바이스들은 가격에 중점을 둔 DRAM 디바이스며, 이러한 DRAM 디바이스는 이번 장에서 살펴볼 DRAM 디바이스 패밀리 트리 중 **상용** 경로에 포함된다. 그림 12.1에 묘사한 것과 같이 이번 장에서 DRAM 패밀리 트리의 분류는 진화 패밀리 트리를 따른다. 그림 12.1은 무수히 많은 DRAM 디바이스를 DRAM 패밀리 트리상에서 네 가지의 진화 경로로 분류하는데, 이는 **상용** 경로, **Low-Latency** 경로, **고대역폭** 경로, 그리고 **낮은 파워 소모** 경로이다. **상용** 경로상에서 쉬운 설명을 위해 **상용** 경로는 **초기의 상용제품** 경로와 **현대의 상용제품** 경로로 다시 분류한다. 빠른 랜덤 액세스를 제공하는 DRAM 디바이스는 DRAM 디바이스 패밀리 트리에서 **Low-Latency** 경로에 해당한다. DRAM 디바이스 중에서 빠른 대역폭을 중시하는 것은 **고대역폭** 경로에 해당한다. 마지막으로 최근의 상용 **그래픽 지향** GDDR 디바이스와 **대체** DRAM 디바이스 등 DRAM 패밀리 트리에 속하지 않은 DRAM 디바이스는 12.5 절과 12.6절에서 설명한다.

12.2 초기의 상용 DRAM 장치

앞서 이야기한 것과 같이 DRAM 디바이스들의 개발을 촉진한 가장 중요한 요소는 저장 비트당 가격이다. 비용에 초점을 맞춘 결과 SDRAM(Synchronous DRAM) 출현 이전의 모든 DRAM 디바이스를

DRAM 패밀리 트리에서 초기의 사용 제품 경로로 분류한다. 특히 비동기에서 FPM(fast page mode)을 거쳐 EDO(extended data-out)와 BEDO(burst-mode EDO)에 이어 SDRAM(synchronous)까지 상용 DRAM 디바이스는 계속 발전해 왔다. 이번 장에서는 DRAM 패밀리 트리의 현대 상용 제품 경로에 속하는 SDRAM과 그 이후의 DDR SDRAM, DDR2 SDRAM, 그리고 DDR3 SDRAM 디바이스가 12.3절에서 설명된다. 이번 절에서는 DRAM 패밀리 트리의 초기의 상용 제품 경로에 속한 DRAM 디바이스들이 몇 가지 소개되는데, Intel 1103 DRAM 디바이스, 비동기 DRAM 디바이스, FPM DRAM 디바이스, EDO DRAM 디바이스, 그리고 BEDO DRAM 디바이스 들이다. 위에서 선택된 몇 가지 디바이스들은 초기의 상용 DRAM 디바이스의 진화의 경로상에서 중요한 이정표를 나타낸다. Intel사의 1103 DRAM의 출현 이후 BEDO DRAM 디바이스까지 여러 DRAM 디바이스들이 여러 제조사에서 생산되었다. 결론적으로, 1970년대 초반부터 1990년대 후반까지 앞서 선택된 DRAM 디바이스들이 점차적으로 발전해온 상용 DRAM 디바이스들을 설명해주기는 하지만 이 기간에 만들어진 모든 DRAM 디바이스를 대표하지는 않는다.

Intel사의 1103 DRAM부터 BEDO DRAM 디바이스에 이르기까지 DRAM 디바이스의 구조가 발전되어 왔는데, 구조적인 변화가 컸으며 비용적인 면은 비교적 적었다. 다음 절에서는 DRAM 패밀리 트리에서 초기의 상용 제품 경로의 일반적인 설명과 함께 Intel사의 1103 DRAM 디바이스를 설명한다.

12.2.1 Intel 1103

첫 번째 상업적으로 성공한 DRAM 디바이스는 1103으로 1971년 Intel사에 의해 개발되었다. 상대적으로 낮은 비용으로 인해 1103은 다양한 어플리케이션에서 폭 넓게 수용되고, 마그네틱 코어 메모리를 빠르게 대체하였다. 1103은 580ns의 로우 사이클 타임과 300ns의 랜덤 액세스 타임을 가지고 있었다. 또한 1103은 2ms 이상으로 보장된 데이터 보유 시간을 가지고 있었으므로, 적어도 2ms마다 리프레시해주면 데이터가 온전히 보장되었다. 이후 몇 년간 개발된 DRAM 디바이스와는 다르게 1103은 단방향 데이터 입력과 출력이라는 흥미로운 특징을 가지고 있었다. 단방향 입출력은 1103(FPM 디바이스)까지 초기 DRAM 디바이스들에서 atomic read-modify-write 사이클이라는 흥미로운 기능을 제공한다. DRAM 디바이스가 데이터를 출력하는 중에 메모리 컨트롤러가 어드레스 버스상의 어드레스를 홀딩할 수 있다. 그리고 컨트롤러는 read, 프로세스 그리고 write를 같은 어드레스에 대해서 동시에 할 수 있는데 양방향 데이터 버스를 가지는 이후의 DRAM 디바이스들에서는 가능하지 않다. 또한 1103은 로우와 칼럼 어드레스를 위해서 지정된 핀을 사용하는데, 이후의 디바이스들은 일반적으로 로우와 칼럼 어드레스들을 합해서 멀티플렉싱한 어드레스 핀을 사용한다. 또한 1103의 경우 전원 공급의 관점에서 원초적인 장치였다. 현대의 DRAM 디바이스와 달리 1103은 바이어스를 위한 독립적인 전원 공급이 필요했다. 마지막으로 1103과 이후의 DRAM을 구별하는 차별점은 3T1C(3transistor, 1capacitor) 구조를 기본 셀로 사용한다는 것이다. 그림 12.2에 설명된 것과 같이 1103의 3T1C 셀 구조로

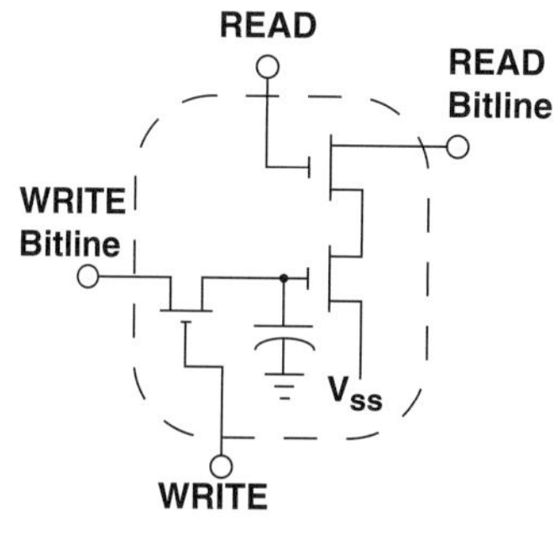

그림 12.2_ Intel사의 1103 DRAM 디바이스 One 비트 셀(3T1C)

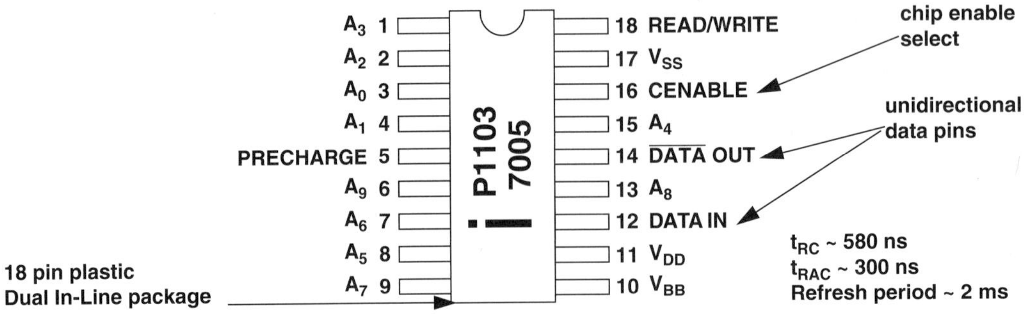

그림 12.3_ Intel사의 1103 DRAM 디바이스 핀 배치도

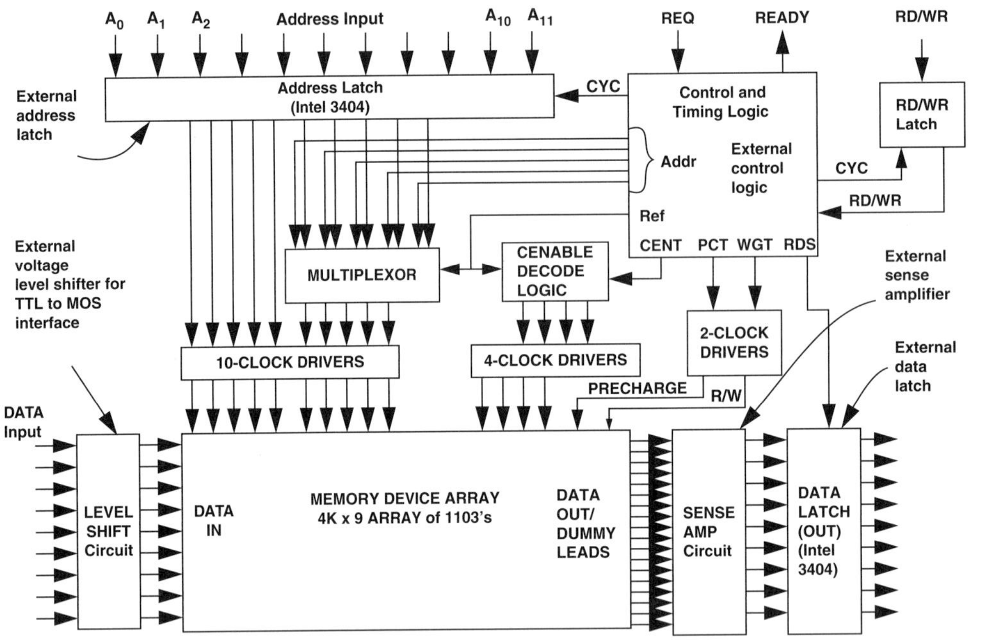

그림 12.4_ 9개의 1103 DRAM 디바이스로 이루어진 1103 메모리 시스템의 구조도

read-out한 데이터는 파괴되지 않는다. 결과적으로 read-out 이후에도 DRAM 셀을 즉시 복원할 필요가 없다. 다른 무수한 DRAM들과 비교하여, Intel사의 1103 DRAM 디바이스는 가장 기본적인 어드레스 디코더를 가지고 있었고, 1,024개의 DRAM 셀 어레이를 가지고 있었다. 이후의 디바이스들에서 공통적으로 발견할 수 있는 integrated address, latch와 sense amplifier는 1103에는 없었다. 결론적으로, 1103은 이후의 디바이스들에 비해 더 많은 외부 회로가 필요하였다. 그림 12.4는 1103으로 이루어진 메모리 시스템의 구조적인 블록도를 보여준다. 그림은 1103에 기초한 메모리 시스템을 만들기 위해 여러 회부 회로가 필요하다는 것을 보여준다.[1] 첫째, TTL 디바이스들과 1103의 MOS 신호 간 인터페이스를 위해 외부 전압 레벨 시프터

1 메모리 시스템 block diagram taken from 1103 데이터 sheet.

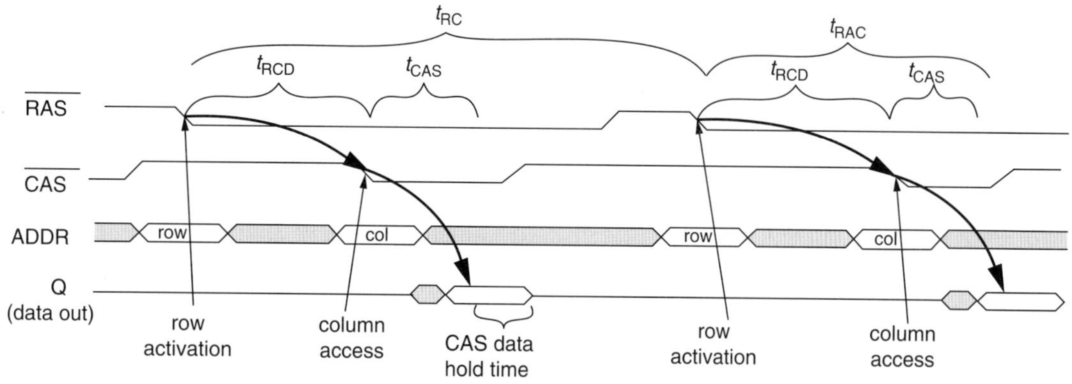

그림 12.5_ Conventional 비동기 DRAM 디바이스의 read 타이밍

가 필요하였다. 둘째, 1103 메모리 시스템은 read와 write 동작을 위해 많은 외부 로직이 필요하였다. 마지막으로, 메모리 시스템은 1103에서 값을 읽어내기 위해 외부 sense amplifier가 필요하였다.

12.2.2 비동기 DRAM 디바이스

1970년대에 Intel사의 1103 DRAM 디바이스가 소개된 이후 Intel과 많은 다른 DRAM 제조사들이 다양한 DRAM 디바이스를 생산하였다. 이러한 DRAM 디바이스들은 표준화되지 않았고, 각각의 DRAM 디바이스들은 저마다 이전 세대의 DRAM 디바이스의 개선점을 가지고 있었다. 예를 들어, 1103 이후 Intel사의 2104 DRAM 디바이스는 같은 어드레스 버스로부터 멀티플렉싱하여 로우 어드레스와 칼럼 어드레스를 만들었고, 2116 DRAM 디바이스는 Intel사의 첫 16k-비트 DRAM 디바이스였으며, 2118 DRAM 디바이스는 하나의 5V 전원을 쓰는 첫 DRAM 디바이스였다.

다른 초기의 일부 DRAM들은 커맨드가 주기적인 클럭에 의해 구동되는 방식으로 클럭에 의해 구동되었다. 그러나, 1970년대 중반까지 DRAM 디바이스 인터페이스는 클럭-드리븐 인터페이스와는 거리가 멀었고, 주로 비동기 커맨드-데이터 타이밍 인터페이스였다.

이러한 비동기 DRAM 디바이스들은 이전의 클럭 기반의 디바이스들과 같이 모든 액세스는 로우 활성화와 이후 칼럼 액세스 단계를 거쳐야만 했다. 마이크로프로세서가 이전의 데이터와 같은 로우에 있는 데이터를 요구하여도, 전체 로우 활성화와 칼럼 액세스 프로세스가 다시 반복되어야 한다. 그림 12.5는 비동기 DRAM 디바이스의 타이밍을 보여준다. 그림은 초기의 비동기 DRAM 디바이스들이 DRAM 디바이스로부터 데이터 read를 위해서 로우 활성화 커맨드와 칼럼 액세스 커맨드가 필요함을 보여주고, 어떤 2개의 어드레스로부터 데이터를 옮기기 위해서는 2번의 전체 로우 사이클이 필요함을 보여준다.

12.2.3 FPM DRAM

Intel사의 1103 DRAM 디바이스가 소개된 이후 등장하는 DRAM 디바이스들은 이전 DRAM 디바이스를 개선하기 위해 새로운 기능을 도입했다. DRAM 디바이스의 성능을 크게 개선하고, 이후의 모든 DRAM 디바이스들에서 사용되는 중요한 기능은 **페이지 모드** 오퍼레이션이다. 페이지 모드 오퍼레이션에서, 모든 로우(페이지)의 데이터는 DRAM 디바이스 내부의 sense amplifier들에 의해 유지되고, 같은 로우에 있는 데이터는 칼럼 액세스만으로 다른 latency 없이 할 수 있다. DRAM 디바이스의 페이지 모드 오퍼레이션은 시스템 성능을 개선시키고, 특정 어플리케이션 프로그램에게 spatial locality의 메모리 액세스 패턴의 이득을 제공한다.

페이지 모드 오퍼레이션은 초기의 DRAM 디바이스들에서는 sense amplifier가 외부에 있었기 때문에 불가능했다. 이후에 sense amplifier가 DRAM 디바이스 안에 집적되면서 페이지 모드 오퍼레이션이 가능하게 되었고, 전체 로우가 병렬로 연결된 sense amplifier에 의해 한꺼번에 센싱되고 버퍼될 수 있었다. 페이지 모드는 빠른 칼럼 액세스를 제공하고, FPM는 칼럼 어드레스 버퍼가 계속 열려 있게 하여 칼럼 액세스의 타이밍을 향상시켰고, 로우 어드레스 스트로브가 로우로 고정되어 있는 동안 계속 작동하였다. 이와 같은 방법으로 칼럼 어드레스들은 칼럼 어드레스 버퍼를 통해 보내지고, 메모리 컨트롤러에 의해 칼럼 어드레스 스트로브 신호가 보내지기 전에 디코드될 수 있었다. 따라서 FPM은 1980년대 초기의 많은 64-kbit DRAM 디바이스에서 사용되었다. FPM DRAM(Page Mode and Fast Page Mode DRAM)은 1990년대까지 상용 메모리의 주류였으며, EDO DRAM에 의해 대체되었고, 최종적으로 SDRAM(Synchronous DRAM)에 의해 완전히 대체되었다. 그림 12.6은 16-bit 와이드 양방향 데이터 버스를 가진 64-Mbit FPM DRAM 디바이스를 보여준다.

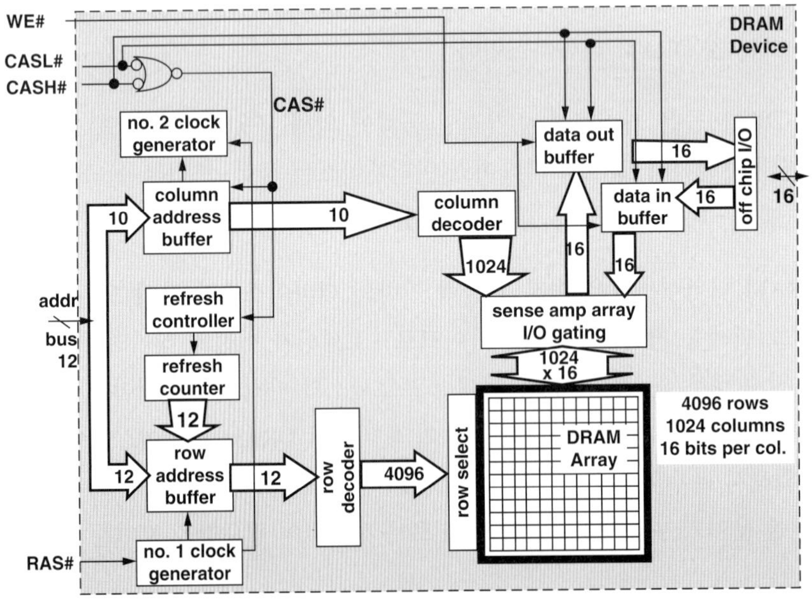

그림 12.6_ 64-Mbit past page mode DRAM 디바이스(4096 X 1024 X 16)의 내부 구성

초기의 FPM DRAM 디바이스들이 일반적으로 분리된 단방향 데이터 입력 핀과 출력 핀을 가졌지만, 그림 12.6에 도시된 FPM DRAM 디바이스는 양방향 데이터 버스를 가진 비교적 최근의 DRAM 디바이스다. 그림 12.6에서 FPM DRAM 디바이스 내부의 DRAM 스토리지 셀들은 4,096개의 로우들과 각 로우마다 1,024개의 칼럼들을 가지며, 칼럼마다 16비트의 데이터를 가진다. 이 디바이스에서 로우 액세스가 일어날 때마다, 로우 어드레스는 어드레스 버스에 놓이고, 외부 메모리 컨트롤러에 의해 RAS/(row address strobe)가 전달된다. DRAM 디바이스 내부에서, 어드레스 버스는 로우 어드레스 버퍼에 의해 버퍼된 이후에 로우 디코더로 보내진다. 이후 로우 어드레스 디코더는 로우 어드레스를 받아들여 스토리지 셀들이 있는 4,096개의 로우 중에 1개를 선택한다. 선택된 로우의 스토리지 셀들에 저장된 값들은 sense amplifier들에 의해 센싱되고 활성화된다. 도시된 FPM 디바이스의 각각의 DRAM 셀들의 로우는 1,024개의 칼럼들을 가지고 있고, 각각의 칼럼은 16비트의 크기를 가진다. 즉, 16비트 크기의 칼럼은 이 디바이스의 접속 가능한 기본 메모리 단위며, 각 칼럼 액세스는 로우 액세스 뒤에 이루어지며, 각 칼럼 액세스는 DRAM의 같은 로우에서 16비트의 데이터를 읽거나 쓰는 동작을 수행한다. 그림 12.6에 묘사된 FPM DRAM 디바이스는 CASH(column access strobe high)와 CASL(column access strobe low)을 이용하여 16비트의 절반인 8비트에 독립적으로 접속이 가능하다.

FPM DRAM 디바이스에서 칼럼 액세스 커맨드는 로우 액세스 커맨드와 비슷하게 다루어진다. 칼럼 액세스 커맨드를 위해서 메모리 컨트롤러는 칼럼 어드레스를 어드레스 버스에 놓고 적절한 CAS/ 신호를 인가한다. 내부적으로 DRAM 칩은 칼럼 어드레스를 받아들여, 디코드하고, 1,024개의 칼럼들 중 하나를 선택한다. 칼럼 read 커맨드의 경우 해당 칼럼의 데이터는 DRAM 디바이스의 데이터 버스에 놓이고, WE(write enable) 신호에 따라 메모리 컨트롤러로부터의 데이터로 덮어 써지기도 한다.

그림 12.7은 FPM 디바이스의 페이지 모드 read 커맨드에 대하여 보여준다. 그림은 RAS/ 신호가 low 되어 로우가 활성화되면, 같은 DRAM 로우의 인접한 데이터를 다수의 칼럼 액세스를 사용하여 페이지 모드 사이클 타임인 t_{PC} 이후 접속이 가능함을 보여준다. 그림 12.7은 출력 데이터 유효한 시간이 CAS/ 신호의 타이밍에 따라 제어되는 것을 보여준다. 즉, CAS/ 신호가 높게 된 일정 시간 이후에도 DRAM 디바이스의

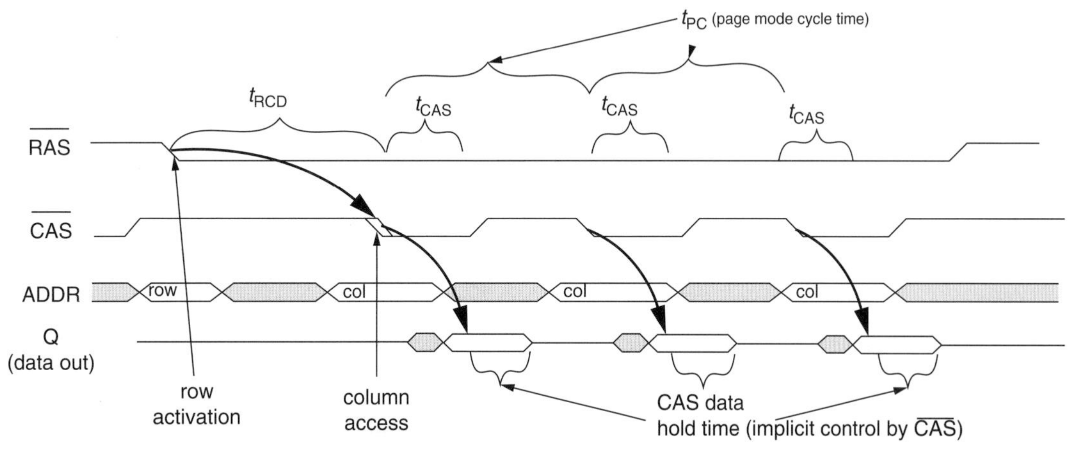

그림 12.7_ FPM DRAM 디바이스의 multiple 칼럼 read 타이밍

read 데이터 출력이 유지된다.

DRAM 디바이스는 사이에 오는 프리차지 커맨드나 로우 액세스 커맨드 없이 다음 칼럼 액세스 커맨드를 준비한다. FPM DRAM 디바이스에서 페이지 모드 사이클 타임은 로우 사이클 시간의 1/3정도로 짧아질 수 있다. 결론적으로 (패스트)페이지 모드 오퍼레이션은 DRAM 디바이스의 spatial상으로 인접한 데이터에 대한 대역폭을 페이지 모드 오퍼레이션이 없는 비동기 DRAM 디바이스에 비해 3배 정도 증가시켰다.

12.2.4 EDO와 BEDO 디바이스

FPM DRAM 디바이스는 1980년대와 1990년대 초반에 많은 여러 다른 분야에서 빠르게 확산되어 갔다. 1990년대 중반 새로운 타입의 메모리인 EDO(Extended Data-Out)가 소개되어 개인용 컴퓨터의 주류 메모리였던 FPM DRAM 디바이스를 대체하기 시작하였다. EDO DRAM 디바이스는 새로운 OE/(output enable) 신호를 추가하고, DRAM 디바이스의 출력 버퍼 제어를 CAS/ 신호에서 OE/ 신호로 대체하였다. 결론적으로 DRAM 디바이스의 출력에 read 데이터는 CAS/ 신호가 높게 된 이후에도 'extended data-out'이라는 이름으로 남아 있을 수 있다.

그림 12.8은 EDO DRAM 디바이스의 세 번의 칼럼 read 커맨드들의 타이밍을 보여준다. 출력 데이터에 대한 정확한 출력은 EDO DRAM 디바이스는 FPM DRAM 디바이스에 비해서 CAS/ 데이터 홀드 타임에 영향 없이 CAS/ 신호가 더 빨리 연속적으로 생성될 수 있는 것을 보여준다. 따라서 EDO 디바이스는 더 빠른 페이지 모드 사이클 타임을 달성할 수 있고, 같은 공정상에서 FPM DRAM 디바이스에 비하여 더 빨리 동작할 수 있었다. EDO DRAM 디바이스는 FPM DRAM 디바이스를 대체하였는데, 특히 개인용 컴퓨터 시장에서 두드러졌다. 프로세서의 속도가 빨라지면서 높은 메모리 대역폭이 필요해지게 됨에 따라, EDO

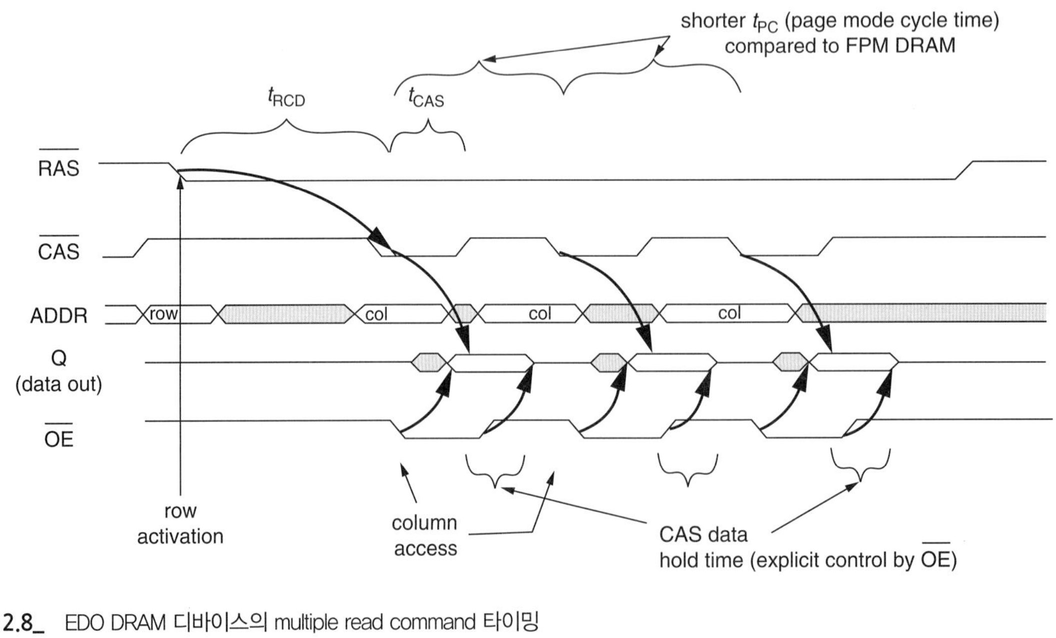

그림 12.8_ EDO DRAM 디바이스의 multiple read command 타이밍

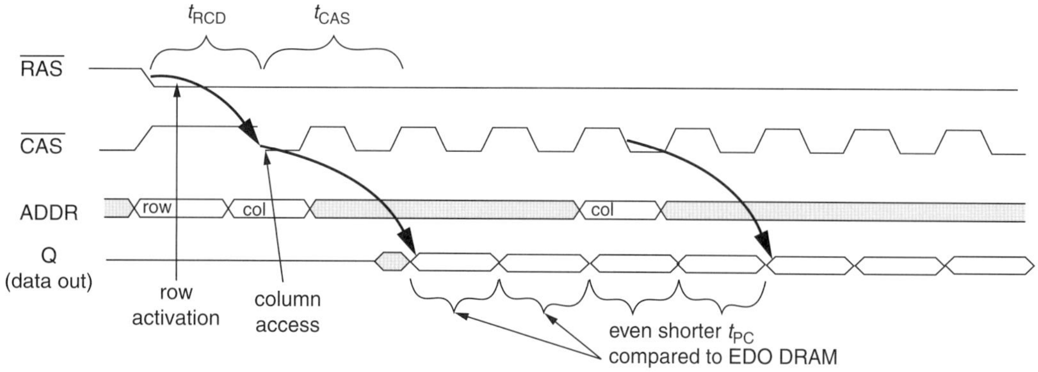

그림 12.9_ BEDO DRAM 디바이스의 multiple 칼럼 read 커맨드 타이밍.

DRAM 디바이스가 제공하는 높은 대역폭은 시스템 설계 엔지니어들과 구조 설계자들에게 환영받았다. 하지만, EDO DRAM 디바이스가 완벽히 높은 메모리 대역폭에 대한 요구를 만족시키지 못함에 따라 DRAM 엔지니어들은 EDO DRAM 디바이스를 넘어서는 다른 방법을 찾기 시작했다.

BEDO(Burst Extended Data-Out) DRAM 디바이스는 EDO DRAM을 기반으로 활성화된 로우에서 새로운 칼럼 어드레스가 DRAM으로 전송될 때마다 데이터를 버스팅(bursting)하는 개념을 추가하였다. 그림 12.9는 BEDO DRAM 디바이스에서 몇 번의 칼럼 액세스 커맨드가 이루어지는 타이밍을 보여준다.

그림은 RAS/ 신호가 low 되며, BEDO 디바이스에 로우 활성화 커맨드가 들어가는 것을 보여준다. BEDO 디바이스의 칼럼 액세스 커맨드는 CAS/ 신호를 low로 만들고, 칼럼 액세스 커맨드의 어드레스를 래치한다. 그림 12.9는 앞서 설명한 DRAM 디바이스들과는 달리, BEDO DRAM 디바이스는 네 개의 연속적인 칼럼 어드레스들을 만들고, CAS/ 신호의 각 하강 에지마다 그 어드레스상의 데이터를 데이터 버스에 싣는다.

각각의 마이크로프로세서의 요청에 따른 데이터 버스트를 구동하기 위해 연속적인 칼럼 어드레스들을 보내는 것을 제거함으로써, BEDO 디바이스는 연속적인 어드레스들 사이의 타이밍 불확실성을 상당히 제거할 수 있었고, 이로써 page 모드 사이클 타임을 감소시켜 DRAM 디바이스 대역폭을 증가시켰다.

12.3 현대의 범용 DRAM 디바이스

범용 DRAM 디바이스 사업의 본질은 상대적으로 회로에 대한 부담을 줄여서 DRAM 디바이스 제조업체들에게 변화에 대한 요청이 받아들여지게 하는 것을 의미한다. 결론적으로, DRAM 디바이스들의 변화는 때때로 혁신적(높은 다이 가격)이기보다는 점진적인 발전(낮은 다이 가격)이었다. 예를 들어 EDO DRAM 디바이스의 회로적인 변화는, FPM DRAM 디바이스에 비해 최소였고, 혁신적인 발전을 위해서는 절묘한 프로토콜의 변화가 필요했다. 그러나 DRAM 디바이스가 더 많은 기능을 가지고, 더 빠른 대역폭을 가지기 위한 요소들이 수렴되면서, DRAM 제조사들과 시스템 제조사들이 함께 JEDEC(Joint Electron Device Enginnering Council)을 수립하여 새로운 SDRAM이라는 DRAM 디바이스를 정의하였다. EDO DRAM 디바이스와 그 이전의 DRAM 디바이스들에 비해, SDRAM은 새로운 요소를 많이 가지고 있었다. 이는 이전의 DRAM 디바이스들과의 차이를 명확히 한다. 이로 인해 SDRAM 디바이스는 이전의 DRAM 패밀리 트리에서 분리되어 초기의 상용 DRAM 디바이스와 다른 현대의 상용 DRAM 디바이스로 그룹을 형성한다.

SDRAM 디바이스는 여러 어플리케이션에 사용되면서 성공적인 DRAM 디바이스로 입증되었다. 또한 SDRAM 디바이스는 이후 DRAM 디바이스들의 기초가 되었다. DDR(Dual data Rate) SDRAM, DDR2(Dual data Rate II) SDRAM, 그리고 DDR3(Dual data Rate III) SDRAM은 모두 SDRAM의 이후 세대이다. 또한 직간접 적으로, GDDR(Graphics DDR) SDRAM, GDDR2(Graphics DDR2) SDRAM, GDDR3(Graphics DDR3) SDRAM, ESDRAM(Enhanced SDRAM), VCDRAM(Virtual channel SDRAM), Mobile SDRAM 그리고 Mobile DDR SDRAM 등 다양한 SDRAM 디바이스들이 SDRAM 디바이스의 이후 세대임을 주장한다. 이번 절에서는 SDRAM으로부터 DDR3 SDRAM 디바이스에 이르기까지 다양한 현대의 상용 DRAM 디바이스들이 자세히 설명된다.

12.3.1 SDRAM

SDRAM(Synchronous DRAM) 디바이스는 첫 번째 현대적인 상용 DRAM 디바이스다. SDRAM 디바이스는 이전의 DRAM 디바이스와는 상당한 차이가 있다. 특히, SDRAM 디바이스는 이전 세대의 FPM이나 EDO DRAM 디바이스와는 다음과 같은 세 가지의 큰 차이점이 있다. SDRAM 디바이스는 동기화 디바이스 인터페이스를 가지며, 여러 내부 뱅크들을 가지고, 프로그램이 가능하다. DRAM 디바이스들은 특정한 시스템에 맞추어 메모리 컨트롤러에 의해 최적화될 수 있다. 현대의 컴퓨터 시스템에서 사용되는 FPM이나 EDO DRAM 디바이스들의 경우 일반적으로 메모리 컨트롤러는 시스템상의 다른 컴포넌트들과의 인터페이스를 위해 특정한 고정 주파수로 동작해야 한다. 이론적으로 FPM과 EDO 디바이스의 비동기적 특성은 다른 컨트롤러들과 시스템 설계들, 특히 고속의 대용량 메모리 시스템에서 동작하기 위해 고려해야 할 사항이 많았다.

결과적으로, 컴퓨터 제조업체들은 DRAM 디바이스가 그 시대의 다른 컴퓨터 시스템들과 같은 주파수로 동작하며 동기화 인터페이스를 가지기를 원했고, 그 결과 SDRAM 디바이스가 등장하였다. FPM과 EDO DRAM 디바이스들에서 메모리 컨트롤러는 RAS/와 CAS/ 신호를 통해 DRAM 디바이스 내부의 래치를 직접 조절하였고, 이 신호들은 DRAM 디바이스에 언제든지 입력될 수 있었다. DRAM 디바이스는 RAS/와 CAS/ 신호에 맞추어 자신이 할 수 있는 최대의 속도로 반응한다. SDRAM 디바이스의 경우 커맨드 버스에서 커맨드 신호를 전달하기 위해 RAS/와 CAS/ 신호의 이름은 남아 있지만, 더 이상 DRAM 디바이스 내부의 래치를 직접 제어하지는 않는다. 그보다는, SDRAM 디바이스의 커맨드 버스에 커맨드 신호들을 전달하면, 클럭 신호의 하강 에지에서 커맨드로서 SDRAM 디바이스의 컨트롤 로직에 의해 작동한다. 이와 같이 메모리 컨트롤러에서 DRAM 디바이스로 옮겨온 스테이트 머신에 의해 프로그램과 멀티 뱅크 작동이 가능해졌다.

두 번째, FPM과 EDO 디바이스들과 그 이전의 DRAM 디바이스들에 비해 SDRAM 디바이스가 다른 점은

SDRAM 디바이스가 내부적으로 다수의 뱅크들을 가지고 있다는 것이다. SDRAM 디바이스 안에 독립적인 여러 뱅크들이 있다는 것은 하나의 뱅크가 로우 활성화 커맨드나 프리차지 커맨드로 바쁜 중에도, 메모리 컨트롤러가 다른 뱅크의 로우를 활성화시키기 위해 로우 액세스 커맨드를 보내거나 다른 활성화된 뱅크에 칼럼 액세스 커맨드를 보낼 수 있음을 의미한다. SDRAM 디바이스의 멀티 뱅크 아키텍처는 하나의 SDRAM 디바이스에서 파이프라인되어 여러 명령을 처리할 수 있음을 의미한다.

첫 16-Mbit SDRAM 디바이스들은 각각의 DRAM 어레이에 2개의 뱅크들을 가지고 있었지만, 더 큰 용량의 SDRAM 디바이스들은 각각 4개의 SDRAM 디바이스를 가지고 있었다. SDRAM 디바이스는 또한 추가적으로 프리차지를 갖는 칼럼 액세스 커맨드라는 기능을 가지고 있다. 이 기능들은 프로그램이 가능한 스테이트 머신과 sense amplifier의 다수의 뱅크들과 같이 동작하는데, 이 때문에 같은 용량을 가진 FPM이나 EDO DRAM 디바이스들에 비하면 복잡한 회로를 가지고 있었다. 하지만, 이 복잡한 회로는 디바이스의 용량과는 독립적으로 일정하였기 때문에 디바이스의 용량이 커질수록 다이 면적에서 차지하는 부분은 줄어들었다. 결과적으로 100-MHz, 64-Mbit SDRAM 디바이스에서는 FPM이나 EDO 디바이스의 생산 단가를 앞질러서 생산할 수 있었다.

그림 12.10은 SDRAM 디바이스의 블록 다이어그램을 보여준다. 그림은 SDRAM 디바이스가 그림 12.6에 있는 PFM 디바이스와는 달리, 4개의 뱅크를 가지고 각각이 sense amplifier를 가지고 있음을 보여준다. FPM 디바이스와 마찬가지로, SDRAM 디바이스는 SDRAM 디바이스의 데이터 흐름을 관장하는 어드레스 레지스터를 가지고 있다. 로우 액세스 커맨드의 경우, 어드레스 레지스터의 어드레스가 로우 어드레스 래치와 디코더로 전달되고, 선택된 워드라인을 활성화시키는 데 사용된다. 데이터는 비트라인으로 전달되고, sense amplifiers 어레이는 전압 차이를 감지하고, 이후의 칼럼 액세스를 위해 데이터를 유지한다. 칼럼 read 커맨드의 경우, 데이터는 여러 레벨들의 멀티플렉서들로 보내지고, 이후 I/O 게이팅 구조를 통해 데이터 버스로 신호를 출력하고, 마지막으로 메모리 컨트롤러로 전달된다. 칼럼 write 커맨드의 경우, 메모

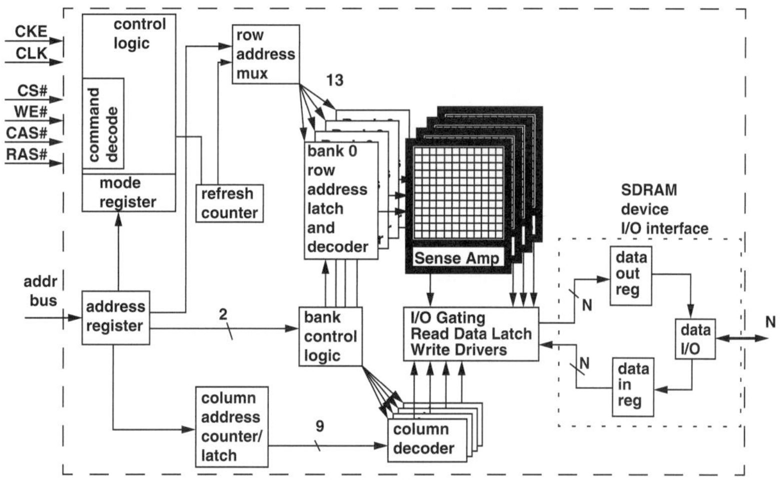

그림 12.10_ 4개의 뱅크를 가지는 SDRAM 디바이스 구조

표 12.1_ SDRAM 디바이스의 command definition

Command	CS#	RAS#	CAS#	WE#	addr
command inhibit (nop)	H	X	X	X	X
no operation (nop)	L	H	H	H	X
active (activate row - RAS)	L	L	H	H	addr
read (start read - CAS)	L	H	L	H	addr
write (start write - CAS W)	L	H	L	L	addr
burst terminate	L	H	H	L	X
precharge	L	L	H	L	**
auto refresh	L	L	L	H	X
load mode register	L	L	L	L	code

**Bank address, or all banks with a_10 assertion.

리 컨트롤러가 데이터를 데이터 버스에 놓고, SDRAM 디바이스가 레지스터 안에 있는 데이터를 래치하고, sense amplifier 어레이에 있는 데이터로 덮어 쓰기한다. sense amplifier들은 차례로, 오픈 액세스 트랜지스터들을 통해 DRAM 셀들에 새로운 데이터를 넣는다.

SDRAM 디바이스 안에서 CS/(chip-select line)이 활성화되어 있다면, 클럭 신호(CLK)의 상승 에지에서 커맨드들은 디코드된다. DRAM 컨트롤러는 WE/(write enable), CAS/(칼럼 액세스), 그리고 RAS/(로우 액세스)로 구성된 커맨드 버스들을 통해 커맨드를 전달한다. 비록 커맨드 버스의 신호 선들이 기능별 이름을 가지고 있지만, SDRAM 디바이스에 다른 신호 선들의 추가 없이 많은 커맨드들을 보낼 수 있다.

표 12.1은 SDRAM 디바이스의 커맨드 세트와 커맨드 버스의 신호의 조합들을 보여준다. 표는 CS/이 선택되지 않으면 SDRAM 디바이스는 커맨드 버스 신호들을 무시하는 것을 보여준다. CS/이 클럭의 상승 에지에 활성화되면, SDRAM 디바이스는 커맨드 버스상의 컨트롤 신호들의 조합을 디코드한다. 예를 들어 SDRAM 디바이스가 RAS/은 low, CAS/은 high, 그리고 WE/이 high라고 판단하면 로우 활성화 커맨드고, 선택된 뱅크에서 어드레스 버스를 통해 제공된 어드레스상의 로우에 로우 활성화 프로세스를 시작한다. 커맨드 버스상의 신호들의 다른 조합을 통해 SDRAM 디바이스가 새로운 값을 모드 레지스터에 입력할 수 있다. 즉, CS/, RAS/, CAS/, 그리고 WE/이 모두 클럭의 상승 에지에서 low이면, SDRAM 디바이스는 모드 레지스터 커맨드를 디코드하며, 어드레스 버스상의 값으로 모드 레지스터를 입력한다.

DRAM 디바이스들과 SDRAM 디바이스를 차별하는 세 번째 특징은 SDRAM 디바이스는 프로그램 가능한 모드 레지스터를 가지고 있고, DRAM 디바이스의 동작이 모드 레지스터의 값에 따라 달라질 수 있다는 것이다. 즉 모드 레지스터의 존재로 인해 SDRAM 디바이스는 커맨드에 대해 다른 동작을 할 수 있다. 특히 SDRAM 디바이스의 모드 레지스터는 CAS/ latency와 버스트 길이, 버스트 오더를 조절할 수 있다.

그림 12.11은 SDRAM 디바이스 3개의 필드를 가지고 있는 모드 레지스터를 보여주는데, CAS/ latency, 버

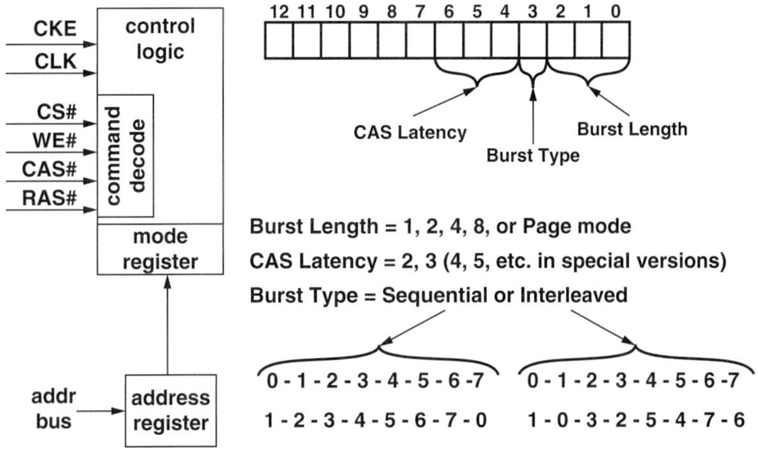

그림 12.11_ SDRAM 디바이스의 프로그램이 가능한 모드 레지스터

스트 타입, 그리고 버스트 길이이다. 모드 레지스터의 CAS/ latency 필드에 있는 값에 따라서 DRAM 디바이스는 칼럼 read 커맨드로부터 둘 또는 세 사이클 뒤에 데이터를 전송한다. 버스트 타입의 값은 SDRAM 디바이스가 데이터를 전송하는 순서를 결정하고, 버스트 길이 필드는 한 번의 칼럼 read 커맨드로 SDRAM 디바이스가 메모리 컨트롤러로 전달할 칼럼의 수를 결정한다. SDRAM 디바이스는 1, 2, 4, 8 또는 전체 칼럼들을 전달할 수 있다.

Direct RDRAM 디바이스들과 DDRx SDRAM 디바이스들은 더 많은 모드 레지스터들을 가지고 파워 관리, 전기적인 터미네이션 교정 모드들, 셀프 테스트 모드들, 그리고 write 복구 지속시간을 포함한 더 많은 프로그램 가능한 작동들을 지원한다. 주어진 커맨드를 실행하기 위해 SDRAM 디바이스의 로직 블럭은 메모리 컨트롤러로부터 전송된 커맨드를 커맨드 버스로부터 받아들인다. SDRAM 디바이스는 받아들인 커맨드와 모드 레지스터에 저장된 값에 따라서 매 클럭마다 메모리 컨트롤러로부터 커맨드를 받을 필요 없이 특정한 동작을 수행한다. 예를 들어 column-read-and-precharge 커맨드가 들어온 경우, SDRAM 디바이스가 커맨드를 받아들이면, 모드 레지스터에 프로그램된 값에 따라 SDRAM 디바이스는 커맨드 버스에 커맨드가 전달된 2 또는 3사이클 이후에 데이터를 전달한다. 한 번의 칼럼 액세스 커맨드에서 버스트 길이와 버스트 오더도 모드 레지스터에 프로그램된 값에 따라 동작한다. 즉, SDRAM 디바이스는 칼럼 read 커맨드가 끝난 뒤에 자동적으로 DRAM 뱅크를 프리차지 한다.

SDRAM 액세스 프로토콜

그림 12.12는 SDRAM 메모리 시스템에 데이터 액세스를 하는 기본 개념을 보여준다. 그림은 랭크 n의 뱅크 i 로우 활성화 커맨드, 같은 뱅크에 대한 칼럼 read 액세스 커맨드, 그리고 다른 랭크에 있는 열려 있는 뱅크에 대한 칼럼 read 액세스 커맨드 등 3개의 커맨드를 보여준다. 그림 12.12는 SDRAM 메모리 시스템의 인터페이스는 메모리 컨트롤러로부터 전송되어온 커맨드에 반응하는 동기화 상태 머신처럼 동작한다는

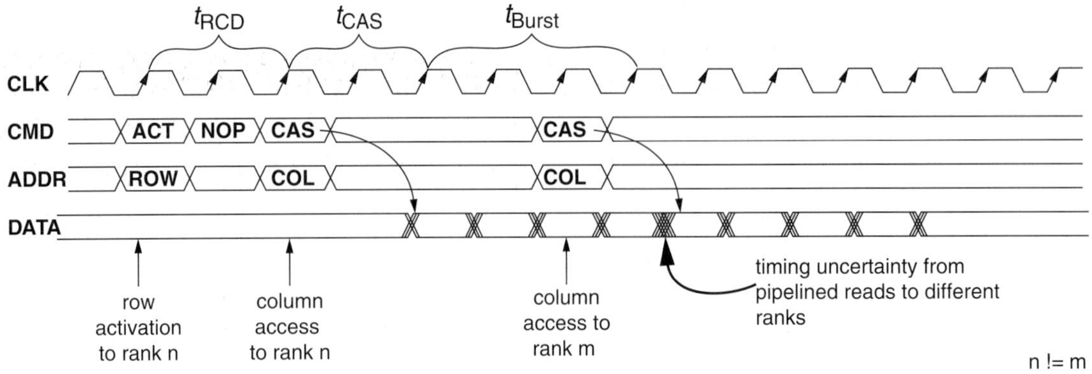

그림 12.12_ 로우 활성화 이후, 랭크 n을 칼럼 액세스하고, 랭크 m을 칼럼 액세스하는 타이밍 diagram

것을 보여준다. 특히 그림 12.12는 SDRAM 디바이스가 커맨드를 래치하면서 로우 활성화를 시작할 때 클럭 신호의 상승 에지에서의 어드레스에 대해서 수행하는 것을 보여준다.

SDRAM 디바이스는 커맨드를 디코드하고, 수신된 커맨드에 알맞게 DRAM 디바이스의 상태 머신을 작동시킨다. 그림 12.12는 로우 활성화 커맨드 이후 두 사이클 뒤에, 로우 칼럼 지연 시간이 만족되고, 메모리 컨트롤러는 로우가 열려 있을 것이라고 가정한다. 메모리 컨트롤러는 이후에 커맨드 버스를 통해 칼럼 read 액세스 커맨드를 보내고, t_{CAS} 시간 뒤에 SDRAM 디바이스는 열린 로우로부터 메모리 컨트롤러로 데이터를 보낸다. 그림 12.12에서 SDRAM 디바이스는 칼럼 액세스 커맨드마다 4개의 연속적인 칼럼들로부터 데이터를 보내도록 프로그램되어 있고, 그래서 이후에 메모리 컨트롤러로부터 다른 상호작용이 없어도 DRAM 디바이스에 의해 4개의 연속적인 칼럼들로부터 데이터가 데이터 버스에 놓이게 된다. 마지막으로 서로 다른 랭크에 대해 2개의 칼럼 read 커맨드들이 들어온 경우, 데이터 버스의 버스 마스터에 의한 변화는 클럭들 사이에서 약간의 타이밍 불확정성을 야기한다.

다이 형상과 TSOP 패키지

그림 12.13은 Micron사의 256-Mbit SDRAM 디바이스의 다이 사진을 보여준다. 그림에서 실리콘 다이 면적의 대부분이 DRAM 어레이의 규칙적인 구조로 이루어져 있다. 이 경우, 대략 실리콘 면적의 70%가 DRAM 어레이로 사용되고, 나머지 부분이 I/O 패드, sense amplifier, 디코더, 그리고 최소의 컨트롤 로직들로 사용된다. 그림 12.13에 보이는 SDRAM 디바이스는 0.11μm 공정에 3개의 금속층, 그리고 6개의 폴리실리콘 층으로 제작되었다. SDRAM 디바이스의 다이 크기는 대략 45mm²이다. SDRAM 디바이스는 저렴한 TSOP(Thin, Small Outline Package)로 패키지되었다. 그림 12.14는 16-bit-와이드 데이터 버스를 가지는 54핀 TSOP SDRAM 디바이스를 보여준다. x16 SDRAM 디바이스의 54핀 중에서 14핀은 파워와 ground로 사용되었고, 16핀은 데이터 버스로 사용되었고, 15핀은 어드레스 버스로, 7핀은 커맨드 버스로, 마지막 1핀은 클럭 신호용으로 사용되었다.

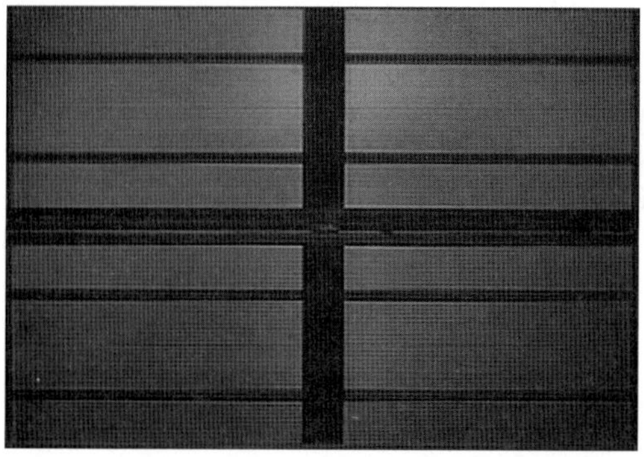

그림 12.13_ Micron사의 256-Mbit SDRAM 디바이스

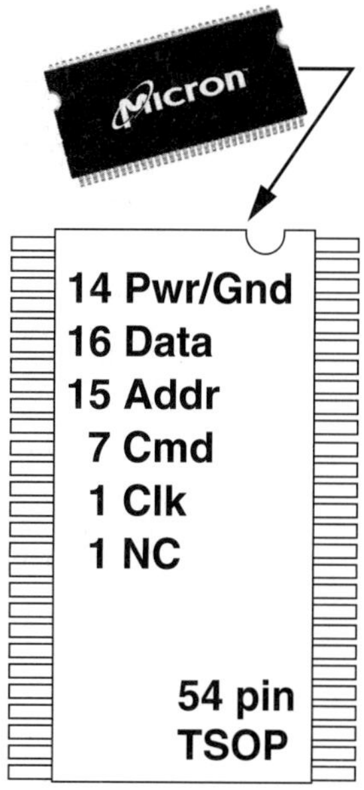

그림 12.14_ SDRAM 디바이스의 TSOP 패키지

PC100-표준의 확산, 엄격한 DRAM 표준화 및 자격 프로세스

1998년 4월 Intel사는 새로운 SDRAM 메모리 시스템을 100MHz로 동작시키는 첫 번째 시스템 컨트롤러를 소개하였다. 440BX의 출시에 앞서, Intel의 엔지니어들은 여러 제조사에서 제조되는 메모리 모듈들 각각이 JEDEC의 표준을 만족하더라도 같이 동작시키면 잘 동작하지 않는 것을 발견했다. 440BX 시스템 컨트롤러 칩셋과 Pentium II 프로세서 플랫폼을 잘 동작시키기 위해 Intel사는 DRAM 디바이스, DRAM 모듈, 그리고 시스템 제조업체들과 함께 더 엄격한 기준의 100MHz SDRAM 메모리에 대한 기준을 정의하였다. 100MHz로 동작하는 SDRAM 메모리에 대한 이러한 기준을 PC100 표준이라고 한다.

PC100 SDRAM 표준은 칩과 모듈 인터페이스 간의 타이밍 마진을 줄여 모듈의 상호 운용성을 보장한다. 줄어든 타이밍 마진은 SDRAM 디바이스와 SDRAM 메모리 모듈 제조업체들에게 더 엄격한 요구사항을 두었다. 이러한 제조업체들에 대한 요구사항을 완화하기 위해서, Intel은 SDRAM 메모리 모듈에 대한 레퍼런스 설계를 제공하였다. 이는 이전에 검증된 SDRAM 파트에 대한 제품 구성 사양들과, 메모리 모듈과의 연결점을 도시한 개략도(schematic), 메모리 모듈 PCB에서 사용되는 Gerber 파일들, 메모리 모듈 옆에 놓여야 하는 레지스터와 커패시터들의 값을 포함한다. 레퍼런스 설계의 제공으로 인해 메모리 모듈 제조업체들의 부담이 줄어 들었고, PC100 표준이 널리 쓰이게 되었다. 결과적으로 PC100 SDRAM 메모리 모듈은 DRAM 디바이스나 모듈의 배치나 제조사에 관계 없이 잘 동작했기 때문에 사용자들에 많은 인기를 얻었다. PC100의 표준화 노력 이후, Intel사는 Direct RDRAM으로 산업 메모리 시스템 아키텍처를 전환하려 하였다. 이 때문에 Intel사는 133-MHz PC133에 대해서는 표준화하려고 하지 않았다. 그럼에도 불구하고, Intel사가 만든 검증을 위한 방법이 다른 제조사 사이의 호환성을 보장하기 위해 SDRAM과 DDRx 메모리 시스템들에 사용되었다. 현재 상호 운용성에 문제없는 모듈 표준화를 위한 노력은 JEDEC 내에 분과 위원회로 있다.

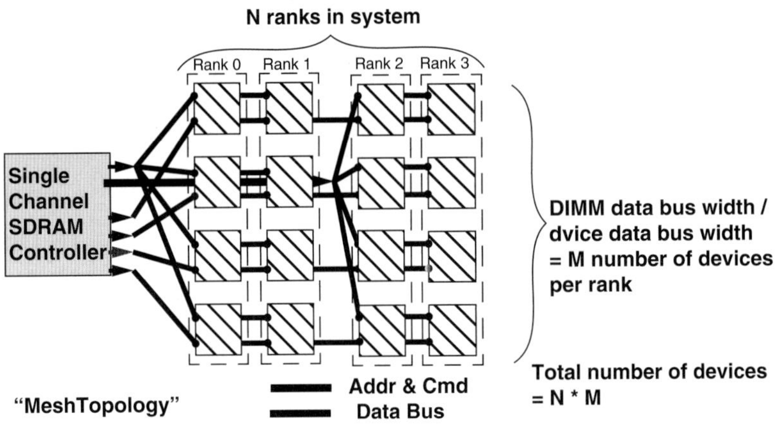

그림 12.15_ 똑같지 않은 로딩을 가지는 다른 버스들이 있는 SDRAM 메모리 시스템 토폴로지 어드레스 버스에 가해지는 전기적 로딩이 데이터 버스의 로딩 보다 많다.

12.3.2 DDR SDRAM

SDRAM 디바이스 이후 DDR(Double Data Rate) 동기화 DRAM 디바이스가 주요 범용 DRAM 디바이스로 떠올랐다. 따라서 DDR SDRAM 디바이스 아키텍처는 SDRAM 디바이스 아키텍처와 닮은 점이 많다. DDR SDRAM 디바이스 아키텍처가 SDRAM 디바이스 아키텍처와 다른 첫 번째 사항은 SDRAM 디바이스는 데이터 버스들과 어드레스와 커맨드 버스들의 데이터 속도가 같은데 비해, DDR SDRAM 디바이스는 데이터 버스의 동작 속도가 어드레스와 커맨드 버스의 동작 속도보다 2배 빠르다. DDR SDRAM 디바이스의 데이터 버스가 어드레스와 커맨드 버스에 비해 2배 빨리 동작하는 것이 가능한 이유는 SDRAM 디바이스는 전통적으로 어드레스와 커맨드 버스의 로드보다 데이터 버스의 로드가 작기 때문이다. 그림 12.15는 *N*개의 디바이스마다 *M*개의 랭크를 가지는 일반적인 SDRAM 메모리 시스템의 배치를 보여준다. 그림 12.15에서 각 어드레스와 커맨드 버스에는 $N \times M$의 로드가 걸리고, 데이터 버스에는 *N*의 로드가 걸린다. 결과적으로 데이터 버스가 어드레스와 커맨드 버스들에 비해 더 빨리 상태를 바꿀 수 있다. DDR SDRAM 디바이스는 이러한 데이터 버스와 어드레스와 커맨드 버스의 차이를 이용하여 데이터 버스의 데이터 속도가 2배 빠르게 한다.

DDR SDRAM 액세스 프로토콜

그림 12.16은 DDR SDRAM 메모리 시스템의 데이터에 액세스하는 기본 개념을 보여준다. 그림은 랭크 n의 뱅크 i에 대한 로우 활성화 커맨드, 같은 뱅크에 대한 칼럼 read 액세스 커맨드, 다른 랭크의 열린 뱅크에 대한 칼럼 read 액세스 커맨드 등 총 3개의 커맨드를 보여준다. 그림 12.16은 어드레스와 커맨드 버스에 비해 데이터 버스의 속도가 2배 빠른 것을 보여준다. 또한 그림 12.16은 DDR SDRAM 메모리 시스템이 데이터 스트로브(DQS) 신호를 보여주는데 이는 이전 세대의 SDRAM 디바이스에서는 볼 수 없던 것으로, 소스와 레스티네이션 사이의 소스 동기화 타이밍 레퍼런스를 제공한다. DDR SDRAM 디바이스에서 DQS 신호는 데이터 버스를 통해 데이터를 보내는 디바이스에 의해 제어된다. read 커맨드의 경우 DQS 신호는 메

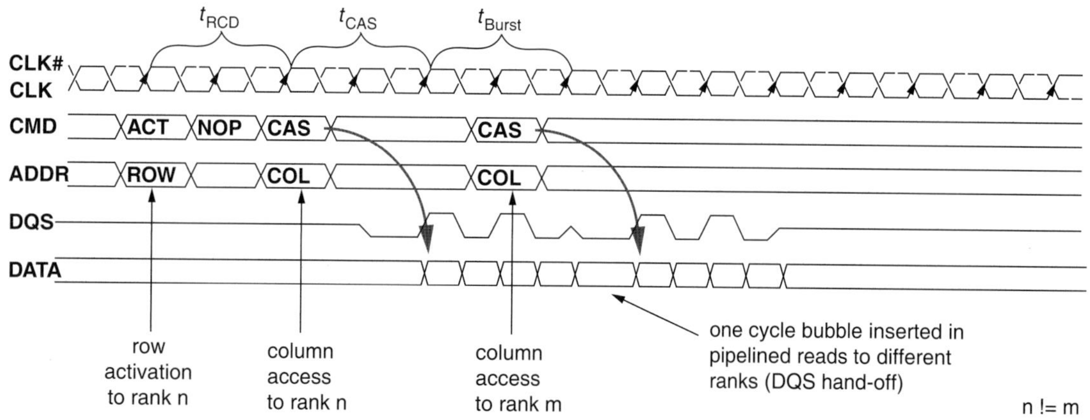

그림 12.16_ DDR SDRAM 메모리 시스템의 데이터 accessing

모리 컨트롤러로 전달되는 read 데이터의 타이밍을 판별할 수 있도록 DRAM 디바이스에 의해 만들어 진다. write 커맨드의 경우 DQS 신호는 DRAM 디바이스로 전달되는 write 데이터의 타이밍을 판별할 수 있도록 메모리 컨트롤러에 의해 만들어진다.

그림 12.16의 타이밍 다이어그램은 DRAM 디바이스의 다른 랭크들에 데이터 read가 일어날 경우 1사이클의 버블이 있는 것을 보여준다. 1사이클 버블은 DQS 신호가 메모리 시스템의 모든 데이터 소스에서 공유되기 때문이다. 즉, 한 번의 유휴(idle) 사이클이 한 버스 마스터에서 다른 버스 마스터로 핸드 오프가 일어날 때 필요하고, 자연적으로 1사이클 버블이 데이터 버스에 나타난다.

DDR SDRAM I/O 인터페이스

그림 12.17은 DDR SDRAM 디바이스 I/O 인터페이스를 보여준다. 그림 12.16에서 보았듯, DDR SDRAM 메모리 시스템은 DQS 스트로브의 양쪽 에지에서 모두 데이터를 전송한다. 그러나 디바이스 인터페이스상에서의 데이터 전송 속도가 올라갔음에도, DDR SDRAM 디바이스 내부의 데이터 전송 속도는 빨라지지 않았다. 대신 DDR SDRAM 디바이스 내부에서 데이터 속도를 절반으로 낮추고, 데이터 폭을 두 배로 늘여 처리한다. DRAM 디바이스 제조사들은 데이터 속도 multiplication 아키텍처를 설명하기 위해 M-bit 프리페치의 개념을 도입하는데, M은 DRAM 디바이스와 내부 폭과의 multi-

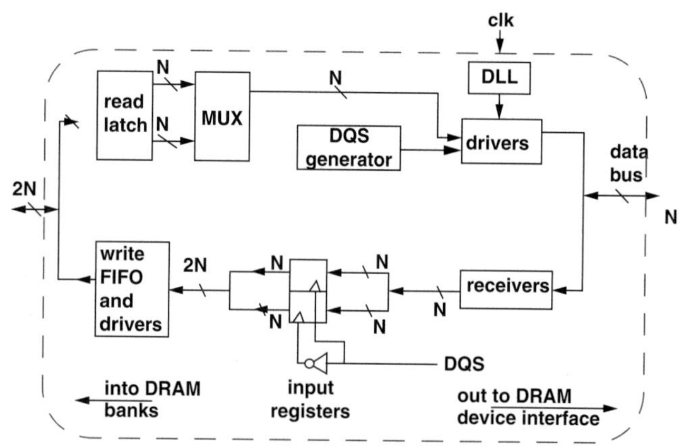

그림 12.17_ DDR SDRAM 디바이스 I/O

plication factor이다. 이러한 명명법은 DDR SDRAM 디바이스가 2-비트 프리페치 아키텍처를 가지면, 내부적으로 $2 \times N$ 비트가 Y의 속도로 전송되지만, 외부적으로 DDR SDRAM 디바이스는 N-비트-와이드 인터페이스를 제공하고 속도는 $2 \times Y$이다. 이외에도 DRAM 디바이스의 I/O 인터페이스의 차이를 제외하면, SDRAM 디바이스 아키텍처와 DDR SDRAM 디바이스 아키텍처는 동일하다. 따라서, 일부 DRAM 제조업체들은 데이터 폭 X의 크기를 가지는 DDR SDRAM 디바이스를 묶어 데이터 폭 $2 \times X$를 가지도록 할 수 있다. 이러한 통합 설계는 제조업체들이 시장의 요구에 맞추어 웨이퍼 할당을 바꿀 수 있도록 한다. 그러나 이러한 통합 설계는 몇 퍼센트의 다이 오버헤드로 인해 비용이 발생하기 때문에, SDRAM에서 DDR SDRAM 디바이스로 바뀌는 시기에만 사용되었다.

Series Stub Terminated Signaling Protocol

DRAM 디바이스의 I/O 아키텍처상의 변화는 DDR SDRAM 디바이스에 사용되는 시그널링 프로토콜도 SDRAM 디바이스에서 사용되는 시그널링 프로토콜에 비해 달라지게 하였다. DDR SDRAM 디바이스의 시그널링 프로토콜은 두 가지 조건을 만족하여야 하는데, 높은 데이터 속도를 달성하기 위해 신호 무결성이 더 좋아야 하고 DRAM 디바이스 코어와 DRAM 디바이스 인터페이스가 낮은 레벨의 공유 전압을 공유한다는 것이다. SSTL-2(2.5-V Series Stub Terminated Logic) 시그널링 프로토콜이 이러한 요구를 만족시키며, 높은 시그널링 속도를 달성하고, 3.3V에서 2.5V로 SDRAM 디바이스의 전압을 낮출 수 있게 하였다. 그래서, 모든 DDR SDRAM 디바이스에서 SSTL-2가 사용되었다.

그림 12.18은 SSTL-2 인버터의 이상적인 입출력 특성을 보여준다. 그림은 SSTL-2는 LVTTL(Low-Voltage Transistor-Transistor Logic)과는 다르게 공유 기준 전압 V_{ref}를 사용해 논리적으로 high나 low를 판단한다. 공유 전압 기준 사용은 전원 전압이 3.3V에서 2.5 V로 낮아졌음에도 불구하고, SSTL-2 디바이스가 LVTTL에 비해 더 많은 전압 여유를 가질 수 있다.

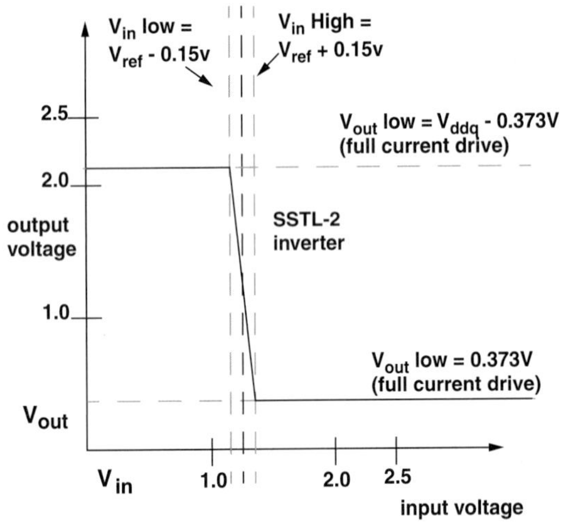

그림 12.18_ DDR SDRAM 디바이스의 SSTL-2 시그널링.

12.3.3 DDR2 SDRAM

DDR SDRAM 디바이스로 DRAM 디바이스가 변화함에 따라 DRAM 디바이스 제조업체들은 더 높은 데이터 속도를 달성하면서 전력 소모를 낮추기 위해 노력하였다. 이러한 요건을 만족시키기 위해 DDR2 SDRAM 디바이스 아키텍처가 DRAM 디바이스와 시스템 제조업체들의 모임인 JEDEC에서 개발되었다. DDR2 SDRAM 디바이스는 DDR SDRAM 디바이스 아키텍처의 프리페치 길이를 2비트에서 4비트로 증가시켜 생산비용의 증가 없이 더 높은 데이터 속도를 달

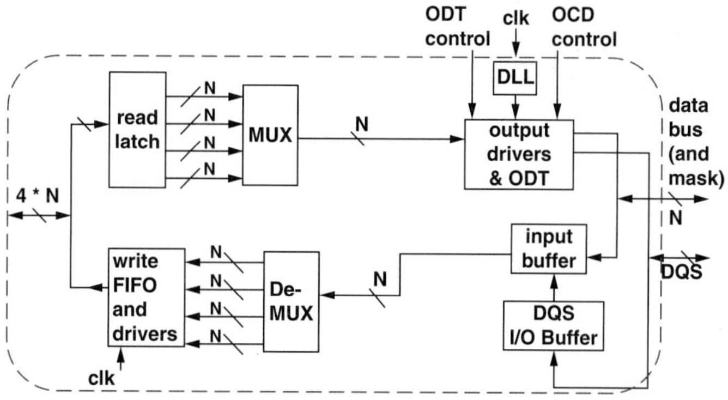

그림 12.19_ DDR2 SDRAM 디바이스의 I/O인터페이스

성할 수 있었다. *M*−bit 프리페치 명명법에서 DDR2 SDRAM 디바이스는 내부적으로 $4 \times N$ 비트를 *Y*의 속도로 처리하며, 메모리 시스템과의 *N*−bit−와이드 인터페이스에서의 데이터 이동 속도는 $4 \times Y$이다. 그림 12.19는 DDR2 SDRAM 디바이스 I/O 인터페이스의 블록 다이어그램을 나타낸다. 그림은 DDR SDRAM 디바이스와 비교하여 DDR2 SDRAM 디바이스가 내부 데이터 경로를 2배로 하였음을 보여준다. 또한 그림 12.19는 DDR과 DDR2 SDRAM 디바이스와의 미묘한 차이점을 보여준다. DDR2 SDRAM 디바이스의 I/O 인터페이스는 입력 핀의 터미네이션 특성을 조절하기 위한 신호를 추가적으로 가진다. ODT(On-Die Termination) 신호는 메모리 시스템의 전기적 특성을 조절하기 위해 특정한 메모리 시스템의 환경설정에 맞추어 DDR2 SDRAM 메모리 컨트롤러에 의해 조절될 수 있다

12.3.4 프로토콜과 구조적 차이

DDR SDRAM과 DDR2 SDRAM 디바이스 구조 사이의 진화 관계는 두 디바이스의 아키텍처가 실질적으로 비슷하다는 것이다. 그러나 미세한 아키텍처와 프로토콜의 차이가 DDR2 SDRAM 디바이스와 DDR SDRAM 디바이스를 구별한다. 예를 들어 DDR2 SDRAM 디바이스는 posted CAS/ 커맨드를 지원하고, 칼럼 write 커맨드와 메모리 컨트롤러로부터의 데이터 사이의 지연이 필요하다.

그림 12.20은 DDR2 SDRAM 디바이스의 서로 다른 2개의 뱅크들의 파이프라인화된 처리 과정을 보여준다. 그림은 DDR2 SDRAM 디바이스가 프로그램 가능하여 커맨드 실행 전에 몇 사이클 동안 칼럼 액세스 커맨드를 유지할 수 있음을 보여준다. posted CAS/ 커맨드 기능은 DDR2 SDRAM 메모리 컨트롤러가 로우 활성화 커맨드와 칼럼 액세스 커맨드를 단일 명령으로 취급하여 두 번에 나누어 커맨드를 전송하지 않고 연이은 사이클에 전송할 수 있게 한다. 그림 12.20에서 추가적인 3사이클의 CAS/ 커맨드 지연시간은 t_{AL}로 명명되고, 추가의 Latency를 나타낸다. 또한 그림 12.20은 DDR2 SDRAM 디바이스가 $t_{CAS} - 1$ 사이클 동안의 write 지연이 필요함을 보여준다. t_{AL}의 추가로 인해 칼럼 read 커맨드 타이밍은 Read Latency(t_{RL})를 따르게 되었고, 칼럼 write 커맨드 타이밍은 Write Latency(t_{WL})을 따르게 되었다.

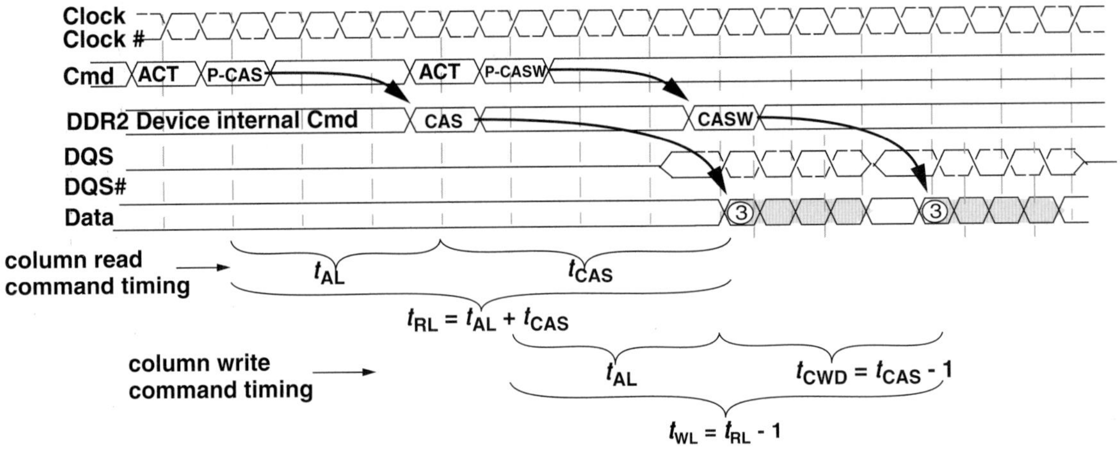

그림 12.20_ DDR2 SDRAM 시스템의 posted column read command와 posted column write command

Differential 스트로브와 FBGA 패키지

다이나믹 터미네이션 컨트롤뿐만이 아니라 DDR2 SDRAM 디바이스는 DDR SDRAM 디바이스 아키텍처와 다른 기능을 가지고 있다. 예를 들어, DDR SDRAM 디바이스가 싱글 ended DQS 신호만을 지원한 것에 비해 DDR2 SDRAM 디바이스는 선택적으로 differential DQS 신호를 지원한다. differential DQS 신호는 스트로브의 신호 무결성을 강화하여 더 빠른 속도로 동작할 수 있게 한다. posted column read와 posted column write 커맨드의 진행에 있어서, 그림 12.20은 칼럼 read 커맨드에 의해 DRAM 디바이스에서 보내는 데이터는 데이터 스트로브 신호에 에지 정렬되어 있고, 칼럼 write 커맨드에 의해 DRAM 컨트롤러에 의해 보내지는 데이터는 중앙 정렬되어 있다.[2]

마지막으로 그림 12.21은 TSOP 안의 DDR SDRAM 디바이스와 FBGA(Fine Ball Grid Array) 패키지 안의 DDR2 SDRAM 디바이스를 보여준다. FBGA 패키징은 TSOP에 비해 비싸지만, 볼 그리드 접속은 신호 전송선로상에서 더 작은 전기 parasitic을 가진다. 결과적으로 DDR2 디바이스가 빠른 속도로 동작하기 위해서는 FBGA가 필수적이며, 이 기능은 DDR SDRAM 디바이스에서는 선택 사양이다.

12.3.5 DDR3 SDRAM

앞서 DDR과 DDR2 SDRAM 디바이스들이 개발되며 진화해온 과정을 배웠고, DRAM 디바이스와 시스템 제조업체들은 더 많은 프리페치 길이와 더 빠른 속도로 동작하는 다음 세대의 상용 DRAM 디바이스인 DDR3 SDRAM을 개발했다. DDR3 SDRAM 디바이스는 프리페치 길이를 늘이는 기술을 계속 증가시켜 프

2 SDRAM 디바이스의 read 데이터는 클럭 신호에 에지 정렬되어 있고, write 데이터는 클럭 신호에 중앙 정렬되어있다. 여기에 기술된 DDR2의 데이터 타이밍은 DDR, DDR2 그리고 DDR3 SDRAM 디바이스와 비슷하다.

그림 12.21_ TSOP 패키지된 DDR2 SDRAM 디바이스와 FBGA 패키지된 DDR2 SDRAM 디바이스

리페치 길이를 8로 만들었다. 결과적으로 DDR2 SDRAM 디바이스의 동작 속도인 핀당 400~800Mbps의 속도를 두 배로 증가시켜 핀당 800Mbps~1.6Gbps의 속도로 동작할 것으로 기대되었다.

DDR3 SDRAM 디바이스는 DDR2 SDRAM 디바이스에 없는 새로운 기능도 추가되었다. 예를 들어 DDR2 디바이스들이 1Gbit 이상에서만 8-뱅크 아키텍처를 사용한 것에 비해 DDR3 SDRAM 디바이스는 모든 용량에 대해 적어도 8개의 뱅크를 가지도록 하였다. DDR3 SDRAM 디바이스는 또한 리프레시 파워 소모를 줄일 수 있는 2가지 기능을 가지고 있다. DDR3 SDRAM 디바이스의 선택 사양인 온도 의존 셀프-리프레시 모드는 리프레시 파워 소모를 줄일 수 있다. 셀프-리프레시 모드에서 디바이스의 온도에 따라 리프레시의 빈도와 셀프-리프레시 회로의 전류량이 자동적으로 DDR3 디바이스에 의해 조절된다.[3] DDR3 디바이스의 리프레시 파워를 줄일 수 있는 두 번째 기능은 전체 로우를 리프레시하는 대신 데이터를 가지고 있는 로우만 선택적으로 리프레시하도록 하는 기능이다.[4] 이러한 기능들이 1.5V로 낮아진 전원 전압과 함께 DDR3 디바이스의 전력소모를 낮추어 단위 속도당 전력소모와 단위 저장 공간당 전력 소모를 이전에 비해 줄였다.

불행하게도 DDR3 SDRAM 디바이스의 높은 데이터 속도는 메모리 시스템의 유연성을 감소시켰고, 특히 버퍼되지 않은(unbuffered) 메모리 시스템이 제한되었다. DDR3 SDRAM 디바이스의 높은 데이터 속도를 위해서 DRAM 디바이스와 시스템 제조업체들은 메모리 시스템에서 두 개의 랭크만으로 DRAM 디바이스들을 구성하고 두 개의 랭크가 서로 가까이 위치하도록 하였다. 결론적으로 이전의 DDR과 DDR2 SDRAM 메모리 시스템들에서 사용되던 버퍼되지 않은 메모리 시스템은 더 이상 사용할 수 없게 되었다.

12.3.6 현대 범용 DRAM 디바이스의 스케일링 경향

SDRAM 표준이 정의되고 십 년간, SDRAM 디바이스와 이후의 디바이스들은 계속하여 데이터 속도를 높이고, 타이밍 변수 값들을 감소시켰다. 표 12.2는 SDRAM, DDR SDRAM, 그리고 DDR2 SDRAM 디바이스들의 타이밍 변수들을 보여준다. 표 12.2는 기본적인 디바이스 작동 latency들을 보여주는데 속도가 빠

3 이 책이 쓰여지고 있는 시점에서 DDR3의 데이터 속도를 2Gbps로 확정하는 것이 논의되고 있다.

4 DDR2 SDRAM 디바이스에는 부분 어레이 리프레시도 있다.

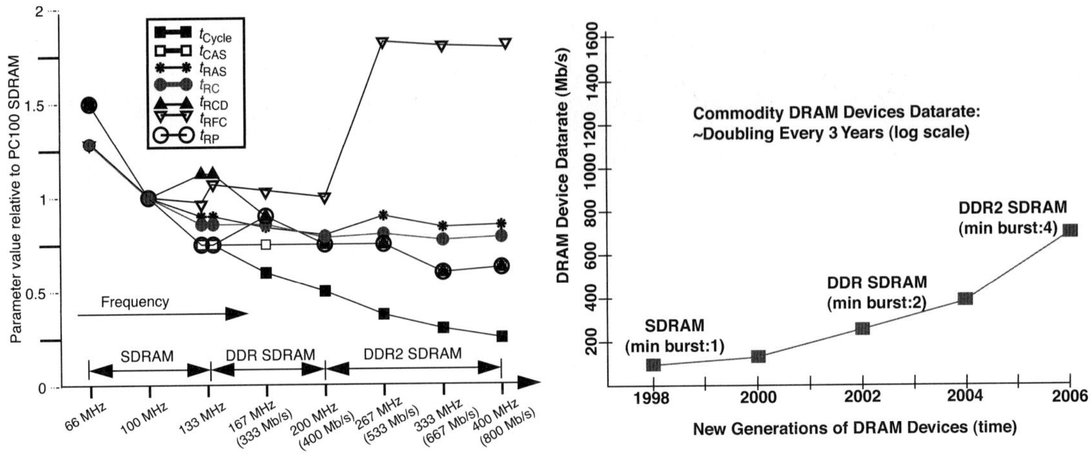

그림 12.22_ 상용 DRAM 디바이스 타이밍과 데이터 속도 증가 사이의 경향

르게 증가했음에도 불구하고 latency는 줄어들었다. 클럭 사이클 숫자는 증가했지만, 실제 시간 기준으로 latency는 줄었다. 그림 12.22는 1998년부터 2006년까지 DRAM 디바이스의 스케일링 경향을 보여준다. 그림 12.22에 나타난 기간 동안 상용 DRAM 디바이스의 로우 사이클 타임은 연 7%의 비율로 줄어들었다. 반면 데이터 속도는 매 3년마다 2배가 되었다.

따라서 상대적으로 일정한 로우 사이클 타임과 빠르게 증가한 데이터 속도는 DRAM 메모리 컨트롤러가 높은 대역폭을 유지하기 위해 더 길거나 큰 수의 latency가 신호 전달 간에 유지되어야 함을 의미한다. 그림 12.22는 또한 다른 타이밍 변수들과는 달리 리프레시 사이클 타임인 t_{RFC}는 줄어들지 않고 늘어났음을 보여준다. 표 12.2에서 숫자로만 보면 리프레시 사이클 타임이 늘어 났지만, 실제로 표 12.2에서 설명한 DDR2 SDRAM 디바이스는 1-Gbit 디바이스고, DDR SDRAM은 512-Mbit 디바이스임을 고려해야 한다. 이 경우 큰 용량은 더 많은 셀들을 리프레시해야 함을 의미하고, 512-Mbit DDR SDRAM 디바이스와 같은 시간에 리프레시를 하기 위해서 1-Gbit DDR2 DRAM 디바이스는 리프레시 커맨드를 수행하기 위해 더 긴 시간을 소모하거나, 더 많은 전류를 흘려야 한다. 표 12.2는 일반적으로 DRAM 제조업체들이 리프레시 커맨드를 수행하기 위해 전류를 더 흘리기보다 리프레시 사이클 타임 t_{RFC}를 증가시키는 것을 선택하였다는 것을 보여준다. 결론적으로 DRAM 디바이스가 발전해가면서 용량도 커지기 때문에 리프레시 사이클 타임 t_{RFC}는 일반적으로 줄어들지 않는다.

표 12.3은 현대의 상용 SDRAM 디바이스들을 요약하고, DRAM 디바이스가 발전해 갈수록 공급 전압이 낮아지고, 동작 속도가 빨라지고 있음을 보여준다. 또한 표 12.3은 SDRAM, DDR SDRAM, DDR2 SDRAM, 그리고 DDR3 SDRAM 디바이스들의 프리페치 길이가 길어졌을 때의 효과를 요약해서 보여준다. 또한 표 12.3은 상용 DRAM 디바이스의 데이터 속도 증가는 데이터 이동의 단위를 증가시켜 얻은 대가임을 보여준다. 즉, x4 SDRAM 디바이스에서 가장 작은 데이터 이동의 단위는 4비트의 싱글 칼럼이었다. 프리페치 길이가 증가함에 따라 데이터 이동의 최소 단위도 비례하여 증가하였다. 데이터 이동의 단위의 증가는 상용 DRAM 시스템의 데이터 액세스 임의성이 줄어들고, 높은 디바이스 대역폭은 인접한 위치의 데이터에

표 12.2_ 다양한 x4 SDRAM, DDR와 DDR2 디바이스들의 타이밍 변수 값

	SDRAM						DDR SDRAM						DDR2 SDRAM					
Capacity	16 Mbit		256 Mbit				512 Mbit						1 Gbit					
Manf.	Siemens		Micron		Micron		Micron		Micron		Micron		Micron		Micron		Micron	
Part No.	64V16220GU		48LC64M4A2		48LC64M4A2		46V128M4		46V128M4		46V128M4		47H256M4		47H256M4		47H256M4	
Bin	–10		–75		–7E		–6		–5B		–5		–3		–3E		–25	
Freq.	66 MHz		100 MHz		133 MHz		133 MHz		167 MHz		200 MHz		267 MHz		333 MHz		400 MHz	
Data rate	66 Mbps		100 Mbps		133 Mbps		266 Mbps		333 Mbps		400 Mbps		533 Mbps		667 Mbps		800 Mbps	
	clks	ns	clks	ns	clks	ns	clks	ns	clks	ns	clks	ns	clks	ns	clks	ns	clks	ns
t_{Cycle}	1	15	1	10	1	7.5	1	7.5	1	6	1	5	1	3.75	1	3	1	2.5
t_{CAS}	2	30	2	20	2	15	2	15	2.5	15	3	15	4	15	4	12	5	12.5
t_{FAW}	—		—		—								10	37.5	13	39	15	37.5
t_{RAS}	5	75	5	50	6	45	6	45	7	42	8	40	11	41.25	14	42	17	42.5
t_{RC}	6	90	7	70	8	60	8	60	10	60	11	55	15	56.25	18	54	22	55
t_{RCD}	2	30	2	20	3	22.5	3	22.5	3	18	3	15	4	15	4	12	5	12.5
t_{RFC}	6	90	7	70	9	67.5	10	75	12	72	14	70	34	127.5	42	129	51	127.5
t_{RP}	2	30	2	20	2	15	2	15	3	18	3	15	4	15	4	12	5	12.5
t_{RRD}	2	30	2	20	2	15	2	15	2	12	2	10	3	11.25	3	9	4	10
t_{RTP}	1	15	1	10	1	7.5	1	7.5	1	6	1	5	2	7.5	3	9	3	7.5
t_{WR}	2	30	2	20	2	15	2	15	3	18	3	15	4	15	5	15	6	15
t_{WTR}	—		—		—		1	7.5	2	12	2	10	2	7.5	3	9	3	7.5

표 12.3_ SDRAM과 DDRx SDRAM 디바이스들의 요약

		SDRAM	DDR SDRAM	DDR2 SDRAM	DDR3 SDRAM
Supply voltage		3.3 V	2.5[a] V	1.8 V	1.5 V
Signaling		LVTTL	SSTL-2	SSTL-18	SSTL-15
Bank count		4[b]	4	4[c]	8
Data rate range		66~133	200~400	400~800	800~1600
Prefetch length		1	2	4	8
Internal datapath width	×4	4	8	16	32
	×8	8	16	32	64
	×16	16	32	64	128

[a]400-Mbps DDR SDRAM standard voltage set at 2.6 V.
[b]16-Mbit density SDRAM devices only have 2 banks in each device.
[c]256- and 512-Mbit devices have 4 banks; 1-, 2-, and 4-Gbit DDR2 SDRAM devices have 8 banks in each device.

접근하는 경우에 얻을 수 있다는 것을 의미한다. x8 DRAM 디바이스가 더 많이 팔린다는 점을 감안하면 x4 DRAM 디바이스는 최대 용량을 요구하는 메모리 시스템에서만 사용되고 있다. 결론적으로 x4 DRAM 디바이스는 현재 x8이나 x16 DRAM 디바이스들보다 비싸게 팔리고 있다. 데이터 이동의 큰 단위는 랜덤 액세스 성능뿐만이 아니라 메모리 시스템 신뢰도에도 큰 영향을 미친다. 예를 들어 DDR2 SDRAM 메모리 시스템에서 x4 디바이스에서 하나의 디바이스의 손실은 16비트 데이터의 손실을 의미하지만, x8 디바이스에서는 32비트가 된다. 결과적으로 최소 144비트의 데이터 버스와 복잡한 오류 정정 하드웨어 회로가 있어야 x4 디바이스에서 16비트, 그리고 x8 디바이스에서 32비트의 손실을 방지할 수 있다.

12.4 고대역폭 경로

1990년, 데스크탑 프로세서로는 주로 80386 프로세서가 사용되었고, 그 시대의 메모리 시스템에서 메모리 대역폭은 큰 문제가 아니었다. 하지만 같은 해에 고속 칩 인터페이스에서의 메모리 시스템 인터페이스에 초점을 맞추어 Rambus사가 설립되었다. 고속 시그널링 기술에 초점을 맞춘 Rambus사는 높은 대역폭 메모리 인터페이스와 시스템을 시그널링 프로토콜, 시스템 토폴로지, 디바이스 아키텍처, 그리고 액세스 프로토콜의 측면에 있어서 상용 DRAM 메모리 시스템과는 근본적으로 다르게 설계하였다. 이러한 높은 디바이스와 시스템 대역폭에 집중한 결과, DRAM 디바이스 아키텍처의 높은 대역폭을 가지는 메모리 시스템의 대부분이 Rambus사에 의해 개발되었다. Rambus사의 설립 이후 수년간 다양한 메모리 시스템에 대해서 여러 수준에서의 기여가 이루어졌다. 그러나 이 책에서는 Rambus사의 기술 중에서 두 개의 높은 대역폭 메모리 시스템인 Direct RDRAM(Direct Rambus Dynamic Random-Access Memory) 메모리 시스템과 XDR(Extreme Data Rate) 메모리 시스템에 대해서 논의한다. 이번 절에서는 위 두 메모리 시스템의 특징들을 살펴본다.

12.4.1 Direct RDRAM

Direct RDRAM 디바이스와 시스템 아키텍처는 상용 DRAM 디바이스와 시스템 아키텍처와는 근본적으로 다르다. 이번 절에서는 Direct RDRAM 메모리 시스템과 가격에 초점을 둔 DRAM 메모리 시스템과의 차이를 Rambus사에서 개발한 고속 시그널링 기술인 RSL(Rambus Signaling Level) 시그널링 프로토콜을 시작으로 비교한다. RSL은 Rambus사가 고속 DRAM 디바이스 인터페이스를 개발하는 것을 가능하게 하였다. 그러나 저가 상용 DRAM 디바이스의 회로들은 비교적 속도가 느렸기 때문에 고속 RSL 시그널링 프로토콜은 이에 적합한 디바이스와 시스템 아키텍처와 함께 작동하여야 지속 가능한 높은 대역폭을 얻을 수 있다. 이어지는 절에서 Direct RDRAM 메모리 시스템의 시그널링 기술, 시스템 아키텍처, 디바이스 아키텍처, 그리고 액세스 프로토콜이 시스템 측면에서 자세히 설명된다.

Rambus Signaling Level

RSL(Rambus Signaling Level)은 Rambus사의 첫 시그널링 기술이다. RSL은 고속, singled-ended, 멀티 드롭, 양방향 버스 시그널링 기술이다. RSL 시그널링 기술은 같은 버스상에 1개부터 32개까지 여러 개의 로드를 지원한다. RSL은 최초 500Mbps를 지원하였고, 여러 차례 개선을 통해 1.2Gbps의 속도까지 지원하였다.

그림 12.23은 RSL의 스윙이 1.0에서 1.8 사이에서 이루어짐을 보여준다. RSL은 고속 시그널링 시스템 동작을 위해 설계되었으며, slew 속도를 조절하는 전류 모드 출력 드라이버를 사용하여 임피던스 특성을 조절하는 트랜스미션 라인을 통해 낮은 전압의 신호를 전송한다.

메모리 시스템 아키텍처

Direct RDRAM 메모리 시스템의 시스템 아키텍처와 SDRAM이나 DDRx SDRAM 메모리 시스템의 아키텍처는 많은 차이가 있다. Direct RDRAM 메모리 시스템 아키텍처와 SDRAM이나 DDRx SDRAM 메모리 시스템 아키텍처와의 차이를 보여주는 큰 특징은 path-matched 어드레스, 커맨드와 데이터 버스 토폴로지로써, 인코딩 된 커맨드 패킷에 로우와 칼럼 어드레스 채널을 분리하고, 데이터 채널을 분리하고, 패킷화 된 커맨드와 어드레스를 사용하며, 데이터 버스트는 지원하지 않는다는 점 등이 있다.

Direct RDRAM 메모리 시스템의 시스템 아키텍처는 메모리 시스템의 DRAM 디바이스들의 수에 관계없이 충분한 높은 핀 대역폭을 가지도록 설계되었다. 이러한 설계를 위한 동기는 여러 채널의 메모리가 채널당

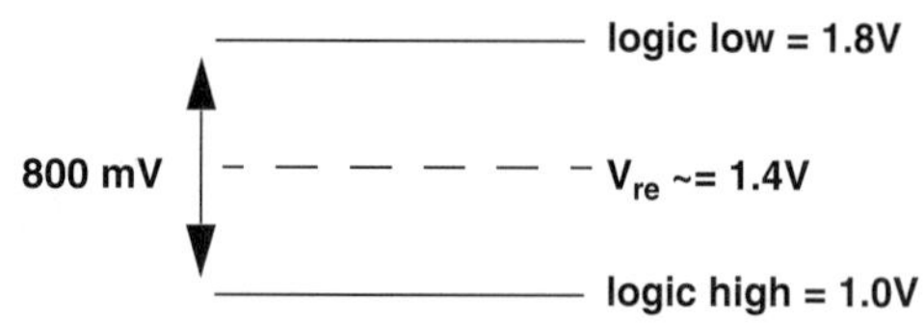

그림 12.23_ Direct RDRAM 시그널링: Rambus 시그널링 레벨

DRAM 디바이스의 숫자에 관계없이 확장성이 높아야 한다는 것이다. 이론적으로, 임베디드 시스템에서 싱글 DRAM 디바이스로 이루어진 싱글 채널 메모리 시스템의 메모리 시스템에서 채널당 32개의 디바이스를 가진 다수의 채널로 이루어진 서버 시스템과 같은 핀 대역폭을 가질 수 있다는 것이다. 높은 데이터 속도를 가지는 여러 랭크로 이루어진 DRAM 디바이스인 DDR2나 DDR3 메모리 시스템이 채널에 따라 대역폭이 수렴하는 것과는 달리, 싱글 랭크 Direct RDRAM 메모리 시스템은 멀티 랭크 Direct RDRAM 메모리 시스템으로 충분한 대역폭을 제공할 수 있다.

디바이스 아키텍처

그림 12.24는 내부적으로 32인터리브된 (32d)뱅크를 가지는 288-Mbit Direct RDRAM 디바이스의 구성을 보여준다. Direct RDRAM 디바이스는 내부적으로 다른 숫자의 뱅크를 가지도록 설계될 수 있다. 그림 12.24에 도시된 구성은 32개의 다른 뱅크들을 가지고 있다.[5]

32d Direct RDRAM 디바이스 아키텍처에서 각 뱅크는 upper half 뱅크와 lower half 뱅크의 두 부분으로 나뉘고, 인접한 뱅크들은 sense amplifier의 공유 셋을 공유한다. 즉, lower half bank I가 upper half bank i+1과 sense amplifier와 같은 셋을 사용한다. 결론적으로 인접한 뱅크 i와 i+1은 동시에 같이 열릴 수 없다.Direct RDRAM 메모리 시스템이 SDRAM과 DDRx SDRAM 메모리 시스템과 한 가지 다른 점은 SDRAM과 DDRx SDRAM 메모리 시스템이 2의 거듭제곱이 아닌 수의 디바이스들이 병렬 와이드 데이터 버스를 데이터를 요청하고, 에러의 검출과 수정에 의존한다는 것이다. 반면에 싱글 Direct RDRAM 디바이스는 Direct RDRAM 메모리 시스템의 모든 데이터 버스 폭을 형성할 수 있다. 결론적으로 각각의 다른 Direct RDRAM 메모리 시스템이 각각의 다른 Direct RDRAM 디바이스에 사용되었다. Direct RDRAM 메모리 시스템은 Direct RDRAM 디바이스의 16bit 와이드 데이터 버스를 통해 오류 정정을 요청하지 않고, 18bit 와이드 데이터 버스를 이용해 오류 정정을 요청한다. 그림 12.24는 18bit 와이드 데이터 버스를 가지는 Direct RDRAM 디바이스를 도시한다. 그림은 18bit 와이드 데이터 버스가 2개의 분리된 9bit 와이드 데이터 버스로 구성된 것을 보여준다. 주어진 커맨드와 어드레스가 한번의 클럭 사이클에 전달되는 SDRAM과 DDRx SDRAM 디바이스와 달리 Direct RDRAM 디바이스는 커맨드와 어드레스를 여러 클럭 사이클에 걸쳐 인코딩하고, 이는 Direct RDRAM 디바이스에 의해 버퍼되고, 디멀티플렉스되고, 디코딩되어야 한다.

칼럼 read 커맨드의 경우, read 커맨드 패킷(40비트의 크기)은 5-bit-와이드 COL[4:0] 칼럼 커맨드 버스를 통해 CFM(clock-from-master) 클럭 신호의 상승 에지와 하강 에지 모두에서 전송된다. 40bit 와이드 패킷은 Direct RDRAM 디바이스에 의해 수신되고 디코딩되어 COLX, COLC, 그리고 COLM 커맨드와 어드레스 필드들로 바뀌게 된다. Direct RDRAM 디바이스는 요청 받은 데이터를 8:1 멀티플렉서를 통해 sense amplifier의 어레이에서 데이터 버스로 전달한다. 즉, Direct RDRAM 디바이스의 데이터 프리페치 아키텍처는 DDR3 SDRAM 디바이스의 내부 디바이스 아키텍처와 비슷하다.

---

5 일반적으로 주어진 RIMM에 여러 DRAM 시스템들로 구성된 장치 당 4개의 독립적인 뱅크(4i)구조는 데스크탑을 위한 비용 절감 측면에서 장점이 있었다. 그러나 계획은 본격화되지 않았고, 32D 장치 아키텍처는 256/288 메가 비트 디바이스 노드에서 기본 장치 아키텍처이었다.

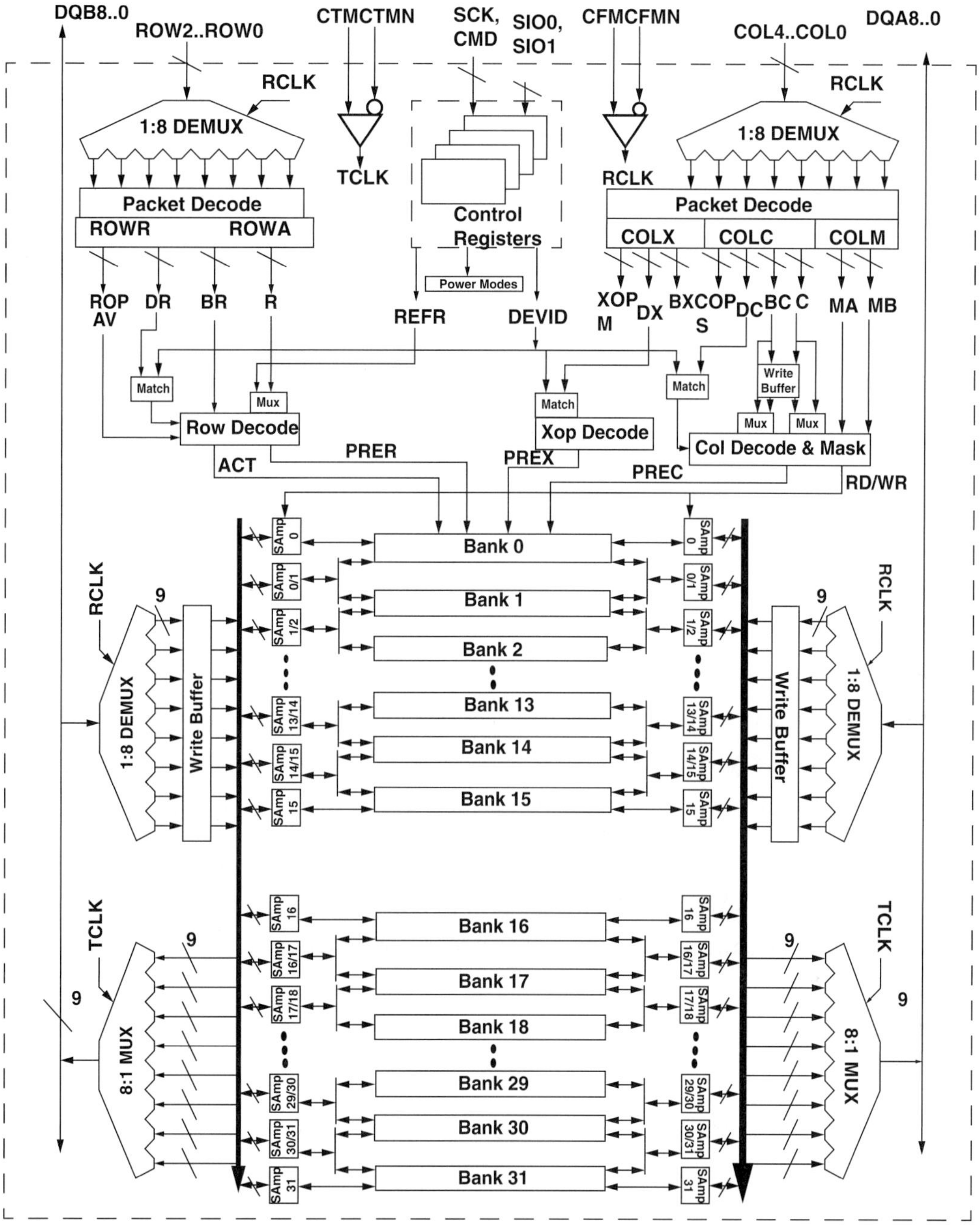

그림 12.24_ Direct RDRAM 디바이스의 Split (32 인터리브 된) 뱅크 구조

토폴로지

고속 시그널링 시스템의 장점을 가지기 위해 Rambus는 Direct RDRAM을 위한 새로운 시스템 토폴로지를 제안하였다. 그림 12.25는 각 Direct RDRAM이 Direct DRAM 채널에 싱글 로드로 나타나는 것을 보여준다. 그림 12.25는 메모리 컨트롤러와 연결된 각 모듈이 4개의 메모리 디바이스로 구성된 2개의 메모리 모듈이 연결된 Direct RDRAM 메모리 시스템의 개념도를 보여준다. Direct RDRAM 메모리 시스템을 위한

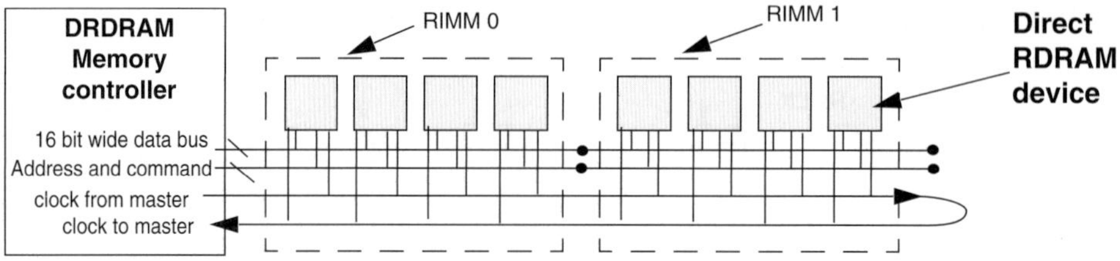

그림 12.25_ Direct RDRAM 시스템 토폴로지

메모리 모듈을 RIMM(Rambus In-line Memory Module)이라고 부른다. 그림 12.25에 도시된 Direct RDRAM 메모리 시스템의 각 메모리 디바이스는 16bit 와이드 데이터 인터페이스로 데이터 버스를 구성한다. 그림 12.25에서 모든 Direct RDRAM 디바이스는 16bit 와이드 데이터 버스로 같은 채널에 연결되어 있다. 본질적으로, 각 Direct RDRAM 디바이스는 Direct RDRAM 메모리 시스템 내의 싱글 랭크 메모리다.

Direct RDRAM 메모리 시스템에서 clock-from-master 신호와 clock-to-master 신호, 칼럼 어드레스와 커맨드 버스, 로우 어드레스와 커맨드 버스, 그리고 두 개의 8-bit-와이드 데이터 버스들은 모두 평행하게 배선되어 있다. SDRAM과 DDRx SDRAM 메모리 시스템의 메시 토폴로지와는 달리, Direct RDRAM 메모리 시스템의 토폴로지는 DRAM 디바이스의 모든 신호들이 시스템 클럭 신호와의 skew가 최소화되도록 한다. Direct RDRAM 메모리 시스템에서 클럭 신호는 데이터 신호 옆으로 같이 배선하여 클럭과 데이터 사이의 skew를 최소화한다. 클럭-데이터 타이밍 skew의 최소화는 Direct RDRAM 메모리 시스템이 높은 대역폭 효율을 달성하기 위해 필요한 타이밍 불확정성들을 제거하기 위해 필요한 프로토콜에서의 유휴 삽입을 피할 수 있게 한다. Direct RDRAM 메모리 시스템 내의 메모리 디바이스의 구성은 디바이스가 늘어날 때마다 버스 턴어라운드(turnaround) 시간이 늘어나 메모리 latency가 증가하게 된다.

액세스 프로토콜

Direct RDRAM 메모리 시스템의 메모리-액세스 프로토콜은 전통적 메모리 시스템인 SDRAM, DDR SDRAM, 그리고 DDR2 SDRAM 메모리 시스템과 상당히 다른 점이 있다.

클럭, 데이터, 그리고 커맨드와 어드레스 버스의 매칭된 토폴로지의 결과로, Direct RDRAM 메모리 컨트롤러는 모든 커맨드와 어드레스를 패킷으로 인코딩하고[6], octcycle이라 불리는 시간인 8 half 사이클 동안 컨트롤러로부터 DRAM 디바이스에 전송한다[7]. 로우 커맨드의 경우 Direct RDRAM 컨트롤러는 로우 어드레스와 액세스 커맨드를 24비트의 길이를 가지는 로우 액세스 커맨드 패킷으로 인코딩하여, 24bit long 패

6 커맨드와 어드레스 패킷들은 헤더와 플레이로드를 가지는 네트워크 패킷들이 아니다. 대신 이러한 패킷들은 단순히 멀티-사이클을 가지는 고정 된 시간 동안 앞서 정의된 형태이다. 커맨드와 어드레스 데이터는 컨트롤러에서 DRAM 디바이스로 전송된다.

7 Direct RDRAM 메모리 시스템은 각 클럭 신호의 에지에서 공유와 어드레스, 데이터들을 보내거나 받는다. Direct RDRAM 메모리 시스템에서 8 half 사이클의 주기는 4 full 클럭 사이클과 같다.

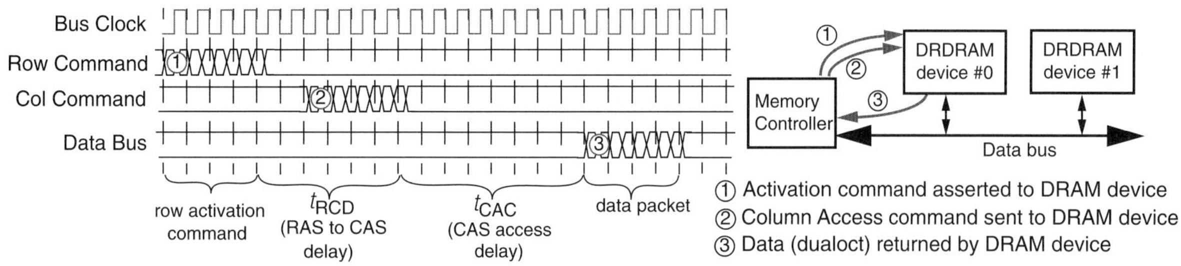

그림 12.26_ Direct RDRAM 시스템에서 로우 활성화 커맨드 뒤의 칼럼 read 커맨드

킷들을 컨트롤러로부터 Direct RDRAM 디바이스로 8 half 사이클 동안 3개의 신호 선을 통해 전송한다. 칼럼 액세스 커맨드의 경우 Direct RDRAM 컨트롤러는 칼럼 어드레스들과 칼럼 액세스 커맨드를 40비트 길이를 가지는 패킷으로 인코딩하여, 8 half 사이클 동안 5개의 신호 선을 사용해 전송한다. 데이터 전송의 경우에도 Direct RDRAM 메모리 시스템은 커맨드 전송과 비슷한 방법으로 전송한다. 칼럼 read 커맨드의 경우에도 128비트의 데이터들은 싱글 Direct RDRAM 디바이스로부터 메모리 컨트롤러로 8 half 사이클 동안 16 신호 선들을 사용해 전송된다. 그림 12.26에는 Direct RDRAM 메모리 시스템의 메모리 read 커맨드의 타이밍이 분리된 3개의 순서에 따라 도시되어 있다. 그림은 Direct RDRAM 메모리 컨트롤러가 첫째로 step 1에서 로우 활성화 커맨드를 패킹하여 인코딩하고, 네 번의 클럭 사이클 동안 전송하는 것을 보여준다.

step 2에서는 패킹된 칼럼 액세스 커맨드가 Direct RDRAM 디바이스로 전송된다. 마지막으로 step 3에서 데이터는 주어진 Direct RDRAM 디바이스(그림 12.26에서는 디바이스 0)에서 컨트롤러로 8 half 사이클에 걸쳐서 돌아간다. 128비트 또는 16바이트의 데이터들을 Rambus dualoct라고 한다.

그림 12.26에서 한 가지 재미있는 Direct RDRAM 메모리-액세스 프로토콜은 Direct RDRAM 컨트롤러가 로우 액세스 커맨드가 끝나자마자 t_{RCD} 타이밍이 만족되기 전에 칼럼 read 커맨드를 보내는 것이다. 이렇게 바로 칼럼 read 커맨드를 보낼 수 있는 이유는 각 커맨드 패킷이 지정된 Direct RDRAM 디바이스에서 버퍼되고, 디코드된 이후에 실행되기 때문이다. 따라서 그림 12.26의 step 2에서 칼럼 액세스 커맨드는 모든 커맨드의 전송이 끝나 전체 패킷이 Direct RDRAM 디바이스에 수신되기 전까지는 디코드되지 않는다. 그림 12.26과 같이 지연을 최소화하는 최적의 타이밍은 row-activation-to-column-access 지연과 칼럼 액세스 패킷의 끝이 일치하게 되는 것이다.

Direct RDRAM 메모리 시스템은 높은 대역폭 처리량을 달성하기 위해 설계되었으며, Direct RDRAM 메모리-액세스 프로토콜은 유휴 사이클 없이 연속적으로 메모리 컨트롤러에 의해 여러 조합의 메모리-액세스 커맨드가 전송되는 것을 가능하게 한다.

그림 12.27은 데이터 버스의 세 번의 연속 칼럼 read 커맨드와 메모리 컨트롤러로 돌아가는 데이터가 데이터 버스상에서 어떠한 유휴 사이클도 없을 때의 전체 이용을 나타낸다. 그림 12.27은 두 번의 디바이스 #0에 대한 칼럼 read 커맨드 이후 디바이스 #1에 대한 칼럼 read 커맨드를 보여준다. 그림은 적절한 CAS/ 지연 이후 메모리 디바이스에서 데이터가 돌아오는 것을 보여준다. 이론적으로 칼럼 read 커맨드 사이에 유

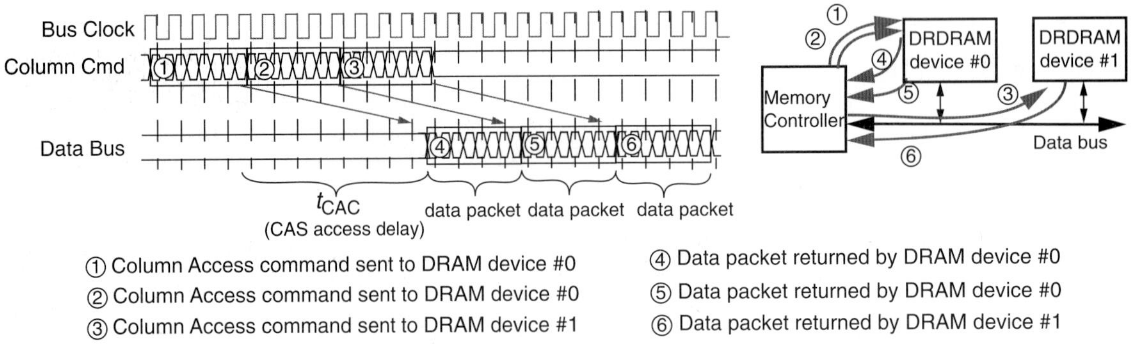

그림 12.27_ Direct RDRAM 시스템에서 로우 활성화 커맨드와 이후 칼럼 read 커맨드가 들어올 때

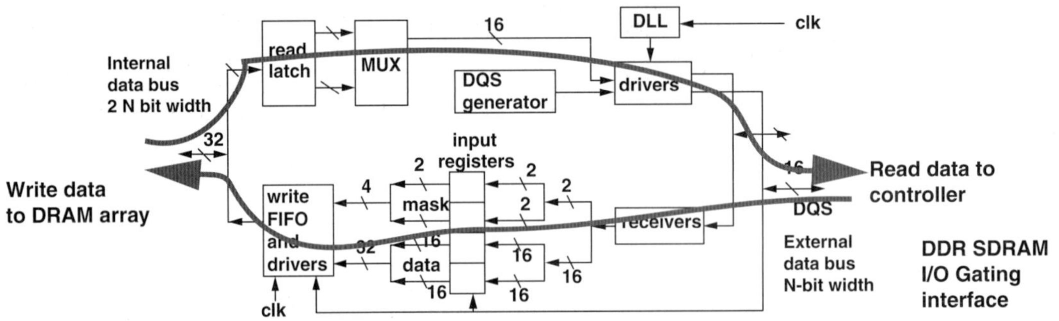

그림 12.28_ DRAM 디바이스들의 같은 랭크에 read 이후 곧바로 write가 이루어 질 때의 I/O 게이팅 공유 문제 —상용 DDRx SDRAM

휴 사이클은 필요 없는데, 공유 clock-to-master 신호에 의해 데이터 버스상에서 전송되는 데이터가 동기화되어 있기 때문으로, Direct RDRAM 채널상의 다른 Direct RDRAM 디바이스로 칼럼 read 커맨드가 들어간 경우에도 마찬가지이다.[8]

write-to-read 턴어라운드 이슈

그림 12.28은 DDR SDRAM 디바이스와 같은 상용 DRAM 디바이스들에서 칼럼 read 커맨드 이후 칼럼 write 커맨드가 전송될 때의 문제점을 보여준다. 그림은 별도의 read와 write FIF 버퍼가 존재함에도 불구하고, read 데이터와 write 데이터가 I/O 게이팅 구조를 통해 내부와 외부의 데이터 버스를 공유해야 함을 보여준다. 데이터 버스의 공유는 write 데이터는 선택된 뱅크에서 read 데이터가 내부 데이터 버스에 놓이기 전에 내부 데이터 버스들을 통해 선택된 뱅크의 sense amplifier까지 도착해야 함을 의미한다. 내부 데이터 버스의 병목현상은 직접적으로 높은 데이터 속도 DRAM 디바이스에서 긴 write-to-read 턴어라운드 시간을 요구한다.

8 이론적으로, Direct RDRAM 메모리 시스템에서 페이지들을 열기 위해 임의의 두 칼럼 read 사이에 유휴 주기가 필요하지 않다 하더라도, 유휴 주기는 때때로 Direct RDRAM 멤모리 시스템의 칼럼 액세스 커맨드들 사이에 삽입되어 Direct RDRAM 디바이스의 활동 속도와 Direct RDRAM 메모리 시스템과 Direct RDRAM 디바이스의 전력소모를 줄인다.

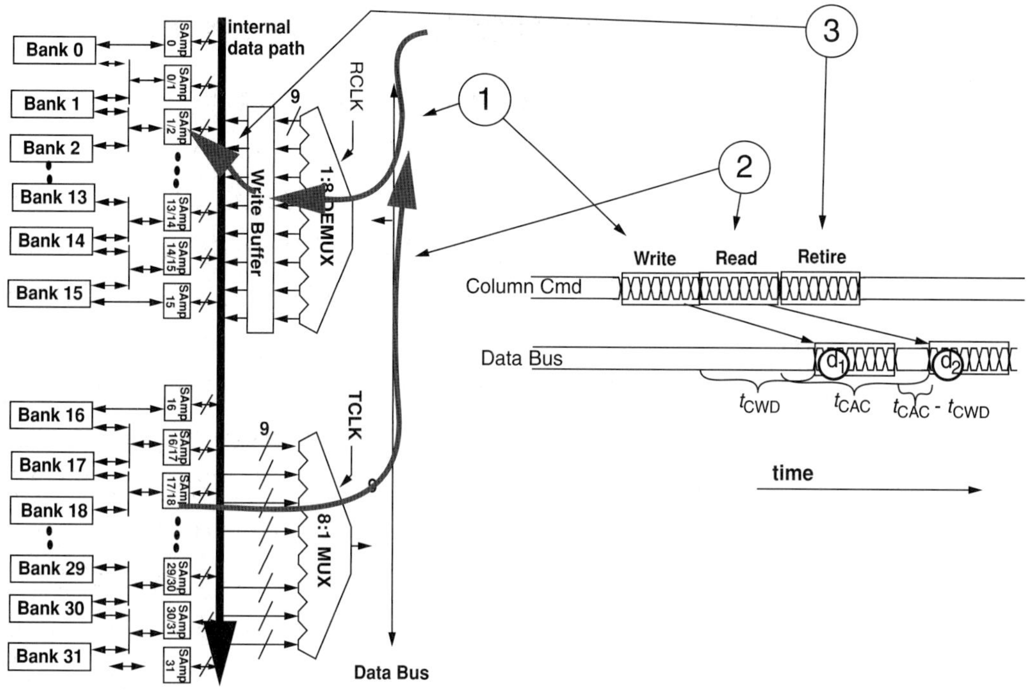

그림 12.29_ Direct DRAM 디바이스의 write–to–read–to–retire command sequence

Direct RDRAM 디바이스의 write 버퍼

높은 데이터 속도 DRAM 디바이스에서 긴 write-read 턴어라운드 시간을 줄이기 위해 Rambus사는 write-to-read 턴어라운드 문제를 감소시키는 특별한 구조를 가지는 Direct RDRAM 디바이스와 XDR DRAM 디바이스들을 설계했다. Direct RDRAM 디바이스에서 write-to-read 턴어라운드 문제를 해결하기 위한 방법은 write 버퍼를 사용하는 것이다. Direct RDRAM 디바이스에 존재하는 write 버퍼는 데이터가 write 버퍼에 write 되자마자 I/O 게이팅 소스들이 이어지는 칼럼 read 커맨드에 사용될 수 있음을 의미한다. 그림 12.29는 연속적인 세 번의 Direct RDRAM 디바이스에 대한 칼럼 액세스 커맨드를 보여준다.

칼럼 write 커맨드 이후 칼럼 read 커맨드가 이어지고 이후 retire 커맨드가 들어온다. 그림 12.29는 write-to-read 턴어라운드 시간이 write 버퍼의 사용으로 크게 줄어든 것을 보여준다. 특히, 칼럼 write 커맨드에 의해 수행되는 동작들은 write-into-write-buffer 커맨드와 retire-from-write-buffer-into-sense-amplifier 커맨드로 나뉜다. 나누어진 칼럼 write 커맨드는 차후의 read 커맨드가 칼럼 write 커맨드 이후 즉시 보내질 수 있도록 하는데, 이는 칼럼 write 커맨드는 내부 데이터 경로를 통해 sense amplifiers로 보내지는 데이터를 즉시 보낼 필요가 없기 때문이다.

Direct RDRAM 디바이스에서 write 버퍼의 사용은 메모리-액세스 프로토콜의 관점에서 여러 가지 의미를 갖는다. 첫째로 칼럼 write 커맨드는 write 버퍼에 임시적으로 write 데이터를 두지만, 이어지는 칼럼 read 커맨드의 어드레스들은 Direct RDRAM 디바이스의 write 버퍼에 의해 체크되지 않는다. 흥미로운 결과는 Direct RDRAM 디바이스의 정확히 같은 위치에 대한 칼럼 read 커맨드 이후, 칼럼 write 커맨드는 최신 데이터가 write 버퍼에 있는 반면에 이전에 오래된 데이터를 sense amplifier들로부터 읽어 들인다. 그래서 Direct RDRAM 디바이스의 write 버퍼의 사용은 메모리 컨트롤러가 칼럼 write 커맨드의 어드레스들을 추적하여 아직 폐기되지 않은 데이터가 write 버퍼에 있는지 항상 확인하여야 한다. write-to-read 턴어라운드 타임을 줄이는 write 버퍼의 사용은 DRAM 디바이스를 DRAM 메모리 컨트롤러만큼 복잡하게 만든다. DRAM 디바이스의 경우 write 버퍼가 다이 면적에 추가되면서 DRAM 디바이스의 다이 가격이 증가하였다. 메모리-액세스 프로토콜의 관점에서 메모리 컨트롤러는 복잡성을 증가시키는 새로운 retire-write-데이터 커맨드를 처리해야 한다.

12.4.2 Direct RDRAM의 기술적인 문제들과 기술 이전의 문제들

1990년대 후반 Intel사에 의해 Direct RDRAM 메모리 시스템이 선택되었다. 차세대 메모리 시스템에 의해 100-MHz SDRAM 메모리 시스템이 대체되었다. 하지만 몇 가지 문제들에 의해 Direct RDRAM 메모리 시스템이 SDRAM 메모리 시스템을 대체하면서 시장에서 주도적인 역할을 하는 데 실패하였다. 대신에 SDRAM 메모리 시스템을 대체하여 DDRx SDRAM 메모리 시스템이 좀 더 발전하였다. Direct RDRAM 메모리 시스템이 시장 주도적인 역할을 하는 데 문제가 되었던 것들은 기술적인 문제가 아니라 DRAM 디바이스 제조업체들과 시스템 설계업체들이 Rambus사로부터 Direct RDRAM 메모리 시스템의 라이센스를 얻는 것과 관련된 문제였다.

이번 장에서는 Direct RDRAM 메모리 시스템이 상업적으로 실패한 것에 대한 사업적인 문제를 제외하고 기술적인 문제에 대해서 다룬다. 게다가 Direct RDRAM 메모리 시스템이 상용 SDRAM 메모리 시스템으로부터 발전해 나오며 직면했던 문제들은 미래의 메모리 시스템이 발전해 나가면 마주칠 문제와 비슷하다. 결론적으로 생산단가의 증가와 Direct RDRAM 메모리 시스템의 성능 사이의 엔지니어링 트레이드 오프들이 이후에 자세히 설명된다.

다이 사이즈 오버헤드

실제적인 관점에서 Direct RDRAM 메모리 시스템은 높은 핀 대역폭과 데이터 전송 효율을 얻기 위해 메모리 디바이스의 복잡성을 증가시켰다. 예를 들어 16또는 32개의 별도의 뱅크를 가지는 Direct RDRAM 디바이스는 분리된 뱅크 제어 회로와 sense amplifier들을 필요로 한다. 각각의 Direct DRAM 디바이스들은 Direct RDRAM 디바이스의 전기 특성을 제어하기 위한 회로도 포함하고 있다. 고속 RSL 시그널링 인터페이스는 또한 Direct RDRAM 디바이스를 위한 독립된 I/O 전압 링을 필요로 한다. 종합하자면, 복잡한 구조적 특징과 전기 제어 회로들은 다이 가격을 상당히 증가시킨다. 결론적으로 64-Mbit Direct RDRAM 디바이스는 64-Mbit SDRAM 디바이스에 비해 20~30% 정도 더 컸다. 다이 사이즈의 증가는 이 첫 번째 세대의 Direct DRAM 디바이스들이 다이 사이즈보다는 속도에 중점을 두어 설계되었다는 것을 보여준다. 다행히도 Direct RDRAM 디바이스의 회로적인 오버헤드는 트랜지스터 숫자의 측면에서는 일정하다.

따라서 Direct RDRAM 디바이스의 다이 사이즈 오버헤드는 다이 영역의 비율로서 보면 DRAM 디바이스

용량이 증가할수록 줄어든다. 128–Mbit 용량을 기준으로 Toshiba의 SDRAM 디바이스는 91.7mm²이고, 같은 공정으로 생산된 Direct RDRAM 디바이스는 103mm²으로 12% 정도 더 컸다. 256–Mbit 용량을 기준으로 하면 차이는 10% 이하가 될 것으로 생각되며, 더 용량이 늘어나면 차이는 더 줄어들 것이다.

정교한 시스템 엔지니어링의 요구조건

Direct RDRAM 메모리 시스템의 높은 시스템–레벨 시그널링 속도는 메모리 컨트롤러 I/O 인터페이스, 시스템 보드, 메모리 모듈들, DRAM 디바이스 패키지와 I/O 인터페이스에 대한 세심한 조절과 이해를 필요로 한다. Direct RDRAM 메모리 시스템의 구현의 문제와 PC100 표준이 필요하게 된 문제는 비슷해서, 해결책도 비슷한데, 높은 데이터 속도 메모리 시스템을 만드는 데 많은 엔지니어링 자원을 투입한다. 따라서 시스템 제조업체들은 Direct RDRAM 메모리 시스템을 구현하는 데 많은 엔지니어링 자원의 투입을 꺼려했다. 특히 몇몇 저가에 초점을 맞춘 시스템 제조업체들은 저가의 Direct RDRAM 메모리 시스템을 설계하는 데 투입할 엔지니어링 자원이 부족했다. Direct RDRAM 메모리 시스템을 만드는 데 필요한 엔지니어링 자원 중 하나는 멀티레이어(multilayer) 시스템 보드이다. Direct RDRAM 메모리 시스템 아키텍처는 평행하게 배선되는 많은 커맨드와 데이터 버스들에 매칭된 신호 흐름 시간을 요구했다. Crosstalk을 최소화하고, 신호 무결성을 보장하기 위해 첫 번째 세대의 proof-of-concept 시스템 보드가 Direct RDRAM 메모리 시스템을 위해 8–층 PCB로 개발되었고, 이후 2세대의 PCB는 상용으로 6–층 PCB로 개발되었다. 상용 시스템에 4–층 PCB가 쓰이는 것에 비해 초기의 Direct RDRAM 메모리 시스템에 6–층 PCB의 사용은 가격 상승을 초래했다.

마침내 시간이 흘러, Rambus와 시스템 제조업체의 노력으로 Direct RDRAM 메모리 시스템이 4–층 PCB로 구현되며, 시스템–레벨 비용 문제는 해결되었다.

고급 패키징과 테스트 장비 요구조건

높은 시그널링 속도 Direct RDRAM 디바이스는 DRAM 디바이스 패키지와 I/O 인터페이스의 전기 특성의 세심한 조절을 필요로 한다. 따라서 Direct RDRAM 디바이스는 SDRAM 디바이스가 사용한 것과 같은 저가의 TSOP나 SOJ 패키지를 사용할 수 없다. 대신 Direct RDRAM 디바이스는 패키지의 핀 인터페이스가 임피던스에 미치는 영향을 최소화하기 위해 BGA 패키지를 사용하였다. 그림 12.30은 Direct RDRAM 디바이스에 사용된 BGA 패키징의 예를 보여준다. 불행하게도 BGA 패키지의 사용은 DRAM 디바이스와 메모리 모듈 제조업체들에게 추가적인 비용을 요구했다. 예를 들어 메모리 모듈 제조업체들은 시각적으로 SOJ나 TSOP에서 했던 것처럼 BGA 패키지와 메모리 모듈 사이의 solder connection들을 시각적으로 확인할 수 없었다. 따라서 새로운 패키지를 위한 새로운 장비를 도입해야 했고, 이는 Direct RDRAM 메

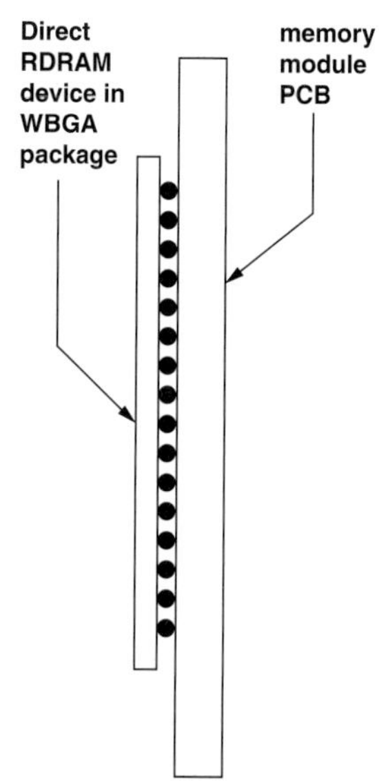

그림 12.30_ 메모리 모듈 상의 Wirebond Ball Grid 어레이(WBGA) Direct RDRAM 디바이스의 측면 단면도

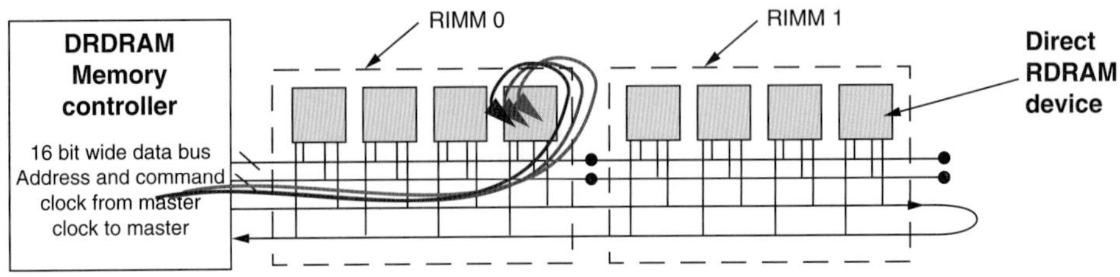

그림 12.31_ DRDRAM 시스템 토폴로지의 최악의 메모리-액세스 패턴은 localized hot spot들은 만들 수 있다.

모리 시스템과 상용 SDRAM이나 DDR SDRAM 메모리 시스템과의 가격 차이를 증가시켰다.

열 밀도-방열-강제적인 유휴 사이클

기존 SDRAM과 DDRx SDRAM 메모리 시스템의 메시 토폴로지에서는 여러 DRAM 디바이스들은 랭크를 형성하기 위해 병렬로 연결된다. 게다가 높은 데이터 속도 DDR2와 DDR3 SDRAM 디바이스는 메모리 채널의 포화로 하나의 랭크에 평행으로 많은 뱅크를 포함하지 않는다. 결과적으로 메모리 컨트롤러로부터 주어진 커맨드와 관련된 온 칩이나 시스템 내부 데이터 이동은 하나의 랭크의 여러 DRAM 디바이스를 지나 전달되는데, 일반적으로 64- 또는 72bit 와이드 SDRAM이나 DDRx SDRAM 메모리 시스템에서 여러 랭크를 지나 전달된다. 반면에 Direct RDRAM 메모리 시스템은 고대역폭 처리를 위해 설계되었고, 하나의 Direct RDRAM 디바이스는 Direct RDRAM 디바이스의 주어진 채널에 대해서 전체 대역폭을 제공한다. 그러나 싱글 Direct RDAM 디바이스가 전체 대역폭을 메모리 채널에 제공하는 능력은 메모리 컨트롤러에서 전달되는 주어진 커맨드의 온 칩이나 시스템 내부 데이터 이동이 싱글 DRAM 디바이스에 의해 제한되는 것을 의미한다. 게다가 그림 12.31은 최악의 메모리 액세스 패턴에서 Direct RDRAM 메모리 시스템의 주어진 채널에서 싱글 디바이스가 오랜 시간 동안 여러 로우 활성화와 칼럼 액세스 커맨드가 파이프라인되어 전달되는 것을 보여준다. 따라서, 주어진 디바이스에 대한 높은 액세스 속도는 localized hot spot이 Direct RDRAM 채널 다른 부분에서 나타나거나 없어질 수 있다. 결국, localized hot spot이 전송 선로의 전기적 특성을 바꾸고, Direct RDRAM 메모리 시스템의 커맨드와 데이터 패킷 전달에 영향을 주어 메모리 시스템의 올바른 동작을 위협한다. Rambus사는 Direct RDRAM 메모리 시스템의 localized hot spot 문제에 맞서 두 가지 해결책을 내어 놓는데, 열 분산기(heat spreader)와 주어진 Direct RDRAM 디바이스에 대한 액세스 속도를 제한하는 새로운 커맨드 전송 방법 설계이다. 불행하게도 RIMM에 열 분산기 사용은 Direct RDRAM 메모리 시스템의 가격을 상승시켰고, 새로운 커맨드 전송 방법은 컨트롤러 복잡도를 증가시키고 Direct RDRAM 메모리 시스템의 메모리 대역폭을 감소시켰다.

Low Request Rate Systems

Direct RDRAM 메모리 시스템은 메모리 시스템 아키텍처에 혁신적인 접근 방법을 제공했지만, 메모리 시스템에 여러 추가적인 가격 상승을 야기하는 소자들이 필요했다. 따라서 1세대 Direct RDRAM 메모리 시

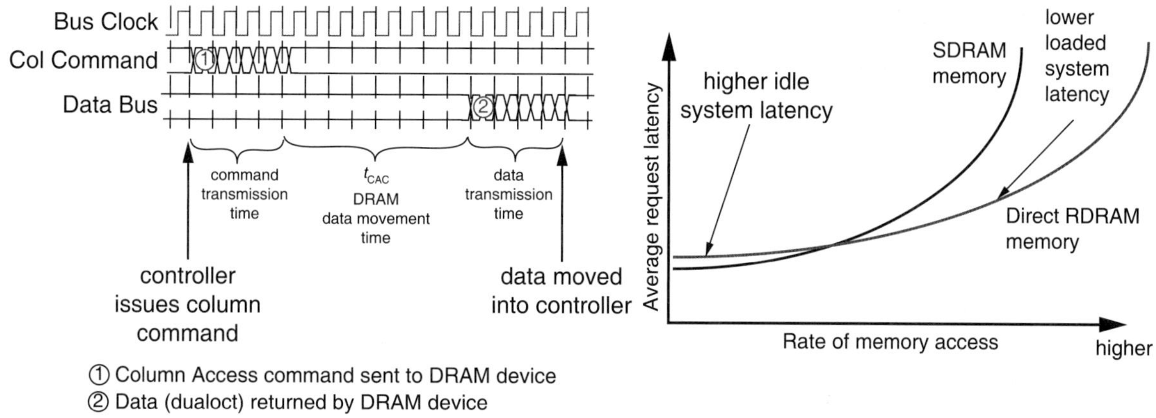

그림 12.32_ Direct RDRAM 시스템을 위한 더 긴 유휴 시스템 latency와 더 낮은 부하 시스템 latency

스템은 SDRAM 메모리 시스템에 비해 많이 비쌌다. 1세대 Direct RDRAM 메모리 시스템은 Pentium III 기반 컴퓨터 시스템에서 사용되었지만, Direct RDRAM 메모리 시스템들은 SDRAM 기반 메모리 시스템에 비해 비싼 만큼의 성능적 우위를 보여주지 못했다.

그림 12.32는 Direct RDRAM 메모리 시스템의 메모리 액세스 시퀀스에서, 컨트롤러는 먼저 Direct RDRAM 디바이스로 패킷 커맨드를 전송하고, DRAM 디바이스가 커맨드를 버퍼한 뒤 디코딩하여 데이터를 I/O 인터페이스로 이동시키고, 데이터를 8 half 사이클에 걸쳐 컨트롤러로 보내는 것을 보여준다. Direct RDRAM 메모리 시스템의 메모리 액세스는 DRAM 디바이스로 커맨드를 전송하고, 컨트롤러로 돌려보내는 데이터 버스트 타임이 추가적인 latency로 작용한다. 따라서 SDRAM 메모리 시스템이 Direct RDRAM 메모리 시스템과 비교해 더 낮은 유휴 시스템 latency를 가진다. 그림 12.32는 Direct RDRAM 메모리 시스템의 장점인 더 높은 대역폭과 더 높은 효율성이 메모리 액세스의 높은 속도의 프로세서와 같이 동작할 때 더 낮은 평균 latency를 가지는 것을 보여준다. 불행히도, 1세대 Direct RDRAM 메모리 시스템들은 하나의 프로세서를 가진 Pentium III-기반 시스템과 함께 동작했기 때문에 충분한 메모리 액세스의 높은 속도를 충족시킬 수 없었다. 잠재적으로 첨단 고주파, 멀티쓰레드, 그리고 멀티코어 프로세서와 같이 동작하는 Direct RDRAM 메모리 시스템은 가격에 상응하는 충분한 성능에서의 장점을 제공할 것이다. 불행히도, 일반적인 소비자들은 이러한 발달된 프로세서를 아직 상상할 수 없었지만, Direct RDRAM 메모리 시스템이 Pentium III 기반 시스템과 함께 작동할 때 성능 개선이 크지 않은 것은 관찰할 수 있었다.

다른 장비들을 위한 다른 디바이스들

Direct RDRAM 메모리 시스템에서 주어진 싱글 Direct RDRAM 디바이스는 칼럼 액세스 커맨드에 대해 dualoct를 반환한다. 그러나 안정성을 위해 설계된 메모리 시스템은 추가적으로 체크 비트를 저장하기 위한 추가적인 데이터 저장 공간을 필요로 한다. 전통적인 상용 메모리 시스템에서 체크 비트는 데이터 버스의 폭이 64에서 72로 증가함에 따라 추가적인 DRAM 디바이스에 저장되었다. 따라서 동일한 DRAM 디바이스가 이러한 오류 정정을 필요로 하지 않는 데스크 탑과 오류 정정을 필요로 하는 high-end server에 같이 사용될 수 있다. 반면에 Direct RDRAM 메모리 시스템의 16bit 데이터 버스 폭으로는 Direct RDRAM 디바이스에 9개의 물리적 채널로 구성된 메모리의 싱글 로직컬 채널과 유사한 메모리 시스템을 적용하는 데 적합하지 않다. 이외에도, Direct RDRAM 메모리의 9 물리적 채널들을 위해 메모리 시스템에서 싱글 칼럼 액세스 커맨드는 144바이트의 데이터를 움직이고 이는 모든 주류 프로세서들의 캐시라인 사이즈에 비해 너무 크다.[9] 따라서, Direct RDRAM 디바이스의 여러 버전들은 오류 정정 메모리 시스템을 설계하거나 오류 정정이 필요 없도록 설계되어야 했다. 64Mbit 용량에서 16bit 와이드 데이터 버스를 가지는 64Mbit Direct RDRAM 디바이스는 18bit 와이드 데이터 버스를 가지는 72Mbit Direct RDRAM 디바이스와 함께 사용이 가능했다. 비슷하게 144, 288, 576Mbit Direct RDRAM 디바이스들은 각각 128, 256, 그리고 512Mbit 디바이스와 같이 사용이 가능했다. Direct RDRAM 디바이스의 여러 버전들은 Direct RDRAM 디바이스의 용량 요구사항으로 분리되고, 이는 Direct RDRAM 디바이스의 가격이 낮아지는 것을 방해하였다.

미래 메모리 시스템을 위한 조언

Direct RDRAM 메모리 시스템은 메모리 시스템에 추가적인 복잡한 회로와 새로운 비용 증가 요소들이 발생했지만, 상대적으로 낮은 주파수의 Pentium III 기반 시스템과 함께 작동해야 했기 때문에 더 저가의 SDRAM과 DDR SDRAM 메모리 시스템에 대비하여 충분한 성능을 보여주지 못했다. 결과적으로 Direct RDRAM 메모리 시스템은 가격적인 측면에서 SDRAM 메모리 시스템을 따라잡지 못하고, 시스템에서 충분한 성능을 보여주지 못함으로 인해 대량 생산되지는 못했다. 불행하게도 Direct RDRAM 메모리 시스템은 상용 단계에 이르지 못했다. 그러나 Direct RDRAM 메모리 시스템이 직면했던 기술적인 문제점들은 Rambus사가 차세대 높은 대역폭 메모리 시스템인 XDR 메모리 시스템을 설계하는 데 바탕이 되었다.

12.4.3 XDR 메모리 시스템

Rambus사는 Direct RDRAM 메모리 시스템으로부터 얻은 교훈을 바탕으로 Direct RDRAM 메모리 시스템이 직면했던 기술적인 문제를 회피하는 새로운 차세대 높은 대역폭 메모리 시스템을 설계하였다. XDR(Extreme Data Rate) 메모리 시스템이 증가하는 DRAM 디바이스와 메모리 시스템 시그널링 속도에 대처하고, 시스템 설계 복잡성과 DRAM 디바이스 오버헤드를 줄이도록 설계되었다.

토폴로지

그림 12.33은 XDR 메모리 시스템의 기본적인 시스템 토폴로지를 보여준다. 그림은 XDR 메모리 시스템에서 DDRx SDRAM 시스템처럼 커맨드와 어드레스 버스들이 데이터 버스에 비해 상대적으로 낮은 속도

---

9 Intel의 Itanium과 IBM의 서버 기반의 파워 프로세서는 128byte의 캐시라인들을 가지고 있지만, 그 어떤 시스템도 메로리 시스템을 심각하게 고려하지 않았다.

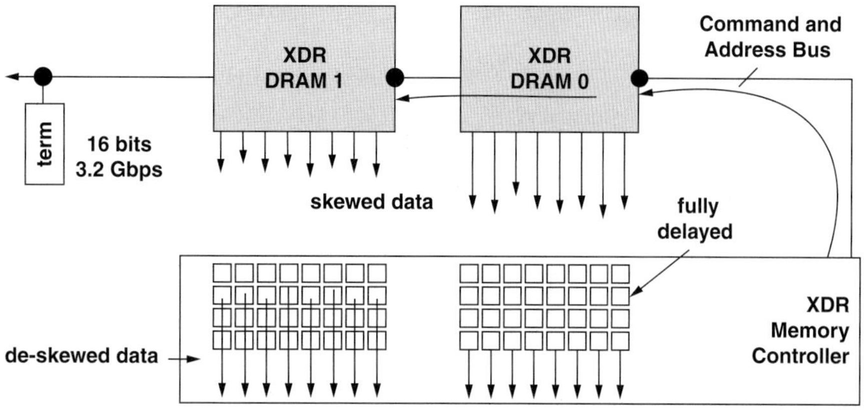

그림 12.33_ XDR 메모리 시스템의 기본적인 구조

로 동작하는 것을 보여준다. XDR 메모리 시스템에서 커맨드와 어드레스 데이터 경로는 경로-길이 일치된 단방향 데이터 경로로서, XDR 메모리 컨트롤러가 커맨드와 어드레스 정보들을 DRAM 디바이스로 보내는 데 사용된다. 또한 그림 12.33은 XDR 컨트롤러가 데이터 경로에 대한 skew 보상을 위해 컨트롤러로 전달되어 오는 read 데이터의 skew를 제거하고, DRAM 디바이스로 전달되는 write 데이터의 skew를 맞추어 동기화시키는 FlexPhase를 사용하는 것을 보여준다.

디바이스 아키텍처

그림 12.34는 XDR 디바이스의 구성을 보여준다. XDR DRAM 디바이스는 Direct RDRAM 디바이스와는 구별되는 여러 특징이 있다. 예를 들어 XDR DRAM 디바이스는 16의 프리페치 길이와 최소 버스트 길이를 가진다. XDR 디바이스 아키텍처는 가변 디바이스 데이터 버스 폭 컨트롤로 최소 1비트의 데이터 버스 폭을 가지도록 동작할 수 있다. 따라서 데이터 이동의 최소 단위는 16비트이다. 또한 그림 12.34는 XDR 디바이스가 내부적으로 홀수 그리고 짝수 뱅크 세트로 나뉘어 구성된 것을 보여준다. 마지막으로 그림 12.34는 XDR 디바이스가 Direct RDRAM 디바이스와 다른 점으로 XDR DRAM 디바이스가 로우 액세스 커맨드와 칼럼 액세스 커맨드에 사용되는 공유 커맨드 버스를 가지고 있는 것을 보여준다. 게다가 Direct RDRAM 디바이스와 달리 XDR DRAM 디바이스는 write 버퍼를 가지고 있지 않다. 대신에 다른 뱅크 세트를 이용하여 똑똑한 컨트롤러가 write-to-read 데이터 버스 턴어라운드 문제를 경감시킨다.

시그널링

그림 12.35는 Rambus사가 XDR 메모리 시스템에서 사용한 octal 데이터 속도 시그널링 시스템을 보여준다. 이 시그널링 시스템에서 상대적으로 느린 400~800MHz의 클럭 신호가 메모리 컨트롤러와 DRAM 디바이스에 공통으로 사용된다. DRAM 디바이스와 메모리 컨트롤러는 시스템 클럭 신호에 위상 고정된 차동 신호 전송을 위해 전류 반복기(current mirror)를 사용하는데, 차동 신호는 시스템 클럭에 비해 4배 빠르다.

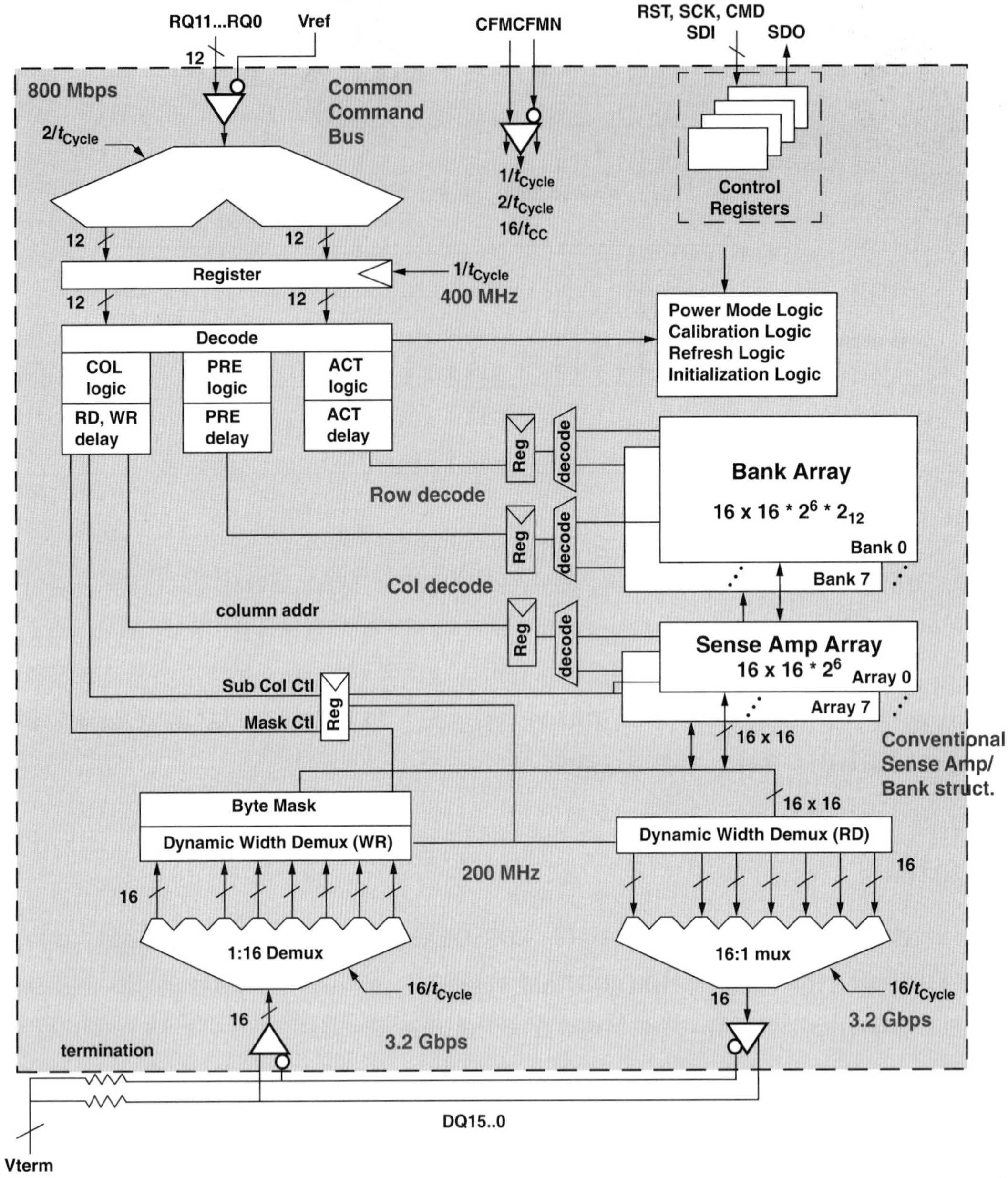

그림 12.34_ XDR 디바이스의 구조

매 클럭 사이클마다 신호의 양쪽 에지에 전송되는 데이터는 핀 쌍마다 81비트의 심볼을 전송한다. 저전압 스윙, point-to-point, 차동 시그널링은 더 높은 파워를 바탕으로 상용 ASIC과 DRAM 프로세서 공정에서 높은 대역폭을 가능하게 한다.

FlexPhase

XDR 메모리 시스템에서 Rambus사는 bit-to-bit 신호 skew를 고속 패러랠 데이터 버스로부터 제거하기 위

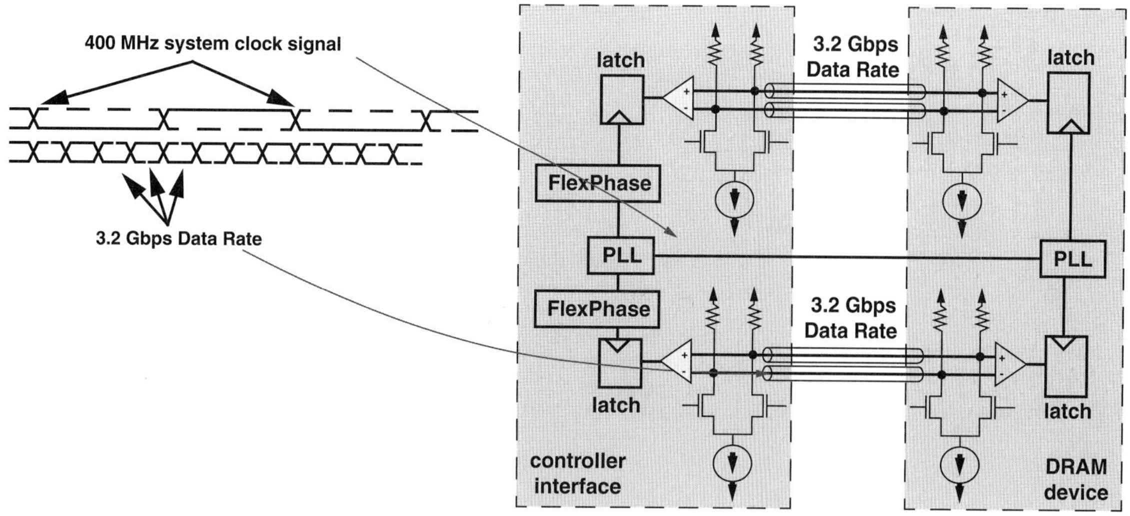

그림 12.35_ XDR 메모리 시스템의 Octal 데이터 속도 시그널링 using per-bit FlexPhase de-skewing과 PLL

해 bit-adjustable DLL 회로 시스템을 사용한다. 이 bit-adjustable DLL 시스템을 FlexPhase라고 한다. 그림 12.35는 서로 다른 신호 흐름 시간을 해결하기 위해 어떻게 Rambus가 FlexPhase를 이용했는지 보여준다. FlexPhase는 data-to-data skew를 보상하고, 새로운 위상이 cold와 warm 시스템 사이에서 thermal drift를 보상하도록 한다. 그림 12.35는 컨트롤러 인터페이스에 위치한 FlexPhase 회로를 보여준다. 이러한 방법으로 XDR 메모리 시스템에서 경로-길이 매칭에 대한 요구를 DRAM 디바이스의 가격 상승 없이 만족시켰다. 이 방법에서는 컨트롤러의 복잡도가 증가하였다.

Write 이후 XDR Early Read

Direct RDRAM 디바이스에서 write 버퍼 사용으로 발생하는 문제를 해결하기 위해 Rambus는 차세대 고성능 XDR DRAM 디바이스에서는 write 버퍼를 제거하였다. 대신 XDR DRAM 디바이스는 Rambus가 ERAW(Early Read After Write)라고 하는 새로운 기능을 추가하여 설계되었다. 본질적으로, XDR 디바이스는 큰 write-to-read 커맨드 오버헤드를 홀수와 짝수 세트로 분리된 내부 뱅크를 사용하여 회피한다. 이러한 구성에서 read와 write 커맨드들이 다른 뱅크 세트에서 동작하기 때문에 read 커맨드는 write 커맨드와 동시에 진행될 수 있다. 그림 12.36은 같은 뱅크로 write와 read 커맨드가 전달될 때 write-to-read 턴어라운드 오버헤드가 여전히 몇 사이클을 차지하지만 훨씬 더 작아진 것을 보여준다.

12.5 Low Latency

엔지니어들이 어떻게 해서든 시스템 가격을 낮추려고 하였기에 저가의 상용 DRAM 디바이스가 널리 쓰였고, 이로 인해 고속 low-latency SRAM 디바이스가 틈새 시장을 파고 들어야 했다. 하지만, DRAM 디바

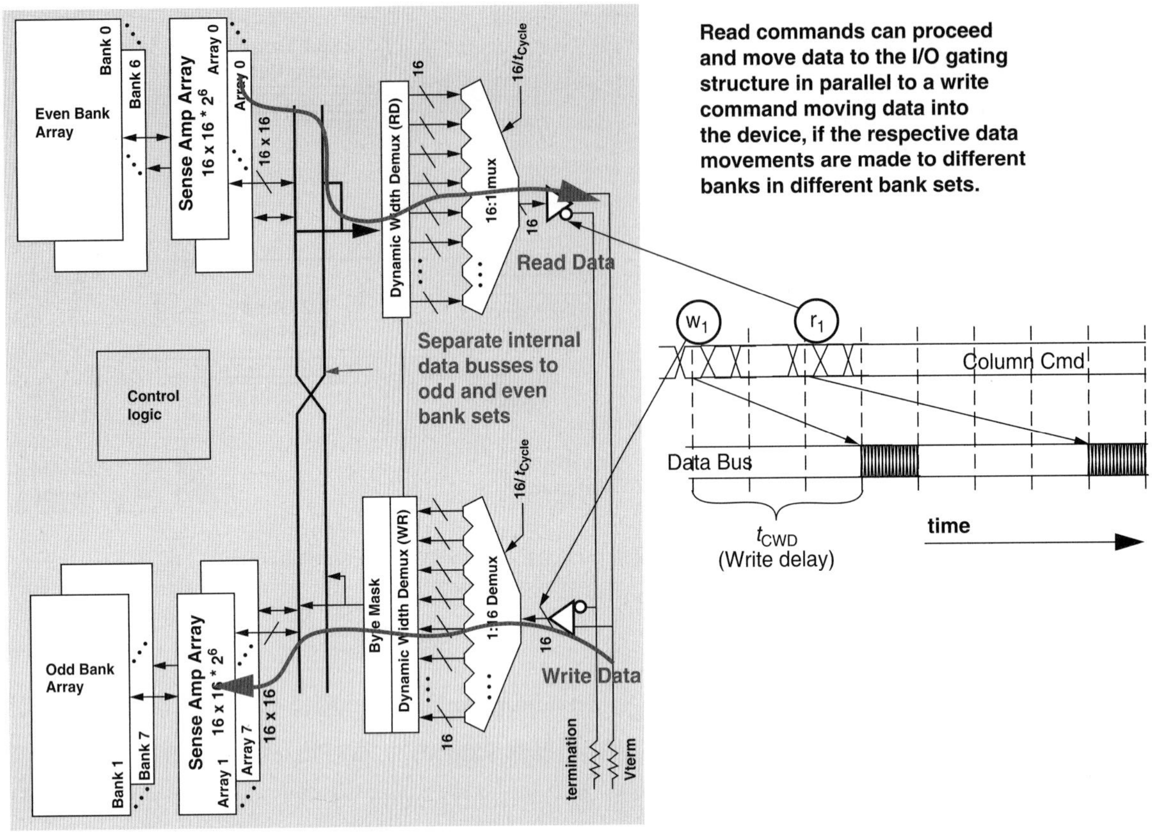

그림 12.36_ ERAW를 지원하는 XDR DRAM 디바이스에서 read 이후 바로 write가 이루어 지는 경우

이스가 SRAM을 대체하였다 하더라도 상용 DRAM latency 특성보다 더 낮은 latency에 대한 요구는 여전히 존재한다. 따라서 DRAM 디바이스 제조업체들은 SRAM 대체 어플리케이션으로 사용할 수 있는 반 상용의 중간 low-latency를 갖는 low-latency DRAM 디바이스를 개발하여 왔다. DRAM 디바이스의 종류 중 low-latency SRAM 대체 시장을 목표로 RLDRAM(Reduced Latency DRAM)과 FCRAM(Fast Cycle DRAM)이 개발되었다.

12.5.1 RLDRAM

RLDRAM(Reduced Latency DRAM)은 랜덤 액세스 latency가 10~12ns, 로우 사이클 타임이 20ns로 낮은 low-latency DRAM 디바이스다. 1세대 RLDRAM 디바이스는 Infineon에 의해 네트워킹 장비 시장의 요청에 의해 제작되었다. 그 이후 Micron이 두 번째로 RLDRAM 공동 개발사가 되었다. 그러나 이후 Infineon은 RLDRAM 개발을 포기하였으며, Micron은 개발을 계속하여 2세대 RLDRAM II를 개발하였다. RLDRAM과 RLDRAM II는 임베디드 어플리케이션에서의 사용을 위해 제작되었다. 주로 RLDRAM은 네트워크 시장을 대상으로 제작되었다. 하지만 RLDRAM은 가격이나 용량이 문제가 아닌 low latency

가 필요한 곳에서 사용되었다. 예를 들어, RLDRAM는 큰 오프 칩 캐쉬의 큰 lookup으로 사용이 가능하다. RLDRAM은 SRAM과 같은 작동 방식의 영역에서 SRAM과 유사하게 DRAM 디바이스의 어떤 부분이든 랜덤 액세스한다는 정신에서 설계되었는데, 어드레스와 칼럼 어드레스들이 결합되어 싱글 액세스 커맨드로 전송된다.

12.5.2 FCRAM

RLDRAM과 달리 Fujitsu와 Toshiba의 FCRAM(Fast Cycle DRAM)은 데이터 어레이를 다수의 서브 어레이로 구별하고, 로우 활성화 커맨드에서 오직 하나만 작동하도록 하여 low-latency 데이터 액세스를 달성하였다. 하위 로우 활성화 프로세스는 효과적으로 어레이 크기를 감소시키고, 액세스 시간을 향상시켰다. RLDRAM과 달리 FCRAM는 DDRx SDRAM과 같이 설계되어, 로우 액세스 커맨드와 칼럼 액세스 커맨드가 따로 전송되고, FCRAM 커맨드 세트는 DDRx SDRAM 커맨드 세트를 모방하기 위해 특별히 설계되었다. 공통성의 목적은 컨트롤러 설계가 FCRAM이나 상용 DDRx SDRAM 디바이스에 모두 적용 가능하다는 것이다. 마지막으로 RLDRAM 디바이스와 달리 FCRAM은 DIMM 스펙과 함께 설계되었다.

12.6 흥미로운 대안들

12.6.1 VCDRAM

Virtual 채널은 미래에 필요할지 모르는 실질적인 SRAM 캐시를 DRAM에 **세그먼트**라고 불리는 큰 용량의 데이터 블록을 추가한다. SRAM 세그먼트 캐시는 메모리 컨트롤러에 의해 세심히 관리된다. DRAM-액세스 프로토콜에 새로운 단계가 추가되는데, 추가된 단계는 요구되는 데이터가 SRAM 세그먼트 캐시의 어플리케이션에 적합하지 않으면 read와 write 동작에 latency를 추가한다.

12.6.2 ESDRAM

EDO DRAM과 같이 ESDRAM(Enhanced SDRAM)은 DRAM 코어에 SRAM 래치를 추가하지만, EDO는 칼럼 멀티플렉서 뒤에 래치를 추가하고 ESDRAM는 칼럼 멀티플렉서 앞에 래치를 추가한다. 따라서 래치는 DRAM 페이지만큼 넓다. 비록 비싸지만 이 방식은 더 나은 활동 중복을 허용한다. 예를 들어, ESDRAM은 로우 프리차지가 로우의 종료 없이(SRAM 래치에서 여전히 활성화된) 바로 시작할 수 있게 한다. 게다가 이 방식은 incoming write 이후 write-around 메커니즘이 현재 활성화된 로우의 종료 없이 되도록 한다. 이러한 방식은 write-back 캐시에서 유용하고, DRAM의 같은 로우에 있는 데이터가 read되고 있어도 주어진 시간 안에 write 할 수 있게 한다. 따라서 이러한 같은 로우에 대한 write는 후의 read를 지연시키는데, ESDRAM에서 같은 로우에 대한 후의 read에는 지연되지 않는다.

MEMORY | SYSTEMS | **DRAM**

DRAM 메모리 콘트롤러

13

CHAPTER

오늘날 컴퓨터 시스템, 프로세서, I/O 디바이스는 메모리 시스템의 데이터에 액세스하기 위해서는 하나 이상의 메모리 컨트롤러를 거친다. 메모리 컨트롤러는 DRAM 디바이스에서의 데이터 이동을 관리하는 동시에 프로토콜을 준수하며, DRAM 디바이스 고유의 전기적 특성, 타이밍 특성을 책임지고 심지어 특정 시스템에서는 에러의 검출과 수정까지 담당한다. DRAM 메모리 컨트롤러는 종종 시스템 컨트롤러의 일부로서 포함되며, 최적의 메모리 컨트롤러를 설계하기 위해서는 반드시 동일한 메모리 시스템에서 데이터를 읽고 저장하는 서로 다른 에이전트 사이의 접근율을 공정하게 중재할 수 있는 시스템-레벨의 고려가 필요하다.

DRAM 메모리 컨트롤러의 설계와 구현은 DRAM 메모리 시스템의 대역폭 효율 특성과 액세스 latency에 영향을 미친다. 지난 장에서는 bottom-up 접근 방식을 통해서 DRAM 메모리 시스템의 설계와 구현을 알아보았다. 지난 장의 DRAM 디바이스와 시스템-레벨 동작의 이해에 이어서 이번 장에서는 DRAM 컨트롤러의 설계와 구현에서 고려할 사항에 대해서 알아보도록 하겠다.

13.1 DRAM 컨트롤러 아키텍처

DRAM 메모리 컨트롤러는 메모리 시스템 내의 DRAM 디바이스의 데이터 이동을 관리한다. 그러나 복잡한 DRAM 메모리-액세스 프로토콜, 수많은 타이밍 파라미터들, 수많은 조합의 메모리 시스템 구성, 서로 다른 처리량 특성과 다른 설계 목표로 인하여 정해진 DRAM 디바이스를 위한 DRAM 메모리 컨트롤러의 설계 공간은 마치 특정 명령 세트 아키텍처를 구현하기 위한 프로세서의 설계 공간과 마찬가지의 자유도를 가진다. 그런 의미에서 명령-세트 아키텍처가 프로세서의 프로그래밍 모델을 정의하는 것처럼, DRAM-액세스 프로토콜은 DRAM 메모리 컨트롤러와 DRAM 디바이스의 시스템 사이의 인터페이스 프로토콜을 정의한다. 두 경우 모두 실제 성능 특성은 프로그래밍 모델이나 인터페이스 프로토콜의 피상적인 설명이 아니라 특정한 마이크로 아키텍처 구현에 더 의존한다. 즉, 동일한 명령-세트 아키텍처를 지원하는 두 개의 프로세서라 하더라도, 각각의 마이크로 아키텍처 구현에 따라서 완전히 다른 성능 특성을 가질 수 있다. 이처럼 동일한 DRAM-액세스 프로토콜을 지원하는 두 개의 DRAM 메모리 컨트롤러도 각각의 마이크로 아키텍처 구현에 의존한다. DRAM 메모리 컨트롤러는 최소 다이 사이즈, 최소 파워 소모량, 최대 시

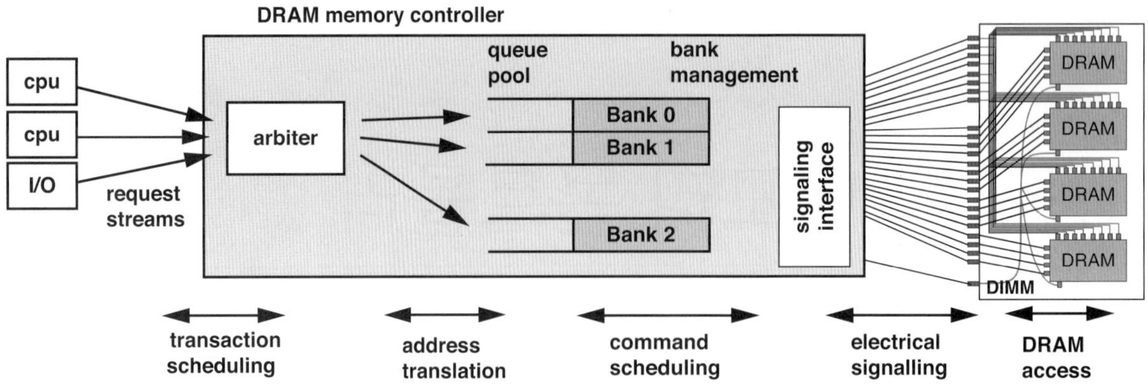

그림 13.1_ 추상적인 DRAM 메모리 컨트롤러

스템 성능을 가지거나 혹은 단순히 상충되는 목표들이 합리적으로 최적화되는 타협안으로 설계될 수 있다. 특히, 로우 버퍼 관리 방침, 어드레스 매핑 방법, 그리고 메모리 처리와 DRAM 커맨드 정렬 방법은 DRAM 메모리 컨트롤러를 설계하고 구현하는 데 있어서 굉장히 중요하다.

오늘날 프로세서의 동작 주파수와 메인 메모리로의 액세스 latency의 격차가 증가되면서 DRAM 메모리 컨트롤러의 성능 최적화에 전념하는 아키텍처 커뮤니티의 연구가 활발히 이루어지고 있다. 특히, 어드레스 매핑 방법이라는 뱅크 어드레스 처리를 최소화하기 위한 설계 방법이 Lin et al. [2001]과 Zhang et al. [2002a]에 의해 연구되었다. DRAM 커맨드와 메모리 처리 정렬 방법들에 대한 연구가 Briggs et al. [2002], Cuppu et al. [1999], Hur and Lin [2004], McKee et al. [1996a]과 Rixner et al. [2000]과 같이 진행되었다. 다양한 종류의 DRAM 메모리 시스템들과 처리량 특성을 위한 최적의 DRAM 컨트롤러 설계에 대한 많은 연구가 이루어짐에 따라, 이 장에서는 지난 모든 연구들을 포괄적 개요 형태로 다루지 않는다. 대신 이 장에서는 추상적인 DRAM 메모리 컨트롤러 설계의 기본적인 개념에 대하여 다루고, 특정한 주제에 대한 밀접한 검토는 필요한 경우 기존의 연구를 인용하도록 하겠다.

그림 13.1은 추상적인 DRAM 메모리 컨트롤러의 기본 컴포넌트들을 설명하고 있다. 메모리 컨트롤러는 하나 이상의 마이크로프로세서들과 I/O 디바이스들로부터 요청을 받고 어떤 요청을 메모리 컨트롤러로 배치할지 결정하는 중재 인터페이스를 제공한다. 보는 관점에 따라서는, 요청 중재 로직을 메모리 컨트롤러가 아니라 시스템 컨트롤러의 일부분으로 볼 수 있다. 그러나 현대 프로세서의 데이터 연산 비용에 비례하여 메모리 액세스의 비용이 꾸준히 증가함에 따라, 성능 최적화에 대한 노력이 처리 스케줄링과 커맨드 스케줄링 정책을 통합하고 각각의 최적화보다는 전체적인 맥락상에서 검토하는 방향으로 이루어지고 있다. 예를 들어, 액세스 기록과 메모리 시스템의 상태에 따라서 동일한 오픈 뱅크의 다른 로우에 대하여 높은-우선순위의 요청이 마이크로프로세서로부터 들어오더라도 I/O 디바이스로부터의 낮은-우선순위의 요청이 먼저 처리될 수 있다. 따라서, 이 장에서 처리의 중재에 대해서도 논의하도록 하겠다.

그림 13.1은 하나의 처리가 결정되고 나서 메모리 컨트롤러로 들어가면, 메모리 어드레스 위치에 쓰여지고 DRAM 커맨드 시퀀스로 변환되는 것을 보여준다. 커맨드 시퀀스는 메모리 컨트롤러 내부의 큐(queue)에

위치하게 된다. 커맨드 시퀀스는 컨트롤러가 실행 여부를 결정하는 일반 큐 풀로 배정되거나, 메모리의 랭크당 하나 혹은 뱅크당 하나 존재하는 큐로 배정될 수 있다. 그 후에는, DRAM 커맨드 스케줄링 정책에 의해서 커맨드가 전기 시그널링을 통해 DRAM 디바이스로 스케줄링된다.

다음 장에서는, 그림 13.1에 있는 메모리 컨트롤러의 전기 시그널링 인터페이스를 제외한 다양한 컴포넌트에 대해서 각각 검토한다. 전기 시그널링 인터페이스가 오늘날의 고속 메모리 시스템에서 매우 중요한 컴포넌트이지만, 시그널링에 대한 논의는 9장에서 이미 다루었으므로 생략한다. 따라서 이번 장에서는 메모리 컨트롤러의 디지털 로직 컴포넌트를 집중적으로 다룰 것이다.

13.2 로우 버퍼 관리 방침

오늘날 DRAM 디바이스는 sense amplifier 어레이를 임시 데이터 스토리지 역할을 하는 버퍼로 사용할 수 있다. 이번 장에서는 **로우 버퍼 관리**(row-butter-management) 방침이라고 부르는 sense amplifier 동작 관리 방침을 알아보도록 한다. 시스템의 종류에 따라서 **오픈 페이지**(open-page) 방침과 **클로즈 페이지**(close-page) 방침 두 가지가 존재하며, DRAM 메모리 시스템의 파워 소모를 최소화하고 성능을 최적화하기 위한 다양한 로우 버퍼 관리 방침이 사용된다.

13.2.1 오픈 페이지 로우 버퍼 관리 방침

상용 DRAM 디바이스의 경우 DRAM 스토리지 셀로 데이터 액세스를 하기 위해서는 로우 activation 커맨드와 칼럼 액세스 커맨드의 2단계 프로세스를 거쳐야 한다.[1] 메모리 액세스 절차가 고도의 temporal, spatial locality를 가지고 진행되는 경우, 메모리 시스템 설계자와 설계 엔지니어는 temporal, spatial상으로 유사한 메모리 액세스를 동일한 로우로 배치하는 방식으로 locality의 이점을 가져갈 수 있다. **오픈 페이지 로우 버퍼 관리 방침**은 sense amplifier를 계속해서 오픈하고 액세스에 대비하여 데이터의 로우를 유지하는 것을 통하여 메모리 액세스가 메모리의 같은 로우로 접근하는 것을 선호하도록 설계되었다. **오픈 페이지 방침**을 시행하는 DRAM 컨트롤러의 경우, 데이터 로우가 DRAM 셀의 뱅크에 있는 sense amplifier 어레이으로 이동되고 나면, 동일한 로우의 다른 칼럼 접근이 최소의 latency인 t_{CAS}만에 가능하다. 또 다른 메모리 read 액세스가 동일한 로우에 처리되는 경우에는, sense amplifier의 로우가 이미 활성화되어 있기 때문에, 메모리 액세스를 수행하기 위해서는 데이터를 sense amplifier로부터 메모리 컨트롤러로 이동시키는 칼럼 액세스 커맨드만 수행하면 된다. 따라서 메모리 액세스는 최소의 latency로 동작하게 된다. 그러나, 같은 뱅크의 다른 로우로 액세스하는 경우에는 메모리 컨트롤러가 DRAM 어레이를 프리차지한 후 새로운 로우 활성화를 수행하고 칼럼 액세스를 수행해야 한다.

1 SRAM과 유사한 일부 DRAM 디바이스들은, 로우 활성화 커맨드와 칼럼 액세스 커맨드들이 연결되어 하나의 read 또는 write 커맨드를 이룬다. 이러한 디바이스들은 오픈 페이지 로우 버퍼 관리 정책을 지원하지 않는다. 일반적으로 이러한 디바이스들은 짧은 latency, 랜덤 액세스 메모리의 특징을 가지며 특수한 시스템에서 사용된다.

13.2.2 클로즈 페이지 로우 버퍼 관리 방침

오픈 페이지 로우 버퍼 관리 방침의 경우와 다르게, 클로즈 페이지 로우 버퍼 관리 방침은 랜덤 어드레스에 접근하거나 locality가 없는 데이터에 접근할 경우 최적화되어 있다. 오픈 페이지 방침 또는 그와 유사한 여러 방침들은 프로세서가 작은 범용 컴퓨터들을 위한 메모리 시스템 설계에 주로 사용된다. 그와 반대로, 클로즈 페이지 방침은 일반적으로 다수의 프로세서를 사용하는 멀티프로세서 시스템이나 특수한 목적의 시스템을 위한 메모리 시스템 설계에 주로 사용된다. 오픈 페이지 방침이 소수의 프로세서 플랫폼 메모리 시스템에 사용되고, 다수의 프로세서 플랫폼 메모리 시스템에서는 클로즈 페이지 방침이 사용되는 이유는 연속된 다수의 스레드된 맥락의 메모리 요청 시퀀스들이 섞이면서 결과적으로 국지적인 메모리-액세스 시퀀스가 감소되기 때문이다. 결국 이러한 다수의 프로세서 플랫폼 메모리 시스템에서는 동일 로우에 접근하는 확률이 감소하게 되고 뱅크 충돌의 확률이 증가하게 되면서, 클로즈 페이지 방침이 컴퓨터 시스템에 더 나은 성능을 제공하는 결론에 도달하게 된다. 그러나, 모든 다수의 프로세서 시스템이 클로즈 페이지 메모리 시스템을 사용하는 것은 아니다. 예를 들어 Alpha EV7's Direct RDRAM 메모리 시스템은 오픈 페이지 방침에 따라 DRAM 디바이스의 sense amplifier를 관리한다. 이 경우 fully loaded Direct RDRAM 메모리 시스템이 DRAM 디바이스의 채널당 32랭크를 가지고 랭크당 32개의 뱅크를 가지는데, Direct RDRAM 메모리 시스템이 가지는 다수의 뱅크는 곧 동시에 프로세스들이 메모리로 액세스하더라도, 뱅크 처리가 일어날 확률이 작아짐을 의미한다. 결과적으로 Alpha EV7's 메모리 시스템은 최적화된 로우 버퍼 관리 방침을 결정하는 것은 프로세서의 타입과 개수뿐 아니라 메모리 시스템의 병렬처리 능력이 포함되어야 함을 보여주는 사례이다.

13.2.3 하이브리드(동적) 로우 버퍼 관리 방침

오늘날 DRAM 메모리 컨트롤러는 일반적으로 로우 버퍼 관리 방침을 철저하게 오픈 페이지 방침 또는 클로즈 페이지 방침으로 단정짓지 않고 두 방침의 적절한 조합을 사용한다. 따라서 로우 버퍼 관리 방침이 성능과 파워 소모에 미치는 영향에 대한 각각의 분석이 필요하다. 이러한 분석은 요청 속도나 액세스 locality 등을 고려하여 최적화된 로우 버퍼 관리 방침을 정하는 데 도움을 준다. 동적으로 변하는 처리량에 따라서 요청 속도나 액세스 locality가 급격히 변하는 메모리 요청 시퀀스를 지원하기 위해서는, DRAM 메모리 컨트롤러가 액세스 기록과 타이머를 모두 활용하여 로우 버퍼 관리 방침을 유동적으로 조정하여 성능의 최적화와 파워 소모의 최소화하도록 해야 한다.

오픈 페이지 메모리 시스템에서의 메모리 read 요청은 로우 버퍼의 선택 회수와 동일하다. 과거에는 오픈 페이지 메모리 시스템이 클로즈 페이지 메모리 시스템보다 더 짧은 read latency를 가지는 메모리 read 요청의 최소 비율이 $t_{RP}/(t_{RCD}+t_{RP})$이다. 뱅크 충돌이 빠르게 연속해서 발생하여 로우 버퍼의 선택 회수에 해당하는 메모리 read 요청의 비율이 미리 정해놓은 임계점 아래로 내려가면, DRAM 컨트롤러가 사용 방침을 클로즈 페이지 방침으로 변환하여 성능을 증가시키게 된다. 비슷한 예로 주어진 뱅크의 동일한 로우에 계속해서 연속적인 메모리 요청이 들어오는 경우, DRAM 컨트롤러는 사용 방침을 오픈 페이지 방침으로 변경하여 성능을 증가시킨다. 성능을 향상시키고 파워 소모를 감소시키기 위해서 오늘날 DRAM 컨트롤러가 사용하는 한 방법으로 sense amplifier를 제어하는 타이머를 사용하는 방법이 있다. 말하자면, 먼저 로우가 활성화되면 타이머를 미리 정해놓은 값으로 종류해 놓는다. 타이머는 매 클럭마다 카운트다운을 하게 된다. 타이머의 카운트다운이 끝나면 뱅크를 프리차지한다. 그리고 만약 중간에 로우 버퍼가 선택되는 경우에는 카운터가 다시 초기화되어 카운트 다운을 다시 처음부터 시작하게 된다. 이러한 방식으로 로우를 계속해서 활성화하지 않으면서도 주어진 메모리-액세스 시퀀스에서의 temporal 혹은 spatial locality를 제공할 수 있다.

마지막으로, 로우 버퍼 관리 방침은 channel-by-channel 기반 혹은 bank-by-bank 기반으로 조작 가능하다. 그러나 성능 향상과 파워 소모 감소라는 이득을 얻기 위해서는 필연적으로 세련된 하드웨어나 메모리 컨트롤러의 복잡한 설계를 필요로 한다. 고성능이나 저전력이 필요하지 않은 경우에는, 기본적인 컨트롤러를 사용하여 DRAM 메모리 컨트롤러의 다이 사이즈를 최소화하는 효과를 얻는 것도 하나의 방법이다.

DRAM 메모리 컨트롤러를 설계하는 것은 로우 버퍼 관리 방침을 정의하는 것에서 시작된다. 로우 버퍼 관리 방침을 결정하는 것은 DRAM 메모리 컨트롤러의 어드레스 매핑 방식, 메모리 커맨드 재정렬 메커니즘과 처리 재정렬 메커니즘에 직접적으로 영향을 준다. 다음 장에서는 사용하는 로우 버퍼 관리 방침의 맥락에서 어드레스 매핑 방식, 메모리 커맨드 재정렬 메커니즘과 처리 재정렬 메커니즘에 대하여 알아보도록 하겠다.

13.2.4 로우 버퍼 관리 방침에 따른 성능 효과

정식으로 로우 버퍼 관리 방침들 간의 성능을 비교하기 위해서는 시스템-레벨의 대기 시간, locality와 메모리-액세스 시퀀스의 요청 속도에 대한 자세한 분석이 필요하다. 그러나 서로 다른 방침 간의 1차원적인 단순 성능 비교는 메모리 read 액세스 latency의 분석만으로 가능하다. 현재 유휴 상태의 시스템의 경우, 클로즈 페이지 메모리 시스템의 read latency는 $t_{RCD}+t_{CAS}$로 간단히 표현된다. 이와 달리 오픈 페이지 메모리 시스템에서는 최소 t_{CAS}에서 최대 $t_{RP}+t_{RCD}+t_{CAS}$의 값을 가진다.[2] 이러한 맥락 속에서 t_{CAS}는 로우 버퍼 선택 latency이고, $t_{RP}+t_{RCD}+t_{CAS}$는 로우 버퍼 선택 실패(뱅크 충돌) latency이다. 오픈 로우 버퍼를 선택하는 메모리 액세스의 퍼센티지를 x라고 하면, $1-x$는 로우 버퍼 선택에 실패한 메모리 액세스의 퍼센티지를 의미한다. 오픈 페이지 메모리 시스템에서의 DRAM-액세스 latency 평균값은 $x^*(t_{CAS})+(1-x)^*(t_{RP}+t_{RCD}+t_{CAS})$이다. 이 수식의 결과와 클로즈 페이지 메모리 시스템의 메모리 read latency인 $t_{RCD}+t_{CAS}$를 이용하면 오픈 페이지 메모리 시스템이 클로즈 페이지 메모리 시스템에 비해 더 낮은 평균 메모리-액세스 latency를 가지는 최소 메모리 액세스 퍼센티지를 얻을 수 있다.

오픈 페이지 메모리 시스템이 더 낮은 read latency를 가지기 위해 로우 버퍼가 선택되는 메모리 read 요청의 최소 비율 x를 앞의 수식을 이용해 계산하면 $t_{RP}/(t_{RCD}+t_{RP})$를 얻을 수 있다. 이것은 t_{RP}가 무한에 가까워

2 이것은 오픈 페이지와 클로즈 페이지 메모리 시스템 모두에서 이전 로우 활성화에 대한 대기 시간이 t_{RAS}일 확률이동일한 상황을 가정한다. 만약 발생 확률이 동일한 경우에는, latency 오버헤드가 동일하기 때문에 무시 가능하다.

질수록[3] 오픈 페이지 메모리 시스템이 클로즈 페이지 메모리 시스템에 비하여 짧은 메모리 read latency를 가지기 위한 로우 버퍼 선택 퍼센티지가 100%에 근접해야 함을 의미한다. 반대로, t_{RP}가 0에 가까워지면[4] 오픈 페이지 메모리 시스템의 로우 버퍼 선택 퍼센티지 값이 0이 아닌 어떤 값을 가지더라도 오픈 페이지 메모리 시스템이 클로즈 페이지 메모리 시스템에 비하여 짧은 메모리 read latency를 가지게 된다. t_{RCD}와 t_{RP}가 특정 값으로 정해지면 로우 버퍼 선택 대비 로우 버퍼 선택 실패 사이의 구체적인 비율이 정해진다. 이 결과를 바탕으로 DRAM 메모리 시스템에서 어떤 로우 버퍼 관리 방침을 사용하여 설계할지 결정할 수 있다.

13.2.5 로우 버퍼 관리 방침에 따른 파워 효과

지난 절에서는 간단한 수식적인 예제를 통해서 유휴 시스템의 read latency를 오픈 페이지 메모리 시스템과 클로즈 페이지 메모리 시스템 측면에서 비교해 보았다. 실제로는 DRAM 메모리 컨트롤러를 설계하는 데 있어서 로우 버퍼 관리 방침을 결정하는 것은 다방면의 이슈를 고려해야 하고 복잡하다. 로우 버퍼 관리 방침을 결정하기 위한 두 번째 요소는 DRAM의 파워 소모이다.[5] 표 13.1은 총 16 256-Mbit Direct RDRAM 디바이스를 포함하는 Direct RDRAM 메모리 시스템의 동작 전류 등급을 보여주고 있다. Direct RDRAM 디바이스에서 DRAM 뱅크와 활성 상태를 유지하는 DRAM 디바이스를 계속해서 대기 모드로 유지하는 것은 일정 이상의 전류를 소모시킨다. 표 13.1은 Direct RDRAM 디바이스가 전류 소모량을 낮추기 위해서는 모든 뱅크를 비활성화하고 DRAM 디바이스를 파워-다운 NAP 모드로 유지해야 함을 보여준다.

다양한 DRAM 디바이스의 동작 모드에서의 파워 소모 특성은 파워 소모를 최소화하기 위한 최적의 로우 버퍼 관리 방침을 정하기 위해서 메모리 요청 속도도 고려해야 한다는 사실을 알려준다. 그것은 낮은 액세스 locality를 가지는 메모리 요청 시퀀스에 대해서 클로즈 페이지 로우 버퍼 관리 방침이 확실히 유리하다는 것을 의미하지만 낮은 속도의 민감하게 파워가 소모되는 메모리 시스템을 만드는 데도 유리하다. 표 13.1에 있는 Direct RDRAM 디바이스와 같은 민감한 파워를 가지는 메모리 시스템에서는 매번 칼럼 액세스에 대한 로우 활성화와 프리차지 전류의 비용을 감수하는 것이 애매하게 동일 오픈 로우에 대한 추가 칼럼 액세스를 기다리기 위해 로우를 활성화 상태로 유지하는 것보다 나은 선택이다.

표 13.1_ 16 32-bit RIMM 모듈 내부의 256-Mbit Direct RDRAM 디바이스의 전류 사양

Condition Specification	Current
One RDRAM device per channel in Read, balance in NAP mode	1195 mA
One RDRAM device per channel in Read, balance in standby mode	2548 mA
One RDRAM device per channel in Read, balance in active mode	3206 mA

3 또는 *t*RCD에 비해서 매우 큰 경우.

4 또는 *t*RCD에 비해서 매우 작은 경우.

5 DDR2 SDRAM 디바이스와 같은 DRAM 디바이스 상품은 프리차지 대기 모드일 때와 활성 대기 모드일 때 거의 비슷한 파워를 소모한다. 따라서 페이징 정책의 파워 최적화 지점은 디바이스에 의존한다.

13.3 어드레스 매핑

많은 요소들이 DRAM 메모리 시스템의 latency와 지속 가능한 대역폭 특성에 영향을 준다. 로우 버퍼 관리는 잠시 잊어두고 어드레스 매핑 방식에 대해 알아보자. 어드레스 매핑 방식은 DRAM 메모리 시스템의 성능에 직접적으로 영향을 미치는 요소이다. 어드레스 매핑 방식은 주어진 물리적 어드레스를 DRAM 메모리 시스템 내의 채널 ID, 랭크 ID, 뱅크 ID, 로우 ID, 칼럼 ID로 매칭하는 방식을 말한다. 어드레스 매핑 작업을 어드레스 변환이라고도 부른다.

만약 어플리케이션의 실행 동작이 DRAM 메모리 시스템의 어드레스 매핑 방식과 거의 맞지 않는 경우에는, 메모리 요청 시퀀스의 연속적인 메모리 요청이 DRAM 어레이의 동일한 뱅크의 다른 로우로 매핑되면서 뱅크 충돌을 야기하여 성능 저하가 일어난다. 반면에, 어드레스 매핑 방식이 동일한 연속적인 메모리 요청의 locality 특성과 잘 맞는 경우, 어드래스 매핑 방식은 이 요청들을 서로 다른 뱅크의 다른 로우로 배치하여 각각의 뱅크에 대한 액세스를 어느 정도 병렬로 처리할 수 있다. 근본적으로 어드레스 매핑 방식이 하는 일은 가까운 시간 간격을 두고 발생한 요청 사이의 뱅크 충돌을 최소화하고 메모리 시스템의 병렬처리를 최대화하는 것이다. 때때로 최고의 성능을 얻기 위해서 어드레스 매핑 방식과 로우 버퍼 관리 방침이 연계되기도 한다. 그러나 복합적인 로우 버퍼 관리 방침은 다양한 요청 속도와 액세스 locality를 가지는 여러 가지 타입의 메모리 요청 시퀀스를 능동적으로 지원하는 것이 가능하지만, 일반 DRAM 메모리 컨트롤러의 어드레스 매핑 방식은 능동적인 조정이 불가능하다.

그림 13.2는 일반 시스템 아키텍처와 임펄스 메모리 컨트롤러 연구 프로젝트에 의해 제안된 새로운 시스템 아키텍처를 비교하여 보여주고 있다. 일반 시스템 아키텍처의 경우 프로세서가 가상 어드레스 공간에서 동작한다. 그리고 TLB는 가상 어드레스 공간의 어플리케이션 어드레스를 DRAM 메모리 어드레스의 매핑 방식과 무관하게 물리적 어드레스 공간으로 배치한다. 유타대학에서 제안한 임펄스 메모리 컨트롤러는 시스템이 섀도우 어드레스(shadow address)라는 어드레스 공간의 일부를 활용하도록 한다. 섀도우 어드레스 방식은 새로운 가상에서 물리적으로의(virtual-to-physical) 어드레스 변환 방식으로 인텔리전트 메모리 컨트롤러의 도움을 받아 능동적으로 어드레스 공간의 어드레스 로케이션을 재매핑하는 방법으로 스트리밍 요청 시퀀스 사이의 뱅크 충돌을 제거한다.

본질적으로 임펄스 메모리 컨트롤러는 메모리 컨트롤러가 TLB가 충분히 집적되어 있는 시스템 아키텍처를 가정하고 있다. DRAM 메모리 시스템 조직도의 완전한 이해를 통해 임펄스 메모리 컨트롤러가 가상 어드레스 공간으로부터 DRAM 어드레스 공간으로의 매핑 어플리케이션 요청 시퀀스의 뱅크 충돌을 최소화하는 데 더 나은 것을 알 수 있다.

그러나 임펄스 메모리 컨트롤러 연구는 특별한 시스템 아키텍처에 기반하고 있기 때문에, 일반적인 시스템 아키텍처의 맥락에서 현재의 DRAM 메모리 컨트롤러들에서는 이 기술이 현재 사용되지 않는다.[6] 결과

6 Fully buffered DIMM 메모리 시스템은 예외적인 시스템 아키텍처에게 흥미로운 경로를 제공한다. 이것은 임펄스 메모리 컨트롤러 또는 Impulse-like 메모리 컨트롤러가 이득을 취할 수 있는 형태로 다수의 메모리 컨트롤러가 Fully Buffered DIMM들의 다수의 독립된 채널들을 컨트롤하는 것이다. 이때 일부 채널들은 보통의 시스템 아키텍처에서 사용하는 일반적인 용도의 액세스를 위해서 지정되고, 나머지 채널들은 넓은 대역폭, 어플리케이션에 의해 제외된 다이렉트 액세스 메모리 시스템에 사용된다.

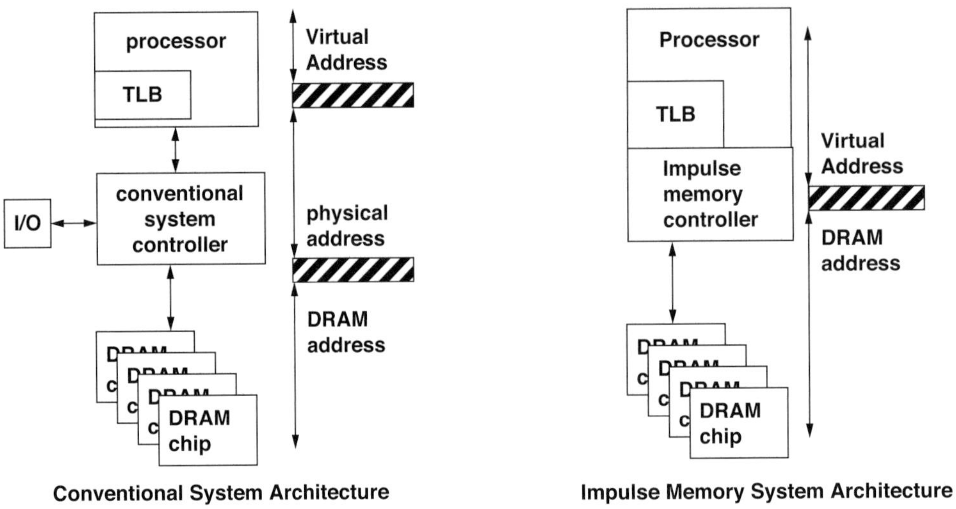

그림 13.2_ 보통의 시스템 아키텍처와 임펄스 메모리 컨트롤러 아키텍처의 비교

적으로 이번 장의 나머지 절들에서는 일반적인 시스템 아키텍처의 맥락에서 DRAM 컨트롤러를 검토하는 데 집중한다. 그리고 여기서 설명한 어드레스 매핑 방식은 물리적 어드레스로부터 DRAM 메모리 시스템 구성 조직으로의 매핑에 중점을 둔다.

13.3.1 메모리 시스템 구성을 통한 병렬처리

이번 절에서는 다수의 채널, 랭크, 뱅크, 로우, 칼럼에서 활용 가능한 병렬처리에 대하여 알아본다. DRAM 메모리 시스템 조직의 활용 가능한 병렬처리를 이해하는 것은 다양한 어드레스 매핑 방식의 대해 논의할 수 있는 근간이 된다.

채널

메모리 프로세스의 서로 다른 채널들은 병렬처리에 가장 적합한 DRAM 메모리 시스템 조직이다. 왜냐하면 서로 다른 메모리 컨트롤러에 의해서 각각 다른 로직 채널로 요청이 발행되는 데 있어서 DRAM 메모리 시스템의 측면에서 아무런 제약이 없기 때문이다. 성능 최적화된 설계의 경우, 연속적인 캐시라인 액세스를 서로 다른 채널로 매핑한다.[7]

랭크

DRAM 액세스는 공유 어드레스, 커맨드, 데이터 버스가 사용 가능하다는 조건하에 주어진 채널의 서로

7 메모리 시스템의 병렬처리에 대한 탐구는 최대의 성능을 얻기 위한 시도이다. 저전력 목표의 시스템에서는 어드레스 매핑 방식을 최적화하기 위한 새로운 기준이 필요하다.

다른 랭크에서 병렬 처리가 가능하다. 그러나 고속에서는 rank-to-rank 스위칭 패널티가 존재하며, DDRx SDRAM 메모리 시스템과 같은 글로벌한 동기화 DRAM 메모리 시스템의 경우에는 연속적인 DRAM 요청을 다른 랭크로 보내는 것을 선호하지 않는다.

뱅크

다수의 랭크에 대한 연속 메모리 액세스의 경우와 유사하게, 공유 어드레스, 커맨드, 데이터 버스가 활용 가능한 경우에 주어진 랭크의 서로 다른 뱅크에서도 연속 메모리 액세스를 병렬로 처리할 수 있다. 오늘날 DRAM 디바이스에서 주어진 랭크 내부의 다른 뱅크들로 연속적인 DRAM read 액세스를 스케줄링하는 것이 일반적으로 서로 다른 랭크들로 연속 read 액세스를 스케줄링하는 것에 비하여 더 효과적이다. 왜냐하면 서로 다른 뱅크들로 연속 DRAM read 액세스를 스케줄하는 경우 유휴 사이클에서 데이터 버스에서 서로 다른 버스 마스터로 스위치하는 과정이 필요 없기 때문이다. 그러나 write 버퍼나 read와 write 데이터 흐름을 분리하기 위한 별도의 내부 데이터 패스가 없는 대부분의 DRAM 디바이스에서는, 칼럼 write 커맨드 뒤에 칼럼 read 커맨드가 따라오는 경우, 메모리의 서로 다른 랭크로 보내는 것이 동일한 랭크의 서로 다른 뱅크로 보내는 것에 비하여 더 유리하다. 오늘날 컴퓨터 시스템은 write-back 캐시를 가지고 있기 때문에, read 요청이 write 요청에 비하여 더 많은 spatial locality를 가지고 있는 경향이 있다. 더 나아가서, 고급 메모리 컨트롤러에서는 개별적인 write 요청을 연기하여 연속된 write 커맨드의 시퀀스로 그룹 스케줄링 하는 방식을 통해서 칼럼 write 커맨드 뒤에 즉시 따라오는 칼럼 read 커맨드의 개수를 최소화할 수 있다. 결과적으로 대부분의 컨트롤러에서 로우 오픈에 필요한 write-to-read 턴어라운드 타임을 줄이기 위해서 spatial locality를 가지는 연속 메모리 read 액세스를 선호하고, 이를 위해서 뱅크 어드레스가 랭크 어드레스에 비하여 일반적으로 더 작게 매핑된다.[8]

로우

ESDRAM이나 VCDRAM의 로우 버퍼가 DRAM 디바이스에 없는 한, 일반 DRAM 메모리 시스템에서 한 번에 활성화 가능한 로우는 뱅크당 하나로 제한되어 있다. 동일한 뱅크의 다른 로우 액세스를 강제로 직렬화시키는 것은, 동일한 뱅크의 다른 로우로 spatial상으로 인접하게 연속 액세스가 일어나는 상황을 최소화하기 위해서 로우 어드레스를 최상위 비트의 메모리 어드레스로 매핑하는 것을 의미한다.

칼럼

오픈 페이지 메모리 시스템에서는 스트리밍 액세스를 지원하기 위하여 순차적인 연속 어드레스를 갖는 캐

8 DRAM 디바이스의 정해진 랭크의 다른 뱅크들로의 연속적인 칼럼 액세스에 대한 overhead-free 스케줄링은 메모리 커맨드의 스케줄링을 위한 방법으로 오랫동안 가장 효과적이었다. 그러나 DDR3 SDRAM 디바이스에서의 burst chop 제약이나, 8-뱅크 DDRx SDRAM 디바이스의 t_{FAW} 제약들이 점점 오버헤드의 분포를 바꾸고 있는 추세이다. 결과적으로 미래의 DDRx SDRAM 메모리 시스템에서는 랭크 병렬처리가 뱅크 병렬처리에 비해서 더 선호될 것이다.

시라인이 메모리의 동일한 로우로 적절히 매핑된다. 이 결과, 오픈 페이지 메모리 시스템에서 칼럼 어드레스는 보통 정해진 물리적 어드레스의 하위 어드레스 비트로 매핑된다. 이와 반대로 클로즈 페이지 메모리 시스템에서 스트리밍 액세스를 지원하기 위해서는, 순차적인 연속 어드레스를 갖는 캐시라인이 메모리의 서로 다른 뱅크와 다른 로우로 적절히 매핑되어야 한다. 이 매핑은 스트리밍 액세스의 요청들을 각각의 로우로 흩어 놓은 후에 요청들을 일정 공간 안에서 병렬 처리한다. 이 결과 클로즈 페이지 메모리 시스템에서 칼럼 어드레스의 하위 어드레스 비트들은 물리적 어드레스의 최하위 어드레스 비트로 매핑된다. 그러나 나머지 칼럼 어드레스 비트들은 로우 어드레스들에 비해서 높은 어드레스에 매핑된다.

13.3.2 어드레스 매핑 방식들의 파라미터

이번 절에서는 어드레스 매핑 방식을 사용하기 위해서 메모리 시스템의 조직을 나타내는 파라미터 값들을 정의한다. 간소화를 위해서, 이번 장 내내 단일 형태의 메모리 시스템을 가정한다. 특히, 이번에 다룰 메모리 시스템은 독립적인 K개의 채널과, 채널당 L 랭크, 랭크당 B 뱅크, 뱅크당 R 로우, 로우당 C 칼럼, 칼럼당 V바이트를 가지고 있다고 가정한다. 이때 전체 물리적 메모리의 크기는 K×L×B×R×C×V이다. 그리고 추가로, 각각의 메모리 요청은 데이터를 캐시라인 단위로 이동시킨다고 가정한다. 이때 캐시라인의 길이는 Z바이트이고, 로우당 캐시라인의 수는 N이다. 로우당 캐시라인의 수는 로우당 칼럼의 수, 칼럼당 바이트 수와 캐시라인당 바이트 수에 의존하는 값으로 N=C×V/Z와 같이 계산할 수 있다. 표 13.2는 앞에서 언급한 값들을 요약하여 보여준다. 대개 시스템 구성 파라미터는 임의의 정수 값을 가진다. 간단한 예로, 채널당 여섯 랭크와 메모리당 세 개의 채널을 가지는 메모리 시스템이 충분히 있을 수 있다. 그러나 이번 장에서는 간단한 설명을 위해서 모든 시스템 파라미터들이 2의 배수 값을 가진다고 가정한다. 예를 들어, 랭크당 뱅크의 수는 2^b=B, 메모리당 채널의 수는 2^l=L의 값을 가진다. 따라서 K×L×B×R×C×V 바이트의 용량을 가지는 메모리 시스템은 k+l+b+r+c+v의 어드레스 비트 수를 가지는 것으로 표기될 수 있다.

표 13.2_ 시스템 종류 변수들의 요약

Symbol	Variable Dependence	Description
K	Independent	Number of channels in system
L	Independent	Number of ranks per channel
B	Independent	Number of banks per rank
R	Independent	Number of rows per bank
C	Independent	Number of columns per row
V	Independent	Number of bytes per column
Z	Independent	Number of bytes per cacheline
N	Dependent	Number of cachelines per row

13.3.3 기술 어드레스 매핑 방식들

이전 절에서는 채널, 랭크, 뱅크, 로우, 칼럼에서의 병렬처리 방법에 대하여 간단히 알아보았다. 이번 절에서는 두 가지 기본적인 어드레스 매핑 방식에 대하여 다루도록 한다. 메모리 시스템의 크기가 대략 K×L×B×R×C×V인 메모리 시스템을 가정한다. 그리고 이번 장에서는 어드레스 범위를 분리하는 의미에서 콜론(:)이 관례적으로 사용된다. 이를 통해 k:l:b:r:c:v는 메모리의 사이즈를 의미할 뿐만 아니라, 어드레스 매핑 방식의 상대적인 어드레스 순서도 의미하게 된다. 마지막으로, 간단한 설명을 위해 C×V는 N×Z와 같은 값이므로 대체하여 사용한다. 따라서 앞으로는 로우당 칼럼와 칼럼당 바이트 변수를 사용하는 대신 로우당 캐시라인과 캐시라인당 바이트의 변수가 사용된다. 메모리 시스템의 크기는 K×L×B×R×N×Z로 표현할 수 있으며, 이때 어드레스 매핑 방식은 k:l:b:r:n:z이다.

오픈 페이지 기준 어드레스 매핑 방식

성능 최적화 형태의 오픈 페이지 메모리 시스템에서는 인접한 캐시라인 어드레스가 각각 다른 채널을 통과한다. 이를 통해서 다수의 채널들의 스트리밍 대역폭을 유지할 수 있으며, 채널을 통과한 이후에는 같은 랭크, 같은 뱅크의 같은 로우로 매핑된다.[9] 오픈 페이지 어드레스 매핑 방식 기준은 'r:l:b:n:k:z'로 표현된다.

클로즈 페이지 기준 어드레스 매핑 방식

오픈 페이지 메모리 시스템의 어드레스 매핑 방식 기준과 비슷하게, 클로즈 페이지 메모리 시스템에서는 연속 캐시라인 어드레스가 서로 다른 채널로 매핑된다. 그러나 오픈 페이지 메모리 시스템과는 다르게, 순차적으로 연속된 어드레스를 같은 뱅크 같은 랭크로 매핑하는 것은 연속적인 뱅크 충돌을 야기하여 메모리의 대역폭을 크게 감소시킨다. 클로즈 페이지 메보리 시스템에서 뱅크 충돌을 최소화하기 위해서는, 서로 다른 채널로 매핑한 이후에 다른 뱅크로 매핑하고 다시 다른 랭크로 매핑해야 한다. 따라서 클로즈 페이지 어드레스 매핑 방식의 기준은 r:n:l:b:k:z이다.

13.3.4 병렬화 대 용량 확장

오늘날 컴퓨팅 시스템에서는, 시스템 설계자가 엔드 유저에게 메모리 모듈들을 추가하거나 제거하는 권한을 통해 메모리 시스템의 용량을 종류할 수 있도록 권한을 부여한다. 어드레스 매핑 방식의 맥락에서 볼 때, 메모리 확장 능력이 각각의 채널, 로우, 칼럼, 랭크와 뱅크 어드레스 범위가 메모리 시스템에 내재된 DRAM 모듈의 형태에 맞게 유동적으로 조절되어야 한다. 한 가지 예로, 오늘날 데스크탑 컴퓨터 시스템에

9 추가적으로, 모든 채널들이 뱅크, 랭크, 로우, 칼럼에 대한 동일한 종류를 가지는 균일한 메모리 시스템을 가정한다.

는 DRAM 디바이스의 모듈당 하나 혹은 두 개의 랭크를 가지고 있는데, 이 메모리 모듈을 추가하거나 제거하는 방법으로 시스템 메모리 용량을 조절할 수 있다. 이러한 시스템에서는 랭크 인덱스들이 DRAM 메모리 시스템의 가장 높은 어드레스로 매핑된다. 그리고 이러한 매핑 방식을 사용하는 것은 어플리케이션이 실제 시스템에서 사용 가능한 랭크에 비해 더 작은 양의 메모리 어드레스 공간의 일부분만 활용하는 결과를 가져온다. 따라서 확장 능력을 제공하는 어드레스 매핑 방식은 낮은 수준의 랭크 병렬처리 능력을 가진다. 앞의 예와 비슷하게, 다수의 채널을 독립적으로 종류할 수 있고 메모리 시스템이 비대칭 채널 종류를 지원하는 경우에는, 채널 인덱스들이 상위 어드레스로 매핑되면서 각각의 어플리케이션에 대한 채널 병렬처리가 지원되지 않을 수 있다. 이러한 이유로 인하여 고성능 시스템에서는 대칭 채널 종류를 사용하는 것을 원칙으로 한다.

앞에서 설명한 각각의 어드레스 매핑 방식의 기준에서 채널과 랭크 인덱스들은 하위 어드레스 비트로 매핑된다. 그러나 유저가 수정 가능한 메모리 시스템과 같은 유동적인 메모리 시스템에서는, 채널과 랭크 인덱스들이 상위 어드레스 비트로 매핑된다. 그 결과 확장 가능한 오픈 페이지 메모리 시스템에서는 k:l:r:b:n:z 순서와 유사한 어드레스 매핑 방식을 사용하고, 확장 가능한 클로즈 페이지 메모리 시스템에서는 k:l:r:n:b:z와 같은 어드레스 매핑 방식을 사용한다. 이러한 어드레스 매핑 방식은 메모리 시스템의 확장성에 최적화된 것으로, 채널과 랭크의 병렬처리 능력을 어느 정도 포기하고, 인접한 물리적 어드레스 공간의 일부분만 사용하는 싱글 스레드 워크로드를 사용한다. 그러나 거대한 멀티-프로세서 시스템에서는 병렬처리를 포기하고 싱글 스레드 워크로드를 사용하는 대신 구성의 유연성을 가져가는 것이 부담되지 않는다. 왜냐하면 이러한 시스템에서는 다양한 메모리-액세스 스트림의 연속적인 메모리 액세스를 물리적 어드레스 공간의 다른 영역에 접근하는 것이 다양한 채널과 랭크를 이용한 병렬처리에 비해 더 유용하기 때문이다.

13.3.5 Intel 82955X MCH의 어드레스 매핑

이번 절에서는 Intel의 82955X MCH(Memory Controller Hub)를 예로 들어 고성능, 멀티 채널, 멀티 랭크 메모리 시스템의 어드레스 매핑 방식을 설명한다. 82955X MCH는 두 개의 메모리 컨트롤러로 이루어져 있다. 두 개의 메모리 컨트롤러는 각각 독립적으로 DDR2 SDRAM 디바이스의 두 개 채널을 컨트롤한다. 82955X MCH의 각 채널은 최대 네 개의 랭크를 지원한다. 표 13.3은 82955X MCH로 지원할 수 있는 다섯 가지 랭크 종류에 대하여 설명하고 있다. 실질적인 측면에서 82955X MCH를 사용하는 시스템 보드는 각 채널당 하나 또는 두 개의 모듈을 지원할 수 있다. 그리고 각각의 메모리 모듈은 하나 또는 두 개의 랭크로 구성되어 있으며, 두 개의 랭크 종류는 표 13.3에 나열되어 있는 한 가지 종류를 동일하게 사용한다.

82955X MCH는 오픈 페이지 메모리 시스템에 최적화되어 있는 어드레스 매핑 방식을 지원한다. 흥미로운 점은 82955X MCH가 두 가지 서로 다른 매핑 방식을 지원한다는 것이다. 82955X MCH는 고성능을 위한 매핑 방식과 종류 유연성을 얻기 위한 매핑 방식을 지원한다. 82955X MCH는 시스템에 부착된 메모리 모듈의 구성에 따라 더 효과적인 매핑 방식을 선택한다. 특별히, 82955X MCH는 메모리 모듈의 구성에 따라 대칭 혹은 비대칭 형태의 두 개 채널 종류를 지원한다. 더 나아가 82955X MCH는 랭크 종류 레지스터를

표 13.3_ DDR2 SDRAM 랭크 종류들

Rank Capacity	Device Configuration: bank count x row count x col count x col size (col size in bytes)	Rank Composition: device density x device count	Rank Configuration: bank count x row count x col count x col size (B x R x C x V)	Bank Address Bits (b)	Row Address Bits (r)	Column Address Bits (c)	Column Address Offset (v)
128 MB	4 x 8192 x 512 x 2	256 Mbit x 4	4 x 8192 x 512 x 8	2	13	9	3
256 MB	4 x 8192 x 1024 x 2	512 Mbit x 4	4 x 8192 x 1024 x 8	2	13	10	3
256 MB	4 x 8192 x 1024 x 1	256 Mbit x 8	4 x 8192 x 1024 x 8	2	13	10	3
512 MB	8 x 8192 x 1024 x 2	1 Gbit x 4	8 x 8192 x 1024 x 8	3	13	10	3
512 MB	4 x 16384 x 1024 x 1	512 Mbit x 8	4 x 16384 x 1024 x 8	2	14	10	3

사용하여 rank-by-rank 기준으로 어드레스 매핑을 수행한다. 다음 절에서는 채널 대칭성과 랭크당 어드레스 매핑에 관하여 자세히 다루도록 한다.

대칭 및 비대칭 듀얼 채널 모드들

메모리 모듈에 있는 두 개의 채널이 정확히 대칭된 용량을 가지는 경우에, 82955X MCH는 **대칭 듀얼 채널 모드**로 동작한다. 대칭 듀얼 채널 모드에서는, 순차적인 연속 캐시라인 어드레스를 채널에 순차적으로 매핑한다. 이를 통해 스트리밍 요청 시퀀스를 두 채널에 동시에 매핑할 수 있다. 메모리 모듈에 있는 두 개의 채널이 서로 다른 용량을 가지는 경우에는 82955X MCH는 **비대칭 듀얼 채널 모드**로 동작한다. 비대칭 듀얼 채널 모드에서는, 물리적 어드레스가 채널 0의 0MB부터 시작해서 채널 0을 모두 채운 후, 채널 1의 0MB에서 채널 1을 가득 채우는 형태로 매핑된다. 비대칭 듀얼 채널 모드에서는 이런 식으로 스트리밍 요청 시퀀스를 한 번에 하나의 채널에 매핑하는 방식으로 동작한다.

그림 13.3은 82995X MCH의 대칭 종류와 비대칭 종류를 설명한다. 그림의 대칭 종류에서는 채널 0과 채널 1 모두 동일하게 512-MB 메모리 모듈의 랭크 0과 256-MB 메모리 모듈의 랭크 1을 가지고 있다. 비록 두 채널의 256-MB 메모리 모듈의 구성이 완벽하게 동일하지는 않지만, 용량이 같은 것만으로도 82955X MCH가 대칭 듀얼 채널 모드를 사용하기에는 충분하다. 이와 반대로, 비대칭 종류의 예시에서는 두 채널의 메모리 모듈이 서로 다른 용량과 다른 개수의 랭크를 가지고 있다. 비대칭 종류의 경우, 채널 0에서는 물리적 어드레스 공간이 0에서 512MB로 확장되고, 채널 1에서는 512에서 1536MB으로 확장된다.

어드레스 매핑 종류 레지스터들

82955X MCH는 종류 레지스터를 사용하여 성능 최적화와 종류 유연성을 위한 각각의 서로 다른 어드레스 매핑 방식을 지원한다. 그리고 이를 위해 랭크 어드레스 바운더리 레지스터와 랭크 아키텍처 레지스터 두 가지 타입의 종류 레지스터가 사용된다.

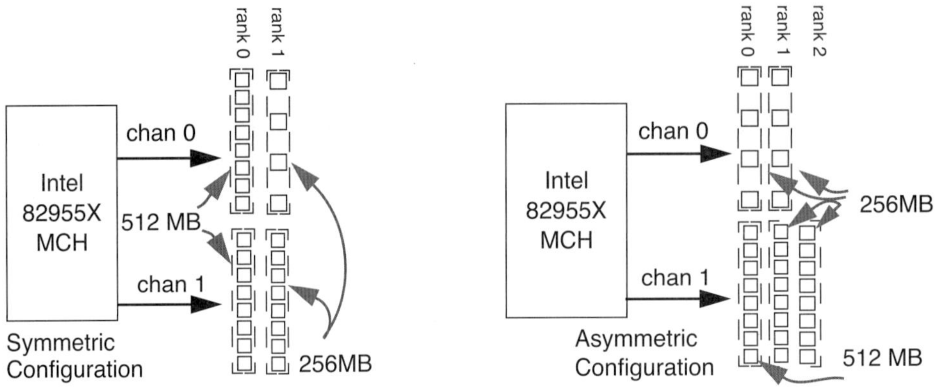

그림 13.3_ 82955X MCH의 대칭과 비대칭 채널 종류들

랭크 어드레스 바운더리 레지스터는 주어진 랭크의 어드레스 상한을 정하는 데 사용되며, 채널당 네 개의 랭크 어드레스 바운더리 레지스터가 존재한다. 비대칭 채널 모델에서는 각각의 레지스터가 단일 채널의 사용 가능한 가장 높은 어드레스 위치를 가지고 있다. 대칭 채널 모드에서는 두 채널 사이에 캐시라인 어드레스가 존재한다. 랭크 어드레스 바운더리 레지스터는 두 채널 모두 공통으로 사용되는 주어진 랭크의 어드레스 상한 값을 가지고 있다. 랭크 아키텍처 레지스터는 시스템 내부 DRAM 디바이스의 로우 사이즈를 식별한다. 82955X MCH는 채널당 네 개의 랭크 아키텍처 레지스터를 가지고 있으며 랭크당 하나씩 레지스터가 존재한다.

랭크당 어드레스 매핑 방식

어드레스 매핑 종류 레지스터는 82955X MCH에 의해 시스템 초기화되는 시기에 종류된다. 어드레스 매핑 종류 레지스터는 메모리 시스템 내 DRAM 디바이스의 구성과 용량에 대한 정보를 가지고 있다. 82955X MCH는 랭크 어드레스 바운더리 종류 레지스터를 이용하여 주어진 랭크의 물리적 어드레스 위치를 확실하게 구할 수 있다. 그리고 나서 랭크 아키텍처 레지스터를 이용하여 메모리의 주어진 랭크의 구성을 파악하고, 물리적 어드레스를 로우, 뱅크, 칼럼 어드레스로 분류할 수 있다. 말하자면, 82955X MCH의 어드레스 매핑 방식은 rank-by-rank 기준에 의해 결정된다.

그림 13.4는 82955X MCH의 어드레스 매핑 방식을 설명한다. 그림에서 보이듯이 단일 채널 또는 비대칭 듀얼 채널 모드에서, 82955X MCH는 물리적 어드레스의 LSB 3개 비트를 8-byte-wide 메모리 모듈의 바이트 오프셋으로 매핑하여 사용한다. 그 후에 메모리 모듈의 칼럼 개수에 따라서, 다음 9 혹은 10개의 물리적 어드레스 비트가 칼럼 어드레스 영역을 표시하는 데 사용된다. 칼럼 어드레스 이후에는 뱅크 어드레스를 표기하고, 어드레스의 MSB는 로우 어드레스에 사용된다.

82955 MCH는 메모리 컨트롤러의 동작 모드에 따라서 채널 어드레스를 다른 어드레스 비트 영역에 매핑한다. 그림 13.4는 단일 혹은 비대칭 채널 모드의 채널 어드레스 영역을 보여주고 있지 않은데, 그 이유는 두

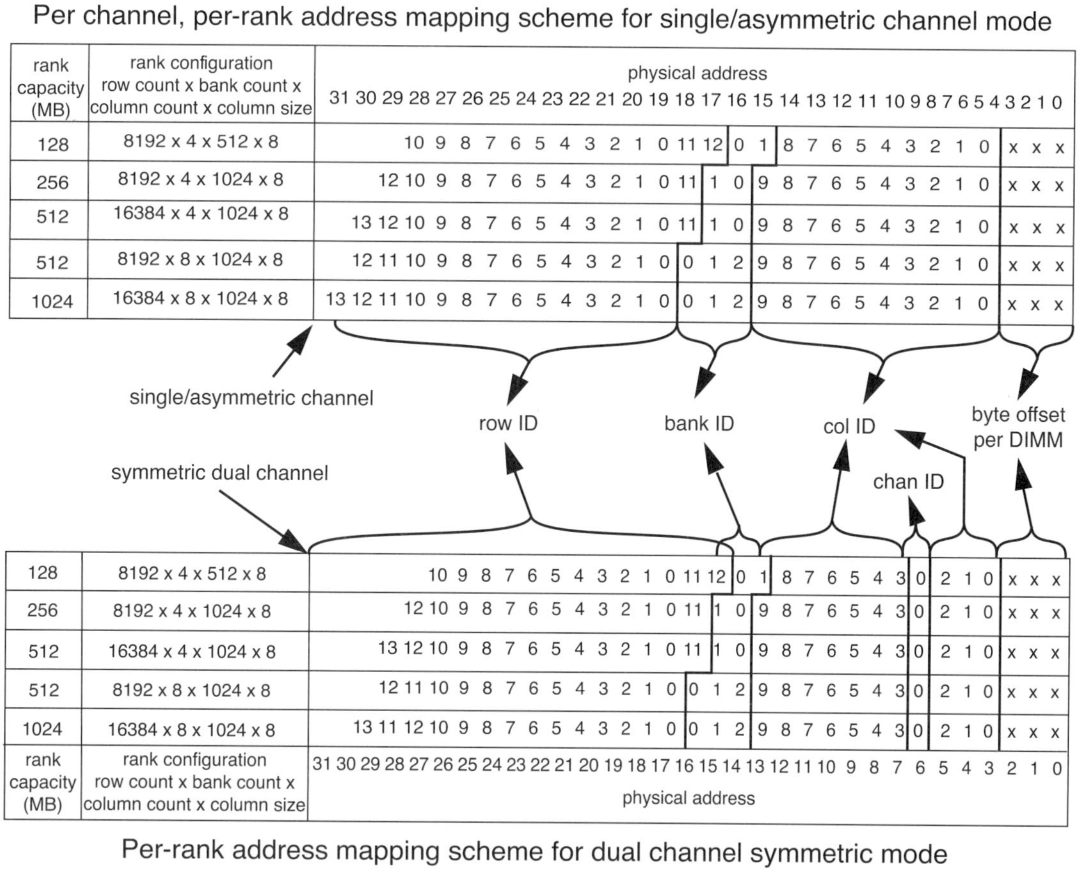

그림 13.4_ 82955X MCH의 랭크당 어드레스 매핑 방식

채널의 채널 어드레스가 가장 높은 물리적 어드레스 비트 영역에 매핑되어 있기 때문이다. 그러나 대칭 듀얼 채널 모드에서는 캐시라인 어드레스들이 두 채널 사이에 끼어 있고 채널 어드레스가 어드레스 비트 영역의 하위에 매핑되어 있다. 분명히 말하자면 그림 13.4의 단일/비대칭 채널 모드와 듀얼 채널 대칭 모드에 있는 어드레스 매핑 방식은 근본적으로 같다. 단지 두 어드레스 매핑 방식 사이에는 물리적 어드레스의 여섯 번째 비트가 채널 어드레스를 표시하고 있는지가 다를 뿐, 듀얼 채널 모드의 각각의 비트들이 왼쪽으로 한 비트씩 이동된 형태를 가진다.

82955X MCH의 어드레스 매핑 요약

그림 13.4는 오늘날 메모리 컨트롤러에서 사용하는 어드레스 매핑 방식의 몇 가지 흥미로운 점에 대하여 자세히 보여준다. 특히, 그림에 나타난 82955X MCH가 사용하는 어드레스 매핑 방식은 고전적인 오픈 페이지 적합 어드레스 매핑 방식이다. 그림의 단일/비대칭 채널 모드를 보면 82955X MCH의 어드레스 매핑 방식이 k:l:r:b:n:z로 표현되어 있다. 그리고 대칭 듀얼 채널 모드에서는 어드레스 매핑 방식이 l:r:b:n:k:z으로 표현되어 있다. 두 경우 모두 spatial상으로 인접한 메모리 어드레스 위치가 같은 오픈 페이지로 연결

되게 하기 위해서 칼럼 어드레스 영역이 가장 낮은 어드레스로 매핑되어 있다. 이와 유사하게 그림 13.4의 다양한 어드레스 매핑들은 모두 82955X MCH가 엔드 유저에게 메모리 시스템의 구성을 가능하게 하는 대신 spatial상으로 인접한 메모리 액세스에 대한 랭크 병렬처리는 불가능하다. 비록 랭크 어드레스 영역이 명확하게 그림에 나타나 있지는 않지만, 어드레스 바운더리 레지스터의 사용과 랭크당 어드레스 매핑 방식으로 볼 때, 랭크 어드레스 영역이 로우 어드레스 영역에 비해서 더 높은 어드레스에 매핑되어 있음을 알 수 있다.

그림 13.4는 82955X MCH가 메모리 시스템의 메모리 모듈의 구성에 무관하게 대부분의 비트 위치가 동일한 어드레스 필드로 매핑되도록 설계되었다는 것을 보여준다. 예를 들어 그림 13.4를 보면, 메모리 시스템에 위치한 메모리 모듈의 개수와 타입에 무관하게 단일/비대칭 채널 모드에서 물리적 어드레스 비트 16~26이 로우 어드레스 0~10을 표시하는 데 사용된다. 이러한 방식으로 메모리 시스템의 구성에 의존하여 동적으로 조절되는 비트 위치를 아주 작게 하여 그림 13.4의 대부분의 비트 위치들이 항상 동일한 어드레스 영역으로 연결된다.

결과적으로 82955X MCH의 어드레스 매핑 방식은 단일 스레드 스트리밍 어플리케이션이 다수의 랭크와 비대칭인 두 개의 채널을 이용한 병렬 처리의 장점을 거의 가져가지 못하게 한다. 다행스럽게도 연속 실행 상황에서 멀티-프로세서와 멀티 스레드 프로레서 시스템은 메모리의 서로 다른 영역으로 액세스가 가능하기 때문에 다수의 랭크와 비대칭 다수의 채널을 이용한 병렬처리의 이점을 가져올 수 있다.

13.3.6 뱅크 어드레스 앨리어싱(Stride Collision)

어드레스 매핑 방식에서 또 하나 고려해야 할 점은 뱅크 어드레스 앨리어싱이다. 뱅크 어드레스 앨리어싱은 2의 거듭제곱 형태의 상대적으로 큰 크기를 갖는 어레이가 동일한 뱅크에 연속적으로 액세스할 때 발생한다. 그림 13.4는 1-GB DDR2 SDRAM 메모리 모듈과 듀얼 채널 모드의 82955X MCH를 사용하는 시스템에서 각각의 액세스에 대한 뱅크 어드레스가 물리적 어드레스의 14~16비트로부터 얻어지는 것을 보여준다. 이 시스템 종류에서는 2^{17} 바이트의 정수 배인 어드레스 바운더리에 배치된 모든 인접한 어레이들이 동일한 뱅크로 매핑될 수 있다.

어레이의 더하기를 예로 들면, 어레이 A와 B의 어레이 엘리먼트들이 더해진 후 어레이 C에 저장되는 경우에 A, B, C의 엘리먼트에 대한 액세스가 연속으로 이루어져야 한다. 만약 어레이 A, B, C가 시스템에 연속적으로 할당되어 있고 서로 간에 128-kB 어드레스 바운더리의 정수 배로 매핑되어 있다면, 모든 유효한 어레이 인덱스 i에 대해서 어레이 엘리먼트 A[i], B[i], C[i]가 동일한 뱅크의 다른 로우로 매핑된다. 이 결과 어레이 합산 과정에서 다수의 뱅크 충돌이 발생하게 된다.

일반적으로 몇 가지 방법들을 이용해 뱅크 어드레스 앨리어싱 문제를 완화할 수 있다. 한 가지 방법은 대형 어레이에 오프셋을 끼워 넣는 어플리케이션을 통해 대형 어레이에 연속적인 어레이 액세스가 일어나더라도 뱅크 충돌이 생기지 않게 하는 방법이다.[10] 두 번째 방법은 대형 어레이를 물리적 어드레스 공간의

10 간단한 오프셋 삽입을 통해 Intel i875P 시스템 컨트롤러를 포함한 테스트 시스템에서 STREAM Triad 대역폭이 25% 증가하였다.

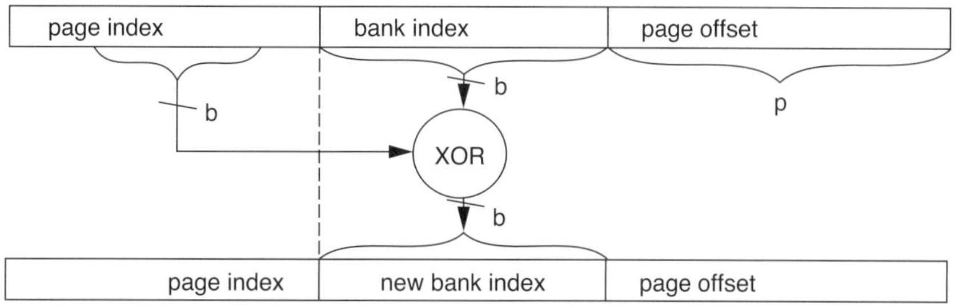

그림 13.5_ 어드레스 매핑 방식 by Zhang et al. [2000]

불연속적인 페이지로 배치하는 메모리 관리 단위를 설계하는 방법이다. 이러한 방법은 어레이에 대한 단일 액세스마다 확정적으로 발생하는 뱅크 충돌을 메모리 시스템의 뱅크와 랭크의 개수에 따라서 확률적으로 발생하도록 완화시키는 역할을 한다. 마지막으로 뱅크 어드레스 앨리어싱 문제를 완화하기 위한 향상된 어드레스 매핑 방식이 존재하는데, 이것은 다음 절에서 다루도록 한다.

어드레스 앨리어싱 문제의 하드웨어적 해결 방법

뱅크 어드레스 앨리어싱 문제는 Lin et al. [2001]과 Zhang et al. [2000]에 의해 연구되었다. Lin과 Zhang에 의해 제안된 방식은 다른 메모리 시스템들에 적용되는 방식과 비슷하다. 기본적인 아이디어는 로우 어드레스와 뱅크 어드레스를 비트마다 XOR하여 새로운 뱅크 어드레스를 얻는 것이다. 이 새로운 뱅크 어드레스가 대형 어레이에 동시에 접근하지 않도록 배치하는 것이 두 설계의 공통된 아이디어다. 그러나 랭크와 뱅크의 병렬처리에 최적화된 Direct RDRAM 메모리 시스템은 Lin으로 하여금 시스템 환경 내의 전체 어드레스 공간에서 가능한 모든 뱅크를 치환하는 1:1 매핑을 사용하도록 하였다. 반대로 Zhang이 다룬 것은 페이지 인덱스가 뱅크 인덱스에 비하여 더 큰 보통의 메모리 시스템이었다. 그림 13.5는 Zhang이 설명한 매핑 방식을 보여주고 있다. 그림 13.5에서는 Zhang이 제안한 매핑 방식이 오늘날 SDRAM이나 DDRx SDRAM 메모리 시스템보다 상대적으로 작은 뱅크 수를 가지고 있는 문제점을 보여준다. 그리고 2^b개의 뱅크를 가지는 DRAM 메모리 시스템에서는 물리적 어드레스를 메모리 어드레스로 1:1 매핑하는 치환을 2^b개밖에 할 수 없다. Zhang이 제시한 일반적인 SDRAM 타입 메모리 시스템의 뱅크 어드레스 치환 방식은, 어드레스 앨리어싱 문제를 해결하기 위하여 단순히 바운더리를 더 큰 단위로 변경하였다. 만약 뱅크 치환 방식을 사용하지 않는 경우에는, $2^{(b+p)}$바이트의 어드레스 바운더리에 정렬된 어레이들이 연속 어레이 액세스가 일어날 때마다 매번 뱅크 충돌을 겪게 된다. 뱅크 치환 방식은 앞의 어레이들이 더 이상 동일한 어드레스 앨리어싱 문제를 겪지 않게 어드레스 바운더리를 $2^{(b+p)}$바이트에서 $2^{(b+p+b)}$바이트로 확장시키는 기법이다. 하지만 본질적으로는 오늘날 메모리 시스템에서 완벽하게 메모리 어드레스 앨리어싱 문제를 회피하기 위한 뱅크 수는 존재하지 않는다.

13.4 성능 최적화

오늘날 DRAM 메모리 컨트롤러의 성능 특성은 특유의 DRAM 커맨드와 메모리 처리 순서 방침에 의해 결정된다. DRAM 컨트롤러는 성능을 고려하지 않은 아주 간단한 설계뿐만 아니라, 적극적인 DRAM 커맨드와 메모리 처리 순서 방침을 통해 성능을 최대로 한 설계도 있을 수 있다. DRAM 커맨드와 처리 순서 방침은 Briggs et al.[2002], Cuppu et al.[1999], Hur and Lin[2004], McKee et al.[1996], Lin et al.[2001]과 Rixner et al.[2000]에 의해 연구되었다. 이들에 의해 다양한 DRAM 중심의 스케줄링 방식들이 연구되었다. Hur et al.의 연구에 따르면, 이상적인 DRAM 스케줄링 알고리즘은 DRAM 메모리 시스템 스케줄링의 최적화뿐만 아니라 어플리케이션에 대한 고려도 있어야 한다. 특히 하나의 실리콘 다이에 DRAM 메모리 컨트롤러들과 프로세서 코어를 함께 집적하는 것은, 프로세서 코어가 직접 메모리 컨트롤러와 소통하고 신속한 피드백을 통해 최적의 DRAM 커맨드 스케줄링 알고리즘을 정하는 것을 가능하게 한다.

고성능 DRAM 메모리 컨트롤러의 설계는 고성능의 멀티 스레드 혹은 멀티 코어 프로세서들이 등장함에 따라서 더욱 복잡해졌다. 멀티 스레드 방식은 최신 컴퓨터 시스템에서 메모리-액세스 latency의 영향을 감추기 위한 방법으로 사용되지만, 멀티 스레드와 멀티 코어 프로세서의 사용은 필연적으로 다중의 스레드로부터 DRAM 메모리 시스템으로 전송되는 메모리 요청이 섞여서 로우 locality를 방해하고 뱅크 충돌을 증가시키는 결과를 가져온다[Lin et al. 2001]. 결과적으로 최적의 DRAM 컨트롤러 설계는 특별한 메모리 시스템의 특징이나 어플리케이션 특화 요구조건뿐만 아니라 시스템 내부의 프로세싱 엘리먼트의 개수와 타입에 대한 고려도 동시에 이루어져야 한다.

고성능 DRAM 메모리 컨트롤러의 복잡함 때문에 설계 엔지니어는 아주 많은 설계 요소를 고려해야 한다. 다행히도 고성능 DRAM 메모리 컨트롤러를 설계하기 위해 흔히 사용하는 몇 가지 기본 전략이 있다. 특별한 DRAM 컨트롤러나 시스템에서 그에 걸맞은 독자적인 중재 알고리즘을 가지고 있지만, 기본적으로 뱅크 중심 구성 전략, write 캐싱과 seniors first는 많은 고성능 DRAM 컨트롤러에서 흔히 공통으로 사용하는 방법이다.

13.4.1 Write 캐싱

Write 캐싱 방법은 오늘날 많은 DRAM 컨트롤러가 사용하는 방식 중 하나이다. Write 캐싱의 기본 아이디어는 write 요청이 read 요청과 다르게 latency를 딱히 중요하게 다루지 않는다는 점에 기인한다. 그 결과 시스템의 메모리 통제 모델이 write 캐싱을 지원하는 경우에는 기능에 문제가 없는 한 write 요청을 연기하고 read 요청을 먼저 수행하는 것이 일반적으로 선호된다. 더 나아가 DRAM 디바이스들은 일반적으로 back-to-back read와 write 요청에 취약하게 설계되어 있다. 특히, 일반적인 DDRx SDRAM 디바이스에서는 칼럼 read 커맨드가 칼럼 write 커맨드 직후에 발생하는 경우에 데이터 버스 턴어라운드 시간에 의한 큰 불이익을 초래한다. 데이터 버스 턴어라운드란 DRAM 디바이스 read와 write 커맨드가 공유하고 있는 내부 데이터 패스를 칼럼 write 커맨드가 먼저 사용하면서 그 다음 칼럼 read 커맨드가 사용 가능할 때까지 기다려야 하는 것을 말한다.

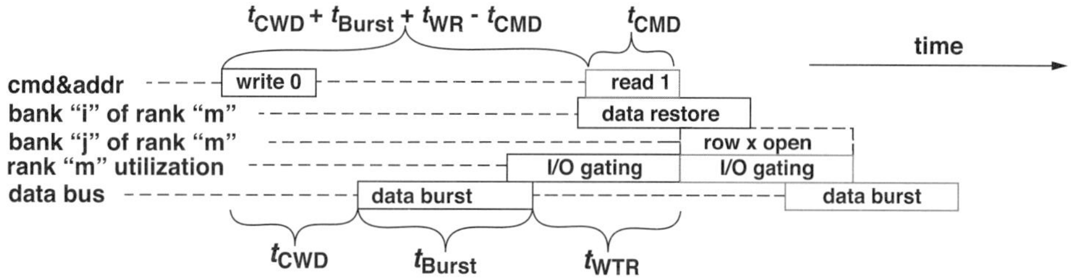

그림 13.6_ 오픈 뱅크들로의 write 커맨드와 직후의 read 커맨드

그림 13.6은 앞서 언급한 칼럼 write 커맨드 직후에 칼럼 read 커맨드가 발생하여 두 커맨드가 back-to-back으로 파이프라인된 경우에, 데이터가 이동하는 방향이 반대라는 점 때문에 굉장한 오버헤드가 발생하는 것을 보여주고 있다. Write 캐싱 전략은 어플리케이션 성능에 치명적인 read 요청을 write 요청에 비해 먼저 처리하는 방식으로, 다수의 버스트 write 요청을 메모리 시스템에 연속 처리하는 방식과 함께 사용하여 read-write 오버헤드도 줄일 수 있다. Write 캐싱 전략을 사용하는 한 가지 예로 Intel's i8870 시스템 컨트롤러가 있다. Intel's i8870 시스템 컨트롤러는 read 요청을 write 요청보다 먼저 처리하는 데 있어서 8KB 이상의 write 데이터를 버퍼링할 수 있다. 그러나 write 캐싱을 지원하는 시스템에서는 latency나 하드웨어 복잡도에 있어서 굉장한 오버헤드가 존재할 수 있다. 왜냐하면 메모리 컨트롤러는 메모리 액세스 순서에 대한 올바른 반영을 보장해줘야 하기 때문에 동일한 어드레스를 가지는 write 요청과 read 요청의 처리 순서가 뒤바뀌지 않도록 해야 한다. 이를 위해서 먼저 발행되었지만 대기하고 있는 캐싱된 write 어드레스와 늦게 발행되었지만 먼저 처리하는 read 요청의 어드레스들 사이를 계속해서 체크 해야 하기 때문에 write 동작에 많은 오버헤드가 발생한다.

13.4.2 리퀘스트 큐 조직들

DRAM 메모리 컨트롤러와 DRAM 디바이스들 사이의 데이터 흐름을 통제하기 위해서는, 메모리 처리들이 오늘날 DRAM 메모리 컨트롤러들의 커맨드 시퀀스들로 변환되야 한다. DRAM 커맨드들의 파이프라인 실행을 가능하게 하기 위해서는 DRAM 커맨드들을 단일 큐 혹은 다수의 큐들에 배치시켜야 하는데, DRAM 메모리 컨트롤러는 리퀘스트 큐잉 구조를 적용하여 DRAM 커맨드들을 다양한 서로 다른 요소에 근거하여 정렬시킬 수 있다. DRAM 커맨드들을 정렬시키는 대표적인 요소는 리퀘스트의 우선권, 정해진 리퀘스트가 필요로 하는 자원의 가용성, 리퀘스트의 뱅크 어드레스, 리퀘스트의 시기, 리퀘스트를 발행한 에이전트의 액세스 기록이 있으며, 이외에도 다양한 요소들이 존재한다.

Per-bank queuing 구성은 고성능 DRAM 메모리 컨트롤러에서 DRAM 커맨드의 파이프라인 실행을 가능하게 하는 한 가지 방법이다.[11] Per–bank queuing 구조에서는 메모리 처리 리퀘스트들이 동일한 우선권을

11 Per–bank request queuing 구성은 추상적인 구성이다. 메모리 컨트롤러들은 통일된 큐를 이용하여 처리 재정렬과 이번 절에서 다루는 bank 로테이션을 수행할 수 있다. 일련의 작업들은 굉장히 복잡하기 때문에 정교한 하드웨어가 필요하다.

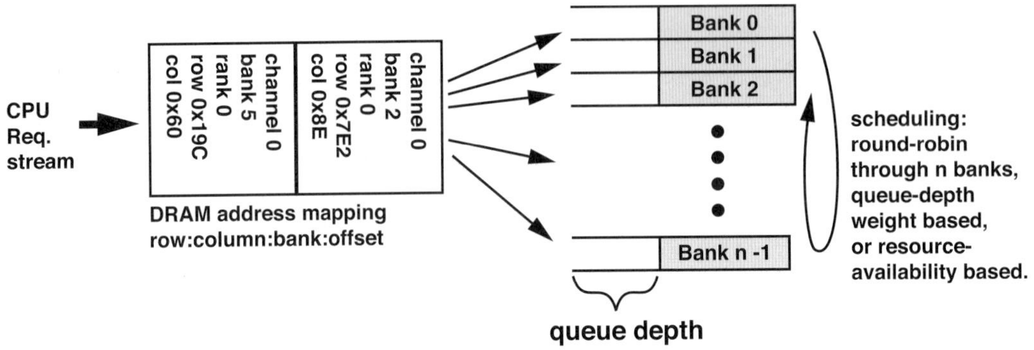

그림 13.7_ DRAM 리퀘스트 큐들의 뱅크당 구성

가진다. 메모리 처리 리퀘스트들은 bank-by-bank 원리에 의해 분류되어 서로 다른 큐들로 유도된다. 그림 13.7은 per-Bank 원리로 리퀘스트들을 큐로 배치하는 구성을 설명한다. 그림 13.7의 구성에서는 메모리 처리 리퀘스트들이 메모리 어드레스들로 변환되어 각각의 뱅크 어드레스에 근거하여 다른 리퀘스트 큐들로 유도된다. 그림 13.7의 리퀘스트 큐와 유사한 구성을 가지는 오픈 페이지 메모리 컨트롤러에서는 칼럼 액세스 커맨드들이 동일한 오픈 로우로 향하는 경우에, 다수의 칼럼 커맨드들이 정해진 리퀘스트 큐부터 정해진 뱅크로 발행될 수 있다. 정해진 뱅크가 포화된 경우에, 동일한 오픈 로우로 향하는 모든 나머지 리퀘스트들과 큐에 존재하는 모든 리퀘스트들은 새로운 다른 로우로 어드레스가 변경된다. 이 어드레스 변경은 리퀘스트 큐가 다시 프리차지 커맨드를 발행하고 다음 뱅크가 메모리 시스템으로 커맨드의 발행을 허용할 수 있도록 한다.[12]

그림 13.7은 per-bank queuing 구조에서 리퀘스트들을 스케줄링하는 한 가지 방법으로 스케줄링 우선권을 라운드 로빈(round-robin) 방식으로 뱅크에서 뱅크로 회전시키는 것을 보여주고 있다. 라운드 로빈, 뱅크 로테이션 커맨드 스케줄링 방식은 충분한 수의 뱅크를 확보하여 동일한 뱅크로 우선권이 돌아오기 전에 주어진 리퀘스트를 처리하는 방법으로, 이를 통해 DRAM 뱅크 충돌 오버헤드를 효과적으로 제거할 수 있다. 클로즈 페이지 메모리 컨트롤러에서는 라운드 로빈 뱅크 로테이션 방식이 세련된 로직 회로 없이도 임의의 정해진 뱅크로의 리퀘스트 시간 간격을 최대화한다. 그러나 라운드 로빈 방식이 항상 최적화된 스케줄링을 제공하는 것은 아니며, 특히 오픈 페이지 메모리 컨트롤러에 대해 이러한 점이 부각된다. 오픈 페이지 메모리 컨트롤러에서는 어드레스 매핑 방식이 spatial상으로 인접한 캐시라인을 오픈 로우로 매핑한다. 그리고 오픈 로우로 향하는 다수의 리퀘스트들은 정해진 큐에서 대기하게 된다. 그 결과 가장 많은 수의 대기 리퀘스트를 가지고 있는 큐가 상대적으로 작은 대기 리퀘스트들을 가지는 다른 큐들에 비해서 우선권을 가지게 하는 weight 기반 우선권 스케줄링 방식이 라운드 로빈 우선권 스케줄링 방식에 비해 더 최적화된 성능을 보인다.[13]

12 뱅크 중심 구성은 서로 다른 에이전트로부터의 모든 요청들이 동일한 우선권을 가지고 있으며 각각의 에이전트들의 액세스 속도가 비슷한 것을 가정한다. 실질적인 측면에서는, 오픈 로우로의 끊임없는 스트림의 요청들에 의해서 나머지 요청들이 starvation을 겪고 다른 로우들로 향하는 상황을 막기 위한 추가적인 보호장치가 필요하다. 일부 컨트롤러에서는 연속적인 칼럼 커맨드들에 대한 최대 접근 한도를 설정하여 starvation을 방지하고 동일한 뱅크의 다른 로우들로 향하는 나머지 요청들에 대한 약간의 공평성을 부여한다.

13 Weight 기반 방식은 고갈을 방지하기 위해 리퀘스트의 시기에 대한 고려도 반드시 이루어져야 한다.

Per-bank 큐 구성은 고속의 리퀘스트가 상대적으로 작은 뱅크로 유도되는 대형 메모리 시스템에서 선호된다. 다수의 뱅크에 상대적으로 저속 리퀘스트가 유도되는 메모리 시스템에서 최적화된 형태의 큐 구조는 일반적 용도의 큐 엔트리들로 구성되는 것으로 필요한 경우 각각의 큐 엔트리가 서로 다른 뱅크로 유도되는 식으로 동작한다.

13.4.3 리프레시 관리

오늘날의 모든 DRAM 컨트롤러들이 직면하고 있는 문제 중 하나인 DRAM 디바이스 내의 데이터의 신뢰성을 보장하는 것에 대한 사안은 리프레시 기능과 연관되어 있다. 만약 오늘날 메모리 시스템이 아주 짧은 기간 동안 정지하는 경우, 모든 DRAM 디바이스는 셀프 리프레시 모드에 들어간다. 셀프 리프레시 모드란 DRAM 메모리 컨트롤러가 일시적으로 작동을 멈추고 자체적인 리프레시 기능을 동작시키면서 슬립 상태로 들어가는 것을 말한다. 그러나 셀프 리프레시 모드로의 진입과 퇴장은 일반적으로 메모리 컨트롤러의 명확한 컨트롤에 의해 이루어지며, 대부분의 최신 DRAM 디바이스에서 셀프 리프레시 동작은 노멀 동작 상태에서 사용되지 않는다.

메모리 컨트롤러에 의해 리프레시 기능이 관리되는 예외 사항으로 MobileRAM과 같은 일부 pseudo-static DRAM 디바이스들이 있다. 이러한 장치들은 노멀 동작 모드에서 온도-보상 형태의 셀프 리프레시를 사용하여 리프레시 파워 소모를 최소화한다. 게다가 감춰진 셀프 리프레시는 메모리 컨트롤러가 리프레시를 제어해야 하는 복잡함을 제거해주고, MobileRAM DRAM 디바이스가 마치 pseudo-static 메모리 디바이스처럼 보이도록 도와준다. 이러한 디바이스들의 리프레시 동작 타이밍과 시간 간격은 메모리 컨트롤러에 숨어 있다. 따라서 메모리 컨트롤러부터의 메모리 리퀘스트가 리프레시 동작과 충돌하는 경우에는, pseudo-static DRAM 디바이스가 메모리 컨트롤러로 대기 신호를 발행하여 데이터가 지연됨을 알린다. 셀프 리프레시 동작이 끝난 이후에는 pseudo-static DRAM 디바이스가 대기 신호를 취소한다. 그러나 메모리 컨트롤러의 상태 변화를 지연시킬 수 있는 이 대기 신호는 메모리 컨트롤러의 신호 경로를 느리게 하고, 동작 주파수를 제한하는 영향을 미친다. 결과적으로 노멀 동작 모드에서 감춰진 셀프 리프레시 모드를 사용할 수 있게 하는 이 대기 상태 신호는 상대적으로 저속의 배터리로 동작하는 모바일 플랫폼들에 사용되는 pseudo-static DRAM 기반의 메모리 시스템과 DRAM 메모리 컨트롤러의 통제하에 고속 DRAM 메모리 시스템에서 리프레시 기능을 지원하는 용도로만 사용된다.

DRAM 디바이스에 저장된 데이터의 신뢰성을 보장하기 위해서는, 유효한 데이터를 포함하는 각각의 DRAM 로우가 리프레시 주기마다 한 번씩 리프레시되어야 한다. 이 리프레시 주기는 일반적으로 32 또는 64ms를 가진다.[14] DRAM 디바이스가 매 리프레시 주기마다 8,192개의 리프레시 커맨드를 필요로 하는 것을 고려해 볼 때, 계산을 통해 64ms의 리프레시 주기를 가지는 DRAM 디바이스에 대하여 전체 뱅크에 대한 병행 처리 리프레시 커맨드가 매 7.8μs마다 발행되어야 함을 알 수 있다. 다행히도 DRAM 리프레시 커

14 일부 DRAM 디바이스들은 추가적인 레지스터들을 통해 리프레시가 필요한 로우의 범위를 지정한다. 이러한 디바이스들에서는 유효한 데이터를 가지고 있지 않은 특정 로우에 대해서는 리프레시 동작을 무시할 수 있다.

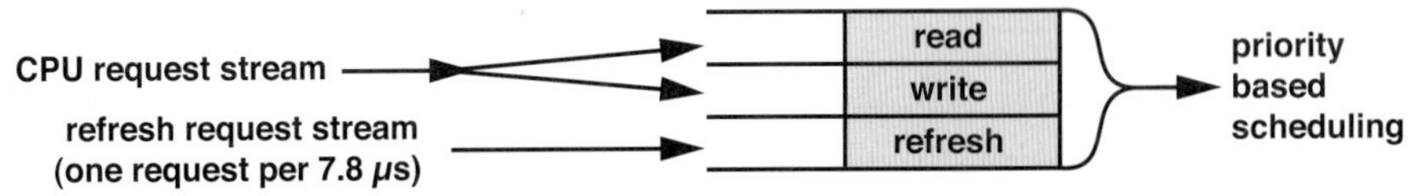

그림 13.8_ 리프레시 리퀘스트를 위한 priority-based scheduling

맨드들은 latency에 민감한 메모리 read 리퀘스트가 먼저 진행될 수 있도록 짧은 시간 동안 연기되는 것이 가능하다. 따라서 DRAM 컨트롤러는 정확히 매 7.8μs마다 전체 뱅크에 대한 병행 처리 리프레시 커맨드를 전송하는 엄격한 규칙을 지키지 않아도 된다. 리프레시 커맨드가 적당한 타이밍 범위 안에서 연기될 수 있다는 점을 이용하기 위해서, 그림 13.8에서는 마이크로프로세서 리퀘스트 스트림이 read와 write 리퀘스트 큐로 분리되고 매 7.8μs마다 하나씩 발행되는 일정한 속도의 리프레시 리퀘스트 커맨드들이 리프레시 큐로 배치되는 형태의 queuing 구조의 조직을 보여주고 있다. 그림 13.8의 구조에서 각각의 리프레시 리퀘스트는 몇 사이클이 연기되었는지 정보를 가진다. 이러한 방법으로 리프레시 리퀘스트가 미리 정해진 연기 한계점을 넘지 않는 경우에 모든 read와 write 리퀘스트가 더 높은 우선권을 가지게 된다.[15] 시스템이 더 이상 대기하고 있는 read 또는 write 리퀘스트 없는 유휴상태인 경우에는, 리프레시 리퀘스트가 DRAM 디바이스로 전송될 수 있다. 만약 시스템이 대기 중인 read 혹은 write 리퀘스트를 가지고 있더라도, DRAM 리프레시 리퀘스트가 최대 허용 가능한 연기 시간을 초과하기 직전이라면, 메모리 시스템의 데이터 신뢰성을 보장하기 위해서 DRAM 리프레시 리퀘스트가 가장 높은 스케줄링 우선권을 가지게 된다.

미래의 DRAM 메모리 컨트롤러가 더 복잡해지도록 만드는 데 고려해야 할 한 가지 특징으로 뱅크당 리프레시 기능이 있다. 표 13.4는 t_{RFC}이 DRAM 디바이스가 더 높은 밀도를 가진 세대로 넘어갈수록 증가하고 있고, 리프레시 기능을 위한 대역폭 오버헤드가 비례해서 증가하고 있음을 보여준다.[16] DRAM 리프레시에 의한 대역폭 영향을 줄이기 위한 한 가지 방법은 전체 뱅크에 대한 병행 처리 리프레시 커맨드를 각각의 리프레시 커맨드로 변경 또는 보충하는 것이다. 이 각각의 리프레시 커맨드는 DRAM 디바이스의 랭크 안에 있는 모든 뱅크들의 하나의 로우를 연속으로 리프레시하는 대신에 한 번에 하나의 뱅크의 하나의 로우를 리프레시하는 것이다.[17]

개별적 뱅크당 리프레시 커맨드에 의한 성능 이점은 각각의 뱅크당 리프레시 커맨드가 t_{RFC} 제약 대신 t_{RC} 제약만 지켜도 되는 점에서 쉽게 알 수 있다. 그러나 뱅크당 리프레시 커맨드 제안에서 한 가지 주의해야 할 점은 뱅크당 기반의 세밀한 리프레시 기능을 조절하기 위한 복잡한 DRAM 메모리 컨트롤러를 요구하

15 최대 리프레시 리퀘스트 연기 시간은 DRAM 디바이스의 데이터 시트에 정의되어 있다. DDR2 SDRAM 디바이스와 같은 오늘날 DRAM 디바이스들에서는, DRAM 리프레시 커맨드가 이전 리프레시 커맨드로부터 최대 97.8μs까지 연기될 수 있도록 지원하고 있다.

16 고밀도의 DDR2 SDRAM 디바이스에는 8,192개 이상의 로우가 존재한다. 그러나 64-ms마다 전송할 수 있는 리프레시 커맨드의 개수는 여전히 동일하다. 예를 들어 4-Gbit DDR2 디바이스의 경우, 각각의 리프레시 커맨드마다 8개의 로우를 리프레시해야만 한다.

17 리프레시 커맨드는 상대적으로 에너지를 많이 소모하는 동작이다. 하나의 리프레시 커맨드로 모든 랭크들을 연속적으로 리프레시하는 멀티랭크 메모리 시스템에 있어서 리프레시 커맨드에 의해 대량의 파워를 소모하는 것은 메모리 시스템의 피크 파워 소모 프로파일을 엄청나게 증가시키게 된다. 일부 DRAM 메모리 컨트롤러는 피크 파워 소모 프로파일을 제한하기 위해서 각각의 랭크를 분리하여 리프레시하고 서로 간에 시간 간격을 두도록 설계되어 있다.

표 13.4_ DDR2 SDRAM 디바이스의 리프레시 사이클 시간

Density	Bank Count	Row Count	Row Size (bits)	t_{RC}: Row Cycle Time (ns)	t_{RFC}: Refresh Cycle Time (ns)
256 Mbit	4	8192	8192	55	75
512 Mbit	4	16384	8192	55	105
1 Gbit	8	16384	8192	54	127.5
2 Gbit	8	32768	8192	54	197.5
4 Gbit	8	65536	8192	54	327.5

고, 이 복잡성은 개별적인 리프레시 리퀘스트를 각각의 뱅크로 처리하는 양이 늘어날수록 비례해서 증가할 것이다. 추가적으로 큐잉 구조는 그림 13.7의 샘플 큐잉 구조에 비해 더 복잡하여 문제를 심화시킨다. 마지막으로 전체 뱅크에 대한 병행 처리 리프레시 커맨드는 DRAM 디바이스와 메모리 컨트롤러 사이의 신호 재보정과 같은 유지 관리 업무를 처리하기 위한 시간 간격도 제공하고 있다. 전체 뱅크에 대한 병행 처리 리프레시 커맨드를 사용하지 않으면, DRAM 디바이스는 내부의 회로가 활성화되어 있는 시간 간격을 보장할 수 없게 된다. 그러나 DRAM 디바이스의 인터페이스가 유휴 상태이기 때문에 앞서 언급한 유지 관리 업무를 별도로 수행할 수 있다.

13.4.4 에이전트 중심의 리퀘스트 큐잉 구성

이전 절에서는 대역폭 활용을 최대화하고 유효 read latency를 감소시키기 위한 기술들에 대해 알아보았다. 그러나 이전 논의에서 제외된 한 가지 문제가 존재하는데, 어떠한 기술을 사용하느냐와 무관하게 오늘날 DRAM 메모리 컨트롤러가 가장 먼저 고려해야 하는 것은 바로 공평성이다. 이 말은 어떠한 처리 리퀘스트 재정렬 메커니즘이라 할지라도, anti-starvation 보호장치를 통해서 임의의 리퀘스트가 무기한 연기되는 일이 발생하지 않도록 해야 한다는 것이다. Anti-starvation 보호장치는 다수의 에이전트들이 동일한 메모리 시스템을 공유하여 사용하는 맥락에서 특히 중요하다. 특히, 철저하게 다른 리퀘스트 속도와 어드레스 시퀀스를 가지는 다중 에이전트의 경우, 공평성 문제와 성능 최적화 사이의 트레이드 오프를 아주 조심스럽게 다루어야 한다. 예를 들어 일반적인 어플리케이션의 마이크로프로세서는 상대적으로 낮은 대역폭을 요구하는 대신 프로세서로부터의 read 리퀘스트는 latency를 아주 중요하게 고려해야 한다. 그에 반해서 동일한 메모리 시스템에 연결된 그래픽 프로세서는 많은 대역폭을 필요로 하는 대신 각각의 메모리 처리 리퀘스트는 마이크로프로세서의 리퀘스트를 고려하여 연기되어도 무방하다. 마지막으로 상대적으로 낮은 대역폭에 낮은 우선권을 요구하는 I/O 디바이스의 경우, 메모리 처리 리퀘스트를 쉽게 연기할 수 있지만 무기한 연기하여 I/O 디바이스의 starvation의 원인이 되게 해서는 안 된다. 이 말은 즉, 일반적인 메모리 시스템을 공유하는 다중의 에이전트의 맥락에서는 메모리 시스템의 사용량을 균등하게 가져가는 것이 DRAM 디바이스가 최대한의 대역폭을 가져가도록 하는 것에 비해서 더 나은 성능을 얻을 수 있음을 의미한다.

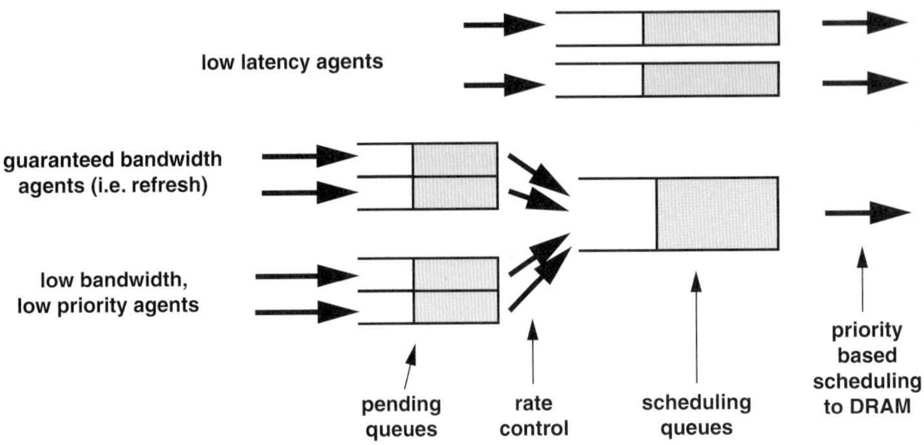

그림 13.9_ 시스템-레벨 arbiter 설계 예시

공평성과 성능 사이에 상충되는 요구조건들은 DRAM 메모리 컨트롤러의 스케줄링 메커니즘을 결정하는 데 있어서 중요한 고려사항이다. 다행스럽게도 DRAM 디바이스 리프레시 요구조건을 다루기 위해 사용되는 스케줄링 메커니즘은 짧은 latency나 일정 대역폭을 보장하는 등의 다양한 종류의 에이전트들을 처리하는 방향으로 넓게 확장 가능하다. 말하자면 DRAM 리프레시 커맨드들은 DRAM 메모리 시스템으로부터 일정 대역폭을 보장받는 것을 원하는 에이전트로부터의 리퀘스트 시퀀스로 여겨질 수 있다는 것이다. 이러한 에이전트는 서로 다른 보장된 대역폭을 요구하는 다른 여러 에이전트들과 마찬가지로, 대역폭 측면의 요구조건이 없는 대신 반드시 짧은 평균 액세스 latency를 가져야 하는 다른 에이전트들과 메모리 시스템을 공유해야 한다.

그림 13.9는 메모리 컨트롤러가 low-latency 에이전트와 보장된 대역폭 에이전트의 요청 사이를 선택하는 큐잉 구조의 조직을 설명한다. 그림 13.9는 낮은 대역폭 에이전트와 보장된 대역폭 에이전트로부터의 리퀘스트들이 2레벨의 큐잉 구조로 유도되는 것을 보여준다. 리퀘스트들은 먼저 미결정 큐로 보내지고 각각의 속도-조절 조건에 따라서 스케줄링 큐로 옮겨진다. 속도-조절은 latency에 무관한 리퀘스트 에이전트들이 낮은 우선권을 가지고 있기 때문에 무제한 연기되어 나머지 다른 에이전트의 리퀘스트만으로 메모리 시스템이 포화되는 것을 막는 역할을 한다. 그림 13.9의 큐잉 구조에서는 짧은 latency 에이전트의 리퀘스트들이 일반적으로 가장 높은 우선권을 가지고 있으나, 보장된 대역폭 에이전트의 스케줄링 큐가 가득 찬 경우는 예외로 한다. 대역폭 에이전트가 공유하고 있는 스케줄링 큐가 포화된 경우에는, 에이전트의 대역폭을 보장하기 위해서 가장 높은 스케줄링 우선권을 부여한다.

이전 절에서는 DRAM 메모리 시스템으로부터 최대의 성능을 얻기 위한 맥락에서 DRAM 중심의 리퀘스트 스케줄링 알고리즘을 알아 보았다. DRAM 중심 리퀘스트 스케줄링 알고리즘은 모든 리퀘스트들이 동일한 중요성을 가지고 있으며 더 나은 성능을 얻기 위해서 자유롭게 재정렬될 수 있었다. 그러나 다수의 에이전트들이 메모리 시스템을 공유해야 하는 시스템에서는 서로 다른 에이전트에서 발행한 리퀘스트들이 모두 동일한 중요성을 가지지 않는다. 그 결과 전체적인 관점에서 시스템이 더 나은 성능을 얻기 위해서는

DRAM 중심과 에이전트 중심의 알고리즘이 동시에 고려되어야 한다. 그림 13.9는 2레벨 스케줄링 알고리즘을 사용해서 시스템의 처리량과 공평성을 동시에 얻는 것을 설명하고 있다.

13.4.5 피드백 기반의 스케줄링

오늘날 컴퓨터 시스템에서는 메모리 컨트롤러가 프로세서나 I/O 디바이스를 대신하여 메모리 액세스를 처리한다. 메모리-액세스 리퀘스트는 일반적으로 타입, 어드레스, write 리퀘스트의 경우 데이터까지 포함하여 여러 가지 정보를 압축한 처리 리퀘스트 형태를 가지고 있다. 그러나 대다수의 시스템에서 일반적으로 처리 리퀘스트가 메모리 컨트롤러로 하여금 우선순위를 결정하는 데 도움을 주는 정보를 가지고 있지 않는다. 최근 Hur and Lin [2004]에 의해, 이력(history)기반의 아비터(Arbiter)를 사용하여 다양한 스케줄링 정책 중 하나를 선택하는 방법이 자세히 연구되었다. 이 연구에 따르면, 메모리-액세스 리퀘스트 이력을 이용하여 서로 다른 우선 순위 방식의 정책을 동적으로 선택하여 일부 비교대상에 비하여 5~60%의 능률 증가를 보였다.

이력 기반의 DRAM 처리와 커맨드 스케줄링 알고리즘에 대한 Hur와 Lin의 연구는 DRAM 컨트롤러가 집적된 프로세서를 사용함으로써 가능할 수 있었다. 메모리 컨트롤러와 프로세서를 집적하는 추세는 컨트롤러 단독으로 존재할 때 접근할 수 없었던 처리 스케줄링 정보에 대해서 메모리 컨트롤러들이 접근할 수 있게 됨을 의미한다.

다양한 프로세서들이 DRAM 메모리 컨트롤러를 집적하여 설계됨에 따라, 프로세서는 DRAM 메모리 컨트롤러와 직접적으로 통신할 수 있게 되고, 또 DRAM 메모리 시스템 내부의 가용 자원 외에도 DRAM 커맨드-액세스 이력에 근거하여 DRAM 커맨드들을 스케줄링하는 것이 가능해졌다. 특히, 멀티 스레드와 멀티 코어 프로세서가 DRAM 메모리 컨트롤러와 집적되면서, DRAM 메모리 컨트롤러는 DRAM 메모리 시스템 내부의 가용 자원을 파악할 뿐 아니라, 각각의 스레드의 상태와 액세스 기록을 파악할 수 있게 되었다. 그리고 이를 통해서 최고의 성능을 얻는 것이 가능해졌다.

13.5 요약

오늘날 고성능 DRAM 메모리 컨트롤러에서 사용하는 처리 큐잉 메커니즘과 유사한 예로 고성능 마이크로프로세서에 있어서 동적으로 어셈블리 명령을 microoperation으로 변환하는 명령 reorder buffer(ROB)가 있다. ROB에서는 마이크로프로세서가 어셈블리 명령 시퀀스를 microoperation으로 변환하기 위한 입력으로 받아들이고, 메모리 컨트롤러의 처리 큐는 read와 write 리퀘스트들을 DRAM 커맨드로 변환하기 위해 수용한다. 메모리 컨트롤러는 이 DRAM 커맨드들을 실행한다. 그리고 ROB의 microoperation과 유사하게, DRAM 커맨드들도 처리 리퀘스트들의 우선순위 제약과 자원의 가용성에 근거하여 스케줄링될 수 있다.

MEMORY | SYSTEMS | **DRAM**

Fully Buffered DIMM 메모리 시스템

14

CHAPTER

반도체 공정 기술의 발전 덕분에 현대의 컴퓨터 시스템에서 프로세싱 파워는 비약적인 속도로 증가했다. 전체적인 시스템의 처리 및 저장 용량을 증가시키기 위해 대용량과 고속화의 관점에서 프로세싱 파워 증가는 메모리 시스템에게 추가적인 요구를 하고 있다. 불행하게도 기존의 멀티 드롭(multi-drop) 버스 기반의 메모리 시스템 아키텍처는 용량 및 속도 측면에서는 스케일하기 어려운 것으로 입증되었다. 즉, 기존의 메모리 시스템 아키텍처는 용량 및 속도를 설계상에 조정하는 것은 가능하지만, 두 가지를 동시에 만족시킬 수는 없다는 것이다. 또한, DRAM 메모리 시장의 경제적 동력은 대용량 컴퓨터 시스템 적용을 목표로 하고 있는 메모리 시스템이 새롭게 제공하는 부가적인 용량과 빠른 속도와는 무관하게, 범용 부품을 사용하고 비용적인 측면에서 이전 세대의 메모리 시스템과 차이가 없도록 강요하고 있다. 결론적으로 매우 작은 추가 비용만으로도 이러한 대용량 고속 메모리 시스템의 적용과 설계를 대중화시킬 수 있다.

메모리 시스템에 부과된 엄격한 요구사항들을 만족시키기 위해서, 새로운 값비싼 DRAM 디바이스 없이도 대용량과 고속화의 요구사항을 동시에 충족할 수 있는 FB-DIMM(Fully Buffered DIMM)과 같은 새로운 메모리 시스템 아키텍처가 설계되었다. FB-DIMM은 높은 데이터 속도의 시그널링 시스템을 사용할 수 있도록, 메모리 컨트롤러와 메모리 모듈 사이의 좁은 점대점(point-to-point) 방식의 인터페이스가 기존의 메모리 시스템 버스 토폴로지를 대체하였다. FB-DIMM 메모리 시스템은 메모리 시스템에 나타나는 동시다발적인 요구를 충족시키기 위해서 흥미로운 시도를 하였다. 이 장에서는 FB-DIMM 메모리 시스템의 구조 및 기술 정보를 정의하기 위해서 사용되는 이론적 바탕에 대하여 다루도록 한다.

14.1 소개

표 14.1은 ITRS(International Technology Roadmap for Semiconductors)에서 예상하는 현대 전자 기기 발전의 일반적인 경향성을 요약하여 보여주고 있다. 표 14.1은 만약 반도체 공정 기술이 예상과 같이 지속적으로 발전하면 로직 트랜지스터의 수와 속도는 계속해서 급속도로 증가할 것이라는 것을 보여주고 있다. 이에 비해 트랜지스터 기술의 발전 속도에 비해 훨씬 늦은 속도이기는 하지만, 패키지당 핀의 수는 증가하고 핀당 비용은 감소할 것이라 예상하고 있다. 이런 관점에서 표 14.1은 반도체 디바이스 부분에 논리 연산의

표 14.1_ 오늘날 전자 기기의 예상 동향(ITRS 2001)

	Year				
	2004	2007	2010	2013	2016
Semi-generation (nm)	90	65	45	32	22
CPU MHz	3990	6740	12000	19000	29000
MLogicTransistors/cm^2	77.2	154.3	309	617	1235
High-performance chip pin count	2263	3012	4009	5335	7100
High-performance chip cost (cents/pin)	1.88	1.61	1.68	1.44	1.22
Memory pin cost (cents/pin)	0.34–1.39	0.27–0.84	0.22–0.34	0.19–0.39	0.19–0.33
Memory pin count	**48–160**	**48–160**	**62–208**	**81–270**	**105–351**

비용이 반도체 디바이스 사이의 데이터 전송 비용에 비해 상대적으로 더 빠른 속도로 감소되는 것을 보여주고 있다. 따라서 시스템 설계자가 고성능 프로세서 인터페이스에서 핀 대역폭을 극적으로 증가시킬 수 있는 방안을 찾게 되는 것이다. 불행하게도 기존의 멀티 드롭 버스 기반의 메모리 시스템 구조는 이미 더 이상 나아질 수 없는 한계점에 도달해 있다. 이는 용량과 속도 측면에서 전기적 특성 및 고속의 병렬 버스 토폴로지가 기존 메모리 시스템의 스케일링 특성에 제약을 주고 있기 때문이다.

그림 14.1은 개인 컴퓨터나 서버 시스템에 있는 기존의 모듈 기반의 최종 사용자가 구성 가능한 메모리 시스템의 프로파일 전망과 토폴로지를 보여주고 있다. 시스템 토폴로지 및 시스템 내의 서로 다른 버스들에 있는 부하 개수의 결과로서 기존의 모듈 기반, 최종 사용자 환경 설정이 가능한 멀티 드롭 메모리 시스템은 동작 속도의 측면에서 스케일하는 것이 어렵다. 높은 동작 속도를 만족시키기 위해서, DRAM 디바이스 제조사들은 고속에서 부하를 작게 하려고 한다. 예를 들어, 400MT/s에서 동작하는 DDR2 SDRAM 메모리 시스템은 동일한 어드레스, 커맨드, 데이터 버스에 대하여 모듈당 2랭크의 DRAM 디바이스를 가지는 4개의 메모리 모듈로 구현할 수 있다. 반면, 800MT/s 또는 그 이상의 속도로 동작하는 DDR3 SDRAM 메모리 시스템은 동일한 어드레스, 커맨드, 데이터 버스에 대하여 모듈당 2랭크의 DRAM 디바이스를 가지는 단일 메모리 모듈로 설계하게 제한된다.

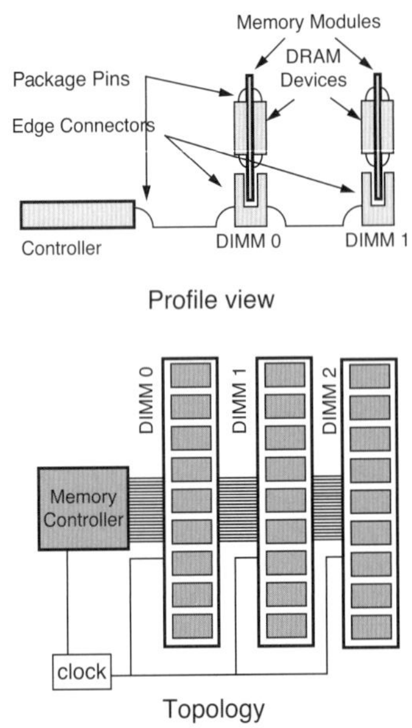

그림 14.1_ 기존 모듈 기반의 메모리 시스템의 profile view와 토폴로지.

용량과 핀 데이터 속도 확장성을 해결하기 위해서 FB-DIMM(또는 FBD, Fully Buffered DIMM) 메모리 시스템이 이런 문제들을 해결하는 대체 DRAM 메모리 시스템 기술로 소개되었다. FB-DIMM 메모리 시스템은 범용 DRAM 디바이스들을 사용하지만, 메모리 컨트롤러와 AMB(Advanced Memory Buffer)라고 불리는 버퍼링 칩을 점대점 연결 방식으로 메모리 컨트롤러와 메모리 모듈 사이에 있는 여러 개의 멀티 드롭 버스를 대체한다. 메모리 컨트롤러는 커맨드를 보내고, 패킷화된 프레임 릴레이 프로토콜을 사용하는 고속 FB-DIMM 채널상의 AMB로부터 데이터와 상태 정보를 받는다. AMB는 프레임을 받아서 DRAM 커맨드를 추출하기 위해서 프레임 정보를 푼 후에 메모리 컨트롤러를 대신하여 DRAM 디바이스를 제어한다. 또한 동일한 점대점 연결 방식은 이웃하는 AMB 사이에 커맨드를 중계하는 데에도 사용된다.

범용 DDR2와 DDR3 DRAM 디바이스의 사용을 유지하기 위해서, 기존의 불균형 멀티 드롭 메모리 시스템 토폴로지는 AMB와 DRAM 디바이스 사이의 on-DIMM 인터페이스로 사용하기 위해 유지된다. FB-DIMM 메모리 시스템 구조는 특정한 목적을 이루기 위한 확장 가능한 메모리 시스템 구조로 설계되었다. 메모리 시스템은 범용 DRAM 디바이스의 사용을 유지해야만 한다. 메모리 시스템은 사용자 환경 메모리 시스템의 유연성을 유지해야 한다. 메모리 시스템은 확장 가능해야 하고 큰 메모리 용량을 지원할 수 있어야 한다. 또한 메모리 컨트롤러의 관점에서 메모리 시스템의 핀 데이터 속도를 크게 증가시킬 수 있어야 한다. FB-DIMM 메모리 시스템은 표준 기반의 메모리 시스템으로서 위에서 언급한 목표들을 달성한다.[1] 그러나 FB-DIMM 메모리 시스템 구조와 AMB의 사용은 메모리 시스템의 전력 소모와 시스템의 지연 시간을 크게 증가시킨다. 게다가 메모리 시스템에서 ASIC 기반의 AMB의 사용은 잘 알려진 범용 DRAM 디바이스 시장의 경제성에 맞지 않는 비용 부분을 발생시킨다. 결과적으로 FB-DIMM 메모리 시스템은 모든 워크스테이션과 서버 컴퓨터들에 대한 미래의 유비쿼터스 메모리 시스템으로서 윤활유와 같은 역할을 하는 시스템 제조업체의 반발에 직면하고 있다.

이 장에서는 FB-DIMM의 시스템 아키텍처, 프로토콜, 기술적 트레이드 오프에 대하여 자세하게 다루게 될 것이다. 또한 FB-DIMM 메모리 시스템의 가능한 발전 방향에 대하여 논하도록 한다.

14.2 아키텍처

그림 14.2는 FB-DIMM 메모리 토폴로지를 묘사하고 있다. 그림은 FB-DIMM 메모리 컨트롤러가 southbound channel이라고 표시된 점대점 연결 방식(bit lane)을 통해서 가장 가까운 AMB에 커맨드를 보내고 데이터를 쓰는 것을 보여준다. FB-DIMM 메모리 컨트롤러는 커맨드를 보내고 FB-DIMM 메모리 시스템의 southbound channel 아래 방향으로 각 AMB로부터 다음 AMB로 전달되는 프레임 안에 쌓여진 형태의 데이터를 쓴다. 프레임의 내용은 FB-DIMM의 각 AMB에 의해 검사되고 만약 주어진 프레임 내에 쌓여진 커맨드가 특정 FB-DIMM 내의 DRAM 디바이스를 가리키고 있으면, 해당 DIMM의 AMB가 커맨드를 디코딩하고 메모리 컨트롤러를 대신하여 DRAM 디바이스를 제어한다. 싸여진 커맨드가 칼럼 read 커맨드인 경우에 AMB는 DRAM 디바이스로부터 돌아온 데이터를 받아들이고, 하나 또는 그 이상의 프레임으로 들

1 메모리 허브는 고성능 메모리 시스템 간의 연결을 통해 송수신되는 핀 데이터의 속도를 상당하게 증가시키기 위해서 설계에 사용되어 왔다. 그러나 이러한 메모리 허브들은 특정 시스템에 적합하고 표준화되어 있지 않다. FB-DIMM 메모리 시스템은 초기 인텔에 의해서 설계된 표준화 기반의 메모리 시스템이지만 전자기기와 장비 제조업체의 산업협회인 JEDEC에 의해서 검증 및 채택되었다.

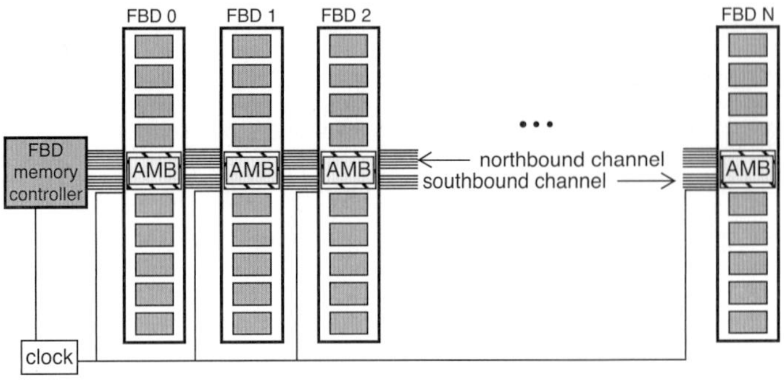

그림 14.2_ FB-DIMM 구성에서 멀티 드롭 버스들은 시스템 보드에서 제거되거나 DIMM으로 제한된다. DIMM 사이의 연결은 점대점 방식이며 메모리 컨트롤러는 단방향 링크를 통해서 가장 가까운 FB-DIMM으로 연결된다.

어갈 데이터를 싸고, 그 후에 데이터 프레임을 northbound channel에 있는 메모리 컨트롤러로 돌려보낸다. FB-DIMM 메모리 채널상에 있는 각 AMB는 메모리 컨트롤러가 프레임을 받을 때까지 northbound channel상의 데이터 프레임을 전달한다.

각각의 DIMM 사이의 연결이 점대점 방식이기 때문에, FB-DIMM 채널은 사실상 각각의 AMB가 네트워크의 노드를 나타내는 멀티 홉(multi-hop) 저장 및 전달 네트워크이다. 그러나 FB-DIMM 메모리 시스템을 기존의 멀티 홉 저장 및 전달 네트워크와 구분하게 하는 한 가지 특성은 FB-DIMM 메모리 시스템의 AMB들이 프레임이 분해되기 전에 프레임을 전달하는 것이다. 달리 말해서, 기존의 멀티 홉 저장 및 전달 네트워크에서는 프레임은 받는 노드에 의해서 분석되고 해당 노드는 프레임을 다음 노드로 다시 전달할 것인지를 결정한다. 하지만 FB_DIMM 메모리 시스템에서 프레임은 전달되어지기 전에 디코딩되는 경우에 상당한 지연시간이 메모리 시스템에 추가된다. 따라서 FB-DIMM 메모리 시스템의 AMB는 프레임의 내용물이 디코딩되기 전에 빠르게 다음 AMB로 프레임을 전달할 수 있도록 설계되어야 한다. 그리하면 AMB는 자신의 전달 기능으로부터 지연시간 보정 및 프레임 검사를 따로 수행할 수 있다.

그림 14.3은 메모리 컨트롤러와 단일 FB-DIMM 사이에 있는 연결 방식을 보여주고 있다. 그림은 FB-DIMM 메모리 컨트롤러와 AMB 간에 프레임을 전송하기 위해 사용되는 연결 방식이 모두 점대점 연결이며, 이것은 데이터 전송 연결 방식의 전기적 특성이 DDR2 SDRAM 메모리 시스템에 있는 다양한 멀티 드롭 버스 방식의 전기적 특성과 비교하여 더 쉽게 제어 가능하다는 것을 의미한다. 따라서 메모리 컨트롤러와 AMB 간의 점대점 연결 방식을 사용한 신호의 속도는 DDR2 SDRAM 메모리 시스템의 신호 속도에 비해서 상대적으로 크게 증가될 수 있다. 그림 14.3은 메모리 컨트롤러와 FB-DIMM 사이의 데이터 전송 연결을 통해 전송되는 신호의 속도가 DRAM 디바이스의 신호 속도에 비해서 6배 빠르게 설정되어 있는 것을 보여준다. 즉, FB-DIMM 메모리 시스템의 데이터 전송 채널은 DRAM 디바이스의 데이터 속도에 상대적으로 일정 배수의 속도로 동작한다는 것이다. 예를 들어, 667MT/s DDR2 SDRAM 디바이스로 이루어진 FB-DIMM 메모리 시스템에서 AMB와 FB-DIMM 메모리 컨트롤러 사이의 연결 방식에서 신호의 속도는 4GT/s에 이르게 된다.

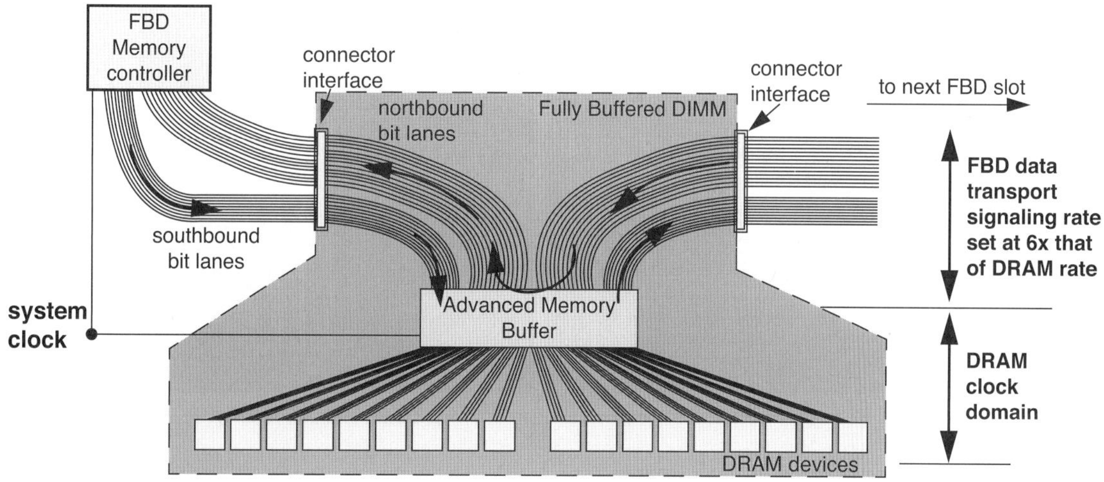

그림 14.3_ FB-DIMM상의 ABM 구조

그림 14.3은 FB-DIMM 메모리 시스템이 DDR2 SDRAM 메모리 하위 시스템에서 사용되는 늦은 속도의 멀티 드롭 버스 방식이 각각의 DIMM에 한정되도록 설계된 것을 보여준다. 그림은 또한 동일한 레퍼런스 클럭 신호가 늦은 속도의 DDR2 SDRAM 메모리 하위 시스템을 제어하기 위해 FB-DIMM 메모리 컨트롤러나 AMB에 사용되는 고속의 클럭 신호를 생성하기 위해서 사용된다는 것을 보여주고 있다. 즉, FB-DIMM 메모리 컨트롤러와 AMB는 mesochronous 방식으로 동작하는데, 여러 클럭 도메인이 각각에 대하여 동기화되어 있지만 그들 간의 위상 관계 자체는 정확하게 정해져 있지 않은 클럭킹 방식을 이른다. 또한, FB-DIMM 채널에서 점대점 연결 방식이 수 기가 비트 데이터 속도로 동작하게 되면서 시그널이 통과하는 길 사이에 존재하는 지연 시간 차이나 jitter와 같은 것들이 비트 주기를 쉽게 초과할 수 있다. 따라서 northbound와 southbound 채널에 있는 비트 lane들은 시간에 대하여 독립적으로 설계되며, 전송되는 프레임은 디코딩되고 명령이 수행되기 이전에 실리콘상에서 지연 시간 보상이 이루어져야만 한다.

FB-DIMM 메모리 시스템의 구조는 신호 경로의 길이를 거의 같게 맞추지 않고도 메모리 컨트롤러와 AMB 사이에 고속의 신호가 송수신될 수 있게 해준다. 따라서 FB-DIMM 시스템 구조는 DRAM 메모리 시스템으로부터 시스템 레벨상의 설계를 진행하는 데에 있어서 동기화된 병렬 버스 간의 신호 경로 길이를 맞추는 데 심혈을 기울여야 하는 것과 같은 어려움을 해결해준다. 그림 14.4는 DDR2 SDRAM 메모리 시스템과 FB-DIMM 메모리 시스템 사이에 채널 라우팅을 비교하여 보여주고 있다. 그림은 DDR2 SDRAM 메모리 시스템에서 많은 신호 전송 선로를 병렬로 연결하고 경로의 길이를 다른 것들과 서로 맞추는 것이 요구된다는 것을 보여준다. 그림 14.4는 FB-DIMM 메모리 시스템이 메모리 컨트롤러와 DIMM 간의 신호 전송 선로를 DDR2 SDRAM 메모리 시스템에 비해 훨씬 더 작게 쓰는 것을 보여준다. 이는 신호 전송 선로의 길이가 서로 완벽하게 맞지 않아도 되기 때문이며, 따라서 FB-DIMM 메모리 시스템에서는 시스템 연결 설계 업무를 훨씬 단순화시킬 수 있다.

그림 14.4는 FB-DIMM 메모리 시스템에 대해서 언급했던 이점들이 메모리 관점 측면에서 높은 핀 데이터

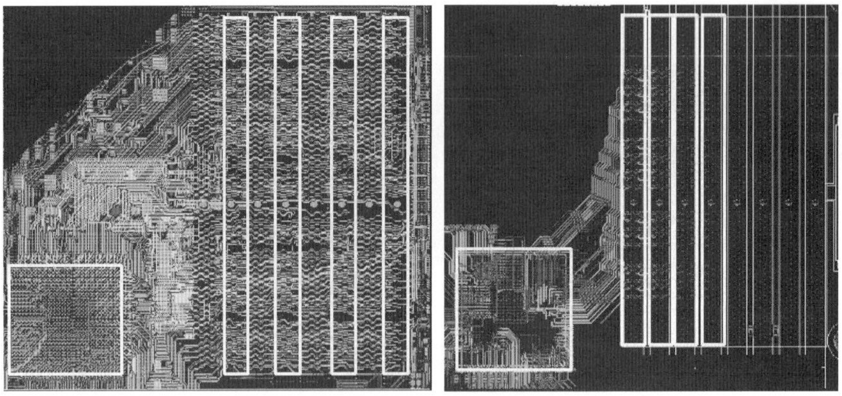

그림 14.4_ DDR2와 FB-DIMM 채널 연결 비교(Intel 사의 예)

속도를 가질 수 있게 해주며, 범용 DDR2 SDRAM 디바이스의 사용을 여전히 유지할 수 있도록 해준다는 것을 그림으로 묘사하고 있다. 따라서 만약 표 14.1에 개괄된 스케일링 경향이 컴퓨터 시스템 구조에서 우세한 경향이 되면, FB-DIMM 메모리 시스템은 고성능 프로세스가 여러 FB-DIMM 메모리 컨트롤러를 통합하게 할 것이고, 표준이 아닌 특화된 DRAM 디바이스를 사용하지 않고서도 가장 높은 핀 데이터 속도를 얻을 수 있게 해줄 것이다.

14.3 시그널링과 타이밍

오늘날의 고성능 컴퓨터 시스템에서 I/O 하위 시스템상의 와이드 병렬 버스는 고속의 데이터 속도를 얻기 위해서 고속 시리얼 인터페이스로 대체되어 왔다. 예를 들어, 오래된 병렬 포트는 USB(Universal Serial Bus)와 PCI(Peripheral Connect Interface)로 대체되었으며, AGP(Advanced Graphics Port)는 PCIe(PCI Express)로 대체되고 있다. 흥미롭게도 고속의 PCIe 인터페이스는 FB-DIMM 메모리 시스템에서 요구되는 특성들을 가지고 있다. 예를 들어, PCIe 신호 처리는 FB-DIMM 메모리 시스템과 같은 PCB에서 수 기가 비트로 동작된다. 또한 같은 시스템 컨트롤러가 메모리 컨트롤러를 비롯하여 PCIe 컨트롤러를 포함하려고 한다. 따라서 FB-DIMM 메모리 시스템은 시그널링 기술을 PCIe 신호 처리에 이미 사용되는 것과 같은 방식을 사용하는데, 이는 PCIe에 대하여 이미 조사되었던 설계와 개발 작업을 활용하기 위해서이다. 이러한 방법으로 FB-DIMM 메모리 시스템은 시스템 설계 엔지니어에게 새로운 시스템 설계 요구를 부과하지는 않지만, 잘 알려진 연결 기술을 간단하게 활용하게 할 수 있다.

FB-DIMM 메모리 시스템의 고속 연결 방식은 DRAM 디바이스의 데이터 속도에 비하여 6배나 빠르다. 667MT/s에 동작하는 DDR2 SDRAM 디바이스의 경우, 고속의 연결 방식은 한 쌍의 핀당 4Gbps의 속도로 동작한다. 그림 14.5에서 수 기가 비트의 데이터 속도로 동작하기 위해서는 FB-DIMM 메모리 시스템이

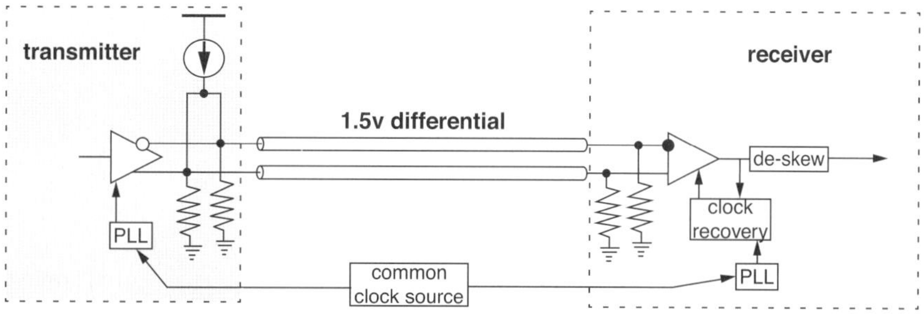

그림 14.5_ FB-DIMM physical layer 시그널링 시스템 - 한 개의 단일 비트 lane

PCIe의 피지컬 시그널링 레이어와 유사하면서 범용 FR4 PCB[2] 보드에서 동작하기에 최적화된 고속 1.5V differential 시그널링 기술을 사용한다는 것을 보여준다

14.3.1 클럭 데이터 리커버리

고속의 시그널링 시스템에서 존재하는 한 가지 문제는 입력 데이터 신호와 연관이 있는 검증된 위상 관계를 가지는 클럭 신호를 사용하지 않고 시리얼된 입력 데이터 스트림으로부터 데이터를 복구해내는 것이다. 입력 데이터 스트림으로부터 데이터를 복구하기 위한 한 가지 흔한 방식은 입력 데이터 스트림으로부터 클럭 신호를 복구할 수 있는 회로를 사용하고 스스로 정렬된 클럭 신호를 사용해서 입력 데이터 스트림으로부터 데이터를 복구해내는 것이다. 그러나 클럭 복원 회로는 입력 데이터 스트림 내에서 일정 수 이상의 보장된 신호 변화를 요구하며, 일반적인 데이터 스트림은 이러한 요구되는 신호 변화의 횟수를 제공한다고 확신할 수 없다. 이더넷과 같은 고속 시그널링 프로토콜에서 사용되는 한 가지 방식은 데이터 스트림상에 최소한의 데이터 변화 횟수를 보장하기 위해서 8b/10b 데이터 인코딩 회로를 사용하는 것이다. 8b/10b 코드에서는 데이터 스트림상의 모든 8비트 데이터가 전송을 위한 10비트 데이터로 대응되며, 각각의 10비트 시퀀스에서 최소한의 변화 횟수를 보장하기 위해서 코드상에 여분의 비트들이 들어가게 된다. 입력 수신기에서는 일정 수가 보장되는 변화를 사용해서 레퍼런스 클럭 신호를 복구해내며 이를 이용해서 데이터 스트림상에 전송된 신호를 복구한다.

시스템 레벨상의 설계를 간단히 하기 위해서, FB-DIMM 메모리 시스템의 피지컬 시그널링 프로토콜은 서로 다른 비트 lane 간의 위상 관계를 정하지 않는다. 대신에 FB-DIMM의 시그널링 레이어는 스스로 정렬된 레퍼런스 클럭을 생성하기 위해서 클럭 복원 회로를 사용하며 이러한 클럭 신호들을 사용하여 FB-DIMM 메모리상의 독립된 비트 lane 간의 지연 시간을 보완하여 동기화시킨다. 그러나 이러한 부담을 최소화시키는 노력에도 불구하고, FB-DIMM 메모리 시스템은 이더넷에서 사용하는 8B/10B 방식과 같은 데이터 인코딩 방식을 사용하지 않는다. 대신에 FB-DIMM 시그널링 프로토콜의 피지컬 레이어에서는 전송

2 FR4 PCB(Printed Circuit Board)는 가장 흔히 사용되는 PCB 기초 물질이다. "FR"은 Flame Retardant(난연)을 의미하고 "4"는 짜여진 유리 강화 에폭시 수지를 의미한다는 뜻이다.

되는 데이터 스트림에서 최소 변화의 밀도를 정한다. 현재 FB-DIMM 메모리 시스템에서 정한 최소 변화 밀도는 512비트당 0에서 1, 1에서 0으로 가는 변화가 6개씩 존재해야 한다.

14.3.2 Unit Interval

그림 14.6은 FB-DIMM 메모리 시스템에서 타이밍의 기본적인 단위가 되는 UI(Unit Interval)의 개념을 설명하고 있다. Mesochronous FB-DIMM 메모리 시스템에서 여러 개의 고속 신호들은 수 기가 비트 데이터 속도로 상태가 변하며, UI의 개념은 특정 동작 속도로부터 독립적인 FB-DIMM 메모리 시스템상에서 다양한 지연 시간을 기술하는 데에 있어서 시간의 편리한 단위를 제공한다. 그림 14.6은 각각의 DRAM 클럭 주기에 12UI가 있는 것을 보여준다. 예를 들어, DRAM 디바이스의 기본 동작 주파수가 333MHz인 DDR2-667 디바이스를 사용하는 FB-DIMM 메모리 시스템에서 단일 주기는 3ns이며, 250ps 주기는 1UI가 된다. FB-DIMM 메모리 시스템에서 주어진 지연 시간 값은 UI 단위로 변환이 가능하며, 이러한 지연 시간은 고정된 클럭 시간의 관점에서 증가하는 동작 속도에 반비례하여 변화한다.

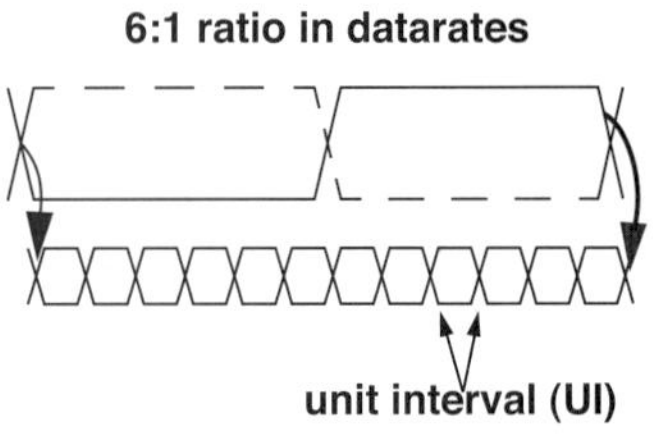

그림 14.6_ Unit Interval(UI)의 묘사

14.3.3 Resample과 Resync

FB-DIMM 메모리상의 비트 lane 간의 시간적 독립성은 각각의 비트 lane상의 데이터가 다른 비트 lane과 비교하여 상대적으로 수 UI만큼 시간적 차이와 위상 차이가 있을 수 있다는 것을 의미한다. 따라서 FB-DIMM 메모리 컨트롤러와 AMB는 독립된 비트 lane 간의 데이터 지연 시간을 보상하기 위한 필수적인 회로가 있어야만 한다. 그림 14.7은 주어진 프레임이 정해진 부분으로부터 수 UI만큼 어긋나 있으며, 주어진 AMB가 독립된 비트 lane에서 데이터 스트림의 타이밍을 재정렬할 수 있는 것을 보여주고 있다. 그러나 독립적인 비트 lane 간의 데이터를 재정렬하는 것은 재구동된 프레임이 AMB의 수신부 인터페이스에서 주어진 프레임의 가장 느린 데이터 스트림이 도착할 때까지 지연되어야 한다는 것을 의미한다. 접속 지연 시간

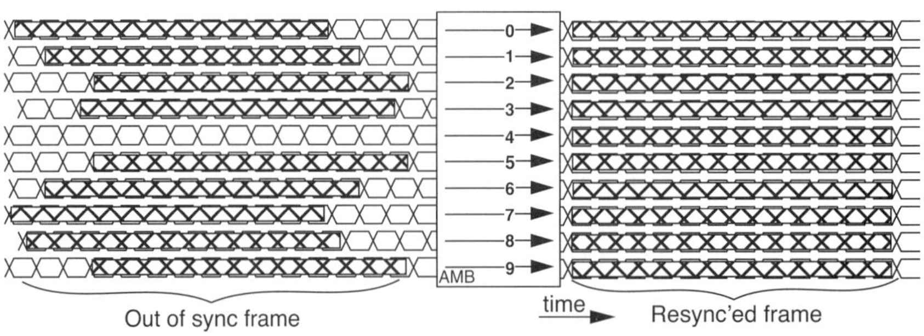

그림 14.7_ AMB에 의해 비동기화 된 frame의 재동기화

은 메모리 시스템 성능의 중요한 접근 부분이기 때문에, AMB는 프레임을 전달하는 데에 있어서 resample 모드와 resync 모드라는 각기 다른 두 가지의 모드를 가진다.

그림 14.8은 AMB의 southbound pass-through 로직 인터페이스를 보여준다. 그림은 데이터가 AMB에 의해서 여러 비트 lane을 통해 받아지게 되면, 서로 다른 세 가지 길로 내부적으로 분리되어 나아가게 된다. Resample 데이터 경로에서는, 비트 간의 jitter가 유도되는 데이터 클럭 신호를 이용한 AMB에 의해 제거되지만, AMB에 의해서 각 비트 lane의 데이터가 AMB에 의해 resolve 되자마자 다시 다음의 AMB로 반복된다. Resample 모드에서는 비트 lane 간에 존재하는 skew가 개별 노드에서 제거되진 않는다. 따라서 각 프레임이 연속되는 AMB로의 채널로 반복되면서 비트 lane 간의 최악의 skew는 비트 lane 간의 데이터가 10UI 이상 어긋나는 더 나쁜 상황까지 축적되게 된다. 현재 FB-DIMM 메모리 시스템은 46UI의 누적 skew를 견딜 수 있도록 설계되고 각 AMB는 이 만큼의 skew를 보상할 수 있도록 설계된다. Resync 데이터 경로에서는 pass-through 로직은 다음으로 데이터를 재구동하기 전에 각 비트 lane의 데이터를 지연시키고 재정렬한다. 그림 14.8은 또한 resync, resample 경로와 동시에 프레임 내의 커맨드를 추출하기 위해서 비트 lane상의 데이터가 AMB에 의해서 시간 보상, demultiplex, 디코드된다는 것을 보여준다.

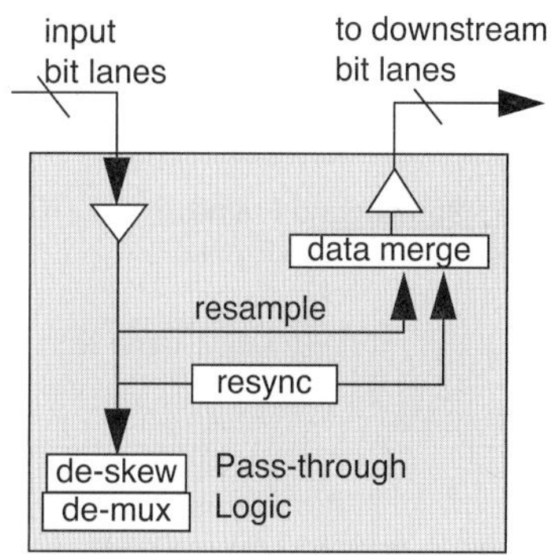

그림 14.8_ AMB의 pass-through 로직 인터페이스

14.4 액세스 프로토콜

FB-DIMM 시스템은 메모리 컨트롤러와 AMB 사이에서 통신하기 위해 프레임 기반의 프로토콜을 사용한다. 각 AMB는 자신에게 전송되는 프레임을 받아들이고 그것을 northbound와 southbound 채널상의 아래쪽으로 재전송하는 역할을 수행한다. FB-DIMM 프로토콜에서 각 프레임은 커맨드, read 데이터, write 데이터, 상태 정보를 포함한다. 그림 14.9는 FB-DIMM에서 흔히 사용되는 세 종류의 프레임(command-only 프레임, command-plus-write-data(W–D) 프레임, read data(R–D) 프레임)을 보여주고 있다. 그림 14.9는 southbound 프레임이 최대 3개의 커맨드 또는 하나의 커맨드와 72비트의 write 데이터로 이루어진 단일 버스트를 가진다. 이와는 대조적으로 northbound 데이터 프레임은 상태 정보 또는 144비트의 read 데이터를 포함한다. Southbound와 northbound 채널 각각의 데이터 전송 시간 측면에서 커맨드 서브 프레임은 4UI의 데이터 전송 시간을 차지하며 write 데이터 서브 프레임은 8UI의 전송 시간을, 마지막으로 read 데이터 프레임은 12UI의 데이터 전송 시간을 차지한다.

그림 14.9에서 한 가지 흥미로운 점은 FB-DIMM 메모리 시스템이 read와 write 대역폭 측면에서 비대칭으로 설계되었다는 것이다. 다시 말해서, FB-DIMM 채널이 완벽하게 read와 write 데이터 프레임으로 가득 차 있는 상황에서 southbound 채널은 command-plus-write-data 프레임으로 채워져 있고 northbound 채널

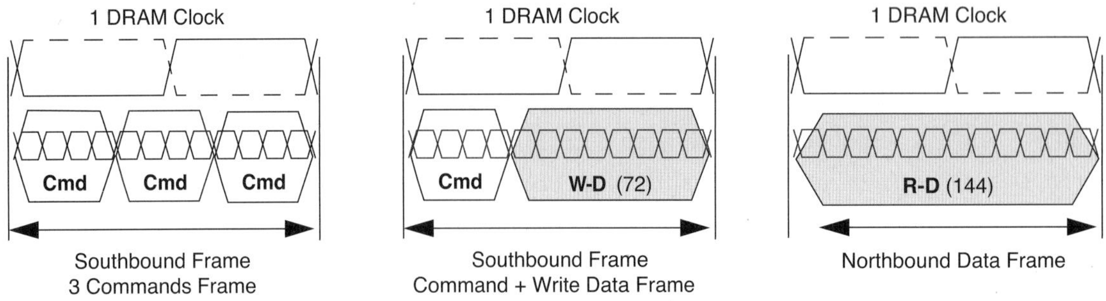

그림 14.9_ 일반적인 FB-DIMM frame 포맷

은 read data 프레임으로 채워져 있다는 것이다. 이러한 경우에 southbound 채널은 매 DRAM 클럭 주기마다 단일 커맨드와 72비트의 데이터로 이루어진 단일 버스트를 전송할 수 있는 반면, northbound 채널은 144비트 데이터를 전송할 수 있다. 이러한 방법으로 FB-DIMM 채널은 주어진 DRAM 디바이스의 랭크로부터 다른 랭크에 최댓값의 절반에 해당하는 write 대역폭을 전송하는 것 이외에도 최대 read 대역폭을 전송할 수 있다. 따라서 FB-DIMM 채널은 동일한 속도의 DRAM 디바이스를 사용하는 단일 DRAM 채널의 1.5배에 해당하는 대역폭을 제공할 수 있다.

14.4.1 프레임 정의

그림 14.9는 northbound와 southbound 프레임들 모두 각 채널에 대하여 12UI의 고정된 지속 시간을 가지게 설계된다는 것을 보여주고 있다. Southbound 채널은 10비트 lane으로, northbound 채널은 14비트로 구성되어 있기 때문에, 각 southbound 프레임은 120비트의 정보를 전송하며 각 northbound 프레임은 168비트의 정보를 전달한다. 데이터와 커맨드 정보 이외에도 120비트와 168비트 프레임은 전송 오류를 확인하기 위해서 수신 에이전트에 의해 사용되는 CRCs(Cyclic Redundancy Checksums)를 전달한다. 세 가지 일반적인 종류의 프레임이 그림 14.9에 묘사되어 있으며, 아래에 더 자세히 기술한다.

Southbound Command-Only 프레임

Command-only 프레임은 최대 세 개의 독립적인 커맨드들로 구성되어 있다. 프레임 내의 각 커맨드는 일반적으로 southbound상의 별도의 DIMM으로 보내지며 병렬적으로 동작할 수 있도록 지시한다. 어떤 경우에는 다른 커맨드들이 동일한 DIMM상의 다른 랭크들로 전달된다. 또한 특정 커맨드들은 병렬적으로 다수의 DIMM들의 동작에 영향을 주도록 지시한다. 예를 들어 CKE 커맨드는 여러 DIMM에 있는 DRAM 디바이스들이 파워 다운 상태로 들어가도록 하는 데 사용될 수 있다. command-only 프레임이 3개보다 작은 커맨드를 포함하는 경우에는 no-ops나 플랫폼별 디버그 패턴들이 프레임을 채우는 데 사용된다.

Southbound Command Plus (Write) Data 프레임

Southbound 프레임은 최대 3개의 커맨드 또는 하나의 커맨드와 72비트의 write 데이터를 전달할 수 있다. 일반적으로 72비트의 write 데이터는 64비트의 어플리케이션 데이터와 오류를 고치기 위한 8개의 체크 비트로 구성된다. 또한, 8비트는 에러 정정 기능을 지원하지 않는 메모리 모듈에서 바이트 간의 데이터를 마스킹하기 위한 용도로 사용될 수도 있다. command-plus-data 프레임은 메모리 컨트롤러로부터 FB-DIMM으로 write 데이터를 전달하는 데 사용되며 DRAM 디바이스의 주어진 랭크에 연속적인 버스트를 write하기 위해서 다수의 프레임이 필요하다. 그러나 단일 write 버스트를 형성하기 위해 필요한 여러 개의 command-plus-data 프레임들은 FB-DIMM 채널에서 연속적일 필요는 없다. 실제로 command-plus-data 프레임은 command-only 프레임으로 인터리브될 수도 있다. 마지막으로 FB-DIMM의 한 가지 특이한 점은 각 write 데이터 서브 프레임이 대상 AMB 어드레스의 한 비트로 이루어져 있고, 세 개의 write 데이터 서브 프레임은 AMB 어드레스를 식별하기 위해서 필요하다는 것이다. 따라서 모든 AMB들은 대상 AMB의 어드레스를 알 때까지 각각의 write FIFO에 write 데이터 서브 프레임을 버퍼링해야 한다.

Northbound data 프레임

각 northbound data 프레임은 128비트의 데이터와 메모리 컨트롤러의 에러 정정 메커니즘을 수행하기 위한 16비트의 체크 비트로 이루어져 있다. 각 northbound data 프레임은 2개 혹은 하나의 DIMM 클럭 주기 내에 DRAM으로부터 전달되는 데이터로 채워져 있다.

14.4.2 커맨드 정의

일반적으로, FB-DIMM 메모리 컨트롤러는 AMB로 DRAM 커맨드와 채널 커맨드 2가지 타입의 커맨드 중 하나를 전달한다. DRAM 커맨드는 AMB가 FB-DIMM 메모리 컨트롤러를 대신하여 DRAM 디바이스를 제어하기 위해 사용한다. 채널 커맨드는 FB-DIMM 메모리 컨트롤러가 AMB를 관리하기 위해서 사용한다. FB-DIMM 메모리 컨트롤러가 DRAM 디바이스로 보내는 DRAM 커맨드는 DDR2 SDRAM 커맨드 세트의 간단한 커맨드다.[3] 반대로 새로운 채널 커맨드 세트는 FB-DIMM 메모리 컨트롤러가 FB-DIMM의 동작 조건을 제어하기 위해서 필요하다.

FB-DIMM 채널 커맨드 세트는 몇 개의 디버그 커맨드, write 구성 레지스터 커맨드, read 구성 레지스터, soft channel-reset 커맨드, DRAM CKE(클럭을 활성화시키는 신호) management 커맨드, channel sync 커맨드들로 이루어진다.

Soft channel-reset 커맨드는 FB-DIMM 컨트롤러가 감지된 전송 오류로부터 복구하는 데 사용하는 커맨드다. 예를 들어, FB-DIMM 메모리 컨트롤러가 주어진 프레임에서 전송 오류를 나타내는 잘못된 CRC

3 DDR 3는 FB-DIMM2에 사용될 것으로 예상된다.

checksum signature를 감지한 경우나 또는 FB-DIMM 메모리 컨트롤러가 AMB로부터 받은 프레임상의 CRC 오류를 알려주는 경고 프레임을 받은 경우에 FB-DIMM 메모리 컨트롤러는 채널의 AMB 상태를 리셋하기 위해서 AMB로 soft channel-reset을 보낼 수 있다. Soft channel-reset 커맨드가 FB-DIMM 메모리 컨트롤러로부터 나오게 되는 경우, FB-DIMM 메모리 컨트롤러는 결함이 발생한 프레임과 그 DRAM 디바이스에 들어가지 않은 이전의 모든 write 데이터를 재전송하게 된다.

Channel-sync 커맨드는 FB-DIMM 컨트롤러가 AMB의 클럭 복원 회로가 모든 비트 lane에 대해서 phase lock을 할 수 있게 최소한의 상태 변화를 갖고 있는지를 확인하는 커맨드다. Sync 커맨드에 대한 응답으로 read 데이터 리턴 프레임과 동일한 타이밍으로 상태 프레임이 north bound 채널상의 FB-DIMM 방향으로 있는 최종 단의 AMB에 의해 보내지게 된다. 이러한 방식으로 sync 프레임은 southbound, northbound 양 채널상의 AMB에 있는 클럭 복원 회로로 인해 최소한의 변화가 있는지를 보장한다. 결론적으로 sync 프레임은 매 42~46 프레임마다 삽입되어서, FB-DIMM 채널이 쉽게 또는 무기한적으로 파워가 꺼질 수 없도록 하기 위해 필요하다.[4]

14.4.3 프레임과 커맨드 스케줄링

현재 FB-DIMM 액세스 프로토콜은 단일 마스터에 여러 slave를 가지는 제어 프로토콜 형태로 설계되고 있다. DRAM 커맨드와 프레임 스케줄링은 FB-DIMM 메모리 컨트롤러에 의해 독점적으로 수행된다. AMB는 FB-DIMM 메모리 컨트롤러부터 독립적으로 동작하기 위해서 매우 작은 수의 로직을 가지고 있다. AMB는 예상 가능하고 미리 정의된 타이밍의 채널 커맨드에 반응하고 예정된 동작을 수행하지 않고서 패킷화된 프레임 커맨드들을 DRAM 커맨드로 변환한다. AMB는 DRAM 프로토콜 이행에 대해 확인하지 않고 또한 여러 AMB가 read 데이터 또는 상태 정보를 동시다발적으로 리턴하도록 요청되는 상황에서 northbound 채널상에 발생하는 프레임 충돌을 막지 않는다. 따라서 FB-DIMM은 DRAM 커맨드가 DRAM 커맨드-액세스 프로토콜의 제약을 준수하고 northbound 프레임상의 복수의 프레임들이 충돌하지 않도록 함으로써 커맨드를 스케줄링하기 위해 필요하다.

그림 14.10은 FB-DIMM 채널에서 read 처리의 과정을 보여주고 있다. 그림에서 단일의 southbound command-only 프레임이 로우 활성화 커맨드와 posted column-access-and-precharge 커맨드를 모두 가지고 있다. 로우 액세스 커맨드는 커맨드 slot A에 포함되어 있고, posted column-access-and-precharge 커맨드는 커맨드 slot B에 포함되어 있다. 그림 14.10은 주어진 프레임 내의 커맨드 A가 커맨드 B, C로부터 다른 DRAM 클럭 주기에 실제로 스케줄되는 FB-DIMM 액세스 프로토콜의 특징을 보여주고 있다. 즉, 프레임 'n'의 커맨드 A는 AMB에 의해 DRAM 클럭 'i'안에 DRAM 디바이스로 보내지게 되고, 프레임 'n'의 DRAM 커맨드 B와 C는 AMB에 의해 DRAM 클럭 'i+1' 동안에 DRAM 디바이스로 보내지게 된다. 또한 프레임 'n'의 커맨드 B와 C는 프레임 'n+1'의 커맨드 A와 같은 클럭 주기에 스케줄된다. command-only 프레임의 split-cycle 스케줄링은 그림 14.10에서 보여지는 것과 같이 로우 활성화 커맨드와 posted column read 커맨

4 sync 프레임 간격 필요 사항은 특정 AMB 이행과 JEDEC AMB 사양에 대한 적합성에 따른다.

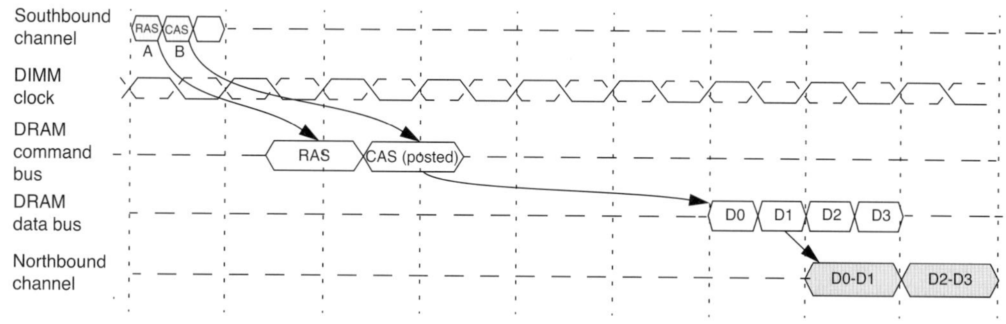

그림 14.10_ FB-DIMM 채널 상의 read 처리 관련 그림(정확한 시간척도는 아님)

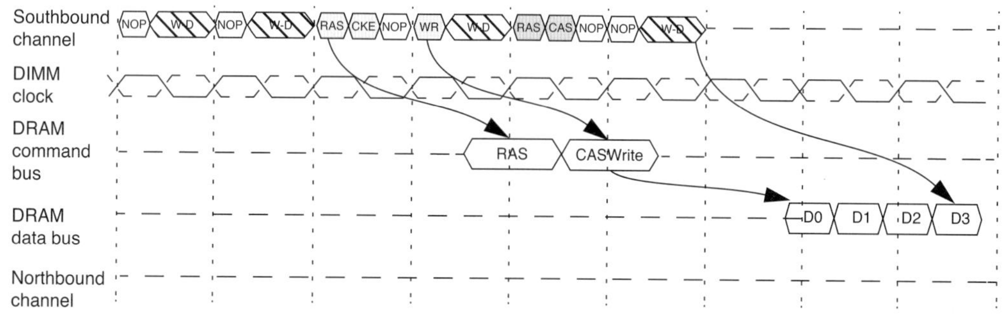

그림 14.11_ FB-DIMM 채널 상의 write 처리 관련 그림(정확한 시간척도는 아님)

드가 모두 단일 프레임상에 놓여지는 것을 의미한다. Split-cycle 스케줄링은 또한 최고의 성능을 얻기 위해서 latency-critical DRAM 커맨드들이 가능하면 커맨드 slot A에 놓여져야 한다는 것을 의미한다.

그림 14.10에서 AMB는 로우 액세스 커맨드와 posted column-access-and-precharge 커맨드를 DRAM 디바이스로 보내고 DRAM 디바이스는 3주기 이후에 AMB로 데이터를 리턴한다.[5] 그 다음에 AMB는 read 데이터를 두 개의 프레임으로 싸고 이것들을 northbound 채널을 통해서 FB-DIMM 메모리 컨트롤러로 보낸다. 그림 14.10은 4-beat 데이터 버스트를 보내도록 프로그램된 DRAM 디바이스를 보여주고 있다. DRAM 디바이스가 8-beat 데이터 버스트를 돌려보내도록 프로그램된 경우에 AMB는 4개의 연속적인 northbound 프레임을 통해 FB-DIMM 컨트롤러로 데이터를 보내게 된다.

그림 14.11은 FB-DIMM 시스템상에서 메모리 write 처리 과정을 보여주고 있다. Write 데이터는 northbound 채널을 통과하는 read 데이터에 비해 2배에 해당하는 프레임의 수가 프레임 southbound 채널로 보내기 위해 필요하다. 그림 14.11은 FB-DIMM 메모리 시스템상의 write 처리에 몇 가지 중요한 사항들을 보여주고 있다. 그림 14.11에 표시된 write 처리의 중요한 점 한 가지는 DRAM 디바이스로 단일 write 버스트를 위해 write 데이터를 전달하는 southbound 프레임은 southbound 채널상에 연속적으로 스케

5 해당 그림은 정확한 시간 척도로 그려지지 않았으며, AMB 지연 시간은 그려진 것에 비하여 훨씬 더 길다. 또한 어떠한 DDR2 SDRAM 디바이스도 로우 액세스 커맨드 이후 응답할 수 있을 만큼 빠르지 않다.

줄될 필요가 없다는 것이다. 오히려 그림 14.11에서 볼 수 있듯이 write 데이터를 포함하는 프레임이 개별적으로 스케줄된다. 이는 Northbound 채널상의 데이터를 리턴하기 위해 DRAM read 커맨드를 스케줄하는 command-only 프레임이 삽입될 수 있도록 해준다. 두 번째 중요한 점은 칼럼 write 커맨드가 write 커맨드에 필요한 모든 데이터가 AMB로 전달될 때까지 기다릴 필요가 없다는 것이다. 오히려 write 커맨드는 AMB로 모든 write 데이터가 전달되기 전에 초기화된다. 그림 14.11에서는 필요한 write 데이터의 마지막 beat를 전달하는 프레임이 최소한의 write 데이터 통과 시간 전에 AMB로 보내지는 동안 write 데이터는 write 커맨드 타이밍으로부터 분리된다는 것을 설명하고 있다. 최종적으로 분리된 write 데이터 프레임상의 AMB 어드레스의 인코딩은 다른 burst-length-of-four write burst에 대한 다른 write 데이터 프레임이 각자에게 인터리브될 수 없다는 것을 의미한다.

14.5 Advanced Memory Buffer

AMB(Advanced Memory Buffer) 첫 세대는 DRAM 디바이스를 제어하기 위해서 FB-DIMM 메모리 컨트롤러에 대한 큰 규모의 비지능형 인터페이스로 설계되었다. AMB가 채널 리셋 상황에서 DRAM 데이터를 보호하기 위해 사용하는 셀프 리프레시 커맨드를 제외한 모든 DRAM 커맨드들은 반드시 호스트 메모리 컨트롤러부터 와야 한다. 그림 14.12는 AMB의 블록 다이어그램을 보여준다. 그림에서 AMB는 크게 3가지 하위 블록으로 나눌 수 있는데 이는 각각 southbound pass-through 로직 블록, core 블록, northbound pass-through 로직 블록이다.

그림 14.12는 더 나아가서 3개의 블록들이 각각의 클럭 도메인상에서 반 독립적으로 동작하는 것을 보여주고 있다. 그러나 다른 클럭 도메인상의 로컬 클럭들은 동일한 클럭 입력으로부터 얻어지기 때문에, 각각은 기본 주파수의 상수 배에 해당하는 속도로 동작한다. 또한 그림 14.12가 AMB의 유일한 구조는 아니다. AMB는 특정한 구조에 국한되지 않고 각각에 대하여 상대적으로 mesochronous하게 동작하는 더 많은 하위 블록들로 구현된다.

AMB의 pass-through 로직 블록들은 southbound 채널상의 커맨드와 command-plus-data 프레임이 AMB를 통해서 전달되고 northbound read data 프레임은 AMB를 통해서 FB-DIMM 메모리 컨트롤러로 전달되도록 한다. Southbound pass-through 로직에서 모든 커맨드들은 커맨드가 DIMM을 목표로 하거나 모든 write 데이터 서브 프레임들이 write FIFO로 배치되는지를 알기 위해서 부분적으로 디코딩된다. 각각의 write 데이터 서브 프레임은 오직 1비트의 대상 AMB 어드레스를 포함하고 3개의 write 데이터 서브 프레임들은 3비트의 AMB 어드레스들을 식별하는 데 필요하기 때문에 AMB는 대상 AMB의 어드레스가 알려질 때까지 write FIFO에 write 데이터를 버퍼링한다. 그리고 write 데이터의 AMB 어드레스가 알려지면, 버퍼링된 write 데이터는 비매칭 AMB의 write FIFO에 의해 버려진다. 반면 선택된 DRAM 디바이스의 랭크에 데이터를 이동시키기 위해서 칼럼 write 커맨드가 메모리 컨트롤러로부터 도착할 때까지 알맞은 어드레스를 가진 AMB는 계속해서 write 데이터를 버퍼링한다. 그러나 지연 시간이 매우 중요한 read 커맨드에 이익이 되도록 write 커맨드가 지연이 되기 때문에 write FIFO는 반드시 여러 write 버스트를 버퍼링해야만 한다. 현재 AMB는 타겟 AMB 어드레스가 디코딩되기 전에 버퍼링되어야 하는 3프레임의 write 데이터 이외에도

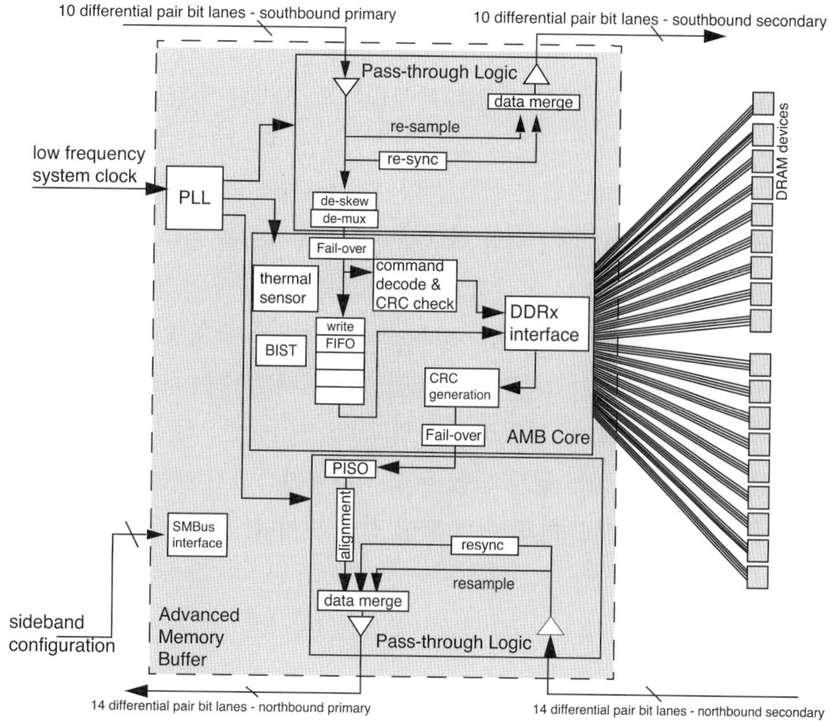

그림 14.12_ AMB의 중요한 하위 블락들

최대 72비트의 write 데이터로 이루어진 32개의 프레임을 버퍼링하도록 설계되어 왔다.

AMB의 핵심 하위 블록은 통과하는 각각의 프레임을 검사하고 필요에 따라 프레임상의 커맨드에 작용한다. AMB에 의해 제어되는 DIMM의 DRAM 디바이스로 전달되는 칼럼 read 커맨드의 경우에는 AMB가 지정된 DRAM 디바이스에 커맨드를 보내고 해당 DRAM 디바이스로부터 read 데이터 버스트를 받아들인다. 그 다음에 AMB는 필요한 CRC checksum을 계산하여 전송하기 위한 read 데이터를 준비하고 프레임 형태로 데이터를 싼다. 그 다음 데이터는 northbound pass-through 로직 하위 블록으로 보내져서 FB-DIMM 메모리 컨트롤러 쪽으로 되돌려 보내질 수 있게 된다. Northbound 로직 하위 블록에서는 데이터가 먼저 PISO(Parallel In Serial Out) 로직 회로를 통해서 직렬화된다. 마지막으로 비트 lane 간의 skew를 맞추기 위해서 비트 lane들이 개별적으로 시간 정렬된 이후에 read 데이터 프레임은 northbound 비트 lane상에 배치된다. 이러한 방법으로 DDRx SDRAM 메모리 시스템에 있는 종래의 멀티 드롭 버스 토폴로지에 필요한, 서로 다른 버스 마스터 간의 변환을 위한 랭크 간의 데이터 버스 처리 시간 없이, read 데이터 프레임은 원활하게 northbound 비트 lane에 병합된다. AMB의 원활한 버스트 병합 능력은 FB_DIMM 메모리 시스템이 메모리 시스템의 주어진 채널에 있는 서로 다른 랭크 사이에 고속의 read 대역폭이 유지되게 해준다.

AMB의 내부 구조를 묘사한 것 이외에도, 그림 14.12는 AMB가 시스템에 제공하는 다양한 인터페이스를 보여준다. 그림 14.12는 FB-DIMM 메모리 컨트롤러로 향하는 채널 연결이 각각 southbound primary와 northbound primary 연결이라는 것을 보여준다. FB-DIMM 메모리 컨트롤러로부터 떨어져 있는 AMB의 채널 연결은 2차 채널 연결로 지칭된다.

14.5.1 SMBus 인터페이스

그림 14.12는 또한 AMB에 들어가는 SMBus 인터페이스라고 표시된 추가적인 인터페이스를 보여준다. SMBus(System Management Bus)는 산업 표준의 저속 버스 인터페이스이다. FB-DIMM 메모리 컨트롤러는 이를 이용해서 AMB의 내부 구성 레지스터로 읽고 쓴다. SMBus 인터페이스는 FB-DIMM 메모리 컨트롤러에 AMB의 내부 구성 레지스터에 접근하기 위한 sideband 인터페이스를 준다. 이는 고속의 in-band 점대점 northbound와 southbound 채널 연결과는 독립적으로 존재한다. SMBus 인터페이스의 사용은 구성과 상태 레지스터 접근의 정해진 역할에 제한되고 여러 northbound 비트 lane에 치명적인 결함이 발생한 경우에 메모리 컨트롤러로 하여금 DRAM 디바이스부터 데이터를 빼버리게 해주는 sideband 접근 연결로는 사용되지 않는다. SMBus 인터페이스의 역할이 레지스터의 읽고 쓰는 기능만으로 제한되는 이유는 SMBus가 작은 핀 수를 가지고 수십 kHz로 동작하는 멀티 드롭 버스 인터페이스이기 때문이다. 이러한 낮은 속도로 메모리의 기가바이트를 움직이게 하면 몇 주 또는 몇 달이 걸릴 것이다.

14.5.2 BIST

큰 메모리 시스템에서 존재하는 한 가지 문제는 메모리 테스트 시간이다. 완전히 구성된 FB-DIMM 메모리 시스템에서 전체 메모리 테스트 시간은 상당한데, 이는 테스트 시간이 필수적으로 메모리 용량을 가능한 메모리 대역폭으로 나눈 것에 비례하기 때문이다. 따라서 AMB는 여러 FB-DIMM에 있는 메모리 테스트가 병렬로 진행될 수 있도록 하는 편리한 제어 인터페이스를 제공한다. 메모리의 병렬 테스트를 지원하기 위해서 AMB는 메모리 컨트롤러에 의해서 조정되는 몇 가지 자동적인 BIST(Built-In Self-Test) 스테이트 머신을 가지고 있다.

14.5.3 온도 센서

DDR2 SDRAM 기반의 FB-DIMM에서 AMB와 DDR2 SDRAM 디바이스의 2랭크는 최대 20W에 이르는 파워를 소모할 수 있다. FB-DIMM상의 높은 파워 소모는 온도에 민감한 전기적 특성이 상대적으로 짧은 시간에 대하여 변할 수 있다는 것을 의미한다. AMB는 통합된 온도 센서 인터페이스를 가지고 있어서 FB-DIMM 메모리 컨트롤러가 이를 이용해서 AMB의 온도를 읽고 필요한 경우 온도를 낮추기 위한 작업을 한다.

14.6 신뢰성, 가용성, 서비스 가용성

FB-DIMM 메모리 시스템은 서버와 워크 스테이션을 위한 새로운 형태의 메모리 시스템으로서 설계된다. 이러한 컴퓨터 시스템에서 메모리 시스템의 신뢰성은 매우 중요하다. 이러한 시스템의 신뢰 요구를 충족시키기 위해서 FB-DIMM 메모리 시스템은 완전히 구현되었을 때 메모리 시스템을 고장낼 수 있는 어떠한 단일 결함으로부터 메모리 시스템을 보호할 수 있는 신뢰성 기능의 범위를 갖게 설계되었다. 신뢰성 기능의 한가지 예는 FB-DIMM 메모리 시스템의 데이터 전송 레이어에 CRC를 포함시키는 것이다. 또한 FB-DIMM 메모리 시스템은 write 데이터 retry를 위한 메커니즘을 필요로 하는데 이는 비트 lane 결함을 방지하고 전체 시스템의 전원을 다운시키지 않고 시스템상의 결함이 있는 FB-DIMM의 제거와 새로운 FB-DIMM의 삽입을 가능케 해준다. 다음의 섹션에서는 이러한 RAS(Reliability, Availability, Serviceability) 특성을 각각 요약하여 다루도록 하겠다.

14.6.1 전송 레이어의 checksum 보호

FB-DIMM 메모리 시스템에서 기초적인 CRC 메커니즘은 전송 오류의 예방 기준을 제공하기 위해서 사용된다. FB-DIMM 메모리 시스템은 메모리 컨트롤러와 AMB 간의 전송을 위해서 커맨드와 데이터를 싸기 때문에, FB-DIMM 메모리 시스템은 오류가 발생할 수 있었던 기존의 메모리 시스템에 연결과 관련된 새로운 레이어를 추가하였다. 더 구체적으로, 높은 데이터 변환 밀도를 보장하기 위한 인코딩된 데이터를 사용하지 않고, 독립적인 비트 lane으로부터 클럭을 복원하는 FB-DIMM 메모리 시스템의 신뢰는 비트 lane 상의 데이터 변환 밀도가 상대적으로 적을 수도 있으며, 클럭 복원 회로가 전압 노이즈 또는 온도에서 유발된 jitter를 조절하기 위해서 늦은 속도록 동작할 수도 있다는 것을 의미한다. 더 나아가 주어진 비트 lane 상의 클럭 복원 회로가 예상보다 높은 jitter에 의해 phase tracking을 잃은 경우에 주어진 비트 lane상의 전송 프레임 안에 여러 연속적인 비트들을 잃을 수 있다. 이는 추후 수정할 수 없을 정도의 복합적인 비트 에러를 낳는다. 결과적으로 FB-DIMM 메모리 시스템은 이러한 결함을 예방할 수 있는 특성과 메커니즘을 가지게 설계되었었다. FB-DIMM 채널 프로토콜에서 각각의 전송되는 프레임은 비트 lane상의 복합적 비트 결함을 예방할 수 있도록 설계된 CRC에 의해서 보호된다. Southbound 커맨드나 write 데이터 프레임상의 CRC 에러가 AMB에 의해서 감지된 경우에 AMB는 northbound 채널을 통해서 경고 프레임을 되돌려 보내고 커맨드 에러 대기 상태로 들어가고 DRAM 커맨드에 대해서 응답하는 것을 멈춘다. 그 후에 FB-DIMM 메모리 컨트롤러는 soft channel-reset 커맨드에 따라 채널을 초기화시킨다. CRC 보호 메커니즘의 결과로서 높은 신뢰성을 가지는 FB-DIMM 메모리 컨트롤러는 FB-DIMM 채널상에 있는 커맨드와 write 데이터를 복사하여 이것들이 채널이 초기화된 이후에 다시 전송될 수 있도록 해주며 비트 lane 결함이 발생한 경우에 문제가 있는 비트 lane을 배제할 수 있도록 해준다.

14.6.2 비트 Lane 스티어링

DRAM 모듈에서 발생하는 일반적인 피할 수 없는 결함은 연결 결함이다. 특히 메모리 모듈이 최종 사용자에 의해 소켓으로부터 제거되거나 삽입되기 때문에 메모리 모듈의 서로 다른 부분에 인가되는 불균등 압력이 메모리 모듈과 시스템 커넥터 인터페이스에 압력을 주게 된다. 메모리 모듈상의 압력은 연결 부위에 미세한 결함을 유발하거나 미세 결함 부위에 반복되는 온도 측면의 압력이 가해지면서 커넥터 결함을 유발할 수 있다. 결과적으로 메모리 모듈은 몇 달간의 믿을 수 있는 동작 이후에도 불량이 발생할 수 있다. 일반적으로 high-end 서버나 워크스테이션에 있는 메모리 시스템의 에러 정정 능력은 메모리 컨트롤러와 DRAM 디바이스 간의 연결 결함으로부터 보호해 줄 수 있다. 그러나 FB-DIMM 메모리 시스템은 AMB와 메모리 컨트롤러 사이에 새로운 수준의 연결 방식을 소개한다. 이전에 언급했듯이 FB-DIMM 메모리 시스템은 CRC를 사용해서 전송 에러로부터 보호한다. 그러나 메모리 컨트롤러상에 있는 chipkill 보호 메커니즘이나 CRC 중 아무것도 메모리 컨트롤러와 AMB 간의 또는 AMB 간의 연결에서 생기는 결함을 막지는 못한다. AMB 간의 연결 구조에 생기는 결함을 예방하기 위해서 FB-DIMM 메모리 시스템은 비트 lane 스티어링(steering)과 단일 연결 결함일 경우에는 정해진 fail-over 모드에 의존한다.

Southbound 채널상의 비트 lane에 결함이 생긴 경우, AMB는 각각의 전송 프레임으로부터 CRC 오류를 감지하고 northbound 채널을 통해서 FB-DIMM 메모리 컨트롤러 쪽으로 경고 프레임을 보낸다. 그 다음에 FB-DIMM 메모리 컨트롤러는 soft channel-reset 커맨드와 함께 채널을 복구하려고 시도하며 southbound와 northbound 점대점 채널에서 데이터 비트 타이밍에 대하여 AMB가 lock 될 수 있도록 다시 트레이닝을 진행한다. 결함이 있는 비트 lane은 할당 시간 내에 채널 타이밍 트레이닝에 실패한다. 이러한 경우에 FB-DIMM 메모리 시스템은 FBI-DIMM 메모리 컨트롤러와 AMB 사이에서 남은 비트 lane들이 계속해서 동작하고 커맨드, 상태, 데이터를 전송할 수 있도록 설계된다. 그림 14.13은 비트 lane 스티어링 로직 회로를 묘사한 블록 다이어그램을 보여준다. 위의 다이어그램은 정상적인 동작을 수행하는 경우의 데이터의 흐름을 보여주고 있으며, 아래쪽의 다이어그램은 비트 lane 결함이 생긴 경우에 결함이 있는 비트 lane 주변의 데이터 흐름을 보여준다. 그림 14.13은 비트 lane의 벡터 입력이 최상위 비트 lane을 제외하고는 각각의 외부 입력이 두 개의 내부 비트 lane 중 한 개에 들어가게 설계되어 있는 것을 보여준다. 연결의 결함이나 이전 AMB의 출력 드라이버가 stuck-at-value 결함에 빠지도록 영향을 주는 비트 lane의 결함 측면에서 비트 lane 스티어링 회로는 남은 비트 lane들을 병합하여 결함이 있는 비트 lane을 배제함으로써 감소된 전송 용량을 가지는 상태로 계속 동작할 수 있도록 한다. 이러한 모드에서 기초적인 프레임 포맷과 프레임의 부담은 영향을 받지 않지만, 유효 부담량의 CRC는 작은 비트를 사용하는 약한 형태로 감소된다. 본질적으로 프레임 전송 레이어는 충분한 전송 능력을 가져서 비트 lane의 결함을 유지하고 지속적으로 동작할 수 있게 된다.

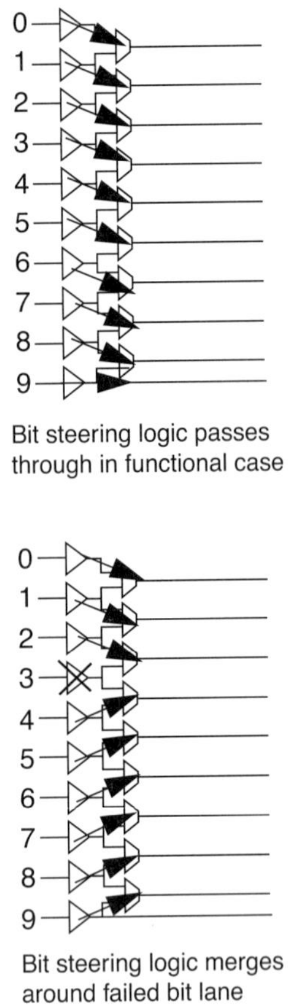

그림 14.13_ 비트 레인 steering logic

14.6.3 Fail-over Mode

FB-DIMM 채널은 명목상 southbound 채널상에 10개의 비트 lane과 northbound 채널 간의 14개의 비트 lane으로 구성된다. 정상적인 southbound 프레임은 10개의 비트 lane을 통해서 120개의 비트를 전달하는 12개의 트랜스퍼로 이루어져 있다. 그리고 정상적인 northbound 프레임은 비트 lane들을 통해서 168

비트를 전달하는 12개의 트랜스퍼로 이루어져 있다. FB-DIMM 메모리 시스템의 설계에서 northbound와 southbound 채널들은 각각의 채널이 주어진 비트 lane의 결함을 견딜 수 있도록 하기 위해서 충분한 용량을 가지게 설계된다.

Southbound command-plus-write-data 프레임에서 각각의 프레임은 2비트의 프레임 타입과 24비트의 커맨드, 64비트의 데이터, 81개의 체크 비트나 데이터 마스크 비트, 22비트의 CRC 데이터로 이루어져 있다. Southbound 채널에서 결함이 있는 비트 lane이 있는 경우에는 비트 스티어링 로직은 southbound 채널이 계속해서 9개의 비트 lane으로 동작할 수 있도록 보장하기 위해서 사용된다. 이런 경우에 10비트 lane으로 이루어진 southbound 채널은 9비트 lane 채널에 대해 failed-over를 가진다고 할 수 있으며 약한 CRC 보호에도 지속적으로 동작한다. 9-bit-lane fail-over 모드에서 FB-DIMM 메모리 컨트롤러에 의해 전송된 커맨드 프레임은 22비트 CRC가 10비트의 CRC로 감소된 것을 제외하고는 동일한 상태를 유지한다. CRC 보호의 세기가 감소되었음에도 불구하고, 10-비트 CRC는 두 번째 비트 lane에 결함이 있는 경우에 연속적인 결함뿐만이 아니라 모든 1-비트, 2-비트, 3-비트의 결함을 계속해서 감지한다. 그러나 FB-DIMM 채널은 southbound 채널상의 8비트 lane으로 동작하기 위해서 필요한 충분한 용량을 가지지 못한다.

Northbound 채널에서 데이터 프레임은 128 데이터 비트, 16 체크 비트, 24 CRC 비트로 이루어져 있다. 24 CRC 비트는 64 데이터 비트와 8 체크 비트 두 그룹의 전송을 따로 보호하는 두 그룹의 12 CRC 비트로 구분된다. 비트 lane 결함이 있는 경우에 northbound 채널은 13-bit-lane fail-over 모드에 놓여진다. 해당 모드에서는 각 프레임 내의 그룹 별로 6 CRC 비트가 CRC 보호에 사용된다. 최종적으로 FB-DIMM-access 프로토콜은 선택적인 fail-over 모드를 정의하는데, 해당 모드는 13-bit-lane northbound 채널이 12-bit-lane northbound 채널로 fail-over 되게 한다. 이 모드에서 northbound framing 프로토콜은 체크 비트의 전송은 없으나 각 프레임의 그룹별로 6개의 CRC 비트를 가지고 동작할 수 있도록 정의된다. 그러나 FB-DIMM 메모리 시스템은 단일 비트 lane의 결함에 대해서는 견딜 수 있도록 설계되고 비트 lane이 병합된 로직 회로는 이러한 가정을 고려하여 설계된다. 따라서 현재 AMB 세대는 northbound 채널의 2비트 lane의 결함을 가진 채로 계속 동작하도록 설계되지는 않는다. 본질적으로 fail-over 모드는 비트 lane 결함이 발생한 경우 FB-DIMM 채널로부터 데이터를 안전하게 이동하기 위한 메커니즘을 메모리 컨트롤러에 제공하도록 정의된다. 비트 lane 결함은 아마도 주어진 FB-DIMM에서 AMB 쪽의 연결 결함이나 AMB I/O 인터페이스의 결함의 결과물로써 나타난다. 그리고 데이터가 부분적으로 결함이 있는 FB-DIMM으로부터 전송되면 최종 사용자나 시스템 관리자가 결함이 있는 FB-DIMM을 제거하고 제 기능을 가지는 FB-DIMM으로 교체할 수 있다.

14.6.4 FB-DIMM의 추가 및 교체

FB-DIMM 메모리 시스템은 다양한 최고 사양의 컴퓨터 시스템을 위한 차세대 메모리 시스템으로 설계된다. FB-DIMM으로 설계된 고성능 시스템의 한 부류가 컴퓨팅 서버에 있는 고가용성 미션 크리티컬 시스템이다. 비록 어떤 주어진 메모리 모듈에서의 결함 발생 가능성은 상대적으로 낮지만, 시스템 차원에서의 결함 발생 가능성은 구성 요소들의 수에 따라 증가한다. 따라서 많은 수의 메모리 모듈을 사용하는 미션 크리티컬 시스템에서는 시스템으로부터 주어진 메모리 모듈에 있는 결함 요소를 고립시킬 수 있는 메커니즘이 존재해야 하며, 또한 해당 메커니즘은 이를 교체하고 메모리 채널로의 시스템 동작을 복원할 수 있어야 한다. FB-DIMM 메모리 시스템의 점대점 시스템 구조는 당연히 결함을 고립시키는 데에 적합하다. 또한 FB-DIMM 메모리 시스템 액세스 프로토콜은 동작 중인 시스템의 결함이 있는 FB-DIMM의 제거와 교체 및 추가된 FB-DIMM을 통한 FB-DIMM 채널의 초기화가 용이하도록 설계되어야 한다.

ECC 에러를 유발하는 결함이 있는 DRAM 디바이스나 CRC 에러를 유발하는 결함이 있는 비트 lane의 경우에는 FB-DIMM 메모리 시스템이 내장된 에러 정정 기능을 통한 지속적인 동작이 가능하다. 하지만 이미 단일 에러로부터 복원된 FB-DIMM 메모리상의 추가 발생 에러의 경우에는 이를 해결하지 못할 수도 있다. 따라서 시스템 컨트롤러는 에러 로그를 생산하여 해당 에러 로그가 최종 사용자나 시스템 관리자에게 메모리 모듈에 문제가 생겼거나 문제가 생긴 프로세스가 있음을 알려주어야 한다. 그러면 최종 사용자나 시스템 관리자는 메모리 컨트롤러에 문제가 있는 채널로부터 데이터를 빼서 안전한 저장 위치로 보내고 결함을 가진 FB-DIMM 채널의 일정 부분을 파워 다운 모드로 들어가도록 지시하게 된다. AMB는 northbound와 southbound 채널에 스스로 프레임을 전달하는 기능을 수행하기 때문에, 2차 southbound 채널로의 구동을 중지하고 2차 northbound 채널로부터의 프레임 수신을 중지하도록 지시할 수 있다. 그리고 시스템은 활성 소켓으로부터 전력을 제거할 수 있다. 그러면 최종 사용자는 새로운 FB-DIMM을 채널 안에 넣고 FB-DIMM 메모리 컨트롤러가 채널의 재트레이닝을 지시하여 FB-DIMM 채널에 있는 AMB가 개별적인 비트 lane 타이밍 내에 lock-in 상태로 들어가도록 한다. 또한 최종 사용자는 FB-DIMM 메모리 컨트롤러가 새로운 FB-DIMM이 추가된 FB_DIMM 채널의 latency 특성을 재구성하도록 지시한다.

14.7 FB-DIMM 성능 특성

FB-DIMM 메모리 시스템은 핀당 수백 MT부터 수 GT까지 메모리 시스템의 핀 대역폭을 크게 증가시켰다. 그러나 프레임 기반의 액세스 프로토콜은 northbound와 southbound 채널의 프레임 전달 시간과 4-point serial-to-parallel, parallel-to-serial 변환에 의한 상당한 양의 latency를 메모리 액세스 프로토콜에 추가시켰을 뿐만 아니라 northbound southbound 채널의 프레임 전달 시간도 추가시켰다. 그러므로 FB-DIMM 메모리 시스템의 성능 평가는 FB-DIMM 메모리 시스템의 대역폭과 latency 특성에 대한 심층적인 이해를 필요로 한다. 그리고 이 절에서 개시되는 평가는 FB-DIMM 메모리 시스템의 다양한 latency 요소들의 검사들을 통해 이루어진다.

그림 14.14는 FB-DIMM 메모리 컨트롤러의 관점에서 두 AMB FB-DIMM 메모리 채널에 대한 southbound부터 northbound로의, pin-to-pin 방식의 클로즈 페이지 DRAM 액세스 latency를 보여주고 있다. 그림 14.14에 그려진 latency 다이어그램은 FB-DIMM 메모리 컨트롤러가 프레임을 만들거나 분해하기 위해서 필요한 직렬화와 반직렬화(deserialization)에 의한 간접비를 포함하지 않고 있으며, 또한 다양한 어드레스 디코딩, 큐잉, 스케줄링에 의해 생기는 간접비도 포함하지 않았다.

각 latency 요소들은 A부터 L까지 표시되어 있으며, 각각의 개별적인 값들이 표 14.2에 요약되어 있다. 표

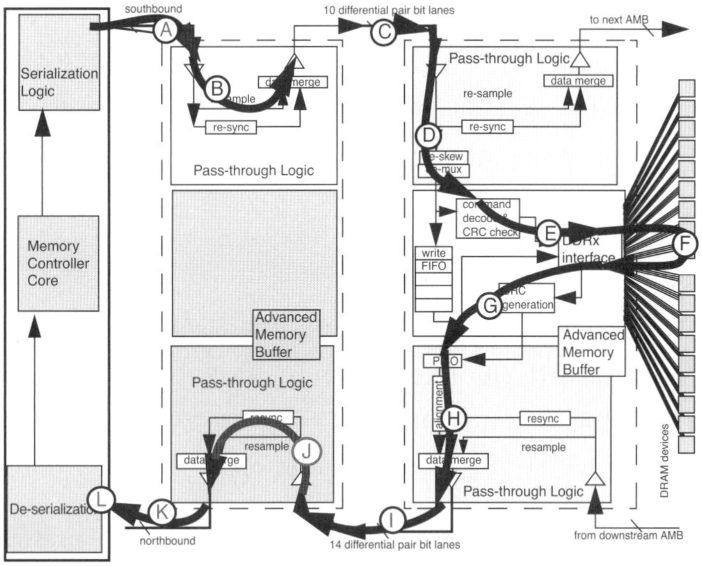

그림 14.14_ 두 AMB FB-DIMM 채널에서의 latency 성분 분해

표 14.2_ 샘플 FB-DIMM 채널 latency 분해(667MT/s DDR2 DRAM)

Latency component	MIN	MAX	Unit	Notes
A Controller-to-DIMM flight	800	1200	ps	Depends on controller-to-DIMM routing distance
B SB frame resample	900	1600	ps	Depends on silicon resample speed of AMB
C SB DIMM-to-DIMM flight	600	900	ps	Depends on DIMM-to-DIMM routing distance
D Frame de-skew and parallelize	5000	5900	ps	Realign independent bit lanes
E Command check and decode	3000	3000	ps	AMB specific
F DRAM access	25200	25200	ps	$t_{RCD} + t_{CAS} + t_{DQSCK}$ + CLK delay
G Data serialization	4500	4500	ps	Includes time for CRC generation
H Data merge onto NB traffic	1800	2800	ps	Time to wait for correct frame alignment
I NB DIMM-to-DIMM flight	600	900	ps	
J NB frame resync	2000	3200	ps	May need to remerge data onto NB frame
K DIMM-to-controller flight	800	1200	ps	
L Frame-into-controller	3000	3000	ps	

Note: SB = southbound; NB = northbound.

14.2에 4-4-4의 DRAM 디바이스 타이밍에서 667MT/s로 동작하는 DDR2 SDRAM 디바이스로 채워진 1, 2, 3, 4개의 FB-DIMM들이 있는 메모리 시스템에 대한 샘플 latency 값들을 정리해두었다.

표 14.2는 latency 요소 A에 대하여 FB-DIMM 메모리 컨트롤러와 첫 번째 AMB 간의 비트의 전송 시간이

둘 간의 거리에 의존한다는 것을 보여주고 있다. 일반적으로 FB-DIMM들은 마이크로프로세서와 시스템 컨트롤러부터 매우 가까운 거리에 위치해 있으며 이는 800~1,200ps 정도의 전송 시간을 가지게 한다. 반대로 latency 요소 B에서 나타내는 pin-to-pin 프레임 전달 지연 값은 비트 전송 거리가 아닌 AMB 실리콘을 가로지르는 신호의 속도에 의존한다. 표 14.2에 있는 latency 값은 resample 경로를 위한 것이다. Resync 경로가 다음 AMB로 프레임을 보내기 위해서 선택되는 경우에는 pin-to-pin latency가 latency 요소 J의 resync 시간으로 표현되어 있는 2ns보다 더 크다.

FB-DIMM 채널에서 AMB는 southbound 커맨드 프레임을 2차 southbound 채널로 다음 AMB를 향해 다시 드라이브한다. 그리고 이러한 프레임 전달 latency는 하나의 AMB의 출력으로부터 다음 AMB의 입력으로 가는 신호의 속도에 따라 다르다. DIMM-to-DIMM 전송 시간은 그림 14.14에서 latency 요소 C로 표시되어 있으며, 해당 latency 값은 일반적으로 600~900ps 사이에 있다.

커맨드 프레임이 목표 AMB에 도착하면 프레임은 지연 시간이 보상되고 병렬화되며 커맨드들은 프레임으로부터 추출되어 전송 오류의 존재 여부를 확인한다.[6] 비록 de-skew와 디코드 과정이 표 14.2에서 8,000~8,900ps 사이에 걸쳐 있는 두 개의 분리된 요소로 보여지지만, 해당 latency 값이 구현하는 고유의 값이며 southbound 채널에 있는 각각의 bit-to-bit skew의 양에 의존하거나 CRC를 검사하고 커맨드를 DRAM 디바이스의 인터페이스로 보내는 AMB 속도에 의존한다. Latency 요소 D와 E의 분리는 프레임 커맨드 디코딩 latency의 묘사를 요소 E와 빠른 AMB 실리콘에 비해 스케일되지 않는 요소 D에 공급한다. Latency 다이어그램의 요소 F는 FB-DIMM 메모리 액세스 latency에 대한 DRAM-액세스 latency의 역할을 보여준다. 4-4-4의 DRAM 디바이스 타이밍으로 동작하는 667MT/s DDR2 SDRAM 디바이스의 경우에는 12ns가 로우를 열고 12ns가 데이터의 크리티컬 칼럼에 접근하는 데 걸린다. 요소 F는 DDR2 SDRAM 액세스 프로토콜의 clock-to-command와 clock-to-data skew를 추가하고 데이터는 해당 디바이스에 대하여 25.2ns 이후에 AMB로 되돌아 오게 된다.

그 다음에 AMB는 되돌아온 데이터를 받아서 데이터 워드를 직렬화하며, 데이터 전송을 위해서 CRC를 계산한다. 또한 원활하게 데이터 프레임을 독립적인 northbound 비트 lane으로 병합한다. Latency 요소 D와 E처럼, latency 요소 G와 H는 완전히 독립적인 latency 요소는 아니지만, 프레임이 적용되는 시간에서 northbound bit lane이 존재하는 bit-to-bit skew뿐만 아니라 AMB의 고유한 구조에도 의존한다.

Latency 요소 I, J, K는 AMB로부터 컨트롤러 쪽으로 되돌아 가는 신호 탐색의 latency에 따라 결정된다. 특히 latency 요소 J는 resync 경로와 resync latency 기여도에 의해 도식된다. 일반적으로 메모리 컨트롤러는 다른 resync와 resample 모드에서 northbound와 southbound의 pass-through 로직을 가지는 AMB를 동작시키지 않는다. 그러나 그림 14.14와 표 14.2에서 나타난 latency 요소 브레이크다운은 사실상 예시되도록 설계되며, latency 간의 차이들은 resample과 resync 모드 간의 차이를 강화하도록 만든다.

---

6 동일한 프레임 de-skewing과 디코딩이 모든 AMB에서 나타난다. AMB는 프레임 안의 커맨드가 AMB나 AMB에 의해 제어되는 DRAM 디바이스의 상태에 영향을 주지 않는다고 판단될 때 주어진 프레임의 처리를 중지한다.

표 14.3_ FB-DIMM multi-DIMM 채널 latency(667MT/s DDR2 DRAM)

Latency of	MIN	MAX	Unit	Notes
1 FB-DIMM	44.1	46.8	ns	SB resample, NB resync
2 FB-DIMM	48.2	53.2	ns	SB resample, NB resync
3 FB-DIMM	52.3	59.6	ns	SB resample, NB resync
4 FB-DIMM	56.4	66	ns	SB re sample, NB resync

마지막으로 데이터가 컨트롤러의 northbound 핀 인터페이스상에 처음 나타난 이후에 프레임을 메모리 컨트롤러로 이동시키기 위해서는 전체 프레임 지속 시간이 걸리고 이 시간 이후에 컨트롤러는 serial-to-parallel 변환을 시작할 수 있다. 기여 프레임 지속 시간은 그림 14.14에서 요소 L로 표시되어 있다.

Daisy-chained FB-DIMM 채널 토폴로지의 불행한 결과 중 하나는 채널 latency가 채널에 더 많은 AMB를 삽입하게 되어 증가한다는 것이다. 그림 14.14와 표 14.2는 전반적인 채널 latency에 대한 다양한 요소들의 기여도를 보여주고 있다. 그리고 표 14.3은 FB-DIMM 채널상에 1, 2, 3, 4개의 FB-DIMM에 대한 채널 latency 값을 정리하여 보여주고 있다.

표 14.3에 정리된 채널 latency 값은 표 14.2에 정리된 latency 요소 값을 바탕으로 하였다. 그리고 FB-DIMM 채널 latency의 검사에 있어서 두 가지의 참고할 가치 있는 사항이 있다. 첫 번째 주목할 점은 northbound와 southbound lane들이 각각 다른 프레임 전달 모드에 있고 여러 FB-DIMM 채널의 실제 채널 latency가 특정 채널 구성에 의존한다는 것이다. 일반적으로 AMB는 채널상의 첫 번째 AMB가 resync 모드에서 동작하고 다음 AMB는 resample 모드에서 동작하게 구성된다.

표 14.3에서 두 번째로 주목할 점은 FB-DIMM 채널 latency에서 실제 순증가는 단순히 중간 요소에 의해 첨가된 latency에만 의존할 뿐만 아니라 local DDR2 SDRAM 커맨드 클럭의 상승 에지에 대하여 AMB에 프레임이 도착하는 시간에도 의존한다. 달리 말해서, AMB의 인터페이스에 프레임이 도착하는 시간은 가장 이른 시간에 DRMA 디바이스로 커맨드 슬롯 A상의 커맨드를 이동하기 위해서 가능한 한 낮은 1UI의 값만큼 작을 수 있다는 것이다. 해당 커맨드는 다음 DDR2 SDRAM 커맨드 클럭에 대하여 11UI 만큼을 기다려야만 한다. 그리고 채널상의 AMB의 추가는 FB-DIMM 채널로 신호를 전송하는 데에 4ns의 추가 시간을 더한다. 그러나 전체 latency 기여도는 3ns 정도로 작다. 따라서 실제 FB-DIMM 채널의 latency는 계단 함수 효과와 같이 부분적으로 나타날 수 있다. 그럼에도 불구하고 표 14.3에 정리된 latency 값들은 다음 섹션에서 서로 다른 FB-DIMM 채널 구성의 성능을 비교하기 위한 1차 추정치로 적절하다.

14.7.1 고정 대 가변 Latency 스케줄링

이전 섹션에서 FB-DIMM 채널 latency 값들은 표 14.2, 14.3에 요약 정리되어 있었다. 그리고 그림 14.15는

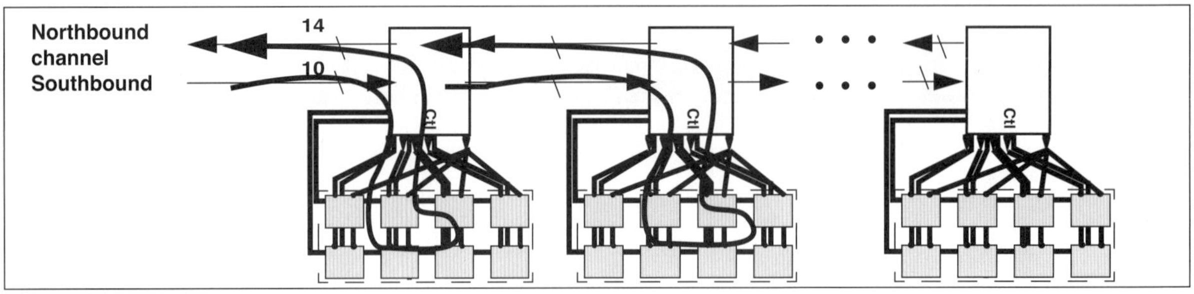

그림 14.15_ FB-DIMM 채널 상의 상이한 FB-DIMM들에 대한 가변 액세스 latency write

메모리 컨트롤러에 가까운 FB-DIMM들이 멀리 있는 FB-DIMM에 비해서 더 낮은 액세스 latency를 가진다는 측면에서 FB-DIMM 채널 latency 특성을 보여주고 있다. 또한 FB-DIMM 메모리 컨트롤러는 모든 커맨드와 프레임이 FB-DIMM 채널로 스케줄링되는 것에 대하여 책임이 있기 때문에, FB-DIMM 메모리 컨트롤러는 서로 다른 모듈 제조사로부터 만들어진 FB-DIMM들로 구성될 수도 있는 상이한 채널 구성에 대해서 유연하게 조절되어야 하는 어려운 일을 수행해야 한다.

다양한 액세스 latency의 문제를 해결하기 위해서, AMB는 FB-DIMM 메모리 컨트롤러에 의한 프레임 스케줄링을 용이하게 하는 두 개의 다른 액세스 모드를 가지게 설계되는데, 하나는 고정 latency 모드이고 다른 하나는 가변 latency 모드이다. 고정 latency 모드는 프레임 스케줄링 메커니즘의 기준이며, 모든 AMB는 고정 latency 채널 스케줄링 모드를 지원해야만 한다. AMB는 또한 더 나은 성능을 위해서 선택적으로 가변 채널 스케줄링 latency 모드를 지원할 수도 있다.

고정 latency 모드에서 모든 read 데이터 프레임들의 왕복 latency는 가장 늦게 응답하는 FB-DIMM의 왕복 latency로 정해진다. 일반적으로 가장 늦게 응답하는 FB-DIMM은 FB-DIMM 채널에서 마지막 FB-DIMM이 된다. 그러나 채널상에서 가장 마지막의 FB-DIMM보다 더 느린 DRAM 디바이스를 가지는 FB-DIMM이 있거나 또는 해당 FB-DIMM이 가장 느린 FB-DIMM인 경우에는 FB-DIMM 채널상의 모든 FB-DIMM의 프레임 latency는 가장 느린 DIMM의 latency로 정해진다.[7] 고정 latency 모드에서 메모리 컨트롤러는 개별적으로 각 FB-DIMM의 latency 값을 결정하고 모든 FB-DIMM이 메모리 컨트롤러에 대해 동일한 latency를 가지는 것처럼 하기 위해서 각각의 AMB에 추가적인 delay를 프로그램한다.

고정 latency 모드에서 AMB는 데이터 리턴 시간이 채널상의 가장 느린 FB-DIMM의 latency와 같아질 때까지 데이터 프레임을 지연시킨다. 그림 14.16은 리퀘스트 'r_0'가 메모리 시스템상에서 가장 느린 FB-DIMM으로 보내지고 리퀘스트 'r_1'이 FB-DIMM에 가깝게 위치한 빠른 FB-DIMM으로 보내지는 경우를 보여주고 있다. 그림 14.16에서 비록 리퀘스트 'r_1'이 리퀘스트 'r_0'에 비해 두 프레임 시간 이후에 보내지고 있지만, 리퀘스트 'r_1'의 데이터가 리퀘스트 'r_0'의 데이터보다 먼저 사용 가능해짐을 보여준다. 그러나 만약 리퀘스

7 마지막 두번째에 있는 FB-DIMM상의 5-5-5 DRAM 디바이스 지연시간을 가지는 667MT/s 속도의 DDR2 SDRAM FB-DIMM은 4-4-4의 지연시간을 가지는 마지막 DDR2 SDRAM FB-DIMM에 비하여 느릴지도 모른다.

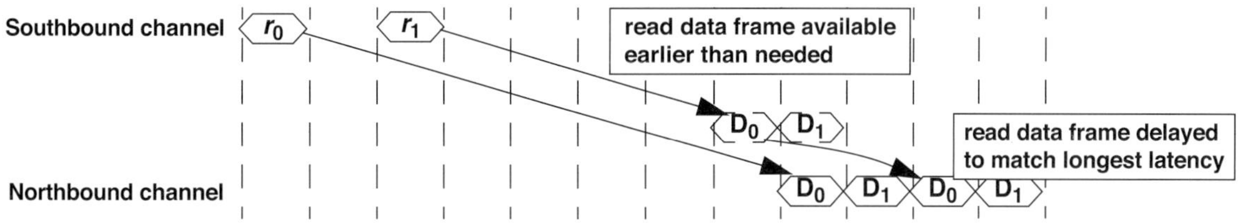

그림 14.16_ Latency equalization 고정 latency 스케줄링을 가능하게 한다.

트 'r_1'이 read 데이터 프레임을 northbound 채널에 즉시 놓게 되면, 리퀘스트 'r_1'의 두 번째 데이터 프레임은 리퀘스트 'r_0'으로부터 되돌아오는 데이터 프레임과 충돌하게 된다. 이를 피하기 위해서 빠른 FB-DIMM이 리퀘스트 'r_1'의 read latency가 리퀘스트 'r_0'의 것과 같아질 때까지 리퀘스트 'r_1'에 대한 데이터 리턴을 지연시킨다. 지연 시간을 일치하는 방식은 southbound 채널을 통해 컨트롤러부터 나오는 커맨드 프레임의 동일한 간격과 순서로 read 데이터 프레임이 메모리 컨트롤러로 돌아오게 해준다.

가변 latency 모드에서 AMB는 DRAM 디바이스에 의해 데이터가 사용 가능하게 만들어지는 대로 read 데이터를 되돌려 보낸다. 그러나 스케줄링이 복잡하기 때문에 가변 지연 latency는 현재 짧은 채널 구성에서 프레임을 스케줄링하는 것으로 제한되고 있다. 이러한 구성에서 DRAM 디바이스로부터의 제한된 병렬과 상대적으로 긴 latency는 채널상에 전송되고 있는 리퀘스트가 작은 수를 유지해야 한다는 것을 의미한다. 또한 메모리 컨트롤러는 짧은 채널 구성에서 서로 다른 FB-DIMM의 상이한 latency 특성을 더 쉽게 따라갈 수 있다.

마지막으로 동적인 부가 latency 스케줄링을 가능케 하기 위한 FB-DIMM 액세스 프로토콜의 가능한 확장 여부의 검사를 위한 연구가 진행 중이다. 즉, 현재의 프레임워크에서 read 데이터 프레임들은 최악의 채널 latency에 맞추어 일정한 부가 latency를 가지거나 혹은 비교적 최적화된 채널 활용 특성을 가지도록 추가적인 latency를 갖지 않고 메모리 컨트롤러로 되돌려 보내진다. 동적 부가 latency 스케줄링 채널에서 메모리 컨트롤러는 각각의 read 데이터 프레임이 되돌아 가는 과정에서 동적으로 부가 latency 값을 지정한다. 채널 통행이 부족한 경우에는 각각의 리퀘스트는 어떠한 부가 latency 없이 스케줄링될 수 있으며, 채널이 통행으로 완전히 포화된 경우에는 각 FB-DIMM에 대한 리퀘스트들이 채널 대역폭 처리량을 최적화할 수 있도록 정해진다.

14.8 전망

개념적으로 AMB는 메모리 컨트롤러가 DRAM 디바이스를 직접적으로 제어하는 wire의 일부분으로서 동작하도록 설계된다. 그러나 FB-DIMM 메모리 시스템은 프로세서에 의한 DRAM 디바이스의 직접적인 제어를 분리하는데, 이것은 잠재적으로 더 월등한 메모리 시스템으로 진화할 수 있도록 해준다. 만일 인텔이 감산과 경영을 포기하지 않는다면 말이다.

MEMORY | SYSTEMS | **DRAM**

메모리 시스템 설계 분석

15

CHAPTER

최근 몇 년간 컴퓨터 시스템의 성능을 제한하는 요소로 작용할 수 있는 메모리 시스템 성능의 중요성이 폭넓게 인식되고 있다. 그러나 주류 DRAM 디바이스의 특성은 DRAM 설계 엔지니어로 하여금 기능의 추가나 제조 비용의 증가로 인해 DRAM 디바이스의 재구성을 주저하게 한다. DRAM 디바이스에서 가능하지만 제한적인 기능에 대해서는 시스템 설계 엔지니어가 성능, 파워 소모, 신뢰도, 사용자 환경의 유연성, 그리고 다른 많은 설계 고려사항과 더불어 가격에 트레이드 오프 관계에 있는 시스템 레벨 및 다양한 변수에 대해 살펴보게 만든다. 그 결과 메모리 시스템 성능 분석에 관한 주제는 시스템 설계자뿐 아니라 가격과 다양한 기능의 장점들 사이에서 트레이드 오프 포인트를 평가하는 DRAM 시스템과 디바이스 설계 엔지니어들에게 중요하다.

이 장에서는 성능 이슈에 대해 조사하고, 메모리 시스템 성능 특징을 알아보기 위한 일반적인 프레임워크에 대해 알아본다. 잠재적인 시스템 설계자가 어떻게 메모리 시스템을 분석해야 하는지 시각을 얻게 할 수 있는 예제를 제공하고자 하는 것이다. 결론적으로 이번 장의 목표는 잠재적인 시스템 설계자가 따라야 할 그림으로 표현된 예제를 제공하는 것이고, 어떻게 메모리 시스템이 분석되어야 하는지에 대한 잠재적인 시각을 얻게 하는 것이다.

15.1 DRAM 대 로직 공정 기술

그림 15.1은 DRAM 디바이스의 확장 경향을 보여준다. 그림은 1998년부터 2006년까지 DRAM 디바이스에서 임의의 로우 사이클 시간이 1년에 7%씩 줄어들고, DRAM 디바이스의 데이터 속도가 3년마다 2배씩 늘어나는 것을 보여준다. 그림 15.1에서 나타난 일반적인 경향은 DRAM 디바이스의 발전되어감에 따라 피크 대역폭의 유지가 어렵다는 것과 해가 갈수록 메모리 시스템 성능 분석이 점점 중요해지고 있다는 것을 보여준다. 결과적으로 메모리 시스템 설계와 성능 분석은 해가 지날수록 산업계와 학계 모두에게 점점 더 많은 관심으로 대두되고 있다. 그러나 메모리 시스템 설계와 성능 분석은 매우 복잡한 주제이다. 최적화된 메모리 시스템 설계는 시스템 특유의 업무량 특징과 가격 제한, 지속시간 성능 요구사항 대 대역폭, 그리고 파워 설계 측면, 신뢰도 고려사항 등에 의존한다. 즉 모든 작업부하에 적합한 하나의 메모리 시스템은

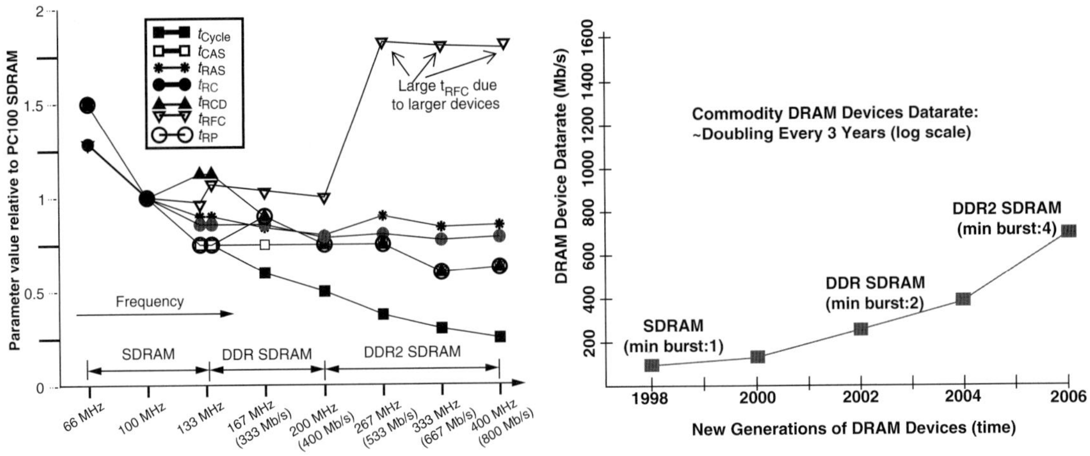

그림 15.1_ 일용품적인 DRAM 디바이스의 타이밍과 데이터 속도 확장 트렌드

없다. 넘치는 복잡성은 기본적인 이슈를 다루는 하나의 장이 완벽하게 모든 걸 넓고 깊게 아우를 수 없다는 것을 보여준다. 오히려 이 장에서는 제한된 범위가 어떻게 메모리 시스템 성능분석이 행해지는지에 대한 몇몇 그림으로 표현된 예제와 개괄을 제공한다.

메모리 시스템 설계 과정의 첫 번째 과정은 시스템 설계자와 설계 엔지니어에게 중요한 한계를 정의하는 것이다. 일반적으로 주어진 메모리 시스템은 가격 제한적이며, 파워 제한적, 성능 제한적이거나 이 두 가지의 결합적인 모습이다. 한 가지 제한이 다른 설계 고려사항보다 우선하는 경우, 시스템 설계자와 엔지니어는 선택이 힘들지만 두드러지고 최우선시되는 제한사항에 최적화된 설계 포인트를 추구한다. 그러나 설계 과정이 성능과 가격의 트레이드 오프 관계에서 다양한 면을 융통성 있게 다루는 경우, 메모리 시스템 설계 과정에서 취해야 할 두 번째 과정은 메모리 시스템이 다루도록 설계되는 작업부하(workload) 특징을 조사하는 것이다. 즉 작업부하 특징에 대한 이해 없이 메모리 시스템이 최적화되는 경우 각각의 최적화 포인트에서의 부조화는 시스템이 거의 발생하지 않는 작업부하 특징에 대해 과다 설계되거나 동시에 더 많은 일반적인 작업부하 특징을 다루도록 잘못 설계되는 상황에 이른다.

메모리 시스템 성능 특징의 설계와 성능 분석에 대해 이 장에서는 벤치마킹 목적에 일반적으로 사용되는 싱글 스레드(single-threaded) 작업부하를 알아보는 것으로 시작한다. 이 장에서는 작업부하 특징에 대해 각각의 리퀘스트 내부 도달 속도, locality 특징, 그리고 read 대 write 트래픽율에 의해 다양한 싱글 스레드 작업부하를 알아본다. 작업부하 특징에 대해 알아보는 이유는 다른 종류의 작업부하 특징을 이해하는 기초를 제공하기 위함이다. 하지만 한 가지 알아두어야 할 점은 15.2절에서 다루는 작업부하는 단일프로세서 데스크탑과 워크스테이션급 컴퓨터 시스템에 대한 다소 일반적인 작업부하라는 것이다. 멀티 스레드와 멀티 코어 프로세서를 위해 설계된 최근의 많은 메모리 시스템은 복잡한 멀티 스레드와 많은 동시 프로세스 작업부하를 다루도록 설계되어야 한다. 결과적으로 15.2절에서 다루는 작업부하는 이러한 시스템에는 폭넓게 적용되는 것이 아니다. 특히 OLTP(on-line transaction processing)와 같은 종류의 많은 스레드로 설계된 시스템은 대역폭 집약적인 과학적 작업부하를 위해 설계된 시스템보다 철저히 다른 메모리 시스템 요구사항을 가진다.

작업부하를 정의하는 이 장의 나머지 절은 유사한 이슈들의 세트를 분석하기 위한 약간 다른 기술들을 사용하는 두 가지 절로 크게 나눌 수 있다. 15.3절은 RAD(Request access distance) 분석 프레임워크는 수용할 수 있는 대역폭 특징, 주어진 특정한 메모리 액세스 패턴과 메모리 컨트롤러로부터 스케줄링 방침을 분석하기 위한 수학적인 공식들의 세트를 제공한다. RAD 분석 프레임워크는 그 다음에 시스템 레벨 패럴리즘과 대역폭 특징과 관계된 다양한 이슈들을 살펴보기 위해 사용된다. 마지막으로 메모리 시스템 대역폭 분석을 위한 공식에 바탕을 둔 RAD 분석적 프레임워크를 보완하기 위해 15.4절과 15.5절은 컨트롤러 스케줄링 방침, 컨트롤러 큐 깊이, 버스트 길이, 메모리 디바이스 개선, 그리고 지속시간 분포 특징 등의 이슈를 각각 알아보기 위한 메모리 시스템 시뮬레이터의 더 많은 전통적인 분석을 사용한다.

15.2 작업부하 특징

DRAM 메모리 시스템의 성능 특징은 액세스 속도와 액세스 패턴의 작업부하 특정의 특징에 따라 다르다. 특히 메모리 시스템 설계의 첫 번째 과정 중 하나는 메모리 시스템이 최적화되어야 하는 작업부하에 대한 분석이다. 작업부하 행동의 일반적인 이해를 위해, 그리고 작업부하에 특성화된 변화의 범위를 알

표 15.1_ 작업부하 요약

Workload Name	Type	Trace Length	Description
164.gzip	MASE	2.87 M	Popular data compression program written by Jean-Loup Gailly. CPU 2000 INT
176.gcc	MASE	4.62 M	Compiler benchmark. CPU 2000 INT
197.parser	MASE	31.2 M	Syntactic parsing of English, based on link grammar. CPU 2000 INT
255.vortex	MASE	7.17 M	Single user, object-oriented database transaction benchmark. CPU 2000 INT
172.mgrid	MASE	47.5 M	Multi-grid solver of 3D potential field. CPU 2000 FP
178.galgel	MASE	3.1 M	Computational Fluid Dynamics. CPU 2000 FP
179.art	MASE	90 M	Neural networks-object recognition. CPU 2000 FP
183.equake	MASE	7.9 M	Seismic wave propagation simulations. CPU 2000 FP
188.ammp	MASE	60 M	Computational Chemistry. CPU 2000 FP
JMark 2.0	CPU BUS	3 * 1M	Java benchmarks {CPU, AWT, Complex Arithmetic}
3DWinbench	CPU BUS	1 * 1M	Synthetic test of 3D graphics system
SETI@HOME	CPU BUS	3 * 1M	Popular search for alien signal distributed computing
Quake 3	CPU BUS	6 * 1M	Popular desktop game with 3D graphics

아보기 위해 다른 어플리케이션으로부터의 많은 메모리 어드레스 트레이스들이 이 절에서 다루어지고 표 15.1에 요약 되었다. SPEC CPU 2000 benchmark suite부터 'address traces from 164.gzip, 176.gcc, 197. parser, 255.vortex, 172.mgrid, 178.galgel, 179.art, 183.equake, 그리고 188.ammp'들이 사용된다. SPEC CPU 2000 benchmark suite로부터의 어드레스 트레이스는 20억에서 40억 개 명령이 실행되는 시뮬레이션을 통해 MASE 시뮬레이션 프레임워크에 의해 획득되고, 각각의 어드레스 트레이스에서 요청되는 숫자는 표 15.1의 트레이스 길이로서 보고된다[Larson 2001]. MASE에 의해 수집된 어드레스 트레이스뿐 아니라, JMark 2.0, 3DWinbench, SETI@HOME, 그리고 Quake 3와 같은 다양한 벤치마크와 어플리케이션을 돌리는 개인 컴퓨터 시스템으로부터의 디지털 로직 분석기에 의해 수집된 프로세서 버스 트레이스들은 혼합본에 추가된다. 총괄하여 CPU 2000 작업부하 트레이스와 데스크탑 컴퓨터 어플리케이션 트레이스는 여기서 설명하는 다양한 작업부하 세트를 형성한다. 여기에서는 각각의 작업부하의 특징들을 그림으로 보여준다. 다양한 다이어그램은 그림으로 리퀘스트 내부 도달 속도와 짧은 주기의 시간 안에서 각각의 read 대 write 비율을 나타낸다. 그림은 메모리-액세스 패턴의 버스트 특성을 나타내는 목적으로 특별하게 쓰여진 버스 트레이스 뷰어로부터 수집된다.

15.2.1 164.gzip: C 압축

164.gzip은 GNU 프로젝트를 위한 Jean-Loup Gailly에 의해 쓰여진 유명한 데이터 압축 프로그램으로 SPEC CPU 2000 integer benchmark suite의 일부로서 포함됐다. 164.gzip은 압축 알고리즘으로 Lempel-Ziv 코딩(LZ77)을 사용한다. 164.gzip의 캡쳐된 트레이스에서 시뮬레이터에 의해 20억 개 이상의 시뮬레이션된 프로세서 사이클에서 40억 개의 시뮬레이션 명령이 실행되었고 287만 개의 메모리 요청이 트레이스에 캡쳐되었다. 그림 15.2는 단위 시간 동안 메모리 처리의 숫자로서 처음 40억 개의 시뮬레이션 명령을 위한 164.gzip의 메모리 트래픽 상황을 보여준다. 그림 15.2의 x축의 각각의 픽셀은 250만 개의 시뮬레이션된 프로세서 사이클을 나타내는데, 164.gzip이 일반적으로 250만 개의 마이크로프로세서 사이클당 평균 5,000개보다 작은 처리를 하지만, 짧은 시간 주기 동안 write 버스트는 250만 개의 시뮬레이션된 프로세서 사이클당 평균 약 10,000개의 캐시라인 처리 요청하는 것을 보여준다.[1] 그림 15.2는 처음 17 억5,000만 프로세서 사이클에서 164.gzip이 프로그램을 초기화하는 데 짧은 지속 시간을 가지고 다음에 빠르게 반복 루프의 시리즈로 들어가는 것을 보여준다. 또한 164.gzip이 일반적으로 메모리 집약적인 것이 아님을 보여주고, 트레이스 평균은 시간 주기 동안 1,000개의 명령당 1개의 메모리 레퍼런스보다 작다는 것을 보여준다.

15.2.2 176.gcc: C 프로그래밍 언어 컴파일러

176.gcc는 SPEC CPU 2000 integer benchmark suite의 컴파일러 성능을 테스트하는 벤치마크이다. 176.gcc의 캡쳐된 트레이스에서 16억 3천만 개 이상의 시뮬레이션된 프로세서 사이클 동안 시뮬레이터에 의해 15

1 캐시라인의 크기는 64바이트이다.

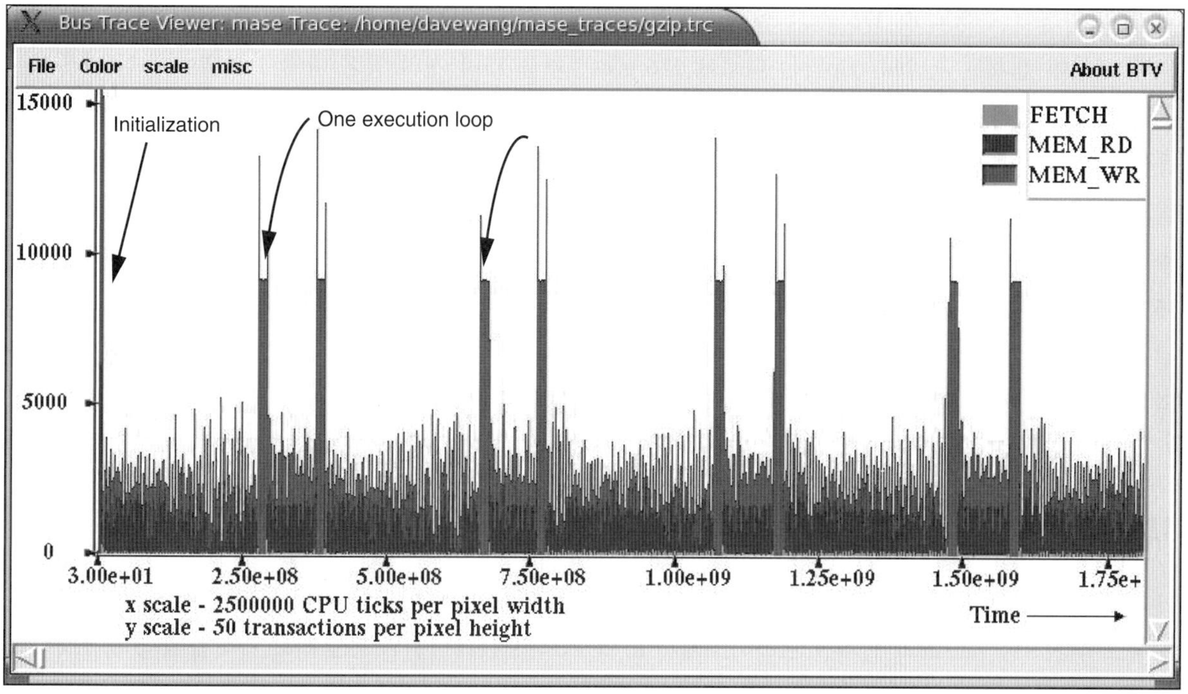

그림 15.2_ 164.gzip 트레이스 개괄

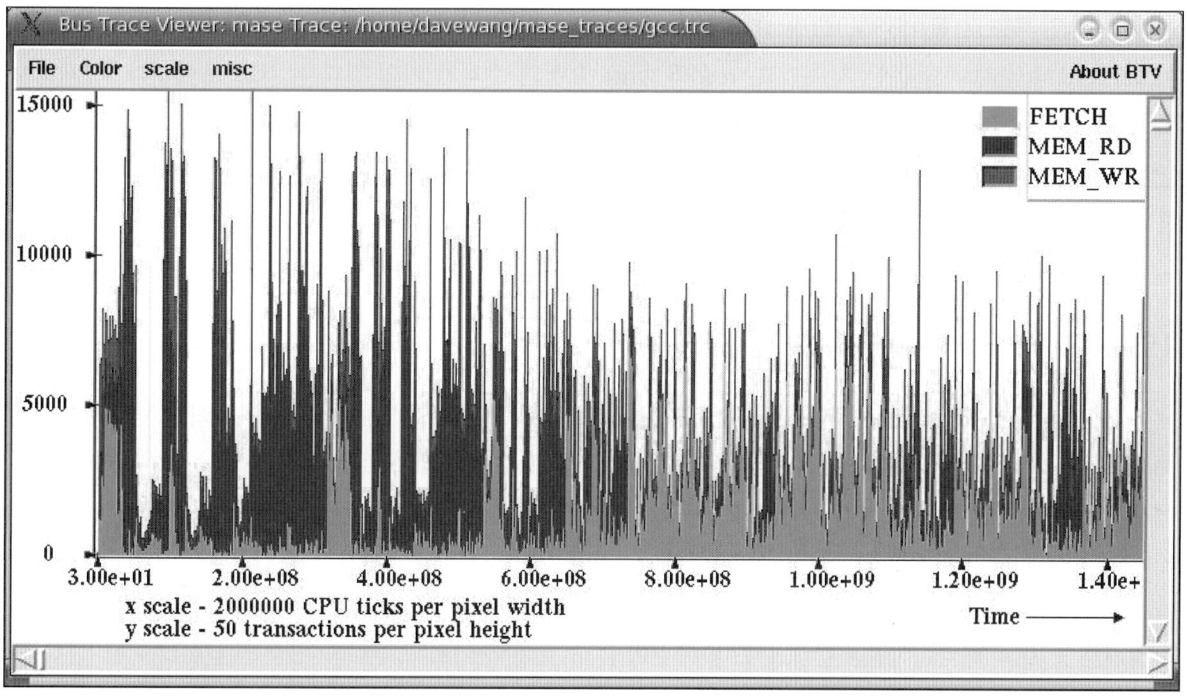

그림 15.3_ 176.gcc 트레이스 개괄

억 개의 명령이 수행되고, 176.gcc benchmark의 시뮬레이션이 수행되는 동안 트레이스에서 462만 개의 메모리 요청이 캡쳐된다. 164.gzip과는 다르게 176.gcc는 처음 15억 개의 명령 내에서 식별 가능한 반복적인 루프 행동으로 들어가지 않는다. 그림 15.3은 처음 14억 프로세서 사이클을 통해 176.gcc 메모리 시스템 활동을 보여주는데, 비록 1,000개의 명령당 3개의 메모리 레퍼런스가 넘더라도 176.gcc가 164.gzip처럼 일반적으로 메모리 집약적이지 않다는 것을 보여준다. 더욱이 그림 15.3에서 보여진 타임 프레임에서 176.gcc는 명령 페치 요청과 상대적으로 작은 메모리 write 요청 때문에 메모리 액세스가 가중됨을 보여준다. 그림 15.3이 명령 페치 요청의 높은 퍼센티지를 보여주고 있는 이유는 트레이스에 256kB 사이즈로 시뮬레이션된 세트의 L2 캐시와 함께 캡쳐되기 때문이다. 추측하건대, 큰 캐시를 가지는 프로세서는 특정한 작업부하의 locality 특성에 따라 메모리 시스템의 대역폭 요청을 줄이는 것이 가능하다.

15.2.3 197.parser: C 워드 프로세싱

197.parser는 SPEC CPU 2000 integer benchmark suite의 링크 문법 기반의 영어 구문 분석을 수행하는 벤치마크이다. 197.parser의 캡쳐된 트레이스에서 67억 개의 시뮬레이션된 프로세서 사이클에서 시뮬레이터에 의해 40억 개의 명령이 수행되고, 메모리-액세스 트레이스에서 메모리에 대한 3,120만 개의 캐시라인 요청이 캡쳐된다. 164.gzip처럼 197.gzip도 프로그램 초기화의 짧은 지속시간을 거친 다음 반복 루프로 빠르게 진입한다. 그럼에도 불구하고 197.gzip은 상대적으로 짧은 시간 안에 프로그램 초기화가 진행되고 그 이후 어려운 루프로 들어간다. 그림 15.4에서 제공하는 확대된 그림은 각각의 루프가 대략 600만 개의 마이크로프로세서 사이클 동안 지속되고, read와 write 요청의 숫자가 거의 같다는 것을 보여준다. 전체적으로 그림 15.4는 처음 67억 개의 프로세서 사이클을 통해 197.parser의 메모리 시스템 활동을 보여주는데, 197.parser는 적당히 메모리 집약적이며, 1,000개의 명령당 대략 8개의 캐시라인 처리 요청의 수행을 보여준다.

15.2.4 255.vortex: C 객체지향 데이터 베이스

255.vortex는 SPEC CPU 2000 integer benchmark suite의 벤치마크이다. 255.vortex의 캡쳐된 트레이스에서 33억 개의 시뮬레이션된 프로세서 사이클에서 시뮬레이터에 의해 40억 개의 명령이 수행되고, 트레이스에서 메모리에 대한 7백2십만 개의 캐시라인 요청이 캡쳐된다. 처음 33억 개의 프로세서 사이클에서 255.vortex는 몇몇 분명한 행동의 패턴을 통과한다. 그러나 15억 사이클의 초기화 구간 후에 155.vortex는 각각 7억 프로세서 사이클 동안 지속하는 실행 루프에 들어가는 것으로 보이고, 각각의 루프는 명령 페치와 상대적으로 작은 메모리 write 요청과 함께 메모리 read 요청에 의해 주도되는 것으로 보인다. 그림 15.5는 처음 33억 프로세서 사이클을 통해 255.vortex의 메모리 시스템 활동을 보여준다. 또한 그림 15.5는 255.vortex가 1,000개의 명령당 평균적으로 2개의 메모리 처리 요청보다 적기 때문에 일반적으로 메모리 집약적이 아님을 보여준다.

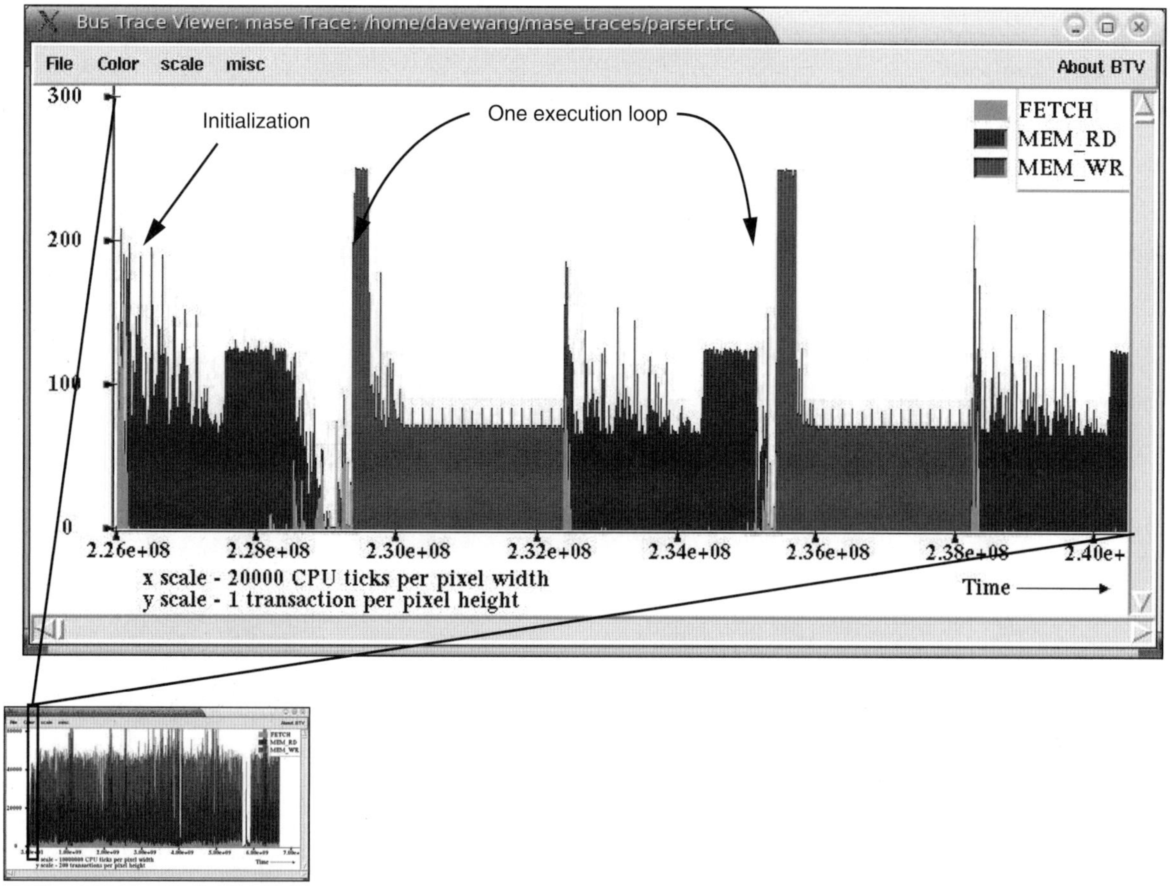

그림 15.4_ 197.parser 트레이스 개괄

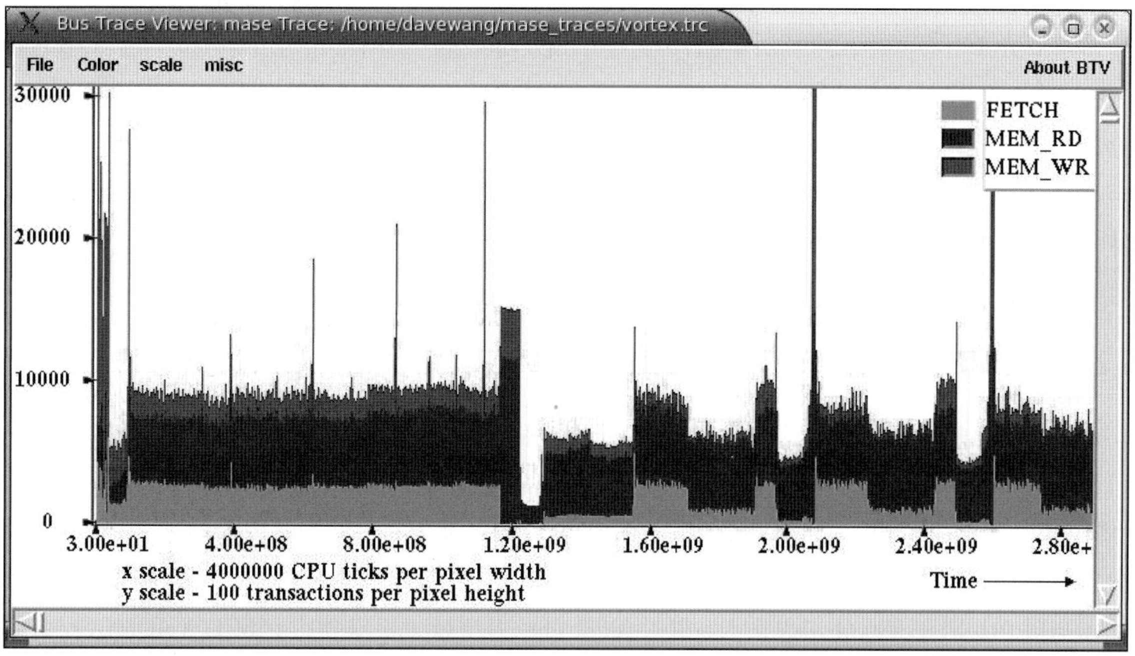

그림 15.5_ 255.vortex 개괄

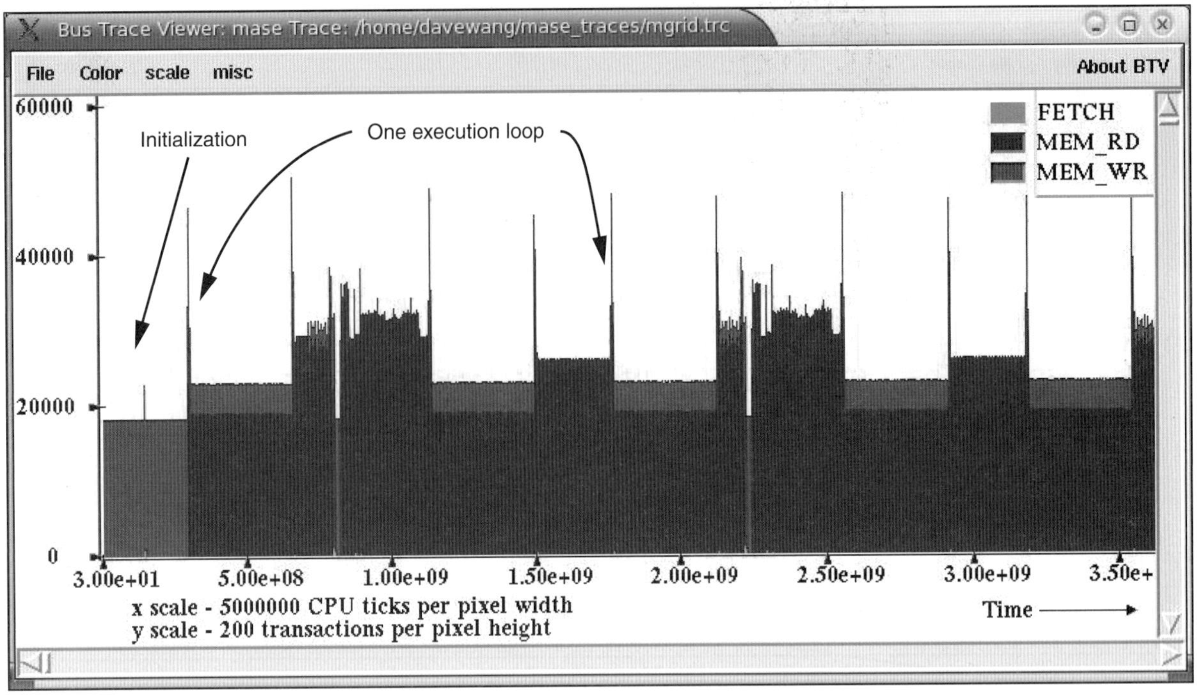

그림 15.6_ 172.mgrid 트레이스 개괄

15.2.5 172.mgrid: Fortran 77 Multi-Grid Solver: 3D 포텐셜 필드

172.mgrid는 컴퓨팅에서 3차원(3D) 포텐셜 필드를 매우 간결한 Multi-Grid Solver로 보여주는 벤치마크이다. 이것은 다른 wordload와 이식성을 위한 수정으로 NAS Parallel 벤치마크로부터의 SPEC에 의해 채택되었다. 172.mgrid의 캡쳐된 트레이스 동안 90억 개의 시뮬레이션된 프로세서 사이클에서 시뮬레이터에 의해 40억 개의 시뮬레이션된 명령이 수행되고, 트레이스에서 4,750만 개의 요청이 캡쳐된다. 172.mgrid는 1,000개의 명령당 약 12개의 메모리 요청을 만들어내기 때문에 적당히 메모리 집약적이다. 그림 15.6은 짧은 초기화 주기 후에 172.mgrid가 반복적이고 예측 가능한 루프 행동에 들어가는 것을 보여준다. 루프는 메모리 read 처리 요청에 의해 주도되고, 메모리 write 처리 요청은 상대적으로 작다.

15.2.6 SETI@HOME

시뮬레이터의 사용을 통해 캡쳐된 SEPC CPU benchmark 트레이스로부터 명확히 분리된 다른 세트의 어플리케이션 트레이스는 로직 분석기의 사용을 통해 캡쳐된다. SETI@HOME 어플리케이션 트레이스는 표 15.1의 4개의 프로세서 버스 활성화 트레이스 중 하나이고, 로직 분석기의 사용을 통해 캡쳐된다. SETI@HOME은 SETI(Search for Extra Terrestrial Intelligence)가 외계 생명체의 신호를 찾기 위해 가동되지 않는 개인 컴퓨터의 여분의 프로세싱 파워를 사용할 수 있게 하는 유명한 프로그램이다. SETI@HOME은 외계 생명체가 대화를 시도하는 신호 패턴의 존재를 찾기 위해 수집된 전기 신호의 FFTs(fast Fourier transforms)

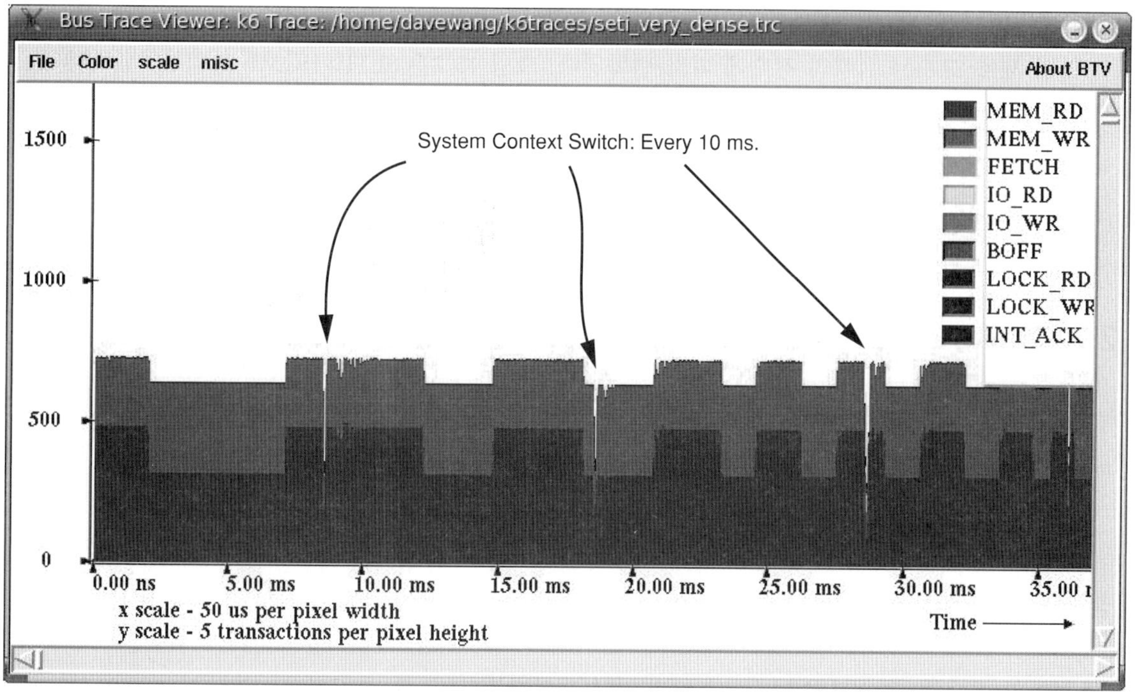

그림 15.7_ SETI@HOME 작업부하의 부분

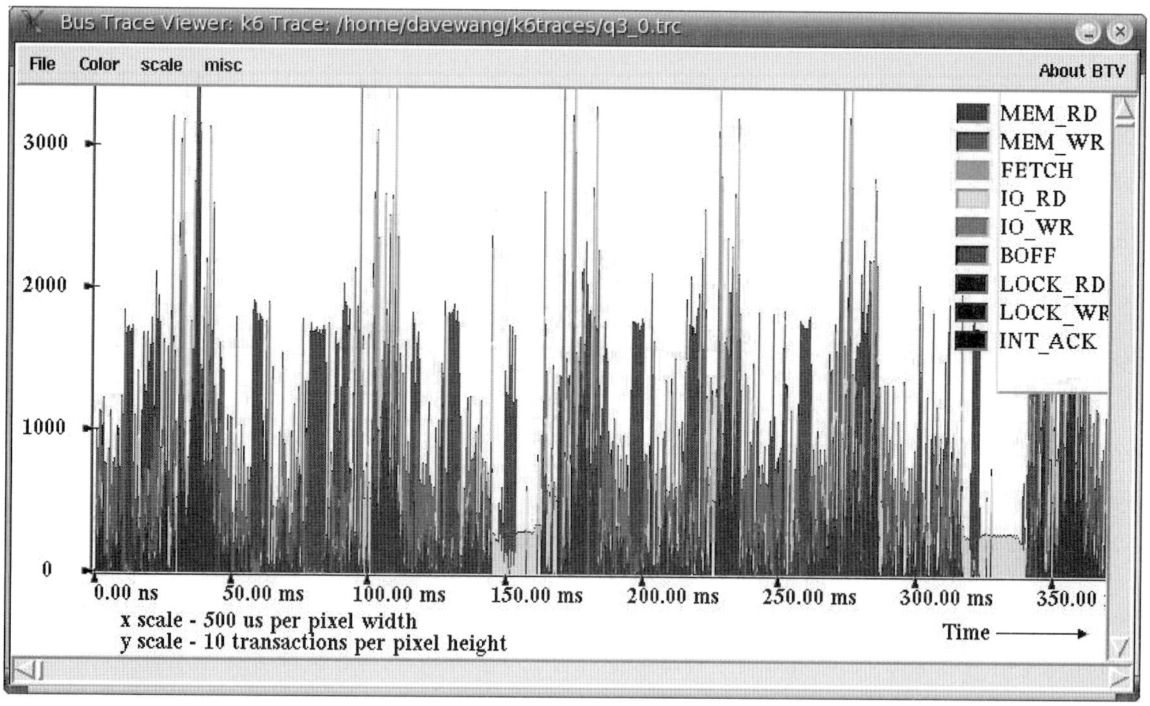

그림 15.8_ Quake 3: 임의의 트레이스 부분

의 시리즈를 수행한다. FFTs 시리즈는 신호 파일의 좀 더 큰 부분들을 연속적으로 수행한다. 그 결과 프로그램의 작업 세트 크기는 실행의 진행에 따라 변화된다. 그림 15.7은 SETI@HOME 작업부하의 부분을 보여준다. 이 부분에서 메모리 요청률은 마이크로초당 대략 12~14개의 처리이고, 작업부하는 1:1과 2:1의 read to write 처리가 번갈아 수행된다. 마지막으로 그림 15.7에서 system context switch에 의해 중단된 효과는 10ms당 1번으로 보여진다.

15.2.7 Quake 3

Quake3는 유명한 컴퓨터 게임으로 그림 15.8은 Quake3 게임을 개인 컴퓨터에서 데모 모드로 실행하였을 때 임의로 캡쳐된 Quake3 프로세서 버스 트레이스의 짧은 부분을 보여준다. 그림 15.8은 게임의 프로세서 버스 활동이 매우 버스티함을 보여준다. 그럼에도 불구하고 주기적인 거동은 대략 70ms당 1번씩의 주파수로 트레이스에서 보여진다. 흥미롭게도 주기적인 거동의 주파수가 호스트 시스템의 Quake3 게임의 프레임 비율과 동시에 일어난다.

15.2.8 178.galgel, 179.art, 183.equake, 188.ammp, JMark 2.0, 그리고 3DWinbench

이번 절에서는 몇몇 작업부하에서의 메모리-액세스 특징을 보여주지만 분리해서 보여주지는 않는다. 표 15.1에 나열된 작업부하는 178. galgel, 179.art, 183.equake, 188.ammp, JMark 2.0, 그리고 3D Winbench 이다.

178.galgel의 캡쳐된 트레이스에서 22억 개의 시뮬레이션된 프로세서 사이클에서 시뮬레이터에 의해 40억 개의 명령이 수행되고, 트레이스에서 메모리에 대한 310만 개의 캐시라인 요청이 캡쳐된다. 표 15.1에 나열된 다른 작업부하들에 비해 178.galgel은 메모리 집약적이지 않고 1,000개의 명령당 1개 이하의 메모리 요청을 만들어낸다. 캡쳐된 트레이스에서 178.galgel은 짧은 초기화 주기 후에 반복적이고 예측 가능한 루프 행동으로 들어간다.

179.art는 신경 네트워크를 모방하고 열상(thermal image)의 물체를 인식하려고 시도하는 어플리케이션으로부터 나온 벤치마크이다. 179.art의 캡쳐된 트레이스에서 142억 개의 시뮬레이션된 프로세서 사이클에서 시뮬레이터에 의해 4억 5천만 개의 지시가 수행되고, 트레이스에서 메모리에 대한 9천만 개의 캐시라인 요청이 캡쳐된다. 179.art는 극단적으로 메모리 집약적이며, 1,000개의 명령당 약 200개의 메모리 처리 요청을 만들어낸다. 179.art의 캡쳐된 트레이스에서 95% 이상의 메모리 트래픽은 메모리 read 처리이다.

183.equake의 캡쳐된 트레이스에서 18억 개의 시뮬레이션된 프로세서 사이클에서 시뮬레이터에 의해 14억 개의 명령이 수행되고, 트레이스에서 메모리에 대한 790만 개의 캐시라인 요청이 캡쳐된다. 초기화 주기 후에 캡쳐된 트레이스에서 183.equake는 반복적이고 예측 가능한 루프 행동에 들어간다. 루프는 메모리 read 요청이 주도적이고, 메모리 write 요청은 상대적으로 초기화 주기 바깥에서 작다. 183.equake는 적당

히 메모리 집약적이고 1,000개의 명령당 대략 6개의 메모리 레퍼런스를 만들어낸다.

188.ammp 벤치마크에서 105억 개의 시뮬레이션된 프로세서 사이클에서 시뮬레이터에 의해 40억 개의 명령이 수행되고, 트레이스에서 메모리에 대한 6천만 개의 캐시라인 요청이 캡쳐된다. 표 15.1은 188.ammp가 적당히 메모리 집약적이라는 것을 보여준다. 이것은 1,000개의 명령당 대략 15개의 메모리 레퍼런스를 만들어낸다. SPEC CPU 작업부하와 다르게 3DWinbench는 시스템의 3D 그래픽 능력을 테스트하기 위해 만들어진 benchmark suite이고, 이 작업부하를 위한 트레이스는 테스트 중인 시스템의 프로세서 버스 활동을 모니터하는 로직 분석기에 의해 캡쳐된다. 3DWinbench benchmark suite의 CPU 컴퍼넌트는 프로세서 능력을 테스트하고, 트레이스는 적당한 양의 메모리 트래픽을 보여준다. 3DWinbench는 짧은 버스트 동안에 마이크로초당 대략 5개의 처리를 하는 지속적인 피크 속도를 달성하고, 그것은 트레이스 동안 마이크로초당 적어도 1개의 처리를 유지한다.

마지막으로 JMark 2.0 CPU를 위한 JMark 2.0 suite로부터의 AWT와 Complex Mathematics 벤치마크는 이번 benchmark suite에서 독립적인 벤치마크이다. 앞서 알아보았던 다른 작업부하와 비교하여 JMark2.0 액세스 메모리에서의 벤치마크는 매우 드물다. 보통 벤치마크의 상대적으로 낮은 액세스 속도는 메모리 시스템 성능 특성의 분석에서 중요한 작업부하로서 그것들을 제외한다. 그러나 JMark 2.0의 벤치마크는 그들이 정확히 같은 장소에서 잠긴 read와 write 요청이 있는 메모리에 액세스를 반복적으로 한다는 점에서 액세스 메모리에서 흥미로운 행동을 보여준다. 그 결과, 이러한 어플리케이션 트레이스는 시스템 구성에 상관없이 DRAM 메모리 시스템에서 저조하게 수행되는 작업부하 타입을 표현하는 완성도를 포함한다.

15.2.9 작업부하의 특징 요약

그림 15.2~15.8은 표 15.1에 나열된 선택된 벤치마크의 작업부하 특성을 도해하여 보여준다. 종합해서 그림 15.2~15.8은 몇몇 작업부하에서 메모리-액세스 트레이스가 실행을 통해 작업부하가 진행되는 적당하고 반복적인 행동을 보이는 동안 다른 작업부하는 비반복적이고 비예측적인 메모리-액세스 패턴을 보인다는 것을 나타낸다. 그 결과, 그림 15.2~15.8은 그들의 메모리-액세스 특성에 개의치 않는 모든 어플리케이션에 최적화된 성능을 보이는 메모리 시스템을 설계하는 것이 어렵다는 것을 보여주지만, 연역적이라고 알려진 두드러진 메모리-액세스 패턴과 작업부하의 경우 최적화된 메모리 시스템을 설계하는 것은 더 쉽다. 예를 들어, 네트워크 패킷 스우칭 어플리케이션을 위해 설계된 low-latency 메모리 시스템과 그래픽 프로세서를 위해 설계된 높은 대역폭의 메모리 시스템은 각각의 경우에 두드러진 액세스 패턴에 집중하고 최적화하는 반면, 멀티 코어 프로세서를 위한 메모리 컨트롤러는 분리되어 싱글 스레드, latency가 중요한 어플리케이션뿐 아니라 멀티 스레드된 대역폭이 중요한 어플리케이션을 지원해야만 한다.

일반적으로 가능한 한 메모리-액세스 패턴의 비예측적 특성과 버스티를 표현하는 것 외에도, 그림 15.2~15.8은 또한 대부분의 작업부하에서 read와 명령 페치 요청 대 write 요청 비율이 1:1을 넘는 것을 나타낸다. 더불어 Write 요청이 일반적으로 성능에 중요하지 않다는 관찰 결과도 함께 도해해서 보여주는 것으로, 아키텍처 스펙의 일부처럼 비대칭 대역폭으로 설계된 메모리 시스템의 예제이다. 예를 들어, FB-

DIMM 메모리 시스템과 IBM's POWER4와 POWER5 메모리 시스템은 모두 read-to-write 대역폭이 2:1의 비를 가지도록 각각 설계되었다.

15.3 RAD 분석적 프레임워크

RAD 분석적 프레임워크는 DRAM 메모리-액세스 프로토콜의 다양한 오버헤드를 꼼꼼히 고려하여 DRAM 메모리 시스템의 최대 수용 대역폭을 계산한다. RAD 분석적 프레임워크에서 DRAM 리프레시는 고정된 오버헤드로서 고려되고, 그것의 효과는 프레임워크 내에서 설명되지 않으나 분리해서 설명되어야 한다. DRAM 리프레시 효과 외에도, DRAM 메모리 시스템의 대역폭 비효율성의 주요한 원인을 설명하기 위한 방법이 다음 절에 상세히 설명되어 있다.

RAD 분석적 프레임워크는 다른 종류, 타이밍 변수, 그리고 메모리 액세스 패턴과 같은 것들로 최대 수용 가능한 DRAM 메모리 시스템 대역폭의 계산을 위한 방법을 공식화한다. 그러나 RAD 분석적 프레임워크의 사용은 분석의 복잡성과 종합적으로 DRAM 메모리 시스템의 성능에 영향을 주는 독립적인 변수의 숫자를 줄이지는 못한다. RAD 분석적 프레임워크는 단순히 DRAM 대역폭 효율성을 제한하는 요소를 나타내고, 종합적으로 DRAM 메모리 시스템의 대역폭을 제한하는 데 상호 관련하여 영향을 끼치는 것들에 대한 계산 방법을 공식화한다.

RAD 분석적 프레임워크의 기본적인 아이디어는 주어진 DRAM 메모리 시스템이 다양한 오버헤드 때문에 소모되는 사이클의 숫자와 비교하여, 실제로 데이터를 전송하는 데 소모하는 사이클의 숫자를 단순 계산하는 것이다. DRAM 메모리 시스템의 최대 효율성은 식 15.1과 같이 단순하게 계산된다.

$$Efficiency = \frac{\text{data transport times}}{\text{data transport times + overhead}} \quad \text{(식 15.1)}$$

15.3.1 DRAM 액세스 프로토콜

기본적인 DRAM 메모리-액세스 프로토콜과 각각의 커맨드 상호 간의 제한은 분리된 장에서 살펴보기로 하고, 여기서는 반복하지 않는다. 오히려 이 장의 분석은 단순히 DRAM 명령과 타이밍 변수 간의 제한적인 관계를 독자들이 이해하는 것으로 가정한다. 그럼에도 불구하고, DRAM 액세스 프로토콜에서 사용되는 기본적인 타이밍 변수들은 표 15.2에 요약되어 있다. 이 타이밍 변수들은 메모리 시스템의 분석을 용이하게 하기 위해 이번 장의 나머지 부분을 통해서 사용된다.

15.3.2 DRAM 프로토콜 오버헤드 컴퓨팅

RAD 분석적 프레임워크에서 DRAM 메모리 시스템 대역폭을 제한하는 것은 일반적으로 커맨드 상호 간의 제약, 로우 사이클 제약, 그리고 랭크 당(per-rank) 로우 활성화(row activation) 제약 세 가지로 나누어 볼

표 15.2_ 포괄적인 DRAM 액세스 프로토콜에서 사용되는 타이밍 변수들의 요약

Parameter	Description
t_{AL}	**A**dded **L**atency to column accesses, used in DDRx SDRAM devices for posted CAS commands.
t_{BURST}	Data **burst** duration. The number of cycles that data burst occupies on the data bus. In DDR SDRAM, 4 beats occupy 2 clock cycles.
t_{CAS}	**C**olumn **A**ccess **S**trobe latency. The time interval between column access command and the start of data return by the DRAM device(s).
t_{CCD}	**C**olumn-to-**C**olumn **D**elay. Minimum intra-device column-to-column command timing, determined by internal burst (prefetch) length.
t_{CMD}	**Comm**an**d** transport duration. The time period that a command occupies on the command bus.
t_{CWD}	**C**olumn **W**rite **D**elay. The time interval between issuance of a column write command and placement of data on data bus by the controller.
t_{FAW}	**F**our (row) bank **A**ctivation **W**indow. A rolling time-frame in which a maximum of four bank activations can be initiated.
t_{OST}	**O**DT **S**witching **T**ime. The time interval to switching ODT control from rank to rank.
t_{RAS}	**R**ow **A**ccess **S**trobe. The time interval between row access command and data restoration in a DRAM array.
t_{RC}	**R**ow **C**ycle. The time interval between accesses to different rows in a bank. $t_{RC} = t_{RAS} + t_{RP}$.
t_{RCD}	**R**ow to **C**olumn command **D**elay. The time interval between row access and data ready at sense amplifiers.
t_{RFC}	**Ref**resh **C**ycle Time. The time interval between refresh and activation commands.
t_{RP}	**R**ow **P**recharge. The time interval that it takes for a DRAM array to be precharged for another row access.
t_{RRD}	**R**ow activation to **R**ow activation **D**elay. The minimum time interval between two row activation commands to the same DRAM device.
t_{RTP}	**R**ead **t**o **P**recharge. The time interval between a read and a precharge command. Can be approximated by $t_{CAS} - t_{CMD}$.
t_{RTRS}	**R**ank-**t**o-**r**ank **s**witching time. Used in DDR and DDR2 SDRAM memory systems.
t_{WR}	**W**rite **R**ecovery time. The minimum time interval between the end of write data burst and the start of a precharge command.
t_{WTR}	**W**rite **T**o **R**ead delay time. The minimum time interval between the end of write data burst and the start of a column read command.

수 있다. 이러한 각각의 카테고리는 분리하여 실시되나 결국에는 RAD 분석적 프레임워크의 기초를 형성하는 하나의 공식으로 합해진다.

표 15.3_ DDR와 DDR2 SDRAM 메모리 시스템의 DRAM, 프로토콜 오버헤드

prev	next	rank	bank	Minimum scheduling distance between column acce ss commands No command reordering	DRAM protocol overhead between column access command pairs (unit: t_{BURST})
R	R	s	s	t_{BURST}	0
R	R	s	d	t_{BURST}	0
R	R	d	–	$t_{RTRS} + t_{BURST}$	t_{RTRS} / t_{BURST}
R	W	s	s	$t_{CAS} + t_{BURST} + t_{RTRS} - t_{CWD}$	$(t_{CAS} + t_{RTRS} - t_{CWD}) / t_{BURST}$
R	W	s	d	$t_{CAS} + t_{BURST} + t_{RTRS} - t_{CWD}$	$(t_{CAS} + t_{RTRS} - t_{CWD}) / t_{BURST}$
R	W	d	–	$t_{CAS} + t_{BURST} + t_{RTRS} - t_{CWD}$	$(t_{CAS} + t_{RTRS} - t_{CWD}) / t_{BURST}$
W	R	s	s	$t_{CWD} + t_{BURST} - t_{WTR}$	$(t_{CWD} + t_{WTR}) / t_{BURST}$
W	R	s	d	$t_{CWD} + t_{BURST} - t_{WTR}$	$(t_{CWD} + t_{WTR}) / t_{BURST}$
W	R	d	–	$t_{CWD} + t_{BURST} - t_{RTRS} - t_{CAS}$	$(t_{CWD} + t_{WTR}) / t_{BURST}$
W	W	s	s	t_{BURST}	0
W	W	s	d	t_{BURST}	0
W	W	s	–	$t_{OST} + t_{BURST}$	t_{OST}

Note: R = read; W = write; s = same; d = different.

DRAM 메모리 시스템의 대역폭을 제한하는 첫 번째 카테고리는 커맨드 상호 간의 제한 사항들로 구성되어 있다. 커맨드 상호 간의 제한 사항들은 단순히 DRAM 메모리 시스템에서 데이터를 움직이기 위한 연속적인 컬럼 액세스 커맨드 수행은 불가하다. 예를 들어, 데이터 버스에서 read-write 턴어라운드 오버헤드나 rank-to-rank 스위칭 시간은 둘 다 커맨드 상호 간의 제한 사항의 예이다. 종합하여, 이러한 커맨드 상호 간의 제한 사항들은 RAD 분석적 프레임워크에서 DRAM 프로토콜 오버헤드로서 언급된다. 표 15.3은 계속적인 칼럼 액세스 커맨드를 위한 DRAM 프로토콜 오버헤드를 요약한다. 표 15.3은 데이터 버스에서 데이터 버스트 간의 차이에 의한 DRAM 프로토콜 오버헤드의 리스트이고, 차이는 t_{BURST}의 단위로 보고된다. RAD 분석적 프레임워크에서 리퀘스트(칼럼 액세스 커맨드) j와 그것에 즉시 앞서는 리퀘스트 j−1 사이의 DRAM 프로토콜 오버헤드를 $D_o(j)$로 나타내고, $D_o(j)$는 표 15.3의 지표로서 리퀘스트 j와 리퀘스트 j−1을 사용하여 계산할 수 있다.

15.3.3 로우 사이클 시간 제한 계산하기

DRAM 메모리 시스템 대역폭을 제한하는 커맨드 제한 사항의 두 번째 카테고리는 DRAM 뱅크 로우 사이클 시간 제한으로 구성된다. 해당 뱅크의 로우 사이클을 요청하는 같은 뱅크의 2개의 요청 사이에서, RAD 분석적 프레임워크 내의 최소 액세스 거리인 D_m은 주어진 뱅크와 다른 뱅크의 오픈 로우를 만들기 위한 리퀘스트(칼럼 액세스 커맨드)의 숫자로 정의된다. RAD 분석적 프레임워크에서 최소 액세스 거리 통계의 기

본 단위는 하나의 리퀘스트를 처리하기 위한 데이터 버스 초기화 시간, t_{BURST}시간 주기, 각각의 리퀘스트는 정의에 의해 1의 거리 값을 가진다. t_{RC}의 로우 사이클 시간과 t_{BURST}의 액세스 버스트 시간은 클로즈 페이지 메모리 시스템에서 D_m은 간단히 $(t_{RC}\text{-}t_{BURST})/t_{BURST}$이다.

RAD 분석적 프레임워크에서 리퀘스트 j는 리퀘스트 j로서 같은 뱅크의 다른 로우에 만들어진 이전의 리퀘스트에 리퀘스트 액세스 거리 $D_r(j)$를 가지도록 정의된다. 리퀘스트 액세스 거리 $D_r(j)$은 그것과 같은 뱅크의 다른 로우의 이전의 리퀘스트 사이에서 타이밍 거리를 나타낸다. 2개의 리퀘스트가 같은 뱅크의 다른 로우에서 만들어진 경우와 다른 뱅크 혹은 같은 오픈 뱅크에서 만들어진 D_m 리퀘스트보다 작은 경우에 몇몇 유휴 시간이 커맨드와 DRAM 메모리 시스템의 데이터 버스에 삽입되어야만 한다. 그 결과 만약 $D_r(j)$가 D_m보다 작다면 유휴 시간에 약간의 양인 $D_i(j)$는 리퀘스트 j를 위한 전체 액세스 거리인 $D_r(j)+D_i(j)$과 같거나 크도록 더해져야만 한다. 다양한 거리를 위한 정의인 D_m, $D_r(j)$, 그리고 $D_i(j)$는 정의된 것처럼 클로즈 페이지 메모리 시스템을 위해 true가 유지된다.

DRAM 메모리 시스템 대역폭의 효율성의 계산을 위한 RAD 분석적 프레임워크의 핵심 요소는 리퀘스트 스트림의 각각의 리퀘스트를 위한 필요한 유휴 간격을 계산하기 위해 사용되는 수식 집합이다. 통계적으로 요구되는 액세스 간격을 가능케 하는 기본적인 아이디어는 이러한 유휴 간격 이후 효율적인 액세스 간격이 요구되는 j에 의해 총 액세스 간격이 필요한 순간 선행 리퀘스트 j를 요구하는 $D_r(j)$가 추가된 유휴 간격이다. 클로즈 페이지 메모리 시스템을 위한 리퀘스트 j에 의해 필요한 추가적인 유휴 간격을 계산하는 공식은 식 15.2로 나타내어진다.

$$\text{Close-page system}\quad \left\{ D_i(j) = \left(MAX\, D_0(j), \left(D_m - D_r(j) + \sum_{n=j-D_r(j)}^{j-1} D_i(n) \right) \right) \right. \qquad \text{(식 15.2)}$$

그러나 로우 버퍼 관리의 차이 때문에 다른 리퀘스트 거리와 식들이 클로즈 페이지 메모리 시스템으로부터 분리된 오픈 페이지 메모리 시스템을 위해 필요하다. 오픈 페이지 메모리 시스템에서 로우는 sense amplifier에서 같은 로우에서 다음의 칼럼 액세스가 추가적인 로우 사이클 없이 실행되기 위해 활성화 상태로 유지된다. 같은 뱅크의 다른 로우의 2가지 리퀘스트 사이의 오픈 페이지 메모리 시스템의 뱅크가 충동하는(bank conflict) 경우, 2번 째 리퀘스트는 그것이 실행되기 전에 전체 로우 사이클 시간을 기다릴 필요

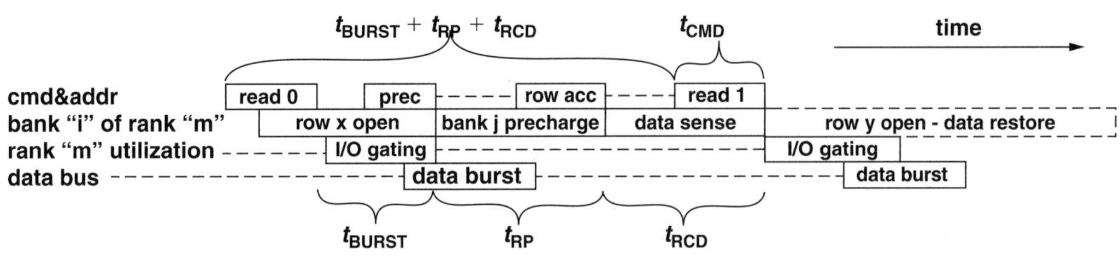

그림 15.9_ 같은 뱅크에서 연속적인 read 커맨드: 뱅크 충돌

가 없다. 그림 15.9는 가장 좋은 경우에서 만약 로우 복원 시간인 t_{RAS}가 이미 이전의 로우 액세스를 위해 만족된다면 2개의 다른 칼럼 액세스 리퀘스트 사이의 뱅크 충돌은 $t_{BURST}+t_{RP}+t_{RCD}$의 타이밍으로 스케줄링 될 수 있다는 것을 보여준다. 최상의 경우 시나리오에서 같은 뱅크의 다른 로우에서의 오픈 페이지 시스템에서 2개의 칼럼 커맨드 사이의 최소 스케줄 거리는 $(t_{RP}+t_{RCD})/t_{BURST}$이다. 그림 15.9에 나타내어진 최상의 경우 시나리오는 D_m은 그 자체로 오픈 페이지 시스템에서 리퀘스트된 최소의 액세스 거리를 나타내는 데 불충분하다는 것을 보여준다. 그 결과 2개의 다른 최소 리퀘스트 액세스 거리인 $D_{m\text{-}ff}$와 $D_{m\text{-}lf}$는 오픈 페이지 메모리 시스템에서 RAD 프레임워크에서 같은 뱅크의 다른 로우의 칼럼 액세스 사이에서 안 좋은 경우와 좋은 경우를 나타내는 것으로 각각 정의된다. 변수 $D_{m\text{-}ff}$는 로우 액세스의 첫 번째 칼럼 액세스와 같은 뱅크의 이전 액세스된 로우의 첫 번째 칼럼 액세스 사이의 최소 리퀘스트 액세스 거리를 나타낸다. 변수 $D_{m\text{-}lf}$는 로우 액세스의 첫 번째 칼럼 액세스와 같은 뱅크의 이전 액세스된 로우의 마지막 칼럼 액세스 사이의 첫 번째 칼럼 액세스를 나타낸다. 리퀘스트 j를 위한 리퀘스트 액세스 거리인 $D_r(j)$가 클로즈 페이지 메모리 시스템에서 D_m을 만족시키기 위해 필요한 추가적인 유휴 간격의 숫자를 계산하기 위해 정의된 방법처럼 2개의 다른 리퀘스트 거리인 $D_{r\text{-}ff}(j)$와 $D_{r\text{-}lf}(j)$는 오픈 페이지 메모리 시스템에서 $D_{m\text{-}ff}$와 $D_{m\text{-}lf}$를 만족시키기 위해 필요한 추가적인 유휴 간격을 계산하기 위해 정의된다.

추가적인 유휴 간격을 위한 계산에서 $D_{r\text{-}ff}(j)$와 $D_{r\text{-}lf}(j)$는 리퀘스트 j가 주어진 로우 액세스의 첫 번째 칼럼 액세스라면 리퀘스트 j를 위해 필요하다. 만약 리퀘스트 j가 주어진 뱅크의 로우 액세스의 첫 번째 칼럼 액세스가 아니라면, 그 다음에 각각의 로우 활성화와 프리차지 시간 제한이 적용되지 않는다면, $D_{r\text{-}ff}(j)$와 $D_{r\text{-}lf}$는 필요하지 않다.

$D_{r\text{-}ff}(j)$가 $D_{m\text{-}ff}$보다 작은 경우나 $D_{r\text{-}lf}(j)$가 $D_{m\text{-}lf}$보다 작은 경우에, 추가적인 유휴 간격이 추가되어야만 한다. 오픈 페이지 메모리 시스템에서 $D_i(j)$는 주어진 로우의 첫 번째 칼럼 액세스인 리퀘스트 j를 위한 $D_{i\text{-}ff}(j)$와 $D_{i\text{-}lf}(j)$의 큰 값과 동일하다. 주어진 리퀘스트 j가 주어진 로우의 첫 번째 칼럼 액세스가 아닌 경우에 $D_i(j)$는 0이다. 유휴 간격인 $D_{i\text{-}ff}(j)$와 $D_{i\text{-}lf}(j)$의 계산을 위한 식은 식 15.3과 식 15.4에 각각 나타나 있다. 마지막으로 오픈 페이지와 클로즈 페이지 메모리 시스템을 위한 다양한 리퀘스트 액세스 거리 정의는 표 15.4에 요약되어 있다.

$$\text{open-page system}\ \left\{ D_{i-ff}(j) = MAX\ D_0(j), \left(D_{m-ff} - \left(D_{r-ff}(j) + \sum_{n=j-(D_{r-ff}(j))}^{j-1} D_i(n) \right) \right) \right. \qquad \text{(식 15.3)}$$

$$\text{open-page system}\ \left\{ D_{i-lf}(j) = MAX\ D_0(j), \left(D_{m-lf} - \left(D_{r-lf}(j) + \sum_{n=j-D_{r-lf}(j)}^{j-1} D_i(n) \right) \right) \right. \qquad \text{(식 15.4)}$$

15.3.4 Row-to-Row 활성화 시간 제한 계산하기

DRAM 메모리 시스템 대역폭을 제한하는 커맨드 제한의 세 번째 카테고리는 DRAM 랭크 내의 row-to-row 활성화 시간 제한으로 구성되어 있다. 종합해보면, row-to-row 활성화 시간 제한은 t_{RRD}와 t_{FAW}로 구성된다. RAD 분석적 프레임워크는 t_{RRD}와 t_{FAW}의 row-to-row 활성화 시간 제한을 어떠한 t_{FAW} 시간 주기에서 4개의 로우 활성화 제한과 동일한 어떠한 역할을 하는 t_{RC} 시간 주기에서 로우 활성화 숫자를 계산하여 설명한다. Rolling t_{RC} 윈도우에서 로우 활성화와 동일한 숫자는 RAD 분석적 프레임워크에서 A_{max}로 나타내고, 이것은 rolling t_{FAW} 윈도우에서 4개의 로우 활성화에 t_{RC}를 곱하고 t_{FAW}를 나누어서 구할 수 있다. A_{max}를 계산하는 공식은 식 15.5와 같다.

$$\mathbf{A_{max}} = 4 \times \frac{t_{RC}}{t_{FAW}} \qquad (식\ 15.5)$$

Rolling t_{RC} 윈도우당 로우 활성화의 최대 숫자는 어떠한 rolling t_{RC} 타임 프레임에서 주어진 로우 액세스의 첫 번째 칼럼 액세스인 칼럼 액세스의 A_{max} 숫자로 나타낼 수 있고, 추가적인 유휴 간격인 $D_{i\text{-}xtra}(j)$는 RAD 프레임워크에서 t_{FAW} 시간 제한을 지키는 것을 보장하기 위해 필요하다. $D_{i\text{-}xtra}(j)$의 계산에서 새로운 변수인 m은 리퀘스트 j의 랭크 ID인 $D_{iv}(j,m)$의 정의가 필요하고 $D_{iv}(j,m)$은 리퀘스트 j의 유휴 값을 나타낸다. 주어진 리퀘스트의 유휴 값에 대한 기본적인 아이디어는 멀티 랭크 메모리 시스템에서 다른 랭크에서 만들어진 리퀘스트가 주어진 랭크가 그 시간 주기 동안에 유휴가 없다는 것을 의미한다는 것이다. 그 결과, 랭크 m으로 만들어진 로우 활성화의 값을 발생하게 하는 리퀘스트 j는 리퀘스트 j가 랭크 m 외의 모든 랭크에서 유휴 값인 1을 가진다는 것을 의미하고, 이는 랭크 m에 0의 유휴 값을 가진다. 식 15.6은 t_{FAW} 제한을 만족시키기 위해 필요한 추가적인 유휴 간격의 계산을 위한 공식이다. 마지막으로 식 15.7은 로우 활성화의 첫 번째 칼럼 액세스인 리퀘스트 j를 위한 유휴 간격의 모든 숫자인 $D_{i\text{-}total}(j)$를 위한 공식이다. t_{FAW}에 의해 제한된 DRAM 메모리 시스템에서 대역폭 효율성을 계산하기 위한 과정은 추가적인 유휴 간격의 계산을 위한 공식에서 $D_i(j)$를 $D_{i\text{-}total}(j)$로 바꾸는 것과 같이 간단하다.

$$D_{i-xtra}(j) = MAX\left(0, D_{m-ff} - \left(A_{max} - 1 + \sum_{n=j-(A_{max}-1)}^{j} D_i(n) + D_{iv}(n,m)\right)\right) \qquad (식\ 15.6)$$

$Div(j,\ m) = 0$ For request n that is the first column access of a row activation to a bank in the same rank as request j.

$Div(j,\ m) = 1$ For request n that is not the first column access of a row activation or if request n is not made to the same rank as request j.

$$D_{i-total}(j) = D_i(j) + D_{i-xtra}(j) \qquad (식\ 15.7)$$

15.3.5 리퀘스트 액세스 거리 효율성 계산하기

RAD 분석적 프레임워크에서 DRAM 메모리 시스템 대역폭을 제한하는 세 가지 카테고리는 커맨드 간 프로토콜 제한, 뱅크 로우 사이클 시간 제한, 그리고 랭크 내의 row-to-row 활성화 시간 제한이다. 종합해보면, 식 15.2~15.7은 다양하게 리퀘스트된 오버헤드를 계산하는 수단으로 요약된다. 그 다음에 식 15.1에서 계산된 오버헤드를 대입하여, DRAM 메모리 시스템의 최대 대역폭 효율성이 식 15.8로부터 얻어질 수 있다. 식 15.8은 DRAM 메모리 시스템의 최대 수용 가능한 대역폭 효율성이 리퀘스트 스트림에서 리퀘스트의 숫자를 리퀘스트의 숫자와 DRAM 커맨드 간 프로토콜 오버헤드, 로우 사이클 시간, 제한 사항, 그리고 리퀘스트 스트림에서 리퀘스트에 필요한 랭크 내의 row-to-row 활성화 제한을 만족시키는 스트림에 의해 필요한 유휴 간격의 총 숫자의 합으로 나눈 것이다.

$$Efficiency = \frac{r}{r + \sum_{n=1}^{r} D_{i-total}(n)} \qquad \text{(식 15.8)}$$

r = 리퀘스트 스트림 내의 리퀘스트의 수

표 15.4와 식 15.1~15.8에서 요약된 것처럼 RAD 분석적 프레임워크는 커맨드 간 프로토콜 제한, 뱅크 로우 사이클 시간 제한, 그리고 랭크 내의 row-to-row 활성화 시간 제한을 설명한다. 그러나 DRAM 메모리 시스템의 최대 수용 가능한 대역폭을 계산하기 위한 RAD 분석적 프레임워크의 사용에서 알아야만 하는 몇 가지 절차가 있다. 하나는 RAD 프레임워크가 랭크 내의 row-to-row 활성화 시간 제한을 설명하는 방

표 15.4_ 요청 액세스 거리 정의와 수식의 요약

open-page system close-page system

Notation	Description	Formula
$D_o(j)$	DRAM protocol overhead for request j	Table 15.3
D_m	Minimum access distance required for each request j	$(t_{RC} - t_{BURST}) / t_{BURST}$
$D_r(j)$	Access distance for request j	—
$D_i(j)$	Idling distance needed for request j to satisfy t_{RC}	Equation 15.2
D_{m-ff}	Minimum distance needed between first column commands of different row accesses	$(t_{RC} - t_{BURST}) / t_{BURST}$
D_{m-lf}	Between last column and first column of different rows	$(t_{RP} + t_{RCD}) / t_{BURST}$
$D_{r-ff}(j)$	Access distance for request j to first column of last row	—
$D_{r-lf}(j)$	Access distance for request j to last column of last row	—
$D_{i-ff}(j)$	Idling distance needed by request j to satisfy t_{RC}	Equation 15.3
$D_{i-lf}(j)$	Idling distance needed by request j to satisfy $t_{RP} + t_{RCD}$	Equation 15.4
$D_i(j)$	Idling distance needed by request j that is the first column access of a row access	$D_i(j) = \max(D_{i-ff}(j), D_{i-lf}(j))$
$D_i(j)$	Idling distance needed by request j that is not the first column access of a row access	0

법에서 알아야 한다. RAD 프레임워크에서 t_{FAW}와 t_{RRD}의 효과는 종합하여 t_{RRD}의 더욱 제한적인 형태로 만들어진다. 그 결과, 이전에 설계했던 RAD 프레임워크는 t_{FAW}를 알고 있는 DRAM 명령 스케줄링 알고리즘의 대역폭 특성과 랭크를 대체하는 DRAM 명령 스케줄링 알고리즘 사이를 구분하지 못한다. 마지막으로 DRAM 리프레시 오버헤드는 현재 만들어진 RAD 프레임워크가 rolling 로우 사이클 타임 윈도우에 필요한 유휴 시간의 결정된 계산에 기초하고, DRAM 리프레시의 효과가 같은 타이밍 기반에 쉽게 결합되지 못하기 때문에 RAD 프레임워크에서 설명되지 못한다. 리프레시의 효과가 분리되어 계산되고 그 효과가 시스템 간의 비교에서 뽑아내기 때문에, RAD 프레임워크로부터 DRAM 리프레시를 생략하는 것은 사실상 여기서 수행한 분석의 결과를 대체하지는 못한다. 그러나 DRAM 디바이스의 집적도가 계속해서 올라가고, 더 많은 DRAM 셀들이 리프레시되는 것이 필요해짐에 따라 DRAM 리프레시 오버헤드의 효과는 점점 더 커지도록 기대되고 있고, RAD 프레임워크는 높은 집적도의 디바이스에서 DRAM 리프레시의 효과를 설명하기 위해 수정되어야 한다.

15.3.6 클로즈 페이지 시스템에 적용된 예

리퀘스트 액세스 거리 통계는 다른 DRAM 로우 사이클 시간과 디바이스 데이터 속도를 조건으로 하는 작업부하에서 최대 대역폭 효율성을 계산하는 데 사용될 수 있다. 그림 15.10은 클로즈 페이지 메모리 시스템에서 리퀘스트 스트림을 위해 어떻게 최대 대역폭 효율성이 계산되는지를 보여준다. 그림 15.10에서 리퀘스트 스트림은 뱅크 ID의 순서로 단순화될 수 있다. 그 다음에 각각의 리퀘스트의 액세스 거리는 뱅크 ID의 순서로부터 계산된다. 그림 15.10에 나와 있는 예는 8개의 리퀘스트 최솟값이 모든 대역폭 사용을 달성하기 위해 주어진 어떠한 순간에 활성화될 필요가 있다는 것을 명시한다. 액세스 거리의 면에서 같은 뱅크로의 액세스 각각의 쌍은 그들 사이의 7개의 다른 액세스를 가질 것을 요구한다. 그림 15.10의 순서의 시작에서, 리퀘스트의 쌍은 그들 사이의 다른 뱅크들에 대한 4개의 다른 리퀘스트와 함께 뱅크 0에 대한 접근이 필요하다. 그 결과, 유휴 간격 3은 뱅크 0에 대한 2번째 리퀘스트가 진행되기 전에 접근 순서에 추가되어야 한다. 2개의 리퀘스트 이후에 뱅크 2에 대한 리퀘스트는 액세스 거리 5를 가진다. 그러나 뱅크 2의

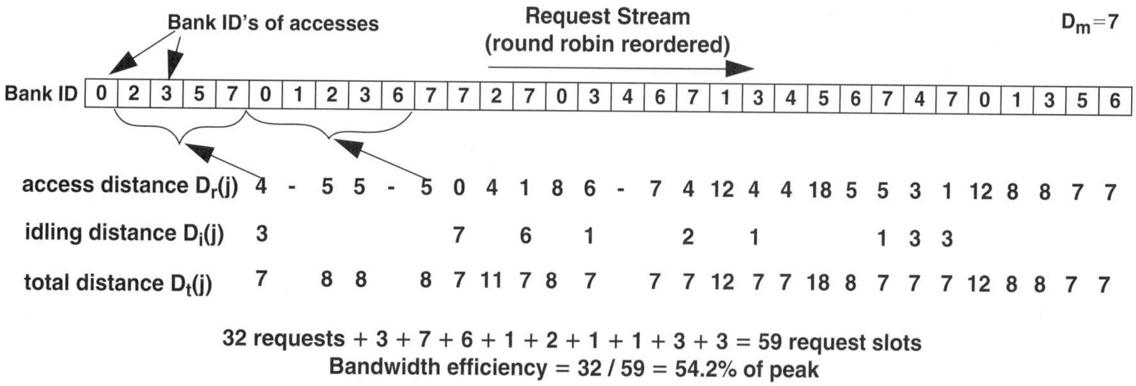

그림 15.10_ 효율성 계산의 예: 클로즈 페이지, D_m=7

접근 사이의 리퀘스트들에 더해진 유휴 간격은 또한 그것의 효과적인 전체 액세스 거리에 포함된다. 그 결과는 뱅크 2로의 2번째 접근을 위한 전체 액세스 거리가 8이고, 뱅크 2로의 접근에 앞서는 추가적인 유휴 간격이 필요하지 않다는 것이다. 마지막으로 모든 유휴 간격이 계산된 후에 접근 순서의 최대 대역폭 효율성은 리퀘스트의 전체 숫자에 리퀘스트의 전체 숫자와 유휴 간격이 전체의 합으로 나누어 계산될 수 있다. 그림 15.10의 예제에서, 최대 수용 대역폭 효율성은 54.2%이다.

15.3.7 오픈 페이지 시스템에 적용된 예

이번 절에서는 오픈 페이지 메모리 시스템에서 최대 수용 가능한 대역폭을 얻기 위한 과정을 나타내는 예제가 사용된다. 그림 15.11은 각각 리퀘스트의 로우 ID와 뱅크 ID의 순서로 단순화된 리퀘스트 스트림을 보여주고, 다음에 액세스 거리가 로우 ID와 뱅크 ID의 순서로부터 계산된다. 그림 15.10의 예제는 9개의 리퀘스트 중 최솟값이 모든 대역폭 사용을 달성하기 위해 어떠한 주어진 시간에 활성화되는 것이 필요하다는 것을 보여주고, 로우 활성화와 뱅크 충돌 사이의 4개의 리퀘스트 사이에 8개의 리퀘스트가 있어야 함을 보여준다. 그림 15.11은 $D_{i\text{-}ff}(j)$와 $D_{i\text{-}lf}(j)$가 각각 계산되지만, 유휴 간격 $D_i(j)$는 단순히 $D_{i\text{-}ff}(j)$와 $D_{i\text{-}lf}(j)$의 최댓값임을 보여준다. 모든 유휴 간격이 계산된 이후에, 리퀘스트 순서의 최대 대역폭 효율성은 리퀘스트의 전체 숫자를 모든 유휴 간격과 리퀘스트의 전체 숫자의 합으로 나눈 것으로 계산될 수 있다. 그림 15.11의 예제에서 최대 수용 대역폭 효율성은 56.1%이다.

마지막으로, 그림 15.10과 그림 15.11의 예제에서 알아야 할 한 가지 절차는 리퀘스트 액세스 거리와 유휴 간격이 정수라는 것이다. 그러나 데이터 전송 시간과 로우 사이클 시간은 거의 정수로 나누어 떨어지지 않고, 각각의 값은 종종 단순한 정수 값보다는 실수 값이다.

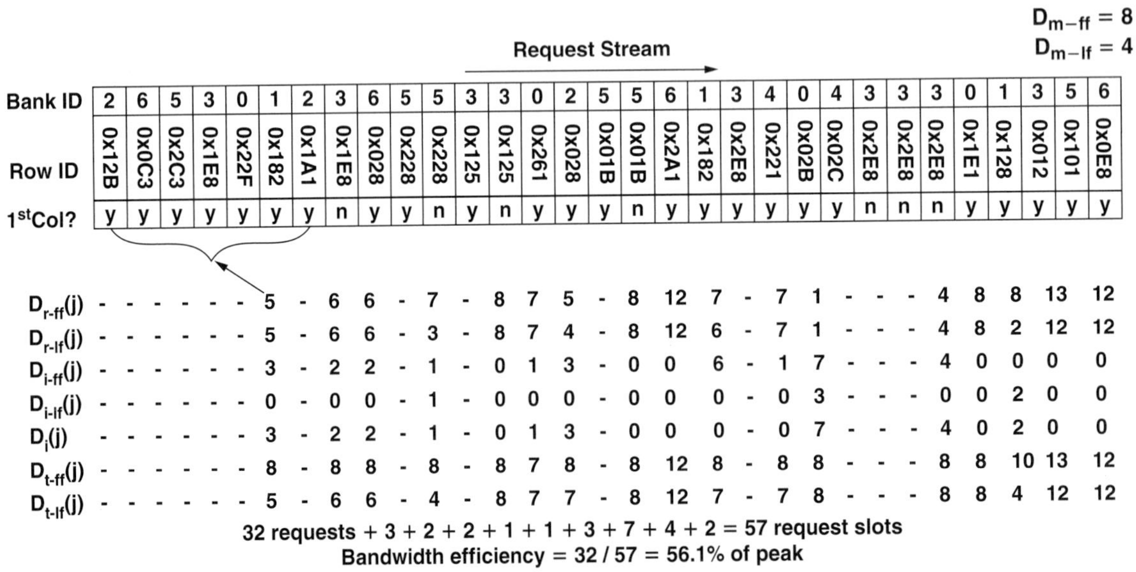

그림 15.11_ 효율성 계산의 예: 오픈 페이지, D_{m-ff}=8, D_{m-lf}=4

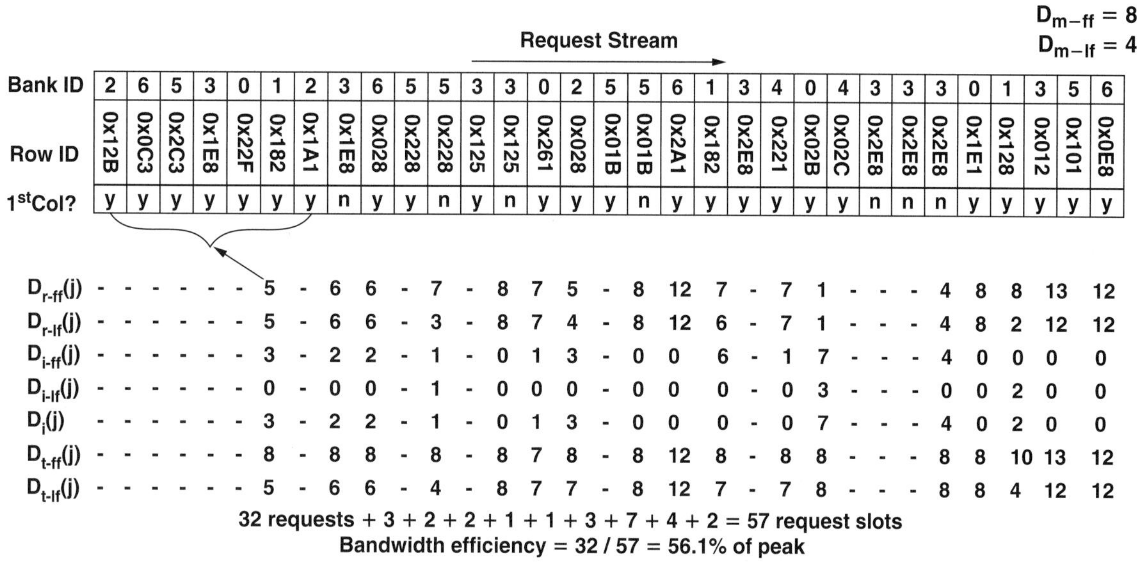

그림 15.12_ RAD 분석적 프레임워크에서 통상적인 시스템 종류

15.3.8 RAD 기반의 분석을 위한 시스템 종류

이 절에서 RAD 분석적 프레임워크는 DRAM 메모리 시스템의 최대 대역폭 효율성을 계산하기 위해 사용된다. 그러나 어떠한 DRAM 메모리 시스템의 대역폭 효율성은 작업부하에 따라 다르고 DRAM 메모리 시스템의 조직과 메모리 컨트롤러의 스케줄링 정책에 민감하다. 그림 15.12는 RAD 분석적 프레임워크에서 사용되는 일반적인 시스템 종류를 보여준다. 이러한 종류에서 스트림 안의 리퀘스트는 어드레스 매핑 방법의 대상이고, 특정한 DRAM 채널, 랭크, 뱅크, 로우, 그리고 칼럼 어드레스에 매핑된다. 그 다음에 리퀘스트는 그것들이 높은 성능의 메모리 컨트롤러에서 DRAM 프로토콜 오버헤드, DRAM 뱅크 로우 사이클 시간, t_{FAW} 로우 활성화 제한을 만족시키기 위해 리퀘스트 스트림 안에 들어가야 하는 유휴 시간의 양을 최소화하기 위해 재요청되는 것처럼 제한된 정도로 재요청될 수 있다.

이번에는 8개의 다른 DRAM 메모리 시스템 종류의 DRAM 메모리 대역폭 특성이 변화하는 데이터 속도 확장 경향과 t_{FAW} 로우 활성화 제한의 대상을 살펴보자. 표 15.5는 이번에 사용할 다른 시스템 종류를 요약하고 있다. 8개의 다른 시스템 종류들은 4개의 오픈 페이지 메모리 시스템과 4개의 클로즈 페이지 메모리 시스템이다. 오픈 페이지 메모리 시스템에서 로우 버퍼를 열기 위한 히트를 최적화하기 위해 연속된 캐시라인 어드레스들은 같은 뱅크의 같은 로우에 매핑된다. 클로즈 페이지 메모리 시스템에서 뱅크 액세스 패럴리즘을 최적화하기 위해 연속된 캐시라인 어드레스들은 다른 뱅크에 매핑된다. 로우 버퍼 관리 방침과 어드레스 매핑 방법 외에도 4개의 클로즈 페이지 메모리 시스템 중에 2개는 또한 처리 재요청을 지원한다. 이러한 메모리 시스템에서 처리 요청은 뱅크당 4개의 리퀘스트를 줄에 넣을 수 있게 위치한다. 다음에 처리 요청은 주어진 뱅크의 리퀘스트 사이에서 일시적인 스케줄링 거리를 최대화하기 위해 뱅크를 통해 라운드 로빈 방법 중 하나를 선택한다. 이번에는 메모리 시스템에 DRAM 디바이스의 1개 혹은 2개의 랭크로 설정되고, DRAM 디바이스 각각의 랭크는 내부적으로 8개 혹은 16개의 뱅크를 가지고 있다. 표 15.1에서

표 15.5_ 시스템 종류 요약

System Configuration	Row-Buffer-Management Policy	Address Mapping Scheme	Transaction Re-ordering	Rank Count	Bank Count	Row Count	Column Count
open-F-1-8	Open-page	Row/bank/column	FIFO	1	8	16384	1024
open-F-2-8	Open-page	Row/rank/bank/column	FIFO	2	8	16384	1024
open-F-1-16	Open-page	Row/bank/column	FIFO	1	16	16384	1024
open-F-2-16	Open-page	Row/rank/bank/column	FIFO	2	16	16384	1024
close-F-1-8	Close-page	Row/column/bank	FIFO	1	8	16384	1024
close-F-1-16	Close-page	Row/column/bank	FIFO	1	16	16384	1024
close-4-1-8	Close-page	Row/column/bank	Q Depth 4	1	8	16384	1024
close-4-1-16	Close-page	Row/column/bank	Q Depth 4	1	16	16384	1024

8개의 각각의 시스템 종류들은 페이징 방침, 재요청 깊이, 랭크 숫자, 그리고 랭크당 뱅크 숫자로 나타내어진다. 예를 들어, open−F−1−8은 오픈 페이지 시스템이 처리 재요청이 없고, 시스템에 1개의 싱글 랭크를 가지고 있으며, 랭크당 8개의 뱅크를 가진다는 것을 나타낸다. 마지막으로 모든 시스템은 뱅크당 16,384개의 로우와 로우당 1,024개의 칼럼을 가진다.

이번에는 533Mbps에서 1,333Mbps의 데이터 속도를 가지는 최근의 DRAM 메모리 시스템의 최대 수용 가능한 대역폭 특징에 대해서 알아본다. 더욱이, 이번에 만들어지는 1개의 가정은 DRAM 디바이스의 디바이스 데이터 속도가 DRAM 디바이스의 동작 주파수의 2배라는 것이다. 그러므로 메모리 시스템의 동작 주파수는 266에서 667MHz이고, 클럭 사이클의 개념은 DRAM 디바이스의 동작 주파수와 동일하다. 이번 조사를 통해서 DRAM 디바이스의 로우 사이클 시간은 60ns라고 가정한다. Rank-to-rank 턴어라운드 시간인 t_{RTRS}는 0 혹은 3클럭 사이클이다. 더욱이 t_{CWD}는 3클럭 사이클이고, t_{CMD}는 1클럭 사이클, t_{WR}은 4클럭 사이클, t_{BUST}는 4클럭 사이클, 그리고 t_{CAS}는 4클럭 사이클로 한다. 마지막으로 t_{RAW} 로우 활성화 제한은 30 혹은 60ns의 극단적인 값으로 한다. 즉, t_{FAW}는 t_{RC} 혹은 $t_{RC}/2$와 같게 세팅하고, t_{FAW}가 t_{RC} 와 같은 경우는 t_{FAW}의 가장 안 좋은 경우의 값이고, t_{FAW}가 $t_{RC}/2$와 같은 경우는 제안된 t_{FAW} 제한의 최적화된 가장 좋은 경우의 값이다.

15.3.9 오픈 페이지 시스템: 164.gzip

그림 15.13은 164.gzip 어드레스 트레이스를 위한 4개의 다른 오픈 페이지 메모리 시스템의 계산된 최대 대

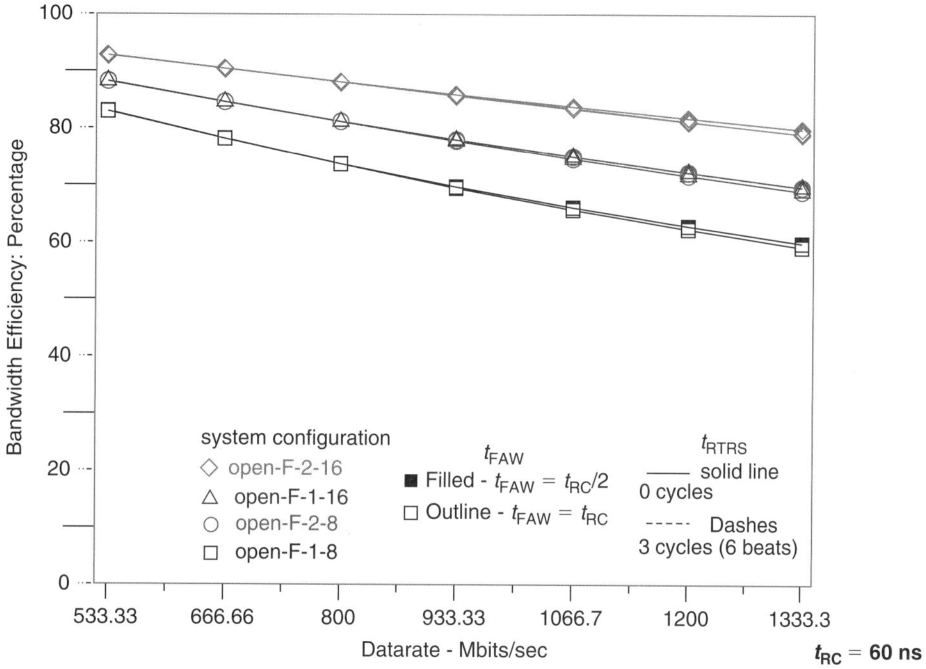

그림 15.13_ 164.gzip 어드레스 트레이스의 최대 대역폭 효율성: 오픈 페이지 시스템

역폭 효율성을 보여준다. 그림 15.13은 60ns의 일정한 로우 사이클 시간에서 메모리 시스템의 최대 대역폭 효율성은 증가하는 데이터 속도의 기능처럼 점점 감소한다는 것을 보여주고 있다. 164.gzip의 어드레스 트레이스를 위해, 제한된 t_{FAW} 값과 rank-to-rank 턴어라운드 시간과 같은 요소들이 오직 사용 가능한 DRAM 대역폭에만 영향을 끼치고, 액세스 locality의 상당한 정도를 나타내며 오픈 페이지 히트와 작은 로우 액세스를 가져온다. 마지막으로 그림 15.13은 2개의 랭크, 16개의 뱅크(2R16B) 메모리 시스템에 할당된 추가적인 패럴리즘이 1개의 랭크, 8개의 뱅크(1R8B) 메모리 시스템보다 대역폭 효율성을 크게 개선시킨다는 것을 보여준다.

그림 15.13은 최대 대역폭 효율성의 수단으로 164.gzip의 어드레스 트레이스에 사용 가능한 최대 대역폭을 보여준다. 그림 15.14는 그림 15.13과 같은 데이터를 보여주지만, 8-byte-wide 데이터 버스와 함께 특정한 시스템 종류를 가정하여 견딜 수 있는 대역폭의 수단으로 데이터를 나타낸다. 다른 데이터 속도로 동작하는 8-byte-wide 데이터 버스 중 DRAM 메모리 시스템에 사용 가능한 이론적인 피크 대역폭은 그림 15.14에서 피크 대역폭이라고 이름 붙여진 실선이다. 그림 15.13과 그림 15.14는 작업부하가 높은 정도의 액세스 locality를 가지고, 리퀘스트의 대다수가 메모리 시스템의 같은 랭크 안에 있다는 점에서 164.gzip이 outlier라는 것을 보여준다. DRAM 액세스가 다른 랭크에서 만들어지는 경우 뱅크 충돌이 발생한다. 그 결과, t_{RTRS}의 효과는 어떠한 시스템 종류에서도 미리 관찰할 수 없고, 2개의 랭크 8개의 뱅크(2R8B) 시스템이 1개의 랭크 16개의 뱅크(1R16B) 메모리 시스템과 동일하게 수행한다. 또한 뱅크 충돌의 수는 상대적으로 적고, t_{FAW}의 효과는 최소이며 데이터 속도가 1Gbps 이상으로 상당히 도달해 있을 때까지는 관찰할 수 없다. 마지막으로 164.gzip의 최대 수용 가능한 대역폭은 메모리 시스템의 뱅크의 전체 숫자와 함께 확장

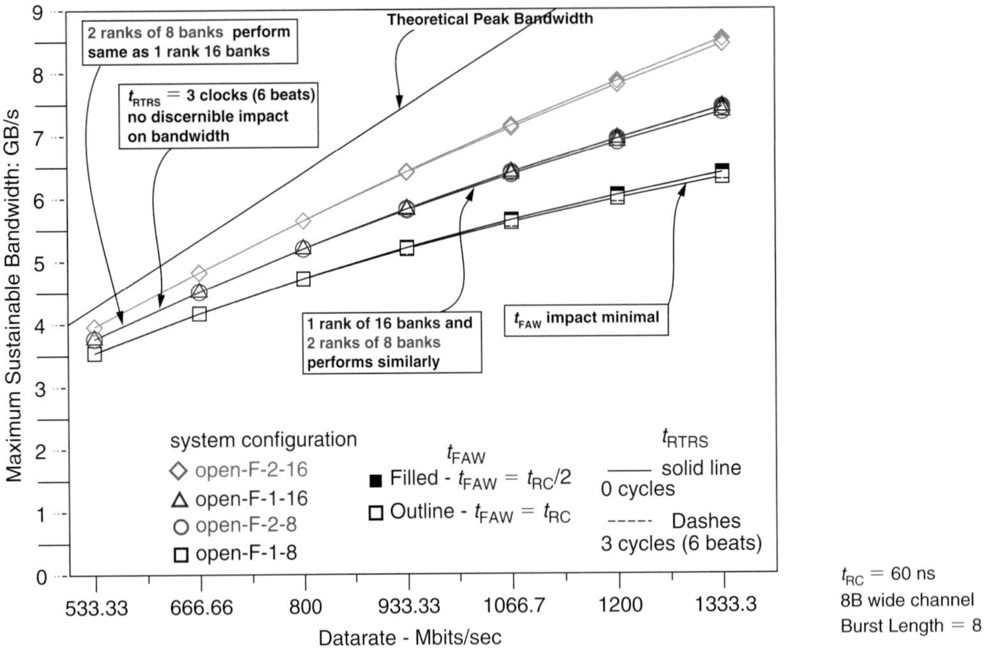

그림 15.14_ 164.gzip 어드레스 트레이스의 최대 수용 가능한 대역폭: 오픈 페이지 시스템

되며, 1R16B 메모리 시스템보다 뛰어난 2R16B 메모리 시스템의 대역폭 이득은 1R8B 메모리 시스템보다 뛰어난 1R16B 메모리 시스템의 대역폭 이득과 거의 비슷한 정도로 크다.

15.3.10 오픈 페이지 시스템: 255.vortex

그림 15.15는 오픈 페이지 메모리 시스템의 255.vortex의 최대 수용 가능한 대역폭 특성을 보여준다. 그림 15.15는 그림 15.14의 164.gzip의 어드레스 트레이스에 의해 보여진 최대 수용 가능한 대역폭 특성과 다르게, 255.vortex는 랭크와 뱅크의 수에 따른 시스템 구성과 극단적으로 t_{FAW}와 t_{RTRS}의 효과에 대해 outlier를 나타낸 것이다. 그림 15.15는 또한 255.vortex의 어드레스 트레이스가 상대적으로 낮은 정도의 액세스 locality를 가지고, 더 작은 칼럼 액세스가 다른 작업부하보다 같은 로우에서 만들어져 상대적으로 높은 속도의 뱅크 충돌을 가진다는 것을 보여준다. 뱅크 충돌은 심지어 2-랭크 시스템 종류에서도 또한 DRAM 디바이스의 같은 랭크에 보이는 경향이 있다. 그 결과는 t_{FAW}가 모든 시스템 종류에서 DRAM 메모리 시스템의 최대 수용 가능한 대역폭을 크게 제한한다는 것이다.

그림 15.15는 255.vortex가 메모리의 2 랭크의 시스템 종류에서 rank-to-rank 스위칭 오버헤드인 t_{RTRS}에 크게 영향 받는다는 것을 보여준다. t_{RTRS}에 기인하는 오버헤드는 사용 가능한 메모리 시스템의 대역폭의 다른 제한 요소가 더 중요해짐에 따라 높은 데이터 속도에서 다소 완화된다. 높은 데이터 속도에서 t_{RTRS}의 대역폭 효과는 남아 있지만, 그 효과는 DRAM 메모리 시스템의 데이터 전송을 방해하는 분리된 소스로서 덜 인식할 수 있게 된다. 또한 그림 15.15는 rank-to-rank 스위칭 오버헤드인 t_{RTRS}가 read-write 턴어라운드 시

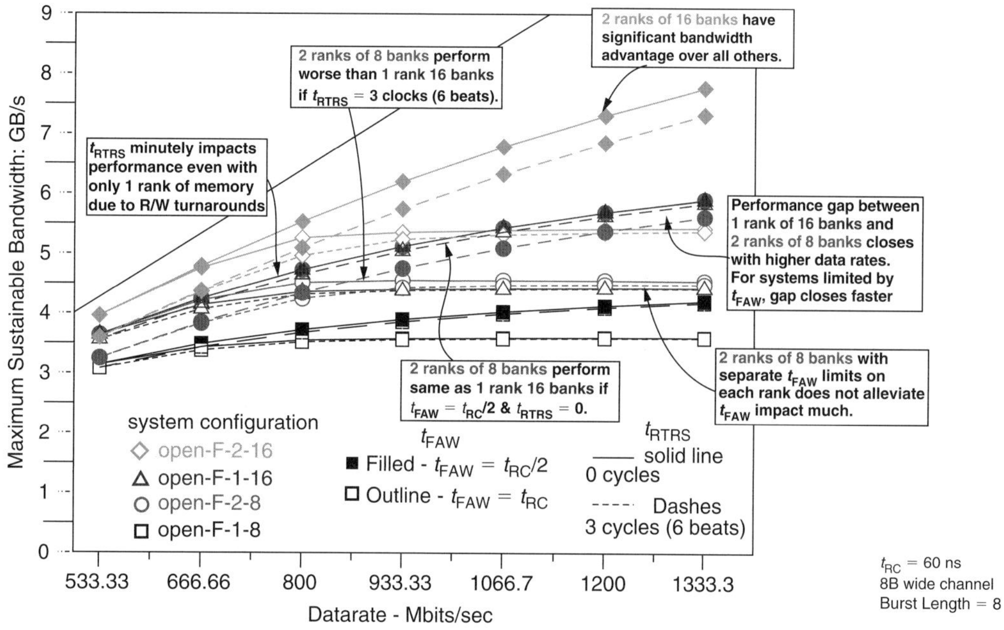

그림 15.15_ 255.vortex 어드레스 트레이스의 최대 수용 가능한 대역폭: 오픈 페이지 시스템

간에 영향을 끼친다는 사실 때문에 하나의 랭크 메모리 시스템의 성능에 영향을 끼친다는 것을 보여주는데, t_{RTRS}의 read-write 턴어라운드 시간에 대한 영향은 표 15.3에서 살펴볼 수 있다. 마지막으로 그림 15.15는 t_{FAW}=t_{RC}라는 시뮬레이션 가정이 800Mbps 이상의 모든 시스템 종류에서 수용 가능한 대역폭을 완전히 제한하는 255.vortex에서 t_{FAW}의 효과를 보여준다. 800Mbps 이상의 데이터 속도에서, t_{FAW}에 제한된 모든 메모리 시스템에 255.vortex의 어드레스 트레이스를 위한 최대 수용 가능한 대역폭 이상의 개선이 관찰되지 않는다.

15.3.11 오픈 페이지 시스템: 모든 작업부하의 평균

그림 15.14와 15.15는 164.gzip과 255.vortex의 최대 수용 가능한 대역폭 특성을 보여주고, 작업부하의 세트에서 이들 두 개의 극단적인 outlier는 시간 변수와 시스템 종류에 대한 민감도를 이용하여 표 15.1에 나열되어 있다. 즉, 164.gzip의 어드레스 트레이스가 상대적으로 t_{RTRS}와 t_{FAW}에 의해 제한에 덜 민감한 반면, 255.vortex의 어드레스 트레이스는 극단적으로 t_{RTRS}와 t_{FAW}에 민감하다. 그림 15.16은 이번 연구에 사용된 모든 작업부하들을 평균한 최대 수용 가능 대역폭을 나타낸다. 그림 15.16은 오픈 페이지 메모리 시스템에서 다양한 싱글 스레드 작업부하의 어드레스 트레이스에 의해 공급된 높은 정도의 액세스 locality가 세밀한 처리 요청 재배열 메커니즘의 이득이 없이 오픈 페이지 시스템이 상대적으로 높은 대역폭 효율성을 가지도록 한다. 그림 15.16은 또한 연속된 캐시라인 어드레스가 같은 로우 어드레스에 매핑되는 오픈 페이지 어드레스 매핑 방법이 효과적으로 멀티 랭크에 의해 여유가 되는 패럴리즘을 사용하고, 2R8B 메모리 시스템의 성능이 1R16B 메모리 시스템의 성능과 거의 동일하다는 것을 보여준다. 1R16B 메모리 시스템과 비

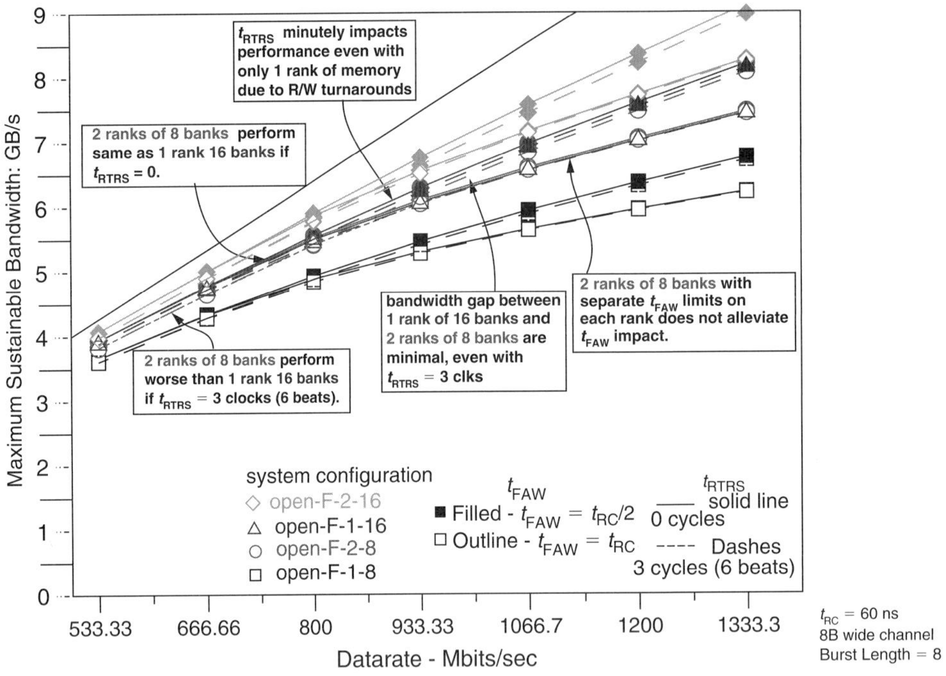

그림 15.16_ 최대의 수용가능한 대역폭–모든 작업부하의 평균: 오픈 페이지 시스템

교하여 2R8B 시스템에 의한 대역폭 저하는 심지어 rank-to-rank 스위칭 오버헤드인 t_{RTRS}가 3클럭 사이클일 때에도 상대적으로 작다. 이러한 작은 효과의 이유는 싱글 스레드 작업부하의 액세스 locality가 주어진 랭크 안에서 계속해서 접근하는 경향을 가지고, rank-to-rank 스위칭 시간 불이익이 상대적으로 작고 혹은 로우 사이클 시간 효과에 의해 상당히 숨겨져 있기 때문이다.

그림 15.16에서 볼 수 있는 한 가지 놀라운 결과는 4개의 뱅크 활성화 윈도우 제한인 t_{FAW}가1–랭크 메모리 시스템에 그러는 것처럼 2–랭크 메모리 시스템의 수용할 수 있는 대역폭 특성에 부정적으로 영향을 미친다는 것이다. 이러한 놀라운 결과는 오픈 페이지 로우 버퍼 관리 방침을 위한 뱅크 패럴리즘을 얻기 위해 최적화된 어드레스 매핑 방법이 같은 뱅크와 같은 랭크에 직접적인 접근을 하는 경향이 있다는 관찰과 함께 설명된다. 이 방법에서, 뱅크 충돌은 어떠한 주어진 시간 주기에서 종종 같은 랭크 위로 지시된다. 그 결과는 멀티 로우 사이클은 메모리 2개가 다른 랭크 사이에서 고르게 분포되는 것보다 메모리의 주어진 사이클에서 모이는 경향이 있고, 그리고 t_{FAW}는 심지어 오픈 페이지 로우 버퍼 관리 방침을 구현하는 듀얼 랭크 메모리 시스템에서도 높은 성능을 가지는 DRAM 메모리 시스템을 위한 적절한 고민거리 이슈를 남긴다.

마지막으로 그림 15.16은 t_{RTRS}의 효과가 t_{FAW}에 영향을 받지 않는 시스템에서 다른 데이터 속도 간에도 상대적으로 일정하다는 것을 보여준다. 2R16B 시스템의 대역폭 곡선의 상세한 관찰은 t_{FAW} 제한에 영향을 받는 시스템에서 t_{RTRS}의 효과는 어떤 범위까지 완화되는 것을 보여준다. 즉, rank-to-rank 스위칭 시간 때문에 메모리 시스템 안으로 집어 넣어진 유휴 사이클은 연속적인 로우 액세스들 사이를 회복하기 위한 DRAM 디바

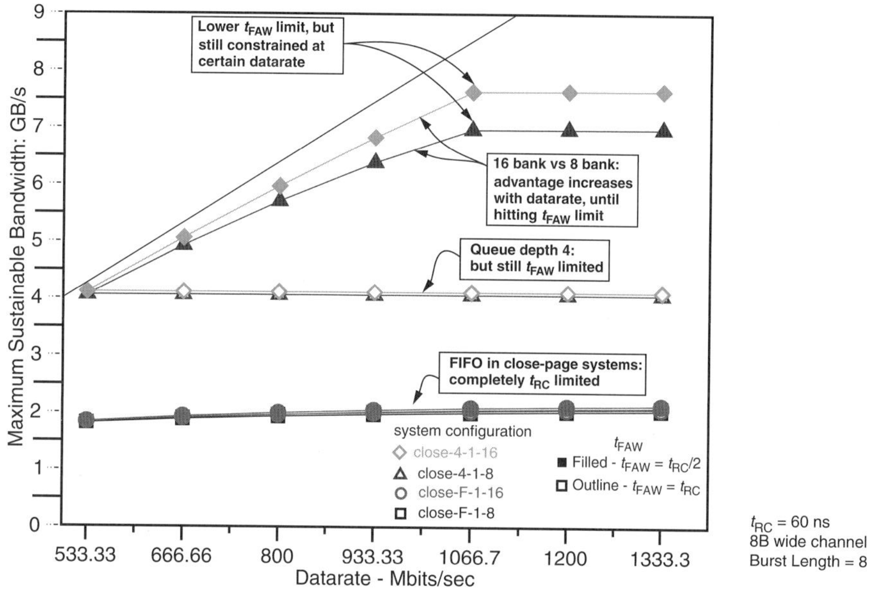

그림 15.17_ 164.gzip 어드레스 트레이스의 최대 수용 가능한 대역폭: 클로즈 페이지 시스템

이스에 의해 필요한 것처럼 추가적인 유휴 시간을 줄이는 데 사용될 수 있다. 이러한 방법으로 같은 유휴 사이클은 여러 개의 제한 사항을 만족시키는 데 사용되고, 각각의 제한 사항들의 효과는 그리 크지 않다.

15.3.12 클로즈 페이지 시스템: 164.gzip

그림 15.17은 표 15.5에 나열된 4개의 다른 클로즈 페이지 메모리 시스템을 위한 164.gzip의 어드레스 트레이스에 사용 가능한 최대 대역폭을 보여준다. 그림 15.17은 처리 재배열 없이 클로즈 페이지 메모리 시스템에서 164.gzip의 어드레스 트레이스를 위해, 최대 수용 가능한 대역폭이 메모리 시스템의 데이터 속도가 증가하는 것에 따라 천천히 증가하고, 시스템에서 사용 가능한 뱅크의 숫자와 t_{FAW} 변수는 영향이 없다는 것을 보여준다. 그러나 그림 15.17은 상대적으로 정밀한 처리 재배열 메커니즘을 가지는 메모리 시스템을 나타내고, 재배열 큐 깊이 4를 가지는 클로즈 페이지 메모리 시스템에서 164.gzip의 어드레스 트레이스를 위한 사용 가능한 DRAM 대역폭을 효과적으로 뽑아낼 수 있다는 것을 보여준다. t_{FAW}가 $t_{RC}/2$와 같은 경우, 164.gzip의 어드레스 트레이스를 위한 수용 대역폭은 DRAM 메모리 시스템의 데이터 속도가 1.07Gbps에 도달할 때까지 계속해서 증가한다. 1.07Gbps에서 t_{RC}와 t_{BURST}의 비율은 t_{FAW}와 t_{RC} 의 비율에 의해 특정지어진 것처럼 현재 열려 있는 뱅크의 최대 숫자와 동일하고, 최대 유지되는 대역폭은 모든 시스템 종류에서 안정기에 들어간다. 그러나 그림 15.17은 t_{FAW}가 t_{RC}와 동일한 경우, t_{FAW}가 클로즈 페이지 메모리 시스템에서 현재 열려 있는 뱅크의 최대 숫자를 엄격히 제한하기 때문에 DRAM 메모리 시스템은 데이터 속도와는 상관없이 164.gzip 어드레스 트레이스를 위해 오직 4GB/s의 대역폭만을 유지할 수 있다는 것을 보여준다. 마지막으로 그림 15.17은 DRAM 메모리 시스템에서 8개의 뱅크와 비교하여 16개의 뱅크를 가진 것으로부

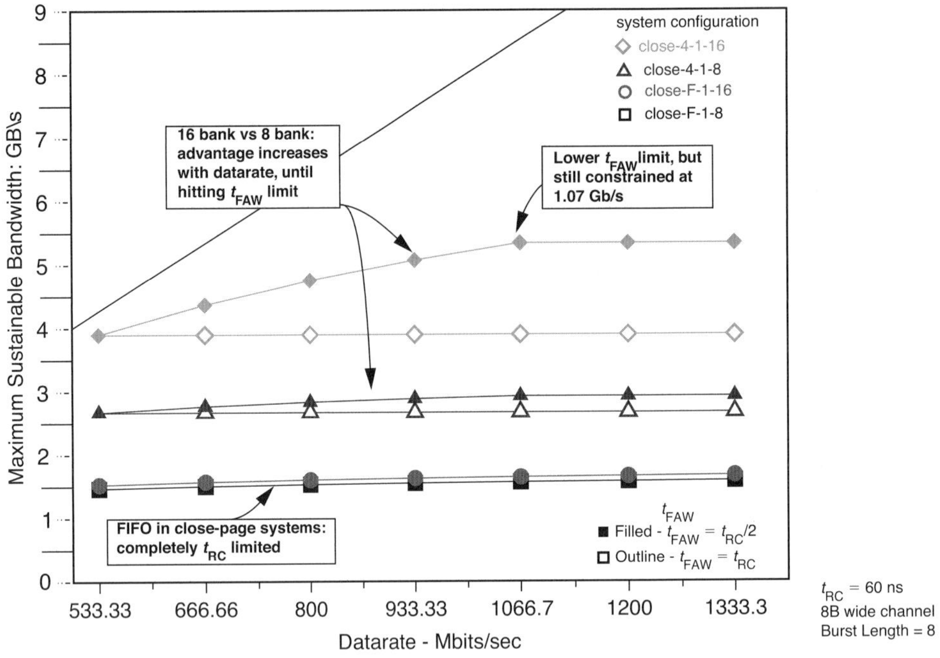

그림 15.18_ SETI@HOME 어드레스 트레이스의 최대 수용 가능한 대역폭: 클로즈 페이지 시스템

터 얻는 성능 이득을 보여준다. 그림 15.17은 낮은 데이터 속도에서 16개의 뱅크를 가지는 것의 성능 이득이 상대적으로 작다는 것을 보여주고 있다. 그러나 16개의 뱅크를 가지는 것의 성능 이득이 t_{FAW} 제한이 효과적으로 클로즈 페이지 메모리 시스템에서 사용 가능한 DRAM 대역폭을 제한할 때까지 늘어나는 데이터 속도와 함께 증가하고 있다.

15.3.13 클로즈 페이지 시스템: SETI@HOME 프로세서 버스 트레이스

그림 15.18은 호스트 프로세서가 SETI@HOME을 실행하고 있는 동안에 디지털 로직 분석기로 프로세서 버스 위에서 캡쳐된 짧은 트레이스를 위한 최대 수용 가능한 대역폭 그래프를 보여주고 있다. 그림 15.17에 나타난 164.gzip 어드레스 트레이스의 대역폭 특성과 유사하게, 그림 15.18은 처리 재배열이 수행되지 않는 경우에 SETI@HOME 어드레스 트레이스가 완전히 대역폭 경계라는 것을 보여준다. 그러나 그림 15.17에 보여진 164.gzip 어드레스 트레이스의 대역폭 특성과는 다르게, 그림 15.18은 처리 재배열을 수행하는 클로즈 메모리 시스템에서 SETI@HOME 어드레스 트레이스가 16-뱅크 디바이스의 메모리 시스템으로부터 큰 이득을 가진다는 것을 보여준다. 그림 15.18은 매우 정밀한 클로즈 페이지 1R16B 메모리 시스템이 1R8B 종류의 동일한 메모리 시스템과 비교하여 거의 2배의 대역폭을 제공할 수 있다는 것을 보여준다. 이러한 면에서 SETI@HOME 어드레스 트레이스는 큰 숫자의 뱅크로부터 매우 이득을 얻는 outlier이다.

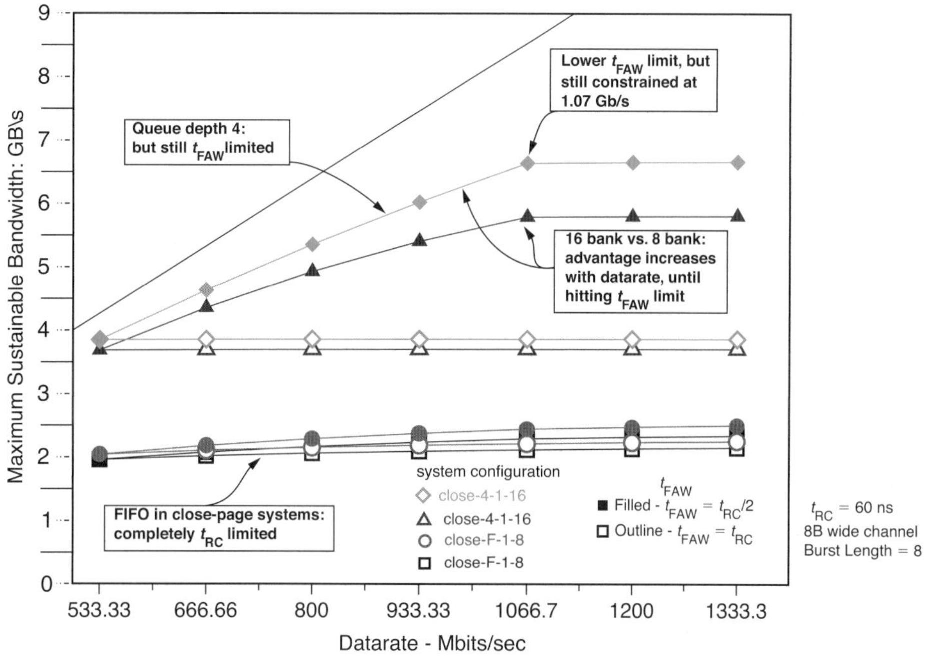

그림 15.19_ 최대 수용 가능한 대역폭 - 모든 작업부하의 평균: 클로즈 페이지 시스템

15.3.14 클로즈 페이지 시스템: 모든 작업부하들의 평균

그림 15.19는 표 15.1에 나열된 모든 작업부하의 평균인 최대 수용 가능한 대역폭을 나타낸다. 그림 15.19는 모든 작업부하의 평균치 그래프가 몇몇 작은 차이와 함께 그림 15.17의 164.gzip 어드레스 트레이스를 나타낸 최대 수용 가능한 대역폭 그래프와 비슷하다는 것을 보여준다. 그림 15.17과 유사하게 그림 15.19는 처리 재배열 없이 클로즈 페이지 메모리 시스템에서 최대 수용 가능한 DRAM 메모리 시스템의 대역폭은 메모리 시스템의 데이터 속도의 증가에 따라 매우 천천히 증가한다는 것을 보여주고, 시스템에서 사용 가능한 뱅크의 숫자나 t_{FAW} 변수는 영향이 별로 없다는 것도 보여주고 있다. 그러나 그림 15.19는 재배열 큐 깊이 4를 가지는 클로즈 페이지 메모리 시스템에서 이 시스템이 다른 작업부하 간의 사용 가능한 DRAM 대역폭을 효과적으로 뽑아낼 수 있다는 것을 보여준다. 또한 그림 15.19는 164.gzip과 SETI@HOME의 어드레스 트레이스의 최대 수용 가능한 대역폭 특성과 유사하게 DRAM 메모리 시스템의 데이터 속도가 1.07Gbps가 될 때까지 평균 작업부하의 최대 수용 대역폭은 t_{FAW}가 $t_{RC}/2$와 동일한 경우 계속해서 증가한다는 것을 보여준다. 마지막으로 그림 15.19는 평균 작업부하에 의해 보여지는 대역폭 이득이 그림 15.18의 SETI@HOME 어드레스 트레이스보다 그림 15.17의 164.gzip 어드레스 트레이스에 의한 이득에 더 가깝다는 것을 보여주고, 1R16B 종류의 대역폭 이득은 t_{FAW} 제한이 효과적으로 클로즈 페이지 메모리 시스템의 사용 가능한 DRAM 대역폭을 제한할 때까지 늘어나는 데이터 속도와 함께 늘어난다.

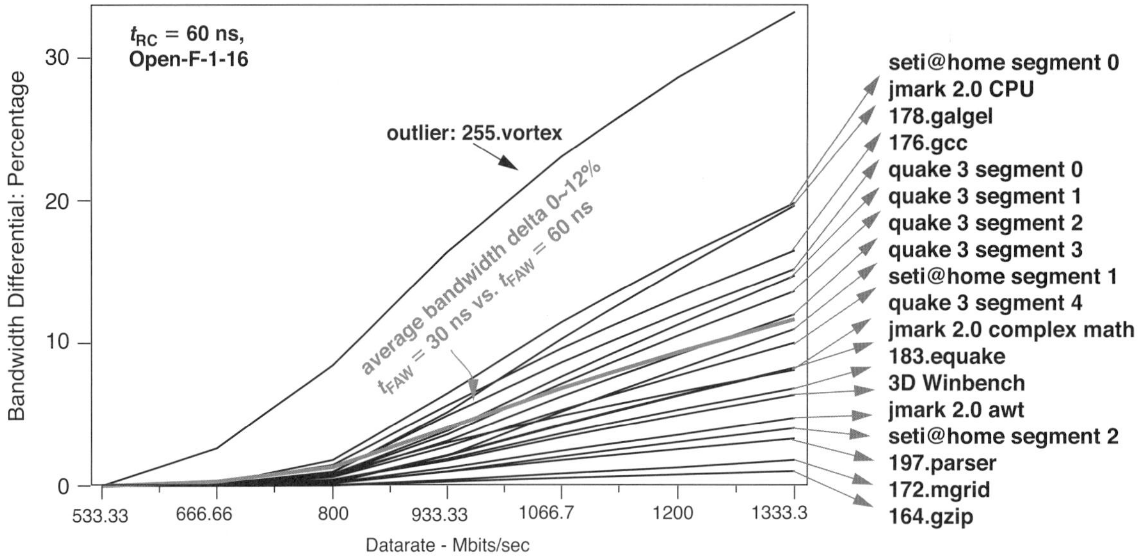

그림 15.20_ 1R16B 오픈 페이지 시스템에서 tFAW=30ns와 tFAW=60ns의 비교

15.3.15 오픈 페이지 시스템에서 t_{FAW} 제한: 모든 작업부하

그림 15.17, 15.18, 그리고 그림 15.19는 종합적으로 클로즈 페이지 메모리 시스템이 t_{FAW}에 의해 나타내어진 로우 활성화 제한에 매우 민감하다는 것을 보여주고 있다. 단순한 설명은 싱글 랭크, 클로즈 페이지 메모리 시스템에서 t_{FAW}는 접근을 위해 현재 열려 있는 뱅크의 최대값을 정의하고, 한계에 도달했을 때 사용 가능한 대역폭이 메모리 시스템의 데이터 속도와 상관없이 더 이상의 확장이 가능하지 않다. 그러나 오픈 페이지 메모리 시스템에서는 각각의 로우 액세스를 위한 여러 개의 칼럼 액세스들이 있고, t_{FAW}로 나타낼 수 있는 단위 시간당 로우 활성화의 숫자의 제한은 정량화하기 더욱 어렵다. 그림 15.20은 1R16B 메모리 시스템에서 t_{FAW}=t_{RC}=60ns인 경우와 t_{FAW} =t_{RC}/2=30ns인 경우의 대역폭 차이의 퍼센티지를 이용하여 t_{FAW}의 효과를 보여준다. 시뮬레이션에 사용된 다른 작업부하의 대역폭 차이 곡선은 그림 15.20에 독립된 선으로 그려져 있고, 제한적인 t_{FAW} 변수에 의해 나타낸 제한에 대한 작업부하 민감도에서 큰 변동을 나타낸다. 알아야 할 만한 한 가지 작업부하는 255.vortex인데, t_{FAW}=60ns인 경우 대역폭 영향은 사용 가능한 대역폭을 1.2Gbps 이상의 데이터 속도에서 30%까지 감소시킨다. 하지만 평균적으로 t_{FAW}=60ns인 메모리 시스템을 동작시키는 작업부하는 제한적인 t_{FAW} 값인 t_{FAW}=30ns을 가지고 있는 같은 시스템과 비교하여 0~12% 수준의 대역폭 손실을 보여주고 있다.

15.3.16 대역폭 개선: 8-뱅크 대 16-뱅크

그림 15.21은 8-뱅크 디바이스의 대역폭 이득에 대한 16-뱅크 디바이스의 대역폭 이득을 나타낸다. 그림 15.21은 뱅크당 재배열 큐 깊이 4를 가지는 오픈 페이지 메모리 시스템과 클로즈 페이지 메모리 시스템의

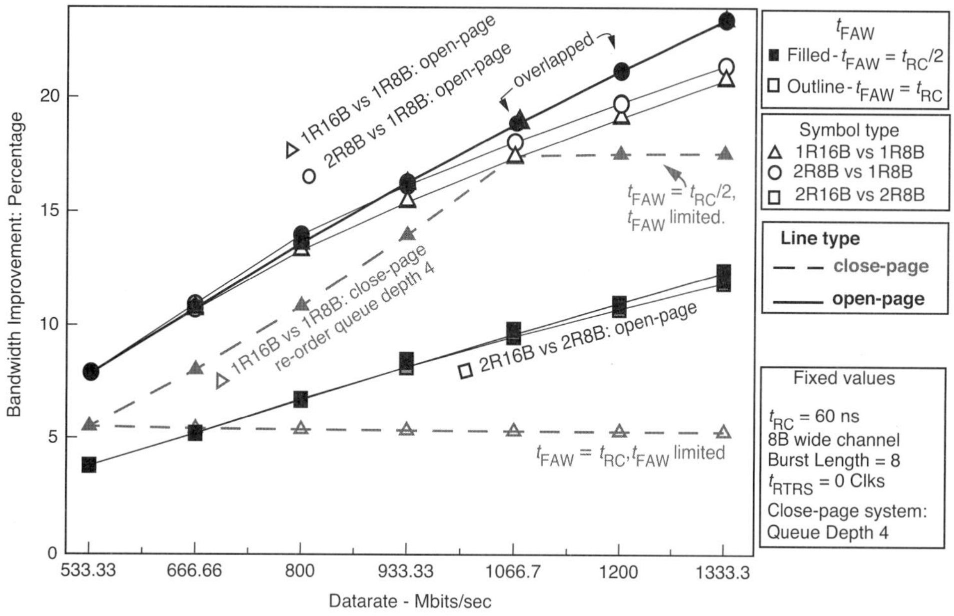

그림 15.21_ 대역폭 개선: 16 뱅크 대 8 뱅크

1R16B와 1R8B를 비교하는 평균 대역폭 개선 곡선을 나타낸다. 또한 그림 15.21은 2R8B 대 1R8B의 평균 대역폭 개선 곡선과, 오픈 페이지 메모리 시스템에서 2R16B 대 2R8B의 평균 대역폭 개선 곡선도 보여준다. 그림 15.21은 로우 버퍼 관리 방침의 차이와 재배열 메커니즘의 차이에도 불구하고 1R8B 메모리 시스템의 대역폭 이득에 대한 1R16B 메모리 시스템의 대역폭 이득이 오픈 페이지 메모리 시스템과 클로즈 페이지 메모리 시스템 사이에서 상관관계가 있는 것을 보여준다. 두 가지 경우에서 DRAM 디바이스에서 더 많은 뱅크를 가지는 것의 대역폭 이득은 일정한 로우 사이클 시간과 늘어나는 데이터 속도에 따라 거의 같은 비율로 확장된다. 오픈 페이지와 클로즈 페이지 메모리 시스템에서 1R8B 메모리 시스템의 대역폭 이득에 대한 1R16B 메모리 시스템의 대역폭 이득은 1.07Gbps에서 대략 18%이다. 그러나 그림 15.21은 늘어나는 데이터 속도에 따라 1R16B 메모리 시스템의 대역폭 이득이 계속해서 증가하여 1.33Gbps에서 22%가 되는 반면 1.07Gbps에서 클로즈 페이지 메모리 시스템이 제한된 t_{FAW} 값에 의해 대역폭이 제한된다는 것을 보여준다. 마침내 그림 15.21은 2-랭크 종류와 함께 16-뱅크 DRAM 디바이스에 의해 제공된 대역폭 이득이 8-뱅크 디바이스보다 거의 절반이라는 것을 보여주고, 2R16B 시스템 종류의 대역폭 이득이 2R8B 시스템 종류에 비해 1.33Gbps에서 12%라는 것을 보여준다.

RAD 분석적 프레임워크에 기초한 DRAM 메모리 시스템 대역폭 특성에 대한 연구는 이번 절에서 다루어진다. 이번 절에서 재차 확인되는 것에 따라 DRAM 메모리 시스템의 성능은 작업부하에 따른 특성에 의존하고, 그러한 작업부하에 따른 특성은 각각 큰 변화를 보여준다. 그러나 DRAM 메모리 시스템의 최대 수용 가능한 대역폭 특성에 관한 몇몇 연구는 계속 만들어지고 있다.

- 랭크 메모리 시스템 종류에서 8-뱅크 디바이스보다 16-뱅크 디바이스를 가지는 것에 대한 이점

은 데이터 속도와 함께 늘어난다. 성능 이득 1Gbps에서 오픈 페이지와 클로즈 페이지 메모리 시스템에서 약 18%로 늘어난다. 몇몇 작업부하는 최소의 이득만을 보이는 반면, 다른 것들은 매우 이점이 크다. DRAM 디바이스의 1개의 랭크를 가지는 임베디드 시스템과 작업부하 특성의 변화에서 제한된 것은 뱅크 숫자 이슈를 주의 깊게 관찰해야 한다.

- 싱글 스레드 작업부하는 높은 정도의 액세스 locality를 가지며, 싱글 스레드 작업부하를 위한 오픈 페이지 메모리 시스템의 수용 가능한 대역폭 특성은 비교적 세밀한 처리 리오더링을 수행하는 클로즈 페이지 메모리 시스템의 그 것과 유사하다.
- 세밀한 재배열 메커니즘 없이 t_{FAW} 활성화 윈도우 제한은 클로즈 페이지 메모리 시스템의 성능을 매우 제한한다. t_{FAW}의 영향은 오픈 페이지 메모리 시스템에서 비교적 적으나 255.vortex와 같은 몇몇 작업부하는 접근 순서에서 명백히 최소의 공간 locality를 포함하고, 그들의 성능 특성은 클로즈 페이지 메모리 시스템의 작업부하의 그것과 유사하다. 이번 연구에서, 심지어 2-랭크 메모리 시스템도 메모리 시스템에서 t_{FAW}의 영향을 완화할 수 없다. 그 결과, t_{FAW}의 영향을 설명하는 DRAM 스케줄링 알고리즘은 255.vortex와 유사한 작업부하를 다루는 데 필요한 DRAM 메모리 컨트롤러에서 필요하다.

이번 절에서 RAD 분석적 프레임워크는 다른 종류의 DRAM 메모리 시스템의 수용 가능한 대역폭 특성의 시스템 구성의 효과, 커맨드 스케줄링 알고리즘, 컨트롤러 큐 깊이, 그리고 시간 변수 값을 설명하기 위해 사용된다. 그러나 분석적 프레임워크 바탕의 분석은 몇몇 방법으로 제한하고, 새로운 시뮬레이션 프레임워크인 DRAMSim은 메모리 시스템 구성의 상호 관련된 효과, 스케줄링 알고리즘, 그리고 시간 변수 값을 정확히 시뮬레이션하기 위해 매릴랜드대학에서 개발하였다. 이번 장의 나머지에서는 DRAMSim 시뮬레이션 프레임워크를 사용하는 메모리 시스템 성능 특성의 연구에 대해 다룬다.

15.4 시뮬레이션 기반의 분석

이전 절에서는 다양한 DRAM 메모리 시스템 구성들 각각의 최대 수용 가능한 대역폭 특성을 알아보기 위해 공식 기반의 RAD 분석적 프레임워크를 사용하였다. RAD 분석적 프레임워크의 강점은 메모리 시스템 성능 특성의 1차 추정을 위한 수학적인 기초로서 사용될 수 있다는 것이다. 더욱이 프레임워크의 기초가 정확성을 보장하기 위해 분리되어 연구되는 공식에 의존하기 때문에 RAD 분석적 프레임워크의 정확성은 시뮬레이션 모델의 정확성에 의존하지 않는다. 그러나 RAD 분석적 프레임워크의 약점은 그것이 특정 컨트롤러 스케줄링 알고리즘과 주어진 메모리 시스템의 수용 가능한 대역폭 특성을 실행하기에 saturation 요청 비율이 제한적이고, 넓은 범위의 컨트롤러 스케줄링 방침과 메모리-액세스 latency 분산 특성, 그리고 컨트롤러 큐 깊이 조사 분석을 위해 사용되지 않는다. 이러한 단점을 고치기 위해, 이번 절에서는 시뮬레이터 기반 분석적 프레임워크의 보다 전통적인 접근이 메모리 시스템 성능 특성을 조사하기 위해 사용된다.

표 15.6_ DDR3 메모리 시스템 성능 특성의 연구에서 변하는 변수들

	Parameter	Choices
System configuration	Rank count per section	1, 2
	Bank count per rank	8, 16
	Command scheduling algorithm	Rank Round-Robin, Bank Round-Robin, Wang Rank Hop, Greedy
	Command queue depth	4, 6, 8, 10, 12, 14, 16
Workload characteristics	Read-write ratio	0% ~ 100%
	Short burst duration ratio	0% ~ 100%

15.4.1 시스템 종류

이번 절에서 수행되는 시뮬레이션 작업의 기초는 매우 정확한 DRAM 메모리 시뮬레이터인 DRAMSim이다. 이번 절에서는 변화하는 시스템 종류의 효과, DRAM 디바이스 조직, read 대 write 트래픽 비율, 그리고 DDR2 SDRAM과 DDR3 SDRAM 메모리 시스템의 메모리 시스템 성능 특성에 영향을 주는 프로토콜 제한 시간 변수가 DRAMSim 메모리 시스템 시뮬레이터와 함께 알아보고자 한다. 이번 절에서 수행되는 연구는 더 일반적으로 임의의 어드레스 작업부하 – 예상되는 latency 분포 특성의 연구 – 에 기초하고, 따라서 read 대 write 트래픽 비율과 같은 변수는 독립적으로 조절될 수 있다. 표 15.6은 4가지 다른 시스템 종류 변수와 높은 속도의 메모리 시스템에서 수용 가능한 대역폭 특성의 연구를 위해 이번 절에서 다양한 2가지 작업부하 특성을 요약하고 있다. 하드웨어 구조와 시뮬레이션된 DRAM 메모리 시스템과 read-wirte 비율과 달라진 버스트 길이를 수단으로 한 작업부하 특성의 다양한 변수는 다음 절에서 다룬다.

15.4.2 메모리 컨트롤러 구조

RAD 분석적 프레임워크를 사용하여 이전 절에서 한 연구에서 가정한 기본적인 컨트롤러 구조와는 반대로 DRAMSim 시뮬레이터는 메모리 처리보다 DRAM 커맨드를 스케줄하기 위해 더 포괄적인 메모리 컨트롤러 모델을 사용한다. DRAM 커맨드를 스케줄하는 능력은 컨트롤러가 DRAM 메모리 시스템으로부터 가장 높은 성능을 얻을 수 있다는 것을 별도로 보장한다. 그림 15.22는 이번 절에서 가정한 싱글 채널 메모리 컨트롤러의 기본적인 하드웨어 구조를 나타내고 있다. 그림 15.22에 나타내어진 컨트롤러 구조에서 처리는 DRAM 커맨드 안으로 옮겨지고 각각의 뱅크에 예정된 DRAM 커맨드들을 유지하는 분리된 큐들로 놓여진다.[2] 뱅크당 큐의 깊이는 메모리의 최대 수용 가능한 대역폭의 큐 깊이의 효과를 테스트하는 것을 조절할 수 있는 변수이다. 그림 15.22의 메모리 컨트롤러의 기본적인 가정은 각각의 뱅크당 큐들이 주어진 뱅크로

2 1 랭크, 8 뱅크 메모리 시스템을 위해 컨트롤러 내에서 최소한 8 큐가 필요하고, 2 랭크, 16 랭크당: 랭크당 뱅크 메모리 시스템을 위해 32 큐가 필요하다.

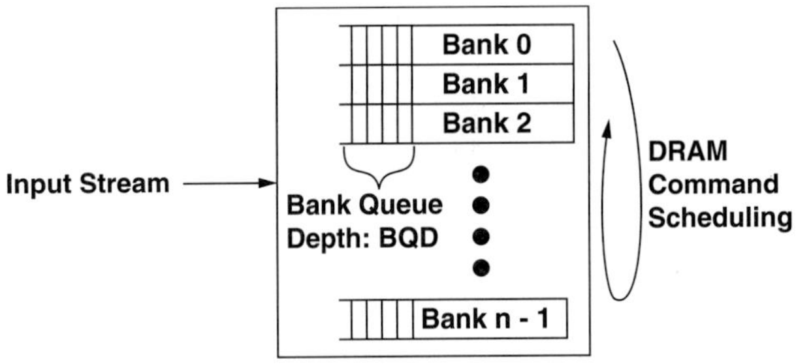

그림 15.22_ 가정한 DRAM 메모리 컨트롤러 구조

예정된 모든 DRAM 커맨드를 유지한다는 것이고, DRAM 커맨드는 각각의 큐 안의 FIFO 순서에서 실행된다. 그림 15.22의 구조에서 DRAM 커맨드 스케줄링 알고리즘은 뱅크당 큐의 헤드로부터 커맨드를 선택하고 해당 커맨드의 실행을 위한 DRAM 디바이스 배열로 전송한다. 이러한 방법으로 그림 15.22의 컨트롤러 구조는 write-to-read 배열 이슈에 관한 걱정 없이 능동적인 메모리 컨트롤러 구현을 가능하게 한다. 즉, 어떠한 주어진 뱅크로 예정된 read와 write 처리가 적절하게 실행되기 때문에 같은 어드레스 장소에서 의미상 write 커맨드 다음에 따라오는 read 커맨드는 잘못되게 재배열되지 않고, write 커맨드에 앞서 스케줄되지 않는다. 반면에 컨트롤러 구조는 발전된 메모리 컨트롤러가 DRAM 메모리 시스템 대역폭을 최적화하기 위해 능동적으로 다른 뱅크로 DRAM 커맨드를 재배열하게 한다. 마지막으로 시뮬레이션된 컨트롤러 구조의 큐 깊이는 DRAM 커맨드를 수단으로 한 큐의 깊이를 나타낸다. 클로즈 페이지 메모리 시스템에서 각각의 처리 요청은 직접적으로 로우 액세스 커맨드와 오토 프리차지를 갖는 칼럼 액세스 커맨드 등 두 개의 DRAM 커맨드로 바뀐다.

15.4.3 DRAM 커맨드 스케줄링 알고리즘

이번 절에서 진행되는 연구에서 클로즈 페이지 메모리 시스템을 위한 4개의 DRAM 커맨드 스케줄링 알고리즘의 수용 가능한 대역폭 특성을 비교한다. 4개의 DRAM 커맨드 스케줄링 알고리즘은 BRR(Bank Round–Robin), RRR(Rank Round–Robin), Wang(Wang Rank Hop), 그리고 Greedy이다. DRAM 커맨드 스케줄링 알고리즘의 역할은 뱅크당 큐의 탑에서 DRAM 커맨드를 선택하는 것이고, 그 커맨드 실행을 위해 DRAM 디바이스로 전송하는 것이다. 일반적으로 DRAM 커맨드 스케줄링 알고리즘은 처리 배열과 우선순위를 정하는 요청을 설명할 수 있어야 한다. 그러나 DRAM 커맨드 스케줄링 알고리즘의 연구는 DRAM 메모리 시스템의 수용 가능한 대역폭 특성을 좁게 초점을 맞춘다. 결과적으로 다음 연구에서 모든 처리는 동일한 스케줄링 우선순위를 가진다고 가정된다.

Bank Round–Robin

BRR(Bank Round–Robin) 커맨드 스케줄링 알고리즘은 주어진 랭크의 뱅크당 큐를 통해 순차적으로 회전하고 다른 랭크로 이동하는 단순한 알고리즘이다. BRR 알고리즘은 다음과 같다.

- 로우 액세스 커맨드와 프리차지를 갖는 칼럼 액세스 커맨드는 커맨드 쌍으로 이루어지며 언제나 연속하여 스케줄된다.
- DDR3 디바이스에서 write-to-read 턴어라운드 시간의 비용 때문에, 내포된 write 스위핑은 시스템의 모든 뱅크를 통한 각각의 루프 반복에서 read 처리나 write 처리를 스케줄하여 수행된다.

- BRR 알고리즘은 랭크 i의 뱅크당 큐를 통해 주어진 타입(read 또는 write)의 처리를 찾는다. 만약 주어진 큐가 비어 있거나 큐의 헤드에 다른 처리 타입을 갖고 있다면 BRR은 해당 큐를 건너뛰고 다른 지원자를 찾기 위해 뱅크(j+1)로 간다.
- 랭크 i의 끝에 도달하면 랭크((i+1) % rank_count)로 바꾸고 해당 랭크의 뱅크로 간다.
- 만약 랭크와 뱅크 ID가 둘 다 0이면 read/write 처리 타입을 바꾼다. 그 결과 BRR은 메모리 시스템의 모든 뱅크와 랭크를 통한 반복을 대체하는 read와 write 처리를 찾는다.

Rank Round-Robin

RRR(Rank Round-Robin) 커맨드 스케줄링 알고리즘은 주어진 뱅크의 모든 랭크 ID를 통과하는 뱅크당 큐를 통해 회전하고, 다음 뱅크로 넘어가는 단순한 알고리즘이다. 싱글 랭크 메모리 시스템에서 RRR과 BRR은 서로 동일하다. RRR 알고리즘은 다음과 같다.

- RRR 알고리즘은 랭크와 뱅크를 돌아다니는 순서가 뒤바뀐 것을 제외하고는 BRR 알고리즘과 같다. 즉, RRR 알고리즘이 스케줄하는 지원자를 위한 랭크 i의 뱅크 j를 본 후, 그 다음에 랭크 i의 뱅크(j+1) 대신 랭크(i+1)의 뱅크 j로 이동한다. 랭크 i가 시스템에서 사용 가능한 가장 높은 랭크 ID일 경우, 뱅크 ID는 증가하고 프로세스는 계속된다.
- 주어진 처리의 DRAM 커맨드 쌍이 BRR처럼 언제나 연속적으로 스케줄된다.
- BRR처럼 만약 랭크 ID와 뱅크 ID가 둘 다 0이라면, RRR은 read/write 처리 타입을 바꾼다. 이러한 방법으로 RRR은 메모리 시스템에서 모든 뱅크와 랭크를 통해 반복을 대체하면서 read 처리와 write 처리를 찾는다.

Wang Rank Hop

Wang(Wang Rank Hop) 커맨드 스케줄링 알고리즘은 DRAM 메모리 시스템에서 데이터 버스를 공유하는 DRAM 디바이스의 최소 2개 랭크의 존재를 필요로 하는 알고리즘이며, 이는 DRAM 디바이스의 랭크를 대체하기 위한 로우 활성화 커맨드를 분산시켜 DRAM 디바이스의 주어진 랭크에 그룹 스케줄링 칼럼 액세스 커맨드에서 t_{FAW}, t_{RRD}, 그리고 t_{RTRS}에 의한 시간 제한을 완화시킨다. BRR과 RRR 스케줄링 알고리즘과는 달리 Wang 알고리즘은 로우 액세스 커맨드와 프리차지를 갖는 칼럼 액세스 커맨드가 분리되고 다른 시간에 스케줄되는 것이 필요하다.

그림 15.23은 Wang 알고리즘의 이상적이고 가장 좋은 케이스의 타이밍 다이어그램을 나타내고 있다. 그림

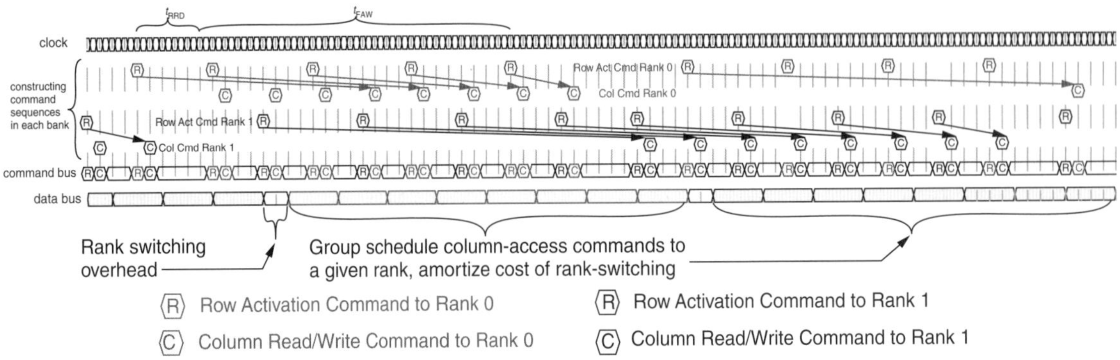

그림 15.23_ 듀얼 랭크, 8 뱅크들 per 랭크 시스템에서 Wang Rank Hop 알고리즘을 위한 이상적인 타이밍 다이어그램

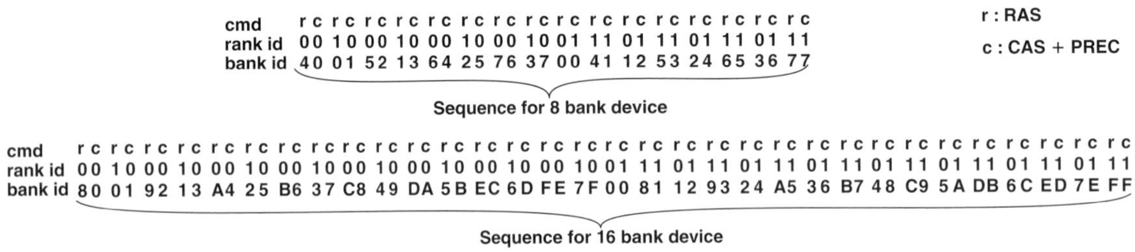

그림 15.24_ 8 뱅크와 16 뱅크 디바이스를 위한 Wang Rank Hop 알고리즘의 커맨드 스케줄링 순서

15.23은 t_{FAW}와 t_{RRD}에 관련된 시간 제한을 일으키는 것을 피하기 위해 로우 액세스(로우 활성화) 커맨드가 랭크를 대체하기 위해 보내는 것을 보여주고, 칼럼 액세스 커맨드가 DRAM 디바이스의 주어진 랭크에 그룹 스케줄되어 있는 것을 보여준다. 이상적으로 랭크 스위칭은 N이 DDR3 DRAM 디바이스 내의 뱅크 숫자일때, N 칼럼 액세스 커맨드당 1번밖에 일어나지 않는다.

Wang 알고리즘을 구현하는 한 가지 간단한 방법은 로우 액세스 커맨드가 랭크를 대체하기 위해 보내지고 칼럼 액세스 커맨드가 그룹 스케줄되기 위해 커맨드 순서를 미리 정의하는 것이다. 그림 15.24는 랭크당 8뱅크와 16뱅크를 가진 듀얼 랭크 시스템의 두 가지 간단한 커맨드 스케줄링 순서를 각각 나타내고 있다. 그림 15.24에 나타난 순서가 Wang 알고리즘의 스케줄링 필요를 달성하는 유일한 순서는 아니지만 이처럼 매우 간단하며, 순서의 다른 미세한 변화들은 알고리즘의 성능을 그다지 개선시키지는 못한다. Wang 커맨드 스케줄 알고리즘은 다음과 같다.

- 그림 15.24에 정의된 것과 같은 커맨드 순서를 따른다. 현재의 순서 반복을 위한 정확한 타입인 경우 칼럼 액세스 커맨드 이슈는 로우 액세스 커맨드를 선택한다. 만약 해당 큐를 위한 칼럼 액세스 커맨드가 잘못된 타입일 경우, 혹은 큐가 비어 있는 경우 해당 큐를 건너뛰고 다음 커맨드로 넘어간다.
- 랭크 ID와 뱅크 ID가 둘 다 0인 경우, read/write 타입을 바꾸고 순서를 계속 이어나간다.

Greedy

Greedy 커맨드 스케줄링 알고리즘은 커맨드가 메모리 시스템의 다양한 뱅크와 랭크를 통한 진행의 논리적인 순서에 기초한 BRR, RRR, 그리고 Wang 커맨드 스케줄링 알고리즘들과는 차이가 있다. Greedy 알고리즘은 스케줄링을 위한 커맨드를 선택하는 논리적인 순서에 의존하지 않는다. 대신에 Greedy 알고리즘은 각각의 뱅크당 큐의 탑에서 대기 중인 커맨드를 조사하고, 가장 작은 발생 대기 시간을 가지는 커맨드를 선택한다. 즉, 커맨드가 BRR, RRR, 그리고 Wang 커맨드 스케줄링 알고리즘을 선택한 이후 메모리 컨트롤러는 여전히 선택된 커맨드가 DRAM 메모리 시스템에서 모든 타이밍 제한을 만족해야 한다. 반대로 Greedy 알고리즘은 각각의 뱅크당 큐의 헤드에서 커맨드를 위한 발생 대기 시간을 계산하고, 그 다음에 가장 작은 발생 대기 시간을 가지는 커맨드를 그 커맨드의 다른 특성과 관계없이 선택한다. 2개 혹은 그 이상의 커맨드가 같은 발생 대기 시간을 가지는 경우, 두 번째 요소는 다음에 발생되는 커맨드를 선택하는 데 사용된다. Greedy 알고리즘의 현재 구현에서 두 번째 요소로서 경쟁적 커맨드 시간이 사용되고, Greed 알고리즘은 가장 오래된 커맨드에 우선 순위를 둔다. 대신에 Greedy 커맨드 스케줄링 알고리즘은 다른 요소들을 선택 메커니즘의 두 번째 요소로 사용한다. 예를 들어, 2개의 칼럼 액세스 커맨드가 동시에 발생할 준비를 하는 경우, Greedy 알고리즘의 변형은 칼럼 read 커맨드가 칼럼 write 커맨드의 전에 나아가도록 한다. 대신에 큐 제한 조건은 더 오랜 대기 커맨드를 가지는 큐에서 커맨드가 더 짧은 대기 커맨드를 가지는 큐의 커맨드 이전으로 나아가도록 한다. 이러한 미묘한 변화는 Greedy 알고리즘의 수용 가능한 대역폭 특성이 정확히 개선될 수 있게 하였다. 그러나 이러한 변형은 starvation과 같은 그들 자신의 문제를 발생시킨다. 이러한 이슈는 Greedy 스케줄링 컨트롤러에 전달되어야 한다. 그 결과, Greedy 알고리즘은 특정한 anti-starvation 메커니즘으로 보완되어야 한다.

DRAMSim2로 시뮬레이션한 Greedy 알고리즘은 다음과 같다.

- 각각의 뱅크당 큐의 헤드에서 커맨드를 위한 발생 대기 시간을 계산한다.
- 타입, 수명, 혹은 어드레스 ID와 같은 모든 커맨드 특성에도 불구하고 가장 작은 발생 대기 시간을 가지는 커맨드를 선택한다.
- 2개 혹은 그 이상의 커맨드가 같은, 그리고 가장 작은 발생 대기 시간을 가지는 경우 세트로부터 가장 오래된 커맨드를 선택한다.

15.4.4 작업부하 특성

이번에는 시뮬레이션된 DRAM 메모리 시스템을 구동하는 처리 요청 순서를 만들기 위해 사용되는 임의의 숫자 발생기를 사용된다. 이번 절에서는 메모리 시스템의 대역폭 효율성을 버스트 길이와 큐 깊이로 비교하고 이를 그림 15.25에 나타내었다. 이번 절에서는 시뮬레이션 조건을 설명한다. 임의의 숫자 발생기가 처리 요청 순서를 만들기 위해 사용되고, 그것은 시뮬레이션된 DRAM 메모리 시스템을 동작한다. 일반적으로 처리 요청 순서는 이번 절에서 알아보는 closed-page DRAM 메모리 시스템의 수용 가능한 대역폭 특성에 큰 영향을 끼치는 세 가지 특징을 가진다. 세 가지 특징은 처리 요청 순서의 분포 특성과 어드레스

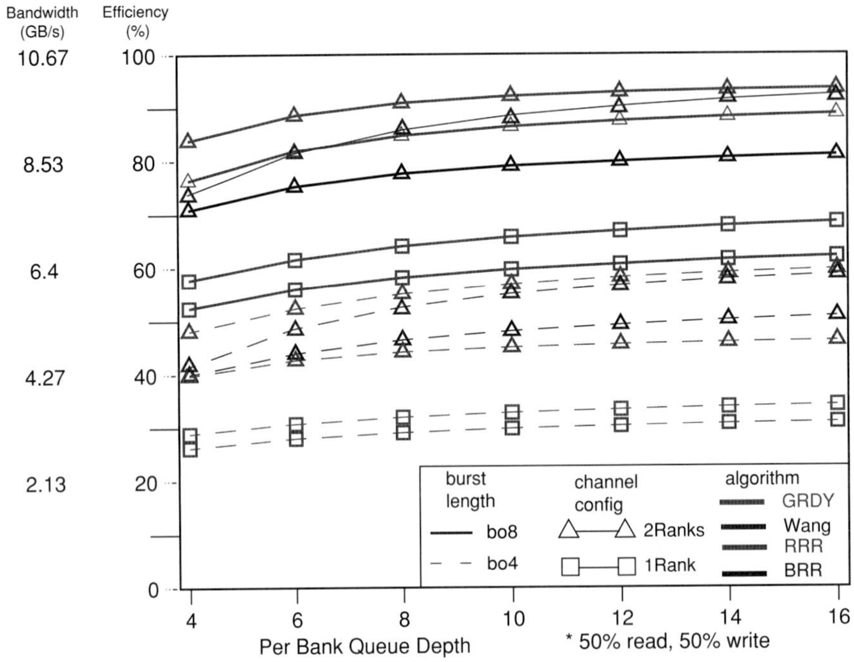

그림 15.25_ Burst 길이와 큐 깊이의 기능으로서 대역폭 효율성과 수용 가능한 대역폭

locality, 처리 요청 순서의 발생 대기 비율, 그리고 처리 요청 순서에서 짧은 버스트 요청의 비율이다. 이들 세 가지 특징이 여기에서 자세히 다루어진다.

어드레스 분포

입력 스트림 안의 요청은 메모리 시스템 내의 모든 뱅크에 동일하게 분포된다. 그래서 주어진 뱅크를 히트하는 처리 요청의 가능성은 DRAM 메모리 시스템 내의 뱅크의 총 숫자에 반비례한다. 더욱이 어드레스 생성 과정은 각각의 어드레스가 이전 처리의 어드레스에 의존하지 않기 위해 메모리가 존재하지 않는다. 비록 locality 특성을 명시하는 능력은 시뮬레이터에 존재한다 할지라도, 이번에는 사용하지 않는다.

Read 처리 퍼센티지

임의의 숫자 발생기는 또한 입력 스트림에서 처리의 read 혹은 write 타입을 선택하는 데 사용된다. Read 처리에 대한 write 처리의 비율은 다양한 변수로 사용되고, 처리 요청 순서에서 read 요청의 퍼센티지를 명시하여 조절할 수 있다. 요청 순서에서 read 처리가 아닌 모든 처리는 write 처리이다. 결과적으로 0%의 read 처리를 가지는 처리 요청 순서는 100%의 write 처리로 구성된다.

짧은 버스트 요청 퍼센티지

DDR3 SDRAM 디바이스의 프리페치 길이는 8이다. 8beat보다 작은 데이터가 필요한 경우, 8-beat 버스트는 4beat의 데이터만 DDR3 SDRAM 디바이스에 전송되게 자를 수 있다. 짧은 퍼센티지 Bo4(burst-length-of-4) 요청은 다양한 변수로 표현될 수 있다. 이번에 사용한 기본적인 가정은 read 처리의 퍼센티지는 bo4와 bo8(burst-of-8) 처리 요청과 같다는 것이다.

15.4.5 시간 변수

높은 속도의 DRAM 메모리 시스템 연구를 위한 DRAMSim에서 사용되는 시간 변수들을 표 15.7에 요약하였다. 변수들은 일반적으로 t_{CAS}, t_{RCD}, 그리고 t_{RP} 시간이 6-6-6이면서 1.33Gbps에서 높은 속도, 높은 성능을 가지는 DDR3 SDRAM을 모델링하기 위해 선택된다. 이번 절에서는 다른 시스템 종류의 최대 수용 가능한 대역폭이 1.33Gbps의 데이터 속도에서 비교된다. 1.33Gbps DDR3 SDRAM 메모리 시스템을 위한 이번 연구에서 가정한 예비 시간 변수 값은 표 15.7에 사이클 단위로 나열되어 있다. 1.33Gbps DDR3 SDRAM 메모리 시스템의 기본 주파수가 667MHz이므로, 1.33Gbps 메모리 시스템에서 1사이클은 정확히 1.5ns이다.

15.4.6 프로토콜 표

DRAMSim2는 DRAM 메모리 시스템의 DRAM 커맨드 쌍 사이의 시간 제한을 시뮬레이션하기 위해 프로토콜 표를 사용하는데, 이 표는 표 15.8에 보여준다. 표 15.8은 각각의 DRAM 커맨드와 각각의 커맨드에 앞서는 가능한 커맨드로 구성된다. 표는 시간 변수의 공식을 바탕으로 각각의 커맨드 쌍 사이의 각자의 최소 시간 간격을 명시한다. 표 15.8에서 사용되는 시간 공식은 다양한 DRAM 디바이스 데이터 시트에 주어진 시간 스펙에 독립적으로 증명되고, DRAMSim2에서 프로토콜 표의 구현은 DRAM 디바이스의 데이터 시트에 명시된 시간 관계가 절대적인 정확성을 갖도록 정의하고 있다. 표 15.8은 로우 액세스, 칼럼 read, 칼럼 write, 프리차지, 그리고 리프레시 커맨드 사이의 기본적인 DRAM 커맨드 상호작용을 위한 최소 시간 공식을 나타내고 있다.

15.4.7 큐 깊이, 스케줄링 알고리즘, 그리고 버스트 길이

그림 15.25는 다른 시스템 구성의 다양한 스케줄링 알고리즘의 시뮬레이션 결과를 보여준다. 그림 15.25에서 다른 시스템 종류와 다른 스케줄링 알고리즘을 가지는 8-byte 와이드, 1.33Gbps DDR3 메모리 시스템의 관련된 대역폭과 대역폭 효율성은 각각 다른 큐 깊이로 특징 지어진다. 그림 15.25는 Greedy DRAM 커맨드 스케줄링 알고리즘이 다른 모든 스케줄링 알고리즘과 시스템 종류 중에서 가장 높은 대역폭 효율성을 가지는 것을 보여준다. 그림 15.25는 또한 수용 가능한 대역폭이 거의 모든 새로운 알고리즘과 시스템 종류의 큐 깊이가 더 깊어질수록 증가하지만, 대역폭은 일반적으로 큐 깊이 10의 한계를 가지는 것을 보여준다.

표 15.7_ 통상적인 DRAM 액세스 프로토콜에서 사용되는 시간 변수들의 요약

Parameter	Description	Cycles @ 1.33 Gbps
t_{AL}	**A**dded **L**atency to column accesses, used in DDRx SDRAM devices for posted CAS commands.	5
t_{BURST}	Data **burst** duration. The number of cycles that data burst occupies on the data bus. In DDRx SDRAM, 4 beats = 2 cycles.	2 or 4
t_{CAS}	**C**olumn **A**ccess **S**trobe latency. The time interval between column access command and the start of data return by the DRAM device(s).	8
t_{CCD}	**C**olumn-to-**C**olumn **D**elay. The minimum intra-device column-to-column command timing, determined by internal prefetch length.	4
t_{CMD}	**C**o**m**man**d** transport duration. The time period that a command occupies on the command bus.	1
t_{CWD}	**C**olumn **W**rite **D**elay. The time interval between issuance of a column write command and data placement on a data bus by the controller.	5
t_{FAW}	**F**our (row) bank **A**ctivation **W**indow. A rolling time-frame in which a maximum of four bank activation can be initiated.	20
t_{OST}	**O**DT **S**witching **T**ime. The time interval to switching ODT control from rank to rank. (Assume termination scheme for 0 cycle ODT switching.)	0
t_{RAS}	**R**ow **A**ccess **S**trobe. The time interval between a row access command and data restoration in a DRAM array.	18
t_{RC}	**R**ow **C**ycle. The time interval between accesses to different rows in a bank. $t_{RC} = t_{RAS} + t_{RP}$.	24
t_{RCD}	**R**ow to **C**olumn command **D**elay. The time interval between row access and data ready at sense amplifiers.	6
t_{RFC}	**R**efresh **C**ycle **T**ime. The time interval between Refresh and Activation commands.	-
t_{RP}	**R**ow **P**recharge. The time interval that it takes for a DRAM array to be precharged for another row access.	6
t_{RRD}	**R**ow activation to **R**ow activation **D**elay. The minimum time interval between two row activation commands to the same DRAM device.	4
t_{RTP}	**R**ead **t**o **P**recharge. The time interval between a read and a precharge command. Can be approximated by t_{CAS} -t_{CMD}.	5
t_{RTRS}	**R**ank-**t**o-**r**ank **s**witching time. Used in DDR and DDR2 SDRAM memory systems.	1 ~ 3
t_{WR}	**W**rite **R**ecovery time. The minimum time interval between the end of write data burst and the start of a precharge command.	6
t_{WTR}	**W**rite **T**o **R**ead delay time. The minimum time interval between the end of write data burst and the start of a column read command.	5

표 15.8_ 최소한의 DRAM 커맨드 타이밍 식의 요약

prev	next	rank	bank	Minimum Timing	Notes
A	A	s	s	t_{RC}	
A	A	s	d	t_{RRD}	
P	A	s	d	t_{RP}	Plus t_{FAW} for 5th RAS to same rank
F	A	s	s	t_{RFC}	
A	R	s	s	$t_{RCD} - t_{AL}$	$t_{AL} = 0$ without posted-CAS command
R	R	s	a	$MAX(t_{BURST}, t_{CCD})$	t_{BURST} is burst of prev. CAS to same rank
R	R	d	a	$t_{BURST} + t_{RTRS}$	t_{BURST} is burst of prev. CAS to diff. rank
W	R	s	a	$t_{CWD} + t_{BURST} + t_{WTR}$	t_{BURST} is burst of prev. CASW to same rank
W	R	d	a	$t_{CWD} + t_{BURST} + t_{RTRS} - t_{CAS}$	t_{BURST} is burst of prev. CASW to diff. rank
A	W	s	s	$t_{RCD} - t_{AL}$	
R	W	a	a	$t_{CAS} + t_{BURST} + t_{RTRS} - t_{CWD}$	t_{BURST} is burst of prev. CAS to any rank
W	W	s	a	$MAX(t_{BURST}, t_{CCD})$	t_{BURST} is burst of prev. CASW to same rank
W	W	d	a	$t_{BURST} + t_{OST}$	t_{BURST} is burst of prev. CASW to diff. rank
A	P	s	s	t_{RAS}	
R	P	s	s	$t_{AL} + t_{BURST} + t_{RTP} - t_{CCD}$	t_{BURST} is burst of prev. CAS to same rank
W	P	s	s	$t_{AL} + t_{CWD} + t_{BURST} + t_{WR}$	t_{BURST} is burst of prev. CASW to same rank
F	F	s	a	t_{RFC}	
P	F	s	a	t_{RP}	

Note: A = row **A**ccess; R= column-**R**ead; W = column-**W**rite; P = **P**recharge; F = re**F**resh; s = same; d = different a = any.

그림 15.25는 높은 속도의 DDR3 메모리 시스템의 수용 가능한 대역폭이 트래픽이 짧은 bo4 요청으로 구성될 때 급격하게 떨어지는 것을 보여준다. t_{CCD}가 4 사이클을 가지고 t_{RRD}가 또한 4 사이클을 가진다는 사실 때문에, 짧은 bo4 요청은 DRAM 디바이스의 싱글 랭크로부터 파이프라인될 수 없고, 가장 높은 수용 가능한 대역폭은 DRAM 디바이스의 멀티 랭크를 가진 시스템으로부터 얻어진다. 그러나 DRAM 디바이스의 2랭크가 메모리 시스템 내에 존재하는 경우에도, rank-to-rank 스위칭 시간은 효과적으로 메모리 시스템의 피크 대역폭 효율성을 66.7%로 제한한다. 하지만 다른 대역폭을 제한하는 시간 변수가 존재하기 때문에 그림 15.25는 가장 좋은 성능을 가진, 2-랭크의 1.33Gbps DDR3 SDRAM 메모리 시스템이 단지 60%의 대역폭 효율성을 가진다는 것을 보여준다.

마지막으로 그림 15.25에서 특별히 다루어지지 않은 한 가지 이슈는 Greedy 알고리즘이 그 자체로 정확히 보장하는 알고리즘이 아니라는 것이다. BRR, RRR, 그리고 Wang 알고리즘 모두 주어진 깊이의 큐에 들어갈 때 예측 가능한 사이클 내에 서비스될 요청을 보장하는 반면, 이론적으로 요청이 무기한으로 긴 시간

주기 동안 연기된다. 그 결과 Wang 알고리즘은 anti-starvation 요청이 스케줄링 알고리즘에 의해 보장되는 어떤 고성능 어플리케이션에서 선호된다.

15.4.8 수용 가능한 대역폭에서 버스트 길이의 영향

그림 15.25는 높은 속도의 DDR3 SDRAM 메모리 시스템의 수용 가능한 대역폭이 요청 스트림의 버스트 길이에 매우 민감하다는 것을 보여준다. 그림 15.26은 다른 짧은 버스트 비율과 read 퍼센티지에 대한 대역폭 민감도의 범위를 보여준다. 그림 15.26은 DRAM 디바이스의 2랭크를 가진 시스템의 최대 수용 가능한 대역폭 특성을 보여준다. Greedy 커맨드 스케줄링 알고리즘과 큐 깊이 8은 그림 15.26의 모든 시뮬레이션에서 사용되고, 메모리 시스템의 최대 수용 가능한 대역폭은 bo4 요청과 read 요청의 변화하는 퍼센티지에 대응하여 특징지어진다. 그림 15.26은 0% bo4 요청과 100% write 처리를 의미하는 0% read 처리와 함께 듀얼 랭크 DDR3 메모리 시스템이 100%의 대역폭 효율성을 가지며, 10.67GB/s의 최대 대역폭을 수용한다는 것을 보여준다. 그림 15.26은 또한 read 요청의 퍼센티지가 증가할수록 입력 스트림의 bo4 요청의 퍼센티지에 따라 최대 수용 가능한 대역폭이 감소하여, 50%와 70% 사이의 local 최솟값에 도달하는 것을 보여준다. 그림 15.26은 메모리 시스템의 최대 수용 가능한 대역폭이 입력 스트림의 짧은 버스트 길이의 퍼센티지의 비선형적인 함수라는 것을 또한 보여준다. 즉 그림 15.26은 20% bo4 요청을 가지는 입력 스트림과 비교하여 40% bo4 요청을 가지는 입력 스트림 사이의 대역폭 손실이, 일반적으로 0% bo4 요청을 가진 입력 스트림과 비교하여 20% bo4 요청을 가진 입력 스트림 사이의 대역폭 손실보다 더 크다는 것을 보여준

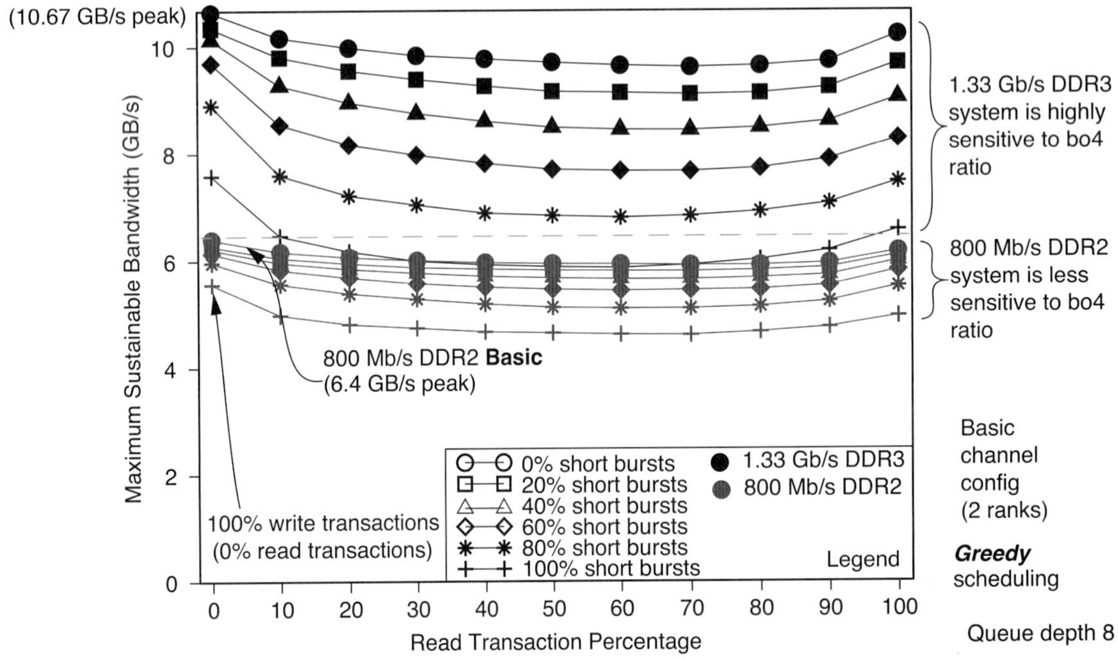

그림 15.26_ 1.33Gbps 속도에서 8바이트 채널의 대역폭 – 변화하는 짧은 burst와 read 퍼센티지

다. 마지막으로 그림 15.26은 각각의 구성에서 800Mbps DDR2 메모리 시스템을 참고로 DDR2 시스템이 짧은 버스트 비율에 훨씬 덜 민감하다는 것을 보여준다.

15.4.9 DDR3 SDRAM 디바이스 내의 버스트 찹

DDR3 디바이스의 8비트 프리페치 길이의 한 가지 평가 결과는 DDR3 SDRAM 메모리 시스템의 원래 버스트 길이가 8beat라는 것이다. 오직 4beat의 데이터만 필요한 경우, DDR3 디바이스는 오직 4beat의 데이터만 DRAM 디바이스로 전송하거나 전송 받기 위해 8beat 버스트를 자를 수 있는 버스트 찹 메커니즘을 구현한다. 그러나 버스트 찹(burst chop) 메커니즘은 버스트를 자른 후 DRAM 디바이스가 같은 뱅크나 혹은 같은 디바이스의 다른 뱅크로부터 데이터를 파이프라인할 수 있게 하지는 않는다. 버스트 찹 메커니즘이 4beat 버스트가 파이프라인되지 않게 하는 이유는 DDR3 디바이스의 I/O 게이팅 구조가 하나의 데이터 버스트에서 8개의 연속적인 beat가 전송되게 설계되어 있기 때문이고, 데이터 버스는 read 버스트가 잘린 후 단순하게 유휴 상태이다. 그림 15.27은 DDR3 메모리 시스템에서 DDR3 디바이스가 4beat (짧은)버스트를 위한 다른 뱅크로부터 연속적으로 파이프라인되지 않는다는 것을 보여준다. 그 결과 버스트 찹 메커니즘의 유일한 진짜 장점은 랭크 스위칭 오버헤드가 (같은 랭크)버스트 찹 유휴 시간보다 작은 듀얼 랭크 메모리 시스템에서 더 좋은 데이터 버스 사용을 가능하게 한다는 것이다.

현재 JEDEC에 의해 정의한 DDR3 디바이스의 구조는 다른 뱅크로부터의 4-beat 긴 버스트 사이의 데이터 버스를 결합한 seamless 버스트를 가능하게 하지 않는다. 오히려 DDR3 디바이스의 I/O 인터페이스는 기본적인 버스트 찹 메커니즘이 액세스 요청의 버스트 길이를 줄이려고 사용될 때 8-beat 버스트의 두 번째 절반을 위해 유휴 상태로 남는다. 이번에는 DDR3 디바이스의 I/O 인터페이스가 준 4-비트 프리페치 버스트가 DDR3 SDRAM 디바이스의 같은 랭크 내의 다른 뱅크로부터 seamlessly 결합되도록 수정될 때의 수용 가능한 대역폭의 이득을 알아본다. 이번 절에서는 다음 세 개의 각기 다른 짧은 버스트 결합 메커니즘이 비교 설명되는데, STD(standard) 버스트 찹 결합 메커니즘, WBS(short write burst bank switching) 버스

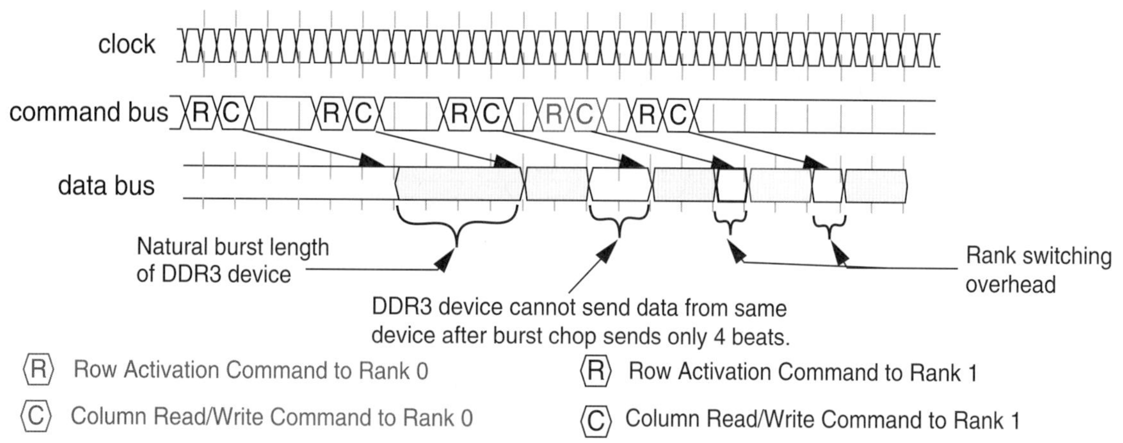

그림 15.27_ 멀티 랭크(multi rank) DDR3 SDRAM 메모리 시스템에서 버스트 찹(burst chop)의 장점

트 결합 메커니즘, RWBS(short read burst and short write burst bank switching) 버스트 결합 메커니즘이다. 이러한 메커니즘들과 DDR3 SDRAM-액세스 프로토콜에서의 그들 각각의 영향은 다음 절에 설명된다.

STD 버스트 찹

STD(Standard burst chop) 메커니즘은 DDR3 SDRAM 프로토콜에 존재하는 기본적인 메커니즘이다. STD 버스트 찹 메커니즘은 버스트 찹과 DRAM 디바이스의 I/O 인터페이스가 2클럭 사이클 이후까지 다른 데이터 버스트를 다루지 못하는 경우 간단히 8-beat 버스트의 두 번째 절반의 전송을 끝낸다. 그림 15.28은 STD 버스트 찹 메커니즘을 구현한 DDR3 메모리 시스템을 위한 6개의 짧은 칼럼 액세스 커맨드의 시간을 보여준다. 그중에서 3개는 짧은 칼럼 read 액세스 커맨드고 3개는 짧은 칼럼 write 액세스 커맨드다. 그림 15.28은 STD 버스트 찹 메커니즘에서 read 버스트 찹이 같은 랭크의 다른 뱅크로의 2개의 짧은 칼럼 read 커맨드 사이의 데이터 버스를 2클럭 사이클 동안 유휴 상태로 있게 한다. 반면에 다른 랭크의 2개의 짧은 칼럼 read 커맨드의 시간은 그림 15.28의 1클럭 사이클로 가정한 rank-to-rank 시간에 의존한다. 그림은 또한 STD 버스트 찹 메커니즘에서 짧은 write 버스트의 시간을 보여주고, 데이터 버스는 같은 랭크의 다른 뱅크로의 2개의 짧은 칼럼 write 액세스 커맨드 사이의 2클럭 사이클 동안 유휴 상태이다. 반대로 DRAM 컨트롤러는 2개의 짧은 칼럼 write 액세스 커맨드를 데이터 버스의 짧은 버스트 사이에 유휴 사이클의 추가 없이 다른 랭크로 가게 한다. 즉, 그림 15.28은 메모리 컨트롤러가 커맨드 스케줄링 시간에 버블을 일으키지 않고 연속적인 bo4 write 요청을 다른 랭크에 가게 하는 데이터 버스 터미네이션 방법을 가정한다. 일반적으로 STD 버스트 찹 메커니즘의 연구는 표 15.8에 정의된 프로토콜 표를 따른다. 모든 연구의 시간 변수 값은 표 15.7에 정의된다.

WBS

WBS(Short write burst bank switching) 버스트 결합 메커니즘은 DDR3 디바이스의 짧은 버스트 대역폭 특

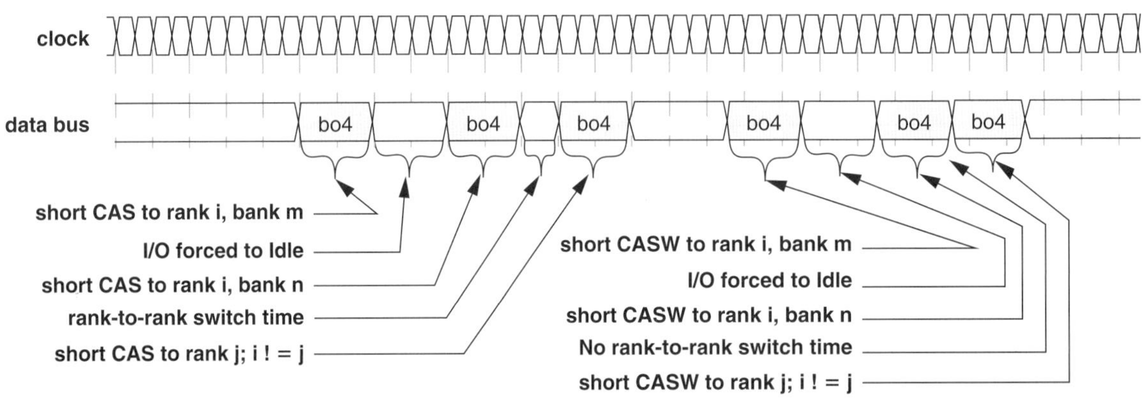

그림 15.28_ 짧은 read와 write 칼럼 액세스 커맨드의 데이터 버스 타이밍 - STD chop.25

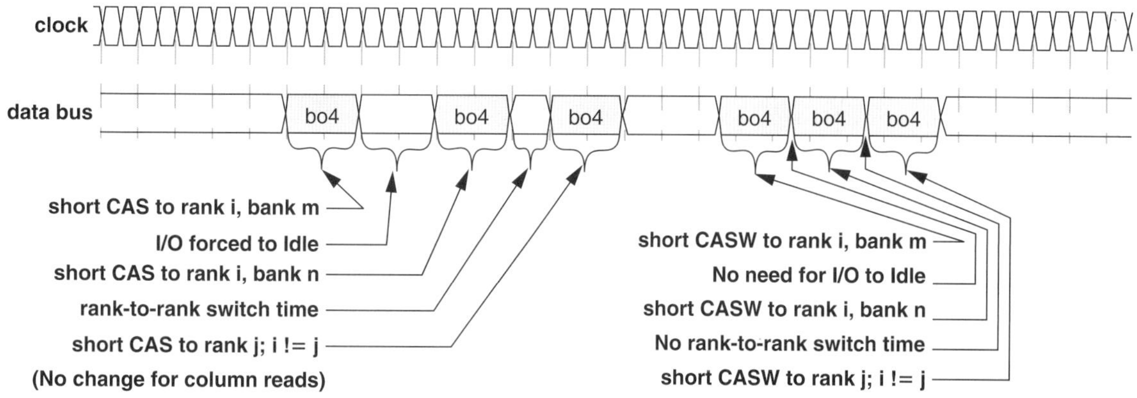

그림 15.29_ 짧은 read와 write 칼럼 액세스 커맨드의 데이터 버스 타이밍 - WBS chop 결합

표 15.9_ WBS chop 결합을 사용한 DDR3 디바이스의 프로토콜 표 수정

prev	next	rank	bank	Minimum Timing	Notes
W	W	s	d	MAX(t_{BURST}, 2)	Depends on actual request length of prev CASW (minimum length of 4 beats - 2 cycles)

성을 개선하기 위해 설계되었다. 이는 DDR3 디바이스의 I/O 인터페이스가 DDR3 SDRAM 디바이스의 같은 랭크 내의 다른 뱅크로의 연속된 짧은 write 버스트를 지원하기 위해 다시 설계하는 것이 쉽다는 전제에 기초하지만, 같은 랭크 내의 다른 뱅크로부터의 연속된 짧은 read 버스트를 결합하는 것은 더욱 어렵다. 그림 15.29는 그림 15.28에 있는 동일한 6개의 짧은 칼럼 액세스 커맨드를 위한 WBS 버스트 찹 결합 메커니즘을 구현하기 위한 DDR3 SDRAM 메모리 시스템의 데이터 버스의 시간을 보여준다. 그림 15.29는 WBS 메커니즘 내에서 연속되고 짧은 칼럼 read 커맨드 사이의 시간이 STD 버스트 찹 메커니즘으로부터 변하지 않는다는 것을 보여준다. 하지만 그림 15.29는 다른 뱅크에 연속해서 짧은 버스트를 쓰는 능력과 함께 WBS는 DDR3 SDRAM 디바이스가 DRAM 디바이스의 다른 랭크뿐 아니라 주어진 랭크의 다른 뱅크에 짧은 write 버스트를 균일하게 결합하게 한다는 것을 보여준다.

표 15.9는 WBS short 버스트 결합 메커니즘을 구현한 DDR3 SDRAM 메모리 시스템 내의 칼럼 write 커맨드에 칼럼 write 커맨드를 위한 최소의 시간 제한을 보여준다. 표 15.9는 WBS short 버스트 결합 메커니즘이 프로토콜 표를 만드는 유일한 변화가 주어진 랭크의 다른 뱅크의 연속된 칼럼 write 커맨드인 경우라는 것을 보여준다. 연속된 칼럼 write 커맨드가 같은 뱅크에 만들어지는 경우와는 다르게, 표 15.9의 같은 랭크의 다른 뱅크에 2개의 연속된 칼럼 write 커맨드의 시간은 요청 그 자체의 길이에 의존한다.

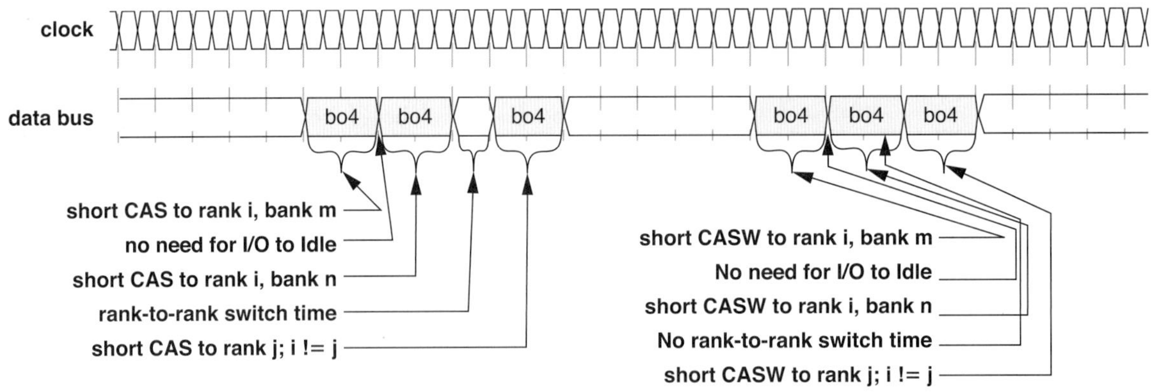

그림 15.30_ 짧은 read와 write 칼럼 액세스 커맨드의 데이터 버스 타이밍 - RWBS chop 결합

표 15.10_ RWBS chop 결합을 사용한 DDR3 디바이스를 위한 프로토콜 표 수정

prev	next	rank	bank	Minimum Timing	Notes
R	R	s	d	MAX(t_{BURST}, 2)	Depends on actual request length of prev CAS (minimum length of 4)

RWBS

RWBS(short read Burst and write Burst bank switching) 버스트 결합 메커니즘은 DDR3 디바이스의 bo4 대역폭 특성을 개선시키기 위한 더욱 공격적인 메커니즘이다. RWBS 제안은 DDR3 디바이스의 I/O 인터페이스가 DDR3 SDRAM 디바이스의 같은 랭크 내의 다른 뱅크로부터의 연속되고 짧은 read 버스트와 짧은 write 버스트를 지원하도록 다시 설계되는 것을 요구한다. 그림 15.30은 그림 15.28과 그림 15.29에 나타낸 동일한 6개의 짧은 칼럼 액세스 커맨드를 위한 RWBS 버스트 찹 결합 메커니즘을 구현한 DDR3 SDRAM 메모리 시스템의 데이터 버스 시간을 보여준다. 그림 15.30은 RWBS 메커니즘을 구현한 I/O 인터페이스의 재설계와 함께 같은 랭크의 다른 뱅크로부터의 연속적이고 짧은 read 데이터 버스트가 데이터 버스의 어떠한 유휴 시간 없이 연속적으로 파이프라인될 수 있다는 것을 보여준다.

표 15.10은 RWBS short 버스트 결합 메커니즘을 설명하는 DDR3 SDRAM 프로토콜을 위한 read-to-read와 write-to-write 시간 제한을 보여준다. 표 15.10은 RWBS short 버스트 결합 메커니즘이 같은 랭크의 다른 뱅크에 연속된 칼럼 read 커맨드와 연속된 칼럼 write 커맨드의 최소 시간 제한을 변화시키는 것을 보여준다. 2가지 경우에서, RWBS short 버스트 결합 메커니즘의 구현은 같은 랭크의 다른 뱅크에 연속된 칼럼 액세스 사이의 최소 시간이 DDR3 SDRAM 디바이스의 8-비트 프리페치 길이보다 요청된 버스트 전송 길이에 의존함을 의미한다.

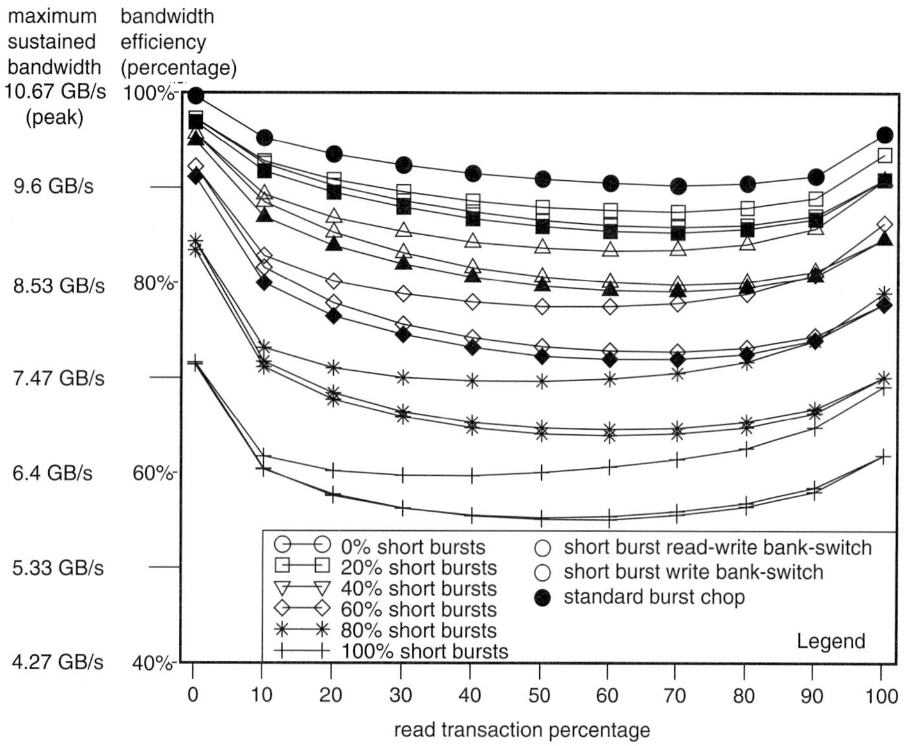

그림 15.31_ 1.33Gbps 속도에서 8바이트 채널의 대역폭 비교 – STD, WBS, 그리고 RWBS 결합

시뮬레이션 결과

이번 절의 시뮬레이션은 64–비트 와이드 채널과 싱글 채널 메모리 시스템에서 DDR3 SDRAM 디바이스의 2랭크의 기본적인 채널 구성을 가정한다. DRAM 메모리 시스템의 시간 변수 값은 표 15.7에 나타나 있었다. 각각의 시뮬레이션에서 입력 스트림의 read 처리의 퍼센티지는 특정한 값으로 세팅되고 bo8보다 bo4 처리의 퍼센티지가 또한 특정한 값으로 세팅된다. 이러한 작업에서 read 처리의 퍼센티지와 짧은 버스트의 퍼센티지는 2개의 다른 짧은 버스트 결합 메커니즘의 성능 이득을 특징짓는 데 사용되는 2개의 독립된 변수이다.

그림 15.31은 최대 수용 가능한 대역폭을 달성하기 위한 Greedy 커맨드 스케줄링을 사용하는 메모리 컨트롤러와 함께 싱글 채널, 듀얼 랭크, closed-page, no refresh, 1.33Gbps DDR3 메모리 시스템의 최대 수용 가능한 대역폭을 보여준다.

그림 15.31은 read 처리의 다른 퍼센티지와 짧은 버스트의 다른 퍼센티지를 조건으로 하는 DRAM 메모리 시스템의 대역폭 특성을 보여준다. 그림 15.31에서 *x*축은 다른 read 퍼센티지를 보여주고, 다른 곡선은 입력 스트림에서 짧은 버스트 요청의 주어진 퍼센티지를 위한 메모리 시스템의 대역폭 특성을 보여준다. 비교적 그림 15.31의 *y*축은 메모리 시스템의 대역폭 효율성과 최대 수용 대역폭을 보여준다. 그림 15.31은 메모리 시스템이 100% write 요청과 0% 짧은 버스트를 갖는 가장 높은 대역폭을 가지는 것을 보여준다. 그

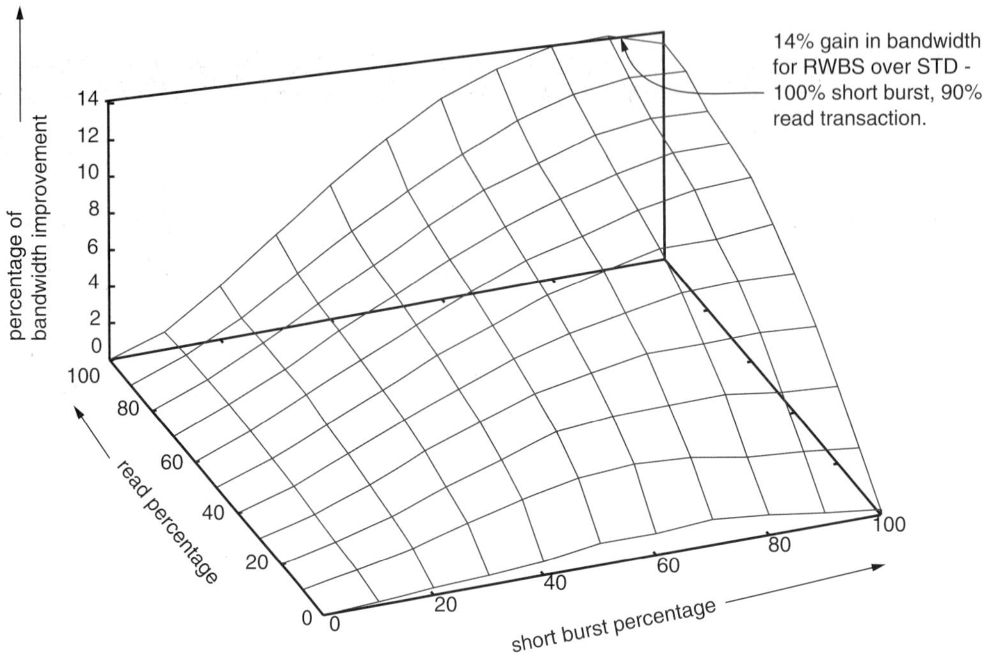

그림 15.32_ STD chop에 대한 RWBS burst 결합의 수용 가능한 대역폭 개선

림 15.31은 WBS 버스트 결합 방법이 최소의 대역폭을 가지는 것을 보여주고, RWBS 버스트 결합 메커니즘이 높은 read 요청과 높은 버스트 요청 퍼센티지와 함께 대역폭에서 충분한 이득을 달성한다는 것을 보여준다.

마지막으로 그림 15.32는 3D 그래프에서 STD 버스트 찹 결합 메커니즘보다 RWBS 버스트 찹 결합 메커니즘의 대역폭이 개선되는 것을 보여준다. 그림 15.32는 그림 15.31과 같은 데이터를 보여주지만, 특히 짧은 버스트 퍼센티지를 위한 더 좋은 그리드 해상도에서 STD 버스트 찹 결합 메커니즘에 대한 RWBS 버스트 찹 결합 메커니즘의 대역폭 개선에 집중한다. 그림 15.32는 STD 버스트 찹 결합 메커니즘에 대한 RWBS 버스트 찹 결합 메커니즘의 이득이 read 요청의 높은 퍼센티지와 짧은 요청의 높은 퍼센티지와 함께 증가한다는 직관적인 생각을 확실히 한다.

15.4.10 DRAMSim을 이용한 8-뱅크와 16-뱅크 문제에 대한 재논의

DDR3 SDRAM 디바이스에서 8-비트 프리페치 구조는 DRAM 설계 엔지니어들이 DRAM 셀 어레이의 상대적으로 낮은 활성화 속도를 유지하면서 충분히 DRAM 디바이스 인터페이스의 데이터 속도를 증가할 수 있게 한다. 하지만 높은 인터페이스 데이터 속도와 상대적으로 일정한 로우 사이클 시간은 주어진 레벨의 대역폭 이득을 유지하기 위해 더 높은 정도의 뱅크 패럴리즘을 필요로 한다. 이번 절에서는, 8-뱅크 DDR3 디바이스의 대역폭 특성과 가상의 16-비트 DDR3 디바이스의 대역폭 특성을 비교한다. 비교는 기본적인 채널 종류에 구성된 64-비트 와이드, 1.33Gbps DDR3 SDRAM 메모리 시스템에 기초한다. Greedy

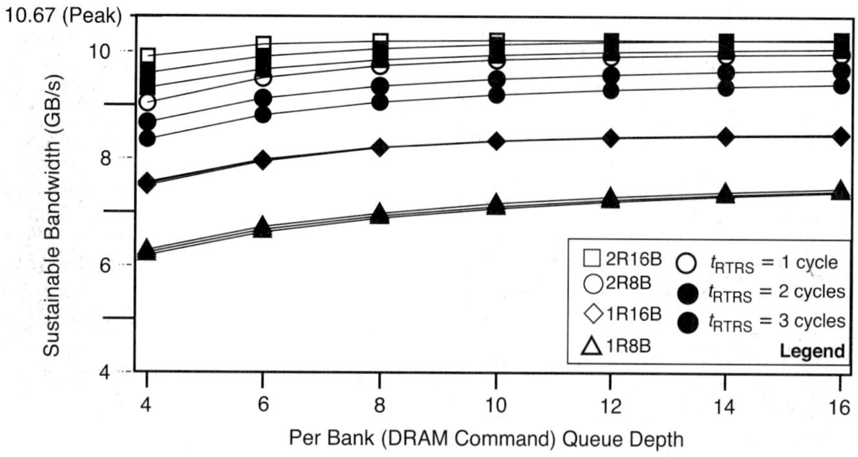

그림 15.33_ 수용 가능한 대역폭 - 16 뱅크 vs. 8 뱅크 DDR3 디바이스 - 8바이트 채널@1.33Gbps

스케줄링 알고리즘이 지속적으로 사용되고, 입력 스트림은 0% bo4 요청과 50% read 처리로 구성되어 있다.

그림 15.33은 다음의 네 개의 다른 시스템 구성의 수용 가능한 대역폭 특성을 비교하는데, 1R8B(1랭크, 랭크당 8랭크) 시스템, 1R16B(1랭크, 랭크당 16랭크) 시스템, 2R8B(2rank, rank당 8bank) 시스템, 2R16B(2rank, rank당 16bank) 시스템 들이다. 8-뱅크와 16-뱅크를 비교하면 모든 종류를 통해 모든 시간 변수들은 일정한 값을 가진다. 각각의 구성의 차이점은 랭크의 숫자와 뱅크의 숫자에 제한된다. 그림 15.33은 1R16B 시스템 구성이 1R8B 구성보다 상당히 높은 대역폭을 달성하는 반면, 거의 같은 마진의 수용 가능한 대역폭에 의해 2R8B 시스템이 1R16B 메모리 시스템보다 더 성능이 좋다는 것을 보여준다. 수용 가능한 대역폭의 정확한 차이는 rank-to-rank 스위칭 불이익의 값에 의존한다. 마지막으로 그림 15.33은 더 많은 뱅크를 가지는 이점이 늘어나는 큐 깊이만큼 감소하지만, 2R16B 메모리 시스템에 2R8B 시스템에 비해 수용 가능한 대역폭에 상당한 이점을 제공한다는 것을 보여준다.

그림 15.34는 그림 15.33과 같은 데이터지만 수용 가능한 대역폭의 퍼센티지 개선을 통해 다양한 시스템 종류를 비교한다. 각각의 경우에 더 낮은 수용 가능한 대역폭 특성을 가지는 시스템 구성이 기준으로 사용되고, 그래프는 다른 큐 깊이와 rank-to-rank 스위칭 불이익을 가지는 다른 시스템 구성에서 8-뱅크, 1.33Gbps DDR3 디바이스의 대역폭 개선의 퍼센티지에 대한 16-뱅크, 1.33Gbps DDR3 SDRAM 디바이스를 가지는 것의 대역폭 개선의 퍼센티지를 나타내고 있다. 그림 15.34는 1R8B 구성보다 2R8B 구성에 의해 수용 가능한 대역폭의 40% 이상의 개선을 얻을 수 있음을 보여준다. 그림 15.34는 1R16B 구성이 1R8B 구성에 비해 수용 가능한 대역폭을 15%와 21% 사이에서 개선시킨다는 것을 보여준다. 마지막으로 그림 15.34는 2R16B 구성이 2R8B 구성보다 4%와 12% 사이에서 수용 가능한 대역폭을 개선시킨다는 것을 보여준다.

싱글 랭크 메모리 시스템보다 듀얼 랭크 메모리 시스템이 늘어난 대역폭의 관점에서 가장 좋은 이점을 갖

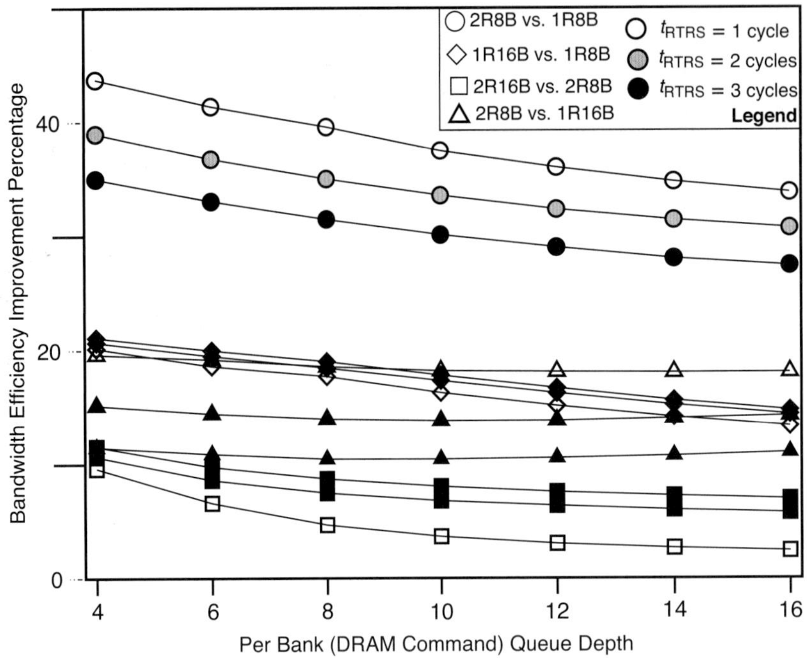

그림 15.34_ 대역폭 개선 - 16 뱅크 vs. 8 뱅크 DDR3 디바이스 - 8바이트 채널@1.33Gbps

는다는 것과 16-뱅크 DDR3 디바이스에 공헌하는 대역폭 이득이 8-뱅크 DDR3 디바이스보다 싱글 랭크 메모리 시스템에 대한 듀얼 랭크 메모리 시스템의 대역폭 이득이 거의 절반이라는 즉각적인 결론은 그림 15.34로부터 얻어진다. 또한 싱글 랭크와 8-뱅크 메모리 시스템보다 듀얼 랭크, 16-뱅크 메모리 시스템의 각각의 대역폭 이득이 늘어나는 큐 깊이와 함께 감소한다.

15.4.11 8-뱅크 대 16-뱅크 - 여유있는 t_{FAW}와 t_{WTR}

그림 15.33과 15.34는 수용 가능한 대역폭이 8-뱅크 디바이스보다 16-뱅크 DRAM 디바이스에서 상당히 증가한다는 것을 보여준다. 그러나 t_{FAW}와 t_{WTR}의 2개의 제한 요소는 싱글 랭크 메모리 시스템의 최대 수용 가능한 대역폭을 상당히 제한한다. 이번 절에서는 다른 메모리 시스템 종류의 수용 가능한 대역폭 특성에 미치는 t_{FAW}와 t_{WTR}의 미치는 영향을 알아본다.

그림 15.33과 그림 15.34에서, 시뮬레이션은 표 15.7에서 가정한 시간 변수를 가지고 수행되고, t_{FAW}와 t_{WTR}를 위해 표 15.7에서 나열된 변수 값은 각각 20사이클과 5사이클이다. DRAM 메모리 시스템에 부과된 제한을 완화하기 위해서 우리는 그림 15.33과 그림 15.34를 얻기 위해 사용된 시뮬레이션을 반복하지만, t_{FAW}와 t_{WTR} 변수 값은 16사이클과 3사이클로 각각 다시 정의한다. 다른 모든 변수 값은 표 15.7에 나온 값으로 고정한다.

그림 15.35는 t_{FAW}와 t_{WTR} 변수 값을 세팅한 싱글 채널, 1.33Gbps DDR3 SDRAM 메모리 시스템의 최대 수

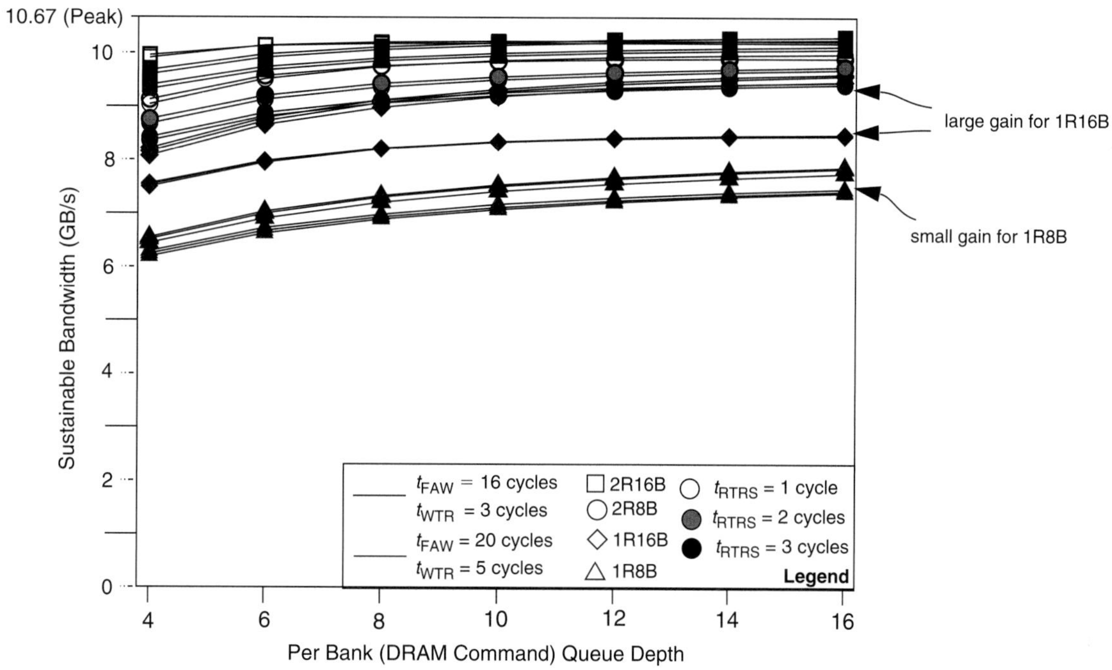

그림 15.35_ 수용 가능한 대역폭 - 16 뱅크 대 8 뱅크 DDR3 디바이스; 완화된 t_{FAW}와 t_{WTR}

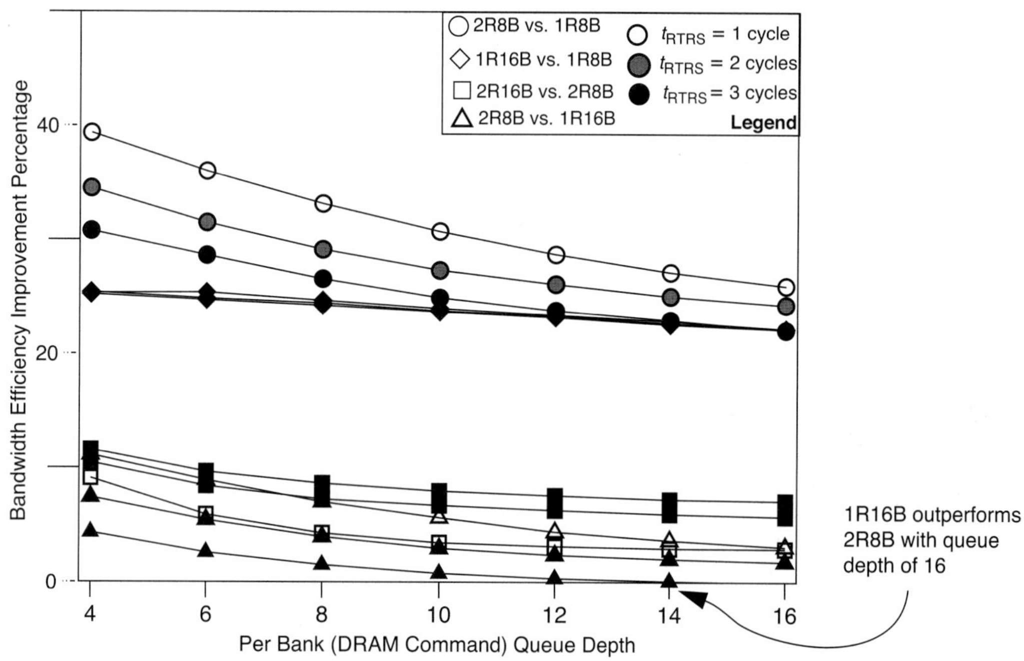

그림 15.36_ 대역폭 개선 - 16 뱅크 대 8 뱅크 DDR3 디바이스; 완화된 t_{FAW}와 t_{WTR}

용 가능한 대역폭을 보여준다. 그림 15.35는 제한된 t_{FAW}와 t_{WTR}보다 완화된 t_{FAW}와 t_{WTR} 변수 값에서, 수용 가능한 대역폭의 가장 큰 이득이 1R16B 시스템 종류에서 얻어지는 것을 보여주고, 1R8B 시스템 종류에서 가장 작은 이득을 가지는 것을 보여준다. 반대로 완화된 t_{FAW}와 t_{WTR}은 듀얼 랭크 시스템에 더 작은 정도로 영향을 준다.

그림 15.36은 완화된 t_{FAW}와 t_{WTR} 값에서 다양한 시스템 종류의 상호 비교를 보여준다. 그림 15.36은 t_{FAW}를 제거하고 줄어든 write-to-read 턴어라운드 시간을 가지면 1R8B 시스템에 비해 1R16B 시스템의 수용 가능한 대역폭의 증가가 상대적으로 일정하게 25%라는 것을 보여준다. 그림 15.36은 또한 t_{FAW}를 없애고 줄어든 t_{FAW}를 사용하는 것은 1R16B 시스템과 2R8B 시스템 사이의 수용 가능한 대역폭의 차이라 한 자리수의 퍼센티지로 떨어지는 것을 보여준다. t_{RTRS}가 3사이클이고 큐 깊이가 16인 극단적인 경우에서 사실 1R16B 종류는 2R8B 종류보다 높은 대역폭 처리량을 유지한다.

15.4.12 Latency 분포에서 처리 순서의 효과

최근의 유니프로세서와 멀티프로세서 시스템에서, 여러 개의 메모리 처리는 메모리 시스템으로 동시에 보내진다. 메모리 시스템이 즉시 메모리 처리를 지원하는 게 가능하지 않은 경우, 혹은 메모리 처리가 더 늦은 처리를 그것에 앞서 진행하게 하는 경우라면 더 늦은 처리의 latency는 이전의 메모리 처리의 늘어나는 latency의 비용에 따라 감소할 것이다. 그러나 만약 처리나 DRAM 커맨드 재배열 알고리즘이 메모리 시스템의 더 효율적인 사용을 가져온다면, 모든 메모리 처리의 평균적인 메모리-액세스 latency는 줄어들 것이다. 그림 15.37은 20억 개의 지시를 통해 FCFS(First Come First Served) 스케줄링 알고리즘과 비교하여 메모리-액세스 latency 분포에서 CPRH(Command Pair Rank Hopping) 스케줄링 알고리즘의 효과를 보여준다.[3] 그림 15.37의 메모리-액세스 latency 분포는 각각의 메모리 처리를 위한 액세스 latency를 프로세서 시뮬레이터와 DRAMSim 사이의 BIU(bus interface unit)에 기록하는 메커니즘에 의해 얻어진다. 시뮬레이

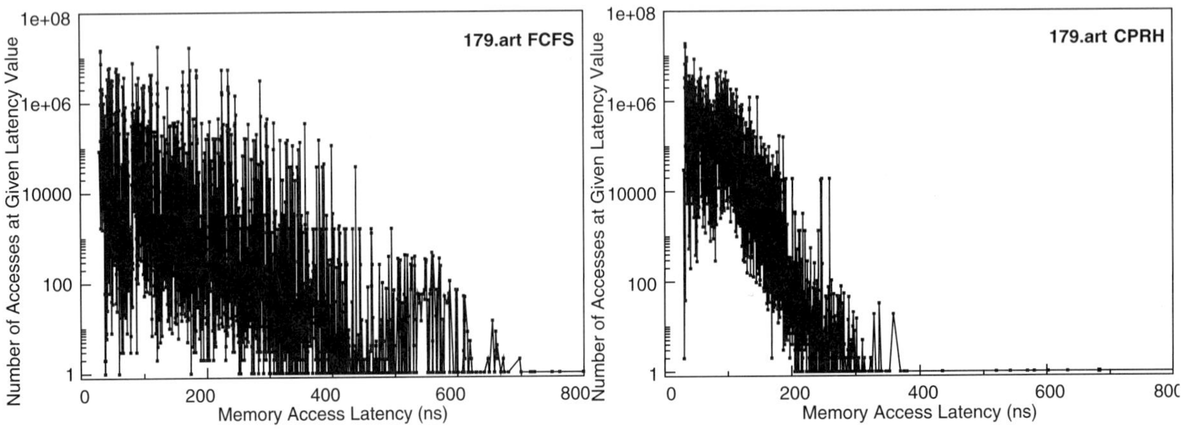

그림 15.37_ 메모리 액세스 latency 분포에서 스케줄링 방침의 효과: 179.art

3 Command Pair Rank Hoppint(CPRH) 스케줄링 알고리즘은 특허가 출원된 스케줄링 알고리즘이고, 이는 여기에서 특별히 다루지는 않겠다. 시뮬레이션 결과는 오직 그림으로 설명하기 위한 목적에서 제공된다.

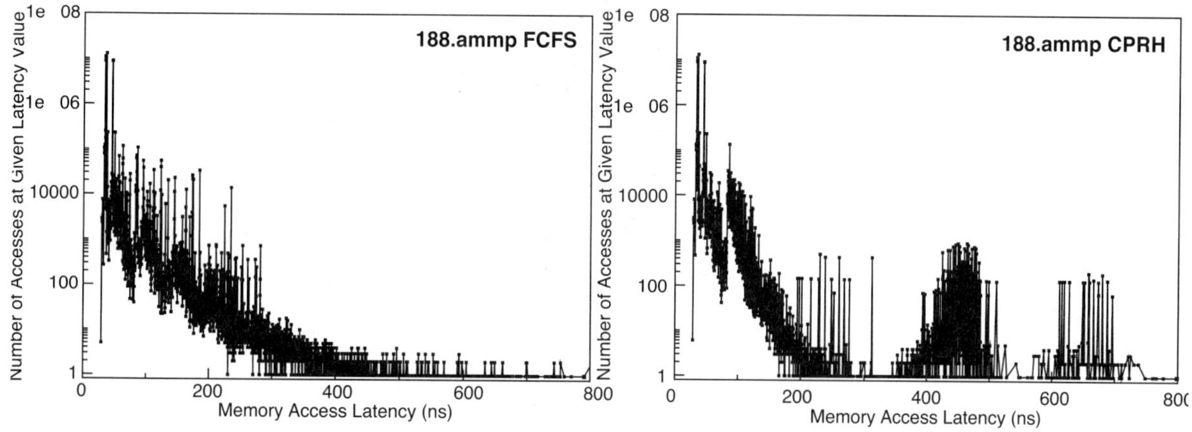

그림 15.38_ 메모리 액세스 latency 분포에서 스케줄링 방침의 효과: 188.ammp

션 프레임워크에서 메모리 처리가 BIU에 보내지는 시간마다 처리의 시작 시간은 BIU에 의해 기록된다. 메모리 처리가 완료될 때 BIU는 간단히 latency를 계산하고, 각각의 특정한 latency 값을 위해 처리의 숫자를 따라간다.

시뮬레이션된 메모리 시스템에서 메모리 처리의 최소 latency는 단순히 메모리 컨트롤러의 지연에 추가된 BIU와 $t_{RCD}+t_{CAS}$의 최소 DRAM latency를 통한 지연이다. 시뮬레이션된 메모리 시스템에서 BIU와 메모리 컨트롤러를 통한 지연은 10ns로, 최소 액세스 latency는 대략 30ns로 세팅되는데, 그림 15.37에 나타나 있다. 그림 15.37은 CPRH 스케줄링 알고리즘이 179.art의 많은 대기 중 메모리 처리를 위한 큐잉 지연을 상당히 감소시킨다는 것을 보여주고, 400ns 이상의 메모리-액세스 latency의 처리 숫자가 FCFS 스케줄링 알고리즘으로 동작하는 같은 작업부하에 비해 상당히 작다는 것을 보여준다.

그림 15.37에서 메모리-액세스 latency 분포는 179.art를 위한 CPRH 알고리즘의 이점을 그림으로 보여준다. 그러나 메모리-액세스 latency 분포 곡선이 CPRH 스케줄링 알고리즘의 이점을 나타내는 데 사용되는 것처럼, 다른 작업부하에서 CPRH 스케줄링 알고리즘의 가능한 문제를 나타내는 데 사용된다. 그림 15.38은 188.ammp의 latency 분포 곡선을 보여주고, 188.ammp는 CPRH 알고리즘의 가능한 이슈를 지적하는 하나의 작업부하이다. 그림 15.38은 CPRH 스케줄링 알고리즘이 많은 처리를 위해 긴 latency를 가지는 것을 보여주고, 400ns 이상의 메모리-액세스 latency 처리 숫자가 실제로 증가하는 것을 보여준다. 그림 15.38은 400ns 이상의 메모리-액세스 latency를 가진 작은 처리 숫자의 증가가 약 200ns의 메모리 처리 latency를 가진 처리 숫자의 감소에 의한 offset이라는 것과 100ns 이하의 메모리-액세스 latency 처리 숫자의 증가를 보여준다. 즉, CPRH 스케줄링 알고리즘은 메모리-액세스 latency 곡선을 대부분의 메모리 처리가 액세스 latency에서 보통의 감소를 받도록 재분배하지만, 작은 메모리 처리는 액세스 latency가 상당히 증가하는 것으로 안 좋은 영향을 받는다. 결론은 액세스 latency의 변화는 각각 다른 것들을 없애고, 188.ammp에서 FCFS 알고리즘에 대한 CPRH 알고리즘의 제한된 속도 향상이 된다는 것이다.

15.5 Latency 기반의 연구

이전 절에서 우리는 다양한 어플리케이션에서 메모리–액세스 latency 분포 처리 순서의 영향을 알아보았다. 메모리 컨트롤러 스케줄러는 DRAM–액세스 불이익을 숨기기 위한 메모리 어플리케이션 액세스 패턴을 이용하여 일반적으로 성능을 최대화하려고 한다. 이번 절에서 우리는 DRAM 구조의 선택이 평균 read latency와 메모리–액세스 latency에 미치는 영향에 대한 통찰을 제공할 것이다. 우리는 간단히 DRAM 프로토콜의 선택이 메모리 시스템의 성능에 어떠한 영향을 끼치는지 알아본 뒤, 메모리 시스템 프로토콜과 종류가 관찰된 억세스 latency에 공헌하는지에 대해 자세히 알아볼 것이다.[4]

15.5.1 실험적인 프레임 워크

이번 연구는 독립형의 메모리 서브시스템 시뮬레이터인 DRAMSim을 사용한다. DRAMSim은 FB(Fully Bufferd) DIMM 메모리 시스템의 상세한 execution-driven 모델을 제공한다. 시뮬레이터는 또한 흥미 있는

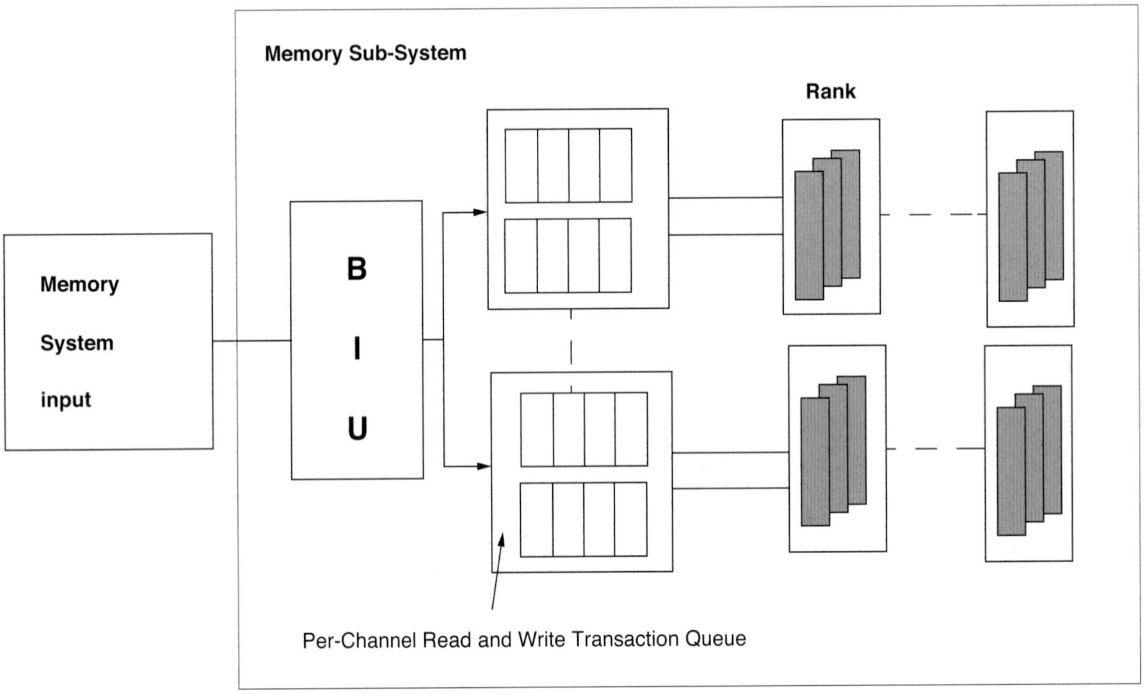

그림 15.39_ 메모리 컨트롤러 구조. 그림은 DRAMSim으로 모델링된 메모리 컨트롤러의 기본적인 구조를 나타내고, 이는 이번 실험에 사용된다. 또한 이 그림은 시뮬레이터를 작동하기 위해 사용되는 메모리 시스템 입력을 나타내고 있다. 메모리 요청은 마이크로프로세서 시뮬레이션 기반으로부터 얻은 메모리 요청 트레이스 파일로부터나 혹은 임의의 어드레스 생성기에 의해 만들어진 파일로부터의 BIU에 인가된다. 임의의 어드레스 생성기를 사용한 제한된 연구를 위해, 우리는 BIU가 무한의 크기를 지닌다고 가정한다. 또한 마이크로프로세서 트레이스 기반의 연구를 위해, 우리는 고정된 사이즈의 BIU를 사용한다.

4 이 절에서 다루는 내용의 일부는 여기에 있다. "Fully-Buffered DIMM memory architectures: Understanding mechanisms, overheads and scaling," by B. Ganesh, A. Jaleel, D. Wang, and B. Jacob. In Proc. 13th International Symposium on High Performance Computer Architecture (HPCA 2007). Phoenix, AZ, February 2007. Copyright IEEE.

메모리 시스템 변수의 변화를 제공하고, 스케줄링 방침과 메모리 종류, 즉 랭크와 채널의 숫자와 어드레스 매핑 방침과 같은 것을 포함한다.

모델링된 구조는 그림 15.39와 같다. 메모리 컨트롤러는 각각의 채널에 대한 read와 write 처리 큐를 포함하고, 그것으로부터 커맨드와 커맨드 프레임은 채널에 스케줄된다. 메모리 트레이스 입력은 모두 BIU에 놓여진다. BIU는 제한된 연구에서 무한대의 크기로 세팅된다. Trace-driven 연구에서 우리는 결합된 처리 큐 용량과 같은 많은 뛰어난 처리를 유지하는 BIU를 사용한다. 동일한 크기의 read와 write 처리 큐들은 16개의 활성화된 read와 write인 32개의 처리를 유지할 수 있다. 처리는 그들이 메모리 모듈로 스케줄된 이후 응답 큐로 이동한다(그림에는 나타내지 않았다). Read 처리는 read 데이터가 돌아올 때까지 응답 큐에 남아 있고, 반면에 write 처리는 완료될 때까지 보존된다.

메모리 컨트롤러 스케줄러는 write 처리보다 read 처리에 우선 순위를 둔 알고리즘을 사용하여 스케줄을 만든다. Natarajan et al. [2004]과 Ganesh et al. [2007]은 그들의 논문에서 write 처리보다 read 처리에 우선 순위를 둔 메모리 컨트롤러가 그렇지 않은 것에 비해 상당한 성능 개선을 달성한다는 것을 언급하였다. 스케줄링 규칙은 read와 write 처리가 메모리의 같은 곳에 있는 상황을 제외하고는 유지된다. 일반적으로 주어진 타입의 더 오래된 처리는 더 늦게 도착한 같은 타입의 처리에 비해 우선순위로 주어진다. 더 오래된 read 처리는 만약 필요한 자원 이후에 사용 가능하다면 더 새로운 read 처리보다 이후에 스케줄된다.

우리는 '667Mbps의 데이터 속도를 가지는 일반적인 DDR2 시스템과 동일한 FB DIMM 시스템'과 'DIMM 위에 DDR2로 구성된 FB DIMM'의 다른 두 개의 DRAM 타입에 대해 알아보았다. FB DIMM은 4GB 모듈에서 사용 가능한 변수를 사용하여 모델링된다[Micron 2005]. DDR2 디바이스는 메모리의 8뱅크를 부분적으로 가지는 1Gb로서 모델링된다[Micron 2006]. 마이크로프로세서 드라이버는 4GHz의 속도로 동작하도록 가정하였다. 이러한 특별한 연구에서, 우리는 서버 시스템에서 일반적으로 사용하는 closed-page 시스템에 집중한다. 이것은 posted CAS/를 사용하는 경우에 일반적이다. 즉 RAS/와 CAS/는 같은 사이클에 메모리 컨트롤러로 전송되는데, Posted CAS/를 사용하는 FB DIMM 시스템에서 RAS/와 CAS/는 같은 프레임에 위치한다. 또한 각각의 DIMM이 오직 메모리의 싱글 랭크를 가지고 있다고 가정한다.

15.5.2 시뮬레이션 입력

시뮬레이션을 드라이브하는 데 사용되는 입력에는 두 가지 타입이 있다.

표 15.11_ 사용된 어플리케이션 트레이스

Mem-2	art,mcf
Mem-4	art,mcf,swim,lucas
Mem-8	art,mcf,swim,lucas,mgrid,art,mcf,applu

Random Address Traces: 이들 입력 트레이스는 임의의 숫자 발생기를 사용하여 만들어진다. 입력 어드레스 스트림은 프아송 도착 과정으로 모델링되고 각각의 요청은 이전의 요청과는 독립적이다. 각각의 임의의 어드레스 스트림은 다음의 변수를 사용하여 확인된다.

- 평균 이슈 대역폭은 트레이스를 모델링하기 위해 사용되는 프아송 과정을 위한 평균 도달 속도이다.
- 시스템에서의 랭크의 숫자

일반적으로 관찰되는 read와 write 트래픽의 비율이 2:1이기 때문에, 입력 트레이스들은 2:1의 read to write 트래픽 비율을 갖도록 세팅된다. 트래픽은 시스템의 모든 랭크에 동일하게 분포된다.

Application Traces: 2, 4, 8가지의 멀티 프로그램 트레이스를 만들어내기 위해 결합된 SPEC 작업부하로부터의 입력 트레이스가다. 이번 연구에서 쓰이는 어플리케이션 트레이스는 64byte 캐시라인이 연합된 L2 캐시로 세팅된 1MB 8웨이 프로세서 종류를 사용한 alpha[Desikan et al.2001]를 사용해서 만들어진다. 모든 트레이스들은 20억 개의 명령에 의한 fast-forwarding 어플리케이션과 200백만 개의 명령을 실행한 후에 모인다. 어플리케이션은 메모리 집약적인 작업부하 혼합본을 형성하기 위해 서로 모인다. 트레이스가 붙잡힐 때, 영역의 작업부하의 동작에 기반하여 분류가 된다.

15.5.3 제한된 연구: Latency 대역폭 특성

메모리 시스템 프로토콜의 성능을 측정하기 위해 일반적으로 사용되는 방법 중 한 가지는 입력으로 랜덤-액세스 트레이스를 사용하는 한계를 연구하는 것이다. Latency와 대역폭 값은 임의의 어드레스 트레이스로 측정되고 이들의 입력 도착 속도는 다양하다. Latency는 일반적으로 특정한 대역폭 값이 급격히 증가할 때까지 점차 증가한다. Latency 대역폭 곡선에서 포인트는 그것이 얻어진 오버로드 이전에 시스템의 최대

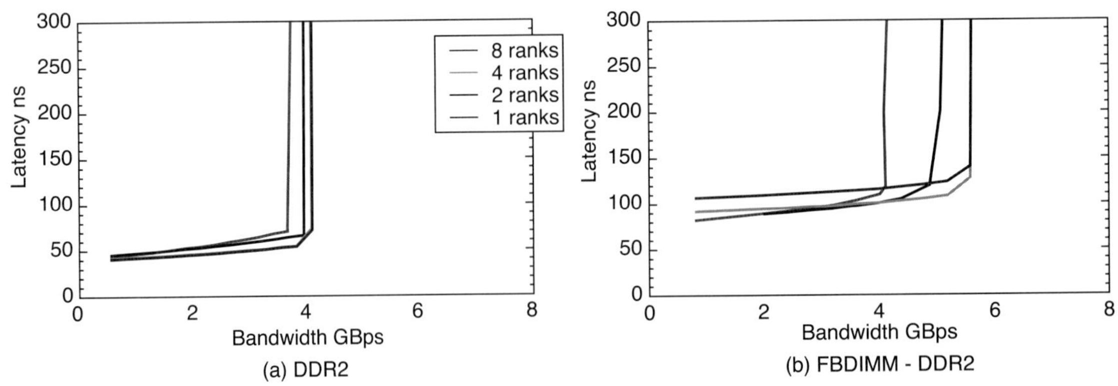

그림 15.40_ DDR2와 FB-DIMM-DDR2 latency 대역폭 특성. 이 그림은 DDR2와 FB-DIMM DDR2 시스템의 latency 대역폭 특성을 보여준다. 그래프는 66% read traffic과 변화하는 입력 도착율을 가지는 임의의 입력 어드레스 트레이스를 사용하여 만들어진다. 처리는 시스템의 어떠한 주어진 뱅크에서 동일하게 다루어질 것이다.

수용 가능한 대역폭을 나타낸다. 메모리 컨트롤러 설계는 이러한 latency 대역폭 곡선을 오른쪽으로 이동시키는 것에 집중하는데, 이는 곧, 높은 대역폭 값에서 read latency 값을 개선시키는 것이다. 그림 15.40은 DDR2와 FB-DIMM DDR2 시스템의 latency 대역폭 특성을 보여준다. 이 그래프는 고정된 latency 모드에서 FB-DIMM DDR2 시스템을 보여준다.

우리는 멀티 랭크 FB-DIMM 시스템의 최대 수용 가능한 대역폭이 멀티 랭크 DDR2 시스템에 의해 달성되는 것보다 대략 25% 정도 더 크다는 것을 알 수 있다. 증가하는 수용 가능한 대역폭은 FB-DIMM 시스템에서 늘어나는 DIMM-level 패럴리즘과 추가적인 사용 가능한 데이터 대역폭 때문이다. 메모리 컨트롤러로부터 DIMM에 이르는 read와 write 데이터 버스의 분리는 메모리 컨트롤러가 동시에 스케줄된 read와 write 처리를 다른 2개의 DIMM의 2개의 랭크에 둘 수 있게 한다. 이러한 요소는 DDRx 시스템에 보여진 것에 비해 상당히 더 많이 공헌을 한다.

싱글 랭크 종류는 두 개의 시스템 모두에 가장 낮은 최대 수용 가능한 대역폭을 가진다. 싱글 랭크 채널에서 DIMM은 다양한 DRAM 시간 변수에 의한 제한 때문에 상당한 병목 현상으로 나타난다. 1에서 2로 증가하는 랭크의 숫자는 DRAM 뱅크의 논쟁을 줄여 최대 수용 가능한 대역폭을 상당히 개선시킨다. 버스에서 늘어나는 경쟁 때문에 채널에서 랭크의 숫자가 늘어나는 것은 DDRx 시스템에서는 아무런 효과가 없다. FB-DIMM 시스템의 경우, 랭크의 숫자를 2에서 4로 늘리는 것은 랭크의 숫자를 4에서 8로 늘리는 게 거의 아무런 효과가 없는 것처럼 그 효과가 미미하다. 일반적으로 DRAM 유용성 때문에 큐잉 딜레이를 줄이는 것이 사용 가능하지 않은 채널의 그것으로 대체되는 것을 알 수 있다.

15.5.4 Latency

이번 절에서, 우리는 latency에서의 경향성을 살펴보고, 그것에 영향을 주는 요소들을 자세히 알아볼 것이다. 그림 15.41은 큐잉 딜레이 오버헤드와 처리 프로세싱 오버헤드로 나누어진 평균 read latency를 나타낸다. 큐잉 딜레이 요소는 사용 가능한 한 개 혹은 그 이상의 자원을 위한 큐에서 기다리는 처리의 지속 시간을 나타낸다. 큐잉 딜레이의 원인은 메모리 컨트롤러 요청 큐 사용 가능성, south link 사용 가능성, DIMM 사용 가능성(on-DIMM 커맨드, 데이터 버스들, 그리고 뱅크 충돌을 포함한), 그리고 north link 사용 가능성을 포함한다. 큐잉 지연의 공통 부분은 메모리 컨트롤러 요청 큐 요소를 제외한 모든 요소에서 관찰된다. 기본적인 latency 비용은 unloaded 채널에서 read 요청을 만드는 것과 연관 있는 비용이다.

읽기처리로 인해 발생하는 큐잉(Queueing) 지연은 한 가지가 아닌 여러 가지 요인이 복합적으로 작용해서 발생한다. 더 많은 랭크를 채널에 추가하거나 시스템 채널의 숫자를 높이는 등의 시스템 구성 변경은 다른 범위(Degree)의 모든 자원의 가용성 변화를 초래한다. 그러므로 우리는 개별 큐잉들이 얼마나 정확하게 변하는지에 따라 구성 변화로 인한 지연경향이 영향을 받는다는 것을 알 수 있다.

싱글 랭크 구성은 FB−DIMM 채널이 제공하는 요청에 기여하고 병렬처리를 이용하도록 예약이 불가능한 충분하지 않은 메모리 뱅크의 개수로 인해 높은 대기/지연을 경험한다. 그러한 시스템에서 DIMM은 주요

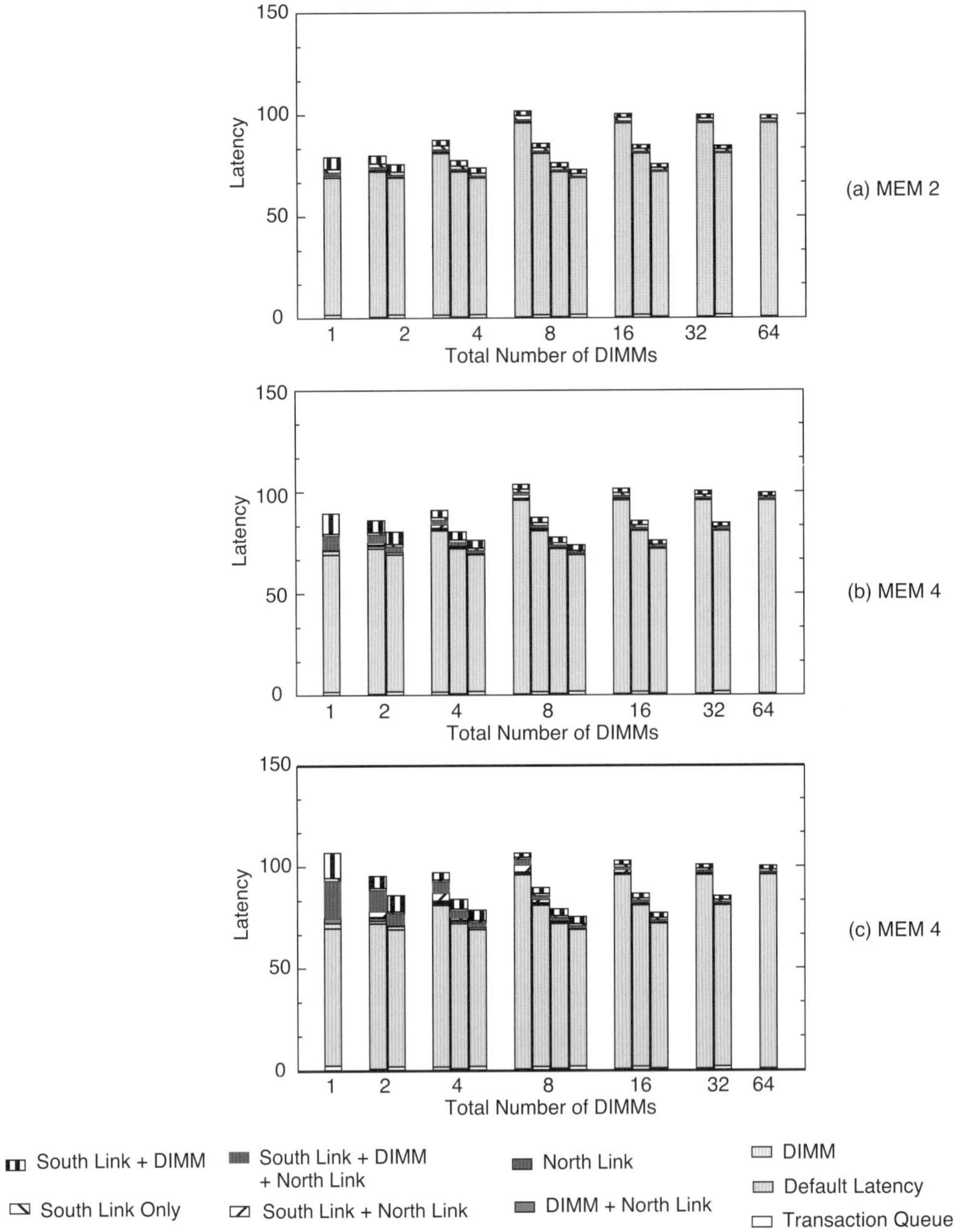

그림 15.41_ 동일한 DIMM 개수를 가진 다양한 종류 시스템의 read latency를 그룹으로 형성하였다. 그룹 안에서 왼쪽의 바는 더 작은 채널 개수를 가지는 토폴로지다. DRAM 종류는 고정된 latency 모드를 사용하는 FBD-DDR2이다. Y축은 나노초 단위의 latency를 나타낸다.

한 시스템 병목현상이고, 전체 처리 큐잉 지연의 50%나 영향을 미친다. 이러한 시스템에서 더 많은 랭크를 추가하는 것은 DIMM 기반의 큐잉 지연을 줄이는 것에 도움을 준다. 1 랭크에서 2 랭크 채널로 이동해 갈 때의 감소는 20~60%이다. 4~8 랭크 채널에서 DIMM 기반의 큐잉 지연은 일반적으로 싱글 랭크 채널의 오직 10%이다. 커맨드와 write 데이터에 의한 Southbound 버스의 공유는 southbound 채널 사용 불능과 연관된 상당한 큐잉 지연을 일으킨다. 모든 3개의 메모리 작업부하 혼합이 거의 33%의 write 트래픽을 가지기 때문에 우리는 southbound 채널이 상당한 병목현상이라는 것을 알 수 있다. Southbound 채널 큐잉 딜레이는 시스템에서 채널의 숫자를 늘려서 줄일 수 있다. Southbound 채널 사용 불능의 몇몇 감소는 시스템에 랭크를 더 추가하여 얻을 수 있다. 멀티 랭크 채널에서, 메모리 컨트롤러는 같은 프레임 안에 여러 개의 커맨드를 더 보관할 수 있다. 그렇게 하는 기회가 제한적일지라도 이것은 채널의 랭크를 1에서 2로 증가시킬 때 southbound 채널 사용 불능을 10~20% 정도 감소시킬 수 있다.

늘어난 채널 깊이는 채널의 프레임을 위한 전송 비용을 증가시킨다. 이는 사용이 적을 때 MEM-2(그림 15.41(a))와 많은 채널을 위한 다른 작업부하에서 늘어난 채널 깊이와 함께 Read latency를 증가시킨다. 흥미롭게도 더 깊은 채널에서 사용 가능한 추가적인 DRAM 레벨 패럴리즘은 전체적인 latency(그림 15.41(b)와 (c))를 낮추기 위한 프레임 전송 가격에서의 충분한 증가를 가져온다. 패럴리즘의 이득은 싱글 랭크에서 2-랭크 채널로 넘어갈 때 특히 명백하다. 이러한 이득은 채널 깊이의 증가와 함께 점차 줄어든다.

더 깊은 채널에서 이행 중인 트랜잭션의 늘어난 숫자는 링크 사용 불능 때문에 큐잉 딜레이의 증가를 가져온다. 이것은 이행 중인 트랜잭션의 추가적인 숫자 때문에 버스의 높아진 경쟁에 기인한다. 이러한 증가는 늘어난 DIMM-level 패럴리즘 때문에 이득을 제공하는 프로세싱 가격의 증가를 수반한다. 그러므로 우리는 그림 15.41 (b)와 그림 15.41 (c)가 각각 나타내는 MEM-4와 MEM-8에서 싱글 채널에서 채널 깊이가 4에서 8로 증가할 때 latency가 증가하는 것을 볼 수 있다.

프로세싱 오버헤드의 증가, 채널을 사용하는 이행 중인 트랜잭션의 숫자, 이러한 처리의 타입, 그리고 DIMM 레벨 충돌 완화의 상호 작용은 관찰된 다른 latency 경향을 일으킨다. 어느 경향이 주도적이냐에 따라 latency는 채널의 랭크 숫자에 따라 선형적으로 증가하거나(그림 15.41 (a)), 혹은 초기에 감소한 다음에 더 많은 랭크가 채널에 추가되어 증가한다(그림 15.41 (b)와 (c)). 일반적으로 전자가 상대적으로 가볍게 부하된 시스템에서 발생하고, 후자가 큰 대역폭 요구를 가지는 시스템에서 발생한다.

그림 15.42는 MEM-2와 MEM-4 작업부하를 위한 DDR2 시스템에서 영향을 주는 것들의 변화를 보여준다. FB-DIMM 시스템과는 달리 DDRx 시스템의 latency는 채널의 랭크의 숫자와 함께 조금 변한다. 이는 FB-DIMM 시스템과는 달리 동작의 기본적인 latency가 그림 15.41과 그림 15.42에 나와 있는 DDRx 시스템의 채널의 랭크 숫자에 따라 변화하지 않기 때문이다. 또한 DRAM 사용 불능 때문에 발생하는 큐잉 지연이 채널의 랭크가 증가함에 따라 사용 불능한 링크 때문에 발생하는 큐잉 지연으로 바뀐다.

MEM-4를 위한 싱글 채널 종류는 처리 큐가 꽉 차있기 때문에 꽤 충분한 큐잉 지연을 경험한다. 비록 BIU가 처리 큐처럼 많은 엔트리를 가지고 있다고 해도, 이러한 엔트리는 read 혹은 write 처리를 유지할 수 있다. 메모리 컨트롤로 큐에서 read와 write 처리 큐 사이의 구분은 처리 큐를 기다리는 write 처리 큐가 찼을 때 사용 가능하게 한다. 이것은 이후의 read 처리를 지연시킨다. 강요된 starvation 관심에 의해 이러한 문제는 약간 완화되지만 바쁜 시스템에서는 완전히 완화되지 못한다.

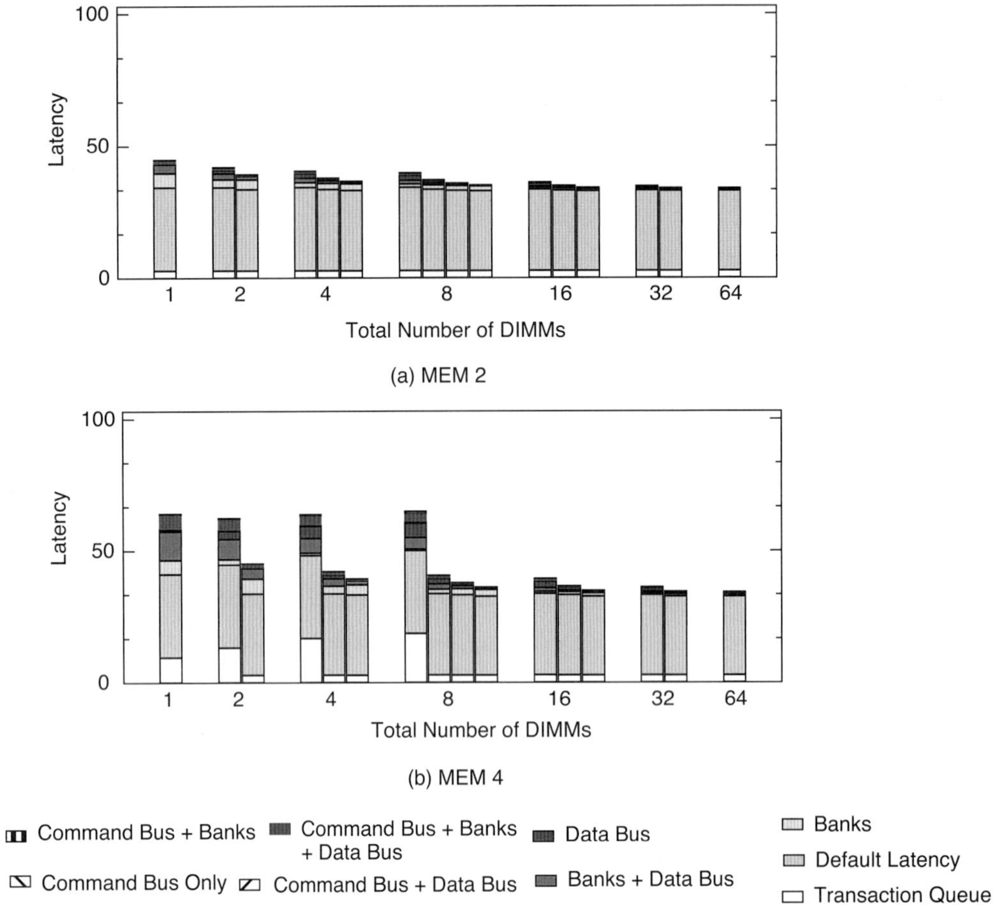

그림 15.42_ 동일한 DIMM 개수를 가진 DDR2 시스템을 위한 다양한 종류의 read latency를 그룹으로 형성하였다. 그룹 안에서 왼쪽의 바는 더 작은 채널 개수를 가지는 토폴로지다. DRAM 종류는 고정된 latency 모드를 사용하는 DDR2이다. Y축 스케일은 그래프에서 다르다.

15.6 결론

높은 대역폭 사용을 유지하는 어려움은 상대적으로 동일한 로우 사이클 시간과 늘어나는 데이터 속도-비트당 더 짧은 데이터 전송 시간으로 변환되는 늘어나는 데이터 속도의 조합 때문에 DRAM 메모리 시스템의 각각의 연속적인 세대에서 증가한다. 상대적으로 일정한 로우 사이클 시간과 더 짧은 데이터 전송 시간의 늘어나는 차이는 더 긴 요청과 더 큰 숫자의 요청이 높은 대역폭 사용을 유지하는 DRAM 메모리 컨트롤러에 의해 유지되어야 한다는 것을 의미한다. DDR3 SDRAM 메모리 시스템에서, 높은 대역폭 사용을 유지하는 일은 t_{FAW}와 t_{RRD}와 같은 시간 제한, DDR3 SDRAM 디바이스에서 로우 활성화 커맨드의 비율을 제한하기 위해 설계된 시간 제한에 의해 심지어 더 복잡하게 만들어지고, 늘어나는 DRAM 디바이스 데이터 속도에서 상대적으로 일정한 파워 곡선을 제공한다.

DRAM 메모리 시스템 성능 특성에서 다양한 상호 관련된 제한의 복잡성은 높은 속도의 DRAM 메모리 시스템에서 유지하는 높은 대역폭 사용이 다차원의 최적화 문제이고, 수용 가능한 대역폭은 DRAM 메모리 시스템 종류, DRAM 시간 변수 값, 작업부하에 따른 요청 액세스 순서, 그리고 메모리 컨트롤러의 세련미와 같은 요소들에 의존한다는 것을 의미한다. 운 좋게도 다양한 방법들은 오랜 시간 동안 메모리 시스템 구조에 도움이 되도록 발전하고 있다.

PART

03 Cross-Cutting Issues

Exploring all the options is not the issue. It's making one of them work.

— Brian Eno, on recording

MEMORY | SYSTEMS | **Cross-Cutting Issues**

전체적인 설계를 위한 케이스

CHAPTER 16

일반적인 컴퓨터 시스템 설계와 특히 메모리 계층 구조 설계는 서브 시스템을 분리하여 설계하거나 최적화하는 것으로는 더 이상 충분하지 않게 되었다. 메모리 계층 구조 시스템 안에 속해 있는 시스템 중에선 캐시 시스템, DRAM 시스템, 디스크 시스템이 있을 수 있다. 그러나 조금 더 구체적인 시그널링 방식, 자원 관리 방침, 타이밍 관례, 스케줄링 알고리즘, 큐 구조, 트랜잭션 프로토콜, 버스 구성, 네트워크 토폴로지 등이 존재한다. 이들을 각각 따져 보면 설계 최적화에 대한 중요한 연구가 형성되기에 충분할 정도로 복잡하다. 이러한 서브 시스템들이 하나의 매우 복잡한 시스템으로 합쳐지면 이에 따른 결과는 굉장하다.

메모리 시스템과 그 서브 시스템들은 너무 복잡해서 우리가 실제로 예상했던 고립된 서브 시스템들은 생각 이상의 상호작용을 한다. 이러한 상호작용은 설계 사이클의 마지막까지 확인되지 않기 때문에 상당한 비용과 불편함, 심지어는 인스톨된 제품의 기본에까지 전파될 수 있는 에러를 발생시키기도 한다.

이러한 문제점들을 고치기 위해서는 가장 작은 시스템과 전체적인 시스템의 관계를 파악하고, 모든 시스템들의 영향과 결과 면면을 이해해야 한다. 회로 설계에 대한 결정에서는 시스템-레벨 영향까지 보아야 한다. 인터페이스 프로토콜의 설계 시에는 시스템-레벨 결과를 계량화해야 한다. 많은 경우에 공정 기술 이슈들은 고차원의 구조적 이슈 분석에 포함되어야 한다. 오늘날의 메모리 시스템 설계에서는 시스템 레벨에 대한 관점을 갖는 것이 필요하다.

이 과정은 쉽지 않기 때문에 이를 수행하기 위한 몇 가지의 과정이 필요하다.

1. 설계자는 메모리 시스템에 있는 서브 시스템 각각에 대한 깊은 이해가 필요하다.
2. 설계자는 굉장히 자세하고 정확한 시스템 모델을 갖고 있어야 한다.
3. 설계자는 건축학적 관점에서 보아야 한다. 예컨대 설계 공간 탐사법(design space exploration methods)을 이용하여 시스템 변수의 상호작용을 보아야 한다.

이 책은 특히 위의 과정 중 1번에 필요한 방대하고 깊이 있는 정보를 제공한다. 이 책에 대한 지침으로 DRAMsim을 제공한다. 이것은 퍼포먼스와 DRAM 서브 시스템 컴포넌트에 필요한 에너지 소모를 모델링하는 매개 변수 구동 시뮬레이터에 대해 자세하고 정확하게 기술하고 있다. 이 시뮬레이터는 2번의 과정에 해당하는데, 하위 명세들을 고려한 메모리 시스템에 대한 모델이다. 마지막 3번 과정은 설계자가 설계 공간 탐사(design space exploration)라는 건축학적인 접근법을 가진다. 이 기법은 1980년대 말기와 1990년대 초반에 John Hennessey에 의해 주창되었다. 이 기법은 널리 채택되고 응용되어 1990년대에 마이크로프로세서들의 설계와 캐시 시스템의 혁신을 가져왔다. 우리는 이러한 방법들이 메모리 시스템 설계에 적용될 수 있다고 본다.

16.1 재고할 에피소드

다음 절에서는 전체론적(holistic) 설계가 어떻게 대두되었는지 그 방법은 어떻게 할 것인지에 대한 내용을 논의한다.

16.1.1 에피소드1: 시스템 거동

1999년부터 2001년까지는 CPU 아키텍처, DRAM 아키텍처, 또는 DRAM 인터페이스 프로토콜과 전혀 관련이 없는 DRAM 시스템의 레벨 효과에 관한 연구만이 진행되었다. 그림 16.1은 그들 중 일부의 결과들을 보여준다[Cuppu & Jacob 1999b, 2001; Jacob 2003]. 이 연구에서는 CPU와 DRAM 아키텍처들을 변화시키지 않고, 둘의 상호작용에 긍정적인 영향을 끼칠 수 있는 몇 가지 변수만 이용하였다. 이 변수의 종류는 그림에 나타난 것과 같이, 시스템상의 몇 가지 독립적인 DRAM 채널들 각각의 너비와 액세스의 단위들을 들 수 있다.

이 연구는 시스템 거동의 존재가 중요하다는 것을 일깨운다. 그림 16.1에 나타난 무해할 것 같은 변수들은 한 가지의 변수가 소폭으로 증가하거나 줄어들 때, 시스템 작용에 있어서 20퍼센트의 변화를 주는 원인이 된다. 더욱이, 그림 16.1 상단의 두 그래프는 모든 방법들이 '좋은' 배열을 나타낸다. 배치된 값 중 그 어느 것도 자신의 컴퓨터에 싣고 싶지 않은 구성을 보여주지 않는다. 두 그래프로 표현된 모든 종류들은 처음 1999년부터 2001년까지는 적절한 결과를 나타냈을 것이다(예를 들어, 각각 800Mbps와 8바이트 와이드를 가지는 총 32바이트 데이터를 사용하는 네 개의 버스트 독립된 데이터 채널은 4-채널 Rambus 시스템과의 구조와 동작과 매우 비슷하다). 그러나 아직 처리 시간 결과가 두 배 차이 나는 것을 볼 수 있다. 명백히 말하자면, 직감과는 달리 그것들은 모두 적합한 구성이 아니다.

분석 시에 버스 속도와 길이의 넓은 범위를 고려할 경우에는 문제점이 더욱 증가한다. 아래의 그래프를 보면, 최고와 최악인 처리 시간의 비율이 3배가 될 수 있으며, 로컬 최적화는 더 자주 그리고 더 과장되게 나타난다. 상대적으로 작은 범위의 대역폭(100, 200, 400 MB/s)과 느린 버스 속도(100, 200 MHz)는 환경 설정이 잘 되어 있다면, 그렇지 않은 빠른 하드웨어보다 같거나 더 잘 작동할 수 있다. 예를 들어, 64바이트 버스트 길이와 어떠한 버스 속도(100, 200 혹은 400 MHz)를 가진 400MB/s 메모리 시스템으로 800MHz 버스와 총 6.4GB/s 대역폭(16배)을 가지지만 환경 설정이 잘 되어 있지 않은 시스템보다 2배 이상의 성능이 가능하다.

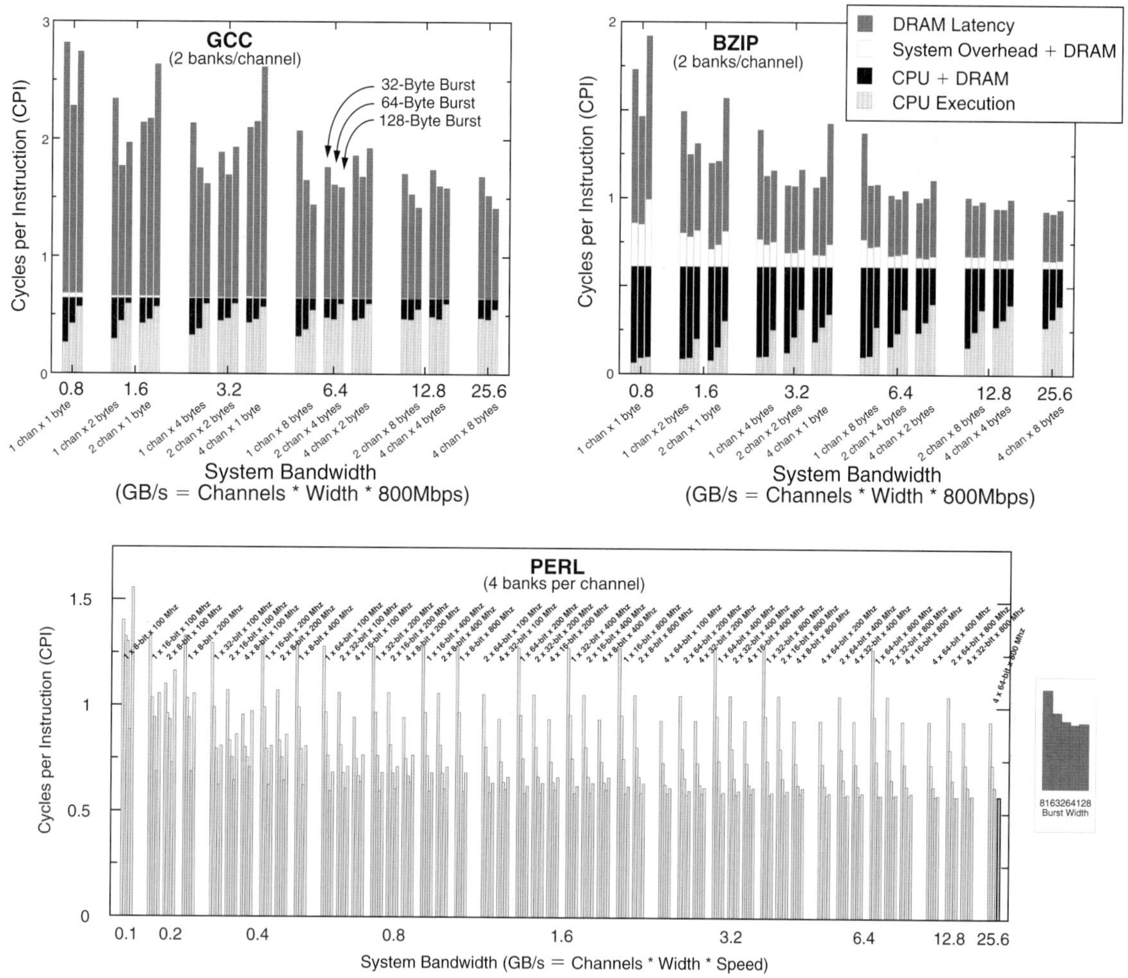

그림 16.1_ 대역폭, 채널 구성, 액세스 granularity 조절에 따른 처리 시간. 상단 두 그래프는 Cuppu와 Jacob, [2001] (© 2001 IEEE); 하단 그래프는 Jacob으로부터의 것이다. [2003] (© 2003 IEEE)

연구의 다양한 변수들은 비교적 해롭지 않은 듯한 변수, 예를 들어, 각 채널당 뱅킹 기울기 정도와 메모리 컨트롤러 리퀘스트 큐의 크기를 말한다. 다시 말하자면, 한 변수가 소폭으로 증가하거나 작아진다고 어플리케이션이 20퍼센트만큼 변화하는 데 영향을 미친다고 볼 수 없을 것이다. 직감적으로 설계 스페이스가 비교적 매끄럽다고 예상할 것이다. 그러나 아직 설계 스페이스는 매끄럽다고 할 수 없다. 20퍼센트 또는 그 이상의 더한 성능 변화가 바로 옆에 존재하는 설계 포인트에서 찾을 수 있기 때문이다. 최고의 성능에서 최악의 성능을 내는 설계는 3배 이상 차이가 난다. 더불어, 동작들이 모두 연관성을 갖는다. 더 높은 성능을 내기 위해 변수 값을 2배로 증가시킨다면(채널 폭을 증가하면), 로컬 최적화와 멀어질 수 있다. 그러나 다른 관련 있는 변수 값들을 바꾸어 로컬 최적성을 복구할 수 있다. 예를 들어, 버스트 길이와 캐시 블록 사이즈를 새로운 채널 폭에 맞추기 위해 증가시킬 수 있다. 독립적일 것이라고 예상했던 변수 값들의 상호작용들이 대두되는 이유는 시스템이기 때문이다. 그래서 우리는 이를 '시스템 거동(Systemic behaviors)'[1] 이라 이름 붙이게 되었다.

이 성능의 갑작스러운 변화는 변수들 간의 상호작용에서 비롯된다. 예를 들어, 만약에 어떤 어토믹 버스트 패킷이 길고 채널이 좁은 경우, 리퀘스트들이 컨트롤러의 큐에 백업되어 있으면 시스템 리소스를 위한 그들의 차례를 기다린다. 고대역폭 채널의 짧은 파열은 채널을 충분히 쓰지 않는다. 짧은 버스트들은 로우 활성화를 분할하고 DRAM 디바이스의 오버헤드를 프리차지하여 이들을 오버헤드의 근원지로 드러낸다. 한 변수를 바꾸면 로컬 최적화에서 설계를 빠뜨리는 경향이 있다(데이터 전송 속도, 버스 폭, 칩당 핀 수 등의 최대치 등과 같은 비용 관련한 설계 제한 사항이 있는 가장 성취 가능한 설계를 제외한 모든 설계 공간에 있는 로컬 최적화에서). 설계자는 시스템을 다른 로컬 최적화로 복구하기 위해 관련된 변수들에 여러 가지의 변화를 준다.

일반적으로, 최악의 설계와 최고의 설계 간에는 격차가 있을 수 있고, 기타 설계들이 최적의 설계 환경에 가까운 것은 아니다. 정확한 분석 없이 설계를 선택하는 설계자는 가격 제한을 고려하여 최적의 설계 대비 최소 두 개의 요인을 배제하고 구성한다.

이는 비단 DRAM 시스템에만 해당되는 것은 아니다. 디스크 시스템에서도 마찬가지다. 디스크 시스템에서는 각 종류 간의 성능 다양성이 좀 더 명확하다.

다시 강조하자면, 이는 전체적으로 보았을 때 중요하지 않을 것 같은 변수들을 다양화하는 것에서 기인한다. 적어도 이들은 캐시 아키텍처 혹은 프로세서 코어에 있는 몇 가지 기능적 단위에 비해 중유도가 매우 떨어진다. 다시 말해 이미 확인한 바와 같이 시스템의 거동들–해롭지 않은 변수들과 메커니즘 간의 예상치 못한 인터랙션–들은 성능에 큰 손해를 끼치는 원인으로 작용할 수도 있다.

16.1.2 에피소드2: DDR SDRAM의 DLL

그림 16.2 (a)에 표현된 것은 DRAM 클럭 신호가 시스템 버스로부터 DRAM 칩(실제 어떤 칩이든)으로 들어갈 때 무슨 일이 발생하는지를 나타낸다. 이때의 클럭 신호는 I/O 패드를 통해 들어가고 멀티 스테이지 증폭 단계를 통해 전송된다. 앞선 멀티 스테이지 어플리케이션 프로세스는 클럭 트리 전역으로 버퍼가 직렬 연결되어 있기 때문에 최종 출력 신호가 칩 전체에 퍼질 수 있을 만큼의 힘을 가질 수 있도록 한다. 각각의 버퍼와 와이어 부분은 신호 지연을 불러일으켜, 클럭 신호가 칩의 겉 부분 가까이 도달할 때까지 그 신호는 예상되는 위상 밖에 있게 된다. 결과적으로, 데이터는 시스템 클럭과 정렬되지 않으며, 그 둘 사이에 skew가 발생한다. 이러한 이유로 데이터를 클럭으로 샘플링하는 데에 어려움을 초래한다. DDR1 세대에서 SDRAM에 소개된 DRAM이라는 기술에 DLL(delay-locked loop)이 첨가된 이유는 skew와 temporal 불확실성을 근본적으로 해결하기 위함이다(그림 16.2 (b)). 클럭 신호가 칩에 들어갈 때, 클럭 신호는 2π–

1 이러한 행태와 'emergent system'의 행태 또는 특성이라 불리는 complex system 이론 간에는 차이점이 존재한다. Emergent system 행태는 complex system 내부 개체들의 행동을 뜻하는 것으로, 각 개체들이 단독적으로 절대 하지 않을 법하면서도 그룹으로 모여 있을 경우 행하게 되는 행동양식을 지칭한다. 우리의 경우, 행태란 전체 시스템에서 유래된 설계 스페이스를 관찰하는 것을 들 수 있다.

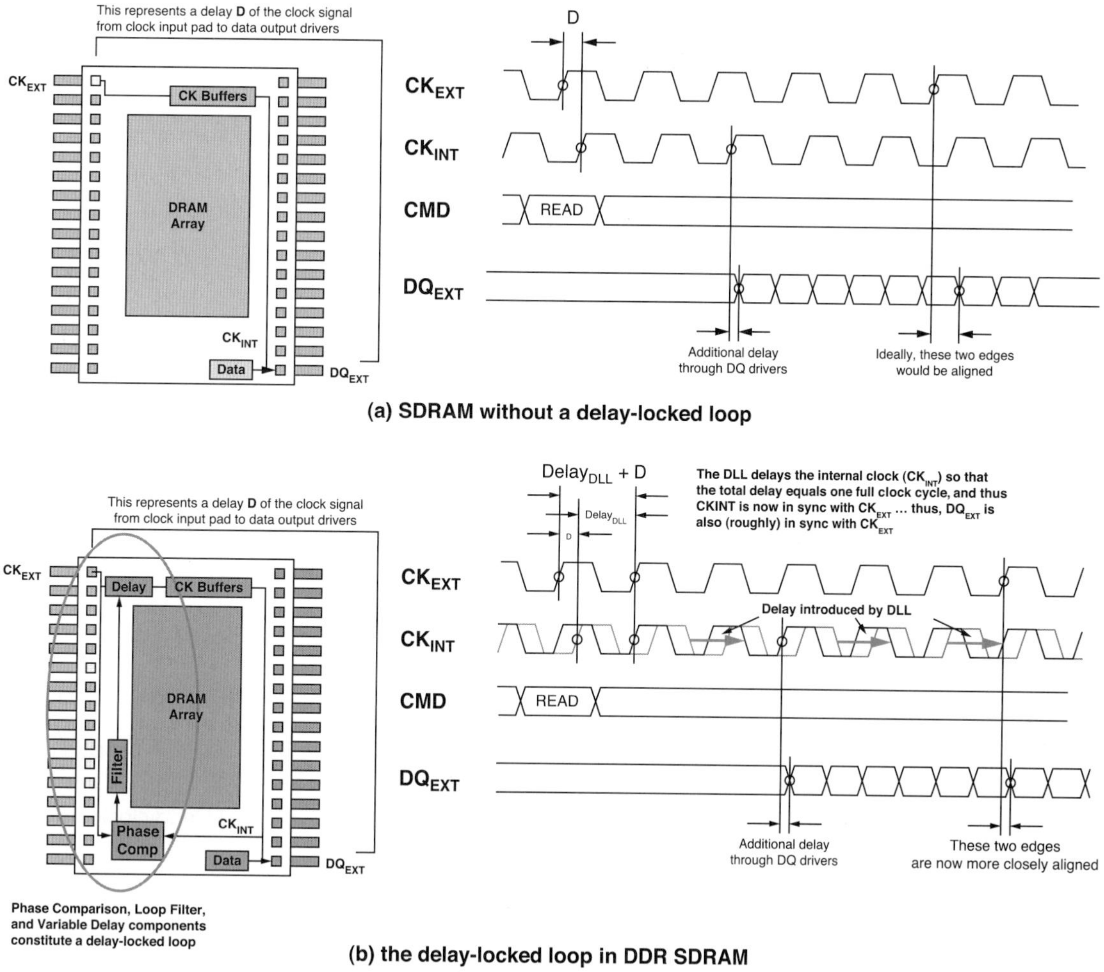

그림 16.2_ DDR SDRAMs에서의 DLL 사용. 그림(a)는 DLL이 없는 DDR SDRAM의 동작을 나타낸다. 클럭 수신, 멀티 스테이지 amplifiers, on-chip wires, 출력 drivers, 출력 pads, bonding wires 등을 통한 고유의 delay로 인해, 데이터 출력은(버스의 측면에서 바라보자면) 시스템 클럭의 측면에서 약간 delay된다. 그림 (b)는 DLL를 추가하면서 발생하는 영향을 나타낸다. DLL은 들어오는 클럭 신호를 delay시켜 파트의 출력을 시스템 클럭과 더 긴밀하게 align하도록 만든다. datapath가 느슨하게 움직이지 않는 한, 파트의 datapath에 extra latency가 발생할 수 있다는 점을 주의한다. datapath가 results D time units을 더 빨리 산출해 내는 것이 불가한 경우, 이것은 2π－D로 delay된다.

D, 만큼 지연된다. D는 들어가는 클럭 신호와 멀티 스테이지 버퍼링/증폭 프로세스 다음에 들어가는 위상들의 차이를 나타낸다. 추가된 지연은 두 신호 간 위상 차이를 최대 2π 만큼 갖게 되며 버퍼링과 분배 이후의 내부 클럭 신호가 정확히 원래의 시스템 클럭 신호와 같은 위상에 존재할 수 있게 한다

이와 같은 의도적 연장은 어떤 역할을 하는가? 이것은 DRAM 부분의 출력을 더 정확히 시스템 클럭과 정렬되게 한다 동적 제어 메커니즘인 DLL이 계속 작동하고 있을 때, 추가적인 지연과 트레이드 오프로 더 강한 파워와 열 손실(heat dissipation)이 요구된다. DIMM에 있는 각각의 DRAM 부분을 시스템 클럭에 정렬할 때, DRAM의 각 파트는 다른 부분들에 대해 효과적으로 de-skew 된다. DLL은 공정 변이(process variation)와 온도 구배(thermal gradient) 때문에 시간 차이를 제거해 주어야 한다.

때문에 DDR SDRAM 부분의 DLL은 시스템 작동에 다음과 같은 중요한 역할을 한다.

- DLL은 DRAM의 출력이 시스템 클럭에 좀 더 근접할 수 있도록 정렬한다.
- 모듈 내 모든 DRAM 부분의 DLL에 관련된 파트의 결과를 효과적으로 de-skew 한다.

그 어떠한 메커니즘이 이러한 두 가지 모든 기능들을 만족시킨다면 DLL로 교체하는 데 충분한 이유가 된다. 게다가 적어도 DRAM당 DLL에 견줄 만큼 작동하면서도, 작은 비용으로 추가적인 이득을 가져올 수 있는 메커니즘은 더 좋은 교체 후보를 위한 추가적인 조사를 수행할 만한 충분한 이유가 된다. 이 지점에서, DRAM 관점으로 온 칩 DLL에서 동기화되었다는 것은 중요한 요점이다. DRAM은 그 출력을 자신의 시스템 클럭 버전에 동기화시킨다. 그래서 이 방법은 메모리 컨트롤러와 DRAM 사이에 있는 skew를 제거할 수 없다. 뿐만 아니라 DRAM의 내부 클럭에 영향을 미치는 공정 변이에도 skew를 줄이는 데 실패한다. 그림 16.3은 이 모든 것을 고려할 때의 대체 솔루션을 제시하고 있다. 뿐만 아니라 그림 16.4는 대략적인 가격과 각 방법들의 하드웨어적 측면과 temporal 불확실성 면에서의 이점들을 설명한다.

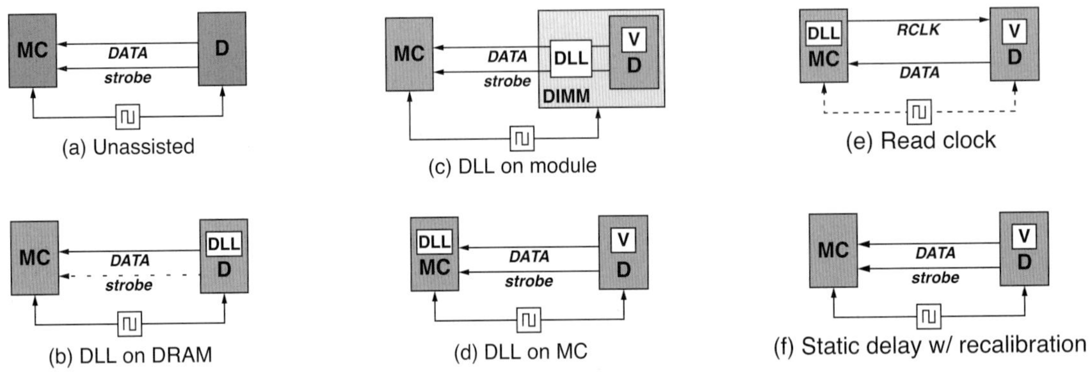

그림 16.3_ DRAM당 DLL의 몇 가지 대안. 이 그림은 여섯 개의 각기 다른 타이밍 관례를 나타낸다. (a)는 싱글 데이터 속도 SDRAM의 방식, (b)는 DDR SDRAM을 위해 선택한 방식 (c)는 DLL을 DRAM당 정적 지연 요소(버니어)와 함께 모듈로 이동시킨 것 (d)는 DLL을 DRAM당 정적 지연와 함께 메모리 콘트롤러로 이동시킨 것 (e)는 DRAM당 또는 DIMM당의 클럭을 각각 read하는 것, (f)는 정적 지연 요소만을 사용하고, 동적 변화를 어드레스하기 위해 주기적으로 재측정하는 것을 나타낸다. 마지막 네 개의 대안책들은 각각 (b)보다는 비용이 저렴하며, 더 많은 타이밍 불확실성을 상쇄할 수 있다.

SCHEME	COST	EFFECTIVENESS (Uncertainty in read)				
No DLL	0	D_{CLK} 1	Xmit 1	wire 1	Recv 1	Clk skew
on DRAM	16 3 DLL		Xmit 1	wire 1	Recv 1	Clk skew
on DIMM	2 3 DLL 16 3 Vernier			wire 1	Recv 1	Clk skew
on MC	2 3 DLL 16 3 Vernier			wire 1	Recv	
Read CLK	2 3 DLL 16 3 Vernier			wire 1	Recv	
Static	16 3 Vernier		Xmit 1	wire 1	Recv	

그림 16.4_ DDR SDRAM에서 다양한 타이밍 방식들의 가격 이득 비교. 가격으로는 2-DIMM 시스템을 DIMM당 8 DRAM 파트로 추산하며, "가격"은 다이 면적과 파워 소모 두 가지 모두에 적용된다. 그 효과는 DRAM-read 작동에 잔류하는 타이밍 불확실성의 소스 측면에서 발생한다(내지는, 더 작은 아이템들 = 더 나은 설계).

여섯 가지의 대안 책은 다음과 같다.

1. **도움을 받지 않는 소스 – 동기 작동.** 이 방법은 DLL 없이 DDR을 사용하는 것과 같지만, 데이터를 따라잡기 위해 DQS 스트로브를 이용한다. 여느 소스–동기 타이밍 방식들과 같이, 스트로브는 동기화해야 하는 데이터 라인과 연관이 있기 때문에 데이터 라인과 같은 skew를 가진다. 그래서 관련된 데이터 신호들과 차이를 두고 배열 밖에 존재한다.

   DRAM-read 작동을 고려할 때, DRAM의 내부 클럭 네트워크의 연체, DRAM 트랜스미터의 jitter, 와이어의 skew, 메모리 컨트롤러의 리시버 회로의 문제, 그리고 DRAM에 들어가는 클럭 신호에 의한 보편적인 클럭 skew와 약간의 오차가 있는 메모리 컨트롤러가 포함되어 있다.
2. **DRAM에 DLL 삽입.** 이 방법은 DRAM industry에서 채택되었던 메커니즘이다. 이 시스템은 데이터를 따라잡기 위해 글로벌 클럭을 이용하고, 소스–동기 클럭킹을 이용하지 않는다. 이 메커니즘은 단 하나뿐인 temporal 불확실성의 근원인 D_{CLK}–skew를 제거한다. 이때 D_{CLK}–skew는 DRAM 내부 클럭 네트워크를 통한 지연 때문에 생긴 skew이다. 8개의 DRAM 칩이 각 DIMM에 들어가 있는 2– DIMM 시스템은 0 DLL을 사용했던 이전 방법과 달리 16개의 DLL을 사용한다.
3. **모듈에 DLL 삽입.** static DRAM – to – DRAM skew는 DRAM당 버니어 회로 사용으로 취소된다. 각각의 회로들은 시스템 초기에 프로그램된다. 버니어는 프로그램 가능한 지연을 소개하게 되는데, 이것은 동적 소스(jitter)가 아닌 skew의 정적 소스를 상쇄한다. 모듈 상주 DLL의 역할은 DRAM 상주 DLL과 비슷하지만, 이 DLL은 시스템 버스와 가까워서 버스와 더 근접한 배열에 있다. 이 방법은 DRAM의 동적 jitter가 아닌 송신기 회로에 의한 skew를 취소한다. 이것은 더 낮은 DLL 비용이 소요되고, 버니어 가격도 비교적 낮다(DLL에 비교할 때 이들은 많은 열량을 소모하지 않는 작은 회로들이다).
4. **메모리 컨트롤러에 DLL 삽입.** 언제, 어떻게 그리고 어느 정도의 skew를 제거할 것인지를 결정하는 것이 메모리 컨트롤러이어야 한다는 주장이 쉬운 이유는 메모리 컨트롤러가 de-skewing하는 데에 유리하기 때문이다. 엄밀히 말하면 메모리 컨트롤러가 DLL의 위치에 가장 적합하다. 이 방법은 전과 같이, DRAM-to-DRAM skew가 DRAM당 버니어 회로에 의해 취소된다. 메모리 컨트롤러는 시스템 안의 DIMM당 DLL과 따로 유지하기 때문에, 이전의 방법과 같은 가격이지만 DLL 배치의 장점에 의해 클럭 skew를 완전히 취소시킬 수가 있다(출력을 메모리 컨트롤러의 클럭에 대해서 시스템의 근접한 버전과 배열하는 것과 달리, DRAM과 모듈 출력이 메모리 컨트롤러의 클럭과 완벽히 배열 될 수 있게 한다).
5. **'클럭 읽기' 타이밍 스킴 사용.** Read 과정에서 타임 데이터가 메모리 컨트롤러로 돌아갈 때만 쓰이는 특별한 클럭이 바로 read 클럭이다. 때문에 이 DRAM은 작동의 시간을 재고, 버스에서 컨트롤 신호를 읽을 때는 한 가지의 클럭이 쓰이는 데 반해, DRAM 데이터 출력은 다른 보통의 클럭과는 달리, 0의 값이 아닌 skew가 존재하는 read 클럭에 의해서 만들어진다. 각각의 모듈은 각기 다른 read 클럭이 존재하고, 메모리 컨트롤러들은 자신의 클럭을 모든 DRAM 출력와 정렬하기 위해 각 read 클럭의 위상을 통제한다. DRAM–to DRAM skew는 DRAM당 버니어 회로에 의

해 상쇄된다. 이전의 방법과 같이, 컨트롤링 회로(DLL)가 메모리 컨트롤러에 있기 때문에 클럭 skew를 취소한다. 그러므로 이전의 방법보다 더 많은 비용이 소요된다.

6. **주기적인 재측정으로 고정된 딜레이 이용인.** 각각의 DRAM이 공정 변이에 따른 temporal 불확실성과 정적 소스의 원인을 취소할 수 있는 버니어 회로가 갖춰져 있다. 그러나 버니어 회로는 온도 구배(thermal gradient)나 전압 변동(voltage fluctuation)와 같은 동적 변이에 의한 skew는 취소하기 힘들다. 그 이유는 온도 경도가 보통 밀리초 타임 프레임에 일어나기 때문인데, 만약 버니어 회로를 모든 밀리초마다 재측정이 가능하고 온도와 관련된 급격한 변화를 없애주면 가능할 것이다. 전압의 변화 또한 더 빠른 기간으로 일어나고 사용하기 힘들다. 더욱이, 버니어를 재측정하기 위해서 전체 메모리를 주기적으로 정지한다면, 비용 또한 상당할 것이다.

결론적으로 말하면 아무리 1차적인 분석임에도 여러 가지의 대안들을 살펴보는 것이 중요하다는 것이다. 그리고 자세한 SPICE－레벨 분석은 커뮤니티에 매우 중요할 것이다. 여러 방법들은 DRAM당 DLL을 이용하는 것보다 저렴하고 skew를 취소하기 더 효율적이지만, 설계에 대한 시스템－레벨에서의 방법이 필요하다. 그리고 시스템－레벨의 문제를 해결하는 데에 필요한 회로 레벨에서의 방법이 DLL이다. 명심할 중요한 문구가 있다. "회로 레벨에서의 설계 결정을 내리는 데에 있어 필요한 것은 주요 관점들을 이해하고 시스템 레벨적 관점을 견지하는 것이다." 설계할 때 간단하게나마 숙지하고 있어야 한다.

16.1.3 에피소드3: Catch－22 대역폭에 대한 검색

모든 DRAM 세대에서 타이밍 변수가 추가된다. 그림16.5와 같은 temporal 변수는 파워와 동기화의 문제를 언급하기 위해 DDR 스펙에 추가되었다.

- t_{FAW}(Four－bank Activation Window)와 t_{RRD}(Row－to－Row activation Delay)는 DRAM 하나의 최대 전류 인출에 상한을 두기 위해서 도입되었다. 이들은 메모리 컨트롤러가 회로에 관련된 한계점들을 초과하는 것을 막기 위해 선택된 프로토콜－레벨 제한(limitation)들이다. 잠시 후에 설명할 이 변수들은 DRAM의 최대 대역폭 값을 축소시킨다.
- t_{DQS}는 공식적으로는 존재하지 않는 시스템－레벨 타이밍 변수를 명명한 것이다. 각각의 디바이스는 버스에서 데이터를 드라이브하기 이전에, 시스템 버스의 DQS 부분을 일정 동안 가지고 있어야 한다. 이것은 시스템 레벨에서만 가능한 효율적인 rank-to-rank 스위칭 타임이다(이것은 싱글 랭크 DRAM 시스템만을 고려하는 경우에는 아무런 효과나 의미가 없다). t_{DQS}에 따라, 데이터 출력을 위해 한 랭크에서 다른 랭크로 스위칭할 때, 두 번째 DRAM 랭크는 첫 번째와 같은 시간에 데이터 버스를 드라이브할 수 없다. 여기에서의 목표는 두 장치들이 같은 시간대에 데이터 버스의 드라이브를 방지하고, 시스템 타이밍 불확실성의 영향을 완화하는 것이다. DRAM 디바이스에서 가능한 한 대역폭을 제한시키는 것은 아니지만, 이것은 DRAM 시스템에서의 대역폭을 상당히 제한할 수 있다.

이들은 각각의 장치들의 전류 인출이나 temporal 불확실성을 개선하기 위해 선택된 디바이스당 타이밍 변

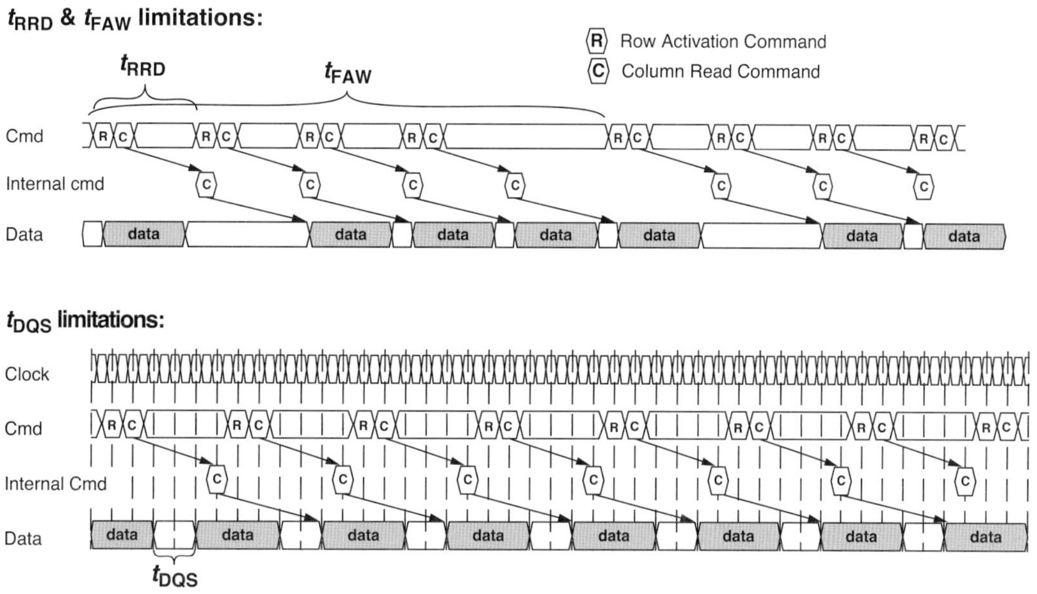

그림 16.5_ DRAM 타이밍 parameters 몇 가지와 이들이 시스템 대역폭에 미치는 영향

수이다. 또한 시스템-레벨 성능의 상당 부분을 잃어가면서도 이런 것들을 한다는 것을 보여줄 것이다.

t_{FAW}와 t_{RRD}변수들은 파워와 방열(heat dissipation)과 연관된 최대 전류가 장치를 통과할 때의 문제점을 언급한다. DRAM 칩은 항시 비교적 시원하게 작동된다. 이것은 다수의 CPU와 그래픽 코프로세서(graphic coprocessors)처럼 히트 싱크(heat sink)가 발생하지는 않을 것으로 예상되지만, 최근의 스피드 값에서는 뜨거워질 가능성도 있다. 그림 16.6은 전류 드레인에 대해 DRAM read에서 일어나는 기본적인 방법들을 나타낸다. 로우 활성화("R")는 커맨드 버스 상에 칼럼 read("C")를 뒤따른다. 칼럼 read가 끝난 후에는 뱅크가 다시 프리차지하게 된다. 아래의 액티비티들은 각각 대응하는 전류 인출 프로필을 나타낸다. 로우 디코더들을 드라이빙하고, 폴리실리콘 워드 라인과 수천에 이르는 패스 게이트 트랜스미터(pass-gate transmitter)들을 드라이빙하며 신호를 감지하기 위한 수천의 sense amplifier들을 활성화하기 때문에, 뱅크를 활성화시키는 데에는 상당한 비용이 든다. DRAM의 핀을 작은 값으로 버스팅 데이터를 밖으로 내보낼 수도 있지만 버스트 길이와 비례하기 때문에 상당 기간 동안 연장될 수 있다. 뱅크 프리차지 액티비티는 뱅크 활성화보다 값은 적지만 중요하다. 이 부분의 전체 전류 인출은 대기 휴지(quiescent) 모드와 각 액티브 작동의 전류들의 합이다.

현대의 DDR SDRAM들은 4개 이상의 1GB density, 8개 이상의 뱅크를 각각의 DRAM 디바이스에 가지고 있다. 메모리 컨트롤러가 각 디바이스의 뱅크를 활성화시킨다면 어떤 일이 일어날 것인가는 누구나 상상할 수 있다. 각 뱅크 활성화를 위한 전류 인출 프로필들을 사이클들로 겹치게 된다. 전체 칩의 결과적인 전류 인출은 DRAM이 견딜 수 있는 것보다 훨씬 클 것이다. 이를 방지하기 위해서 t_{FAW}와 t_{RRD} 이 DDR 스펙에 추가된다. 그들의 역할은 뱅크 활성화를 시간 내에 퍼뜨리는 것이다.

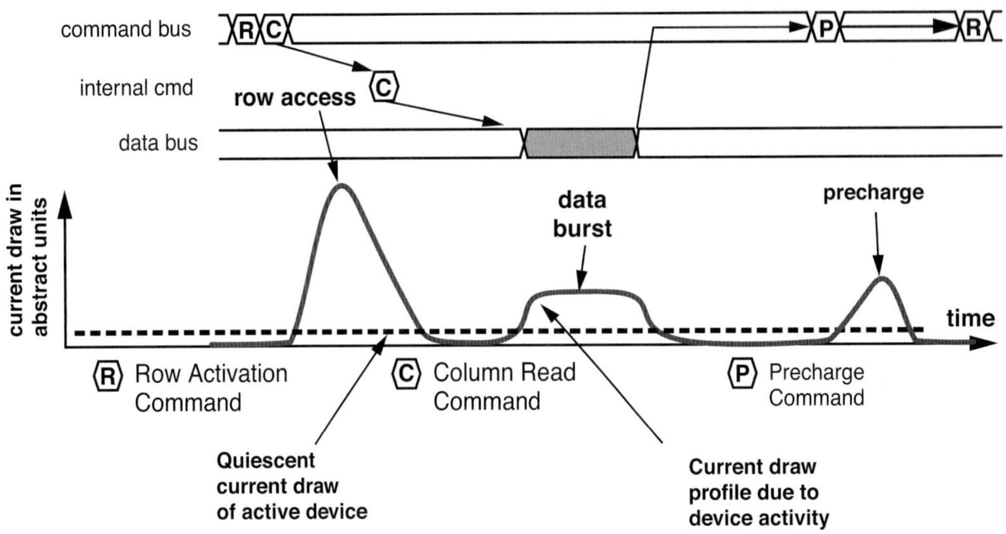

그림 16.6_ read 작동의 활동에 대한 전류 인출

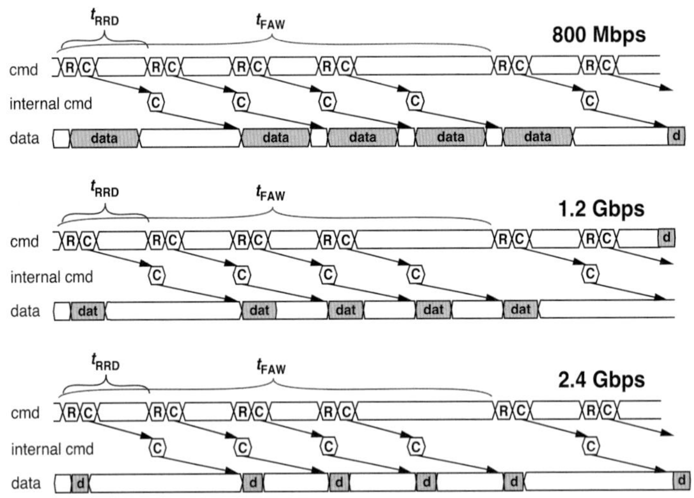

그림 16.7_ 버스 속도가 증가함에 따른 t_{FAW}와 t_{RRD}의 영향

- t_{RRD}는 두 가지의 연속적인 ACT 커맨드 사이의 최소 시간을 같은 DRAM 디바이스에 명시한다. 같은 랭크를 위한 두 가지의 ACT 커맨드를 메모리 컨트롤러가 갖고 있는다면, 두 번째가 첫 번째 이후에 적어도 그만큼 기다려야 한다.
- t_{FAW}는 네 개 이하의 ACT 커맨드들이 하나의 디바이스/랭크에 나타날 수 있는 동안 슬라이딩 윈도우 시간을 나타낸다. 이 변수가 존재하는 이유는 t_{RRD}을 따르는 것만으로도, DRAM에 비교적 커다란 전류 스파이크를 창조할 수 있다. 이 변수는 활성화를 더욱 더 널리 확산시킨다.

명확히 말하자면, 이 변수들은 지연되고 dead 버스 사이클들을 만들어낸다. 이보다 더 심각한 이유는 변수들이 버스 사이클이 아닌 나노초에 명시되어 있기 때문이다. 이는 즉, 버스 속도가 증가할수록 시스템에 대

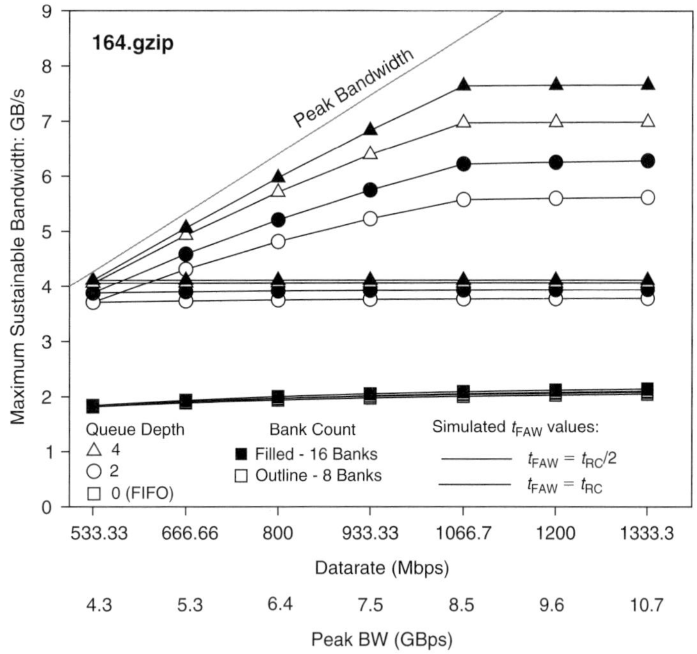

그림 16.8_ t_{FAW}가 도달 가능한 총 대역폭에 미치는 영향. t_{RC}= 60 ns, burst of eight, 8 B–wide 채널 I

한 영향이 더 나빠진다는 것을 그림 16.7에 나타낸 바와 같이 알 수 있다. 데이터의 속도가 증가할수록 t_{FAW}와 t_{RRD}는 이와 같은 스케일을 유지하는 것이 어렵기 때문에, 버스 사용에 대한 효율이 급격히 떨어진다. 이 변수 값들이 시작할 때 얼마나 작은지는 중요하지 않다. 이는 I/O 회로가 아니라 DRAM 어레이의 기능이며, 때문에 데이터 속도가 아닌 t_{RC}의 스케일을 사용하게 되는 것이다. 데이터들에 해를 입히지 않을 만큼 이 값들이 충분히 작다 하더라도, 변수들은 데이터의 속도가 증가하면서 그것들이 미래에 중요한 제한을 주지 않는 이상 데이터 속도와 같이 스케일되지 않는다.

이것은 그림 16.8에서 명확히 확인할 수 있다. 그 어떠한 종류가 사용되더라도, 어떠한 지점에서건 시스템 대역폭은 최고치(1066 Mbps)에 달한다. 이 그림은 싱글 랭크 DRAM 시스템에서 얻을 수 있는 대역폭의 최댓값을 보여준다. 구성의 변화에는 8개의 뱅크와 16개의 뱅크, (60 또는 30ns 둘 중 하나의) 다른 값을 갖는 t_{FAW}, 뱅크당 큐깊이로 대변되는 메모리컨트롤러의 지적 스케줄링 정도를 포함한다. 0큐 엔트리는 간단한 FIFO 컨트롤러, 2 정도의 깊이를 가진 중간 스케일 정도의 복잡성과 지능을 가진 컨트롤러, 그리고 4 정도의 깊이를 가진 것은 비교적 복잡한 컨트롤러임을 나타낸다. 모든 방식들이 대역폭 한정 값을 갖는다는 것은 매우 중요하다. 이처럼 복잡한 컨트롤러는 1,066Mbps에서, 중간 정도로 복잡한 컨트롤러는 533Mbps에서 대역폭의 최댓값을 갖는다. 여기서 가장 중요한 것은 대역폭이 싱글 랭크에서 빠져 나오는 것을 제한하기 위해서 t_{FAW}와 t_{FAW}가 결탁한다는 것이다. t_{FAW}에 의해 결정된 특정 지점에서 유지된 대역폭은 포화하게 되어 버스를 아무리 빨리 돌리더라도 실현 가능한 대역폭은 변하지 않게 된다.

여기서 제기되는 명백한 의문점 한 가지는 다른 랭크를 사용할 수는 없는가 하는 점이다. 버스의 dead 사이클들을 다른 랭크의 데이터로 채우면 되지 않나? 이 방법은 시스템 대역폭을 다시금 최고치로 끌어올리지만, t_{DQS}의 기능이 이를 저지한다. t_{DQS}는 버스의 skew를 집어넣는 동시에, 다른 버스 마스터들이 버스의 운전을 막기 위해서 삽입된 버스가 되돌아오는 시간이다. 이러한 충돌을 막기 위해서는 적어도 첫번째 랭크가 버스의 드라이브를 끝낼 때까지 기다려야 한다. 이것이 그림 16.5의 하단부에 설명되어 있다.

여기서 우리가 확인해야 하는 것은 다음과 같다.

- 변수들의 한 세트는 디바이스 레벨 대역폭을 제한하고, 설계자가 성능을 되찾기 위해서 랭크나 시스템–레벨로 가는 것을 예상한다.
- 다른 변수는 랭크와 시스템 레벨 대역폭을 제한하고, 설계자가 성능을 되찾기 위해서 디바이스 레벨로 가는 것을 예상한다.

좋은 소식은 문제는 해결이 가능하다는 것이지만, 시스템 레벨적인 면에서의 골치 아픈 저레벨(low-level) 설계 결정은 좋은 해결방법이 아니다.

16.1.4 에피소드4: 셀 누설의 변동성을 활용하기 위한 제안

마지막으로 우리는 회로와 디바이스 레벨 영향들을 무시하는 시스템 레벨 설계 판단을 예로 든다. 최근에 결론적으로 DRAM 파워 소실을 줄이는 DRAM 셀 누설의 다양성에서 잘 알려진 현상들을 여러 그룹들이 제안하였다. 이 방법들은 DRAM 어레이의 다른 로우들을 리프레시 동작 사이의 시간 간격으로 제안하였다. 각 로우들은 그것들의 가지고 있는 성질을 보았을 때 가능한 최대 리프레시되지 않는다. 문제점은 이러한 제안들은 다른 덜 알려진 DRAM 셀 가변성의 현상들을 무시하게 된다. 말하자면, 긴 보유시간을 가진 셀이 갑자기 짧은 보유시간을 갖게 될 수 있다는 것이다. 이러한 영향들은 이러한 파워 효율을 위한 제안들이 기능적인 문제를 일으키게 할 수 있다.

DRAM이 발명된 이래로 다른 DRAM 셀들은 다른 데이터 보유 시간, 가장 보편적으로는 수백 밀리초에서 수십 초 범위 사이에 다른 성질을 가지고 있다. DRAM 제조업체들은 리프레시 요구에 관해 보수적으로 모든 DRAM에 있는 로우들을 64 또는 32ms마다 리프레시 동작이 필요하다

리프레시가 매우 중대한 영향을 미치지는 않는 것으로 보이지만, 휴대 장치 전문가들은 리프레시 요구가 파워의 최대 1/3을 소모할 수 있다는 것을 관찰하였다. 최근의 여러 논문들에서는 리프레시 기능을 메모리 컨트롤러에 넣는 것은 물론, 로우를 필요할 경우에만 리프레시할 것을 제안하고 있다. 초기화 단계 동안, 컨트롤러는 메모리 시스템의 각 로우들을 이용하는 특징을 나타내고, row-by-row(page-by-page)당 DRAM 데이터 보유 시간을 DRAM 데이터에 기록하면서, 누설 페이지들을 전체적으로 버리게 되고 그것들의 DRAM을 누설되지 않은 로우들에게만 쓰여지게 되며, 매 밀리초가 아닌 매 초마다 리프레시하게 된다.

이러한 방법들의 문제는 데이터 보유 시간이 가변적이라는 데 있다[Yaney et al. 1987, Restle et al. 1992, Ueno et al. 1998, Kim et al. 2004b]. 이러한 현상들은 잘 알려져 있으며(variable retention time 또는 VRT라는 개념으로), 이들이 발생할 확률이 0까지는 아니지만 매우 낮다. 삼성은 0.14–μm 공정, 256–M비트 DRAM 디바이스에 대한 데이터를 보여주었다. 85℃에서 세 개의 비트 셀이 두 모드를 갖는 데이터 보유

시간 특성을 나타내는데, 보유 시간의 변화율은 50% 이상이다. DRAM 디바이스에 350℃까지 열을 가해 다시 실험을 했다면, 삼성의 256 – M비트 DRAM 디바이스와 같은 셀들의 데이터 보유 특성에는 대부분 변화가 있었을 것이다[Mori et al. 2001, Kim et al. 2004b].

VRT는 p-n junction에서 실리콘의 미묘한 결함으로 인해 생겨난다. 이러한 미세 결함들은 중요하지만 VRT가 일어나기엔 부족하다. 실리콘 미세 결함은 정확한 타입이어야 하고 electron-hole GR(Generation Recombination) 센터를 위해 정확한 위치에 있어야 한다. GR 센터는 p–n junction을 통해 전류를 흘릴 수 있으며, 전류는 DRAM 셀에 저장된 전기를 빠지게 할 수 있어야 한다. DRAM 제조업체들이 DRAM 셀 VRT들을 예를 들어, 이온 주입(ion implantation)와 드라이 에칭(dry etching)을 실리콘에 도입할 수 있다. 그래서 VRT가 완전히 제거되는 것은 불가능한 일이다. 게다가 VRT는 희소하고 발견하기 힘들기 때문에 DRAM 제조업체들은 이를 찾아 제거하는 것을 원하지 않는다. 64ms 리프레시 타임이 VRT가 모든 시험들을 통과하고 기능적인 정확성을 보장하지 않고서는 말이다.

결과적으로, 64ms 리프레시 타임을 위반하는 것은 주사위를 던지는 것과 같고, 고의로 64ms 리프레시 타임을 위반한다면 의심할 만하다. 다행히도 이 문제에 대한 직접적인, 아직 누구도 언급하지 않은 해결책이 존재한다. ECC를 이용하여 에러들(19장 메모리 에러와 에러 정정 참조)을 잡고 고친다는 전제하에 어떤 사람은 VRT에 의한 에러 데이터를 증가시킴으로써 리프레시 주기를 증가시킬 수 있다. VRT가 현재와 미래의 DRAM 디바이스들에서 더 악화되지 않는다고 가정하였을 때, SECDEDECC는 VRT DRAM 셀들의 존재에 대해 충분히 지켜줄 수 있을 것이다. 이러한 현상에 대한 확률이 10^{-8}이라는 전제하에, 두 개의 같은 72 – 비트 ECC 워드의 셀들이 함께 VRT를 나타낼 확률은 약 10^{-14}이다.

256–(288–)Mbit DRAM 디바이스에 4^6 72–bit ECC 워드가 있기에, 이 DRAM 디바이스가 50% 이상의 보유 시간 변화로 2 VRT 셀에서 ECC 워드를 가질 가능성은 대략 10^{-8}이다.

16.2 관점

요점을 정리하면 다음과 같다.

에피소드 1: 시스템 성질들은 존재하고 중요하다.

에피소드 2: DDR SDRAM에 있는 DLL은 시스템–레벨 skew를 어드레스하기 위한 회로 레벨 해법이다.

에피소드 3: t_{DQS}는 DDR SDRAM에 있는 시스템–레벨 skew를 어드레스한 회로 레벨에 대한 해결책이다. t_{FAW}와 t_{RRD}는 시스템–레벨 성능을 제한할 수 있는 회로 레벨의 중요한 제한이다. t_{FAW}와 t_{RRD}는 시스템–레벨 성능을 굉장히 제한시킬 수 있는 회로 레벨 제한이다.

에피소드 4: 여러 연구 그룹들은 최근에 DRAM-리프레시 문제에 대한 시스템–레벨 해결책을 제안하였지만 시스템 결과의 정확성을 언급할 수 있는 회로 레벨 명세를 고려하는 것에 실패하였다.

에피소드 2와 3은 산업계에서 회로의 레벨을 중심적으로 한 시스템 설계가 통상적으로 실현되는 것을 나타내고, 에피소드 4는 연구의 일반적 사례가 회로와 관련된 명세를 요약하면서 회로 레벨 영향을 미치는 설계 시스템이라는 것을 보여준다. 에피소드 1은 두 가지 방법들이 미래의 메모리 시스템 설계에 실패한다는 것을 보여준다.

다시 설명하자면, 우리는 별개로 분리하여 서브 시스템을 최적화하는 것은 더 이상 적합하지 않다고 주장을 한다. 로컬 최적화는 최적화 시스템의 전체적인 결과를 반영하지 않고, 시스템에 일방적인 변화를 주는 것은 로컬 최적화에서 시스템에 영향을 끼칠 수 있다. 연구소와 산업계에서는 시스템-레벨 영향을 고려하지 않은 채 디바이스와 회로 레벨들이 결정되고 있다. 또한 설계와 회로 레벨로 초래되는 악영향들을 예상하지 못하고 만들어진 것들을 참고하고 있다. 시스템 설계 방법이 매우 복잡해진 이유는 한동안 독립적이었거나 단순하고 잘 이해되는 상호작용이었던 서브 시스템들이 이제는 복잡하고 잘 이해하지 못하는 부분들로 섞여 있기 때문이다. 우리는 설계의 나무가 아닌 숲 전체를 보아야 한다.

MEMORY | SYSTEMS | **Cross-Cutting Issues**

비용과 성능 분석 17 CHAPTER

다른 머신 구성의 특징은 컴퓨터 시스템 설계에 있어 가장 핵심적이기 때문에, 이를 정확히 하는 것은 매우 중요하다. 정확하고 명확한 특성들은 시스템의 행동에 대한 깊은 통찰을 제공하는 것은 물론, 올바른 의사결정을 돕고, 시간과 비용을 절약할 수 있도록 한다. 연구 중인 시스템에 대해 정확하고 세밀하게 설명하는 데 실패하면 그 특성을 잘못 이해할 수 있고, 연구방향을 오도할 수 있으며, 불필요한 시간을 소모하게 된다. 이번 장에서는 컴퓨터 시스템 분석과 설계에 사용되는 몇몇 도구들과 메트릭에 대해, 메리트의 조합된 다중 변수 계산의 올바른 형태에서 성능 특성의 원리까지 다룬다.

17.1 비용과 성능의 결합

앞서 확인한 내용들을 통해 앞으로 다룰 내용들은 차차 명확해질 테지만, 모든 작업에서 정보를 불명확한 형태로 제시하는 일이 비일비재하다. 때문에, 우선적으로 언급되어야 할 것은 가격과 성능을 단일 메리트로 결합할 경우, 각각의 메트릭들을 적절한 방법으로 다루어야 한다. 예컨대 에너지 지연 생산과 파워 지연 생산과 같은 잘 알려진 또 다른 메트릭 조합들을 이 절에서 살펴본다.

부연하자면, 만약 성능과 비용을 하나의 메리트로 조합할 때, 비용을 성능으로 나누는 경우는 오직 성능 메트릭이 가격 메트릭와는 반대 방향으로 증가하는 것뿐이다. 예컨대 다음과 같은 내용을 고려해야 한다.

- 핀당 대역폭
- 다이 면적(mm^2)당 MIPS
- 비용대비 초당 처리 용량

핀 수가 감소하고 핀당 대역폭이 증가할수록 다이 면적(mm^2)은 감소하되 다이 면적당 MIPS가 증가할수록 더 좋으며, 비용이 감소하고 비용 대비 초당 처리 용량은 증가할수록 좋다. 조합된 메트릭들은 그것들이 나타낸 설계 값들에 대한 정보를 제공하는데, 특히 설계의 규모에 대한 정보를 제공한다. 핀당 대역폭의 메리트 계산은 2배의 비용으로 2배의 대역폭 값을 가진다(또는 핀 수를 2배로 늘린다). Mm^2당 IPC 메리트 계산은 온 칩 자원들을 두 배로 증가시킬 경우 두 배의 성능 값을 가진다. 비용대비 초당 처리 용량 메리트 계

표 17.1

System in Question	Performance	Cost	Performance per Cost	Performance-Cost Product
System A	2 units	2 things	1 unit per thing	4 unit-things
System B	2 units	4 things	1/2 unit per thing	8 unit-things
System C	4 units	2 things	2 units per thing	8 unit-things
System D	4 units	4 things	1 unit per thing	16 unit-things

산은 시스템 비용을 두 배로 늘리면 처리-프로세싱 시스템 용량이 두 배로 늘어날 수 있다는 것을 보여준다. 일차적으로 생각한다면 이러한 관계는 사실이라 할 수 있다.

만약 같은 방향으로 증가하는 가격 메트릭와 성능을 조합하고자 한다면, 우리는 이 둘을 각각 분리할 수 없고, 둘을 다변화해야 한다. 그 예로 다음을 고려해야 한다.

- 비용당 실행 시간(나쁨)
- mm^2당 CPI (나쁨)
- 핀당 리퀘스트 latency (나쁨)

겉으로 보아서 이것들은 비용 대비 성능이 합리적일 것 같지만 실제로는 그렇지 않다. 의도적으로 모호한 단위들을 배열해 놓은 표 17.1을 보도록 하자. 예를 들어, 위에서 가장 먼저 언급한 "나쁨"에 해당하는 것과 같이 '성능'의 단위가 실행 시간이고, '비용'의 단위가 달러라고 가정하자. 달러를 시간으로 나눈다는 것은(비용당 성능, 네 번째 열) A와 D 시스템이 같다는 것을 보여준다. 그러나 시스템 D는 A에 비해 실행하기 위해 걸리는 시간과 비용이 각각 두 배로 든다. 결론적으로 D는 시스템 A에 비해 4배나 열등하다. 이러한 관계는 표의 마지막 열에서 확인할 수 있다. 이와 마찬가지로 CPI 같은 성능과 다이 면적과 같은 가격 조건을 고려해야 한다. 다이 면적을 CPI로 나누어 보면, C가 B에 비해 4배 더 열등하다는 것을 알 수 있다(mm^2당 CPI의 값이 4배 더 높다). 그러나 다른 관점으로 보았을 때 시스템 C는 B에 비해 절반에 불과한 비용이 소요되는 것은 사실이나, B의 1/2배만큼의 성능을 갖고 있기 때문에, 둘은 표의 마지막 열에 보이는 것과 같이 이 두 가지가 동일해야 한다.

지수(quotient) 대신 성능-가격 생산(performance-cost product)을 이용할 때 적절하고 직관적인 결과를 얻을 수 있다.

- 실행 시간-비용 생산
- CPI-mm^2 생산
- 리퀘스트 latency-핀 수 생산

다수의 최소 단위 메트릭들을 한 가지 메리트로 조합하는 경우, 각 메트릭들은 각자의 축에 대응하는 지점인 파레토 구성에서 제공된 정보를 단일 숫자로 넣으려 한다는 것을 주의해야 한다. 여러 차원의 현상을 단일한 숫자로 표현하는 것은 설사 올바르게 일을 처리한다 하더라도, 그 자체로 정보를 모호하게 만들 수 있기 때문에, 설계자는 가능한 한 항상 파레토 구성을 이용하도록 권장한다.

17.2 파레토 최적

17.2.1 파레토 최적 집합: 등가 범주

설계 솔루션과 특수한 시스템 종류의 '이점'을 단일 숫자로 표기하여 설계 솔루션의 후보군들의 장점들을 평가하기에 용이하도록 나타낸 것이 유용하기도 하지만, 때로는 설계자에게 혼란을 줄 수 있다. 컴퓨터 시스템과 메모리 시스템의 설계 과정에서는 다차원적 설계 공간과 관련된 사안들이 다뤄진다(예컨대, 망라하는 성능, 에너지 소비, 가격 등). 때문에 각각 다양한 메트릭의 정확한 비중을 지정하지 않거나, 다른 모든 것들을 배척한 한 가지 방법만(예, 비용 무시 성능)을 상정하지 않는 한, 솔루션의 값을 단일 숫자로 사용하는 것은 매우 부적합하다.

메리트 산정에 대한 정확한 비중을 모르는 상태에서 시스템에 관한 한 가지 이상의 측면에 주의를 기울이고 있다는 가정하에 시스템 분석을 돕는 강력한 도구가 **파레토 최적**(pareto optimality) 또는 **파레토 효율**(pareto efficiency) 개념이다. 1990년대 초반 이 개념을 발명한 이탈리아 경제학자 Vilfredo pareto의 이름에서 명명되었다. 파레토 효율은 문제에 대한 첫 번째 해결책이 더 낫다고 판단할 수 있는 단 한 가지의 조건이 전자가 후자를 지배하는 경우, 첫 번째 해결책이 두 번째 해결책에 비해 모든 측면에서 더 낫거나 동등하다라고 주장한다. 만약 한 가지의 해결 방안이 하나의 차원에서는 더 좋은 값이나, 다른 차원에서 더 나쁜 값이 나타날 때, 이 두 개 후보들은 파레토 등가(pareto-equivalent)이다. '최고의' 해결책은 실제로 다른 해결책에 지배되지 않는 파레토 등가 해(solution)들의 집합이라고 할 수 있다.

그림 17.1 (a)는 성능 메트릭당 비용을 나타내는 솔루션을 2차원적 공간에 나타낸 것이다. 이 예시에서는 x축이 실행 시간으로 나타낸 시스템 성능(적을수록 바람직함)을, y축이 비용으로 이루어진 시스템 가격(적을수록 바람직함)을 나타낸다. 그림 17.1 (b)는 검은 실선으로 연결되어 있는 파레토 최적 집합을 보여준다. 이 선은 파레토 최적 하위 집합과 실선 위의 점들인 지배된 하위 집합과의 경계를 나타낸다(지배된 데이터의 점들은 그림 속에서 회색으로 표시되어 있다). 이 예시에서는 두 개의 축에 동시에 다가가는 파레토 최적 집합이 파도 앞모양을 하고 있다. 그림 17.1(c)와 17.1(d)는 공간상에 새로운 네 가지 해결책 후보들을 추가한 결과를 보여준다. 하나는 파도의 안에, 또 다른 하나는 파도 앞에 걸쳐, 그리고 두 개는 파도의 외부에 존재한다. 첫 두 개의 해결책인 A와 B는 파레토 최적 집합의 최소 한 개의 구성 요소에 지배 당해 있어서 그 어떤 것도 파레토 최적이라 간주되지 않는다. 설사 B가 파도에 걸쳐 있다고 하더라도, 파레토 최적으로 고려되지 않는다. 같은 가격일 때 B의 왼쪽이 더 효율적인 성능을 만들어 내기에, B를 지배하기 때문이다. C는 파레토 최적 집합의 어떤 구성 요소도 상호 우선 관계가 없으므로 후보 솔루션 C는 파레토 최적 집합에 추가된다. 그 결과 파도 앞모양의 형상이 변화된다. 마지막으로 D는 파레토 최적 집합의 그 어떠한 요소들에게 지배당하지 않지만 최적 집합의 몇 가지를 지배한다. 그래서 D를 최적 집합으로 하

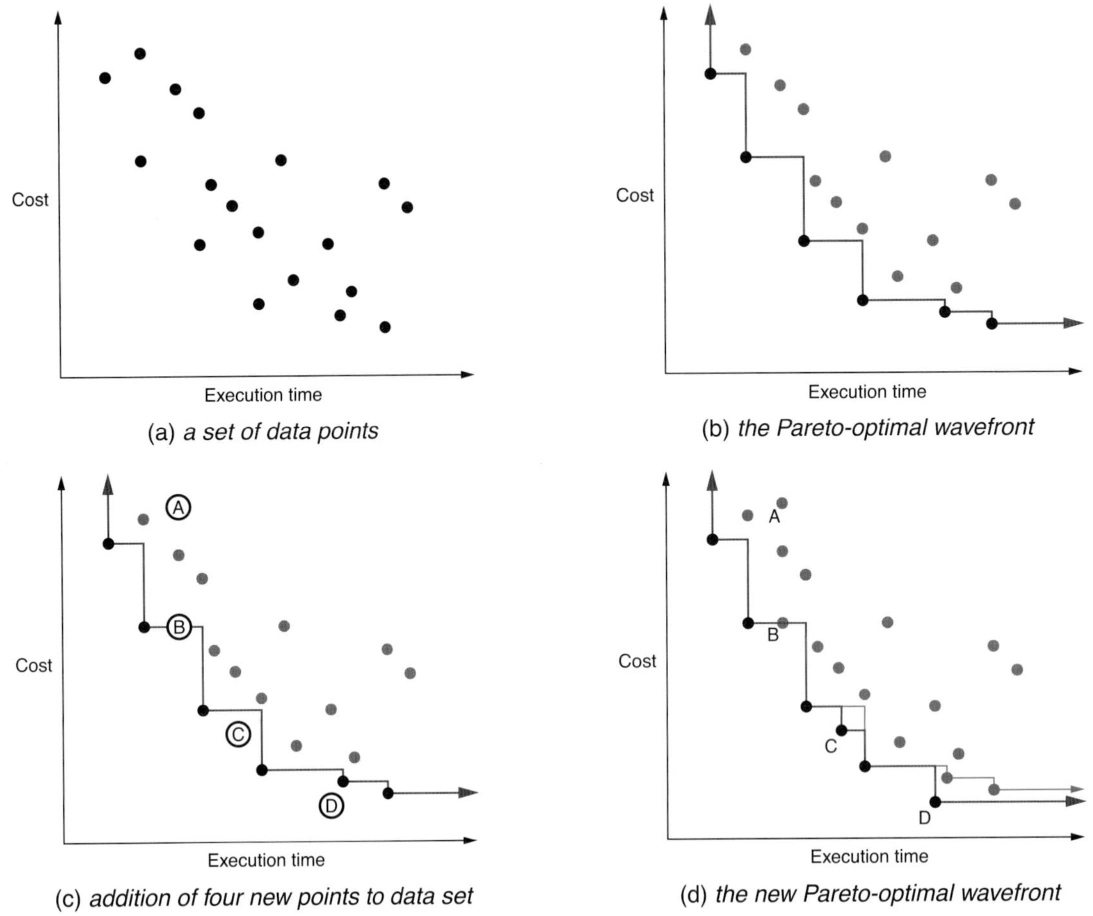

그림 17.1_ Pareto optimality. Pareto-optimal set에 속하는 것들은 그림 속 검은색으로, 그렇지 않은 요소들은 회색으로 표기되어있다.

면 모든 지배된 집합의 요소들을 배제한다. 결론적으로 후보 D가 C보다 파도의 모양 변형에 현저한 영향을 끼친다.

파레토 분석을 이용하는 가장 큰 이점은 당연히 각 축에 따른 개별적인 메트릭이 독립적으로 간주된다는 것이다. 이전 절에서 다루었던 메트릭 조합과는 달리, 파레토 그래프는 다양한 축 간의 상대적 중요성에 대한 평가를 절대 구체화하는 법이 없다. 예를 들어, 만약에 2차원 파레토 그래프가 비용을 하나의 축에 나타내고 시간을 다른 축에 보여준다면, 합체된 비용-시간 메트릭(또는 비용-실행 시간 생산)은 2차원 파레토 그래프를 1차원으로 변형시킨다. 이때 2차원 파레토 공간에 위치한 곡선 $y=a/x$ 상의 모든 점들은 1차원의 가격-시공간상에서 각각의 값 a를 갖는다. 이것이 그림 17.2에 나타나 있다. 이와 같이 1차원 메트릭에서 데이터 세트를 나타내는 것은 두 메트릭인 비용과 시간이 같다는 것을 보여준다. 이는 1대1 방식으로 트레이드 가능하다는 것을 의미한다. 그러나 파레토 구성은 동등하게 실현 가능한 모든 설계가 $1/x$ 곡선상에 존재하지 않는다는 것을 확인시켜줄 것이다. 때론 설계자는 한 차원의 두 요소 중 하나(비용)를 트레이드하여, 다른 차원의 둘 중 한 요소(실행 시간)를 얻고자 하는데, 이는 어떤 특정 지점 이후의 스케일을 조절하는 데 실패하거나, 애초에 전적으로 불가능하다는 것을 알게 될 것이다. 데이터 집합을 한 가지의 메트

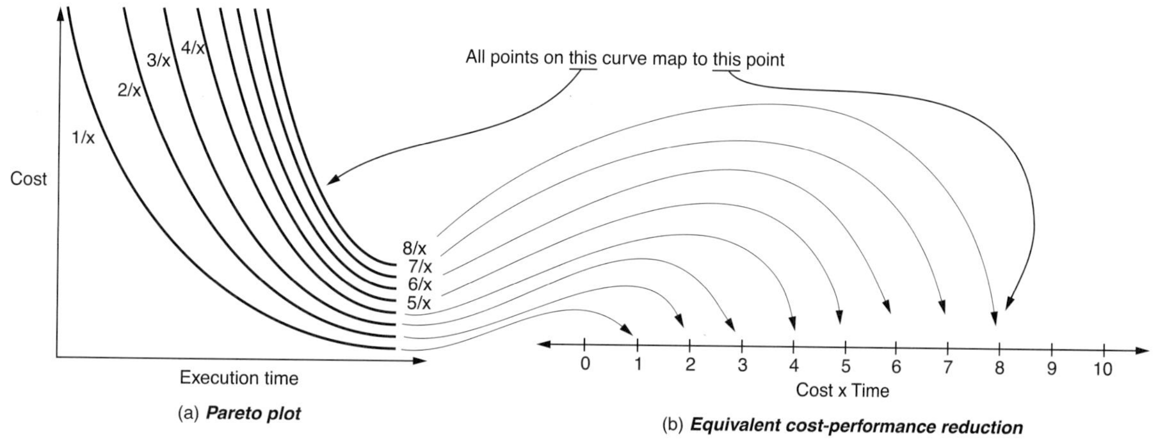

그림 17.2_ Combining 메트릭은 Pareto 그래프를 변형시킨다. 이 그림은 두 개의 같은 데이터 set를 나타내며, (a)는 1/x Pareto plot 곡선이다. (b)는 Pareto plot의 두 축이 하나로 합쳐질 때 그 결과로 나타나는 1D reduction을 나타낸다. Pareto plot are combined into a 싱글 그림 of merit.

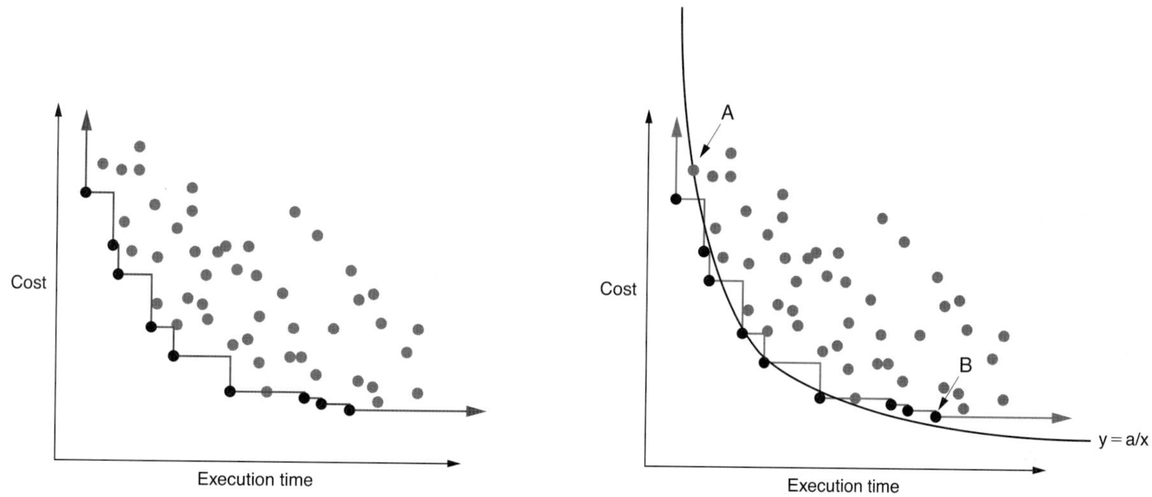

그림 17.3_ 파레토 분석 대 조합된 메트릭. 각기 다른 메트릭을 한 가지로 조합시키는 것은 정보를 모호하게 만들 수도 있다. 예를 들어, 주어진 가격-시간 데이터 세트가 1/x 곡선 상의 모든 설계들과 정의적으로 동일할 수도 있는 것이다. 검은색으로 표시된 1/x 곡선은 파레토 최적 세트를 분할한다. 곡선의 왼쪽 하단부에 위치한 설계들은 우측 상단부에 위치한 설계 보다 더 "나은" 것으로 간주된다. 결합 메트릭 분석에 따라, 곡선상의 A 지점에 해당하는 설계는 B지점의 설계보다 우수한 것으로 간주되지만 파레토 분석에 따를 경우, 그렇지 않을 수도 있다.

릭으로 모으는 것은 이러한 사실을 모호하게 만들지만, 그림 17.3과 같이 파레토 그래프에 데이터를 구성(Plot)하게 된다면 그렇지 않다. 실제 데이터는 비용과 성능 간의 동등하지 않은 트레이드와 같은 실질적인 제한들을 반영한다. 예시 데이터 집합에서 메트릭 조합에 대한 분석을 제한한다면, 설계자가 더 낮은 가격의 설계를 선호할 경우, 그로 하여금 비용과 (실행)시간을 맞바꾸도록 유도하게 된다.

17.2.2 스탠리의 연구

미시건대학 고급 컴퓨터 아키텍처 연구실에 근무하던 대학원생 Tim Stanley가 밝혀낸 관련 연구는 requirements-driven analysis가 유사하게 정보를 모호하게 만들 수 있으며, 설계자들이 최상의 선택을 하는 데 방해가 될 수 있다는 것이었다. 만약 "특정 메트릭의 값을 초과하지 않아야 한다"와 같은 조건(파워 소실 또는 다이 면적, 비용 등)이 언어로 명시되어 있는 경우, 설계자들이 설계 마진의 일정 부분을 무시하도록 하는 강력한 가이드라인이 그려지는 것이다. 그러나 스탠리는 설계에 대한 탐구가 진행되고 있는 한, 모든 흥미로운 설계들이 컷 오프 바로 부근에 밀집되어 있다는 것을 발견했다. 예를 들어, 어떤 설계의 제한 조건이 *X*를 **초과하지 않는 비용**일 경우, 모든 흥미로운 설계들은 *X*를 아주 조금 초과하는 것을 포함해 비용 *X*의 근접 거리에 존재한다, 비용 측면에서 컷 오프를 조금 웃도는 생산물이 성능 부분에서 확장된 생산물들을 산출하는 것은 흔한 경우로, 설계자가 이런 부분들을 고려하지 못한다면, 이상적인 설계를 간과하는 결과를 초래하게 될 것이다.

17.3 올바른 샘플 평균 취하기

컴퓨터공학을 포함한 여러 분야에서 **샘플 평균**, 즉, 전체 집합의 평균보다 샘플링한 숫자 집합의 평균을 찾는 것은 꽤나 인기 있는 방법이다, 이는 전체 집합을 모두 구하는 것이 어렵고 비싸거나, 불가능한 경우에 특히 유용하다. 예를 들어, 실제 마이크로프로세서에 대해서 러닝 성능 평균을 유지하기 위해서 이 기술을 사용할 수도 있고, 테라바이트 사이즈의 트레이스 파일에서 몇몇 실행 구간을 샘플링하기 위해 이 기술을 사용할 수도 있다. 샘플링한 하위 집합이 전체 집합을 대표하고, 샘플을 수집하는 데에 사용된 테크닉이 정확하다는 전제하에, 이 메커니즘은 저렴하면서도 매우 정확한 대안으로서 기능한다. 이번 절에서는 직감에 따를 경우, 샘플링에 사용되는 테크닉이 부정확하기 쉬우며, 이에 따른 결과의 정확성도 떨어질 수 있음을 증명해 보일 것이다. 이번 논의에서는 주행 중인 자동차의 연비 성능을 수집하는 메커니즘을 예로 들 것이다. 자동차는 그림 17.4와 같이 출발 후 집으로 돌아오는 왕복 여정에서 잠깐의 휴식을 갖는, 다음과 같이 분석이 용이한 간단한 코스를 따른다.

1. 자동차는 평지 60마일을 시속 60마일(mph)로 달려, 이 시간 동안 30mpg(mile/gallon)의 연비를 얻는다.

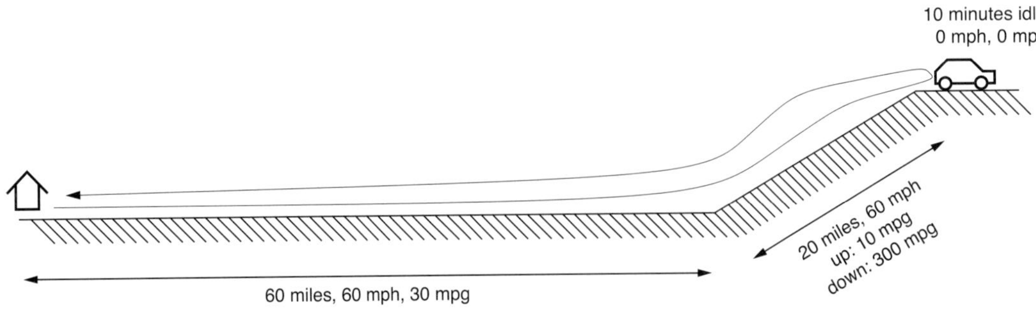

그림 17.4_ 예로 든 자동차의 주행 코스

2. 자동차는 언덕길 20마일을 60mph로 달려 이 시간 동안 10mpg의 연비를 얻는다.
3. 자동차는 내리막길 20마일을 60mph로 달려, 이 시간 동안 300mpg의 연비를 얻는다.
4. 자동차는 집으로 돌아오는 평평한 길 60마일을 60mph로 달리며, 이 시간 동안 30mpg의 연비를 갖는다.
5. 추가로, 집으로 돌아가기 전 운전자는 언덕 꼭대기에서 10분간 경치를 즐기고, 자동차는 5시간마다 1gallon이 소모되는 속도로 공회전한다. 이것은 분당 1/300gallon을 소모하는 것으로써, 10분 휴식 동안 1/30gallon을 소모한 것과 같다. 여기서 휴식시간 동안 자동차는 0mpg 값을 갖는 다는 것에 유의해야 한다.

이와 같은 자동차 가솔린의 효율성을 샘플링할 수 있는 측정 방법의 단위 세 가지는 자동차 여정이 지속되는 시간(분), 자동차가 이동할 거리(마일), 자동차가 소모하게 될 연료의 양(gallon)이다. 측정하고자 하는 기준에 따라서 이들 단위 중 어떤 것도 사용할 수 있다.

17.3.1 시간에 따른 샘플링

사용할 첫 번째 방법은 시간에 따른 연비(miles/gallon)를 이용한 샘플링으로, 이 분석을 위해서는 자동차의 주행 코스를 소요한 시간으로 나누는 과정이 선행되어야 한다.

- 출발 시: 60분
- 오르막 길: 20분
- 공회전: 10분
- 내리막 길: 20분
- 돌아오는 길: 60분

그림 17.5에 그림으로 잘 나타나 있다. 간단하게 하기 위해, 샘플링 알고리즘이 매 분마다 갤런당 거리를 샘플링하고, 이 값을 평균에 더한다고 가정해보자(매 초 또는 밀리초마다 간단하게 샘플링할 수 있다). 이

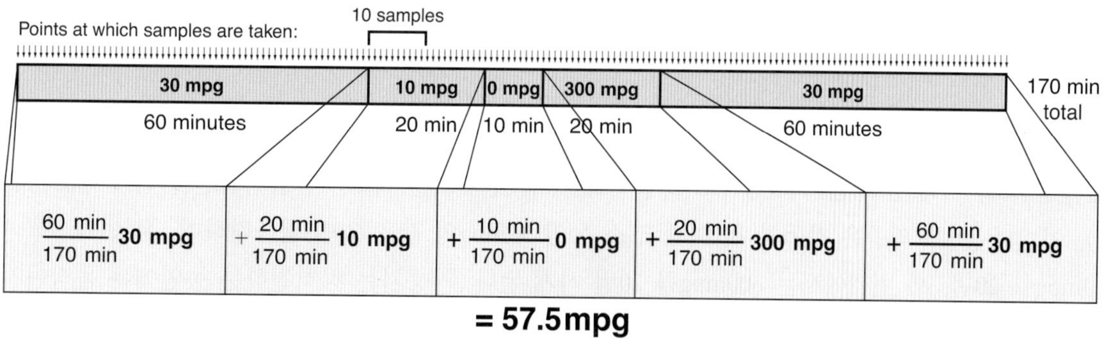

그림 17.5_ 시간에 대한 mpg 샘플링. 이 그림은 주행 중에 시간을 나타낸다. 각 시간은 주행 중 차의 갤런당 마일로 표기되어 있다. 그러므로 샘플링 알고리즘이 윈도우 동안 mpg를 샘플링 하는 곳 어디라도 주행중 평균에 값을 추가할 것이다.

경우, 알고리즘은 자동차 첫 번째 코스 동안 30mpg의 값을 60번 샘플링하며, 두 번째 코스에서는 10mpg를 20번, 세 번째에서는 0mpg를 10번 하게 된다. 전체 여정에 걸쳐, 자동차는 총 170분 동안 동작하기 때문에 알고리즘의 샘플링 결과는 다음과 같이 유도된다.

$$\frac{60}{170}30 + \frac{20}{170}10 + \frac{10}{170}0 + \frac{20}{170}300 + \frac{60}{170}30 = 57.5 \text{ mpg} \qquad (식\ 17.1)$$

샘플링 평균을 계산하는 이 방법을 신뢰하는 경우, 최소한 이번 여정에서만큼은, 그 시작점과 종료 지점이 동일함에도 불구하고, 평지를 주행할 때보다 대략 2배의 연료 효율을 달성하였다. 이것은 좀 이상한 결과인데, 이는 각각의 평지 주행 시간의 1/3에 해당하는 시간 동안 300mpg라는 매우 높은 효율로 계산되었기 때문이다. 더 중요한 것은 전체에서 이와 같은 부분이 수학적으로는 제한되지 않는다는 것이다. 예를 들어, 내리막에서는 엔진을 끄고 내려갈 수도 있고, 이 경우에는 연료를 소비하지 않으므로, 최종적으로 무한대의 연료 효율을 보일 수도 있게 된다. 마찬가지로 정상에서의 휴식시간을 길게 하면 샘플링된 연료 효율은 낮아지게 된다. 예를 들어, 정상에서 좀 더 길게 1시간을 쉬면 아래와 같이 최종 연료 효율은 크게 달라지게 된다.

$$\frac{60}{220}30 + \frac{20}{220}10 + \frac{60}{220}10 + \frac{20}{220}300 + \frac{60}{220}30 = 44.5 \text{ mpg} \qquad (식\ 17.2)$$

분명히 이 방법은 합리적인 결과를 제공하지 않는다.

17.3.2 거리에 따른 샘플링

두 번째로 사용할 방법은 거리에 따른 연비(miles/gallon)의 샘플링으로, 차량의 주행코스를 거리별로 나누는 과정이 선행되어야 한다.

- 출발 시: 60마일
- 오르막 길: 20마일
- 공회전: 0마일
- 내리막 길: 20마일
- 돌아오는 길: 60마일

이것이 그림 17.6에 잘 표현되어 있다. 간단하게 하기 위해, 샘플링 알고리즘이 매 거리(mile)마다의 연비를 샘플링하고, 이 값을 평균에 더한다고 가정해보자(매 미터 또는 피트, 바퀴의 회전을 쉽게 샘플링할 수 있다). 이 경우, 알고리즘은 자동차 첫 번째 코스 동안 30mpg의 값을 60번 샘플링하며, 두 번째 코스에서는 10mpg를 20번, 세 번째에서는 300mpg를 20번 하게 된다. 자동차는 공회전하는 동안에는 움직이지 않기 때문에, 이 부분은 총합에는 포함되지 않았다는 것을 주의해야 한다. 전체 여정에 걸쳐, 자동차는 총 160마일을 주행했다, 따라서 알고리즘의 샘플링 결과는 다음과 같이 유도된다.

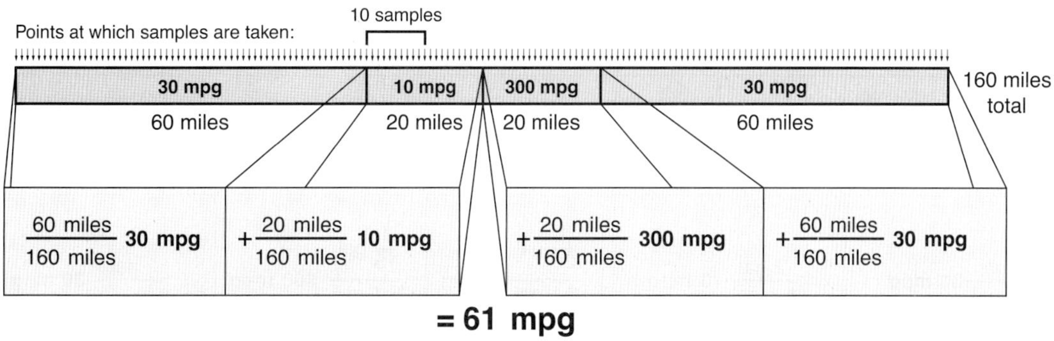

그림 17.6_ 거리에 대한 mpg 샘플링. 이 그림은 주행 중에 거리를 나타낸 것이다. 각 거리는 주행 중 차의 평균 갤런당 마일로 표기되어 있다. 그러므로 샘플링 알고리즘이 윈도우 동안 mpg를 샘플 하는 곳 어디라도 주행중 평균에 값을 추가될 것이다.

$$\frac{60}{160}30 + \frac{20}{160}10 + \frac{20}{160}300 + \frac{60}{160}30 = 61 \text{ mpg} \quad \text{(식 17.3)}$$

이 결과 역시 믿음직한 결과를 도출해 내지 못했던 이전의 방법과 크게 다르지 않다. 이번 방법은 이전처럼 300mpg라는 큰 숫자가 평균값에 크게 기여하는 것은 물론, 엔진을 꺼서 무한한 값을 갖는 방식으로 알고리즘을 '속이는', 같은 문제를 가지고 있다. 그러나 이 방법이 갖는 장점 한 가지는 공회전 시간을 늘림으로써, 연료 효율성을 임의적으로 낮추는 것이 불가능하다는 것이다. 공회전은 수학적으로 평균값에서 제외되기 때문인데, 공회전 시에 주행하는 거리가 0이므로, 전체 주행거리에 기여하는 수치 또한 0이 된다. 그러나, 공회전 또한 자동차의 연료 효율성에 어느 정도 기여하는 것이 사실이므로, 이 방법은 어쩌면 너무 과한 것이라 할 수 있다.

이에 반해, 실상을 체크하는 것에 실패하거나, 30mpg를 초과하는 그 어떤 것도 정확하지 않을 수 있다는 것을 확인해 내지 못했다면, 처음 두 번의 접근 방법이 거의 같은 값을 가진다는 것에 현혹되었을지도 모르는 일이다. 두 번째 결과도 처음과 크게 다르지 않기 때문에, 이 접근이 상대적으로 정확하다는 근거 없는 자신감을 심어주거나, 최소한 소소한 세부사항에 둔감하게 되는 것이다.

17.3.3 연료 소비에 따른 샘플링

마지막으로 사용할 방법은 연료 소모량을 중심으로 연비를 샘플링하는 것으로, 이번 평가를 위해서는 주행코스를 소모한 연료량에 따라 나누는 과정이 필요하다.

- 출발 시: 30mpg로 60마일=2gallons
- 오르막 길: 10mpg로 20마일=2gallons
- 공회전: 분당 1/300갤런으로 10분=1/30 gallon
- 내리막 길: 300mpg로 20마일=1/15 gallon
- 돌아오는 길: 300mpg로 60마일=2 gallon

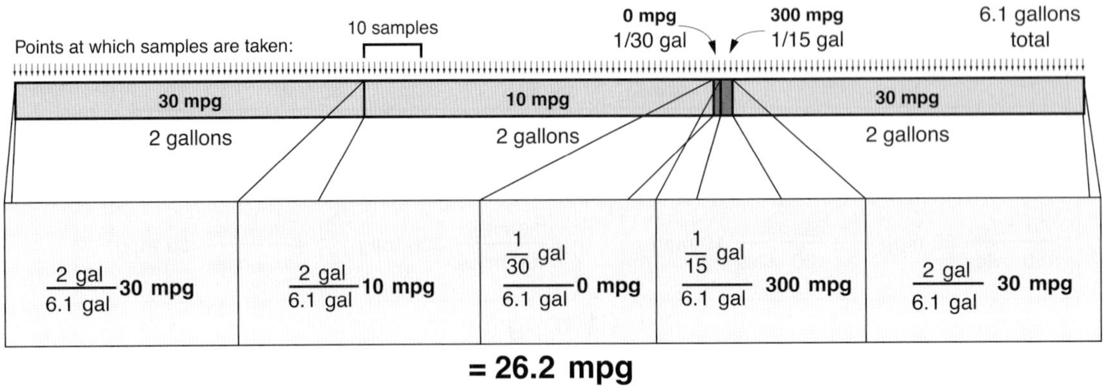

그림 17.7_ 연료 소모량에 대한 mpg 샘플링. 이 그림은 자동차가 주행 중에 소비한 연료량을 나타낸다. 표의 각 부분에는 주행 중의 각 부분에서 소모된 갤런당 마일이 표기되어 있다. 따라서, 이것은 알고리즘이 mpg를 샘플링하는 때라면 언제든지 평균값에 추가될 수 있다.

이것이 그림 17.7에 나타나 있다. 간단하게 하기 위해, 샘플링 알고리즘이 1/30갤런마다 연비를 샘플링하고, 이때의 값을 평균에 더한다고 가정해보자(갤런, 온스 또는 밀리리터를 쉽게 샘플링할 수도 있다). 이 경우, 알고리즘은 자동차 첫 번째 코스 동안 30mpg의 값을 60번 샘플링하며, 두 번째 코스에서는 10mpg를 60번, 세 번째에서는 0mpg를 갖게 되며, 자동차는 전체 주행거리 동안 총 6.1갤런의 연료를 소모하게 된다. 샘플의 숫자보다 총 소모한 연료량을 사용하는 것이 평균에서의 가중치를 나타내는 좀 더 직관적인 방법이다. 가령 첫 번째 부분이 총 6.1갤런 중 2갤런을 차지하고, 두 번째가 2갤런을, 세 번째가 1/30갤런만큼 기여하게 되는 것이다. 따라서 샘플링 알고리즘의 결과는 다음과 같이 유도된다.

$$\frac{2}{6.1}30 + \frac{2}{6.1}10 + \frac{1/30}{6.1}0 + \frac{1/15}{6.1}300 + \frac{2}{6.1}30 = 26.2 \text{ mpg} \qquad (\text{식 } 17.4)$$

이것은 평평한 땅에서 자동차의 평균 연료 효율성보다 더 낮은 결과를 나타냈던 첫 번째 샘플링 방법이다. 대부분의 주행이 평편한 땅에서 이루어지고, 오르막길이 상당 부분을 차지하기 때문에 30mpg 이하의 값을 기대했던 것이 사실이다. 금번의 방식에서 큰 수인 MPG 값은 전체에 큰 영향을 미치지 않고, 이는 공회전 값 또한 마찬가지다. 흥미롭게도 이번 방법에서는 이전과 같은 문제가 발견되지 않는다. 예를 들어, 엔진을 꺼서 알고리즘을 기만하는 것이 불가능하게 된 것이다. 그 이유는 엔진을 끄게 되면 전체 여정에서 이 부분이 사라지게 되는 것이나 마찬가지이기 때문이다. 만약 공회전 시간을 1시간으로 늘린다면 어떤 일이 발생할까?

$$\frac{2}{6.27}30 + \frac{2}{6.27}10 + \frac{6/30}{6.27}0 + \frac{1/15}{6.27}300 + \frac{2}{6.27}30 = 25.5 \text{ mpg} \qquad (\text{식 } 17.5)$$

오랜 시간 동안 공회전하는 것이 전체 값에 끼치는 영향은 이미 예상한 대로 매우 미미하다. 따라서 이 방법이 지금까지의 것들 중 가장 최선이라 할 수 있다.

17.3.4 사례에서 얻는 교훈

그렇다면 실제 답은 무엇인가? 자동차는 160마일을 주행하며 6.1gallon의 연료를 소모했으며, 갤런당 실제 몇 마일을 움직였는지를 구하기란 어렵지 않다.

$$\frac{160\ \text{miles}}{6.1\ \text{gallons}} = 26.2\ \text{mpg} \qquad \text{(식 17.6)}$$

어쩌면 가장 덜 직관적이라 할 수 있는 이 접근법(갤런 사용 기준으로 샘플링하는 것?)이 실제로는 올바른 해답을 제시하였다. 측정하는 규준이 갤런당 마일(miles/gallon)인 경우, 우리는 다음을 확인할 수 있다.

- 분단위로 샘플링하는 것(시간)은 좋지 않다.
- 마일 단위로 샘플링하는 것(거리)은 좋지 않다.
- 갤런 단위로 샘플링하는 것(연료 소모량)이 좋다.

게다가(아마 가장 중요하게도), 이러한 맥락에서 좋지 않다는 것은 "한 개 또는 둘 이상의 요인에 의해 틀릴 수 있다는 것"을 의미한다.

여기서 알 수 있는 것은, 다음과 같은 측정 기준으로 샘플링하는 경우에는 반드시 '단위'의 관점에서 동일한 간격으로 샘플링해야 한다는 것이다.

$$\frac{\text{data}}{\text{unit}} \qquad \text{(식 17.7)}$$

더 정확히 말해서, **갤런당 마일**로 샘플링을 하는 경우, 샘플링은 **갤런** 단위로 균일하게 진행되어야 하며, **명령당 사이클**을 샘플링하고자 하는 경우라면, 반드시 **명령** 단위로 균등하게 샘플링해야 한다(이때 fetched 또는 executed instruction이 아닌, committed instruction 기준으로 균등하게 샘플링해야 한다)[1]. 샘플링 메트릭이 **사이클당 명령**이라면, 균등한 **사이클** 단위로 샘플링해야 하며, 메트릭이 **캐시 실패율**(cache-miss rate)이라면(내지는 캐시 액세스당 캐시 실패), **캐시 액세스** 단위를 동일하게 적용해야 한다.

그렇다면 **명령, 사이클** 또는 **캐시 액세스** 단위로 샘플링한다는 것은 무엇을 의미하는가? 마이크로프로세서의 경우라면 매 단위 내지는 모든 instruction committed나 사이클, 또는 캐시가 액세스하는 매 시간당 한 번씩 감소하는 카운트다운 타이머가 있어야만 한다는 것, 또한 매 사건마다(내지는 미리 정해진 단위의 수가 배출될 때마다) 원하는 평균값을 취하는 것을 의미한다. 실제 시간당 연료 효율성을 확인할 수 있는 자동차의 경우, 미리 정해진 가솔린의 양이 소모될 때마다 컨트롤러를 자극하는 센서를 연료 라인 내부에 설치해야 한다.

---

1 메트릭은 정확히 일치해야만 한다. CPI의 일반적인 정의는 총 실행 사이클을 행해진 명령의 총 개수로 나누는 것으로, 분모에 이론적 명령은 포함하지 않는다.

그렇다면 사건의 사이즈를 설정하는 미리 지정된 양을 결정하는 것은 무엇인가? 모든 흥미로운 행위들을 포착하기 위해서는 모든 중요한 사건들을 측정할 수 있을 정도로 빈번하게 샘플링을 실시해야만 한다는 것은 명백하다. 높은 샘플링 속도는 더 높은 정확성을 자랑하지만, 비용의 증가를 야기한다. 그렇다면 낮은 샘플링 속도가 정확성에 미치는 영향은 어떠한가? 앞서 예를 든 것처럼 1/30갤런마다 샘플링을 실시하는 경우라면 주행상의 모든 부분을 포착할 수 있으나, 이것은 요구되는 샘플링 속도가 사전에 고지된 경우에 해당하는 예시이다. 적절한 샘플링 속도를 알지 못하는 보통의 경우라면 어떻게 할 수 있을 것인가? 예를 들어 앞의 예시 알고리즘처럼 각각의 쪼개진 부분의 합이 아닌 총합을 샘플링하게 된다면, 다음과 같은 결과를 도출해 낼 수 있을 것이다.

$$\frac{2}{6}30 + \frac{2}{6}10 + \frac{2}{6}30 = 23.3\ \text{mpg} \qquad \text{(식 17.8)}$$

이 해답은 정답과는 맞지 않지만, 처음(시간 또는 주행한 거리로 샘플링한 경우)에 평균값을 틀리게 산출해낸 샘플링만큼 나쁘지는 않다.

17.4 컴퓨터 성능을 위한 메트릭

이 섹션에서는 컴퓨터 성능의 특징이 의미하는 바를 설명하고, 이를 위한 적절한 방법과 부적절한 방법에 대한 논의를 전개한다. 가장 널리 사용되는 메트릭은 프로그램의 SPEC benchmark suite의 성능이다. 가동되고 있는 SPEC benchmark suite의 결과물들은 기하평균을 통해 하나의 숫자로 집계되었다. 기하평균을 사용하는 주된 이유는 규격화를 위한 값을 보전하기 위함이었으나, 불행히도 이것이 성능들을 서로 비교하는 데에 있어 가장 중요한 요소인 동작 시간의 총계를 보전하는 것은 아니다.

명령당 평균 사이클(평균 CPI)는 널리 사용되는 또 다른 메트릭이나, 설사 동일한 클럭 속도의 기계를 비교한다 할지라도, 성능을 비교하기에 부적절한 것은 마찬가지이다. 평균화된 CPI 값을 비교하여 성능을 판단하는 것은 표준화된 값을 평균하는 것과 같은 문제를 갖는다.

기하평균 대신, **조화평균**이나 **산술평균**을 사용하는 것은 러닝타임 집합을 평균하는 데에 적절한 방법이라 할 수 있다. 산술평균은 시간을 평균하는 데 사용되어야 할 것이며, 조화평균은 속도(rate)[2]을 평균 내는 데 적절하다. 또한 표준화된 값은 절대 평균화될 수 없으며, 다음 절에서는 이를 증명해 보일 것이다.

---

2 속도, 특히 실패율에 관한 주의이다. 실패율이 "비율"인 것은 사실이나, 조화/산술 평균적인 의미에서는 속도가 아니다. 그 이유는 (a) 시간 개념을 포함하고 있지 않기 때문이며, 더 중요하게는 (b) 설계자가 고려해야할 요소가 실패의 개수(numerator)이지, 캐시 액세스의 개수(denominator)가 아니기 때문이다. "비율을 평균내기 위해 조화평균을 이용"하는 것은 자주 이용되는 방식이나, 분모에서 설계자가 실제 고려하는 것이 메트릭인 경우에만 적용된다. 예를 들어, 디자이너가 '성능'을 말하는 경우, 그가 실제 말하고자 한 것은 시간이며, 확연히 혹은 은연중에 메트릭이 분모에 시간을 부과한 경우에는 메트릭이 조화 평균적 의미의 속도가 된다. 가령, 캐시 액세스 프리차지 실패 메트릭을 사용한다면, 이는 사실상 속도이며, 그 조화평균은 아마도 사용할 수 있는 적절한 평균이라 할 수 있는 것이다.

17.4.1 성능과 수단의 사용

우리는 컴퓨터 성능을 요약하고 하고 싶어한다. 이를 위한 가장 쉬운 방법은 다른 기계들의 숫자와 비교할 수 있는 하나의 숫자를 이용하는 것이다. 이것은 일반적으로 기계의 러닝 테스트를 포함하고, 몇 가지 종류의 평균을 필요로 한다. 숫자 집합의 평균은 집합이 값의 변화를 나타내는 경우 숫자들의 중앙값이다. 그리고 평균값을 정의하는 다양한 방법들이 존재하는데, 그중에는 산술평균, 기하평균 그리고 조화평균이 있다.

산술평균은 다음과 같이 정의된다.

$$Arithmetic\ Mean\ (a_1, a_2, a_3, \ldots, a_N) = \frac{\sum_i^N a_i}{N} \quad \text{(식 17.9)}$$

기하평균은 다음과 같다.

$$Geometric\ Mean\ (a_1, a_2, a_3, \ldots, a_N) = \sqrt[N]{\prod_i^N a_i} \quad \text{(식 17.10)}$$

조화평균은 다음과 같다.

$$Harmonic\ Mean\ (a1, a2, a3, \ldots, aN) = \frac{N}{\sum_i^N \frac{1}{a_i}} \quad \text{(식 17.11)}$$

수학적으로 보았을 때, n값 집합의 기하평균은 한 변의 길이가 n인 n-차원의 직사각형과 같은 부피를 갖는 n-차원 정육면체 한 변의 길이이다. 이것은 곱셈 값들의 집합 평균을 찾는 데에도 이용되는데, 시간에 따른 다양한 이율의 평균을 그 예로 들 수 있다. 수학의 역기능은 기하평균이 표준화에 의해 영향을 받지 않는다는 것으로, 무게 집합의 표준화와 무게의 기하평균의 표준화가 순서에 관계 없이 같은 결과를 가져온다는 것을 의미한다. 기하평균은 이러한 속성 덕에 여러 대의 컴퓨터를 분석할 때에도 표준화에 사용되는 컴퓨터의 시간에 관계없이 같은 결과를 도출해 낼 수 있기 때문에 컴퓨터 성능을 계산하기 위한 우수한 수단으로 기능할 수 있다[Fleming & Wallace 1986]. 그러나 1988년, Smith는 이에 대한 반론을 제기했다. 이 책에서는 산술평균과 조화평균에 한정된 내용이 다뤄질 것이며, 이 둘은 서로 역의 관계에 있다는 것을 주의해야 한다.

$$Arithmetic\ Mean\ (a_1, a_2, a_3, \ldots) = \frac{1}{Harmonic\ Mean\left(\frac{1}{a_1}, \frac{1}{a_2}, \frac{1}{a_3}, \ldots\right)} \quad \text{(식 17.12)}$$

17.4.2 표준화의 문제점

표준화된 숫자들을 평균할 때 몇 가지 문제가 발생한다. 지금부터는 발생할 수 있는 오류를 증명하는 예제들을 살펴보도록 하자. 첫 번째 예제는 제3의 기계를 척도로 두 기계의 성능을 비교하고, 두 번째는 평균한 CPI 값을 이용해 성능을 비교하는 경우 발생하는 오류를 첫 번째의 연장선상에서 보여준다. 세 번째 예제는 이에 관한 최근의 제안들을 다시 살펴본다.

예제 1: 레퍼런스 시간에 의해 표준화된 평균

A와 B라는 두 개의 기계와 기준 역할을 하는 한 대상 기계가 있다. 테스트 1과 테스트 2, 두 개의 테스트 결과 다음과 같은 결과를 얻었다.

Scenario I	Test1	Test2
Machine A	10 s	100 s
Machine B	1 s	1000 s
Reference	1 s	100 s

시나리오 1에서, 기계 A와 대상 기계의 성능을 비교하여 테스트 1에서는 0.1, 테스트 2에서는 1을 기록했다. 마찬가지로 대상 기계와 비교할 때 기계 B의 성능은 테스트 1에서는 1, 테스트 2에서는 0.1을 기록했다. 시간이 분모이기 때문에(분자는 대상 기계), 속도를 평균하는 것이며, 때문에 조화평균을 이용하게 된다. 대상 기계 값도 단위가 시간이지만 상관 없다. 관련된 시간 측정은 분모에 있기 때문에 속도의 평균값을 구하는 것이며, 시나리오 1의 성능 결과는 다음 표와 같다.

Scenario I	Harmonic Mean
Machine A	HMean(0.1, 1) = 2/11
Machine B	HMean(1, 0.1) = 2/11

이 두 기계는 동일한 성능 결과를 나타낸다. 이것은 직관적으로 생각한다면 합당한 결과다. 그 이유는 어느 테스트의 결과에서는 기계 A가 10배 빠른 결과를 나타냈으나, 또 다른 테스트에서는 기계 B가 10배 빠른 결과를 나타냈기 때문에, 이 두 기계가 동일한 성능의 결과를 갖는다는 것이다. 그러나 이미 확인한 바와 같이, 이러한 추론에는 오류가 있다. 그렇다면 지금부터는 대상 기계의 시간만 조금 변화시킨(테스트 2의 시간을 기존 100초에서 10초로 변경) 시나리오 2를 검토해보자.

Scenario II	Test1	Test2
Machine A	10 s	100 s
Machine B	1 s	1000 s
Reference	1 s	10 s

여기서 대상 기계에 대한 기계 A의 성능 숫자는 각각 1/10과 1/10이며, 기계 B는 각각 1과 1/100로 다음의 결과를 나타낸다.

Scenario II	Harmonic Mean
Machine A	HMean(0.1, 0.1) = 1/10
Machine B	HMean(1, 0.01) = 2/101

이 표에 따르면, 기계 A의 성능은 B보다 5배 더 좋다고 할 수 있다. 만약 테스트 2에서 대상 기계의 성능 값을 변경한 또 다른 시나리오를 적용할 경우, 기계 A의 성능 값이 B에 비해 4배 열등한 결과를 얻을 수 있을 것이다.

Scenario III	Test1	Test2	Harmonic Mean
Machine A	10 s	100 s	HMean(0.1, 10) = 20/101
Machine B	1 s	1000 s	HMean(1, 1) = 1
Reference	1 s	1000 s	

여기서 기억해야 할 교훈은 표준화된 테스트 결과 값을 평균해서는 안 된다는 것이다.

예제 2: 동작 숫자에 의해 표준화된 평균

이번 예시는 조금 더 광범위하다. 만약 숫자들이 표준화된 시간이 아니라, CPI 측정값을 나타낸다면 어떨까? CPI 값들의 평균값을 취하는 것은 위와 같은 오류에 영향을 받지 않아야 하는데, 이 숫자들은 단위가 없는 숫자들이 아니기 때문이다(not unitless). 즉, 이 숫자들은 임의의 두 기계의 동작 시간의 비가 아니기 때문이다.

그렇다면 이 이론을 시험해보도록 하자. 세 가지 시나리오에서 CPI 값들의 평균을 명령당 사이클 단위로 취하고, 시간과 관련된 부분(사이클)을 분자로 하여 산술 평균을 구할 수 있다. 다음은 테스트 2의 명령 숫자만 서로 다른 세 가지의 시나리오를 나타낸다. 각 기계의 구동시간은 테스트별로 바뀌지 않았기 때문에, 각 기계의 성능 값을 다른 기계들과 비교한 결과 값은 같아야만 한다.

Scenario I	Test1	Test2	Arithmetic Mean
Machine A	10 cycles	100 cycles	AMean(10, 10) = 10 CPI
Machine B	1 cycle	1000 cycles	AMean(1, 100) = 50.5 CPI
Instructions	1 instr	10 instr	**Result:** *Machine A 5x faster*

Scenario II	Test1	Test2	Arithmetic Mean
Machine A	10 cycles	100 cycles	AMean(10, 1) = 5.5 CPI
Machine B	1 cycle	1000 cycles	AMean(1, 10) = 5.5 CPI
Instructions	1 instr	100 instr	**Result:** *Equal performance*

Scenario III	Test1	Test2	Arithmetic Mean
Machine A	10 cycles	100 cycles	AMean(10, 0.1) = 5.05 CPI
Machine B	1 cycle	1000 cycles	AMean(1, 1) = 1 CPI
Instructions	1 instr	1000 instr	**Result:** *Machine B 5x faster*

이전과 마찬가지로 다소 이례적인 결과를 얻을 수 있다. 즉, 각각의 기계들이 실행된 명령의 개수에 따라 각기 다른 상대적인 성능을 보여 준다. 때문에 이 이론 또한 유효하지 않다. CPI 값의 평균은 컴퓨터 성능을 측정하기 위한 타당한 측정법이 아니다. CPI 값들의 평균을 취하는 것은 근본적으로 잘못된 방법이며, 그 결과 또한 성능을 비교하는 데 사용될 수 없으며, 이와 같은 오류는 값들을 평균하기 전에 표준화한 데서 기인한다. 그러나 이러한 예시가 CPI 값의 평균 자체가 무의미하다는 것은 아니며, 단지 기계의 성능을 비교하기에 부적절하다는 것을 의미한다.

예제 3. 시간과 동작 모두에 의해 표준화된 평균

수학적으로 흥미로운 결과는 적절한 가중치를 선택하고(조화평균을 이용할 때는 명령 카운트로 가중치를, 산술평균을 이용할 때는 실행 시간을 가중치로 한다), 동일한 성능 숫자(역수 아님)에 대해 산술평균과 조화평균을 모두 이용하면 같은 결과를 나타내는데, 이는 다음과 같다.

$$\frac{1}{\sum_i \frac{\omega i_i}{\mathrm{MIPS}_i}} = \sum_i \omega t_i \cdot \mathrm{MIPS}_i \qquad (식\ 17.13)$$

왼쪽의 결과는 값들의 조화평균을 나타내며, 오른쪽은 같은 값들의 산술평균을 나타낸다. ωi_i는 명령 카운트 가중치를 나타내고 ωt_i는 실행 시간 가중치를 나타낸다. 이는 다음과 같다.

$$\omega i_i = \frac{I_i}{\sum I_n} \quad \omega i_i = \frac{T_i}{\sum T_n} \qquad (식\ 17.14)$$

I_x는 benchmark x의 명령 카운트이며, T_x는 benchmark x의 실행 시간을 나타낸다. 표준화 전후의 기하평균이 동일한 것이 기하평균을 사용하는 증거이듯이, 위의 등식 역시 위와 같이 계산된 평균의 경우에도 어느 정도 정확하다는 것을 보여 준다[Fleming & Wallace 1986]. 최근의 기사에서도 같은 이유로 표준화에 대한 이와 같은 방법을 제안하고 있으나, 앞서 살펴 본 샘플링 평균에서 이미 확인했던 바와 같이, 두 방법을 하나 혹은 비슷한 해결책으로 수렴시키는 것은 올바르지 않다. 두 가지 모두에 오류가 있을 수 있기 때문이다. 실례로, 가설에 대한 다섯 개의 다른 benchmark 결과를 나타낸 다음의 표를 살펴보도록 하자.

Benchmark	Instruction Count (×10^6)	Time (s)	Individual MIPS
1	500	2	250
2	50	1	50
3	200	1	200
4	1000	5	200
5	250	1	250

Benchmark의 전체적인 MIPS는 20억 명령을 10초로 나눈 200MIPS이다. 각 benchmark의 전체 명령에 대한 기여도를 감안하여, MIPS 값들의 조화평균을 구해 200MIPS라는 평균값을 산출해냈다. MIPS 값들의 산술평균에는 각 benchmark가 전체 실행 시간에 기여한 정도를 감안하여 평균 200MIPS라는 값이 계산되었다. 이것은 매우 합당한 것처럼 보이나 결과를 조금 비틀어, 두 번째 benchmark의 명령 카운트와 실행 시간을 각각 이전의 200배로 증가시켜 보자. 이 경우 표는 다음과 같이 표현된다.

Benchmark	Instruction Count (10^6)	Time (s)	Individual MIPS
1	500	2	250
2	10,000	200	50
3	200	1	200
4	1,000	5	200
5	250	1	250

이것은 benchmark 2를 200배 looping 한 것과 같은 효과를 나타낸다. 그러나 MIPS의 총합은 현재 약 120억 명령을 약 200초로 나눈 약 60MIPS가 되었다. 즉, 이전보다 3배 정도 낮은 값을 갖게 된 것이다. 따라서 이러한 메커니즘이 아무리 신빙성 있다 할지라도, 다른 메커니즘들처럼 쉽게 호도될 수 있다. 근본적인 문제는 표준화된 값의 평균을 구하고, 이것을 성능의 평균이라 해석하는 데 있다.

17.4.3 성능의 수단

표준화를 해야 한다면, 우선은 평균을 구하는 작업이 선행되어야 한다. 대상 기계에 대한 실행 시간 값을 평균하고자 할 때는 다음의 식을 이용한다(산술평균의 비율에서 상수 N을 상쇄하였다).

$$\frac{\sum_{i} Our\ Time_i}{\sum_{j}^{N} Ref\ Time_j} \quad \text{(식 17.15)}$$

그러나 만약 이 식이 기계의 성능을 나타낸 것이라면, 모든 테스트에서 동일하게 산출되어야 하며 다른 성능 테스트들과 같은 시간 숫자로 계산되어야 한다. 이 말은 즉, 다른 테스트들보다 더 많은 시간을 카운트하면, 결과적으로 더 많이 카운트하게 된다는 의미이다.

관점: 성능은 누적된다

우리는 "이 기계가 저 기계에 비해서 x배 만큼 더 빠르다"고 확인하고자 한다. 모호함은 성능에 대한 개념의 불명확성 때문이다. 그렇다면 기계의 성능이라는 것은 무엇을 의미하는가? 우리가 "이 기계가 저 기계보다 x배 만큼 더 빠르다"라고 확인하려는 이유는 과연 무엇인가? 바로 저 기계(기계 A)를 특정 기간 동안 사용해왔지만, 이 기계(기계 B)를 대신 사용함으로써 얼마만큼의 시간이 절약되는지 알고 싶기 때문이다.

그렇다면 이것을 측정하는 방법은 무엇인가? 우선, 기계 A에서 어떤 프로그램들을 실행시킬 것인지를 확인해야 한다. 이때의 프로그램들은(또는 프로그램과 비슷한 것들) 기계 B에서도 작동하는 benchmark로써 기능하게 된다. 다음으로, 이 프로그램들의 이용 빈도를 측정해야 한다. 이 값은 평균값을 산정하는 과정에서 가중치로서 기능하게 되지만(자주 이용되는 프로그램은 더 많이 산정되어야 할 것이다), 이때의 문제점은 이 값의 단위를 시간으로 할 것인지 또는 발생 빈도수로 할 것인지 불명확하다는 점이다. 하루에 프로그램을 실행한 횟수를 카운트할 것인가 아니면 하루에 프로그램이 실행된 시간을 카운트해야 하는가?

실행 빈도수에 대한 아이디어는 예를 들어, 소스 파일을 에디팅할 때마다 재수집(recompile)해야 하기 때문에, 워드-프로세싱 benchmark와 컴파일러 benchmark에 동등한 가중치를 지정해야 할 것이다. 시뮬레이터를 재수집할 때마다 각기 다른 서너 개의 n-body 시뮬레이션 세트를 실행해야 할지도 모른다. 이와 같은 경우에는 시뮬레이터 benchmark에 컴파일러나 텍스트 에디터에 비해 서너 배 더 무거운 가중치를 적용해야 할 것이다. 물론 말처럼 쉽지는 않겠지만, 요점은 우리가 기계의 프로그램 실행 속도와는 관계없는 프로그램의 이용 빈도를 알고자 한다는 것이다.

이를 통해 우리가 알게 된 것은, 말하자면, 현재 우리가 모든 benchmark의 중요도를 동등하다 간주하고 있다는 것이다(이용 빈도수가 비슷하다). 그렇다면 지금 해야 하는 것은 새로운 기계가 이 테스트들을 모두 수행하는 데 걸리는 시간이 얼마나 되는가를 파악하고, 대상 기계가 테스트들을 수행하는 데 걸리는 시간을 확인하여, 두 결과를 비교하는 것이다.

요점

새로 구입한 기계가 어떤 테스트를 수행하는 데 3분이 소요되지만, 또 다른 테스트에서는 3일이 걸린다는 것은 크게 중요하지 않다. 다만, 대상 기계가 짧은 테스트를 1초 안에 수행해내고(새 기계가 엄청나게 느리다는 것을 나타낸다), 긴 테스트를 마치는 데는 3일하고도 6시간이 걸린다면(새로 구입한 기계는 이전에 사용하던 기계에 비해 6시간을 절약한다는 것을 의미한다), 절약할 수 있는 시간은 약 6시간 정도이다. 짧은 프로그램을 실행하는 빈도수가 긴 프로그램에 비해 100배 높다 할지라도, 구 기계에 비해 새로 구입한 기계가 절약할 수 있는 시간은 여전히 한 시간 남짓에 불과하다.

여기서 범하고 있는 오류는 성능이 평균화될 수 있는 값이라고 가정한다는 것이다. 이때의 문제점은 성능이 단순한 숫자라고 생각한다는 것이다. 이것이 문제가 되는 이유는 우리가 다음 두 문장의 차이점을 종종 망각하기 때문이다.

- 평균적으로, 기계 B와 비교할 때 기계 A가 절약할 수 있는 시간은 ……
- 평균적으로, 기계 B와 비교할 때 기계 A의 성능은 ……

우리는 하루 컴퓨터 사용량이 얼마인지를 알고 있다. 우리는 같은 시간 동안 이 컴퓨터가 저 컴퓨터에 비해 얼마만큼의 일을 처리할 수 있느냐에 관심을 갖는다. 이러한 맥락에서, 중요한 한 가지는 이 기계가 다른 기계에 비해 얼만큼의 시간을 절약할 수 있는가인데, 성능은 실제로 다음과 같은 구체적인 예로 나타낼 수 있다.

- 두 개의 기계
- 이 두 기계에서 사용될 프로그램
- 각 프로그램이 갖는 중요성에 대한 지표

때문에 성능은 한 가지 숫자가 아닌, 여러 암시(implication)들의 집합이다. 기계를 테스트할 때 얼마만큼의 시간을 절약할 수 있는지를 측정하는 것 이상도, 그 이하도 아닌 것이다. 누군가 우리와 같은 필요성을 느끼는 이가 있다면, 우리가 측정한 성능 숫자가 그들에게 유용하게 사용될 수 있을 것이다. 그러나 동일한 기계에서도 완전히 다른 기준으로 180도 다른 성능 숫자를 얻게 될 수도 있다는 것을 주의해야 한다.

17.5 분석적 모델링과 실패율 함수

Stone과 Smith를 비롯한 많은 이들이 정의한 바와 같이 대표적인 캐시 실패율 함수는 상수 β, 음수 α, 그리고 다양한 캐시 사이즈를 x로 나타낸 $M(x)=\beta x^{\alpha}$이다[Smith 1982, Stone 1993]. 이 함수는 캐시의 크기에 따른 함수로, 캐시 실패율의 모양을 정확히 나타낸다. 그러나 이 함수를 경계 사례(boundary case)로 수용하기 위한 변경 과정을 거치지 않고 최적화 분석에 바로 사용할 경우, 결과에 에러가 나타날 수 있다. 이 절에서는 라그랑쥐 승수 최적화(Lagrange multiplier optimization) 과정에서 함수의 특징 이면에 담긴 수학적 통찰을 제시하는 동시에, 간단한 수정 과정을 통해 고유의 문제를 해결해나가는 과정을 보여줄 것이다.

17.5.1 분석적 모델링

캐시의 특성은 수학적인 분석을 통해 이해될 수 있다. 많은 연구원들이 과거에 이와 같은 분석과정을 메모리 체계(hierarchy)에 이용하기도 했는데, 그 실례로 캐시 레벨상의 최적의 숫자가 캐시 체계(hierarchy) 용량의 로그에 비례한다는 것을 밝힌 사례[Chow 1974, 1976]를 들 수 있다. Garcia-Molina와 Rege는 빠른 디바이스를 조금 갖는 것보다 느린 디바이스라도 많이 가지고 있는 것이 일반적으로 더 유용하다는 것을 증명한 바 있고[Garcia-Molina et al. 1987, Rege 1976], Welch는 각 레벨에서의 최적의 속도가 해당 레벨의 범위 밖에서 리퀘스트들을 처리하는 데 사용된 시간의 양에 비례해야 한다는 것을 밝힌 바 있다[Welch 1978]. Jacob 외 연구자들[1996]은 이와 같은 초기 연구를 보완하여 예산과 기술의 특징이 어떻게 상호작용하는지를 직관적으로 이해할 수 있는 토대를 제공하였고, 이 분석은 디바이스의 변수들(비용과 스피드), 가능한 시스템 예산, 작업량의 잠정 구역성 측정을 고려할 때, 보통의 메모리 체계 각 레벨의 크기에서 찾을 수 있는 완결된 형태의 해결책을 처음으로 제시하였다. 이 모델은 비직관적인 캐시 사이즈를 추천하는 것은 물론, 특히 체계에 소요되는 예산을 줄여, 가장 빠른 것이 아닌 가장 저렴하면서, 가장 느린 저장 기술에 예산을 사용할 것을 권한다. 이는 프로세서용 L1 캐시 또는 저장 시스템의 파일 캐시와 같이 가장 빠른 캐시 레벨에서 가능한 많은 레퍼런스를 충족시키는 데 주안점을 두었던 일반적인 것들과 상반된다. 공교롭게도 이는 프로세서 캐시가 메모리 계층 구조의 마지막 단계 중 하나가 된 PC 시장을 반영하고 있다.

이 모델은 메모리 체계에 대한 직관적인 이해를 제공하는 것은 물론, 예산을 어떻게 사용해야 하는지를 보여준다. 그림 17.8은 세 가지 혹은 네 가지 레벨의 체계에서 예산을 분배한 최적의 예시를 그림으로 나타낸다(캐시 레벨, DRAM 또는/그리고 디스크). 보통, 메모리-체계 설계자가 가장 먼저 지출하는 부분은 체계상 가장 낮은 단계의 것이어야 한다. 비용이 추가되어 차 상위 레벨을 구매하는 데에 효율적으로 될 때까지 최하위 레벨의 사이즈가 증가해야 한다. 이 시점부터 모든 비용은 두 레벨 사이에 일정한 비율로 사용되어야 하는데, 낮은 레벨에 더 많은 바이트가 할당되어야 한다. 그러나 이것이 반드시 낮은 레벨에 더

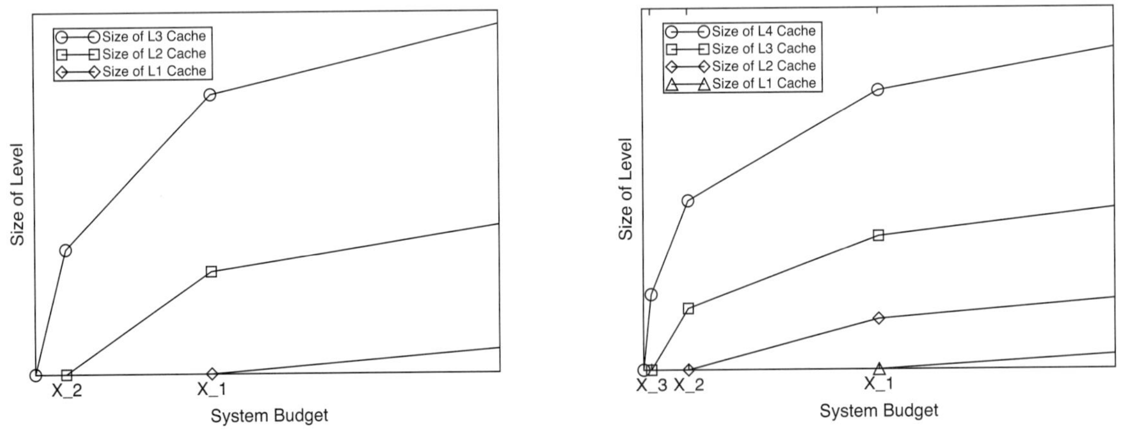

그림 17.8_ 두 개의 넓은 체계(hierarchies)에 대한 솔루션의 예. 세 가지 레벨 체계는 왼편에, 네 가지 레벨 체계는 오른편에 나타나 있다. 굴절 지점들 사이(체계에 또 다른 레벨을 추가하기에 비용대비 가장 효율적인 지점) 부분은 직선으로 나타난다. 곡선은 체계상의 새로운 레벨에 대한 추가 비용을 반영하여 굴절 지점에서 그 기울기가 변한다.

많은 비용이 사용되어야 한다는 것을 의미하는 것은 아니다. 최상위에 또 다른 레벨을 추가하는 것이 비용 측면에서 효율적으로 될 때까지 이와 같은 방식으로 비용을 나누어 사용한다. 그리고 이 시점부터 다시 비용을 세 개로 나누어 더 낮은 레벨에 더 많은 바이트를 추가하는 방식으로, 최상위에 또 다른 레벨을 추가하는 것이 비용 측면에서 효율적일 때까지 사용한다. 실제로는 각 레벨을 임의의 사이즈로 할 수 없으므로 계층의 각 레벨은 직선의 기울기에 가까운 계단함수처럼 증가할 것이다.

17.5.2 실패율 함수

이미 언급한 바와 같이, 캐시에 관한 분석 논문은 매우 많고, 그중 다수가 실패율(miss rate)의 대표 함수 $M(x)=\beta x^{\alpha}$를 사용하고 있다. 이 함수는 캐시의 크기를 두 배 증가시키는 것이 실패율을 약 30% 감소시킨다는 30% Rule[3]의 직접적인 결과물이라 할 수 있다.

캐시 크기의 함수로 실패율을 대표하는 실패율 곡선의 모양을 정확히 나타내는 이 함수는 경계 지점의 값들을 정확하게 반영하지는 않는다. 이 형태는 경계 지점의 정확한 값에 의존하는 수학적 분석 그 어느 것에도 사용될 수 없다. 예를 들어, 캐시 크기가 0일 때, 이것을 사용하면 무한한 실패율 값이 계산되는 데 반해, 확률이 고작 [0,1] 범위에 한정된다.[4] 크기가 1보다 작은 캐시는 임의의 큰 실패율 값을(1보다 큰) 갖게 되는데, 이는 단지 곡선의 모양에만 관심을 두는 경우에는 문제가 되지 않지만, 최적화 분석 특히, 라그랑쥐 승수(Lagrange multipliers) 기법에 사용되는 경우에는 심각한 오류를 낳을 수도 있다. 이는 캐시 분석에 관한 이전 연구들을 이미 반쪽짜리 해결책 또는 완전히 잘못된 해법으로 만들어 낸 전적이 있다.

이 실패율 함수는 그 형태가 순조롭게 움직이는 경우, 물리적으로 실현 가능한(음수가 아닌) 모든 캐시 크기에서 1과 0 사이의 값을 반환하는 경우, 문제없이 사용될 수도 있다. 이를 위해서는 함수를 조금 수정해서, 원형 $M(x)=\beta x^{\alpha}$를 $M(x)=(\beta x+1)^{\alpha}$로 만들어야 한다. 형태상의 차이점은 미미하지만, 그래프상에 그려지는 결론과 그 결과의 차이점은 엄청나다. 기존의 함수가 제안하는 캐시 체계 크기의 비율은 상수(constant)이다. 만약 캐시 체계 레벨의 숫자를 고른다면, 모든 레벨은 최적의 캐시 체계상에 나타나 있을 것이고, 심지어 예산이 매우 적을 경우에도, 최적화 절차에 의해 결정된 고정 비율에 따라 체계상의 모든 레벨에서 비용을 더 추가해야 한다고 권했을 것이다.

이와는 대조적으로, 실패율 함수로 $M(x)=(\beta x+1)^{\alpha}$를 이용할 경우, 최적의 캐시 체계상의 크기 비율은 상수(constant)가 아니라는 결론에 이르게 된다. 예산이 작은 경우에 체계상의 특정 레벨들은 나타나지 않는다. 예산이 매우 작은 경우에는, 체계상의 모든 레벨에 비용을 충당하는 것은 불합리하다. 그래서 또 다른 레벨을 추가할 수 있는 충분한 예산이 생길 때까지 체계상의 한 가지 레벨에만 비용을 투자하는 것이 더 낫다는 결론에 이르게 된다(이 결론은 Jacob 외 연구자들의 1996년 연구에서 확인되었다).

---

3 1982년 Smith가 처음으로 제안했던 30% Rule은 캐시의 크기가 두 배로 될 때마다 캐시 실패는 30% 감소한다는 경험적 법칙이다. $0.7f(x)=f(2x)$ $f(x)=bx^{a}$

4 캐시 크기 측정 단위가 megabyte인 분석의 경우를 감안한다면, 이는 탐구하기에 실로 완벽한 부분이다.

MEMORY | SYSTEMS | **Cross-Cutting Issues**

18 CHAPTER 전력과 누설

전력 소모는 오늘날의 마이크로프로세서에서 최우선 문제이다. 이전에는 주로 모바일 장치들에 대한 관심이 많았지만, 지금은 일반적 목적의 고성능 마이크로프로세서들에 대한 관심이 높아지고 있다. 최근에는 '와트(Watt)당 성능'이 중시되고 있다.

전형적 회로에서의 전력 소모는 동적(dynamic) 혹은 스위칭 전력, 단락 전력(short circuit power) 그리고 누설 전력(leakage power)의 세 가지 카테고리로 구분할 수 있다. 동적 파워는 로직 전이 동안에 트랜지스터들의 parasitic 커패시턴스가 충전과 방전되면서 생긴다. 이 파워는 다음의 수식과 같이 더 간단한 방법으로 표현된다.

$$P_{\text{dynamic}} = \alpha C_{\text{tot}} V_{\text{dd}}^2 f \tag{식 18.1}$$

여기서 α는 전이 확률(transition probability) 평균값, C_{tot}는 전체 부하 커패시턴스(load capacitance), V_{dd}는 공급 저장(supply storage), f는 동작 주파수(operating frequency)를 나타낸다.

단락 파워(short circuit power)는 NMOS와 PMOS 트랜지스터들이 동시에 전도되면 유도된다. 단락 전류는 전원 공급장치(Power supply)에서 접지(ground)로 흐르게 된다. 다음과 같이 상승 하강 시간 함수로 표현된다.

$$P_{\text{short-circuit}} = \frac{t_r + t_f}{2} I_p V_{\text{dd}} f \tag{식 18.2}$$

t_r과 t_f는 각각 입력에 대한 상승 시간(rising time)과 하강 시간(falling time)이다. I_p는 회로의 포화 전류(saturation current)를 나타내고 트랜지스터들의 크기와 직접적으로 비례한다. 이 파워 소스의 가장 중요한 것은 테크놀로지가 스케일과 클럭의 속도가 증가할수록, 전형적인 파형이 이상적인 구형파(ideal square wave)로부터 점차 멀어진다는 것이다. 결과적으로 로직 high와 로직 low의 전이에 투자한 시간은 총 사이클 시간의 양에 비례하여 더 많이 증가하는 것이다. 그러므로 각 세대마다 t_r과 t_f가 줄어들어도, 그들은 f가 증가하는 속도보다 더 낮은 속도로 줄어든다.

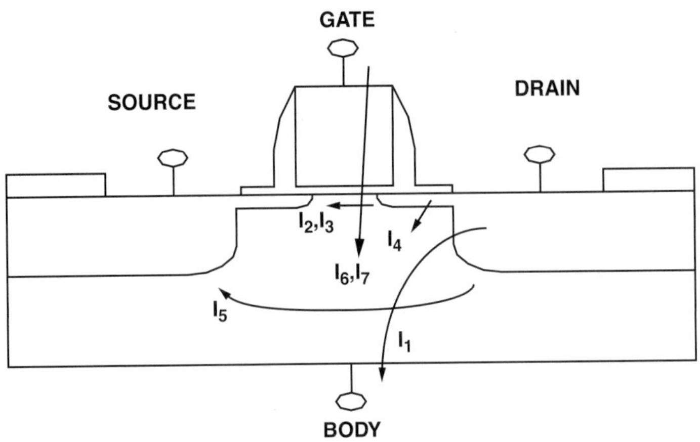

그림 18.1_ 현대 MOSFET에서의 전형적인 leakage current 메커니즘

누설 전력은 트랜지스터들의 입력과 출력이 바뀌지 않을 때 누설 전류에 의해 생긴다. 그것은 누설 전류와 공급 전압의 결과로 나타난다.

$$P_{\text{leakage}} = I_{\text{leak}} V_{\text{dd}} \quad \text{(식 18.3)}$$

동적 전력과 단락 전력은 비교적 알려지고 잘 이해된 현상이다. 반면 누설 전력은 덜 알려져 있고 덜 이해되고 있으나 앞으로의 시스템에서 전력 소모의 주 원천이 될 것이다. 이에 이 장에서는 메모리 회로의 누설 전력을 중점적으로 볼 것이다. 특히 메커니즘의 이해와 그 효과의 측정을 다룰 것이다.

18.1 CMOS 장치의 누설 소스

CMOS 회로 문턱전압(threshold voltage), 채널 길이 그리고 게이트 산화물 두께(oxide thickness)가 줄어들면서, 초 서브마이크론(deep submicron) 구간에서는 높은 누설 전류가 전력 소모의 큰 이유가 된다. Anis[2003]는 그림 18.1과 같이 이러한 누설 전류에 대한 개요를 잘 보여준다. 이러한 다른 메커니즘은 다음과 같이 설명된다.

- I_1은 접합 누설 전류(junction leakage current)이다. 이것은 트랜지스터가 꺼져 있을 때 역방향 바이어스 다이오드(reverse-biased diodes)를 통해서 소스나 드레인에서 substrate까지 발생한다. 역방향 바이어스 p/n 접합(Reverse-biased p/n junction) 누설 전류는 다음 두 가지의 중심적인 요소가 있다. 하나는 minority carrier 확산/드리프트이고 다른 하나는 electron-hole pair generation 때문이다. P/n 접합 누설 전류는 드레인 확산의 넓이와 누설 전류 밀도에 의존한다. 만약에 n과 p 구간들이 심하게 도핑된다면, band-to-band 터널링이 p/n 접합 누설을 지배할 것이다.
- I_2는 유출 근원 전류(train drain-source current)에 의한 역치 누설 전류(old leakage current)다. 드리프트 전류가 지배하는 강 역전영역(strong inversion region)과 다른 이유는 subthreshold 전도는

MOS 디바이스의 채널에 있는 minority carriers의 확산 전류 때문이다. Subthreshold 전류의 크기는 온도, 공급 전압, 장치 크기, 프로세스 변수 값들이다. CMOS 테크놀로지에서는 현대 CMOS 장치의 V_t가 상대적으로 작기 때문에 subthreshold 누설 전류가 다른 누설 전류 컴포넌트에 비해 훨씬 크다.

- I_3는 DIBL(Drain-Induced Barrier Lowering)을 나타낸다. DIBL은 드레인의 공핍 영역(depletion region)이 채널 표면 근처의 소스와 상호 작용하는 것이다. 그 소스는 carrier를 채널 표면에 주입한다.
- I_4는 GIDL(Gate-Induced Drain Leakage)을 나타낸다. GIDL 전류는 게이트/드레인 오버랩 영역 아래에서 높은 전기장이 올라온다. Carrier들은 band-to-band 터널링으로 직접 substrate와 드레인 안으로 발생한다. 더 얇은 산화물 누께 T_{ox}와 더 높은 V_{dd}는 게이트와 드레인 사이에 더 큰 잠재적인 차이를 야기시킨다.
- I_5는 드레인과 소스 공핍 영역(depletion region)이 서로 가까워질 때 일어나는 채널 펀치스루(punch-through)를 말한다. 펀치스루는 공간 전하(space charge) 상태로 채널 전류가 서브-게이트 영역의 깊은 곳에 존재하게 만든다.
- I_6는 옥사이드 누설 터널링을 나타난다. 게이트 옥사이드 터널링 전류인 I_{ox}는 게이트를 통해 직접 터널링을 야기할 수 있는 전기장 E_{ox}의 요소이다.
- I_7은 hot carrier injection에 의한 게이트 전류를 나타내고, 단락 전류 트랜지스터들은 hot carrier들이 옥사이드에 주입시키는 것에 더 민감할 수 있다. 이러한 전하들은 위험이 있으며 게이트와 substrate 전류로 측정이 가능하다.

일반적으로 I_2와 I_3은 off-leakage current[1]를 dominate하고, I_6은 게이트 누설을 dominate한다.

전 세대에서는 subthreshold와 게이트 누설 전력이 총 전력에 큰 기여를 하지 않았다. 그러나 트랜지스터 스케일링이 계속되면서 V_t가 줄어들며 로직 게이트의 속도 또한 늘어나고 있다. V_{dd}를 줄어들게 하면 시스템의 속도 또한 줄어들게 되는 경향이 있다. 그리고 일반적으로 문턱 전압을 줄어들게 하면서 게이트 오버드라이브를 좋게 만든다. 계속된 디바이스 스케일링은 V_t의 감소를 초래하므로 디바이스 off 전류가 중요하게 된다.

게다가, 이러한 스케일로 일정한 gate-to-body 커패시턴스는 inversion 채널을 컨트롤하기 위해서 유지된다. 같은 유전체 재료로 그것은 산화물 층 두께(t_{ox})를 감소시켜야 한다. 그러나 t_{ox}가 20A 밑으로 줄어듦으로써, 산화물 층이 매우 얇아지고, 양자 터널링 효과(quantum tunneling effect)가 중요하게 된다. 또한 게이트 누설 효과가 중요하게 되는데, 당연하게도 어떠한 소스들은 subthreshold 누설보다 게이트 누설이 굉장히 상승했다고 말할 수 있다. 그러므로 게이트 누설 전류가 곧 누설 전류에서의 가장 dominant 될 수 있다고 할 수 있다.

1 Off-leakage current는 gate off(또는 강한 inversion에 도달하지 못해서, 드레인과 소스 터미널 사이에 어떠한 conducting 채널로 존재할 수 없는 상태)인 device drain-to-source current(IDs)로 정의되는 것이 일반적이다. 이러한 off-current는 주로 subthreshold current를 연상시키거나 이로 대체되는데, 그 이유는 단순하게도 subthreshold가 주로 main이자 dominant 요소이기 때문이다.

많은 디바이스와 테크닉들이 누설 전력이 감소될 수 있도록 제안한다. 이것들은 바디 기반 트랜지스터, sleep 트랜지스터, 다수의 threshold CMOS sleep 트랜지스터와 도미노 로직 설계 테크닉들을 포함하는 듀얼 threshold 전압 CMOS 설계들을 내포한다. 듀얼과 다수의 threshold 전압 설계에서 NMOS와 CMOS 디바이스들은 둘 다 좋은 깊이를 선택적으로 조절하여 높고 낮은 threshold 전압들로 이루어져 있다. 이 테크놀로지는 magnitude를 이용해 누설 전류를 감소시키지만 성능의 퇴화와 소리 문제의 증가 및 복잡한 파워-그리드 라우팅을 초래할 수 있다. 또 다른 현상은 reverse body bias effect이다. 이러한 것들은 threshold 누설 전류가 다른 것들에 비해서 덜 중요해질 때 I_{dd}가 감소하고 포화상태가 된다. Keshavarzi는 각 테크놀로지 프로세스들에서 디바이스 누설 파워가 매우 작을 때 특별한 optimum reverse body bias가 존재한다고 제안했다. 또한 이 값이 각 테크놀로지 세대에 걸쳐 반으로 잘릴 것이라고 언급했다. Utilization의 reverse body bias value가 효과적으로 누설 파워를 감소할 때, band-to-band tunneling 전류와 bulk 커패시턴스 또한 증가시킬 것이고, 동적 파워 역시 증가할 것이다. Kim은 캐시 메모리들에 있는 누설 감소를 목표로 하기 위해 순방향 바이어스된 트랜지스터들을 제안하였다. 이러한 테크닉은 더 낮은 대기 누설 전류를 위해서 높은 V_t 디바이스들을 이용한다. Dual V_t와 sleep 트랜지스터들은 두 개의 다른 트랜지스터를 사용한 dual V_t 설계를 이용한다. Sleep 트랜지스터들은 파워 게이팅을 이용하고 파워를 1,000배 감소시킬 수 있다. 결과적으로 sleep 트랜지스터에 IR drop을 유도하는 전압 스윙을 더 낮게 만들어 준다.

낮은 V_t 트랜지스터들은 현재 마이크로프로세서들의 지연을 감소시키기 위한 speed-critical 경로들로 이용될 수 있다. 이러한 용도는 subthreshold 누설 전류의 급격한 증가를 초래한다. 테크놀로지가 스케일되면서, 이 sleep 모드인 큰 'off' 전류가 총 파워의 큰 부분을 차지한다. MTCMOS는 대기 전류를 감소시키기 위해 제안되었다. 이러한 회로들은 우선적으로 active 모드에서 빠른 동작을 위해 low-V_t 트랜지스터들을 이용하며 sleep 모드에서 off 전류를 줄이기 위해 high-V_t gain 트랜지스터를 사용한다. Active 모드에서는 high-V_t 게이팅 트랜지스터들은 커져 있지만 전체 회로에서의 가상 접지에서는 0보다 약간 더 크거나 가상 파워 라인이 V_{dd}보다 약간 더 작게 된다. 게이팅 트랜지스터들은 회로 속도에서 IR drop의 영향을 최소화하기 위해 제대로 사이즈를 맞출 필요가 있다. Sleep 모드에서 게이팅 트랜지스터들은 꺼져 있고 모든 회로의 node 전압들은 대략 V_{dd} 혹은 접지가 된다. 결과적으로 전체적인 누설은 게이팅 트랜지스터 subthreshold 전압과 게이트 누설 전류에 의해 결정된다.

멀티-서플라이 회로들은 칩이 여러 블록으로 나뉠 때 쓰여진다. 중요한 경로에 있는 블록들은 파워를 줄이기 위해 나머지 블록들이 더 낮은 파워를 사용할 때 회로의 사이클 시간을 줄이기 위해 더 높은 공급 전압을 사용한다. 블록 간 소통을 정확하게 하기 위해 레벨 컨버터가 반드시 각 블록에 시행되어야 하는데, 이것은 넓이, 파워, 속도를 잃어가면서 나타난다. 또한 다른 파워 공급들을 위해 여러 개의 루트가 필요하다는 단점이 있다.

게이트 누설에 대한 해답을 제공을 하는 대부분의 테크닉들은 Rao 외의 연구[2003]에 의해 주어진 특성에 의존한다. 그림 18.2에서 볼 수 있듯이 게이트 소스와 드레인 소스 전압에 따라 게이트 누설을 표현할 수 있다. 이러한 연구들은 주어진 게이트 바이어스로 게이트 드레인 전압(V_{gd})이 최소이면 게이트 누설이 최소라는 결론을 내린다. 가능하다면 게이트 바이어스(V_{gs})는 게이트 누설을 최소화하기 위해 감소되어야 한

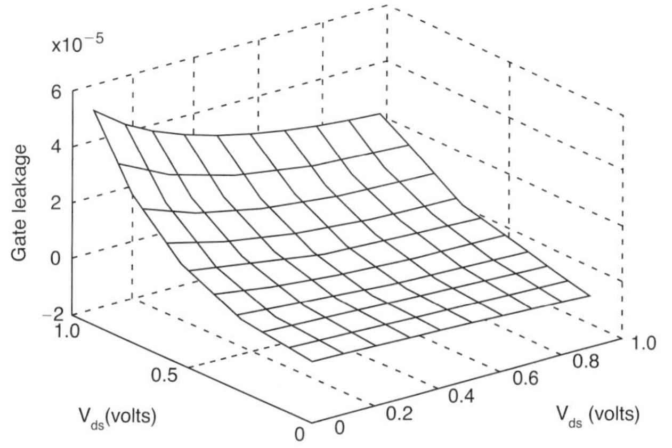

그림 18.2_ Gate leakage current for an NMOS as a function of gate–source (Vgs) and drain–source (Vds) voltage (Rao et al. [2003]에 나오는 그림). Vgs가 최대이고 Vds가 0일 때 가장 높은 gate leakage를 보여준다.(Vgd 또한 최대로 만든다)

다. 그렇지 못한 상황에서의 대안은 게이트 드레인 바이어스(V_{gd})를 감소시키는 것이다.

Subthreshold 누설 전류는 대체적으로 threshold 전압을 천천히 혹은 급격히 증가시키면서 최적화된다. DIBL 효과는 off–상태에 있는 한 트랜지스터를 이용해 드레인 - 소스 전압을 줄임으로써 감소된다. 게이트 누설 전류는 대부분 게이트 바이어스를 감소시키면서 줄임으로써 먼저 최소가 되고, 두 번째로 게이트–드레인 바이어스를 최소화함으로써 최소가 된다.

18.2 Subthreshold 누설

트랜지스터 테크놀로지에서는 Subthreshold 누설이 종종 잘못 설명되는 경우가 있다. 이는 터널링이나 양자 얽힘(quantum entanglement)과 같은 deep quantum 현상들과 관계가 있다. 실제로 자연에서는 굉장히 고전적이며 그 기초를 파악하기는 쉽다.

시작해 보자면, I_{off}의 공식은 다음과 같다.

$$I_{\text{off}} = \frac{I_o}{W_o} \cdot W \cdot 10^{\frac{V_{gs} - V_t}{S}} \qquad \text{(식 18.4)}$$

I_o/W_o는 포화 전류당 단위 너비, W는 디바이스의 너비, $V_{gs} - V_t$는 게이트 오버드라이브 전압, S는 subthreshold 스윙을 나타낸다. 누설은 게이트 오버드라이브가 줄어들수록, subthreshold 스윙 S가 증가할수록 증가한다.

S는 threshold 전압 이하에서 게이트 전압의 감소와 함께 MOS 디바이스가 어떻게 잘 꺼지는지 보여준다. 테크놀로지가 스케일 다운되면서 트랜지스터 threshold 전압은 공급 전압과 함께 줄어들어야만 한다. 더 높은 threshold 전압은 트랜지스터 subthreshold 누설 전류를 기하급수적으로 증가하게 만든다.

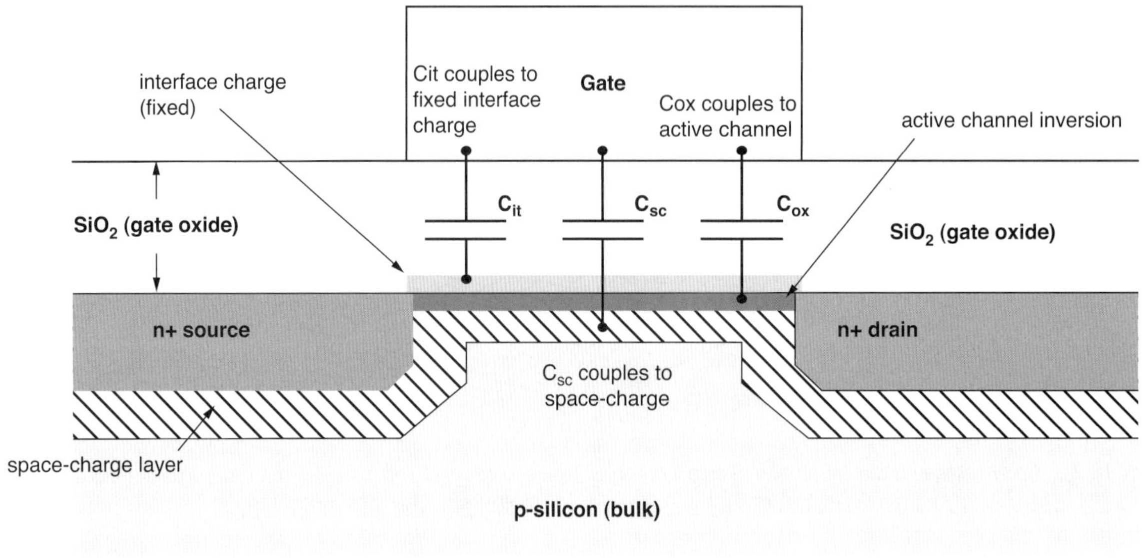

그림 18.3_ MOSFET에서의 Gate bias와 coupling. gate bias의 변화는 세가지 종류의 charge, interface-state charge, bulk space charge, and inversion charge를 유발한다. interface 와 bulk space charge 의 변화는 channel current를 변화시키지 않고, 오직 Inversion charge의 변화만이 channel current에 영향을 미친다. 때문에, C_{it}와 C_{sc}는 "wasted" coupling 경로들을 대표한다. 서로 다른 coupling 특성을 나타내기 위해 Gate oxide thickness를 매우 과장해놓았다는 것에 주의해야 한다.

가장 주요한 이슈는 트랜지스터 게이트가 트랜지스터의 active 채널에 있는 이동 전하 밀도(mobile charge density)를 제어할 수 있는 능력이 있느냐이다. 트랜지스터 게이트상에 정 바이어스(positive bias)를 줄이는 것은 active 채널에 전하 밀도를 낮출 수 있다. Active 채널에 있는 전류는 항상 이 전하 밀도에 직접적으로 비례한다. 즉, 게이트 바이어스를 줄이는 것은 전류를 낮추는 것이다.

게이트는 게이트 산화물 커패시턴스를 통해 주로 active 채널에 연결되어 있지만 고정 전하(fixed charge)와 함께 연결되어 있는 트랜지스터에 다른 커패시턴스들이 존재한다. 이것이 그림 18.3에 설명되어 있다. 만약 이러한 추가적인 커패시턴스들이 크다면, 게이트 바이어스의 변화는 고정 전하의 밀도만을 변화시키고 채널을 끄지 않을 것이다. 이러한 경우에는 트랜지스터는 물이 줄줄 새는 수도꼭지처럼 아무리 키려고 노력해도 꺼져있을 것이다.

가장 중심이 되는 변수들은 다음과 같은 식을 나타난다.

$$S = \left(\frac{d(\log_{10} I_{ds})}{dV_g}\right)^{-1} = 2.3\frac{kT}{q}\left(1 + \frac{C_{sc}}{C_{ox}}\right) \qquad \text{(식 18.5)}$$

I_{sc}는 소스 드레인 전류, V_g는 게이트 전압, k는 볼츠만 상수, T는 온도, q는 전자의 전하량, C_{sg}는 공간 전하 용량(space-charge capacitance) 그리고 C_{ox}는 산화물 커패시턴스(oxide capacitance)를 말한다. Peckerar는 방사선 유도 표면 전하량(radiation-induced interface charge)에 대한 연구를 통해 이 식은 인터페이스-상태 커패시턴스 C_{it}를 추가해야 한다고 말한다. 올바른 식은

$$S = 2.3\frac{kT}{q}\left(1 + \frac{C_{sc} + C_{it}}{C_{ox}}\right) \quad \text{(식 18.6)}$$

모든 산화물 커패시턴스들이 면적 커패시턴스, 즉 단위 면적당 커패시턴스들이라는 의미이다.

전에 언급한 것과 같이, S는 채널 전류의 크기를 줄이기 위한 누설 decade를 차단하기 위해 필요한 게이트 전압을 나타낸다. 보편적으로 subthreshold 스윙은 60~70 mV/decade이다.

이 표현은 직관적으로 볼 때 명확하다. 위에 설명된 추가적인 커패시턴스들은 공간 전하량과 인터페이스 상태 커태시턴스들이다. 게이트는 이러한 커패시턴스를 통해 벌크 고정전하(bulk fixed charge)와 고정 인터페이스-상태 전하에 연결되며, 게이트로부터 전하 역전제어 전용 커플들은 이러한 커패시턴스들에게 차지된다. C_{sc}와 C_{it}가 클 때, 소스 드레인 전류의 감소를 얻기 위해 게이트 바이어스에 더 큰 변화가 필요하다.

이 비율이 작을수록 이상적이다.

$$r = \frac{C_{sc} + C_{it}}{C_{ox}} \quad \text{(식 18.7)}$$

현대의 VLSI에서는 게이트 산화물 두께를 줄이면서 이러한 상황에 맞춘다. d_{ox}는 산화물 두께이고 ε_{si}는 실리콘의 유전체 유전율(dielectric permittivity)이다. 그러므로 스케일된 산화물은 굉장히 큰 면적의 커패시턴스를 갖고 있다. 안타깝게도, r은 테크놀로지 스케일링과 함께 증가하게 된다.

$$C_{ox} = \frac{\varepsilon_{si}}{d_{ox}} \quad \text{(식 18.8)}$$

이러한 현상에 대한 이유는 매우 자명하다. 소스와 드레인 접합은 공간 전하층(space-charge layer)들과 연결되어 있다. 이러한 층들은 active 채널로 들어가게 된다. 소스와 드레인 공간 전하가 겹치기 시작할 때, 그 둘 사이의 포텐셜 장벽은 줄어든다. 드레인에 대한 작은 바이어스가 이동 전하의 직접적인 주입과 관련이 있다.

이것의 영향은 DIBL이라고 알려져 있는데, 그림 18.4에 보여준다. 이것은 기판 도핑을 증가시키면서 제거된다.

그림 18.5와 같이 추가적인 도핑은 active 채널에 들어가는 소스 드레인 공간 전하 침투(source-drain space-charge penetration)의 정도를 줄여준다. 그러나 공간 전하 커패시턴스까지 증가하게 되는데,

$$C_{sc} = \frac{\varepsilon_{si}}{d_{sc}} \quad \text{(식 18.9)}$$

그 이유는 d_{sc}가 소스 드레인 공간 전하의 물리적 정도이기 때문이다. 또한 기판 도핑의 제곱근과 반비례한다. 그러므로 DIBL을 피하기 위해 r은 일반적으로 증가한다. 고유 설계의 트레이드 오프에 대해서 생각해야 한다. DIBL-유도 누설은 기판 도핑에 의해 '해결'될 수 있다. 그러나 이것은 공간 전하 커패시턴스를 증가하게 만들어 r을 올리고 S를 퇴화하게 한다. 당연하게도 기판 도핑을 증가시키는 게 트랜지스터 threshold를 증가시키지만 이것은 단락 채널에 의해 상쇄된다.

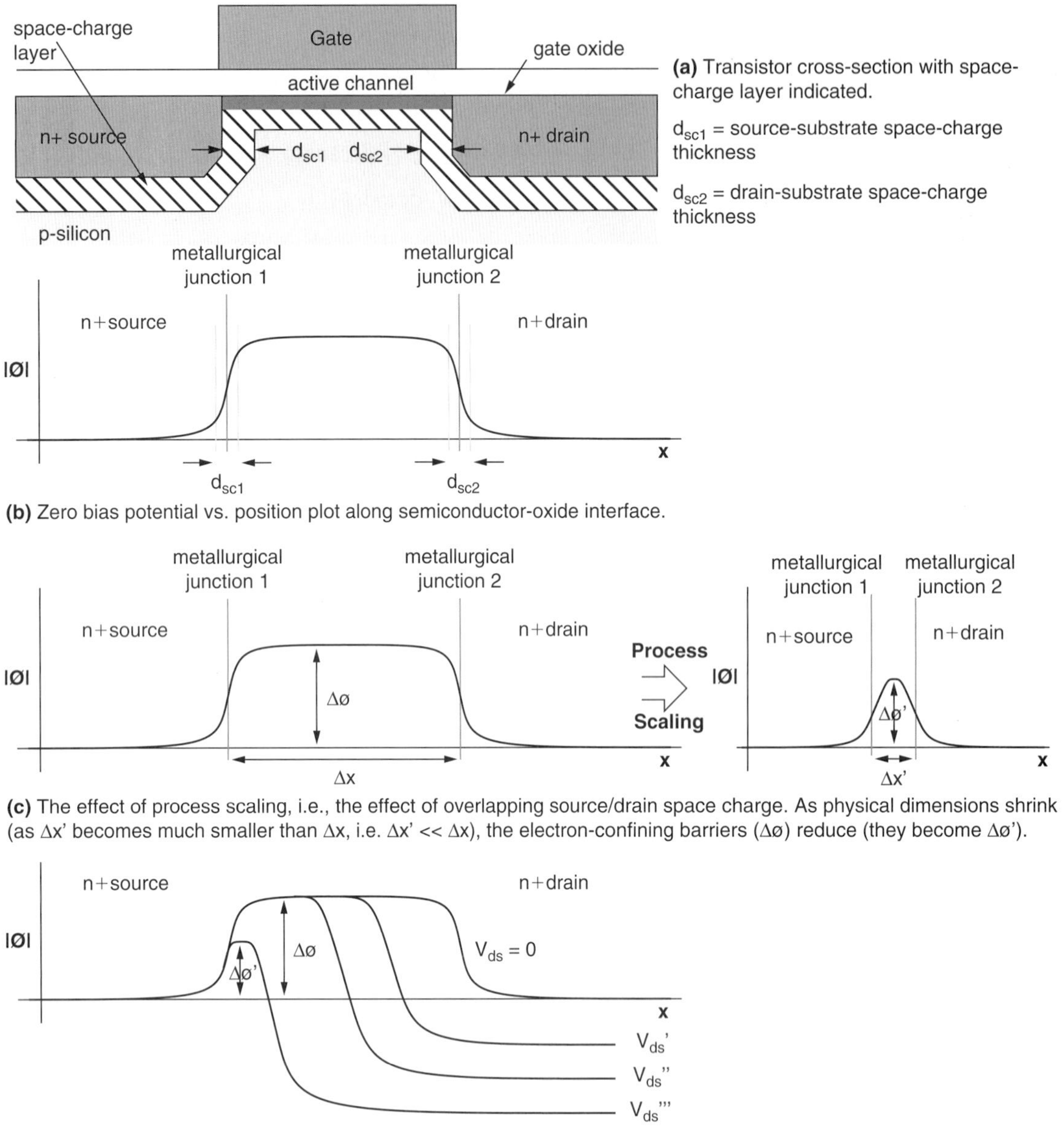

(a) Transistor cross-section with space-charge layer indicated.

d_{sc1} = source-substrate space-charge thickness

d_{sc2} = drain-substrate space-charge thickness

(b) Zero bias potential vs. position plot along semiconductor-oxide interface.

(c) The effect of process scaling, i.e., the effect of overlapping source/drain space charge. As physical dimensions shrink (as Δx' becomes much smaller than Δx, i.e. Δx' << Δx), the electron-confining barriers (Δø) reduce (they become Δø').

(d) In addition to process scaling effects, drain bias (Vds) can lower the confining barrier, too. Δø goes to Δø' as the potential between drain and source increases. This is called *drain-induced barrier lowering (DIBL).*

그림 18.4_ DIBL에 이르는 과정의 실례. As the source injection barrier, **Δø**가 낮아짐에 따라 (to **Δø'**), biasing the drain에 의해 소스에서 더 많은 current가 직접 유입(drawn)된다. Drain bias는 효과적으로 Injection barrier를 제거할 수 있으며, 심지어는 transistor conductive를 0으로 만든다. 이것을 제거하는 유일한 방법은 the p–실리콘 substrate doping을 증가시키는 것이지만, 이는 C_{sc}를 증가시켜 r을 끌어올리게 된다.

이것은 r이 증가하지 않더라도, 증가된 디바이스 카운트는 총 채널 누설에 추가되고 소멸 전력은 누설 전류와 소스-드레인 전압 강하를 곱한 값이다. 그리고 인터페이스 커패시턴스는 더 많은 인터페이스 트랩들을 만들면서 전압 강도에 의해서 증가될 것이다. 전리 방사선(ionizing radiation)은 인터페이스를 더 퇴화시킨다. 즉, subthreshold 파워 소모량은 시간이 지날수록 증가할 것이다. 나아가, 식 18.6은 열 폭주

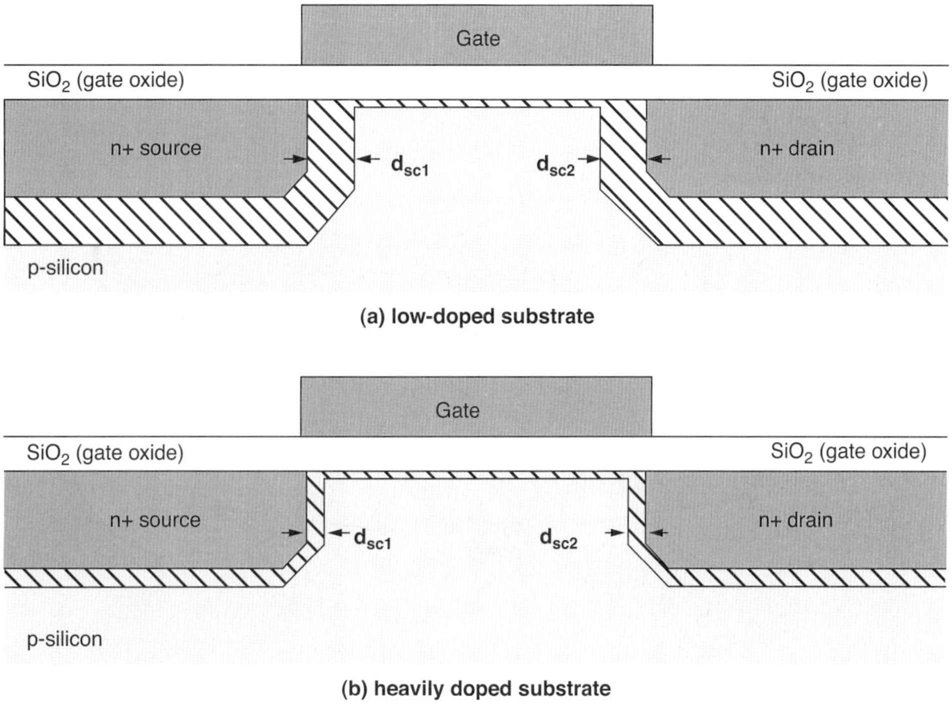

그림 18.5_ space–charge region에 대한 substrate doping의 영향. Substrate doping은 space–charge region을 축소시킴으로써, DIBL을 낮추고 C_{sc}를 증가시킨다($\boldsymbol{\varepsilon}_{sc} \div d_{sc}$).

(thermal run-away) 상황의 잠재성을 보여준다. 인터페이스-상태 커패시턴스가 증가하면서, *S* 변수는 sub-threshold 누설에 따라 증가한다. 이것은 더 많은 전력소모로 *T*와 *S*가 증가되면서 누설을 더 초래한다.

만약에 로직 게이트에 대한 입력이 true *logic 1* 혹은 *logic 0*(V_{dd} 혹은 ground)이라면, 게이트들이 예상한 바와 같이 꺼질 것이다. 운이 안 좋게도, parasitic resistance와 커패시턴스들은 동작 바이어스들을 노이즈 마진으로 강제하여 트랜지스터들로 하여금 subthreshold 영역에 실행되게 한다. 여기서 도치 전하 밀도(inversion charge density)는 포화 전하(saturation charge)보다 작지만 0보다는 상당히 크다. 로직 체인의 길이가 증가할수록, 게이트는 노이즈 마진에 더 깊게 실행되며 더 많은 누설을 발생한다.

컴포넌트 설계 관점에서 가지는 의미는 명확하다. *r*을 최대한 작게 만들고, 인터페이스 상태 밀도를 낮게 만드는 것이다. 아키텍처 관점에서 우리는 로직 체인 길이를 최대한 짧게 만들어야 한다. 늘 그렇듯, 가능하다면 공급 전압과 ground를 맞닿게 하는 극단적인 전환을 유지하는 것과 같이 넓은 노이즈 마진은 로직 게이트 설계에서 바람직하다.

18.3 *ν* CACTId와 파이프라인 나노미터 캐쉬의 에너지/파워 고장

캐시 전력 소모는 보편적으로 중요하게 여겨졌지만 누설 전력 증가 트랜드가 캐시에 더 많은 영향을 줄 것이다. 그래서 이러한 누설 효과들을 고려하는 것도 중요하다.

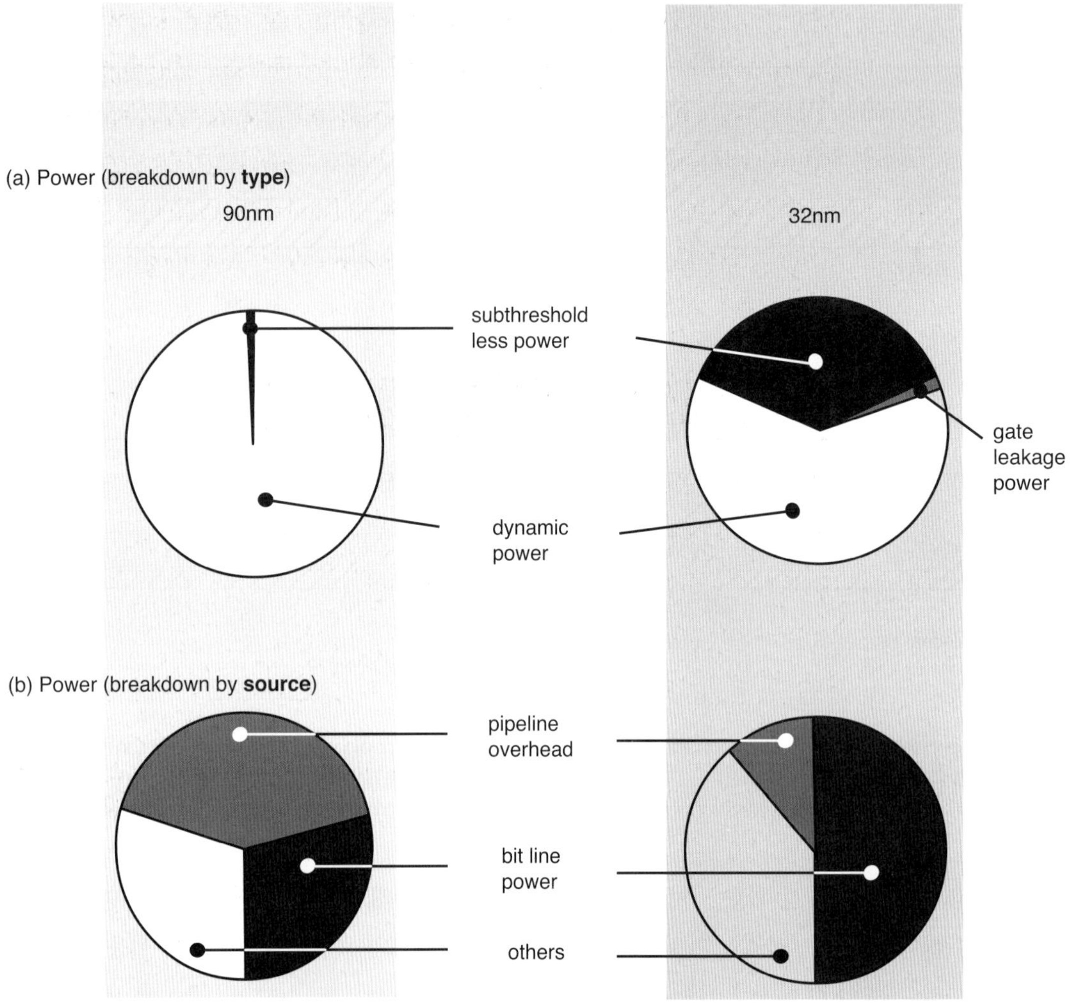

그림 18.6_ 캐시 파워 개관. (a) 90 nm와 32 nm에서 64 kB-4W 캐시의 Dynamic과 static 파워 소모 요소 (b) 90-nm and 32-nm에서 64 kB-4 way pipelined 캐시의 주요 파워 소모 요소.

게다가, 마이크로프로세서 캐시들은 분명히 진공 상태에 사용하기 위해 설계된 것은 아니다. 전형적인 캐시들은 파이프라인되어 있고 코어와 같은 주파수에 클럭되어 있다. 캐시의 명시적인 파이프라이닝은 파워 소모와 시간에 대한 적지 않은 증가가 포함된다. 그리고 이러한 영향들은 제대로 이루어져야 한다.

이 장에서 우리는 캐시 동작과 조합된 나노미터 BSIM 3v3/ BSIM4 SPICE 모델들을 가지고 분석 모델링을 한다. 우리는 각 캐시들이 얼만큼의 에너지/파워를 이용하는지에 따라 캐시 에너지/파워 소실을 나누게 되는데, 그럼으로써 dynamic(스위칭) 전류와 static(subtrheshold 누설과 게이트 터널링) 전류에 어떠한 요소들이 기여하는지 알게 된다. 캐시들을 다른 사이즈들(16~512KB), 다른 공정들(90, 65, 45 그리고 32nm)로 연구하면서 3 - D 캐시 설계 공간을 탐험한다.

우리들의 발견 중에는 캐시 비트라인 누설이 나노기술 노드에서 점점 중대한 파워 소모의 원인이 될 것임을 보여준다. Subthreshold 누설이 주된 정적 파워 소실의 원인이라고 보여주지만, 놀랍게도 게이트 누설

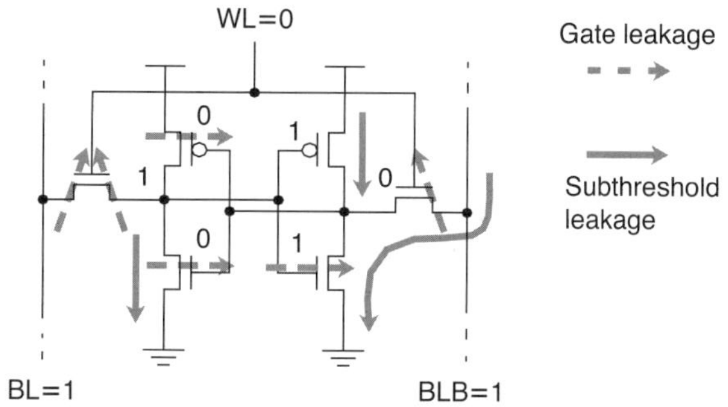

그림 18.7_ 메모리 셀 leakage 구성요소. 디바이스에 걸쳐 흐르는 subthreshold leakage와 gate leakage currents를 보여주는 비활성 상태에 있는 six-transistor 메모리 셀 (6TMC).

전류 터널링들은 극한 나노미터 노드들조차 총 캐시 파워에 대해 중요하게 여기지 않는다. 또한 캐시 파이프라이닝 오버헤드가 필수이며, 파이프라인 요소들에 의한 파워 소실이 중요한 캐시 파워의 요소들이라는 점을 알아야 한다.[2]

18.3.1 SPRAM 셀의 누설

동적 파워는 구체적인 노드에서 전압의 변화를 위해 트랜지스터들이 변할 때 회로에 의해 소모된다. 이 과정에서 에너지는 노드의 parasitic capacitive load를 충전(혹은 방전)하면서 소모된다.

달리 말하면 정적 파워는 디바이스가 비활성화될 때에도 흐르는 누설 전류들에 의해 소실된다. MOS 트랜지스터에 대한 다른 누설 메커니즘들이 존재하지만, 가장 중요한 두 가지는 subthreshold 누설 전류와 게이트 누설 전류이다. Subthreshold 누설 전류는 많은 연구가 되고 있다[Anis 2003, Borkar 2004, Chen 1988, Rao 2003, Ye 199]. 이 전류는 공급 전압을 줄일 때의 디바이스 속도 감소를 보상하기 위해 트랜지스터 threshold 전압의 generational reduction 때문에 일어난다. 게이트 누설 전류는 subthreshold 누설에 비해 덜 연구되어 있지만 더 많은 관심을 받고 있는 추세이다[Hamzaoglue & Stan 2002]. 게이트 누설은 전압들이 트랜지스터 터미널에 적용될 때마다 일어난다. 이 현상은 점점 얇아지는 게이트 산화물을 건너 전기장을 형성하는데, 양자 터널링 효과(quantum tunneling effect) 때문에 상당한 누설 전류를 초래한다.

그림 18.7은 전형적인 6-트랜지스터 메모리 셀(6TMC)과 메모리 셀 유휴 상태(워드라인이 꺼지면 스토리지 노드는 0이고, 켜지면 1)를 위한 누설 전류를 보여준다. 캐시에 있는 트랜지스터들의 어느 정도의 숫자가 활성화된다고 하더라도, 메모리 셀들의 대부분은 상당히 대부분은 비활성화되어 있다. 캐시 설계자들은 subthreshold 누설 전류에 중점을 두고 있지만, 대중적으로 사용되는 CACTI[wilton & Jouppi 1996,

2 "Energy/Power Breakdown of Pipelined Nanometer Caches (90 nm/65 nm/ 45 nm/32 nm)," by Samuel V. Rodriguez and Bruce L. Jacob, In Proc. International Symposium on Low Power Electronics and Design (ISLPED), Tegernsee Germany, October 2006. © 2006 IEEE에서 승인하에 일부를 인용함.

Reinman & Jouppi 2000, Shivakumar & Jouppi 2001]와 eCACTI[Mamidipaka & Dutt 2004]와 같은 캐시 설계 툴들을 사용할 때 게이트 누설에 큰 관심을 가지지 않는다. 이러한 툴들은 6TMC 다이어그램에 보여진 것과 같이 게이트 누설 전류들을 고려한다.

18.3.2 파이프라인된 캐시

충분히 큰 크기의 저장 용량을 제공하는 동안 빠른 마이크로프로세서 코어의 속도를 맞추기 위해, 다양한 캐시에서 발생할 수 있는 여러 유형의 지연 현상은 다른 단계들로 나누기 위해 캐시를 파이프라인되게 하고, 각 개별적인 단계가 코어의 작은 클럭 주기에 맞춰지도록 한다. 그림 18.8은 캐시를 위한 전형적인 파이프라인 다이어그램을 보여주고 있다. 이 주어진 타이밍 다이어그램은 두 개 모두의 클럭 단계에서 나타나는 동작을 보여주고 있다. 그림 18.9는 이 단계 기반의 동작을 쉽게 가능하게 하는 파이프라인 래치의 가능성 있는 구현을 보여주고 있다.

가장 표준적이며 대중적으로 구할 수 있는 캐시 분석 도구인 CACTI와 eCACTI는 웨이브 파이프라이닝을 통해 암시적인 파이프라이닝을 보여준다. 안타깝게도 이는 캐시 웨이브 파이프라이닝이 동 시간대의 마이크로프로세서[Riedlinger & Grutkowski 2002, Weiss 1998]에 의해 사용되지 않는 한 모던 설계의 대표가 될 수 없다. 웨이브 파이프라이닝이 실리콘 원형[Burleson 1998]에 동작함을 보여줌에도 불구하고,

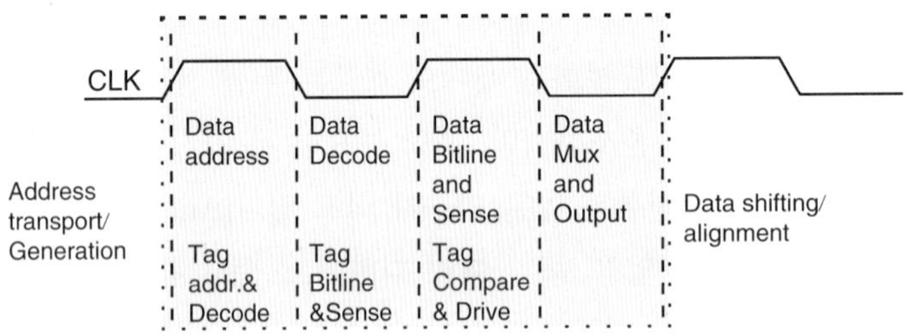

그림 18.8_ 캐시 파이프라인 다이어그램. 어둡게 표시된 부분이 모델링한 파이프라인 부분을 나타낸다.

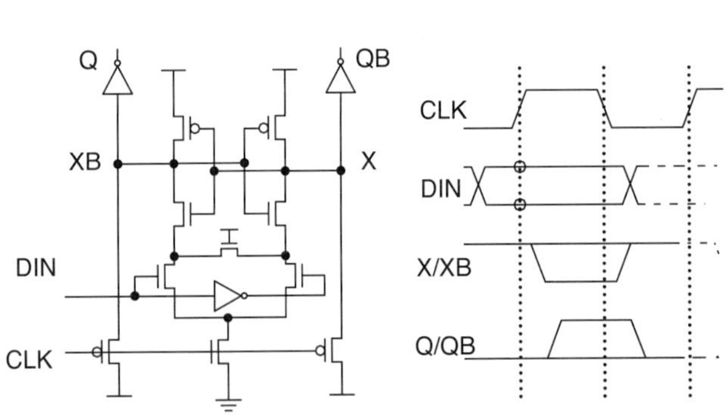

그림 18.9_ 파이프라인 latch. Phase 기반의 캐시 동작에 사용될 수 있는 파이프라인 latch 예[좌] [Gronowski et al. 1996, Motanaro et al. 1996]. Latch의 타이밍 diagram[우].

PVT(process-voltage-temperature) 변화에 중요하게 동작해야만 하는 양적 생산을 목표로 하는 고속 마이크로프로세서 캐시에 알맞지 않다. 웨이브 파이프라이닝 캐시에 있어서 PVT 변화는 지연 불균형을 초래하고 최악의 경우 클럭 주파수를 줄여서도 고칠 수 없는 신호 레이스로 가게 된다. 그러므로, 비기능적 실리콘의 리스크는 증가하게 되고 그 결과 만족하지 못한 결과를 초래한다. 게다가 웨이브 파이프라이닝은 디버그와 마이크로프로세서 테스트에 중요한 래치 기반의 DFT(design-for-test) 테크닉들을 본질적인 문제가 있다고 판단한다. 반대로 그것은 상태를 관측하거나 혹은 제어하는 둘 중 하나로 만들어주는 파이프라인 래치의 안쪽에 있는 DFT 'scan' 요소들을 쉽게 통합할 수가 있다. 이러한 능력들은 마이크로프로세서 회로의 디버깅을 도와주며, 그 결과 비용 절약과 직접적인 관련이 있는 테스트 시간을 줄여준다. 처음에 바로 명징하게 이해되지는 않겠지만 이러한 이유들이 high-volume 마이크로프로세서 캐시들을 위한 명확한 파이프라이닝의 실행을 가능하게 한다.

18.3.3 모델링

CACTI와 eCACTI 툴들을 기반으로 하여도, 발전시켜온 분석 도구는 예전 모습과 닮지 않았다. 현재 모습은 공식적으로 이용 가능한 가장 디테일하고 실질적인 캐시 설계 space explorer이다. 우리는 방식 이름을 그것의 기원과 가장 가깝게 정하기로 하고 그 툴의 이름을 νCACTI(nu-cak-tie)로 한다.

CACTI/eCACTI를 넘어 νCACTI의 주요 개선 사항은 다음과 같다.

- 더 많은 최적화된 디코드 토폴로지들[Amrutur & Horowitz 2001]과 회로들[Nambu 1998]은 더 실질적인 디바이스 사이즈 조절로 인해 파이프라인 단계에 적당한 캐시 주입을 보장한다.[3]
- 파이프라인된 캐시에서 지연과 에너지 오버헤드를 고려했을 경우 분명한 캐시 파이프라이닝의 정확한 모델링.
- 트랜지스터 드라이브 힘, 트랜지스터 RC parasitic, subthreshold 누설, 게이트 누설의 계산을 위한 BSIM3v3 / BSIM 4 SPICE 모델과 식들을 이용. 각 테크 노드를 위한 시뮬레이션 특성들이 더 정확해진다.[4]
- Local, intermediate, global interconnect들을 이용하면서 더 정확한 RC interconnect parasitic을 이용하고 이 구조들의 정확한 분석 모델링. 게다가 실질적인 BEOL-stack[5]은 각 테크놀로지 노드를 위해 쓰여진다.

동적 정적 파워 혹은 에너지에서의 중요한 점은 특정한 주파수를 가정하는 경우에 한해 두 가지를 합치는

---

3 CACTI와 eCACTI는 모두 캐시 입력에서 비현실적으로 큰 first-stage 인버터를 갖는 디자인을 산출해 낸다. 이는 캐시 디코드 체계를 드라이브하는 부담을 캐시에 앞선 회로들로 전가하게 되어, 지나친 optimistic delay와 power number를 야기한다

4 Delay와 dynamic power computation에서, CACTI와 eCACTI는 0.80-m technology에 기반한 hardcoded numbers를 사용하고, power와 delay numbers를 요구된 technology로 translate하는 데에 linear scaling을 이용한다.

5 Back-End-Of-Line stack은 active component를 만들어 낸 이후에 시행하게 되는 제작 단계를 나타낸다. Realistic BEOL-stack을 사용하는 것은 좀 더 정확한 interconnect modeling을 가능케한다. CACTI와 eCACTI에서는 한가지의 interconnect 특성만을 나타낸다.

표 18.1_ 각 Tech node에 사용되는 V_{dd}와 주파수(T=50C)

	250 nm	180 nm	130 nm	90 nm	65 nm	45 nm	32 nm
V_{dd}	2.0 V	1.8 V	1.6 V	1.4 V	1.3 V	1.2 V	1.1 V
Frequency	0.8 GHz	1.5 GHz	1.8 GHz	2.4 GHz	2.6 GHz	2.8 GHz	3.0 GHz

것이 가능하다는 것이다. 동적 파워는 싱글 스위칭 경우에서 얼만큼의 에너지가 소모되는지 보여주고, 얼마의 에너지 값이 파워 소모로 필요한 만큼 바뀌는지를 보여준다. 다른 한편으로, 정적 누설은 전류 흐름양을 설명한다. 이것을 에너지로 바꾸는 것은 전류가 흐르는 시간의 예상이 필요하다. 표 18.1에서는 주파수와 공급 전압의 값들을 보여준다.

18.3.4 동적 그리고 정적 파워

그림 18.10은 프로세스 테크놀로지의 함수로써, 각기 다른 캐시 종류들의 파워 소모를 나타낸다. 각 plot의 세로축은 특정 프로세스 테크놀로지를 나타내며, 가로축은 동적 누설과 subthreshold 누설, 게이트 누설과 전체 파워를 나타낸다. 이들은 주어진 캐시 사이즈와 테크놀로지 노드에 따른 결합 함수이다.

여기에서 확인할 수 있는 가장 기초적인 결과는 전체 파워가 큰 테크놀로지 노드에서는 동적 파워가 지배

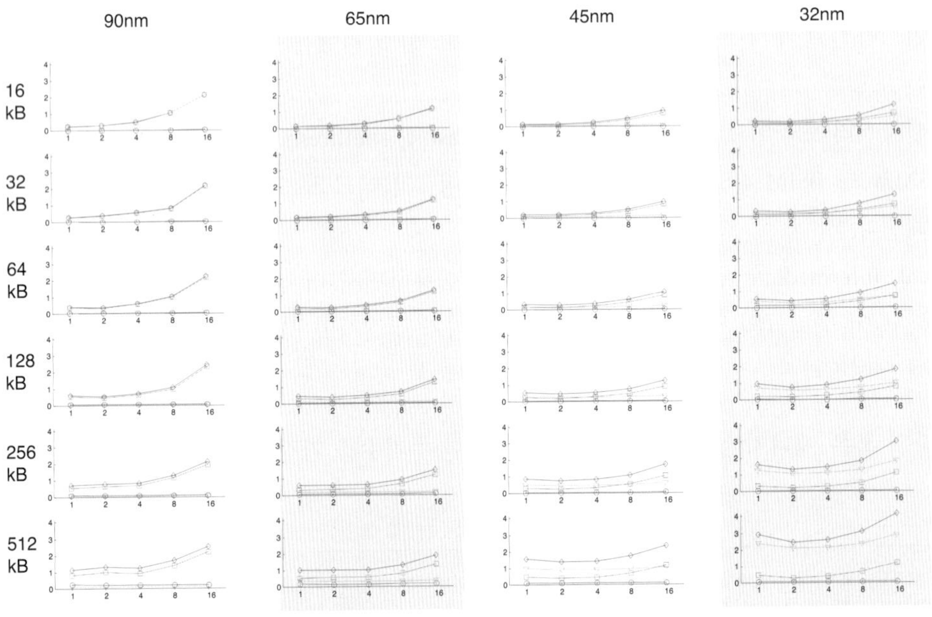

그림 18.10_ 파워 소모 대 서로 다른 캐시 종류의 기술 노드. plot들은 전체 파워소모가 동적 파워와 정적 파워에 의해(subthreshold leakage와 gate leakage 때문) 어떻게 나누어 지는지를 나타낸다. 각 plot의 세로축은 싱글 기술 노드를 나타내며, 가로축은 특정 캐시 사이즈를 나타낸다. 각 plot의 범위 내에서, 파워 소모는 x축에 나타난 증가하는 associativity와 함께 y축으로 표현되어 있다.

적인 요인이지만, 나노미터 노드의 지배적인 요소는 정적 파워라는 것이다(매우 높게 결합한 작은 캐시부터 중간 캐시까지의 경우는 예외적이다).

이것은 정적 누설의 전류가 매 다이 shrink에서 증가하는 대부분의 마이크로프로세서의 결과와 유사하며, 이러한 현상은 동적 파워가 전체 파워의 대부분을 차지하는 90-nm 노드와 65-nm 노드 plot에서도 관찰할 수 있다. 45-nm 노드의 경우, subthreshold 누설 파워가 몇몇 종류의 지배적인(dominant) 구성 요소가 될 정도로 매우 중요하며, 작은 캐시의 경우에는 associativity를 막론하고 동적 파워가 통상적인 지배적인 요소이며, 그 이유는 subthreshold 누설 파워에 기여하는 누설되는 디바이스가 적기 때문이다. 캐시 사이즈가 증가하면, subthreshold 누설 파워를 소모하는 쓸모 없는 트랜지스터의 숫자도 증가하며, high associativity일 때를 제외하고는(이는 더 많은 작업 수행을 요구하는 동시에 동적 파워를 소모하도록 만든다), subthreshold 누설 파워를 전체 파워에 대한 지배적인 구성요소로 만든다. 32-nm 노드의 경우, subthreshold 누설 파워가 associativity에 관계 없이 작은 캐시의 경우에서 조차 동적 파워에 버금갈 정도이며, 캐시 사이즈가 증가함에 따라 그 영향력도 커지기 시작한다. 그리고 이는 캐시가 더 많은 동적 파워를 소모할 것이라 예상되는 높은 associativity에서도 해당된다.

이 모든 plot에서 관찰되는 놀라운 결과는 게이트 누설 파워가 전체 파워에 미치는 영향력이 상대적으로 작다는 것이다. 이것은 게이트 누설이 지배적인 누설 메커니즘의 하나로 간주되며 남다른 이목을 끌었던 점을 고려하면 매우 놀라운 것이다. 이러한 결과는 최근의 ITRS 로드맵[SIA 2003, 2005]에서 덜 공격적인 게이트 산화물 두께를 스케일한 것을 포함하여, V_{dd} 스케일과 디바이스 사이즈 스케일 모두가 게이트 터널링 전류 값을 감소시키는 등 여러 요인들에서 기인한다. 세대를 거듭하며 게이트 산화물의 두께를 줄이고(터널링 증가), 공급전원을 낮추고(터널링 감소), 더 작은 디바이스(터널링 증가)를 고안하여 게이트 누설의 효과적인 감소라는 결과를 낳게 되었다.

그림 18.10의 plot 중 몇몇은(또는 45-nm과 32-nm 노드의 256K와 512K 캐시) 일종의 'saddle' 형태를 나타낸다. 이것은 직접 매핑에서 2웨이 또는 4웨이로 캐시 associativity를 증가시키는 것이 자동적인 파워 소모의 증가를 야기하는 것은 아니라는 것을 보여주는데, 그 이유는 중간 사이즈부터 큰 사이즈에 이르는 캐시의 경우에는 특히, 내부 조직에서 직접 매핑 캐시 대비 셋 결합 캐시의 더 많은 파워 최적 실행을 허가하기 때문이다.

그림 18.10에서 확인할 수 있는 마지막 관찰 결과는 테크놀로지 스케일링이 캐시의 전체 파워를 증가 또는 감소시키는 것이 가능하다는 것이다. 파워가 향하는 방향은 특정 캐시 조직에 지배적인 영향력을 행사하는 것이 파워의 어떤 구성요소인가에 달려 있다. 동적 파워가 우세한 캐시(내지는 작은 캐시/높은 associative 캐시)는 CV^2f 함수의 결과값 감소로 인해 동적 파워가 감소하면서, 캐시 파워가 감소하게 되는 반면 정적 파워가 우세한 캐시의 경우(내지는 넓은 캐시/ 중간 사이즈, low-associativity 캐시) 정적 파워가 증가함에 따라 캐시 파워가 증가하게 된다.

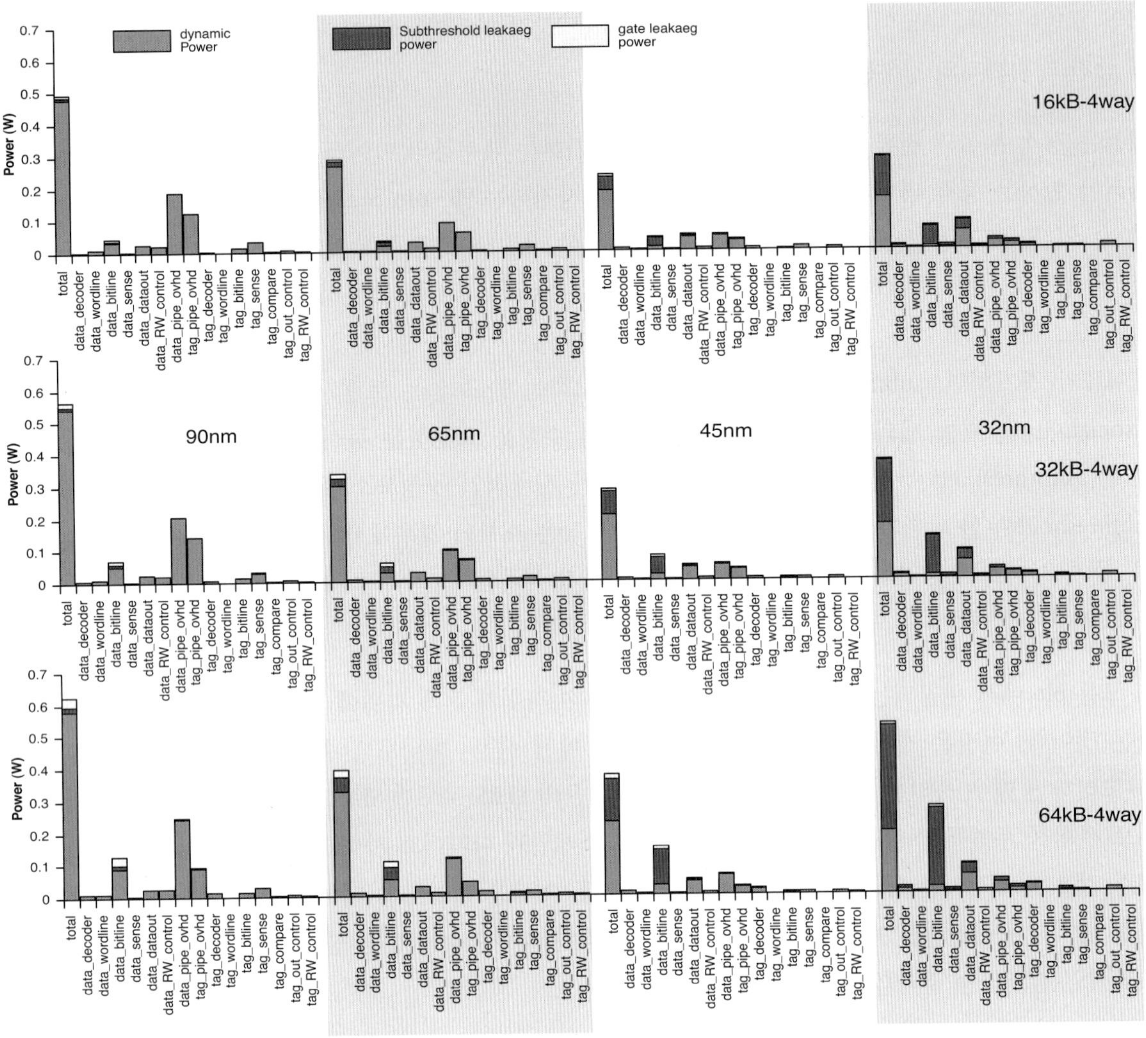

그림 18.11_ 세 가지의 다른 캐시 종류로 나눈 파워의 상세내용. 이 그림은 캐시의 서로 다른 부분에서 소모되는 dynamic과 subthreshold leakage, 그리고 gate leakage 파워를 나타낸다. 각각의 plot은 서로 다른 technology nodes에 상응하는 네 개의 세트 값을 나타내며, 이들 각각은 각기 다른 주파수에서 동작한다. (세가지 plot 모두가 같은 스케일을 사용한다는 것을 주의한다)

18.3.5 파워 고장

그림 18.11은 각기 다른 캐시 종류상의(16kB-4W, 32kB-4W, 64kB-4W) 자세한 캐시 파워 고장을 나타낸다. 각각의 plot은 4-nm 노드로 공정된 종류를 대표하는 것으로, 각 노드의 총 캐시 파워와 고장의 상세 사항을 함께 보여주고 있다. 플롯의 세로축에서 확인할 수 있는 것처럼 각 부분의 파워 소모는 또한 동적, subthreshold 누설과 게이트 누설로 세분화할 수 있다.

여기서 눈에 띄는 첫 번째 포인트는 이러한 캐시 종류상의 90nm에서 65nm로의 변화가 파워의 감소를 야기하고, 65nm에서 45nm로의 변화는 그보다 더 작은 파워 감소를 일으키며, 32nm로 변화되는 것은 상당한 파워 감소를 일으킨다는 것이다. 다시 한 번 말하자면, 이러한 현상들은 뒤얽힌 감소와(intertwined

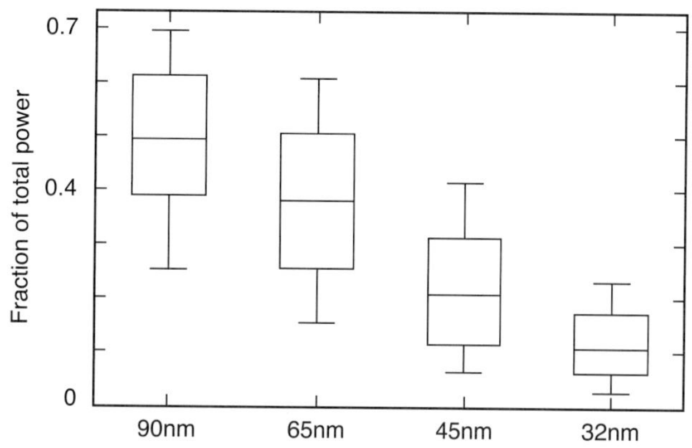

그림 18.12_ 전체 캐시 파워에 대한 파이프라인 overhead 기여도. 각 plot이 min, max, median, quartile 정보를 나타내는 모든 캐시 종류에서, 파이프라인 overhead는 총 파워의 단편을 나타내는 데이터 분배에 기여하고 있다.

decrease)와 동적 파워 누설과 subthreshold 누설 파워의 증가가 테크놀로지 노드에서 그 다음으로 넘어감에 따라 각각 그 원인으로 작용하고 있다.

두 번째 포인트는 대부분의 플롯에서 캐시 파워의 두 가지 주요 유인이 비트라인과 파이프라인 오버헤드라는 사실이다. 파워에서 출력 데이터 버스들을 구동하는 data_dataout 구성 성분이 몇몇 종류에 있어서도 중요하다. 파이프라인 오버헤드는 data_pipe_ovhd와 tag_pipe ovhd와 같은 plot에서 보이는 것처럼, 관련된 클럭-트리 회로와 함께 파이프라인 래치에서 파워 소모의 주를 이룬다. 캐시를 파이프라이닝하는 오버헤드가 총 파워에서 종종 매우 중요한 위치를 점하고 있는데, 이러한 대부분의 파워가 보통 동적이기 때문에 이는 매우 중요한 현상이다. 이것을 그림 18.12에서 확인할 수 있는데, 이 그림에서는 지금까지 연구된 모든 종류에서 파이프라인 오버헤드에 의해 소모되는 총 파워의 단편을 나타낸다. 이것이 특히 의미 있는 이유는, 활성화될 필요가 있는 래치들만이 클럭 시그널을 실제로 보는 aggressive 클럭 게이팅을 모델링했기 때문이다. 때문에 우리는 파이프라인 오버헤드가 less aggressive 클럭 게이팅을 사용하는 회로에서 더 중요해지기를 기대한다(이때의 모델링 회로는 본질적으로 oracle을 토대로 하고 있다). 마지막으로, 파이프라인 오버헤드의 대부분 파워가 동적이기 때문에, 이것은 그림 18.11과 같이 더 작은 테므놀로지 노드에서 감소해야 한다.

동적 파워가 모든 세대에서 감소되는 추세에 있으나, 주파수의 증가는 공급 전압의 감소를 디바이스의 용량으로써 상쇄시키는 결과를 가져왔다. 이것은 디바이스에 한해 해당되는 것으로써(내지는 게이트와 확산 커패시턴스), Wire-dominated loading 회로는 다음 세대로 발전함에 따라 실제로 동적 파워가 증대될 것이다. 그 이유는 더 짧은 길이와 더 작은 coupling area에 의해 감소하는 wire 커패시턴스가 wire 간의 더 짧은 거리에 의해 대폭 증가되며, 이는 곧 오프셋이라는 결과를 초래하기 때문이다. 이것은 그림 18.11에서 확인할 수 있다. 그림 속 data_dataout 구성요소를 위한 정적 파워는 세 종류 모두에서 증가하며, 이는 data_dataout의 로드가 전체 캐시에 걸쳐 긴 wire를 드라이빙하는 high-impedance 드라이버들을 소수만 포함하고 있는 wire-dominated라는 것에서 주로 기인한다.

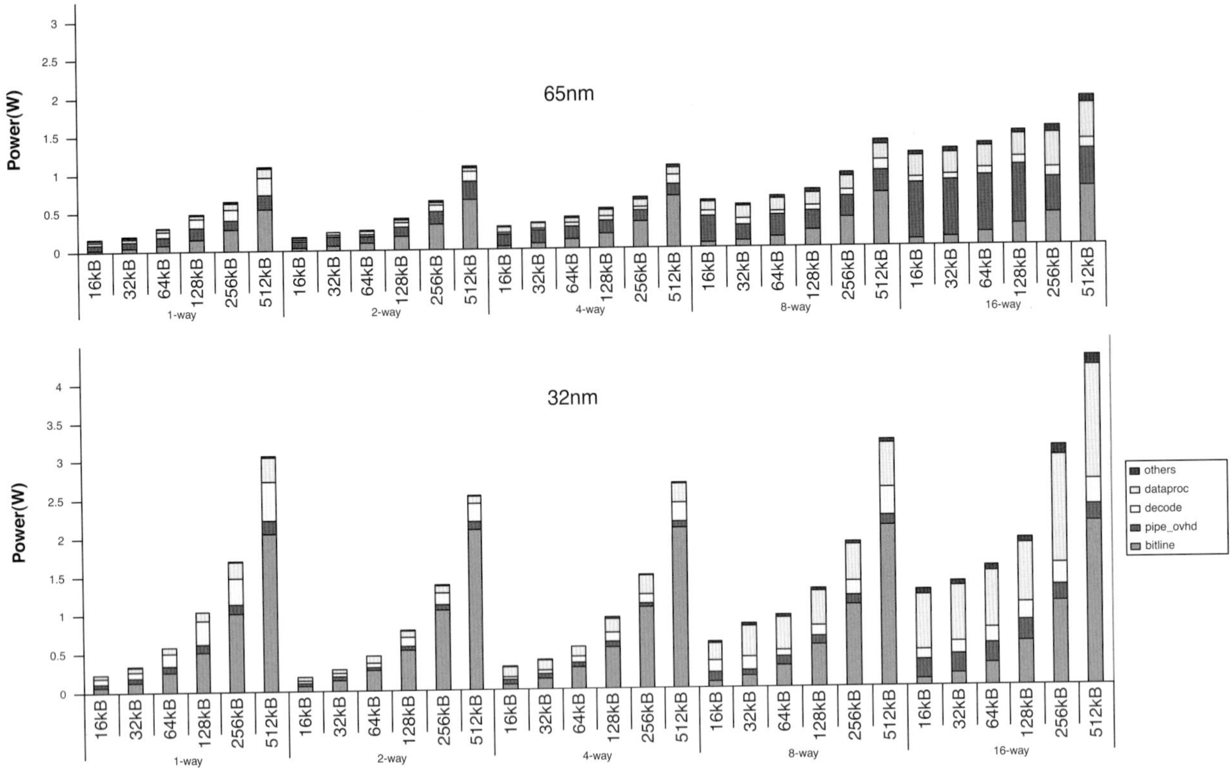

그림 18.13_ 세분화에 대한 상세 설명. 이 그림은 65-nm 와32-nm technology nodes로, 서로 다른 캐시 size와 associativity를 가진 캐시 파워에 대한 주요 유인을 나타내는 파워 분석표이다. 캐시 동작 주파수는 technology node와 함께 증가한다. (두 plot 모두의 y축이 같은 스케일을 사용한다는 것을 주의한다.)

그림 18.11의 캐시 종류에서 나타나는 파워 고장은 파이프라인된 나노미터 캐시의 파워의 대부분이 비트라인과 파이프라인 오버헤드 그리고 아마도 데이터 출력 드라이버에서 소모된다는 것을 나타낸다. 설계 space에 관한 좀 더 나은 견해를 얻기 위해서는, 유사한 구성 요소를 합할 수도 있다. 그림 18.13에서는 총 파워를 비트라인 파워, 파이프라인 오버헤드 파워, 디코더 파워, 데이터 프로세싱 파워(데이터/태그 센싱, 태그 비교, 데이터 출력 다중화, 드라이빙)와 기타 블록을 묶어 총 다섯 개의 카테고리로 세분화하고, 전 종류에서 65-nm와 32nm 노드에 따른 결과를 함께 나타내었다.

비트라인에 의한 파워 소모가 두 가지 테크놀로지 노드 모두의 캐시 사이즈와 마찬가지로 단조롭게 증가하는 데 반해, 다른 구성요소에 의한 파워는 반드시 이와 같은 결과를 낳진 않는다. 실례로, 65-nm 128k-16와 256KB-16 방식 캐시의 파이프라인 파워가 종류에 따라 급격히 감소한다는 것을 들 수 있다. 그 이유는 비트라인 파워가 캐시 실행이 아닌 캐시 사이즈에 주로 의존하고 있기 때문이다(비트라인 파워의 주요 원인은 정적 파워라고 생각된다.)

반면, 기타 파워 구성요소들은 특정 실행에 대한 높은 의존도를 보이는 까닭에, 그 값이 실행에 따라 급격히 증감하며, 다른 요소를 희생하여 한 컴포넌트 파워를 개선하는 실행의 경우에는 특히 더욱 눈에 띈다. 여기서 모델링한 방식은 컴포넌트 파워가 아닌 총 파워를 위해 최적화했다는 것을 기억하는 것이 중요하다. 특정 실행이 파워 부문에서 다른 것에 비해 좀 더 나은 특성을 가지는 한, 특정 캐시 성분에 대한 관련 값은 그다지 중요한 것이라 할 수 없다.

그림 18.13은 파이프라인 파워(pipe_ovhd로 나타냄)가 전체 캐시 파워에 대한 주요 기여 요소임을 명확히 보여준다. 이러한 파이프라이닝 오버헤드에 관해 설명하는 데 실패하고, 대신 캐시들을 마이크로프로세서 코어와 접속시킨 분석은 모두 잘못된 것이라 할 수 있다. 이 그림이 파이프라인 오버헤드의 전체 파워에 대한 기여도가 'dataproc' 성분에 비해 65에서 32nm로 감소한다는 것을 보여주긴 하지만, 이 연구는 레벨 간 유전체 유전율(dielectric constants)의 전통적인 스케일링을 모델링한 것이지, 과감하게 스케일링되는 low−K interconnects를 모델링한 것이 아니다. 만약 장래에 wire 지연이 문제가 되고, interconnect 성능을 개선하기 위한 더 과감한 조치가 단행된다면, 파이프라인의 전체 파워에 대한 상대적인 기여도가 크게 증대될 것으로 보인다.

그림 18.13에서 확인할 수 있는 마지막 결과는 캐시 associativity의 증가가, 필연적으로 전체 파워의 눈에 띄는 증가로 귀결되는 것은 아니며, 이는 특히 65nm와 그 이하의 큰 캐시에서는 더욱 그러하다는 것이다. 이러한 종류의 경우 그 파워는 보통 비트라인 누설에 의해 지배되며, 높은 associativity에서 기인한 동적 파워 증가에 대한 영향을 감소시킨다. 몇몇의 경우, associativity는 증가하면서도 전체 파워 소모는 실제로 감소할 수도 있는데, 이는 특정 종류가 모든 캐시 구성성분에 대한 정적 파워와 동적 파워의 전체적인 균형을 조정할 수 있기 때문이다. 이러한 지식은 L2 캐시(또는 그 이상의)에 적합한 크면서도 높은 associativity 캐시를 가능케 하는 데 유용하게 이용될 수 있다.

MEMORY | SYSTEMS | **Cross-Cutting Issues**

메모리 오류 및 오류 정정

19 CHAPTER

컴퓨터는 업무, 엔터테인먼트, 정보전달, 재무관리 등의 다양한 일들에 사용된다. 이때 각각의 용도에 따라 데이터 처리 완전성의 허용 범위가 달라진다. 예를 들어, 은행잔고 기록에서의 floating-point 오류는 허용되지 않지만 비디오 스트림 중에 몇몇 픽셀의 색이 이상하더라도 사람들은 인식하지 못하며 전혀 문제 삼지 않는다. 재무 관련 데이터베이스나 전자상거래와 같이 데이터가 중요한 영역에서는 데이터의 신뢰도가 보장되어야 한다. 그렇지 않으면 정보가 손상되고 확산될 우려가 있다. 따라서 데이터가 중요한 영역에 사용되는 서버 시스템들은 레지스터 파일, 캐시, DRAM 시스템, 디스크 시스템의 모든 단계에서 메모리의 신뢰도를 확보하고 있다.

데이터 오류는 운영체제나 응용프로그램의 결함, 전자 노이즈, 정전기 충격, 하위 시스템에서의 기계적인 오작동 등에 의해 발생한다. 대부분의 오류는 사용되지 않는 데이터 워드나 수학적으로 중요하지 않은 저순위 비트에서 발생하여, 결과에 큰 영향을 주지는 않는다. 그럼에도 불구하고, 데이터 신뢰성을 보장해야 하는 시스템들은 가능한 모든 불량 가능성을 막기 위해 보수적인 입장을 취한다. 이전의 장에서 본 것처럼, FB-DIMM이나 RAID 시스템과 같은 현대의 저장 디바이스들은 데이터를 보호하기 위해 다양한 information redundant coding 방식들을 실행하고 있다. 개별 시스템에서 데이터 신뢰성과 끊김 없는 서비스를 제공하는 것이 중요해짐에 따라 소프트웨어나 하드웨어의 불량을 발견하고 이를 복구하기 위한 다양한 수준의 알고리즘을 실행하고 있다. 이 장은 메모리 시스템에서 일어나는 오류들을 다룬다. 일반적으로 메모리 시스템의 일시적인 오류는 자연적으로 일어나는 α 입자(alpha particle)나 지상파 중성자(terrestrial neutron)들이 반도체 기판에 전자 노이즈를 주입하여 발생하고, 지속적인 하드웨어 오류는 정전기 충격과 열 순환(thermal cycling) electro-migration 등과 같은 다양한 원인에 의해 발생할 수 있다. 이 장에서는 일시적인 오류와 지속적인 하드웨어 오류의 원인에 대해서 살펴보고, 메모리 시스템에서 이러한 오류들을 발견하고 복구하기 위해 실행하고 있는 알고리즘에 대해서 살펴본다.

19.1 손상의 형태와 원인

반도체로 만들어진 다른 전자 기기와 마찬가지로, DRAM과 같은 메모리 저장 디바이스 역시 하드 고장과 소프트 오류에 민감하다. 하드 고장은 electro-migration, 부식(corrosion), 열 순환, 또는 정전 충격에 의해 유발될 수 있는 물리적인 고장과 관련이 있다. 소프트 오류는 실제 기기는 정상 동작하지만 불규칙하고 일시적인 전자 노이즈가 저장된 데이터를 손상시키는 것을 말한다. 이어지는 절들에서는 메모리 시스템의 전체적인 신뢰성 관점에서, 일시적인 소프트 오류의 원인과 이를 막기 위한 해결책을 중심으로 살펴보기로 한다. 우선 DRAM에 대해서 살펴보고, SRAM 관련 이슈는 장 말미에 논하기로 한다.

19.1.1 α 입자

1978년에 Intel의 16Kb DRAM에서, 상대적으로 낮은 에너지의 알파 입자가 높은 농도로 존재하는 경우에 비정상적으로 높은 소프트 오류율이 관측되었다. 그 당시에 두 개의 중성자와 두 개의 양자 핵으로 이루어진 알파 입자가 자연적인 방사능의 부산물로 방출된다는 것은 잘 알려져 있었다. 그러나 알파 입자가 어디에서 나오는지, 그리고 4Kb DRAM 대비 16Kb DRAM에서 상대적으로 높은 오류율을 보이는 근본 원인은 알 수가 없었다. Intel에 패키징 물질을 공급하던 공장이 폐 우라늄 광산의 하류에 있었는데, 알파 입자는 이 패키징 물질에서 방출된 것이었다. 패키징 물질을 생산하는 데에 사용된 오염수에 포함된 많은 양의 방사성원소가 소프트 오류율을 높였던 것이다. 이 발견 이후로 반도체와 그 패키징 물질에 대해서 방사성원소의 양을 엄격하게 관리하고 있으며, DRAM 제조사들은 알파 입자에 의한 소프트 오류는 충분히 해결 가능한 것으로 보고 있다. 최근 연구에 따르면, 현대 DRAM에서 대부분의 소프트 오류는 우주선(cosmic ray)이 대기와 충돌할 때 발생하는 지상파 중성자(terrestrial neutron)로 인해 발생한다.

19.1.2 일차 우주선과 지상파 중성자

우주선(宇宙線, cosmic ray)은 자연적인 배후방사선(background radiation)으로 우주에 존재하는데, 대략 90%의 일차 우주선(primary cosmic ray)이 양성자이며, 나머지는 알파 입자나 좀 더 무거운 핵으로 구성되어 있다. 배후방사선 중 일부 양성자, 무거운 핵, 그리고 알파 입자는 상대적으로 높은 에너지를 가지고 있어서 인공위성이나 우주선(spacecraft)의 전자 장비와의 상호작용을 통해 그 장비를 파괴할 수도 있다. 다행히도 지구의 대기가 방패 역할을 하여 일차 우주선이 지구의 전자 장비에 직접적인 영향을 주지는 못한다. 일차 우주선이 대기에 들어오면 대기에 있는 원자들과 충돌하여 전자, 양성자, 중성자와 같은 고에너지 입자를 생성하고, 이 이차 입자들은 사방으로 흩어져 전자 장비와 만나면 전자 노이즈를 만들어 낸다. 전자 장비가 있는 곳에서의 이들 고에너지 이차 입자들의 흐름에 따라 상호작용과 노이즈의 강도는 달라지게 된다. 흐름은 다양한 요소에 의해 결정되는데, 주된 요소는 고도이다. 해수면 대비 고도 2,000피트 상공에서의 이차 입자 흐름은 대략 2배이고, 고도 40,000피트 상공에서는 해수면 대비 이차 입자의 흐름이 대략 300배이다[1].

1 비행 중에 노트북을 사용하면 노트북의 electronics를 고에너지 분자들의 높은 flux에 노출시키게 된다.

일차 우주선(primary cosmic rays)과 지구 대기의 충돌로 발생한 이차 입자를 통칭하여 우주선(cosmic ray)이라 한다. 그러나 우주에서 동작하는 전자 디바이스의 노이즈 원인과 상대적으로 안전한 지구에서 동작하는 전자 디바이스의 노이즈 원인을 구분하기 위해, 지구의 전자 디바이스에 영향을 주는 이차 입자를 특히 **지상파 중성자**(terrestrial neutrons)라 부른다. 여기서 특히 중성자라 특정한 이유는 이차 입자 중에서도 전자 디바이스의 소프트 오류에 중성자가 대부분의 영향을 주기 때문이다. 배후방사선으로부터 발생한 저에너지 알파 입자와 달리, 일부 고에너지 중성자는 콘크리트와 일반적인 차폐물을 통과한다. 최근 연구에 의하면, DRAM 소프트 오류는 주로 지상파 중성자에 의해 발생하고, 소프트 오류율(SER)은 해당 위치에서 고 에너지 지상파 중성자의 흐름에 비례한다.

19.1.3. 소프트 오류 메커니즘

그림 19.1은 고에너지 알파입자와 실리콘 격자를 가진 중성자의 상호작용을 보여준다. 이 그림에서 고에너지 알파 입자들이 실리콘을 통과할 때, 입자들이 이온화된 자국을 남기는데, 이 자국의 길이는 충돌한 입자의 상대적인 에너지에 의해 결정된다. 또한 이 그림에서는 고에너지 중성자들이 실리콘을 통과할 때, 일부 중성자들은 실리콘 격자에 있는 원자들과 충돌하지 않고 통과하여 반도체 디바이스의 동작에 영향을 주지 않는다. 그러나 중성자들이 격자 내의 핵과 충돌하는 경우에는 여러 개의 이온화된 자국을 생성하게 되고, 충돌로 생성된 2차 입자들이 실리콘 격자 내로 흩어지게 된다. 전기장이 있을 때에는 정공 쌍(electron-hole pair)의 이온화된 흔적들이 전류나 전하의 급상승을 유발하여 스토리지 셀에 저장된 데이터를 바꿀 수 있다. 또한 정공 쌍의 이온화된 흔적들의 전하는 sense amplifier에 의해 증폭될 비트라인의 전압에도 영향을 준다. 메모리 디바이스에서의 소프트 오류율(SER)은 충돌 입자의 흐름과 에너지 분포, 메모리 디바이스의 공정 기술, 영향을 받은 부분의 단면적, 스토리지 셀의 설계, 임계 전하량 또는 임계 전압, 임계 전하량을 초과한 시간 주기, 비트라인과 sense amplifier의 설계, 그리고 DRAM 내의 데이터 전달을 제어하는 로직 회로의 설계 등의 많은 요소에 의해 결정된다. DRAM에서는 셀의 면적이 셀 근처의 타격 확률을 결정하고, 셀에 저장된 전하량이 셀의 데이터를 바꾸기 위해서 얼마나 많은 에너지가 필요한지 결정한다. 비트라인도 동일하나, 영향을 받는 시간이 DRAM 셀이 방전되고 sense amplifier가 동작하기 전까지로 제한되어 있다.

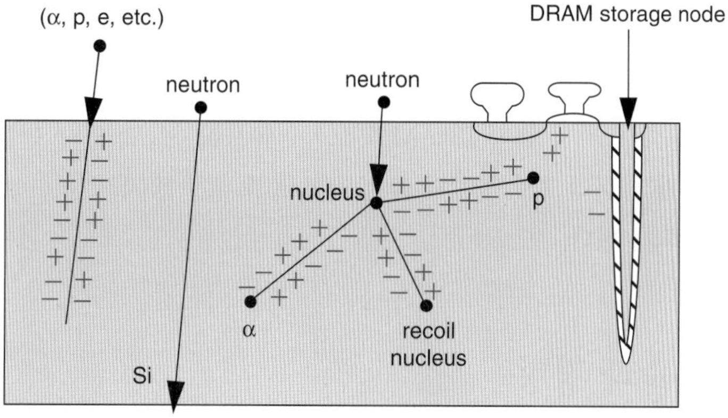

그림 19.1_ 알파입자와 고 에너지 중성자에 의한 electron–hole pair의 생성

표 19.1_ 싱글 비트 오류 대비 멀티 비트 오류의 발생 빈도

DRAM Size-Vendor	x4	x8	x16
4 MB-A	7%	7%	–
4 MB-B	16%	16%	24%
16 MB-C	13%	19%	19%
64 MB-D	3%	12%	12%
64 MB-E	13%	18%	18%

Data taken from Dell [1997].

19.1.4 싱글 비트 오류와 멀티 비트 오류

DRAM에 대한 최근 연구에 의하면, 소프트 오류의 확률과 유형은 충돌 입자의 에너지에 매우 큰 영향을 받는다. 실험에 의하면 5MeV 미만의 에너지를 갖는 알파 입자나 중성자는 오류를 유발시키지 않는다. 반면, 300MeV 이상의 고에너지 중성자는 멀티 비트 오류를 유발하는데, 이는 고에너지 중성자와 실리콘 원자의 충돌 때문이다. 이와 같은 충돌 때, 많은 정공 쌍이 생성되고, 전하가 인접한 셀로 퍼져 나갈 수 있다. 다행히도 이러한 고에너지 중성자는 전체 지상파 중성자 흐름 중 작은 일부에 불과하다. 따라서 멀티 비트 오류가 싱글 비트 오류보다 덜 일반적이다. 그러나 무어의 법칙(Moore's Law)에 따라 동일한 면적 내에 더 많은 트랜지스터가 집적되면서 멀티 비트 오류와 싱글 비트 오류의 비율은 달라질 수 있다.

표 19.1은 싱글 비트 오류 대비 멀티 비트 오류의 발생 비율을 보여주고 있다(IBM의 논문 "chipkill memory, citing data from internal sources within IBM" [Dell 1997] 인용). 표의 데이터는 여러 세대의 DRAM, 여러 가지 비트 폭, 여러 DRAM 제조사를 나열하고 있다. 비록 초기의 DRAM에 대해서 제한적인 샘플 개수에 근거한 데이터지만, 멀티 비트 오류가 싱글 비트 오류 대비 덜 발생하고, 데이터 버스 폭이 증가할수록 멀티 비트 오류 역시 증가함을 알 수 있다. 소프트 오류 이외에, 메모리 모듈을 다룰 때 DRAM과 모듈을 연결하는 납땜 부분이 파손될 수 있있는데 이로 인한 파손은 컴퓨터가 정상 동작과 대기모드 또는 절전모드를 반복하는 열 사이클에 따라 더 쉽게 일어날 수 있다. 납땜 파손의 경우, 하나의 어드레스, 명령 또는 제어신호의 연결 오류를 일으켜서 해당 DRAM의 모든 데이터를 쓸모 없게 만들 수 있다. 결과적으로 지속되는 하드웨어 오류뿐만 아니라 지속적이지 않은 소프트 오류를 방지하기 위해서도 멀티 비트 오류를 정정하는 알고리즘이 필요하게 된다.

19.2 소프트 오류율과 경향

표 19.2는 여러 세대에 걸친 IBM, Micron, Infineon의 SER를 보여준다. 여기에서 IBM의 수치는 다른

표 19.2_ Reported SER

Reported by	Device Gen	Reported FIT
IBM	256 KB	27,000 ~ 160,000
IBM	1 MB	205 ~ 40,000
IBM	4 MB	52 ~ 10,000
Micron	16 MB	97 ~ ?
Infineon (now Qimonda)	256 MB	11 ~ 900

DRAM에서 측정하거나 예측한 오류율이다. 그리고 오류율은 FIT(failure-in-time)로 표기되었으며, 1-FIT는 10억 디바이스 시간에 하나의 오류가 발생하는 빈도이다.[2]

표에서 알 수 있는 첫 번째 특징은 각각의 DRAM 제조사에서 만든 디바이스별로 SEU(Single Event Upeses)에 대한 다른 민감도를 보인다는 점이다. 여기에서 SEU는 일시적인 알파 입자나 지상파 중성자에 의해 상태가 바뀌는 것을 말하고, SEU에 대한 민감도 차이는 SER의 넓은 분포로 알 수 있다. 예를 들어, IBM 보고에 따르면, 플로팅 비트라인을 사용한 256kb DRAM이 SEU에 특히 민감하였고, 반대로 DRAM 셀의 active 영역을 Bulk 실리콘에서 분리한 구조에서는 SEU에 대한 내성이 크게 증가하기 때문에 SER이 감소하는 경향/특성이 나타난다.

표에서 알 수 있는 또 다른 특징은, Generation에 따라 비트 직접도(density)가 증가하여도 디바이스당 오류율은 점진적으로 감소한다는 것이다. 이는 매 Process generation마다 셀 사이즈가 줄어드는 동안, SEU에 내성이 있는 회로를 설계하고 임계 전하 Qc를 일정하게 유지할 수 있도록 노력했기 때문이다. 결과적으로 256256Kb 세대에서 256Mb 세대까지 DRAM SER의 비율이 점진적으로 감소하였다. 그러나 디바이스당 SER이 감소하는 추세가 지속적으로 보장되지는 않는다. DRAM 디바이스의 속도 향상과 파워 소모를 줄인 저전압 DRAM Device에 대한 요구로 인하여 미래 DRAM 디바이스는 지금보다 SEU에 더 영향을 받을 수도 있다.

19.3 오류 감지와 정정

이번 섹션에서는 일시적인 소프트 오류를 발견하고 교정하는 기술에 대해서 살펴본다. 대부분 DRAM 중심으로 논의하겠지만, 이러한 기술들은 SRAM이나 디스크에도 사용하고 있다.

2 디바이스당 레벨상의 극소의 SER은 DRAM의 SER을 계량하기 어렵게 만드는 원인이다. 10억 시간 동안 작동 가능한 디바이스는 없다. 100개의 디바이스를 면밀히 컨트롤하여 셋업한다 해도 디바이스당 구동 시간은 1000만 시간에 미치지 못할 것이다. 때문에, SER 측정에는 가속화된 텍스트와 통계적인 외삽법(extrapolation)의 조합이 필요하며, SER은 주로 상술된 confidence level(C.L.)을 알 수 있는 값들의 범위로 나타난다.

19.3.1 패리티

DRAM에 저장된 데이터에 대해서 최소한의 보호를 위해 사용하는 것이 패리티(parity) 메모리이고, 이는 싱글 비트 오류를 감지할 수 있다. 그림 19.2는 DRAM에 저장될 데이터에 대해서 어떻게 패리티 비트를 만드는지 보여 준다. 데이터 비트 벡터에서 '1'의 개수가 짝수인지 홀수인지를 나타내는 패리티 비트는 입력 데이터들에 대해서 반복적으로 XOR(exclusive-or)를 적용하여 만들어진다. 패리티 비트는 입력 데이터와 같이 DRAM에 저장되고, 저장된 데이터를 읽을 때 패리티를 다시 계산하여 저장되었던 패리티 비트와 비교한다. 이때 다시 계산된 패리티 비트가 저장되었던 패리티 비트와 다른 경우에는 홀수개의 데이터가 변경된 것이고, 패리티 체크 오류가 발생한다.

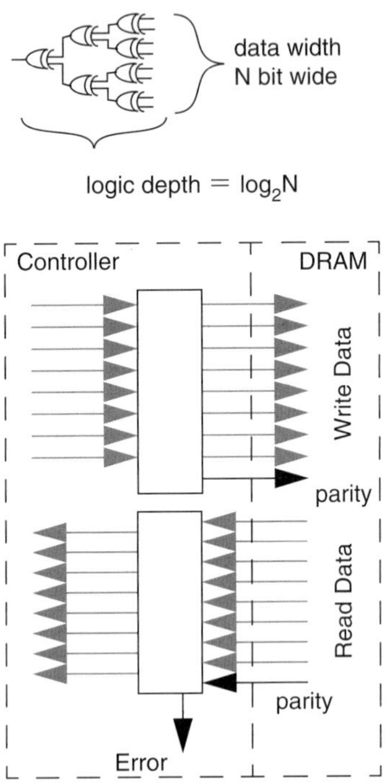

그림 19.2_ Parity checking

패리티 메커니즘은 간단하고 빠르다. 최초의 IBM PC부터 PC들은 8-비트 데이터 벡터에 대해서 패리티를 실행해 왔고, 이러한 PC들에서는 패리티 체크를 위한 추가적인 XOR 게이트와 로직 깊이가 전체 read latency에 주는 영향이 미미하였다. 패리티 체크의 약점은 홀수개 비트 오류만 발견할 수 있고, 오류를 발견한 후에도 오류가 난 비트를 특정할 수도 정정할 수도 없다는 것이다. 교정이 불가하다는 점과 더 넓은 데이터 버스 사용 추세에 따라 대량생산되는 PC의 메모리 시스템은 패리티 체크 대신 좀 더 복잡한 메커니즘을 사용한다. 현대의 컴퓨터 시스템에서도 데이터 벡터가 작고, 빠른 메커니즘이 필요한 경우에는 여전히 패리티 체크 메커니즘을 사용한다. 예를 들어, 캐시 태그에는 간단한 패리티 체크를 사용하고 있다.

19.3.2 싱글 비트 오류 정정

ECC(Error Correcting Code)는 오류 정정 코드를 의미한다. 가장 근본적인 아이디어는 수학에 근거하고 있다. 이 장에서는 ECC의 다양한 알고리즘이 수학적인 증명 없이 설명될 것이다. 관심이 있는 독자들은 각각의 알고리즘을 증명한 문헌들을 찾아보기 바란다.

기본적인 ECC 알고리즘은 SEC(Single-bit Error Correction) ECC이다. SEC ECC의 장점은 비교적 비용이 적게 든다는 것이다. N-비트의 데이터 벡터 오류를 감지하기 위해 필요한 비트 수는 $\log_2 N$에 비례한다. 예를 들어 64-비트 데이터 벡터의 경우, SEC ECC를 위해 필요한 추가적인 저장 공간이 8:1 패리티 방식보다 작다. SEC ECC도 패리티와 같이 반복적인 XOR가 사용되지만, 패리티와는 체크 비트를 정렬하고 사용하는 방식이 다르다. SEC ECC를 포함한 모든 ECC 알고리즘에서는 각각의 데이터 비트에 대해서 다수의 체크 비트의 여분의 패리티가 제공된다. 체크 비트의 정렬 순서에 따라 SEC ECC 알고리즘은 오류가 일어난 비트의 위치까지 발견할 수 있는 것이다. 또한 데이터 벡터는 이진(binary) 벡터이고, 싱글 비트 오류의

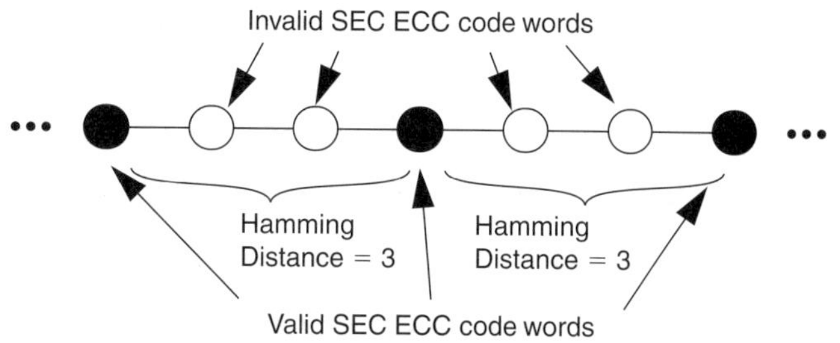

그림 19.3_ 3-비트 Hamming distance를 사용하는 SEC ECC

위치를 알 수 있으므로, 오류 데이터를 정정할 수 있다.

SEC ECC는 유효한 코드 워드 사이의 '0'이 아닌 해밍 거리(Hamming distance)를 만들기 위한 여분의 비트를 이용하여 주어진 데이터 벡터를 좀 더 긴 코드 워드로 나타낸다. 해밍 거리는 두 개의 이진 벡터를 구분하기 위해 필요한 비트의 개수이다. 예를 들어 아래와 같은 8-비트 2진법 숫자 A와 B 사이의 해밍 거리는 2이다.

A: 0100 1011
B: 0101 1001

A와 B를 보면 왼쪽에서부터 4번째와 7번째 비트가 다르다. 비트-플립을 통해 A를 B로 바꾸기 위해서는 2-비트를 바꿔야 하므로 A와 B 사이의 해밍 거리는 2가 된다. SEC ECC에서 모든 유효한 코드 워드는 최소한 3-비트가 서로 다르고, 유효한 2개의 코드 워드 사이에는 2개의 유효하지 않은 코드 워드가 존재한다. 그림 19.3이 이와 같은 정렬 순서를 보여 준다. 이와 같은 정렬 방식으로 인해 유효한 SEC ECC 코드 워드에서 1-비트 오류는 문제가 되지 않는다. 유효한 코드 워드 내에서 어떤 1-비트에 오류가 발생하였다고 하면, 해밍 거리가 1만큼 달라지게 되어 유효하지 않은 코드 워드가 된다. 따라서 어떠한 싱글 비트 오류는 유효하지 않은 코드 워드를 가장 가까운 유효 코드 워드로 변경함으로써 정정될 수 있다. 그러나 2-비트 오류는 원래의 유효한 코드 워드 대비 2만큼의 거리가 달라지게 되고 이 둘은 연관 관계가 전혀 없으므로 제대로 정정할 수가 없다. 따라서 이와 같은 메커니즘을 싱글 오류 정정이라고 한다.

그림 19.4는 8-비트 데이터 벡터에 대한 SEC ECC 구현을 보여주고 있다. SEC ECC 인코딩 단계에서는 입력 데이터 벡터를 SEC ECC 코드 워드의 지정된 위치로 분배한다. 입력 데이터 벡터의 각각의 비트를 D_j(j=1, 2 ,⋯, N)라 하면, 각각의 입력 데이터 비트는 SEC ECC 워드 R_m((m=1, 2⋯N+($\log_2$N)+1) 중에서 2의 거듭제곱이 아닌 수)으로 배치한다. 여기에서 m이 2의 거듭제곱인 R_m에는 체크 비트가 위치하게 된다. 이와 같은 SEC ECC R 벡터에서 각각의 데이터 비트는 체크 비트의 인덱스의 합이 해당 데이터 비트의 인덱스와 같아지는 체크 비트에 의해 보호된다. 예를 들어 R_7은 R_1, R_2, R_4에 의해 보호되고, R_{10}은 R_2와 R_8에 의해 보호된다. SEC ECC 알고리즘에서 체크 비트 R_1은 R_3, R_5, R_7, R_9, R_{11}을 보호하는 데에 사용되고, 이 R_1은 해당 데이터 R_3, R_5, R_7, R_9, R_{11}의 XOR로 계산된다. 이런 방식으로, 데이터 set {R_3, R_5, R_7, R_9, R_{11}} 중 어느 한 비트가 변경되면 저장되어 있던 R_1 값과 다시 계산된 R_1 값이 달라지게 된다. 그림 19.5는

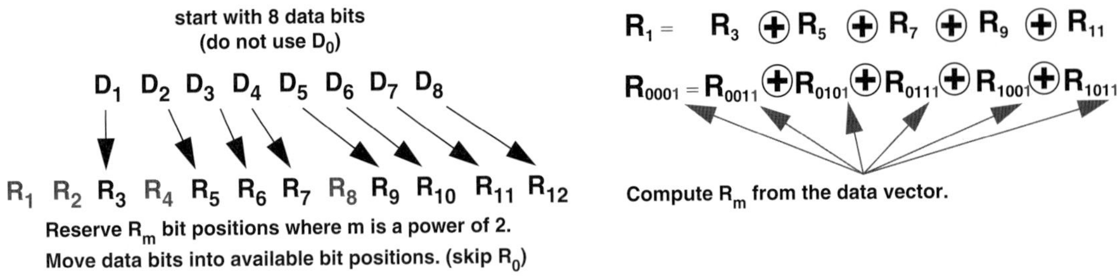

그림 19.4_ 8-비트-wide 데이터 vector에서의 SEC ECC 코드 워드 생성

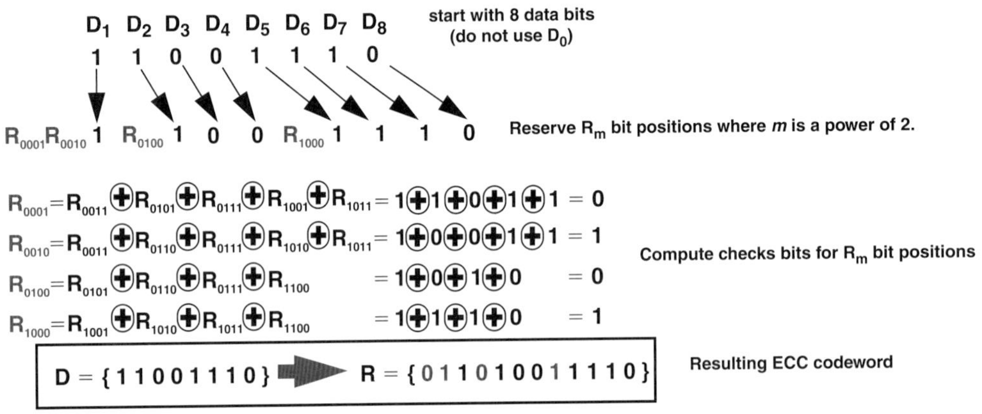

그림 19.5_ SEC ECC 코드 워드 인코딩 예시

8-비트 데이터 벡터를 SEC ECC 코드 워드로 인코딩하는 과정을 보여 준다. 먼저 입력 데이터 벡터 D를 m이 2의 거듭제곱이 아닌 R_m의 위치로 배치하고 나서, 체크 비트를 계산하여 m이 2의 거듭제곱인 R_m의 위치에 넣어 준다.

SEC ECC를 위한 싱글 비트 오류 감지

그림 19.6은 SEC ECC 코드 워드에 대해서 오류를 발견하는 과정을 보여 준다. 그림에서 코드 워드의 R_{11}이 1에서 0으로 바뀌었다. 먼저 체크 비트를 재계산하고 코드 워드의 체크 비트와 비교한다. 저장되었던 체크 비트와 재계산된 체크 비트 각각을 XOR 비교하는 것을 ECC 신드롬(syndrome)이라고 하며, 오류가 존재하는 경우에 ECC 신드롬은 0이 아니다(non-zero). 그림 19.6에서 R_{11}이 변경되어 재계산된 체크 비트 R_1, R_2, R_8이 저장되었던 체크 비트와 달라지게 되었다. 이 경우 ECC 신드롬 값이 11이고, 오류가 난 비트를 정확히 나타내고 있다. 따라서 해당 데이터 비트를 다시 변경하여 간단히 오류를 정정할 수 있다.

SEC ECC 코드 워드 내의 2-bit 오류

그림 19.7에서는 그림 19.6의 SEC ECC 코드 워드에서 R_9와 R_{10} 두 비트가 변경된 멀티 비트 오류에 대한

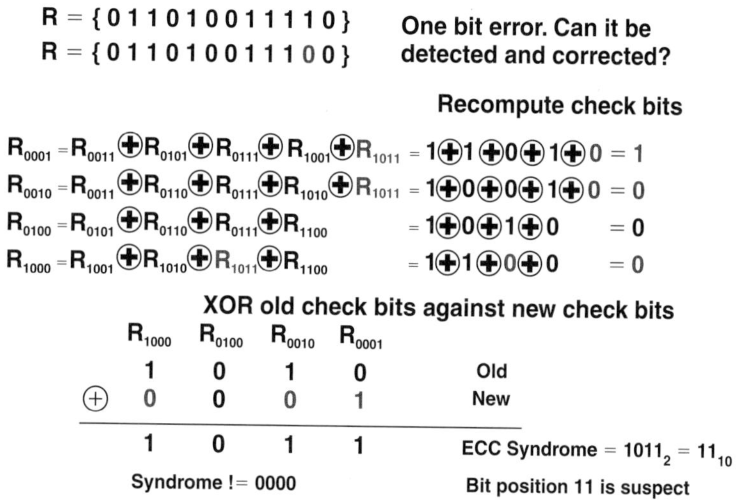

그림 19.6_ SEC ECC 코드 워드에서의 1 비트 에러 감지

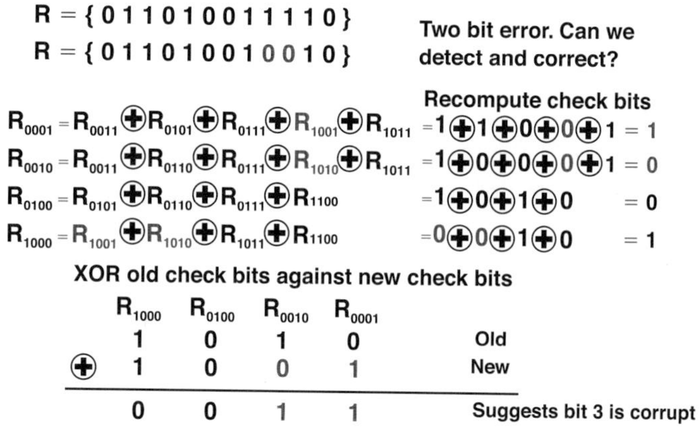

그림 19.7_ SEC ECC 코드 단어들이 2-비트 에러가 있을 때의 에러 교정

오류 발견 과정을 보여 준다. 이전과 마찬가지로 ECC 신드롬이 0이 아니어서 오류가 있음을 나타낸다. 그러나 이번에는 ECC 신드롬이 3으로, R_9, R_{10}이 아닌 R_3가 변경되었다고 나타난다. 즉, SEC ECC는 싱글 비트 오류와 멀티 비트 오류를 구분할 수 없다. 이는 SEC ECC가 데이터 벡터를 해밍 거리가 3인 코드 워드로 할당하기 때문이다. 그림 19.3에서 본 바와 같이, 이는 2-비트가 변경된 유효한 코드 워드와 1-비트가 변경되었지만 여전히 유효한 코드 워드를 구분할 수 없다는 것을 의미한다. 2-비트 오류를 발견하기 위한 해결책은 데이터 벡터를 3-비트 이상의 해밍 거리를 갖는 코드 워드로 할당하는 것이다.

19.3.3 싱글 비트 오류 정정, 더블 비트 오류 정정

싱글 비트 오류와 더블 비트 오류를 구분하기 위해서는, SECECC 알고리즘에 체크 비트를 추가한 SECDED ECC 알고리즘을 사용한다. 그림 19.8에서 보이듯이, 0th 비트 위치에 패리티 체크 비트가 추가되

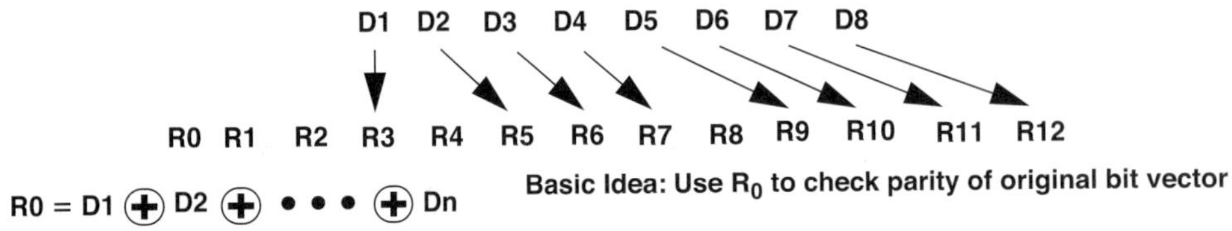

그림 19.8_ SECDED ECC 알고리즘을 위한 parity 체크 비트의 추가

었다. 싱글 비트 오류인 경우에는, ECC 신드롬과 R_0 모두가 오류가 발생했다고 알려준다. 더블 비트 오류인 경우에는, ECC 신드롬은 0이 아닌 값을 가지지만 R_0는 원본 코드 단어와 동일한 패리티를 가진다. 이러한 방식을 통해서 비트 R_0는 빠르게 더블 비트 오류 유무를 확인할 수 있게 도와준다. 추가적인 오류 감지 메커니즘을 통해서 메모리 컨트롤러는 싱글 비트 오류와 더블 비트 오류를 구분할 수 있게 된다.

SECDED ECC 알고리즘의 약점은 알고리즘이 1-비트 오류와 2-비트 오류를 구분할 수 있지만, 1-비트 오류와 홀수 비트 오류(예, 3, 5 …)를 구분할 수 없다는 것이다. 대신 SECDED ECC는 최소한의 저장 공간 추가만으로 싱글 비트 오류를 감지하고 수정할 수 있다는 장점을 가진다. 데이터 버스가 64비트(N=64)의 폭을 가지는 경우, SECDED ECC 알고리즘은 8개의 체크 비트를 요구한다. 이것은 8:1 패리티 체크 방식을 64-비트 wide 데이터 벡터에 적용할 때 필요한 비용과 동일하다. SECDED ECC 알고리즘의 지연 로직은 $\log_2 N$에 비례하고 로직 회로의 설계에 따라서 추가적인 read latency를 발생시킬 수 있다.

19.3.4 멀티 비트 오류 감지와 정정: Bossen's b-Adjacent Algorithm

SEC 오류 감지와 정정 알고리즘은 싱글 비트 오류에 대한 감지와 정정에 초점을 맞춘다. 그러나 싱글 비트 오류 외에도 멀티 비트 오류가 발생할 수 있고 실제로 종종 발생한다. 공정 기술이 발달하면서 기본 회로가 구조적으로 작아지고, 공급 전압이 감소함에 따라서 회로의 SEUs에 대한 민감도가 증가하는 추세이다. 따라서, 멀티 비트 오류의 감지와 정정의 중요성도 증가하였다. 다행히도 고도의 신뢰성을 필요로 하는 메모리 시스템을 위한 멀티 비트 오류 감지와 정정 알고리즘이 개발되었다.

64-비트 데이터 단어에서 싱글 비트 오류는 64개의 위치 중에서 한 군데에서 발생한다. 동일한 데이터 단어에서, 두 개의 임의의 위치에서 발생한 싱글 비트 오류는 2,016가지 조합의 비트 위치를 가질 수 있다. 따라서 두 개의 랜덤 오류를 발견하고 수정하는 것은 훨씬 더 복잡하고 어렵다. 그러나, 보통 멀티 비트 오류는 동일한 원인에 의해서 발생하기 때문에 일반적으로 인접한 비트에서 발생한다. 오늘날 컴퓨터 시스템에서 사용하는 멀티 비트 오류 정정 알고리즘은 이러한 점에 착안하여, 인접한 위치에서 발생한 멀티 비트 오류를 감지하고 정정하는 데 집중한다.

Hsiao, Carter, Kaneda, Bossen가 개발한 알고리즘 외에도 다양한 멀티 비트 오류 정정 알고리즘이 개발되었다. 여기서는 대표적인 예로 Bossen's b-adjacent 알고리즘[Bossen 1970]을 다룬다. 예제에서는 2-adjacent 알고리즘을 설명하고, b를 더 큰 값으로 확장하는 것은 아주 간단하기 때문에 추가로 다루지는 않는다.

Bossen의 b-adjacent ECC 알고리즘은 XOR 로직을 이용해서 패리티 방어를 생성하는 것과 유사한 순환 어플리케이션을 사용한다. 2-adjacent 오류 정정과 SEC 오류 정정의 차이점은 오류를 감지하는 기본 단위를 다르게 정의한다는 것이다. SEC ECC 알고리즘은 각각의 데이터 비트를 위한 다중 체크 비트들의 여분의 패리티 체크 방어에 의존한다. SEC ECC에서는 오류 감지(또는 심볼 사이즈)의 기본 단위가 각각의 비트이다. b-adjacent ECC 알고리즘의 경우, b-adjacent 비트들의 그룹이 오류 감지의 기본 단위이다. 예를 들어, 64-비트 입력 데이터 벡터의 경우, 2-adjacent 비트를 하나의 그룹으로 할 때 32개의 그룹이 존재한다. 그룹을 심볼이라고 다시 표현하면, 각각의 심볼은 오류의 위치와 정정 정보를 가지는 기본 단위가 된다. 그림 19.9는 2-adjacent 코드 공간에서 2^2개의 기본 심볼들이 있음을 보여준다. 공식적으로 하나의 2-비트 벡터는 2^2개의 Galois filed 요소로 기술할 수 있으며, GF(2^2)으로 표현한다. 말하자면, GF(2^2)에서의 단일 오류에 대한 정정은 2진법 영역에서 2-adjacent 비트들을 정정하는 것과 동일하다. 2-adjacent ECC 알고리즘을 이용해 64개의 데이터 비트들의 2-adjacent 비트 오류를 정정하기 위해서는 8개의 체크 비트를 요구하는데, 이를 (64,72)으로 기술한다.

$$\begin{bmatrix}0\\0\end{bmatrix} \quad \begin{bmatrix}0\\1\end{bmatrix} \quad \begin{bmatrix}1\\0\end{bmatrix} \quad \begin{bmatrix}1\\1\end{bmatrix}$$

그림 19.9_ 2-adjacent 코드의 2-비트 벡터들

그림 19.10은 Bossen의 b-adjacent ECC 알고리즘 기반으로 기술된 GF(2^2)의 단일 ECC를 위한 패리티 체크 행렬을 보여주고 있다. 그림에서 0, 1, α와 α^2 심볼들은 GF(2^2)의 요소를 의미한다. 그림 속 행렬은 GF(2^2) 요소들로 이루어진 32개의 스트링들로부터 4개의 체크 심볼들을 생성하는 데 사용된다. 이 말은, 각각의 칼럼이 GF(2^2) 내부의 요소로 이루어진 32개의 length-four string들 중에 하나이고, 패리티 체크 행렬의 각각의 행은 4개의 체크 심볼들 중 하나임을 뜻한다. 체크 심볼들은 GF(2^2)에 있는 32개의 요소들 외

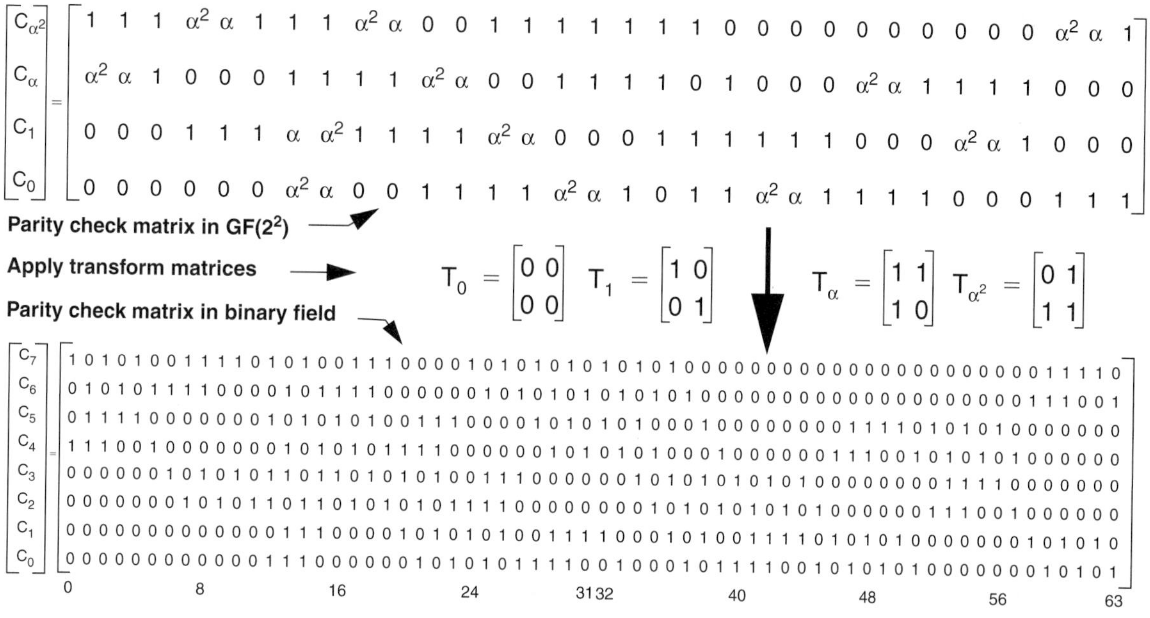

그림 19.10_ 2-adjacent 에러 교정을 위한 체크 비트 생성

의 다른 데이터 벡터를 가지는 단일 요소를 가지고 있는 오류의 유무와 그 오류의 위치를 찾을 수 있다. 그림 19.10은 패리티 체크 행렬을 변환하여 GF(2^2)의 단일 오류 정정 행렬을 2진법 영역에서의 2-adjacent 오류 정정 행렬로 바꾸는 것에 대해서 보여주고 있다. 이 변환은 2진법 패리티 체크 행렬을 생성하고, 생성된 2진법 패리티 체크 행렬은 2진법 영역에서의 64개의 요소 데이터 벡터가 아닌 값을 가지는 경우인 2-adjacent 오류의 유무를 확인하고 오류의 위치를 찾기 위해 반드시 필요한 체크 비트를 생성한다.

C_7에서 C_0까지의 체크 비트들은 패리티 체크 행렬의 각 비트 위치마다 XOR 동작을 반복 활용하는 방식으로 변환된 패리티 체크 행렬로부터 생성된다. 예를 들어, 패리티 체크 행렬의 최상위 행은 체크 비트 C_7이 D_0, D_2, D_4, D_7, D_8, D_9, … D_{61}과 D_{62}의 반복된 XOR 동작을 통해서 생성된다.

표 19.3은 2-adjacent ECC 알고리즘을 위한 에러 위치 테이블이다. 이것은 Bossen의 2-adjacent ECC 알고리즘에 기반을 둔 〈Compaq's Advanced ECC algorithm〉의 논문 구절을 인용하였다. ECC 코드 단어를 메모리로부터 읽으면, 데이터 비트들로부터 체크 비트들을 다시 계산하고, 이 체크 비트들을 ECC 코드 단어에서 생성한 체크 비트들과 비교한다. 그림 19.11은 SEC ECC 알고리즘에 나온 것처럼, 기존의 체크 비트들과 재계산된 체크 비트들의 비트 단위 비교를 통해 ECC 신드롬인 S_7에서 S_0을 생성하는 것을 보여준다. ECC 신드롬은 오류의 위치 표로서 오류의 종류와 위치를 나타내는 지표로 사용된다.

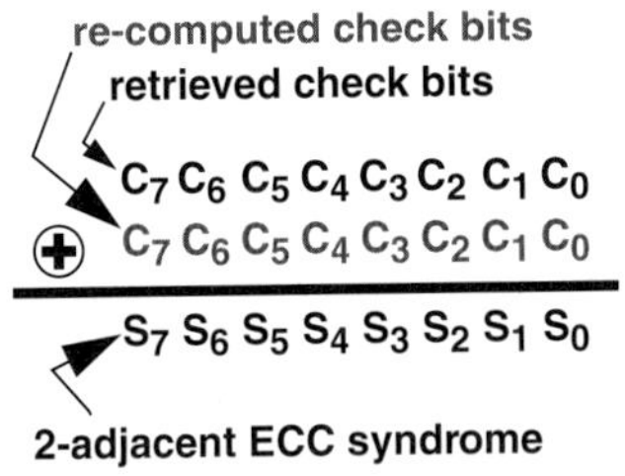

그림 19.11_ 재계산된 체크 비트들과 전달 받은 체크 비트들을 가지고 각각의 상응하는 비트간의 XOR 함수를 통해 2-adjacent ECC syndrome을 생성함.

그림 19.12는 짝수 비트 경계점들에서 발생한 싱글 비트 오류들과 더블 비트 오류들이 어떻게 2-adjacent 오류 정정 방법에 의해서 찾을 수 있는지를 보여준다. 첫 번째 행렬에서는, 64-비트 블록에서의 32번째 비트가 메모리에 저장되면서 오류가 발생하였다. 그림 19.12의 첫 번째 행

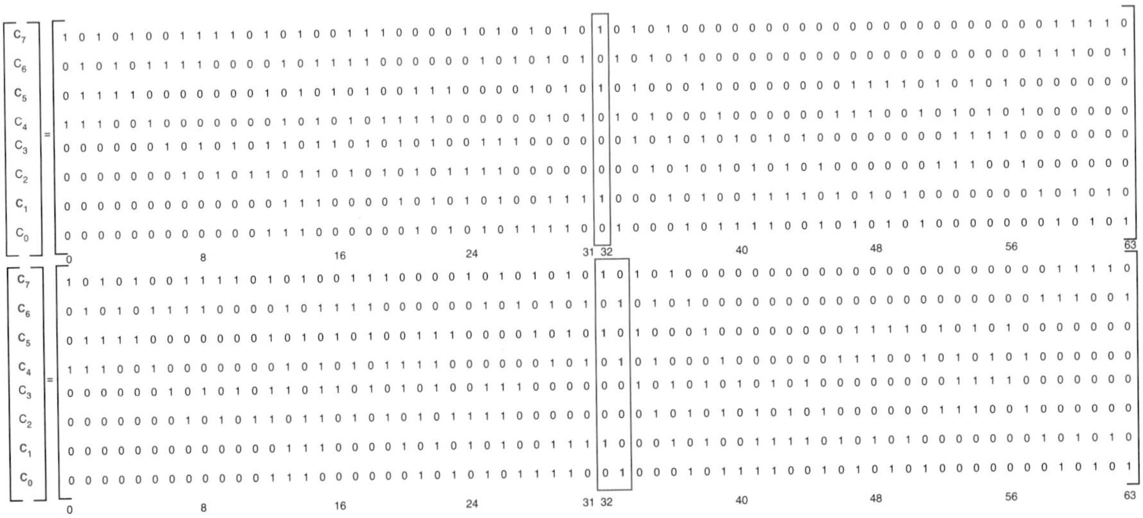

그림 19.12_ 64-비트 단어의 단일 비트 에러와 2-adjacent 비트 에러

표 19.3_ 2-adjacent 에러 교정 알고리즘을 위한 에러 위치 표, US Patent #5,490,155 (Compaq's Advanced ECC implementation) 참조

				S7:	0	0	0	0	0	0	0	0	1	1	1	1	1	1	1	1
				S6:	0	0	0	0	1	1	1	1	0	0	0	0	1	1	1	1
s	s	s	s	s5:	0	0	1	1	0	0	1	1	0	0	1	1	0	0	1	1
3	2	1	0	s4:	0	1	0	1	0	1	0	1	0	1	0	1	0	1	0	1
0	0	0	0			C4	C5		C6	5	3	1	C7		4	2		2,3	0.1	4,5
0	0	0	1		C0	51	49	47	63	33			61		28		59			30,31
0	0	1	0		C1	46	50	48	58	31			62		32		60			28,29
0	0	1	1			48,49	46,47	50,51	60,61	29			58,59				62,63			32,33
0	1	0	0		C2	57	52	54,55	11	35			9	19			7	17		
0	1	0	1		45	39	23	21	37											
0	1	1	0		43								24							12,13
0	1	1	1		41										14		26,27			
1	0	0	0		C3	55	56	52,53	6		16		10		34		8		18	
1	0	0	1		40				27											14,15
1	0	1	0		44	20	38	22					36							
1	0	1	1		42												24,25			
1	1	0	0			53	54	56,57	8,9			18,19	6,7			16,17	10,11			34,35
1	1	0	1		42,43				25						12					
1	1	1	0		40,41					15			26							
1	1	1	1		44,45	22,23	20,21	38,39									36,37			

렬은 체크 비트 C_7, C_5와 C_1에 오류가 발생했음을 보여준다. 여기서 주의 깊게 볼 사항은 오직 32번째 비트만이 체크 비트 C7, C5, C1에 영향을 줄 수 있으며, 또한 32번째 비트는 다른 체크 비트에는 영향을 주지 않는다는 점이다. 검색된 체크 비트들과 재계산된 체크 비트 간의 비교 결과는 ECC 신드롬 비트 벡터 값으로 10100010을 나타낸다. 표 19.3을 통해서 ECC 신드롬의 값 10100010은 비트 32에 오류가 있음을 알려준다.

두 번째 예시에서는 비트 32와 33이 모두 손상되어 있다. 그 결과, 체크 비트 C_7, C_6, C_5, C_4, C_1과 C_0가 영향을 받았다. 전달받은 체크 비트와 계산한 체크 비트 결과를 비교해보면 ECC 신드롬 11110011을 얻을 수 있다. 이것을 오류 위치 테이블에 있는 목록에 대입해 보면 비트 32와 33이 손상된 것을 확인할 수 있다.

19.3.5 비트 스티어링과 chipkill

2-adjacent ECC 알고리즘은 단일 비트와 두 개의 인접한 비트 오류를 찾을 수 있다. 두 개의 인접한 비트 오류를 찾는 데 있어서 한 가지 주목해야 할 단점이 있다면, 이 방식은 오직 짝수 비트 어드레스부터 시작하는 오류만 찾을 수 있다는 점이다. 이것은 $GF(2^2)$의 이진법 표현을 하는 과정에서 발생하는 알고리즘상 아주 자연스러운 현상이다. 예를 들어, 비트 32와 33에 발생한 2-비트 오류의 경우, $GF(2^2)$ 방식으로 표현할 때에는 하나의 오류로 나타난다. 결과적으로, 2-adjacent ECC는 심볼의 경계 사이에서는 절대 일어날 수 없고(예, 오류가 31과 32사이에 발생), 인접하지 않은 임의의 두 개 비트 오류를 찾아낼 수도 없다.

DRAM 디바이스 불량의 경우, chipkill 메모리라는 초창기 개념이 IBM에 의해 제안되었다. Chipkill 메모리의 기본 아이디어는 메모리 시스템이 완전히 불량 상태에 빠지는 것을 막고, 계속해서 각각의 요청에 대해

서 올바른 데이터를 제공할 수 있도록 하는 것이다. Compaq의 고급 ECC 알고리즘에서는, 이러한 수준의 신뢰성을 제공하기 위해서, 2-adjacent ECC 알고리즘에 비트 스티어링 기능을 조합하였다. 단일 DRAM 디바이스의 데이터 비트가 두 개의 서로 다른 ECC 워드에 'steer' 되어, 2-비트 오류 정정과 ×4 디바이스들에 대한 불량 방지를 제공하게 한다. 그림 19.13은 각각의 ×4 디바이스들의 데이터 버스 출력이 2-비트-wide 그룹들로 분리되어[3] 두 개의 분리된 72-비트-wide ECC 코드 단어들로 전달되는 것을 보여준다. 동일한 DRAM 디바이스의 물리적으로 인접한 데이터 비트들은 서로 다른 ECC 단어들로 연결된다. 만약 단일 DRAM 디바이스가 엄청난 수준의 불량을 겪는다면, 동일한 시스템상에서 여러 개의 ECC 단어들이 필요할 것이고, 기꺼해야 하나 또는 두 개의 비트 오류가 발생하는 상황이라면, 이러한 오류들은 단순히 2-adjacent ECC 알고리즘으로도 충분히 정정 가능할 것이다.

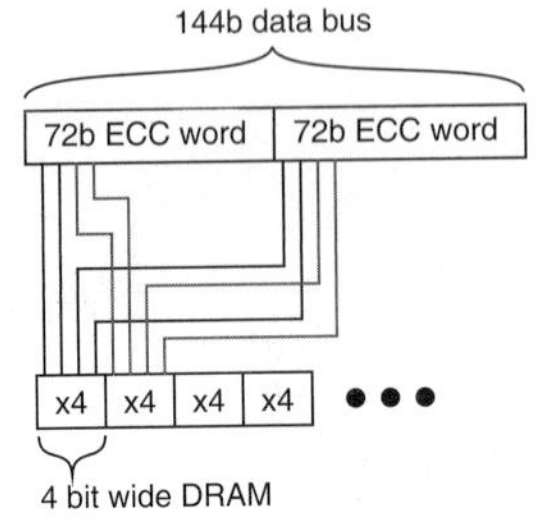

그림 19.13_ Compaq's Advanced ECC에서의 비트 유도.

×4 DRAM 디바이스에서 ×8, ×16과 ×32 DRAM 디바이스의 전환은, DRAM 디바이스가 불량인 경우 또는 어드레스, 커맨드 또는 컨트롤 버스로의 단일 연결이 실패한 경우, 아주 넓은 다중-오류들을 억제하기가 더욱 어려움을 의미한다. 이 경우 8, 16또는 32비트의 데이터가 연속적으로 실패할 수 있으며, 이러한 현상은 쉽게 해결하기 어렵다. Compaq의 고급 ECC 알고리즘은 144-비트 데이터 버스를 가지는 메모리 시스템에서 4-비트 DRAM 디바이스의 불량에 대응하기 위한 chipkill 기능을 제공한다. 동일한 알고리즘을 ×8 형태로 사용하는 것은 288-비트 버스를 필요로 하며 훨씬 넓은 DRAM 디바이스를 가지는 시스템에서 사용된다.

19.3.6 x8 DRAM Device에서의 Chipkill

DDR 및DDR2 SDRAM메모리 시스템을 활용한 고성능 컴퓨터 서버들은 대게 각 랭크의 최대 용량을 얻을 수 있는 x4DRAM device의사용을 표준화한다. 이는 앞서 설명한 바와 같이 x4 chipkill 알고리즘이 메모리 시스템에서 단일 지점 불량을 포함하기 때문이다. 그러나 DRAM 시장의 유동성으로 인해 동일한 용량의 x8 디바이스에 비해서 ×4 디바이스에는 가격 프리미엄이 추가되었다. 이러한 프리미엄으로 인해 메모리 시스템 구조 설계자와 설계 엔지니어가 더 값싼 ×8 디바이스의 사용을 강요하고 있다. 이로 인하여 메모리 시스템 구조 설계자들은 ×8 디바이스들에서 동작하는 새로운 ECC 알고리즘을 적극적으로 찾는 중이다.

3 비트 steering 컨셉은 피상적으로 source-synchronous reference strobe들을 사용하는 것과는 모순됨을 유념해야 한다. DDR SDRAM과 같은 오늘날 DRAM 메모리 시스템에서는, source-synchronous strobe들이 소규모 그룹의 데이터 신호들과 함께 전송된다. 만약 데이터 비트들이 서로 다른 위치로 유도되면, 데이터 신호들과 데이터 strobe 신호 사이의 load와 토폴로지는 매칭 되지만, 데이터 신호들을 상응하는 source-synchronous strobe와 타이밍 동기화 하는 것이 불가능하다. 그러나 데이터 strobe 신호들은 오로지 시스템 보드 상의 서로 다른 칩간 데이터 통신에서만 필요하다. 따라서 한 가지 해결 방법은, 데이터가 메모리 컨트롤러에 의해서 수령된 이후에만 데이터를 서로 다른 ECC 단어로 유도하는 것이다. 이 말은, 비트 유도가 시스템 보드상에서 발생하는 것이 아니라, 메모리 컨트롤러 내부에서 발생시킨다는 의미이다.

Bossen의 b-adjacent 오류 정정 논문에 의하면, 일반적인 b-adjacent 알고리즘을 이용하여 오류-정정 매커니즘의 클래스를 시행할 수 있다고 한다. b-adjacent 오류 위치 추정 및 정정 알고리즘을 사용하는 이 클래스는 2-redundant로 기술할 수 있으며, b개의 심볼들을 가지는 b-adjacent 알고리즘의 경우에는 여분의 두 개의 b-비트-wide 심볼을 보유함으로써 b-adjacent 심볼들을 보장할 수 있다. 예를 들어 다시 설명하면, 8-adjacent ECC 알고리즘에 16개의 체크 비트를 사용해서 8개의 연결된 adjacent 비트들의 불량을 보호하는 방법으로, 8-adjacent ECC 알고리즘을 64-비트 데이터 블록에 사용할 수 있다(64,80). 이것의 단점은 알고리즘을 사용하기 위해서 데이터 버스의 요구치가 기존의 72비트에서 80비트로 증가한다는 점과, 1:8에서 1:4로 오류 정정을 위한 용량 오버헤드가 증가했다는 점이다. 결과적으로, (64,80) 8-adjacent 알고리즘은 오늘날 메모리 시스템에서 사용하기에는 부담된다. 그러나, 2-redundant b-adjacent 알고리즘의 오버헤드 비중이 b 값만큼 감소되었다는 사실은 변하지 않는다; b=16인 경우, 오로지 추가적인 두 개의 16-비트 심볼들만 가지고 나머지 16개의 16-비트 심볼들을 보장할 수 있다. 256 데이터 비트를 32개의 체크 비트들로 보호하는 것의 오버헤드 비율을 통해서 알고리즘이 현존하는 기반기술인 72-비트 데이터 버스에 적합한 것을 볼 수 있다.

그림 19.14는 18 DRAM 디바이스들을 보여준다. 각각은 8-비트-wide 데이터 버스를 가지고 있으며, 서로 간의 연결을 통해 DRAM 디바이스의 단일 랭크를 구성하여 메모리 시스템이 144-비트-wide 데이터 버스를 가질 수 있게 지원하고 있다. 2-redundant, 16-adjacent 알고리즘이 구현된 메모리 컨트롤러는 두 번의 연속된 사이클 동안 두 개의 14-비트-wide 데이터 블록들을 사용할 수 있으며, 이것을 마치 16개의 16-비트 데이터 심볼들과 두 개의 16-비트 체크 심볼들로 이루어진 하나의 288-비트-wide ECC 단어로 처리할 수 있다. 이러한 종류에서는, 임의의 단일 ×8 DRAM 디바이스의 손상이 288-비트-wide ECC 단어 안의 16-비트 심볼의 손상과 같은 결과를 가져오고, 이 손상된 데이터는 두 개의 16-비트 체크 심볼들을 통해서 메모리 컨트롤러에서 다시 복원 할 수 있다.

2-redundant, 16-adjacent 오류 정정 알고리즘을 지원하는 것은 하드웨어 복잡도 측면에서 상당히 비용이 많이 든다. 게다가 그림 19.14와 같은 실시 예는 완벽하지 않은 상태이다. ×8 디바이스가 손상된 경우에, ×8 디바이스의 데이터 손실을 복구하기 위해서 오류의 감지와 정정 능력이 최대한으로 확장되어, 메모리

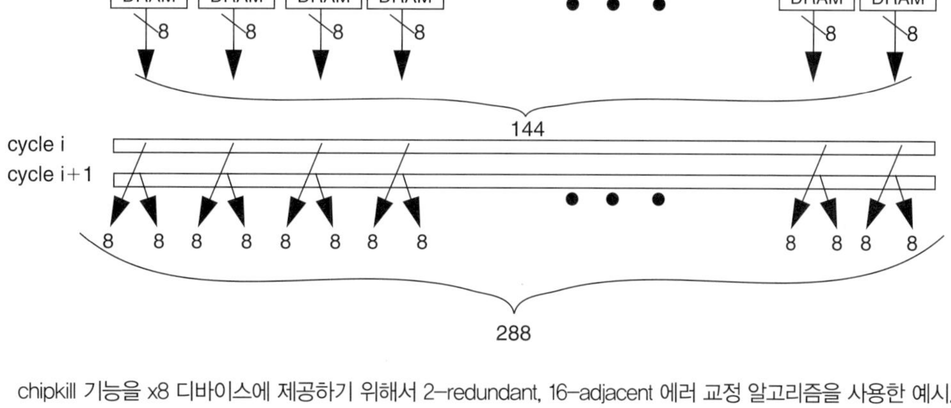

그림 19.14_ chipkill 기능을 x8 디바이스에 제공하기 위해서 2-redundant, 16-adjacent 에러 교정 알고리즘을 사용한 예시.

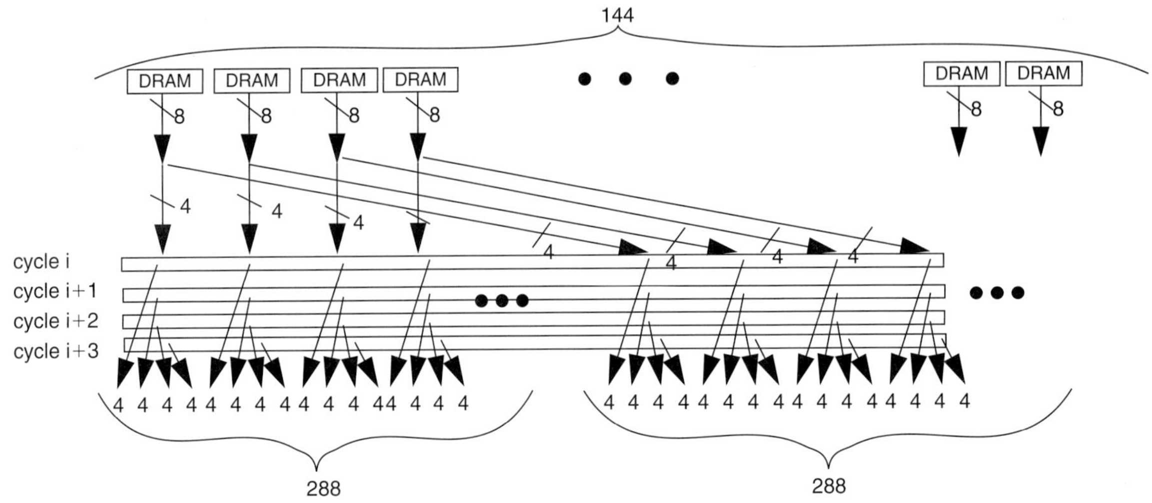

그림 19.15_ chipkill functionality for 38 디바이스에 부가한 싱글 비트 가벼운 에러 교정을 지원하기 위한 2-redundant, 16-adjacent 에러 교정 알고리즘의 사용과 비트 유도.

컨트롤러가 더 이상 싱글 비트의 가벼운 오류들을 감지하지 못한다. 즉, ×8 DRAM 디바이스의 단일 실패 경우, 메모리 컨트롤러는 반드시 손상된 메모리 디바이스의 데이터를 읽고 복원해야 하며, 새로운 위치에 데이터를 다시 위치시켜야 한다. 고효율 컴퓨터 시스템의 메모리 시스템은 동일한 채널의 다른 랭크로의 서비스 요청을 반드시 계속 유지해야 하고, 따라서 메모리 컨트롤러는 기회주의적 관점에서 손상된 랭크에 존재하는 모든 데이터를 읽어 내는 것에 국한되어 동작하고, 이러한 프로세스는 잠재적으로 초당 수만 번 일어나게 된다. 결과적으로 이러한 종류의 고도로 신뢰할 수 있는 메모리 시스템의 경우에는, ×8 디바이스의 손상 이후에도 계속해서 싱글 비트의 가벼운 오류에 대한 발생을 감지할 필요가 있다.

그림 19.15는 모든 ×8 DRAM 디바이스에서 나온 8-비트 데이터 버스의 절반인 각각의 4-비트 신호들을 서로 다른 ECC 단어로 유도하는 형태로, 2-redundant, 16-adjacent 오류 정정 알고리즘의 한 가지 적용 가능한 예시를 보여주고 있다. 그리고 나서 정해진 DRAM 디바이스의 16-비트 심볼이 네 번의 연속된 사이클 동안 구성된다. 이 종류에서는, 두 개의 288-비트-wide ECC 단어들이 네 번의 사이클에 걸쳐 구성되고, 각각의 ECC 단어들은 열여섯 개의 16-비트 데이터 심볼들과 두 개의 16-비트 체크 심볼들로 이루어져 있다. ×8 DRAM 디바이스가 손상되면, 두 개의 ECC 단어들 모두 동일한 심볼 위치의 단일 심볼 손상을 보고한다. ×8 DRAM 디바이스의 손상 이후에 싱글 비트 오류가 추가로 발생하면, 두 개의 ECC 단어들은 서로 다른 심볼들의 손상을 보고하는데, 이는 두 개의 독립적인 오류들이 발생했음을 의미한다. 이러한 방식으로, 다수의 오류 손상들을 감지할 수 있으나 오류들을 정정하지는 못한다. 마지막으로, 16-adjacent, 2-redundant 알고리즘은 상당히 오래된 알고리즘으로 ×8 디바이스의 손상을 방지하기 위한 새롭고 더 효과적인 알고리즘들이 존재한다.

19.3.7 메모리 스크러빙

메모리 스크러빙(Scrubbing)의 컨셉은 DRAM 메모리 시스템의 신뢰성 보장 요구를 만족시키기 위해서 개발된 한 가지 방법으로, 싱글 비트와 b-adjacent 비트 오류들이 다양한 멀티 비트 ECC 알고리즘들에 의해서 정정 가능하고, non-adjacent 멀티 비트 오류들은 정정 불가능하다는 사실에 주목하였다. 만약 두 개의 우주선(cosmic ray)이 동일한 DRAM의 로우에 영향을 줘서 동일한 DRAM 로우의 서로 다른 부분에 다수의 오류를 발생시켰다고 가정하면, 혹은 간단한 오류가 메모리 랭크의 어떤 지점에 영향을 주었고 이로 인해 DRAM 디바이스에 연속적인 손상을 겪게 한다면, 이러한 다수의 손상 오류들은 교정할 수 없다. 랜덤하게 분표된 다수의 비트 오류 문제를 해결하는 한 가지 방법은 DRAM 컨트롤러로 하여금 계속해서 메모리 시스템 내부의 테이터를 오류 정정 회로로 전송함으로써, 동시 다발적인 오류가 발생할 확률이 낮다는 가정하에 메모리 시스템에서 또다른 손상이 발생하기 전에 b-adjacent 비트들의 그룹 또는 임의의 단일 비트를 정정하는 것이다. 오류 정정 회로로 데이터를 계속해서 주기적으로 전송하는 것을 **스크러빙**이라고 한다.

활성화된 메모리 스크러빙은 에러감지와 교정 회로가 DRAM컨트롤러에 포함되어 있어서 상당한 양의 파워와 대역폭을 소모한다. 이는 메모리 시스템을 청소하기 위해 DRAM device에서 메모리 컨트롤러로 데이터를 전송해야 하기 때문이다. 다행히도 오늘날의 DRAM 디바이스들은 상당히 낮은 신호 대비 오류의 비율을 가지기 때문에, 초 고사양의 서버들과 같이 가능한 한 최대의 신뢰성을 보장해야 하는 디바이스들의 메모리 컨트롤러들만 스크러빙 기능을 사용한다. 극한의 환경에서 동작하는 메모리 시스템들이나, 또는 아주 높은 오류율을 보이는 메모리 시스템의 경우에는 다중 손상 오류로 인해 복원 불가능한 상황이 발생하는 것을 막기 위한 유효한 방법으로 스크러빙 기술을 이용할 것이다.

19.3.8 메모리 시스템 보호

고효율의 시스템들은 예정되지 않은 시스템 정지시간이 필요하지 않다. 이러한 요구조건은 완벽에 가까운 신뢰성을 보장하는 메모리 시스템들을 위한 것으로 하드웨어 DRAM 디바이스의 손상을 견뎌내고 여전히 가벼운 오류들을 정정할 수 있도록 하기 위함이다. DRAM 메모리를 상대적으로 저가에 제작하기 위해서, 서버들이 더욱 신뢰성을 가지도록 설계되었고, RAID와 같은 방식의 메모리 데이터를 복사해 놓는다거나, 온라인 예비 메모리 그리고 hot sparing과 같은 더욱 향상된 DRAM 보호디바이스를 제공한다.

19.4 비 DRAM 시스템의 신뢰도

전반적으로 이번 장에서 기술한 오류-교정 컨셉들은 범용적인 측면에서 다루었으며 다양한 메모리 시스템들에 적용 가능하다. 서로 다른 메모리 시스템들 사이에 고려해야 할 주요한 차이는 손상의 메커니즘과 속도이다. 이번 절에서는 DRAM 메모리 시스템의 신뢰도 특성과는 다소 다른 신뢰도 특성을 가지는 일부 다른 타입의 메모리 시스템에 대하여 소개한다.

19.4.1 SRAM

SRAM 디바이스의 오류 속도는 180-nm 공정 세대에서부터 DRAM 디바이스를 따라잡기 시작하였다. 낮아진 공급 전압과 감소한 critical 셀 전하가 결합되면서, SRAM의 신호 대비 오류 비율은 180-nm에서 130-nm 공정 세대로 옮겨가면서 급격하게 상승하였다. 최근 MoSys(Monolithic System Technology, Inc.)의 연구 자료에 따르면, 250-nm 공정 세대에서 SRAM의 신호 대비 오류 비율이 100FITs/Mbit를 가리키고 있었으나, 130-nm 공정에서는 100,000 FITs/Mbit를 달성하였다고 한다. 일반화된 경향에 따르면 계속된 저전력에 대한 요구로 인해서 공급 전압은 더욱 낮아지고, 셀당 ciritical 전하량도 줄어드는 추세이다.

SRAM이 SEU에 대하여 매우 민감하기 때문에, 오늘날의 프로세서는 패리티를 사용하고 SRAM 캐시들을 위한 SECDED ECC 보호 디바이스를 사용한다. 일반적으로 태그 어레이들은 패리티에 의해 보호되며, 데이터 어레이들은 SECDEC ECC 알고리즘에 의해 보호된다. 오늘날 on-chip SRAM 캐시들에서는 일반적으로 훨씬 더 세련된 멀티 비트 ECC 알고리즘들을 사용하지 않는데, 이것은 세련된 알고리즘을 위한 회로의 다이 크기를 키워서 on-chip 캐시들의 타이밍 요구치를 지연시키기 때문이다. 게다가 캐시들은 보통 메인 메모리에 있는 데이터를 복사해 놓는데, 정정 불가능한 오류가 감지되면 프로세서는 간단하게 메모리의 데이터를 다시 가져온다. 이러한 방식으로, 반드시 멀티 비트 오류들을 모두 감지하고 정정할 필요는 없이 단순히 멀티 비트 오류가 발생한 것을 알아차리는 용도로 충분하다.

19.4.2 Flash

Flash 신뢰성에 관련된 이슈는 DRAM이나 SRAM의 신뢰성에 관한 이슈와는 또 다른 것이다. DRAM과 SRAM 디바이스들이 우주선(cosmic ray)에 의한 중성자 유도로 인해 발생한 오류와 맞서야 한다면, flash 메모리들은 flash 메모리 셀들이 가지는 제한된 write 사이클 횟수를 신경써야만 한다. Flash 셀이 제한된 횟수의 read-write 사이클(10K-100K 범위) 이후에 손상될 가능성이 있기 때문에, flash 셀로의 쓰기는 항상 보장할 수 없다. 대신에, 구조적인 알고리즘들을 항상 이용하여 셀에 쓰여진 데이터가 flash 셀에 올바로 저장되었는지 확인하는 것이 필요하다. 경우에 따라서는, ECC 로직 회로가 flash 디바이스에 포함되어 있기도 한다.

19.4.3 MRAM

이전의 ferrite 코어 메모리들과 유사하게, MRAM(Magnetic RAM) 셀들은 전기적인 전하를 저장하는 개념이 아니라 자기장의 원리에 의해서 동작한다. 이러한 차이점은 MRAM 디바이스들이 갑작스런 알파 입자나 우주선 중성자에 의한 영향으로부터 면역되어 있다는 것을 의미한다. 그러나 MRAM들이 비트 셀 내부의 자기장을 저장소로 사용하기 때문에, 전기장을 기반으로 한 셀에 비해서 더 민감하다. 게다가 MRAM 디바이스에서도 다른 여타 디바이스들과 마찬가지로 여전히 디바이스 손상 문제가 존재한다. 결과적으로 다른 DRAM 디바이스들과 마찬가지로 MRAM 디바이스에서도 시스템 수준의 신뢰성 고려사항이 필요하다.

19.5 우주 왕복선 메모리 시스템

이전의 차세대 컴퓨터 FAQ에서 광범위하게 인용 및 수정한 글이다.

- 우주선에 있는 모든 비행 필수 소프트웨어는 다섯 개의 IBM AL-101 General Purpose Computer(GPCs)에서 실행되었다. 승무원들은 중요하지 않은 어플리케이션들에 대해서는 상용 가능한 랩탑 컴퓨터와 프로그래머블 계산기를 사용할 수 있다. 오늘날 표준에 따라서, AP-101은 굉장히 느리게 동작한다. 초기의 우주선 컴퓨터인 AP-101B의 경우 1991년에 업그레이드된 버전인 AP-101S로 교체되었다. AP-101B에서 사용 가능한 메모리 용량은 212,992개의 16-비트 단어들이다. AP-101S는 최대 524,288 단어들을 지원한다. 이러한 숫자는 오류 감지 비트들을 제외한 숫자이다. 최초의 AP-101B의 메모리는 ferrite 코어였다. 코어 메모리가 비휘발성이기 때문에, GPC는 전원을 끌 수 있고 자체적인 정보를 잃지 않고 시간이 지난 후에 켜는 것이 가능했다. AP-101S는 동일한 효과를 내기 위해 배터리 지원의 평범한 RAM을 사용하였다. 처음에 GPC들에 Ferrite 코어 메모리가 선택된 이유는 오늘날 대부분의 디지털 컴퓨터 하드웨어에서 사용하는 고밀도의 고체 상태 RAM에 방사선이 미치는 영향에 대한 정보가 부족했기 때문이다.

AL101S는 battery backup의 고체 상태 CMOS 메모리를 사용하였다. 우주선이 궤도에 도착했을 때 발생하는 방사선에 의해 CMOS 메모리가 변질될 수 있기 때문에, 메모리는 오류 EDAC(detection and correction) 로직을 포함하도록 설계하였다. GPC에 전원이 들어오면, 'scrub'이라는 하드웨어 프로세스가 계속해서 GPC의 메모리를 대체할 수 있도록 확인한다. Scrub은 싱글 비트 오류를 감지하고 정정할 수 있으며, 멀티 비트 오류는 감지할 수 있지만 정정하지는 못한다. Scrub은 모든 GPC의 메모리를 1.7초 안에 확인한다. 각각의 메모리 위치는 GPC에 의해 실행되는 것보다 우선하여 EDAC에 의해 확인할 수 있다. 오래된 AP101B의 비휘발성 메모리로써 승무원들은 하나의 GPC를 탈궤도(De-orbit)와 진입(Entry)으로 설정한 후, 전원을 끌 수 있다. AP101S를 이용하는 경우, 승무원들은 우주선(shuttle flight) 비행 상태를 위한 탈궤도와 진입 단계를 위한 소프트웨어로 하나의 GPC를 설정한 후 GPC를 'Sleep' 상태로 지정한다. Sleep은 GPC의 저전력 모드로 평소의 10% 전력을 사용한다. 이 저전력 모드는 궤도선의 연료전지 시스템에서 생성해야 하는 전력량을 감소시키면서, EDAC 로직이 계속해서 GPC의 메모리를 scrub할 수 있도록 한다.

MEMORY | SYSTEMS | **Cross-Cutting Issues**

가상 메모리

20 CHAPTER

가상 메모리는 캐시, 메인 메모리, 디스크 하위 시스템 등을 포괄하는 피지컬 메모리의 자원을 관리하는 기술 중 하나이다. 이것은 원래 소프트웨어에 메인 메모리를 대용량으로 착각(illusion)하게 하기 위해 개발되었다. 비록 오늘날의 관리자들은 일반적으로 소프트웨어에 필요한 거의 모든 코드와 데이터를 메인 메모리에 저장하기 때문에 충분한 메인 메모리를 구입하지만, 그럼에도 불구하고 이러한 메커니즘은 임베디드 시스템뿐만 아니라 범용 시스템에서도 오늘날의 메모리 시스템에서 가장 인기 있는 제어기술이다.

가상 메모리의 기본적인 기능은 잘 알려져 있다. 한 가지는 모든 프로세스에 대하여 가상 머신 환경을 만드는 것이다. 메모리 영역 간 어드레스 침범의 우려 없이 모든 프로세스들에 할당된 어드레스에서 텍스트, 데이터, 스택 영역이 시작될 수 있도록 해준다. 다른 한 가지는 demand-paging이다. 이는 프로세스의 메모리 점유에 대하여 전체 어드레스 공간보다 더 작은 단위를 설정함으로써 주기억장치와 보조기억장치 사이의 전송 단위인 페이지에서 프로세스가 실행할 수 있도록 해주는 것이다. 가상 메모리 트렌드에 대한 오늘날의 기대치는 기존의 의미를 넘어서 가상 어드레스 앨리어싱(다른 프로세스들이 다른 가상 어드레스에 있는 공유 객체에 매핑할 수 있도록 해주는 것), 보호 앨리어싱(다른 프로세스들이 다른 보호 방식을 사용하여 공유 객체에 매핑할 수 있도록 해주는 것), 가상 캐시를 위한 지원과 같은 추가적인 특성들을 포함한다.

범용 시스템에서 가상 메모리 시스템은 메모리 시스템의 가장 중요한 고객이다. 이는 사용자 프로세스가 피지컬 메모리에 대해 알지 못하고 또한 이에 직접적으로 접근이 불가능하기 때문이다. 메모리 시스템에 대한 모든 사용자 레벨에서의 접근들은 가상 메모리 시스템을 통해 간접적으로 이루어진다. 가상 공간으로부터 물리적 공간으로의 운영체제 매핑은 피지컬 메모리 시스템(캐시, DRAM, 디스크)에 의해 보이는 접근 방식을 결정짓는다. 그래서 가상 메모리 시스템의 구조와 조직이 메모리 시스템이 이용되는 방법을 결정짓는다고 말하는 것도 과장은 아니다. 오늘날의 가상 메모리의 최대 장점은 다음과 같다.

1. 운영체제가 멀티태스킹할 수 있다는 직관적인 틀을 제공한다. 가상 메모리는 각 프로세스들이 가능한 모든 하드웨어 자원들을 가지고 있는 것을 허락한다. 그리고 메커니즘은 그 어떠한 프로세스들도 다른 프로세스들에게 포함된 자원에 영향을 줄 수 없도록 해준다.
2. 그것은 메모리에서의 일부분에 해당하는 프로세스들의 실행만 지원한다. 가상 메모리 시스템에

서는 가장 많이 쓰인 프로세스들의 어드레스 공간의 일부분만이 실질적으로 피지컬 메모리를 차지한다. 나머지는 필요할 때까지 디스크에 존재한다.

대부분 운영체제들은 페이지 테이블을 통해서 가상 메모리를 지원한다. 메모리 시스템에서 각각의 가상 페이지를 가리키는 변화 정보는 메모리 내의 데이터베이스에 위치한다. 가상 메모리는 거의 모든 학구적인 그리고 실험적인 운영체제나 SCO, Solaris, Mac OSX와 같이 Unix 기반 또는 Unix 영향을 받은 시스템들의 밑바탕이 된다. 가상 메모리는 윈도우 CE와 Inferno와 같은 실시간 운영체제에 있는 임베디드 시스템 내에서도 점차 중요한 역할을 맡고 있다.

많은 프로세서들은 가상 어드레스를 피지컬 어드레스로 변환시켜 주는 하드웨어 MMU(Memory-management unit)를 통해서 가상 메모리를 지원한다. GE 645, DEC VAX, Intel x86 아키텍처에서 볼 수 있는 전형적인 MMU 설계는 TLB(translation lookaside buffer)와 FSM(finite state machine) 두 가지로 이루어져 있다[Organick 1972, Clark & Emer 1985, Intel 1993]. TLB는 온 칩 메모리 구조이다. 이것은 페이지 테이블 엔트리들만 가지고 있으며 목적은 어드레스 translation과 permissions checking의 속도를 높이는 것이다. 만약에 필요한 translation information이 TLB의 온 칩에 있다면, 페이지 테이블에 접근하지 않고도 시스템은 가상 어드레스에서 피지컬 어드레스로 변환이 가능하다. 만약에 translation information을 TLB에서 찾지 못하면(이러한 상황을 TLB miss라 부른다), 프로세스를 지속하기 전에 translation을 위한 페이지 테이블을 찾고 그것을 TLB에 주입해야 한다. 이러한 동작을 하기 위해 이전의 설계들은 하드웨어 state machine들을 제공하였다. TLB miss의 상황에서 state machine은 페이지 테이블을 찾고 translation information을 확인하여 이를 TLB에 주입시킨 후 동작을 재시작할 것이다. 모든 근래의 범용 마이크로프로세서들은 몇 개의 MMU 형식을 통해서 가상 메모리를 지원하며, 상당히 많은 수의 임베디드 프로세서들 또한 MMU를 가지고 있다.[1]

가상 메모리 시스템과 캐시 계층의 잠재적인 주요 상호관계로 인해 캐시 계층과 아키텍처의 선택은 run-time activity 및 설계 복잡도에 견딜 수 있도록 하드웨어나 운영체제를 타겟팅할 수 있는 능력을 설계자에게 요구한다. 피지컬 캐시들은 명시적으로 운영체제의 지원을 요구하지는 않지만, 적합한 성능을 위한 더 많은 부담을 하드웨어에 전가한다. 비교하자면, 가상 캐시는 더 작은 하드웨어 activity를 필요로 하지만(예를 들어, 가상 캐시는 TLB 액세스들을 더 멀리 밀어내도록 한다), 분명한 캐시 관리 측면에서 운영체제에 더 무거운 짐을 안겨준다. 이것은 4장에서 정확하게 설명되어 있다. 가상 메모리를 제공하는 시스템은 일반적으로 프로세서 간섭에 대한 지원을 제공해야만 한다. 이러한 설계 문제는 프로세서들의 파이프라인 구조의 복잡성과 연결된다. 시퀀셜 프로세서에서 간섭에 대한 지원은 매우 명료하다. 더 복잡한 기계에서는 힘들지만 말이다. 정확한 인터럽트를 보장하는 것의 어려움은 캐시 계층에 의해 더욱 어려워지는데, 그 이유는 캐시 시스템이 비록 'undo'라는 동작을 쉽게 제공하는 데 실패한 기술에 일반적으로 실행될 지라

1 1900년대 중후반 경에도, embeded 시스템내의 가상 메모리를 사용하려는 움직임은 꽤 진척이 되고 있었다. 예를 들어 National Semiconductor는 MMU가 결여된 프로세스에 대한 고객들의 불만족을 이유로 다년 간 발전 노력을 기울였던 Pentium-class embedded processor를 폐기했다[Turley 1998a]

도, 비영구적인 스토리지와 같이 동작하는 동안 명령을 로드하고 저장하기 위해 데이터에 즉각적인 액세스 제공을 기대하기 때문이다.

20.1 가상 메모리 입문

가상 어드레스 모델에서는 프로세서들이 가상적 어드레스 공간에서 실행된다. 가상적 어드레스 공간들은 운영체제에 의해서 피지컬 메모리로 매핑된다. 프로세서들이 그들의 명령과 데이터를 위한 가상적 또는 가상의 이름들을 사용하여 명령어를 추출, 로드, 저장한다. 프로세스 어드레스의 최상의 공간은 디스크 드라이버와 같은 **보조적**(backing) 또는 **영구적인**(permanent) 저장 공간이다. 이곳은 프로세스의 명령과 데이터가 오는 곳이면서 모든 연속적인 변화들이 거치는 공간이다. CPU와 보조 저장장치 간의 모든 하드웨어 메모리 구조는 프로세스 어드레스 공간에서 명령과 데이터들을 위한 캐시다. 메인 메모리 또한 여기에 속한다. 메인 메모리는 프로세스의 가상 어드레스 공간을 위한 캐시에 불구하며 이러한 공간은 수 기가바이트에서 엑사바이트에 이르는 크기를 가진다. 어드레스 공간에 있는 모든 어드레스는 디스크에 포함된 모든 프로그램 파일에서 오거나 또는 요구에 의해 만들어지고 0으로 정의된다.

다음 절은 가상 메모리의 메카니즘에 대한 간단한 설명이다.[2] 이 주제에 대한 더 자세한 내용은 인터넷에서 찾을 수 있다.

20.1.1 어드레스 공간과 메인 메모리 캐시

하드웨어 캐시가 여러 가지의 서로 다른 구조들을 가질 수 있는 것처럼, 직접 매핑(direct-mapped)에서 완전 연관(완전 연관)에 이르는 설계 스펙트럼에 대해서 메인 메모리 캐시 또한 여러 구조를 가질 수 있다. 그림 20.1은 여러 가지 선택들을 보여준다. 가상 메모리는 피지컬 메모리가 비싸서 일반적인 시스템들에 거의 장착되지 않았을 때 개발되었다. 완전 연관 구조가 선택된 이유는 운영체제가 가상 페이지를 가능한 피지컬 메모리 슬롯 어디에든 넣을 수 있어서인데, 그 어떠한 공간이 사용되지 않을 것이라는 것을 보장하기 때문이다(이러한 보장은 직접 매핑 또는 집합 연관(set-associative) 구조에서는 이루어지지 않는다). 이러한 설계는 가능한 메모리의 많은 경합을 감소시키지만, 메인 메모리로의 접근을 더 복잡하게 만들고 더 많은 시간을 소모하게 만드는 결과를 가져왔다.

이 설계 선택은 추후의 시스템들에 의해 한 번도 심각하게 도전 받은 적이 없다. 그렇지만 특정 문제들을 해결하기 위해서 집합 연관 설계를 이용하는 제안들이 있었다. Taylor가 TLB의 접근 시간을 줄이기 위해서 speculative TLB lookup을 보완하여 사용한 하드웨어 캐싱 메커니즘(TLB slice)을 설명하였다. Taylor는 메인 메모리에서의 페이지의 위치를 찾을 때 집합 연관의 정도를 감소시키는 것이 캐싱 메커니즘의 적중률을

2 "Virtual memory: Issues of implementation", Bruce Jacob과 Trevor Mudge. 저자의 승인하에 재인용함. (IEEE Computer, vol.31, no.6, pp. 33–43, June 1998.

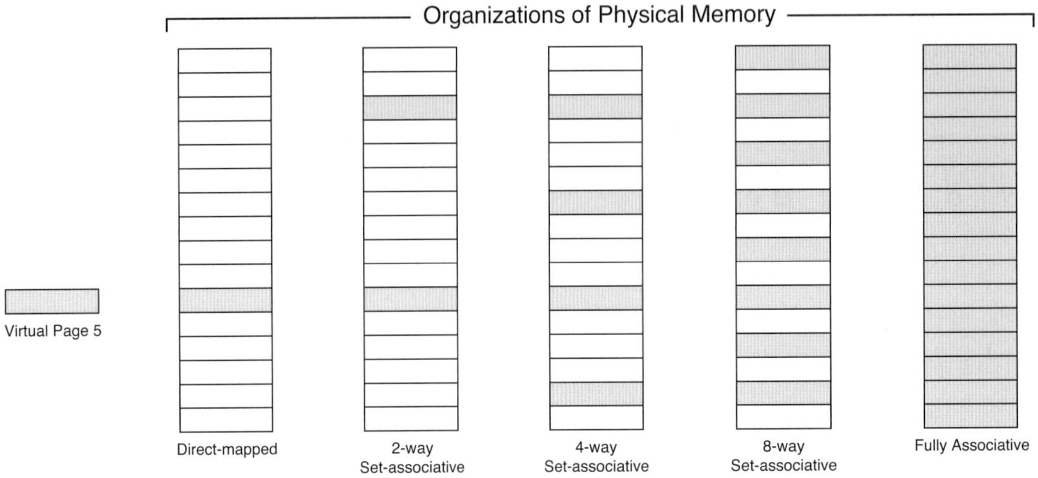

그림 20.1_ 메인 메모리의 결합 조직. 이 다이어그램은 16페이지의 피지컬 메모리 내에서 가상 페이지(page 0x05)의 배치를 보여준다. 만약 메모리가 direct-mapped 캐시로 조직되면, 페이지는 오직 한 위치로만 매핑될 수 있다. 만약 메모리가 2웨이 set-associative이면, 페이지는 두 위치로 매핑할 수 있다. 만약 메모리가 4-way set-associative이면, 페이지는 4위치로 매핑할 수 있으며, 다른 것들도 마찬가지이다. Fully associative 조직은 페이지가 어떠한 위치로든 매핑할 수 있도록 한다. 비록 캐시 coherence 문제를 해결하고 TBL 액세스 시간을 줄이기 위해서 set-associative 조직이 제안되었지만, fully associative 조직이 오늘날의 운영체제에서 가장 흔하게 사용되는 구조이다.

증가시킬 거라고 설명했다. 만약에 하드웨어가 운영체제에서 집합 연관 메인 메모리 구성을 도입시키면, 캐싱 메커니즘이 더 이상 필요치 않다. 예컨대, speculative TLB lookup이 TLB slice 없이도 잘 작동한다. Chiueh와 Katz[1992]는 메인 메모리용 집합 연관 구성이 TLB를 critical 경로에서 없애는 것을 제안한다. 비슷하게 SunOS 운영체제에서는 데이터 손상의 가능성을 제거하기 위해서 가상 어드레스 앨리어스들을 가장 큰 가상 캐시에 배치한다. Kessler와 Hill은 비슷한 메커니즘을 제안하였다. 해당 메커니즘은 코드와 데이터 객체의 컴파일러상의 신중한 배치가 가상 메모리 시스템에 의해 훼손되지 않도록 하기 위해서 최적화된 컴파일러와 함께 사용되도록 제안되었다. 가상 캐시의 일관성은 4장에서 더 자세히 설명되어 있다.

20.1.2 어드레스 매핑과 페이지 테이블

매핑 정보는 페이지 테이블들로 정리가 되어 있으며, 페이지 테이블은 PTEs(Page Table entries)의 집합이다. 각 PTE는 일반적으로 한 번에 단 한 장의 정보가 유지된다. PTE는 가상 페이지가 메모리나 디스크에 있는지 또는 할당되지 않았는지를 나타낸다. 시간이 지나면서, 가상 메모리가 어드레스 공간 보호와 페이지-레벨 보호와 같은 추가적인 기능들을 다룰 수 있게 진화해서 오늘날의 전형적인 PTE는 페이지가 실행 가능한 코드를 유지하는지, 또는 수정이 가능한지, 가능하다면 어떤 것에 의해 가능한지와 같은 추가적인 정보를 담고 있다. 오늘날 Windows XP, Linux, 다양한 UNIX 계통의 운영체제들은 이러한 방식으로 어드레스 공간과 페이지-레벨 보호를 지원한다. PTE로부터 운영체제는 아래의 사항들을 판단할 수 있어야 한다.

- 페이지 주인의 ID(어드레스-공간 식별자, 때로는 액세스 키라고도 명명됨)
- VPN(Virtual Page number)
- PTE가 타당한 translation information을 포함하는지에 대한 여부(유효한 비트)
- 페이지의 translation information: 메모리상의 위치(PFN; Page frame number)나 디스크상의 위치 (disk block number 또는 스왑 파일상의 오프셋 등)
- 페이지의 protection information(read-write, read-only, write-only)
- 페이지가 최근에 쓰여졌는지에 대한 여부
- 페이지가 과연 최근에 접근이 되었는가에 대한 여부(대체 결정을 돕기 위해서)

운영체제는 reference and modify 비트들을 비교적 최근에 사용된 페이지 대체 방침에 구현하기 위해 사용했다. 운영체제는 모든 매핑된 페이지들의 reference 비트들을 주기적으로 비운다. Modify 비트는 대체된 페이지가 깨끗하거나 단순히 버려져야 하거나 또는 교체 전에 디스크로 옮겨져야 하는가를 나타낸다.

이 모든 정보들이 각 PTE에 완벽하게 저장되는 것은 흔치 않은 일이다. 조심스러운 페이지 테이블의 정리는 어떤 항목들이 함축되도록 한다. 예를 들어 대부분의 실행들은 VPN과 PFN 둘 다를 필요로 하지 않는다. 테이블에서의 PTE의 위치로부터 둘 중에 하나가 줄어들 수 있다. 게다가 만약에 모든 프로세스들이 자신만의 페이지 테이블을 가지거나 또는 관련 없는 프로세스들에 의해서 생성된 가상 어드레스들을 구별하는 어드레스 공간 식별자 이외의 다른 메커니즘을 가진다면 어드레스 공간 식별자는 불필요하다. 첫 번째는 페이지 분할로 가상 어드레스들은 두 단계에 거쳐 피지컬 어드레스들로 변환된다. 한 단계는 세그먼트 단위이고 두 번째 단계는 페이지 단위이다. 디스크 블록 정보와 같은 다른 항목들은 두 번째 테이블에 놓여질 수 있다. 결론적으로 PTE는 32 또는 64비트 워드에 적합하도록 만들어 질 수가 있다.

한 세대 전에, 어드레스 공간들이 더 작을 때, direct table이라고 불리는 매핑 정보의 싱글 레벨 테이블들은 어드레스 공간 전체를 매핑하고 하드웨어 안에서 충분히 유지할 수 있었다. 어드레스 공간이 더 커지면서 테이블 사이즈들이 시스템 설계자들에 의해 강제적으로 메모리에 옮겨지게 되었다. 그들은 하드웨어 TLB 상의 페이지 테이블의 일부분을 캐싱하거나 TLB miss상의 페이지 테이블로부터 TLB를 자동적으로 다시 채워줌으로써 하드웨어 내에 큰 테이블의 허상으로 보존하였다. 그러므로 **페이지 테이블 작업**이라고도 부르는 페이지 테이블 찾기는 TLB miss를 다루는 큰 요소이다. 따라서 오늘날의 설계자들은 테이블 작업의 성능 간접비를 최소화하는 페이지 테이블 구성을 만드는 데 많은 신경을 쓴다. 만약 PTE들이 연속적으로 구성된다면 테이블을 찾는 것은 간단해질 수 있고 따라서 VPN이나 PFN은 적절한 PTE를 찾기 위한 오프셋으로 사용될 수 있다. 이러한 이유로 두 가지의 페이지 테이블 구성이 나타나는데, 그 종류는 VPN에 의해 색인되는 **순방향 매핑(forward-mapped)** 또는 **계층적 페이지 테이블**과 PFN에 의해 색인되는 **역방향 매핑(inverse-mapped)** 또는 **반전 페이지 테이블**이다. 페이지 테이블의 구조는 공간상의 효율성(얼마나 많은 메인 메모리들을 테이블이 필요로 하는지)과 시간상의 효율성(특정 페이지에 매핑을 찾기 위해서 얼마나 걸리는지)을 포함하여 여러 가지를 지시한다.

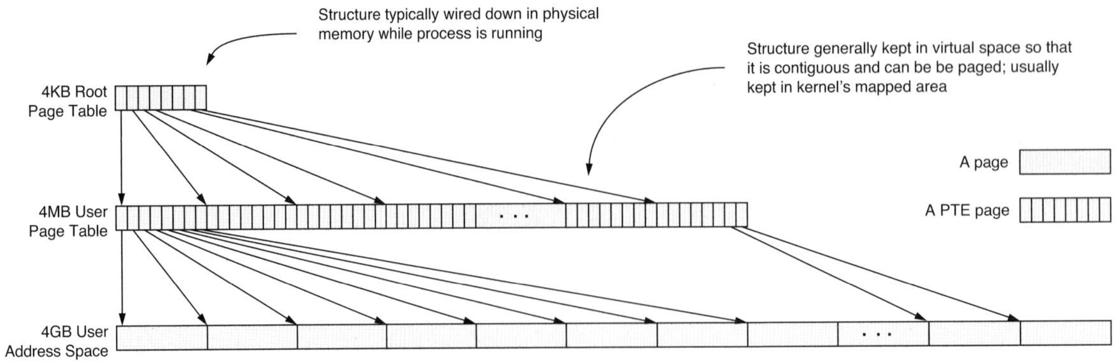

그림 20.2_ 32비트 어드레스 공간의 Classic two-레벨 hierarchical page table.

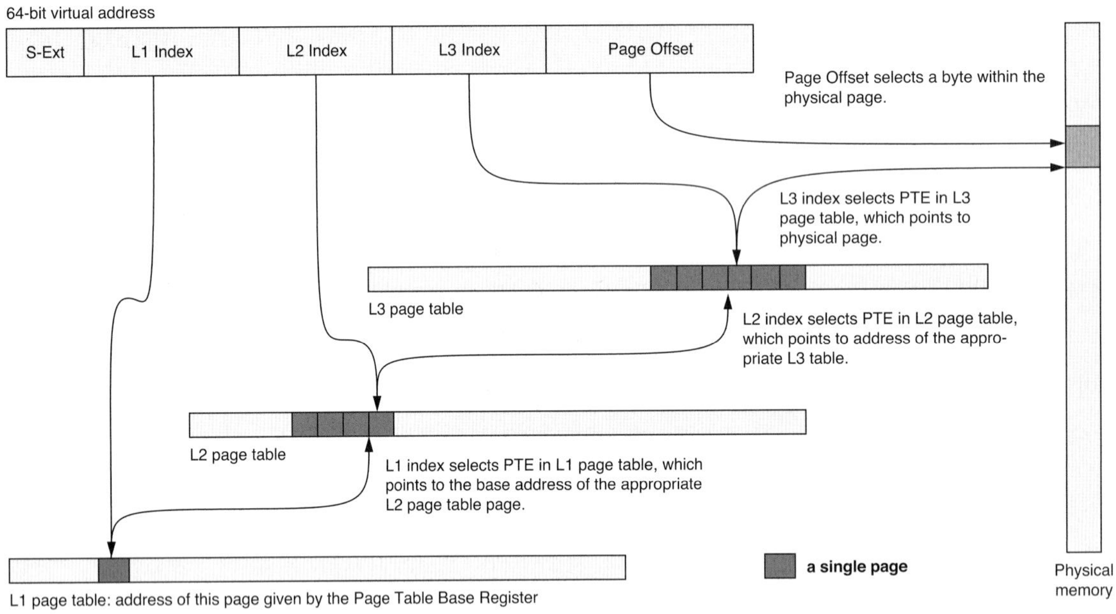

그림 20.3_ OSF/1와 OpenVMS에 사용되는 Alpha 3계층 페이지 테이블

20.1.3 계층적 페이지 테이블

그림 20.2의 종래의 계층적 페이지 테이블은 큰 공간이 작은 공간에 의해 매핑된다는 self-similar idea에서 왔다. 만약에 우리가 32-비트 어드레스들과 4KB 페이지들을 가정하면, 4GB 어드레스 공간들은 1,048,576(2^{20}) 페이지로 구성된다. 만약 각각의 이러한 페이지들이 4바이트 PTE들로 매핑된다면, PTE들을 4MB 선형 구조들로 조직할 수 있다. 이것은 비교적 크며, 모든 사용자의 페이지들이 매핑되는 것이 아니기 때문에 전체 4-MB 어레이를 무슨 이유로 wire down[3] 할 것인지 또한 페이지 테이블 자체를 무슨 이

3 가상 메모리 영역을 "wire down"하는 것은 물리적인 메모리 내부의 공간을 할애하는 것이며, 이것이 디스크로 페이지되는 것을 불허하는 것이다. 따라서, 이 공간은 다른 목적으로 사용되어서는 안된다.

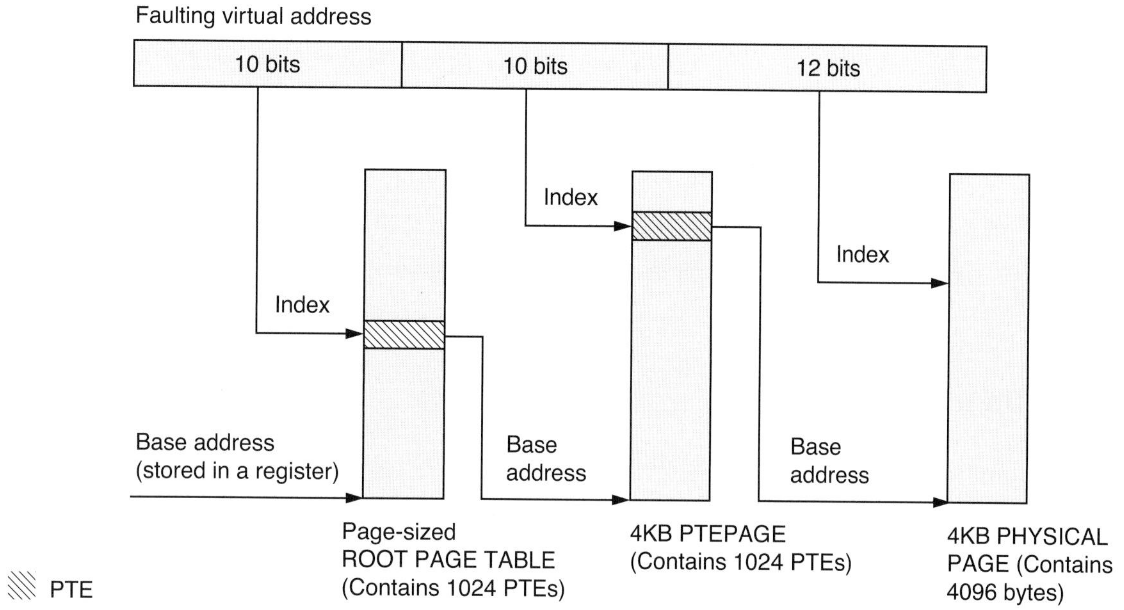

그림 20.4_ Hierarchical page table에 대한 Top-down/forward-mapped access 방법. The top 10 비트는 root page table에서 PTE를 식별한다. Root page table은 PTE 페이지로 매핑된다; the middle 10 비트는 PTE 페이지는 해당 PTE 페이지 내에서 데이터 페이지를 매핑하는 단일 PTE 페이지를 식별한다; bottom 12 비트는 4-KB 데이터 페이지내에서 byte를 식별한다.

유로 매핑하지 않을 것인지를 알아야 하는데, 4-MB 선형 구조는 1,024(2^{10}) 페이지들을 차지한다. 선형 어레이로 조직된 PTE들은 4KB를 차지한다. 어드레스 공간들이 64비트들로 늘어나면서, 계층적 페이지 테이블의 크기 또한 늘어난다. 그림 20.3은 OSF/1과 64비트 Alpha 아키텍처의 OpenVMS에 모두 사용된 페이지 테이블 구조를 보여준다. 페이지 테이블 구조는 TLB의 재충전 비용을 줄이기 위해서 3계층으로 제한된다.

계층적 페이지 테이블의 조회 방법에는 두 가지가 있는데, top down(forward-mapped)과 bottom up 방식이 이에 해당한다. Bottom-up 전략이 가상 어드레스를 사용하는 반면, Top-down lookup은 계층적 페이지 테이블의 성분들을 위해서 피지컬 어드레스들을 이용한다.

Top down Traversal

그림 20.4는 32비트 아키텍처를 위한 top down 계층적 페이지 테이블 액세스에 있는 단계들을 보여준다. 첫 번째로 top 10비트는 1024 엔트리 루트 페이지 테이블을 색인한다. 참조된 PTE는 4KB PTE의 피지컬 어드레스들을 주거나 PTE 페이지가 디스크에 있거나 할당되어 있지 않은지를 나타낸다. 페이지가 메모리에 있다고 봤을 때, 다음 10비트의 가상 어드레스는 이 PTE 페이지를 색인한다. 선택된 PTE는 결합이 있는 가상 어드레스를 참조하여 4KB 가상 페이지의 PFN를 준다. 가상 어드레스 인덱스의 bottom 12비트는 원하는 바이트에 액세스하기 위해서 피지컬 데이터 페이지를 색인한다.

알고리즘에서 PTE가 원하는 페이지가 페이지 아웃되었거나 존재하지 않았더라면, 하드웨어는 page-fault exception을 올려준다. 운영체제는 페이지를 디스크로부터 검색해야 하고, 그것의 매핑을 페이지 테이블과 가능한 TLB에 넣어야 한다.

많은 초기의 계층적 페이지 테이블들은 이러한 방법으로 횡단되었다. 그래서 **순방향 매핑된 페이지 테이블**이라는 용어는 계층적 페이지 테이블 액세스된 top down의 의미로 종종 쓰여진다. 이 방식의 간단함 때문에 이 알고리즘은 Intel IA-32구조의 일부분과 같은 하드웨어 테이블 작업 방식에서 자주 쓰인다.

Bottom-Up Travesal

Top-down traversal은 테이블 레벨에 있는 만큼 굉장히 많은 메모리 참조들을 필요로 하며, 실제 데이터를 얻기 위해서 하나를 더 필요로 한다. 그리고 이 수는 가상 어드레스가 증가하면서 함께 증가한다. 다시 한 번 말하자면, 페이지 테이블의 bottom-up traversal들을 이용할 수 있으며, 종종 매핑 정보를 얻기 위해 싱글 메모리 액세스가 발생할 수 있는데, 가상 로드가 성공하거나 실패할 경우에만 top-down approach를 이용하는 경우는 합(매핑을 위한 액세스와 그 이후의 요청된 데이터를 위한 액세스를 포함함)을 2개로 줄인다.

Bottom-up traversal에서 가상 어드레스의 top 비트들은 가상 공간에서 연속적인 사용자 페이지 테이블에서의 가상 오프셋으로 사용된다(그림 20.2 참조). 사용자 페이지 테이블(PTbase)의 시작의 가상 어드레스와 faulting page number(BadVPN)를 알게 되면서 누구나 쉽게 PTE를 위한 가상 어드레스를 만들 수 있다. 그림 20.2에서 말한 것과 같이 가상 어드레스는 다음과 같이 주어진다.

$$\text{address} = \text{PTbase} + (\text{BadVPN} * \text{sizeof(PTE)}) \qquad (\text{식 } 20.1)$$

그림 20.5에서 Pseudo-code는 간단하게 단계들을 보여준다. 그림 20.5는 32비트 아키텍처를 위한 bottom-up 방법을 보여준다. 1단계에서는 faulting virtual 어드레스의 상위 20비트들은 사용자 페이지 테이블의 가상 오프셋과 연결된다. PTE가 2바이트의 크기로 정렬되기 때문에 어드레스의 하위 비트들은 0이 된다. Faulting 어드레스의 가상 페이지 수는 사용자 페이지 테이블에서의 PTE 인덱스와 같다. 그래서 이 가상 어드레스는 적당한 사용자 PTE로 지정된다. 만약에 이 어드레스 succeeds를 이용하는 로드들이 성공한다면, 사용자 PTE는 TLB에 삽입되고 faulting virtual 어드레스를 바꿀 수 있다.

그러나 사용자 PTE 로드는 TLB miss를 초래한다. 2단계에서는 사용자 PTE 로드가 실패할 때 시스템이 두 번째 어드레스를 만든다. 이 로드에 대한 매핑 PTE는 루트 페이지 테이블에 있고, 인덱스는 top-down 방법에서와 같이 faulting 어드레스 VPN의 상위 10비트가 된다. 이 10비트들은 적절한 루트 PTE를 위한 피지컬 어드레스를 형성하기 위해 루트 페이지 테이블의 base 어드레스와 연결된다. 가상 어드레스와는 달리 피지컬 어드레스를 사용하는 것은 또 다른 TLB miss를 야기하지 않는다. 시스템은 사용자 PTE를 포함하는 페이지에 매핑하기 위해서 루트 PTE를 불러서 TBL로 삽입한다. 루트 PTE가 TLB로 로드되었을 때, 루트 테이블 핸들러가 끝나고 사용자 PTE 로드가 재시작된다. 이 사용자 PTE가 TLB로 로드되었을 때, 사용자 테이블 핸들러가 끝나고, faulting 사용자-레벨 로드 또는 저장이 재시작된다. 그러나 보통은 첫 번째

```
/* user code executing ... */
load X /* load misses TLB, invokes TLB-miss handler: */
    construct virtual address for PTE (in user page table)
    load user PTE /* possibly misses TLB, invokes TLB-miss handler: */
        construct physical address for PTE (in root page table)
        load root PTE /* cannot cause TLB miss -- physical address */
        put root PTE into TLB
        jump to faulting instruction
    load user PTE /* this time, load succeeds */
    put user PTE into TLB
    jump to faulting instruction
load X /* this time, load succeeds */
```

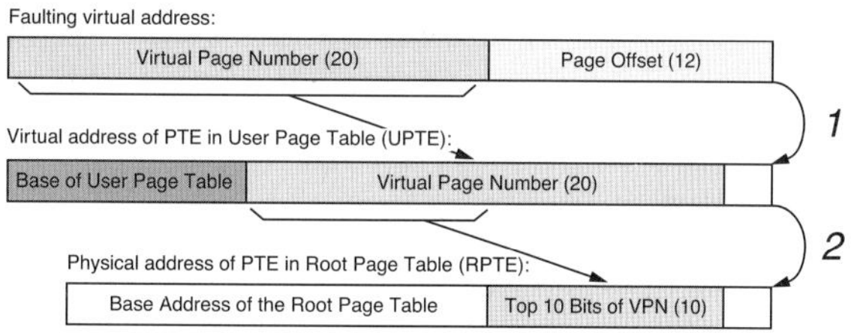

그림 20.5_ Hierarchical page table에 access하기 위한 bottom–up 방법. 알고리즘은 일반적으로 virtual 어드레스를 번역하기 위해서 메모리에 한 차례 access한다. 이 것은 초기 시도가 실패하면 top–down 탐색에 의지한다.

PTE lookup(사용자 PTE lookup)은 성공하고, TLB miss는 faulting 사용자 어드레스를 번역하기 위해서 오직 하나의 메모리 참조만을 필요로 한다. Bottom-up 접근을 사용하는 아키텍처들은 MIPS와 Alpha를 포함한다. 20.2절에서는 어떻게 메커니즘이 구현되는지에 대하여 설명한다.

20.1.4 반전 페이지 테이블

그림 20.6과 같이 기존의 반전 페이지 테이블은 계층적 테이블을 넘어서는 여러 가지 장점들을 가진다. 프로세스에 속하는 모든 가상 페이지에 대한 하나의 엔트리 대신에 이것은 메인 메모리에 있는 모든 피지컬 페이지 당 하나의 엔트리를 가진다. 그래서 가상 공간에 대한 스케일링보다는 피지컬 공간의 사이즈로 스케일링된다. 이것은 64비트 어드레스 공간을 고려할 때, 계층적 테이블의 구별되는 장점들이다. 구현에 따라서, 이것은 TLB miss를 제공하기 위해서 일반적인 계층적 페이지 테이블에 비해 더 낮은 메모리 참조들의 평균값을 가진다. 이것의 컴팩트한 사이즈는 메모리에 wire down되는 테이블을 요청하는 하드웨어 관리 메커니즘의 좋은 후보가 된다.

구조를 반전되었다라고 하는 이유는 페이지 테이블에 있는 PTE 인덱스가 VPN이 아닌 PFN이기 때문이다. 그러나 일반적으로는 주어진 VPN에 대한 PFN을 찾기 위해서 페이지 테이블을 사용하기 때문에 PFN은 잘 사용하지 않는다. 그러므로 hashing 방식이 사용된다. PTE의 위치를 찾기 위해서, VPN은 테이블을 인덱스하기 위해서 해시된다. 다른 VPN들이 같은 해시 값들을 만들 수 있기 때문에, 연쇄 충돌 메커니즘은 다른 가상 매핑들이 테이블에 동시에 존재할 수 있도록 한다. 충돌이 일어날 때, 테이블에서의 다른 슬롯들

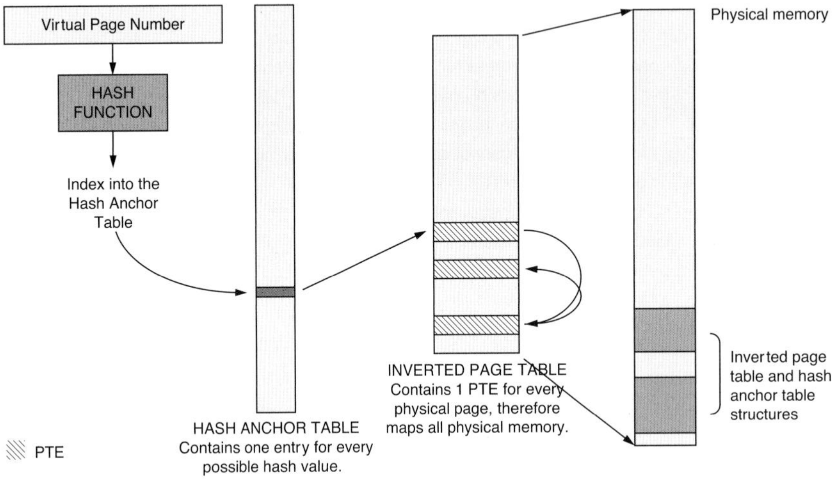

그림 20.6_ Classical 반전된 페이지 테이블 구조

이 선택되고, 새로운 엔트리들이 chain의 끝에 추가된다. 그러므로 단일 TLB miss를 제공하는 데 굉장히 긴 리스트의 포인터들에 대한 추적이 가능해진다. 해시 테이블의 collision chain들은 잘 연구되어 있다. 평균 체인 길이를 짧게 하기 위해서 해시 테이블의 크기를 증가시킬 수 있다. 그러나 반전 페이지 테이블의 크기를 변화시키면서, PFN에 의해 테이블을 인덱스하는 능력을 잃어버린다. 그래서 어느 정도의 레벨 우회 방법이 이용된다. HAT(hash anchor table)는 모든 해시 값에 대한 체인 헤드를 가리킨다. HAT 사이즈의 두 배마다 체인 길이의 평균이 반으로 줄어든다. 그래서 HAT의 엔트리의 수가 일반적으로 반전된 페이지 테이블의 수에 비해서 몇 배 더 큰 값을 가지게 된다.

이러한 lookup 메커니즘은 비교적 비싸다. 이는 PTE를 찾기 위해서 적어도 두 메모리 참조를 필요로 하기 때문이다. 오늘날의 반전 테이블들(예를 들어, PA-RISC와 파워PC 아키텍처에 있는)은 이것을 한 가지로 줄였다. 그림 20.7에서 표현된 것과 같이 PA-RISC 시스템들은 일반적으로 hashed page translation table이라고 하는 반전 페이지 테이블을 이용한다. 이것은 정규 반전 페이지 테이블과 비슷하지만, HAT를 제거했다. 테이블은 시스템상에서 피지컬 페이지보다 더 많은 엔트리를 유지할 수 있고 collision chain이 페이지 테이블 또는 collision resolution table이라 불리는 분리된 구조에 유지될 수 있기 때문에 반전 페이지 테이블과는 다르다. 다시 말해서, PFN이 그 어떠한 hashed page translation 테이블의 엔트리 위치로부터 추론할 수 없어서 각 테이블 엔트리는 무조건 이 정보를 명확하게 기록해야 한다. 테이블 엔트리는 매핑된 페이지의 VPN과 PFN 둘 다 가지고 있다. Lookup 알고리즘은 초기 HAT lookup이 없기 때문에 정규 테이블의 lookup 알고리즘보다 간단하다. 가장 근본적인 차이는 PFN이 테이블상의 해당 위치에서가 아닌 페이지 테이블 엔트리로부터 직접적으로 나온다는 것이다. 그래서 페이지 테이블 엔트리가 규정된 형식에 비해서 조금 더 크다. 트레이드 오프는 속도를 위한 공간이고 그 형식은 다수의 테이블상에 공존할 수 있도록 다수의 매핑을 동일한 피지컬 페이지에 허용함으로써 공유 메모리를 지원한다.

파워PC 해싱 페이지 테이블이 그림 20.8에 있다. 이것은 메모리 참조의 최소 수를 하나로 줄여주는 HAT

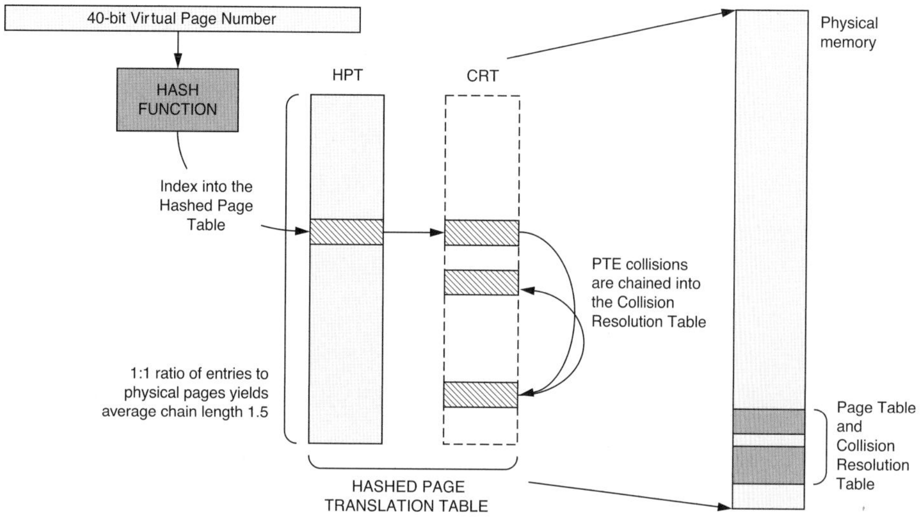

그림 20.7_ PA-RISC hashed paged translation table.

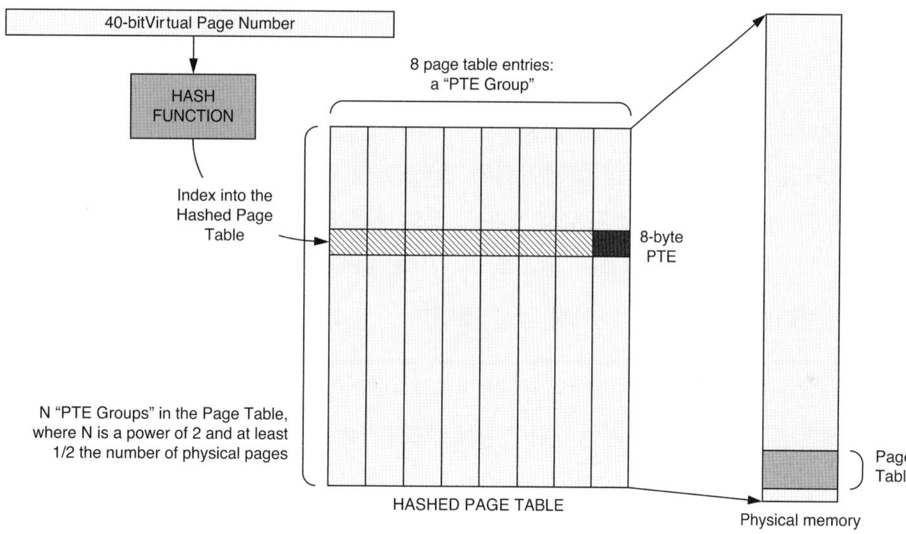

그림 20.8_ 파워PC 해싱 페이지 테이블 구조

가 없고, TPE 그룹은 collision chain을 대체한다. 테이블은 8개의 PTE wide이고 만약에 같은 위치에 8개의 VPN 해시보다 더 많으면, 여분의 PTE가 단순하게 생략된다. TLB miss상에서, 하드웨어가 PTE 그룹 전체를 동시에 로드하고, PTE를 통해서 가상 어드레스 매칭을 찾는다. 만약에 PTE 그룹이 유효하지 않은 PTE들을 포함하고 있더라도 이러한 상황이 일어난다. 파워PC는 선택적인 2차 lookup을 수행할 수 있다. 2차 lookup은 첫 번째와 동일하다. 전체 PTE 그룹이 로드되고 검색된다. 각 테이블 엔트리는 PA-RISC 테이블과 같이 크다. 이것을 피할 수 없는 이유는 PTE의 위치가 VPN이나 PFN과 아무런 관련이 없고, 따라서 모든 값들이 PTE에 저장될 필요가 있기 때문이다. 32비트 파워PC 구현을 위한 PTE는 8바이트 wide이다. 64비트 구현을 위해서는 16 바이트 wide가 타당하다.

20.1.5 반전 페이지와 계층적 페이지의 비교

설계자가 가상 메모리 시스템을 실행할 때, 작은 문제들이 초래된다. 계층적 페이지와 반전 페이지의 선택은 분명하지 않다. 성능과 메모리의 사용에서 굉장히 많은 트레이드 오프가 존재한다. 공유 메모리의 구현은 그 성능에 있어서 굉장히 많은 다양성이 존재할 수 있다. 예를 들어 공유 메모리는 consistency 관리를 더 요구한다. 어드레스 공간 보호 방식은 하드웨어 기반에 굉장히 의존적이고 공유 메모리 실행에 굉장한 영향이 있다.

첫 번째 계층적 테이블들은 top down에 액세스되었다. 이 설계에서 두드러지는 공통된 문제점은 큰 어드레스 공간들과 드문 어드레스 공간들에 대한 지원이 부족하다는 것이다. Top-down access variant가 시간 낭비인 이유는 그것이 큰 어드레스 공간을 맡기 위해서 두 층 이상을 필요로 하고, 각 층은 테이블 작업 동안 메모리 참조를 필요로 하기 때문이다. MIPS 프로세서에 의해 대중화된 Bottom-up variant는 더 효율적이다. 비록 이것이 큰 어드레스 공간을 매핑하기 위해서 두 층 이상을 필요로 할 수도 있지만, 최저층은 먼저 쉽게 만들어진 가상 어드레스에 의해 검사된다. 사용자 어드레스들을 매핑하기 위해 필요한 사용자 PTE는 캐시에서 찾게 될 것이다. 이러한 사용자 PTE는 종종 TLB miss를 맡기 위해서 단지 하나의 메모리 참조만을 필요로 한다.

두 개의 액세스 variant들이 메모리를 버릴 수 있는 이유는 테이블에 있는 공간이 운영체제에 의해 한 번에 전체 페이지에 할당되었기 때문이다. 싱글 페이지와 함께 있는 프로세스 어드레스 공간은 하나의 PTE 페이지 전체를 필요로 할 것이다. 만약에 프로세스가 그것의 어드레스 공간 가상 페이지들한테서 합쳐져 있다면 그것들은 존재하는 PTE 페이지로부터 매핑될 수 있다. 만약에 프로세스가 어드레스 공간에 합쳐진다면 매핑 PTE는 첫 번째 PTE에서 멀리 떨어져 있을 것이다.

만약에 어드레스 공간이 드물게 있다면 – 만약 그것이 멀리 떨어진 많은 개개의 가상 페이지로 구성되어 있다면 – 대부분의 입력들은 사용되지 않으면서도 분명히 메모리를 소모할 것이다. 그러므로 이 구조는 가상 페이지가 매핑된 것처럼 여러 PTE 페이지를 사용하게 낮출 수 있다.

계층적 테이블의 잠재적인 공간 문제를 일부 언급하기 위해 반전된 테이블이 등장하였다. 가상 어드레스 공간이 드물게 분포되어 있더라도, 운영체제가 주어진 시간에 테이블 내의 공간을 하나의 PTE에 할당하므로 반전 페이지 테이블은 메모리를 사용하지 않는다. 테이블의 크기가 시스템에서 사용 가능한 피지컬 페이지들의 수에 비례하므로, 큰 가상의 어드레스는 테이블의 입력들에 영향을 끼치지 않는다.

그럼에도 불구하고 반전 구조는 문제점을 갖는다. 테이블이 실제로 메모리를 차지하는 가상 페이지들을 위한 입력들만 가지고 있기 때문에, 그것들이 다시 필요한 경우에 대안 구조가 디스크의 페이지를 위한 정보를 유지하기 위해 필요하다. 이 백업 페이지 테이블 구조는 반전 구조가 제공하는 공간 절약의 장점을 잠재적으로 무효화시킬 수 있다. 파워PC와 PA-RISC 테이블은 테이블 크기의 제한을 제거해서 이 문제를 다룬다. 이러한 조직들은 피지컬 메모리의 페이지보다 더 많은 매핑을 가지고 있을 수 있는데, 이것은 백업 테이블에 대한 부담을 감소시킨다. 그럼에도 불구하고, 계층적인 테이블과는 달리, 이러한 반전 테이블들은 원하는 매핑의 존재를 보장하기 어렵다. 따라서 백업 테이블의 필요성을 완전히 제거할 수 없다.

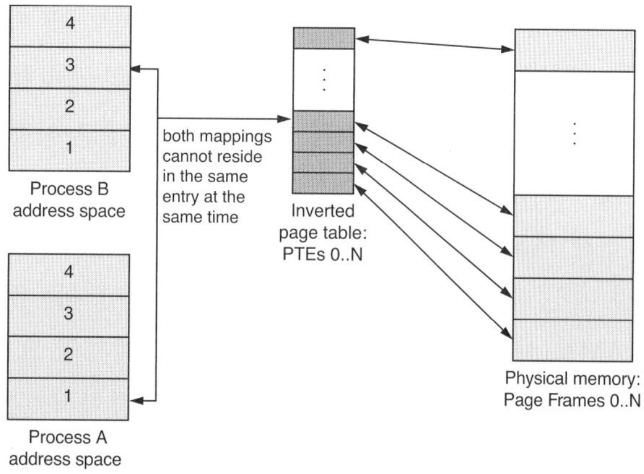

그림 20.9_ 반전된 페이지 테이블과 공유된 메모리

고전적인 반전 테이블은 시스템에서 각 페이지 프레임당 오직 유일한 하나의 엔트리만 포함하기 때문에 같은 위치에 매핑된 다른 가상 페이지를 위한 매핑을 동시에 유지할 수 없다. 이것이 그림 20.9에 설명되어 있다. 만약 프로세스 A의 어드레스 공간에 있는 가상 페이지 1과 프로세스 B의 어드레스 공간에 있는 가상 페이지 3이 같은 페이지 프레임에 매핑된다면, A와 B는 메모리를 공유하고 두 개의 매핑은 동시에 테이블에 있을 수 없다. 만약에 프로세스가 통신을 위해 메모리를 사용한다면, 운영체제는 매번 메시지를 교환할 때마다 잠재적으로 2개의 페이지 결함을 점검해야 할 수 있다. PA-RISC와 파워PC 변종들은 시스템 내의 PTE와 피지컬 페이지 사이의 1대1 매핑이 존재할 필요성을 없애 문제를 해결한다.

Bottom-up 테이블과 같이, 반전 테이블은 빠르게 접근된다. 큰 HAT와 함께, 각각의 검색은 2개의 메모리 참조 이상의 평균을 낸다. HAT에 대한 제거를 통해 파워PC와 PA-RISC는 그것들을 하나로 줄인다. 이 기술은 혼합된 결과를 갖는다. 이것은 메모리 참조의 최소한의 숫자를 하나로 줄이지만, 페이지 테이블의 크기를 증가시키고, PTE가 VPN과 PFN을 모두 포함할 필요를 만든다. 이는 더 작은 PTE들이 이전에 비해 하나의 캐시 블럭에 맞춰야 하기 때문에 대역폭과 캐시의 필요성을 증가시킨다.

20.1.6 변환 색인 버퍼의 재고찰

프로세스가 가상 어드레스에 저장하거나 읽어 들이려고 할 때, 하드웨어는 어드레스의 매핑을 위해서 TLB를 찾는다. 만약에 TLB에 매핑이 존재한다면, 하드웨어가 페이지 테이블 없이 참조의 변환이 가능하다. 이 변환은 또한 페이지의 보호 정보를 제공하고, 종종 온 칩 명령과 데이터 캐시에 대한 액세스를 조절하기 위해 사용되는데, 각 레지던트 블록을 위한 캐시 내의 보호 정보를 유지하는 대신에 사용된다. 만약에 매핑이 TLB에 존재하지 않는다면, 하드웨어는 보호 정보에 즉시 액세스하지 않고, 보수적으로 캐시에 프로세스가 액세스하지 못하게 한다. 만약에 데이터가 캐시에 있다고 하더라도, 프로세스는 TLB에 정확한 매핑 정보가 채워질 때까지 막히게 된다.

이러한 관점에서 봤을 때, TLB는 명확히 메인 메모리 캐시를 위한 태그 어레이와 메인 메모리 앞의 실제 캐시 계층의 기능으로 보인다. TLB의 장점은 이것이 전형적으로 CPU상에 있기 때문에 빠른 액세스 시간을 가진다는 것이다. 그러므로 이것은 또한 칩 내의 내용을 칩 외부의 프로세서 캐시에 매핑하는 데 사용된다. 이것은 보호 정보를 제공하고, 피지컬 인덱스된 캐시를 위한 태그 어레이의 기능을 수행한다. 그러나 메인 메모리와 큰 칩 외부의 캐시를 위한 태그 어레이를 사용했을 때, 이것의 단점은 reach가 – 개념상, TLB가 즉시 매핑할 수 있는 전체 메모리가 TLB 입력들의 숫자의 제품과 각각의 입력이 매핑하는 공간의 크기에 의해 주어진다–캐시와 메인 메모리 크기를 확장하는 데 실패한다는 것이다. 메인 메모리의 크기를 증가시키는 것은 더 많은 DRAM을 사는 것만큼 간단하고, 칩 외부 캐시의 크기를 증가시키는 것이 시스템 설계자들에게는 그만큼 쉽지만, 주어진 CPU상에서 TLB의 크기를 증가시키는 것은 일반적으로 가능하지 않다. 게다가 파워 소모 때문에 TLB의 크기는 이전 10년만큼 엄청나게 증가하지 않았고, 반면에 캐시와 메인 메모리의 크기는 증가하였다. 256개의 입력(I-TLB와 D-TLB에 각각 128개)을 가지는 2006년의 인텔 코어 프로세서와 비교하여, 1990년에 MIPS R20000TL은 64개의 입력들을 가지고 있었다. 이것은 4배로 증가한다는 것을 말한다. 반대로, 최근의 워크스테이션들은 습관적으로 L2나 L3들의 몇몇 메가바이트들을 가지거나 DRAM의 하나 혹은 그 이상의 기가바이트를 가지고 있는데, 이들은 1990년대 초반의 전형적인 사이즈보다 2~3배 정도 더 크다.

TLB reach가 시간이 지날수록 효율적으로 감소한다는 사실은 문제이지만, 그러나 이것은 확장된 특이한 시스템 조직과 구조를 연구하면서 언급할 수 있는 문제이다. 페이지 테이블은 0.1에서 10%의 메인 메모리를 필요로 한다[Talluri et al. 1995]. 이 수치는 디스크에 있는 페이지를 매핑하는 데 필요한 정보를 포함하고 있지는 않다. 이는 단순히 현재 메인 메모리에 매핑된 페이지 테이블의 일정 부분의 크기이다. 메인 메모리의 양은 페이지 테이블들에 예약되어 있고 일반적인 목적을 가지는 데이터를 위해 쓰일 수는 없다. 이것은 본질적으로 메인 메모리 캐시의 태그 어레이 부분이다(이것 자체는 TLB에 의해 캐시된다). 이렇게 잠재적으로 효과적인 조직은 대신에 그 메모리를 명시적인 하드웨어 태그 어레이로 사용할 수 있다. 이것은 메인 메모리 캐시의 데이터 어레이 부분에 매핑하는 것과 같은 목적으로 달성할 수 있다. 잠재적으로 더 간단하고 빠른 어드레스 방법이라는 장점을 가지며 TLB miss를 가져오는 성능 비용을 감소시킨다. 만약 메인 메모리가 완전히 associative를 유지하지 않았다면, 메인 메모리상의 공간에 대한 매핑시 잠재적으로 높은 간섭이 있을 수 있다는 단점이 있다. 그러나 값싼 메모리 시대에 이것은 결정적인 파워 소모의 문제 해결을 전제로 단순히 DRAM의 양을 증가시킴으로써 상쇄할 수 있다.

운영체제나 하드웨어는 TLB miss가 일어나면 TLB를 다시 채워줄 수 있다. 하드웨어 관리 TLB와 함께, 하드웨어 state machine은 페이지 테이블을 작업하는데, 더 이상 명령 캐시와 인터럽트하거나 상호작용이 일어나지 않는다. 소프트웨어를 관리하는 TLB와 함께, 일반적인 인터럽트 메커니즘은 운영체제상에서 일반적으로 10~100개의 긴 명령으로 소프트웨어 TLB miss 핸들러를 자극시킨다. 만약에 TLB miss 예외 시간에 핸들러 코드가 명령 캐시에 없으면, miss를 다룰 수 있는 시간은 하드웨어 작업 방식보다 더 길다. 게다가 인터럽트 메커니즘에서 소프트웨어를 관리하는 TLB의 사용은 파이프라인을 flush하여 비용을 증가시키고, 가능한 한 reorder 버퍼로부터 많은 지시들을 없애는데, 이는 수백 사이클 정도 걸린다[Jabos & Mudge 1998c]. 그러나 소프트웨어를 관리하는 TLB 설계는 운영체제가 페이지 테이블을 위한 어떠한 조직이라도 고를 수 있게 한다. 소프트웨어를 관리하는 방식에 의한 유연성은 잠재적으로 더 높은 miss당 설계 가격을 가질 수 있다[Nagle et al. 1994].

소프트웨어를 관리하는 TLB들은 MIPS, SPARC, Alpha, 그리고 PA – RISC 구조에서 찾을 수 있다. 파워PC와 x86 구조들은 하드웨어를 관리하는 TLB들을 이용한다. PA–7200은 하이브리드 접근을 이용하고, 하드웨어의 해싱 페이지 테이블의 초기 프로브를 구현한다. 또한 만약 초기의 프로브가 실패한다면, 소프트웨어에서 페이지 테이블의 남은 부분을 작업한다.

만약에 하드웨어가 어드레스 공간 보호 메커니즘의 형태를 제공하지 않는다면(예를 들어 어드레스 공간 식별자나 세그먼테이션), 다음에 TLB는 모든 프로세스 context switch에 flush on되어야 한다. 보호를 위한 하드웨어 기반과 함께, flushing은 전형적으로 운영체제가 어드레스 공간 식별자와 세그먼트 식별자를 새로운 프로세스에 재배치할 때만 필요하다. 또한 마치 flushing이 종종 x86 구조에 의해 공급되는 세그먼테이션 메커니즘을 위한 경우처럼, 만약에 보호 메커니즘이 사용되지 않는다면 flushing이 필요할 것이다. 일반적으로 TLB 자체를 비울 필요는 없는데, 어드레스 공간 식별자로 태그된 입력들만 flush할 필요가 없다. 그러나, 대부분 명령 세트들은 특정한 VPN과 어드레스 공간 식별자과 함께 하는 하나의 TLB 입력을 없애기 위한 명령을 제공하고, 대부분은 어드레스 공간 식별자에 매칭하는 모든 TLB 입력들을 없애는 명령을 제공하지 않는다. 그 결과 운영체제는 TLB 컨텐츠 전체를 무효화하거나 개별적으로 어드레스 공간 식별자에 대응하는 각각의 입력을 무효화해야 한다. 전형적으로 전체 TLB 컨텐츠들을 무효화하는 것이 이들 리스트를 유지하기에 크거나 비쌀 수 있기 때문에 context switch에 의해 없어질 입력들을 유지하는 것보다 값이 싸다.

메모리 계층 전체를 디스크 시스템을 위한 가상 메모리로 생각한다면, 다른 방법으로 가상 캐시의 장점을 이용할 수 있는 새로운 설계 기회들이 더 분명해진다. 예를 들어, 어떤 것은 전체적으로 물리적으로 어드레스되어 있는(VAX와 X86과 같은 많은 오래된 구조의 경우) 메모리 계층을 가지고 있을 수도 있고, 또 어떤 것은 부분적으로 물리적으로 어드레스되거나 부분적으로 가상 어드레싱(오늘날의 가상 인덱스된 캐시 시스템과 같은 경우) 메모리 계층을 가지고 있을 수 있고, 혹은 어떤 것은 전체적으로 가상적으로 어드레싱 메모리 계층을 가지고 있을 수도 있다. 이러한 구조가 그림 20.10에서 설명되어 있다. 설계 간의 유일한 개념적인 차이는 어드레스 변환이 수행된 부분이다. 어떤 것은 계층이 물리적으로 어드레스되는 순간 이전에 어드레스를 변환해야 한다. 만약에 대부분의 계층이 물리적으로 어드레스된다면(예를 들어 MIPS R3000은 물리적으로 어드레스된 L1 프로세서 캐시를 가지고 있고, L2 캐시와 물리적인 메모리를 포함하는 계층의 모든 연속적인 레벨 또한 물리적으로 어드레스된다), 변환이 자주 필요하고 아마 모든 메모리 참조에서 일어나므로 변환이 낮은 오버헤드에서 일어나는 것이 필요하다. 만약에 변환 지점이 계층에서 더 아래쪽으로 떨어진다면(backing store를 향해), 더 많은 계층이 가상적으로 어드레스되는데, 자주 일어나지 않기 때문에 변환이 덜 효율적일 수 있다. 이는 캐시들이 프로세서로부터 더 깊이 이동하기 때문에 더 좋은 글로벌 적중률을 가진다는 것을 가정한다. 어떤 부분에서 하드웨어 MMU에서의 유용성이 그것의 가치보다 더 배로 떨어질 수 있다는 것을 명확하게 보여준다.

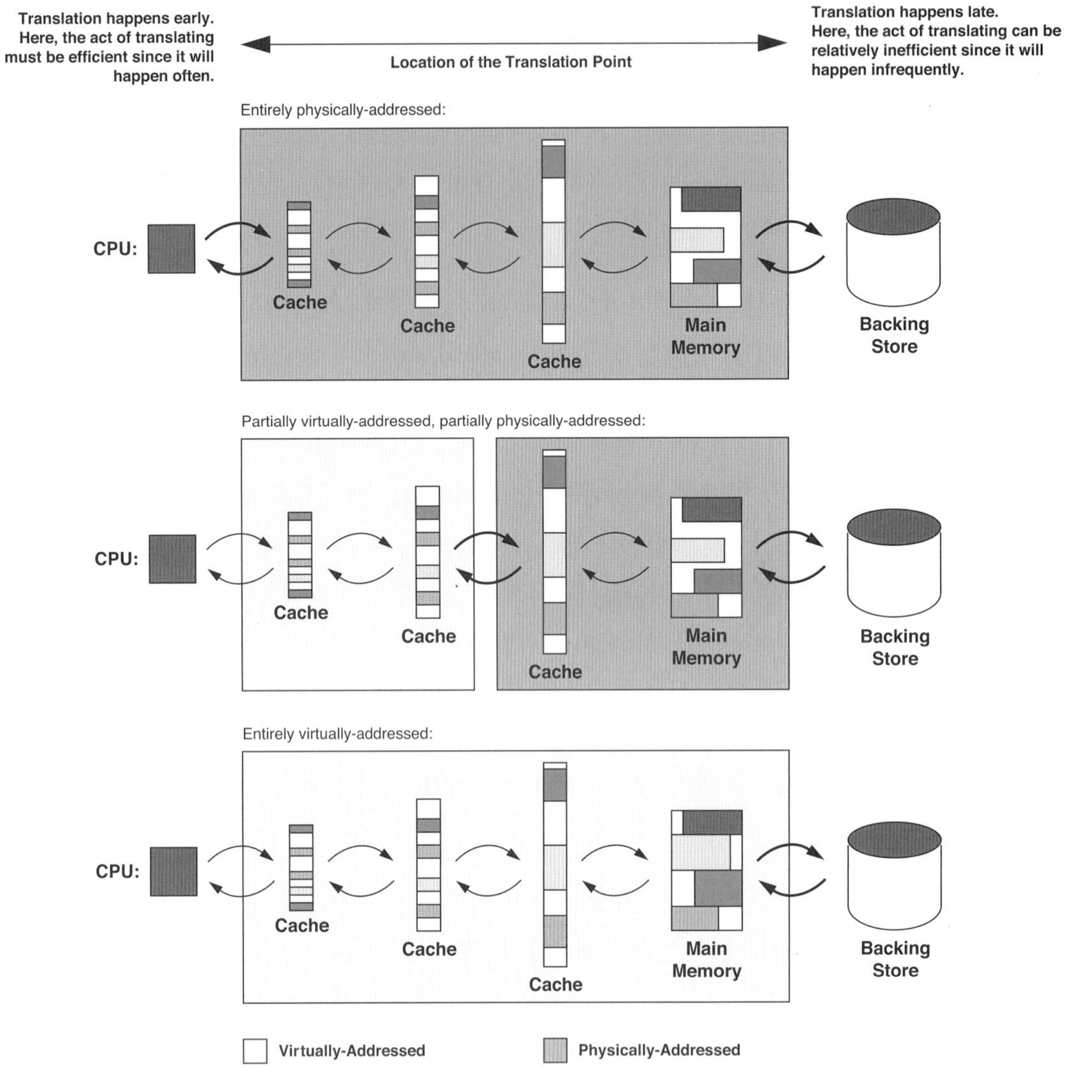

그림 20.10_ 옮기는 지점의 가능한 위치. 옮기는 지점은 가상의 어드레스가 메모리 위치를 참고하기 위해 물리적인 어드레스를 옮겨야 하는 위치이다. 그 지점은 각각의 다이어그램에서 캐시 레벨의 데이터 전송을 나타내기 위해 두꺼운 선을 사용하여 나타내어진다. 그 지점은 backing store로 이동하고(banking store는 옮기는 것이 언제나 필요할 것이며, 이는 디스크 서브시스템이 메인 메모리의 그것으로부터 혹은 어드레스 공간의 프로세스로부터 전형적으로 다른 네이밍 방법을 사용하기 때문이다), 옮기는 행동은 옮기는 것이 덜 자주 필요하게 됨에 따라 덜 효율적이게 된다.

20.1.7 관점: 세그먼트화 어드레싱은 동의어 문제점을 해결한다

이전 장들에서는 가상 메모리 시스템이 캐시 시스템을 만났을 때의 문제점들을 자세히 설명하였다(2장 2.4절, "가상 어드레싱과 보호", 그리고 4장의 4.2절, "자체적 일관성"). 예전부터 가상 캐시의 알려진 단점은 공유된 메모리를 지원할 수 없다는 것이다. 공유된 메모리의 많은 실행은 가상 캐시와 불화를 일으킨다. 예를 들어 ASID 앨리어싱과 가상 어드레스 앨리어싱은 잘못된 캐시 실패를 일으키거나 또는 가상 캐시 내에서 데이터 불일치를 일으킬 수 있다. 그것들의 선천적인 문제들에도 불구하고, 가상적으로 인덱스된 캐시들은 속도와 파워 소모(TLB가 필요하지 않다) 때문에 꽤 대중적이다.

세그먼트된 구조를 적절히 사용하여, 어떤 것은 이러한 문제점들을 해결할 수 있고 가상 캐시를 큰 문제없이 사용할 수 있다. 가상 캐시를 없앨 필요성이 사라지고, 가상 캐시 일관성 관리도 사라질 수 있다. 세그먼테이션이 가상 캐시 조직의 문제점을 해결해 줄 수 있을 것 같아 보임에도, 우리는 PA-RISC[Hewlett-Pachkard 1990], 파워PC [IBM @ Morotola 1993], power2[Weiss & Smith 1994], x86[Intel 1993]을 포함한 세그먼트 어드레싱 메커니즘들을 현재의 마이크로 아키텍처들에서 사용된다는 것을 알고 있는데, 이 4개 중 오직 2개만이(PA-RISC와 power2) 가상 캐시의 이점을 가지고 있다. 만약에 공유가 글로벌 세그먼트된 공간을 통해 실행이 된다면, 가상 캐시의 관리가 전적으로 피할 수 있다. 이것은 SASOS(single address space operating system)와 같은 이득을 준다. 만약에 가상 어드레스 앨리어싱(같은 피지컬 데이터를 위한 다른 가상 어드레스를 우리에게 허용하는 프로세스)이 없어진다면, 가상 캐시 시노님 문제 또한 없어질 것이다. 그러므로 가상 캐시의 일관성 관리는 간단한 운영체제 조직에 의해 없애는 것이 가능하다. 순수한 SASOS 접근과는 반대되는 세그먼트 접근의 장점은 가상 어드레스를 피지컬 어드레스로 2단계 매핑함으로써 가상 앨리어싱과 시노님 문제가 두 개의 교파하는 이슈들로 나뉜다. 그러므로 어플리케이션은 가상 캐시 내의 시노님 문제를 만들지 않고 피지컬 메모리를 그들의 어드레스 공간 내의 다양한 장소에 대응할 수 있다 – 그것들은 가상 어드레스 앨리어싱을 사용할 수 있고, SASOS는 지원하지 않는다.

세그먼트 구조

전통적인 가상 메모리 시스템들은 프로세스 어드레스 공간들과 피지컬 메모리 간의 매핑을 제공한다. SASOS 설계들은 모든 프로세스들을 싱글 어드레스 공간에 넣고, 이 커다란 공간을 피지컬 메모리에 대응한다. 그림 20.11과 같이 이 두 가지는 1단계의 매핑으로 표현 가능하다. 이러한 조직들은 가상 메모리와 실제 메모리 간의 한 단계의 간접적인 행동을 관리하는데, 이것들은 하나의 메커니즘과 가상 메모리의 2개의 주요한 기능, 즉 가상 동작 환경에 공급하는 것과 작은(페이지 사이즈 된) granularity상의 demand-

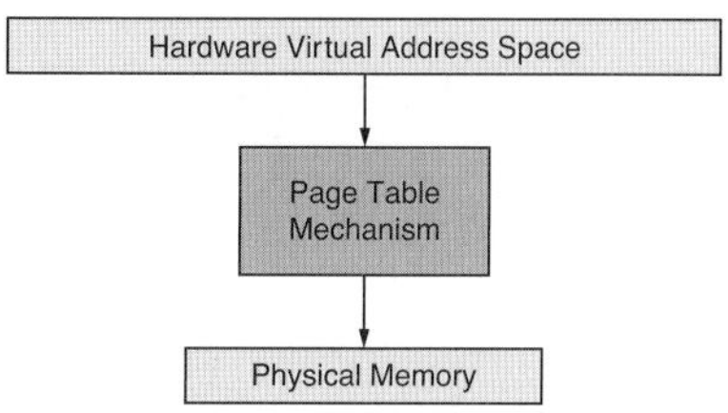

그림 20.11_ 전통적인 메모리 관리 조직의 한 단계의 간접적인 행동

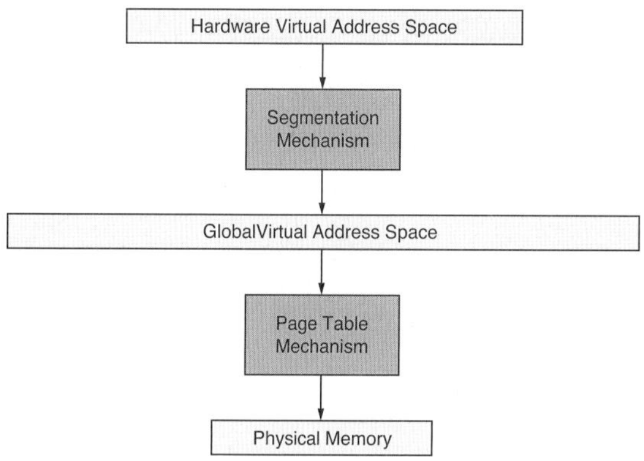

그림 20.12_ 세그먼트 메모리 관리 조직의 다양한 레벨의 간접적인 행동

paging으로 통일된다. 세그먼테이션은 이 두 가지의 다른 메커니즘을 통해서 두 개의 다른 기능, 즉 가상 어드레스 공간과 메인 메모리 사이에서 2단계의 간접적인 행동들을 제공한다. 첫 번째 단계의 간접적인 행동은 가상 동작 환경을 지원하고 프로세스가 임의의 세그먼트 정렬된 어드레스에 객체를 위치하도록 한다. 간접적인 행동의 두 번째 단계는 실제 메모리와 페이지 granularity의 backing store 간의 데이터 이동을 제공한다.

이 구조를 그림 20.12에서 보여준다. 프로세서는 탑 레이어에서 동작한다. 프로세서는 0X 0000000에서 0XFFFFFFFF까지 늘어나는 인접한 어드레스 공간을 본다. 프로세스 어드레스 공간은 하드웨어 세그먼트 granularity의 중간 레이어에 투명하게 대응되어 있고, 사용자 어드레스의 탑 비트에 의해 인식된다. 실제로 사용자 레벨 프로세서를 만드는 세그먼트들은 글로벌 공간 전체로 확산될 수 있고, 인접하지는 않는다. 프로세서에 의해 만들어진 어드레스들은 캐시에 도달하지 못하는데, 이것들은 처음에 글로벌 공간으로 대응되어 있다. 캐시와 TLB는 글로벌 어드레스들만 본다. 그래서 어드레스 generation과 가상 캐시 lookup 사이에서 세그먼테이션 메커니즘을 제외하고 필수적인 경로가 존재하지 않으며, 만약 세그먼트 크기가 L1 캐시 크기보다 크다면 세그먼트 비트는 캐시 lookup에서 사용되지 않는다. 그러므로 세그먼테이션 메커니즘은 캐시 액세스에 평행으로 이루어질 수 있다.

세그먼트된 시스템들은 긴 역사를 가지고 있다. 초기의 세그먼트 운영체제 중의 하나인 Multics는 세그먼트/페이지 구조인 GE 645를 사용하였다[Organick 1972]. 이 구조는 Intel Pentium 메모리 관리 구성과 GE 645와 Intel Pentium이 다양한 크기의 세그먼트들을 지원한다는 점에서 유사하다. 가장 중요한 포인트는 Pentium의 글로벌 공간은 개인적인 사용자 레벨 어드레스 공간보다 크지 않다는 것이다. 그리고 글로벌 4-GB 공간에서 다른 세그먼트들이 서로 겹치는 것을 막는 메커니즘이 없다.

반대로 그림 20.13에서는 IBM 801[Chang & Mergen 1988]이 파워와 파워PC 구조에서 계속 사용한 고정 크기 세그먼트 구조에 대해 소개한다. 파워PC 메모리 관리 설계는 사용자 어드레스들을 각각의 프로세스당 flat 어드레스 공간보다 많이 글로벌 flat 어드레스 공간으로 대응한다. 이러한 확장된 가상 어드레스 공간들이 TLB와 페이지 테이블에 의해 대응된다.

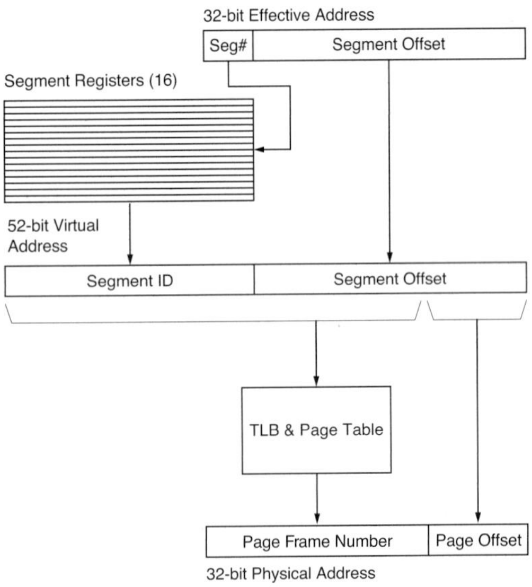

그림 20.13_ 파워PC 세그먼테이션 메커니즘. 세그먼테이션은 32비트의 유저 어드레스를 52비트의 글로벌 어드레스로 확장한다. 글로벌 어드레스는 캐시를 인덱스하기 위해 사용될 수 있다.

세그먼트 구조는 어드레스 공간 식별자들을 사용할

필요가 없다.[4] 어드레스 공간 보호는 세그먼테이션 메커니즘에 의해 보장된다. 만약에 두 가지 프로세스들이 같은 세그먼트 식별자를 가지고 있다면, 그것들은 정의에 의해 같은 가상의 세그먼트를 공유하고 있다. 마찬가지로 만약에 프로세스가 여러 가지 세그먼트 레지스터들에 있는 주어진 세그먼트 식별자를 가지고 있다면, 이것은 세그먼트를 여러 곳의 어드레스 공간 내에 대응한다. 운영체제는 공유된 세그먼트 식별자들을 허락하지 않으면서 프로세스 간 보호를 실행하거나, 오버랩 된 세그먼트 식별자들에 의한 프로세스들 사이에 있는 메모리를 공유할 수 있다.

세그먼테이션의 장점

시노님과 공유된 메모리 문제들에 대한 한 가지의 명확한 해결책은 모든 피지컬 어드레스가 한 가지 가상의 장소로 연결되도록 글로벌 명명법을 SASOS 실행처럼 사용하는 것이다. 그래서 이것은 상당한 성능과 저장 공간을 가지는 어떠한 주어진 피지컬 페이지를 위한 PTE들의 불필요한 중복을 제거한다. 그러나 이것은 프로세스들이 그것의 어드레스 공간들 안에 있는 다양한 위치들에 있는 객체들을 대응할 수 있게 한다. 모든 프로세스들은 같은 데이터에서 같은 이름을 이용해야 하고, 이는 앞부분에서 언급했듯이 운영체제에서 문제를 일으킬 수 있다.

세그먼트 구조는 이러한 문제점들을 방지한다. 세그먼테이션은 가상 앨리어싱과 시노님 문제를 두 가지의 교차 이슈들로 나눈다. 글로벌 공간에서 피지컬 공간으로의 1대1 매핑은 유지될 수 가 있다. 그리하여 시노님 문제를 없앤다. 글로벌 공간의 세그먼트 위의 어드레스 공간에서 세그먼트들을 개별적으로 매핑하여 가상 엘리어스를 지원한다. 이러한 조직은 그림 20.14에서 설명되어 있다. 이 그림에서는 세 가지 과정들

4 Page-level protection은 완전히 다른 것으로, 어드레스 공간 protection이 상호간의 데이터에 액세스 하는 것을 방지하기 위함인 반면, page-level protection은 페이지 오용을 막기 위한 것이다. 그 예로 page-level protection이 텍스트 페이지를 읽기 전용으로 한정하여, 쓰기로부터 프로세스를 보호하는 등을 들 수 있다. 보통 TLB를 통해 page-level protection을 지원하는 것이 통상적이나, 세그먼테이션 메커니즘을 통해 더 큰 granularity 상에서도 지원 가능하다. 그러나 어드레스 공간 protection에 대한 부분은 세그먼트의 특성에 내재되어 있는 반면, 고유의 page-level protection 지원 기능은 없다.

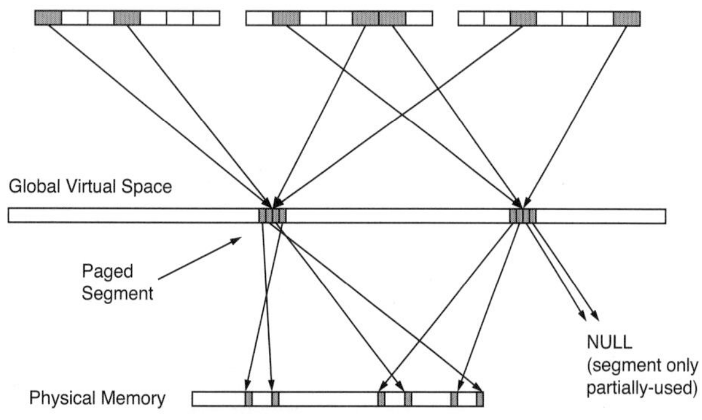

그림 20.14_ 가상 어드레스 앨리어싱을 제공하기 위한 세그먼트의 사용

이 두 가지의 다른 세그먼트들을 공유하고 세그먼트 슬롯 내의 세그먼트들에 대응된다. 두 가지 과정은 어드레스 공간 내의 다양한 장소에 같은 세그먼트를 매핑한다. 페이지 테이블은 페이지의 granularity상의 물리적인 메모리에 세그먼트를 매핑한다. 만약에 글로벌 페이지에서 피지컬 페이지들의 매핑이 1대1일 때, 가상 캐시 시노님 문제는 없다.

시노님 문제들이 제거될 때, 일관성의 이유 때문에 가상 캐시나 TLB를 flush할 필요가 더 이상 없다. Flushing이 필요한 단 한 순간은 마치 운영체제가 미사용된 세그먼트 식별자를 다 써버리거나 오래된 것을 다시 사용할 필요가 있는 것처럼 가상 세그먼트들이 새로운 피지컬 페이지들로 다시 매핑될 때이다. 만약에 캐시나 TLB에서 남아 있는 데이터들이 오래된 가상의 어드레스에 의해 태그된다면, 데이터 불일치가 일어날 수 있다. I/O 컨트롤러는 덮여 쓰인 데이터가 현재 가상 캐시에 있는지 없는지 모르기 때문에 DMA(Direct Memory Access)는 처리되기 이전에 영향을 받는 장소의 flushing을 필요로 한다.

이러한 이슈는 한 segment granularity 중에 하나가 된다. 만약에 세그먼트가 어드레스 공간 내의 공유와 데이터 위치의 granularity를 나타낸다면(그러나 메모리와 디스크 사이의 데이터 이동의 granularity는 아니다), 세그먼트들이 많고 작아야 한다. 그것들은 어드레스 generation과 캐시 액세스 사이의 핵심적인 경로를 명확하게 하기 위해 LI 캐시보다 그래도 커야 한다. 그러므로 어드레스 공간은 많은 숫자의 작은 세그먼트들로 나뉘어야 하는데, 예를 들어, 1024 4-MB segments, 4096 segments 등이 있다.

분리된 페이지 테이블

그림 20.15는 메커니즘의 예를 설명한다. Segmentation granularity는 4MB이다. 4-GB 어드레스 공간은 1,024개의 세그먼트들로 나뉘어진다. 이러한 것들은 설계를 간단하게 하고 논의를 명백하게 한다. 4-바이

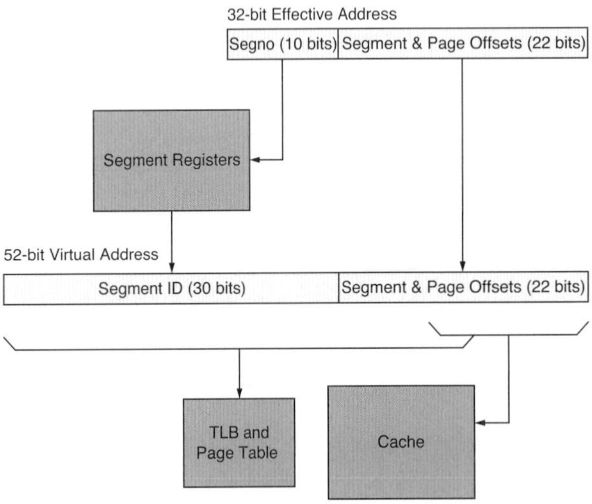

그림 20.15_ 논의에 사용된 세그먼테이션 메커니즘

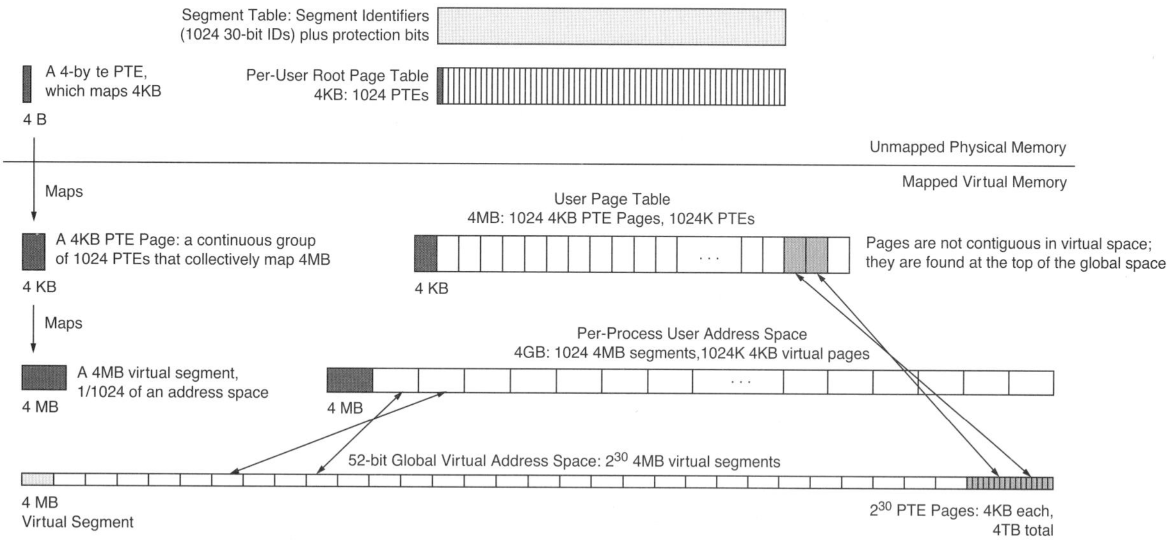

그림 20.16_ 분리된 페이지 테이블

트 PTE는 4-KB 페이지에 대응할 수 있고 다음에 이것은 4-MB 세그먼트 전체에 대응할 수 있다. 이러한 분리된 페이지 테이블 조직은 하나의 글로벌 테이블을 전체 52비트 segmented 가상 어드레스 공간을 매핑하기 위해서 쓰인다. 그러나 이런 것들은 각각의 프로세스 어드레스 공간에 그들 자신의 어드레스들의 범위를 준다. 어떤 하나의 과정은 글로벌 공간의 4GB에 대응되고, 그래서 어떠한 주어진 순간에 4MB의 글로벌 테이블이 필요하다(이것은 MIPS 스타일의 어드레스들을 지원하기 위해 쉽게 수정되고, 그 안에서 사용자 프로세스는 오직 4GB의 절반만 차지한다[Kane&Heinrich 1992]). 페이지 테이블 조직은 그림 20.16에 나타나 있다. 이 그림은 글로벌 테이블이 글로벌 가상 어드레스 공간의 꼭대기에 4-TB의 선형적인 구조를 가지며 각각이 4-MB 세그먼트들에 대응하는 230개의 4-KB PTE 페이지로 구성되어 있다는 것을 보여준다. 만약 각 사용자 프로세스가 4-MB 어드레스 공간을 갖고 있다면, 사용자 공간은 글로벌 페이지 테이블 내의 1,024 PTE 페이지들에 의해 매핑될 수 있다. 이러한 1,024 PTE 페이지들은 **사용자 페이지 테이블**과 글로벌 어드레스 공간의 꼭대기에 가상 페이지의 분리된 세트를 만든다. 이러한 1,024 페이지들은 1024 PTE에 의해서 대응될 수 있다. 모든 동작 과정 중 물리적인 메모리에 와이어로 연결될 수 있을 정도로 충분히 작은 집합적인 구조(4KB, 만약 각각이 4 바이트라면). 이러한 구조는 그림 20.16에서 **사용자당 루트 페이지 테이블**이라고 나타내 있다. 게다가 1,024 세그먼트 ID와 세그먼트당 보호 정보를 포함한 모든 과정을 위한 테이블이 있다.

그림 20.17은 마지막 레벨의 캐시 내의 실패들을 다루는 알고리즘을 설명한다. 과정들은 세그먼테이션에 의해 52비트로 늘어나는 32비트의 효과적인 어드레스들을 만들고, 효과적인 어드레스의 상위 4비트들을 대체한다. 첫 번째 단계에서, 52비트의 failing 글로벌 가상 어드레스의 VPN은 failing 데이터(UPTE)에 매핑하는 PTE를 참고하기 위한 글로벌 페이지 테이블 내의 인덱스가 되고, 이는 MIPS 사용자 페이지 테이블 내에 인덱스하기 위한 PTEBase와 VPN의 연속과 유사하다. PTE 크기에 따라 어드레스의 하위 비트들은

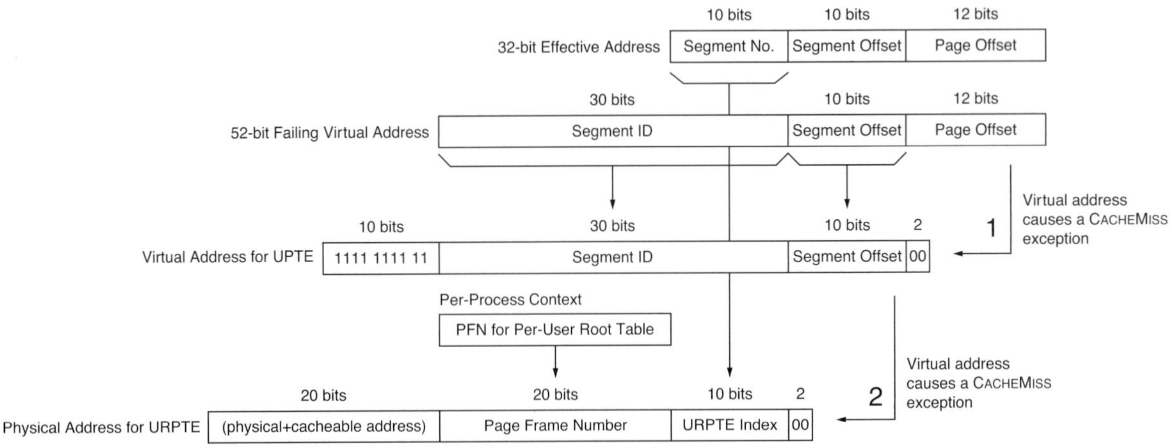

그림 20.17_ 캐시 실패 알고리즘의 예. 1단계는 user–레벨 L2 캐시 실패의 결과이다; 동작 시스템은 글로벌 페이지 테이블 내의 PTE를 위한 가상의 어드레스를 만든다. 만약 이러한 PTE를 L1 혹은 L2 캐시에서 찾을 수 없다면, 2단계에서 보이는 바와 같이 root PTE를 불러들인다. 한 가지 특별한 요구사항은 초기의 falling 어드레스를 가지고 있는 레지스터이다. 또 다른 필요한 하드웨어 구조인 per process 맥락 레지스터는 활성화 프로세스의 프로세스 컨트롤 블록을 가리킨다.

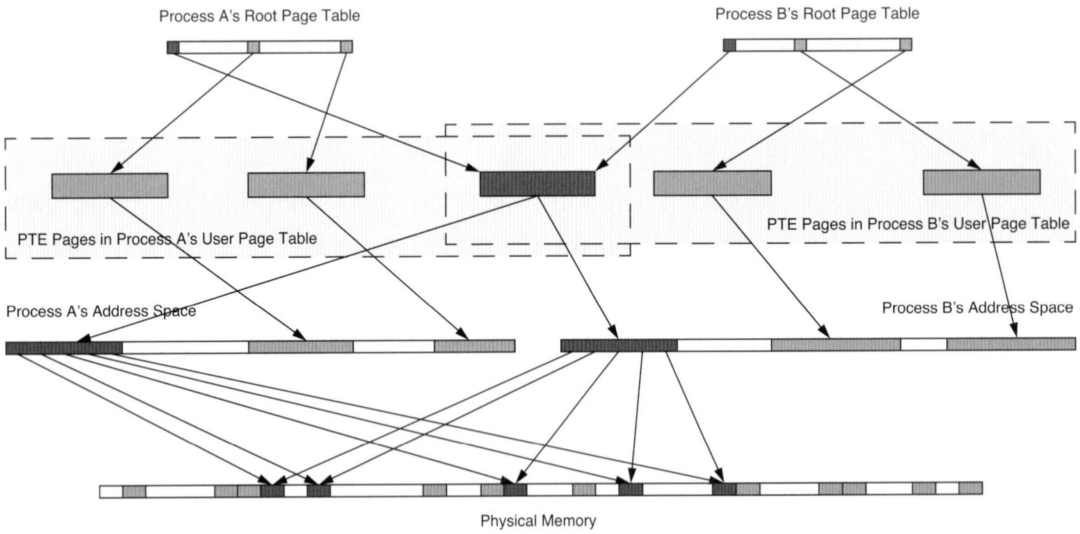

그림 20.18_ 간단한 공유 메커니즘은 계층적인 페이지 테이블 내에 있다. 계층적인 페이지 테이블의 구조는2개 혹은 그 이상의 루트 페이지 테이블 내의 정보를 복제하여 간단한 공유 메커니즘을 허락한다. Rott PTE가 복제될 때, 유저 페이지 테이블의 가상의 페이지들은 같은 물리적인 페이지에 대응되고, 그러므로 2개의 어드레스 공간이 겹치도록 한다. 이 그림에서 2개의 프로세스들은 각각 텍스트, 데이터, 스택 지역으로 구성되어 있고(각각의 3MB 이하이다), 그들은 유저 페이지 테이블의 페이지를 공유하여 그것들의 텍스트 지역을 공유한다. 텍스트 지역이 5개의 가상 페이지로 구성되어 있기 때문에, 공유된 PTE 페이지는 오직 5개의 유효한 PTE만을 포함한다. 공유된 지역의 크기는 같지만, 다른 지역(데이터와 스택 지역)은 그럴 필요가 없다.

0이다(예를 들어 4바이트). 테이블이 글로벌 공간의 제일 상위에 있기 때문에 어드레스의 상위 10비트는 1이다.

만약에 L2 캐시에서 참조들을 잃는다면, 운영체제는 되풀이되는 캐시 실패 예외를 취한다. 이 시점에서 우리는 사용자 루트 페이지 테이블에서 매핑 PTE를 위치해야 한다. 이 테이블은 글로벌 VPN에 의해 인덱스될 수 없는 PTE의 배열이다. 이것은 글로벌 어드레스 공간의 구조가 아닌 사용자의 인지된 어드레스 공간의 구조를 나타내고, 그래서 이것은 원래의 32비트의 효과적인 어드레스의 일부분에 의해 인덱스되어 있다. 효과적인 어드레스의 상위 10비트들은 4-MB 사용자 페이지 테이블에 대응하는 1,024 PTE들을 인덱스하고, 다음에 4-GB 어드레스 공간에 대응한다. 이러한 10비트들은 사용자 루트 페이지 테이블에 있는 1,024 PTE들의 배열을 인덱스한다. 두 번째 단계에서, 운영체제가 사용자 루트 페이지 테이블(URPTE) 내의 적절한 PTE를 위해서 피지컬 어드레스를 만들고, 52비트의 가상 어드레스의 상위 20비트는 피지컬 +cacheable을 나타낸다. 그 다음에 이것을 사용자 루트 PTE로 불러들이고, 1단계의 마지막에서 캐시를 잃어버린 사용자 PTE에 대응한다. 조절이 1단계의 실패 핸들러에 돌아올 때, 사용자 PTE 로드 retry는 완벽하게 끝날 것이다.

페이지 테이블은 공유를 위한 간단한 방법을 제공한다. 루트 페이지 테이블에 있는 PTE들이 가상 어드레스 공간 내의 4-MB 세그먼트들과 일치하기 때문에, 두 가지의 과정들은 4-MB 세그먼트를 공유하기 위해서 그들의 루트 PTE에 있는 정보를 복제할 필요가 있다. 그림 20.18에서는 두 가지의 과정들을 보여주고 있는데 각각은 텍스트, 데이터, 그리고 스택 지역과 함께 한다. 이 두 가지 과정들은 루트 PTE 내의 정보를 복제를 하면서 그들의 텍스트 지역을 공유한다. 이러한 복제는 분리된 테이블에 있는 PTE 페이지들 중에서 한 가지는 두 사용자 페이지 테이블들 사이에서 겹친다는 것을 의미하고, 2개의 어드레스 공간이 4-MB 지역에서 교차할 수 있게 한다.

프로세스는 그들의 어드레스 공간 내의 임의의 세그먼트 정렬 어드레스에 있는 객체에 대응하고 만약에 원한다면 다양한 위치에서 객체들을 대응할 수 있다. 프로세스들은 세그먼테이션 메커니즘이 각각의 세그먼트를 위한 보호 비트를 지원하는 한 다른 protection들과 있는 객체들 또한 대응할 수 있다. 우리가 설명한 것과 같이, 글로벌 페이지 테이블은 글로벌 페이지들과 피지컬 페이지 프레임 간의 1대1 매핑을 유지한다. 그러므로 가상 캐시 시노님 문제는 사라진다. 가상 메모리 분열 문제 또한 그 조직에 의해 해결된다. 글로벌 공간 에서 객체가 위치하는 곳에 대한 제한은 없고, 프로세스 어드레스 공간상에서 객체가 위치하는 곳에 대한 제한 또한 없다.

20.1.8 관점: 어드레스 공간 구성들의 분류

다른 구조들은 운영체제 특징을 다양한 방법으로 지원한다. 기본적인 차이점 중 하나는 어드레스 공간에 대한 그것들의 처리다. 공유된 메모리, 멀티 쓰레딩, fine-grained protection, 그리고 어드레스 공간 보호를 위한 운영체제의 메커니즘은 어드레스 공간에 대한 하드웨어의 정의로부터 얻을 수 있기 때문에 어드레스 공간에 대한 하드웨어의 관점을 이해하는 것이 중요하다. 이번 절은 구조적인 조직과 어드레스 공간의 보호를 설명하는 분류학을 소개한다. 분류의 owner 부분은 하드웨어 어드레스 공간의 구성을 설명하고, ID 부분은 하드웨어 보호 메커니즘을 설명한다. 적용 가능한 어드레스 공간은 하나의 프로세스에 의해 소유될 수 있거나 다양한 프로세스들 사이에서 공유된다. 하드웨어는 페이지와 프로세스당 하나의 protection

표 20.1_ Owner/ID 분류의 특징

Owner	Identifier
Single (S) In a single-owner address space, the application owns the entire range of hardware addressability. For instance, if the hardware's maximum virtual address is 32 bits wide, applications generate 32-bit pointers. The implication is that the hardware supports a virtual machine environment in which every process "owns" the hardware's address space. Therefore, a protection mechanism is necessary to prevent multiple processes from treading on each other's data. Examples: Alpha, MIPS, Pentium, SPARC	Single (S) A single-identifier architecture uses a single value to distinguish one process from another. This is typically called an address-space identifier or something similar. Each context is tagged with a single ID, and each virtual page is tagged with a single ID. Examples: Alpha, MIPS, SPARC
Multiple (M) In a multiple-owner address space, the range of hardware addressability is shared by all processes on the machine. The addresses generated by individual processes are not directly seen by the TLB or a virtual cache. This is typically done by mapping process-address spaces onto a global space at the granularity of hardware segments. Examples: PA-RISC, Pentium, PowerPC	Multiple (M) A multiple-identifier architecture allows processes or pages to associate with themselves multiple protection identifiers. This can be done with multiple ASIDs per context and/or multiple protection IDs per virtual page. Examples: PA-RISC
	None (N) This architecture does not use any explicit hardware identifiers to distinguish between different processes or different virtual pages. Examples: Pentium, PowerPC

identifier를 제공하고, 프로세스 그리고/혹은 페이지당 다수의 식별자들을 제공하거나 또는 식별자들이 전혀 없다. 표 20.1은 이러한 특징들을 나타낸다.

Single-owner 공간 내에서는 하드웨어 어드레스 지정 가능도(addressability)의 전체 범위가 특정 시간에 하나의 프로세스에 소유된다. 싱글 owner 시스템은 몇몇 protection 메커니즘(소프트웨어 protection 메커니즘의 사용을 무시하면서[Wahbe et al. 1993])을 제공해야만 하거나, 그 외의 TLB가 context switch에서 flush되야만 하는 것처럼 가상의 어드레스된 구조를 제공해야 한다.

Multiple-Owner 공간은 많은 프로세스들 사이에서 나뉜다. 이것은 어드레스 공간을 MIPS 구조처럼 커널과 사용자 영역들로 나누는 것과는 다르다. 이것은 대신에 프로세스(private address)들에 의해 만들어진 어드레스와 TLB 혹은 가상 캐시(global address)에 의해 보여진 어드레스 간의 차이점을 암시한다. 이것은 또한 ASID와 같은 것은 아니다. 32비트 프로세스당 가상 어드레스와의 6비트 ASID의 연속에 의해 만들어진 38비트 어드레스 공간을 상상하는 것은 가능하지만, ASID를 보는 단순히 다른 방법이다. 이것은 다수의 owner 어드레스 공간과 같지 않다. 그림 20.19는 이 두 가지의 차이점을 설명한다. ASID 메커니즘은 어드레스 공간을 지키는 데 유용한데, 어드레스 공간을 조직화하는 데 유용하지는 않다.

Multiple-owner 어드레스 공간, 하드웨어 세그먼테이션을 제공하기 위해 이용하는 메커니즘은 또한 암묵적

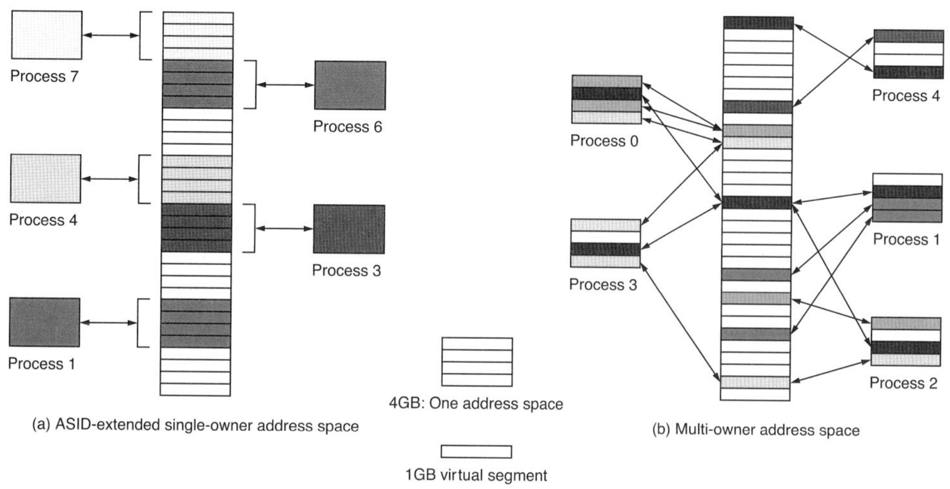

그림 20.19 ASIDs와 a multiple-owner 어드레스 공간 간의 차이점. 이 예시는 35-비트 multiple owner 어드레스 공간과 3-비트 ASID에 의해 연장된 32-비트 싱글 owner 어드레스 공간을 비교한다. (a)에서 ASID-extended 공간을 보여준다. 이것은 8개 region으로 분류되며, 각 부분은 프로세스 ASID에 의해 결정되는 것과 같이 정확히 하나의 프로세스와 같다. (b)에서 multiple-owner 공간을 보여준다. 1-GB virtual 세그먼트들의 어레이를 보여주며, 각각은 어떠한 숫자의 프로세스 어드레스 공간들로 map 될 수 있으며, 어떤 location (혹은 multiple locations) 어드레스 공간 이내에서든 가능하다. 예를 들어, 어드레스 공간 of Process 0에서의 두 번째 그리고 네 번째 세그먼트들은 같은 가상 세그먼트로 map 될 수 있다. Note that 이러한 상황(a)에서 프로세스 숫자는 ASID 사이즈로 한정된다는 것을 알아야 한다. (8 프로세스들의 제한 경우), 만약 상황 (b)의 경우 수에 제한이 없을 경우 최대 프로세스의 수는 세그먼트 숫자와 같다. (세그먼트는 프로세스 최소 사이즈이다).

protection 메커니즘이다. 프로세스 어드레스 공간은 세그먼트들의 세트들이다. 만약에 두 프로세스들에 대한 어드레스 공간이 null 교차지점을 갖고 있다면, 프로세스들은 서로 지켜준다. 예를 들어 그림 20.19(b)에 있는 프로세스 4는 하나 걸러 어드레스 공간과 같이 null 교차점을 가지고 있다. 그러므로 프로세스 4는 모든 다른 프로세스들로부터 보호되고, 그들은 프로세스 4로부터 보호된다. 교차점이 null이 아닐 때, 교차점에 있는 세그먼트들은 보호되지 않는다. 그러므로 더 많은 보호는 실질적으로 불필요하다. 그러나 만약 사용자 레벨 프로세스들이 세그먼트 레지스터들의 내용을 바꿀 수 있도록 허락된다면, 이것들은 필요하고, 이는 프로세스가 임의의 가상 세그먼트들에 어드레스할 수 있게 한다.

Single-identifier 구조는 그것의 어드레스 공간 내의 모든 프로세스와 모든 페이지의 하나의 protection ID와 관련이 있다. 이것은 ASID 메커니즘과 비슷한 의미를 가지며 그림 20.19(a)에 보여주고 있다. 모든 프로세스들은 각각의 가상 어드레스 공간에 한정되어 있고, 모든 확장된 가상 어드레스는 그것이 속해 있는 어드레스 공간을 확인한다. 이것은 페이지를 공유하기 위한 유일한 방법이 보호 메커니즘을 피하는 것이라는 것을 의미한다. 그들을 page-by-page에 기초하여 보호를 끄는 특별한 flag로 마킹하여 페이지를 전역적으로 사용 가능하게 하기 위함이다. 예를 들어 이것은 MIPS와 Alpha TLB 설계들의 글로벌 비트에서 볼 수가 있다.

Multiple-identifier 구조는 모든 프로세스나 모든 페이지와 함께 하나의 ID 이상을 연관지어 어드레스 공간을 가로지르는 페이지를 공유하도록 설계되었다. 그래서 어드레스 공간은 다양한 protection domain들을

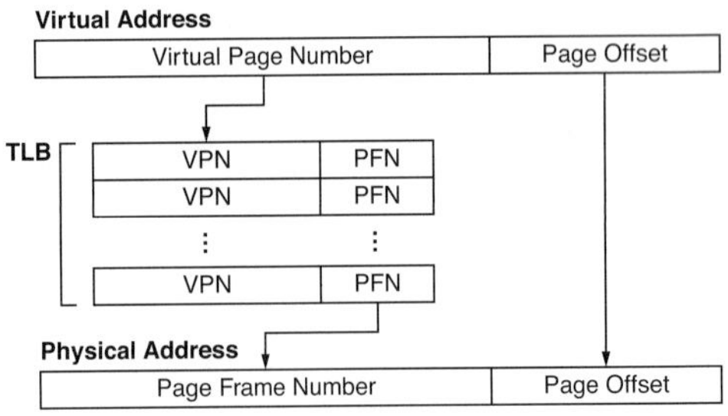

그림 20.20_ 싱글 owner를 적용한 것, no ID 아키텍쳐

가질 수 있고, 페이지들은 다양한 프로세스 어드레스 공간을 포함한다. 글로벌 비트 메커니즘이 필요 없어지고, 다수의-ID 메커니즘이 전부 또는 전무 공유를 뛰어 넘는다. 다수의-ID 메커니즘은 유한한 그룹 ownership을 지원하고, 공유된 페이지는 그룹 외부의 프로세스들이 아닌 작고 잘 정의된 프로세스들의 그룹에 의해 접근된다. 비록 그것들이 보호 카테고리 내에서도 적절히 위치해 있지만, 우리는 세그먼테이션 메커니즘을 보호 카테고리(identifier)가 아닌 조직 카테고리(owner)에 놓는 적절한 선택을 만들었다는 점에 유의해야 한다.

No identifier 구조는 어떠한 종류의 하드웨어 보호 ID도 제공하지 않는다. 운영체제는 context switch 위의 가상의 인덱스된 구조들을 flushing하여(예를 들어 TLB와 가상의 인덱스된 캐시), 그리고/또는 소프트웨어 보호 메커니즘을 사용하여 보호를 제공해야 한다.

다양한 방법들은 다음과 같다.

- **Single owner No ID:** 이 구조는 하드웨어 어드레스 능력 전체를 어플리케이션에 사용 가능하게 만들지만 다른 방법들에게서 만들어진 어드레스 사이를 구별하지 못한다. 그래서 가상 어드레스에 의존하는 어떠한 구조(예를 들어 TLB와 가상의 어드레스된 캐시)는 context switch에 flush되어야 한다. 그리고 페이지들이 페이지 테이블들을 통해서 공유되어야 하는데, 하드웨어는 공유에 있어서 그 어떠한 명확한 지원을 하지 않는다. 이 클래스의 한 가지의 가능한 실행은 그림 20.20에서 볼 수 있다.
- **Single Owner Single ID:** 대부분의 마이크로-아키텍처들은 오늘날 이 카테고리에 포함된다. 사용자 레벨 어플리케이션은 가상의 어드레스를 만든다. 하나의 ASID에 의해 늘어난 이러한 가상의 어드레스들은 캐시와 TLB를 포함한 모든 가상의 구조들을 어드레스하는 데 쓰인다. 프로세스는 식별자들에 의해 서로 보호되고, TLB 내의 입력이나 캐시 내의 라인은 명백히 그것의 owner를 확인한다. 프로세스가 어드레스를 만들 때, ASID 매치는 알맞은 정보로 읽히거나 쓰는 것을 보장한다. 단점은 보호대책이 공유를 힘들게 만든다는 점이다. 모든 참조들이 하나의 owner로 태그된다면, 시스템은 같은 공유된 피지컬 페이지에 다양한 매핑을 필요로 한다. 직관적으로 이것은 TLB의 효율성을 줄어들게 한다. Khalidi와 Talluri는 이것이 TLB miss 속도를 두 배로 증가시킨다는 것을 보여준다. 이러한 문제들의 해결책은 보호 메커니즘을 TLB의 글로벌을 이용하여 전복시키거나,

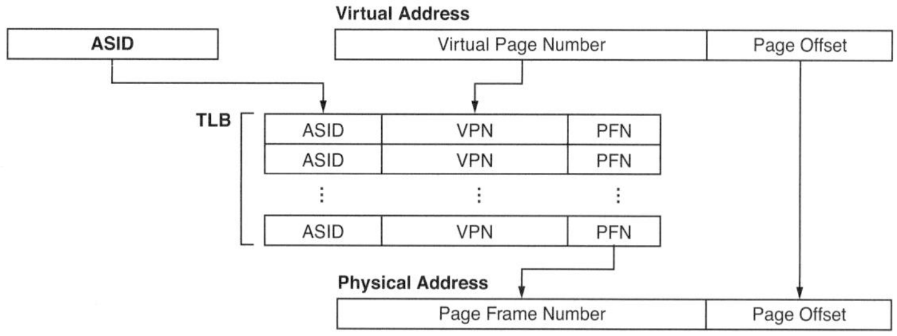

그림 20.21_ 싱글 owner의 구현과 싱글-ID 구조. ASID 는 프로세스 ID와 같이 동작한다.

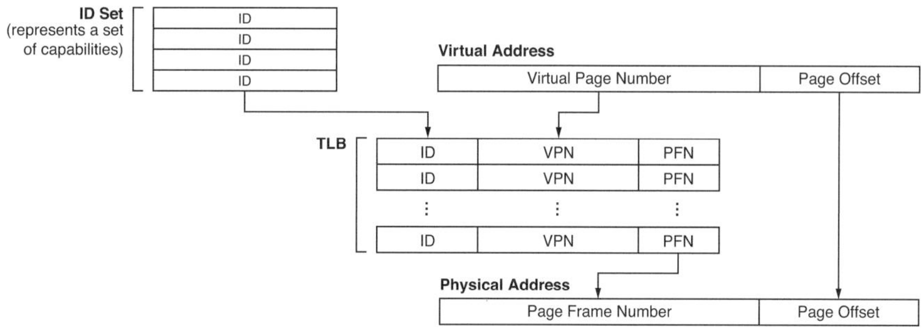

그림 20.22_ 싱글 owner의 구현과 multiple-ID 구조. 각 ID set에 있는 ID는 match를 찾기 위해TLB에 있는 모든 ID에 대하여 비교한다. 만약 어떠한 match가 성공한다면, 그 결과는 TLB hit이다.

PA-RISC의 테이블 혹은 파워PC 구조의 8-way PTE 캐시와 같은 반전된 페이지 테이블의 구조를 변화시키는 것이다. 한 가지 가능한 방법을 그림 20.21에서 보여준다.

- **Single owner Multiple ID:** 이러한 구조는 세그먼트되어 있지 않지만 각각의 프로세스나 각각의 페이지와 연관된 다양한 보호 ID들을 가지고 있다. PA-RISC는 이러한 방법으로 사용될 수 있다. 만약에 다양한 ID들이 각 페이지와 관련이 있다면, 각 TLB 입력은 페이지가 연관되어 있는 모든 프로세스들에 의해 공유 가능하다. 하나의 TLB 입력은 보호 ID들을 위해 여러 가지의 사용 가능한 슬롯들을 가지고 있고, 더 많은 칩 면적을 필요로 하지만 피지컬 페이지당 다양한 TLB 입력의 문제를 완화시킨다. 달리 말하면 만약 다양한 ID들이 각 프로세스와 연관이 있고 각 페이지와 관련이 없다면(이것은 PA-RISC에서 사용되는 방법과 같다), 다른 ID는 공유된 지역의 모든 경우를 위해서 만들어질 것이며, 집합적으로 지역을 소유하는 그룹의 확인를 지시한다. 이 클래스의 한 가지 구현을 그림 20.22에서 보여준다.
- **Multiple owner No ID:** 기본적인 세그먼트된 구조이며 사용자 어드레스들을 세그먼트의 granularity의 글로벌 어드레스들에 대응시킨다. 이것은 파워PC 구조가 어떻게 설계되는지 설명하고, 어떻게 Pentium 세그먼테이션 메커니즘이 사용되는지 알려준다. 만약에 Pentium의 4-GB 선형적인 어드레스 공간이 특정 시간에 글로벌 공간을 세그먼트로 공유할 수 있게 여겨진다고 생각한다면, 세그먼테이션 메커니즘은 효과적인 보호 메커니즘이 될 것이며, context switch에서 TLB를 flush할

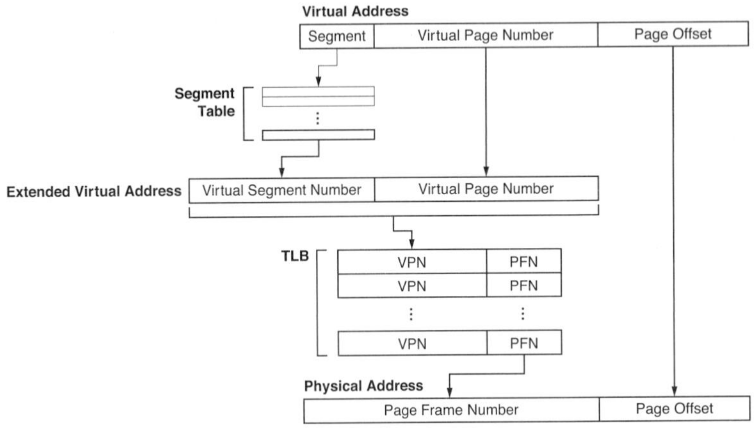

그림 20.23_ multiple-owner의 구현과 no ID 구조. segment table이 SRAM 혹은 레지스터 file과 같은 direct table로 구현될 수 있으며, 캐시가 하는 것처럼 tag들을 가질 수 잇거나 hit를 위해 probe될 수 있다.

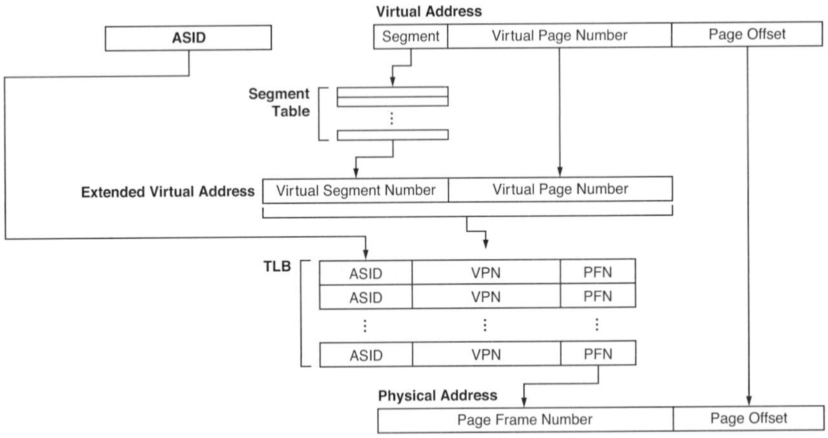

그림 20.24_ Multiple-owner, 싱글-ID 아키텍쳐의 구조. ASID는 프로세스 ID처럼 작동한다. 세그먼트 테이블이 SRAM이나 레지스터 file과 같이 direct table로 구현되거나, hit을 위해 캐시처럼 표시하고 확인하는 것을 주목하라.

필요를 배제한다. 만약에 세그먼트 레지스터들이 사용자 레벨 프로세서들에 의한 변화로부터 보호된다면, protection 식별자들은 필요 없다. 하나의 가능한 클래스의 구현이 그림 20.23에 나타나 있다.

- **Multiple Owner Single ID:** 다수의 owner 싱글 ID는 이전의 싱글 protection ID 아키텍처의 연장선으로 각각은 다수의 owner를 가지고, 상호 보호 받는 다수의 글로벌 공간들을 만든다. 각 프로세스들은 더 큰 다수의 owner 어드레스 공간에서 윈도우를 가지고 있다. 싱글 프로세스가 유니크한 ID를 요구할 필요가 없다. 다수의 프로세스들은 동일한 ID를 공유하고, 세그멘테이션 메커니즘에 의해 서로 보호 받는다. 다시 말하자면, 한 프로세스에 있는 다수의 스레드들은 싱글 multiple-owner 어드레스 공간에 안전하게 공존할 수 있고, 모두 동일한 ASID에 의해 식별된다. 그림 20.24는 적용 가능한 한 가지 예를 보여준다.

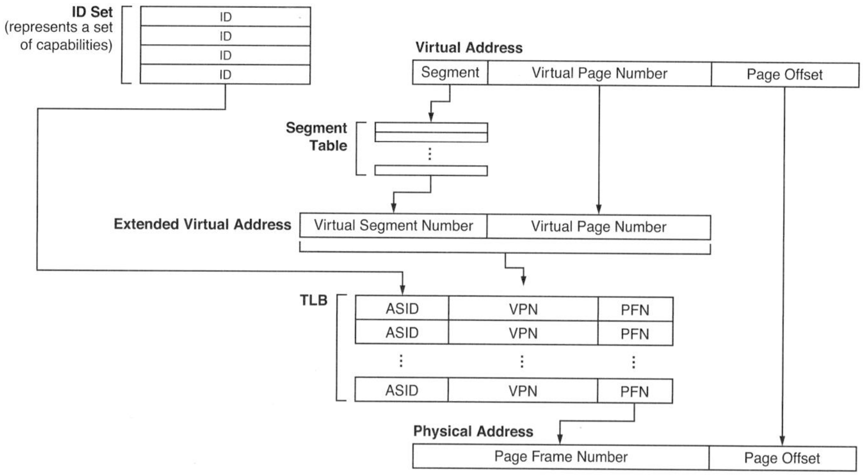

그림 20.25_ Multiple-owner, multiple-ID 아키텍쳐의 구조. ID set의 각 ID들은 맞는 것을 찾기 위해 TLB내의 모든 ID와 비교한다. 어떤 하나라도 맞는다면, 결과는 TLB hit이다. 세그먼트 테이블이 SRAM이나 레지스터 file과 같이 direct table로 구현되거나, hit을 위해 캐시처럼 표시하고 확인하는 것을 주목하라.

- **Multiple Owner Multiple ID:** PA-RISC는 이 아키텍처의 한 가지 예시이다. 이것은 글로벌 공유된 가상 어드레스 공간과 다수의 protection ID들을 정의한다. PA-RISC의 경우에 protection ID들이 필요한 이유는 PA RISC 세그먼테이션 메커니즘(공간 레지스터)이 사용자 레벨 프로세스가 세그먼트 레지스터들을 변하게 하고 이것의 어드레스 공간을 구성할 수 있게 하기 때문이다. 이러한 메커니즘은 어드레스 공간 체계를 지원하는 다수가 동시에 존재하는 글로벌 어드레스 공간에 매핑된 각각의 프로세스 어드레스 공간을 가진 안전한 세그먼테이션과 함께 이용 가능하다. 이것은 프로세스 체계를 유지하거나, 큰 공간 어드레스 내에서 많은 스레드들을 지원하는 데 사용될 수 있다. 이러한 구조와 이전 구조의 차이점은 이러한 구조가 각각의 프로세스 어드레스 공간을 여러 다양한 글로벌 어드레스 공간으로 한 번에 확장할 수 있다는 것이다. 그림 20.25는 적용 가능한 한 가지 예를 보여준다.

20.2 가상 메모리 시행

시스템의 인터럽드 메커니즘, 메모리 맵과 페이지 테이블/TLB 조합은 전형적인 가상 메모리 시스템으로 최신 운영체제가 제공하는 가장 기본적인 서비스들 중 하나이다. 이러한 기능들에 대한 심도 있는 관찰은 특히 운영체제 수준의 소프트웨어와 특별한 제어 하드웨어(예를 들어 컨트롤 레지스터와 TLB들), 정확한 인터럽트들의 사용과 응답이 오늘날의 멀티 태스킹 시스템의 기본적인 구성 블록으로 사용되는 것을 보여준다. 이 절은 파이프라인에 기반한 정의와 중첩된 인터럽드 및 MIPS와 같은 메모리 맵, 페이지 테이블 그리고 TLB를 통한 가상 메모리 관리에 대하여 설명한다. 이 예시는 2000년 가을부터 precise interrupt와 운영체제 interaction을 가르치기 위해 메릴랜드대학에서 사용되었다. 명령 집합은 이번 장에서 크게 다루지 않으므로 관심 있는 독자들은 이 장에서 다루지 않는 내용을 위해 이 책과 관련 있는 우리의 온라인 문서를 찾아보기 바란다.

메모리 시스템의 운영체제는 피지컬, 가상 어드레스들을 모두 사용하기 때문에 고유한 운영체제 관점에서의 적용을 보여준다. 우리는 최고로 간단한 예시들, 예를 들어 이것이 필요로 하는 메모리 데이터 구조가 복잡하고, 세밀한 조정장치를 필요로 하고, 하드웨어 레지스터 값과, 파이프라인의 확장, 모든 것을 하나로 묶는 명령 집합의 자세한 지원에서도 볼 수 있다.

20.2.1 Order Pipe의 기초

그림 20.26은 order 파이프라인의 기본적인 RiSC-16[5]을 보여준다. 이것은 Hennessy와 Patterson에서 설명된 5 – stage DLX/MIPS 파이프라인과 매우 유사하다. 파이프라인이 크게는 instruction set detail들과 독립적이지만 몇 가지의 ISA specific detail들이 남아 있다.

- 예시의 파이프라인 초기값을 포함한 0, 1, 2, 3개의 operand 명령들을 지원한다
- 기본적인 3개의 operand instruction 형태는 아래와 같다. 만약에 명령 레지스터 파일에 write 한다면 rA는 목표 레지스터를 확인한다. 레지스터 파일에 write하지 않는 다면(예를 들어 store instruction의 경우), rA 필드는 read operand를 나타낸다.

op	rA	rB		rC

- 아키텍처는 바이트 어드레스되지 않고 word-어드레스되며, PC 업데이트 경로에는 '+2'가 아닌 '+1'이 있다.
- MIPS/DLX와 같이 레지스터 0은 0으로 읽어지고 쓰여지지 않는다. 그래서 레지스터 파일을 위한 write enable 컨트롤 신호는 write-back stage의 레지스터 specifier에 내포되어 있다.

그림 20.26에 색칠된 네모들은 clocked storage를, 굵은 선들은 word width 버스들을, 얇은 선들은 더 작은 datapath들을 그리고 점선들은 컨트롤 경로를 나타낸다. 파이프라인 레지스터 컨텐츠, 컨트롤 로직, 컨트롤 시그널들은 온라인 비교 문서에 더 자세히 설명되어 있다. 이 논의에서 가장 중요한 포인트는 컨트롤 flow change들을 다루는 데에 있다. 특히 jump 명령을 알아차리거나 branch 명령을 잘못 예상했을 때, ID stage에서 'stomp' 신호를 보내어 패치된 명령이 IF/ID에서 latch되지 않고, NOP 명령을 latch하도록 한다.

언급된 것과 같이 해결해야 하는 문제는 멀티태스킹과 어드레스 공간 보호를 수행하는 여러 운영체제의 초석이 되는 정확한 인터럽트들[6]을 제공하는 것이다. 정확한 인터럽트는 완전히 실행을 완료한 명령과 명료하게 시작하지 않은 명령들 사이의 명확한 경계를 보장한다. 정확한 인터럽트를 갖는 것은 운영체제가 프

---

5 16비트 컴퓨터

6 개념적으로 정밀한 interrupt란 전적으로 committed 상태의 instruction을 시스템에는 하등의 영향도 미치지 못하는 intruction으로부터 분리하는 분명한 경계를 의미한다. Smith와 Pleszkun의 논문[1985, 1988]이 이에 관한 상세 내용을 다루고 있다.

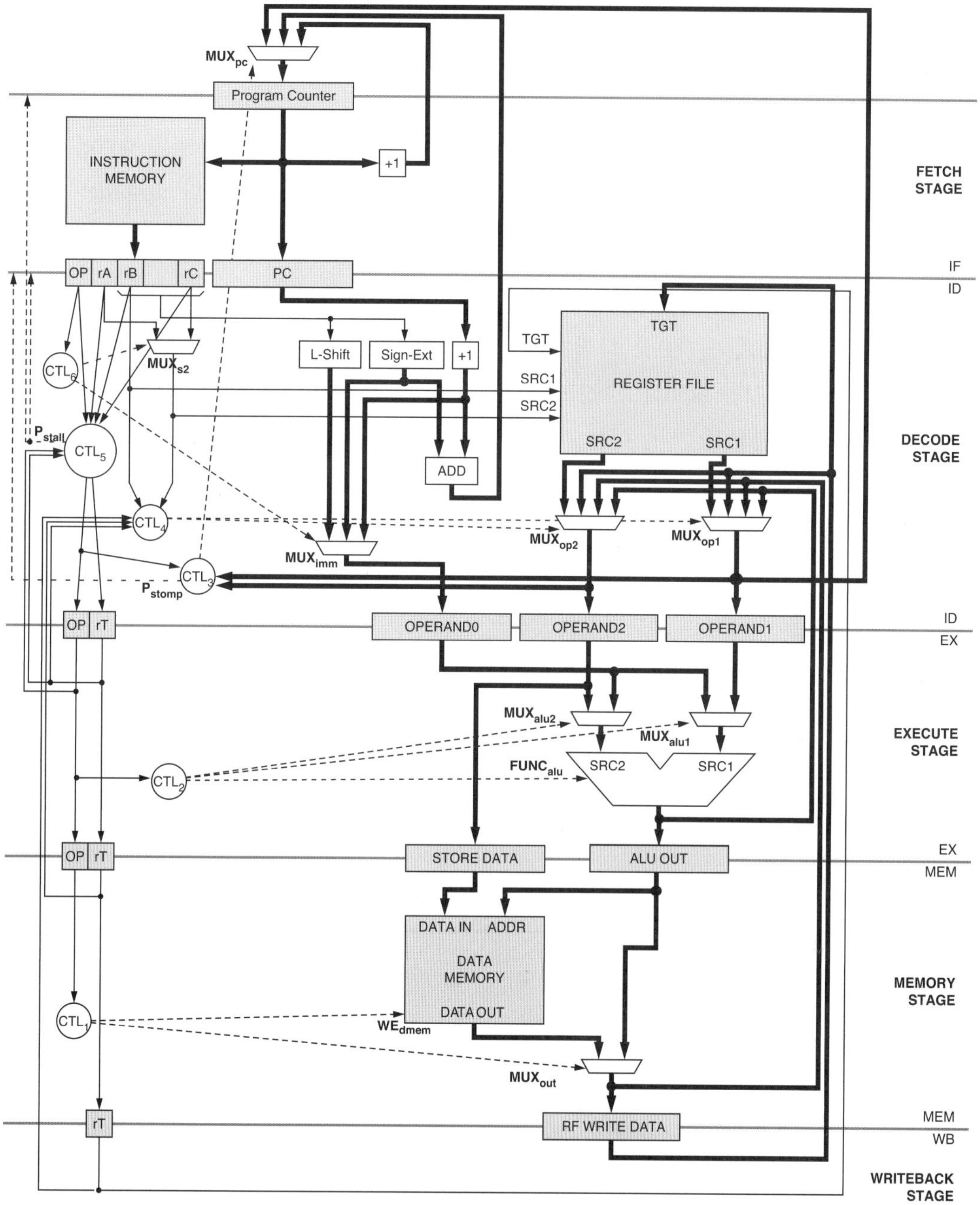

그림 20.26_ RiSC-16 basic five-stage pipeline

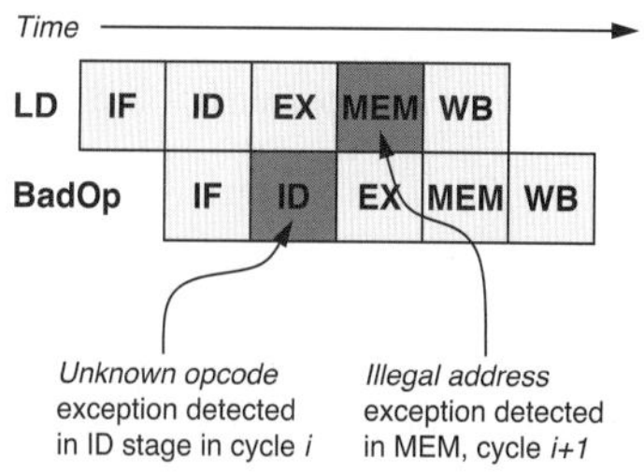

로그램의 중간에 실행을 중지하고 다른 일을 하고 깔끔하게 실행이 중단된 지점으로 다시 돌아갈 수 있도록 한다. 다시 프로그램을 실행하기 위해서는 machine state(레지스터 파일 컨텐츠)와 다음으로 실행 될 명령(return address)이 필요하다.

정확한 인터럽트를 실행하는 데 어려운 점은 예외적인 명령이 영구적으로 상태를 바꾸는 일이 없어야 한다는 것이다. 캐시들은 각 캐시 블록마다 speculative dirty 비트들과 같은 하드웨어 지원 없이는 사실상 영구적인 상태이다. 캐시에 쓰여진 데이터는 un-write하는 것이 매우 어렵고, 캐시에 쓰여진 모든 데이터는 궁극적으로 메인 메모리로 갈 방법을 찾는다. order machine 밖의 것들은 이러한 문제를 해결하기 위해 특별히 설계된 reorder 버퍼[Smith & Pleszkun 1985, 1988]를 이용하여 문제를 해결한다. In-order machine들은 파이프라인의 상태를 모니터링하고, 예외가 발생할 때의 메모리 액세스를 허락하지 않는 방법으로 문제를 해결한다.

인터럽트들은 명령 commit의 시간으로 다뤄지고 있다. 이것은 예외적인 상황이 발생한 것을 알아차렸을 때 명령 상태와 함께 그 정보를 hold하고, 정보를 명령과 함께 파이프라인 아래로 보내고, write-back stage에서 다시 움직이는 것을 필요로 한다. 이는 파이프라인 다른 stage상의 순서상의 예외를 발생시키는 back-to-back 명령의 경우에 보내진다(예를 들어 로드 명령이 예외적인 invalid 어드레스, 이후 invalid opcode와 함께 명령을 발생시킬 때). 이것은 옆의 그림에서 설명된다. 예외적인 명령이 flag되는 순간에 그것이 감지된다면, 그것은 write-back 동안의 예외적인 상황으로 처리하는 것이 안전하고, 이는 모든 이전의 명령들이 예외적인 것이 끝나는 순간 그들의 상태를 machine으로 보내기 때문이다.

20.2.2 Precise Interrupts in Pipelined Computers

이 절은 이전 절과 관련되어 있고 총괄적인 working 파이프라인 시행을 보여준다.

파이프라인 방해

그림 20.27에서 인터럽트와 예외들을 핸들링하는 RiSC-16 파이프라인을 보여준다. 실선으로 그려진 사각형들은 그림에서 연결을 보여준다. 파이프라인 다이어그램은 다음과 같은 두드러진 수정된 사항을 보여준다.

1. MEM/WB를 통해 파이프라인 레지스터 IF/ID의 예외 레지스터(그림에서 EXC로 표시)를 추가하여 예외들과 인터럽트들의 감지와 핸들링에 대한 지원이 추가되었다. 또한 명령의 PC는 MEM/WB 레지스터에 줄곧 유지된다. 스테이지의 입력 EXC 레지스터가 0이 아닌 경우, 해당 명령이 예외를 일으키는 것으로 해석된다. 파이프라인은 이러한 값들을 이용해 예외적인 명령 이후의 모든 명령들이 NOP 되는 것을 확인시켜준다. 만약 write-back 스테이지에서 예외가 발생하면 파이프라인의 다른 모든 명령들은 정지되어 있다. 만약에 stage가 0이 아닌 EXC 값을 감지한다면, 관련된 명령은 비활성화된다(ADD와 같이 해당 OP값이 부작용 없이 변하고, 목표 레지스터 *rT*가 non-writable하게 설정되면)
2. TLB 액세스가 명령 패치와 데이터 액세스 stage에 추가되었다. Split I—및 D-TLB들에 비해 싱글 TLB는 실행의 내용에 영향을 주지 않는다. 그러나 write back stage는 I-TLB miss와 D-TLB miss를 PTE 어드레스 생성을 위해 구별할 줄 알아야 한다(이것은 MIPS 메커니즘 [Kane & Heinrich

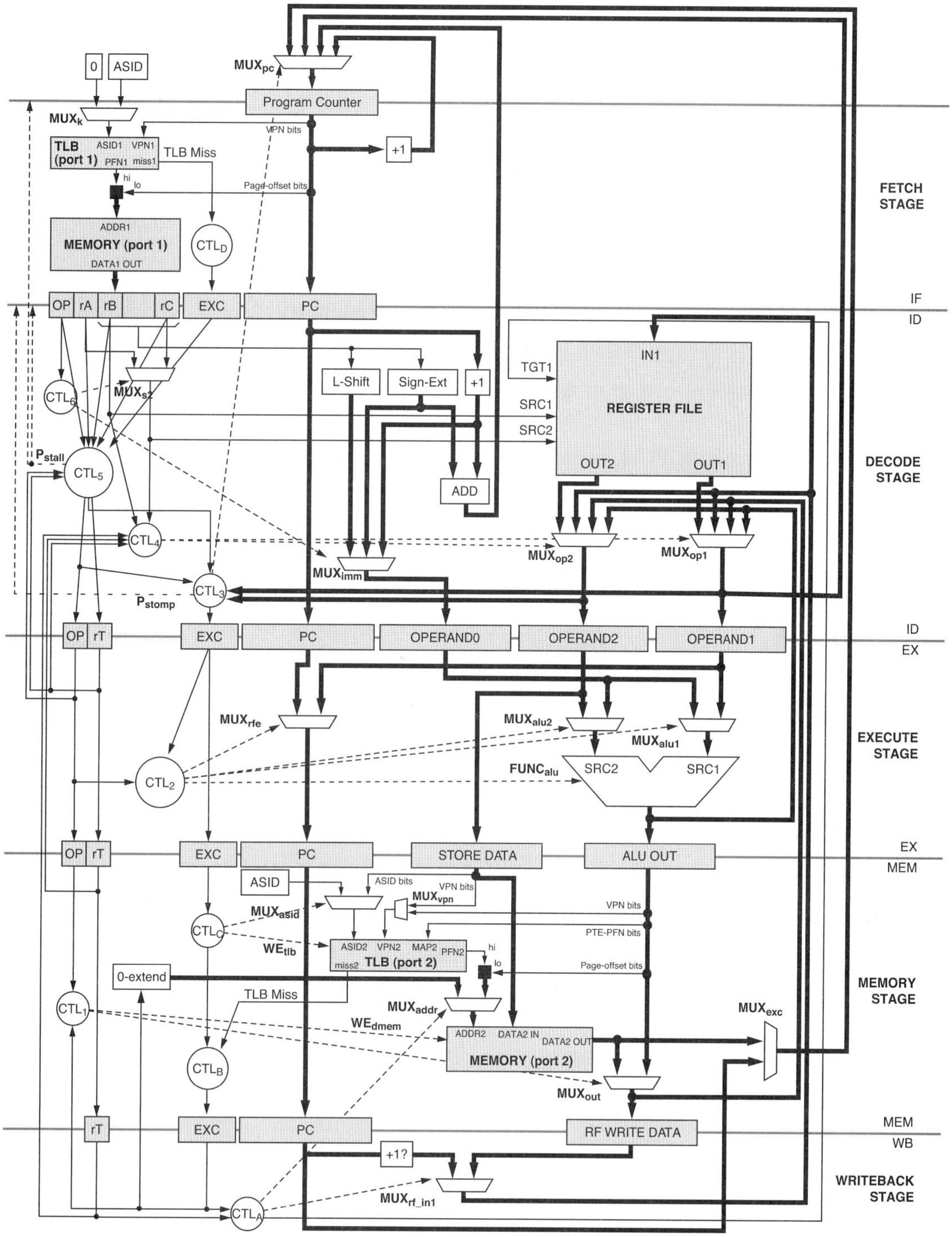

그림 20.27_ 정확한 방해들과 예외들을 support하는 RiSC-16 extended pipeline

1992]과 비슷하다). 결합 있는 어드레스를 유지하기 위해 이것은 MEMWB의 16비트 레지스터 또는 MEMWB의 간단한 status 비트로 수행된다.

만약에 이것의 예외 명령을 초래하고 파이프라인 stage가 machine state를 바꾼다면 각 파이프라인 stage는 기본 실행을 유예하여야 한다(예를 들어 이전 stage에서 특전 위반이 발생하는 경우 메모리 stage는 메모리에 write해서는 안 된다). 각 상태는 0이 아닌 예외 코드가 전달되면 들어오는 예외 코드들을 다음 파이프라인 stage에 전달해야 한다. 만약에 명령이 예외를 아직 초래하지 않았다면, 다음에 들어오는 파이프라인 stage에 있는 EXC 필드는 적절히 세트되어야 한다. 마지막으로 만약에 write back stage에 예외적인 명령이 있고 'normal' 동작이 상태로 수정이 가능할 경우에는 어떠한 스테이지라도 normal 동작을 연장할 수 있다. 예를 들어, write-back stage의 예외적인 명령을 나타내는 MEMWB.ex 레지스터가 0이 아니면, 메모리 stage는 메모리 stage의 명령을 통해 메모리 시스템에 접근하여 read나 write하는 것을 허용해서는 안 된다. 그렇지 않으면, 파이프라인 동작은 정상이다. 예외적인 명령이 write-back stage에 도달하였을 때, 예외적인 조건의 가장 간단한 형태에서 다음의 단계가 하드웨어에 의해 수행된다.

1. exception instruction의 PC나 exception instruction 후의 PC(PC+1)는 안전한 곳, 예를 들어 이러한 목적을 가지고 설계된 컨트롤러 레지스터에 저장이 되는 것을 EPC(exceptional PC) 레지스터라고 한다. 저장되는 값의 선택은 exception instruction의 opcode와 발생한 예외의 종류에 기초하고, 어떤 예외를 발생 시키는 명령들(TLB miss를 발생시키는 로드 또는 store 명령)은 명령 실행 마지막에 재시도되어야 하지만, 다른 명령들(무한 루프를 발생시킬 수 있는 TRAP 명령)은 건너뛰어야 한다. 만약 명령이 재시도 되면 핸들러는 PC로 되돌아 가고, 다시 시도되지 않으면 핸들러는 PC+1을 반환한다.
2. 알려진 피지컬 어드레스에 위치한 예외 타입은 IVT(interrupt vector table)의 인덱스로 사용되고, 예외 타입에 해당하는 벡터는 프로그램 카운터에 로드된다. 이것은 exception 또는 인터럽트 핸들러에 대한 vectoring으로 알려져 있다.
3. 일부 예외들은 핸들러가 vectoring 하기 전에 추가적인 단계를 수행하도록 한다. 예를 들어 핸들러가 vectoring을 하기 전 TLB-miss exception을 처리할 때, 하드웨어는 핸들러가 페이지 테이블을 찾는데 사용할 어드레스를 만들 수 있다. 대부분의 소프트웨어에 의해 관리되는 TLB 구조에서 이러한 기능을 제공하고, 추후에 상세히 설명될 예정이다.

운영체제 내의 software deep의 작은 조각인 예외 또는 인터럽트 핸들러의 일반적인 형태는 다음과 같다(이러한 구조에서 하드웨어는 머신이 특정 동작모드로 가도록 하고, 이전의 동작 모드를 저장해 놓는다.).

1. EPC를 안전한 장소에 저장한다. 이것은 예외나 인터럽드에 의해 EPC 레지스터 덮어쓰기를 발생시키는 실행을 완료하기 전에 이루어져야 한다.
2. Exception 또는 인터럽트를 핸들링한다
3. EPC를 재로드한다.
4. 프로세서를 이전의 동작 모드로 다시 되돌아오게 하고, EPC로 점프한다.

대부분의 구조들은 네 단계를 자동적으로 실행하는 기능('return-from-exception'또는 이와 유사한 이름)이 있다

표 20.2_ instruction set 추가된 시스템–레벨 instruction들

Assembly Code Format	Meaning
tlbw regA, regB	Write TLB entry (held in regA and regB) to the TLB: regA holds the page table entry, and thus the bottom bits of regA contain the PFN; by construction, regB contains both the ASID and VPN (see discussion for details); all other bits in regA and regB are ignored
rfe regA, regB or rfe regA	Return from exception: waits until write-back stage to jump (without link) through a register; simultaneously returns processor to previously stored K mode **Note:** the pipeline may also place a return value into the user-visible register file; this can represent the result of a system call, for example
sys class	Cause exceptional condition of specified class (inserts the value of "class" directly into IDEX.exc); implements TRAP instructions and can be used for testing and debugging if allowed to insert all classes of exceptions (**note:** must authenticate against privilege mode first)

System Level Instruction Set Extensions

이것을 하기 위해서 우리는 운영체제와 특정 모드를 지원하는 마이크로–아키텍처에서 볼 수 있는 시스템 레벨 facility들이 필요하다. 우리는 운영체제를 사용자 프로세스들로부터 보호해야 한다. 우리는 프로세스들을 구별해야 한다. 우리는 가상 어드레스들을 변환해야 한다. 우리는 exception–handling facility가 필요하다. 운영체제는 조금의 컨트롤 레지스터들이 필요하고, 일반적 목적의 레지스터들 세트가 사용자 프로세스를 방해하지 않고 이러한 일을 잘 수행할 것이다(그렇지 않으면, 모든 예외, 인터럽트, 또는 트랩마다 전체 레지스터를 모두 저장하고, 복원해야 한다). 간략히, 기본 파이프라인으로의 연장은 다음과 같은 것을 포함한다.

- 예외 또는 인터럽트 또는 예외를 발생시키는 TRAP을 핸들링하면서 활성화되는 특정 커널 모드의 추가
- 어드레스들을 변환하기 위해 TLB를 추가한다. TLB는 메모리 포트들과 같은 숫자의 포트 를 가지고 있어야 한다. 만약에 따로 명령 패치 포트가 있다면, 두 개의 TLB 포트가 필요하다. 속도와 비용은 트레이드 오프 관계에 있다. TLB와 메모리 액세스에서의 더 작은 수의 포트들이 있다면 더 저렴하게 구현이 가능하지만, 이것은 하나의 포트가 자유로워지기까지의 더 긴 시간을 필요로 하게 된다. 명확히 이 선택은 architectural desin study를 통해 결정될 것이다.
- 소프트웨어는 직접적으로 예외적인 상태로 들어갈 능력이 있는데, 예를 들어 트랩 명령을 통해서 그렇게 할 수 있다. 하드웨어의 지원을 받는 몇몇 '예외'들은 실제로 특정 명령들로 소프트웨어 핸들러 루틴 대신에 명령 실행 시 machine에 의해 처리된다. 이것은 TLB 핸들링 루틴들과 모드 명령들(sleep이나 doze)을 포함한다. 표 20.2는 명령('sys')와 TLBwrite와 return-from-exception과 같은 시스템–레벨 명령들에 대한 양쪽 예시들을 제시한다.
- 그림 20.28과 같이 Privileged mode에서 이용 가능한 컨트롤 레지서트를 부가하는 것. "GPR"

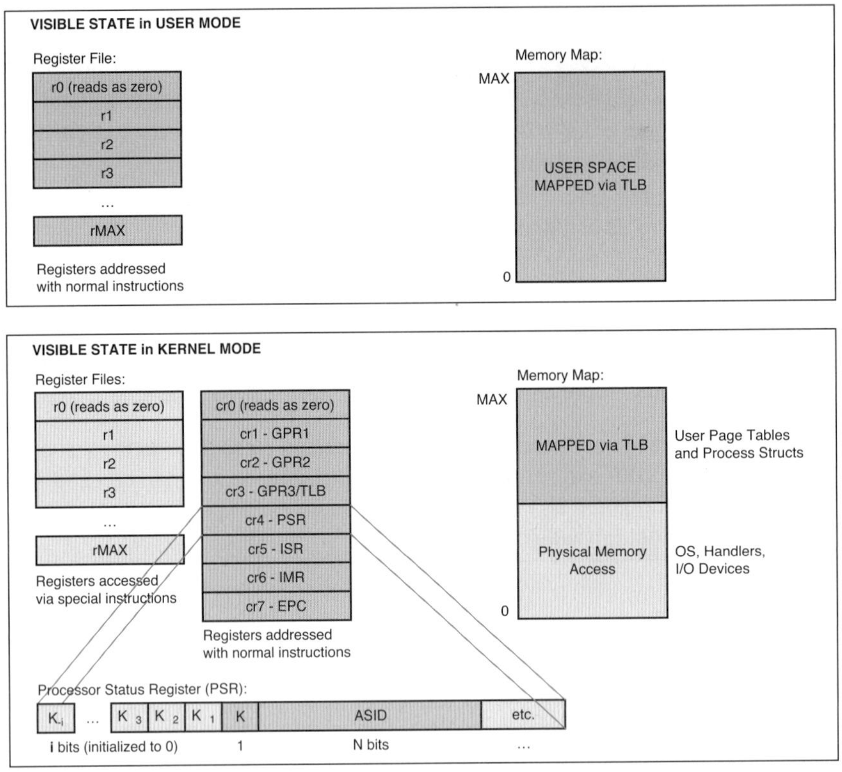

그림 20.28_ privileged kernel 모드에서 볼 수 있는 extended CPU state

은 일반적인 목적의 레지스터에 속하는데, 이 종류는 몇 가지를 더 들 수 있다. Processor status register(PSR)은 프로세서의 동작에 집적적인 영향을 미치는 모드 비트를 포함하고 있으며, interrupt service register(ISR)은 프로세서가 수용하게 되는 interrupts를 나타낸다. 또한 interrupt mask register(IMR)은 소프트웨어가 특정한 interrupt를 묵살하는 것을 카능케 한다. Exceptional program counter(EPC)는 handler로 vectoring할 때 하드웨어로 채워지게 되며, 예외적인 instruction에 대한 복귀 어드레스(return address)를 나타내게 된다. 심지어, 커널 모드에서 유저가 볼 수 있는 (user-visible) 레지스터 파일과 같은 크기의 shadow 레지스터 파일을 사용하는 경우에도, 특별한 register-move의 instruction을 통해 GPR 파일에 액세스가 가능하다.

• 커널 모드를 통해서만 접근 가능한 TLB를 통해 매핑되는 가상 공간의 일부를 묘사하는 **메모리 맵**의 정의가 그림 20.28에 묘사되어 있다. 그림 20.28에 묘사된 맵은 MIPS와 VMS 아키텍처 모두와 비슷하다. 예시적인 아키텍처를 들어, 사용자 모드에서 모든 어드레스 공간들은 TLB를 통해 매핑된다. 모든 가상 어드레스가 메모리 위치를 참조하는 데 사용되기 전에 먼저 TLB에 의해 변환된다. 이것은 이 모든 가상 어드레스가 사용자 모드에서 유효하다는 것을 의미한다. 이는 VMS 비슷하지만, 많은 다른 운영체제와는 다르다. 커널 모드에서, 어드레스 공간의 위쪽 절반은 TLB를 통해 매핑되며, 하반부는 아니다. 이것은 이곳의 어드레스들이 컴퓨터가 특정 커널 모드에 있는 동안 먼저 변환 없이 메모리 시스템으로 직접적으로 전송되는 것을 의미한다. 이것은 MIPS와 같은

설계이다.

- 어드레스 공간 식별자 개념의 추가. ASID는 machine에서 실행 중인 다른 프로세스들을 구별하고, 동시에 TLB와 캐시에 상주하는 많은 다른 프로세스들로부터의 사용을 가능하도록 한다(그렇지 않으면 TLB와 잠재적 캐시가 context switch들에서부터 flush되어야 한다). 이 아키텍처에서 ASID 0은 하드웨어에 의해 특정 모드에서 커널 실행을 나타내는 데 해석된다. 프로세서가 커널 모드 명령을 실행할 때(프로세서 상태 레지스터에 K비트가 설정되어 있을 때) 반드시 ASID 0을 이용해야 하고, 이는 프로세서 상태 레지스터의 ASID 부분에 어떤 값이 있든지 간에 우선한다. 반면에 메모리 스테이지의 데이터 메모리 액세스에서는 PSR에 어떤 ASID가 있건 사용한다. 이 마지막 작동 원리는 운영체제가 read나 write할 위치를 다른 사용자 공간에서 허락하지만(다른 프로세스로 '위장'), 운영체제가 권한 없는 프로세스에 속하는 명령이 실행되는 것을 막는 반면에 보안 허점을 구성한다.
- 메모리 관리의 창조는 사용자의 페이지 테이블 조직을 포함하여 구성한다. 하드웨어 적으로 정의된 구조는 하드웨어가 TLB-miss 핸들러가 PTE를 찾도록 하드웨어가 빨리 어드레스를 생성하는 것이 가능하다는 장점이 있다. 이는 하드웨어가 운영체제에 페이지 테이블 포맷을 지시함으로써 유연성을 제한할 수 있지만, 소프트웨어는 항상 원하는 대로 페이지 테이블 구현이 어드레스를 무시(따라야 할 필요는 없다 "힌트"로 취급)할 수 있다. 그러나 자신의 PTE 어드레스들을 만들어야 한다.

Exceptions과 Interrupts

Motorola의 용어들을 봤을 때 우리는 두 가지의 예외적인 컨디션들을 구별할 수 있다. Internal actions들로부터 나오는 것들과 external actions들로부터 나오는 것들을 말한다. 예외의 다른 종류(내부적으로 발생하는 예외 조건의 다른 class)는 트랩이나 Syscall이다. 다양한 운영체제에서 트랩 명령은 구현되었는데, 트랩 타입은 특정 벡터를 구별하기 위한 하드웨어에 의해 변환되는 트랩 타입은 각각의 예외와 인터럽트 타입에 따라 별도의 벡터를 가지고 있다. 각각의 트랩 벡터들은 운영체제에 의해 정의된다(트랩 1은 read 또는 write 또는 open 또는 close를 의미할 수 있다). 운영체제가 트랩 처리기의 각각에 임의의 의미를 부착할 수 있도록, 하드웨어는 단순히 해당하는 핸들러를 벡터한다. 대부분의 구조들은 단지 하나의 벡터를 구현한다. 모든 시스템 호출은 같은 예외를 통해 벡터화되고, 핸들가 실행되면 사용자 코드가 운영체제를 위해 user-visible 레지스터 또는 알려진 메모리 위치에 트랩 타입을 놓는다. 하나 이상의 트랩 벡터를 제공하는 가장 두드러진 효과는 작은 명령의 풋프린트와 작은 레지스터 파일을 가지는 구조가 중요한 핸들링 시스템 호출에서 레지스터 파일의 압력을 감소시키는 것이다. 표 20.3은 다양한 예외 코드들과 특정 명령들을 설명한다.

일반적인 컨트롤 레지스터

아래의 컨트롤 레지스터들은 커널 모드에게만 보이는 추가적인 레지스터들이다.

표 20.3_ modified RiSC-16 pipeline에서 EXC 레지스터들을 target 하는 예 값들

Code/Instruction	Semantics
MODE_RUN	Normal mode—ignore (equivalent to JALR)
MODE_SLEEP	Low-power doze mode, awakened by interrupt
MODE_HALT	Halt machine (useful for simulators)
TLB_READ	Probe TLB for PTE matching VPN in *r*B
TLB_WRITE	Write contents of rB to TLB (random)
TLB_CLEAR	Clear contents of TLB
MOVE_SPECIAL	Moves a value to/from the control registers from/to the general-purpose registers
SYS_RFE	*Return From Exception*: JUMP (without link) to address held in *r*B (a control register), and right-shift (zero-fill) the kmode history vector
EXC_GENERAL	General exception vector
EXC_TLBUMISS	User address caused TLB miss
EXC_TLBKMISS	Kernel address caused TLB miss
EXC_INVALIDOPCODE	Opcode the execute stage does not recognize
EXC_INVALIDADDR	Memory address is out of valid range
EXC_PRIVILEGES	Decoded privileged instruction in user mode
INT_IO	General I/O interrupt
INT_CLOCK	Used to synchronize with external real-time clock
INT_TIMER	Raised by a watchdog timer
TRAP_GENERAL	General operating system TRAP vector
TRAP_1	OS-definable TRAP vector
TRAP_2	OS-definable TRAP vector
...	...

'cr0' - Reads as 0, read only
'cr1' – For general-purpose only
'cr2' – For general-purpose only
'cr3' – For general-purpose use and TLB interface
'cr4' – Processor Status Resister
'cr5' – Interrupt Status Resister
'cr6' – Interrupt Mast Resister
'cr7' – EPC Resister

이러한 추가 레지스터는 두 개의 별도의 기능을 수행한다. 첫째, PSR이나 ISR과 같은 모드-컨트롤 정보들

에 운영체제가 접근할 수 있도록 한다. 현존하는 대부분의 프로세서에서 다음과 비슷한 기능을 찾을 수 있으며, 대부분의 시스템-레벨 소프트웨어에서 필수적이다. 두 번째 기능은 사용자-레벨 프로세스들에게 보이지 않는 shadow 레지스터들의 작은 세트들을 위한 것이다. 대부분의 시스템-레벨 소프트웨어 구현이 필요한 것은 아니지만, shadow 레지스터들은 다음과 같은 운영체제-Alpha, SPARC, PA-RISC, Xscale 그리고 M-CORE에서 안전한 은신처를 제공한다. 이러한 레지스터들은 특정 모드에서 이동할 때 안전할 필요는 없지만, 운영체제가 사용자-레벨 코드와 같은 레지스터를 공유한다면 필수적이다. 예를 들어, MIPS R2000 아키텍처는 레지스터들의 두 개를 자신의 것이라 하나의 레지스터 공간과 커널을 가진다. 어셈블러와 컴파일러는 사용자-레벨 코드가 이러한 레지스터들에 액세스하지 않는 것을 보장하고, 인터럽트들이나 시스템 호출 또는 트랩들에서 저장되거나 복원되지 않는다. Shadow 레지스터를 가질 때의 단점은 데이터가 두 레지스터 설정들 사이에서 움직이거나 그러한 시나리오가 절대 필요하지 않음을 보장해야 한다는 것이다(예를 들어, 몇몇 또는 모든 privileged-모드 instruction에 큰 레지스터 specifier를 제공하거나, 유일한 기능으로 레지스터 name 공간들 사이에서 데이터를 이동시키는 특정한 data-move 동작을 제공하는 것이다).

RiSC-16 아키텍처에서, **cr0**-**cr7**들은 커널 모드가 활성화될 때 default 레지스터들이다. 예를 들어, K-모드 비트가 프로세서 상태 레지스터이면 1 값을 포함한다. 그래서 운영체제는 다음과 같은 명령어를 수행한다.

```
#kernal 모드 is on
Add r1, r0, r4
```

Operand 값 들은 컨트롤 레지스터에서 읽혀진다. 이러한 결과는 컨트롤 레지스터에 기록된다. 이 예시는 프로세서 status 레지스터를 **cr1**로 움직인다.

Processor Status Register

PSR은 프로세서의 가장 중요한 정보의 일부를 가지고 있다는 점에서 시스템의 중심이라고 할 수 있다. 그림 20.28은 PSR의 간단한 예시를 보여준다. 이 그림은 다음 세 가지의 정보를 가지고 있다. 1) 실행 프로세스의 ASID, 2) 특정 커널 모드를 가능하게 하는 커널-모드 비트, 그리고 3) 이전의 커널-모드 비트의 이력을 나타내는 비트 어레이

1. ASID(address-space identifier)는 CPU에서 현재 활성화된 프로세스를 식별한다. 이것은 TLB에 액세스할 때, 가상 어드레스를 확장하는 데 사용된다(20.1.8절에서 ASID의 작동에 대해서 자세히 설명하였다).
2. K(커널-모드) 비트는 프로세서가 특정 모드에 있는지 사용자 모드에 있는지 나타낸다. 특정 명령들은 단지 프로세서가 특정 모드에 있을 때만 실행이 허용하다. 이것은 그렇지 않으면 예외를 유발한다(EXC_PRIVILEGES).
3. K_1에서 K_i 비트들을 통해 이전의 i 모드들의 동작을 유지시키는 shift 레지스터를 구성한다. 예외

나 인터럽트를 처리할 때마다 커널 모드 비트는 이 어레이(들어오는 비트를 수용하기 위해 좌측 이동 됨)로 왼쪽으로 움직이고, 커널-모드는 적절히 설정된다(일반적으로 켜짐). Return-from-exception 명령의 모든 호출은 비트 어레이를 우측 이동시키고(왼쪽에서부터 0을 채움), 어레이의 가장 오른쪽 비트를 커널-모드 비트에 저장한다. 운영체제 소프트웨어를 간단하게 하기 위해서 subarray는 커널에서만 읽혀지도록 되어야 한다.

이러한 이전의 비트들의 이력을 유지하도록 하는 것은 하드웨어가 현대의 운영체제와 프로세서의 가장 중요한 기능 중 하나인 중첩된 인터럽트들을 핸들링할 수 있도록 한다. 중첩된 인터럽트들은 하드웨어가 어떠한 예외나 인터럽트를 처리하는 중간에 완전히 다른 예외나 인터럽트를 처리하는 상황이다. 가상 메모리의 구현에서 중첩된 인터럽트들을 처리할 수 있는 능력은 매우 중요하다.

예제: RiSC-16 TLB와 페이지 테이블 조직

RiSC-16은 16비트, word 어드레스된 아키텍처이다. 페이지 사이즈는 256바이트이다. 64비트 공간은 256 페이지로 나뉜다. 16비트 어드레스는 8비트 페이지 수와 8비트 페이지 오프셋으로 나뉜다. 이것은 단순한 아키텍처이고, 좋은 예시이다. short-word 임베디드 아키텍처들에서 가상 메모리들이 널리 쓰인다 하더라도, 가상 메모리를 어떻게 하는지 설명한 문헌이 많이 없기 때문이다.

RiSC-16 아키텍처는 하드웨어가 아닌 운영체제가 TLB를 다시 채우는 처리를 할 책임이 있음을 의미하며, TLB miss동안 페이지 테이블에서 작동 중에 적절한 PTE를 찾고, TLB에 삽입하는 데 소프트웨어 관리 TLB를 이용한다. TLB가 주어진 VPN을 위한 맵핑된 가상 어드레스를 찾는 데 실패하면, TLB는 운영체제를 호출하고, 예외를 발생시킨다.

만약 변환된 어드레스가 사용자 어드레스라면 '사용자-miss', 즉, EXC_TLBUMISS 예외가 발생한다. 만약 CPU가 커널 모드(CPU가 예외인 시간에 사용자 모드일 때)이고, 가상 어드레스의 최상위 비트가 '1'로 변환되면, '커널 miss' 또는 EXC_TLBKMISS가 발생한다. 만약에 커널 모드에서 어드레스의 최상위 비트가 '0'이면, 어드레스는 예외를 발생시킬 수 없는데, 그 이유는 TLB로 해석이 되지 않고, 피지컬 메모리로 직

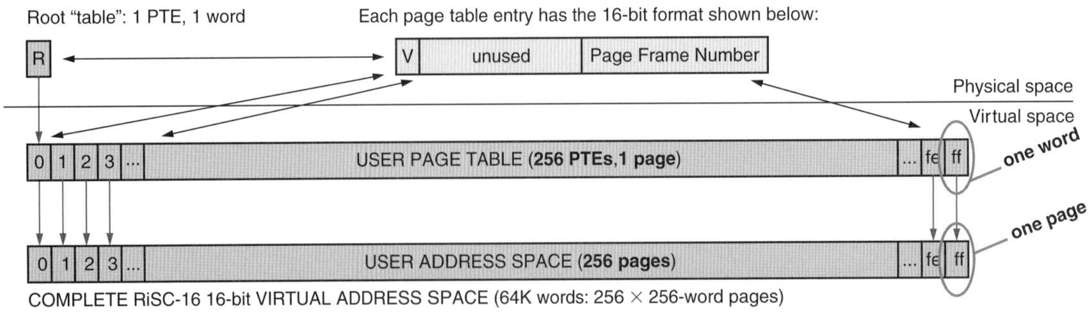

그림 20.29_ RiSC-16 page table 구조. 수직의 회색 화살표들이 매핑 function을 나타낸다.

접 매핑되기 때문이다.

페이지 테이블 포맷은 MIPS 아키텍처에서 쓰인 것과 매우 비슷한데, 그림 20.29에서 설명된다(사용자 페이지 테이블과 사용자 어드레스 공간의 스케일이 다른 것에 유의). 전체 어드레스 공간은 256페이지고, 매핑하는 데 256개의 PTE가 필요하다. 각 PTE는 하나의 워드이고, 하나의 페이지에 256 PTE가 들어갈 수 있다. 따라서 PTE들의 하나의 페이지는 전체 사용자 공간을 매핑할 수 있다. 커널은 가상 공간의 페이지들의 집합을 유지하고, 각각은 하나의 사용자 테이블을 유지한다. 이러한 테이블이 64개 있고, 이에 대응하는 사용자 테이블들이 커널 어드레스 공간의 최상위 64개의 가상 페이지들에 유지된다(64개의 고유의 ADIS들이 있고, ADIS는 6 비트다). 차례로 페이지 프레임 0의 최상위 64개의 워드들에서 유지되는 루트 PTE에 의해 매핑된다. 따라서 사용자 페이지 VPN은 루트 PTE의 피지컬 어드레스 공간과 동일하다.

그림 20.30은 가상 공간에 대한 커널의 사용 예를 보여준다. 어드레스 공간의 윗부분은 사용자 페이지 테이블들을 위한 것이다. ASID 는 6비트이고, 그래서 각각이 한 개의 페이지 크기인 64 테이블들이 존재한다. TLBUMISS 예외 핸들러가 실행될 때, 이것의 용도는 TLB를 놓친 페이지와 대응하는 사용자 PTE를 찾는 것이다. PTE의 (가상의)위치와 주어진 현재 사용자 프로세스의 ASID, TLB miss를 초래한 VPN의 어드

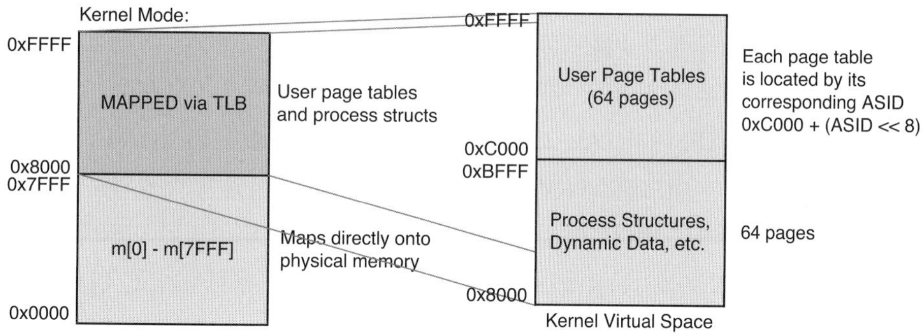

그림 20.30_ kernel의 실질적인 공간

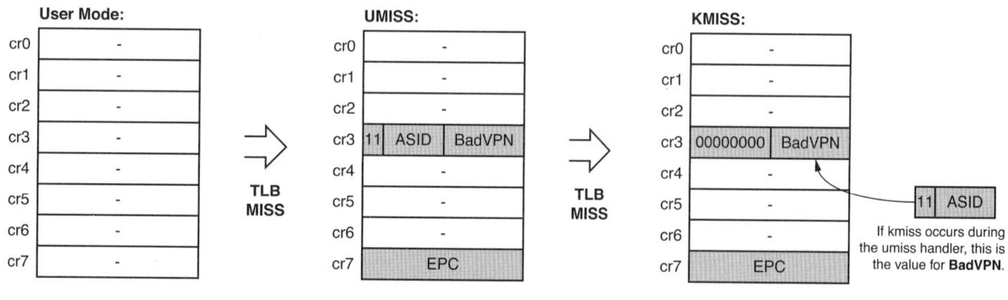

그림 20.31_ 중첩된 TLB–miss 예외에서의 하드웨어 순서. 소프트웨어에 의해 관리되는 TLB를 쓰는 많은 구조와 같이 RiSC–16에서 하드웨어는 운영체제에 faulting instruction(EPC) 어드레스 이외에 fault–user 레벨과 root–레벨 PTE들의 어드레스도 전달한다. UMISS나 KMISS handler로 vectoring 할 때, 하드웨어는 EPC를 컨트롤 레지스터 7에 위치시키고, faulting PTE의 어드레스를 컨트롤 레지스터 3에 위치시킨다. PTE 어드레스를 제공하는 것은 특정 page table을 가상 메모리와 실제 메모리만큼 잘 구성한다는 것을 가정한다(user–레벨 페이지 테이블의 가상 공간에서의 위치, root–레벨 테이블의 실제 공간에서의 위치). 운영체제는 이 정보를 이용하거나 무시하고 다른 테이블 구성을 자유롭게 사용할 수있다.

레스는 다음과 같이 실행된다.

$$ADDRpte = 0 \times C000 + (ASID << 8) + VPN$$

예외 처리를 돕기 위한, 해당 어드레스의 구성은 하드웨어에 의해 실행된다. 이것은 MIPS와 UltraSPARC 프로세서들이 제공하는 메모리 관리 기능과 유사하다. 왜냐하면 질문의 모든 값들이 2의 배수이고, 식에 추가되는 평범한 연속적인 비트-필드들의 추가는 그림 20.31의 왼쪽에 묘사된 것과 같다. 다양한 데이터의 레지스터 파일과 포맷들이 위치는 하드웨어에 의해 TLBmiss 핸들러로 벡터링될 때 위치한다. 이때 컨트롤 레지스터 3(cr3)에 어드레스는 배치된다. 또한, return 어드레스(EPC)는 cr7에 저장된다. 그후, 하드웨어는 UMISS 핸들러로 벡터링된다. 핸들러가 동작할 때, PTE를 참조하기 위해 cr3의 가상 어드레스를 사용한다. PTE가 로드될 때(그림 20.29의 위에 보여지는 것과 같이) 핸들러는 PFN을 얻는다. 핸들러는 TLB로 로드된 매핑을 이동시키기 위해 tlbw(TLB-write) 명령을 수행한다.

핸들러가 PTE를 가상 어드레스를 이용해서 PTE를 프로세서에 로드한다는 것을 눈여겨보아야 한다. 따라서 핸들러가 TLB miss를 초래할 수 있는 것이다. 이것이 KMISS 핸들러를 호출한다. 커널-레벨 TLB miss를 처리할 때 필요한 페이지 테이블은 어드레스 공간(커널의 가상 공간)의 위쪽 절반을 커널 자신의 페이지 테이블로 매핑한다. 페이지 테이블은 128개의 PTE를 길이로 가지고, 128개의 페이지를 매핑하고, 피지컬 메모리의 128개의 어드레스에 위치하며 255까지 확장된다. 이것이 그림 20.32에 묘사되어 있다. 이 페이지 테이블의 상위 절반(어드레스 192~255)은 사용자 TLB-miss 핸들러에 의해 참조되는 사용자 페이지 테이블을 매핑한다. 구조적으로 사용자 페이지 테이블은 가상 어드레스 0XC000부터 시작하고, 이들의 VPN들의 범위는 0XC0부터 0XFF까지(192~255까지)이다. 따라서 구성에 의해 UMISS 핸들러에 의해 로드되는 사용자 PTE를 위한 가상 어드레스의 VPN은 사용자 페이지 테이블에 매핑되는 커널 PTE의 피지컬 어드레스와 같다. KMISS 핸들러로 벡터링하기 전에 하드웨어는 이 VPN(설명된 바와 같이, KMISS 핸들러에 요구되는 물리 어드레스와 동일하다)을 컨트롤 레지스터 3인 cr3에 위치시키고, 반환 어드레스(EPC)를 **cr7**에 저장한다. 이것은 그림 20.31의 오른쪽에서 보여준다.

원하는 PTE가 로드되었을 때, TLB 엔트리를 만드는 것은 간단하다. 핸들러는 PTE의 유효성을 확인하고 이것을 TLB에 기록해야 한다. TLB write 명령, tlbw는 다음 세 가지의 operand들을 가지고 있다.

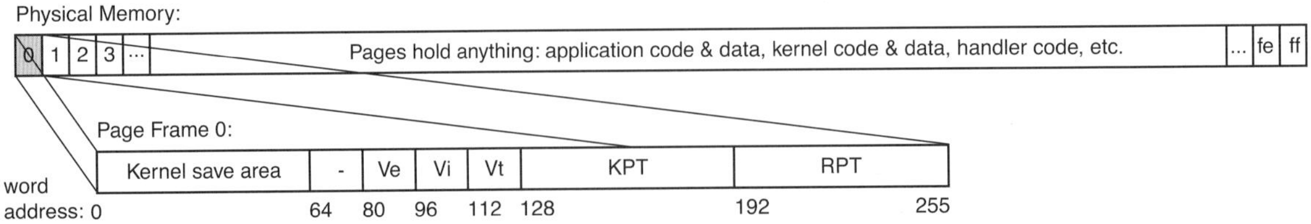

그림 20.32_ 실제 메모리의 첫 페이지. 실제 메모리의 첫 페이지들는 interrupt vector table (Ve, Vi, 그리고 Vt), kernel page table that maps, kernel's 64 pages of virtual space, 64 user page table(또한 가상 공간에서)을 매핑하는 root page table과 같은 중요한 정보를 가지고 있다. 이러한 구조에서 우리는 물리적 공간의 맨 아래 64 word를 작은 kernel 저장 공간으로 지정했다. 이것은(7 sign-extended bits) load/store 명령의 immediate offset을 이용하여 알려진 메모리 위치에 대한 access를 제공한다.

1. Faulting VPN(TLB miss에 의해 발생한 페이지)
2. PFN과 대응하는 faulting 페이지. 예를 들어 PTE가 막 로드되었을 때의 내용
3. TLB miss를 초래하는 ASID의 과정

페이지 테이블의 구조에 의해, 아이템 #1과 #3은 하드웨어가 핸들러로 벡터링할 때 **cr3**에 저장된 PTE의 로드에 사용되는 어드레스로 같이 가져간다. 그림 20.31에서 **cr3**의 값을 보여준다. 따라서, TLB-write 명령은 쉽게 두 레지스터에서 세 개의 피연산자를 압축할 수 있다.

1. PTE는 운영체제를 통해서 레지스터로 로드 가능하다.
2. ASID와 VPN은 하드웨어를 통해서 레지스터로 로드 가능하고, PTE 로드 시에 운영체제에 의해 사용된다.

tlbw 명령이 실행될 때, 하드웨어는 레지스터 피연산자들로부터 적절한 비트들을 받고, 다른 것들은 무시한다. TLB 업데이트는 다음과 같은 순서로 이루어진다. 로드 어드레스는 **r2**에 있고, PTE는 **r1**에 있다고 가정한다.

```
lw      r2, r2, 0         # get the PTE
lui     r3, 0 × 8000      # will be used to test top bit
nand    r3, r3, r1        # r3 = 0 × 7fff => valid; # r3 = 0 × ffff => invalid
beq     r3, –1, invalid
tlbw    r1, r2            # writes r1 + r2 to TLB, sets 'v' bit in TLB entry
invalid:
sys     PAGE_FAULT        # bring in the big guns
```

UMISS와 KMISS 핸들러들이 통과하는 단계는 매우 유사하다. 이것은 완전한 핸들러가 아니라는 것을 알아야 한다. 예컨대 핸들러의 첫 부분(레지스터의 내용이 저장되고 PTE가 로드됨), 끝 부분(레지스터 내용이 메모리로부터 복원됨), return-from-exception이 없다. 이러한 디테일들이 UMISS와 KMISS 핸들러들의 차이이다.

페이지 Zero와 Interrupt Vector 테이블

그림 20.32는 피지컬 페이지 0의 배열, 운영체제에서 매우 중요한 사항과 같은 많은 것들을 보여준다. 커널 저장 영역은 핸들러 실행 중 상태를 저장하고 복원하는 데 사용된다. *Ve*, *Vi*, *Vt* 구간은 배열을 쉽게 색인하기 위한 번호가 매겨진 예외, 인터럽트, 그리고 트랩들을 위한 벡터 어드레스들을 가지고 있다. KPT(kernel page table)는 프로세스 구조와 관련된 데이터가 유지되는 메모리 영역을 매핑한다. RPT(root page table)은 가상 어드레스 공간의 상단 부분을 차지하고 있는 여러 사용자 페이지 테이블들을 위한 매핑을 포함한다. RPT가 페이지 frame 0의 윗부분에 위치해 있는 것은 우연이 아니다. 이전에 말한 것과 같이, 그 어떠한 커널 가상 어드레스의 VPN이 적절한 루트레벨 PTE를 얻기 위한 피지컬 어드레스에 바로 사용될 수 있다.

이러한 구조에서 피지컬 페이지 0이라고도 불리어지는 인터럽트 벡터 테이블은 간단한 구조를 갖는다. 하드웨어가 알아차리는 모든 예외적인 조건들(예외, 인터럽트, 그리고 트랩들을 포함)은 핸들러 루틴이 가리키는 테이블 안에 있는 어드레스가 있어야 한다. RiSC-16 테이블은 메모리의 피지컬 어드레스 80에 위치해 있고, 48개의 엔트리들을 가지고 있다(16개의 예외, 16개의 인터럽트, 16개의 트랩). 예외 코드들은 테이블에 있는 어드레스들에 정확히 대응하여 발생한다. 이 테이블은 위 그림에 설명되어 있다.

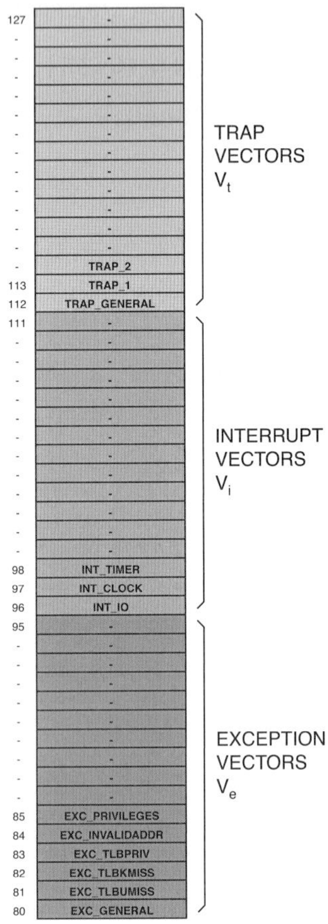

RiSC-16 interrupt vector table

참고문헌

S. G. Abraham, R. A. Sugumar, D. Windheiser, B. R. Rau, and R. Gupta. 1993. "Predictability of load/store instruction latencies." In Proc. 26th Ann. Int. Symp. on Microarchitecture (MICRO 1993), pp. 139–152, Austin, TX, December 1993.

M. Accetta, R. Baron, W. Bolosky, D. Golub, R. Rashid, A. Tevanian, and M. Young. 1986. "Mach: A new kernel foundation for UNIX development." In USENIX Technical Conference Proceedings, 1986.

M. Adiletta, M. Rosenbluth, D. Bernstein, G. Wolrich, and H. Wilkinson. 2002. "The next generation of Intel IXP Network processors." *Intel Technol. J.,* 6(3), Aug. 2002. http://developer.intel.com/technology/itj/2002/volume06issue03/.

S. V. Adve, A. L. Cox, S. Dwarkadas, R. Rajamony, and W. Zwaenepoel. 1996. "A comparison of entry consistency and lazy release consistency implementations." In Proc. Second High Performance Computer Architecture Symp. (HPCA 2), pp. 26–37, San Jose, CA, February 1996.

A. Agarwal, J. Hennessy, and M. Horowitz. 1989. "An analytical cache model." *ACM Trans. Comput. Syst.*, 7(2), 184–215, May 1989.

A. Agarwal et al. 2003. "A single-Vt low-leakage gated-ground cache for deep submicron." *IEEE J. Solid-State Circuits,* 38(2), 319–328, Feb. 2003.

A. V. Aho, R. Sethi, and J. D. Ullman. 1988. *Compilers: Principles, Techniques, and Tools.* Addison-Wesley, Reading, MA, 1988.

A. Aiken and A. Nicolau. 1988. "A development environment for horizontal microcode." *IEEE Trans. Software Eng.*, 14(5), 584–594, May 1988.

J. Alakarhu. 2002. "A comparison of precharge policies with modern DRAM architectures." Proc. 9th Int. Conf. Eletronics, Circuits and Systems, vol. 2, pp. 823–826, Sept. 2002.

K. Albayraktaroglu, A. Jaleel, X. Wu, M. Franklin, B Jacob, C. Tseng, and D. Yeung. 2005. "BioBench: A benchmark suite of bioinformatics applications." In Proc. 2005 IEEE Int. Symp. Performance Analysis of Systems and Software (ISPASS 2005). Austin, TX, March 2005.

T. R. Albrecht, J. U. Bu, M. Despont, E. Eleftheriou, and T. Hirano. 2004. Chapter 6: MEMS in mass storage systems. In Baltes, H., Brand, O., Fedder, G. K., Hierold, C., Korvink, J. G., and Tabata, O., Eds., *Enabling Technologies for MEMS and Nanodevices.* John Wiley & Sons, Hoboken, NJ, 2004.

T. Alexander and G. Kedem. 1996. "Distributed predictive cache design for high performance memory systems." In Second Int. Symp. High-Performance Computer Architecture (ISCA 1996), pp. 254–263, February 1996.

A. Allara, C. Brandolese, W. Fornaciari, F. Salice, and D. Sciuto. 1998. "System-level performance estimation strategy for SW and HW." In Int. Conf. Computer Design (ICCD 1998), Austin, TX, October 1998.

B. Amrutur and M. Horowitz. 1994. "Techniques to reduce power in fast wide memories." in Dig. Tech. Papers 1994 Symp. Low Power Electronics, 1994, pp. 92–93.

B. Amrutur and M. Horowitz. 1998. "A replica technique for wordline and sense control in low-power SRAMs." *IEEE J. Solid State Circuits,* 33, 1208–1219, Aug. 1998.

B. Amrutur and M. Horowitz. 2000. "Speed and power scaling of SRAMs." *IEEE J. Solid-State Circuits,* 35(2), Feb. 2000.

B. Amrutur and M. Horowitz. 2001. "Fast low-power decoders for RAMs." *IEEE J. Solid State Circuits,* 36(10), 1506–1515, Oct. 2001.

Analog Devices. 1996. ADSP-21xx 16-bit DSP Family. http://www.analog.com/processors/processors/ADSP/index.html.

Analog Devices. 2001. SHARC ADSP-21160M 32-bit Embedded CPU. http://www.analog.com/processors/processors/sharc/index.html.

Analog Devices. 2004. TigerSharc ADSP-TS201S 32-bit DSP. Revised Jan. 2004. http://www.analog.com/processors/processors/tigersharc/index.html.

D. Anderson, F. Sparacio, and R. Tomasulo. 1967. "The IBM System/360 Model 91: Machine philosophy and instruction-handling." *IBM J. Res. Dev.*, vol. 11, no. 1, pp. 8–24, Jan. 1967.

D. Anderson, J. Dykes, and E. Riedel. 2003. "More than an interface—SCSI vs. ATA." In Proc. 2nd Ann. Conf. File and Storage Technology (FAST), San Francisco, CA, 2003.

T. Anderson, H. M. Levy, B. N. Bershad, and E. D. Lazowska. 1991. "The interaction of architecture and operating system design." In Proc. Fourth Int. Conf. Architectural Support for Programming Languages and Operating Systems (ASPLOS-4), pp. 108–120, 1991.

F. Angiolini, L. Benini, and A. Caprara. 2003. "Polynomial-time algorithm for on-chip scratchpad memory partitioning." In Proc. 2003 Int. Conf. Compilers, Architectures, and Synthesis for Embedded Systems (CASES 2003), pp. 318–326. ACM Press, New York, 2003.

F. Angiolini, F. Menichelli, A. Ferrero, L. Benini, and M. Olivieri. 2004. "A postcompiler approach to scratchpad mapping of code." In Proc. 2004 Int. Conf. Compilers, Architecture, and Synthesis for Embedded Systems (CASES 2004), pp. 259–267. ACM Press, New York, 2004.

M. Anis. 2003. "Subthreshold leakage current: Challenges and solutions." In Proc. 15th Int. Conf. on Microelectronics (ICM 2003), pp. 77–80, 2003.

A. W. Appel. 1987. "Garbage collection can be faster than stack allocation." Inf. Process. Lett., 25(4), 275–279, June 1987.

A. W. Appel. 1989. "Simple generational garbage collection and fast allocation." *Software—Practice and Experience,* 19(2), 171–183, Feb. 1989.

A. W. Appel and K. Li. 1991. "Virtual memory primitives for user programs." In Proc. Fourth Int. Conf. Architectural Support for Programming Languages and Operating Systems (ASPLOS-4), pp. 96–107, 1991.

Apple Computer, Inc. 1992. *Technical Introduction to the Macintosh Family, 2nd Edition.* Addison-Wesley Publishing Company, Reading, MA, 1992.

J. Archibald and J. Baer. 1986. "Cache coherence protocols: Evaluation using a multiprocessor simulation model." *ACM Trans. Comput. Syst.* 4(4), 273–298, Sept. 1986.

ARM 2004. ARM968E-S 32-bit Embedded Core. Arm, Revised March 2004. http://www.arm.com/products/CPUs/ARM968E-S.html.

K. G. Ashar. 1997. *Magnetic Disk Drive Technology.* IEEE Press, New York, 2004.

Atmel. 2004. AT91C140 16/32-bit Embedded CPU. Atmel, Revised May 2004. http://www.atmel.com/dyn/resources/prod documents/doc6069.pdf.

O. Avissar, R. Barua, and D. Stewart. 2001. "Heterogeneous memory management for embedded systems." In Proc. ACM 2nd Int. Conf. Compilers, Architectures, and Synthesis for Embedded Systems (CASES), November 2001.

O. Avissar, R. Barua, and D. Stewart. 2002. "An optimal memory allocation scheme for scratch-pad based embedded systems." *ACM Trans. Embedded Systems (TECS),* 1(1), Sept. 2002.

J. Y. Babonneau, M. S. Achard, G. Morisset, and M. B. Mounajjed. 1977. "Automatic and general solution to the adaptation of programs in a paging environment." In Proc. Sixth ACM Symp. Operating Systems Principles (SOSP '77), West Lafayette, IN, November 16–18, 1977. ACM Press, New York, 109–116, 1977.

M. J. Bach. 1986. *The Design of the UNIX Operating System.* Prentice Hall, Inc., Englewood Cliffs, NJ, 1986.

J.-L. Baer and T.-F. Chen. 1991. "An effective on-chip preloading scheme to reduce data access penalty." In Proc. 1991 ACM/IEEE Conf. Supercomputing (ICS 1991), pp. 176–186, Albuquerque, NM, November 1991.

J.-L. Baer and G. R. Sager. 1976. "Dynamic improvement of locality in virtual memory systems." *IEEE Trans. Software Eng.,* 2(1), 54–62. Mar. 1976.

R. J. Baker, H. W. Li, and D. E. Boyce. 1998. *CMOS: Circuit Design, Layout, and Simulation.* IEEE Press, New York, 1998.

J. Baker. 2002. Personal communication.

R. J. Baker. 2005. *CMOS: Circuit Design, Layout, and Simulation, 2nd Ed.* IEEE Press and Wiley-Interscience, New York, 2005.

H. E. Bal, M. F. Kaashoek, and A. S. Tanenbaum. 1992. "Orca: A language for parallel programming of distributed systems." *IEEE Trans. Software. Eng.,* 18(3), 190–205, Mar. 1992.

K. Bala, M. F. Kaashoek, and W. E. Weihl. 1994. "Software prefetching and caching for translation lookaside buffers." In Proc. First USENIX Symp. Operating Systems Design and Implementation (OSDI-1), pp. 243–253, November 1994.

R. Balan and K. Gollhardt. 1992. "A scalable implementation of virtual memory HAT layer for shared memory multiprocessor machines." In USENIX Technical Conference Proceedings, 1992.

S. R. Ball. 1996. *Embedded Microprocessor Systems: Real World Design.* Newnes, Butterworth–Heinemann, Boston, MA, 1996.

R. Banakar, S. Steinke, B.-S. Lee, M. Balakrishnan, and P. Marwedel. 2002. "Scratchpad memory: A design alternative for cache on-chip memory in embedded systems." In Tenth Int. Symp. Hardware/Software Codesign (CODES), pp. 73–78, Estes Park, Colorado, May 2002.

D. Barrett and B. Zorn. 1993. "Using lifetime predictors to improve memory allocation performance." SIGPLAN'93—Conference on Programming Language Design and Implementation, pp. 187–196, Albuquerque, New Mexico, June 1993.

L. A. Barroso et al. 1998. "Memory system characterization of commercial workloads." Int. Symp. Computer Architecture (ISCA-25) 3–14, June 1998.

K. Baynes, C. Collins, E. Fiterman, C. Smit, T. Zhang, and B. Jacob. 2000. "The performance and energy consumption of embedded real-time operating systems." Tech. Rep. UMD-SCA-2000-4, U. Maryland Systems & Computer Architecture Group, November 2000.

K. Baynes, C. Collins, E. Fiterman, B. Ganesh, P. Kohout, C. Smit, T. Zhang, and B. Jacob. 2001. "The performance and energy consumption of three embedded real-time operating systems." In Proc. Int. Conf. Compilers, Architecture, and Synthesis for Embedded Systems (CASES 2001), pp. 203–210, Atlanta, GA, November 2001.

K. Baynes, C. Collins, E. Fiterman, C. Smit, T. Zhang, and B. Jacob. 2003. "The performance and energy consumption of embedded real-time operating systems." *IEEE Trans. Computers,* 52(11), 1454–1469, Nov. 2003.

H. Becker. 2002. Personal communication.

L. A. Belady. 1966. "A study of replacement algorithms for virtual storage." *IBM Syst. J.,* 5(2), 78–101, 1996.

T. Bell, I. H. Witten, and J. G. Cleary. 1989. "Modeling for text compression." *ACM Comput. Surv.,* 21(4), 557–591, Dec. 1989.

L. Benini and G. D. Micheli. 1998."System-level power optimization: Techniques and tools." In Int. Symp. Low Power Electronics and Design (ISLPED), pp. 288–293, Monterey CA, August 1998.

J. K. Bennett, J. B. Carter, and W. Zwaenepoel. 1990a. "Adaptive software cache management for distributed shared memory architectures." In Proc. 17th Int. Symp. Computer Architecture (ISCA), pp. 148–159, May 1990.

J. K. Bennett, J. B. Carter, and W. Zwaenepoel. 1990b. "Adaptive software cache management for distributed shared memory architectures." In Proc. 17th Annal Int. Symp. Computer Architecture (ISCA'90), pp. 125–135, 1990.

J. K. Bennett, J. B. Carter, and W. Zwaenepoel. 1990c. "Munin: Distributed shared memory based on type-specific memory coherence." In Proc. 2nd ACM Symp. Principles and Practice of Parallel Programming (PPoPP), pp. 168–177, March 1990.

A. Bensoussan, C. T. Clingen, and R. C. Daley. 1972. "The Multics virtual memory: Concepts and design." *Commun. ACM,* 15(5), 308–318, May 1972.

B. Bershad and M. Zekauskas. 1991. Shared Memory Parallel Programming with Entry Consistency for Distributed Memory Multiprocessors, CMU Technical Report CMU-CS-91-170, September 1991.

B. Bershad, M. Zekauskas, and W. Sawdon. 1993. "The Midway distributed shared memory system." In Proc. IEEE CompCon Conference, 1993.

B. Bershad, D. Lee, T. Romer, and J. Chen. 1994a. "Avoiding conflict misses dynamically in large direct-mapped caches." In Proc. Sixth Int. Conf. Architectural Support for Programming Languages and Operating Systems (ASPLOS'94), pp. 158–170, San Jose, CA, 1994.

B. Bershad, C. Chambers, S. Eggers, C. Maeda, D. McNamee, P. Pardyak, S. Savage, and E. Sirer. 1994b. SPIN––An Extensible Microkernel for Application-Specific Operating System Services, Technical Report 94-03-03, University of Washington, 1994.

H. N. Bertram. 1994. *Theory of Magnetic Recording.* Cambridge University Press, Cambridge, UK, 1994.

A. Bestavros, R. L. Carter, M. E. Crovella, C. R. Cunha, A. Beddaya, and S. A. Mirdad. 1990. "Application-level document caching in the internet." In Proc. Second Int. Workshop on Services in Distributed and Networked Environments (SDNE)'95, pp. 125–135, 1990.

D. Bhandarkar and J. Ding. 1997. "Performance characterization of the Pentium Pro processor." Int. Symp. High Performance Computer Architecture (HPCA-3), pp. 288–297, February 1997.

S. S. Bhattacharyya, P. K. Murthy, and E. A. Lee. 1996. *Software Synthesis from Dataflow Graphs.* Kluwer Academic, Dordrecht/Norwell, MA, 1998.

S. S. Bhattacharyya, P. K. Murthy, and E. A. Lee. 1998. "Synthesis of embedded software from synchronous dataflow specifications (invited paper)." *J. VLSI Signal Processing,* 1998.

B. Bhushan, M. Dominiak, and J. P. Lazzari. 1992. "Contact-start-stop studies with silicon planar head sliders against thin-film disks." *IEEE Trans. Magnetics,* 28(5), 2874–2876, 1992.

L. Birkedal, M. Tofte, and M. Vejlstrup. 1996. "From region inference to von neumann machines via region representation inference." In Proc. 23rd ACM SIGPLAN-SIGACT Symp. Principles of Programming Languages, pp. 171–183, ACM Press, New York, 1996.

K. Birman and T. Joseph. 1987. "Exploiting virtual synchrony in distributed systems." In Proc. Eleventh ACM Symp. Operating Systems Principles (SOSP '87), Austin, Texas, United States, November 08–11, 1987, pp. 123–128, ACM Press, New York, 1987.

B. Blanchet. 1998. "Escape analysis: Correctness proof, implementation and experimental results." In Proc. 25th ACM SIGPLAN-SIGACT Symp. Principles of Programming Languages, pp. 25–37, ACM Press, New York, 1998.

B. Blanchet. 1999. "Escape analysis for object-oriented languages: Application to Java." In Proc. 14th ACM SIGPLAN Conf. Object-Oriented Programming, Systems, Languages, and Applications, pp. 20–34, ACM Press, New York, 1999.

M. Blaum, J. Brady, J. Bruck, and J. Menon. 1995. "EVENODD: An optimal scheme for tolerating double disk failures in RAID architecture." *IEEE Trans. Computers,* 44(2), 192–201, 1995.

L. Bloom, M. Cohen, and S. Porter. 1962. "Considerations in the design of a computer with high logic-to-memory speed ratio." In Gigacycle Computing Systems, Proc. Sessions on Gigacycle Computing Systems Presented at the AIEE Winter General Meeting, pp. 53–63. New York, January 1962.

S. Blumson, P. Honeyman, T. E. Ragland, and M. T. Stolarchuk. 1993. AFS Server Logging, Tech. Rep. CITI-93-10, University of Michigan, November 1993.

Bochs. 2006. The Bochs IA-32 Emulator Project. http://bochs.sourceforge.net.

E. M. Boehm and T. B. Steel, Jr. 1959. "The Share 709 System: Machine implementation of symbolic programming." *J. ACM (JACM),* 6(2), 134–140, April 1959.

S. Borkar. 2004. "Circuit techniques for subthreshold leakage avoidance, control and tolerance." *IEDM* 2004.

D. Bossen. 1970. "b-Adjacent error correction." *IBM J. Res. Dev.,* July 1970.

N. Bowman et al. 1997. "Evaluation of existing architectures in IRAM systems." Workshop on Mixing Logic and DRAM, June 1997.

D. Brash. 2002. The ARM architecture Version 6 (ARMv6). ARM Ltd., January 2002. White Paper.

H. Bratman and I. V. Boldt, Jr. 1959. "The Share 709 System: Supervisory control." *J. ACM (JACM),* 6(2), 152–155, April 1959.

A. Braunstein, M. Riley, and J. Wilkes. 1989. "Improving the efficiency of UNIX file buffer caches." In Proc. Twelfth ACM

Symp. Operating Systems Principles (SOSP), pp. 71–82, December 1989.

B. S. Brawn, F. G. Gustavson, and E. S. Mankin, 1970. "Sorting in a paging environment." *Commun. ACM,* 13(8), 483–494, Aug. 1970.

J. M. Bray, V. P. Nelson, P. A. D. de Maine, and J. D. Irwin. 1985. "Data-compression techniques ease storage problems." *Computer Design,* 1985.

L. Breuer and D. Baum. 2006. *An Introduction to Queueing Theory and Matrix-Analytic Methods.* Springer, Berlin, 2006.

F. Briggs, M. Cekleov, K. Creta, M. Khare, S. Kulick, A. Kumar, L. Looi, C. Natarajan, S. Radhakrishnan, and L. Rankin. 2002. "Intel 870: A building block for cost-effective, scalable servers." *IEEE Micro*, 22(2), Mar. 2002.

R. A. Bringmann. 1995. "Compiler-Controlled Speculation." PhD thesis, University of Illinois, Urbana, IL, Department of Computer Science, 1995.

D. Brooks and M. Martonosi. 1999. "Dynamically exploiting narrow width operands to improve processor power and performance." In Proc. 5th Int. Symp. High Performance Computer Architecture (HPCA), pp. 13–22, Orlando, FL, January 1999.

D. M. Brooks, P. Bose, S. E. Schuster, H. Jacobson, P. N. Kudva, A. Buyuktosunoglu, J.-D. Wellman, V. Zyuban, M. Gupta, and P. W. Cook. 2000a. "Power-aware microarchitecture: Design and modeling challenges for next-generation microprocessors." *IEEE Micro,* 20(6), 26–44, November/December 2000.

D. Brooks, V. Tiwari, and M. Martonosi. 2000b. "Wattch: A framework for architectural-level power analysis and optimizations." In Proc. 27th Annal International Symposium on Computer Architecture (ISCA'00), pp. 83–94, Vancouver BC, June 2000.

D. Brooks and M. Martonosi. 2000. "Value-based clock gating and operation packing: Dynamic strategies for improving processor power and performance." *ACM Trans. Comput. Syst.*, 18(2), 89–126, 2000.

W. R. Bryg, K. K. Chan, and N. S. Fiduccia. 1996. "A high-performance, low-cost multiprocessor bus for workstations and midrange servers." *The Hewlett-Packard J.*, 47(1), February 1996.

D. Burger et al. 1996a. "Memory bandwidth limitations of future microprocessors." In. Proc. Int. Symp. Computer Architecture (ISCA) 23, 78–89, May 1996.

D. Burger, J. R. Goodman, and A. Kagi. 1996b. "Memory bandwidth limitations of future microprocessors." In Proc. 23rd Annual Int. Symp. Computer Architecture (ISCA'96), pp. 78–89, Philadelphia, PA, May 1996.

D. Burger and T. M. Austin. 1997. The SimpleScalar Tool Set, version 2.0, Tech. Rep. CS-1342, University of Wisconsin-Madison, June 1997.

W. P. Burleson et al. 1998. "Wave-pipelining: A tutorial and research survey," *IEEE Trans. VLSI Systems,* 6(5), Sept. 1998.

M. Burrows, C. Jerian, B. Lampson, and T. Mann. 1992. "On-line data compression in a log-structured file system." In Proc. Fifth Int. Conf. Architectural Support For Programming Languages and Operating Systems (ASPLOS-V), pp. 2–9, Boston, Massachusetts, October 1992), R. L. Wexelblat, Ed., ACM Press, New York, 1992.

J. A. Butts and G. S. Sohi. 2000. "A static power model for architects." In Proc. 33rd Ann. Int. Symp. Microarchitecture (MICRO-33), pp. 191–201, Monterey, CA, December 2000.

B. Calder and D. Grunwald. 1995. "Next cache line and set prediction." In Proc. 22nd Ann. Int. Symp. Computer Architecture (ISCA '95), S. Margherita Ligure, Italy, June 22–24, 1995, pp. 287–296, ACM Press, New York, 1995.

B. Calder, C. Krintz, S. John, and T. Austin. 1998. "Cache-conscious data placement." In Proc. Eighth Int. Conf. Architectural Support for Programming Languages and Operating Systems (ASPLOS'98), pp. 139–149, San Jose, CA, 1998.

D. Callahan, K. Kennedy, and A. Porterfield. 1991. "Software prefetching." In Proc. 4th Int. Conf. Architectural Support for Programming Languages and Operating Systems (ASPLOS), pp. 40–52, April 1991.

P. Cao, E. W. Felten, and K. Li. 1994a. "Application-controlled file caching policies." In Proc. USENIX Summer 1994 Technical Conf., pp. 171–182, Boston, MA, June 1994.

P. Cao, E. W. Felten, and K. Li. 1994b. "Implementation and performance of application-controlled file caching." In Proc. 1st USENIX Symp. Operating Systems Design and Implementation (OSDI), pp. 165–178. Monterey, CA, November 1994.

P. Cao, E. W. Felten, A. R. Karlin, and K. Li. 1995. "A study of integrated prefetching and caching strategies." In Proc. 1995 ACM SIGMETRICS Joint Int. Conf. Measurement and Modeling of Computer Systems SIGMETRICS '95/ PERFORMANCE '95, (Ottawa, Ontario, Canada, May 15–19, 1995, B. D. Gaither, Ed., pp. 188–197, ACM Press, New York, 1995.

P. Cao, E. W. Felten, A. R. Karlin, and K. Li. 1996. "Implementation and performance of integrated application-controlled file caching, prefetching, and disk scheduling." *ACM Trans. Comput. Syst.*, 14(4), 311–343, Nov. 1996.

Y. Cao et al. 2000. "New paradigm of predictive MOSFET and interconnect modeling for early circuit design." Proc. of CICC, pp. 201–204, 2000.

L. R. Carley, G. R. Ganger, and D. F. Nagle. 2000. "Mems-based integrated-circuit mass-storage systems." *Commun. the ACM,* 43(11), 73–80, 2000.

M. C. Carlisle and A. Rogers. 1996. "Software caching and computation migration in Olden." *J. Parallel Distributed Computing,* 38(2), 248–255, 1996.

R. W. Carr and J. L. Hennessy. 1981. "WSCLOCK—A simple and effective algorithm for virtual memory management." In Proc. Eighth ACM Symp. Operating Systems Principles (SOSP-8), pp. 87–95, Pacific Grove, CA, December 1981.

S. Carr. 1993. "Memory-Hierarchy Management." PhD thesis, Rice University, 1993.

S. Carr, K. S. McKinley, and C. Tseng. 1994. "Compiler optimizations for improving data locality." In Proc. Sixth Int. Conf. Architectural Support for Programming Languages and Operating Systems (ASPLOS'94), pp. 252–262, San Jose, CA, 1994.

J. B. Carter, J. K. Bennett, and W. Zwaenepoel. 1991. "Implementation and performance of Munin." In Proc. 13th ACM Symp. Operating Systems Principles (SOSP), pp. 152–164, October 1991.

J. Carter, W. Hsieh, L. Stoller, M. Swanson, L. Zhang, E. Brunvand, A. Davis, C. Kuo, R. Kuramkote, M. Parker, L. Schaelicke, and T. Tateyama. 1999. "Impulse: Building a smarter memory controller." In Proc. Fifth Int. Symp. High Performance Computer Architecture (HPCA'99), pp. 70–79, Orlando, FL, January 1999.

B. Case. 1994a. "AMD unveils first superscalar 29K core." *Microprocessor Rep.*, 8(14), 1994.

B. Case. 1994b. "x86 has plenty of performance headroom." *Microprocessor Rep.*, 8(11), 1994.

F. Catthoor, S. Wuytack, E. De Greef, F. Franssen, L. Nachtergaele, and H. De Man. 1998. "System-level transformations for low power data transfer and storage." In A. Chandrakasan and R. Brodersen, Eds., *Low Power CMOS Design*. IEEE Press, New York, pp. 609–618, 1998.

K. K. Chan, C. C. Hay, J. R. Keller, G. P. Kurpanek, F. X. Schumacher, and J. Zheng. 1996. "Design of the HP PA7200 CPU." *Hewlett-Packard J.*, 47(1), 25–33, February 1996.

A. P. Chandrakasan and R. W. Brodersen. 1995. *Low Power Digital CMOS Design*. Kluwer Academic, Dordrecht/Norwell, MA, 1995.

A. Chang and M. F. Mergen. 1988. "801 storage: Architecture and programming." *ACM Trans. Computer Syst.*, 6(1), February 1988.

P. P. Chang and W. W. Hwu. 1988. "Trace selection for compiling large C application programs to microcode." In Proc. 21st Ann. Workshop on Microprogramming and Microarchitecture, San Diego, California, United States, November 28 to December 02, 1988, International. Symposium on Microarchitecture, pp. 21–29, IEEE Computer Society Press, Los Alamitos, CA, 1988.

C. Chao, M. Mackey, and B. Sears. 1990. "Mach on a virtually addressed cache architecture." In USENIX Mach Workshop, 1990.

T. Chappell et al. 1991. "A 2-ns cycle, 3.8-ns access 512-kb CMOS ECL SRAM with a fully pipelined architecture." *IEEE J. Solid-State Circuits,* 26, 1577–1585, Nov. 1991.

H. R. Charney and D. L. Plato. 1968. "Efficient partitioning of components." In Proc. 5th Ann. Workshop on Design Automation (DAC '68), Washington, D. C., United States, July 15–18, 1968, ACM Press, New York, 16.1–16.21, 1968.

M. J. Charney and A. P. Reeves. 1995. Generalized Correlation Based Hardware Prefetching, Technical Report EE-CEG-95-1, Cornell University, February 1995.

M. Charney, P. Coteus, P. Emma, J. Rivers, and J. Rogers. 1999. Private communication.

J. S. Chase, H. M. Levy, M. Baker-Harvey, and E. D. Lazowska. 1992a. How to Use a 64-bit Virtual Address Space, Technical Report 92-03-02, University of Washington, 1992.

J. S. Chase, H. M. Levy, E. D. Lazowska, and M. Baker-Harvey. 1992b. Lightweight Shared Objects in a 64-bit Operating System, Technical Report 92-03-09, University of Washington, 1992.

W. Y. Chen, S. A. Mahlke, P. P. Chang, and W. Mei W. Hwu. 1991. "Data access microarchitectures for superscalar processors with compiler-assisted data prefetching." In Proc. 24th Int. Symp. Microarchitecture (MICRO), 1991.

T. F. Chen and J. L. Baer. 1992. "Reducing memory latency via non-blocking and prefetching cache." In the 5th Int. Conf. Architectural Support for Programming Languages and Operating Systems (ASPLOS), pp. 51–61, October 1992.

J. B. Chen, A. Borg, and N. P. Jouppi. 1992. "A simulation based study of TLB performance." In Proc. 19th Ann. Int. Symp. Computer Architecture (ISCA-19), 1992.

W. Y.-W. Chen, Jr. 1993. "Data Preload for Superscalar and VLIW Processors." PhD thesis, University of Illinois at Urbana-Champaign, Department of Electrical Engineering, August 1993.

P. M. Chen, E. K. Lee, G. A. Gibson, R. H. Katz, and D. A. Patterson. 1994. "RAID: High-performance, reliable secondary storage." *ACM Computing Surveys,* 26(2),145–185, 1994.

Z. Chen, M. Johnson, L. Wei, and K. Roy. 1998. "Estimation of standby leakage power in CMOS circuits considering accurate modeling of transistor stacks." In Proc. Int. Symp. Low Power Electronics and Design (ISLPED), 1998.

B. M. Chen, T. H. Lee, K. Peng, and V. Venkataramanan. 2006. *Hard Disk Drive Servo Systems*. Springer, London, 2006.

R. Cheng. 1987. "Virtual address cache in UNIX." In Proc. Summer 1987 USENIX Technical Conference, 1987.

D. R. Cheriton, G. A. Slavenburg, and P. D. Boyle. 1986. "Software-controlled caches in the VMP multiprocessor." In Proc. 13th Ann. Int. Symp.Computer Architecture (ISCA-13), 1986.

D. R. Cheriton, A. Gupta, P. D. Boyle, and H. A. Goosen. 1988. "The VMP multiprocessor: Initial experience, refinements and performance evaluation." In Proc. 15th Ann. Int. Symp. Computer Architecture (ISCA-15), 1988.

D. R. Cheriton, H. A. Goosen, and P. D. Boyle. 1989. "Multi-level shared caching techniques for scalability in VMP-MC." In Proc. 16th Ann. Int. Symp. Computer Architecture (ISCA-16), 1989.

B. S. Cherkauer and E. G. Friedman, 1995. "A unified design methodology for CMOS tapered buffers." *IEEE J. Solid-State Circuits,* 3, 99–111, Mar. 1995.

T. M. Chilimbi, M. D. Hill, and J. R. Larus. 1999. "Cache-conscious structure layout." In Proc. ACM SIGPLAN '99 Conference on Programming Language Design and Implementation (PLDI), Atlanta, GA, ACM, May 1999.

D. Chiou, P. Jain, L. Rudolph, and S. Devadas. 2000. "Application-specific memory management in embedded systems using software-controlled caches." In Proc. 37th Design Automation Conference (DAC), June 2000.

Z. Chishti, M. Powell, and T. N. Vijaykumar. 2003. "Distance associativity for high-performance energy-efficient non-uniform cache architectures." In Proc. 36th Ann. Int. Symp.

Microarchitecture (MICRO), pp. 55–66, San Diego, CA, December 2003.

T. Chiueh and R. H. Katz. 1992. "Eliminating the address translation bottleneck for physical address caches." In Proc. Fifth Int. Conf. Architectural Support for Programming Languages and Operating Systems (ASPLOS-5), 1992.

J.-D. Choi, M. Gupta, M. Serrano, V. C. Sreedhar, and S. Midkiff. 1999. "Escape analysis for java." In Proc. 14th ACM SIGPLAN Conf. Object-oriented Programming, Systems, Languages, and Applications (OOPSLA), pp. 1–19, ACM Press, New York, 1999.

H.-T. Chou and D. J. DeWitt. 1985. "An evaluation of buffer management strategies for relational database systems." In Proc. 11th Int. Conf. Very Large Data Bases, Stockholm, Sweden, August 21–23, pp.127–141 1985.

C. K. Chow. 1974. "On optimization of storage hierarchies." *IBM J. Res. Dev.*, 194–203, May 1974.

C. K. Chow. 1976. "Determination of cache's capacity and its matching storage hierarchy." *IEEE Trans.* Computers, 25(2), 157–164, Feb. 1976.

D. W. Clark and J. S. Emer. 1985. "Performance of the VAX-11/780 translation buffer: Simulation and measurement." *ACM Trans. Computer Systems,* 3(1), 1985.

E. G. Coffman and P. J. Denning. 1973. *Operating System Theory.* Prentice Hall, Englewood Cliffs, NJ, 1973.

D. Colarelli, D. Grunwald, and M. Neufeld. 2002. "The case for massive arrays of idle disks." In Proc. 2002 FAST, Monterey, CA, 2002.

C. Collins, E. Fiterman, T. Zhang, and B. Jacob. 2000. SimBed: Accurate Microarchitecture-level Simulation of Embedded Real-Time Operating Systems, Tech. Rep. UMD-SCA-2000-1, University of Maryland Systems & Computer Architecture Group, April 2000.

C. M. Collins. 2000. "An evaluation of embedded system behavior using full-system software emulation." Master's thesis, University of Maryland at College Park, May 2000.

J. Collins, S. Sair, B. Calder, and D. Tullsen. 2002. "Pointer cache assisted prefetching." In Proc. 35th Ann. IEEE/ACM Int. Symp. Microarchitecture (MICRO), November 2002.

R. Colwell, R. Nix, J. O'Donnell, D. Papworth, and P. Rodman. 1987. "A VLIW architecture for a trace scheduling compiler." In Proc. Second Int. Conf. Architectural Support for Programming Languages and Operating Systems (ASPLOS-2), pp. 180–192, 1987.

L. W. Comeau. 1967. "A study of the effect of user program optimization in a paging system." In Proc. First ACM Symp. Operating System Principles (SOSP '67), J. Gosden and B. Randell, Eds., pp. 4.1–4.7, ACM Press, New York, 1967.

Compaq. New Challenges Drive Compaq Advanced Memory Protection Strategy, Compaq Computer Corporation, Whitepaper.

J. P. Considine and J. J. Myers. 1969. "Establishment and maintenance of a storage hierarchy for an on-line data base under TSS/360." In Proc. Fall Joint Computer Conference, pp. 433–440, November 1969.

J. P. Considine and J. J. Myers. 1977. "MARC: MVS archival storage and recovery program." *IBM Systems J.*, 16(4), 378–397, 1977.

T. M. Conte, K. N. Menezes, P. M. Mills, and B. A. Patel. 1995. "Optimization of instruction fetch mechanisms for high issue rates." In Proc. 22nd Ann. Int. Symp.Computer Architecture (ISCA), pp. 333–344. Santa Margherita Ligure, Italy, June 1995.

R. Cooksey, S. Jourdan, and D. Grunwald. 2002. "A stateless, content-directed data prefetching mechanism." In Proc. Int. Conf. Architectural Support for Programming Languages and Operating System (ASPLOS), 2002.

K. D. Cooper and T. J. Harvey. 1998. "Compiler-controlled memory." In Architectural Support for Programming Languages and Operating Systems (ASPLOS), pp. 2–11, San Jose, CA, Oct. 1998.

F. J. Corbato. 1968. A Paging Experiment with the Multics System, MIT Project -MAC Report MAC-M-384, May 1968.

G. V. Cormack. 1985. "Data compression on a database system." *Commun. ACM*, 28(12), 1336–1342, Dec. 1985.

D. W. Cornell and P. S. Yu. 1989. "Integration of buffer management and query optimization in relational database environment." In Proc. Fifteenth Int. Conf. Very Large Data Bases, August 22–25, Amsterdam, The Netherlands, pp. 247–255, 1989.

S. L. Coumeri and D. E. Thomas. 1998. "Memory modeling for system synthesis." In Proc. 1998 Int. Symp. Low Power Electronics and Design (ISLPED '98), Monterey, California, United States, August 10–12, 1998, ACM Press, New York, pp. 179–184, 1998.

R. Crisp. 1997. "Direct Rambus technology: The new main memory standard." *IEEE Micro,* 17(6), 18–28, Nov. 1997.

V. Cuppu and B. Jacob. 1999a. The Performance of Next-Generation DRAM Architectures, Tech. Rep. UMD-SCA-TR-1999-1, University of Maryland Systems and Computer Architecture Group, March 1999.

V. Cuppu and B. Jacob. 1999b. Organizational Design Trade-offs at the DRAM, Memory Bus, and Memory Controller Level: Initial Results, Tech. Rep. UMD-SCA-1999-2, University of Maryland Systems & Computer Architecture Group, November 1999.

V. Cuppu, B. Jacob, B. Davis, and T. Mudge. 1999. "A performance comparison of contemporary DRAM architectures." In Proc. 26th Ann. Int. Symp.Computer Architecture (ISCA'99), pp. 222–233. Atlanta, GA, May 1999.

V. Cuppu and B. Jacob. 2001. "Concurrency, latency, or system overhead: Which has the largest impact on uniprocessor dram-system performance?" In Proc. 28th Ann. Int. Symp. Computer Architecture (ISCA'01), pp. 62–71, Göteborg, Sweden, June 2001.

V. Cuppu, B. Jacob, B. Davis, and T. Mudge. 2001. "High performance DRAMs in workstation environments." *IEEE Trans. Computers,* 50(11), 1133–1153, Nov. 2001. (Special issue on High-Performance Memory Systems)

H. Custer. 1993. Inside Windows/NT, Technical report, Microsoft Press.

Z. Cvetanovic and D. Bhandarkar. 1994. "Characterization of Alpha AXP performance using TP and SPEC workloads." Int. Symp. Computer Architecture (ISCA-21), pp. 60–70, April 1994.

Z. Cvetanovic and R. E. Kessler. 2000. "Performance analysis of the Alpha 21264-based Compaq ES40 system." In Proc. 27th Ann. Int. Symp. Computer Architecture (ISCA'00), pp. 192–202, Vancouver, BC, June 2000.

W. Dally and J. Poulton. 1998. *Digital Systems Engineering.* Cambridge University Press, Cambridge, UK, 1998.

R. Das, M. Uysal, J. Saltz, and Y.-S. Hwang. 1994. "Communication optimizations for irregular scientific computations on distributed memory architectures." *J. Parallel Distributed Computing,* 22(3), 462–479, Sept. 1994.

M. Das. 2000. "Unification-based pointer analysis with directional assignments." In Proc. SIGPLAN '00 Conf. Program Language Design and Implementation (PLDI), pp. 35–46, Vancouver, BC, June 2000.

B. Davis, T. Mudge, and B. Jacob. 2000a. The New DRAM Interfaces: SDRAM, RDRAM and Variants. In M. Valero, K. Joe, M. Kitsuregawa, and H. Tanaka, Editors, *High Performance Computing, Lecture Notes in Computer Science*, Vol. 1940, pp. 26–31, Springer Publishing, Tokyo, Japan, 2000.

B. Davis, T. Mudge, V. Cuppu, and B. Jacob. 2000b. "DDR2 and low-latency variants." In Proc. Workshop on Solving the Memory Wall Problem, Held in conjunction with ISCA-27, pp. 15–29, Vancouver, BC, June 2000.

P. A. D. de Maine and B. A. Marron. 1966. "The SOLID System I: A method for organizing and searching files." In G. Schecter, Editor, *Information Retrieval—A Critical View* (Based on the Third Annal National Colloquium on Information Retrieval, Philadelphia PA, May 1966), Thompson Book Co., Washington, DC, pp. 243–282, 1967.

H. Deitel. 1990. *Inside OS/2.* Addison-Wesley, Reading, MA.

V. Delaluz, M. Kandemir, N. Vijaykrishnan, A. Sivasubramaniam, and M. Irwin. 2001. "Hardware and software techniques for controlling DRAM power modes." In Seventh Int. Symp. High-Performance Computer Architecture (HPCA'01), January. 2001.

T. Dell. 1997. A White Paper on the Benefits of Chipkill-Correct ECC for PC Server Main Memory. IBM Microelectronics Division, November 1997. White Paper.

P. J. Denning. 1967. "The working set model for program behavior." In Proc. First ACM Symp. Operating System Principles (SOSP 1), pp. 15.1–15.12, 1967.

P. J. Denning. 1968. "The working set model for program behavior." *Commun. ACM,* 11(5), 323–333, 1968.

P. J. Denning. 1970. "Virtual memory." *Computing Surveys,* 2(3), 153–189, 1970.

P. J. Denning. 1972. "On modeling program behavior." In Proc. AFIPS Spring Joint Computer Conference, pp. 937–944, 1972.

P. J. Denning. 1980. "Working sets past and present." *IEEE Trans. Software Eng.,* 6(1), 64–84, 1980.

J. B. Dennis. 1965. "Segmentation and the design of multiprogrammed computer systems." *J. ACM,* 12(4), 589–602, Oct. 1965.

Design & Test Roundtable. 1997. "Hardware-software codesign." *IEEE Design Test Computers,* 14(1), 75–83, January–March 1997.

R. P. Dick, G. Lakshminarayana, A. Raghunathan, and N. K. Jha. 2000. "Power analysis of embedded operating systems." In 37th Design Automation Conference (DAC), Los Angeles CA, pp. 312–315, June 2000.

Digital. 1994. DECchip 21064 and DECchip 21064A Alpha AXP Microprocessors Hardware Reference Manual. Digital Equipment Corporation, Maynard, MA.

Digital. 1996. Digital Semiconductor 21164 (366 MHz Through 433 MHz) Alpha Microprocessor Hardware Reference Manual. Digital Equipment Corporation, Maynard, MA.

Digital. 1997. DIGITAL FX!32. Digital Equipment Corp., http://www.digital.com/info/semiconductor/amt/fx32/fx.html.

V. J. DiGri and J. King. 1959. "The Share 709 System: Input-output translation." *J. ACM (JACM),* 6(2), 141–144, April 1959.

C. Ding and K. Kennedy. 1999. "Improving cache performance in dynamic applications through data and computation reorganization at run time." In Proc. ACM SIGPLAN 1999 Conf. on Programming Language Design and Implementation (PLDI 1999), pp. 229–241, Atlanta, GA, May 1999.

B. Dipert. 2000. "The slammin, jammin, DRAM scramble." *EDN,* 2000(2), 68–82, Jan. 2000.

A. Dominguez, S. Udayakumaran, and R. Barua. 2005. "Heap data allocation to scratch-pad memory in embedded systems." *J. Embedded Computing (JEC),* 1(4), 2005. IOS Press, Amsterdam, Netherlands.

F. Douglis. 1993. "The compression cache: Using on-line compression to extend physical memory." In Proc. Usenix Winter 1993 Technical Conference, pp. 519–529, San Diego, CA, January 1993.

B. Doyle et al. 2002. "Transistor elements for 30 nm physical gate lengths and beyond." *Intel Technol. J.* 6, 42–54, May 2002.

A. L. Drapeau and R. H. Katz. 1993. "Striped tape arrays." In Proc. 1993 IEEE Symp. on Mass Storage Systems, pp. 1993. 257–265.

P. Druschel and L. L. Peterson. 1993. "Fbufs: A high-bandwidth cross-domain transfer facility." In Proc. Fourteenth ACM Symp. on Operating Systems Principles (SOSP-14), pp. 189–202, December 1993.

R. Duncan, C. Petzold, A. Schulman, M. S. Baker, R. P. Nelson, S. R. Davis, and R. Moote. 1994. *Extending DOS—A Programmer's Guide to Protected-Mode DOS, 2nd Edition.* Addison-Wesley, Reading, MA, 1994.

J. DuPreez. 2002. Personal communication.

C. P. Earnest, K. G. Balke, and J. Anderson. 1972. "Analysis of graphs by ordering of nodes." *J. ACM,* 19(1), 23–42, Jan. 1972.

K. Ebcioglu. 1987. "A compilation technique for software pipelining of loops with conditional jumps." In Proc. 20th Ann. Workshop on Microprogramming (MICRO-20), pp. 69–79, Colorado Springs, CO, December 1987.

K. Ebcioglu. 1988. "Some design ideas for a VLIW architecture for sequential natured software." In *Parallel Processing* (Proc. IFIP WG 10.3, Working Conference on Parallel Processing), M. Cosnard, M. Barton, and M. Vanneschi, Eds., pp. 3–21, 1988.

K. Ebcioglu and E. R. Altman. 1997. "DAISY: Dynamic compilation for 100% architectural compatibility." In Proc. 24th Ann. Int. Symp. on Computer Architecture (ISCA-24), pp. 26–37, Denver, CO, 1997.

C. H. Edwards, Jr. and D. E. Penney. 1982. *Calculus and Analytic Geometry.* Prentice Hall, Englewood Cliffs, NJ, 1982.

J. R. Ellis. 1985. *Bulldog: A Compiler for VLIW Architectures.* The MIT Press, Cambridge, MA. 1985. (Ellis's Ph.D. Thesis, Yale, 1984).

C. Ellis. 1999. "The case for higher-level power management." In Workshop on Hot Topics in Operating Systems, 1999.

Y. Endo, Z. Wang, J. B. Chen, and M. Seltzer. 1996. "Using latency to evaluate interactive system performance." In Proc. 1996 Symp. on Operating System Design and Implementation (OSDI-2), October 1996.

D. Engler, R. Dean, A. Forin, and R. Rashid. 1994. "The operating system as a secure programmable machine." In Proc. 1994 European SIGOPS Workshop, 1994.

ESDRAM. 1998. Enhanced SDRAM 1M x 16. Enhanced Memory Systems, Inc., http://www.edram.com/products/datasheets/16M_esdram0298a.pdf.

Etch. 1998. Memory System Research at the University of Washington. The University of Washington, http://etch.cs.washington.edu/.

A. Eto et al. 1998. "Impact of Neutron Flux on Soft Error in MOS Memories" In. Proc. Int'l. Electron Devices Meeting (IEDM), pp. 367–370. Dec. 1998.

A. Eustace and A. Srivastava. 1994. ATOM: A Flexible Interface for Building High Performance Program Analysis Tools, Technical Report WRL-TN-44, DEC Western Research Laboratory.

K. Farkas, P. Chow, N. Jouppi, and Z. Vranesic. 1997. "Memory-system design considerations for dynamically-scheduled processors." In Proc. 24th Ann. Int. Symp. on Computer Architecture (ISCA), 1997.

A. H. Farrahi, G. E. Téllez, and M. Sarrafzadeh. 1995. "Memory segmentation to exploit sleep mode operation." In Proc. 32nd ACM/IEEE Conf. on Design Automation (DAC '95), pp. 36–41, San Francisco, California, United States, June 12–16, 1995, ACM Press, New York, 1995.

R. R. Fenichel, and J. C. Yochelson. 1969. "A LISP garbage-collector for virtual-memory computer systems." *Commun. ACM*, 12(11), 611–612, Nov. 1969.

D. Ferrari. 1973. "A tool for automatic program restructuring." In Proc. Ann. Conf. (ACM '73), Atlanta, Georgia, United States, August 27–29, 1973), pp. 228–231, ACM Press, New York, 1973.

D. Ferrari. 1974. "Improving locality by critical working sets." *Commun. ACM*, 17(11), 614–620, Nov. 1974.

D. Ferrari. 1976. "The improvement of program behavior." *IEEE Computer,* 9(11), Nov. 1976.

J. A. Fisher. 1980. "2n-way jump microinstruction hardware and an effective instruction binding method." In Proc. 13th Ann. Workshop on Microprogramming (MICRO-13), pp. 64–75, November 1980.

J. Fisher. 1981. "Trace scheduling: A technique for global micro-code compaction." *IEEE Trans. Computers,* 30(7), 478–490, July 1981.

J. A. Fisher. 1983. "Very long instruction word architectures and the ELI-512." In Proc. 10th Ann. Int. Symp. on Computer Architecture (ISCA-10), pp. 140–150, June 1983.

J. A. Fisher, J. R. Ellis, J. C. Ruttenberg, and A. Nicolau. 1984. "Parallel processing: A smart compiler and a dumb machine." In Proc. ACM SIGPLAN '84 Symp. on Compiler Construction, SIGPLAN Notices, 19(6), 37–47, June 1984.

K. Flautner, S. Reinhardt, and T. Mudge. 2001. "Automatic performance-setting for dynamic voltage scaling." In 7th Conf. on Mobile Computing and Networking (MOBICOM'01), Rome, Italy, July 2001.

J. Flinn and M. Satyanarayanan. 1999. "Powerscope: A tool for profiling the energy usage of mobile applications." In Workshop on Mobile Computing Systems and Applications, pp. 2–10, February 1999.

J. Fotheringham. 1961. "Dynamic storage allocation in the Atlas computer, including an automatic use of a backing store." *Commun. ACM*, 4(10), 435–436, Oct. 1961.

M. Franklin and M. Smotherman. 1994. "A fill-unit approach to multiple instruction issue." In Proc. 27th Ann. Int. Symp. on Microarchitecture (MICRO-27), pp. 162–171, San Jose, CA, November 1994.

R. Fromm, S. Perissakis, N. Cardwell, C. Kozyrakis, B. McGaughy, D. Patterson, T. Anderson, and K. Yelick. 1997. "The energy efficiency of IRAM architectures." In Proc. 24th Ann. Int. Symp. on Computer Architecture (ISCA'97), pp. 327–337, Denver, CO, June 1997.

J. W. Fu and J. H. Patel. 1991. "Data prefetching in multiprocessor vector cache memories." In Proc. 18th Ann. Int. Symp. on Computer Architecture (ISCA 1991), pp. 54–63, Toronto, Ontario, May 1991.

D. M. Gallagher, W. Y. Chen, S. A. Mahlke, J. C. Gyllenhaal, and W. mei W. Hwu. 1994. "Dynamic memory disambiguation using the memory conflict buffer." In Proc. Sixth Int. Conf. on Architectural Support for Programming Languages and Operating Systems (ASPLOS-6), San Jose, CA, 1994.

B. Ganesh, A. Jaleel, D. Wang, and B. Jacob. 2007. "Fully-Buffered DIMM memory architectures: Understanding mechanisms, overheads and scaling." In Proc. 13th Int. Symp. on High Performance Computer Architecture (HPCA 2007), Phoenix, AZ, February 2007.

G. Ganger, B.Worthington, and Y. Patt. 2006. The DiskSim Simulation Environment Version 2.0 Reference Manual, http://www.pdl.cmu.edu/DiskSim/. 2006.

J. G. Ganssle. 1994. "An OS in a can." *Embedded Systems Programming*, January 1994.

J. G. Ganssle. 1997. "The challenges of real-time programming." *Embedded Systems Programming*, 11(7), 20–26, July 1997.

J. Ganssle. 2000a. "Conspiracy theory." *The Embedded Muse Newsl.*, no. 46, March 3, 2000.

J. Ganssle. 2000b. "Conspiracy theory, take 2." *The Embedded Muse Newsl.*, No. 47, March 22, 2000.

H. Garcia-Molina, A. Park, and L. R. Rogers. 1987. "Performance through memory." In Proc. 1987 ACM Sigmetrics Conference. on Measurement and Modeling of Computer Systems, pp. 122–131, 1987.

W. E. Garrett, R. Bianchini, L. Kontothanassis, R. A. McCallum, J. Thomas, R. Wisniewski, and M. L. Scott. 1992. Dynamic Sharing and Backward Compatibility on 64-bit Machines, Technical Report TR 418, University of Rochester.

W. E. Garrett, M. L. Scott, R. Bianchini, L. I. Kontothanassis, R. A. McCallumm, J. A. Thomas, R. Wisniewski, and S. Luk. 1993. "Linking shared segments." In USENIX Technical Conference Proceedings, pp. 13–27, January 1993.

J.-L. Gassée. 1996. "CoffeeBean." *Be Newsletter*, Issue 52, December 4, 1996.

R. Geist and S. Daniel. 1987. "A continuum of disk scheduling algorithms." *ACM Trans. Comput. Syst.*, 5(1), 77–92, 1987.

P. Gelsinger. 2001. "Microprocessors for the new millenium: Challenges, opportunities, and new frontiers," *ISSCC*, 22–5, 2001.

L. Geppert. 2004. "A Static RAM says goodbye to data errors." *IEEE Spectrum*, February 2004.

K. Gharachorloo, D. LenoskJ, J. Laudon, P. Gibbons, A. Gupta, and J. Hennessy. 1990. "Memory consistency and event ordering in scalable shared-memory multiprocessors." In Proc. 17th Ann. Int. Symp. on Computer Architecture (ISCA), pp. 15–26, May 1990.

N. Gloy, T. Blackwell, M. D. Smith, and B. Calder. 1997. "Procedure placement using temporal ordering information." In Proc. 30th Ann. IEEE/ACM Int. Symp. on Microarchitecture (MICRO), pp. 303–313, December 1997.

R. Gonzalez and M. Horowitz. 1996. "Energy dissipation in general purpose microprocessors." *IEEE J. Solid-State Circuits*, 31(9), 1277–1284, Sept. 1996.

J. R. Goodman. 1987. "Coherency for multiprocessor virtual address caches." In Proc. Second Int. Conf. on Architectural Support for Programming Languages and Operating Systems (ASPLOS-2), pp. 72–81, 1987.

B. Goodman. 2002. Personal communication.

K. Govil, E. Chan, and H. Wasserman. 1995. "Comparing algorithms for dynamic speed-setting of a low-power CPU." In Proc. First ACM Int. Conf. on Mobile Computing and Networking, Berkeley, CA, November 1995.

M. K. Gowan, L. L. Biro, and D. B. Jackson. 1998. "Power considerations in the design of the Alpha 21264 microprocessor." In 35th Design Automation Conference (DAC). 1998.

I. D. Greenwald and M. Kane. 1959. "The Share 709 System: Programming and modification." *J. ACM (JACM)*, 6(2), 128–133, April 1959.

J. Griffioen and R. Appleton. 1994. "Reducing file system latency using a predictive approach." In Proc. 1994 Summer USENIX Conf., pp. 197–207, Boston, MA, June 1994.

P. Gronowski et al. 1996. "A 433-MHz 64-b quad-ussue RISC microprocessor." *JSSC*, 31(11), 1687–1696, Nov. 1996.

A. Grove. 2002. "Changing Vectors of Moore's Law." Presented at International. Electron Devices Meeting (IEDM), December 2002.

D. Grunwald, B. Zorn, and R. Henderson. 1993. "Improving the cache locality of memory allocation." In R. Cartwright, Ed., Proc. ACM SIGPLAN 1993 Conf. on Programming Language Design and Implementation (PLDI '93), pp. 177–186, Albuquerque, New Mexico, United States, June 21–25, 1993, ACM Press, New York, 1993.

D. Grunwald, P. Levis, C. B. M. III, M. Neufeld, and K. I. Farkas. 2000. "Policies for dynamic clock scheduling." In Proc. Fourth USENIX Symp. on Operating Systems Design and Implementation (OSDI 2000), pp. 73–86, San Diego, CA, October 2000.

S. Gurumurthi, A. Sivasubramaniam, M. Kandemir, and H. Franke. 2003. "DRPM: Dynamic speed-control for power management in server class disks," In Proc. 30th Int. Symp. on Computer Architecture (ISCA 2003), pp. 169–179, June 2003.

L. Gwennap. 1994a. "MIPS R10000 uses decoupled architecture." *Microprocessor Rep.*, 8(14), 1994.

L. Gwennap. 1994b. "PA-8000 combines complexity and speed." *Microprocessor Rep.*, 8(15), 1994.

L. Gwennap. 1995a. "Intel's P6 uses decoupled superscalar design." *Microprocessor Rep.*, 9(2), 1995.

L. Gwennap. 1995b. "PA-8000 stays on track (sidebar in Integrated PA-7300LC powers HP midrange)." *Microprocessor Rep.*, 9(15), 1995.

L. Gwennap. 1995c. "Intel's P6 uses decoupled superscalar design." Microprocessor Rep., 9(2), Feb. 1995.

L. Gwennap. 1996. "Digital 21264 sets new standard." *Microprocessor Rep.*, 10(14), October 1996.

L. Gwennap. 1998a. "Alpha 21364 to ease memory bottleneck." *Microprocessor Rep.*, 12(14), 12–15, Oct. 1998.

L. Gwennap. 1998b. "New processor paradigm: V-IRAM." *Microprocessor Rep.*, 12(3), 17–19, March 1998.

J. Haas and P. Vogt. 2005. "Fully-buffered DIMM technology moves enterprise platforms to the next level." *Technology@Intel Magazine*, March 2005.

E. Hagersten, A. Landin, and S. Haridi. 1992. "DDM—A cacheonly memory architecture." *IEEE Computer*, 25(9), 44–54, Sept. 1992.

S. Hall, G. Hall, and J. McCall. 2000. *High-Speed Digital System Design—A handbook of Interconnect Theory and Design Practices,* Wiley-Interscience, New York, 2000.

N. Hallenberg, M. Elsman, and M. Tofte. 2002. "Combining region inference and garbage collection." In Proc. ACM SIGPLAN 2002 Conf. on Programming Language Design and Implementation (PLDI) pp. 141–152, ACM Press, New York, 2002.

G. Hallnor and S. K. Reinhardt. 2000. "A fully associative software-managed cache design." In Proc. 27th Int. Symp. on Computer Architecture (ISCA), Vancouver, BC, Canada, June 2000.

J. P. Halter and F. Najm, 1997. "A gate-level leakage power reduction method for ultra-low-power CMOS circuits." In Proc. IEEE Custom Integrated Circuits Conf., 1997.

G. Hamilton and P. Kougiouris. 1993. "The Spring nucleus: A microkernel for objects." In USENIX Technical Conference Proceedings, 1993.

F. Hamzaoglu and M. R. Stan. 2002. "Circuit-level techniques to control gate-leakage for sub-100nm CMOS." *ISLPED*, August 2002.

R. Hank, S. Mahlke, R. Bringmann, J. Gyllenhaal, and W. Hwu. 1993. "Superblock formation using static program analysis." In 26th Int. Symp. on Microarchitecture (MICRO), pp. 247–256, IEEE Press, New York, December 1993.

W. J. Hansen. 1969. "Compact list representation: Definition, garbage collection, and system implementation." *Commun. ACM*, 12(9), 499–507, Sep. 1969.

J. M. Harker, D. W. Brede, R. E. Pattison, G. R. Santana, and L. G. Taft. 1981. "A quarter century of disk file innovation." *IBM J.* Res. Dev., 25(5), 677–689, 1981.

S.J. Hartley. 1988. "Compile-time program restructuring in multiprogrammed virtual memory systems." *IEEE Trans. Software Eng.,* 14 (11), 1640–1644, Nov. 1988.

D.J. Hatfield and J. Gerald. 1971. "Program restructuring for virtual memory." *IBM Systems J.* 10(3), 168–192, 1971.

S. Haykin. 2002. *Adaptive Filter Theory, 4th Ed.*, Prentice Hall, Upper Saddle River, NJ.

R. Heald and J. Hoist. 1993. "A 6-ns cycle 256-kb cache memory and memory management unit." *IEEE J. Solid-State Circuits*, 28, 1078–1083, Nov. 1993.

J. Heinrich, editor. 1995. MIPS R10000 Microprocessor User's Manual, version 1.0. MIPS Technologies, Inc., Mountain View, CA.

J. Hennessy and M. Heinrich. 1996."Hardware/software codesign of processors: Concepts and examples." In G. De Micheli and M. Sami, Eds., *Hardware/Software Co-Design,* Kluwer Academic, San Mateo, CA, pp. 29–44, 1996.

J. L. Hennessy and D. A. Patterson. 1990. *Computer Architecture: A Quantitative Approach.* Morgan Kaufmann, San Mateo, CA, 1990.

J. L. Hennessy and D. A. Patterson. 1996. *Computer Architecture: A Quantitative Approach, 2nd Ed.,* Morgan Kaufmann, San Mateo, CA, 1996.

J. L. Hennessy and D. A. Patterson. 2003. *Computer Architecture: A Quantitative Approach, 3rd Ed.,* Morgan Kaufmann, San Mateo, CA, 2003.

D. S. Henry. 1994. Adding Fast Interrupts to Superscalar Processors, Tech. Rep. Memo-366, MIT Computation Structures Group, December 1994.

D. Henry, B. Kuszmaul, G. Loh, and R. Sami. 2000. "Circuits for wide-window superscalar processors." In Proc. 27th Ann. Int. Symp. on Computer Architecture (ISCA'00), pp. 236–247, Vancouver, BC, June 2000.

Hewlett-Packard. 1990. PA-RISC 1.1 Architecture and Instruction Set Reference Manual. Hewlett-Packard Company.

M. D. Hill, S. J. Eggers, J. R. Larus, G. S. Taylor, G. Adams, B. K. Bose, G. A. Gibson, P. M. Hansen, J. Keller, S. I. Kong, C. G. Lee, D. Lee, J. M. Pendleton, S. A. Ritchie, D. A. Wood, B. G. Zorn, P. N. Hilfinger, D. Hodges, R. H. Katz, J. K. Ousterhout, and D. A. Patterson. 1986. "Design decisions in SPUR." *IEEE Computer,* 19(11), Nov. 1986.

G. Hinton, D. Sager, M. Upton, D. Boggs, D. Carmeanand, A. Kyker, and P. Roussel. 2001. "The microarchitecture of the Pentium 4 Processor." *Intel Technol. J.,* First Quarter, 2001.

T. Hirose et al. 1990. "A 20-ns 4-Mb CMOS SRAM with hierarchical word decoding architecture." *IEEE J. Solid-State Circuits*, SC-25(5), 1068–1074, Oct. 1990.

J. D. Hiser and J. W. Davidson. 2004. "Embarc: an efficient memory bank assignment algorithm for retargetable compilers." In Proc. 2004 ACM SIGPLAN/SIGBED Conf. on Languages, Compilers, and Tools for Embedded Systems (LCTES), pp. 182–191, ACM Press, New York, 2004.

Hitachi/Renesas. 1999. SH7050 32-bit CPU. Hitachi/Renesas, Revised Sep. 1999. http://documentation.renesas.com/eng/products/mpumcu/e602121 sh7050.pdf.

Hitachi/Renesas. 2004. M32R-32192 32-bit Embedded CPU. Revised July 2004. http://documentation.renesas.com/eng/products/mpumcu/rej03b0019 32192ds.pdf.

A. S. Hoagland. 2003. "History of magnetic disk storage based on perpendicular magnetic recording." *IEEE Trans. Magnetics,* 39(4), 1871–1875, 2003.

H. Hohnson and M. Graham. 1993. *High-Speed Digital Design—A Handbook of Black Magic,* Prentice Hall PTR, Upper Saddle River, NJ, 1993.

N. Honda, K. Ouchi, and S. Iwasaki. 2002. "Design consideration of ultrahigh-density perpendicular magnetic recording media." *IEEE Trans. Magnetics,* 38(4), 1615–1621, 2002.

S. I. Hong, S. A. McKee, M. H. Salinas, R. H. Klenke, J. H. Aylor, and W. A. Wulf. 1999. "Access order and effective bandwidth for streams on a Direct Rambus memory." In Proc. Fifth Int. Symp. on High Performance Computer Architecture (HPCA'99), pp. 80–89, Orlando, FL, January 1999.

M. Horowitz, T. Indermaur, and R. Gonzalez. 1994. "Low-power digital design." In IEEE Symp. on Low Power Electronics, pp. 8–11, October 1994.

M. Horowitz, M. Martonosi, T. C. Mowry, and M. D. Smith. 1995. Informing Loads: Enabling Software to Observe and React to Memory Behavior, Technical Report CSL-TR-95-673, Stanford University, Stanford, CA.

T. R. Hotchkiss, N. D. Marschke, and R. M. McColsky. 1996. "A new memory system design for commercial and technical computing products." *The Hewlett-Packard J.*, 47 (1), Feb. 1996.

H. Hsiao and D. DeWitt. 1993. "A performance study of three high availability data storage strategies." *J. Distributed Parallel Databases*, 1(1), 53–80, 1993.

W. W. Hsu and A. J. Smith. 2004. "The real effect of i/o optimizations and disk improvements." *IBM J. Res.* Dev., 48(2), 255–289, 2004.

W. W. Hsu, H. C. Young, and A. J. Smith. 2005. "The automatic improvement of locality in storage systems." *ACM Trans. Computers,* 23(4), 424–473, 2005.

Z. Hu, S. Kaxiras, and M. Martonosi. 2002. "Timekeeping in the memorysystem: Predicting and optimizing memory behavior." In 29th Int. Symp. on Computer Architecture (ISCA), May 2002.

Z. Hu, M. Martonosi, and S. Kaxiras. 2003. "Tag correlating prefetchers." In 9th Int. Symp. on High-Performance Computer Architecture (HPCA), February 2003.

A. S. Huang, G. Slavenberg, and J. P. Shen. 1994. "Speculative disambiguation: A compilation technique for dynamic memory disambiguation." In Proc. 21st Ann. Int. Symp. on Computer Architecture (ISCA-21), Chicago, IL, 1994.

F. Y. Huang, M. T. White, and T. Semba. 2002. "Single vs dual stage actuator—why and when." In Proc. ASME/STLE Int. Joint Tribology Conference, pp. 27–30, Cancun, Mexico, 2002.

J. Huck and J. Hays. 1993. "Architectural support for translation table management in large address space machines." In Proc. 20th Ann. Int. Symp. on Computer Architecture (ISCA'93), pp. 39–50, May 1993.

J. Huck. 1996. Personal communication.

C. J. Hughes. 2000. "Prefetching linked data structures in systems with merged DRAM-logic." Master's thesis, University of Illinois at Urbana-Champaign, May 2000. Technical Report UIUCDCS-R-2001-2221.

G. F. Hughes. 2002. "Patterned media recording systems—The potential and the problems." In Magnetics Conference, 2002. INTERMAG Europe 2002. Digest of Technical Papers, page GA6, Amsterdam, The Netherlands.

J. Huh and T. Chang. 2003. "Hierarchical disk cache management in RAID 5 controller." *J. Computing Sciences in Colleges Archive,* 19(2), 47–59, Dec. 2003.

A. Hume. 1988. "The File Motel—An incremental backup system for Unix." In Proc. Summer 1988 USENIX Conference, pp. 61–72, June 1988.

C. Huneycutt and K. Mackenzie. 2002. "Software caching using dynamic binary rewriting for embedded devices." In Proc. Int. Conf. on Parallel Processing, pp. 621–630, 2002.

I. Hur and C. Lin. 2004. "Adaptive history-based memory schedulers." In Proc. 37th Int. Symp. on Microarchitecture (MICRO), December 2004.

J. Huynh. 2003. The AMD Athlon MP Processor with 512KB L2 Cache: Technology and Performance Leadership for x86 Microprocessors. AMD White Paper, May 2003.

W. W. Hwu and P. P. Chang. 1989. "Achieving high instruction cache performance with an optimizing compiler." In Proc. 16th Ann. Int. Symp. on Computer Architecture (ISCA), pp. 242–251, Jerusalem, Israel, April 1989.

W.-M. Hwu and Y. N. Patt. 1986. "HPSm, a high performance restricted data flow architecture having minimal functionality." In Proc. 13th Ann. Int. Symp. on Computer Architecture (ISCA-13), 1986.

W.-M. W. Hwu and Y. N. Patt. 1987. "Checkpoint repair for out-of-order execution machines." In Proc. 14th Ann. Int. Symp. on Computer Architecture (ISCA-14), 1987.

P. Ibanez, V. Vinals, J. Briz, and M. Garzaran. 1998. "Characterization and improvement of load/store cache-based prefetching." In Int. Conf. on Supercomputing, pp. 369–376, July 1998.

IBM and Motorola. 1993. PowerPC 601 RISC Microprocessor User's Manual. IBM Microelectronics and Motorola.

IBM and Motorola. 1994. PowerPC 604 RISC Microprocessor User's Manual. IBM Microelectronics and Motorola.

IBM. 1981. Information Management System: Programming Reference Manual, 9th Ed., IBM, 1981.

IBM. 1998a. EDO DRAM 4M x 16 Part No. IBM0165165PT3C. http://www.chips.ibm.com/products/memory/88H2011/88H2011.pdf.

IBM. 1998b. SDRAM 1M x 16 x 4 Bank Part No. IBM0364164. http://www.chips.ibm.com/products/memory/19L3265/19L3265.pdf.

IBM. 2002a. The PowerPC 405 Embedded Processor Family. IBM Inc. Microelectronics, 2002. http://www306.ibm.com/chips/products/powerpc/processors/.

IBM. 2002b. The PowerPC 440 Embedded Processor Family. IBM Inc. Microelectronics, 2002. http://www306.ibm.com/chips/products/powerpc/processors/.

IBM. 2002c. IBM Power4 System Architecture White Paper, 2002. http://www1.ibm.com/servers/eserver/pseries/hardware/whitepapers/power4.html.

Infineon. 2001. XC-166 16-bit Embedded Family. Revised Jan. 2001. http://www.infineon.com/cmc upload/documents/036/812/c166sv2um.pdf.

J. Inouye, R. Konuru, J. Walpole, and B. Sears. 1992. The Effects of Virtually Addressed Caches on Virtual Memory Design and Performance, Technical Report CS/E 92-010, Oregon Graduate Institute.

K. Inoue, K. Kai, and K. Murakami. 1999. "Dynamically variable line-size cache exploiting high on-chip memory bandwidth of merged DRAM/logic LSIs." In Proc. Fifth Int. Symp. on High

Performance Computer Architecture (HPCA'99), pp. 218–222, Orlando, FL, January 1999.

Intel. 1993. Pentium Processor User's Manual. Intel Corporation, Mt. Prospect, IL.

Intel. 1995. Pentium Pro Family Developer's Manual, Volume 3: Operating System Writer's Guide. Intel Corporation, Mt. Prospect, IL.

Intel. Intel 875P Chipset: Intel 82875P Memory Controller Hub (MCH) Datasheet. http://www.intel.com.

K. Ishibashi. 1990. "An alpha-immune 2-V supply voltage SRAM using a polysilicon PMOS load cell." *IEEE J. Solid-State Circuits,* SC-25(1), 55–60, Feb. 1990.

S. Iwasaki. 1980. "Perpendicular magnetic recording." *IEEE Trans. Magnetics,* 16(1), 71–76, 1980.

S. Iwasaki. 1984. "Perpendicular magnetic recording—Evolution and future." *IEEE Trans. Magnetics,* 20(5), 657–662, 1984.

S. Iwasaki. 2002. "Perpendicular magnetic recording focused on the origin and its significance." *IEEE Trans. Magnetics,* 38(4), 1609–1641, 2002.

A. Iyengar. 1996. "Design and performance of a general purpose software cache." *J. Parallel Distributed Computing,* 38(2), 248–255, 1996.

B. Jacob. 1994. Optimization of Storage Hierarchies," Tech. Rep. CSE-TR-228-95, University of Michigan, May 1994.

B. Jacob. 1997. "Software-Oriented Memory-Management Design." PhD Thesis, The University of Michigan, July 1997.

B. Jacob. 1998. "Software-managed caches: Architectural support for real-time embedded systems." In Proc. Int. Workshop on Compiler and Architecture Support for Embedded Systems (CASES'98), Washington, DC, December 1998.

B. Jacob. 2002a. "Virtual memory." In R. Flynn, Editor, *Computer Sciences.* Macmillan Reference USA: Farmington Hills, MI, 2002.

B. Jacob. 2002b. "Virtual memory systems and TLB structures." In V. Oklobdzija, Editor, *The Computer Engineering Handbook,* CRC Press, Boca Raton, FL, pp. 5:55–5:65, 2002.

B. Jacob. 2003. "A case for studying DRAM issues at the system level." *IEEE Micro,* 23(4), 44–56, July/Aug. 2003.

B. Jacob and S. Bhattacharyya. 2000. Real-Time Memory Management: Compile-Time Techniques and Run-Time Mechanisms that Enable the Use of Caches in Real-Time Systems, Technical Report UMIACS-TR-2000-60, University of Maryland Institute for Advanced Computer Studies (UMIACS) September 2000.

B. Jacob and S. Bhattacharyya, Editors. 2002. "Embedded systems: The memory resource." Special (and inaugural) issue of *ACM Trans. Embedded Computing Systems,* 1(1), November 2002 (continued as vol. 2, no. 1 in February 2003).

B. Jacob, P. Chen, S. Silverman, and T. Mudge. 1996. "An analytical model for designing storage hierarchies." *IEEE Trans. Computers,* 45(10), 1180–1194, Oct. 1996.

B. Jacob, P. Chen, S. Silverman, and T. Mudge. 1997. "A comment on 'An analytical model for designing memory hierarchies." *IEEE Trans. Computers,* 46(10), 1151, Oct. 1997.

B. Jacob and T. Mudge. 1996. Specification of the PUMA Memory Management Design, Technical Report CSE-TR-314-96, University of Michigan.

B. Jacob and T. Mudge. 1997. "Software-managed address translation." In Proc. Third IEEE Int. Symp. High Performance Computer Architecture (HPCA 1997), pp. 156–167, San Antonio, TX, February 1997.

B. Jacob and T. Mudge. 1998a. "A look at several memory-management units, TLB-refill mechanisms, and page table organizations." In Proc. Eighth Int. Conf. on Architectural Support for Programming Languages and Operating Systems (ASPLOS'98), pp. 295–306, San Jose, CA, 1998.

B. Jacob and T. Mudge. 1998b. "Virtual memory in contemporary microprocessors." *IEEE Micro,* 18(4), 60–75, 1998.

B. Jacob and T. Mudge. 1998c. "Virtual memory: Issues of implementation." *IEEE Computer,* 31(6), 33–43, 1998.

B. Jacob and T. Mudge. 2001. "Uniprocessor virtual memory without TLBs." *IEEE Transactions on Computers,* 50(5), 482–499, May 2001.

V. Jacobson, R. Braden, and D. Borman. 1992. TCP Extensions for High Performance—Network Working Group Request for Comments 1323. May 1992.

D. Jacobson and J. Wilkes. 1991. Disk Scheduling Algorithms Based on Rotational Position, Technical Report HPCLCSP-91-7, HP Labs, Palo Alto, CA.

R. C. Jaeger. 1975. "Comments on 'An optimized output stage for MOS integrated circuits.'" *IEEE J. Solid-State Circuits,* SC-10, 185–186, June 1975.

A. Jaleel and B. Jacob. 2001a. "In-line interrupt handling for software-managed TLBs." In Proc. 19th IEEE Int. Conf. on Computer Design (ICCD 2001), pp. 62–67, Austin, TX, September 2001.

A. Jaleel and B. Jacob. 2001b. "Improving the precise interrupt mechanism of software-managed TLB miss handlers." In *High Performance Computing, Lecture Notes in Computer Science,* 2228, 282–293, 2001; B. Monien, V. Prasanna, and S. Vajapeyam, Editors, Springer Publishing, Berlin, Germany, 2001.

A. Jaleel and B. Jacob. 2005. "Using virtual load/store queues (VLSQs) to reduce the negative effects of reordered memory instructions." In Proc. 11th IEEE Int. Symp. on High Performance Computer Architecture (HPCA 2005), pp. 191–200, San Francisco, CA, February 2005.

Aamer Jaleel, Matthew Mattina, and Bruce Jacob. 2001. "Last-level cache (LLC) performance of data-mining workloads on a CMP—A case study of parallel bioinformatics workloads." In Proc. 12th International Symposium on High Performance Computer Architecture (HPCA 2006). PP. 88–98. Austin TX, February 2006.

Aamer Jaleel and Bruce Jacob. 2006. "In-line interrupt handling and lock-up free translation lookaside buffers (TLBs)." IEEE Transactions on Computers, vol. 55, no. 5, pp. 559–574. May 2006.

J. Janzen. 2001. "Calculating memory system power for DDR SDRAM." *Micron Designline,* 10(2), 1–12, 2Q, 2001.

J. Janzen. 2004. "Calculating memory system power for DDR2." *Micron Designline*, 13(1), 1Q, 2004.

L. K. John. 2004. "More on finding a single number to indicate overall performance of a benchmark suite." *SIGARCH Computer Architectre News*, 32(1), pp. 3–8, Mar. 2004.

M. Johnson. 1991. *Superscalar Microprocessor Design*. Prentice Hall, New York, 1991.

T. L. Johnson and W.-M. W. Hwu. 1997. "Run-time adaptive cache hierarchy management via reference analysis." In Proc. 24th Ann. Int. Symp. on Computer Architecture (ISCA-24), pp. 315–326, Denver, CO, 1997.

D. Joseph and D. Grunwald. 1997. "Prefetching using Markov predictors." In Proc. 24th Int. Symp. on Computer Architecture (ISCA 1997), pp. 252–263, Denver, CO, June 1997.

N. P. Jouppi. 1990. "Improving direct-mapped cache performance by the addition of a small fully-associative cache and prefetch buffers." In Proc. 17th Ann. Int. Symp. on Computer Architecture (ISCA-17), pp. 364–373, Seattle, WA, May 1990.

N.P. Jouppi. 1993. "Cache write policies and performance." In Proc. Int. Symp. Computer Architecture (ISCA), 191–201, 1993.

T. Juan, T. Lang, and J.J. Navarro. 1997. "Reducing TLB power requirements." In Proc. 1997 IEEE Int. Symp.Low Power Electronics and Design (ISLPED'97), pp. 196–201, Monterey, CA, August 1997.

E. Jul, H. Levy, N. Hutchinson, and A. Black. 1988. "Fine-grained mobility in the Emerald system." *ACM Trans. Computer Systems*, 6(1), 109–133, 1988.

D. R. Kaeli and P. G. Emma. 1991. "Branch history table prediction of moving target branches due to subroutine returns." In Proc. 18th Ann. Int. Symp. on Computer Architecture (ISCA), 34–42, 1991.

D. Kalinsky. 1999. "A survey of task schedulers." In Embedded Systems Conf. 1999, San Jose, CA, September 1999.

H. Kalter, J. Barth, J. Dilorenzo, C. Drake, J. Fifield, W. Hovis, G. Kelley, S. Lewis, J. Nickel, C. Stapper, and J. Yankosky, 1990a. "A 50 ns 16 Mb DRAM with a 10 ns data rate." In 37th IEEE Int. Solid-State Circuits Conf. (ISSCC), pp. 232–233, San Francisco, CA, February 1990.

H. L. Kalter, C.H. Stapper, J.E. Barth, Jr., J. DiLorenzo, C.E. Drake, J.A. Fifield, G.A. Kelley, Jr., S.C. Lewis, W.B. van der Hoeven, and J.A. Yankosky. 1990b. "A 50-ns 16-Mb DRAM with a 10-ns data rate and on-chip ECC." *IEEE J. Solid-State Circuits,* 25(5), 1118–1128, Oct. 1990.

M. Kandemir, J. Ramanujam, M. J. Irwin, N. Vijaykrishnan, I. Kadayif, and A. Parikh. 2001. "Dynamic management of scratch-pad memory space." In Proc. 38th Conf. on Design Automation (DAC 2001), pp. 690–695, 2001.

G. Kane. 1996. *PA-RISC 2.0 Architecture*. Prentice Hall PTR, Upper Saddle River, NJ, 1996.

G. Kane and J. Heinrich. 1992. *MIPS RISC Architecture*. Prentice Hall, Englewood Cliffs, NJ, 1992.

C. Karabotsos. 2002. Personal communication.

M. Karlsson, F. Dahlgren, and P. Stenstrom. 2000. "A prefetching technique for irregular accesses to linked data structures." In Proc. 6th Int. Conf. on High Performance Computer Architecture (HPCA), pp. 206–217, Toulouse, France, January 2000.

K. Karplus and A. Nicolau. 1985. "Efficient hardware for multiway jumps and pre-fetches." In Proc. 18th Ann. Workshop on Microprogramming (MICRO-18), pp. 11–18, Pacific Grove, CA, December 1985.

V. Kathail, M. S. Schlansker, and B. R. Rau. 2000. HPL-PD Architecture Specification: Version 1.1, HP Laboratories Technical Report HPL-93-80(R.1), Palo Alto, CA, February 2000.

S. Kaxiras, Z. Hu, and M. Martonosi. 2001. "Cache decay: Exploiting generational behavior to reduce cache leakage power." In Proc. 28th Int. Symp. on Computer Architecture (ISCA-28), pp. 240–251, Göteborg, Sweden, June 2001.

K. Keeton et al. 1998. "Performance characterization of a quad Pentium Pro SMP using OLTP workloads." In Proc. Int. Symp. Computer Architecture (ISCA), 25, June 1998, pp. 15–26.

P. Keleher, A. L. Cox, and W. Zwaenepoel. 1992. "Lazy release consistency for software distributed shared memory." In Proc. 19th Ann. Int. Symp. on Computer Architecture (ISCA), pp. 13–21, May 1992.

P. Keleher, S. Dwarkadas, A. Cox, and W. Zwaenepoel. 1994. "TreadMarks: Distributed shared memory on standard workstations and operating systems." In Proc. 1994 Winter Usenix Conf., pp. 115–131, January 1994.

M. Kellogg. 2002. Personal communication.

C. N. Keltcher. 2002. "The AMD Hammer Processor Core." Presentation given at HotChips 14. August 2002.

R. E. Kessler and M. D. Hill. 1992. "Page placement algorithms for large real-indexed caches." *ACM Trans. Comput. Syst*, 10(4), 338–359, Nov. 1992.

Y. A. Khalidi, M. Talluri, M. N. Nelson, and D. Williams. 1993. "Virtual memory support for multiple page sizes." In Proc. Fourth Workshop on Workstation Operating Systems, 1993.

Y. A. Khalidi and M. Talluri. 1995. Improving the Address Translation Performance of Widely Shared Pages, Technical Report SMLI TR-95-38, Sun Microsystems.

T. Kilburn, D. B. G. Edwards, M. J. Lanigan, and F. H. Sumner. 1962. "One-level storage system." *IRE Trans. Electronic Computers,* EC-11(2), 223–235, April 1962.

M. V. Kim. 1986. "Synchronized disk interleaving." *IEEE Trans. Computers*, C-35 (11), 978–988, November 1986.

C. Kim, D. Burger, and S.W. Keckler. 2002. "An adaptive, non-uniform cache structure for wire-delay dominated on-chip caches." In Proc. Int. Conf. Architectural Support for Programming Languages and Operating Systems (ASPLOS-10), pp. 211–222, San Jose, CA, December 2002.

N. S. Kim et al. 2004a. "Circuit and microarchitectural techniques for reducing cache leakage power." *IEEE J. Solid-State Circuits,* 12(2), 167–184, Feb. 2004.

Y. I. Kim, K. H. Yang, and W. S. Lee. 2004b. "Thermal degradation of DRAM retention time: Characterization and improving techniques." In Proc. 42nd Ann. Int. Reliability Physics Symposium, pp. 667–668, 2004.

N. S. Kim et al. 2004c. "Circuit and microarchitectural techniques for reducing cache leakage power." *IEEE J. Solid-State Circuits,* 12(2), 167–184, Feb. 2004.

J. Kin, M. Gupta and W. Mangione-Smith. 1997. "The filter cache: An energy efficient memory structure." In Proc. 30th Ann. Int. Symp. on Microarchitecture (MICRO'97), pp. 184–193, Research Triangle Park, NC, December 1997.

J. Kin, M. Gupta, and W. H. Mangione-Smith. 2000. "Filtering memory references to increase energy efficiency." *IEEE Trans. Computers,* 49(1), 1–15, Jan. 2000.

D. B. Kirk. 1989. "SMART (strategic memory allocation for real-time) cache design." In Proc. IEEE Symp. on Real-Time Systems (RTSS), pp. 229–237, December 1989.

A. C. Klaiber and H. M. Levy. 1991. "An architecture for software-controlled data prefetching." In Proc. 18th Int. Symp. on Computer Architecture (ISCA), pp. 43–53, Toronto, Canada, May 1991.

L. Kleinrock. 1975. *Queueing Systems Volume 1: Theory.* John Wiley & Sons, Hoboken, NJ, 1975.

J. Knight. 1976. "CASHEW—A proposed permanent data storage system." Computer Center Report, Lawrence Berkeley Laboratory, May 1976.

D. E. Knuth. 1963. "Computer-drawn flowcharts." *Commun. ACM,* 6(9), 555–563, Sep. 1963.

D. E. Knuth. 1973. *The Art of Computer Programming—Volume 3 (Sorting and Searching).* Addison-Wesley, Reading, MA, 1973.

U. Ko, P. T. Balsara, and A. K. Nanda. 1998. "Energy optimization of multilevel cache architectures for RISC and CISC processors." *IEEE Trans. Very Large Scale Integr. Syst,* 6(2), 299–308, June 1998.

P. Kohout, B. Ganesh, and B. Jacob. 2003. "Hardware support for real-time operating systems." In Proc. First IEEE/ACM/IFIP Int. Conf. on Hardware/Software Codesign and System Synthesis (CODES+ISSS 2003), pp. 45–51, Newport Beach, CA, October 2003.

K. Korner. 1990. "Intelligent caching for remote file service." In Proc. Tenth Int. Conf. on Distributed Computer Systems, pp. 220–226, IEEE Press, New York, 1990.

D. F. Kotz and C. S. Ellis. 1990. "Prefetching in file systems for MIMD multiprocessors." *IEEE Trans. Parallel Distributing Syst.* 1(2), 218–230. Apr. 1990.

D. Koufaty and J. Torrellas. 1998. "Comparing data forwarding and prefetching for communication-induced misses in shared-memory MPs." In Int. Conf. on Supercomputing, pp. 53–60, July 1998.

C. Kozyrakis, S. Perissakis, D. Patterson, T. Anderson, K. Asanovic, N. Cardwell, R. Fromm, J. Golbus, B. Gribstad, K. Keeton, R. Thomas, N. Treuhaft, and K. Yelick. 1997. "Scalable processors in the billion-transistor era: IRAM." *IEEE Computer,* 30(9), 75–78, Sept. 1997.

T. M. Kroeger and D. D. E. Long. 1996. "Predicting file system actions from prior events." In Proc. USENIX 1996 Technical Conference, pp. 319–328, San Diego, CA, January 1996.

D. Kroft. 1981. "Lockup-free instruction fetch/prefetch cache organization." In Proc. 8th Int. Symp. on Computer Architecture (ISCA), pp. 81–87, May 1981.

A. Kumar. 1996. "The HP PA-8000 RISC CPU: A high performance out-of-order processor." In Hot Chips 8: A Symp. on High-Performance Chips, Stanford, CA. http://infopad.eecs.berkeley.edu/HotChips8/.

J. J. Labrosse. 1999. *MicroC/OS-II: The Real-Time Kernel.* R&D Books (Miller Freeman, Inc.), Lawrence, KS, 1999.

A. Lai, C. Fide, and B. Falsafi. 2001. "Dead-block prediction and dead-block correlating prefetchers." In The 28th Int. Symp. on Computer Architecture (ISCA), pp. 144–154, June 2001.

L. Lamport. 1979. "How to make a multiprocessor computer that correctly executes multiprocess programs." *IEEE Trans. Computers,* C-28(9), 690–691, 1979.

D. Landskov, S. Davidson, B. Shriver, and P. W. Mallett. 1980. "Local microcode compaction techniques." *ACM Computing Surveys,* 12(3), 261–294. Sept. 1980.

P. Lapsley, J. Bier, A. Shoham, and E. A. Lee. 1994. *DSP Processor Fundamentals: Architectures and Features.* Berkeley Design Technology, Inc., Berkeley, CA, 1994.

P. Lapsley, J. Bier, A. Shoham, and E. A. Lee. 1997. *DSP Processor Fundamentals.* IEEE Press, Piscataway, NJ, 1997.

E. Larson and T. Austin. 2000. "Compiler controlled value prediction using branch predictor based confidence." In Proc. 33th Ann. Int. Symp. on Microarchitecture (MICRO-33), IEEE Computer Soc., Los Alamitos, CA, December 2000.

E. Larson, S. Chatterjee, and T. Austin. 2001. "The MASE Microarchitecture Simulation Environment" 2001 IEEE Int. Symp. Performance Analysis of Systems and Software (ISPASS-2001), June 2001.

T. Laskodi, B. Eifrig, and J. Gait. 1988. "A UNIX file system for a write-once optical disk." In Proc. Summer 1988 USENIX Conf., pp. 51–60, June 1988.

LCTES Panel. 2003. "Compilation challenges for network processors." Industrial Panel, ACM Conf. Languages, Compilers and Tools for Embedded Systems (LCTES), June 2003.

F. F. Lee. 1960. "Study of 'look aside' memory." *IEEE Trans. Computers,* 18(11), 1062–1064, Nov. 1960.

J. Lee and A. J. Smith. 1984. "Branch prediction strategies and branch target buffer design." *IEEE Computer,* 17(1), 6–22, Jan. 1984.

E. A. Lee and D. G. Messerschmitt. 1987. "Synchronous dataflow." *Proc. IEEE,* 75(9), 1235–1245, 1987.

C. C. Lee, I. C. Chen, and T. Mudge. 1997a. "The bi-mode branch predictor." In Proc. 30th Ann. Int. Symp. on Microarchitecture (MICRO-30), pp. 4–13, Research Triangle Park, NC, December 1997.

C. Lee, M. Potkonjak, and W. Mangione-Smith. 1997b. "MediaBench: A tool for evaluating and synthesizing multimedia and communications systems." In Proc. 30th Ann. Int. Symp. on Microarchitecture (MICRO'97), pp. 330–335, Research Triangle Park, NC, December 1997.

H.-H. Lee and G. Tyson. 2000. "Region-based caching: An energy-delay efficient memory architecture for embedded processors." In Proc. Int. Conf. on Compilers, Architectures, and Synthesis for Embedded Systems (CASES 2000), pp. 120–127, San Jose, CA, November 2000.

T. Lee. 2002. Personal communication.

S. J. Leffler, M. K. McKusick, M. J. Karels, and J. S. Quarterman. 1989. *The Design and Implementation of the 4.3BSD UNIX Operating System.* Addison-Wesley, Reading, MA, 1989.

C. Lefurgy, P. Bird, I.-C. Chen, and T. Mudge. 1997. "Improving code density using compression techniques." In Proc. 30th Ann. Int. Symp. on Microarchitecture (MICRO 1997), pp. 194–203, Research Triangle Park, NC, December 1997.

K. Li and P. Hudak. 1986. "Memory coherence in shared virtual memory systems." In Proc. Fifth Ann. ACM Symp. on Principles of Distributed Computing, Calgary, Alberta, Canada, August 11–13, 1986.

K. Li and P. Hudak. 1989. "Memory coherence in shared virtual memory systems." *ACM Trans. Comput. Syst.,* 7(4), 321–359, Nov. 1989.

Y. Li, M. Potkonjak, and W. Wolf. 1997. "Real-time operating systems for embedded computing." In Int. Conf. on Computer Design (ICCD), Austin, TX, October 1997.

J. Liedtke. 1993. "Improving IPC by kernel design." In Proc. Fourteenth ACM Symp. on Operating Systems Principles (SOSP-14), pp. 175–187, 1993.

J. Liedtke. 1995a. "Address space sparsity and fine granularity." *ACM Operating Systems Rev.*, 29(1), 87–90, 1995.

J. Liedtke. 1995b. "On micro-kernel construction." In Proc. Fifteenth ACM Symp. on Operating Systems Principles (SOSP-15), 1995.

J. Liedtke and K. Elphinstone. 1996. "Guarded page tables on MIPS R4600." *ACM Operating Systems Rev.*, 30(1), 4–15, 1996.

C. Liema, F. Nacabal, C. Valderrama, P. Paulin, and A. Jerraya. 1997. "System-on-a-chip cosimulation and compilation." *IEEE Design Test Computers*, 14(2), 16–25, April–June 1997.

W. Lin, S. Reinhardt, and D. Burger. 2001. "Reducing DRAM latencies with an integrated memory hierarchy design." In Proc. 7th Int. Symp. on High-Performance Computer Architecture (HPCA), January 2001.

F. J. List. 1986. The Static Noise Margin of SRAM Cells, ESSCIRC Dig. Tech. Papers, Sept. 1986, pp. 16–18, 1986.

J. W. S. Liu. 2000. *Real-Time Systems.* Prentice Hall, Upper Saddle River, NJ, 2000.

J. Lohstroh, E.Seevinck, and J. de Groot. 1983. "Worst-case static noise margin criteria for logic circuits and their mathematical equivalence." *IEEE J. Solid-State Circuits,* SC-18(6), 803–807, Dec. 1983.

T. C. Lowe. 1968. "The influence of data base characteristics and usage on direct access file organization." *J. ACM*, 15(4), 535–548, Oct. 1968.

T. C. Lowe. 1969. "Analysis of Boolean program models for time-shared, paged environments." *Commun. ACM,* 12(4), 199–205, April 1969.

T. C. Lowe. 1970. "Automatic segmentation of cyclic program structures based on connectivity and processor timing." *Commun. ACM,* 13(1), 3–6, Jan. 1970.

E. S. Lowry and C. W. Medlock. 1969. "Object code optimization." *Commun. ACM*, 12(1), 13–22, Jan. 1969.

C.-K. Luk and T. C. Mowry. 1996. "Compiler-based prefetching for recursive data structures." In Proc. Seventh Int. Conf. on Architectural Support for Programming Languages and Operating Systems (ASPLOS), pp. 222–233, Cambridge, MA, October 1996.

C.-K. Luk and T. C. Mowry. 1998. "Cooperative instruction prefetching in modern processors." In Proc. 31st Ann. ACM/IEEE Int. Symp. on Microarchitecture (MICRO), pp. 182–194, November 30–December 2, 1998.

A. Luotonen and K. Altis. 1994. "World-wide Web proxies." *Computer Networks ISDN Systems*, 27(2), 147–154, November 1994.

J. E. MacDonald and K. L. Sigworth. 1975. "Storage hierarchy optimization procedure." *IBM J. Res.* Dev., 133–140, March 1975.

J. Macri. 2002. Personal communication.

K. Mai et al. 1998. "Low-power SRAM design using half-swing pulse-mode techniques." *IEEE J. Solid-State Circuits*, 33(11), 1659–1670, November 1998.

A. Malik, B. Moyer, and D. Cermak. 2000. "A low power unified cache architecture providing power and performance flexibility." In Proc. Int. Symp. on Low Power Electronics and Design (ISLPED), pp. 241–243, Rapallo, Italy, June 2000.

M. Mamidipaka and N. Dutt. 2004. eCACTI: An Enchanced Power Estimation Model for On-Chip Caches, Center for Embedded Computer Systems, Technical Report TR 04-28, Oct. 2004.

A. A. Mamun, G. Guo, and B. Chao. 2006. *Hard Disk Drive.* CRC Press, Boca Raton, FL, 2006.

B. A. Marron and P. A. de Maine. 1967. "Automatic data compression." *Commun. ACM*, 10(11), 711–715, Nov. 1967.

R. E. Matick and S. E. Schuster. 2005. "Logic-based eDRAM: Origins and rationale for use." *IBM J. Res. Dev.*, 49(1), 145–165, 2005.

Matlab 6.1. 2001. The Math Works, Inc., 2001. http://www.mathworks.com/products/matlab/.

R. L. Mattson, J. Gecsei, D. R. Slutz, and I. L. Traiger. 1970. "Evaluation techniques for storage hierarchies." *IBM Syst. J.*, 9(2), 78–117, 1970.

R. Mattson and S. Ng. 1992. "Maintaining good performance in disk arrays during failure via uniform parity group distribution."

In Proc. 1st Int. Symp. on High Performance Distributed Commputing,
pp. 260–269, Syracuse, NY, 1992.

R. L. Mattson and S. Ng. 1993. Method and Means for Managing DASD Array Accesses when Operating in Degraded Mode. US Patent No. 5265098. U.S. Patent and Trademark Office.

T. May and M. Woods. 1978. "A new physical mechanism for soft errors in dynamic memories." In Proc. Sixteenth Int. Reliability Physical Symp., April 1978.

C. May, E. Silha, R. Simpson, and H. Warren, Editors. 1994. *The PowerPC Architecture: A Specification for a New Family of RISC Processors*. Morgan Kaufmann, San Francisco, CA, 1994.

J. McCalpin. 2000. "An industry perspective on performance characterization: Applications vs benchmarks." Keynote address at Third Ann. IEEE Workshop on Workload Characterization, Austin TX, September 16, 2000.

J. McCalpin. STREAM: Sustainable Bandwidth in High Performance Computers. http://www.cs.virginia.edu/stream/.

J. McCarthy. 1960. "Recursive functions of symbolic expressions and their computation by machine, Part I." *Commun. ACM*, 3(4), 184–195, Apr. 1960.

S. McFarling. 1989. "Program optimization for instruction caches." In Proc. Third Int. Conf. on Architectural Support for Programming Languages and Operating Systems (ASPLOS-1989), pp. 183–191, 1989.

S. McFarling. 1991. Cache Replacement with Dynamic Exclusion, WRL Technical Note TN-22, Digital Western Research Laboratory, November 1991. (Note: later published in ISCA, see McFarling [1992].)

S. McFarling. 1992. "Cache replacement with dynamic exclusion." In Proc. 19th Ann. Int. Symp. on Computer Architecture (ISCA '92), pp. 191–200, Queensland, Australia, May 19–21, 1992, ACM Press, New York, 1992. DOI= http://doi.acm.org/10.1145/139669.139727.

S. McKee. 1994. Dynamic Access Ordering: Bounds on Memory Bandwidth, Technical Report CS-94-38, University of Virginia, October 1994.

S. A. McKee and W. A. Wulf. 1995. "Access ordering and memory-conscious cache utilization." In Proc. Int. Symp. on High Performance Computer Architecture (HPCA'95), pp. 253–262, Raleigh, NC, January 1995.

S. McKee et al. 1996a. "Design and evaluation of dynamic access ordering hardware." In Proc. Int. Conf. on Supercomputing, May 1996.

S. McKee, A. Aluwihare, B. Clark, R. Klenke, T. Landon, C. Oliver, M. Salinas, A. Szymkowiak, K. Wright, W. Wulf, and J. Aylor. 1996b. "Design and evaluation of dynamic access ordering hardware." In Proc. Int. Conf. on Supercomputing, Philadelphia, PA, May 1996.

W. McKee et al. 1996c. "Cosmic ray neutron induced upsets as a major contributor to the soft error rate of current and future generation DRAMs." In Proc. Int. Reliability Physical Symp., 1996.

Mcore. 1997. M-CORE Reference Manual. Motorola Literature Distribution, Denver, CO, 1997.

Mcore. 1998. M-CORE MMC2001 Reference Manual. Motorola Literature Distribution, Denver, CO, 1998.

C. D. Mee and E. D. Daniel, Editors. 1996. *Magnetic Recording Technology*. McGraw-Hill, New York, 1996.

J. Mellor-Crummey, D. Whalley, and K. Kennedy. 1999. "Improving memory hierarchy performance for irregular applications." In Proc. 13th Int. Conf. on Supercomputing (ICS '99), pp. 425–433, Rhodes, Greece, June 20–25, 1999, ACM Press, New York, 1999.

S. W. Melvin, M. C. Shebanow, and Y. N. Patt. 1988. "Hardware support for large atomic units in dynamically scheduled machines." In Proc. 21st Ann. Int. Symp. on Microarchitecture (MICRO-21),
pp. 60–63, San Diego, CA, November 1988.

J. M. Menon, R. L. Mattson, and S. Ng. 1993. Method and Means for Distributed Sparing in DASD Arrays. US Patent No. 5258984. U.S. Patent and Trademark Office.

M. Mesnier, G. R. Ganger, and E. Riedel. 2003. "Object-based storage." *IEEE Commun.* Magazine, 41(8), 84–90, 2003.

Micron. 1995. 1 Gbit DDR2 SDRAM Device Datasheet, Micron Inc.

Micron. 2005. *240-Pin 512MB/1GB/2GB DDR2 SDRAM FBDIMM (DR FB x72) Features*, April 2005.

Micron. 2006. *1Gb: x4,x8,x16 DDR SDRAM Features*, January 2006.

M. A. Milne. 1971. "CLUSTR: A program for structuring design problems." In Proc. 8th Workshop on Design Automation (DAC '71), Atlantic City, New Jersey, United States, June 28–30, 1971, 242–249, ACM Press, New York, 1971.

O. Minato et al. 1987. "A 42 ns 1Mb CMOS SRAM." *ISSCC Dig. Tech. Papers,* Feb., 260–261, 1987.

J. Mitchell, J. Gibbons, G. Hamilton, P. Kessler, Y. Khalidi, P. Kougiouris, P. Madany, M. Nelson, M. Powell, and S. Radia. 1994. "An overview of the Spring system." In Proc. IEEE Compcon, 1994.

N. Mitchell, L. Carter, and J. Ferrante. 1999. "Localizing non-affine array references." In Proc. Int. Conf. on Parallel Architectures and Compilation Techniques, Newport Beach, LA, October 1999.

O. Mock and C. J. Swift. 1959. "The Share 709 system: Programmed input-output buffering." *J. ACM (JACM)*, 6(2), 145–151, April 1959.

J. C. Mogul. 1996. "Hinted caching in the Web." In Proc. Seventh ACM SIGOPS European Workshop, pp. 103–108, Connemara, Ireland, September 1996.

J. Montanaro et al. 1996. "A 160-MHz, 32-b, 0.5-W CMOS RISC microprocessor." *JSSC,* 31(11), 1703–1714, Nov. 1996.

Y. Mori, R.-I. Yamada, S. Kamohara, M. Moniwa, K. Ohyu, and T. Yamanaka. 2001. "A new method for predicting distribution of DRAM retention time." In Proc. 39th Ann. Int. Reliability Physics Symposium, pp. 7–11, 2001.

Y. Mori, K. Ohyu, K. Okonogi, and R.-I. Yamada. 2005. "The origins of variable retention time in DRAM." In Int. Electron Devices Meeting Technical Digest, pp. 1057–1060, 2005.

C. A. Moritz, M. Frank, and S. Amarasinghe. 2000. "FlexCache: A framework for flexible compiler generated data caching." In The 2nd Workshop on Intelligent Memory Systems, Boston, MA, November 12, 2000.

J. E. B. Moss. 1992. "Working with persistent objects: To swizzle or not to swizzle." *IEEE Trans. Software Eng.*, 18(8), 657–673, Aug. 1992.

Motorola/Freescale. 2002a. Coldfire MCF5206E 32-bit CPU. Motorola/Freescale, Revised 2002. http://www.freescale.com/files/dsp/doc/fact sheet/CFPRODFACT.pdf.

Motorola/Freescale. 2002b. MPC500 32-bit MCU Family. Motorola/Freescale, Revised July 2002. http://www.freescale.com/files/-microcontrollers/doc/fact sheet/MPC500FACT.pdf.

Motorola/Freescale. 2003. Dragonball MC68SZ328 32-bit Embedded CPU. Motorola/Freescale, Revised April 2003. http://www.freescale.com/files/32bit/doc/fact sheet/MC68SZ328FS.pdf.

M. Moudgill and S. Vassiliadis. 1996. "Precise interrupts." *IEEE Micro,* 16(1), 58–67, Feb. 1996.

T. Mowry and A. Gupta. 1991. "Tolerating latency through software-controlled prefetching in shared-memory multiprocessors." *J. Parallel Distributed Computing*, 12(2), 87–106, June 1991.

T. Mowry, M. Lam, and A. Gupta. 1992. "Design and evaluation of a compiler algorithm for prefetching." In Proc. 5th Int. Conf. on Architectural Support for Programming Languages and Operating Systems (ASPLOS-V), pp. 62–73, Boston, MA, October 1992.

T. C. Mowry. 1994. Tolerating Latency Through Software-Controlled Data Prefetching, PhD Thesis. Technical report, Stanford University, Stanford, CA, March 1994.

T. Mowry. 1998. "Tolerating latency in multiprocessors through compiler-inserted prefetching." *Trans. Comput. Syst.*, 16(1), 55–92, Feb. 1998.

F. Mueller. 1995. "Compiler support for software-based cache partitioning." In Proc. ACMSIGPLAN 1995 Workshop on Languages, compilers, & Tools for Real-Time Systems, pp. 125–133, ACM Press, New York, 1995.

J. M. Mulder, N. T. Quach, and M. J. Flynn. 1991. "An area model for on-chip memories and its application." *IEEE J. Solid-State Circuits,* 26(2), 98–106, 1991.

J. E. Mulford and R. K. Ridall. 1971. "Data compression techniques for economic processing of large commercial files." In Proc. 1971 Int. ACM SIGIR Conf. on Information Storage and Retrieval (SIGIR '71), pp. 207–215, College Park, Maryland, April 01–02, 1971, ACM Press, New York, 1971.

R. B. Mulvany and L. H. Thompson. 1981. "Innovations in disk file manufacturing." *IBM J.* Res. Dev., 25(5), 663–675, 1981.

C. D. Murta, V. Almeida, and W. Meira, Jr. 1998. "Analyzing performance of partitioned caches for the WWW." Proc. 3rd Int. WWW Caching Workshop, June 1998.

D. Nagle. 1995. Personal communication.

D. Nagle, R. Uhlig, T. Stanley, S. Sechrest, T. Mudge, and R. Brown. 1993. "Design tradeoffs for software-managed TLBs." In Proc. 20th Ann. Int. Symp. on Computer Architecture (ISCA-20), 1993.

D. Nagle, R. Uhlig, T. Mudge, and S. Sechrest. 1994. "Optimal allocation of on-chip memory for multiple-API operating systems." In Proc. 21st Ann. Int. Symp. on Computer Architecture (ISCA-1994), pp. 358–369, 1994.

R. Nair. xprof/xtrace —An RS/6000 Xwindows-Based Tracing and Profiling Package, Technical report, IBM T. J. Watson Research Lab.

R. Nair. 1996. "Profiling IBM RS/6000 applications." *Int. J. Computer Simulation*, 6(1), 101–112, 1996.

R. Nair and M. E. Hopkins. 1997. "Exploiting instruction level parallelism in processors by caching scheduled groups." In Proc. 24th Ann. Int. Symp. on Computer Architecture (ISCA-24), pp. 13–25, Denver, CO, 1997.

K. Nakamura. 1997. "A 500-MHz 4-Mb CMOS pipeline-burst cache SRAM with point-to-point noise reduction coding I/O." *IEEE J. Solid-State Circuits,* 32(11), 1758–1765, Nov. 1997.

H. Nambu et al. 1998a. "A 1.8-ns access, 550MHz, 4.5-Mb CMOS SRAM." *IEEE J. Solid-State Circuits,* 33(11), 1650–1658, Nov. 1998.

H. Nambu et al. 1998b. "A 1.8 ns access, 550 MHz 4.5 Mb CMOS SRAM." In 1998 IEEE Int. Solid State Circuits Conf. Dig. *Tech. Papers,* pp. 360–361, 1998.

C. Natarajan, B. Christenson, and F. Briggs. 2004. "A study of performance impact of memory controller features in multi-processor server environment." In Proc. 3rd Workshop on Memory Performance Issues (WMPI-2004), 2004.

B. Nayfeh et al. 1996a. "Evaluation of design alternatives for a multiprocessor microprocessor." Int. Symp. on Computer Architecture (ISCA-23), pp. 67–77, May 1996.

B. A. Nayfeh et al. 1996b. "The impact of shared-cache clustering in small-scale shared-memory multiprocessors." Int. Symp. High Performance Computer Architecture (HPCA-2), pp. 74–84, February 1996.

M. Nelson, B. Welch, and J. Ousterhout. 1988. "Caching in the Sprite Network File System." *ACM Trans. Comput. Syst.*, 6(1), 134–154, Feb. 1988.

S. Ng. 2006. Personal communication.

S. Ng. 1986. "Reliability and availability of duplex systems: Some simple models." *IEEE Trans. Reliability, R-*, 35(3), 295–300, 1986.

S. Ng. 1987. "Reliability availability and performance analysis of duplex disks systems." In Proc. IASTED Int. Symp. on Reliability and Control, pp. 5–9, Paris, France, 1987.

S. Ng. 1989. "Some design issues of disk arrays." In CompCon Spring89, pp. 137–142, San Francisco, CA, 1989.

R. Ng, C. Faloutsos, and T. Sellis. 1991. "Flexible buffer allocation based on marginal gains." In Proc. 1991 ACM SIGMOD Int. Conf. on Management of Data (SIGMOD '91), pp. 387–396, Denver, Colorado, United States, May 29–31, 1991, J. Clifford and R. King, Eds., ACM Press, New York, 1991.

S. Ng. 1991. "Improving disk performance via latency reduction." *IEEE Trans. Computers,* 40(1), 22–30, 1991.

S. Ng. 1994a. "Crosshatch disk array for improved reliability and performance." In Proc. 21st Int. Symp. on Computer Architecture (ISCA), pp. 255–264, Chicago, IL, 1994.

S. Ng. 1994b. Method and Means for Optimally Accessing Data Residing on Dual Actuator DASDs. US Patent No. 5341351. U.S. Patent and Trademark Office.

S. Ng. 1994c. "Sparing for redundant disk arrays." *Distributed Parallel Databases,* 2(2), 133–149, 1994.

S. Ng. 1995. Two-Dimensional Disk Array. US Patent No. 5412661. U.S. Patent and Trademark Office.

S. Ng. 1998. "Advances in disk technology: Performance issues." *Computers,* pp. 75–81, 1998.

S. Ng. 1999. System for Handling Missed Revolution in a Disk Drive by Aborting the Execution of Primary Command and Executing Secondary Command if a Missed Revolution Occurs. US Patent No. 5991825. U.S. Patent and Trademark Office.

S. Ng. 2001a. Method of System for Determining the Data Layout Geometry of a Disk Drive. US Patent No. 6237070. U.S. Patent and Trademark Office.

S. Ng. 2001b. Method of System for Determining the Data Layout Geometry of a Disk Drive. US Patent No. 6253279. U.S. Patent and Trademark Office.

S. Ng. and R. Mattson. 1994. "Uniform parity group distribution in disk arrays with multiple failures." *IEEE Trans. Computers,* 43(4), 501–506, 1994.

S. Ng. 2006. Personal communcation.

A. Nicolau. 1989. "Run-time disambiguation: Coping with statically unpredictable dependencies." *IEEE Trans. Computers,* 38(5), 663–678, 1989.

J. Nievergelt. 1965. "On the automatic simplification of computer programs." *Commun. ACM,* 8(6), 366–370, June 1965.

K. Noda et al. 1998. "A 1.9 um2 loadless CMOS four-transistor SRAM cell in a 0.18um2 logic technology." *IEDM Tech. Dig.,* 847–850, 1998.

Y. Nunomura et al. 1997. "M32R/D—Integrating DRAM and microprocessor." *IEEE Micro,* 17(6), 40–48, Nov. 1997.

NVIDIA. Technical Brief: NVIDIA nForce Integrated Graphics Processor (IGP) and Dynamic Adaptive Speculative Pre-Processor (DASP). http://www.nvidia.com/.

E. I. Organick. 1972. *The Multics System: An Examination of Its Structure.* The MIT Press, Cambridge, MA, 1972.

K. Osada et al. 2001. "Universal-Vdd 0.65-2.0V 32-kB cache using a voltage-adapted timing-generation scheme and a lithographically symmetrical cell." *IEEE J. Solid-State Circuits,* 36(111), 1738–1744, Nov. 2001.

R. Oswald. 1974. "Design of a disk file head-positioning servo." *IBM J. Res. Dev.,* 18, 506–512, 1974.

N. K. Ouchi. 1978. System for Recovering Data Stored in Failed Memory Unit. US Patent No. 4092732. U.S. Patent and Trademark Office.

A. O'Donnell. 2002. Personal communication.

C. W. Padgett and F. L. Newman. 1974. Memory Clocking System. US Patent Number 3,943,496. U.S. Patent and Trademark office, Submitted on September 9, 1974.

V. N. Padmanabhan and J. C. Mogul. 1996. "Using predictive prefetching to improve World Wide Web latency." *Computer Commun. Rev.,* 26(3), 22–39, July 1996.

S. Palacharla and R. Kessler. 1994. "Evaluating Stream Buffers as a Secondary Cache Replacement." In The 21st Int. Symp. on Computer Architecture (ISCA), pp. 24–33, April 1994.

S. Palacharla, N. P. Jouppi, and J. E. Smith. 1996. Quantifying the complexity of superscalar processors, Technical Report CS-TR-96-1328, university of Wisconsin, Madison November 19, 1996.

P. R. Panda, N. D. Dutt, and A. Nicolau. 2000. "On-chip vs. off-chip memory: The data partitioning problemin embedded processor-based systems." *ACM Trans. Design Automation Electronic Systems,* 5(3), July 2000.

H. C. Park et al. 1998. "A 833-Mb/s 2.5-V 4-Mb double-date-rate SRAM," In 1998 IEEE Int. Solid State Circuits Conf. Dig. Tech. Papers, pp. 356–357, 1998.

Y. Park and B. Goldberg. 1992. "Escape analysis on lists." In Proc. ACM SIGPLAN1992 Conf. on Programming Language Design and Implementation (PLDI), pp. 116–127, ACM Press, New York, 1992.

D. Patterson, G. Gibson, and R. H. Katz. 1988. "A case for redundant arrays of inexpensive disks (RAID)." In Proc. ACM SIGMOD Conf. pp. 109–116, Chicago, IL, 1988.

R. H. Patterson, G. Gibson, E. Ginting, D. Stodolsky, and J. Zelenka. 1995. "Informed prefetching and caching." In Proc. 15th Symp. on Operating Systems Principles (SOSP), pp. 79–95, Copper Mountain, CO, December, 1995.

M. Pechura. 1982. "File archival techniques using data compression." *Commun. ACM,* 25(9), 605–609, Sept. 1982.

M. Peckerar, R. Fulton, P. Blaise, and D. Brown. 1979. "Radiation effects in MOS devices caused by X-ray and e-beam lithography," *J. Vacuum Science Technology,* 16(6), 1658–1661, November–December 1979.

M. C. Peckerar, C. M. Dozier, D. B. Brown, and D. Patterson. 1982. "Radiation effects introduced by X-ray lithography in MOS devices." *IEEE Trans. Nuclear Science,* 29(6), 1697–1701, Dec. 1982.

A. Peleg and U. Weiser. 1995. Dynamic Flow Instruction Cache Memory Organized around Trace Segments Independent of Virtual Address Line. US Patent No. 5,381,533, U.S. Patent Office.

T. Pering and R. Broderson. 1998. "The simulation and evaluation of dynamic voltage scaling algorithms." In Proc. Int. Symp. on Low-Power Electronics and Design (ISLPED'98), June 1998.

T. Pering, T. Burd, and R. Brodersen. 1998. "Dynamic voltage scaling and the design of a low-power microprocessor system." In Power Driven Microarchitecture Workshop, attached to ISCA98, 1998.

T. Pering, T. Burd, and R. Broderson. 2000."Voltage scheduling in the lpARM microprocessor system." In Proc. Int. Symp. on Low-Power Electronics and Design (ISLPED'00), pp. 96–101, July 2000.

K. Pettis and R. C. Hansen. 1990. "Profile guided code positioning." In Proc. ACM SIGPLAN 1990 Conf. on Programming Language Design and Implementation (PLDI '90), pp. 16–27; White Plains, New York, ACM Press, New York, 1990.

P. J. Fleming and J. J. Wallace. 1986. "How not to lie with statistics: The correct way to summarize benchmark results." *CACM*, 29(3), 218–221, March 1986.

J. E. Pierce. 1995. "Cache behavior in the presence of speculative execution: the benefits of misprediction." Doctoral Thesis. The University of Michigan.

J. Pierce and T. Mudge. 1996. "Wrong-path instruction prefetching." In Proc. 29th Ann. ACM/IEEE Int. Symp. on Microarchitecture Paris, France, December 02–04, 1996, pp. 165–175, Int. Symp. on Microarchitecture (MICRO), IEEE Computer Society, Washington, DC, 1996.

E. Pinheiro, W.-D. Weber, and L. A. Barroso. 2007. "Failure trends in a large disk-drive population." In Proc. Fifth USENIX Conf. on File and Storage Technoligies (FAST 2007), San Jose, CA, February 2007.

A. R. Pleszkun, J. R. Goodman, W.-C. Hsu, R. T. Joersz, G. Bier, P. Woest, and P. B. Schechter. 1987. "WISQ: A restartable architecture using queues." In Proc. 14th Ann. Int. Symp. on Computer Architecture (ISCA-14), 1987.

S. Podlipnig and L. Böszörményi. 2003. "A survey of Web cache replacement strategies." *ACM Computing Surveys,* 35(4), 374–398, 2003.

F. J. Pollack, K. C. Kahn, and R. M. Wilkinson. 1981. "The iMAX-432 object filing system." In Proc. Eighth ACM Symp. on Operating Systems Principles (SOSP '81), pp. 137–147, Pacific Grove, CA, December 14–16, 1981, ACM Press, New York, 1981.

J. Pomerene, T. Puzak, R. Rechtschaffen, and F. Sparacio. 1989. Prefetching System for a Cache Having a Second Directory for Sequentially Accessed Blocks. US Patent 4,807,110. U.S. Patent office, February 1989, filed April 1984.

M. A. Postiff and T. Mudge. 1999. Smart Register Files for High-Performance Microprocessors, Technical Report no. CSE-TR-403-99, University of Michigan.

J. Poulton. 1999. "Signaling in High Performance Memory Systems," Tutorial presented at ISSCC, San Francisco, CA, February 1999.

M. Powell et al. 2000. "Gated-Vdd: A circuit technique to reduce leakage in deep-submicron cache memories," in Proc. IEEE/ACM Int. Symp. on Low Power Electronics and Design (ISLPED), pp. 90–95, 2000.

F. Prein. 2002. Personal communication.

D. Pricer. 2002. Personal communication.

B. Prince. 1997. *Semiconductor Memories, 2nd Ed.* John Wiley & Sons Ltd., New York, 1997.

B. Prince. 1999. *High Performance Memories.* John Wiley & Sons Ltd., New York, 1999.

B. Prince. 2000. *High Performance Memories.* John Wiley & Sons, West Sussex, England, 2000.

S. Przybylski. 1990. *Cache and Memory Hierarchy Design: A Performance-Directed Approach.* Morgan Kaufmann, San Mateo, CA, 1990.

S. Przybylski. 1996. *New DRAM Technologies: A Comprehensive Analysis of the New Architectures.* MicroDesign Resources, Sebastopol, CA, 1996.

PTM. 2006. Predictive technology model. http://www.eas.asu.edu/~ptm

W. Pugh. 1990. "Skip Lists: A probabilistic alternative to balanced trees." *Commun. ACM,* 33(6), June 1990.

X. Qiu and M. Dubois. 1999. "Tolerating late memory traps in ILP processors." In Proc. 26th Ann. Int. Symp. on Computer Architecture (ISCA'99), pp. 76–87, Atlanta, GA, May 1999.

S. Quinlan. 1991. "A cached WORM file system." *Software—Practice and Experience,* 21(12), 1289–1299, Dec. 1991.

C. V. Ramamoorthy. 1965. "Analysis of computational systems: Discrete Markov analysis of computer programs." In Proc. 1965 20th Natl. Conf., pp. 386–392, Cleveland, Ohio, August 24–26, 1965, L. Winner, Ed., ACM Press, New York, 1965.

C. V. Ramamoorthy. 1966. "The analytic design of a dynamic look ahead and program segmenting system for multiprogrammed computers." In Proc. 1966 21st Natl. Conf. ACM Press, New York, pp. 229–239, 1966.

C. V. Ramamoorthy and K. M. Chandy. 1970. "Optimization of memory hierarchies in multiprogrammed systems." *J. ACM,* 17(3), 426–445, July 1970.

Rambus. 1994. Rambus Memory: Enabling Technology for PC Graphics. Tech. Rep., Rambus Inc., Mountain View, CA, October 1994.

Rambus. 1995. 64-Megabit Rambus DRAM Technology Directions. Tech. Rep., Rambus Inc., Mountain View, CA, September 1995.

Rambus. 1996a. Comparing RDRAM and SGRAM for 3D Applications. Tech. Rep., Rambus Inc., Mountain View, CA, October 1996.

Rambus. 1996b. Memory Latency Comparison. Tech. Rep., Rambus Inc., Mountain View, CA, September 1996.

Rambus. 1998a. 16/18Mbit & 64/72Mbit Concurrent RDRAM Data Sheet. Rambus, http://www.rambus.com/docs/Cnctds.pdf.

Rambus. 1998b. Direct RDRAM 64/72-Mbit Data Sheet. Rambus. http://www.rambus.com/docs/64dDDS.pdf.

Rambus. 2000. Direct RDRAM 256/288-Mbit Data Sheet. Rambus. http://www.rambus.com/developer/downloads/rdram.256s.0060-1.1.book.pdf.

A. Ramirez, L. A. Barroso, K. Gharachorloo, R. Cohn, J. Larriba-Pey, P. G. Lowney, and M. Valero. 2001. "Code layout optimizations for transaction processing workloads." In Proc. 28th Ann. Int. Symp. on Computer Architecture (ISCA '01), pp. 155–164, Göteborg, Sweden, June 30–July 04, 2001, ACM Press, New York, 2001.

S. Ranade. 1991. *Mass Storage Technologies.* Meckler Publishing, Westport, CT, 1991.

B. Randell and C. J. Kuehner. 1967. "Dynamic storage allocation systems." In Proc. First ACM Symp. on Operating System Principles (SOSP '67), pp. 9.1–9.16, J. Gosden and B. Randell, Eds., ACM Press, New York, 1967.

P. Ranganathan et al. 1998. "Performance of database workloads on shared-memory systems with out-of-order processors." In Proc. Int. Conf. Architectural Support for Programming Languages and Operating Systems (ASPLOS-8), pp. 307–318, October 1998.

R. M. Rao, J. L. Burns and R.B. Brown. (2003) "Circuit techniques for gate and subthreshold leakage minimization in future CMOS technologies," ESSCIRC '03. Proc. 29th European Solid-State Circuits Conf., 2003.

R. Rashid, A. Tevanian, M. Young, D. Young, R. Baron, D. Black, W. Bolosky, and J. Chew. 1988. "Machine-independent virtual memory management for paged uniprocessor and multiprocessor architectures." *IEEE Trans. Computers*, 37(8), 896–908, 1988.

E. S. Raymond. 1997. The On-line Hacker Jargon File, version 4.0.0. The MIT Press. http://www.ccil.org/jargon/.

R. Rechstschaffen. 1983. "Cache miss history table." *IBM Technical Disclosure Bulletin*, 25(11B), 5978–5980, April 1983.

S. L. Rege. 1976. "Cost, performance and size trade-offs for different levels in a memory hierarchy." *IEEE Computer*, 19, 43–51, April 1976.

S. Reinhardt, M. Hill, J. Larus, A. Lebeck, J. Lewis, and D. Wood. 1993. "The Wisconsin Wind Tunnel: Virtual prototyping of parallel computers." In Proc. ACM SIGMETRICS Conf. on Measurement and Modeling of Computer Systems '93, 1993.

G. Reinman and N. Jouppi. 2000. CACTI 2.0: An Integrated Cache Timing and Power Model, WRL Research Report 2000/7, Feb. 2000.

P. J. Restle, J. W. Park, and B. F. Lloyd. 1992. "DRAM variable retention time." *In International. Electron Devices Meeting Technical Digest*, pp. 807–810, 1992.

D. Rhoden. 2002. Personal communication.

R. Riedlinger and T. Grutkowski. 2002. "The high-bandwidth 256 kB 2nd level cache on an Itanium microprocessor," In ISSCC, 2002.

S. A. Ritchie. 1985. "TLB for Free: In-Cache Address Translation for a Multiprocessor Workstation," Technical Report UCB/CSD 85/233, University of California.

J. A. Rivers and E. S. Davidson. 1996. "Reducing conflicts in direct-mapped Caches with a temporality based design." In Proc. 1996 Int. Conf. on Parallel Processing (ICPP 1996), Volume 1: Architecture, pp. 154–163, Bloomingdale, IL, August 1996.

J. A. Rivers, E. S. Tam, G. S. Tyson, E. S. Davidson, and M. Farrens. 1998. "Utilizing reuse information in data cache management." In Proc. 12th Int. Conf. on Supercomputing (ICS '98), pp. 449–456. Melbourne, Australia, 1998.

S. Rixner, W. Dally, U. Kapasi, P. Mattson, and J. Owens. 2000. "Memory access scheduling." In Proc. 27th Int. Symp. on Computer Architecture (ISCA), June 2000.

S. Rixner. 2004. "Memory controller optimizations for Web servers." In Proc. 37th Int. Symp. on Microarchitecture(MICRO), December 2004.

N. Robertson, H. Hu, and C. Tsang. 1997. "High performance write head using NiFe 45/55." *IEEE Trans. Magnetics*, 33(5), 2818–2820, 1997.

T. Roscoe. 1994. "Linkage in the Nemesis single address space operating system." *ACM Operating Syst. Rev.*, 28(4), 48–55, 1994.

T. Roscoe. 1995. The Structure of a Multi-Service Operating System, PhD thesis, Queens' College, University of Cambridge.

M. Rosenblum, E. Bugnion, S. A. Herrod, E. Witchel, and A. Gupta. 1995. "The impact of architectural trends on operating system performance." In Proc. Fifteenth ACM Symp. on Operating Systems Principles (SOSP-15), December 1995.

M. Rosenblum and J. K. Ousterhout. 1992. "The design and implementation of a log-structured file system." *ACM Transactions on Computer Systems*, 10(1), 26–52, 1992.

E. Rotenberg, S. Bennett, and J. E. Smith. 1996. "Trace cache: A low latency approach to high bandwidth instruction fetching." In Proc. 29th Ann. ACM/IEEE Int. Symp. on Microarchitecture (MICRO-29), pp. 24–35, Paris, France, December 1996.

A. Roth, A. Moshovos, and G. Sohi. 1998. "Dependence based prefetching for linked data structures." In The 8th Int. Conf. on Architectural Support for Programming Languages and Operating Systems (ASPLOS), pp. 115–126, October 1998.

A. Roth and G. S. Sohi. 1999. "Effective jump-pointer prefetching for linked data structures." In Proc. 26th Int. Symp. on Computer Architecture (ISCA), Atlanta, GA, May 1999.

K. Roy and M. C. Johnson. 1996. "Software design for low power." In NATO Advanced Study Institute on Low Power Design in Deep Submicron Electronics (ISGA), Ciocco, Lucca, Italy, August 1996.

C. Ruemmler and J. Wilkes. 1994. "An introduction to disk drive modeling." *Computer*, 27(3), 17–28, 1994.

J. Russell and M. Jacome. 1998. "Software power estimation and optimization for high performance, 32-bit embedded processors." In Int. Conf. on Computer Design (ICCD), Austin, TX, October 1998.

K. Ryan. 2002. Personal communication.

G. M. Sacco and M. Schkolnick. 1982. "A mechanism for managing the buffer pool in a relational database system using the hot set model." In Proc. 8th Int. Conf. on Very Large Data Bases, pp. 257–262, Mexico City, Mexico, September 1982.

S. Sair and M. Charney. 2000. "Memory behavior of the SPEC 2000 Benchmark Suite." *IBM Research Report,* October, 2000.

Samsung. 1998. FPM DRAM 4M x 16 Part No. KM416V4100C. Samsung Semiconductor. http://www.usa.samsungsemi.com/products/prodspec/dramcomp/KM416V40(1)00C.PDF.

K. Sasaki et al. 1988. "A 15-ns 1-Mbit CMOS SRAM." *IEEE J. Solid-State Circuits*, 23(5), 1067–1072, Oct. 1988.

K. Sasaki et al. 1989. "A 9-ns 1-Mbit CMOS SRAM." *IEEE J. Solid-State Circuits*, 24(5), 1219–1225, Oct. 1989.

K. Sasaki et al. 1990. "A 23-ns 4-Mb CMOS SRAM with 0.2-uA standby current." *IEEE J. Solid-State Circuits*, 25(5), 1075–1081, Oct. 1990.

I. Sase et al. 1997. "Multimedia LSI accelerator with embedded DRAM." *IEEE Micro*, 17(6), 49–54, Nov. 1997.

H. Sato et al. 1999. "A 500-MHz pipeline burst SRAM with improved SER immunity." *IEEE J. Solid-State Circuits*, SC-34(11), 1571–1579, Nov. 1999.

A. Saulsbury, F. Pong, and A. Nowatzyk. 1996. "Missing the memory wall: The case for processor/memory integration." In Proc. 23rd Ann. Int. Symp. on Computer Architecture (ISCA'96), pp. 90–101, Philadelphia, PA, May 1996.

Y. Sazeides and J. E. Smith. 1997. "The predictability of data values." In Proc. 30th Ann. Int. Symp. on Microarchitecture (MICRO 1997), pp. 248–258, Research Triangle Park, NC, December 1997.

C. Scheurich and M. Dubois. 1998. "Concurrent miss resolution in multiprocessor caches." In Proc. 1988 Int. Conf. on Parallel Processing, 1998.

I. Schoinas, B. Falsafi, A. R. Lebeck, S. K. Reinhardt, J. R. Larus, and D. A. Wood. 1994. "Fine-grain access control for distributed shared memory." In Proc. Sixth Int. Conf. on Architecture Support for Programming Languages and Operating Systems (ASPLOS), pp. 297–306, 1994.

M. D. Schroeder. 1971. "Performance of the GE-645 associative memory while Multics is in operation." In Proc. ACM SIGNOPS Workshop on System Performance Evaluation, pp. 227–245. Cambridge, MA, April 1971.

D. M. Schuler and E. G. Ulrich. 1972. "Clustering and linear placement." In Proc. 9th Workshop on Design Automation (DAC '72), pp. 50–56, June 26–28, 1972, ACM Press, New York, 1972.

R. C. Schumann. 1997. "Design of the 21174 memory controller for DIGITAL personal workstations." *Digital Technical J.*, 9(2), 57–70, 1997.

S. Schuster et al. 1986. "A 15-ns CMOS 64K RAM." *IEEE J. Solid-State Circuits*, SC-21(5), 704–712, Oct. 1986.

W. D. Schwaderer and A. W. Wilson, Jr. 1996. *Understanding I/O Subsystems*. Adaptec, Milpitas, CA, 1996.

T. Schwarz and W. Burkhard. 1995. "Reliability and performance of RAIDs." *IEEE Trans. Magnetics*, 31(2), 1161–1166, 1995.

M. L. Scott, T. J. LeBlanc, and B. D. Marsh. 1988. "Design rationale for Psyche, a general-purpose multiprocessor operating system." In Proc. 1988 Int. Conf. on Parallel Processing, August 1988.

J. Scott, L. Lee, A. Chin, J. Arends, and B. Moyer. 1999. "Designing the M.CORE M3 CPU architecture." In Int. Conf. on Computer Design, Austin, TX, October 1999.

M. L. Seidl and B. G. Zorn. 1998. "Segregating heap objects by reference behavior and lifetime." In Proc. Eighth Int. Conf. on Architectural Support For Programming Languages and Operating Systems (ASPLOS-VIII), pp. 12–23, San Jose, CA, October 02–07, 1998, ACM Press, New York, 1998.

M. Seltzer, P. Chen, and J. Ousterhout. 1990. "Disk scheduling revisited." In Winter USENIX 1990, pp. 313–324, Washington, DC, 1990.

T. Semba, T. Hirano, J. Hong, and L. Fan. 1999. "Dual-stage servo controller for hdd using mems microactuator." *IEEE Trans. Magnetics*, 35(5), 2271–2273, 1999.

S. M. Shahrier and J. C. Liu. 1997. "On the design of multiprogrammed caches for hard real-time systems." In Proc. IEEE Int. Performance, Computing and Communications Conference (IPCCC'97), pp. 17–25, February 1997.

D. L. Shell. 1959. "The Share 709 System: A cooperative effort." *J. ACM (JACM)*, 6(2), 123–127, April 1959.

T. Sherwood, S. Sair, and B. Calder. 2000. "Predictor-directed stream buffers." In The 33rd Int. Symp. on Microarchitecture (MICRO), pp. 42–53, December 2000.

N. Shirle and D. Lieu. 1996. "History and trends in the development of motorized spindles for hard disk drives." *IEEE Trans. Magnetics*, 32(3), 1703–1708, 1996.

W. Shiue and C. Chakrabarti. 1999. "Memory exploration for low power, embedded systems." In Proc. 36th ACM/IEEE Conf. on Design Automation (DAC '99), pp. 140–145, New Orleans, Louisiana, June 21–25, 1999, M. J. Irwin, Ed., ACM Press, New York, 1999.

P. Shivakumar and N. Jouppi . 2001. CACTI 3.0: An Integrated Cache Timing, Power and Area Model, WRL Research Report 2001/2, Aug. 2001.

B. Shriver and B. Smith. 1998. *The Anatomy of a High-Performance Microprocessor: A Systems Perspective*. IEEE Comput. Soc., Los Alamitos, CA, 1998.

SIA. 2003. *Int. Technology Roadmap for Semiconductors 2003 Edition*. Semiconductor Industry Association. http://public.itrs.net.

SIA. 2005. *Int. Technology Roadmap for Semiconductors 2005 Edition*. Semiconductor Industry Association. http://public.itrs.net.

H. M. Sierra. 1990. *An Introduction to Direct Access Storage Devices*. Academic Press, San Diego, CA, 1990.

SimOS. 1998. SimOS: The Complete Machine Simulator. Stanford University. http://simos.stanford.edu/.

R. L. Sites, Editor. 1992. *Alpha Architecture Reference Manual*. Digital Equipment Corporation, Maynard, MA.

R. Sites. 1996. "It's the memory, stupid!" *Microprocessor Rep.*, 10(10), Aug. 1996.

J. Sjodin, B. Froderberg, and T. Lindgren. 1998. "Allocation of global data objects in on-chip RAM." Compiler and Architecture Support for Embedded Computing Systems (CASES '98), December 1998.

J. Sjodin and C. Von Platen. 2001. "Storage allocation for embedded processors." Compiler and Architecture Support for Embedded Computing Systems (CASES), November 2001.

M. Slater. 1994. "AMD's K5 designed to outrun Pentium." *Microprocessor Rep.*, 8(14), Oct. 1994.

SLDRAM. 1998. 4M x 18 SLDRAM Advance Datasheet. SLDRAM, Inc. http://www.sldram.com/Documents/corp400b.pdf.

A. J. Smith. 1977. "Two methods for the efficient analysis of memory address trace data." *IEEE Trans. Software Eng.*, 3(1), 94–101, Jan. 1977.

A. J. Smith. 1981a. "Long term file migration: Development and evaluation of algorithms." *Commun. ACM*, 24(8), 521–532, Aug. 1981.

J. E. Smith. 1981. "A study of branch prediction strategies." In Proc. 8th Ann. Symp. on Computer Architecture (ISCA-8), pp. 135–148, Minneapolis, MN, May 1981.

A. J. Smith. 1982. "Cache memories." *Computing Surveys*, 14(3), 473–530, Sept. 1982.

A. J. Smith, 1985a. "Disk cache: Miss ratio analysis and design considerations." In Proc. 5th Ann. Symp. on Computer Architecture, pp. 242–248, April 1985.

A. J. Smith. 1985b. "Disk cache-miss ratio analysis and design considerations." *ACM Trans. Comput. Syst.*, 3(3), 161–203, Aug. 1985.

J. E. Smith and A. R. Pleszkun. 1985. "Implementation of precise interrupts in pipelined processors." In Proc. 12th Ann. Int. Symp. on Computer Architecture (ISCA'85), pp. 36–44, Boston, MA, June 1985.

J. E. Smith. 1988. "Characterizing computer performance with a single number." *CACM*, 31(10), 1202–1206, Oct. 1988.

J. E. Smith, G. E. Dermer, and M. A. Goldsmith. 1988. Computer System Employing Virtual Memory. US Patent No. 4,774,659. U.S. Patent Office.

J. E. Smith and A. R. Pleszkun. 1988. "Implementing precise interrupts in pipelined processors." *IEEE Trans. Computers*, 37(5), 1988.

M. J. Smith. 1997. *Application-Specific Integrated Circuits*. Addison-Wesley, Reading, MA, 1997.

G. S. Sohi and S. Vajapeyam. 1987. "Instruction issue logic for high-performance, interruptable pipelined processors." In Proc. 14th Ann. Int. Symp. on Computer Architecture (ISCA'87), June 1987.

Y. Solihin, J. Lee, and J. Torrellas. 2002. "Using a user-level memory thread for correlation prefetching." In 29th Int. Symp. on Computer Architecture (ISCA), May 2002.

Y. Solihin, J. Lee, and J. Torrellas. 2003. "Correlation prefetching with a user-level memory thread." *IEEE Trans. Parallel Distributed Systems*, June 2003.

J. A. Solworth and C. U. Orji. 1990. "Write-only disk caches." In Proc. 1990 ACM SIGMOD Int. Conf. on Management of Data (SIGMOD '90, pp. 123–132, Atlantic City, New Jersey, May 23–26, 1990, SIGMOD '90. ACM Press, New York, 1990.

S. W. Son and M. Kandemir, 2006. "Energy-aware data prefetching for multi-speed disks." In Proc. 3rd Conf. on Computing Frontiers (CF '06, pp. 105–114, Ischia, Italy, May 03–05, 2006, ACM Press, New York, 2006.

S. Srinivasan, V. Cuppu, and B. Jacob. 2001. "Transparent data-memory organizations for digital signal processors." In Proc. Int. Conf. on Compilers, Architecture, and Synthesis for Embedded Systems (CASES 2001), pp. 44–48, Atlanta, GA, Nov. 2001.

A. Srivastava and A. Eustace. 1994. ATOM: A System for Building Customized Program Analysis Tools, Technical Report WRL-RR-94/2, DEC Western Research Laboratory.

Staktek. 2006. Personal communication.

J. W. Stamos. 1984. "Static grouping of small objects to enhance performance of a paged virtual memory." *ACM Trans. Comput. Syst.*, 2(2), 155–180, May 1984.

Standard Performance Evaluation Corp. 1993. SPEC Newsletter, December 1993.

B. Steensgaard. 1996. "Points-to analysis in almost linear time." In Symp. on Principles of Programming Languages (POPL), St. Petersburg Beach, FL, January 1996.

S. Steinke, L. Wehmeyer, B. Lee, and P. Marwedel. 2002a. "Assigning program and data objects to scratchpad for energy reduction." In Proc. of the Conf. on Design, Automation and Test in Europe (DATE), p. 409, IEEE Comput. Soc., Los Alamitos, CA, 2002.

S. Steinke, N. Grunwald, L. Wehmeyer, R. Banakar, M. Balakrishnan, and P. Marwedel. 2002b. "Reducing energy consumption by dynamic copying of instructions onto onchip memory." In Proc. 15th Int. Symp. on System Synthesis (ISSS '02), pp. 213– 218, Kyoto, Japan, October 02–04, 2002, ACM Press, New York, 2002.

L. D. Stevens. 1981. "The evolution of magnetic storage." IBM J. Res. Dev. 25(5), 663–675, 1981.

L. Stevens. 1998. "Data storage on magnetic disks." In E. Daniel, C. Mee, and M. Clark, Editors, *Magnetic Recording: The First 100 years*. IEEE Press, New York, 1988.

H. S. Stone. 1993. *High Performance Computer Architecture*. Addison-Wesley, Reading, MA, 1993.

M. Stonebreaker. 1981. "Operating system support for database management." *Commun. ACM*, 24(7), 412–418, July 1981.

A. Stoutchinin, J. N. Amaral, G. R. Gao, J. C. Dehnert, S. Jain, and A. Douillet. 2001. "Speculative pointer prefetching of induction pointers." In Compiler Construction 2001, European Joint Conferences on Theory and Practice of Software, Genova, Italy, April 2001.

STREAM. 1997. STREAM: Measuring Sustainable Memory Bandwidth in High Performance Computers. The University of Virginia. http://www.cs.virginia.edu/stream/.

C. Su and A. M. Despain. 1995. "Cache design trade-offs for power and performance optimization: A case study." In Proc. 1995 Int. Symp. on Low Power Design (ISLPED '95), pp. 63–68, Dana Point, California, April 23–26, 1995, ACM Press, New York, 1995.

Sun. 1995. The UltraSPARC Processor. Sun Technology, November 1995. White Paper.

Sun. 1997. Wabi 2.2 Product Overview. Sun Microsystems. http://www.sun.com/solaris/products/wabi/.

H. Sussman. 2002. Personal communication.

I. E. Sutherland and R. F. Sproull. 1991. "Logical effort: Designing for speed on the back of an envelope." *Advanced Res. VLSI*, 1–16, 1991.

I. E. Sutherland et al. 1999. *Logical Effort: Designing Fast CMOS Circuits, 1st Ed., Morgan Kauffman*, San Mateo, CA, 1999.

S. Suzuki and S. Iwasaki. 1982. "Magnetization transitions in perpendicular magnetic recording." *IEEE Trans. Magnetics*, 18(2), 771–769, 1982.

M. Swanson, L. Stoller, and J. Carter. 1998. "Increasing TLB reach using superpages. backed by shadow memory." In Proc. 25th Ann. Int. Symp. on Computer Architecture (ISCA'98), pp. 204–213, Barcelona, Spain, June 1998.

Synopsys. 2002. DesignWare DW8051 MacroCell Databook. Synopsys, December 2002.

Systems Performance Evaluation Cooperative. SPEC Benchmarks. http://www.spec.org.

C. D. Tait and D. Duchamp. 1991. "Detection and exploitation of file working sets." In 11th Int. Conf. on Distributed Computing Systems (Cat. No. 91CH2996-7), pp. 2–9, 20–24, Arlington, TX, IEEE, Press, New York, May 1991.

M. Talluri, S. Kong, M. D. Hill, and D. A. Patterson. 1992. "Tradeoffs in supporting two page sizes." In Proc. 19th Ann. Int. Symp. on Computer Architecture (ISCA-19), 1992.

M. Talluri and M. D. Hill. 1994a. "Surpassing the TLB performance of Superpages with less operating system support." In Proc. Sixth Int. Conf. on Architectural Support for Programming Languages and Operating Systems (ASPLOS-6), San Jose, CA, 1994.

M. Talluri and M. D. Hill, 1994b. "Surpassing the TLB performance of superpages. with less operating system support." In Proc. Sixth Int. Conf. on Architectural Support for Programming Languages and Operating Systems (ASPLOS), 1994.

M. Talluri, M. D. Hill, and Y. A. Khalidi. 1995. "A new page table for 64-bit address spaces." In Proc. Fifteenth ACM Symp. on Operating Systems Principles (SOSP-15). December 1995.

Y. Tan and V. Mooney. 2003. "A prioritized cache for multi-tasking real-time systems." In Proc. 11th Workshop on Synthesis and System Integration of Mixed Information technologies (SASIMI), pp. 168–175, April 2003.

Y. Taur and T. Ning. 1998. *Fundamentals of Modern VLSI Devices*. Cambridge University Press, Cambridge, England, 1998.

G. Taylor, P. Davies, and M. Farmwald. 1990. "The TLB slice—A low-cost high-speed address translation mechanism." In Proc. 17th Ann. Int. Symp. on Computer Architecture (ISCA '90), pp. 355–363, Seattle, Washington, May 28–31, 1990, ACM Press, New York, 1990.

TechReport. 2006. The Tech Report. http://techreport.com/cpu/.

Texas Instruments. TMS320C6000 peripherals reference guide, TI Inc. http://www-s.ti.com/sc/psheets/spru190d/spru190d.pdf.

A. Thomasian and M. Blaum. 2006. "Mirrored disk organization reliability analysis." *IEEE Trans. Computers*, 55(12), 1640–1644, 2006.

A. Thomasian and C. Liu. 2002. "Disk scheduling policies with lookahead." *ACM SIGMETRICS Performance Evaluation Rev.*, 30(2), 31–40, 2002.

A. Thomasian. 2006. "Multi-level RAID for very large disk arrays." *ACM SIGMETRICS Performance Rev. -- SPECIAL ISSUE: Design Implementation and Performance of Storage Systems*, 33(4), 17–22, 2006.

J. E. Thornton. 1970. *Design of a Computer: The Control Data 6600*. Scott, Foresman and Co., Glenview, IL, 1970.

V. Tiwari, S. Malik, and A. Wolfe. 1994. "Power analysis of embedded software: A first step towards software power minimization." *IEEE Trans. VLSI Syst.*, 2(4), 1277–1284, Dec. 1994.

V. Tiwari and M. T.-C. Lee. 1998. "Power analysis of a 32-bit embedded microcontroller." *VLSI Design J.*, 7(3), 1998.

R. M. Tomasulo. 1967. "An efficient algorithm for exploiting multiple arithmetic units." *IBM J. Res. Dev.*, 11(1), 25–33, 1967.

H. C. Torng and M. Day. 1993."Interrupt handling for out-of-order execution processors." *IEEE Trans. Computers*, 42(1), 122–127, Jan. 1993.

J. Torrellas, A. Gupta, and J. Hennessy. 1992. "Characterizing the caching and synchronization performance of a multiprocessor operating system." In Proc. Fifth Int. Conf. on Architectural Support for Programming Languages and Operating Systems (ASPLOS), 1992.

J. D. Touch and D. J. Farber. 1994. "An experiment in latency reduction." In Proc. IEEE Infocom, pp. 175–181, Toronto, June 1994.

C. Tsang, R. Fontana, T. Lin, D. Heim, V. Speriosu, B. Gurney, and M. Williams. 1994. "Design fabrication and testing of spin-valve read heads for high density recording." *IEEE Trans. Magnetics*, 24(6), 3801–3806, 1994.

C. Tsang, M. Chen, T. Yogi, and K. Ju. 1997. "Gigabit density recording using dual-element mr/inductive heads on thin-film disks." *IEEE Trans. Magnetics*, 26(5), 2271–2276, 1997.

J. L. Turley. 1995. "Thumb squeezes ARM code size." *Microprocessor Rep.*, 9(4), 1–5, March 27, 1995.

J. Turley. 1997a. "M.Core shrinks code, power budgets." *Microprocessor Rep.*, 11(14), 12–15, Oct. 1997.

J. Turley. 1997b. "TI's new 'C6x DSP screams at 1,600 MIPS." *Microprocessor Rep.*, 11(2), 14–18, 1997.

J. Turley. 1998a. "MCore: Does Motorola need another processor family?" *Embedded Systems Programming*, July 1998.

J. Turley. 1998b. "M.Core for the portable millenium." *Microprocessor Rep.*, 12(2), 15–18, Feb. 1998.

J. Turley. 1998c. "National kills in-house embedded x86 work." *Microprocessor Rep.*, 12(2), 10, Feb. 1998.

G. Tyson, M. Farrens, J. Matthews, and A. R. Pleszkun. 1995. "A modified approach to data cache management." In Proc. 28th Ann. Int. Symp. on Microarchitecture (MICRO-28), pp. 93–103, Ann Arbor, MI, 1995.

S.-Y. Tzou and D. P. Anderson. 1991. "The performance of message-passing using restricted virtual memory remapping." *Software—Practice and Experience*, 21(3), 251–267, 1991.

K. Uchiyama et al. 1991. "Design of a second-level cache chip for shared-bus multimicroprocessor systems." *IEEE J. Solid-State Circuits*, 26(4), 566–571, Apr. 1991.

S. Udayakumaran and R. Barua. 2003. "Compiler-decided dynamic memory allocation for scratchpad based embedded systems." In Proc. Int. Conf. on Compilers, Architectures and Synthesis for Embedded Systems (CASES), pp. 276–286, ACM Press, New York, 2003.

S. Ueno, T. Yamashita, H. Oda, S. Komori, Y. Inoue, and T. Nishimura. 1998. "Leakage current observation on irregular local Pn junction forming the tail distribution of DRAM retention time characteristics." In International Electron Devices Meeting Technical Digest (IEDM), pp. 153–156, 1998.

R. Uhlig, D. Nagle, T. Mudge, and S. Sechrest. 1994. "Trap-driven simulation with Tapeworm-II." In Proc. Sixth Int. Conf. on Architectural Support for Programming Languages and Operating Systems (ASPLOS-6), San Jose, CA, 1994.

O. S. Unsal, R. Ashok, I. Koren, C. M. Krishna, and C. A. Moritz. 1990. "Coolcache for hot multimedia." In Proc. Int. Symp. on Microarchitecture (MICRO), pp. 274–283, 1990.

M. Upton. 1997. Personal communication.

A. Vahdat, A. Lebeck, and C. Ellis. 2000. "Every joule is precious: The case for revisiting operating system design for energy efficiency." In SIGOPS European Workshop, Kolding, Denmark, September 2000.

A. Varma and Q. Jacobson. 1998. "Destage algorithms for disk arrays with nonvolatile caches." *IEEE Trans. Comput.* 47(2), 228–235, Feb. 1998.

A. Varma, B. Ganesh, M. Sen, S. R. Choudhary, L. Srinivasan, and B. Jacob. 2003. "A control-theoretic approach to dynamic voltage scaling." In Proc. Int. Conf. on Compilers, Architectures, and Synthesis for Embedded Systems (CASES 2003), pp. 255–266, San Jose, CA, October 2003.

R. K. Venkatesan, S. Herr, and E. Rotenberg. 2006. "Retention-aware placement in DRAM (RAPID):Software methods for quasi-non-volatile DRAM." In Proc. 12th Int. Symp. on High Performance Computer Architecture (HPCA), pp. 157–167, 2006.

M. Verma, L. Wehmeyer, and P. Marwedel. 2004. "Cache-aware scratchpad allocation algorithm." In Proc. Conf. on Design, Automation and Test in Europe (DATE), IEEE Comput. Soc., Los Alamitos, CA, 2004.

N. Vijaykrishnan, M. Kandemir, M. Irwin, H. Kim, and W. Ye. 2000. "Energy-driven integrated hardware-software optimizations using simplepower." In Proc. 27th Ann. Int. Symp. on Computer Architecture (ISCA'00), pp. 95–116, Vancouver, BC, June 2000.

M. A. Viredaz and D. A. Wallach. 2003. "Power evaluation of a handheld computer." *IEEE Micro*, 23(1), 66–74, Jan./Feb. 2003.

F. Vivien and M. Rinard. 2001. "Incrementalized pointer and escape analysis." In Proc. ACM SIGPLAN 2001 Conf. on Programming Language Design and Implementation (PLDI), pp. 35–46, ACM Press, New York, 2001.

P. Vogt. 2004a. "Fully buffered DIMM (FB-DIMM) server memory architecture: Capacity, performance, reliability, and longevity." Intel Developer Forum, Session OSAS008, February 2004.

P. Vogt. 2004b. "Fully buffered DIMM (FB-DIMM) Architecture." Denali MemCon, Westford, MA, May 2004.

R. Wahbe, S. Lucco, T. E. Anderson, and S. L. Graham. 1993. "Efficient software-based fault isolation." In Proc. Fourteenth ACM Symp. on Operating Systems Principles (SOSP-14), pp. 203–216, 1993.

W. Walker and H. G. Cragon. 1995. "Interrupt processing in concurrent processors." *IEEE Computer*, 28(6), June 1995.

A. Walker. 2002. Personal communication.

W.-H. Wang, J.-L. Baer, and H. M. Levy. 1989. "Organization and performance of a two-level virtual-real cache hierarchy." In Proc. 16th Ann. Int. Symp. on Computer Architecture (ISCA-16), pp. 140–148, 1989.

S. X. Wang and A. M. Taratorin. 1999. *Magnetic Information Storage Technology*. Academic Press, San Diego, CA, 1999.

D. Wang, B. Ganesh, N. Tuaycharoen, K. Baynes, A. Jaleel, and B. Jacob. 2005. "DRAMsim: A memory-system simulator." *SIGARCH Computer Architecture News*, 33(4), 100–107. Sept. 2005.

D. L. Weaver and T. Germand, Editors. 1994. *The SPARC Architecture Manual Version 9*. PTR Prentice Hall, Englewood Cliffs, NJ, 1994.

C. F. Webb. 1988. "Subroutine call/return stack." *IBM Technical Disclosure Bulletin*, 30(11), April 1988.

L. R. Wechsler. 1973. "The effect of look-ahead paging in a virtual memory system as determined by simulation." In Proc. 1st Symp. on Simulation of Computer Systems, pp. 234–241, (Gaithersburg, Maryland, June 19–20, 1973, H. J. Highland, Ed., Ann. Simulation Symposium. IEEE Press, Piscataway, NJ, 1973.

L. Wehmeyer, U. Helmig, and P. Marwedel. 2004. "Compiler-optimized usage of partitioned memories." In Proc. 3rd Workshop on Memory Performance Issues (WMPI2004), 2004.

M. Weiser, B. Welch, A. Demers, and S. Shenker. 1994. "Scheduling for reduced CPU energy." In Proc. First USENIX Symp. on Operating Systems Design and Implementation (OSDI'94), pp. 13–23, Monterey, CA, November 1994.

S. Weiss and J. E. Smith. 1984. "Instruction issue login in pipelined supercomputers." *IEEE Trans. Computers*, 33(11), 1984.

S. Weiss and J. E. Smith. 1994. *POWER and PowerPC*. Morgan Kaufmann, San Francisco, CA, 1994.

D. Weiss, J. J. Wuu, and V. Chin. 2002. "An on-chip 3MB subarray-based 3rd level cache on an Itanium microprocessor." In Proc. Int'l. Solid-State Circuits Conference (ISSCC) 2002.

T. A. Welch. 1978. "Memory hierarchy configuration analysis." *IEEE Trans. Computers*, 27(5), 408–413, May 1978.

M. Wells. 1972. "File compression using variable length encodings." *The Computer J.,* 15(4), 308–313, Nov. 1972.

B. Wheeler and B. N. Bershad. 1992. "Consistency management for virtually indexed caches." In Proc. Fifth Int. Conf. on Architectural Support for Programming Languages and Operating Systems (ASPLOS-5), pp. 124–136, October 1992.

M. White, P. Hingwe, and T. Hirano. 2004. "Comparison of a mems microactuator and a pzt milliactuator for high-bandwidth hdd servo." In American Control Conference 2004, pp. 541–546, Boston, MA, 2004.

K. Wilcox and S. Manne. 2001. "Alpha Processors: A History of Power Issues and A Look to the Future." Compaq Computer Corporation, 2001.

M. V. Wilkes. 1965. "Slave memories and dynamic storage allocation." *IEEE Trans. Electronic Computers (Short Notes),* EC-14, 270–271, April 1965.

M. V. Wilkes. 1971. "Slave memories and segmentation." *IEEE Trans. Computers (Short Notes),* C-20(6), 674–675, June 1971.

R. Williams. 1997. *Data Powers of Ten.* Center for Advanced Computing Research, Caltech, Pasadena CA. http://www.cacr.caltech.edu/ roy/dataquan/.

S. Williams, M. Abrams, C. R. Standridge, G. Abdulla, and E. A. Fox. 1996. "Removal policies in network caches for World-Wide Web documents." In Proc. ACM SIGCOMM '96 Conf. on Applications, Technologies, Architectures, and Protocols for Computer Communications, pp. 293–305, Stanford, CA, August 1996.

R. Wilson. 1997. "MoSys tries synthetic SRAM." EE Times Online, July 15, 1997. http://www.eetimes.com/news/98/1017news/tries.html.

K. M. Wilson, K. Olukotun, and M. Rosenblum. 1996. "Increasing cache port efficiency for dynamic superscalar microprocessors." In Proc. 23rd Ann. Int. Symp. on Computer Architecture (ISCA '96), pp. 147–157, Philadelphia, Pennsylvania, May 22–24, 1996, ACM Press, New York, 1996.

P. R. Wilson. 1991. "Pointer swizzling at page fault time: Efficiently supporting huge address spaces on standard hardware." *ACM Computer Architecture News*, June, 6–13, 1991.

S. Wilton and N. Jouppi. 1994. An Enhanced Access and Cycle Time Model for On-chip Caches, WRL Research Report 93/5, DEC Western Research Laboratory, 1994.

S. J. Wilton and N. P. Jouppi. 1996. "CACTI: An enhanced cache access and cycle time model." *IEEE JSSC,* 31(5), May 1996.

M. S. Wojtyna and P. A. de Maine. 1988. "SOLID: A high-speed data- and question-independent information management system." In Proc. 1988 ACM Sixteenth Ann. Conf. Computer Science (CSC '88), PP. 652–657, Atlanta, Georgia, ACM Press, New York, 1988.

M. E. Wolf and M. S. Lam. 1991. "A data locality optimizing algorithm." In Proc. SIGPLAN Conf. on Programming Language Design and Implementation (PLDI), ACM, New York, June 1991.

O. Wolf and J. Bier. 1998. "StarCore launches first architecture: Lucent and Motorola disclose new VLIW-based approach." *Microprocessor Rep.*, 12(14), 22–55, 1998.

A. Wolfe and A. Chanin. 1992. "Executing compressed programs on an embedded RISC architecture." In Proc. 25th Ann. Int. Symp. on Microarchitecture (MICRO 1992), pp. 81–91, Portland, OR, December 1992.

M. Wolfe. 2005. "How compilers and tools differ for embedded systems." Keynote address, International Conference on Compilers, Architecture, and Synthesis for Embedded Systems (CASES 2005), San Francisco, CA, September 2005.

D. A. Wood, S. J. Eggers, G. Gibson, M. D. Hill, J. M. Pendleton, S. A. Ritchie, G. S. Taylor, R. H. Katz, and D. A. Patterson. 1986. "An in-cache address translation mechanism." In Proc. 13th Ann. Int. Symp. on Computer Architecture (ISCA-13), 1986.

D. A. Wood. 1990. "The design and evaluation of in-cache address translation." PhD thesis, University of California at Berkeley, 1990.

B. Worthington, G. Ganger, and Y. Patt. 1994. "Scheduling algorithms for modern disk drives." In Proc. 1994 ACM SIGMETRICS Joint Int. Conf. on Measurement and Modeling of Computer Systems, pp. 241–251, Nashville, TN, 1994.

B. Worthington, G. Ganger, Y. Patt, and J. Wilkes. 1995. "On-line extraction of SCSI disk drive parameters." In Proc. 1995 ACM SIGMETRICS Joint Int. Conf. on Measurement and Modeling of Computer systems, pp. 146–156, Ottawa, Canada, 1995.

W. A. Wulf and S. A. McKee. 1995. "Hitting the memory wall: Implications of the obvious." *ACM Computer Architecture News,* 23(1), pp. 20–24, March 1995.

S. Wuytack, J. Diguet, F. V. Catthoor, and H. J. De Man. 1998. "Formalized methodology for data reuse exploration for low-power hierarchical memory mappings." *IEEE Trans. Very Large Scale Integr. Syst.*, 6(4), 529–537, Dec. 1998.

D. S. Yaney, C. Y. Lu, R. A. Kohler, M. J. Kelly, and J. T. Nelson. 1987. "A Meta-Stable Leakage Phenonmenon in DRAM Charge Storage--Variable Hold Time." In International. Electron Devices Meeting Technical Digest (IEDM), pp. 336–338, 1987.

C.-L. Yang and A. R. Lebeck. 2000. "Push vs. pull: Data movement for linked data structures." In Int. Conf. on Supercomputing, pp. 176–186, May 2000.

Y. Ye, S. Borkar and V. De. 1998. "A new technique for standby leakage reduction in high-performance circuits." In Symp. on VLSI Circuits Dig. Tech. Papers, 1998.

K. C. Yeager. 1996. "The MIPS R10000 superscalar microprocessor." *IEEE Micro,* 16(2), 28–40, April 1996.

T.-Y. Yeh and Y. N. Patt. 1991. "Two-level adaptive training branch prediction." In Proc. 24th Ann. Int. Symp. Microarchitecture (MICRO-24), pp. 51–61. 1991. DOI= http://doi.acm.org/10.1145/123465.123475

T. Yeh and Y. N. Patt. 1992. "Alternative implementations of two-level adaptive branch prediction." In Proc. 19th Ann. Int. Symp. Computer Architecture (ISCA '92), pp. 124–134. Queensland, Australia, May 19–21, 1992, ACM Press, New York, 1992.

T. Yeh, D. T. Marr, and Y. N. Patt. 1993. "Increasing the instruction fetch rate via multiple branch prediction and a branch address cache." In Proc. 7th Int. Conf. on Supercomputing (ICS), pp. 67–76, Tokyo, Japan, July 1993.

Y. C. Yeo et al. 2000. "Direct tunneling gate leakage current in transistorswith ultrathin nsilicon nitride gate dielectric." *IEEE Electron Device Letters*, Nov. 2000.

M. Yoshimoto et al. 1983. "A divided word-line structure in the static RAM and its application to a 64K full CMOS RAM," *IEEE J. Solid-State Circuits*, SC-18(5), 479–485, Oct. 1983.

S. Zarandioon and A. Thomasian. 2006. "Optimization of online disk scheduling algorithms." ACM SIGMETRICS Performance Evaluation Review - SPECIAL ISSUE: Design implementation and performance of storage systems, 33(4), 42–46, 2006.

M. J. Zekauskas, W. A. Sawdon, and B. N. Bershad, 1994. Software Write Detection for a Distributed Shared Memory, Proceedings of the First Symposium on Operating Systems Design and Implementation (OSDI), 1994.

Z. Zhang and J. Torrellas. 1995. "Speeding up irregular applications in shared-memory multiprocessors: Memory binding and group prefetching." In 22nd Int. Symp. Computer Architecture (ISCA), pp. 188–199, June 1995.

C. Zhang and S. McKee. 2000."Hardware-only stream prefetching and dynamic access ordering." In Proc. 14th Int. Conf. on Supercomputing, 2000.

Z. Zhang, Z. Zhu, and X. Zhang, 2000. "A permutation-based page interleaving scheme to reduce row-buffer conflicts and exploit data locality." In Proc. 33rd IEEE/ACM Int. Symp. on Microarchitecture (MICRO), pp. 32–41, Dec. 2000.

L. Zhang, Z. Fang, M. Parker, B. Mathew, L. Schaelicke, J. Carter, W. Hsieh, and S. McKee. 2001. "The impulse memory controller." *IEEE Trans. Computers* 50(11), Nov. 2001.

T. Zhang. 2001. "RTOS performance and energy consumption analysis based on an embedded system testbed." Master's thesis, University of Maryland at College Park, May 2001.

Z. Zhang, Z. Zhu, and X. Zhang. 2002a. "Breaking address mapping symmetry at multi-levels of memory hierarchy to reduce DRAM row-buffer conflicts." The *J. Instruction-Level Parallelism*, 3, 2002.

Y. Zhu and Y. Hu. 2002. "Can large disk built-in caches really improve system performance?" In Proc. ACM SIGMETRICS 2002 (extended abstract), pp. 284–285, Marina Del Rey, CA, June 15–19, 2002.

Z. Zhu, Z. Zhang, and X. Zhang. 2002. "Fine-grain priority scheduling on multi-channel memory systems." In Proc. 8th Int. Symp. on High Performance Computer Architecture (HPCA), February 2002.

Z. Zhu and Z. Zhang. 2005. "A performance comparison of DRAM memory system optimizations for SMT processors." In Proc. 11th Int. Symp. High-Performance Computer Architecture (HPCA), February 2005.

J. Ziegler et al. 1998. "IBM experiments in soft fails in computer electronics." *IBM J. Res. Dev.*, 40(1), 1998.

찾아 보기

라

마

바

사

아

자

차

카

타

D

E

F

T

U

V

W

X

기타